宏道
金里
龙
津
山头
蓬莱
楼内
洛滨
珠坂
后坑
园坑
芗
下苍
东坑
扶摇
后宅
厦成高速
谢坑
石古山
九
院后
篁卿
渡头
果
蓬洲
洪山农场
院前
崎岭
石井
漳州东
城
青山
书厅
内林美
郭坑镇
西洋
巷口
新街
崇坑
坂头
桥头
内林街
龙
下尾李
下社
蔡坑
登科
下尾张
恒坑
流岗
漳州北互通
张坑
岗尾
打山
G319
农友
书都
翁建
后店
浦口
竹林
樟山
六石
孚美
朝阳镇
朝兴
龙美
区
东
古塘
朝阳
漳州站
连科
古园顶
岳
东岳街道
（属龙文区）
西边
田墘
G319
新社
通北街道
洋筠
街
坂上
长福
坑尾
班鸠坑
漳州市
市尾
山头顶
东屿
后坑
梧桥
南坑街道
道
塔后
港桥
下店尾
步文
景山
檀林
芗城区
群勇
上唐
新店
田丰
天亭
步文镇
铺下
塘边
巷口
黄坑
东埔头街道
街道
浦东
石仓
洞口
龙文区
蓝田镇
田墘
土坪
沟口
圳头
西桥街道
土白
大社
山后
梧店
鹤鸣
蓝田
西坑
龙
新桥街道
黄厝
海
市
东洋
丹店
诗浦
店上
后坂
下桥
九
碧湖
东坂
浦口
下浦
湘桥
溪头
上苑
乌坂
西社
G324
南星
龙
下洲
桂林
（西
后吉
小港
东
下尾
溪）
英
九湖镇
G324
路边
江
宅前
龙
海
S208
颜厝
水头

龙文区地图

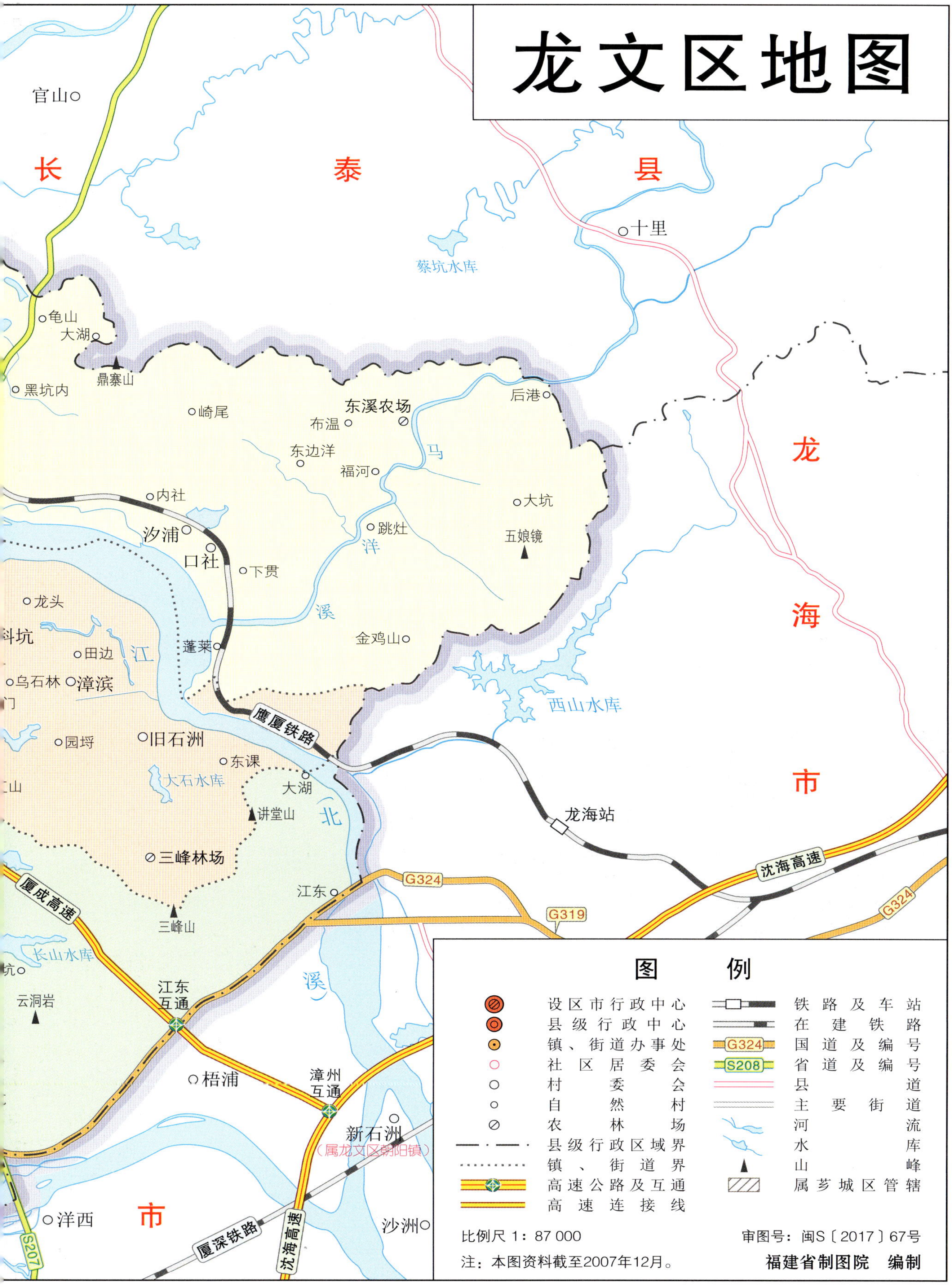
长
泰
县
龙
海
市
市
官山
十里
蔡坑水库
龟山
大湖
鼎寨山
黑坑内
崎尾
东溪农场
布温
后港
东边洋
福河
马
内社
大坑
汐浦
跳灶
五娘镜
口社
洋
下贯
龙头
溪
科坑
金鸡山
田边
江
蓬莱
乌石林
漳滨
西山水库
鹰厦铁路
园埒
旧石洲
东课
大石水库
大湖
讲堂山
北
龙海站
三峰林场
江东
G324
G319
沈海高速
厦成高速
三峰山
长山水库
江东互通
云洞岩
溪
梧浦
漳州互通
新石洲
（属龙文区朝阳镇）
洋西
厦深铁路
沈海高速
沙洲
S207
图　例
设区市行政中心
县级行政中心
镇、街道办事处
社区居委会
村委会
自然村
农林场
县级行政区域界
镇、街道界
高速公路及互通
高速连接线
铁路及车站
在建铁路
国道及编号
省道及编号
县道
主要街道
河流
水库
山峰
属芗城区管辖
G324
S208
比例尺 1：87 000
审图号：闽S〔2017〕67号
注：本图资料截至2007年12月。
福建省制图院　编制

G355
宏道
溪园
龙
津
山头
蓬莱
洛滨
山厝
珠坂
园坑
芗
下苍
S219
东坑
扶摇
关帝庙
后宅
田边
谢坑
院后
石古山
S209
九
蓬洲
黄坑
石井
铁路
篁卿
院前
西洋
崎岭
青山
石井社
漳州东
城
内林美
郭坑镇
书厅
巷口
内林街
崇坑
坂头
龙
下高坑
桥头
下尾李
登科
下社
蔡坑
恒坑
流岗
漳州北
互通
打山
岗尾
浦口
农友
书都
G319
翁建
坑头
竹林
朝阳街道
浦口社
区
孚美
朝兴
后店
樟山
古塘
六石
朝阳
龙美
坡上
连科
西边
东岳街道
（未挂牌）
南坑街道（属芗城区）
新社
丽景
通北街道
福龙
香榭
东屿
檀香
坑尾
长福
毅阳
漳州市
市后
山头顶
后坑
蓝田经济开发区
东岳
市尾
塔后
景山街道
港桥
步文
景山
学府
檀林
阳光
巷口
芗城区
街道
东门
步文街道
群勇
同昌
锦绣
福隆
龙盛
梧桥
塘边
牛路
天亭
浦东
田丰
龙江
石仓
东埔头街道
巷口
浦头
圳头
田墘
鹤鸣
土白
梧店
蓝田
西桥街道
荣昌
后坂
明发
龙湾
金池头
新桥街道
龙文区
蓝田街道
融升
融信
西坑
九
红星
诗浦
南山
万达
恒大
龙兴
中骏
龙腾
建发
碧湖
G324
大桥
碧湖社
湘桥
上苑
西社
湖苑
南星
碧湖街道
龙
小港
后吉
小港
（西
下洲
溪）
东桥
下尾
九湖镇
G324
路边
江
宅前
龙
海
颜厝

龙文区地图

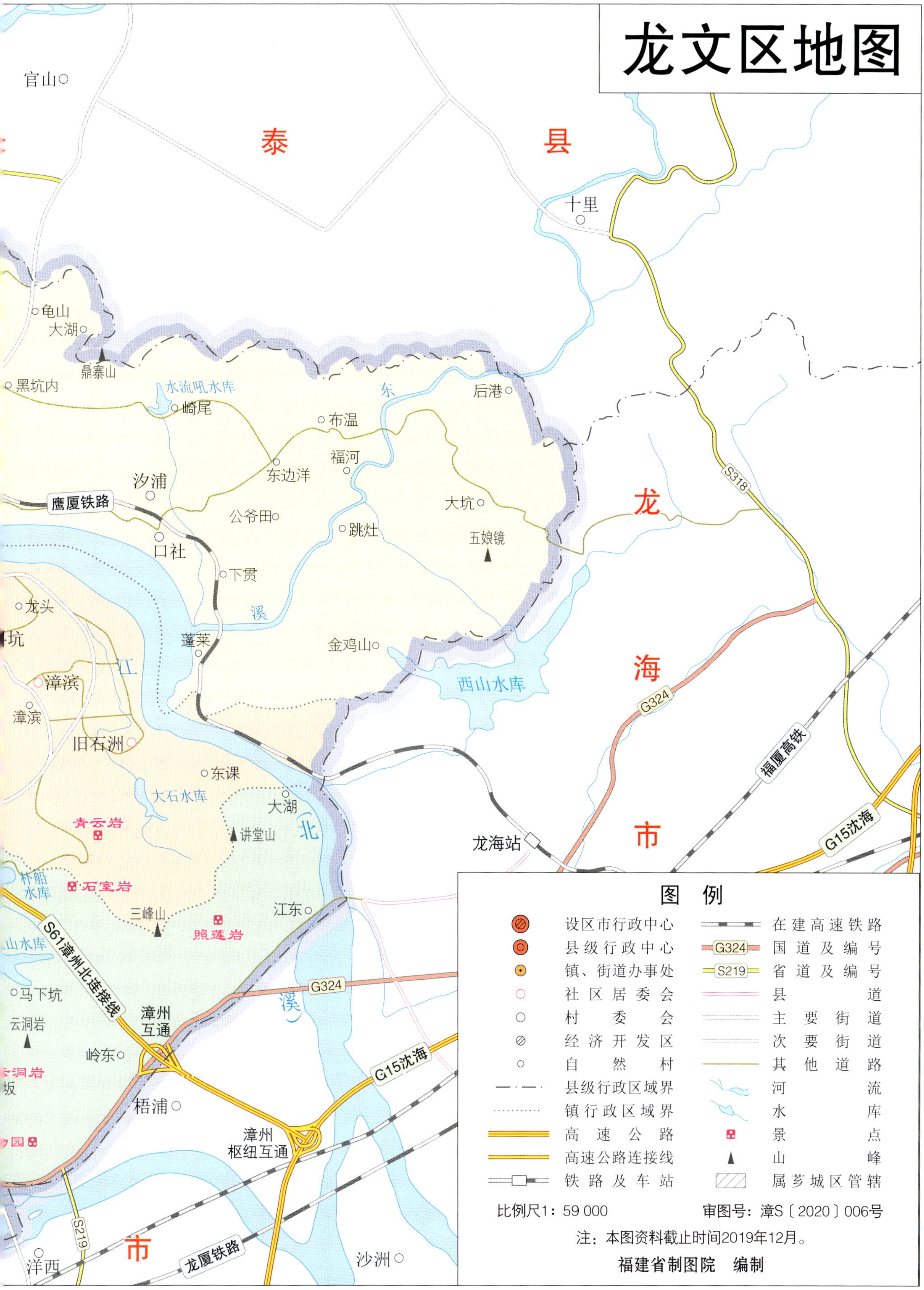

泰
县
龙
海
市
市
官山
十里
龟山
大湖
鼎寨山
黑坑内
水流吼水库
崎尾
东
布温
后港
福河
东边洋
汐浦
大坑
鹰厦铁路
公爷田
跳灶
五娘镜
口社
下贯
龙头
溪
坑
蓬莱
金鸡山
江
漳滨
漳滨
西山水库
旧石洲
东课
大石水库
大湖
青云岩
讲堂山
北
朴船
水库
石室岩
江东
三峰山
照莲岩
山水库
S61漳州北连接线
马下坑
G324
溪
漳州
互通
云洞岩
岭东
G15沈海
梧浦
漳州
枢纽互通
S219
洋西
龙厦铁路
沙洲
S318
G324
福厦高铁
龙海站
G15沈海
图 例
设区市行政中心
县级行政中心
镇、街道办事处
社区居委会
村委会
经济开发区
自然村
县级行政区域界
镇行政区域界
高速公路
高速公路连接线
铁路及车站
在建高速铁路
G324
国道及编号
S219
省道及编号
县道
主要街道
次要街道
其他道路
河流
水库
景点
山峰
属芗城区管辖
比例尺1：59 000
审图号：漳S〔2020〕006号
注：本图资料截止时间2019年12月。
福建省制图院　编制

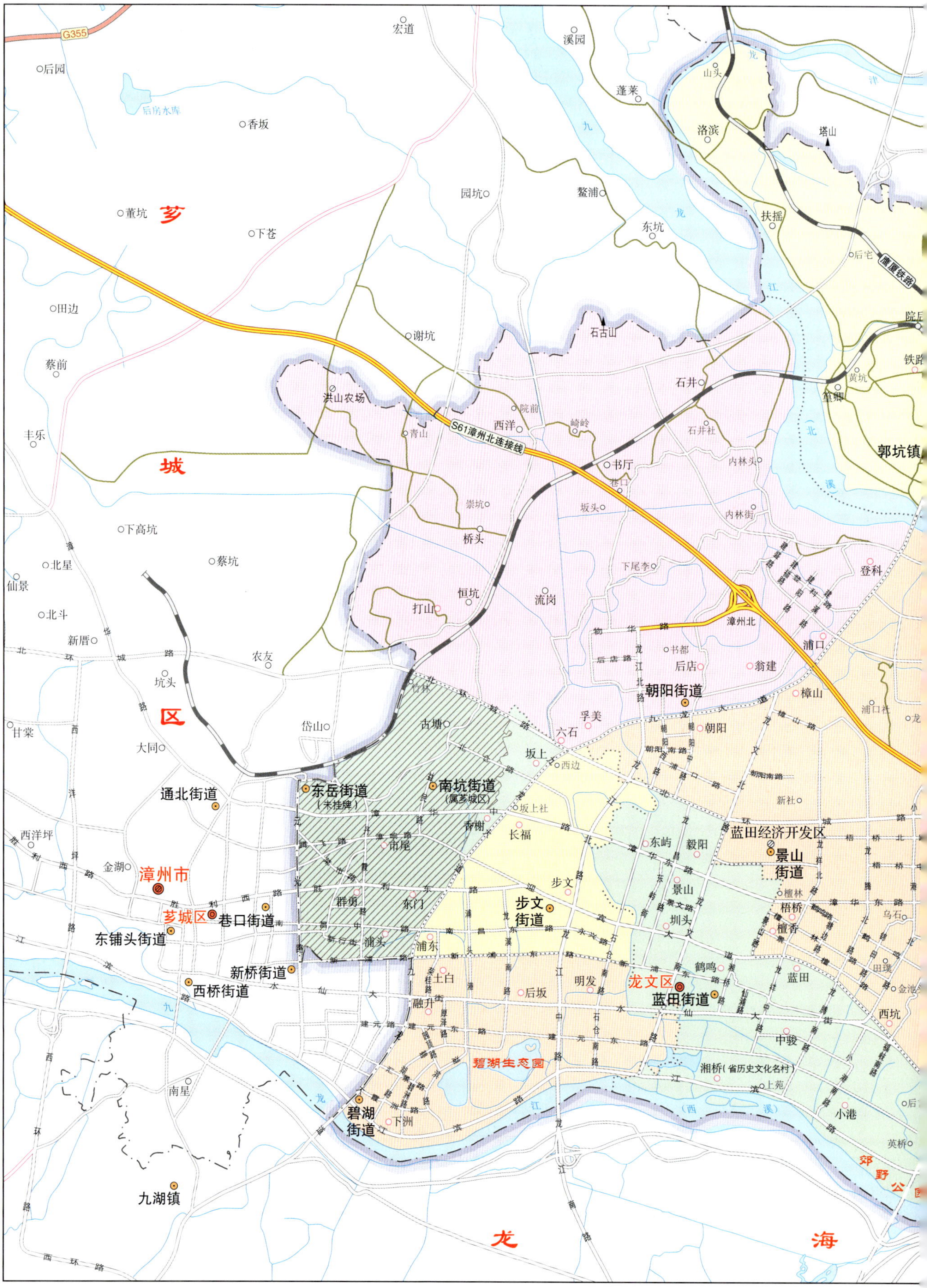
G355
宏道
溪园
后园
后房水库
香坂
蓬莱
洛滨
塔山
园坑
鳌浦
董坑
芗
下苍
东坑
扶摇
后宅
鹰厦铁路
田边
谢坑
石古山
蔡前
洪山农场
院前
石井
黄坑
丰乐
青山
S61漳州北连接线
西洋
崎岭
石井社
郭坑镇
城
书厅
内林头
巷口
崇坑
坂头
内林街
下高坑
桥头
北星
蔡坑
下尾李
登科
仙景
打山
恒坑
流岗
北斗
漳州北
新厝
物华路
书都
浦口
农友
后店
翁建
坑头
朝阳街道
樟山
区
甘棠
古塘
孚美
浦口社
岱山
六石
朝阳
大同
坂上
西边
东岳街道
（未挂牌）
南坑街道
（属芗城区）
新社
通北街道
坂上社
香榭
长福
西洋坪
市尾
东屿
毅阳
蓝田经济开发区
景山
街道
金湖
漳州市
步文
景山
檀林
梧桥
群男
东门
步文
街道
乌石
芗城区
巷口街道
圳头
檀香
东铺头街道
浦头
浦东
鹤鸣
田珑
新桥街道
土白
蓝田
西桥街道
融升
后坂
明发
龙文区
蓝田街道
金池
西坑
中骏
碧湖生态园
湘桥（省历史文化名村）
上苑
南星
碧湖
街道
下洲
小港
英桥
九湖镇
郊野公园
龙
海

龙文区交通旅游图

院 编制

资料截至2019年12月

龙文区一角（摄于2019年8月）

中华人民共和国国务院

国函〔1996〕38号

国务院关于同意福建省设立漳州市龙文区的批复

福建省人民政府：

你省《关于增设漳州市龙文区的请示》（闽政〔1996〕文39号）以及有关补充报告收悉。现批复如下

一、同意设立漳州市龙文区（县级）。

二、将漳州市芗城区芝山镇的古塘、群勇、市尾、塔后、土白、下洲6个村委会，南坑街道办事处的东岳、岳北、漳糖、东关、南坑、洋籍6个居委会和洋籍村委会，巷口街道办事处的岳口、胜利东、东园、新民、巷口、新港、霞浦、霞东8个居委会和元光路以东属新华东居委会的部分，龙海市的郭坑镇，龙海市步文镇的蔡榜、西坑、小港、兰田、梧桥、湘桥、打山、恒坑、桥仔头、西洋、书厅、石井、圳头、东屿、步文、

后坂、田丰、塘北、石仓、碧湖、坂上、孚美、后店、流岗、翁建、登科、科坑、漳滨、石州、浦口、朝阳31个村委会和梧浦村委会在国道324线的西北部分划归龙文区管辖。龙文区人民政府驻步文镇。

三、设立漳州市龙文区所需经费和编制由你省自行调剂解决。

中华人民共和国国务院

一九九六年五月三十一日

主题词：民政 行政区划 福建 批复

抄送：中央办公厅、中央政法委员会、中编办、人民日报社，外交部、国家计委、国家经贸委、国家体改委、国家教委、国家科委、国家民委、公安部、民政部、司法部、财政部、人事部、劳动部、地矿部、建设部、铁道部、交通部、邮电部、水利部、农业部、内贸部、外经贸部、文化部、卫生部、统计局、法制局、新华社、测绘局，中央军委办公厅、总参谋部。

人大常委会办公厅，全国政协办公厅，高法院，高检院。

1997 年 1 月 1 日，龙文区举行成立揭牌仪式

2006 年 7 月 18 日，中共龙文区第三次代表大会召开

2004 年，龙文区二届人大三次会议代表建议、政协二届三次会议委员提案交办会

2007 年，龙文区举办“庆祝建区十周年·加快龙文发展理论研讨会”

龙文区人民政府大楼（摄于 2009 年 7 月）

龙文经济开发区（摄于 2006 年 12 月）

龙文区郭坑工业开发区

1999 年 4 月，漳州市蓝田工业开发区管理委员会成立

龙文区人民检察院大楼（摄于 2010 年 5 月）

龙文区人民法院大楼（摄于 2008 年 10 月）

步文镇人民政府大楼（摄于 2007 年 8 月）

郭坑镇人民政府大楼（摄于 2007 年 8 月）

朝阳镇人民政府大楼（摄于2009年5月）

蓝田镇人民政府大楼（摄于2009年8月）

漳州市公安局龙文分局大楼（摄于2009年7月）

龙文区财政局办公楼（摄于2007年8月）

龙文区国家税务局大楼（摄于 2006 年 11 月）

龙文区地税局大楼（摄于 2009 年 6 月）

水仙大道（摄于 2010 年 8 月）

江滨路（摄于 2009 年 8 月）

龙文区迎宾大道（摄于 2008 年 12 月）

龙文区漳州立交桥（摄于 2007 年 10 月）

龙文碧湖万达广场（摄于 2012 年 10 月）

漳州人民广场（摄于 2010 年 3 月）

吉马国际家具广场（摄于 2008 年 10 月）

西坑圆圈城雕（摄于 2008 年 11 月）

漳州人民广场陈元光雕塑（摄于 2010 年 5 月）

浦头港荣昌建筑群（摄于2011年6月）

福建省历史文化名村——湘桥村（摄于2007年8月）

华港豪庭社区（摄于 2010 年 12 月）

锦绣一方社区（摄于 2009 年 11 月）

荣昌花园社区（摄于 2009 年 6 月）

尚东琴畔社区（摄于 2010 年 12 月）

天利仁和社区（摄于 2009 年 1 月）

浦东社区（摄于 2007 年 10 月）

漳州市歌仔戏中心（摄于2009年8月）

漳州汽车客运中心站（摄于2005年12月）

世界 500 强企业艾默生动力传动（漳州）有限公司（摄于 2006 年 6 月）

亚洲最大的眼镜企业富华光学工业（漳州）有限公司，图为生产车间。
（摄于 2010 年 12 月）

中国最大工业茶粉生产企业大闽食品（漳州）有限公司（摄于2006年12月）

漳州钟表行业龙头企业漳州恒丽电子有限公司，图为恒丽钟表工业园

（摄于2010年10月）

东墩排涝站（摄于 2010 年 3 月）

福建省浦口粮食批发市场（摄于 2006 年 1 月）

全国著名产蔗区——步文登科

下贯荔枝园（摄于2009年3月）

郭坑霞洲石楼群，建于清康熙至乾隆年间，由景良楼、仰凤楼、安泰楼、四楼、岸脚楼、二厝楼、后楼共七座石楼按“北斗七星”布局，有“七星坠地”之称

岸脚楼（摄于 2007 年）

四楼（黄氏民居）（摄于 2007 年）

郭坑下贯石楼群，建于清康熙、乾隆年间，主要由日升楼、承泽楼、曜星楼、阅汪楼等组成石楼群

清康熙三十九年（1700 年）建阅汪楼（摄于 2007 年 3 月）

清乾隆元年（1736 年）建曜星楼（摄于 2009 年 3 月）

清乾隆八年（1743年）建承泽楼（摄于2009年3月）

清乾隆十三年（1748年）建日升楼（摄于2009年3月）

位于凤山的今龙文塔（摄于2006年12月）

位于龙文山的原龙文塔

国家 AAAA 级风景名胜区云洞岩（摄于 2010 年 3 月）

唐代，漳州东通京城的必经之道万松关（摄于 2010 年 3 月）

璞山舞狮（摄于 2010 年 3 月）

湘桥龙舟健身赛（摄于 2009 年 5 月）

大鼓凉伞

六石腰鼓队（摄于 2010 年 5 月）

科卿踏火（摄于 2009 年 4 月）

龙文区建醮习俗（摄于 2006 年 12 月）

龙文区开展全民健身与奥运同行运动（摄于 2004 年 1 月）

龙文区建区十周年举办全球通杯“爱我漳州·建设龙文”登山比赛（摄于 2007 年 1 月）

李宓，字羲民。明代，龙溪西坑李厝人。楷书《为龙溪张燮诗书》《修建嘉济庙圣迹碑记》

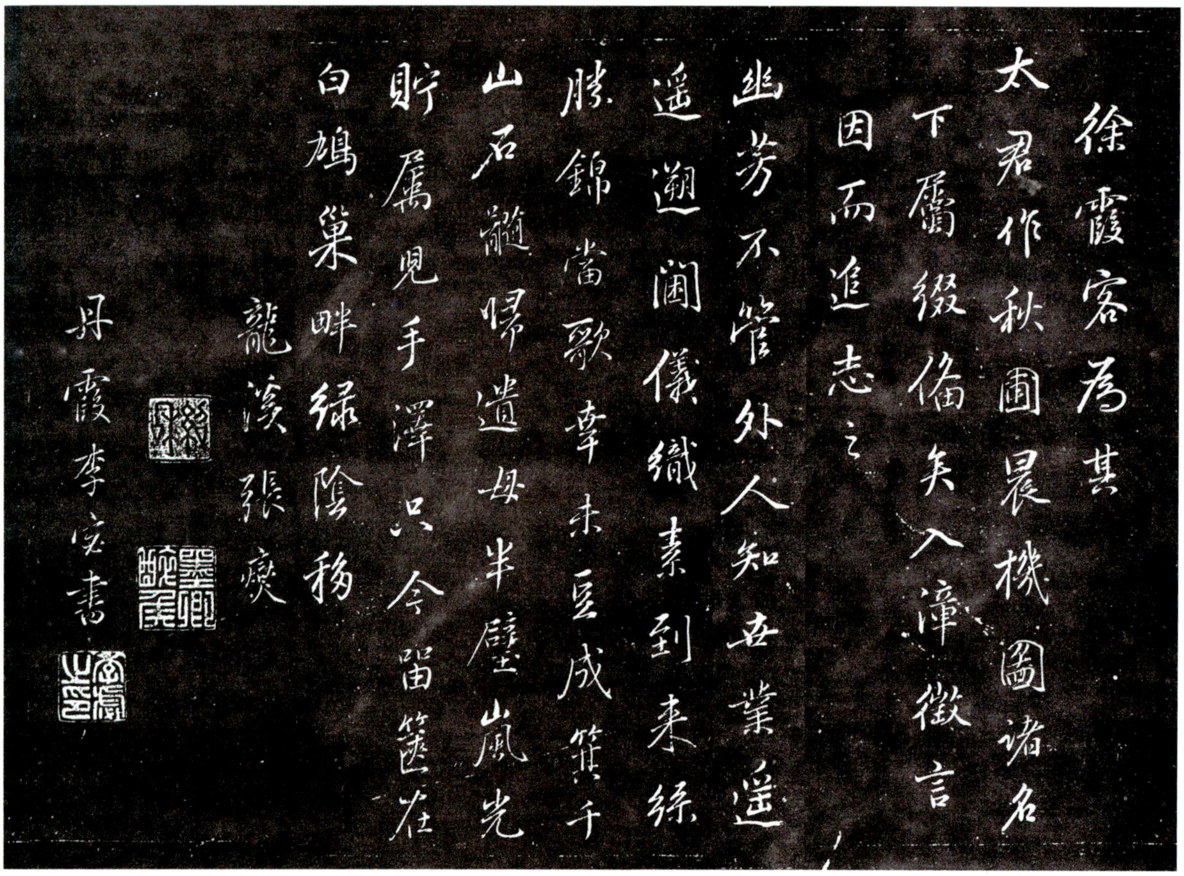

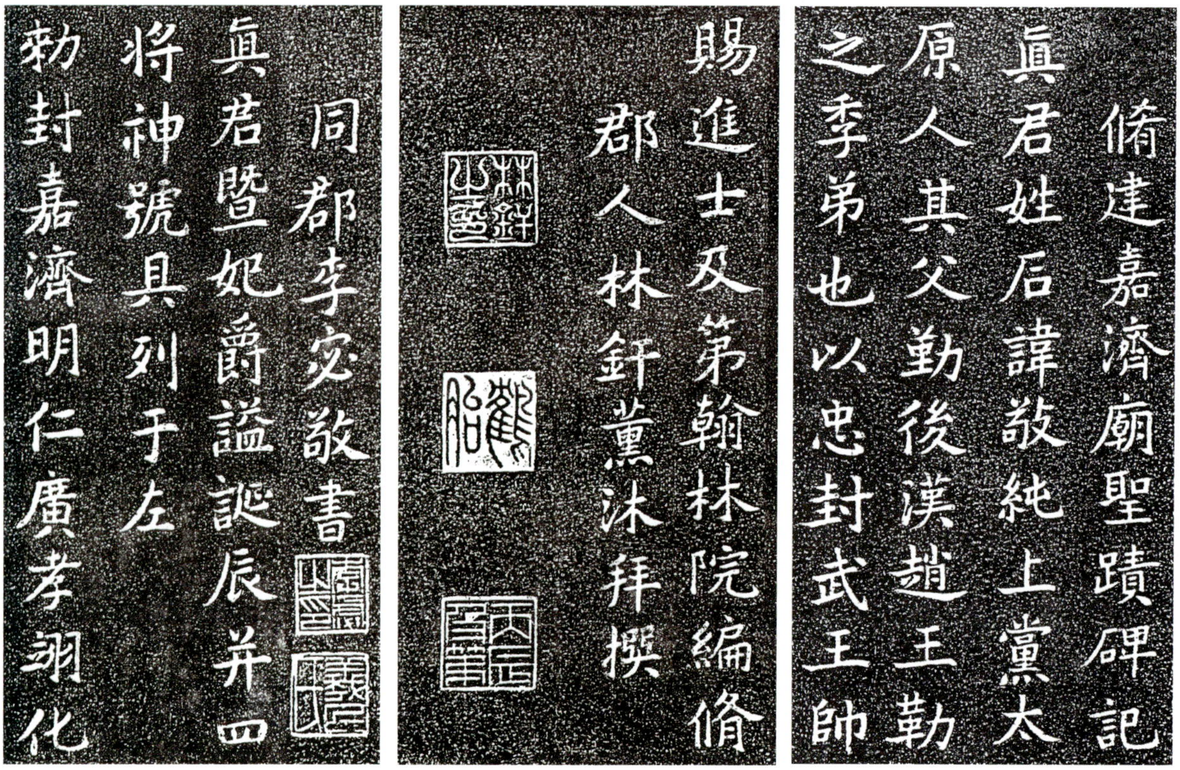

蔡烈（1479–1558 年），字文继。明代，龙溪蔡坂护吉人。镌刻于云洞岩，释文：“大明嘉靖丁酉夏四月，漳郡太守石桥孙公同节推毛公来游云洞，遂登天然石桥，观翰林学士丰公大书石刻仙梁。洞主蔡烈”

林釬（1578—1636年），字实甫，号鹤胎，又号“九皋居士”。明代，龙溪洞口社人。镌刻于瑞竹岩之楹联“云封片瓦乾坤古，月度三峰世界清”，镶嵌于万松关之“天保维垣”

陈天定，字祝皇、慧生，号欢喜道人。明代，龙溪梧店人。明天启四年（1624年）中举人。石刻“风静潮初满，山空月正中”

蔡玉卿（1612–1694 年），字润石。黄道周继室。明代，龙溪蔡坂护吉人。楷书《孝经》，此卷藏台北故宫博物院；楷书《山居漫咏》、画《平坡牧牛图》

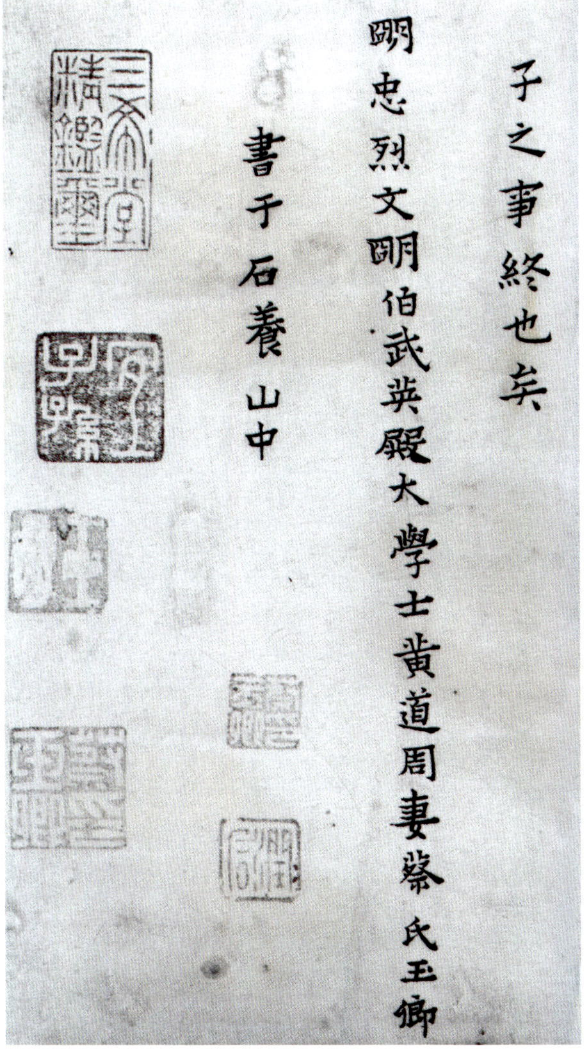

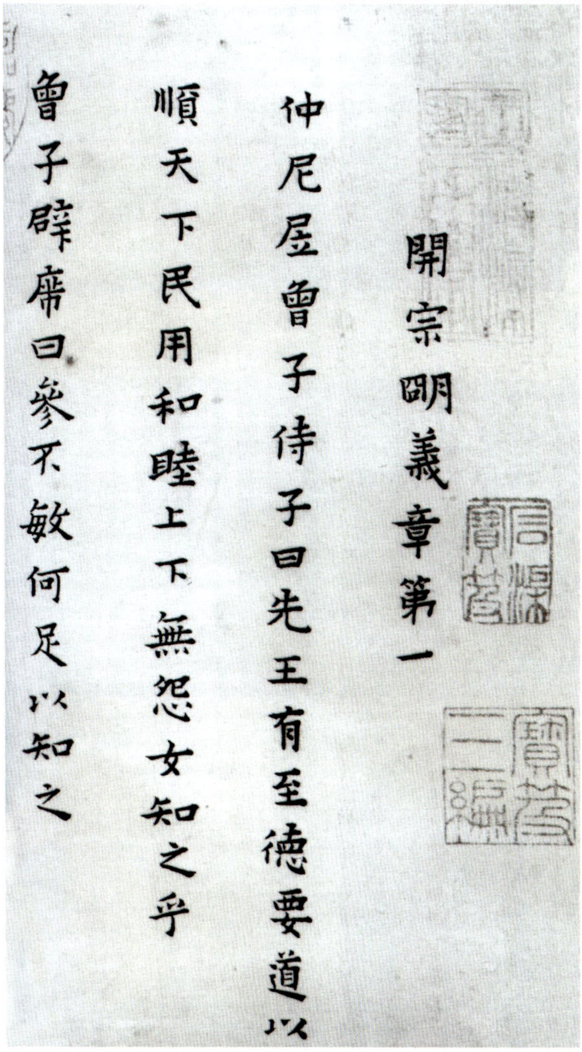

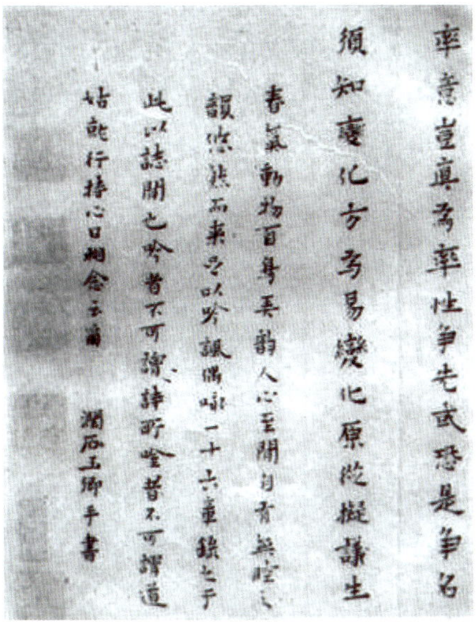

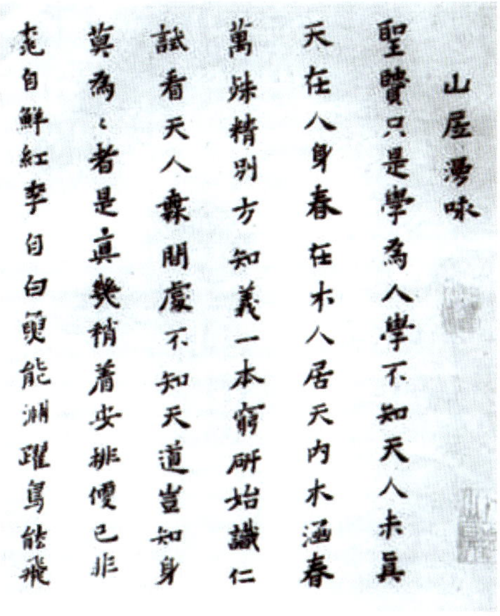

林祖澎，字青阿，号沧亭。清代，龙溪北溪内林人。清乾隆清十一年（1746 年），石刻“搔首”，字径 200 厘米。位于云洞岩天柱绝壁上

林编，字受一，号石麓。清代，龙溪北溪内林人。清乾隆二十八年（1763 年）刻“踏起青云”、清乾隆十二年（1747 年）刻“凤台”

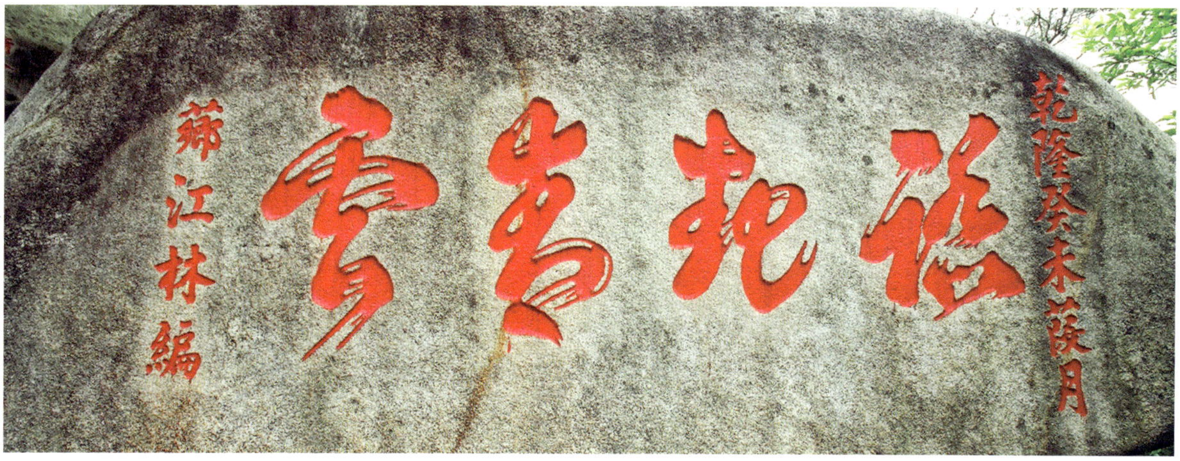

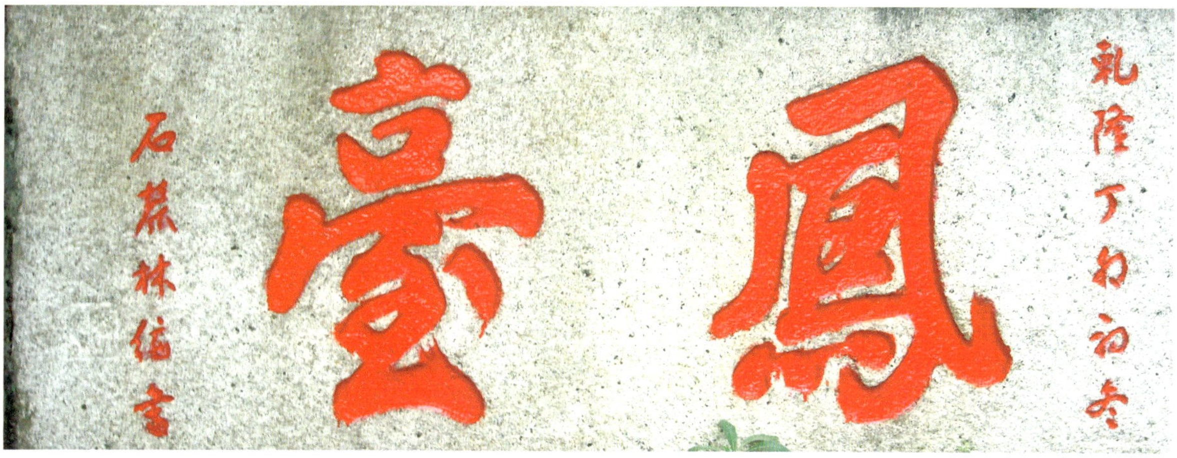

曾省，字守三，号刁轩。清代，龙溪田璞人。石刻“月峡”“福”“寿”

王履亨（1856–1940 年），字咸熙，号复一。清代，龙溪上苑人。行书“乾坤正气”，对联“任老子婆娑风月，看儿曹整顿纲常”

黄稷堂（1903–1985 年），又名金水、则唐、阿民，号湘江老人。龙溪湘桥人。中国画《梅》《竹》被中国美术馆收藏。对联“扪蝨倾谈惊四座，持螯下酒话当年”

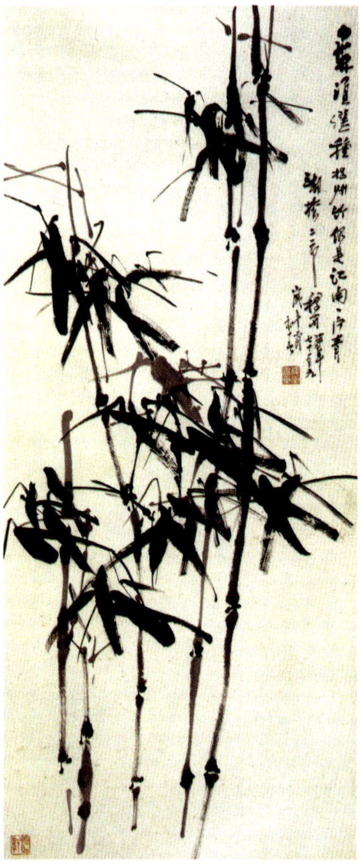

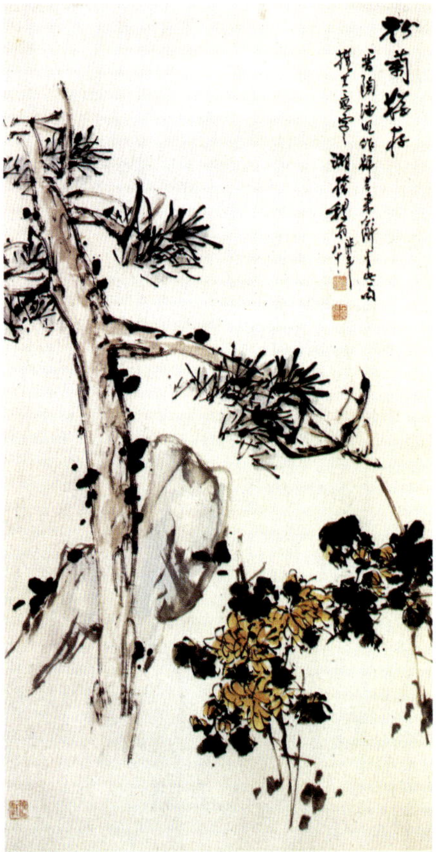

王作人（1921—2006 年），号括斋。龙溪上苑人。行书《陪诸友云洞种梅》诗、《与陈加章函》、石刻《梅花石室》

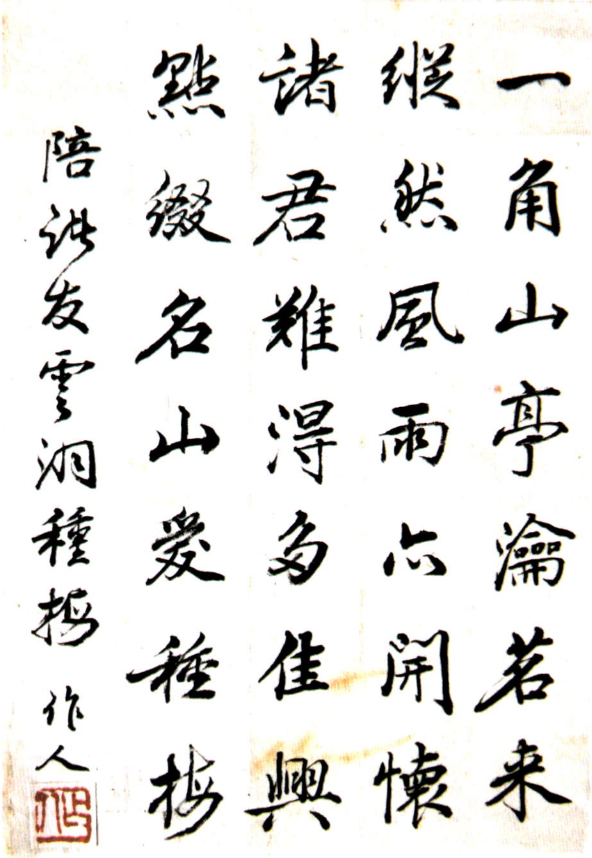

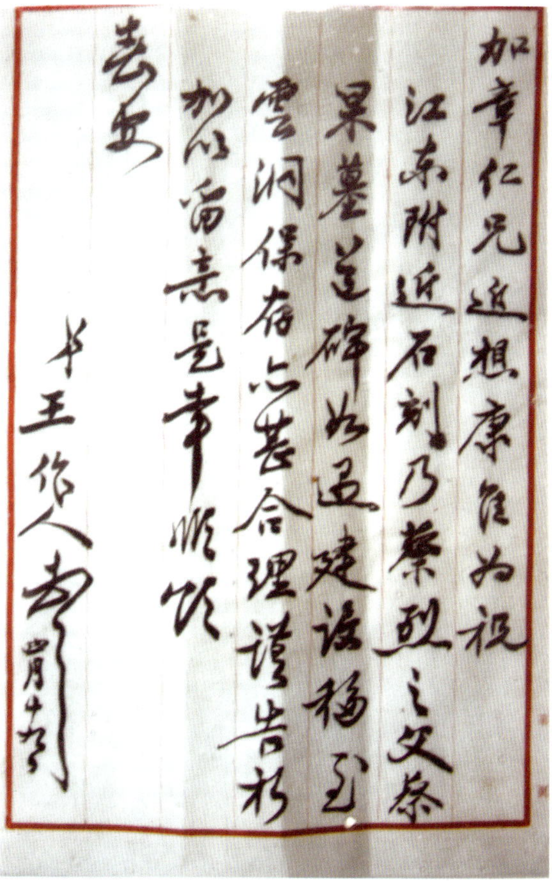

林俊龙（1939–1990 年），号石仓。龙溪石仓人。代表作《巡医又过大娘家》被中国美术馆收藏，与妻子林淑华合作的画作《周总理和邓大姐》

《龙文区志》编纂委员会

《龙文区志》编辑室成员

主　　编：林建金

总　　纂：黄剑岚

统稿编辑：张日庆　吴肇庆　黄　昌　周三民　陈荣翰
谢伟中（摄影）

编　　辑：陈华俐　林月芬　林宝卿　黄怡萍　王达敏

中共漳州市委党史和地方志研究室《龙文区志》审定验收组成员

组　长：康元泰

副组长：曾一石　蔡春枝

成　员：陈坤山　郑美华　李云章　杨　静　沈　琛　张大南
张永忠　张志和　张绍猛　张煌辉　张耀辉

序

《龙文区志》历经十三载精心整理编校，数易其稿，即将付梓，可喜可贺！

龙文区是漳州两个市辖区之一，地处九龙江下游冲积平原，九龙江西溪、北溪、九十九湾“三水环绕”，岐山、鹤鸣山屹立于东，鹰厦铁路、国道324、319线和高速G76线穿境而过。云洞岩奇峰突兀，乃漳东“外七首岩”之胜景，自五代许碏题字，文人墨客摩崖题刻二百余处，林林总总，号为“闽南第一碑林”。

临其水而聚其气，倚其山而出人杰。区境古为漳州东乡，自宋嘉佑六年（1061年）第一位进士蔡瑗开始，赫赫然进士45人，有父子进士陈沆、陈淼，有明东阁大学士林釬、太仆卿陈天定，涌现一批才华横溢的历史人物群体。朱熹知漳，紫阳过化，开一代理学新风，乡贤“北溪先生”陈淳得朱子真传，学术成就卓绝，著述入选《四库全书》。

古之有作为豪杰俊才，必有“立德、立功、立言”之“三立”。有作为之政区亦应有“三立”：立德，乃物质文明精神文明、社会和谐之根本；立功，乃创建繁荣昌盛现代化漳州中心城区之丰功伟绩；立言，《龙文区志》为政书，“治天下者以史为鉴，治郡国者以志为鉴”，乃昭示“存史、教化、资政”之社会功能。《龙文区志》全面而又系统地记载龙文区境自然、政治、经济、文化和社会的历史与现状，是一部贯通古今的资料性巨著。在此，谨向默默奉献、致力编修的全体工作人员，及精心给予指导的省、市方志委和社会各界的专家、学者致以衷心的感谢和崇高的敬意！

盛世修志，资政育人。随着漳州市区中心城区行政规划调整和一批重大项目落地建设，龙文区的城市能级和核心竞争力不断提升，一幅“产、城、人”深度融合的现代化中心城区画卷徐徐展现。中共龙文区委、龙文区人民政府将深入贯彻习近平新时代中国特色社会主义思想，坚持新发展理念，建设产业新城，奋力谱写新时代新龙文发展新篇章。一代人有一代人的使命担当，诚望全区人民，以史为鉴，不忘初心，牢记使命，发扬拼搏和斗争精神，努力为龙文全方位推动高质量发展超越做出新的更大贡献。

中共漳州市龙文区委书记

漳州市龙文区人民政府区长

2020年11月

凡 例

一、本志坚持以马克思列宁主义、毛泽东思想、邓小平理论、“三个代表”重要思想、科学发展观、习近平新时代中国特色社会主义思想为指导，坚持辩证唯物主义和历史唯物主义的立场、观点和方法，系统记述漳州市龙文区域内的自然、政治、经济、文化、社会的历史发展变化。

二、本志记述的区域为漳州市龙文区现所辖行政区地域范围。记述时限上溯至有文字记载年代，下限为 2007 年 12 月 31 日。

三、本志记事采用述、记、志、传、图、表、录体裁，其中以志为主体。由概述、大事记、专业分志、人物、附录等部分组成。以科学分类和社会分工为原则，横排门类，纵写史实，纵横结合，突出时代特色、地方特色、专业特色。按自然、政治、经济、文化、社会顺序排列，凡 31 卷，卷下设章、节、目、子目等。

四、本志文体采用规范的记述性语体文，文字采用规范汉字，标点符号按国家规定的标准执行。

五、本志纪年，中华民国以前朝代，采用年号纪年，用汉字数字书写，括注公元纪年，同一年号只括注首次；中华民国时期，采用年号纪年，用阿拉伯数字书写，每节首次记述时括注公元纪年；1949 年 10 月 1 日后一律用公元纪年。志中“解放前、后”，系指 1949 年 9 月 19 日龙文区境解放前、后；“中华人民共和国成立前、后”，系指 1949 年 10 月 1 日中华人民共和国成立前、后。

六、本志一律采用第三人称表述。人名一律直叙姓名，官职用当时制度规定的名称记载。外国的国名、地名、人名、党派、政权、机构、报刊等名称，均以新华社的译名或社会上公认的译名为准。植物、动物、矿物等名称，使用标准学名，个别采用习用名。国内地名均按现地名认定机构认定的地名记述；古今地名不同者，括注今名。

七、本志计量单位表示法，采用国家法定的计量单位（农业种植业采用历史与民间习惯计量单位）。

八、本志货币单位均按历史习用货币单位记述。1949 年 9 月至 1955 年流通的以万元为单位的人民币，一律换算为新人民币币值。人民币货币单位用元；记载外国货币，采用该国的货币单位。

九、入志人物分传、录、表，坚持“生不立传”原则，人物传以人物去世时间先后排序。

十、本志方言注音，采用国际音标标调注音。

十一、本志记述的国家、政区、机构、文件、会议等专用名称，首次出现时用全称，再次出现时用简称。如福建省用“省”，漳州市用“市”，中国共产党龙文区委员会用“中共龙文区委”，龙文区人民政府用“龙文区政府”，龙文区人民代表大会常委会用“区人大常委会”，中国人民政治协商会议龙文区委员会用“区政协”，“龙文区经济贸易局”用“区经贸局”等，以此类推。

十二、本志资料来源于各级档案馆、统计局，以及公开出版物、已解密的内部资料、族谱、经核实的口碑材料等，一般不注明出处。使用数据，以统计部门为准，余者采用经核实的业务部门数据。

目　录

第二卷 国土资源管理与环境保护

第三卷 城乡建设

第四卷 人 口

第五卷　中共地方组织

第六卷　地方人民政府
人大地方组织　政协地方组织

第七卷　社会团体

第八卷 政 法

第九卷　军　事

第十卷　经济总情

第十一卷　农林牧渔业

第十二卷　水　利

第十三卷　工　业

第十四卷　经济开发区

第十五卷　交通运输　邮政电信

第十六卷　商业贸易　招商引资

第十七卷 旅游业

第十八卷 金融业

第十九卷 财政 税务

第二十卷　经济管理

第二十一卷　教　育

第二十二卷　科学技术

第二十三卷　文化　体育

第二十四卷　艺　文

第二十五卷　医疗　卫生

第二十六卷　民　政

第二十七卷　劳动　人事　编制

第二十八卷　外事·侨务·与台湾地区往来

第二十九卷　宗教　民俗

第三十卷　方　言

第三十一卷　人　物

附　录

CONTENTS

Volume III Urban and Rural Construction

Volume IV Population

Volume V Local Organization of Communist Party of China (CPC)

Volume VI Local People' s Government, Local Organization of the People' s Congress, Local Organization of the Political Consultative Conference

Volume VII Social Organizations

Volume VIII Politics and Law

Volume IX Military

Volume X General Economic Situation

Volume XI Agriculture, Forestry, Animal Husbandry and Fishery

Volume XII Water Conservancy

Volume XIII Industry

Volume XIV Economic Development Zone

Volume XV Communications and Transport, Post, Telecommunication

Volume XVI Commercial Trade, Attracting Investments from Overseas

Volume XVII Tourism Industry

Volume XVIII Financial Industry

Volume XIX Finance, Tax Administration

Volume XX Economic Management

Volume XXI Education

Volume XXII Science and Technology

Volume XXII Culture, Sports

Volume XXIV Art and Literature

Volume XXV Medical Treatment Health

Volume XXVI Civil Administration

Volume XXVII Labor, Human Affairs, Authorized Staff

Volume XXVIII Foreign Affairs Overseas Chinese Affairs Contacting with Taiwan Region, China

Volume XXIX　Religion Folk Custom

Volume XXX　Dialect

Volume XXXI　Characters

Appendix

概　述

龙文区位于厦门、汕头两个经济特区之间，国道324、319线和省道郊柏线贯穿境内；西与漳州市芗城区毗邻，东靠九龙江北溪、西溪与龙海市角美镇和榜山镇交界，南临九龙江西溪与龙海市颜厝镇隔江相望，北与长泰县城关镇接壤。鹰厦电气化铁路穿境而过；漳厦高速公路直接城区。陆路距厦门国际机场58公里，距厦门湾东渡码头48公里，距漳州港37公里；区境公路总里程166公里，形成水陆空立体交通网络。

龙文区地处北纬24°29′—24°42′，东经117°29′—117°43′；临北回归线，属南亚热带海洋性季风气候。九龙江西溪、北溪分别从东、南、北三面环绕区境，总长13.5公里，九龙江冲积平原占全区总面积75%，沟渠成网，沃土连片。龙文区为省内闻名遐迩的高产、稳产农业生产基地，著名的花果之乡。2007年，全区有蓝田、步文、朝阳、郭坑4个镇和福建省漳州蓝田经济开发区，辖42个村民委员会（含蓝田经济开发区朝阳村）、8个社区居民委员会（含蓝田开发区朝兴社区）和1个镇办农场；土地总面积126平方公里，人口14.28万人。

一

远古时期，区境云洞岩一带就有先民在此繁衍生息。两晋时期至唐代，中原地区大批汉人入闽，有的定居于境内九龙江流域平原、丘陵地带，或从事农耕，或从事沿江捕捞。中原先进文化与古闽越文化在此相互交融和发展。

梁大同六年（540年）置龙溪县，区境隶属龙溪县。唐贞元二年（786年），漳州治迁移至龙溪县永宁乡唐化里，龙溪县遂为附郭，区境毗邻州、县治，文化教育兴起。云洞岩名人摩崖石刻林林总总，留下宝贵文化遗产；今存摩崖题刻203处，集书法精华于一处，堪称世界少有，被称为“闽南碑林”，是国家AAAA级旅游风景区。

两宋时期是漳州文化教育与社会经济发展重要的时期。区境受其影响，倡导文化，兴办教育，兴修水利，畅通贸易，各行各业蓬勃发展。郭坑生产的陶瓷器工艺达到一定水平。宋嘉熙四年（1240年），九龙江北溪建造号称“江南石桥，虎渡第一”的虎渡桥（又称江东桥），是中国古代八大名桥之一。中国著名桥梁建筑专家茅以升对江东桥每块石梁重200多吨是如何安装的，感到不可思议，称之为“科学之谜”。为此，吸引中外学者前往考察研究。九龙江全线通航，地近浦头港、小港等重要码头，促进城乡市场繁荣与活跃。朱熹知漳州，开理学之风，提倡兴学育人，重礼仪、正教化，文化教育水平得到提高。区境涌现一批有为人才。王遇，不畏权势，为民办实事，官至右曹郎中，著有《论孟讲义》《两汉博议》等书，世称“东湖先生”。陈淳，世居龙江北溪之滨，学者称“北溪先生”，继承朱熹理学，在学术上有一定的地位和影响，著述颇丰，《北溪字义》

和《北溪大全集》（50 卷）均收入《四库全书》。

明中叶，区境出现资本主义萌芽。隆庆元年（1567 年），开放海禁，“准贩东西洋”。郭坑、小港、浦头港航运直通月港，农副产品、手工业品或从水路或从陆路直达月港输出。东溪、扶摇生产的瓷器，标名“漳瓷” 名闻遐迩；纺织品标名“漳绒”及贝吉布远销海内外；璞山出产的片仔癀面世受人好评。与此同时，区境文化教育进入鼎盛时期，省内外文人学士会聚郧山讲堂讲学，涌现不少名人、学士。大学士林弼博览群书，与王祎、宋濂等同修《元史》；其书画闻名于世，收藏于北京故宫博物院。王昇，官至大理寺左寺正、抚州知府，为官清正廉明，平反冤假错案，重教育，兴礼仪，捐俸银，赈救灾民。理学名家蔡烈，隐居鹤鸣山著书立说。一代大儒黄道周继室蔡玉卿，才识过人，是铁骨铮铮的奇女子。还有廉正忠直的大学士林釬、被明代著名的书画家董其昌“自叹弗如”的书法家李宓等。

明末，倭寇入侵，社会动荡，官场吏治黑暗；同时，连年灾荒，百姓流离失所。

清初，清廷实行残酷的“海禁”“迁界”政策，田地荒芜，一片凄凉。康熙十九年（1680 年）复界后，清廷调整赋税政策，海禁松弛，百姓安居乐业，经济恢复发展。区境沿江埭田有所扩大，兴修水利工程，农作物生产得到保障。手工业逐渐复苏，原有的纺织业蓬勃兴起，所产的绒缎，富贵华丽；竹木业、陶瓷、制糖、纺织作坊发达兴旺。鸦片战争后，外国殖民经济入侵，加上机器工业兴起，境内手工业受到严重影响，制糖业、纺织、竹木、家具业走下坡路。

民国初期，一些华侨怀着“实业救国”的宏愿，创办森祥种植公司、四维农场等农垦企业；兴办汽车公司，兴修漳州—嵩屿铁路、漳州—浮宫公路、漳州—郭坑公路、云洞岩公路。民国 38 年（1949 年 9 月 30 日）9 月 19 日，区境解放，属龙溪县管辖。

二

中华人民共和国成立后，建立人民政权，全面开展社会主义建设，国民经济开始恢复发展，人民生活有所提高。但是 1958—1976 年，“左”倾错误思想占据主导地位，出现生产瞎指挥、浮夸风，严重损害农民的利益，挫伤生产积极性，给人民生活造成极大的困难；特别“文化大革命”时期，农村开展阶级斗争，农业生产停滞不前，经济陷入困境。中共十一届三中全会后，实行“改革、开放、搞活”方针，建立和完善生产责任制，农民自主经营经济的积极性和创造性大为提高，促进农业生产发展。区境农村普遍开展科学种田，推广先进技术，农林牧渔总产量、产值大幅度提高。社队企业向多种经营方式、多层次、多渠道发展。同时，民营经济也进入快速发展时期。

1985 年，龙海县被国务院批准为沿海经济开放县，步文、郭坑两个乡镇党委和政府制定对外开放发展规划，以开放促开发，以开发促发展，加快经济建设步伐。改善投资环境，建设工业小区，立足本地资源与环境优势，引进外资发展第二、第三产业。加快改造乡镇企业，吸收国外先进技术，提高生产水平。1992 年，福建省人民政府批准漳州市人民政府在步文镇梧桥村和蓝田村成立蓝田工业开发区。同年，步文镇获准开辟浦口粮食加工小区、坂上食品罐头加工小区、后坂工业小区、石仓竹木器加工小区；郭坑镇获准开辟下洋东郊工业区、粮食加工批发市场。区境对外开放、招商引资实现第一次飞跃。至 1995 年，建立多层次开发区、科技园和工业小区，形成后坂、小港、石仓、黄坑等 8 个成规模的工业小区和食品罐头、竹木制品、粮食加工、建筑建材、金属制品、商业物流 6 个骨干行业。蓝田工业开发区成为外引内联最具吸引力、最活跃、最集中的区域。当年，步文、郭坑两镇共完成国内生产总值 4.21 亿元，其中第一产业增加值 0.26 亿元、第二产业增加值 2.70 亿元、第三产业增加值 0.89 亿元；工农业总产值 11.13 亿元，其中工业总产值 10 亿元、农业总产值 1.13 亿元；全社会固定资产投资 1.07 亿元，财政收入 2198 万元，全社会消费品零售总值 1.31 亿元，农民人均纯收入 2863 元。

三

1996 年 5 月，国务院批准设立漳州市龙文区，直属漳州市管辖。1997 年 1 月，龙文区正式挂牌成立。1997—2007 年的 11 年间，龙文区经济建设和社会事业快速发展。在这片古老而又年轻的土地上，一个新兴的现代化城市中心区正在迅速崛起。

1997 年后，龙文区贯彻落实中共漳州市委、市政府“对接特区、以港兴市”经济发展战略，以创建现代文明新区为目标，立足区情，发挥优势，扬长避短；以经济建设为中心，突出“大通道、大市场、大商贸、高科技、外向型”五大特点，提出工业发展、城市建设“两轮驱动”和“工业强区、商贸活区、中心带动、城乡互动”的决策，培植以第三产业为主的特色经济，以房地产建筑业和旅游业为主导产业，带动三大产业全面发展。全区逐步形成农业、工业、旅游业、商贸流通业、交通运输业、房地产建筑业六大支柱产业。

2007 年，全区实现国内生产总值 43.01 亿元，比 1997 年的 8.01 亿元增长 4.37 倍；人均国内生产总值 30214 元，比 1997 年的 7397 元增加 22817 元，增长 3.08 倍；人均水平指数比全国、全省、全市分别高出 4.8%、2.2%、1.6%；财政分成总收入 2.96 亿元，比 1997 年的 0.34 亿元增长 7.71 倍，其中地方级收入 1.65 亿元，比 1997 年的 0.23 亿元增长 6.17 倍，增幅位居漳州市第二；城镇居民人均可支配收入 11461 元，比 1996 年的 4408 元增长 1.60 倍；农民人均纯收入 6188 元，比 1996 年的 3003 元增长 1.06 倍。

（一）经济建设

城市建设　1997—2007 年，龙文区落实中共漳州市委、市政府“建设新区，壮大中心城市”战略目标，围绕“从农村向城市，从农民向市民”两个转变的根本任务，加快全区城市化进程。根据新中心区及外围地区特点和优势，编制和完善基础设施建设规划和公共服务设施建设规划，使城市管理走向规范化、制度化轨道。龙文区探索土地制度改革和城市建设改革，实行城市用地“统一规划、统一征地、统一开发、统一管理、统一出让”的五统一办法；采取“政府主导，市场运作”方法，全面启动，快速推进新区建设。在加快基础设施建设、配套服务设施建设的同时，以壮大中心区建设快速带动外围地区建设。

至 2007 年，全区完成固定资产投资 114 亿元，实施重点项目 63 项。龙文区从农村集镇发展壮大漳州中心城市，形成中心区 5.3 平方公里和外围地区同步发展的城乡一体化基本框架。商厦、商住楼、住宅楼和新型公共建筑拔地而起。全区新建、改建城市主次干道 13 条，实现村村通水泥路；形成国道、省道、乡道与高速公路在区境互通的道路网络。设计能力为日供水 15 万吨的漳州第二自来水厂直供龙文区；3 座 11 万伏变电站与省电网联网；日处理能力 10 万吨的漳州东区污水处理厂，有效地改善龙文区水系质量的浦头港排污渠道在区境建成启用；城市空气质量优于二级空气质量标准；城市绿化覆盖率 35%。城乡居民生活，尤其是居住条件得到较大的改善，逐步实现宽裕型小康水平，为全区经济增长、优化产业结构、构建和谐社会、提高人民生活质量，发挥重要作用。

农业经济　1997—2007 年，龙文区贯彻中央、省、市农业和农村工作精神，推进农业产业化进程。利用地处城市城郊和大通道优势，调整农业种养结构，重点发展花、果、蔬、禽畜、水产、食用六大主导产业；发展高优、创汇、订单、特色农业，提高农产品质量和效益，推动农业向高优、高效方向发展，实现农业生产由以种养业为主向农林牧渔全面发展、以粗放型传统农业向集约型现代农业的两大转变。发展农产品加工业，全区以农为主的农产品加工企业近千家，有27家区级以上龙头企业和8家农业创汇企业。支持农民创办合作组织和农产品行业协会，建立农业科技服务所站4个、农村社会化服务机构21个；实施农村劳动力转移培训阳光工程，带动农户共同富裕。落实党在农村各项方针政策，减轻农民负担；加强农业法律法规宣传和农业执法监督力度，维护农民合法权益。2007年，全区农林牧渔业总产值7.08亿元，农民人均纯收入6188元，分别比1997年的2.7亿元、3628元增长1.62倍和70.56%。

工业经济　龙文区以发展工业为主线，加快工业化建设进程，加大招商引资力度，加快工业区规划与基础设施建设，加强对乡镇个体私营工业、“三资”工业的扶持与服务，加速公有制企业改革步伐。2002年7月，根据漳州市经济工作会议精神，龙文区确定“工业立区”战略，成立区工业发展领导小组及办公室，加强招商引资与项目建设、工业载体园区建设力度，发展规模企业与产业集群，创新企业品牌与提高经济效益。2006年，蓝田工业开发区与龙文工业开发区进行整合，形成“一线、两区、四片”（以工业为主线；龙文、蓝田工业开发区；朝阳、打山、红山、郭坑工业片区）工业发展格局，凸显食品罐头、家具木业、机械五金、电子仪器、建筑材料、粮食加工六大主导行业，促进全区工业向区域化、专业化、规模化方向发展。

至2007年年底，全区有工业企业2500家，工业总产值102.42亿元，比1996年的13亿元（调整数，未调整数为14.63亿元）增长6倍，占工农业总产值93.5%。规模工业企业167家，工业总产值77.91亿元（调整数）；规模工业经济效益综合指数143.4%，全员劳动生产率33848.97元／人，产品销售率95.15%。全部工业实现税收3.08亿元，占当年全区财政总收入54.8%，成为地方财政支柱。年产值亿元以上企业21家。食品加工、家具制造、机械制造、电子仪表等重点行业实现产值50.6亿元，占规模工业产值64.6%，产业集群基本形成。企业产品竞争力增强，全区企业产品获“国家驰名商标”称号3项、“省级著名商标”称号6项、“漳州市知名产品”称号26项。龙文区工业经济正沿着全面、快速、健康的轨道发展。

商贸流通　龙文区利用城市新区、旅游区、工业园区、高速公路出口、漳州汽车客运中心、漳州火车东站等人流、物流聚集区优势，培育完善专业市场与商贸网点相结合的商贸物流体系，加快运输物流业发展。1997—2007年，龙文区先后建成华东工业品批发市场、漳州水果批发市场、龙门蔬菜批发市场、闽南饲料批发市场、浦口粮食批发市场、吉马物流中心、聚善堂物流中心、小港建材城、漳州汽车汽配中心及大批汽车4S商贸物流项目，形成九龙大道商贸走廊、迎宾大道汽车营销走廊、东部物流园区的发展格局。其中，浦口粮食批发市场是全省最大的粮食批发市场。2007年，全区社会消费品零售总额12.52亿元，比1996年的1.3亿元增长8.63倍，年均增长71.92%。

对外贸易　1997年后，落实国家出口退税优惠政策，龙文区出口贸易增幅居全市第一。企业出口贸易出现订单多、开工足、效益好、增长幅度大的良好局面。引导企业参加福建外文网站暨征集企业资源信息和福建出口商品网上交易会，开展网上促销、网上交易等商务活动，取得良好效果。2004年，国家放开对外贸易经营权，龙文区利用这一有利时机鼓励上规模、出口业绩好的企业申报进出口经营资格。2007年，全区有自营进出口资格企业72家，新办进出口经营资格备案企业17家。蓝田开发区出口比重逐步增大，有52家企业开展外贸业务，出口占全区比重63.78%。全区“三资”企业缴纳税金及附加费8503.2万元，占全区财政总收入28.82%。全区出口总值19085万美元，比1997年的2005万美元增长8.52%。其中，“三资”企业出口14610万美元，内资企业出口4475万美元。出口产品分布世界101个国家和地区。但受国际贸易壁垒加剧、成本负担加重、工人短缺和金融危机等综合因素影响，外贸出口企业仍面临较严峻的形势。

招商引资　龙文区采用“走出去，请进来”办法争取更多外商投资项目；在日常招商工作中注重发挥外商投资企业协会作用，加强与成员单位和会员沟通，“以外引外”，做好后招商工作，选择合适项目推介给在区境投资的外商，鼓励其再投资。2002年后，利用中国加入世界贸易组织的契机，贯彻落实省、市外资工作会议精神，突出抓项目履约促到资，参加各种大型招商活动引进外资，搞好服务促增资；执行中央搞活经济有关特殊政策和省、市政府鼓励外商投资的优惠政策，制定出台补充优惠政策和奖励办法，致力营造一个“政府开明、群众文明、环境优美”发展环境，多渠道吸引外资，鼓励外商、港澳台商到区境投资兴业。外商投资行业涉及机械设备业、电子及光学仪器制造业、食品及农副产品加工业、纸质品加工业、家具制造业、房地产及服务业等领域。同时，提出适合本地工业发展思路，把发展出口型、创新型和科技含量高的企业作为招商引资重点，引导和鼓励内资企业嫁接外资，吸收先进技术，引进先进设备，改造老企业，开展技术创新，争创名牌产品，使经济开放向纵深发展，引动新的经济增长点。

至2007年，全区有“三资”企业133家，其中开工生产经营企业81家；规模“三资”工业企业58家，规模工业企业产值33.2亿元，占全区规模工业企业总产值42.61%。到龙文区投资的国家和地区有15个，世界500强企业的美国艾默生公司落户蓝田开发区；光学眼镜工业园、永大金属制品等企业也进驻龙文拓展。

（二）社会各项事业

科技事业　龙文区把科技工作作为“一把手工程”摆到经济社会发展重要位置。2001年，编制《龙文区科技发展“十五”规划》，出台《关于加快实施科教兴区战略的决定》《龙文区民营科技企业认定办法》《龙文区科技三项经费管理办法》和《关于扶持保护第一批区重点企业的规定》《龙文区促进科技成果转化的若干意见》等鼓励人才引进、加大科技投入、扶持科技项目开发的文件。2004年，龙文区成立人才工作领导小组和专家决策小组，加大实施“科教兴区”“工业立区”力度。2005年，龙文区首次通过科技部“2003—2004年度全国科技进步”考核，获“省级科技进步先进区”称号；被省科技厅授予“2003—2004年度科技进步考核先进县（市、区）”称号。2006年，龙文区以提高全民科学文化素质为目标，以围绕海峡西岸经济区建设和社会主义新农村为中心，加强科技服务、科技培训、科普宣传、学术交流、青少年科普活动等方面的工作。立足实际，推进科技与经济相结合，高新技术产业增加值和农作物优良品种覆盖率大幅增长；科技经济一体化效益显著。2007年，龙文区再次被科技部授予“2005—2006年度科技进步考核先进县（市、区）”称号。

教育事业　随着新区建设的不断发展，原来的学校规模较小，不适应城市发展的需要。2002—2003年，为确保和促进新区建设和教育发展，区政府撤并步文中心小学、后坂小学、土白小学、田丰小学，新建漳州市第二实验小学和毅达学校，增设2个学区；增办朝阳中学为完全中学。同时，新建漳州市一中分校、吉马印刷职业学院。至2007年，投入资金1.5亿元，改造和完善教育设施。全区学校占地面积101.33万平方米，建筑面积20.13万平方米，固定资产总值29619万元。在逐步改善教学条件的同时，加快中小学布局调整，合理配置教育资源；全面推进素质教育，提升教学质量。2000年、2001年，龙文中学高考上线率分别居全市普通完中第二名和第一名。2006年，全区高考上线率87.4%，位居全市前列；本科上线率33.7%，创历史最好水平。

卫生医疗　1996年，区境仅有医疗专业人员60人，病床30张。1997年后，龙文区把发展卫生医疗事业作为为民办实事的重要民心工程，推进医疗改革和卫生事业的发展。至2001年，建成龙文医院门诊楼、区防疫站、区妇幼所、郭坑卫生院，添置医疗设备，改善全区医疗环境，提高医疗水平。龙文医院通过一级甲等医院评审验收，郭坑卫生院升格为中心卫生院，全区初级卫生保健工作通过省考核验收。同时，积极稳妥地推进农村合作医疗、集资医疗、保健保偿等新型医疗保健模式，全区兴办40所村医疗所，其中34所村卫生所达到甲级卫生所标准。2002年后，龙文区重点推进创建国家级卫生城市工作，加大市容环境、城中村、集贸市场整治力度，城乡环境得到改善；加强食品卫生安全综合整治，落实疾病预防控制措施；强化计划生育管理，人口发展进入低生育水平。2004年，龙文区通过省级卫生城市复核验收。2005年，动工兴建朝阳医院，建立区疾病控制中心和卫生监督所，增强对重大疫情和突发公共卫生事件的处置能力。区政府把农村改水改厕、粪便无害化处理和创造卫生良好生活环境作为新村建设、创建卫生城镇重要内容。2006年，龙文区在全市率先实现村村通自来水，安全卫生水普及率达100%；连续5年被省政府评为计划生育一类先进区，被省计生委评为优质服务先进区。至2007年，龙文区实施新型农村合作医疗制度，参加农村合作医疗人数10.4万人，参合率93.4%。同时，同步实施农村困难家庭医疗救助制度。全区有卫生技术人员550人、病床150张；计划生育政策生育率94.9；人口平均预期寿命73岁。

文化体育　龙文区注重发展文化体育事业，加强文化体育阵地和基础设施建设。1997年后，设立区广播电视中心，配备高新技术的有关设备，有线电视人口综合覆盖率100%；设区文化馆、镇文化站。各村新建、改建一批文化室、图书室、老年活动中心。在区境市级大型文化设施有人民广场、漳州市广播电视中心大楼、漳州青少年活动中心、漳州市博物馆、芗剧（歌仔戏）艺术中心。这些设施有效地带动区域内文化事业发展。其间，扶持发展一批优秀民间文化组织，实施“芳草计划”“百花计划”，开展以人民广场为载体的广场文化和“文化下乡”活动，推进镇村文化、校园文化、企业文化、旅游文化、老人文化等各具特色的基层文化活动的开展。建立健全区、镇、村三级文化网络，郭坑镇成为福建省第三批文化信息网络基层工作站示范点；蓝田镇湘桥村被评为“福建省历史文化名村”。

龙文区贯彻《中华人民共和国体育法》，以及“全民健身计划纲要”，推进全区体育事业健康发展。兴建区青少年活动中心和篮球场、网球场、游泳池、乒乓球室、健身房等运动场所。体育协会、区属单位和各镇、村、企业开展一系列群众性体育比赛活动。加强竞技体育人才培养，选派运动员参加省、市举办的各类体育比赛，在漳州市第八、九、十届运动会共获金牌9枚、银牌13枚、铜牌19枚。2005年，步文镇、朝阳镇分别被评为全国、全省“亿万农民健身活动”先进乡镇。2006年，区武术协会代表福建省参加在郑州市举办的第三届世界传统武术节，取得一等奖4项、二等奖7项、三等奖6项的好成绩。2007年，全区体育场地总面积14.84万平方米，人均1.23平方米。

（三）精神文明建设

龙文区坚持精神文明建设与物质文明建设“两手抓”，使“艰苦创业、勤俭建区，科学文明、开明守信，敢拼敢闯、争创一流”的龙文精神，成为新区建设的强大精神支柱。在全体党员干部中开展“讲政治讲学习讲正气”、“当公仆讲奉献建新区”、“三个代表”重要思想、“保持共产党先进性”等系列学习教育活动；在全社会开展“职业道德、家庭美德、社会公德”教育和“文明村”“文明户”“文明单位”等群众性精神文明创建活动。同时，常年不懈地开展“打防并举”社会治安综合治理和“平安龙文”创建活动。龙文人民思想道德意识、城市文明意识、法制观念不断增强，社会文明水平得到提升，出现“全国道德模范提名奖”获得者阮文发等典型先进人物。2006年，龙文区被中共福建省委、省政府授予全省首批“平安福建”建设达标县（市、区）称号。

回顾历史，展望未来，面对新形势，任重而道远。富有团结、创新、开拓、进取、奉献精神的龙文区人民，励精图治，与时俱进，信心百倍地迎接更加璀璨绚丽的明天！

大 事 记

南北朝

梁大同六年（540 年）

析晋安县地置龙溪县，区境属龙溪县。

隋

开皇年间（581—600 年）

潜翁在云洞岩养鹤。

大业三年（607 年）

区境属建安郡龙溪县。

唐

武德五年（622 年）

正月，龙溪全境归唐，区境属之。

嗣圣元年（684 年）

陈政医官李茹刚传入中医，区境中医开始兴起。

唐垂拱二年（686 年）

区境属武荣州龙溪县。

贞元二年（786 年）

漳州州治迁于龙溪县登高山桂林村，龙溪县成为附郭，区境属之。

五代

许碏到云洞岩游览并题刻“许碏寻偃月子至此”。

高僧楚熙卓锡瑞竹岩，又辟聚奎岩。

王潮子延钉、王审知子延政定居永宁乡唐化里岐东保上苑村。

宋

绍兴十六年（1146年）

中书舍人兼学士院刘才邵知漳州，在区境开渠，斗门设闸蓄水排涝，灌溉良田。

绍兴年间（1131—1162年）

西溪始修浮桥。

隆兴二年（1164年）

正月至八月，大旱。

乾道六年（1170年）

夏，大旱。

绍熙元年（1190年）

朱熹知漳州，奏免区境杂税，减轻百姓负担。

朱熹在云洞岩题“溪山第一”于“石室清隐”边。

王遇、陈淳从朱熹研理学。

绍熙年间（1190—1194年）

郡守赵伯逖在柳营江（今江东）以木舟连环建浮桥。

嘉定七年（1214年）

郡守庄夏改建江东木舟浮桥为石木结构桥梁，名通济桥，俗称虎渡桥，后称江东桥。嘉熙四年（1240年），改为石桥。

宋代

郭坑洛滨瓷窑生产青、黄、褐色釉瓷器。

颜颐仲在云洞岩北坡建仙亭岩，在山顶建天开图画亭。

元

至治三年（1323年）

九月，水灾。

至正年间（1341—1370年）

林弼著《林登州集》。

明

洪武四年（1371年）

朝廷实行海禁政策，区境民间贸易受到压制。

洪武六年

建西港桥。

洪武九年

建东港桥（今名响水桥）。康熙四十四年（1705 年）知县曹家甲重修建以石桥。

洪武十二年

乡人苏延贵在翰林社（今内林社）创办建溪书院。

洪武二十三年

漳州守钱古训、龙溪人刘孟雍在蓬洲创芗江书院。

正统十年（1445 年）

十一月十四日，一昼夜地震 9 次，波及区境。

天顺七年（1463 年）

疾风暴雨，北溪水发，洪水涨平地深五丈，柳营江桥亭漂没。

成化十年（1474 年）

七月初五，昼夜暴雨不止，洪水骤至，庐舍损坏不可胜数。

成化十二年

大旱逾半年。

正德八年（1513 年）

九月，区境饥荒，有司开仓赈济。

嘉靖十三年（1534 年）

在乡设都，区境分属龙溪县二十二都、二十三都、二十六都、二十七都，共 37 社。

万历元年（1573 年）

高僧樵云卓锡石室岩，建亭施茶。

万历二十八年（1600 年）

八月二十三日夜戌时，大地震。

万历二十九年

十月十一日戌时，地大震，子时又震，五更有星陨如雨。

是年，翰苑举人严世同在南京经西班牙传教士罗儒望受天主教洗礼，成为漳州地区第一位天主教徒。

万历三十一年

十一月初九，地大震有声，至十二月初乃止。

万历三十六年

正月至五月，瘟疫流行。三月至六月，天旱。

万历四十四年

天主教传入后坂。清康熙九年（1670 年）始建教堂。

万历四十五年

六月大雨，连日不止，西溪、北溪水涨，城外沿溪民居尽漂去，溺死者不可胜数。

万历年间（1573—1620 年）

上苑社王立思奉旨赴琉球中山国任通判之职，后定居琉球。后裔繁衍于日本冲绳县那霸市一带。1992 年 8 月，上苑王氏后裔从琉球回乡认祖。2003 年 10 月 4 日，又有 15 人回乡寻根谒祖。

天启年间（1621—1627 年）

石仓村丹店社木制家具“芗几”，远销南洋群岛。

崇祯元年（1628年）

四月初三，徐霞客到北溪江东渡。

崇祯二年

漳州知府施邦曜在龙溪县岐山与鹤鸣山之间堆云岭建万松关，为漳州通往省城福岐路重要孔道，是历代兵家必争之地。

崇祯三年

荷兰殖民者占据澎湖后，经海道由万松关犯漳州。

八月十七日，徐霞客从宁洋乘舟至华葑，第二次考察九龙江。十九日，抵漳城。

崇祯十六年

五月十八日，江东桥北面邺山讲堂始建，主体建筑为三近堂、与善堂和乐性堂。黄道周在此讲学。

清

顺治二年（1645年）

蓝田石楼建成，陈天定题“溪山日丽”和“井里春深”石匾。

顺治九年

二月，清副将王进与郑成功军提督甘辉战于北溪。三月，清军陈锦率兵二万人进驻江东桥五里外牛蹄山。郑成功亲率兵与清军激战，大破清军，遂引兵围漳州城。七月初七，陈锦至凤凰山，被其侍从库成栋刺杀，携其首级投奔郑成功。

康熙五年至六年（1666—1667年）

区境连岁大丰收，此后米价稳定20多年。

康熙十七年

二月十八日，郑经部将刘国轩毁江东桥，以阻清兵。

康熙年间

马崎连氏裔孙连兴位从龙溪二十七都马崎迁居台南县宁南坊马兵营，其七世孙连横编纂《台湾通史》。2006年4月19日，连横之孙连战（今为中国国民党荣誉主席）回乡谒祖。

雍正九年（1731年）

八月初四夜，龙卷风拔木坏屋，行人有被卷过溪者。

乾隆十七年（1752年）

七月初七夜，区境大水漂没庐舍，船舶碰撞击碎。

乾隆十九年

五月，大雨，水淹田庐。

乾隆五十六年

三月初六辰时，大地震，有声如雷，民居多损坏。

乾隆五十九年

八月十一日、十二日，发大水。水积半旬不退，民居倒塌，人口淹毙无数。

同治三年（1864年）

十月底，清福建路陆路提督林文察率1000人清军于万松关扎营。十一月初三夜，太平天国侍王李世贤派一支精锐部队在万松关和瑞香亭袭击清军，大获全胜。林文察阵毙，水师提督曾玉明败走，退守江东桥。

同治四年

四月二十一日，左宗棠率清军攻占万松关并攻破漳州城，李世贤部伤亡万余人，突围西走。

光绪十八年（1892 年）

十一月二十七日、二十八日，大雪。区境积雪尺余，四山皆白，河沟俱冻，果木牲畜冻死不计其数，贫民亦有冻死。

光绪三十年

八月，发大水，城乡被淹，屋倾人漂甚众，历两日夜。

光绪三十三年

五月，福建第一条铁路漳嵩铁路江东至嵩屿段开始兴建。

宣统二年（1910 年）

十二月竣工，宣统三年五月通车，至民国 19 年（1930 年）停业。抗日战争期间拆除铁轨。

宣统三年（1911 年）

九月二十一日，同盟会漳州地区领导人林者仁（东屿村人）与哥老会首领张仪、同盟会会员陈彬侯等到汀漳龙道公署降下清朝龙旗，在孔庙明伦堂升起同盟会旗帜，漳州光复。

中华民国

民国元年（1912 年）

区境基层组织沿用清代保甲制度。

民国 5 年（1916 年）

2 月 5 日上午 10 时，大地震，持续三四分钟。东乡诗浦庙前，地裂长二三丈，宽二尺余。

民国 7 年

2 月 13 日，大地震，房屋倒塌，牌坊损坏，地裂数处，涌出黑沙土。

民国 8 年

蓝田村创办关霞小学，学生 200 余人。

民国 9 年

浦口、郭坑创办半机械化糖厂。

民国 10 年

2 月，漳嵩公路兴建。起点江东桥，终点至厦门嵩屿。

民国 16 年

漳州至郭坑长 11 公里公路建成通车。

民国 21 年

大旱 7 个月，区境早稻无收。

林者仁创办东屿学堂（修滨小学）。

民国 22 年

7 月，区境鼠疫大流行。

民国 25 年

东屿村创办私营海记织布厂，有 50 台新型织布机。至民国 26 年，该村有织布机 200 多台。

福建省水上警察总队第二大队在龙溪县石码设“龙溪海澄南靖平和长泰办事处”，在郭坑分布警力，管理水上治安事务。

民国 26 年

郭坑至龙溪县政府电话路线开通。

民国 28 年

4 月，日本飞机投下有痢源媒介昆虫炸弹数枚，造成区境恶性痢疾流行。

联保改为乡，区境辖 6 个乡，即靖东乡、复兴乡、振桥乡、鳌头乡、修滨乡、关霞乡，属龙溪县第四区（郭坑区）。民国 36 年并为修滨、桥头、关霞、郭坑 4 个乡。

民国 29 年

区境田赋税改征实物。

民国 30 年

漳州汽车公司营运，乡人蔡竹禅任董事长。

民国 34 年

10 月，龙溪县首届参议会成立，碧湖村杨逸年任参议长。

民国 35 年

春夏大旱，粮价高涨，乞者甚众。大旱之后又遇水灾。

民国 37 年

7 月，台风暴雨袭击区境，后又遇蝗灾，损失严重。

中华人民共和国

1949 年

9 月 19 日，桥头、修滨、郭坑、关霞 4 个乡解放。区委书记李锁柱、区长王观生接管桥头、修滨、郭坑、关霞乡公所，当月下旬建立龙溪县第六区，区公所设在古塘村。

10 月 21 日，中共龙溪县委第一个工作组 9 人进驻蔡坂，开展秋粮征收准备工作。

11 月 27 日，第六区派代表参加龙溪县第一届各界人民代表协商会议。

12 月 5 日，第六区派代表参加龙溪县第一次工人代表大会。

1950 年

2 月 1 日，龙溪县人民政府首次开征税收，第六区各界人士踊跃交税。

11 月，第六区开始土地改革。第六区人民掀起抗美援朝、保家卫国捐献热潮。

12 月，第六区反霸斗争全面展开。城乡开展镇压反革命运动。

1951 年

5 月 1 日，第六区群众举行示威游行，反对美帝国主义侵略朝鲜、武装日本。群众订立爱国公约，捐献 2.3 万元支援志愿军，购买飞机大炮。

7 月，第六区完成土地改革，没收地主土地，征收富农多余土地，分配给无地或少地农民，并分配耕牛、农具、粮食。

8 月 26 日，第六区完成夏季爱国公粮 434500 公斤。

是月，第六区召开各乡人民代表会议，选代表 695 人，其中男 655 人，女 40 人。建立 16 个乡人民政府。

11 月 6 日，蓝田试办互助组。至 12 月底，第六区组织常规互助组 455 组，临时互助组 699 组，变工队 99 队。

1952 年

1 月 4 日，实行棉纱统购。28 日，第六区以互助组为中心，开展爱国增产运动竞赛。

4 月 4 日，第六区召开第一次劳模代表大会。

夏，第六区设民主妇女联合办事处。

8 月下旬，第六区组织登科甘蔗、孚美皮蛋、面线等土特产参加龙溪县首届城乡物资交流会。

9 月，第六区开展查田定产工作，至 11 月 5 日工作基本完成。

12 月 12 日，第六区召开五大主干联席会议，评选模范乡。

1953 年

2 月，第六区民主妇女联合办事处改称区民主妇女联合会。

3 月 3 日，第六区召开扩干会，整顿互助组和开展生产竞赛。会上沈添木、谢五赞两个互助组写出挑战书，向全省互助组挑战。

4 月 14 日，连日暴雨，北溪洪水猛涨，区境受淹土地 1600 公顷。受淹较严重的有翁建、营上、田边、郭坑、汐浦等乡，受淹时间 7 天。

7 月 1 日，零点开始进行第一次人口普查，10 月基本结束。第六区 13163 户，人口 62629 人。同日，第六区人民政府驱逐在后坂天主教堂传教的西班牙传教士卢立德、马修德两人出境（12 月 30 日接管后坂教堂）。15 日，在抗日战争中被炸毁的江东桥修建完成通车。次日，运送人民解放军部队及重型武器军车通过江东桥进入东山县境参加东山保卫战。

10 月 5 日，第六区在六石乡进行第一期普选试点。后，各乡实行普选，建立人民代表大会制度。

12 月中旬，第六区宣传贯彻过渡时期总路线，并召开扩干会议，贯彻统购统销政策，发动农民踊跃卖余粮给国家。

是年，第六区、第十区先后组织初级合作社，实行统一经营、统一核算、统一分配收益，农民保留土地所有权。

1954 年

1 月 1 日，第六区首次发动群众购买国家经济建设公债（至 12 月，完成认购经济建设公债 22685 元）。24 日，第六区派代表参加龙溪县农业生产合作社代表会议。会后，陆续兴办农业生产合作社（至 1957 年年底，全区建立高级社 17 社，初级社 79 社）。

6 月 22—26 日，第六区人大代表参加龙溪县第一届人民代表大会第一次会议。

15 日，第六区政府按人口定量发给布票。9 月中旬，空降在碧湖村九龙江河滩的两名国民党空军人员，向当地人民政府投诚。

1955 年

3 月 1 日，实行义务兵役制，第六区适龄青年踊跃报名应征。下旬至 7 月，百日大旱。早稻比常年减产 24.7%。

5 月 13 日，第六区组织民工支援 3613 国防工程建设。

8 月，实施粮食定产、定购、定销政策。

9 月 30 日，西溪、北溪洪水成灾，区境受淹农田 1287.87 公顷。营上、翁建、桥头、步文、蔡坂、蓝田、后坂等乡受淹 40 小时以上。

11 月 13 日，第六区组织民工参加鹰厦铁路工程建设。

12 月，第六区改名东屿区，下辖 15 个乡。

是年，东屿区设置电话总机。

1956 年

4 月 28 日，江东水闸和进水渠道建成，受益田地 2533.33 公顷。

5 月 1—15 日，东屿区派代表参加在漳州举行的中共龙溪县第一次党员代表大会。

6 月 28 日，东屿区内林港道引水工程建成，受益田地 1633.33 公顷。

8 月，省化工厅在蔡坂投资兴建漳州农药厂（1957 年建成投产。1961 年 6 月 29 日，划归龙海县，改名龙海农药厂。1997 年 6 月停产。2003 年改制，更名龙文农化有限公司）。

12 月，水利部部长傅作义到东屿区参观江东桥和内林水库水利建设。

是年，步文、郭坑两乡组织高级农业生产合作社。

是年，东屿区粮食单产 615.5 公斤，比上年单产 495.5 公斤增产 24.2%。

郭坑火车站东站兴建，1958 年 6 月建成营业。鹰厦铁路郭坑至漳州支线动工，1957 年竣工。

1957 年

1 月，东屿区扫盲工作进展快，全区计有 11680 人入学。

2 月 19 日，为纪念参加鹰厦铁路建设中牺牲的铁道兵，中共龙溪县委、县人民政府在郭坑镇猪头村兴建"铁道兵烈士纪念碑"。

7 月，东屿区改名东山区。

9 月 14 日，龙溪专区在东山区诗浦乡召开千斤黄麻现场会，有 11 个县市代表参加会议。

11 月 7 日，析东山区古塘、市尾、诗浦 3 个乡，总人口 8301 人，土地 154.6 公顷，划归漳州市（今芗城区）管辖。

是年，农作物大丰收。区平均亩产水稻 500 公斤，柑 5000 公斤，甘蔗 13000 公斤，香蕉 1500 公斤，黄麻 400 公斤，花生 250 公斤。

1958 年

1 月 2 日，开展以除"四害"为中心的爱国卫生突出月运动。

6 月上旬，开展"土法上马，大炼钢铁"运动，炼制土生铁。29 日，郭坑至漳州铁路支线建成，第一列工程火车驶进漳州站。31 日，中共龙溪地委在后坂乡蔡坂村召开耕牛综合利用现场会，各县县委书记、农业局长等出席。同月，省化工厅在莲池尾建成合成氨厂（1961 年 6 月 29 日，改为龙海合成氨厂。1997 年，改为龙文合成氨厂。2002 年 12 月，实现改制）。

9 月，取消乡村建制，成立卫星人民公社，下辖 13 个耕作区。翌年 5 月，卫星人民公社改称步文人民公社，原耕作区改为生产大队。

12 月 8 日，登科生产大队长林佬带着"311""703"甘蔗优良品种，赴北京参加全国劳动模范大会。甘蔗丰产的登科生产大队被国务院授予"社会主义建设先进单位"称号。

是年，漳州糖厂甘蔗运输铁路专用线兴建，1959 年投运。厂区至步文镇头宫专线长 10 公里。至 1992 年停运拆除。

1959 年

8 月 23 日，步文人民公社遭受十二级强台风正面袭击，降水量超过 100 毫米，水位超警戒线 1.5 米。

9 月 12 日，继发暴洪，崩岸缺口 171 处。中共龙溪县委、县政府组织万名民工抢修提案。

10 月 14 日，步文公社大石水库建成，受益农田 153.33 公顷。同月，漳滨渠道建成，干渠长 2 公里，支渠长 3 公里。

是年，郭坑钢铁厂建成投产。1975 年，改名龙海轧钢厂。1980 年，改名龙溪钢铁厂。1996 年，破产停办。

1960 年

3 月 4—9 日，为战胜近 200 天干旱，步文公社、郭坑公社组织民工参加龙海县组织的在江东、洋西、紫泥、玉江、郭洲等地堵江引水抗旱。

5 月 15 日，农用双翅飞机首次在步文公社洒农药治虫，3 天洒农药 333 余公顷。

6 月 9 日，区境遭受百年罕见特大洪水灾害。当晚强台风夹带暴雨，雨量在 120 毫米以上，九龙江上游雨量 400 毫米。10 日，山洪暴发，人民解放军派登陆艇抢救被洪水围困的灾民。

8 月 15 日，经国务院批准，龙溪县与海澄县合并为龙海县。区境属之。

11 月 11 日，步文公社秋收秋种，得到漳州市区工厂、企业劳力支援。

1961 年

2 月，以生产大队为经济核算单位下放至以生产小队为经济核算单位。社员每人分四至六厘自留地。

3 月 23 日，步文公社孚美大队拆为孚美、坂上 2 个大队。蓝田大队拆为蓝田、湘桥、小港 3 个大队。

6 月 29 日，步文公社所辖店上大队和后房农场划归漳州市（今芗城区）。

9 月 9—29 日，先后 3 次强台风袭击步文公社，过程降雨量 456 毫米。山洪暴发，农业生产受到严重破坏。

是年，九龙江西溪、北溪防洪堤坝基本建成。

1962 年

1 月 20 日，步文公社所属的郭坑大队、扶摇大队、黄坑大队、汐浦大队划出，成立郭坑人民公社。

2 月上旬，自由市场形成，物价开始出现国家定价和市场定价两种价格。

10 月，成立步文公会工作委员会，会员 55 人。

是年，湘桥水闸始建，1963 年竣工。过闸流量 143.9 立方米 / 秒。2004 年扩建，2006 年 11 月完工。排洪流量 280 立方米 / 秒。

1963 年

3 月 6—16 日，在九龙江北溪江东桥畔建立临时抽水机站，龙海县政府调集 25 台 504 匹马力抽水机，抽北溪水入江东渠道，灌溉角美一带旱田 3 万多亩。

6 月 12—16 日，连续 5 天下雨 300 多毫米，局部山区降雨量 655.7 毫米，稻田 60% 受淹严重。

7 月，东墩水闸建成，过闸流量 118.5 立方米 / 秒。是月，开放粮食市场。

1964 年

1 月 4 日，龙海县西溪引水灌溉排涝工程指挥部成立（翌年 11 月，西溪水利一条龙配套工程动工）。

5 月，龙海磷肥厂在郭坑建成投产（1997 年 1 月，改称龙文区磷肥厂。2007 年 12 月 31 日，被收购拆厂）。

7 月 1 日，全国开展第二次人口普查。普查结果，郭坑人民公社 12549 人，步文人民公社 52785 人。

是年，步文公社早稻有四分之一面积推广矮化良种并获丰收。一般单产 350—400 公斤，最高单产 500 公斤。

是年，碧湖水闸始建，2005 年扩建，2006 年 11 月完工。排洪流量 206 立方米 / 秒。内林水闸始建，2001 年 5 月扩建完工，过闸流量 300 立方米 / 秒。

1965 年

3 月 22—27 日，春旱缺水。步文公社和县其他公社社员在西溪湘桥段堵江截流，灌溉下游超千公顷受旱农田。

8 月，鲜肉、冻肉一律按平价敞开供应。

12 月 5 日，福建省江东桥电灌工程指挥部成立（1967 年 4 月，江东桥电灌站建成，装机容量 930 千瓦，灌溉角美等地农田超 7533 公顷）。

1966 年

2 月，长山水库动工（1967 年 11 月竣工，库容量 146 万立方米）。

6 月，学校陆续停课参与“文化大革命”，进行“破四旧、立四新”“横扫牛鬼蛇神”，许多教师受到冲击批斗。

9 月，步文公社、郭坑公社的中小学、机关、工厂相继成立“红卫兵”，开展“大鸣、大放、大字报、大辩论”，揪斗“走资本主义道路当权派”“反动学术权威”。

1967 年

3 月，建成大湖水库。

10 月，区境红卫兵在“文攻武卫”口号影响下，向解放军夺枪，挑起宗派械斗。较大规模的有孚美大队与坂上大队的宗派械斗，持续 3 个月之久。

12 月，岩坑水库建成。

1968 年

6 月 12 日，区境开展“清理阶级队伍”运动，出现阶级斗争扩大化。

9 月，区境贫下中农宣传队进驻中、小学，领导学校开展“斗、批、改”运动。

10 月，成立步文公社革命委员会和郭坑公社革命委员会，实行一元化领导，取代党委和管委会的领导。

1969 年

6 月 23 日，洪水侵袭区境，郭坑仓库物资部分受淹。

7 月，区境推行合作医疗制度，培养农村“赤脚医生”。

12 月，江东桥改建为钢筋水泥桥面，全长 280.49 米，宽 7 米。同月，实行邮政、电信分设制度。

1970 年

6 月，连接步文和榜山的西溪桥闸竣工。桥闸全长 654 米，高 12.6 米，有 99 个桥墩。桥上可通汽车，连接漳码公路。工程受益农田超 1.2 万公顷。

9 月，步文中学建校。

12 月，禁止农民进城经商。

1971 年

3 月，蓝田镇东墩排涝站兴建（1973 年 5 月竣工）。

9 月，步文、郭坑公社全体党员参加“批修整风”学习班，批判所谓“阶级斗争熄灭论”和“唯生产力论”。

12 月，水流吼水库建成。

1972 年

2 月，步文公社、郭坑公社全面开展“批林整风”运动。

11 月，郭坑大桥动工（1974 年 3 月竣工）。

1973 年

1 月 4—10 日，步文公社、郭坑公社派代表参加龙海县首届农业学大寨、工业学大庆先进单位和社会主义建设积极分子、先进工作者代表大会。

6 月 28 日至 7 月 9 日，步文、郭坑公社派人参加由中央一机部和农机部共同主持的南方水稻机械现场会。

7 月，步文、郭坑公社遭受 1 号强台风袭击，香蕉等各种果树损失严重。

12 月，步文朴船水库建成。水库坝高 16.73 米，库容 94.3 万立方米，灌溉面积 126 余公顷。

是年，漳溪桥排涝站建成。

1974 年

3 月 21 日，郭坑大桥竣工，31 日正式通车。桥长 468.51 米，宽 11 米，桥两端引桥长 600 米。

12 月，扶摇舟山桥排涝站建成。

1975 年

10 月，下州排涝站建成。

11 月，步文、郭坑市场关闭，自由买卖被扣上走“资本主义道路”帽子。

12 月，步文、郭坑公社开展“批邓、反击右倾翻案风”运动。

是年，区境开办电报业务。

1976 年

1 月 8 日，周恩来总理逝世，区境群众自发开展悼念活动。

4 月，区境所有圩市统一每 10 天一个圩日。

9 月 9 日，毛泽东主席逝世，区境群众参加有组织的哀悼活动。

10 月 6 日，中共中央粉碎江青反革命集团，结束“文化大革命”，区境群众放鞭炮庆祝。同月，商业部在龙海县召开全国土糖工作会议。会议期间，与会人员参观步文公社登科大队、梧桥大队、后坂大队的甘蔗生产。

是年，步文、郭坑公社至龙海县实现电话载波化。

1977 年

7 月 20 日，步文、郭坑公社开展“一批二打”（揭批江青反革命集团，打击阶级敌人，打击资本主义势力）运动，清查与江青反革命集团有牵连的人和事。

9 月 29 日，福建省九龙江北溪引水工程龙海段指挥部成立（1980 年 5 月 1 日，北溪引水工程竣工。1982 年 11 月工程投产，引北溪水入厦门。引水工程全长 51 公里，是福建省最大的引水工程）。

11 月，漳滨排涝站兴建（1980 年 4 月竣工）。

1978 年

1 月 1 日，进口彩电、收录机、摩托车进入市场销售。

7 月，全国人大常委会副委员长康克清和阿沛·阿旺晋美视察登科高产甘蔗生产。

9 月，菲律宾华侨观光团一行 13 人到登科参观高产甘蔗。

是年，组织党员干部参加真理标准问题的学习讨论。

1979 年

1 月，区境圩期改为每旬逢一、六日。

4 月 2 日，步文公社、郭坑公社遭受历史罕见冰雹灾害，房屋和农作物受到严重损害。

9 月，步文中学陈海龙为区境第一个考上清华大学的学生。

12月，石井排涝站兴建（1980年4月竣工）。

是年，开始实施农村家庭联产承包责任制。

1980年

5月24日，步文公社、郭坑公社遭受4号台风影响，最大风力10级以上，日降雨量200毫米。经济损失50万元。

7月，阿尔巴尼亚外宾7人，参观登科高产甘蔗。

10月26日，步文岭东天主教开放为宗教活动场所。

12月，郭坑院后（三角线）排涝站建成。

1981年

1月，步文公社、郭坑公社恢复按传统圩日赶圩。

9月22日，16号台风夹暴雨袭击区境，洪水泛滥。

12月31日，贯彻中共中央《关于加快农业发展若干问题的决定》，开展农村经济体制改革，落实农业生产承包责任制。步文公社、郭坑公社37个生产大队，共有1800户、93000人，承包耕地4145.47公顷。

是年，调整烟、酒、布、竹、木、铁和皮革、陶瓷价格。

1982年

7月7日，步文公社云洞岩、瑞竹岩、万松关、江东桥、中正和平牌坊被列为第一批县级文物保护单位。10日，开展全国第三次人口普查。普查结果，步文公社15807户，人口81518人；郭坑公社2232户，人口12089人；郭坑镇828户，人口4383人。区境总人数97990人。

是年，开始提倡晚婚晚育，一对夫妻只生一个孩子。

1983年

3月，商业、供销、粮食、水产等系统开展经营承包责任制。

4月3日，步文公社后店大队步文中学毕业生、解放军某部炊事班长肖招鸿在《解放军报》发表研究思想政治工作的论文十多篇。

7月2—9日，福建省计划生育现场会与会代表到步文公社参观学习。25日，4号台风袭击区境，风力12级，过程雨量30—70毫米。

10月14日，区境遭受冰雹和暴雨袭击，香蕉、甘蔗等农作物损失严重。是月，址在郭坑的龙海磷肥厂由省投资160万元，新建年产2万吨普通过磷酸钙的湿法生产线投产。

11月，中央军委原总参谋长、全国政协副主席杨成武到云洞岩视察，并为“飞来石”景点题字。

1984年

4月，步文公社、郭坑公社试行劳动合同制用工制度（至1986年10月全面推广）。

7月，国家工商总局局长任中林到步文农贸市场调研。

9月1日，西溪洪水连续7天超越警戒线，为历史罕见。

10月14日，区境遭受冰雹和暴雨袭击，香蕉、甘蔗等作物损失严重。是月，郭坑公社改为郭坑镇，步文公社改为步文乡。

12月18日，步文乡孚美村陈水卓生产的松花皮蛋被农牧渔业部定为“部优产品”。

1985年

2月，烟草恢复专卖管理。放开水产品、生猪、肉、禽、蛋供应价格。

6月23日，步文乡、郭坑镇受4号台风袭击，洪水成灾，田地被淹，经济损失严重。

7月1日，省人大常委会主任温秀山一行到步文乡后坂、蔡坂等灾区慰问灾民。

9月10日，庆祝第一个教师节，步文乡、郭坑镇共表彰教育先进单位8个、教育先进工作者47人，获个人优秀奖32人。

10月，郭坑镇敬老院动工兴建（1986年11月完工），占地面积730平方米，建筑面积312平方米，为区境首家敬老院。

12月6日，步文乡港桥农贸市场正式投入使用。每旬农历二、五、八日为圩期。

1986年

3月1日，在全国计划生育先进集体、先进个人表彰大会上，步文乡政府被评为计划生育先进单位。

7月13日，西溪大洪水，水位超警戒线4米，房屋和农作物损失严重。

9月，区境黑白电视机、电冰箱、洗衣机、收录机、自行车、棉布和纤维布等工业消费品放开价格供应。

是年，公费医疗管理制度进行改革。

1987年

3月23日，步文乡石室岩、扶摇关帝庙、林釬墓、蔡烈墓、颜颐仲墓等列入第二批县级文物保护单位。同月，步文中学被定为“福建省整体改革试验学校”（5月又被列为“国家教委中学教学改革联系点”学校）。

是年，粮油全部开放经营。

1988年

1月18日，芗城区至龙文区六石村北环城公路动工兴建。步文乡浦口村逐渐形成漳州市规模较大的粮食、饲料贸易市场。

5月，区境放开国营企业的肉、菜、蛋、水产品价格，调高食糖、食盐销售价。国家相应增加职工副食品价格补贴。

6月，调高城镇粮油销售价格，同时对职工实行粮食价格补贴。

7月14日，区境邮电局DD--16全自动电话正式开通。

11月10—11日，中共中央政治局候补委员、中央办公厅主任温家宝到郭坑视察龙溪钢铁厂。

1989年

2月，根据国务院规定，对化肥、农用薄膜、农药实行专营，粮油、洗衣粉、火柴、民用煤等7种国计民生必需品价格一律不动。

10月8日，九龙江漳州大桥开工（1992年8月竣工）。大桥南起龙海县颜厝乡下庄，北至步文乡土坪，为连接漳州市区南北环城公路工程，由铁道部第一设计院设计、交通部第一公路总公司四公司承建。同月，步文乡后坂村被国务院农村发展研究中心定为先进固定观察点。

1990年

4月，区境开通无线寻呼业务。

7月1日，开展全国第四次人口普查。普查结果，区境有26218户，人口112481人。

7月30日至8月3日，受9号台风影响，区境普降暴雨，降雨量300毫米以上。区境出现大面积外洪内涝。

是月，设在郭坑龙海磷肥厂年产3万吨磷铵技改项目经国家化工部批准投建，总投资2500万元。为福建省首套复合肥工程项目。

8月，上旬，步文乡云洞岩东南山麓100米处出土一批石器文物，有凹面石核、凹刃刮削器、双凹刃刮削器、石刀等。经中国科学院古脊椎动物与古人类研究所鉴定，石器为旧石器时代晚期，距今13000—9000年。23日，受12号台风影响，区境降雨量200毫米，步文内林地区256.2毫米。九龙江北溪水位猛涨。内林、江东桥洪峰水位分别为15.55米和11.84米，超过警戒线2.85米和2.34米，相应洪峰流量每秒5000立方米。

是年，港桥建成通车。

1991年

2月26日，步文乡云洞岩被省政府列为第二批省级风景名胜区。

3月20日，步文乡江东桥被省政府列为第三批省级文物保护单位。

12月，祖籍科坑的台胞林枢捐资380万元兴建漳州图书馆（1995年12月建成）。

1992年

4月，浦头桥兴建（2000年改建为两跨钢筋混凝梁结构）。

6月，省政府批准成立漳州市蓝田工业开发区，规划面积10平方公里。

12月，步文乡改步文镇。郭坑工业小区15家“三资企业”签订协议，投资5075.4万美元。

1993年

5月12日，国务院正式批准龙海县撤县建市，步文镇、郭坑镇属龙海市。

8月21日，国道324线漳州段新江东桥建成。

12月8日，区境移动通信基站正式，投入使用。

1994年

8月28日，区境电话号码从零时起升为7位。

11月，步文后坂村被中央政研室、农业部、农村固定观察点办公室确定为1991—1994年度全国农村先进固定观察点。

12月8日，位于步文镇的福建双菱股份有限公司成立，同时举行首届股东大会。

1995年

2月5日，中共中央政治局常委、国务院总理李鹏和国家计委主任陈锦华、国务院副秘书长何春霖视察324国道步文路段拓宽改造工程。

6月12日，中共漳州市委决定，成立东城区（暂名）筹备工作领导小组，下设筹备处，负责日常工作。

7月2日，漳州市第二自来水厂第一期工程建成投入使用，开始向区境供水。31日，受4号强热带风暴袭击，沿海地区最大风力12级以上，区境普降大雨和暴雨，民房和农作物损失严重。

9月16日，市政府向省政府上报《关于增设市辖龙文区（县级）的请示》。

26—30日，省民政厅地名区划处处长陈彩登、副处长林振声考察龙文区设置问题。

10月18日，区境实现电话交换程控化、传输数字化。

11月17日，国家原主席杨尚昆到步文镇石仓村视察新村建设及农副业生产情况。

20日，省民政厅副厅长蓝致和抵达漳州考察，向中共漳州市委通报省民政厅关于将梧浦、长洲划归龙文区管辖的意见。

28日，漳州立交桥开工，址在九龙大道与迎宾路交叉处（1997年5月15日，竣工通车）。全国人大常委会原副委员长彭冲为立交桥通车剪彩。路线总长8345.32米，总投资1亿多元。

1996年

1月16日，民政部副部长徐瑞新考察拟报龙文区范围城建情况。25日，省长陈明义签发省政府向国务院呈报的《关于增设漳州市龙文区的请示》。

5月31日，国务院总理李鹏签署《国务院关于同意福建省设立漳州市龙文区的函复》。

9月27日，省八届人大常委会第二十五次会议作出决定，批准龙文区第一届人大代表名额143人，区人大常委会组成人员19人。

11月25—27日，中共漳州市龙文区第一次代表大会召开。大会审议通过中共漳州市龙文区筹委会《面向新世纪，开拓创新业，为把龙文建成繁荣、文明、发达的现代化强区而努力奋斗》报告。大会选举陈庆元为区委书记。同月，创建龙文工业开发区。规划面积3.19平方公里。

是年12月29日至1997年1月1日，漳州市龙文区第一届人民代表大会第一次会议召开。会议选举产生龙文区第一届人大常委会和龙文区人民政府。人大常委会主任林亚才，区长蔡良国。

是年，区境开办互联网业务。

1997年

3月3日，福建省民政厅批复漳州市龙文区设立4个镇1个街道办事处，辖东岳街道办事处和步文镇、蓝田镇、朝阳镇、郭坑镇。是月，迎宾大道改建开工（12月完工）。投资1.9亿元。全长9.25公里，宽48—60米。

5月2日，成立共青团龙文区委员会，并召开第一次代表大会，出席代表95人。

10—12日，龙文区政协一届一次会议召开，会议选举陈庆元为区政协主席。18日，召开龙文区第一次妇女代表大会，出席代表85人。24日，举行中共龙文区委、人大常委会、政府、政协、纪委成立揭牌仪式。

8月3日，第10号台风袭击，西溪上游暴雨，发生特大洪水，区政府组织群众抗洪抢险。

9月4—5日，召开龙文区工会第一次代表大会，出席代表55人，成立龙文区总工会。

10月1日，龙文区率先在全省实现全区有线电视联网。

11月，龙文区通过省政府教育“两基”（基本实现九年义务教育，基本实现扫除青壮年文盲）达标验收。

是年，区政府防汛抗旱指挥部成立。对九龙江堤防进行大规模排险加固，工程长27.13公里。

1998年

1月1日，龙文广播电视中心成立，龙文新闻正式开播。29日，省委书记陈明义、省长贺国强到漳州人民广场观看大型游园活动。是月，龙文区开始实施城市居民最低生活保障制度。九龙大道开工（1999年9月竣工），全长4133米，宽60米，为城区东环城路。

3月1—2日，龙文区开展首次“严打”整治集中统一行动。9日，龙文区举办纪念周恩来一百周年诞辰书画展。

5月8日，龙文区中低产田改造通过省农业厅、省财政厅检查组检查验收。是月，新浦东路开工兴建（1999年12月竣工）。全长1.8公里，宽30米，水泥砼路面，投资3000万元。

6月，龙文区消防大队成立。

7月7日，全省12个县（区）中低产田改造现场会在龙文区举行。同日，中共龙文区委召开常委扩大会议，研究部署龙文区殡葬改革工作，土葬改成火葬。是月，龙文区摄制的专题片《崛起》在美国西部史可拉电视台播出。

9月24日，漳州植物园、龙文塔景点奠基仪式在龙文区举行（1999年2月8日，龙文塔封顶）。26—27日，龙文区教育系统举行首届全区中小学生运动会。

10月1日，龙文区政府举行闽南浦口粮食批发市场开工典礼（2001年建成）。同日，漳州市浦头港排涝工程动工（2000年10月1日竣工）。7日，漳州市蓝田工业开发区管理委员会成立。15日，位于蓝田镇圳头村的漳州市博物馆、歌仔戏艺术中心动工兴建（2001年4月8日竣工）。

是月，浦东副食品批发市场第一期工程竣工。

12月15—16日，全省新建区政协横向联谊网络第一次会议在龙文区举行。25日，福建省人大代表视察团到龙文区浦东副食品批发市场视察。

1999年

1月19日，台湾金门县美术学会和台湾玉尊宫理事会客人游览云洞岩。

是月，漳龙高速公路龙文段动工（2002年1月建成通车）。

3月1日，龙文区举办首届乡村青年科技文化节。11日，市、区两级五套班子领导、机关干部和漳、厦两地青年志愿者400多人参加云洞岩风景区义务植树活动。25日，区长蔡良国会见台北县农会考察团。

4月1日，台湾国际机场设备有限公司董事长江明远、台湾宝岛眼镜集团海外事业部执行董事王智民到龙文区考察。12日，龙文区开展首次无偿献血活动。

5月4日，中共龙文区委在人民广场举行表彰大会和文艺晚会，隆重纪念“五四”运动80周年。区领导与各界青年1000多人观看文艺演出。同日，中共龙文区委召开常委扩大会，专题研究郭坑重点卫星城镇建设。

6月30日，龙文区漳州特油联营厂被确认的“中国质量万里行”组委会定点单位，成为福建省润滑油生产企业中唯一被确认为“中国质量万里行”定点企业。

7月1日，内林引水工程改造第一期工程动工建设（2000年9月完工）。

8月19日，龙文与龙海、芗城、长泰行政区域界线勘定协商会在龙文区召开。26日，以沈南方为团长的新加坡漳州总会赴漳访问团到龙文区考察。

9月30日，漳州市、龙文区在人民广场举行联欢焰火晚会，庆祝中华人民共和国50华诞，市、区领导与万名群众参加。

10月10日，受第14号台风袭击，龙文区农田受淹626.67公顷，经济作物倒伏1373.33公顷，其他果树倒伏3万株，民房、简易搭盖受损30万平方米，道路受损33.7公里，堤防、渠道受损35公里，电信设施受损10万米，经济损失11133万元。21日，漳州市重点工程马灶路龙文段正式开工（至2002年1月竣工）。全长6.2公里，宽60米，投资2.7亿元。

11月9日，中共漳州市委领导与市直机关领导到龙文区开展“市委书记、市长信访接待日”活动。23日，在闽全国人大代表组团到龙文区视察九龙江下游防洪堤三期加固扩建工程。

12月4日，漳州市工业品批发市场在步文镇土坪村动工兴建。2001年1月建成。21—25日，受寒流影响，龙文区出现霜冻，农作物和水产养殖等受灾严重，经济损失3220万元。26日，下午，中共龙文区委召开全体（扩大）会，审议并通过《中共漳州市龙文区委关于加快实施科教兴区战略的决议》和《中共漳州市龙文区委关于深化国有企业改革与加快民营经济发展的决议》文件。同日，区委召开制止“收送红包”动员大会，区五套班子领导在会上就“拒收送红包”做出公开承诺，为全区干部做出表率。28日，投资8600万元、建筑面积5.8万平方米的浦东副食品综合批发市场二期工程奠基（2001年建成）。投资1500万元，全长930米的东二号路工程奠基；投资3000万元、全长1800米的新浦东路首期工程竣工通车。31日，中共漳州市委宣传部、团市委、市妇联在人民广场联合举办“漳州市迎新千年万名群众大联欢”活动，市、区党政领导和8万多名干部群众参加。

是月，龙文区被全国双拥工作领导小组、民政部授予全国“爱心献功臣行动先进区”称号。

2000年

1月8日，全国政协副主席、台盟中央主席张克辉视察龙文区龙文园艺观赏园。

2月29日，位于龙文区步文镇的漳州市体育中心举行奠基仪式。

3月9日，新华社福建新闻信息中心和18个省、市有关单位发起的建设“漳州·世纪园林”开工仪式在云洞岩风景区举行，市、区五套班子领导及干部群众1000多人参加开工仪式。11日，厦门、漳州两市青年300多人在龙文区开展第二届厦漳两地青年共建“禹州世纪林”活动。

5月2日，由香港《文汇报》和广东《粤港信息报》《深圳特区报》《深圳晚报》《深圳商报》报社组成的粤港新闻采访团，到龙文区进行建新村采访活动。

6月17—19日，连降暴雨，龙文区过程雨量335毫米，造成1400公顷农作物受淹，经济损失6300多万元。

7月1日，开展全国第五次人口普查。普查结果，龙文区总户数29537户，总人口115661人。13日，龙文区举行首次民兵应急专业分队综合演练，漳州市委领导、军分区领导莅临观摩演练。30日，龙文区公安分局破获一起吸贩毒团伙案，抓获吸贩毒人员17名。

8月24日，“碧利斯”一号台风袭击区境，北溪出现建区后最高水位。31日，龙文—长泰、龙文—龙海的县级行政区域界线联合勘定工作顺利完成。

9月9日，来自美国、法国、德国、意大利、加拿大、澳大利亚、韩国、荷兰等22个国家驻华使馆33名官员到龙文区参观石仓新村。

10月25日，非洲22个国家驻华领事馆官员参观团，到龙文区参观石仓新村。

12月7日，龙文区农村初级卫生保健工作经省初级卫生保健审评领导小组验收，各项指标达标。30日，龙文区举行“为北京申奥加油”万人签名活动。

是年，龙文电信营业厅开通“小灵通”移动手机业务。龙文建成卫星云图接收系统。

2001年

1月1日，由漳州市181名书画家历经3个多月精心创作千米长绢画卷《盛世漳州》，在人民广场展出，成功申报上海吉尼斯世界纪录。

3月1日，步文镇土白村香光念佛堂蔡松苍百岁老人被全国老体协授予“世纪健康老人”称号。

4月7日，中共龙文区委书记陈庆元、区长蔡良国、区政协主席蔡玉斌会见返乡祭祖探亲的美籍华人林大胥及其家人一行。22日，中国女排到云洞岩进行体能训练。

6月6日，龙文区城防一期工程动工兴建（至11月28日完工）。

7月，成立漳州市龙文工业开发区管理委员会。

8月7日，台湾台北县板桥市浮洲里庭天宫进香团到龙文区赤岭关帝庙谒祖进香。

9月21日，龙文区遭受40年不遇大旱，至2002年5月10日结束。

11月15日，龙文—芗城县级行政区域界线联合勘定工作顺利完成。28日，全市第一所春蕾小学在朝阳镇漳滨村建成投入使用。

12月26日，全国政协副主席张思卿到龙文区视察。

是年，洪水预警系统建成使用。

2002年

1月1日，投资1000万元的郭坑火车站新候车大厅投入使用。

31日，龙文蔬菜批发市场正式开业。

3月11日，中共漳州市委、市政府召开全市新区建设动员大会，宣告城市东移战略进入实施阶段。

6月3日，龙文区创建国家环保模范城市工作启动。

8月1日，朝阳镇朝阳村划归龙文工业开发区管辖，后成立朝兴社区居委会。

9月11日，西藏朗县党政代表团一行12人到龙文区参观。

11月9—13日，龙文区代表队在漳州市第四届农民运动会上获金牌4枚、银牌4枚、铜牌6枚。

12月22日，吉尔吉斯斯坦共和国客人到龙文区进行商务考察。

是年，龙文区建成超短波无线电通信系统。

2003年

1月23日，漳州市浦头港排涝工程的重要组成部分朝阳镇内林引水（二期）工程开工（至2004年7月完工）。

3月21日，龙文区20个工业项目举行奠基仪式，项目投资1.68亿元。

5月30日，朝阳镇石洲村拆分为石洲村和新石洲村。郭坑镇新街居委会和水上居委会合并成立郭坑镇新街社区居委会。

7月7日，龙文区镇级行政区域界线联合勘定工作顺利完成。16日，福建省创建中国优秀旅游城市验收组对云洞岩景区创建国家AAAA级旅游景区工作进行复检。

9月10日，址在新浦东路的漳州一中分校建成投入使用，学校占地面积8.67万平方米，建筑面积3.47万平方米。

9月17日，郭坑大桥改建工程开工，2004年11月3日通车。大桥总长1.1公里，其中桥梁长495米，宽19米。工程投资3885万元。

10月30日，中共龙文区委召开全区农村税费改革试点工作会议，部署区农村税费改革工作。

11月20日，新疆乡镇企业局考察团到龙文区考察。26日，浙江省嘉兴市秀洲区党政考察团在秀洲区委书记裘东耀、区长祝亚伟带领下，到龙文区参观考察。

12月11日，台湾中视媒介集团《万里江山——大陆寻奇》摄制组在云洞岩风景区采风。

2004年

1月26日，蓝田村林产工业公司发生火灾，区消防大队出动14名官兵和2辆消防车灭火，没有人员伤亡，保住百万元财产。

2月20日，美国、法国等欧美国家的建筑师到蓝田镇湘桥村参观清代古民居。28日，国务院西部开发办副主任段庄碧、省农办主任徐登峰到龙文区港昌工贸、美味食品等企业调研企业生产经营情况。

3月18日，在漳州蓝田工业开发区工地出土80余件完整的明代青花瓷碗。

6月，江滨路龙文段开工（2006年11月16日通车）。投资6.6亿元。路段长9.3公里，宽60米，为城市二级次干道。

7月31日，台北板桥市浮州里省亲团一行80人到步文镇霞店美村谒祖。

9月9日，江苏省南京市栖霞区党政考察团到龙文区参观考察。

12月2日，郭坑火车站更名为漳州东站。25日，中共漳州市委、市政府2004年为民办实事重点项目漳州朝阳医院奠基（2005年10月完工）。31日，龙文区烟尘整治工作顺利完成，共治理锅炉300多台。

2005年

2月，聚善堂（漳州）医药物流中心在蓝田镇西坑村落成。

4月29日，龙文区九龙江流域水环境综合整治零点行动正式启动。

5月19—20日，全国创建文明城市先进城市实地考评团莅临龙文区检查文明城市创建工作。

是月，位于步文镇的漳州市客运中心站竣工（9月20日开始营业）。

7月，龙文区国税局与区人武部成对共建，被评为全国军民共建社会主义精神文明先进单位。

8月25日，湖南省岳阳市君山区党政考察团到龙文区考察。28日，龙文区创烟尘控制区和噪声达标区工作通过省级专家组审核验收。

9月1日，龙文、平和、华安、长泰4个县（区）纪念抗日战争胜利60周年书画展在龙文区开幕。26日，步文镇后坂村固定观察点被中华人民共和国农业部评为全国农村固定观察点先进单位。

10月19日，中共漳州市委、市政府制订《漳州市蓝田工业开发区与龙文工业开发区整合实施方案》，蓝田工业开发区与龙文工业开发区整合为漳州市蓝田经济开发区，新开发区总体规划面积16.1平方公里。30日，龙文区通过科技部2003—2004年度全国科技进步考核。

11月15日，省政府批准漳州市浦口粮食批发市场升格为省级粮食批发市场，更名"福建省浦口粮食批发市场"。16—17日，省计生优质服务先进县（区）验收组对龙文区创建省级计生优质服务先进县（区）工作进行专项验收。

12月4—6日，龙文区举办首届农民运动会。同月，步文镇石仓村获"全国民主法治示范村"称号。

是年，龙文区工业税收首次突破亿元。

2006年

3月8日，中共龙文区委召开工业发展暨表彰会议，表彰87家纳税大户和11个"服务工业发展"先进单位。是月，世界500强美国艾默生动力传动（漳州）有限公司落户龙文区。中共福建省委、省政府授予龙文区"'平安福建'建设平安县（市、区）"称号。

4月19日，连横之孙连战（今为中国国民党荣誉主席）回乡谒祖。

7月，龙文区实施重点优抚对象和革命"五老"人员医疗补助。

8月5日，龙文区非公企业博士后科研工作站落户蓝田工业开发区大闽食品公司，为全国首家茶提取方面的博士后科研工作站。10日，中国国民党嘉义县党部与中共漳州市委进行基层党际交流后，到龙文区云洞岩参观。当晚，观看龙文区"奋进漳州·新兴龙文"专场文艺晚会。

10月16—19日，在第二届世界传统武术节武术比赛上，由龙文区运动员组成的福建省武术代表团获一等奖4项、二等奖7项和三等奖6项。26日，龙文区教育"双高普九"（普通高中、职业高中、普及九年制义务教育）工作通过省级复查考核验收。

是月，蓝田工业开发区与龙文工业开发区合并，更名为福建漳州蓝田经济开发区管理委员会。

11月10日，龙文区2005年农村公路建设通过省交通厅验收，率先在全市实现村村通水泥路目标。12日，全国爱卫会对龙文区创卫工作进行现场检查指导；国家级后坂村观察点设立20周年，该固定观察点多次获得中央和省、市有关部门的表彰。17日，龙文区首家非营利性民办医院同泰医院在蓝田工业开发区揭牌成立。20日，龙文区计生局被国家人口计生委、财政部授予"全国农村部分计划生育家庭奖励扶助制度和'少生快富'工程试点工作先进单位"称号。

12月2日，在漳州市第五届农民运动会上，龙文区代表队获6枚金牌、5枚银牌、6枚铜牌。8日，蓝田镇湘桥村黄少茹获福建省第十三届运动会击剑项目冠军，为龙文区首次夺得省运会金牌。9日，龙文区2005年度省级标准农田示范片建设项目通过省财政厅、省农业厅联合验收小组验收。16日，共青团中央心理健康教育全国巡回报告团到龙文实验幼儿园传经送宝。

2007年

1月9日上午，龙文区建区十周年庆典活动在漳州一中分校体育馆隆重举行。漳州市、区领导，以及部队首长参加庆典活动。晚上，举行"爱我漳州　建设龙文"歌舞晚会。龙文区政府举行百项建设项目奠基活动。是月，新型农村合作医疗制度实施。龙文区开展第二次全国农业普查工作。

2月8日，龙文区全面启动第二次国民体质监测工作。此次测试共分幼儿、青少年、成年人和老年人4组，总数1020人。

4月4日，漳州市教工委、教育局联合作出《关于开展向阮文发学习的决定》。（5月16日，阮文发获2006年度“感动漳州”人物称号。9月22日，漳州市、龙文区领导举行隆重仪式欢迎获全国道德模范提名奖的阮文发载誉归来。）8日，全国人大代表、香港福建社团联会执行主席、香港漳州同乡总会会长林广兆率领香港漳州同乡总会代表团莅临龙文区进行商务考察。

5月，漳华东路建设工程开工（至12月竣工）。公路长2.6公里，宽45米。总投资2.63亿元。

7月25日，莆田市荔城区政府考察团莅临龙文区考察创卫工作。

8月28日，龙文区投资说明会在厦门翔鹭大酒店隆重举行。投资说明会共推出招商推介项目28项，投资额160亿元；现场共有16项签约，其中投资额上亿元13项。

10月9日，由台湾开漳圣王联谊会10个宫庙200多名嘉宾组成的进香团到龙文区檀林威惠庙祭拜开漳圣王陈元光。

11月9日，佛光寺举行寺院落成暨佛像开光庆典仪式，来自全国各地的数千名佛教信众和嘉宾参加庆典。12日，福建历史文化名村专家组莅临蓝田镇湘桥村，对申报省级历史文化名村进行审核。（12月，省政府正式批准湘桥村为省级历史文化名村。）

12月27日，福州商业银行（海峡银行）漳州分行在龙文区开业。

第一卷　政区　自然环境

梁大同六年（540 年），区境属南安郡龙溪县；直至 1959 年，均属龙溪县管辖。1960 年 8 月，龙溪、海澄两县合并为龙海县，境地属之；1993 年 5 月，龙海县撤县设市，属龙海市。1996 年 5 月 31 日，国务院批准设立漳州市龙文区；1997 年 1 月 1 日，龙文区政府成立。2007 年，龙文区辖 4 镇 42 个行政村（含蓝田经济开发区朝阳村）、8 个社区（含蓝田经济开发区朝兴社区）和 1 个镇办农场。区境东与龙海市榜山镇和角美镇接壤，西与芗城区毗邻，南临九龙江西溪与龙海市颜厝镇隔江相望，北与长泰县城关镇交界。全区土地面积 126 平方公里。

龙文区位于北纬 24° 29′ —24° 42′ ，东经 117° 29′ —117° 43′ 。区境地质发育经历地槽、准台地及太平洋边缘活动带 3 个阶段，最后形成现代大陆轮廓。地貌发育在 8000 万—200 万年形成现今高低丘陵、九龙江河谷平原雏形。距今 3.5 万年发生多次海进海退，其中 8000—2500 年的海进，海水进抵漳州西洋坪以西地段；距今 2500 年，海水东退，陆地延伸，漳州平原成陆。隋唐时期，大体形成今区境地貌。

区境北部、东北部、西北部为丘陵，均为海拔 400 米以下山丘，共 38 座，其中三峰山海拔 325.5 米。中部为九龙江河谷平原。九龙江北溪、西溪流经区境长 13.5 公里。平原地带和低丘陵是主要粮食和经济作物生长区。区境属南亚热带海洋性气候，长年平均气温 21.05℃，无霜期 328 天，降水量 1400—1500 毫升；地表水、地下水资源丰富。矿产有花岗岩、高岭土、河砂、砖用黏土等。地表土壤为水稻土、砖红性红壤、冲积土。全区主要是季雨林植被，有维管束植物 3 门 187 科 692 属 1182 种，蕨类植物 24 科 62 种，被子植物 154 科 1087 种。野生动物有 23 科 52 种，其中鸟类 15 科 28 种、兽类 3 科 3 种、蛇类 2 科 11 种、蛙类 2 科 8 种、蜥蜴类 1 科 2 种。内陆溪水、港道纯淡水鱼类有 93 种，具有捕捞价值和养殖种类 80 种。

区境主要自然灾害有洪、风、旱、地震等。

第一章　建置　境域

第一节　建　置

南朝梁武帝大同六年（540 年），建置龙溪县，区境属之。隋大业三年（604 年），属建安郡龙溪县。唐武德五年（622 年）属丰州（治在南安）龙溪县；贞元初，废丰州属泉州（治在今福州）龙溪县；嗣圣元年（684 年），析泉州莆田、南安、龙溪置武荣州（治在南安），属武荣州龙溪县。

唐垂拱二年（686 年），析龙溪县南境置漳州，区境属龙溪县；景云二年（711 年），改武荣州为泉州（治在晋江），属泉州龙溪县；开元二十九年（741 年），割泉州龙溪县属漳州，区境属漳州龙溪县。天宝元年（742 年），改漳州为漳浦郡，仍属龙溪县；乾元二年（759 年），漳浦郡复名漳州；贞元二年（786 年），漳州治迁龙溪县登高山桂林村（今属芗城区），龙溪县成为附郭，区境属之。

南唐保大四年（946 年），漳州改称南州，境地属南州龙溪县。宋乾德四年（966 年），南州复名漳州，归属漳州龙溪县。

元至元十六年（1279 年），漳州改漳州路，属漳州路龙溪县。

明洪武元年（1368 年），改漳州路为漳州府，属漳州府龙溪县。

清代，沿明制。民国元年（1912 年），改漳州府为福建省西路道，区境属福建省西路道龙溪县第四区。民国 3 年，西路道改汀漳道；民国 14 年废道，龙溪县隶属福建省；民国 22 年，龙溪县属龙汀省；民国 23 年 7 月，龙溪属第六行政督察专员公署；翌年 10 月，改第六行政督察专员公署为第五行政督察公署，仍属龙溪县第四区，辖修滨、复兴、关霞、桥头、靖东、鳌头 6 个联保。

1949 年 9 月 19 日，中国人民解放军龙溪县军事管制委员会成立，区境属之；10 月，属福建省第六行政督察专员公署龙溪县。1950 年 4 月 1 日，属漳州行政督察专员公署龙溪县第六区；10 月，改属龙溪地区专员公署龙溪县，仍为第六区。1952 年，划六区玄坛宫归第十区，区境分属龙溪县第六、第十区。1956 年，属龙溪县东屿区；1957 年，东屿区改名东山区。1958 年，撤区并乡；同年 9 月撤销乡建制，属龙溪县卫星人民公社。1959 年 3 月，公社更名步文人民公社，区境属步文公社。

1960 年 8 月 15 日，国务院批准龙溪、海澄合并为龙海县，步文人民公社属龙海县。1962 年，析步文公社新建郭坑人民公社。1984 年 10 月，郭坑人民公社改为郭坑镇。1991 年 12 月 31 日，步文乡改为镇。

随着经济快速发展，市区规模已经远远超过芗城区辖区范围。按照省政府批准的漳州市城市总体规划向东延伸，现有城区只有一个市辖区的格局已不能满足城市进一步发展需要，迫切需要增设新区。步文镇地邻漳州市区，符合市区东扩的要求。为此， 1995 年 6 月 12 日，中共漳州市委决定成立东城区（暂名）筹备工作领导小组，下设筹备处，负责日常工作；8 月 4 日，市民政局向市政府上报《关于报送漳州市新建市辖区行政区划方案的报告》；9 月 13 日，漳州市十一届人大常委会第三十二次会议审议通过市政府关于增设市辖龙文区的议案；9 月 14、15 日，漳州市芗城区和龙海市政府分别向市政府提请关于落实市委、市政府设立龙文区决定的报告。9 月 16 日，市政府向省政府上报《关于增设市辖龙文区（县级）的请示》，并且说明取名“龙文区”的原因：一、漳州市区原属龙溪县（1951 年成立漳州市，即今芗城区）；二、地处九龙江畔；三、市区有龙文塔。综合上述人文、地理、历史等因素，取新区名为“龙文”，寓意龙的传人，弘扬龙的文化。同年 9 月 26—30 日，省民政厅地名区划处到漳州考察有关龙文区的设立问题；10 月 9 日，省民政厅地名区划处同意受理设立龙文区的有关事宜；11 月 20 日，省民政厅副厅长蓝致和一行抵达漳州考察，并向中共漳州市委通报省民政厅关于将梧浦、长洲划归龙文区管辖的意见。

1996 年 1 月 25 日，福建省长陈明义签发省政府向国务院呈报的《关于增设漳州市龙文区的请示》；4 月 26 日，民政部召开部长办公会，会议研究通过龙文区的报批问题；5 月 9 日，民政部向国务院呈报同意增设龙文区的报告；5 月 31 日，国务院批复福建省政府，同意设立漳州市龙文区（县级），将漳州市芗城区芝山镇的古塘、群勇、市尾、塔后、土白、下洲 6 个村委会，南坑街道办事处的东岳、岳北、漳糖、东关、南坑、洋筠 6 个居委会和洋筠村委会，巷口街道办事处的岳口、胜利东、东园、新民、巷口、新港、霞浦、霞东 8 个居委会和元光路以东属新华东居委会的部分，龙海市的郭坑镇，龙海市步文镇的蔡坂、西坑、小港、蓝田、梧桥、湘桥、打山、恒坑、桥仔头、西洋、书厅、石井、圳头、东屿、步文、后坂、田丰、塘北、石仓、碧湖、坂上、孚美、后店、流岗、翁建、登科、科坑、漳滨、石洲、浦口、朝阳 31 个村委会和梧浦村委会在国道 324 线的西北部分划归龙文区管辖。原步文镇梧浦村在国道 324 线的东北部分划归龙海市榜山镇。同年 7 月 2 日，福建省政府批复漳州市政府，转发国务院关于设立漳州市龙文区的批复，同意设立漳州市龙文区。

1997 年 1 月 1 日，漳州市龙文区人民政府成立；3 月 3 日，福建省民政厅就漳州市人民政府关于漳州市龙文区设立 4 个镇 1 个街道办事处作了批复，同意漳州市龙文区辖东岳街道办事处和步文镇、蓝田镇、朝阳镇、郭坑镇（至 2007 年，只有芗城区芝山镇土白、下洲归属龙文区，其余尚未归入龙文区）；5 月 24 日，龙文区政府举行授牌仪式。

第二节　境　域

龙文区位于北纬 24° 29′—24° 42′ ，东经 117° 29′—117° 43′，地处漳州平原腹部，九龙江西溪、北溪流经区境。

宋代以前，区境属龙溪县一部分，境域无考。宋代，区境在龙溪县永宁乡唐化里、游仙乡瑞泉东里和龙川里。南宋淳祐年间（1241—1252 年），乡、里改为都，区境分属二十二、二十三四都、二十六都、二十七都。

明清时期，境域大致相同。

民国时期，区境为龙溪县第四区，境域无变化。

1952 年，区境分属第六区、第十区。1955 年，撤第十区，仍为第六区。1957 年，析第六区古塘、市尾、诗浦归漳州市（今芗城区）。1961 年，析步文人民公社店上生产大队归漳州市（今芗城区）。1996 年 5 月 31 日建立龙文区。原步文镇析为步文、蓝田、朝阳 3 个镇（新成立的步文镇增加芝山镇土白、下洲村，原步文镇梧浦村划归龙海市榜山镇），郭坑镇不变。

2007 年，区境土地面积 126 平方公里；东与龙海市榜山镇和角美镇接壤，西与芗城区毗邻，南临九龙江西溪与龙海市颜厝镇隔江相望，北与长泰县城关镇交界。

第二章 行政区划

第一节 宋至清代

宋代，沿唐时旧制。区境属龙溪县永宁乡唐化里和游仙乡瑞泉东里、龙川里。南宋淳祐年间（1241—1252年），唐化里改为二十七都，瑞泉东里改为二十六都，龙川里改为二十二、二十三、二十四都（二十三、二十四都合称二十三四都）。

元明时期，乡村设都统图，图以下设社。明嘉靖《龙溪县志》载：

二十二都统8个社：翁建社、西头社、登科社、院前社、黄柑社、石浦社、浦口社、鸿山社。

二十三四都统8个社：金沙社、蓬洲社、香洲社、磁窑社、松州社、吴浦社、鲁林社、桃源社。

二十六都统10个社：李林社、霞石社、赤岭社、路边社、孚美社、吴坑社、南坑社、油车社、龙山社、璞山社。

二十七都统11个社：长洲社、马岐社、下尾社、西坑社、上苑社、陈洲社、浦头社、东洋社、岭兜社、西浦社、水居社。

清代，设社保甲制，在乡村都、图以下设保。清乾隆二十七年《龙溪县志》载：

二十二都辖五图6个保：杨龙保、黄柑保、萧王陈保、陈黄讲保、郭坑保、石浦保（以上为今郭坑镇及朝阳镇的登科、翁建一带）。

二十三四都辖五至十二图12个保：陈宏保、乌头门保、磁窑保、蓬州保、洛滨保、杏林保、松洲保、张奇保、寨坂保、金沙保、银塘保、沙建保（以上为今朝阳镇蓬洲、郭坑镇洛滨、磁窑及芗城区浦南松州至华安县南境一带）。

二十六都辖七图10个保：洋尾保、田边保、乌石保、茶园保、璞山保、流岗保、六石保、西洋保、坂头保、内林保（以上为今步文镇西北部一带及芗城区石亭、北斗）。

二十七都辖九图10个保：诗浦保、浦头保、蔡耀保、陈洲保、蔡润保、李阳保、蔡吉保、林云保、关下保、蔡吴唐保（以上为今蓝田镇、步文镇及芗城区市尾、浦头、诗浦和颜厝镇的陈洲）。

第二节 民国时期

民国元年（1912年），区境属龙溪县第四区；民国22年，建立保甲制度，第四区有43个保；民国23年，增加6保，共49个保；民国26年，区以下设联保，第四区设靖东、复兴、振桥、鳌头、修滨、关霞6个联保。

民国17年，析二十四都部分归华安县。

民国28年12月，联保改为乡，乡以下为保。第四区又称郭坑区，辖6个乡、49保。区署设在郭坑。

靖东乡辖南阳、国卿、篁渡、扶摇、洛蓬、溪渡6保。

复兴乡辖登科、龙头、科坑、苑浦、漳滨、翁建、建溪、朝阳8保。

振桥乡辖埔尾、西溪、长福、市尾、下古塘、上古塘、岱林、流岗、楼内9保。

鳌头乡辖洛梧、璞坑、凤山、园坑、西洋、书厅、蓬石、鳌浦8保。

修滨乡辖诗浦、坪口、溪头、翰苑、碧湖、美屿、檀山、蓝田、梧桥、后房、西宅、石仓12保。

关霞乡辖蔡坂、岭东、镇头、马崎、长霞、松洲6保。

民国32年，复兴乡并入靖东乡。

民国36年，龙溪县设乡、保制。第四区6个乡合并为4个乡：修滨乡、桥头乡、关霞乡、郭坑乡，共辖53保。

修滨乡辖诗浦、溪头、坪口、笃后、田丰、翰苑、碧湖、石仓、步文、东屿、洞景、浚山、坛山、檀梧、桥后15保（今大部分属龙文区，小部分属芗城区）。

桥头乡辖埔美、西山、长福、坂上、市尾、古塘、竹山、大洋、凤林、路南、恒流、楼内、西洋、书厅、蓬石15保（今大部分属龙文区，小部分属芗城区）。

关霞乡辖蓝田、湘苑、后房、石塘、龙池、蔡坑、梧镇、小岭、马崎、长洲10保。

郭坑乡辖国卿、杨氏、南阳、篁渡、扶摇、登科、科坑、龙头、漳滨、建溪、苑浦、朝阳、翁建13保。

第三节 中华人民共和国

一、建区前

1949年9月19日，区境解放，废除乡镇保甲制度；11月，将民国时期的保改为村，设区、村。区境属第六区，区署设在古塘。

1950年，实行区辖乡制，第六区辖18乡。区署迁至东屿村。1952年，增设第十区，古塘、市尾、孚美并入第十区。第六区辖12乡。1955年12月，龙溪县10个区又合并为6区，古塘、市尾、孚美复归第六区管辖。同年，第六区改为东屿区，辖15个乡。1956年，区乡合并，东屿区辖步文、田丰、孚美、科坑、郭坑、洛滨、流岗、石塘、蓝田、梧浦、诗浦、龙池12个乡。1957年7月，东屿区改名东山区；11月，古塘、市尾、诗浦并入漳州市（今芗城区），东山区辖13个乡。

1958年4月撤区并乡，东山区13乡并为4个大乡，即蔡坂乡，由蔡坂、长洲、蓝田、檀林并入；后坂乡，由东屿、石仓、后坂、圳头并入；孚美乡由孚美、翁建、书厅并入；郭坑乡由郭坑、科坑并入。

1958年9月，撤销乡的建制，改设人民公社，公社下设耕作区；区境13个乡成立卫星人民公社，社址设在步文村玄坛宫，下辖长州、龙池、东屿、石仓、后坂、蓝田、书厅、孚美、檀林、翁建、科坑、桥头、郭坑13个耕作区。

1959年3月，调整公社名，冠以当地名称。卫星人民公社改名步文人民公社，社址设在解放村（属今步文镇），耕作区改名生产大队。步文人民公社辖梧浦、蔡坂、西坑、蓝田、梧桥、圳头、步文、后坂、店上、桥头、书厅、孚美、坂上、翁建、科坑、郭坑、汐浦、扶摇18个生产大队。

1961年6月，析出步文公社店上生产大队归漳州市（今芗城区）。1962年初，步文公社析出郭坑圩以北的生产大队设郭坑公社。1963 年 7 月 11 日，析郭坑公社驻地设郭坑镇，属郭坑公社管辖。1979 年 10 月，步文公社辖 33 个生产大队、1 个乡办农场（设 4 个农林分场）、101 个自然村；郭坑公社辖 1 个镇、7 个生产大队、1 个社办农场、19 个自然村及郭坑铁路工务段的铁路职工新村。

1979 年郭坑人民公社区划表

表 1-2-1

大队、镇	驻　地	自然村	曾用名
郭坑镇	郭　坑	郭　坑	—
郭　坑	郭　坑	郭　坑	—
		新　厝	—
		下　洲	—
洛　滨	洛　滨	洛　滨	—
		后　坑	—
		山　头	—
扶　摇	扶　摇	扶　摇	—
		后　宅	—
篁　卿	篁　卿	篁　卿	黄　坑
		黄　坑	篁　卿
		渡　头	—
院　后	院　后	院　后	—
		炉　宅	太　漏
汐　浦	汐　浦	内　社	社　浦
口　社	口　社	口　社	加拉香
		下　贯	—
		蓬　莱	—

1984 年 10 月，人民公社改为乡、镇；乡镇以下的生产大队改为村。郭坑公社和郭坑镇合为郭坑镇；步文公社改为步文乡。

1991 年，郭坑镇辖新街、水上、铁路 3 个社区、郭坑、汐浦、扶摇、篁卿、院后、洛滨、口社 7 个村和 1 个镇办农场；步文乡辖 33 个村和 1 个乡办农场。1991 年 12 月 31 日，步文乡改为镇。至 1996 年 5 月，政区不变。

1979年步文人民公社区划表

表1-2-2

大 队	驻 地	自然村	曾用名
步 文	解放村	解放村	—
		下店尾	—
		莲池尾	—
		埔 下	—
坂 上	坂 上	坂 上	—
		西 边	—
		打 埔	—
		田 墘	—
		山头顶	—
翁 建	翁 建	翁 建	—
浦 口	浦 口	浦 口	宛浦村
		龙 美	—
登 科	顶 社	顶 社	登科洲
		下 社	—
		内林街	—
孚 美	孚 美	孚 美	—
		六 石	—
碧 湖	碧 湖	碧 湖	—
		东 坂	—
		东坂下社	—
		后 巷	—
东 屿	东 屿	东 屿	—
		景 山	—
后 坂	后 坂	后 坂	翰苑村
		东 洋	—
		田 厝	—
		梧 厝	—
田 丰	新 店	新 店	—
		田 丰	—
		沟 口	—
塘 北	长 福	长 福	长 福
石 仓	石 仓	石 仓	—
		陈 厝	—
		黄 厝	—
		桥仔头	—
		丹 店	—

续表 1-2-2

大　队	驻　地	自然村	曾用名
石　仓	石　仓	下　桥	—
		浦　口	—
圳　头	圳　头	圳　头	—
		山　后	—
		下　埔	—
长　洲	长　洲	长　洲	—
		马　崎	—
		邓林桥	—
		浦南桥	—
西　坑	西　坑	西　坑	乌　石
		金池头	—
		田　璞	—
		乌石傅	—
		龙　池	—
		银　坑	—
湘　桥	湘　桥	湘　桥	—
		上　苑	—
蓝　田	蓝　田	蓝　田	—
		洞　口	—
西　洋	西　洋	西　洋	—
		崎　岭	—
		院　前	—
		青　山	—
梧　桥	檀　林	檀　林	—
		梧　桥	—
		梧　店	—
		黄　坑	—
		新　社	—
		斑鸠坑	—
		后　坑	—
		好　坑	—
		方　厝	—
		牛　路	—
		坑　尾	—
		塘　边	—
梧　浦	岭　东	岭　东	—
		梧　浦	—

续表 1-2-2

大　队	驻　地	自然村	曾用名
梧　浦	岭　东	小郭坑	—
		张　浦	—
		梧西坑	—
		洲　里	—
		镇头宫	—
小　港	后　房	后　房	—
		小　港	—
		乌　坂	—
		东　坂	—
蔡　坂	蔡　坂	蔡　坂	—
		东　墩	—
		沈　厝	—
		柯　坑	—
		下　尾	—
		英　桥	—
		后　吉	—
恒　坑	恒　坑	恒　坑	—
流　岗	流　岗	流　岗	—
桥仔头	楼　内	楼　内	—
		桥头圩	—
		崇　坑	—
书　厅	书　厅	书　厅	—
		巷　口	—
		坂　头	—
		下尾李	—
打　山	打　山	打　山	—
		张　坑	—
石　井	石　井	石　井	—
		蓬　州	—
		内林头	—
石洲渔业	浦　坑	浦　坑	—
朝　阳	朝　阳	朝　阳	—
后　店	后　店	后　店	—
		樟　山	—
		书　都	—
		下尾张	—

续表 1-2-2

大　队	驻　地	自然村	曾用名
科　坑	科　坑	科　坑	乌　石
		龙　头	—
		谢　坑	—
		山　后	—
		营　上	—
		乌石林	—
		下　角	—
		苍　门	—
漳　滨	漳　滨	漳　滨	—
		边　田	—
		园　埒	—
		古园顶	—

1995 年郭坑镇区划表

表 1-2-3

村、社区	自然村（街巷）
新　街	工农路、大众路、人民路、工业路、站前路
水　上	水　上
铁　路	铁路新村
郭　坑	新厝、大社、下洲
汐　浦	内　社
扶　摇	扶摇、后宅
篁　卿	黄坑、渡头
院　后	院后、炉宅
洛　滨	洛滨、后坑、山头
口　社	口社、下贯、蓬莱
步　文	解放村、下店尾、莲池尾、铺下

1995 年步文镇区划表

表 1-2-4

村、社区	自然村（街巷）
坂　上	坂上、西边、打埔、田墘、山头顶
翁　建	翁　建
浦　口	浦口、龙美
登　科	顶社、下社、内林街
孚　美	孚美、六石
碧　湖	碧湖、东坂、东顶下社、后巷

续表 1-2-4

村、社区	自然村（街巷）
东　屿	东屿、景山
后　坂	后坂、东洋、田厝、梧厝
田　丰	新店、沟口、田中央
长　福	长　福
石　仓	石仓（上社、下社）、陈厝、黄厝、桥仔头、丹店、下桥、浦口
蔡　坂	蔡坂、东墩、沈厝、柯坑、下尾、英桥、后吉
恒　坑	恒　坑
流　岗	流　岗
桥　头	楼内、桥头墟、崇坑
西　洋	西洋、崎岭、院前、青山
书　厅	书厅、巷口、坂头、下尾李
圳　头	圳头、山后、下埔
长　洲	长洲、马崎、邓林桥、浦南洋
西　坑	西坑、金池头、田璞、乌石、龙池、银坑
湘　桥	湘桥、上苑
蓝　田	蓝田、洞口
梧　桥	檀林、梧桥、梧店、新社、塘边、斑鸠坑、后坑、好坑、方厝、牛路、坑尾
漳　滨	漳滨、田边、园埒
梧　浦	岭东、梧浦、小郭坑、张浦、梧西坑、洲里、镇头宫
小　港	后房、小港、乌坂、东坂
打　山	打山、张坑
石　井	石井、蓬洲、内林头
石洲渔业	浦　坑
朝　阳	朝　阳
后　店	后店、樟山、书都、下尾张
科　坑	科坑、龙头、谢坑、山后、营上、乌石林、下角、苍门

二、建区后

1997 年 1 月 1 日，龙文区挂牌成立；3 月 3 日，区辖东岳街道和步文镇、蓝田镇、朝阳镇、郭坑镇。将芗城区芝山镇古塘、群勇、市尾、塔后、土白、下洲 6 个村，南坑街道东岳、岳北、漳糖、东关、南坑、洋筠 6 个社区和洋筠村，巷口街道岳口、胜利东、东园、新民、巷口、新港、霞浦、霞东 8 个社区，以及元光路以东新华东社区一部分归龙文区，设东岳街道。

东岳街道：东岳、岳北、漳糖、东关、南坑、洋筠、岳口、胜利东、东园、新民、巷口、新港、霞浦、霞东 14 个社区，以及元光路以东新华东社区一部分和洋筠、古塘、群勇、市尾、塔后 5 个村。

步文镇：步文、碧湖、石仓、后坂、田丰、长福、坂上、下洲、土白 9 个村。

蓝田镇：蓝田、梧桥、西杭、蔡坂、小港、湘桥、圳头、东屿 8 个村和梧浦村的在国道 324

线的西北部分（324 线的东南部分划归龙海县）。

朝阳镇：朝阳、石井、书厅、西洋、桥头、打山、恒坑、流岗、孚美、后店、翁建、登科、浦口、科坑、漳滨、石洲 16 个村。

郭坑镇：新街、水上、铁路 3 个社区和郭坑、汐浦、扶摇、篁卿、院后、洛滨、口社 7 个村。

芗城区芝山镇一部分、南坑街道、巷口街道，以及新华东社区一部分，尚未归入龙文区区划。

1999 年 11 月，蓝田镇设鹤鸣社区。2002 年 1 月，步文镇设天亭社区；8 月，将朝阳镇朝阳村划归龙文工业开发区管理。2003 年 8 月，郭坑镇水上社区和新街社区合并成立新街社区；10 月，步文镇石仓村改为石仓社区。2004 年 9 月，步文镇设浦东社区；朝阳镇设朝兴社区；蓝田镇设景山社区。

2007 年，龙文区辖 4 个镇 42 个村、7 个社区和 1 个镇办东溪农场；蓝田开发区辖 1 个行政村、1 个社区管委会。

2007 年龙文区行政区划表

表 1-2-5

镇、开发区	行政村	社区	自然村
蓝田镇	蔡坂	鹤鸣 景山	蔡坂、沈厝、柯坑、后吉、下尾、英桥、东墩
	西坑		天宅、西坑、金池头、乌石、田打
	小港		小港、湖苑、东坂、后房
	湘桥		上苑、东社、西社
	梧桥		梧桥、檀林、后坑、御露、塘边、好坑、方厝、斑鸠坑、梧店、新社、坑尾
蓝田镇	蓝田	鹤鸣 景山	蓝田、洞口
	东屿		东屿
	圳头		圳头、下埔、山后、谢厝
步文镇	步文	天亭 浦东	下店尾、莲池尾、铺下、玄坛宫
	石仓		大社、小社、桥头、丹店、下桥、浦口、陈厝、黄厝
	后坂		后坂、东洋、梧厝、田厝
	碧湖		碧湖、东坂上社、东坂下社、后巷
	下洲		下洲、桂林、庵仔边、下蔡、溪头、园顶
	土白		土白、土坪、店上
	田丰		田丰、沟仔口、新店
	长福		长福
	坂上		坂上、西边、打埔、田墘、山头顶
朝阳镇	打山		打山、张坑
	恒坑		恒坑
	桥头		桥头、楼内、宗坑
	西洋		西洋、崎岭、院前、青山
	书厅		书厅、巷口、坂头、下尾李
	石井		石井、蓬州、内林头

续表 1-2-5

<table>
<tr><th>镇、开发区</th><th>行政村</th><th>社　区</th><th>自然村</th></tr>
<tr><td rowspan="11">朝阳镇</td><td>六　石</td><td rowspan="11"></td><td>六石</td></tr>
<tr><td>孚　美</td><td>孚美</td></tr>
<tr><td>流　岗</td><td>流岗社</td></tr>
<tr><td>翁　建</td><td>翁建</td></tr>
<tr><td>登　科</td><td>顶社、下社、内林街</td></tr>
<tr><td>后　店</td><td>后店、书都、下尾张、樟山</td></tr>
<tr><td>浦　口</td><td>浦口、龙美</td></tr>
<tr><td>科　坑</td><td>龙头、下角、谢坑、科坑、营上、乌石、山后、崇门</td></tr>
<tr><td>漳　滨</td><td>漳滨、田边</td></tr>
<tr><td>旧石洲</td><td>旧石洲</td></tr>
<tr><td>新石洲</td><td>新石洲</td></tr>
<tr><td rowspan="7">郭坑镇</td><td>郭　坑</td><td rowspan="7">新　街
铁　路
东溪农场</td><td>下洲、新厝、大社</td></tr>
<tr><td>汐　浦</td><td>汐浦</td></tr>
<tr><td>口　社</td><td>口社、下贯、帆莱峰</td></tr>
<tr><td>院　后</td><td>院后、芦宅</td></tr>
<tr><td>篁　卿</td><td>黄坑、渡头</td></tr>
<tr><td>扶　摇</td><td>扶摇、后宅</td></tr>
<tr><td>洛　滨</td><td>洛滨、山头、山厝</td></tr>
<tr><td>龙文经济开发区</td><td>朝　阳</td><td></td><td>朝阳</td></tr>
</table>

第四节　镇

一、步文镇

地处漳州中心城区东面。东与蓝田镇交界，西与芗城区接壤，南与龙海市颜厝镇隔江相望，北至北环城路六石路段。土地面积 14.4 平方公里。

梁大同六年（540 年）龙溪建县，镇境属之。因在漳州府城（与龙溪县城同地）之东，旧称东乡。唐开元二十九年（741 年），龙溪县属漳州管辖，沿宋、元、明、清，县辖地虽有数次变更，但龙溪县一直隶属漳州，步文亦归龙溪县版图。明朝，设都于乡，步文境东南部属廿七都，西北部属廿二都。

辛亥革命后，龙溪县划分 7 个区。步文属第六区，区署设于市尾，区域除步文乡外，包括漳州城郊的市尾、古塘、南塘后吴、大山和郭坑镇一带。设第六区后，历经军阀陈炯明、张毅，张贞割据，统辖未有调整。民国 22 年（1933 年）建立保甲制度。第六区共有 48 保。民国 26 年，抗日战争爆发，区以下增设联保，辖修滨、复兴、关霞、桥头 4 个联保。民国 28 年，4 个联保改为 4 个乡。修滨乡辖 10 个保，复兴乡辖 8 个保，关霞乡辖 8 个保，桥头乡辖 8 个保。民国 33 年，龙溪县42个乡并为36个乡，复兴乡并入靖东乡（郭坑乡）。

1949年9月19日，步文解放。龙溪县划分7个区和2个城关区，步文乡属第六区管辖，区公所设于古塘，1950年迁于东屿。1950年属第六区（东屿区）。1952年，龙溪县设10个区92个乡3个镇7个街；步文属六区（东屿区）与第十区（古塘区）。1956年后为东屿区。1957年11月，古塘、市尾、诗浦划归漳州市（今芗城区）。1958年9月成立卫星公社；1959年3月，改为步文公社，辖梧浦、蔡坂、西坑、蓝田、梧桥、圳头、步文、后坂、店上、桥头、书厅、孚美、坂上、翁建、科坑、郭坑、汐浦、扶摇共18个生产大队。1961年6月，店上大队划归漳州市（今芗城区）。同年，析郭坑、汐浦、扶摇3个生产大队成立郭坑人民公社。1979年，步文人民公社辖23个生产大队33个小队5个农场。

1984年10月，改为步文乡，辖33个村、1个乡办农场（包括4个分场：红卫农场、长山农场、红山农场、三峰林场）；有122个自然村。1991年，辖33个村，面积86.8平方公里。1992年改为步文镇，辖33个村。

1997年3月，步文镇析出部分境域建立蓝田镇、朝阳镇、步文镇。芗城区下洲、土白村划归步文镇管辖。1997年，步文镇辖9个村、38个自然村。2002年1月，划出天亭社区。2003年10月，石仓村改制为石仓社区（村居并存）。2004年9月，设浦东社区。

2007年，辖9个村、38个自然村、2个社区。

二、蓝田镇

地处漳州市区东大门。东与龙海市榜山镇接壤，南濒九龙江西溪北岸与龙海市颜厝镇隔江对望，西与步文镇毗邻，北临九龙江北溪南岸。面积32.2平方公里。

1997年3月建立，辖8个村、37个自然村。1999年11月，成立鹤鸣社区。2004年9月，成立景山社区。

2007年，辖8个村、2个社区、1个镇办农场。

三、朝阳镇

地处区境北部。东与龙海市榜山镇接壤，西靠国道319线，南与蓝田镇毗邻，北濒九龙江北溪南岸与郭坑镇隔江相望。1997年3月成立。面积42.2平方公里。

镇区是漳州市区与漳州火车东站连接地，东距漳州火车东站2公里，西距漳州立交桥3公里，距漳州市中心5公里。

2007年，辖17个村、5个镇属农林场。

四、郭坑镇

位于区境北部，九龙江支流北溪北岸。东与龙海市角美镇接壤，西与芗城区浦南镇毗邻，南隔北溪与龙文区朝阳镇相望，北邻长泰县。面积36平方公里。

宋代，镇域属龙溪县游仙乡龙川里。南宋淳祐年间（1241—1252年），龙溪县龙川里改为二十二、二十三、二十四都。元代，沿宋制。明代，镇域属二十二都。明嘉靖十三年（1534年），镇域属二十二都，辖翁建、西头、登科、院前、黄柑、石浦、浦口、鸿山共8社。清乾隆二十七年（1762年），镇域属二十二都，辖杨龙浦、黄柑、萧王陈、陈黄讲、郭坑、石浦共6保。

民国26年（1937年）12月，镇域属郭坑区靖东乡，辖南阳、国卿、篁渡、扶摇、洛蓬、溪渡共6保。民国36年，镇域属郭坑乡，辖国卿、杨氏、南阳、篁渡、扶摇、登科、科坑、龙头、漳滨、建溪、苑浦、朝阳、翁建共13保。

1950年，镇域属龙溪县第六区（东屿区）。1956年，镇域属东屿区郭坑乡（郭坑、汐浦）和洛滨乡（扶摇、溪园）。

1958年4月，龙溪县撤区并乡，郭坑镇域属郭坑乡。1958年9月，属卫星人民公社。1959年3月，属步文人民公社，耕作区改为生产大队。1962年年初，由步文公社析出郭坑圩以北的生产大队设郭坑人民公社。1963年7月，郭坑人民公社增设郭坑镇，为社辖镇。1984年10月，郭坑人民公社改为郭坑镇，生产大队改为村，郭坑镇辖7个村和东溪农场。

1996年6月，郭坑镇从龙海市划出归龙文区管辖。2001年，郭坑镇辖新街、水上、铁路3个社区、1个镇办农场和郭坑、洛滨、扶摇、篁卿、院后、汐浦、口社7个村。

2007年，郭坑镇辖7个村、2个社区、1个镇办农场。

第三章 地质 地貌

第一节 地 质

一、地 层

区境地层发育为侏罗系与第四系两大类，区划属福建省东南沿海分区漳州分区。形成年代迄今1万—1.4万年。

侏罗系为中生界上统南园组，露头较好，是区境出露主要地层，地层厚度约2500米。

第四系为新生界更新统龙海组冲洪积层、冲海积层、长乐组冲积层。龙海组冲积层岩性为砂质黏土、砂砾、角砾，厚度12—58米；冲海积层为黏土、淤泥；长乐组冲积层岩性为下部砂卵石层、砂砾层，上部为黏土、砂土，厚度为6—16.7米。第四系十分发育，分布于西溪北溪两岸平原和台地。

二、侵入岩

区境为燕山晚期侵入岩。岩性绝大多数属酸性、中酸性花岗岩类。受其影响有第一次和第三次侵入岩。第一次侵入岩属长泰岩体，出露在厦门—南靖断裂带上。岩体接触面为辉石闪长岩相、石英闪长岩相和花岗闪长岩相。主要分布在步文、郭坑一带。第三次侵入岩属新村晶洞花岗岩，分布在步文三峰山。岩体边界弯曲，绝大多数仅出露边缘相。第四次侵入岩属过港花岗斑岩，岩体周围为燕山早期含黑云母花岗岩，边界较圆滑规则，接触面平整，分布在步文乌石红山一带。

三、构造

区境濒临太平洋边缘活动带，断裂构造极发育，褶皱表现不明显。

长乐—南澳断裂带西北侧，主要构造东西向压扭性断裂，北东向压扭性断裂、北西向及近南北向的张性和张扭性断裂，第四纪时活动强烈，切穿红土台地和滨海阶地，控制海岸基本形态，形成漳州盆地及温泉断裂带分布。

厦门—南靖断裂带，呈东西走向，横贯区境。断裂带发生于晚侏罗世，形成后继续发展。第四组活动仍很强烈，九龙江西溪北岸继续上升，普遍发育为阶地和红土台地，第四系沉积厚度不超过10米，九龙江下游两岸断裂带主要有今江东桥、郭坑一带等断裂。断裂走向北西300°—320°之间，倾角南西或北东，倾角大于45°，产状稳定。

四、矿产

区境无金属矿，只有非金属矿。主要矿产有花岗岩、砖瓦用粘土、建筑用砂、高岭土。

花岗岩矿区10处，储量1000万立方米，主要分布在郭坑镇郭坑村、口社村、洛滨村。

砖瓦用粘土矿区16处，储量1000万立方米，主要分布在蓝田镇、朝阳镇。

建筑用砂矿区2处，储量3000万立方米，主要分布在九龙江北溪、西溪一带。

高岭土矿区1处，储量1000万吨，主要分布在蓝田镇好坑、郭坑镇口社村。

第二节 地 貌

一、海陆变迁

区境与龙海市毗邻，延伸至台湾海峡，在漫长的地质年代里常有海进海退现象，致使海域与陆域发生多次变迁，逐步发育为现代地貌。

第四组中更新世，迄今150万—75万年间，九龙江流域延伸至台湾海峡中，台湾与福建大陆的路桥连在一起。

晚更新世，在迄今3.5万年海水沿九龙江河道入侵，形成漳州古海湾（包括龙文区蓝田、步文镇及龙海市九湖、颜厝镇）；在迄今1.5万年，沿海进入大理冰期海退最后阶段，东海海面比今低130—160米，台湾海峡陆地大部出露，台湾与大陆最后一次路桥相连。

全新世，迄今1.2万年冰期结束，海面上升；距今0.8万—0.9万年，海面达到现今位置。距今0.6万年是冰后期气候最佳和海水最多时期，海面上升到现今海面5—10米处的红土台地前缘，漳州盆地为海水淹没，海进最盛时，九龙江北溪在郭坑附近，西溪在靖城，分别注入古漳州湾入海，九龙江解体。迄今4000年前，海进转为海退，加上河流泥沙沉积，古漳州逐渐形成陆地，西北溪又合流，河口随海退延伸。三峰山至天柱山一线分水岭，受漳州至厦门断裂、江东断裂，以及风化侵蚀联合作用被切开，形成现今郭坑至江东桥流水通道，随九龙江入海，向外延伸。北溪两条入海通道的分流比发生变化。2000—3000年前，北溪主流改从江东（今江东桥处）通过，形成现今九龙江下游基本格局。海水逐渐退去后，漳州盆地及九龙江下游平原相继成陆。

由于人类砍伐森林，引发山地水土流失，造成河流淤积，九龙江河口延伸。九龙江北溪内林防洪堤于1964年建成后，切断北溪通过内林向西溪分流洪水的通道，从而使北溪改道向江东桥的进程。1980年后，卵石和河砂作为建筑材料被大量采挖，河床下降。

二、内陆地貌

（一）山丘

高丘陵　区境地势自东北向西南缓缓倾斜，北部为高丘陵，取北东向延伸，大多数高丘陵海拔200以上，山坡坡度在30°左右，多是凸型陡坡，占全区面积15%左右。最高点蓝田镇三峰山海拔323.4米，山体由坚硬的花岗岩组成，雄踞漳州平原；山上石岩交错、悬崖峭壁、坚石林立。其他超过200米的高丘有鼎寨山、云洞岩、狮尾山、金鸡山、塔山、鸡笼山等，主要分布在郭坑镇、步文镇、蓝田镇。郭坑镇丘陵面积占全区丘陵面积85.5%。

低丘陵　海拔200米以下，相对高度小于200米，山坡坡度10°—25°。在区境河流两侧零星分布，有的形成残丘。山顶多呈浑圆或平顶状，山坡坡度平缓。海拔200米以下，100米以上的有讲堂山182.8米，凤山157.7米，其余均小于100米。

红土台地　海拔20—50米，最高不超过80米；相对高度10—30米，最大不超过50米，分布在西溪北岸的步文、蓝田一带，为广泛发育的砖红色风化残积土组成，地势呈波状起伏，向河或海倾斜，台面上有残丘和块石散布。红土台地层深厚，受长期流水作用影响，呈波状起伏地形。坡度平稳，一般＜15°，星散分布在平原及平原与丘陵过渡地带，多辟为果园，是主要的旱作经济作物分布区。

（二）平原

冲积地　地形沿北溪、西溪两岸分布，海拔50米以下。地貌上为河谷平原。九龙江冲积平原占全区面积75%。九龙江西溪、北溪取东、南、北三面环绕区境态势，使区内平原沉积厚20米左右，沟渠成网，沃土连片，为高产、稳产农业生产基地。

一级阶地　沿河流两岸连续分布，海拔5—6米，相对高程2—3米，阶面数十米至数百米，越往下流越宽大，阶面倾斜2°—3°。分布在蓝田、步文一带，为水田耕地。

二级阶地　沿河流两岸断续分布，海拔8—10米，高出河面5—7米，平缓地形受小溪切划，呈狭长条形分布，分布在郭坑、朝阳、蓝田、步文，为果园耕地。

第四章　气　候

第一节　气候特征

1951—1990年，区境多年平均气温21.05℃，全年最热为6月、7月、8月，日平均气温28.84℃；最冷为12月、1月、2月，日平均气温12.17℃；日最高气温40.6℃（1953年8月16日），极端最低气温-2.1℃（1955年1月12日）。1978—2007年共30年降雨记录，区境年最长降雨天数为1992年，计112天；最短降雨天数为1989年，计46天；最长干旱少雨天数为2001年9月21日至2002年5月10日，计232天；年最大降雨量为2006年2396.3毫米，平均年降雨量（东墩站）为1409.7毫米；年最小降雨量（东墩站）为1989年1032毫米；日最大降雨量（湘桥站）385毫米（2006年7月15日），最大过程降雨量（郭坑站）558.5毫米（2006年7月14日0：00时至17日8：00时）。

区境多年平均降雨量为1400—1500毫米，但时段分布不均匀，大范围降雨有梅雨和台风雨。梅雨（即雨季）一般从5月5日前后在福建省自北而南开始，自6月25日前后由南向北结束，前后约50天。区境降雨强度一般不大。总雨量约占全年雨量三分之一。台风雨是台风或热带风暴夹带来的降雨，一般历时2—4天，时间短，强度大，常造成严重洪涝灾害。

春季有春雨期（3—4月）和梅雨期（5—6月）。春雨期两个月的雨量占全年雨量的17%左右，这一时期天气冷热多变，有的年份还出现春寒、倒春寒或者冰雹等强对流天气。梅雨期雨势较强，暴雨频繁，两个月的总雨量占全年雨量的32%左右，是洪汛多发季节。

夏季（7—9月）既是晴热多见的季节，又是台风活动频繁的季节，夏季3个月的降水量占全年雨量的35%左右。降水变化率大，再加上高温的影响，水资源的供需常有矛盾。

秋季（10—11月）降水骤然减少，两个月的总雨量仅占年雨量的7%左右。主要的灾害天气有：季节异常提早的寒露风与初霜冻，主要危及农业。

冬季（12—2月）是年内的晴冷少雨期，3个月的总雨量占年降雨量的9%左右。1月份为全年气温最低的月份，除个别年份出现严重霜冻造成冻害外，也较少发生其他灾害性天气。

第二节　气象要素

一、气温

1997—2007年，年平均气温在21.5℃—22.6℃之间，10年平均为22.1℃。月平均气温1月最低，在13℃—15.4℃之间，平均为14.2℃；7月最高，在27.3℃—30.7℃之间，平均为29.2℃。极端最低气温0.7℃，出现在1999年12月23日；极端最高气温40.3℃，出现在2003年7月15日。气温≥35℃高温天气日数多年平均约30天，主要集中在7—8月（76%）。10年间平均有霜日数1.4天。平均初霜日期为12月29日，最早出现在12月21日，最迟出现在1月20日；平均终霜日期为1月30日，最早出现1月28日，最迟出现在3月6日。平均初终间日数为30天。

二、降水与雷电

1997—2007年，总降雨量在1220.0—2385.6毫米之间，10年平均年雨量为1739.9毫米。降水主要集中在梅雨季（5—6月）和夏季（7—9月），约占全年降水量的71%，秋冬季降水骤减。月降水量以8月最多，6月次多，11月最少，1月次少。最大日降水量256.1毫米，出现在2006年7月16日。10年平均年雷暴日数54天。最多年份为1997年，73天；最少年份为2003年，37天。主要出现在夏季（7—9月，53%）和梅雨季（5—6月，30%），秋冬季较少发生。其中5—9月雷暴日数约占全年的83%。月变化为8月最多，6月次多，12月最少，1月次少。

1997—2007年龙文区月平均雨量统计表

表1-4-1　　单位：毫米

月　份	1	2	3	4	5	6	7	8	9	10	11	12	年　均
月平均	41.0	81.7	97.0	146.3	226.0	281.2	224.9	303.9	205.6	63.7	26.4	42.2	1739.9

三、湿度

1997—2007年，全区受海洋性气候影响，空气水汽含量充足，气候湿润。10年年平均相对湿度为74%。梅雨季的相对湿度最大，在70%—85%之间；冬季最小，在59%—81%之间。

1997—2007年龙文区逐月湿度统计表

表 1-4-2　　单位：%

月 份	1	2	3	4	5	6	7	8	9	10	11	12	年 均
月平均	72	75	76	76	77	80	75	77	74	68	68	69	74
最小值	8	17	13	8	19	18	22	32	27	17	12	10	8

四、日照

1997—2007年，平均年日照时数为1829.0小时，最多年为2003年，日照时数2151.7小时；最少年为2005年，日照时数1632.1小时。月变化最少为2月，最多为7月。

1997—2007年龙文区逐月日照时数统计表

表 1-4-3　　单位：小时

月 份	1	2	3	4	5	6	7	8	9	10	11	12	年 均
月平均	136.9	107.2	112.0	118.8	131.1	149.4	209.4	187.7	175.1	179.6	164.4	157.4	1829.0

五、蒸发

1997—2007年，平均蒸发量为1414.3毫米。最多年为2003年，蒸发量1547.0毫米/小时；最少年为2006年，蒸发量1085.6毫米/小时。月变化最少为2月，7月最多。

1997—2007年龙文区逐月蒸发量情况表

表 1-4-4　　单位：毫米

月 份	1	2	3	4	5	6	7	8	9	10	11	12	年 均
月平均	83.5	72.1	95.4	100.6	125.8	119.4	183.5	150.2	148.9	132.9	114.1	87.9	1414.3

六、风

1997-2007年，年平均风速1.5米/秒，月平均分数分布较为均匀。多年风向频率以东南偏东风（ESE）最多；月风向频率以东南偏东风（ESE）最多，西北风（NW）次之。

1997—2007年龙文区逐月平均风速情况表

表 1-4-5　　单位：米/秒

月 份	1	2	3	4	5	6	7	8	9	10	11	12	年 均
风 速	1.4	1.4	1.5	1.5	1.5	1.4	1.6	1.6	1.6	1.5	1.4	1.3	1.5
最多风向	ESE	ESE	ESE	ESE	ESE	ESE	S	NW	NW	ESE	ESE	ESE	ESE

七、气压

1997—2007年，年平均气压在1009.8百—1011.9百帕之间，10年平均值为1010.7百帕。月平均气压7—8月最低，12—1月最高；1—8月逐月下降，8—12月又逐月上升。极端最低气压983.3百帕，出现在2005年9月1日；极端最高气压1031.0百帕，出现在1999年12月22日。

第三节　气候分区与作物季节

一、气候分区

区境属南亚热带海洋性气候。西部和北部低丘陵地带有山丘阻隔，冬天可以御寒，夏天能档海风，是春暖早、秋寒迟的暖热腹地和暴雨中心，具有夏季温高湿大、冬季低温干燥等特点，利于温带、亚热带、热带多种作物的生长和果树生产。中部平原是光照最强热量最好、雨量最适的农业气候区。年太阳有效辐射量每平方厘米为52—58千卡，稻、麦连作一年三熟，产量高；甘蔗株高茎粗，产量和含糖率均高。

二、作物季节

（一）早稻

播种期在2月下旬至3月上旬；移种期在4月中下旬；孕穗期在6月上中旬；抽穗开花期在6月中下旬；成熟期在7月。全生育期120—155天。

（二）晚稻

播种期在6月下旬至7月中旬；移种期在8月上中旬；孕穗期在9月下旬至10月上旬；抽穗开花期在10月中下旬；成熟期在11月。全生育期112—151天。

（三）冬小麦

播种期在11月，孕穗期1月下旬至2月上旬，抽穗开花期2月至3月，成熟期4月。全生育期132—161天。

（四）春大豆

播种期在夏至，收获期在芒种。

（五）秋大豆

播种期在小暑，收获期在小雪。

第五章 水 文

第一节 地表水

一、河系

（一）九龙江北溪

源于龙岩市戴云山脉南侧，流经漳平市、华安县、芗城区及郭坑、朝阳，河流总长274公里，流域面积9460平方公里。区境内河段长13.5公里，自芗城区浦南蓬莱村以下进入区境，左岸流经郭坑镇洛滨、扶摇、黄坑、郭坑、口社村，右岸流经石井、登科、科坑、漳滨、石洲至龙海市江东，与西溪汇合进入福河。北溪支流与龙津溪出口段有2公里，从洛滨村汇入九龙江北溪。北溪支流与马洋溪出口段有6公里，从口社村、下贯自然村汇入九龙江北溪。

（二）九龙江西溪

在南靖城以上有三大支流：船场溪、花山溪和芗江（芗江又接纳永丰溪水）。靖城以下西溪干流，河流全长172公里，流域面积3940平方公里。区境河段长9.5公里，自芗城区诗浦社以下进入区境，左岸流经下洲、碧湖、湘桥、小港、东墩，过龙海市西溪桥闸后进入福河流入九龙江出海口。

（三）九十九湾内河水系

内河港道蜿蜒曲折，遍布全区。九十九湾水系源自芗城区西北部，流经浦南镇、石亭镇，然后进入朝阳、步文、蓝田，过湘桥、东墩水闸进入九龙江西溪。九十九湾支流，是漳州市区主要内河，流域面积104.15平方公里。

主港道横贯九龙江西溪、北溪，北起北溪石井村内林头，南至湘桥、东墩与西溪相接，全长17.3公里；河内港湾曲折，流经石井、登科、翁建、西洋、流岗、孚美、坂上、朝阳、东屿、步文、石仓、圳头、湘桥、小港、蔡坂村。

支港道河网遍布蓝田、步文、朝阳3个镇。主要包括海底洋（主称桥头支港）、大水洋、西洋、流岗、东港、碧湖、圳头、梧桥河、西坑、小港等支港道。此外，内林引水渠道、新浦头港渠道与九十九湾互为联通、水流互为补偿，形成漳州市东段完整水系。九十九湾水系集行洪、排涝、灌溉、航运等功能，是连接西溪、北溪重要支流。

九十九湾内河水系利用北溪与西溪水位落差近2米，从内林水闸进水，通过内林引水渠道引水进入九十九湾内河，使九十九湾保持一定水流量。利用西溪桥闸蓄水从湘桥水闸引水冲灌九十九湾下游湘桥至东墩河段，形成活动水流。利用潮汐作用，通过湘桥、东墩水闸吸纳受潮水顶托的西溪江水，形成九十九湾内河水流体系。

二、水位

（一）水位站

区境水位站有北溪内林、郭坑站，西溪碧湖、湘桥、东墩站，九十九湾内河孚美站、东墩站、桂林站，九龙江主要水位控制站为北溪浦南站、西溪中山桥站。

有记录的西溪、北溪水位（黄海高程）：北溪内林站最高洪峰水位 12.6 米，发生在 1961 年 9 月 13 日，正常水位受北溪桥闸蓄水顶托影响在 3.8—4.3 米；西溪碧湖站最高洪峰水位 8.3 米（相应中山桥洪峰水位 10.5 米），发生在 1985 年 6 月 26 日 3：00 时，正常水位（湘桥）受西溪桥闸蓄水顶托影响在 3.1—3.2 米；西溪东墩站最高洪峰水位 7.36 米，发生在 1985 年 6 月 26 日。

（二）九十九湾内河水位（黄海高程）

正常蓄水位（东墩）3—3.2 米；内林站最高内涝水位 7.55 米，孚美站最高内涝水位 7.29 米，均发生在 2006 年 7 月 16 日 13：00 时；东墩站最高内涝水位 5.5 米，发生在 1985 年 6 月 27 日 3：00—5：00 时。

三、流量

区境无径流流量测站，北溪流量以浦南站为参照，西溪流量以郑店、中山桥流量为参照。1960 年 6 月 9 日，洪水，北溪浦南站最大洪峰流量 9400 立方米 / 秒，相当于 50 年一遇；西溪郑店站最大洪峰流量 6140 立方米 / 秒，相当于 33 年一遇。

2006 年 6 月 9 日，北溪浦南站最大洪峰流量 6150 立方米 / 秒，内林站流量剧增，加之长泰县龙津溪来水，超过该流量。

四、含砂量

西溪郑店水文站实测，1952—2002 年的 51 年间移质含砂量，九龙江西溪多年平均悬移质输砂量为 106.79 吨。

北溪浦南水文站实测，1952—2002 年的 51 年间移质含砂量，九龙江北溪多年平均悬移质输砂量为 216.36 吨。

五、水质

九龙江西溪水系水资源质量状况评价河长 9 公里，枯水期评价分类河长 9 公里（Ⅳ）；丰水期评价分类河长 4 公里量（Ⅲ），5 公里（Ⅳ）。

九龙江北溪水系水资源质量状况评价河长 11 公里，枯水期评价分类 11 公里（Ⅱ）。丰水期评价分类河长 11 公里（Ⅱ）。

北溪水系水资源质量比西溪水系水资源质量好。

2007 年区境地表水水质化验等级评定情况表

表 1-5-1　　　　单位：毫克 / 升

水体	样点	pH 值	溶解氧	耗氧量	氨气	总硬度	氯化物	酚	砷	汞	铬	有机污染	五项毒物
北溪	郭坑	6.9	7.6	2.2	0.127	19.5	4.1	0.0043	0.001	0.0003	0.003	2	2
西溪	下州	7.0	7.0	8.3	0.258	11.6	10.8	0.0125	0	0.0007	0.016	4	3

第二节　地下水与潮汐

一、地下水

（一）水资源

区境地下水资源丰富，西北部丘陵地带浅层地下水质较好，东南部沉积区浅层地下水水质金属、矿物质含量偏大。随着城市建设和工业的发展、农村养殖的发展，浅层地下水受污染严重，大部分地区浅层地下水不可饮用，深岩层地下水质较好，多数可饮用。地下淡水水资源量 0.17 亿立方米。

2007 年区境若干地段地下水情况表

表 1-5-2

地　名	含水层岩性	含水层厚度（米）	地下水埋深（米）	钻孔（井）出水量（立方米 / 日）	富水性
登　科	中粗砂、泥质砂砾	16.3	4.30	3300	水量丰富
郭　坑	中粗砂泥质砂砾	19.71	3.82	3120	水量丰富
湘　桥	泥质细砂、砂砾	9.10	1.80	2434	水量丰富

（二）热水

郭坑镇黄坑温泉水温 56.6℃，流量在河床中间无法测，味微碱，矿化度 3.018 克 / 升，氢离子 7.3 毫克 / 升，二氧化硅 60 毫克 / 升。出露情况：出露在北溪河中郭坑铁路桥下，呈带状分布，长 200 米。

（三）矿泉水

区境矿泉水是人工揭露赋存于花岗闪长岩中构造裂隙脉状水，主要分布于郭坑镇扶摇村。

二、潮汐

历史上九龙江北溪感潮区可延伸到郭坑镇篁坑铁路桥，沿江群众干旱时可利用潮水纳潮引水灌溉，到 1978 年北溪引水工程建成后，正常蓄水位与最高潮水位持平，北溪感潮区消失。

九龙江西溪河段受潮汐影响明显，西溪江水因潮水顶托水位同期发生变化。涨潮时，九十九湾内河下游段可通过湘桥、东墩水闸纳潮蓄水，供工农业及城市居民用水之需，但也影响河道行洪，洪水期与潮汐同期相遇造成西溪泄洪困难，洪水位增高，给防洪泄洪带来影响。

第六章　土壤　植被

第一节　自然土壤

区境自然土壤，系南亚热带季雨林生物条件发育的地带性土壤，主要是砖红壤性红壤和粗骨性砖红壤性红壤。砖红壤性红壤分布在丘陵台地，土层较厚，质地重壤轻黏，有机质 1.8%，pH 值 6.1，土壤肥力低。粗骨性砖红壤性红壤分布在丘陵顶部及陡坡地带，植被稀疏，土壤受侵蚀严重，基岩裸露，局部土层浅薄，有机质 0.5%，pH 值 6.1，石砾含量较多，生物积累微弱，肥力较低。

第二节　耕地土壤

一、耕地类型

清乾隆年间（1736—1795 年），漳属各县之田，大致分五等："平旷沃衍恒得水泉灌溉者为洋田；依山崖地稍瘠薄而有水泉者为山田；傍溪湖积山填筑而成者为州田；筑堤障海潮，内引淡水以资灌溉者为埭田；滨海碱卤无泉水及淡潮者为海田。"区境之耕地属洋田、山田及州田。

民国 19 年（1930 年）后，九龙江流域土壤划为 8 个土类、15 个亚类，56 个土系和 15 个相。其中，水田耕地土壤为水稻土一个独立土类，区域带性土壤定为红壤。水稻土是区境主要耕地土壤，有淹育型水稻土、潴育型水稻土和潜育型水稻土。

1997 年，区境有水田耕地面积 1293.73 公顷，占全区耕地面积 45.05%，主要分布于冲积平原，部分在小垅谷地和有灌溉水源的丘陵坡地。

（一）水田耕地土壤

1980 年 12 月至 1982 年 7 月，龙海县开展群众性与专业队相结合的土壤普查工作，基本查清区境耕地土壤类型及性状。1982 年，步文人民公社有水田耕地面积 2167.2 公顷。其中，黄泥田 7.4 公顷，占水田 0.34%；黄泥沙田中灰黄泥沙田 30.87 公顷，占水田 1.42%；黄泥沙田 21.27 公顷，占水田 0.98%；乌泥田中乌泥田 62.87 公顷，占水田 2.9%；青底乌泥田 33.67 公顷，占水田 1.55%；黄底乌泥田 8 公顷，占水田 0.37%；沙底乌泥田 5.07 公顷，占水田 0.23%；灰泥田中青底灰泥田 88.2 公顷，占水田 4.07%；灰泥田 1308.33 公顷，占水田 60.37%；青格灰泥田 90.47 公顷，占水田 4.17%；黄底灰泥田 213.2 公顷，占水田 9.84%；沙底灰泥田 6.53 公顷，占水田 0.30%；灰沙泥田 151.8 公顷，占水田 7.0%；潮沙田中乌沙田 81.4 公顷，占水田 3.76%；灰沙田 38.07 公顷，占水田 1.76%；白鳝泥田中白底土田 20.13 公顷，占水田 0.93%。1982 年，郭坑人民公社有水田耕地面积 355.6 公顷。其中，黄泥沙田 28.73 公顷，占水田 8.08%；灰泥田 131.33 公顷，占水田

36.9%；灰沙泥田 186.2 公顷，占水田 52.36%；青泥田 3.33 公顷，占水田 0.94%；深脚烂泥田 6 公顷，占水田 1.69%。

（二）旱地耕作土壤

1982 年，步文人民公社有旱地耕作 1316.93 公顷，果茶用地 249.8 公顷，林业用地 859.53 公顷，合计农林旱作土壤 2426.26 公顷。其中，砖红壤 859.53 公顷，占旱作土壤 35.43%；赤土 1452.2 公顷，占旱作土壤 59.85%；灰沙泥土 114.53 公顷，占旱作土壤 4.72%。1982 年，郭坑人民公社有旱作耕地 305.73 公顷，果茶用地 173.73 公顷，林业用地 1458.73 公顷，合计农林旱作土壤 1938.2 公顷。其中砖红壤 1078.47 公顷，占旱作土壤 55.64%；粗骨性砖红壤性红壤 380.27 公顷，占旱作土壤 19.62%；赤土 400.67 公顷，占旱作土壤 20.68%；灰沙泥土 78.8 公顷，占旱作土壤 4.07%。

二、土壤分布

1982 年，土壤普查显示，步文人民公社有耕地 3484.13 公顷，其中水田 2167.2 公顷，占耕地 62.2%；旱地 1316.93 公顷，占耕地 37.8%。郭坑人民公社耕地 661.33 公顷，其中水田 355.6 公顷，占耕地 53.8%；旱地 305.73 公顷，占耕地 46.2%。土壤普查后，对区境耕地土壤分布、水分状况及理化性状进行综合评估，有助于因土改良、因土耕作、因土种植，合理利用区境土壤。

1982 年区境耕地土壤分布情况表

表 1-6-1　　　　单位：公顷、%、米

类别	项目	耕地土壤分布										
		分布部位						海拔高度				
		水田				旱地		平原			小垅	丘陵
		平原	平洋	山垅	梯田	坡地	平地	10 以下	10—20	20—50	10—20	100 以下
步文公社	面积	2035.93	—	97.93	33.33	556.87	760.07	2907.87	466.8	—	74.13	35.33
	占%	93.9	—	4.5	1.6	42.3	57.7	83.5	13.4	—	2.1	1.0
郭坑公社	面积	—	192.67	162.93	—	204.53	101.2	—	424.33	237	—	—
	占%	—	54.2	45.8	—	66.9	33.1	—	64.2	35.8	—	—

三、土壤水文状况

平原田地势平坦，土层深厚，肥力高且平稳，土壤水分条件好，作物产量高，系粮食、蔗糖主产区。

1982 年，步文镇平原田占水田面积 93.9%。平洋田与平原田相近，土壤肥力高，适于种植作物，是水稻高产区之一。郭坑镇平洋田占水田面积 54.2%。山垅田土层深度，地下水位高，土壤有机质贮量高，但分解较缓慢，属低产土壤，郭坑镇山垅田占水田面积 45.8%。梯田土层厚薄不一，土壤质地因田质而异，质地较平原田偏轻，有机质含量仅 1%—1.5%。步文镇梯田占水田面积 1.6%。

1982 年区境耕地水文状况表

表 1-6-2　　单位：公顷、尺、米、%

类别	项　目	旱涝情况			地下水位		
		旱涝保收	易涝积水 7—30 天	易旱、抗旱能力 不足 30 天	0.5 米以下	0.5—1 米	1 米以上
步文公社	面　积	3388.8	46.93	48.4	8.67	1001.47	2474
	占耕地%	97.2	1.4	1.4	0.25	28.7	71
郭坑公社	面　积	424.33	—	237	7.47	126.73	527.13
	占耕地%	64.2	—	35.8	1.13	19.2	79.7

1982 年区境耕地土壤理化性状况表

表 1-6-3

类别	项目	耕层厚度（厘米）			土壤有机质			碱解氮 ppm			速效磷 ppm		
		一等 15 以上	二等 10—15	三等 10 以下	缺乏 1 以下	一般 1—2	丰富 2 以上	缺乏 50 以下	一般 50—100	丰富 100 以上	缺乏 8 以下	一般 8—15	丰富 50 以上
步文公社	面积（公顷）	1128.07	2344.4	11.67	692.73	1846.2	945.2	132.27	1096.13	2255.73	2475.27	793.13	215.73
	占比（%）	32.4	67.3	0.3	19.9	53	27.1	3.8	31.5	64.7	71	22.8	6.2
郭坑公社	面积（%）	6269	2710	941	1028	6636	2256	70	3069	6781	5905	2187	1828
	占比（%）	63.2	27.3	9.5	10.3	66.9	22.8	0.7	30.9	68.4	59.5	22.1	18.4

续表 1-6-3

类别	项目	速效钾 ppm			酸碱度（pH 值）					水田肥力等级			旱地肥力等级		
		缺乏 50 以下	一般 50—100	丰富 100 以上	强酸性 4.5 以下	酸性 4.5—5.5	微酸性 5.5—6.5	中性 6.5—7.5	微碱性 7.5—8.5	一级	二级	三级	一级	二级	三级
步文公社	面积（公顷）	2847.13	352.93	284.07	2.33	1600.87	1769.33	105.73	5.87	1281.33	822.53	63.33	593.47	650.87	72.6
	占比（%）	81.7	10.1	8.2	0.07	45.93	50.8	3.03	0.17	59.1	38	2.9	45.1	49.4	5.5
郭坑公社	面积（公顷）	2813	4724	2383	6.67	500.67	113.73	40.27	—	4.33	255.4	95.87	77.27	210.47	18
	占比（%）	28.4	47.6	24	1.0	75.7	17.2	6.1	—	1.2	71.8	27	25.3	68.8	5.9

第三节 植 被

一、野生植被

区境野生植物：维管束植物3门187科692属1182种；蕨类植物24科62种；被子植物有154科1087种。属南亚热带季雨林植被群落，但长期受人为活动影响，原生植被已被破坏殆尽，形成各式各样次生植被。丘陵地区最广泛分布：马尾松—桃金娘—芒萁骨群落、马尾松—蒲江—白茅草群落等。在土壤侵蚀较严重的地带则呈现芒萁骨、五节芒、八月草群落，并伴有稀疏灌丛分布。

二、人工植被

区境人工植被有经济林、果园、茶园和农作物，大部分分布于低丘陵、台地及平原上。人工植被受耕作活动限制，常见的有莎草、胜红蓟、石荠苧、肖梵天花、止血马唐、大青、果园雀稗、地胆草、狗牙根草、牛繁缕、扛板归、兔子菜等。

人工针叶林有马尾松林、黑松林、杉木林、建柏林，其林木灌木层和草本层盖度在50%—90%。人工常绿阔叶林主要有相思树林。

人工栽培竹林有刚竹林、桂竹林、面秆竹林、人面竹林等，分布于郭坑丘陵地带；麻竹、刺竹、绿竹，分布于九龙江沿岸。

道路两侧植被，主要植物种类有印度紫檀、刺桐、盆架子、红花紫荆、木棉、樟树、白玉兰、榕树、杧果、海南蒲萄，以及园林绿化植物大王椰子、南棕榈、加利海枣等。

第七章 野生动物

第一节 陆生动物

一、基本情况

1998—1999年，龙文区对区境陆生野生动物资源进行常规样带调查，调查范围108.53公顷，其中两栖爬行类专项调查47.38公顷。调查结果：野生动物种类23科52种，分别占全省分布20.17%和6.8%。其中，鸟类15科28种；兽类3科3种；蛇类2科11种；蛙类2科8种；蜥蜴类1科2种。属国家二级保护动物鸟类1科1种（普通山鹧鸪）；蛙类1科2种（虎纹蛙、棘胸蛙）。

二、动物种类

（一）禽类

文鸟科：麻雀、山麻雀；

鸫亚科：乌鸫、鹊鸲、赤尾噪鹛；

雨燕科：白腰雨燕；

卷尾科：黑卷尾；

黄眉亚科：画眉、黄嘴鸦雀；

太阳鸟科：暗绿秀眼鸟；

椋鸟科：八哥、灰背椋鸟、丝光椋鸟；

鸦科：喜鹊；

鹎科：白头鹎、绿赤短脚鹎；

翠鸟科：普通翠鸟；

燕科：家燕；

山椒鸟科：赤红山椒鸟、粉红山椒鸟；

雉科：普通山鹧鸪；

伯劳科：棕背伯劳、红尾伯劳；

鹰科：鸢；

百灵科：小云雀；

莺亚科：长尾缝叶莺、黄胸柳莺。

（二）兽类

猪科：野猪；

豪猪科：豪猪；

麂科：黄麂。

（三）蛇类

游蛇科：乌梢蛇、绞花林蛇、黑眉锦蛇、三索锦蛇、中国水蛇、水赤链游蛇、草游蛇、灰鼠蛇、王锦蛇、小头蛇；

蝰科：竹叶青。

（四）蜥蜴类

石龙子科：光蜥、石龙子。

（五）蛙类

蛙科：泽蛙、沼蛙、黑斑蛙、花臭蛙、虎纹蛙、棘胸蛙；

蟾蜍科：黑眶蟾蜍、癞蛤蟆。

第二节　水生动物

区境水域属热带、亚热带性西太平洋暖水动物区系，捕捞的沿海鱼类有19目、96科、156属、213种，有带鱼、蓝圆参、鳓鱼、马鲛鱼、乌鲳鱼、石斑鱼、鱿鱼，和大、小黄鱼、梭子蟹、毛虾、鹰爪蟹、对虾、墨鱼等。

内陆溪水、港道鱼类资源丰富，纯淡水鱼类93种，具有捕捞价值和养殖种类近80种，淡水主要鱼蟹：罗非鱼、草鱼、青鱼、鲢鱼、鲤鱼、鲫鱼、胡子鲇、毛蟹等。

第八章　自然灾害

第一节　天气灾害

一、概况

区境属于南亚热带海洋性季风气候，雨量充沛，温暖湿润；受海洋气团的影响，夏季盛行东南风，冬季盛行西北风。每年7—9月常有台风，7月以前为早台风，9月以后为晚台风，登陆次数较少，但常造成大的灾害。台风对区境影响年均4—5次，而在广东东部地区登陆的台风造成暴雨，往往对九龙江流域产生较大的洪涝灾害，对区境也造成很大影响。此外，区境主要灾害性天气有干旱、低温寒害及冰冻灾害。

二、灾情

（一）民国及以前天气灾害

明清时期区境多次发生水灾、台风引起洪涝灾害、旱灾、冻害和冰雹灾害。

清光绪十八年（1892年），农历十一月二十七、二十八两天，发生冰冻灾害。区境动植物冻死不计其数。光绪三十年，农历八月发生水灾，九龙江水流汹涌澎湃，堤堰溃塌，房屋倾倒，人畜死亡无数。光绪三十四年，农历九月二十至二十三日，暴雨倾盆，狂风拔木，九龙江洪涛怒涌，冲毁堤岸，沿江村落房屋倒塌十之六七，有的人家无一人生还。

民国11年（1922年）、22年、35年，区境发生3次大干旱，农田3季无收，大批农民逃荒。民国37年6月17—30日、7月12—21日，两次台风侵袭区境，溪洪暴涨，房屋毁坏，田禾淹没。

（二）中华人民共和国成立至建区前天气灾害

中华人民共和国成立后，多次发生台风、水灾、干旱和暴风雨，以及霜冻灾害。

1959年8月23日12级以上的台风袭击区境，狂风夹带暴雨，降雨100毫米以上；适逢大潮，九龙江堤岸决口，耕地被淹，房屋倒塌，人畜伤亡。

1960年6月9日，1号强台风3时在香港登陆后，转向东北方向移动，横扫九龙江流域，出现中华人民共和国成立以来最大洪水灾害。北溪浦南站洪峰流量9400立方米/秒，50年一遇，5天洪水总量14.7亿立方米；内林防洪堤决口水位12.2米（黄海高程），决口堤长60米。西溪郑店洪峰流量6140立方米/秒，33年一遇，5天洪水总量7.45亿立方米，沿江堤防均漫顶溃决，九龙江平原一片汪洋，灾情严重，水漫街巷村庄，舟行于市，群众被洪水围困。

1961年9月10日，21号台风在香港登陆，12日14时22号台风在莆田、惠安一带登陆。连续两次台风袭击，九龙江流域普降暴雨，北溪浦南站洪峰流量8930立方米/秒，洪水总量16.19亿立方米。西溪郑店站洪峰流量4160立方米/秒，洪水总量9.46亿立方米。

这次洪水为双峰型，8—11 日为一次降雨高峰，形成“9•11”洪水，西溪中山桥站洪峰水位 9.6 米（黄海），北溪浦南站洪峰水位 11.95 米（黄海），12—14 日为另一次降雨高峰，形成“9•13”洪水，北溪内林站洪水位 12.6 米（黄海），步文堤碧湖水闸冲毁，决口时中山桥站水位 9.98 米（黄海），决口长度 120 米，步文受淹。

1985 年 6 月 23—26 日，4 号台风袭击区境，连日暴雨。西溪中山桥水位警戒线超 4.7 米，步文、蓝田一带受灾严重。

（三）建区后主要天气灾害

1997 年 5 月 6—8 日，受强降暴雨影响，湘桥过程雨量 392 毫米，造成全区性内涝，湘桥最高内涝水位 5.3 米，孚美最高水位 7.25 米，孚美站 5.3 米以上水位持续 63 个小时，是新区成立后第一个严重的内涝灾害，农田受淹面积 1.8 万亩，经济损失 4900 万元。1997 年 8 月 3 日 13 时，受西溪上游流域暴雨影响，西溪发生建区后最大洪水，湘桥站洪水位最高 7.11 米，超警戒水位 2.81 米，超危险水位 0.81 米。

1998 年 10 月 27 日，10 号台风影响区境，农作物受灾严重，直接经济损失 1.24 万元。

1999 年 9 月 9 日，第 14 号台风正面袭击龙文区，带来 11 级以上强风和短时间大暴雨，造成 4 个镇严重风、洪涝灾害。房屋木棉瓦屋面被台风掀翻，街道两侧树木被连根拔起，果树、甘蔗等农作物毁坏损失严重；乡镇企业简易搭盖、农村猪舍受损严重。农作物受灾面积 720 公顷，倒塌房屋 610 间，水产养殖受淹 670 公顷，电力电信线路损毁 50 公里，死亡 1 人，直接经济损失 11133 万元。

2000 年 8 月 24 日，受第 10 号“碧利斯”台风影响，北溪洪水发生建区后最高水位，19 时内林站洪水位最高 10.67 米，超警戒水位 2.37 米，超危险水位 0.37 米。

2001 年 7 月 7 号台风尤特在沿海登陆，粮食作物受灾面积 438.67 公顷，经济作物受灾面积 686.67 公顷。

2001 年 7 月 27 日，区境受 5 号台风格美的影响，农作物受灾面积 675.33 公顷，水产养殖面积 106.33 公顷，直接经济损失 1588 万元。

同年 8 月 6 日，12 号北冕台风正面袭击区境，农作物受灾面积 786.67 公顷，直接经济损失 2526 万元。

2006 年 5 月 22 日，受北溪上游流域强降雨影响，北溪发生建区以来最大洪水，浦南水文站控制断面洪峰流量 6150 立方米 / 秒，10 年一遇，相应浦南水文站洪峰水位 14.43 米，超警戒水位 2.43 米。6 月 9 日 11 时内林站洪峰水位 9.33 米，超警戒水位 1.03 米。7 月 15 日，第 4 号强热带风暴“碧利斯”造成区境特大暴雨，2 个小时降雨量 122.7 毫米，3 天最大过程降雨量西坑站 515 毫米，郭坑站 558 毫米。全区普遍内涝，迎宾路以北地区受灾严重，朝阳镇流岗、桥头村和蓝田镇梧桥村和蓝田开发区受淹最严重；内涝水位最深超过 2.5 米，孚美站最高内涝水位 7.29 米，孚美上游地区 5.3 米水位以上内涝持续时间从 7 月 15 日 23 时至 7 月 18 日 3 时达 52 个小时。水库蓄洪量猛增，大石水库溢洪深度 50 厘米。全区受灾人口 56384 人，倒塌房屋 309 间，农作物及农业经济作物受灾面积 922 公顷，水产养殖受灾面积 525.33 公顷，死亡牲畜 16370 头，工矿企业停产 988 家，损毁公路路基 8050 米，损坏输电线路 450 米，水利设施水毁 8 处，直接经济损失 16289.5 万元。

1997—2007 年，区境发生主要天气灾害 17 次，平均每年 1.1 次。龙文区受台风影响，龙文区西、北溪水位出现不同程度上涨，西溪水位出现 1 次超危险水位，3 次超警戒水位；北溪水位出现 2 次超危险水位，12 次超警戒水位；九十九湾东墩、孚美站内涝水位超警戒水位 15 次。

第二节 地 震

宋治平四年九月（1067 年 11 月 10 日），漳州石亭发生地震，震中烈度 7 度，震级 5.2 级。区境有的地方震裂长数十丈，宽丈余。

宋淳熙十二年五月（1185 年 12 月 12 日），漳州石亭发生地震，波及区境。

明正统十年（1445 年）十一月地震，震中在龙溪县西北部，北纬 24° 6′，东经 117° 6′；烈度 8 度，震级 6.1 级，昼夜大震 9 次，鸟兽皆惊惧飞走。区境出现山崩石坠，地裂水涌，毁坏房屋无数。余震 3 月余。

明万历二十八年（1600 年）八月二十三日地震。震中在广东省南澳岛，北纬 26° 5′，东经 117° 2′；烈度 8 度，震级 7 级。此次地震波及区境。

明万历三十二年八月地震，震中位于泉州以东海中，北纬 25°，东经 119° 5′；烈度 9 度，震级 8 级。地震波及区境，余震 20 多天。

清乾隆五十六年（1791 年）三月初六日地震，震中在漳浦县以南海中，北纬 23° 8′，东经 117° 8′；烈度 10 度，震级 5.5 级。地震波及区境，震声如雷；民舍多损坏。

清道光十一年（1885 年）十二月十二日，平和县九峰发生地震，烈度 6 度，震级 5 级。地震波及区境。

清光绪三十二年三月初四（1906 年 3 月 28 日），海澄县至金门海外发生地震，震级 6.2 级。次日有余震。地震波及区境。

民国 7 年（1918 年）2 月 13 日地震，震中在广东省南澳岛，北纬 23° 5′，东经 117° 2′；烈度 10 度，震级 7.25 级，波及区境，民舍多震塌；山上石块滚落，多人伤亡。

中华人民共和国成立至 1970 年，区境无地震记载。1971 年 7 月 1 日，龙溪地区（今漳州市）地震台设立。1973 年 3 月至 1991 年 12 月，地震台记录震级大于 1.0 级地震 38 次。其中，1978 年 1 月 23 日 3 时 3 分发生 3.3 级地震，震中在龙海县港尾以东海中，北纬 24° 3′，东经 118° 3′；地震波及区境。1986 年 11 月 15 日 5 时 20 分发生 7.2 级地震，震中在台湾花莲东北海中，北纬 24°，东经 121° 7′。7 时 4 分发生地震，震中在台湾东南海中，北纬 23° 9′，东经 121° 6′，地震波及区境。

1990 年，漳州地区被国务院确定为中国 27 个重点地震监测区之一。1994 年 9 月 16 日，台湾海峡南部发生 7.3 级地震，区境有强烈震感。1985—1995 年，在漳州发生大于 2.0 级地震 11 次，步文、郭坑均有震感。

1998 年，漳州发生大于 1.0 级地震 11 次，其地震活动性低于多年活动平均水平。其中，最大的地震发生在当年 5 月 7 日和 9 月 24 日；震中在南靖县，震级 2.8 级，区境有震感。

1999 年，漳州市及周边地区发生大于 1.0 级地震 45 次。其中，小于 2.9 级，大于 2.0 级地震 11 次；大于 3.0 级地震 2 次；发生在陆地的最大地震为 3.0 级，震中在华安县，区境有震感。

2000 年，漳州市及其沿海地区发生大于 1.0 级地震 47 次。其中，10 月 13 日发生在陆地最大地震为 3.1 级，震中在龙海市角美镇，区境有强烈震感。

2001—2002 年，漳州市及周边地区发生大于 1.5 级地震 37 次。其中，2002 年 8 月 12 日发生在长泰县南端，震级 2.2 级，区境有震感。

2003—2007 年，区境地震活动水平低，强度较弱，无异常突变。

第二卷　国土资源管理与环境保护

中华人民共和国成立后，国有土地实行无偿、无限期、无流动使用，造成土地资源严重浪费、土地资产流失。1978年后，加强国土资源管理。1986年，设立步文、郭坑矿产资源管理所。1987年，试行国有土地所有权与使用权“两权分离”，国有土地使用权作为特殊的商品进入流通领域。龙文区成立后，加强国土资源管理的法律法规宣传活动，制定土地利用规划和矿产资源开发规划，规范建设用地征管和矿产资源开发登记、发证工作，开展土地动态巡查、矿业秩序整顿和维护工作，确保全区国土资源合理开发与利用。

中华人民共和国成立初期，区境环境污染源较少。随着境内人口增长，生活用煤量增多，农药、化肥施用，工业和交通运输业等行业的发展，污染源增多。1985年，龙海县环保部门对区境污染源开展调查，并制定治理方案。1988年，郭坑镇、步文乡配备环保监督员，加强对乡镇企业环境监理。

1997年始，龙文区贯彻环保基本国策，实施环保目标责任考核制，坚持“发展经济抓环保，抓好环保促经济”方针，突出水污染防治和大气污染防治两大重点，加大粉尘、烟尘污染源和养殖污水和化肥、农药、农膜等农村污染源综合整治力度。以“一控双达标”（主要污染总量控制，污染源排放达标，环境功能区划达标）为工作重点，加大环保投入，完善环保基础设施，逐步完善排污费征收制度；查处违法排污企业。通过生态环境和九十九湾水环境、九龙江北溪龙文段饮用水源状况调查，科学制定生态功能区划，兴建工业小区，实行污染源集中控制。2006年，龙文区环境综合整治定量考核名列漳州市各县（市、区）第四位。2007年，全区工业废水排放达标量86.12万吨，处理达标率94.56%；工业烟尘和工业粉尘排放达标率分别为79.00%和78.58%。空气质量稳定在一级至二级水平，空气污染指数（API）≤100的天数占全年天数98.6%，比上年提高3.61个百分点。水环境状况总体良好，集中式饮用水源和地表水环境功能区水质达标率100%。

第一章　国土资源管理

第一节　管理机构

一、行政机构

（一）漳州市国土资源管理局龙文分局

1997年1月，成立漳州市龙文区土地管理局，内设人秘股、地籍股、法规监察股、建设用地股。

1997年12月，漳州市龙文区土地管理局更名为漳州市土地管理局龙文分局，作为市土地管理局的派出机构，内设人秘股、地籍股、法规监察股、建设用地股。

漳州市国土资源管理局龙文分局

2002年5月，漳州市土地管理局、地质矿产局合并，组建漳州市国土资源局；漳州市土地管理局龙文分局与龙文区地矿局随之合并，更名为漳州市国土资源管理局龙文分局（简称龙文区国土分局），内设人秘股、地籍股、法规监察股、建设用地股。行政干部编制6人，实有5人；工勤人员编制1人，实有1人。至2007年年底，龙文国土分局内设机构与人员编制不变。

（二）龙文区地矿局

1997年6月，成立龙文区地矿局，为副科级机构，挂靠在龙文区计划局；人员编制8人。2002年5月，龙文区地矿局并入龙文区国土分局，受其管辖，仍为副科级单位。2007年，人员编制8人。

二、事业机构

（一）区土地管理机构

1997年1月，成立区土地监察中队、征地办公室、地价评估所、地产事务部、地产交易所5个事业单位。2007年，编制分别为8人、2人、4人、4人、4人。

（二）基层土地管理机构

1986年12月，步文乡、郭坑镇分别成立土地管理站，受乡镇政府和县（市）土地管理局双重领导。1997年1月，原步文、郭坑土地管理站撤销，成立步文、蓝田、朝阳、郭坑土地管理所。2007年，步文、蓝田、朝阳、郭坑土地管理所，编制分别为4人、3人、4人、3人。

（三）矿产资源管理机构

1986年12月，成立步文矿产资源管理所、郭坑矿产资源管理所，人员编制各为4人，隶属龙海县矿产资源管理办公室。1997年6月，步文和郭坑两个镇矿管所移交龙文区地矿局管辖。

1998年，龙文区步文矿产资源管理所更名龙文区第一矿产资源管理所，负责蓝田镇、步文镇、朝阳镇的矿产资源管理；龙文区矿产资源管理所更名龙文区第二矿产资源管理所，负责郭坑镇的矿产资源管理。

2003年6月，第二矿管所人员并入第一矿管所，机构编制核编证及工资基金管理手册也同时并入第一矿管所，统一以第一矿管所名义对外开展工作。

2007年12月，龙文区第一矿产资源管理所和龙文区第二矿产资源管理所人员移交漳州市国土资源管理局龙文分局。

第二节　土地利用

一、利用面积

1996年年底，区境从龙海市析出土地面积11297.43公顷。其中，耕地3007.4公顷、园地2819.24公顷、林地1335.4公顷、居民及工矿用地1782.16公顷、交通用地128.88公顷、水域用地1524.84公顷、未利用土地699.51公顷。

1997年底，龙文区土地面积11291.85公顷。其中，耕地2558.39公顷、园地2741.39公顷、林地1332.87公顷、居民及工矿用地1833.6公顷、交通用地160.44公顷、水域用地1523.05公顷、未利用土地698.69公顷。

2003年，龙文区申请作为全国土地利用现状更新调查试点单位。变更调查工作由漳州市国土资源局布置，区国土资源分局配合。市国土资源局委托省遥感中心展开工作，至2004年8月完成任务。

1997—2007年，全区耕地面积减少1776.03公顷，主要原因是从1997年至2006年农用地转非农建设用地报批中占用耕地906.67公顷，其他是各年农业结构调整和土地地类认定占用部分耕地面积。

2007年，全区土地总面积11297.43公顷，其中耕地1734.53公顷，占总面积15.35%；园地2287.11公顷，占总面积20.24%；林地766.61公顷，占总面积6.79%；其他农用地1585.79公顷，占总面积14.03%；居民及工矿用地3070.87公顷，占总面积27.18%；交通用地349.13公顷，占总面积3.09%；水域用地98.13公顷，占总面积0.87%；未利用土地615.22公顷，占总面积5.44%；其他土地790.06公顷，占总面积6.99%。

二、利用规划

2001年1月，完成全区4个镇的镇级土地利用总体规划编制，并通过市级审查验收。

2003年，根据省国土厅关于规划调整规定，开展土地总体规划局部调整工作，涉及蓝田、朝阳、郭坑3个镇土地利用总体规划的调整，调整面积197.57公顷，其中耕地103.75公顷；调整范围包括龙文区浦口粮食批发市场扩建工程、郭坑镇木材加工区一期工程、荣昌工业园区一期工程及港昌食品有限公司用地项目区。

2004年，龙文区在朝阳镇郊柏线北侧征用27.26公顷土地作为城市建设储备用地，需调整20.35公顷非建设用地区（耕地区16.69公顷，园地区3.66公顷）作为建设用地区。

2005年，涉及建设用地需调整土地利用总体规划的，逐级上报并经市政府批准同意，局部调整步文、蓝田、朝阳3个镇土地利用总体规划，调整面积49.41公顷（其中调整耕地26.99公顷）。

2006年，全区共调整土地97.69公顷，其中耕地37.26公顷。

2007年上半年，对漳华路进行规划调整，调整面积5.18公顷，其中耕地5.18公顷；下半年，调整11.4公顷，其中耕地7.9公顷。

2003—2007年，全区进行土地利用总体规划局部调整15次，涉及调整面积381.6公顷，其中耕地197.77公顷。

三、土地使用权

1997 年，龙文区协议出让国有土地使用权 2 宗、面积 22.13 公顷，合同出让金额 747.46 万元。

2002 年，对于经营性项目用地实行“招标、拍卖、挂牌”形式，公开出让经营性建设用地 2 宗，面积 4.75 公顷，合同金额 2184.03 万元。

2003 年，出让国有土地使用权 14 宗，面积 42.15 公顷，合同出让金额 11503.11 万元。其中，协议出让 8 宗，面积 17.8 公顷，合同金额 5848.31 万元；公开出让经营性建设用地 6 宗，面积 24.36 公顷，合同金额 5654.8 万元。

2004—2006 年，经营性项目用地公开出让国有土地使用权 21 宗，面积 200.07 公顷，合同金额 179265.83 万元。其中 2004 年出让 6 宗，面积 60.97 公顷，合同金额 38266.55 万元；2005 年 2 宗，面积 8.08 公顷，合同金额 3353.4 万元；2006 年 13 宗，面积 131.02 公顷，合同金额 137645.88 万元。

2007 年，出让国有土地使用权 48 宗，面积 262.72 公顷，合同出让总金额 63057.88 万元。其中，协议出让 41 宗，面积 224.59 公顷，合同金额 34077.2 万元；经营性项目和工业用地，公开出让国有土地使用权 7 宗，面积 38.13 公顷，合同总金额 28980.68 万元。

1997—2007 年，龙文区共出让国有土地使用权 230 宗，面积 1064.57 公顷，合同出让金额 384937.43 万元。

1997—2007 年龙文区土地使用统计表

表 2-1-1

年　份	出让使用权（宗）	使用面积（公顷）	合同出让金额（万元）	其中协议出让（宗）	出让面积（公顷）	出让金额（万元）
1997	2	22.13	747.46	2	22.13	747.46
1998	6	37.30	2092.70	6	37.30	2092.70
1999	4	1.62	816.03	4	1.62	816.03
2000	8	10.58	4553.28	8	10.58	4553.28
2001	18	22.50	14686.86	18	22.50	14686.86
2002	14	32.14	10795.59	12	27.40	8611.56
2003	14	42.15	11503.11	8	17.80	5848.31
2004	29	146.89	63968.91	23	85.87	25702.37
2005	18	57.13	18590.25	16	49.05	15236.85
2006	69	429.26	194125.38	56	298.44	56479.50
2007	48	262.72	63057.88	41	224.59	34077.20
合计	230	1064.57	384937.43			

第三节　耕地保护

一、基本农田保护

2004 年，漳州市政府下达龙文区基本农田保护区面积 2033.33 公顷任务，龙文区在 1999 年

郭坑基本农田保护片

核查补划基础上进行一次等质量调整，共调整14个村24片204.15公顷，调整后全区农田保护面积126片2033.77公顷，保护率58.80%。同时，完成基本农田保护区图件和数据的更新工作，及时上报市国土局，保证图件的现势性和图、表、册一致性。基本农田保护责任书更新签订工作由区政府牵头，层层落实到镇、村。

2005年，对全区基本农田保护区集中连片自然地块进行调查摸底，建立基本农田分级监护体系；将333.33公顷以上、200—333.33公顷、66.67—200公顷分别定为省级、市级和区级监控片。确定所在乡镇国土资源管理所为监护主体，主要负责基本农田动态巡查，每个月定期逐级向区、市、省国土资源管理部门报告基本农田分级监控片情况，确保基本农田保护责任、措施、投入三到位，以达到基本农田数量、质量和生态保护三方面的协调统一，三级监控成果符合省国土资源管理厅对建立基本保护区的要求。全区有市级监控片3片、区级监控片6片。步文镇、蓝田镇列入漳州市土地利用总体规划范围；丘陵地带的朝阳、郭坑两镇主要承担基本农田保护区划定任务，保护区含有大面积的果园和养殖池，形成龙文区特有的基本农田保护区地类现状。

二、土地整理

2003年，区加大农田建设，投资331.51万元，对朝阳镇漳滨村和郭坑镇扶摇村的中低产田进行综合改造。

2004年，郭坑镇土地整理工程批准规模为56.48公顷，通过整理实现新增耕地7.29公顷。

2007年，项目整理后规模为56.48公顷（其中耕地51.44公顷，交通用地2.71公顷，水利设施2.33公顷）；新建整修渠道3604米、排水沟3282米、排洪沟预制块砌筑护坡419米，疏浚清淤2557立方米，新建田间道613米，整理路面1033平方米，新建生产路1711米，路面整修4317平方米，新建渡槽1座、标志牌1座、晒谷坪1处、下田坡道29个；建设机耕道11条5600米、排涝沟1条600米、排灌沟13条6500米，并实行秸秆还田333.33公顷，平衡配套施肥133.33公顷，根外追肥80公顷。

第四节　建设用地征管

一、建设用地审批

1997年，龙文新区建设办公室成立后，对批准列入建设的项目，向土地管理部门申请用地，审核后按用地数量及审批权限，逐级上报审批。当年，获市级审批用地项目 15 宗、面积 24.14 公顷；获省级审批项目 11 宗、面积 83.80 公顷。1998 年，获区级审批项目用地 182 宗、面积 22.89 公顷；获市级审批项目 73 宗、面积 126.1 公顷；获省级审批项目用地 17 宗、面积 202.26 公顷。

新区建设实施土地管理“五统一”（统一征地、统一规划、统一开发、统一出让、统一管理），加强土地资源管理，合理开发利用。同时执行《漳州市区征用土地补偿费用标准暂行规定》，维护被征地农民合法利益，使征地工作切实可行。1998—2007 年，办理农村个人建设用地 1108 宗，面积 106254.26 平方米。其中，1998 年清查补办 1094 宗，面积 104856.88 平方米。

1999—2007 年，全区建设用地采用农用地转用和征收向省政府或国务院申请报批，共审查批准 76 批次（含独立选址）建设用地，面积 1337.45 公顷。市、区两级政府供地 262 宗，面积 1212.79 公顷，其中出让用地 222 宗、面积 1005.13 公顷、合同出让金总额 382097.27 万元；划拨用地 84 宗（含出让项目中有划拨用地的宗数），面积 207.66 公顷。

二、重点工程和城镇建设用地征管

1997 年，新区开发建设，批准用地 26 宗，面积 107.95 公顷，主要是漳州人民广场及安置地、东二号路、新浦东路、云洞岩道路等基础设施用地及城市开发用地。1998 年，全区批准建设用地 272 宗，面积 351.24 公顷，主要用于东三号路、五号路、迎宾路拓宽改造、东环城路拓宽改造、蓝田开发区二期成片建设、石英钟加工区、粮食加工区、市政综合项目、浦头港排涝工程一批市、区重点建设项目。1999 年，市、区两级政府批准建设用地供地 6 宗，面积 4.82 公顷。

2000—2007 年，省级人民政府批准建设用地 75 批次（含单独农转用项目），面积 1337.46 公顷；市、区两级政府批准建设用地供地 256 宗，面积为 1003.99 公顷。

2000—2007 年龙文区重点工程与城镇建设用地情况表

表 2-1-2

年　份	省政府批准（批次）	面积（公顷）	市、区政府审批（宗）	面积（公顷）
2000	3	26.46	10	15.78
2001	2	41.46	20	30.21
2002	8	108.24	23	46.20
2003	8	244．54	19	127.59
2004	8	155.77	31	155.83
2005	20	293.65	26	100.78
2006	19	352.41	74	461.22
2007	8	114.93	53	269.38

第五节 地籍地产管理

一、地籍管理

（一）集体所有权登记发证

2005 年 9 月，龙文区执行省人民政府《关于开展集体土地所有权登记发证工作的通知》，在全区开展农村集体土地所有权登记发证工作。2007 年，全区 45 个行政村（农场）有 43 个村完成农村集体土地所有权登记发证工作，发证率 95%。

（二）土地使用权登记发证

1997 年前，区境土地使用权由龙海市土地管理局登记。1998 年，区土地管理局对土地使用权进行登记，全区登记 102 宗。2000 年，区对土地使用权清查补办，登记数量较大，全区登记 801 宗；2002 年，全区登记 403 宗，同时停止清查补办工作。

2002 年，全区商品房登记数量逐年增加。2006 年，锦绣一方商品房进行分割登记。

2007 年，规划区内商品房全部移交漳州市土地登记处办理，步文镇登记数量骤减。郭坑镇由于火车站广场的建成，商业广场进行分割登记，数量激增。当年全区土地使用权登记 416 宗。1998—2007 年，全区土地使用权登记 4463 宗。

1998—2007 年龙文区土地使用权登记表

表 2-1-3 单位：宗

年　度	步文镇	蓝田镇	朝阳镇	郭坑镇	蓝田开发区	合计
1998	20	34	46	2	0	102
1999	182	384	126	69	3	764
2000	259	223	126	172	21	801
2001	220	76	64	14	25	399
2002	143	170	62	22	6	403
2003	87	90	50	18	17	262
2004	131	28	39	23	38	259
2005	210	40	23	5	161	439
2006	404	73	72	15	54	618
2007	16	56	87	208	49	416
合计	1672	1174	695	548	374	4463

（三）集体土地证年检

2000 年，全区建立土地登记档案资料，开展农村个人集体土地使用证年检换证工作。以蓝田镇梧桥村梧店为试点，逐步开展年检换证。

2007 年，全区共换证 60 批次，33873 宗；已发证 3 万余本，发证率 91.8%。

二、地产管理

（一）制定基准地价

2004 年 4 月，区开展城镇土地级别和基准地价评估编制工作。区基准地价分两部分：步文、蓝田两镇列入城市规划范围，基准地价由市国土局统一修订。地段级别为市区四、五、六、七级，商业用地基准地价每亩 30 万—120 万元；居住用地每亩 25 万—60 万元，工业用地每亩 8 万—30 万元。

2005 年 7 月，《龙文区朝阳镇、郭坑镇、龙文工业区基准地价》评估编制完成；8 月 1 日实施。朝阳镇规划区（5.24 平方公里），郭坑镇规划区（2.0 平方公里），龙文工业开发规划区（3.2 平方公里）。各规划区分有 3 个土地级别地段：龙文工业开发区商业用地每亩 30 万—60 万元，居住用地每亩 13 万—25 万元，工业用地每亩 7 万—13 万元；朝阳镇商业用地每亩 30 万—60 万元，居住用地每亩 13 万—25 万元，工业用地每亩 7 万—14 万元；郭坑镇商业用地每亩 20 万—80 万元，居住用地每亩 12 万—25 万元，工业用地每亩 7 万—11 万元。

（二）地价抵押登记

1998—2001 年，全区办理地价抵押登记 372 宗，面积 315 公顷，抵押金额 44233.3 万元。2002—2007 年，办理地价登记 347 宗，面积 970.07 公顷，抵押金额 433747.22 万元和 110 万美元。

1998—2007 年龙文区地价抵押登记表

表 2-1-4

年　份	抵押登记（宗）	土地面积（公顷）	抵押金额（万元）
1998—2001	372	315.00	44233.30
2002	68	97.16	12434.00
2003	70	98.93	24878.27
2004	76	112.15	36135.95
2005	86	205.33	63299.00
2006	111	258.82	151700.00
2007	136	197.68	145300.00
合计	719	1285.07	477980.52

（三）集体建设用地使用权流转

2003 年 8 月，区土地局制定集体建设用地使用权流转收取土地收益金方案，解决群众土地使用权过户变更的实际问题。集体非农建设用地土地收益金，按地段和用途不同分别收取。工业用地：步文镇、蓝田镇、朝阳镇镇区、郭坑镇镇区及郊柏线两侧，每平方米收取 2 元；其余范围，每平方米收取 1 元。普通住宅用地：步文镇、蓝田镇、朝阳镇镇区、郭坑镇镇区及郊柏线两侧，每平方米收取 8 元；其余范围，每平方米收取 6 元；郭坑镇其余范围，每平方米收取 4 元。商住、别墅用地：步文镇、蓝田镇、朝阳镇镇区、郭坑镇镇区及郊柏线两侧（朝阳段）商住用地，每平方米收取 18 元；其余范围商住用地，每平方米收取 12 元；别墅式住宅用地，每平方米收取 18 元。当年，全区办理集体土地使用权流转 15 宗，面积超过 1400 平方米。

2004—2007 年，全区办理集体土地使用权流转 151 宗，面积 24315.88 平方米。其中，2004 年 36 宗，面积 13393 平方米；2005 年 31 宗，面积 3100 平方米；2006 年 37 宗，面积 3660 平方米；

2007年，47宗，面积4262.88平方米。

第六节　土地法律法规宣传

1997年，区国土资源管理部门围绕“4•22”地球日、“6•25”全国土地日、“12•5”法制宣传日。根据国土资源部确定的宣传主题，研究宣传重点，使土地法制宣传工作有特色、有创新。

1998年，实施新修订《中华人民共和国土地管理法》，中共龙文区委、区人大常委会召开会议贯彻。1999年，区分管领导和土地部门领导参加新修订《中华人民共和国土地管理法》省级培训，土地管理系统开展土地法律法规学习活动。2000—2005年，采取各种方式宣传新土地管理法律法规，突出“保护耕地—为了美好的明天”主题宣传。2006年9月，区国土分局被龙文区委、区政府评为“2001—2005年度普法先进单位”。同年，被评为“土地日宣传工作全市第一名”。

1997—2007年，全区共印制宣传标语1000余幅，出版宣传专栏200余期，散发宣传资料1万余份。

第七节　土地执法监察

1997年，区土地监察中队、各镇国土资源管理所开展土地动态巡查，全区建立土地巡查工作共同负责制；公安、检察、法院对既不履行处罚决定又不上诉的，依法强制拆除违章建筑和查处违法案件。当年，查处违法占地案件10宗、面积3486.67平方米，其中拆除7宗、面积2733.33平方米；处理人民群众来信3件。

1998—2006年，全区查处违法占地案件513宗，面积16.52万平方米。其中，拆除案件406宗，面积14.11万平方米；处理人民群众来信46件。

2007年7月，在全区范围内开展工业用地清理整顿工作。当年，落实30余台机械进场施工，完成征地面积130.2万平方米；交地53宗，面积88.28公顷，回填土方57.3万立方米；拆迁419户，13.63万平方米；“三杆”转移35支，基础设施投入2100万元。全区有94家企业完成地质勘探、总平面设计、单体设计；14家开工建设；7家建成投产。在建企业118家，计划投产项目有44项，前期准备项目工作有25项；在建项目33项，正处于前期准备工作70项。全区累计完成投资68264万元，占年度计划投资任务97050万元的70.33%，超序时进度12个百分点；查处违法占地案件33宗、面积1.45万平方米，其中拆除20宗、面积1.17万平方米；处理人民群众来信7件。

第八节　矿产资源管理

一、矿产资源规划

2001 年，龙文区开始区级矿产资源规划编制工作；年底，规划上报漳州市人民政府审批。2002 年，漳州市人民政府批复同意龙文区矿产资源开发利用规划，并于当年实施。规划根据省、市有关“三区”划定的总体要求，结合龙文区的区域地质成矿条件、矿产资源区域分布特征及经济发展与资源相关性等实际情况，以现有矿业为基础，以保护资源、发展矿业经济为目标，实行分区规划，划定可采区、限采区及禁采区。至 2007 年，共划定 5 个限采区，面积 8.1 平方公里，占全区面积 6.49%；10 个禁采区，面积 63.57 平方公里，占全区面积 50.9%；其余均为可采区。

二、采矿登记发证

1997 年，龙文区登记采矿企业 35 家。1998 年，区地矿局对已取得采矿许可证的换发新采矿许可证。对 35 家采矿企业换发新证。1999 年，全区采矿企业 42 家；2000 年，减少为 21 家。

2001 年 8 月 10 日，区根据地质矿产行政主管部门审批发证权限，关闭矿山企业 1 家，联合矿山 2 家，改造矿山企业 8 家。2002 年，全区持证矿山企业 23 家。其中，国有企业 1 家，中外合资 1 家，乡镇企业 21 家。

2003 年，已建的矿山采矿证需办理延续手续，由区发展计划局审核发证。全区持证矿山企业 27 家，其中国有企业 1 家，中外合资企业 1 家，乡镇企业 25 家。

2004 年，矿山企业办证手续由漳州市国土资源局审批发证，区国土分局负责监督管理。全区乡镇企业办理延续手续 20 家，矿山企业 23 家。

2005 年，矿山企业采矿权采取招标、拍卖、挂牌等竞争方式出让，漳州市国土资源管理局挂牌出让 2 宗。全区矿山企业总数 25 家，其中国有企业 1 家、中外合资企业 1 家、乡镇企业 23 家。

2006 年，漳州市国土资源管理局委托龙文区发展计划局挂牌出让矿权 3 宗，矿山企业数 25 家，其中国有企业 1 家，中外合资企业 1 家，乡镇企业 25 家。

2007 年，龙文区有 1 家企业办理采矿权延续登记；矿山企业总数 24 家，其中国有企业 1 家，中外合资企业 1 家，乡镇企业 24 家。

1997—2007 年，全区矿山企业持证率年均 100%。

三、开发利用

1997 年，龙文区矿山 35 座，从业人数 227 人，年产矿量 42.2 万吨，工业产值 1415.4 万元，销售收入 1081.4 万元。

1999 年，全区矿山增加到 42 座，从业人数 276 人，年产矿量 145.33 万吨，工业产值 896.11 万元，销售收入 670.23 万元。

2000 年，全区矿山减少为 21 座，从业人数 149 人，年产矿量 75 万吨，工业产值 635.43 万元，销售收入 633.42 万元。

2001—2007 年，全区矿山 23—27 座，从业人数最多为 2007 年 304 人，年产矿量最高年份为2007年301.6万吨，总产值最高年份为2002年5123.4万元。

1997—2007年龙文区矿山开发利用情况表

表2-1-5

年　份	矿山数（座）	从业人员（人）	年产矿量（万吨）	总产值（万元）	销售收入（万元）
1997	35	227	42.2	1415.4	1081.4
1998	35	254	78.49	818.61	660.36
1999	42	276	145.33	896.11	670.23
2000	21	149	75	635.43	633.42
2001	23	76	238.18	915.86	915.86
2002	23	181	216.33	5123.4	5123.4
2003	27	222	92.73	637.97	637.97
2004	23	223	42.2	1415.4	1081.4
2005	25	247	220.9	1831	2356
2006	26	257	220.09	1866.35	1866.35
2007	25	304	301.6	3064	3064

四、矿业规费征收管理

（一）矿产资源补偿费

1987—1989年，步文、郭坑矿产管理所共征收矿产资源补偿费7万元。

1994年，矿产资源补偿费的费率分为0.5%、1%、2%、3%、4%共5个档次。1990—1996年，步文、郭坑矿产管理所征收矿产资源补偿费55万元。1997—2007年，全区征收矿产资源补偿费237.9万元。

（二）采矿权价款和使用费

1999年，龙文区征收采矿权使用费。2004年，征收采矿权价款，采矿权价款可以一次缴纳，也可以分期缴纳。1999—2003年，全区共征收采矿权使用费6.08万元。2004—2007年，全区共征收采矿权价款65.12万元。

（三）采矿登记费

采矿登记收费标准：大型矿山收费500元，中型矿山收费300元，小型矿山收费200元；矿山企业变更登记换领采矿许可证收费100元。

1987—1996年，步文、郭坑矿产管理所共收采矿登记费2万元。1997—2004年，全区共收取采矿登记费1.9万元。

2004年，漳州市国土资源管理局收回采矿权发证权限，龙文区不再收取采矿登记费。

五、矿业专项整治

（一）整顿矿业秩序

1997年，区地矿局着手矿业秩序整顿与维护工作。1998年8月22日，根据漳州市《关于开展矿业秩序检查验收工作的通知》，开展矿业秩序检查验收工作，年底前完成整顿任务。1999年3月，全区矿业秩序整顿工作通过漳州市验收，获漳州市政府授匾表彰。

（二）整顿矿产资源管理和开发秩序

北溪挖沙船

2001 年，成立区矿产资源管理秩序治理整顿工作领导小组，下设办公室。同时，印发《龙文区矿产资源管理秩序专项治理整顿工作方案》。取缔矿产资源违法行为；清理无证勘查、无证采矿、越界开采、非法承包转让矿业权、拒缴漏缴矿产资源补偿费等违法行为；清理已发放的勘查许可证和采矿许可证，重点清理越权颁发或不符合法定条件颁发的采矿许可证；实施生产小矿关闭、淘汰、整合、改造方案，科学、合理地调整矿业结构和布局；加大力度治理整顿九龙江流域矿山生态环境。当年 12 月 10 日，关闭 2 家位于禁采区的矿山企业，收回 7 家持证不生产的矿山企业。

2005 年 5 月 10 日，龙文区整顿和规范矿产资源开发秩序工作领导小组成立。同时，制定整顿和规范矿产资源开发秩序实施方案。

2007 年，龙文区整顿和规范矿产资源开发秩序工作通过漳州市国土资源管理局的检查验收。

第二章 环境保护

第一节 管理机构

一、龙文区环境保护局

1997 年 9 月，龙文区环境保护局成立，与区建设局合署办公。1998 年 2 月，区环保局内设办公室和监督管理股。2002 年 10 月，区环保局为正科级行政单位，编制 3 人，实有人员 3 人。2007 年，区环保局编制 3 人，实有 3 人。

二、龙文区环境保护监测站

1997 年 11 月，区环境保护监测站成立，为股级事业单位，核定编制 4 人，实有人员 4 人。2007 年，区环境保护监测站编制 4 人，实有人员 5 人。

三、龙文区环境监察大队

1998 年 3 月，区环境监理所成立，为股级事业单位，与区环境保护监测站合署办公。2005

年7月，区环境监理所更名区环境监察大队。2007年，区环境监察大队与区环境保护监测站合署办公，编制4人，实有人员5人。

第二节　环保宣传与环保目标责任制

一、环保宣传

1997年，区环境保护局组织人员到排污大户开展环保知识宣传。1998年起，区环保局每年都向机关及重点企业赠订《中国环境报》《环境发展报》《福建环境》等报刊杂志；组织辖区内学校参加争创“绿色学校”活动，赠送有关教材，指导学校开展环保教育。每年“6•5”世界环境日，区环保局均围绕世界环境日主题，组织开展丰富多彩的宣传教育活动。编制环境保护宣传专刊，发放给区直各单位、各镇、各村和工矿企业。1999年，在《闽南日报》刊登环境保护的报道，印制宣传环保政策、法规、知识的《2000年挂历》赠送给区直机关和企业，制作环保法律、法规专栏下乡巡回宣传；对列入重点治理、限期治理的企业上门宣传“一控双达标”意义；在新闻媒体公布达标企业和政府依法关停、停产治理的企业名单，接受公众舆论监督；对重点治理企业进行跟踪报道，营造全社会环保达标氛围和提高全民环保意识。全区组织一场由5个代表队参加的环保知识竞赛，区政府、人大、政协及有关单位领导到会指导，区直机关和各镇、企业、学校代表队参加竞赛活动。2001年，利用有线电视、图文信息，宣传报道环保情况。在人民广场举办保护母亲河百名学生书画比赛，播放环保法律宣传专题片《永乐大钟的启示》。编印宣传环境保护政策、知识等资料4000张，发送到各镇、村及有关企业。

2002年，区环保局主办“纪念人类第一次环境会议召开30周年和世界环境与发展会议召开10周年”百米长卷万人签名活动，悬挂宣传标语，开展环保咨询；举办签订“绿色承诺卡”“环保倡议书”活动，把环保法律法规、环保知识送到学校、家庭、社区、公共场所。主办“漳州市创建国家环保楷模城”签名仪式，在人民广场悬挂“同心协力，共创国家环保模范城”“让地球充满生机”等环保宣传标语。2003年，印制、

2007年5月，在蓝田开发区开展环保宣传活动

发送《排污费征收使用管理条例》《中华人民共和国环境影响评价法》《公民环保行为规范》《环境知识》等宣传材料 1200 份；举办 1 期干部、企业法人环保法律、法规培训班。

2004 年，区环保局与团区委、教育局联合开展“同饮一江水，共护母亲河”绿色大行动，进行“绿色承诺”百米长卷首场签名活动。在各镇中小学开展“绿色课堂”“一对一株”“绿色文明园”、青少年环保知识竞赛等活动。“六一”国际儿童节期间，近千名小学师生举行“绿色的明天属于我们”少先队鼓号队、腰鼓队大检阅和青少年绿色承诺宣传仪式。在市区东 3 号路制作灯样环保宣传广告牌 240 面。2006 年，区环保局编印《企业环保法律法规手册》400 册，在区人大和政协两会期间发送到与会代表手中。向干部职工和企业主发送宣传短信 700 条，印发《环境保护政策规章及中央领导重要讲话汇编》宣传手册 200 多册。刷新迎宾路的环保宣传墙，修复龙文路和云洞岩风景区路口的户外环保宣传广告。

2007 年，区环保局印送《环境素养与专题教育》300 册，在“一二·四”法制宣传日，分发环保法律法规宣传材料。

二、环保目标责任制

1998 年，龙文区开始实行环境保护目标责任考核制，区政府与漳州市政府签订《1998—2000 年县（市、区）长环保目标责任书》。有关部门各司其职，围绕区长环保目标责任书工作计划，做好环保目标责任的分解、落实、监督、检查，形成区长总负责，各有关部门分工负责，环境保护部门统一监督管理，区人大、政协监督，公众参与局面。区政府与有关责任部门签订环保目标责任书，按照“分级管理，分工负责”原则，层层抓落实。

1999 年，龙文区被列为省、市环保“一控双达标”县（市、区）。区政府把“一控双达标”工作列为当年区长环保目标责任制工作计划，并成立由区政府、环保局、经济部门和行业主管部门领导组成的工作领导小组，负责组织协调和监督检查全区“一控双达标”工作，下发《关于实行重点工业污染源限期治理工作区领导挂钩责任制的通知》，区政府 5 位领导成员分别挂钩 5 家重点限期治理企业。区政府经济管理部门和环保部门与治理责任单位签订限期治理责任状。2000 年 12 月，龙文区通过市政府“一控双达标”考核验收。

2003 年，龙文区调整九龙江流域水环境综合整治领导小组，成立区烟尘综合整治工作领导小组，召开专题会议，把烟尘整治任务分解到相关部门、各镇和企业，并定期进行考核。施行目标管理，开展农村环境综合整治定量考核工作。2004 年，区政府分别与蓝田镇、朝阳镇、龙文开发区等 4 个责任单位签订《漳州市龙文区〈烟尘综合整治工作责任书〉》，落实年度烟尘综合整治任务。

2005 年，区政府成立区九龙江流域水环境综合整治零点行动工作领导小组，召开全区“创模”（创建国家环保模范城市）大会暨“零点行动”启动仪式。区长对“零点行动”作重点部署并代表区政府向 27 家区直单位下达工作责任状。2006 年，落实“创模”责任制，召开 22 家“创模”迎检重点企业负责人参加的“创模”考核验收工作会，并与迎检重点企业签订《共建环境友好型企业迎接“创模”考核验收责任书》。

2007 年，区政府与市政府签订“十一五”计划期间主要污染物总量消减责任书，下发《关于印发龙文区“十一五”创建任务分解的通知》，并与 20 家责任单位签订环境保护工作目标责任书。

第三节　建设项目管理与环境监测

一、建设项目审批与监督

1997 年，区环保局执行省政府《关于环境保护若干问题的决定》，对有污染项目严格执行“环评”（环境影响评价）和“三同时”（防治污染和其他公害设施必须与主体工程同时设计、同时施工、同时投产）制度，取缔工艺落后、耗能大、重污染项目。在新办项目审批中，对少污染、无污染的项目，报审资料完整的当天（法定时限 15 天）审批；对符合国家产业政策，不属国家严格限制、轻污染企业的项目，报审资料齐全的 7 天内（法定时限 30 天）审批；对环境影响重大的项目，报审资料齐全的 7 天内（法定时限 60 天）转报。严控能耗高、污染严重的项目上马，从源头防止新污染源产生。当年审批建设项目 8 个，“三同时”执行率 87.1%。其中，“三资”企业环评执行率 100%，投建项目“三同时”执行率 71%。1998 年 10 月 12 日，区政府印发《关于对浦口粮食加工区粮食加工厂补办环保手续的通知》，浦口加工区投产的企业已于 10 月 20 日前到区环保局补办《建设项目环境影响报告表》和《建设项目环境保护设施竣工验收申报表》。

2000 年，在审批开发建设项目时，区政府给环保部门第一审批权，严格实行污染物排放总量控制，对外资项目的引进，在环保上不搞优惠。区环保局下发《关于办理建设项目环境保护设施竣工验收通知》。对 1998—1999 年审批并建成投产的 4 家排污总量大、污染严重企业的配套环保设施组织竣工验收。通过监测，对 5 家未按期达标排放的企业作出停产处理。审批建设项目 27 项，“三同时”执行率 77.8%。

2002 年，区环保局履行环保第一审批权，对 4 家选址在云洞岩风景区的企业和 4 家国家明令禁止的企业不予审批。加强与区工商、计划、地矿部门联系，密切配合，提高个私企业建设项目“环评”执行率。2003 年，审批建设项目 85 项，投建项目“环评”和“三同时”执行率分别为 100%、87.5%。2001—2003 年，检查重点建设项目 24 家，责令 19 家企业补办“环评”手续；投建项目“三同时”执行率 100%。

2004 年，区环保局执行《环境影响评价法》和《建设项目环保条例》，提高“环评”执行率。树立“马上就办”工作作风，建立预约联系制度；推行办事时限制和便民措施，发放服务指南、联系卡；实行首问责任制、一次性告知制和领导顶岗等制度。对符合产业政策、污染较少、急需办理有关手续的项目，采取特事特办、急事快办、难事巧办办法，为朝阳医院、三龙工业有限公司、省级粮食储备库 3 家企业办理前置审批手续，并提供全程服务。全年审批建设项目 105 项，投建项目“环评”和“三同时”执行率分别为 100%、86.4%。2005 年，严把项目审批关，劝阻和拒批不符合国家产业政策、重污染的项目或选址不当建设项目 10 项。2006 年，制定《环境保护事务提请书》，至翌年，共发出提请书 88 份。

2007 年，按照核定的排污总量发放排污许可证，确保主要污染物总量控制在指标范围内。区环保局全年审批建设项目 173 项，比 1997 年增长 20.63 倍，年均递增 35.99%。投建项目“环评”执行率 100%；“三同时”执行率 80%，比 1997 年降低 7.1 个百分点。

1997—2007 年龙文区建设项目审批和“环评”“三同时”制度执行情况表

表 2-2-1　　单位：个、%

年　份	建设项目审批	“环评”审批	投建项目“三同时”执行率	投建项目“环评”率	年　份	建设项目审批	“环评”审批	投建项目“三同时”执行率	投建项目“环评”率
1997	8	8	87.1	100	2003	85	85	87.5	100
1998	19	19	85.6	100	2004	105	105	86.4	100
1999	35	35	71.4	100	2005	121	121	84.8	100
2000	27	27	77.8	100	2006	181	178	86.6	98
2001	21	21	95.0	100	2007	173	173	80.0	100
2002	26	26	86.3	100	—	—	—	—	—

二、环境监测

1988 年，郭坑镇、步文乡各设置 1 名环保监督员，加强对乡镇企业环境监理。1992 年，郭坑镇人民政府委托漳州市环保局组织有关科技人员对郭坑铁路修配厂、漳州市钢铁厂、长泰县水泥厂、龙海县磷肥厂等企业和漳州公路分局郭坑柏油池对郭坑区域造成环境污染进行综合监测。

1997 年，区环境保护监测站人员协助漳州市环境保护监测站，在辖区内设置大气质量自动监测点，依托漳州市环境保护监测站的技术力量，开展环境监测工作。企业排污环境均委托漳州市环境保护监测站进行监测。2000 年，开展对重点污染源和“十五小”企业（小造纸、小制革、小染料、小农药、小电镀、小漂染、小炼焦、土炼硫、土炼砷、土炼汞、土炼铅锌、土炼油、土选金、土法生产石棉制品和土法生产放射性制品企业）企业的排污监控。

2001 年，区环保局为 18 家重点污染企业筛选治理最佳方案，委托设计、检测，并完成调试、验收工作。2002 年，区环保局发出《关于开展排污许可证发放工作的通知》，组织执法人员对 85 套污染防治设施进行 25 次检查，督促企业严格遵守操作规程，做好原始记录，确保稳定达标。组织执法人员对龙文经济开发区企业“环评”和“三同时”执行情况及粮食行业“一控双达标”企业、重点污染企业环保设施运行状况专项检查。2001—2002 年，出动人员 230 人次，检查企业 72 家。2004 年，实施环境监测体系二期工程，对列入漳州市第一批安装污染源在线监控设备的水污染企业龙文磷肥厂进行监测、监控。2005 年，投入资金 20.86 万元，配套电子天平、化学需氧量快速测定仪、溶解氧测定仪、烟尘测试仪。配合漳州市环境监测站对 2 个烟尘控制区内 269 家企业锅炉黑度、烟尘排放浓度进行监测。通过区有线电视公布 12 家重点污染源监管企业和 5 家限期治

九十九湾内林入水口监测站

理企业名单。加强对2个噪声达标区的噪声源进行监测；在龙文磷肥厂硫酸分厂安装在线监测设备。2006年，投入资金38万元，添置水质、大气、噪声等监测设备31台套，配备执法车、烟测仪、摄像机、照相机等监察设备6台套，对区境环境综合整治16项指标进行定量考核。出动人员80多人次，历时1个月对九龙江北溪饮用水源保护区、农村环境污染和工业污染状况进行调研和监测，掌握沿江5家重点工业企业、17家规模化养猪企业、众多养猪散养户及沿江各排污口污染的基本情况，形成《九龙江北溪（龙文段）饮用水源污染源情况调查报告》；对列入重点监管的17家企业进行检查，重点检查位于九龙江北溪、西溪干流的化工、电镀钢管等15家企业。配合农业部门完成106家规模养猪场废水治理设施的竣工验收。2006年高考期间，对建筑工地及龙文区中学考点周边环境噪声进行现场检查、监督。

2007年，区环保局对27家重点企业污染处理设施情况和346家烟尘排污设备进行现场检查，查处违规企业10家，限期整改10家；对区境电磁辐射设施（设备）进行排查，加强日常监测。

第四节　环境污染状况

一、大气环境污染

中华人民共和国成立初期，区境只有私人作坊，多以手工操作，大气污染源少。1958年始，大气污染源主要是燃料燃烧产生的和生产工艺中排放的废气。1981年，区境工业较集中区域酸雨率46%，pH值4.5。1984年，区境近市区各功能区大气中二氧化硫、氮氧化物、悬浮微粒的日均值为国家大气环境质量二级标准。1985—1991年，酸雨平均频率55%，pH值3.6—5.1。其中，1986年酸雨率65%，pH值5.1。 1992年，郭坑镇大气污染源主要来自龙海县磷肥厂、长泰县水泥厂等企业排放的粉尘、废气，以及运输车辆行驶而形成的粉尘二次污染。1995年，大气中二氧化硫年日平均值基本稳定，悬浮微粒日平均值呈上升趋势，大气环境质量巩固在国家大气环境质量二级标准以内。

1998年，蓝田、步文镇胶合板行业、家具行业规模小，生产工艺原始。胶合板加热多采用土制供热导油锅炉，以胶合板下脚料为燃料；家具喷漆有机废气未经处理直接排放，均对大气造成污染。浦口粮食加工区粉尘污染较为严重。全区工业烟尘排放量147.2吨，工业粉尘年排放量135吨，工业二氧化硫排放量217吨。列入重点工业污染源及限期达标25家企业，年排放废气50128万标立方米，占全区工业废气排放总量83.37%。2000年，全区工业废气年排放量58847万标立方米，其中烟尘排放量529吨，二氧化硫排放量810.5吨，工业粉尘排放量158.2吨。

2002年，全区工业烟尘排放量331.25吨、工业二氧化硫排放量275.81吨、工业粉尘排放量125.86吨，污染排放量低于福建省、漳州市政府下达的排放指标。环境空气功能区监测点的二氧化硫、二氧化氮、大气可吸入颗粒物年日均值均达到《环境空气质量标准》一级标准。2003年，全区工业烟尘排放量290.39吨，工业二氧化硫排放量273.99吨，工业粉尘排放量63.39吨。2004年，全区工业烟尘排放量150.36吨；工业二氧化硫和工业粉尘排放量分别比上年减少16.11%和12.26%。2005年，可吸入颗粒物浓度年平均值由2003年0.11毫升/立方米下降到0.09毫克/立方米，降幅14.15%。全区工业二氧化硫、工业烟尘和工业粉尘排放量分别为423.81吨、143.33吨和49.84吨。

2007年，全区工业二氧化硫、工业烟尘和工业粉尘排放量分别为220.4吨、30.29吨和10.69吨，比上年分别减少26.73%、72.68%和78.45%。全区空气质量稳定在一级至二级水平，空气污染指数（API）≤100的天数占全年天数的比例为98.6%，比上年提高3.61个百分点。

二、水环境污染

中华人民共和国成立初期，区境生活污水、养殖污水、粪便、污泥等均作为农家肥而加以利用，水质受污染源较少。1958年始，工业废水及医疗、生活污水排放，农药、化肥施用，水质污染源日渐增多。

1973年，漳州糖厂废水排入内林灌区港道，鲢鱼（包括杂鱼）比上年同期减产160%。1979年，漳州市造纸厂、皮革厂、塑料材料厂、麻纺厂等企业排放的废水和污水，未经处理流经浦头港注入西溪，造成水质污染。1983年后，乡镇企业迅速发展，部分食品和罐头企业废水未经处理排入西溪。1985—1990年，西溪下游的小浦南，水中的溶解氧年均值低于Ⅲ类水质标准值（5毫克/升），高锰酸盐指数年平均监测值多年出现超过Ⅲ类水质标准值（6毫克/升）。1991年，饮用水源水质，水体污染物除石油类、细菌总数、大肠菌群年均值超标外，其余各项值均符合地表水Ⅲ类水质标准。浦头港水体溶解氧极低，甚至为零，高锰酸盐指数、生化需氧量高，水体发黑、发臭。1992年，在第二轮环境质量考核期间，工业废水排放量开始下降。芗城区每日排入步文镇港桥水系生活废水20多吨。

1998年，全区工业废水年排放总量441.9万吨。其中，化学需氧量436.2吨，石油类2吨，六价铬0.05吨。列入重点工业污染源及限期达标排放的5家企业，年工业废水排放量407吨，占全区工业废水排放量92.1%。2000年5月，龙文合成氨厂停产后，工业废水排放总量及主要污染物排放量减少。当年，全区工业废水排放总量187万吨，比1998年减少57.68%。其中，氨氮排放量减少48.85吨。市区地面水环境污染趋势基本得到控制，九龙江西溪水头监测断面高锰酸盐指数、溶解氧监测值均达到《地表水环境质量标准》Ⅲ类水质标准。

2001年，蓝田工业区综合污水处理设备未能与漳州市污水处理厂接通，排放的污水污染周围环境及九龙江西溪水质，蓝田村种植的茭白笋受到油渣污染。九十九湾河道水质富营养化严重，污染源来自工业废水、农田排水和养殖业及生活污水。主要污染物为氨氮、化学需氧量、生化需氧量、硫化物，水质超过Ⅳ类标准，只能作为灌溉之用。2003年，全区工业废水排放量110.62万吨。区境地表水环境污染趋势得到控制，水质有所改善。九龙江北溪洲尾江东桥监测，溶解氧、生化需氧量、氨氮、石油类、高锰酸盐指数达到《地表水环境质量标准》功能区Ⅱ类、Ⅲ类水质标准，九十九湾水质略好于水域功能区Ⅴ类水质标准。2005年，全区工业废水排放量115.4万吨，比上年增长11.43%。其中，化学需氧量排放量735.17吨。

2006年3月10日至4月30日，区环保局出动人员80多人次，对北溪引水一级保护区及北溪龙文段现场调查，饮水水源主要受工业废水污染、农村面源污染和生活污水污染。工业污染主要来自龙文磷肥厂、漳州福兴食品有限公司、龙文翰苑化工厂有限公司、龙文区向荣工贸有限公司中信硫酸铅厂和龙文区朝阳艺荣硫酸铅厂5家企业，年排放废水70万吨。主要污染物是化学需氧量、生化需氧量、氟化物、磷酸盐、悬浮颗粒物和废渣。农村面源污染来自郭坑镇洛滨村、黄坑村、扶摇村、院后村、郭坑村、新街社区、汐浦村、口社村、东溪农场和朝阳镇石井村、科坑村、漳滨村计3.01万人生活污水及养殖62450头生猪的污水。主要污染物是生化需氧量、氨氮。全区生活污水排放量148.19万吨。是年，区境地表水水质有所改善，2个省控断面（西6、北11）各项指数达到Ⅲ类水质标准，九十九湾水质基本达到功能区Ⅳ水质标准。

2007年，全区工业废水排放量91.07万吨，比上年减少5.74%。河道淤泥严重，水流不畅，猪尿及冲洗水和郭坑镇、朝阳镇生活废水未经处理排入北溪，污染水质。

三、声环境污染

中华人民共和国成立初期，区境交通运输机动车辆不多，噪声污染少。1958年后，随着工业兴起，人口增多，交通运输业逐步发展，噪声污染日渐增加。1966年始，汽车高声喇叭，三轮柴油运输的排气声等造成声环境污染。1978年后，工业企业生产的噪声，建筑业施工噪声，商业、娱乐业等社会生活噪声污染日益加重。

1990年，根据《城市区域环境噪声标准》进行噪声检测，区境居民区、文教区，一类混合区（商业区与居民区）交通干线两侧噪声值均超过标准；区境噪声值大部分高于60分贝；道路交通噪声值超过76分贝。

1998年，龙文城区噪声污染源主要是歌舞厅、卡拉OK厅、音像厅噪声和建筑施工噪声。2000年，市区区域环境噪声、功能区噪声、交通噪声分别为Ⅱ类、Ⅲ类、Ⅳ类区标准。2001—2007年，交通噪声平均等效声级分别为58.6分贝、60.3分贝、67分贝、62.7分贝、57.9分贝、58分贝、59.3分贝，生活噪声平均等效声级分别为55.9分贝、55.9分贝、55.2分贝、53.4分贝、54.8分贝、55分贝、55.6分贝，施工噪声平均等效声级分别为58.2分贝、58分贝、61.4分贝、55.8分贝、57.5分贝、56.3分贝、57.4分贝，工业噪声平均等效声级分别为57.8分贝、58.5分贝、58.5分贝、57.6分贝、59.7分贝、58.5分贝、57.3分贝，区域环境噪声相对稳定。

四、其他环境污染

（一）固体废弃物污染

1950年起，区境固体废弃物主要来源于生活垃圾。1958年始，随着工业的发展，工业固体废弃物（工业废渣）增加。1978年后，区境产生的工业固体废弃物包括危险废物（机械加工中的乳化液、废机油等）、粉煤灰、炉渣、煤矸石和其他废物。

1997年，全区工业固体废弃物产生量7.05万吨，其中粉煤灰、炉渣占总产生量近60%。此后，基本建设快速发展，粉煤灰、炉渣在建筑上综合利用而供不应求，工业固体废弃物排放量少。生活垃圾产生量随着人口的增长而增多。2004年，全区工业固体废弃物产生量6.44万吨。2007年，为5.1万吨。

（二）放射与电磁辐射污染

1978年后，无线电技术广泛应用，无线电台站的数量日益增加，放射日渐成为区境继废水、废气、噪声之后的第四大污染源。随着各种工业、科学、医疗和消费类电子产品（微波炉、手机、电视机、空调器、电冰箱、电脑等）的应用，电磁辐射也成为区境一个环境污染要素。

1997年起，区境主要的放射、电磁辐射污染源有广播电视发射设备、公众通信发射设备、工业与医疗应用中高频用电设备和电力部门高压输电线路等。2004年，全区开展清查放射源，保障群众健康环保专项行动。2006年，对产生危险废物的企事业单位进行全面调查。

2007年，漳州市环保局根据国家环保局《关于开展全国电磁辐射环境污染源调查的通知》的精神，对市区内所有豁免水平上的广播电视、公众通信、高压输电线的电磁辐射设备进行调查，调查结果，区内放射、电磁辐射均未对居民生活造成影响。

第五节 污染源治理

一、大气环境污染治理

（一）烟尘污染治理

1980年，区境企业开始对锅炉、窑炉进行消烟除尘处理及设施改造。1988年，推广民用液化石油气燃料，以减少烟尘排放，普及率13.6%。

1998年，漳州荣昌企业发展有限公司投资20万元治理“三苯”废气，龙文合成氨厂投资150万元治理废气、烟尘，均于翌年12月达标排放。1999年，开展“创建烟尘控制区”工作，龙文合成氨厂与清华环保治理公司签订合同，共同治理沸腾炉烟尘。2000年，漳州荣昌企业发展有限公司投资30万元，治理印铁车间“三苯”废气，采用催化燃烧法使其燃烧产物为二氧化碳和水蒸气等无害气体。龙文人造板有限公司的6吨/小时沸腾式燃烧锅炉采用LCS-Ⅲ文丘里带自动冲击式水膜除尘器，烟尘处理量每小时1.8万—2万立方米。龙文合成氨厂参与福建省小化肥结构调整，正式停产。龙文磷肥厂投资99万元，对磷铵生产尾气设施进行改造，采用加大烟尘沉降室，增加尾气中和喷淋塔，加高尾气排放烟囱等措施，使尾气达标排放；对磷肥生产尾气中氟回收系统进行改造，采用二室一塔吸收流程，吸收率98%；酸硫尾气采用电除雾工艺，确保废气排放达标。龙文磷肥厂废气治理项目通过省重点企业环保达标验收。柏桦木业有限公司、镇辉胶合板厂燃煤锅炉均配套麻石水膜除尘装置，废气排放达到规定标准。2001年，龙文工业开发区4家污染较严重企业对锅炉废气进行治理。龙文磷肥厂、漳州东日食品有限公司和漳州龙文区东亚冷冻食品有限公司废气治理设施竣工，并通过漳州市环境保护监测站检测达标。当年，全区工业烟尘去除量178.26吨。

2002年，区政府下发《关于开展烟尘综合整治工作的通知》，开展对区行政中心周围工厂及市区主干道两侧100米以内锅炉烟尘治理工作。区环保局发出《关于对龙文区胶合板锅炉烟尘进行限期整改的通知》，对龙文区水鹅胶水加工场、龙文区梧店胶水加工场和龙文区山后村胶合板厂等企业烟尘污染限期治理。对饮食行业油烟污染状况进行全面整治。当年，全区工业二氧化硫去除量67.61吨，比上年增加71.42%。2003年，开展胶合板厂烟尘整治，根据胶合压板企业锅炉燃料系采用木质下脚料，燃烧烟尘不是呈颗粒状，黑色的烟气里含有大量微细炭黑，并带有油质，净化治理难度较大的特点，对卧式锅炉和立式锅炉分别采取麻石水膜除尘法和废气微分潜游除尘法治理工业烟尘；或更换新型节能环保锅炉。对9家逾期未完成锅炉烟尘治理的压板企业下发行政处罚告知书，分两批完成迎宾路两侧100米范围内58家压板企业烟尘治理任务。对迎宾路两侧建达胶合板加工场等22家企业锅炉消烟除尘限期整改。至年底，列入烟尘整治企业94家，正式签订治理合同企业90家。其中，治理设施竣工企业76家，完成烟尘治理达标企业46家。全区工业烟尘去除量403.07吨，比上年增加81.91%。

2004年，龙文区出台《龙文区2004年烟尘专项整治工作方案》，召开烟尘整治技术分析座谈会，对新型锅炉运行、除尘效果进行技术分析、论证，向新型锅炉厂家提出改进意见。同时，要求完成烟尘治理任务的37家企业进行自查，对擅自拆除闲置烟尘治理设施的14家企业进行处罚。当年，全区工业二氧化硫去除量81.8吨，比上年增加43.26%。

2005年8月，步文蓝田片区烟尘控制区，郭坑朝阳片区烟尘控制区通过省级专家组审核验收。当年，全区工业烟尘去除量421.58吨，比上年增加22.77%。2004—2006年，全区共投入治理资金1500多万元，对406台锅炉进行治理，其中更换新型节能锅炉209台，配套除尘处理设施183台，搬迁14台，完成烟尘综合整治工作。

2007年，根据重在提请、主动服务原则，对操作不当引起瞬时“冒黑”企业进行现场指导，提高达标率；对部分企业在节假日偷排漏排现象，组织力量加强巡查；对补办“环评”手续的压板企业，要配套除尘设备，责令1家再生纸生产企业转产。龙文磷肥厂破产改制，削减二氧化硫162吨；关闭1家皮革厂，关停3家机砖企业，共削减二氧化硫13.788吨。全区污染物总量减排计划指标中二氧化硫排放量220.4吨，比上年减少26.73%。烟尘达标排放量23.93吨，排放达标率79%。

（二）粉尘污染治理

1997年，恒泰水泥有限公司在生产流程上主要扬尘点全部配套除尘设施26台（套），其中25台（套）除尘设施的粉尘排放浓度低于国家排放标准。对烘干机进行改造，将水浴除尘改为大沉降室除尘，建造1座200立方米沉降室，内设曲流挡板10道。技改后，粉尘排放量符合国家规定标准，主窑粉尘浓度由治理前的6768毫克/标准立方米降至1039毫克/标准立方米，排放量由治理前的118.73千克/小时降至9.73千克/小时。

1998年，区政府对浦口粮食加工区22家粮食加工企业发出限期治理通知书，并对限期治理企业跟踪、检测。投产后，组织一次专项检查，对3家治理效果较差企业发出限期整改通知书。1999年，区环保局在朝阳镇浦口村召开“进一步加强粮食加工区粉尘治理现场会”，向加工企业推荐FM型系列布袋吸尘设备，取得收尘防静电、防爆效果；依法对郊柏线龙文段沿线的17家粮食加工企业发出限期整改通知书；对粮食加工区污染治理示范工程单位提供低息贷款2万元作为启动资金。2000年，区政府成立浦口粮食加工区粉尘污染专项治理领导小组，把浦口粮食加工区粉尘治理列为环境综合整治重点，发挥浦口粮食协会作用，典型引导，在2家试点企业粉尘治理取得成效基础上，开展粉尘全面整治工作。至年底，共投入资金130万元，完成35家企业粉尘治理任务。金田水泥厂粉尘治理通过达标检测。全区工业粉尘去除量15.8吨。

2001年，建设7.72平方公里“烟尘控制区”，对漳州市同发罐头食品有限公司、漳州市孚美实业有限公司孚美食品冷冻厂、信丰胶水厂、运通胶合板厂和建隆压板厂锅炉除尘设施限期整改。投入粉尘治理资金62万元，对1998年限期治理项目中的29家企业粉尘治理设施进行改造。对未经批准、擅自闲置粉尘治理设施、粉尘超标排放企业处以1万—5万元罚款。浦口粮食加工区粉尘污染治理通过漳州市环境保护监测站达标检测。是年，全区工业粉尘去除量比上年增加5.8倍。2002年，浦口粮食加工区粉尘和压板企业烟尘污染越来越严重，区环保局制定整治方案，至2007年，投入治理资金130多万元，完成浦口粮食加工区35家企业粉尘治理。

2007年，全区工业粉尘排放达标量8.4吨，排放达标率78.58%

（三）其他废气治理

1997年，福建省公路管理局郭坑储运处针对雾化沥青时温度偏低和蒸汽压力不足，造成雾化不良、燃烧不充分、烟色黑度超标问题，投入10万元，改进原有加热设备，更改油池蒸汽管道，增加燃油加热功率，提高燃油温度，使蒸汽压力保持正常值，有效地改善燃油雾化状况，降低黑烟色度。此后，加热设备全部改用导热油，从根本上解决大气污染问题。1998年，区环保局责令步文中学附近1家再生废油加工厂停止生产。1999年，开展汽车尾气综合治理，对汽油物铅化进行检查，禁止销售含铅汽油。

二、水环境污染治理

（一）工业废水治理

1986年，九十九湾上游的漳州糖厂对浆板制浆黑液采用回收预蒸煮办法减少污染物排放量，对其他废水采取沉淀回收办法处理。1987年，采用制酱色法，综合利用废糖蜜，减少废水排放。1988年，采用提取饲料酵母综合利用办法处理酒精废液，清除酒精废液污染负荷50%。

1991年，漳州糖厂始建冲灰渣水回收利用工程治理锅炉废水。1992年，漳州糖厂浆板黑液碱回收列入区政府综合整治项目。1994年，冲灰渣水回收利用工程建成投入使用，年回收冲灰渣水500万吨。兴建生物转盘法治理浆板中废水工程兴建，翌年投入使用。

1997年，郭坑磷肥厂投入70万元，更换转化触媒，清理干燥塔和吸收塔，改造净化系统。硫酸生产车间完善“电除尘、电除雾、封闭稀酸洗，二转二吸（SO_2通过催化剂床层转化为SO_3后，经吸收塔吸收SO_3）”生产流程，工业废水回收利用，对含酸废水进行中和处理，减少废水排放量。1998年，列入重点工业污染源治理及限期达标排放的5家企业中废水达标排放企业有2家，废水达标排放228万吨，占全区重点排污企业废水排放量51.59%。

1999年，龙文磷肥厂投资54万元治理废水设施投入运行。全区工业废水排放总量基本得到控制，工业废水处理率75.09%，工业废水处理达标率80.61%。翌年，再投资68万元，采用石灰法处理污水，增加石灰中和工艺、PH自动控制等技术，增设混合反应沉淀池，日处理废水2000吨；磷肥生产废水实行闭路循环，经处理后排放的废水达到《污水综合排放标准》（GB8978—1996）一级标准。年底，龙文磷肥厂通过省重点企业环保达标验收。

2000年，龙文后坂皮革厂和龙文瑞健包装有限公司分别投资50万元和20万元，建成废水治理设施。龙文后坂皮革厂采用物化与生物处理相结合方法，对含铬废液进行分离，回收铬以减轻后续处理单元负担；对硫酸废液采用化学方法去除硫分子以消除硫对后续生物处理过程毒害作用，日处理100吨废水。龙文瑞健包装有限公司采用物化法处理技术治理废水，日处理1200吨废水。责令龙文合成氨厂停产。

2001年，根据省、市政府“一控双达标”验收考核组验收意见和整改建议，区政府对龙文磷肥厂磷肥分厂和磷胺分厂作出加强环保监管决定。深入港昌罐头食品有限公司，解决污水治理设施用地问题。年底，港昌罐头食品有限公司废水治理设施通过漳州市环境监测站检测达标。全区工业废水处理达标率86.26%。2002年1月，区政府对漳州咏圣家具有限公司、龙文区永嘉家具有限公司、漳州市福兴食品有限公司、龙文区水鹅胶水加工场、龙文区梧店胶水加工场的废水污染限期治理。至年底，完成治理任务企业2家，制定治理方案企业1家，正

碧湖污水处理站

在整改企业1家，入驻龙文工业开发区1家。投入资金840多万元，对港昌、裕兴等20家九龙江流域重点治理企业进行整治改造，建设污水治理设施23台套，日处理废水3000多吨。2003年，区政府对福建裕兴果蔬食品开发有限公司、龙文区鑫发罐头食品有限公司、漳州市永马自行车有限公司和龙文利得家具有限公司污染源实施限期治理。至年底，完成治理任务企业2家。全区工业废水处理达标率95.39%。

2004年，区环保局对未配套废水治理设施的龙文区艺荣硫酸铝厂和中信硫酸铝厂发出限期整改通知书，至年底，废水治理设施投入使用。龙文翰苑化工有限公司废水达到零排放。是年，全区工业废水处理达标率比上年提高0.48个百分点。2005年，17家重点监管企业中列入限期整改治理的5家企业污水治理工作进展顺利，九龙江沿岸和九十九湾河道的14家企业完成污水治理任务。全区工业废水排放达标量109.68万吨。

2007年，加快龙文区磷肥厂破产转产进度，削减化学需氧量42吨；关闭造纸厂1家、皮革厂1家和机砖厂3家，削减化学需氧量28.561吨。全区工业废水排放达标量86.12万吨，处理达标率94.56%，比上年增加3.93个百分点。

（二）养殖污水治理

2001年，区、镇政府筹措扶持资金4万元，朝阳村选择20家生猪散养户为养殖污水治理试点。试点整治工作取得成效后，及时召开现场会进行推广、普及，带动全区散养户养殖废水治理工作。全区354家散养户投入资金66万元，建造小型沼气池354口，共5000立方米。区农业局、环保局和朝阳镇、郭坑镇分别派出精干人员深入重点限期污水治理养猪场进行指导。9家省级重点养猪企业投入资金230万元，建造生化池1.15万立方米、沼气池2250立方米。同时，辅以猪粪上山作肥料、污水入池养鱼及调整猪圈布局等措施治理污水。

2002年8月，采取养猪、建沼气池、种果、养鱼等立体种养模式，共投资189.6万元，建沼气池4840立方米、生化池1270立方米。区农业局完成漳州市政府下达的11家规模养猪企业污水治理任务并通过验收，完成357家散养户废水治理任务。2003年，全区投资103.6万元，建造沼气池1870立方米、生化池670立方米，完成100家散养户废水治理任务。2004年，全区建造沼气池1050立方米。2005年，区环保局从存栏数100头以上未配套治污设施的61家生猪养殖场中，确定16家限期治理；把存栏数在100头以上45家位于九十九湾沿岸的生猪散养户作为重点治理对象。2006年，106家规模养猪场废水治理设施通过竣工验收并投入使用。龙文区农春生物环保有限公司投资130万元，建成年处理畜粪1000吨有机肥生产线并投入试产。4家养殖户试验生态型零排放养猪模式取得成功。2002—2006年，全区共投入资金667万元，完成48家生猪规模养殖场、1056家散养户养殖废水治理任务。

2007年，散养户把猪粪加工成农用肥，规模养猪场废水处理设施运行正常。

（三）其他废水治理

2000年，区政府实施《漳州市禁止销售、使用含磷洗涤剂管理规定》，区工商部门组织对全区洗涤剂批发店、销售网点进行拉网式检查，禁止含磷洗涤剂上市，防止磷对水环境造成污染。2001年，龙文区成立九龙江流域水环境综合整治小组，制定《龙文区2001—2003年度九龙江流域水污染与生态环境综合整治工作计划》。

2002年5月，东区污水处理厂开始试调运行，采用中温厌氧消化处理工艺。2003年，结合开展以防治“非典”为重点的爱国卫生运动，组织人员对龙文医院医疗污水处理状况进行专项检查，督促限期完善污水处理配套设施。

2004年，龙文医院污水处理设施投入运行。2005年4月29日，龙文区正式启动九龙江流域水环境整治行动。2004—2005 年，东区污水处理厂 COCr 去除率分别为 70.79%、75.8%；年处理达标排放污水分别为 2248 万吨、2300 万吨，污水处理率分别为 64.36%、71.96%，日均分别处理污水 6.16 万吨、6.3 万吨，负荷率分别为 61.6%、63%。出水水质各项指标达到《城市污水处理厂污染物排放标准》规定的一级标准。

2006 年，开展保护饮用水安全专项行动，区环保部门联合集美区环保部门开展九龙江北溪龙文段饮用水源污染联合整治活动。

2007 年，区政府加快蓝田开发区污水管网建设进度，实现荣昌花园、桂溪花园、锦绣一方、联丰浩苑、南昌花园等生活小区污水网管与漳州市污水网管对接，提高生活污水处理率，削减化学需氧量 80 吨。

三、声环境污染治理

（一）工业噪声治理

1985 年，郭坑镇、步文乡开始对机械噪声严重的企业进行噪声治理。1995 年，对治理噪声有困难的工业企业采取限制作业时间，搞好车间与单机的隔声设施，更新机械设备，加强机械维修保养，减少噪声污染。

1996 年后，根据《工业企业厂界噪声标准》规定，区境对排放噪声超过国家规定的厂界环境噪声排放标准、造成严重噪声污染的工业企业进行检查并制定治理方案，合理调整厂区布局，选用低振动、低噪设备，合理安排生产设备位置，对高噪声设备采用隔音罩和减振材料、定期检查和维修设备、种植绿化带等，减轻噪声污染。2005 年 8 月，蓝田开发区噪声达标区通过省级专家组验收。

（二）交通运输业噪声治理

1985 年，区境内对小型三轮运输车征收排污费，并禁止在漳州市区运行。1986 年，交通干线三轮运输车减少。1987 年，小型三轮运输车基本被淘汰，城区街道机动车噪声污染减轻。1992 年，交通部门采取禁止装运垃圾进入城区行驶车辆使用高音喇叭、主干道行驶车辆不准使用电喇叭等措施，区境交通噪声污染得到控制。

1999—2000 年，创建 4.6 平方公里区域噪声达标区。区政府投入资金 2000 万元，相继投建郊柏线龙文段、新浦东路、马灶路，城市交通网络日趋完善，降低交通噪声。

2001—2007 年，公安交警管理部门加强对机动车辆噪声污染的监督管理，规定在城区行驶机动车辆的性能良好、整车噪声符合国家《汽车定量噪声限值》《摩托车和轻便摩托车噪声限值》。区公安交警、交通管理部门在发证和年检时，对不符合规定者不予发证。根据城市建设总体规划，区建设部门完善道路网络建设，对不适应城市交通路段进行改造、扩建。发展无污染清洁能源公交车、出租车等公共交通行业，削减城市摩托车拥有量及使用量，控制交通噪声污染。

（三）建筑业噪声治理

1993 年，龙海市环保部门按国家规定的噪声超标排污费征收标准给予征收排污费。1998 年 2 月，区环保局发出《关于征收建筑施工场界噪声超标排污费的通知》，从 3 月 1 日起，施工单位依法向区环保局如实申报登记建筑施工噪声排放情况，在领取《建筑施工噪声许可证》后施工。有特殊情况需在晚 10 时至次日 6 时打桩的，先报区环保局审批后施工。对建筑施工场界噪声限值超过国家规定标准的施工单位，按国家规定的噪声超标排污费征收标准征收排污费。对拒报、谎报和拒绝缴纳排污费的单位，依法给予处罚。

2002 年，区环保局发出《关于加强龙文区建筑工程噪声管理的通知》，规定各建筑公司依法如实申报、登记、缴纳噪声超标排污费。2005 年，高考期间，对建筑工地噪声进行现场监管。2006—2007 年，对产生噪声污染的施工单位规定在工程开工前 15 日内，向环保部门申报工程项目名称、建筑施工场所及施工期限、可能产生的环境噪声分贝值和将采取的防治措施；在居民、商业区、医疗区、文教科研区等区域施工作业时，夜间（指 22 时至次日 6 时）和午间（指 12 时至 14 时 30 分）不得使用打桩机、推土机、挖掘机、风钻、振捣器、混凝土搅拌机和电锯等高噪声建筑工程机械。遇施工工艺需要或特殊技术要求的工程确需连续施工的，提前 3 日报环保部门审批，并公告附近居民。城市建筑施工所需混凝土由有资质的搅拌站统一供应，降低分散施工搅拌带来机械噪声。

（四）其他噪声治理

1992 年，郭坑、步文镇加强对社会生活噪声的整治。环保、公安、商业、城管等部门协调行动，深入卡拉 OK 厅、歌舞厅、音像厅进行噪声治理，根据规定征收排污费。1994 年，加强对商业、饮食业、娱乐行业噪声污染管理。执行《关于禁止在市区储存、销售和燃放烟花爆竹的通知》，消除烟花爆竹噪声污染。1995 年，执行《关于在市区范围内限制养犬的通知》，清除犬噪声污染。

1997 年，区城管部门加强对社会生活噪声污染的监督管理，任何单位与个人不得在市区噪声敏感建筑集中区使用高音广播喇叭，在商业经营活动中使用高音广播喇叭或者其他发出高噪声的方法招揽顾客。市民在使用家用电器、乐器或者进行其他家庭内娱乐活动时，应当控制音量，避免对周围居民造成噪声污染。在竣工交付使用的住宅楼进行家庭室内装修活动，限制作业时间。对使用空调机、冷却塔等设备要确保噪声达标排放。2006 年，严格控制小区餐饮业、娱乐场点、机动车修理厂等处超标排放噪声。

2007 年，龙文区在中、高考期间，加强对各类噪声污染防控，为考生营造安静的环境。

四、固体废弃物处理

（一）工业废弃物处理

1997 年，全区工业固体废物处置量 5300 吨。1998 年，根据区环保局、水电局联合发出的《关于严禁向港道倾倒工业固体废弃物的通知》，食品罐头厂果皮等下脚料、粮食加工厂谷糠以及其他企业生产中的固体废弃物进行集中堆放处置。当年，全区工业固体废弃物综合利用率 75.22%，比上年增加 8.13 个百分点。1999 年，工业固体废弃物综合利用率 90.2%。2001 年，投入资金 15 万元，对九龙江西溪、北溪龙文段沿岸及主港道管理范围内的工业垃圾进行清理，动用挖土机 2 台、推土机 1 台、运输车 70 辆，清理垃圾渣 5600 立方米。处罚 3 家随意倾倒工业固体废弃物的违规企业。2002 年，全区工业固体废弃物综合利用率 97.23%。

2003 年，区环保局完成工业固体废弃物调查工作，根据《中华人民共和国固体废弃物污染环境防治法》，开展工业固体废弃物专项治理，对迎宾路、郊柏线、东环城路两侧及蓝田镇、步文镇、九十九湾内河两岸进行全面整治。2005 年，制定《龙文区工厂垃圾整治工作方案》，建立垃圾管理长效机制。

2007 年，区政府下发《关于加强对食品加工企业固体废弃物管理的通知》，重点对 8 家果蔬罐头企业进行现场检查，召开专题会议，加快果皮下脚料清理进度，杜绝乱倾倒现象。大闽食品有限公司节能减排，化废为宝，以茶渣为燃料，一年节约煤 400 吨。全区工业固体废弃物综合利用率 98.82%，工业固体废物处置量 1100 吨。

（二）生活垃圾与医疗废弃物处理

1950—1960 年，区境居民生活垃圾多作农用肥处理。1979 年后，居民生活燃煤废渣增多，区境始建垃圾处理场。1990 年，垃圾处理场扩建，生活垃圾进场后进行简易堆集发酵处理或填埋。运往农村作农用肥垃圾占总量的 1/ 2。1995 年，生活垃圾进场后基本做到当日垃圾当日清理。

后店村生活垃圾处理场

1999 年，全区兴建莲池花园、浦东、蓝田 3 个垃圾中转站和 1 家垃圾堆放处理场，对九十九湾河道进行综合整治并逐步完善垃圾清运、处理设施。2001 年，区环保部门在西溪、北溪龙文段沿岸设置生活垃圾堆放点 45 个。2002 年，清理九龙江沿岸垃圾 2000 立方米。2003 年起，区环保局组织人员定期、不定期对医疗废物处置情况进行专项检查，加强对龙文医院、郭坑中心卫生院医疗废弃物处置的监管，督促医疗机构按照有关规定，将医疗废弃物与一般生活垃圾进行分类收集、分类贮存，并由专业单位进行医疗废物的收集、集中运输和处理，防止二次污染。

2003—2004 年，全区清理九龙江沿岸、内河生活垃圾 3180 吨。2005 年，加大 27 个城中村整治力度，建立村级卫生清扫保洁队伍 31 支，配备保洁员 120 名。各垃圾中转站每天转运 30 多吨垃圾到九龙岭垃圾处理场进行无害化处理。2007 年，全力推进九十九湾清淤整治工作，清理水葫芦 9.7 万立方米；清理内河垃圾 109 次，清运垃圾 158.2 吨；清理孚美桥两侧陈年垃圾 600 多立方米。2006—2007 年，全区增设垃圾中转站 16 座，配套垃圾池 442 个、垃圾箱 700 多个，清理垃圾 67.04 万吨。

医疗废弃物处理　2003 年，区环保局组织人员定期、不定期对医疗废物处置情况进行专项检查，加强对龙文医院、郭坑中心卫生院医疗废弃物处置的监管，督促医疗机构按照有关规定，将医疗废弃物与一般生活垃圾进行分类收集、分类贮存，严禁混入生活垃圾，并由专业单位进行医疗废物的收集、集中运输和处理，防止二次污染。

五、其他污染治理

2004 年，区政府成立整治违法排污企业及清查放射源保障群众健康环保专项行动领导小组，制定《龙文区整治违法排污企业及清查放射源保障群众健康环保专项行动实施方案》，查清福建水泥厂漳州分厂（金石公司）和龙文医院等 2 家放射源使用单位。其中，龙文医院的 X 射线诊断设备进行申报登记，并采用相应防护设施；福建水泥厂漳州分厂的放射源于 2003 年 1 月 21 日被省环境放射源监督站永久收储。全区放射源实现安全使用、安全贮存。2006 年，根据省环保局《关于开展全省危险废物专项调查的通知》，重点检查居民区、九龙江沿岸危险废物排放企业 21 家。其中，化工类 1 家、电镀类 5 家、钢管家具类 3 家、有色金属类 1 家、非金属类 4 家、皮革类 1 家、交通部门和卫生部门各 3 家。10 家产生危险废物企业与具有危险废物处理资质的单位签订危险废物收集、转移、处置协议。对漳州水泥厂、林奇钢管、龙文医院 3 家涉放射源单位进行排查。

重点检查涉放射源单位放射源收储、安全许可证办理、规章制度落实、放射源数量和编号、监管人员持证上岗和培训、安全防范措施建立和执行等情况，清除放射源隐患。对尚未办理辐射安全许可证单位，执行国家有关法律、法规，责令限期办理有关手续并悬挂警示标志，督促其参加漳州市环保局组织的放射源安全培训，提高放射安全管理员业务水平。全区工业固体危险废物处置量100吨。

2007年，区政府制定《漳州市龙文区持久性有机污物（pops）调查实施方案》，对pops排放源进行调查；制定《漳州市龙文区电磁辐射设备（设施）申报登记工作方案》，对电磁辐射设施（设备）进行排查，加强电磁辐射设施（设备）管理。当年，全区工业固体危险废物处置量104.06吨，处置率99.38%。

第六节　排污费征收与违法违规行为查处

一、排污费征收

1998年，区环保局对1997年漏报的28家排污企业补征收排污费1.96万元，征收当年排污费40.2万元。1999年，以执法促征收，申报法院强制执行案件4起，处罚金6000元。全年征收排污费40万元。2000年，区环保局把拖欠排污费的追缴清理和补征收工作作为全年排污费征收突破口，加大对建筑、胶合板和粮食加工等行业排污费征收力度。执行排污收费“六公开”（公开排污收费制度的有关法律、法规和政策规定；公开排污收费机构、收费人员及其工作职权、职责；公开排污收费标准、测算方法及使用规定；公开排污收费工作程序，工作制度和行为规范；公开排污收费过程对违法行为的处罚依据、处罚程序、处罚措施及处罚结果；公开排污收费的工作纪律、行为准则和举报电话）、“六不准”（不准收受排污单位的礼品、礼金或有价证券；不准接受排污单位的宴请；不准参加排污单位邀请的营业性歌舞娱乐活动；不准参加与排污单位有关的营销活动；不准提高或降低标准乱收费；不准挪用、占用排污费）制度。全年征收排污费42万元。2001年起，对企业排污申报、检测核定、缴费管理，做到依法足额征收。当年征收排污费67万元，2002年征收45万元。2001—2002年，对4家拒报排污单位作出行政处罚并申报法院强制执行，罚款1.77万元。2003年7月1日起至12月31日，漳州市环境保护委员会将龙文区属下企事业单位（包括龙文区工商注册登记的个私企业）排污费征收管理工作委托龙文区环境保护局办理。当年，征收排污费60.14万元。

2004年始，区环保局、财政局下发《漳州市龙文区环境保护专项资金管理暂行办法》，开展企业排污申报、核定和收费工作，规范排污费征收，执行排污费公示制度，接受群众和社会监督。当年，征收排污费57.67万元，其中，征收废气超标排放污染费12.6万元、废水超标排放污染费13.08万元、噪声超标污染费30.99万元。2006年，开征胶合板业和餐饮业排污费，共向293家企业征收排污费65.33万元，比上年增长26.07%。其中，征收废气超标排放污染费22万元、废水超标排放污染费7.78万元、噪声超标污染费31.3万元。

2007年，区环保局共向344家企业征收排污费92.85万元，比1997年增长46.37倍，年均递增47.08%。其中，征收废气超标排放污染费39.59万元、废水超标排放污染费16.64万元、噪声超标污染费35.88万元。

二、违法违规行为查处

2007 年 6 月，拆除非法塑料加工场设备

1998 年，区环保局贯彻国务院《关于环境保护若干问题的决定》，对 7 家拒报、拒缴排污费的企业作出行政处罚决定；制止“十五小”企业回潮，责令 1 家小化工厂停产。1999 年，区环保局制定《龙文区环保局执法责任制实施方案》，组织执法人员对 27 家企业 28 台（套）环保设施进行 2 次专项检查、对 5 家企业治理设施提出整改意见；依法对 4 家严重违反环保法律法规的企业进行处罚，并申报法院强制执行。

2000 年，区环保局依法对违反环保法律、法规、政策的行为发出环保行政处罚告知书 32 份、处罚决定书 12 份，依法责令 5 家“十五小”企业停产；处罚 3 家违反排污费收费制度的企业；处理 2 家未执行建设项目环境影响评价制度的企业，其中罚款 1 家、责令搬迁 1 家；受理群众投诉、举报环境扰民、环境污染纠纷的来信 20 件、来电 50 次、来访 6 人次及一些领导批件。出警 60 人次，解决环境扰民、环境污染纠纷 25 起，办结率 100%。2001 年，查处 7 家违法违规企业。其中，查处“十五小”违规企业 1 家、违反《建设项目环保管理条例》企业 3 家、环保设施未经验收投入生产的企业 2 家、未执行环境影响审批制度的企业 1 家。关闭严重污染水环境的龙文区龙源五金加工场。2002 年，重点检查企业执行《建设项目环境管理条例》情况，检查龙文工业区投产企业“环评”和“三同时”制度执行率和圳头工业小区锅炉烟尘治理施工配套情况。出动人员 185 人次，检查 72 家企业，对违反环保法的企事业单位发出环保行政处罚告知书 22 份，责令 5 家企业补办环境影响评价、5 家企业办理“三同时”（环保设施和主体工程同时设计、同时施工、同时投入使用）验收，关闭 2 家违法企业；提请区政府对 5 家污染企业作出治理决定；受理群众投诉举报环境扰民、环境污染纠纷的来信 2 件、来电 38 次、来访 6 人次；办理人大议案 2 件、政协提案 1 件。出警 78 人次，解决环境污染纠纷 26 起。2001—2002 年，对 4 家拒报的排污单位作出行政处罚并申报法院强制执行，罚款 1.77 万元。

2003 年，区环保局贯彻落实《关于开展清理整顿不法排污企业保障群众健康环保行动的通知》，组织执法人员对 13 家达标企业、浦口粮食加工区进行 3 次检查，对环保设施闲置或违规排放污染物的企业下发行政处罚决定书。出警 111 人次，关闭 3 家地条钢生产线，取缔 3 家小电镀工场，申报法院强制执行 2 起违规收取排污费案件，查处 3 家未按规定处置工业固体废物的企业，取缔 4 家“十五小”企业。对 9 家逾期未完成锅炉烟尘治理的胶合板企业下发行政处罚告知书。依法查处环境违法案件、环境纠纷 31 起，办理领导批示件 4 件、信访件 6 件，接待群众来访 8 人次。办理人大代表议案 2 件、政协提案 1 件。

2004 年，区环保局与区森林公安分局、消防大队、工商局联合组成烟尘整治综合执法小组，定期和不定期巡查。对未按时完成治理任务的排污企业，下发处罚通知书；对列入当年治理的

37家企业下发“行政处罚事先告知书”232份，发出限期整改警告通知书116份。2005年，共处罚40家违法排污企业，处罚金额12.2万元。责令污水处理设施无法正常运行的龙文瑞健包装制品有限公司停产整顿。2006年，对“十五小”企业加大排查力度，责令废水未经处理直接排放的龙文区台宏涂料有限公司停止生产；取缔小电镀企业1家、非法处置危险废物加工场1处。

2007年，龙文区在环保专项行动中，出警117人次，依法查处7家违法排污的企业；取缔“十五小”企业3家。受理群众投诉、举报环境扰民、环境污染纠纷案件39件，办结率100%。

第三卷　城乡建设

民国时期，区境虽有华侨投资兴建道路和企业厂房，基础设施有所改善，但因战争动乱，经济凋敝，城乡建设事业仍停滞不前，贫困大众居住条件无大改善，饮水、照明困难。

中华人民共和国成立后，社会主义制度给境内各项建设事业带来生机，但是基础设施建设进展缓慢。中共十一届三中全会后，城乡建设工作走上正轨。1980 年，步文、郭坑相继成立建设站。1985 年，龙海成为首批沿海经济开放县，享受经济开放的优惠政策。步文、郭坑重视乡镇基本建设，并取得一定的成效。

1997 年后，龙文区作为漳州市新城区，城市建设地位和作用越显重要。2001 年 11 月，中共漳州市委、漳州市政府召开加快城市化进程工作会议，确定加快龙文区建设步伐。2002 年 3 月 11 日，召开新区建设动员大会，拉开龙文区新城市中心区建设序幕。按照市政府提出的“市区要以大城市框架为目标，尽快向东、向南拓展”发展战略，龙文区制定 5.3 平方公里新城市中心区建设规划：建设龙文区政府为中心区级行政中心区、建设沿水仙大街市级公共服务配套设施、建设八号路两侧商业物流配送中心、建设水仙大街南侧至建元路居住区。以迎宾路、新浦东路、水仙大街、丹霞路、九龙大道、龙江路“三纵三横路网”建设商贸区；以云洞岩为龙头连接江东桥至黄坑沙洲建设旅游度假区；沿省道郊柏线串联龙文区工业区与郭坑工业区建设连片成规模的工业区；环九龙江北溪沿岸创建观光休闲农业区；以市政办公新址及人民广场为中心建设政治文化区。

1997—2007 年，龙文区贯彻漳州市关于“建设新区壮大中心城市”的发展战略，围绕“从农村向城市，从农民向市民”转变的根本任务，加快城市化进程，步文、郭坑两个农村集镇 5.3 平方公里范围发展成为漳州市新中心区，以及中心区外围同步发展的城乡一体化基本框架。新中心区成为市级文化、教育、金融、商贸中心。城乡居民生活，尤其是居住条件得到改善，逐步实现宽裕型小康水平。全区共完成固定资产投资 114.25 亿元，其中 2005—2007 年投资 71.35 亿元，占总额 62.4%。房屋施工面积 398.34 万平方米，房屋竣工面积 115.09 万平方米，其中住宅竣工面积 70.68 万平方米。实施重点项目 63 项，建成一批重点项目，为全区经济发展，提高人民生活水平发挥重要作用。

第一章 建设规划

第一节 城市规划

一、新城市中心区规划

1996年5月31日，经国务院批准成立漳州市龙文区，随着行政区划的变更，龙文区城市建设纳入漳州市城市建设总体规划。新城市中心区规划面积5.3平方公里，涉及龙文区步文镇土白村、下洲村、田丰村、后坂村、碧湖村、石仓村和蓝田镇圳头村。

漳州市就龙文区建设远景目标提出“市区要以大城市框架为目标，尽快向东、向南拓展”市区发展战略。1996年，《漳州市东区城市总体规划》编制完成。总体规划体现龙文区新中心区是漳州市未来政治、经济、文化、商贸中心的要求。1999年，根据建设发展需要，市政府委托中国城市规划研究院编制新一轮城市总体规划（调整）。2000年，新一轮城市总体规划（调整）初稿编制完成，提交漳州市人大常委会审议。2002年4月10日，漳州市人大常委会第42次会议通过该规划（调整），并上报省人民政府审批。同年4月29日，省人民政府正式批准《漳州市城市总体规划（调整）》，规划期限2006—2010年，范围250平方公里。其中，龙文区5.3平方公里新城市中心区：龙文南路以东龙文区政府为中心区级行政中心区；沿水仙大街建设市级公共服务配套设施；八号路两侧建设商业物流配送中心；水仙大街南侧至建元路建设居住区；迎宾路以北和蓝田工业开发区东北侧用地、龙文工业区龙文北路两侧用地为综合用地。龙文区作为漳州市新中心区分为5个模块：以迎宾路、新浦东路、水仙大街、丹霞路、九龙大道、龙江路“三纵三横路网”建设商贸区；以云洞岩为龙头连接江东桥至黄坑沙洲建设旅游度假区；沿省道郊柏线串联龙文区工业区与郭坑工业区群落建设工业区；环九龙江北溪沿岸创建观光休闲农业区；以中共漳州市委、市政府规划新址及人民广场为中心建设政治文化区。

龙文新城区建设鸟瞰图

在该规划基础上，龙文区先后编制完成5.3平方公里新城市中心区控制性详细规划、浦头港景观规划、新行政中心、滨江公园及会展中心星级酒店规划方案；并抓紧完善对工业区、商业区、居住区文化设施服务区等详细规划和编制。

二、控制性详细规划

1998—1999 年，在新城市中心区总体规划的指导下，完成《云洞岩风景名胜区总体规划》。云洞岩风景区分核心景区部分和外围保护地带。核心景区，包括云洞岩、瑞竹岩景区，面积 1.83 平方公里。风景区规划范围面积 10.8 平方公里，包括岭兜山、大石水库、长山水库、龙岐入口区等。外围保护地带，即风景区与城市的协调区，面积 5.5 平方公里。1999 年 12 月 16 日，在芗江宾馆翠园楼举行云洞岩风景区规划审定会，确定云洞岩风景区规划时要保持景区完整性、要有利于管理和人民生活。景区要以云洞岩景观为特色、石刻为内涵，为城市郊区型风景名胜区。南部属于保护区，即自然景观与人文景观、植物景观；北部规划为人工景观与交通路线。

2000 年，为完善城镇体系和郭坑镇重点卫星城镇规划，先后完成《朝阳镇区规划》和《郭坑镇建设规划》编制。

2001 年，蓝田工业开发区、龙文工业开发区详细规划编制完成。蓝田工业开发区规划至 2010 年，规模为 5.2 平方公里，近期完成开发区面积 2.2 平方公里，重点建设漳华东路东段两侧、七号路以东工业用地，发展生物制药机械、家具、食品等轻污染、低耗能的高新技术产业。龙文工业开发区规划至 2010 年，规模为 2.5 平方公里，近期完成开发区 1.5 平方公里，重点建设龙文北路两侧工业用地，发展具有传统优势的轻工业及外资辐射型产业（不计入城市用地指标）。同年，编制完成排水工程规划，扩建位于碧湖村的东区污水处理厂，改造成 10 万吨 / 日为 15 万吨 / 日。在龙江路建设 1 座污水提升泵站。采用雨污水分流方式，建设管道网系统，重点是蓝田工业开发区、龙文工业开发区至碧湖污水处理厂管道。启动污水利用工程，在碧湖污水处理厂重点建设提升泵 1 座和集水池；配套建设污水回用管道 5.6 公里，污水回用率 10%。

2004—2007 年，编制完成 12 个项目选址意见书，用地面积 37.39 万平方米；完成漳州火车东站前广场建设项目详细规划调整工作；完成浦口粮食等 3 家批发市场详细规划的审批和朝阳工业园、荣昌工业园、打山工业园区规划工作。

三、专项规划

（一）世纪园林规划

2001 年，按照“建设新区，开发沿江，改善旧城”城市发展思路，编制完成世纪园林规划。规划涉及云洞岩风景名胜区、龙之山休闲度假区、龙文塔植物园片区，规划面积 12.76 平方公里。规划期限至 2005 年。

（二）漳州市新行政中心建筑设计规划

2002 年 10 月，编制完成漳州市行政中心建筑设计规划。新行政中心位于龙文区新城市中心区的中轴线上，南临水仙大街，东靠龙江路，西至五号路，北接新浦路，占地面积 32 公顷。漳州市新行政中心规划方案构图取意“天圆地方”，寓意民主、团结和开拓、奋进精神。其空间形态，以中轴线结合方圆，使市行政中心建筑丰满稳定。

市行政中心建筑总平面按中轴线对称均衡布置，北部居中为行政办公入口，中间为会堂，两侧对称排列办公建筑，以庭院相连，相对独立又连为一体。建筑半围合成品字形的纪念广场。南边林荫道直达会展中心。圆形以外为生态或园林作为中心工程和建筑背景，成为中心区和周边用地的过渡和缓冲地带。主体建筑造型吸取传统民居“五凤楼”意象，以跌落式处理形式和院落式空间化解过大的体量，减少压抑感。建筑采用巨大的尺度挖空成一扇大门，呼应城市轴线，表达“城市之窗”之含意。在中轴上安排旱地喷泉和标志塔等景点；在标志相对高的位置设置观景平台和观景廊。

（三）漳州市城市规划展示厅规划

2002年，编制完成漳州市城市展示厅规划。展示厅位于龙文区浦头港以西，新浦东路与五号路交叉口东北侧。规划用地面积1公顷，建筑面积6900平方米。楼房高7层，集城市规划展示、报告、办公的综合性建筑。在单体设计上，根据项目自身功能较复杂的特点，朝阳竖向功能分区的方法，巧妙地将主入口直接引向2层，形成1层车库设备用房，2—3层为规划展示厅，4—7层为办公场所等3个功能区。

（四）漳州市龙文区北部新区发展规划

2007年7月，编制完成《漳州市龙文区北部新区发展规划》。北部新区位于新城市中心区东北部，控制范围包括郭坑、朝阳两镇的行政辖区，南北分别以漳州市区北环城路和长泰县环城路为界，东至山体，西临军用机场，东西长14公里，南北宽7公里，规划用地面积77.71平方公里。规划片区是九龙江三角洲区域，在优先保护和强化规划区内的生态环境的基础上，布局工业，成为漳州市中心区外延发展空间。

（五）漳州市中心区中小学专项规划

2003年1月，编制完成《漳州市中心区中小学专项规划》。漳州市城市规划设计院规划设计。规划提出漳州一中高中、初中分离的意见，在龙文区新建漳州一中分校作为初中部。龙文中学位于蓝田开发区，校园环境较差，体育设施严重缺乏。规划认为龙文中学作为区级高中学校，其服务半径过大，远期应考虑降低学校等级，另行选址，建议转变性质，与民办中学合作。景山中学用地规划偏小，建筑面积不够，体育设施不完善。规划建议减少初中学生数，增设高中部，扩大用地规模及建筑面积。龙文区小学校（不包括朝阳、郭坑镇）19所，普遍存在建筑面积小和体育设施不完善等问题。规划综合意见认为，根据各学校用地实际情况或就地扩大规模或另行选址改建。

第二节　镇村建设规划

1959年7月，龙溪县规划委员会委托福建省冶金设计院编制完成郭坑镇建设规划。郭坑镇区初具城镇基本设施，有中、小学各1所，卫生院1所，以及旅馆、百货商店、供销社、粮站等生活公共设施，还有炼铁厂、焦化厂、石灰厂、建筑社、铁路车站、航运站、搬运站等工业、交通设施。根据龙溪地区专员公署意见，将郭坑镇规划建成工业重镇。全镇划分为工业区、住宅区、仓库、绿化、交通运输5个功能区。在距离航运码头700米、火车站500米玉山山麓南面建设工业区，用地面积225亩，近期发展5—6吨炼铁厂、炼焦厂及水泥厂、砖瓦厂，远期发展炼钢、轧钢等车间，组建钢铁联合企业。规划建设铁路职工、家属住宅区，并结合城镇居民需要，建设百货商店、俱乐部、行政办公楼、邮电、银行等公共设施。同时，规划就铁路仓库、堆场，居民区绿化布局及公路、水路、铁路、码头等建设提出意见。郭坑镇还就防洪设施、给水、排水、供电等现状进行远期规划。

1959年8月，龙溪地区专员公署将郭坑镇建设规划转送福建省建设委员会审查，并就住宅区、道路、中学等规划提出具体意见。该规划处于1958年“大跃进”和“大炼钢铁”运动时期，到

1961 年国家实行调整政策时，规划停止执行。

1960 年，步文、郭坑建设规划统一由龙海县城乡建设局负责管理。1984 年 3 月 24 日，龙海县城乡建设环境保护局颁发《关于全县村镇规划工作的报告》，步文、郭坑被列入第一批规划乡镇，年底完成。1985 年，在龙海城乡建设局规划设计院指导下，完成步文乡、郭坑镇驻地及中心村建设规划。1991 年 11 月，龙海县人民政府批复郭坑镇总体建设规划，同意郭坑镇定为重点工业城镇，规划区范围由 0.6 平方公里扩大至 4 平方公里。镇区发展以旧城区为基础，结合旧城区改造，逐步形成北为工业区，南为住宅区，东为交通服务设施区的 3 个功能区。规划要求严格控制“三废”排放，加强园林绿化建设，改善城区环境质量。

1995 年 4 月 1 日，郭坑镇政府制定《关于加强村镇规划建设管理的若干规定》，要求各行政村抓紧编制村庄规划，凡未编制村庄现状图、村庄道路管线网络图、村庄建设规划图和说明书的行政村不能办理新建、改建手续。

1998 年，龙文区选定土坪、田丰、梧桥、六石、石仓、汐浦、蔡坂、长福 8 个试点村编制建设规划。1999 年 8 月，完成郭坑镇总体规划修改方案，并着手朝阳镇总体规划的前期工作；编制完成蓝田镇蔡坂村、东屿村，步文镇石仓村，朝阳镇朝阳村的新村规划。同时，加强对坂上村蔬菜批发市场规划方案、下洲民营工业区规划指导工作。

2000 年，为完善城镇体系和郭坑镇重点卫星城镇规划，先后完成 2 平方公里的朝阳镇区规划、郭坑镇建设规划的编制和报批程序。选送郭坑镇和步文镇土坪村建设规划参加省 1999 年度村镇建设规划方案评比活动，均获二等奖。同年，完成朝阳镇总体规划的编制工作；配合电力部门完成龙文区农电网走向选定规划工作。

2001—2002 年，完成朝阳工业区 2 万平方米和漳州火车东站（即原郭坑火车站）广场规划编制工作；完成漳州火车东站前广场的规划及土地挂牌出让的前期工作。

2003 年，完成漳州火车东站站前广场建设项目的控制性详细规划及郭坑镇镇道黄坑至扶摇路段改造的选址工作，加快郭坑镇卫星城镇建设步伐；开展规划设计工作，共收到 40 宗个人住宅规划设计，完成 14 宗住宅规划。

2004 年，完成 12 个项目的选址意见书，总用地面积 37.39 万平方米；完成漳州火车东站站前广场建设项目的详细规划调整工作；完成浦口粮食批发市场 3 家详细规划的审批；规范个人建房报批手续，完成个人建房报批 37 宗，5000 平方米；服务新区工业化进程，做好朝阳工业区一、二期和荣昌工业园区以及打山工业区的规划管理工作。

2005 年，完成 7 个项目的村镇选址规划意见书，总用地面积 15.6 万平方米；调整 6 个规划设计方案。办理浦口粮食批发市场三期的规划方案；配合拆迁工作需要，完成打山工业区和郭坑工业园区的规划工作。

2006 年，办理 8 个项目的村镇选址规划意见书，总用地面积 15.3 万平方米；调整 8 个规划设计方案。向农民提供经济安全适用、节地节能节材的住宅规划设计图纸；引导和帮助农民解决住宅与禽畜饲养分开的问题，搞好农村污水、垃圾治理，改善环境卫生。

2007 年，办理 8 个项目的村镇选址规划意见书，总用地面积 40.3 万平方米，调整 8 个村镇规划设计方案。全年办理 4 个项目的村镇规划许可证，总用地面积 18660.6 平方米；办理 6 个项目的村镇选址规划意见书，总用地面积 7.6 万平方米；调整 6 个规划设计方案。

第二章　城市建设

第一节　道路与桥梁建设

一、道路

民国时期，华侨投资兴建道路，其中漳州至嵩屿、漳州至郭坑公路均穿越区境。至建区前，324线国道贯通步文镇，省道郊柏线经过步文、郭坑两镇。乡村之间大多是三合泥土路和几条柏油路。1992年，在324线国道步文路段从步文供销社至市外贸仓库之间修建1条商业街，长5公里、宽16米。

1997年1月20日、2月23日，漳州市先后召开迎宾路拓宽改造工程专题会议，决定从漳州立交桥到梧浦高速公路出口9.4公里路段从宽23米扩建为双向8车道60米宽，把迎宾路建设成为标志性道路，与人民广场、立交桥融为一体。同年3月3日，成立漳州市迎宾路建设工程指挥部。该道路为国道324线步文路段，东起西溪桥，即厦漳高速公路与国道324线交接处，西至漳州立交桥，总投资1.9亿元。道路全长9.25公里，路宽48—60米。采用4幅路形式，机动车为双向8车道，道路设计标准为城市一级主干道，车辆荷载—20，挂—100。工程分两期实施，分别于3月5日和9月18日开工建设，1997年12月20日竣工。

1997年12月22日，龙文区召开省道郊柏线建设会议，并成立漳州市郊柏线龙文段改建开发领导小组。工程由漳州市龙文区道路运输发展中心承建。1998年2月5日，召开方案论证会；20日召开郊柏线建设专题会议，并将原建设领导小组更名为指挥部，下设办公室、拆迁组、工程技术组、财务组。该项目从步文六石至郭坑立交桥头，全长8公里，总投资2180万元。工程于1999年9月26日剪彩通车。

1997—2007年，龙文区新建、改建城市主次干道有迎宾大道、江滨大道龙文段、水仙大街、新浦东路、南昌东路、漳华东路、九龙大道、澳门路、龙江路、龙文南路、龙文北路、八号路、云洞岩路，总长41.89公里，路宽30—60米，全部配套绿化带和路灯。

1997—2007年龙文区城市道路建设情况表

表3-2-1

道路名称	起　点	终　点	长度（公里）	宽度（米）	路面结构	开工时间	竣工时间	总投资（万元）
迎宾大道	西溪桥	立交桥	9.25	48—60	水泥砼	1997年3月	1997年12月	19000
新浦东路	龙江路	九龙大道	1.8	30	水泥砼	1998年5月	1999年12月	3000
九龙大道（东环城路）	漳州大桥	北环城	4.133	60	水泥砼	1998年1月	1999年9月	8500
澳门路	水仙大街	迎宾大道	1.169	50	水泥砼	2004年10月	2006年11月	5996
水仙大街（马灶路）	九龙大道	迎宾大道	6.2	60	沥青砼	1999年10月	2002年1月	27000

续表 3-2-1

道路名称	起　点	终　点	长度（公里）	宽度（米）	路面结构	开工时间	竣工时间	总投资（万元）
江滨大道	西溪桥闸	九龙大道	9.24	60	沥青砼	2004 年 6 月	2006 年 11 月	58000
龙江路	水仙大街	迎宾大道	1.746	30	水泥砼	1999 年 12 月	2006 年 11 月	3550
南昌东路	龙江路	九龙大道	1.805	30	水泥砼	2005 年 5 月	2007 年 11 月	7717
龙文南路	水仙大街	迎宾大道	0.92	60	水泥砼	2002 年 9 月	2003 年 12 月	3456
龙文北路	迎宾大道	北环城	1.522	60	水泥砼	2005 年 12 月	2007 年 12 月	10100
八号路	迎宾大道	规划路	0.54	40	水泥砼	2006 年	2007 年 12 月	1266
漳华东路	龙文北路	九龙大道	2.6	45	沥青砼	2007 年 5 月	2007 年 12 月	26300
云洞岩路	迎宾大道	云洞岩景区	0.96	30	水泥砼	1997 年 5 月	1998 年 1 月	1100

二、桥梁

（一）漳州立交桥

漳州立交桥

位于漳州市芗城区东部与龙文区西部交界处，是漳州市新城市中心区标志性建筑。1995 年 12 月 8 日动工兴建。1996 年 6 月，在省质量监督站主持下，对立交桥隐蔽工程进行全面验收，漳州市立交桥以 93.7 分的高分获优质工程称号。1997 年 5 月 15 日，立交桥正式通车。该桥是闽、粤、赣来往车辆穿越龙文区主干道必经之道路桥梁，也是福建省建设规模最大、功能最全的全定向互通立交桥。桥梁环绕长 3370.2 米，总面积 35875 平方米，路线总长 8345.32 米（包括非机动车道 2931.24 米），总投资 1 亿多元。桥梁西接胜利东路，东接迎滨大道，南北均接九龙大道。该桥由四川省公路交通规划设计院设计，陕西省路桥建设总公司承建。立交桥最顶层为胜利东路直通迎宾大道的干道；第二层分别由东、西两个单向车道组成，呈纺锤形状。桥面宽 9.5 米，设计时速 60 公里 / 小时；底层为圆环形非机动车道和人行道，净高 2.7 米。整座桥梁构造分上下两部分。上部结构：桥型为宽翼缘预应力连续空心箱梁（板）桥；4 个右转弯匝道为连续钢结构混合结构梁（板）桥，梁高 1.2 米；非机动车道及人行道桥采用预制无黏结预应力空心板桥。下部结构：机动车道桥采用直径 1.2 米钢筋混凝土基础，跨径 32 米的桥孔，采用直径 1.5 米钻孔桩基础，桩类嵌入强风化花岗岩中，桩长深处 53 米，浅处 35 米。

（二）响水桥

位于国道 324 线桩号 K324+605 处，桥长 36.6 米，宽 7.04 米，桥孔 5 个。1997 年，拓宽改建迎宾大道时，在 K317+845.5 处建新桥，全长 48.94 米，桥宽 60 米，桥孔 3 孔。同年 12 月建成通车。

第二节 房屋建设

一、基本情况

民国时期，区境房屋主要是民用住宅，只有少数公共建筑。至 1996 年，步文镇区新建公房 56 座，建筑面积 1.72 万平方米，其中楼高 3—4 层 10 座，建筑面积 1280 平方米。

建区后，漳州市提出“扩大城市规模，城区东移”战略决策，步文镇地处新城市中心区的位置，城市建设日新月异。2001 年 6 月 25 日，龙文区召开房屋普查工作会议；9 月，完成普查工作。各种新型的房屋、现代化楼群屹立在街道两旁，与漳州市旧城区连成一片。新城市建成区行政办公、商贸金融、文化教育、休闲娱乐等建筑群及配套新型住宅楼等建筑设施，构成焕然一新的城市框架。1997—2007 年，全区投资建设大批公共建筑、住宅楼群、标准厂房，累计房屋建设施工总建筑面积 398.34 万平方米。

至 2007 年，全区建成、在建，以及已规划筹建的高层（19 层及以上）、小高层（10—18 层）楼房 160 幢，其中 19 层及以上 51 幢、18 层及以下 109 幢。

2007 年龙文区高层及小高层建筑情况表

表 3-2-2

<table>
<tr><th rowspan="2">项目名称</th><th colspan="4">小高层</th><th colspan="5">高　　层</th></tr>
<tr><th>幢数</th><th>层数</th><th>建筑面积（平方米）</th><th>建设情况</th><th>幢数</th><th>层数</th><th>高度（米）</th><th>建筑面积（平方米）</th><th>建设情况</th></tr>
<tr><td>区政府大楼</td><td>1</td><td>10</td><td>16000</td><td>竣工</td><td>—</td><td>—</td><td>—</td><td>—</td><td>—</td></tr>
<tr><td>市交通指挥中心</td><td>1</td><td>14</td><td>19302</td><td>竣工</td><td>—</td><td>—</td><td>—</td><td>—</td><td>—</td></tr>
<tr><td>漳州一中分校</td><td>1</td><td>13</td><td>23000</td><td>竣工</td><td>—</td><td>—</td><td>—</td><td>—</td><td>—</td></tr>
<tr><td>桂溪名都小区</td><td>—</td><td>—</td><td>—</td><td>—</td><td>1</td><td>28</td><td>87.9</td><td>29321</td><td>竣工</td></tr>
<tr><td rowspan="4">荣昌花园小区</td><td>5</td><td>12</td><td>52552</td><td>竣工</td><td>1</td><td>25</td><td>80</td><td rowspan="2">44217</td><td>在建</td></tr>
<tr><td>1</td><td>18</td><td>26383</td><td>竣工</td><td>1</td><td>26</td><td>84</td><td>在建</td></tr>
<tr><td>—</td><td>—</td><td>—</td><td>—</td><td>2</td><td>30</td><td>97</td><td>54470</td><td>在建</td></tr>
<tr><td>—</td><td>—</td><td>—</td><td>—</td><td>1</td><td>19</td><td>66</td><td>23836</td><td>在建</td></tr>
<tr><td>市中级人民法院大楼</td><td>1</td><td>12</td><td>24221</td><td>在建</td><td>—</td><td>—</td><td>—</td><td>—</td><td>—</td></tr>
<tr><td rowspan="4">锦绣一方小区</td><td>5</td><td>11</td><td>35730</td><td rowspan="3">竣工</td><td>1</td><td>24</td><td>72</td><td>14804.3</td><td>在建</td></tr>
<tr><td>1</td><td>18</td><td rowspan="2">31135</td><td>1</td><td>22</td><td>70</td><td>19912</td><td>筹建</td></tr>
<tr><td>1</td><td>12</td><td>2</td><td>30</td><td>95</td><td>47797</td><td>筹建</td></tr>
<tr><td>3</td><td>18</td><td>32836</td><td>在建</td><td>1</td><td>28</td><td>88</td><td>16442</td><td>筹建</td></tr>
</table>

续表 3-2-2

项目名称	小高层				高　层				
	幢数	层数	建筑面积（平方米）	建设情况	幢数	层数	高度（米）	建筑面积（平方米）	建设情况
锦绣一方小区	5	11	43523	筹建	—	—	—	—	—
	4	18	46644	筹建	—	—	—	—	—
华府·星光悦城小区	—	—	—	—	2	19	98	48000	筹建
东升花园小区	7	18	44000	在建	2	33	99	56000	筹建
龙文花园小区	2	18	55000	在建	—	—	—	—	—
悦华星洲	—	—	—	—	2	32	99.9	79000	筹建
悦华星座小区	1	15	60700	在建	—	—	—	—	—
	2	18			—	—	—	—	—
天利仁和小区	6	18	126000	在建	—	—	—	—	—
桂溪北区小区	—	—	—	—	1	28	92.3	258041.9	在建
	—	—	—	—	1	30	98.1		
	—	—	—	—	1	31	98.6		
	—	—	—	—	1	34	99.4		
永大星城小区	—	—	—	—	5	32	98	92000	在建
明发商业广场	—	—	—	—	1	22	70	31479	筹建
	—	—	—	—	3	24	72	298055	
	—	—	—	—	6	25	80	—	
	—	—	—	—	5	27	92	—	
	—	—	—	—	2	28	95	—	
长福小区	—	—	—	—	2	30	99.8	68888.36	在建
毅达新城	11	12	80209	在建	3	33	99	67855	筹建
	36	18	446402	在建	—	—	—	—	—
荣昌东方广场	4	16	55800	在建	2	25	80	55000	筹建
	—	—	—	—	1	30	97		
夏商·香榭花都小区	10	18	178748	筹建	—	—	—	—	—
鸿达嘉园大厦	1	18	19207	筹建	—	—	—	—	—

二、公共建筑

（一）机关公务建筑

漳州市规划展示厅　位于新浦东路北侧田丰村，东临漳州一中分校，西靠龙文区交警大楼。

占地面积1.37公顷，建筑面积6912平方米。投资2690万元。主楼高7层，框架结构。大楼出入口南侧为绿地广场。2002年9月动工，2004年3月竣工。

漳州市交通指挥中心大楼　位于水仙大街石仓路段。占地面积19302平方米。主楼地下1层，地上16层，建筑高度63.2米，建筑面积14302.2平方米；附属楼地上5层，建筑高度19.65米，建筑面积4999.6平方米。投资7092.25万元。大楼由厦门市建筑设计院设计。2003年9月，由福州建工集团有限公司等单位施工。2006年10月竣工。

漳州市人民防空指挥中心　位于云洞岩景区西北侧。占地面积8.53公顷，建筑面积16740平方米，其中地上建筑4455平方米，地下建筑12270平方米。投资5822万元。2006年6月动工，2005年11月竣工。

漳州市中级人民法院审判综合楼　位于东五号路与水仙大街交汇处西北角。坐北朝南，南面临水仙大街，东面为东五号路，西北与天利人和住宅区相邻。用地面积27335平方米，建筑面积23356平方米。计划投资8255万元。2004年12月30日开工。2007年12月，仍在建。

漳州市检验检疫局综合实验楼　位于水仙大街北侧，六号路以西。占地面积1万平方米，建筑面积13435平方米。计划投资3997万元。2007年5月动工，12月仍在建。

漳州市公安消防指挥中心暨特勤站　位于水仙大街北区，六号路东侧。坐北向南，南面正临水仙大道，东与龙文区财政局相邻。用地面积13356.1平方米。计划投资6000万元。第一期工程于2007年1月9日开工，12月仍在建。

漳州市公安局交警支队大楼　位于蓝田经济开发区纵一号路和324线国道旁。占地面积3.20公顷，建有主楼17层和东裙楼、西裙楼、民警体能训练游泳池。场地设有130个停泊位和70个停泊位的停车场各1个。主楼坐北朝南面向公路，占地面积1300平方米，建筑面积1.5万平方米；西裙楼占地面积1800平方米，建筑面积6770平方米；东裙楼占地面积800平方米，建筑面积2300平方米；民警体能训练游泳池面积2000平方米。投资1亿元。2002年2月建成投入使用。

龙文区党政办公大楼　位于龙文南路东侧，占地面积4.57公顷，建筑面积16190平方米。投资1700万元。大楼为框架结构，由主裙楼组成，主楼10层，裙楼3层。2000年9月14日开工，2004年1月2日建成。

龙文区法院大楼　位于水仙大街与龙文南路交叉处。占地面积0.97公顷，建筑面积7600平方米。投资1200万元。楼高5层，框架结构。2003年11月动工，2007年仍在建。

龙文区公安局大楼、“110”指挥中心　位于迎宾路南侧，龙文南路以东。占地面积2.33公顷，建筑面积1万平方米。投资2500万元。楼高6层，框架结构。2006年10月动工，2007年12月竣工。

龙文区财政大楼　位于水仙大街北侧，石仓村南侧。占地面积0．2公顷，建筑面积2065平方米。投资300万元。大楼6层，框架结构。2002年7月动工，2003年3月竣工。

龙文区地税局综合大楼　位于水仙大街185号。坐北朝南。占地面积5000.52平方米，建筑面积7076.53平方米。地上8层，地下1层。2007年4月30日开工，12月仍在建。

龙文区交通警察“122”报警服务中心　位于浦头港与五号路西北角。占地面积0.67公顷，建筑面积3000平方米。投资400万元。2002年10月动工，2003年12月竣工。

蓝田镇党政办公大楼　位于水仙大街北侧，十三号路西侧。坐北朝南。占地面积2公顷，建筑面积5792平方米。投资1100多万元。地上6层，地下1层。2005年6月开工，2007年11月竣工。

（二）科技教育医疗建筑

漳州一中分校　位于步文镇玄坛宫社。原漳州华侨中学，迁龙文区新建学校，改名漳州一中分校。占地面积8.67公顷，建筑面积3.47万平方米，其中教学综合楼12300平方米、科技实验楼 5940 平方米、图书馆与艺术中心 4500 平方米。投资 7765 万元。2002 年 12 月动工兴建，2003 年 12 月竣工。2007 年 11 月，征地面积 4.1 万平方米，计划投资 1 亿元，兴建附属学校教学楼、宿舍楼。

漳州市第二实验小学　位于浦头港以东，新浦东路北侧。占地面积 3.33 公顷，建筑面积 1.46 万平方米，其中教学楼 6761 平方米、办公综合楼 1665 平方米、学生宿舍楼 4948 平方米、食堂及学生阅览室 628 平方米、体育馆 1650 平方米、教室 942 平方米、其他建筑 108 平方米。投资 2000 万元。2002 年 1 月动工，2003 年 5 月 1 日竣工。

龙文区实验小学　位于郊柏线，原为翁建中心小学。占地面积 3.33 公顷，建筑面积 10443 平方米，其中教学综合楼 6992 平方米。计划投资 1200 万元。2007 年 1 月动工，12 月仍在建。

漳州市第九中学　位于龙文北路。原为港商拟兴建的毅达名流中学，后由龙文区投资兴建。占地面积 4.11 公顷。2007 年 9 月开工，12 月仍在建。

漳州吉马职业学院　位于漳州蓝田经济开发区。用地面积 11.84 公顷，建筑面积 12280 平方米。投资 3000 万元。2005 年 9 月开工，2006 年竣工。

朝阳医院　位于步文镇九龙大道以西，漳州双菱瓷厂以南。占地面积 6.67 公顷，建筑面积 19960 平方米，其中门诊部 8800 平方米、住院部 4099 平方米。投资 3087 万元。2004 年 11 月动工，2005 年 10 月完工。

（三）文化娱乐服务设施建筑

漳州市青少年活动中心　位于步文镇新浦东路北侧，龙江路西侧。占地面积 3.33 公顷，建筑面积 2 万平方米。投资 8000 万元。2005 年 6 月动工，2007 年 5 月竣工。

漳州市博物馆（漳州市芗剧艺术中心）　位于迎宾路南侧，龙文南路以西。占地面积 10 亩，建筑面积为 4600 平方米。为 4 层曲角连体式结构建筑。外部采用现代几何立面与传统琉璃顶、内部采用天井与回廊形式，将建筑功能有机地联结为一体。设展厅、报告厅、库房、设备与办公用房，功能较齐全。漳州市芗剧艺术中心与漳州市博物馆合为一处。1998 年 10 月动工，2001 年 4 月 8 日竣工。

华美达大酒店　位于水仙大街以北。规划用地面积 3.84 公顷，商住综合用地 1 公顷，酒店用地 2.19 公顷。由福建盈丰集团有限公司承建。五星级酒店，2007 年 4 月动工，12 月仍在建。

（四）商业物流建筑

聚善堂医药物流中心　位于水仙大街以南。占地面积 4．9 3 公顷，建筑面积 17886 平方米，投资 1.8 亿元。属市政府确定的 2004 年在建重点项目之一。2004 年元月开工，2005 年 2 月竣工。

吉马国际家居城（物流中心）　位于迎宾路与水仙大街交叉处南侧。投资 2.2332 亿元。占地面积 28.67 公顷，建筑面积 34.87 万平方米。配套 3 万平方米休闲广场、1000 个停车位、36 部豪华电梯、4 个挑高中空式时尚中庭。2004 年 6 月动工，2007 年 1 月竣工。

锦绣一方·商业广场　位于迎宾路与五号路交叉口西侧。占地面积 84.82 公顷，建筑面积 42776 平方米。投资 1.2 亿元。2001 年 6 月，由厦门特区房地产开发有限公司开发，建设 5 层商业大楼，单层最大面积超过 1 万平方米，其中地上 4 层地下 1 层，建筑面积 31943 平方米；1—2 层为大型超市，3—4 层为其他商业用房。2005 年 11 月动工，2007 年 12 月竣工。

通海汽车交易中心　位于迎宾路以北。占地面积 1.47 公顷。首期工程投资 1500 万元，建筑面积 300 平方米。2002 年 11 月建成开业。

一汽大众汽车交易中心　位于迎宾路以北。占地面积 0.86 公顷，建筑面积 3954 平方米。投资 1500 万元。2004 年 1 月开工，9 月竣工。

漳州汽车汽配交易中心　位于水仙大街与迎宾路交叉口西侧。即荣昌汽配经营中心。占地面积 13 公顷，建筑面积 157350 平方米。投资 34500 万元。2005 年动工，2007 年竣工。

漳州汽车客运中心　位于九龙大道与水仙大街交叉口。占地面积 3.33 公顷，建筑面积 1.12 万平方米。汽车维修场、停车场等配套设施 3700 平方米。2002 年 5 月动工，2004 年 1 月竣工。

华东工业品批发市场　位于水仙大街和东环城路交叉口的东南角。占地面积 16.93 公顷，建筑面积 28 万平方米。投资 3.26 亿元。1999 年 12 月 4 日开工，2001 年 1 月竣工。

浦东副食品批发市场　位于新浦东路。一期工程占地面积 2 公顷，建设商住楼，建筑面积 2.7 万平方米。投资 3500 万元。1997 年 10 月动工，1998 年 10 月竣工。二期工程占地面积 5.76 公顷。其中万博（香港）集团投建商住楼用地 3.39 公顷、浦东新城商住楼占地面积 0.83 公顷，其余为公共绿地、停车场、垃圾中转站及区内道路公共用地。

浦口粮食批发市场　位于九龙大道北延伸段。占地面积 85 公顷。总投资 9.86 亿元。已建成占地面积 26.67 公顷、建筑面积 3.8 万平方米。投资 1.39 亿元。1998 年 12 月开工，2001 年竣工。

小港建材城　位于小港村。占地面积 10 万平方米。投资 3000 万元。由厦门旺嘉美建材公司开发。一期工程建筑面积 3.2 万平方米，其中仓库面积 5328 平方米。2006 年 3 月动工，2007 年 10 月竣工。

明发商贸广场　位于龙江路以东，新浦路以南。占地面积 22.33 公顷，包括 1 家五星级酒店和 2 家世界级 500 强企业，2007 年 12 月开工兴建。

安然天然气总站　位于漳州蓝田经济开发区。占地面积 7700 平方米。由安然天然气公司投资兴建。年输出能力 11925.79 万立方米。站内绿化率 80.44%。2005 年 3 月动工，2007 年 12 月仍在建。

三、住宅建筑

（一）基本情况

1949 年，步文村有民用住宅 250 座。1979—1985 年，步文乡共建住房 899 座、20086 间，占地面积 97.29 公顷。至 1991 年，步文乡共建民房 14864 座，用地面积 160.12 公顷；驻地步文村新建民房 560 座，占地面积 6.73 公顷，其中 2 层楼房 120 座、3 层楼房 15 座，其余均为平房。1996 年，步文住宅建筑占地面积 286.05 万平方米，建筑面积 206.46 万平方米，其中混合结构 113.25 万平方米，占房屋面积 54.85%；砖木结构 73.36 万平方米，占 35.53%，其余都是土木结构。

1997 年后，建设新型居住小区、商住楼。

2001 年 7 月至 8 月 31 日，步文镇、蓝田镇房屋普查：城市中心区共有房屋 12977 座，建筑面积 183.66 万平方米。至 2007 年，龙文区投入改造旧村、安置房建设资金 9.9 亿元，城市中心区共建设各类安置楼、商住楼、公寓楼群小区 22 处。

（二）住宅小区

龙文花园小区　位于水仙大街以南，浦头港以西。占地面积 8 公顷，建筑面积 14 万平方米。投资 2.4 亿元。一期工程用地面积 3.53 公顷，至 2007 年竣工面积 73100 平方米，投资 7300 万元。

莲池花园小区　位于迎宾路北侧，龙江路西侧。一期工程占地面积 0.94 公顷，1997 年动工，1998 年 12 月竣工，建筑面积 17452 万平方米，投资 4800 万元；二期工程占地面积 18.63 亩（1.24 公顷），2007 年 12 月仍在建。

龙江小区　位于迎宾路以南，新浦东路以北，龙江路以东。用地 2.44 公顷，绿化率 45%；建筑面积 3.65 万平方米，总投资 3970 万元。一期工程 1.4 万平方米住宅楼于 2003 年建成；二期工程建筑面积 2250 平方米，投资 3263 万元，2007 年 10 月竣工。

悦华星座小区　位于步文交警大楼以西。占地面积 1.4 公顷，建筑面积 6 万平方米。投资 2.5 亿元。2005 年 12 月动工，2007 年 12 月竣工。

滨洲园小区　位于江滨路龙文段下洲村。占地面积 17.13 公顷，建筑面积 25.32 万平方米。总投资 3.8 亿元。首期工程投资 38700 万元，建筑面积 3 万平方米。2005 年 12 月动工，2006 年 11 月竣工。

碧洲园小区　位于江滨路以北，下洲路以西。占地面积 11.13 公顷，建筑面积 20.04 万平方米，总投资 3 亿元。首期工程用地 6.4 公顷，建筑面积 3.3 万平方米。2007 年 10 月开工，12 月仍在建。

联丰浩苑小区　东临浦头港，南与市交警“122”报警指挥中心相接。总占地面积 6.7 公顷，建筑面积 12.06 万平方米。总投资 1.14 亿元。承担中心区重点工程拆迁户安置任务，住宅小区容积率 1.835%，建筑密度 30%，绿化率 42%。一期工程 5.5 万平方米，2004 年 5 月开工，2005 年 6 月竣工；二、三期工程建筑面积 5.59 万平方米，2007 年 12 月仍在建。

南昌花园小区　位于南昌东路北侧。占地面积 1.93 公顷，建筑面积 4.25 万平方米。2004 年 12 月动工，2005 年 10 月竣工。

（三）商住小区

荣昌花园小区　位于新浦东路以南，九龙大道以东，水仙大街以北，浦头港以西。2007 年，完成住宅建筑面积 57821 平方米。其中荣泽苑商住楼占地面积 19.07 公顷，建筑面积 44.3 万平方米，绿化率 40%。

荣昌花园小区

桂溪花园商住区　位于九龙大道东侧，与浦东副食品批发市场和荣昌花园、漳州市客运中心站相邻。占地面积 10.33 公顷，建筑面积 280 万平方米，投资 3.0 亿元。南、北两区分别设有小区公园共 6000 多平方米、文化活动中心、托儿所、幼儿园、会所等服务设施。2003 年 10 月开工，2005 年 12 月完工。

锦绣一方小区

桂溪名都大厦商住区　位于新浦东路。占地面积 3000 平方米，建筑面积 2.6 万平方米。投资 4000 万元。高 93.6 米，共 28 层，其中 1—5 层为商业区，6—28 层为住宅区。2005 年 9 月动工，2007 年 10 月完工。

锦绣一方商住区　位于迎

天利仁和小区

宾路以南，南昌东路以北，五号路以西，浦头港以东。用地面积19.73公顷，建筑面积45万平方米，投资22亿元。建3万平方米商业中心广场和集中式商业步行街、4000平方米康体中心和幼儿园。2005年9月动工，2007年12月竣工25幢楼房。

芙蓉城商住区　位于迎宾路以北的原悦胜民族文化村，西至蓝田镇东屿村，东至景山社区东侧的景山。占地面积86.67公顷，建筑面积300万平方米，投资50亿元。2005年12月动工，2007年仍在建。

天利仁和小区　位于九龙江西溪浦头港东侧。占地面积18公顷，建筑面积68.3万平方米。投资35亿元。2006年12月启动第一期项目，开发建设天籁苑住宅区，建筑面积11.5万平方米；二期工程2007年1月开工，12月仍在建。

四、企业厂房建筑

民国时期，华侨在区境建农垦企业厂房和制糖厂。

中华人民共和国成立后至改革开放前，步文公社建有农械厂、机砖厂、粮食复制品厂、石料场等社办企业厂房，区境建有漳州瓷厂、龙海磷肥厂、龙海农药厂、龙海合成氨厂的厂房。1991年，永发饼干厂、孚美水泥预制品厂、福龙粮食复制品厂的厂房占地面积500—800平方米。1992年，蓝田工业开发区征用步文镇梧桥村、蓝田村成片土地32.07公顷建设工业厂房。1996年，龙文工业园区招商引资建设企业厂房。

1997年建区后，引进国际先进企业，基建厂房规模大，厂房由普通型发展到标准型厂房。美国大闽食品厂房建筑面积7.9万平方米，台资荛富家具企业厂房建筑面积9.65万平方米。

至2007年，全区共有工业企业2500家，规模工业企业167家，拥有标准厂房超过100万平方米，主要集中在蓝田经济开发区。

第三节　公用事业建设

一、园林

（一）云洞岩景区

1982年，云洞岩进行景区建设。1983年，云洞岩景区进行绿化。1984年，经龙海县人民政府批准规划为风景区。1991年，被评为省级风景名胜区。至1996年，龙海市人民政府投入154

万元用于景区建设。当年8月，云洞岩划归龙文区管辖。

1998年10月，龙文区政府投入67.61万元建设景区山门配套、广场绿地。1999年12月，漳州市人民政府委托福建省泛海风景园林艺术中心对风景区进行总体规划。1999—2001年，投入63.42万元用于修缮景点。2002年，建设景区道路长900米、宽30米。2003年，投入征地拆迁补偿费150万元、建设资金330万元。同年，漳州市城市建设公司投资建设景区山门及广场西侧配套设施，并与东盛集团共同投资建设景区接待中心、客房、会议中心、宴会餐厅、休闲健身房。该工程占地26.02亩，建筑面积5572平方米，其中西区面积2348平方米，东区面积3224平方米。西区两侧建设特色美食街、旅游购物商场；东区两侧建设综合接待中心、会议中心、宴会餐厅、茶艺馆；中间部分为景区山门及黄道周文化广场，占地1000平方米；北侧为行云湖水系园林景观。南侧建设1500平方米停车场。项目总投资2200万元。东、西区配套设施于2003年7月开工建设，分别于2004年3月、7月竣工。景区山门及黄道周文化广场于2004年3月开工，9月竣工。投入10万元完成云洞岩至万松关石阶梯步游道路1.3公里。

2005年，投资8.6万元建设六角凉亭1座，建筑面积16.37平方米；投资5.4万元建设荔枝林小卖部1座，建筑面积20.63平方米；投资8.7万元建设休闲茶亭1座，建筑面积26.22平方米。

2006年，投资60万元重建朱文公祠，配套周边绿化、埕院。

2007年5月，云洞岩风景区根据国家《旅游区质量等级划分与评定》标准，投入65万元对景区的软硬件设施进行改造建设，全面实施创建国家AAAA级旅游区工作。至2007年12月，云洞岩成为福建省著名风景区。

（二）龙文塔景区（漳州植物园）

位于迎宾路凤山上。1998年9月24日开工，1999年2月8日封顶。塔为7层八角仿框架结构，高39.9米，基座宽15.68米，总建筑面积555平方米，外设防护栏。山下建有山门，为仿古石牌楼式大门，四柱之间，宽22.2米，高16米，正面青石龙柱，高7.23米，与主塔保持协调统一的建筑风格。

以龙文塔为主景，在周边范围建漳州植物园，占地面积50.7公顷，1998年9月开工，1999年5月完工。

二、绿地

（一）公共绿地

1997年前，步文镇驻地步文村没有公共绿地。步文镇只有公路两旁种植树木，或者少数单位或民宅种植观赏花木。

1997年后，龙文区围绕“闽东南沿海花都”新城市中心区建设规划，依托沿九龙江西溪地段滨江优势和原有生态优势，建设园林绿化新城市中心区。新城市中心区5.3平方公里范围，东起东三号路，西至东环城路，南起九龙江西溪，北至迎宾路，用地现状内具有拥山绕水的自然环境，形成有山有水景观，通过建筑群落、街道、广场、公园，开发建设公共绿地。道路机动车道中央建有16—20米绿化隔离带，人行道两侧有四季常青乔木、灌木。迎宾大道绿化隔离带占道路横断面宽度18.3%。住宅区绿化率30%—46.8%。全区25个城中村绿化面积5万多平方米；公园、广场绿地45%以上（人民广场绿地188亩）；污水处理厂隔离带40—60米；人工绿化和自然山水相结合城市中心区的中央步行道建有人工水景；十字结构外围是连接各个居住区中央庭院的自然水景，与浦头港相连，形成完整的绿化系统。公共建筑区采用建筑群加外环绿带的形式。

2002—2006年，新增主干道沿线绿地面积18719平方米。至2006年，全区有30多家居住小区和企事业单位被评为漳州市先进绿化园林单位。

2007年，为迎接第九届花博会暨农业洽谈会召开，对迎宾大道、水仙大街两侧绿地和港桥三角地、新区办周边绿地进行清杂、修剪、养护、补苗。在港桥三角地绿地种植山药槟榔，在迎宾大道步文浦下路段两侧种植青叶大红花。

（二）漳州市污水处理厂绿化隔离带工程

位于漳州污水处理厂四周，宽度40—60米，规划用地面积3.26公顷，实际用地4.2公顷。2002年5月9日开工，12月建成。投资1320万元。由市政工程公司承建。隔离带以三维立体绿化为主。

（三）浦头港东侧绿化工程

位于浦头港东侧，立交桥至建元路。全程1.7公里，宽度31.5米，其中道路宽度8米，绿化带宽度22米，路基宽度1.5米。投资2000万元。红线范围内面积3.42公顷。绿化带以乔木、灌木为主。建有雕塑、凉亭、喷水池。2002年9月7日开工，2004年建成。

三、人民广场

位于漳州东立交桥下，紧靠迎宾大道与九龙大道。占地面积26.67公顷（包括立交桥绿地12.53公顷）。投资1亿元。由上海同济城市规划设计院设计，漳州市政工程公司施工承建。广场主体轮廓如同保龄球棒瓶，中间轴线犹如大钟摆，自东向西分3区：A区是欧式疏林园区。区内铺有曲径石，建有小桥。B区是中心广场，筑有无障碍通道，进入音乐喷泉区和3个叠式涌层喷泉为主的中心广场。中心喷泉为直径28米圆形地，采用华安九龙壁铺砌而成；其圆心采用“中国红”花岗岩石板拼成漳州市行政区划图，由此向四周外延30米，并建有3层阶梯式大看台。广场采用国际流行标准ABS工程塑料管和泵机组成的喷射系统，安装1000多盏彩色射灯、草坪灯、宫廷灯和罗马灯柱等，并配有18套用电脑控制的水型变化程序。C区为集散广场，以大型花坛绿化为主，两边各有6个小花坛。广场中间建有平台、坐台、座椅；宫廷灯排列两旁。1997年4月动工，11月竣工。

四、供电

1956年，郭坑接火车站电源供电照明。1959年前，步文民众大多依靠煤油灯或蜡烛照明。1959年，步文村有少数人用电照明。1960年后，步文乡全部由漳州糖厂电源供电。

郭坑下贯变电站

1998年7月，110千伏输变电工程建成供电，蓝田经济开发区由东屿变电站供电。

2006年3月16日，漳州东区220千伏输变电工程变电所奠基开工。该所位于蓝田开发区北侧梧桥好坑自然村，用地4.13公顷。一期工程占地面积2.4公顷，投资9252万元，其中变电所工程7402万元，线路工程1850万元。主变远景

3×180伏安三相三圈电力变电器，220千伏线路远景4回，110千伏线路远景140回，10千伏线路远景34回。当年全区用电负荷65兆千伏。

2007年，全区用电量7988万千瓦时，其中蓝田镇1786万千瓦时、步文镇4159万千瓦时、朝阳镇1605万千瓦时、郭坑镇421万千瓦时、蓝田经济开发区17万千瓦时。

附：夜景工程

1997年，建设人民广场时开始实施夜景工程建设。新中心区建设、道路修建与路灯设置同步进行。主要路段和地点安装中杆灯、投光灯、彩灯，有的高层楼房还安装射灯。2005年，龙文区建设局配合漳州市夜景工程办公室抓好区域内夜景工程施工。至2006年已完成夜景工程11处。

2007年11月，位于龙文区浦头港东侧天利仁和住宅小区临港景观夜景工程由悦华新房产集团投资进行改造施工。临港景观工程是漳州市临港景观亮化示范区，浓缩天利仁和社区生态景观精华，为市民增加一道景观优美的都市休闲风景线。2007年，龙文区城区有12处夜景工程。

五、供气

1986年，区境建立液化气供应站，居民使用瓶装液化气。2003年，区境液化天然气（LNG）项目启动。

龙文区液化天然气（LNG）项目是福建省LNG项目的组成部分，是漳州市天然液化气利用项目门站，址在东环城路西侧、蓝田开发区横三路以南。占地面积7700平方米。项目由安然液化气公司投建，投资1000万元。设生产区与生产辅助区。站内绿化率88.44%。年输出能力11925.79万立方米。

2004年6月，安然燃气公司开始供应天然气，龙文区开始使用管道天然气。2007年，5000户居民使用天然气。

六、供水

中华人民共和国成立后，步文在公社化时期，居民抽井水饮用；郭坑镇居民挑北溪水饮用。1975年，郭坑镇修建自来水工程，饮用自来水；1983年，步文乡部分居民饮用漳州糖厂自来水工程提供的自来水。改革开放后，步文、郭坑两镇村村通自来水。

1997年后，日供水15万吨的漳州第二自来水厂直供龙文区居民。

2001年，朝阳镇引进漳州糖厂自来水，铺设六石至郭坑桥头5公里供水管道。

2006年6月，蓝田工业开发区与龙文工业开发区整合后，用水量12万吨/日。同年9月引进外资1325万美元建设自来水工程。2007年12月工程仍在建。

七、排水、排污

（一）浦头港排水工程

1997年11月3日，漳州市政府召开市区内河整治专题会议，把内河整治作为市区两级政府为民办实事内容。按市区50万人生活与工业排水安排，整顿与建设好浦头港（漳州糖厂至桂林闸站）水系。浦头港在区境全长4.8公里，东环城路北段与东环城路改建结合进行，南段3公里为直线，投资1600万元。1998年10月1日动工，2000年1月竣工。

（二）东区污水处理厂

位于龙文区西北部，是福建省“九五”计划重点项目，也是九龙江流域综合治理主要工程。

由中国市政工程华北设计研究院设计。日处理污水10万吨。投资1.9 8亿元。1997年9月，东区污水处理厂动工。1998年12月，完成主体构造物和办公楼等附属用房建设。1999年9月，进入设备安装调试。2001年11月，污泥消化系统工程开工。2002年5月，污水处理调试运行。2004年，COCr（以钴和铬为主要成分的金属）去除率为70.97%。全年处理达标排放污水2248万吨，污水处理率64.36%，日均处理污水6.16万吨，负荷率为61.6%。2005年，COCr去除率75.80%。全年处理达标排放污水2300吨，污水处理率71.96%，日均处理污水6.3万吨，负荷率63%。完成污泥消化工程土建、设备安装及单机调试。出水水质各项指标基本达到《城市污水处理厂污染物排放标准》规定的一级标准。

八、公共交通

1997年，漳州市区只有1条线路通过区境。

2007年，市区公共交通有8条线路经过区境：瑞竹岩、云洞岩是1号线路的始末站；区政府大楼是13号路线始末站；25号线是小港村始末站；10号路线是蓝田经济开发区始末站。漳州市客运中心站是7、9、14、22路通往芗城始末站。

第三章 镇村建设

第一节 卫星城镇建设

郭坑镇是福建省重点卫星城镇，驻地郭坑，原名芦州，明代时叫国卿。当地居民多姓郭，故称郭坑，又叫大郭坑。明清时期，郭坑圩闻名于漳州地区，是周边农村主要贸易集市。地处九龙江北溪，水运交通方便，郭坑圩为农副产品集散地。

1949年，镇区仅0.3平方公里，道路大多是泥土路，房屋只有25座，为砖木结构。1956年，鹰厦铁路通车，郭坑镇设立二级火车站，使其成为闽西南和粤东物资集散地。航运有可达厦门、石码、浮宫、长泰等地12条航线。镇区接通火车站电源供应居民用电。镇区面积扩展到2.5平方公里。1958年，龙溪地区专员公署决定在郭坑镇建设工业基地。1959年，镇区有中学1所、小学1所、保健院1所，还有旅馆、百货商店，以及高压电瓷厂、钢铁厂、炼焦厂、水泥厂等公共建筑。

1962年，镇区建设工农路、站前路。1966年，从漳州市区架设至郭坑高压电输入线路，供应全镇居民用电。至1979年，郭坑镇有完全中学1所、完全小学2所、卫生院1所，还有农械厂、食品厂、建筑社、搬运社、粮食复制品厂等乡镇企业，以及邮电所、银行营业所、粮站、农产品采购站、照相馆、转运站、市场等公共建筑。

1980年，对镇区街道和房屋进行改建、扩建。1985—1988年，兴建郭坑火车站水果市场、郭坑农贸市场。其中郭坑农贸市场占地面积5587平方米、棚盖建筑面积638平方米。1989年，投资38万元兴建通信网络，开通程控电话。

1980—1992年，在镇区兴建大众路、人民路、工业路等道路，总长730米，其中水泥路面530米。建设民房831座，其中楼房277座，建筑面积57809.8平方米。建设公房277座，建筑面积54478.8平方米，其中属省、市及外地企事业单位建筑155座。房屋建筑基本是混凝土结构，多为2–3层楼房。龙海磷肥厂职工宿舍楼7层，建筑面积8400平方米。1990—1992年，镇政府投入46万元，建设火车站前客货运输停车场1处，占地面积0.39公顷；停车场地3081平方米，场地有长短途班车售票处6处、办公宿舍房5间、商店15家，建筑面积780平方米；投入66万元，兴建台资企业奇美雨伞厂厂房2580平方米；投入53万元，兴建港资企业智兴石板材厂厂房1700平方米；投入65万元，改建电影院，建设粮食复制品厂及港资企业华菱电器公司厂房；投入22万元，安装3台变压器，缓解工业用电紧张状况；投入38.5万元，建设民政包装厂厂房；投入9万元，维修改造供销社肥料仓库；投入77万元，建设铁路新村道路，全长14.9公里，铺设水泥路，路面由3米拓宽至6米；投入9.8万元，拓宽扶摇村主干道550米，铺设水泥路面；投入72万元，加固扶摇村塔下宫至洛宾村舟山桥的水利防洪堤坝，长3.25公里、宽3.4—6米、高6米。同时，投入130万元，开发建设位于郭坑村的工业综合开发园区，占地面积15.2公顷；集资72万元，改造修建镇区商业街287米，路面由12米拓宽至18米，拆迁路旁边房屋16座，面积1316平方米，发放补偿金18.67万元；新建6幢3—5层商住楼，建筑面积912平方米。

1993年，郭坑镇区兴建厂房15129平方米，新建邮电大楼896平方米，新建东环街、拓宽镇街道硬化路面3200米，新建商住楼5幢4200平方米，建设郭坑村小学教学楼540平方米、幼儿园1600平方米、老人公寓886平方米、院后村农业银行营业所446平方米。

1994—1995年，郭坑镇投入12万元，建设工业用电专线，供电量4000千伏安；投入85万元，建设自来水工程，日供水量7500吨；投入35万元，开通各行政村程控电话网络，完成500门扩容到2000门；投入34.6万元，加固11.6公里的水利堤岸。同时，按照科学规划，分步实施，重点突出，区域推进的集镇建设方针，投资400多万元，建设2条商业街，扩建郭坑农贸市场、铁路农贸市场和2个新村的改造工程，其中东环路商业街长480米，全部拓宽至24米，铺设水泥路面，街道两侧建造商住楼6670平方米；工农路商业街长560米，街道拓宽至24米，两侧建设商住楼3996平方米。镇区工业小区继续完善基础设施，引进外资企业，开发建设工厂厂房。

1996年，投资93万元改建郭坑镇中心卫生院门诊大楼，建筑面积1448平方米。当年，郭坑镇被命名为全省重点卫星镇。

1997年后，郭坑镇实施“依托车站，承接市区，工贸并举，交通兴镇，突出中轴，开发一线（九龙江北溪沿岸），建设两区（镇、村工业小区）”发展战略，完善基础设施建设。

1998年，投入115万元拓宽改造汐浦至东溪农场8公里道路；投资1160万元，兴建食品、饲料、建筑、包装等企业厂房；集资314万元，新建中小学校教学楼及宿舍、食堂、办公综合楼2256平方米；投入45万元，建设镇文化科技楼，建筑面积368平方米，完善镇文化教育中心和老人公寓等配套设施。年底，郭坑镇被漳州市委、市政府列为全市15个重点（卫星）城镇之一。

1994—1998年，全镇投入2000多万元，完善水、电、路、通讯配套设施。1999—2000年，龙文区将郭坑镇建设列入区十大重点工程之一，根据漳州市重点（卫星）城镇建设标准，坚持高起点规划标准和“突出特色，长短结合，新旧衔接，超前规划”原则，确定9项（郊柏线郭坑段建设工程、人民路改造工程、镇区东环路建设工程、民营经济区建设工程、垃圾中转站和公厕工程、现代农业示范区建设工程、新村建设工程、卫生院门诊大楼建设工程、东溪农场道路二期工程）作为郭坑镇重点城镇建设启动项目。区成立领导小组，从区土地局、城建局、工商局、财政局、税务局、派出所等单位抽调人员组成4个工作小组，明确任务，各司其职，扎实推进。1999年、2000年，分别完成投资1440万元、1060万元，基础设施建设取得新的进展。

2001—2003年，投入3250万元，完成工农路拓宽改建、人民路拓通建设、工业路和下洋工业区道路改建、站前路维修等道路工程建设；完成郭坑火车站新站房、火车站货运大楼、郭坑中心卫生院门诊大楼、公厕与垃圾中转站、3.83公里城防堤和宣传文化中心等公共事业工程建设；完成工农路、人民路、东环路两侧旧平房改建工程和旧楼房立面装修工程；完成工农路、东环路、立交桥下的绿化工程和工农路、人民路、东环路、洋底开发区的路灯工程。3年间共拆迁旧房1万多平方米，建成新房1.5万多平方米，在建新房3000多平方米，立面装修1800多平方米。同年9月，对郭坑大桥进行改建。

2004年，郭坑镇全年投资近500万元，完成漳州火车东站站前广场建设项目一期工程；投资150万元，完成院后木材加工区项目，建设入区道路长1320米、路基宽9米、水泥路面宽7米。同时，加紧郊柏线郭坑段建设；农村道路建设完成洛滨—山头1.1公里水泥路，洛滨—山厝0.4公里、扶摇—黄坑2.8公里、郭坑郊柏线—郭坑小学1公里建成通车，院后—S207长2.8公里，扶摇—后宅1.2公里路面完成水泥硬化。

2005年，投资2500万元，完成漳州火车东站广场商业城建设，建筑面积2万多平方米；完成郭坑工业园区120公顷、10公顷标准厂房规划，征地36.67公顷，平整土地30公顷，建成区内配套水泥路1公里、排水沟1公里，用地砌石护坡850米和420米；建成农村公路15公里；完成洛滨、汐浦、口社村的人饮工程建设，实现全镇村村通自来水；投入80万元，完成人民路及延伸段1.1公里7000多平方米水泥硬化工程；完成土方回填33万立方米，平整土地620多亩，开沟挖渠2800米，清淤2500米，护坡砌石4500立方米，整修田间道路2600米；完成垃圾场汐浦铁路立交桥工程征地工作，投入建设。

至2006年，投入3000多万元，开发建设郭坑工业园区，已征地60个，平整土地53.34公顷，铺设排水管1公里，引入企业25家，总投资2.6亿元；投资3500万元，完成漳州火车东站广场商业城建设，其中商住楼建筑面积2.6平方米；投资200万元进行人民路600米拓宽改造工程；投资100万元的汐浦铁路立交桥建成投入使用。同时，垃圾处理场、下洲排涝站改建工程、漳州乾元食品学校和投资2000多万元的黄坑变电站相继完成规划、审批、征地工作。

2007年，投入2000万元的11万伏黄坑变电站正式使用；投资220万元的下洲排涝站开工建设；大众路拓宽改造工程完成拆迁工作；漳州汽车东站与厦成房地产开发商达成用地协议；郭坑工业园电力专线架设完成；院后支线和工业线改造工程投入使用；黄坑变电站、大众路、下洲排涝站、郭坑工业园区、漳州汽车东站广场5个重点项目建设加紧进行；城中村的道路硬化、市场环境卫生、公共绿地、公厕等新农村建设项目也取得不同程度的进展。郭坑卫星城镇规模已具雏形。

第二节 村庄建设

中华人民共和国成立前，区境广大人民群众因为生活水平较为低下，居住条件没有多大改善，基本没有公共设施建设。大多数住房是平房建筑，只有少数富有及官宦人家住的五进式大合院，如湘桥村，至今保留有明清时期的进士府第及文化名人的住居宅院。

中华人民共和国成立后，农村经济状况虽然有所改善，但是房屋建筑和村庄建设进展不大。1972年农业学大寨时期，大搞农田基本建设，留下一些机耕小路。

1979年，步文、郭坑两个公社的生产大队都有办公楼、仓库、果林场、饲养场及小学校等公共建筑。1982年后，区境农民生活有改善，集体企业和福利事业设施逐步增加，民房开始由砖木结构转向钢筋混凝土结构。1979—1985年，步文石仓村建设房屋512座；登科村建设房屋203座。两村做到统一规划建设、统一规格、统一坐向，合理布局，成为全县建设新农村的典型。1992年，步文、郭坑两镇政府先后下发文件，要求各行政村把基础设施建设当作为民办实事来抓。步文修建西洋村至芗城区北环城柏油路、步文石井村至孚美村基石路7公里；修建步文湘桥村防洪堤路1.6公里、宽6米，两侧砌石基；修建漳滨至浦口道路3公里、宽6米，铺设柏油路面；铺设孚美、圳头、坂上、田丰、后坂、碧湖、步文、石仓、东屿、蓝田、湘桥、梧村自来水管道；在田丰、坂上、孚美建设3个垃圾堆场。

1997年，全区8个试点村加大建设力度，土坪村完成2幢安置楼房，石仓村新村建设完成室外园林配套，田丰村进入建设施工阶段，梧桥、六石、汐浦村完成规划。

1998年，龙文区结合新农村建设，加快试点村建设步伐，治理村容村貌，解决环境卫生和农村“五改”（改水、改厕、改圈、改灶、改环境）问题，树立配套设施完善、环境优美、安全文明的新村建设典型。

1999年，全区投入272万元修建道路和完善绿化工程。8个试点村共拆迁旧房217座，建筑面积14911平方米；完成新村规划1.05万平方米；新建房屋53套，建筑面积1.2万平方米；旧房改造118套，建筑面积3.8万平方米。当年，市级新农村建设示范村蓝田镇蔡坂村、东屿村，步文镇石仓村、朝阳镇朝阳村已初具规模；郭坑镇郭坑村改造建设街道两旁商贸住宅楼，完成工农路、东环路建设和人民路改造工程。

2000年，试点村石仓、长福、蔡坂、朝阳、六石、孚美、洛滨7个新村示范点完成投资738.5万元，建设小康住宅楼93套，建筑面积2万平方米。

2001年，郭坑镇东环小区获福建省建设厅审批通过，成为省级村镇住宅小区示范点。此后，龙文区试点小区按照《福建省村镇住宅小区建设试点实施方案和管理办法》要求，高标准、高质量地抓好试点工作，为全省村镇建设提供示范作用。

2002—2005年，区政府以城市建设为契机，立足旧村改造，利用市场经济为导向，引入资金建设风格各异、别具特色的社会主义新农村，推动城乡一体化进程。

2006年，全区村镇建设投资2606万元，其中个人建房6334.82平方米。至2006年，全区实现村村通水泥路，建成农村道路8条，7.6公里，做到村前屋后空地硬化；实现25个城中村环境净化、硬化、美化。同时，完成农村饮水工程15项，自来水普及率100%。龙文区为此被评为全国水改先进城区。

2007年，全区村镇建设投资1689万元；个人建房面积4324平方米、工业厂房22027.9平方米。湘桥、坂上、六石、石仓等试点村根据“农村城市化”建设目标，立足高起点、高标准，科学规划建设新农村。石仓村至2007年共投资5000多万元，建设18米宽、长1公里的石仓街；供电、供水、排水、绿化、路灯、人行道等设施齐全。街道两侧建成小康住宅区，配套商贸等服务设施，建筑面积2.5万平方米。石仓街东侧是园林式别墅区。石仓村还投资800万元建成5000平方米的综合大楼；投资150万元建成石仓小学教学楼，配套科教活动室、实验室、卫生室、体育室、游泳池等设施；投资68万元建成460平方米的多功能幼儿园；投资86万元，建成2000多平方米的宣传教育文化活动中心。

第四章　建筑业与房地产业

第一节　建筑队伍

中华人民共和国成立前，民房建筑由个人承办，雇用泥水工、木匠组建建筑队伍进行施工。施工队伍一般由带有血缘、地缘关系的人员组成。农村盖房，村民之间互相帮忙。

中华人民共和国成立后，政府开始整顿建筑队伍。1957 年，郭坑、步文相继成立建筑合作社。1962 年，体制下放，精简机构，从农村吸收的建筑人员回乡参加农业生产。"文化大革命"期间，建筑社解散。1976 年"文化大革命"结束后，郭坑、步文恢复建筑社。建筑人员文化水平偏低，基本上靠祖辈留传下来的技术和实践经验承建房屋建筑。1983—1985 年，龙海县城乡建设局组织建筑队伍技术和专业知识培训，培训泥水工、土地预算员、质检员、施工员、技术资料记录员、水电安装工人。同时，进行业务考评。经考试合格的施工员、技术员和技术经理才能持证上岗。1985 年，步文、郭坑建筑社先后转为建筑工程公司。1993 年，步文、郭坑建筑工程公司分别拥有建筑人员 239 人、120 人，其中工程技术员分别为 164 人、67 人。

1997 年后，新城市中心区扩建，各种工程竞投标，除本区组建建筑工程队伍外，也引进外地建筑安装队伍。1999 年，区属建筑施工企业有从业人员 1358 人，完成产值 2890 万元，施工面积 3.5 万平方米。

2007 年，全区拥有建筑人员 2086 人，其中工程技术人员 692 人（高级职称 41 人、中级职称 216 人）、中专以上学历 277 人。

第二节　建筑企业

一、基本情况

1976 年，步文、郭坑建筑社为社办集体企业。1985 年，步文、郭坑建筑社改称建筑工程公司，均为 4 级乡镇集体企业。1993 年，步文、郭坑建筑工程公司改制为股份制企业。步文建筑工程有限公司拥有固定资产 44.41 万元，设备 98 台、功率 284.91 马力；郭坑建筑工程有限公司拥有固定资产 48.59 万元，设备 63 台、功率 282.29 马力。

1997 年 1 月 30 日，步文建筑工程有限公司更名龙文区第一建筑工程有限公司，并改制为私营企业；5 月，成立龙文区第三建筑工程有限公司；10 月 17 日，郭坑建筑工程有限公司更名福建开元建设发展有限公司。同年，龙文区引进两家台资建筑安装企业。1999 年，成立东兴建筑工程有限公司。当年，全区有建筑安装企业 8 家，其中 3 级资质 5 家、2 级资质 3 家。

2002 年 9 月，由私人建筑队组合成立漳州市龙飞建筑劳务有限公司。12 月，区属建筑企业承建区内工程 7 项，建筑面积 31219 平方米，总造价 1917.53 万元；承建区外工程 6 项，建筑面积 16251 平方米，总造价 1171.7 万元。

2007 年，全区有区属建筑安装企业 6 家，外来建筑安装企业 10 多家。

二、主要企业介绍

（一）福建恒业建筑工程有限公司

其前身为成立于 1985 年的龙海县步文建筑工程公司，属集体乡镇企业。1993 年，更名步文建筑工程有限公司，改制为股份制企业。后又先后更名为漳州市步文第一建筑工程有限公司、漳州市通达建筑工程有限公司。1997 年 1 月 30 日改为今名，同时改制为私有企业。企业资质：房屋建筑工程施工总承包 2 级；市政工程总承包 2 级；建筑装修、装饰专业承包 2 级；土石方专业承包 2 级；机电设备安装工程承包 3 级；钢结构工程 3 级；地基与基础工程 3 级。公司先后在龙岩、厦门、泉州、福州成立分公司。

2003 年，获中国方圆标志认证委员会认定 ISO 9000 : 2001 质量体系认证。2002—2007 年，承建的被认定为市级优良工程项目有：龙文区莲池花园 2 号楼、漳州浦东副食品批发市场 10 号楼、龙文区土地局蓝田分局办公楼、泉州子燕轻工厂房一期工程。公司先后被评为漳州市多种经营先进企业、龙文区纳税大户、漳州市优秀建筑企业、先进建筑企业、漳州市守合同重信用企业、福建省守合同重信用企业。

2007 年，拥有施工人员 732 人，其中工程技术人员 180 人（高级工程师 6 人、工程师 99 人、经济师 1 人、会计师 1 人、一级建筑师 2 人）；项目经理资质人员 54 人（2 级项目经理资质 47 人、3 级资质 7 人）。企业注册资金 2162 万元，净资产 2767 万元，固定资产 1428 万元；拥有升降机、装载机、履带式桩机、推土机、起重机、混凝土搅拌机、砂浆搅拌机、振动式压路机、挖掘机、自动卸载汽车等各类机械设备 306 台，总功率 5455 千瓦。

（二）福建开元建设发展有限公司

址在郭坑镇人民路 126 号。其前身为郭坑建筑工程有限公司，1997 年 10 月 17 日改称今名。注册资金 738 万元，固定资产 368 万元。企业资质：建筑工程类施工总承包 3 级；土石方工程 3 级；建筑防水工程 3 级。2007 年，拥有从业人员 270 人，其中各种专业技术人员 174 人；拥有工程技术人员 152 人、资质项目经理 12 人；拥有各类机械设备 203 台，总功率 22994 千瓦。2002—2007 年，公司承建的工程项目有龙文区法院朝阳法庭办公楼，建筑面积 4465 平方米；龙文区公安分局朝阳派出所办公楼，建筑面积 4272 平方米；郭坑供电所职工宿舍楼，建筑面积 5068 平方米；福建泉南工业园区 11 号、18 号、19 号楼，建筑面积 50.73 万平方米。被评为市、区级先进集体、守合同重信用单位。

（三）龙文第三建筑工程公司

1997 年 5 月成立。2002 年 7 月 12 日经福建省建设厅批准，升级为房屋建筑 3 级资质建筑企业。2007 年，晋升为房屋建筑总承包 2 级施工企业。公司拥有从业人员 610 人，其中专业技术人员 170 人（工程技术人员 151 人，高级工程师 3 人、工程师 44 人）；2 级项目经理 30 人，2 级项目经理 2 人。企业注册资金 2668 万元，固定资产 1241.25 万元；拥有液压机、静力压桩机、塔式起重机、挖掘机、垂直升降机、砼搅拌机、砂浆搅拌机、推土机、装载机、压路机、插入式振动器、平板振动器、施工电梯、发电机组、经纬仪、水准仪、自动装卸汽车等机械设备 182 台，总功率 5424 千瓦。

2002—2007 年，承建项目有荣昌花园荣泽苑 15-19 号楼，建筑面积 53.48 万平方米；荣昌花园荷韵华庭 55 号 B 楼工程；漳浦县盛唐花园 A B 楼区工程；漳州市万晖洁具企业 3、4 号厂房，建筑面积 27.03 万平方米；漳州聚力汽车销售房屋公司专营点 2 层楼房，建筑面积 4614 平方米。公司先后被评为市、区级先进单位、守合同重信用企业、龙文区纳税先进企业、纳税大户。

（四）龙飞建筑劳务有限公司

2002 年 9 月成立，其前身是 1997 年成立的个人建筑队。2007 年，注册资金 50 万元，企业收入 697 万元。拥有从业人员 382 人，其中专业技术人员 161 人；高级技术工人 35 人、中级技术工人 56 人；拥有各类机械设备 31 台，总功率 268 千瓦。企业资质：砌筑作业承包一级；抹灰作业分包、油漆分包、水暖电安装分包、钢筋作业分包一级；木工作业分包一级。

2002—2007 年，承建云洞岩山门 1—3 号楼房木工作业；云洞岩山门配套钢筋作业；华元小区 25 号、26 号抹灰作业；漳州市龙江路砌筑作业；漳州市水果批发市场 2 号楼砌筑作业分包。建筑面积 95.89 万平方米。

（五）龙文佳宝混凝土工程有限公司

址在蓝田经济开发区。1997 年 12 月成立，台商独资企业。占地面积 2 公顷。1999 年 10 月，正式营运。2007 年，公司注册资金 2000 万元，固定资产 785 万元，企业总收入 3346 万元。拥有从业人员 92 人，其中工程技术人员 12 人、中级职称 16 人。拥有各类机械设备 32 台，总功率 6030 千瓦。公司资质为预拌商品混凝土 3 级。引进日本 KYC 株式会社生产的 BHS2000C 型搅拌机。拥有 26 台混凝土搅拌机和 2 台台湾正丰汽车输送泵。2000—2007 年，为 44 项工程建设提供预拌商品混凝土。

第三节　房地产开发企业

一、基本情况

1992 年 2 月 23 日，步文商品房开发公司成立；8 月 10 日，郭坑房地产开发公司成立，均属乡镇企业。1996 年 11 月，龙文区城市建设开发中心成立。1999 年，全区有房地产企业 11 家；2002 年增加到 14 家，企业资产总值 1.5 亿元，从业人员 204 人。其中，2 级开发资质企业 3 家、4 级开发资质 11 家。外地大型房地产企业进驻龙文区的有万博房地产开发公司、天安房地产开发公司、漳州新世纪房地产开发公司、厦门特区房地产开发公司，均获得土地开发权。

2007 年，区属房地产企业 5 家，驻区房地产企业 10 家。

二、主要企业简介

（一）龙文区城市建设开发中心

1996 年 11 月成立。注册资本金 2008 万元。3 级房地产开发企业，属国有企业。开发中心控股漳州益和房屋拆迁公司、漳州市龙文房地产开发有限公司、龙文城建物业管理有限公司、龙文城建贸易有限公司 4 家企业。至 2007 年，完成房屋拆迁安置面积 70 万平方米，新建房屋 32 万平方米，新建道路 8.4 万米，物业小区管理 12 万平方米，投资 6.2 亿元。承建项目有国道 324 线和迎宾路拓宽改造工程安置，包括莲池花园、威山新村安置小区、浦东副食品批发市场开发建设、云洞岩道路及商住楼开发建设、云洞岩山门及配套设施、蔡坂新村、新浦东路开发建设、碧洲园安置小区、滨洲园安置小区，以及漳华东路、13 号路建设项目。

（二）龙文房地产开发有限公司

前身是1992年成立的步文商品房开发公司，1997年更改今名。属国有企业。2004年9月，龙文区建设局与步文镇政府签订协议，将步文商品房开发公司整体转让给龙文区城市建设开发中心，转让金550万元。

（三）荣昌房地产开发有限公司

1999年7月成立。注册资本5758万元。私营企业。是福建省核定的房地产二级资质开发企业。2000年竣工投入使用的荣昌大厦，是龙文区首幢综合写字楼，建筑面积1万平方米。2001年，建设荣昌花园一期。完成漳州市汽车专业市场、漳州市汽车汽配交易中心、漳州市左岸春天旅游房产综合开发项目、荣昌工业园区等项目，以及龙海龙盛花园、漳浦盛堂花园开发建设。

（四）龙文区桂溪房地产开发有限公司

2002年成立。私营企业。主要经营房地产开发、销售及物业管理。员工8人，注册资金303万元。至2007年，开发建设桂溪花园。

第四节 房地产市场

1985年，步文、郭坑成立乡镇商品房开发公司，房地产开发处于起步阶段，商品房主要供应对象是乡镇干部和居民。

1999年，龙文区城市建设中心完成农药厂安置房威山小区建设，建筑面积4850平方米；福景房地产开发公司完成浦东花园1号楼，建筑面积3385平方米；东区房地产开发公司完成供销大楼建设，建筑面积9300平方米；荣昌房地产开发公司完成荣昌大厦，建筑面积8362平方米。全区完成房地产投资4409万元，销售面积1980平方米。完成产权登记103宗，评估金额5000万元；房地产抵押155宗，抵押建筑面积25万平方米，抵押金额1.42亿元。

2000年，区属房地产企业12家，房地产完成投资6757万元；施工面积7.56万平方米，竣工面积1.6万平方米。驻区有万博、乔安、漳州新世纪房地产开发企业相继签订浦东大厦、浦东花园、闽南水果批发市场等建设项目。

1997—2002年，全区房地产完成投资3.3亿元，施工建筑面积29.5万平方米，竣工建筑面积22.1万平方米；商品房销售面积8.6万平方米。至2005年，全区房地产开发完成投资8.3亿元；完成商品房销售面积14.5万平方米；商品房销售额3.46亿元。

2006年，全区13家房地产商完成年度投资超过8.8亿元。商品房均价从2002年年初的每平方米1000元左右，跃升到每平方米均价在3000元以上。安置房建设资金投入4亿元，竣工面积超过10万平方米，开工面积17万平方米。全区房地产投资累计18亿元。

2007年，全区完成房地产投资11.4亿元，占同期全社会固定资产投资43.16%。锦绣一方、荣昌花园、桂溪名都、南昌花园等一批房地产项目相继建成并投入使用，毅达新城、天利仁和、荣昌广场、桂溪北区等12个高尚住宅小区抓紧建设。联丰浩苑、滨州园、景山小区、浦东花园等11个安置小区投入使用。全力推进龙文花园、龙江小区二期、漳华东路等4个安置小区、面积80万平方米的安置房建设。全年安置房建设总投资4.5亿元，竣工验收楼房2566套，建筑面积27.4万平方米；完成中心区17个项目，拆迁面积50万平方米，发放拆迁安置款8200万元；累计完成安置房面积49万平方米。

第五章 建设管理

第一节 机 构

龙文区建设局

1981年，步文、郭坑成立公社建设站。1984年，步文乡、郭坑镇成立建设规划队。1996年11月，龙文区城市建设中心成立，属国有事业单位。

1997年1月，龙文区成立建设局，内设秘书股、建工股。5月，成立区规划办公室、区建设工程造价管理站、区建筑工程管理站；8月，成立区村镇建设管理站、区城市建设管理监察大队；9月，成立区环卫处；11月，成立区房产管理处。1998年，区建设局改秘书股为人秘股，撤销建工股，增设计财股。城市管理监察大队升级为副科级单位，仍归属建设局，内设2个职能股室。2001年3月，区建设工程造价管理站与区建筑工程管理站合并为区建工造价管理站。2006年12月，区城市管理监察大队从建设局分离出来，整编为区城市建设执法局，为正科级单位，内设2个办公室、协调督查科，下设1个直属大队6个中队。

2007年，区建设局内设办公室、法制股、城市建设股；下辖5个直属单位和1个企业单位，即区村镇建设管理站、区房产管理处、区建工造价站、区环卫处、云洞岩风景区管理处。区城市建设中心由事业单位改制为企业单位。区城市建设执法局机构不变。

第二节 建筑市场管理

1950—1979年，建筑市场由国家或集体统一控制。1980年后，国家开放建筑市场，允许私人承揽工程，但建筑市场无证设计施工、越级施工、倒手转包、挂靠承包、逃避管理、偷税漏税，以及建设单位私自招揽雇工、非法交易等行为时有发生，使建筑市场一度出现混乱现象。城乡建设行政主管部门为此经常开展市场执法检查。

1997年，区建设局加强对基建工程招标和建筑企业、建筑材料价格、建筑市场的管理。1998年，全区完成建筑工程质量安全大检查，检查发现存在严重的结构隐患18项，通知停止使用工程6项，拆除工程7项，加固工程1项，停工整顿工程1项。全年检查18个建设工地，发出隐患通知书

20 份 251 条，并限期整改。同时，成立龙文区建筑协会；举办建筑法学习培训班。区建筑市场主管部门做好区属建安企业的资质年检工作，推动企业上规模，上等级；开展工程造价咨询业务；完成全区建筑工程材料价格指数和三材、特材价格测定工作。

1999 年，全区完成建筑工程质量安全大检查，共检查 69 项工程项目，其中自查率 100%，抽查率 60.8%。区建筑安全办抽查 22 项，抽查率 30%，检查价格显示全区工程质量较好。

2000 年，全区完成施工员的申报工作，向省建设厅办证 15 人，企业项目经理资质 12 人；完成 1999 年度企业资质年检，区属企业全部通过年检，共检查施工企业 4 项工程，全部合格达标；完成区招投标代理公司资质申报工作；完成区行政大楼、华侨中学、朝阳中学等工程造价咨询和结算的编审工作；完成 1999 年度工程质量年检，共检查区属施工企业 5 项施工项目，完成办理施工许可证 13 项工程，造价 2186 万元，其中区属企业 795 万元，外地驻区企业 1391 万元。完成 2000 年度建筑工程项目执法大检查和施工安全检查。新开工 22 项全部办理施工许可证，总造价 3890 万元，建筑面积 66010 平方米，其中区属企业完成区内工程项目 1115 万元，区外建筑项目 564 万元，总产值 1679 万元；外地建筑企业共完成区内工程项目 2711 万元。区属企业完成额占区内市场的 27%。在龙文第一建筑工程公司建筑工地发生的 1.24 事故调查处理中，对有关责任人给予行政及经济处罚。

2001 年，龙文区成立整顿和规范建筑市场秩序专项办公室。当年 5 月 17 日，龙文区 16 家建筑施工企业、房地产企业参加漳州整顿和规范建筑市场秩序会议。至 6 月 15 日，全区相关单位完成自查自纠工作。

2003 年，区建设局组织人员完成 4 家建筑施工企业、1 家专业企业和 1 家混凝土生产企业年检工作，办理完成二级项目经理 38 人、三级项目经理 36 人的复查工作，年检率 100%。

2004 年，区建设局组织区属企业申报项目经理定级及“五大员”（施工员、安全员、材料员、质检员、预算员）办证工作，共为区属企业申报项目经理定级、“五大员”办证及调动 45 名，项目经理资质及“五大员”年检 190 人、预算员年检 13 人；完成区属 4 家施工企业、1 家混凝土生产企业和 1 家建设咨询公司的资质年检工作。此外，协助龙文第三建筑公司资质增项、龙文第一建筑公司资质升级和资质增项及龙文区祥顺房屋拆迁公司、径坊建造公司的资质新增工作。同时，贯彻国务院和省、市、区关于清理拖欠工程款工作部署，对区属企业拖欠农民工工资和偿付情况进行跟踪，建立周报、月报制度，发出清理建设领域拖欠工程款通知单 11 份。

2005 年，完成区属 6 家施工企业资质及 1 家商品混凝土生产企业的资质年检工作。组织区属企业申报项目经理定级、“五大员”办证及调动共 74 名，申报考核认定 21 人。深入企业做好拖欠工程款双方思想工作，截至 11 月 21 日，全区清欠率 90.94%（其中政府清欠率 88.91%）。

2006 年，做好区属 6 家施工企业资质年检工作。组织区属企业申报项目经理定级、“五大员”办证及调动共 52 人。定期开展安全生产检查，并在各重大节日、5 次台风来临之前开展安全拉网式检查，消除隐患，确保施工安全。成立龙文区建设行业协会，完成步文建筑公司改制工作。

2007 年，完成区属 6 家施工企业资质年检工作。完成福建双荣建设工程有限公司资质升为二级的申报工作。组织区属企业申报项目经理定级、“五大员”办证及调动共 12 名。

第三节　房地产管理

一、私有住房管理

1997年前，区境私人房地产契证、契税由龙海市国土局、建设局和财政局负责办理，具体事务由步文、郭坑建设站协办。

1997年龙文区成立后，龙文区房地产交易由区建设局管理，具体业务由区房地产管理处承办，负责区内房地产产权的确立和初审，依法管理房地产交易和开发。

1998年，区建设局加强房地产开发企业的资质年检工作，强化房地产开发的行业管理，在完成旧城改造的同时，鼓励行政村成立房地产开发公司。土坪村、田丰村分别成立桂溪房地产开发公司和金港房地产开发公司。全年办理房产价格评估7宗，抵押鉴证62宗，评估面积7万平方米，金额4750万元，抵押金额3907万元。

1999年，开展城市新中心区规划范围外集体土地房屋权属登记发证工作。郭坑村房屋产权登记试点，完成产权登记103宗，评估金额5000万元；房地产抵押155宗，抵押建筑面积25万平方米，抵押金额1.42亿元。

2000年，完成规划区外农村房屋产权登记，郭坑村完成房屋3500宗登记，朝阳镇郊柏线7个村房屋测量7000宗，登科村首批226宗农村房屋所有权证完成公告和审批；完成区属房地产开发企业年检、清理、换证、申报工作。

2001年，为加强农村房屋权属管理，尽快建立农村房屋产权档案，区建设局在郭坑村开展试点工作。根据房屋与土地要一致的原则，与区国土局联合办理房屋所有权证与土地使用权证。采取统一收件、统一登记、统一调查、分开审核、同时发证的形式进行，共办理朝阳镇登科、郭坑镇口社两个村的房屋760宗，建筑面积8万平方米。至2001年12月，全区共完成私房2207宗房屋确权工作，登记发证567份，办理房屋抵押登记915宗，抵押金额6.1亿元，抵押建筑面积85.94万平方米。

2002年，房地产投资3194万元，施工面积6.08万平方米，新开工面积3.22万平方米，空置商品房面积1.73万平方米。全年完成农村集体土地房产权登记40宗；完成城市房屋拆迁面积6406平方米和5.3平方公里内房屋拆迁量的调查摸底工作，以及各项目的拆迁量、拆迁资金的测算及前期准备工作。

2003年，房地产业完成投资4777万元，纳税394万元，新开工建筑面积3.38万平方米；办理房产抵押3宗，7401平方米，抵押金额198.4万元；办理房屋产权证39宗，计5601平方米；完成城市房屋拆迁面积4800平方米；进村入户，加强对拆迁政策的广泛宣传及拆迁过程中政策性问题的把关。

2004年，办理完成江滨路龙文段、厦门特房、南昌路东段、五号路和朝阳医院5个项目的拆迁许可证及拆迁公告；完成江滨路龙文段一期、田丰片区、蓝田开发区三期、朝阳医院、荣昌花园三期和桂溪花园二期等重点项目的房屋拆迁任务，共完成拆迁面积11.28万平方米，300余宗。区房地产主管部门参与项目拆迁的宣传、丈量、安置补偿等工作，全过程跟踪拆迁项目，及时解决拆迁中的纠纷，维护拆迁双方的合法权益；结合效能建设，做好房产抵押监证审批，共完成房产抵押 14 家，抵押金额 2000 万元；督促漳州市龙城房地产开发有限公司清理华东工业品批发市场一期、二期拖欠工程款工作，维护社会安定稳定。

2005 年，区房管局开展规划区内各项目拆迁安置补偿方案的指导工作；完成农村集体房屋产权登记收件 100 宗，建筑面积 2 万平方米；配合区公安分局开展清理出租房屋专项行动，共抽查 87 宗房屋，口头教育未登记出租人 30 宗；配合区民政局完成蓝田、步文、朝阳 3 个镇 4 个居委会 50 户符合条件的城镇最低收入家庭住房情况调查。

2006 年，进村入户开展农村集体房屋产权登记收件工作，共收件 187 宗，建筑面积 3 万平方米。

2007 年，区建设局承办市、区人大代表议案和政协委员有关房地产提案共 26 件，排查调处涉及房屋拆迁安置问题的群众来信来函 18 件，从快从严办理议案、提案及群众来信来函，办结率 100%。为保障城区最低收入家庭廉租住房，房管处工作人员对全区低保户的住房情况进行调查摸底，对 10 个村 47 户低保户住房进行丈量造册。

二、公有住房管理

1997 年，全区共有 556 套公有住房，由各产权单位管理。1998 年，根据《漳州市区出售公有住房实施细则》，龙文区公有住房实施房改。至 2000 年 8 月，全区共出售 222 套公房，归集房改资金 148 万元。

2007 年，公有住房 334 套，由住房公积金管理中心管理。

三、住房公积金管理

1997 年 4 月，龙文区实行住房公积金制度。公积金缴交比例为职工、单位各负担 5%。

1999 年 11 月 26 日，区住房基金管理中心成立。公积金缴交比例为职工、单位各负担 6%。

2002 年 7 月 1 日，区住房公积金缴存比例由 6% 上调到 8%，经济效益较好的企业和自收自支的事业单位上调到 12%。当年，完成全区 73 个单位 2139 人的公积金缴存登记工作。至 10 月，全区住房公积金归集总额 1541.59 万元，账面余额 1149.28 万元；共支取住房公积金 146.47 万元，其中用于购房支取 72.91 万元，偿还贷款本息 34.13 万元，发放干部职工 38 户购建自住房贷款 147 万元。

2003 年 1 月 1 日，龙文区住房公积金管理职能收归漳州市住房公积金管理中心管理。区住房公积金管理中心改称漳州市住房公积金管理中心龙文管理部。

1997 年 4 月至 2007 年 12 月 31 日，龙文区住房公积金缴存单位 86 家，职工数 2136 人，住房公积金归集覆盖率不足 47%。住房公积金归集总额 7295.65 万元，归集余额 3877.62 万元；职工购房、偿还贷款、离退休、调离本市等各类提取住房公积金 3930.03 万元，占归集总额 53%；职工购建自住住房申请公积金贷款 744 户，贷款金额 10140.33 万元；已结清贷款 147 户，回收贷款本金 3191.66 万元；职工个人公积金贷款 597 户，贷款余额 6948.67 万元，资金贷款使用率 179%。至 2007 年，提取贷款风险准备金 135.05 万元，有效地提高住房公积金防范个人贷款风险能力。全区公积金个人贷款逾期率基本为零，低于全市平均水平。

第四节　环卫管理

一、队伍

中华人民共和国成立后，郭坑镇设环卫所，负责镇区环境卫生。步文镇的道路有公路道班工人负责清扫。村道环境由各村自行负责。

1997 年 9 月 17 日，龙文区成立环境卫生管理处，为股级事业单位，有职工 5 人，聘用临时工人 27 人。

2003 年 7 月，除郭坑镇外，全区城市主次干道的清扫、保洁职能，按属地原则下放给蓝田、步文、朝阳 3 个镇负责；同时下派 66 名环卫工人到各镇服务。2004 年，区环卫处核定编制 24 人，由差额拨款的事业单位改为全额拨款事业单位。2006 年 7 月，区环卫处升级为副科级单位。

2007 年，龙文区环卫处干部编制 8 人，实际在编 4 人；工勤人员编制 16 人，实际在岗 9 人；全区共有环卫工人 205 人。是年，环卫处与保洁公司合作，在全区成立 80 多支农村保洁队伍，人员 320 人。

二、垃圾清理

1997 年，主要对迎宾路港桥至蔡坂村路段和东环城路长福路段人行道和非机动车道，每天进行两次清扫。清扫后的垃圾用铁斗车或木板车运至果园、荒地进行填埋。

1998 年，龙文区开始建莲池垃圾中转站，购置 1 辆农用车作为垃圾运输车。1999 年 7 月，莲池垃圾中转站竣工。2000 年，浦东副食品批发市场、梧店、郭坑、坂上垃圾中转站相继建成。市建设局赠送区环卫处 2 辆载重 5 吨东风牌垃圾运输车。东风垃圾运输车将中转站垃圾运至九龙岭垃圾处理场进行无害化处理。2002 年 1 月，市建设局又赠送 1 辆东风牌垃圾运输车。2003 年 3 月，开始实行环卫市场化运作。2004 年 4 月，区环卫处将龙文南路、云洞岩路清扫保洁权作为试点，进行对外公开招标，由保洁公司承包经营，实行保洁质量和经济奖罚挂钩，节约成本，提高保洁质量。

2004—2005 年，区环卫处购置 109 辆密闭式的玻璃钢保洁运输车，全面更换路段垃圾收集车，并部分用于城中村的垃圾保洁运输。2005 年，区环卫处配备 591 个密闭式垃圾箱，用于主次干道、小街小巷和城中村、居民小区的垃圾收集。市环卫处在道路沿线配备 480 个新型环保果皮箱。

2006 年 1 月 1 日，市、区两级环卫实行职能分工，市环卫处负责市区垃圾中转、运输及环卫基础设施和设备的规划建设；龙文区负责垃圾日常清扫、保洁工作。至 12 月，全区增设 16 处垃圾中转站，所清扫的垃圾由市环卫处用压缩式垃圾收集车进行清运，日处理垃圾 14 吨。

2007 年，区环卫处（含郭坑环卫所）拥有农用垃圾运输车 7 辆、保洁摩托车 3 辆；保洁公司拥有保洁摩托车 2 辆、小型电动扫路车 3 辆。新增垃圾运输车辆 36 部，新建垃圾屋 68 座，新添置垃圾箱 124 只。同时，全区有 23 个行政村建立农村保洁费收费机制。16 个重点治理村中有 13 个村开展收取保洁费，共收取保洁费 29.41 万元。全年全区有 25 个行政村生活垃圾转运到市九龙岭垃圾处理场进行无害化处理，每天无害化处理生活垃圾 73 吨左右，比 2005 年每天 36 吨增加 1 倍以上。全区道路清扫保洁面积 148 万平方米，产业化率 75.5%。

三、公厕管理

1997年前，农村厕所一般比较简陋。

1997年后，公厕主要依托垃圾中转站建设。1999年7月，龙文区建成第一座二级公厕，即莲池公厕。随后，圳头、浦东副食品批发市场、梧店、郭坑、坂上相继兴建公厕，配备专人进行日常卫生清扫冲洗。2004年5月，云洞岩风景区公厕建成投入使用。2005年，采取区、镇、村三级投资共建方式建设和管理公共厕所。

至2007年，全区新建、改建卫生公厕62座，其中市政标准公厕7座、89个蹲位；城中村公厕55座、460个蹲位。公共厕所基本达到标准化管理。农村卫生公厕普及率91.1%。

第五节 建设监察与执法

1997年，龙文区城市建设监察大队成立，加强对街道整治，重点对乱贴广告、违章户外装修、占道经营、乱悬挂、乱搭盖、乱挖掘、乱倒废弃物、人行道车辆乱停放，以及载物汽车“滴洒漏”现象等违法违章行为进行整治和查处。

1999年，对集贸市场、城市道路绿化带及规划区内经营场所、影响市容市貌违章行为开展专项整治行动。当年5月，对步文镇田丰水果批发市场、坂上农贸市场占道经营、乱吊乱挂、乱停车辆等突出问题进行专项整治，共清理占道经营行为150起，拆除广告布条65条，取缔流动无证摊点73个，清理乱堆乱放物品105处，使市场经营面貌焕然一新。8月，对迎宾路、东环城路两侧绿化带用地擅自占用、晾晒胶合板和禽粪、堆放土头杂物的现象，进行为期1个月专项清理，纠治违章行为1000多起，清理碎木片19车、禽粪7车，改变城市主干道绿化带“脏、乱、差”状况。10月，对规划区内大排档经营活动进行规范，下发通知1000多份，纠治影响居民生活等违章行为200多起。

2000年3月，开展为期两个月的载物汽车“滴、洒、漏”专项整治，纠治违章车辆190起，对容易发生“滴、洒、漏”现象的货运车辆装载要求加盖密封。

2001年，对龙文区城市主、次干道开展半年专项整治，取缔占道经营、占道堆放、晾晒物品行为数百起，拆除违章搭盖30多处、3000多平方米，制止乱张贴广告24起，查处违章运输散装物品车辆251起，罚款近5万元。对步文镇土白、土坪、店上、后坂、田丰、下洲等村违章抢建行为进行严密监察，制止违章抢建30起，建筑面积1160平方米，强制拆除违章建筑8万平方米。至12月，全区拆除违章建筑9.8万平方米。

2002年，全年制止、取缔占道经营、占道堆放、占道晾晒物品行为1000余起，拆除各类违章搭盖30余起，清理乱张贴广告行为10多起，查处违章运载散装物品行为40多起，强制拆除违章搭盖房屋16宗、2500平方米，有效地遏制抢建歪风。

2003年，以开展爱国卫生运动与防治“非典”疫情工作为契机，对郊柏线两侧市容市貌进行专项整治，发放宣传提纲400多份，清理无主废弃物200多吨，纠治乱倒垃圾行为500多起。对规划区内的违章抢建风，立案查处违章案件156起，强制拆除30起3351平方米。

2004年，区城市建设监察大队参与九龙大道一期绿化配套工程专项整治行动。为改善漳州北大门的交通拥挤状况，在九龙大道整治指挥部的牵头下，清除沿路店面违章搭盖115户、1380

平方米，取缔临时摊位 50 处。

2005 年，加大对主干道违章搭盖、占道经营、乱贴乱画、乱吊乱挂等现象的执法力度，先后制止、取缔占道经营、占道堆放、占道晾晒物品行为 355 起，制止乱挖掘城市道路行为 3 起，清理乱张贴广告行为 60 起。

2006 年 12 月，区城市建设执法局成立，招聘城管协管员 30 名，加大对沿街住户、店面进行市容环境管理法规宣传、教育、劝导及纠治力度。

2006 年，以“三创一整治”（创国家卫生城市、创国家园林城市、创国家环保模范城市；开展城乡卫生大整治）为契机，全年发出整改通知书 1200 份，先后制止、取缔占道经营、占道堆放、占道晾晒物品行为 2000 多起；规范人行道摩托车、自行车的有序停放 800 多车次；清理乱张贴广告行为 60 多起。同年 6 月，开展对“滴、撒、漏”违章车辆专项整治，发放《通知》宣传单 600 余份，督促工地建立洗车台，设立工地围墙，查处违章车辆 500 车次，罚款 25 万元。

2007 年 3 月，对擅自设置、逾期不办理手续、空版广告等问题进行阶段性治理，拆除不符合要求的户外广告 98 块，督促广告商家维修、更换广告版面 200 多块。4 月，对城市“牛皮癣”（乱贴、乱涂、乱写的广告、字画）开展专项治理，制止乱贴乱画行为 270 起，清理“牛皮癣”500 处，面积 3500 平方米。上半年，拆除主次干道两侧违章搭盖 43 处 4000 平方米。当年，设置停车线 5500 米，对荣桂路、莲池尾街等城市街道的停车位置、朝向进行统一安排，缓解群众停车难、乱停放状况。

2006—2007 年，全区建设垃圾中转站 4 个、配套垃圾池 442 个、垃圾箱 700 多个，水沟加盖清淤 35.4 公里，整治垃圾 67.04 万吨。

第四卷 人 口

云洞岩一带在旧石器时期就有人类活动。

春秋末期，周显王三十五年（前 334 年），楚国出兵消灭越国，越人南逃入闽，一部分沿九龙江迁徙入境，区境人口增加。西汉元封元年（前 110 年），汉武帝灭闽越国，迁闽越人至江淮，导致区境人口锐减。东汉末年，三国争雄，中原战乱，北方许多人南逃入境。西晋时期永嘉之乱，也有不少中原人南迁入境避难。

唐总章二年（669 年），高宗派遣左郎将归德将军陈政率府兵戍闽，进驻九龙江流域的“荒蛮之地”。仪凤二年（677 年），陈政子陈元光承父职，平畲民反叛，建州郡，稳定社会，提倡畲汉通婚、民族融化，引进中原文化、农业科学技术，促进社会文明和社会生产力的发展，区境人口增长迅速。唐光启元年（885 年），王绪率河南义军入闽，后部将王潮、王审知兄弟建闽国，安定社会，发展生产，促进人口的增长。

明清区境人口发展，第一时期是明弘治至嘉靖年间，第二时期是清康熙末到道光年间，社会较为稳定，生产发展，统治者鼓励生育。

人口流向海外最多的时期是在明末清初，流向台湾和东南亚一带。明末清初，郑成功攻台后率军民渡台，区境不少人随之而去。清顺治至康熙年间，施行“迁界”政策，民不聊生，百姓外逃甚多，大多逃往中国台湾地区或新加坡东南亚地区。乾隆年间，朝廷取消海禁，闽南向台湾移民又掀起高潮，区境有些居民迁居台湾。

民国时期，虽人口出生率很高，但由于战争、自然灾害、瘟疫等原因导致人口状况呈两高一低现象，即高出生率，高死亡率，低增长率。

中华人民共和国成立至 1959 年，人口稳步增长。1959—1961 年三年困难时期，人口增长率下降。1963—1965 年，又出现人口增长高峰期。1963 年，步文公社人口 51933 人， 1964 年，人口 53745 人，增加 1812 人，增长率为 3.49%。1966—1972 年，“文化大革命”期间，人口出生呈无政府状态。1966 年，步文公社人口 57618 人， 1975 年，人口 73845 人，9 年间增加 16227 人。1972 年后，开展计划生育，人口得到有效控制，出生率逐年下降，人口质量逐年提高。改革开放之前人口变动变化不大，一般是工作调动、参军、婚嫁、求学等引起，比例很小。改革开放后逐渐增多。1985—1990 年，步文乡、郭坑镇人口迁入数仅为 1635 人，平均年迁入数 273 人。1997—2007 年，人口迁入 17499 人（平均年迁入数 1591 人）。人口迁出数为 12410 人，迁入高于迁出。

2007 年，全区人口 120835 人，比 1997 年的 115343 人，净增 5492 人。

第一章 人口规模

第一节 人口总量

梁大同六年（540年），龙溪县置县，至唐元和元年（806年），户口不详。五代末，陈洪进统治期，按丁计赋，丁米过重，人丁多有逃税，人口外流甚多，一直延至北宋皇祐三年（1051年），区境人口有减无增。南宋乾道五年（1169年），朝廷鼓励生育，“诏福建路贫民生子，官给钱、米”。元初，元军占领区境，百姓避难外逃不计其数。明洪武三十五年（1402年）后，社会较稳定，统治者鼓励人民发展生产、增加生育，人口大幅增长。明末清初，清军入闽，与郑成功部队在区境多次鏖战。郑成功收复台湾后，军队与不少百姓随之渡台。清顺治三年（1646年），清政府强迫沿海百姓迁界，百姓流离，人口骤减。康熙后期至道光年间，是人口增长的鼎盛期。民国期间，军阀混战、灾荒连连、瘟疫横行，经历十四年抗日战争及三年内战，人口增长缓慢。

中华人民共和国成立后，生活安定，经济迅速发展，各种传染病得到有效控制。1950—1959年，人口增长出现第一个高峰期。1955年12月，第六区总户数13163户，人口62629人。1964年，第二次全国人口普查郭坑公社人口12549人，步文公社人口52785人，合计人口65334人。1979年，步文公社户数11482户，人口60415人；郭坑公社2830户，人口15469人。1982年第三次全国人口普查，步文公社户数15807户，人口数为81518人；郭坑公社户数2232户，人口为12089人，郭坑镇户数828户，人口4383人。1988年，步文乡人口89126人；郭坑镇人口17880人。1989年，步文乡户数21536户，人口90273人；郭坑镇3990户，人口17960人。1990年第四次人口普查，步文乡户数22175户，人口93473人；郭坑镇4043户，人口19008人。1991年，步文乡户数22747户，人口94732人；郭坑镇4065户，人口19323人。1992年，步文镇户数23081户，人口95141人；郭坑镇4190户，人口19547人。

1997年，龙文区人口115343人，2007年为120835人，自然增长率6.95‰。

1997—2007年龙文区人口情况表

表4-1-1

年　度	1997	1998	1999	2000	2001	2002	2003	2004	2005	2006	2007
户　数	26714	28419	28660	29537	30270	30454	30605	30842	31098	31519	32314
人口	115343	115913	115989	115661	116194	116495	116670	117191	117880	119090	120835

第二节 人口分布

一、平均密度

建区前区境以农业为主，人口分布除郭坑集镇相对集中，其余以村落为单位较为分散。1997年，郭坑集镇城镇人口4818人，占全区城镇人口的58.18%，居龙文区四镇之首。随着新区建设的发展及改革开放的不断深入，新设立的位于蓝田镇的“蓝田工业开发区”和位于朝阳镇的“龙文工业开发区”，以及步文镇与芗城区接壤的浦东副食品批发市场，房地产开发“桂溪花园”“荣昌花园”等，使区境人口分布产生很大变化，中部、西南部人口数逐渐呈上升趋势。从全区整体上看，至2007年，人口分布呈北部稀，中部、西南部密的态势。全区49个村（场、社区），人口5000人以上的有蓝田镇蔡坂村、梧桥村，朝阳镇科坑村。人口4000—5000人有蓝田镇西坑村，步文镇石仓村、坂上村。3000—4000人有蓝田镇蓝田村、湘桥村，步文镇后坂村、步文村、下洲村，朝阳镇后店村、漳滨村，郭坑镇郭坑村。2000—3000人有蓝田镇小港村、东屿村、圳头村，步文镇碧湖村、长福村、土白村、天亭社区，朝阳镇朝阳村、孚美村、翁建村、浦口村、登科村、西洋村、书厅村、石井，郭坑镇扶摇村、篁卿村、新街社区。1000—2000人有蓝田镇景山社区，步文镇田丰村、浦东社区，朝阳镇六石村、打山村、恒坑村、桥头村、流岗村，郭坑镇院后村、汐浦村、口社村、洛滨村。1000人以下的有蓝田镇鹤鸣社区，朝阳镇石州村、朝兴社区，郭坑镇东溪农场、铁路社区。

二、区域分布

民国时期，步文、郭坑一带每平方公里289.7人。

1953年，区境人口密度每平方公里348人。1957年，每平方公里411人。1979年，步文公社人口密度每平方公里680人。1997年，龙文建区，人口密度每平方公里924.22人。2007年，每平方公里971.34人。

1997—2007年龙文区人口密度情况表

表4-1-2

年度	蓝田镇					步文镇				
	小计（人）	城镇人口	农村人口	面积（平方公里）	密度（人/平方公里）	小计（人）	城镇人口	农村人口	面积（平方公里）	密度（人/平方公里）
1997	30803	1560	29243	32.2	956.61	27009	1405	25604	14.4	1875.62
1998	31253	1566	29687	32.2	970.59	21744	1411	25733	14.4	1510.00
1999	30575	581	29994	32.2	949.53	27532	1529	26003	14.4	1911.94
2000	30649	519	30130	32.2	951.83	27746	1585	26261	14.4	1926.81
2001	30892	553	30339	32.2	959.38	27961	1661	26300	14.4	1941.74
2002	31128	587	30541	32.2	966.71	27992	1577	26415	14.4	1943.89

续表 4-1-2

年度	蓝田镇					步文镇				
	小计（人）	城镇人口	农村人口	面积（平方公里）	密度（人／平方公里）	小计（人）	城镇人口	农村人口	面积（平方公里）	密度（人／平方公里）
2003	31306	611	30695	32.2	972.24	28111	1610	26501	14.4	1952.15
2004	31590	650	30940	32.2	981.06	28321	1620	26701	14.4	1966.74
2005	31869	693	31176	32.2	989.72	28541	1649	26892	14.4	1982.01
2006	32090	732	31358	32.2	996.58	29424	2272	27152	14.4	2043.33
2007	32524	758	31766	32.2	1010.06	30209	2764	27445	14.4	2097.85

年度	朝阳镇					郭坑镇				
	小　计	城　镇	农　村	面　积	密　度	小　计	城　镇	农　村	面　积	密　度
1997	38734	498	38236	42.2	917.87	18797	4818	13979	36	549.92
1998	38755	514	38241	42.2	918.36	18761	4342	14419	36	521.14
1999	39256	403	38853	42.2	930.24	18626	4156	14470	36	517.39
2000	39016	483	38533	42.2	924.54	18250	3881	14369	36	506.94
2001	39154	416	37738	42.2	927.82	18187	3805	14382	36	505.19
2002	39353	442	38911	42.2	932.53	18022	3659	14363	36	500.61
2003	39438	451	38987	42.2	934.55	17815	3508	14307	36	494.86
2004	39649	462	39187	42.2	939.55	17631	3304	14327	36	489.75
2005	39890	443	39447	42.2	945.26	17580	3227	14353	36	488.33
2006	38162	451	37711	42.2	904.3	17369	3007	14362	36	482042
2007	38641	482	38159	42.2	915.66	17403	2909	14494	36	483.42

三、城乡人口比例

改革开放前，步文乡、郭坑镇的农业人口占总人口 95% 左右。

改革开放后，乡镇企业崛起，部分农民从事商业、交通运输业、轻工业、加工业等行业，如圳头的家具业和湘桥、小港的胶合板业等。

1989 年，步文乡农业人口 87423 人，占人口总数 96.84%；非农人口 2850 人，占 3.16%。郭坑镇农业人口 13375 人，占人口总数 74.47%；非农人口 4585 人，占 25.53%。1990 年，步文乡农业人口 90523 人，占人口总数 96.84%；非农人口 2952 人，占 3.16%。郭坑镇农业人口 14280 人，占 75.13%。1991 年，步文乡农业人口 91684 人，占人口总数 96.78%；非农人口 3048 人，占 3.22%。郭坑镇农业人口 14519 人，占人口总数 75.14%；非农人口 4809 人，占 24.86%。1992 年，步文镇农业人口 92072 人，占人口总数 96.77%；非农人口 3069 人，占 3.23%。郭坑镇农业人口 14672 人，占人口总数 75.06%，非农人口 4875 人，占 24.94%。

1997—2007 年，城镇人口不增反减，1997 年全区城镇人口 8281 人，到 2007 年下降至 6913 人，减少 1368 人，减少 16.52%。而农村户口却从 1997 年的 107062 人跃增到 2007 年的 113922 人，净增 6862 人，增长 6.41 个百分点。

1997—2007 年龙文区城镇、农村人口比例情况表

表 4-1-3 单位：人

年 份	总人口数	城镇人口	农村人口	城镇、农村人口比例
1997	115343	8281	107062	7.73：100
1998	115913	7833	108080	7.25：100
1999	115989	6669	109320	6.10：100
2000	115661	6468	109193	5.92：100
2001	116194	6435	109759	5.86：100
2002	116495	6265	110230	5.68：100
2003	116670	6180	110490	5.59：100
2004	117191	6036	111155	5.43：100
2005	117880	6012	111868	5.37：100
2006	119090	6462	112628	5.74：100
2007	120835	6913	113922	6.07：100

第二章 人口变动

第一节 自然变动

明永乐元年（1403 年）后，区境人口增长速度加快。万历年间，男女人口失衡，出生率下降，人口增长速度缓慢。清康熙五十一年（1712 年）至道光九年（1829 年），是人口增长一个高峰期。

民国时期，战争、灾害、瘟疫频发，人口增长呈现高出生、高死亡、低增长的特点。

中华人民共和国成立后，开展以“除四害”（苍蝇、跳蚤、蚊子、麻雀）为主的爱国卫生运动，消灭天花、鼠疫、霍乱等烈性传染病，有效控制其他传染病的流行，人口增长出现新的高峰期。1950—1959 年，人口出生率年均 23.65‰，死亡率下降到年均 7.78‰，人口自然增长率年均 19 .80‰。1960—1961 年，因自然灾害影响，人口生育率大幅下降。1962—1966 年，人口又高速增长。“文化大革命”初期，人口生育呈无序状态，人口增长创历史之高峰。1972 年以后，国家实行计划生育，人口生育得以控制，人口出生率、自然增长率呈下降趋势。

1982 年第三次全国人口普查，步文公社人口出生数 1769 人，死亡数 441 人，人口出生率 21.7‰，自然增长率 16.3‰。郭坑镇人口出生数 268 人，死亡数 58 人，人口出生率 22.2‰，自然增长率 17.4‰。

1989 年，步文乡人口出生数 1375 人，死亡 387 人，出生率 15.33‰，自然增长率 11.02‰；郭坑镇人口出生数 222 人，死亡 70 人，出生率 12.39‰，自然增长率 8.48‰。

1990 年第四次全国人口普查，上半年步文乡人口出生数 1000 人，死亡数 240 人，人口出生率 10.7‰，自然增长率 8.1‰；郭坑镇人口出生数 204 人，死亡 54 人，出生率 10.8‰，自然增长率 7.9‰。至年底统计，步文乡人口出生数 1573 人，死亡 475 人，出生率 23.9‰，自然增长率

18.7‰；郭坑镇人口出生数1120人，死亡84人，出生率22.9‰，自然增长率18.3‰。

1991年，步文乡人口出生数1596人，死亡409人，出生率16.96‰，自然增长率12.61‰；郭坑镇人口出生数442人，死亡83人，出生率23.06‰，自然增长率18.73‰。

1992年，步文镇人口出生数970人，死亡484人，出生率10.22‰，自然增长率5.11‰；郭坑镇人口出生数266人，死亡97人，出生率13.6‰，自然增长率8.7‰。

1997—2007年，全区人口出生率控制在年11‰左右，人口自然增长率年5‰左右。人口出生数最高的年份2007年1486人，最低的年份2003年1138人；人口自然增长率最高的年份2007年是6.95‰，最低是2003年的4.5‰。

1997—2007年龙文区人口自然增长率表

表4-2-1

年　度	总人数（人）	出生人数（人）	出生率（‰）	死亡人数（人）	死亡率（‰）	净增人数（人）	自然增长率（‰）
1997	115343	1387	12.03	611	5.30	776	6.73
1998	115913	1302	11.38	615	5.31	705	6.07
1999	115989	1242	10.71	649	5.60	593	5.11
2000	115661	1258	10.88	625	5.40	633	5.48
2001	116194	1204	10.36	578	4.97	626	5.39
2002	116495	1256	10.78	649	5.57	607	5.21
2003	116670	1138	9.75	612	5.25	526	4.5
2004	117191	1280	10.92	651	5.56	629	5.36
2005	117880	1338	11.35	665	5.64	673	5.71
2006	119090	1390	11.67	687	5.76	703	5.90
2007	120835	1486	12.30	646	5.35	840	6.95

第二节　人口迁移

一、人口迁入

中华人民共和国成立后，迁入人口不多，直到1978年改革开放，乡镇企业发展，外来务工经商者增多，人口迁入才逐年增加。

1985—1990年，步文乡迁入人口932人，其中省内其他县、市迁入人口838人，外省迁入人口94人；郭坑镇迁入人口703人，其中省内其他县、市迁入人口615人，外省迁入人口88人。迁入原因主要有工作调动、分配录用、务工经商等，步文乡迁入932人中，属工作调动的有72人，占迁入总数7.73%；郭坑镇703人中有217人，占30.87%；属分配录用的，步文乡有27人，占迁入总数2.90%；郭坑镇82人，占11.66%；属务工经商的，步文乡有275人，占迁入总数29.51%，郭坑镇110人，占15.65%；属学习培训的，步文乡有1人，占迁入总数0.11%，郭坑镇5人，占0.71%；属投亲靠友的，步文乡有32人，占迁入总数3.43%，郭坑镇109人，占

15.50%；属退休退职的，步文乡有 17 人，占迁入总数 1.82%，郭坑镇 4 人，占 0.57%；属随迁家属的，步文乡有 66 人，占迁入总数 7.08%，郭坑镇 45 人，占 6.40%；属婚姻迁入的，步文乡有 350 人，占迁入总数 37.55%，郭坑镇 69 人，占 0.85%；其他原因迁入的，步文乡有 92 人，占迁入总数 9.87%，郭坑镇 62 人，占 8.82%。

1991 年，步文乡人口迁入数 348 人，其中省内 311 人，省外 37 人；郭坑镇 164 人，其中省内 140 人，省外 24 人。1992 年，步文镇人口迁入数 324 人，其中省内 285 人，省外 39 人；郭坑镇 297 人，省内 211 人，省外 86 人。

1997 年龙文区建区后，外来人口迅速增加，呈现迁入多于迁出的现象。但这些外来人口以区外籍户口居多，且流动性较大。1997—2007 年，迁入人口 17499 人。迁入人数最高的年份是 1998 年，年迁入量 6262 人。

二、人口迁出

汉元封元年（前 110 年），闽越国灭，汉武帝下令将闽越人迁至江淮一带，大量人口外流。陈天嘉六年（565 年）诏侯景以来遭乱移至建安、晋安、义安三郡的难民，许其返本土，不少难民回原籍。唐、宋年间，海上通道开通，区境许多人漂洋过海外出谋生。元初，元军入境，烧杀抢掠，难民外逃。明初朝廷实行朝贡贸易，区境不少人被派国外经商，现居住于日本那霸市（久米村）的王姓的祖先就是明代被派往日本的上苑村人。隆庆元年（1567 年），海运外贸发达，又有不少人出海外经商，在外落籍。明末清初，郑成功率军在万松关一带与清军作战，收复台湾后部属及许多龙溪人随军去台湾。清康熙二十二年（1683 年），台湾统一后，朝廷实行海禁，限制百姓渡台，但屡禁不止，台知府沈起元言之“夫民之渡台，如水之趋下，群流奔注”，区境也有乡人随之去台。清雍正、乾隆年间，四乡宗派械斗不断，乡人渡海去台湾。清同治十三年（1834 年），负责台务的丁日昌自内地招募人民去台垦荒，允携眷，官船接应等，又有大批人口流往台湾。

清朝时，区境迁台湾的有蔡坂、梧桥、下州的蔡姓，马崎的连姓，科坑的林姓，陈墩的陈姓。

民国时期，许多百姓为“躲壮丁”走海路逃到东南亚、台湾。民国 34—38 年（1945 年至 1949 年 9 月 30 日止），长福、坂上、书厅、蓝田、东屿村等均有乡民去台定居。

1950—1979 年，步文、郭坑两乡镇人口迁出率不高，除参军、上大学、工作调动、婚嫁等正常迁移外，没有大的变动。1979 年改革开放以后，人口流动性加大，有不少人外出经商、做工，在外定居。1989 年，步文乡人口迁出 271 人，占人口总数 0.3%，其中省内迁出 246 人，省外 25 人；郭坑镇 306 人，占人口总数 3.22%，其中省内 209 人，省外 97 人。

1990 年，步文乡人口迁出 345 人，占人口总数 0.37%，其中省内 298 人，省外 47 人；郭坑镇 170 人，占人口总数 0.89%，其中省内 147 人，省外 23 人。1991 年，步文乡人口迁出 350 人，占人口总数 0.37%，其中省内 336 人，省外 14 人；郭坑镇 283 人，占人口总数 1.46%，其中省内 257 人省外 26 人。1992 年，步文镇人口迁出 412 人，占人口总数 0.43%，其中省内 371 人，省外 41 人；郭坑镇 242 人，省内 230 人，省外 12 人。

1997—2007 年，迁出人口 12410 人。

1997—2007 年龙文区迁移人口情况表

表 4-2-2

年份	迁入（人）	占总人数（%）	迁出（人）	占总人数（%）
1997	1024	0.89	1855	1.61
1998	6262	5.40	746	0.64
1999	669	0.58	893	0.77
2000	717	0.62	843	0.73
2001	630	0.54	862	0.74
2002	699	0.60	1057	0.91
2003	576	0.49	740	0.63
2004	2140	1.83	2141	1.83
2005	2270	1.93	2184	1.85
2006	1153	1.03	536	0.45
2007	1359	1.12	553	0.46

第三章　人口构成

第一节　民族构成

中华人民共和国成立后，少数民族人口多以工作调动、婚姻关系入境的，为数不多，区境人口仍以汉族为主。1982 年第三次全国人口普查，有蒙古族 1 人。1990 年第四次全国人口普查，步文乡有少数民族人口 21 人，占全乡人口 0.0236%，其中回族 1 人，壮族 2 人，满族 1 人，侗族 2 人，土家族 1 人，畲族 13 人，高山族 1 人。郭坑镇有少数民族人口 46 人，占全镇人口 0.238%，其中回族 3 人，苗族 11 人，彝族 2 人，壮族 5 人，布依族 1 人，满族 3 人，侗族 12 人，畲族 9 人。2000 年第五次全国人口普查，全区有少数民族人口 704 人，占全区人口 0.61%。

2000 年龙文区第五次全国人口普查民族人口情况表

表 4-3-1　　单位：人

镇名	合计			汉族			蒙古族			回族		
	合计	男	女	小计	男	女	小计	男	女	小计	男	女
合计	134690	69531	65159	133986	69166	64820	8	3	5	20	9	11
蓝田	39089	20130	18959	38785	19983	18802	2	1	1	5	2	3
步文	36929	19196	17733	36757	19106	17651	4	2	2	5	2	3
朝阳	39998	20599	19399	39899	20542	19357	1	0	1	3	2	1
郭坑	18674	9606	9068	18545	9535	9010	1	0	1	7	3	4

续表 4-3-1

镇名	藏族			维吾尔族			苗族			彝族			壮族			布依族		
	小计	男	女	小计	男	女	小计	男	女	小计	男	女	小计	男	女	小计	男	女
合计	1	1	0	24	17	7	243	128	115	8	5	3	7	3	4	26	14	12
蓝田	0	0	0	1	1	0	130	63	67	0	0	0	2	0	2	8	6	2
步文	1	1	0	3	0	3	39	23	16	2	1	1	3	2	1	3	1	2
朝阳	0	0	0	0	0	0	39	24	15	3	1	2	2	1	1	3	2	1
郭坑	0	0	0	20	16	4	35	18	17	3	3	0	0	0	0	12	5	7

镇名	朝鲜族			满族			侗族			瑶族			白族			土家族		
	小计	男	女	小计	男	女	小计	男	女	小计	男	女	小计	男	女	小计	男	女
合计	1	1	0	4	2	2	47	21	26	1	0	1	11	5	6	193	114	79
蓝田	0	0	0	1	1	0	18	8	10	0	0	0	10	4	6	98	55	43
步文	0	0	0	0	0	0	3	1	2	0	0	0	0	0	0	67	37	30
朝阳	0	0	0	0	0	0	5	3	2	0	0	0	1	1	0	19	15	4
郭坑	1	1	0	3	1	2	21	9	12	1	0	1	0	0	0	9	7	2

镇名	黎族			畲族			高山族			土族			京族		
	小计	男	女	小计	男	女	小计	男	女	小计	男	女	小计	男	女
合计	5	4	1	98	34	64	1	0	1	5	4	1	1	0	1
蓝田	1	0	1	27	6	21	1	0	1	0	0	0	0	0	0
步文	4	4	0	34	14	20	0	0	0	3	2	1	1	0	1
朝阳	0	0	0	23	8	15	0	0	0	0	0	0	0	0	0
郭坑	0	0	0	14	6	8	0	0	0	2	2	0	0	0	0

第二节 姓氏构成

一、姓氏来源

区境人口姓氏主要来源于中原的河南一带。秦始，中原人不断南迁。唐总章二年（669 年），陈政率府兵 3600 名入闽平乱，与少数民族畲军对峙于九龙岭，因兵力不足，向朝廷请援，朝廷令陈政之兄陈敏、陈敷率 58 姓将士增援，途中陈敏、陈敷染瘟疫，陈母代子率众入漳，与陈政汇合。两次入闽合计 64 姓 1 万余人。64 姓：陈、许、卢、戴、李、欧、马、张、沈、黄、林、郑、魏、朱、刘、徐、廖、汤、涂、吴、周、柳、陆、苏、杨、詹、曾、萧、胡、赵、蔡、叶、颜、柯、潘、钱、余、姚、韩、王、唐、邹、丘、冯、江、石、郭、曹、高、钟、汪、洪、章、宋、丁、罗、施、蒋、吕、何、庄、孙、司马、欧阳。此外，随军家属还有 40 余姓。唐天保十四年（755 年）“安史之乱”，中原人避乱南迁。唐光启元年（885 年），河南固始王潮、王审知率义军数万人入闽，随之入闽 27 姓中有一部分落籍区境。27 姓：陈、张、李、王、吴、蔡、杨、郑、谢、郭、曾、周、廖、庄、苏、何、高、詹、沈、施、卢、孙、傅、马、董、薛、韩。其余小姓氏是在历史沿革过程中陆续迁入的。

二、姓氏数量（依笔画顺序）

全区单姓222姓，复姓2姓。

丁、于、万、马、贝、卞、车、邓、方、孔、毛、牛、王、韦、文、尹、尤、白、包、布、代、冯、甘、卡、兰、乐、卢、皮、平、丘、石、史、田、叶、由、占、安、毕、成、池、巩、关、华、纪、尖、江、刘、吕、曲、全、任、如、阮、孙、汤、伍、向、邢、许、尧、伊、优、朱、庄、别、陈、狄、杜、谷、何、花、李、连、疗、芦、陆、邱、邵、沈、宋、苏、汪、巫、吴、肖、辛、严、应、余、张、邹、昌、范、官、呼、金、林、罗、茅、孟、泥、尚、帖、幸、岩、杨、易、苑、岳、郑、周、卓、宗、费、封、宫、郝、贺、洪、侯、胡、姜、柯、柳、骆、欧、饶、施、陶、项、姚、俞、赵、钟、柴、皋、高、顾、郭、荷、候、贾、莲、凌、莫、倪、聂、钱、秦、唐、涂、翁、徐、殷、袁、载、曹、常、崔、袋、龚、黄、康、寇、梁、麻、盛、夏、萧、章、博、程、董、傅、葛、辜、韩、蒋、靖、厥、彭、舒、覃、童、温、谢、游、曾、鲍、窦、管、简、解、靳、赖、蓝、雷、路、蒲、锜、阙、腾、鄢、雍、詹、蔡、廖、缪、裴、谭、熊、翟、黎、潘、滕、颜、薛、操、薜、檀、魏、戴、欧阳、上官。

三、姓氏分布

区境同姓聚居的村（社区）有，蓝田镇：林姓景山社区和东屿村，陈姓圳头村，严姓后坂村。步文镇：黄姓长福村，周姓下洲村，苏姓田丰村。朝阳镇：王姓翁建村和六石村、流岗村、恒坑村，杨姓朝阳村，陈姓孚美村，张姓漳滨村和石洲村。郭坑镇：陈姓院后村、黄姓汐浦村和篁卿村，杨姓扶摇村、林姓东溪农场。杂姓村（社区），蓝田镇：蓝田村、梧桥村、蔡坂村、西坑村、小港村、鹤鸣居委会、湘桥村。步文镇：石仓村、碧湖村、步文村、坂上村、土白村、浦东社区、天亭社区。朝阳镇：后店村、浦口村、登科村、科坑村、打山村、桥头村、书厅村、石井村、新石洲村、朝兴居委会。郭坑镇：郭坑村、口社村、洛滨村、新街社区、铁路社区。

至2006年6月，全区有224个姓氏。其中，同姓聚居村落（社区）有20个，杂姓村落（社区）29个。

2007年龙文区主要姓氏分布情况表

表4-3-2

姓氏	人数（人）	占总人口（%）	村名
林	20352	17.27	东屿社、景山社、洞口社、埔山社、龙池社、湖苑社、土白社、土坪社、莲池社、石仓村大社、小社、铺下社、玄坛宫社、科坑社、龙头社、乌石社、登科洲顶社、霞贯社（包括蓬莱峰、东溪）
黄	17174	14.57	蓝田村蓝田社、西坑村乌石社黄厝、湘桥村湘桥社、长福村长福社、下店美社、坂上村榜上社、后店村后店社、桥头村楼内社、打山村张坑社、书厅村书厅社坂头社、篁卿村、渡头村、郭坑村霞洲社、口社村口社
陈	14630	12.41	圳头村、梧桥村（檀林自然村）、梧店、东湖、东墩、银坑、碧湖、龙头、石仓、下桥、打埔、田墘、田边、孚美、楼内、汐浦、院后、洛滨村
王	10087	8.56	上苑社、流岗村、樟山社、翁建村、恒坑村、六石村、西边社、山头顶社、桂林社、洲仔社等

续表 4-3-2

姓氏	人数（人）	占总人口（%）	村名
张	7634	6.48	浦口村（苑浦自然村）、石洲村、漳滨村、下尾张社
杨	5897	5.00	碧湖村、田边村、朝阳村、扶摇村、山头社（珊瑚小社）
郑	5598	4.75	梧桥村、山后社、沟仔口社、苍门社、内林街社、内林头社、后巷社、洛滨社
蔡	5250	4.45	蔡坂村（蔡坂社、柯坑社、护吉社）、梧桥村（塘边社、御路社）、下洲村（溪头社）
郭	3787	3.21	郭坑大社、新厝自然村、朝阳石井村蓬洲自然村
严	3540	3.00	后坂社、东洋社、悟厝社、田厝社、东坂上社、下社、打山社
冯	2397	2.03	西洋村（含崎岭、青山、院前）
吴	2331	1.98	下尾吴社、斑鸠坑、下洲上吴、中社下吴
李	2044	1.73	扶摇村珠山社、下尾李社
唐	1770	1.50	小港村后房社、东坂社
萧	1374	1.17	书都社、登科下社
许	1366	1.16	石井村
苏	1314	1.11	田丰村

第三节 性别构成

中华人民共和国成立后，政府提倡男、女平等。随着妇女解放走出家庭进入社会，“男尊女卑”的封建思想观念被打破，“重男轻女”的思想在一定程度上有所改变。但农村仍然较为严重，男、女比例失衡状况依然存在。1983 年，步文公社男性 42475 人，女性 40849 人，男女性别比为 104。1988 年，步文乡男性 45640 人，女性 43522 人，男女性别比为 104.8，郭坑镇男性 9437 人，女性 8443 人，男女性别比为 111.8。1989 年步文乡男性 46320 人，女性 43953 人，男女性别比为 105.39；郭坑镇男性 9498 人，女性 8462 人，男女性别比为 112.24。1990 年步文乡男性 47942 人，女性 45533 人，男女性别比为 105.29。1991 年，步文乡男性 48570 人，女性 46162 人，男女性别比为 105.2，郭坑镇男性 10259 人，女性 9064 人，男女性别比为 113.18。1992 年步文镇男性 48753 人，女性 46388 人，男女性别比为 105.10。郭坑镇男性 10367 人，女性 9171 人，男女性别比为 113.04。2000 年第五次全国人口普查，龙文区男女性别比 106.71。

2000 年龙文区全国人口普查性别情况表

表 4-3-3

镇名	总人数（人）	男（人）	女（人）	男女性别比
合计	134690	69531	65159	106.71
蓝田	39089	20130	18959	106.18
步文	36929	19196	17733	108.25
朝阳	39998	20599	19399	106.19
郭坑	18674	9606	9068	105.93

第四节　年龄构成

一、年岁结构

1950—1971 年，人口总量虽经起伏，但人口出生率仍呈增长状态，人口年龄结构由成人型逐渐转化年轻型。1972 年开展计划生育工作后，人口出生率大幅度降低，人口年龄结构慢慢向成年型结构转化。1982 年第三次全国人口普查，年龄结构呈成年型。1990 年第四次全国人口普查，步文乡、郭坑镇人口年龄结构，0—14 岁 31594 人，占总人口 27.1%；15—65 岁 74669 人，占总数 67.79%；65 岁以上 5912 人，占总人口 5.11%，年龄结构呈成年型趋向老年化。

1990 年全国人口普查步文乡、郭坑镇年龄构成情况表

表 4-3-4

年龄段（岁）	步文乡		郭坑镇	
	人口数（人）	占总数（%）	人口数（人）	占总数（%）
0—4	9993	10.72	1082	9.53
5—9	9019	9.67	1672	8.84
10—14	7762	8.32	1346	7.12
15—19	9338	10.01	1859	9.83
20—24	10316	11.06	2130	11.26
25—29	8348	8.95	1916	10.13
30—34	8271	8.87	1689	8.93
35—39	7481	8.02	1462	7.73
40—44	4850	5.20	1069	5.65
45—49	3531	3.79	890	4.71
50—54	3177	3.41	865	4.57
55—59	3300	3.54	727	3.84
60—64	2888	3.10	562	2.97
65—69	1935	2.06	373	1.97
70—74	1465	1.57	296	1.51
75—79	1002	1.07	181	0.96
80—84	404	0.43	57	0.30
85—89	141	0.15	23	0.12
90—94	25	0.03	6	0
95—99	3	—	0	0
100 以上	1	—	0	0

1997年龙文区建区后，2000年第五次全国人口普查人口年龄结构，0—14岁占人口19.48%，15—64岁占73.93%，65岁以上占6.59%。与1990年第四次全国人口普查相比较，0—14岁人口比重降低7.62个百分点，65岁以上人口比重增长1.48个百分点。

2000年全国人口普查龙文区分镇年龄构成情况表

表4-3-5

镇名	人口数（人）				占总人口数（%）				年龄构成指数（%）		
	合计	0—15岁	15—64岁	65岁及以上	合计	0—15岁	15—65岁	65岁及以上	总抚养比	少儿抚养比	老年抚养比
合计	134690	26286	99429	8975	100	19.52	73.82	6.66	35.46	26.44	9.03
蓝田	39089	7040	29685	2364	100	18.01	75.94	6.05	31.68	23.71	7.96
步文	36929	7028	27701	2200	100	19.03	75.01	5.96	33.31	25.37	7.94
朝阳	39998	8431	28571	2996	100	21.08	71.43	7.49	40.00	29.51	10.49
郭坑	18674	3787	13472	1415	100	20.28	72.14	7.58	38.61	28.11	10.50

二、人口寿命

1953年，人口平均寿命35岁。1980年，人口平均寿命68.23岁。1990年，人口平均寿命68.9岁。2007年，人口平均寿命73岁。

附：百岁老人

1991年，步文乡有百岁老人2名。

叶茶，步文石仓村人。自小喜编竹器，为人乐观，爱看社戏，爱观龙舟赛。25岁成婚，生有子女5人，一家和睦，饮食习惯很好，喜吃蔬菜少吃肉。不吃隔顿饭菜，每顿可吃2碗饭。好清洁卫生。

方喂，步文梧埔人。24岁结婚，57岁丧夫，生有5个子女，乐观，好助人，长年从事家务劳动，有时也下地干活。饮食以粗粮为主，不吃隔顿饭菜，一生未得过大病。

2006年，龙文区百岁老人3人：蓝田镇西坑村王乃（女，1905年10月25日生）、蓝田镇蓝田村侯敏（1906年6月15日生）、朝阳镇登科村林在榴（1906年11月8日生）。

第五节 职业构成

明隆庆元年（1567年），朝廷取消海禁，开放市场，织布、冶炼、烧瓷、制糖、造纸、造船、木工、建筑、海运、经商、文化、教育、医药等行业兴盛，从事各种职业的人数增多。至清代，工商业发展速度加快，弃农经商、从事手工业的人增多。民国时期，从事非农职业人口越来越多，职业结构产生变化。

中华人民共和国成立后，社会各项事业发展，从事非农职业的人口增多，90%以上人口从事农、林、牧、渔业。

1990年第四次全国人口普查，步文乡15岁以上在业人口53048人，其中从事农、林、牧、渔、水利业人口46185人，占全乡在业总数87.06%；从事工业人口2951人，占5.56%；从事建筑业1168人，占2.20%；从事交通运输、邮电通讯业630人，占1.19%；从事商业、公共饮食业、物资供销和仓储业987人，占1.86%；从事房地产管理、公用事业、居民服务和咨询服务业206人，占0.39%；从事卫生、体育和社会福利事业119人，占0.22%；从事教育、文化艺术和广播电视事业593人，占1.12%；从事科学研究和综合技术服务业8人，占0.02%；从事金融、保险业45人，占0.08%；从事国家机关、政党和社会团体工作156人，占0.29%。郭坑镇15岁以上在业人口有10768人，其中从事农、林、牧、渔、水利业6214人，占全镇在业人口总数57.70%；从事工业1512人，占14.04%；从事建筑业173人，占1.61%；从事交通运输、邮电通讯业1638人，占15.21%；从事商业、公共饮食业、雾资供销和仓储业733人，占6.81%；从事房地产管理、公共事业、居民服务和咨询服务业75人，占0.70%；从事卫生、体育和社会福利事业66人，占0.61%；从事教育、文化艺术和广播电视事业216人，占2.01%；从事科学研究和综合技术服务2人，占0.02%；从事金融、保险业29人，占0.27%；从事国家机关、政党和社会团体工作110人，占1.02%。

2000年第五次全国人口普查时，龙文区从业人数7026人，其中农林牧渔业3295人，占从业人数46.90%，其他行业3731人，占53.10%。

2000年全国人口普查龙文区职业人口行业构成情况表

表4-3-6　　单位：人

镇名	从业人数	农林牧渔	采掘业	制造业	电燃气水	建筑业	地质水利	运输邮电	商贸餐饮	金融保险	房地产	社会服务	卫生体育	文教广电	科研服务	机关团体	其他
合计	7026	3295	12	1717	12	581	1	353	638	9	3	167	37	103	10	78	10
蓝田	1903	948	4	516		158		72	127	2	1	28	6	26	2	13	
步文	1775	459	1	652	4	158	1	93	247	3	1	70	9	23	2	42	10
朝阳	2300	1430	1	325	5	225		53	168		1	45	10	23	6	8	
郭坑	1048	458	6	224	3	40		135	96	4		24	12	31		15	

第六节　文化构成

中华人民共和国成立初，区境文盲、半文盲人口占总人口80%以上，至1959年减少50%。以后，接受各类程度教育人数逐年增多，文化素质提高。

1990年第四次全国人口普查，步文乡6岁以上人口81154人，其中大学本科文化程度37人，占0.05%；大专180人，占0.22%；中专322人，占0.40%；高中2894人，占3.57%；初中14449人，占17.80%；小学42882人，占52.84%；文盲或基本文盲20390人，占25.13%。郭坑镇6岁以上人口16733人，其中大学本科59人，占0.35%；大专120人，占0.72%；高中1385人，占8.28%；初中3772人，占22.54%；小学6919人，占41.35%；文盲或基本文盲4203人，占 25.12%。

1997 年龙文建区后，加大学校基础设施投入，增强师资队伍建设，文化教育事业健康发展。2000 年第五次全国人口普查，全区 6 岁以上人口受教育程度，大学本科 219 人，占总数 0.17%；大专 1045 人，占总数 0.83%；中专 3140 人，占总数 2.48%；高中 6475 人，占总数 5.12%；初中 50014 人，占总数 39.55%；小学 55363 人，占总数 43.78%。全区初中及初中以下文化程度占 6 岁以上总人数 83.33%。

2000 年全国第五次人口普查龙文区 6 岁以上人口受教育程度情况表

表 4-3-7 单位：人

镇 名	总 计	未上过学	扫盲班	小 学	初 中	高 中	中 专	大学专科	大学本科
合 计	126466	8200	2010	55363	50014	6475	3140	1045	219
蓝 田	36922	1703	615	16419	15160	1584	1214	196	31
步 文	34535	1280	681	14087	15222	1880	809	466	110
朝 阳	37524	3666	351	17764	13264	1682	573	197	27
郭 坑	17485	1551	363	7093	6368	1329	544	186	51

第四章 婚姻与家庭

第一节 婚 姻

民国前，封建礼教“男尊女卑”“一夫多妻”等思想严重摧残着妇女的婚姻自由。民国时期，虽然提倡“一夫一妻”，但妇女并未得到真正解放，一夫多妻，寡妇不嫁的状况仍然普遍存在。

中华人民共和国成立后，颁布《中华人民共和国婚姻法》，实行男女婚姻自由、一夫一妻、男女平等的新婚姻制度。

1990 年第四次全国人口普查，步文乡 15 岁以上人口 66476 人，其中男性 33464 人，女性 33012 人。未婚 16921 人，占 25.45%，其中男性 9788 人，女性 7133 人；有配偶 45069 人，占 67.8%，其中男性 22612 人，女性 22457 人；丧偶 4329 人，占 6.51%，其中男性 942 人，女性 3387 人；离婚 157 人，占 0.24%，其中男性 122 人，女性 35 人。郭坑镇 15 岁以上人口 14095 人，其中男性 7455 人，女性 6640 人。未婚 3697 人，占 26.23%，其中男性 2172 人，女性 1525 人；有配偶 9572 人，占 67.91%，其中男性 5080 人，女性 4492 人；丧偶 774 人，占 5.49%，其中男性 165 人，女性 609 人；离婚 52 人，占 0.37%，其中男性 38 人，女性 14 人。

2000 年全国第五次人口普查，全区 15 岁以上人口 9493 人，其中男性 4832 人，女性 4661 人；未婚人口 2245 人，占总数 23.65%，其中男性 1346 人，女性 899 人；初婚有配偶人口 6634 人，其中男性 3322 人，女性 3312 人；再婚有配偶人口 82 人，占 0.86%，其中男性 39 人，女性 43 人；离婚人口 22 人，占 0.25%，其中男性 15 人，女性 7 人；丧偶人口 510 人，占 5.37%，其中男性 110 人，女性 400 人。

第二节 家 庭

秦汉以来，家庭结构中三代同堂、四代同堂，甚至五代同堂普遍存在。至五代末、北宋初，朝廷实行按丁抽赋政策，百姓赋役沉重，为避徭役不愿生育，或出家为僧为尼者甚多。家庭人口减少，形成户多人少现象。明代，赋役制度改以户造土地黄册抽赋，造成户少人多。明成化二十年（1484年），区境户平均人口5.92人；明弘治十年（1497年），户均人口4.38人；明隆庆六年（1572年），户均人口5.66人；明万历四十年（1612年），户均人口4.59人。清代以后，以土地收赋，赋役减轻，加上宗族械斗，家庭以人多为荣。清康熙五十一年（1712年），区境户均4.58人。道光年间，鼓励生育，家庭人口剧增。道光九年（1829年），户均6.34人。

民国19年（1930年），区境户均人口6.9人。民国27年后，政府实行征兵制，为逃兵役，很多家庭拆户，户均人口下降。到民国32年（1943年），户均人口降至4.48人。

中华人民共和国成立后，随着社会进步，家庭结构发生改变。改革开放以来，价值观念转变，计划生育开展，家庭规模趋向小型化，多人家庭逐渐减少，3人、4人小家庭逐渐增多。

1990年第四次全国人口普查步文乡有家庭户21330户，其中单身户726户，占总户数3.4%；一对夫妇户888户，占4.16%；二代户14387户，占67.45%；三代户4208户，占19.73%；四代户219户，占1.03%。步文乡一人户家庭有800户，占3.75%；二人户1485户，占6.96%；三人户2729户，占12.79%；四人户8195户，占38.42%；五人户4857户，占22.77%；六人户1783户，占8.36%；七人户770户，占3.61%；八人户377户，占1.77%；九人户165户，占0.77%；十人以上169户，占0.79%。步文乡家庭户均4.37人。

郭坑镇有家庭户4252户，其中单身户82户，占1.93%；一对夫妇户217户，占5.1%；二代户2799户，占65.83%；三代户923户，占21.71%；四代户42户，占0.99%。郭坑镇一人户134户，占3.15%；二人户390户，占9.17%；三人户797户，占18.74%；四人户1439户，占33.84%；五人户828户，占19.47%；六人户351户，占8.25%；七人户155户，占3.65%；八人户83户，占1.95%；九人户36户，占0.85%；十人以上39户，占0.92%。郭坑镇家庭户均4.45人。

2000年全国第五次人口普查，三人、四人户家庭占总户数55.8%，其中三人户占22.6%，四人户占33.2%。

2007年，户平均人口由1997年的4.32人下降至3.74人。

2000年龙文区不同规模家庭户类别情况表

表4-4-1　　　　单位：户

家庭规模	合 计	一代户	二代户	三代户	四代户
合 计	32506	5861	19367	6921	357
一人户	2467	2467	0	0	0
二人户	3952	3122	830	0	0
三人户	7355	124	7120	111	0
四人户	10784	77	9357	1347	3
五人户	4836	28	1680	3094	34

续表 4-4-1

家庭规模	合 计	一代户	二代户	三代户	四代户
六人户	2005	10	255	1632	108
七人户	609	6	58	417	128
八人户	261	5	20	186	50
九人户	119	5	16	77	21
十人及十人以上户	118	17	31	57	13

1997—2007 年龙文区户平均人口情况表

表 4-4-2

年 度	总户数（户）	总人口（人）	户平均人口（人）
1997	26714	115343	4.32
1998	28419	115913	4.08
1999	28660	115989	4.05
2000	29537	115661	3.92
2001	30270	116194	3.84
2002	30454	116495	3.83
2003	30605	116670	3.81
2004	30842	117191	3.80
2005	31098	117880	3.79
2006	31519	119090	3.78
2007	32314	120873	3.74

第五章 人口控制

第一节 机构与队伍

一、管理机构

1978 年，步文公社、郭坑公社成立计划生育办公室。1984 年，改称步文乡计划生育办公室和郭坑镇计划生育办公室。

1997 年，成立龙文区计划生育工作领导小组、计划生育局，配备干部 2 名、职工 1 名。步文镇、蓝田镇、朝阳镇、郭坑镇均成立计划生育工作领导小组，下设计划生育办公室。2005 年 4 月，计划生育局更名人口和计划生育局，配备干部 9 人、职工 4 人。

二、计生队伍

1964 年，龙海县培训各公社妇联干部、保健院助产士、大队妇女主任、工厂女工会委员，举办计划生育训练班，步文公社、郭坑公社派52人参加，其中步文38人、郭坑14人。同年，组织县医院、各公社保健院外科、妇产科医生、助产士参加计划生育技术培训班，步文公社保健院、郭坑公社保健院派7人参加，其中步文4人、郭坑3人。

1966—1972年，计划生育工作处于停顿状态。1972年后，恢复计划生育工作。

1978年，步文公社、郭坑公社计划生育办公室，临时配备人员办公。1979年，从不脱产计生干部和上山下乡知识青年中选拔专职计生干部，步文公社配备12人，郭坑配备8人。

1978年，步文、郭坑两公社卫生院外科、妇产科医生组成技术指导小组，负责计划生育技术指导。1990年7月，步文乡计划生育技术指导分站指派人员负责计划生育技术指导、推广计划生育新技术。

1997年，步文镇、蓝田镇、朝阳镇、郭坑镇计划生育办公室，以“千人一干，万人一员”要求配齐计划生育专职干部。步文镇配备7人，蓝田镇配备6人，朝阳镇配备7人，郭坑镇配备5人。全区各机关、企事业单位计生专（兼）职干部、职工60人，其中干部48人，职工12人；村（居）委会计划生育管理人员40人。1999年，全区有12个村实现微机管理，28个村基本达到微机管理要求。人员队伍也在不断充实壮大，至2007年，全区机关、企事业单位共有计划生育专（兼）职管理干部92人，净增32人；村（居）委会计划生育管理员58人，增加18人。

1997年，龙文区计划生育技术指导站，配备专业技术人员5人。步文、蓝田、朝阳、郭坑四镇建立四个计划生育技术指导所，各配备人员6人。各村建立计划生育服务室，全区有村级计划生育服务室40个，人员40人。

2007年，区计划生育指导站专业技术人员增至9人，其中医生4人，护士5人，其他人员4人。镇计划生育服务所人员32人，每镇8人。村（居）计划生育服务室48个，人员48人。

第二节　宣传教育

区境计划生育宣传教育工作均按中央政策进行。1961年，提倡多子女家庭实行避孕节育。1964年，发动青年晚婚晚育、生育三孩要稀生，四孩要绝育。1971年，贯彻国务院指示精神要求育龄夫妇“一胎间隔生，二胎要节育，三胎不再生”。1974年，宣传中央人口生育“晚、稀、少”（晚婚晚育、间隔生育、少生子女）政策。1975年，宣传一对夫妇生两孩，两孩间隔4—5年，两孩以上绝育的政策。1979年，贯彻中央一对夫妇只生一个孩子，不生二孩，严禁生三孩的政策。1982年，国家将计划生育定为基本国策，计划生育宣传力度加强。1988年，实施《福建省计划生育条例》。

龙文区建区后，区政府十分重视对计划生育的宣传教育。1997年，全区共印发4万多份计划生育宣传单进村入户宣传；分发1万多张流动人口宣传提纲。区有线电视台开辟“计划生育专栏”。在中小学校开展计划生育宣传。1999年，举办计划生育宣传专场48场，参加人数2300多人次，发放婚育手册834本。计划生育科普讲座9期，参加人数520人。2001年，编印计划生育宣传小册子3.62万册分发各家各户。2002年，投资3万多元在324国道和省道郊柏线建立婚育新风宣传走廊，制作5幅大型计划生育宣传画和60多条计划生育宣传标语。2003年，“三下乡”文化卫生科技活动举办计划生育宣传专场11场次；举办计划生育公益宣传16场次。2004年，区计划生育局推出宣传教育“四个访遍”（村居两委要访遍当年计划生育重点对象；计划生育管理员要访遍当年初婚、出生和落实节育措施对象；计生协会理事要访遍计划生育困难户；女副组长要访遍重点和一般计划生育对象），确保计划生育家庭能和计划生育干部面对面交流。2006年，把计划生育政策法规宣传教育纳入“五五”普法总体规划，发放宣传单10万份，接受政策法规咨询1.1万人次。

2007年，区计划生育局开展“六个一”活动，即召开一次动员会和培训会，印发一批宣传资料和宣传品，刷写一批宣传标语，办好一批宣传栏，开通一部专线电话，进行一次跟踪督办。元旦期间，向区直各单位分发600多份万年历计生宣传杂志。蓝田镇计生办印制5000份精美计生宣传画送到辖区计划生育家庭，郭坑镇计生办专门订制计生宣传挂历分发给基层干部和中心户。春节期间，朝阳镇计生办请人书写计生春联1000多份送给计划生育家庭。元宵期间，步文镇在人民广场组织开展计生猜灯谜活动。

第三节　计生措施

1964年，提倡计划生育，重视计划生育措施。1966—1971年，计划生育工作停顿。1972—1976年，计划生育工作得以恢复。1980年，工作正常开展。1988年，《福建省计划生育条例》实施，区境计划生育工作步上正轨，计生措施成为日常化。

1990年第四次全国人口普查：1989年，步文乡出生人口2296人，其中一孩1030人，占44.86%；二孩1003人，占43.68%；三孩230人，占10.02%；四孩28人，占1.22%；五孩以上5人，占0.22%。郭坑镇出生人口451人，其中一孩233人，占51.66%；二孩181人，占40.13%；三孩30人，占6.65%；四孩7人，占1.55%。

1975—1997年，区境接受计划生育措施的23052人，占育龄夫妇89%。夫妇一孩6834人，占家庭数28.95%；二孩12547人，占家庭数53.14%；三孩以上4229人，占家庭数17.91%。

1998年，龙文区出生人口1302人，计划内1290人，其中一孩888人，占68.84%；二孩401人，占31.06%；三孩1人，占0.34%。计划外12人，其中一孩6人，占50%；二孩4人，占33.33%；三孩2人，占16.67%。2002年，出生人口1256人，计划内1243人，其中一孩856人，占68.87%；二孩380人，占30.57%；三孩7人，占0.56%。计划外13人，其中一孩6人，占46.15%；二孩5人，占38.46%；三孩2人，占0.15%。2005年，出生人口1364人，计划内1293人，其中一孩957人，占74.01%；二孩331人，占25.60%；三孩5人，占0.39%。计划外71人，其中一孩43人，占60.56%；二孩18人，占25.35%；三孩10人，占14.08%。2006年，出生人口1424人，计划内1340人，其中一孩1003人，占70.44%；二孩332人，占22.61%；三孩5人，占0.35%。计划外84人，其中一孩46人，占54.76%；二孩28人，占33.33%；三孩10人，占11.90%。

2007年，出生人口1486人，计划内1410人，其中一孩1132人，占76.18%；二孩343人，占23.08%；三孩11人，占0.74%。计划外76人，占出生人口总数5.11%。

第四节 晚婚晚育

中华人民共和国成立前，区境民众思想中存在“早生子早得济”“养儿防老”“多子多福”等封建生育观影响，早婚早育现象普遍。

1950年，执行《中华人民共和国婚姻法》，结婚登记年龄男年满20周岁，女18周岁。1964年，提倡计划生育，晚婚晚育率有所提高。1973年，规定城镇居民男28周岁、女25周岁，农村户口男26周岁，女23岁，才能结婚。1980年，《中华人民共和国婚姻法》重新修订公布，规定男22周岁、女20周岁为法定结婚年龄。

1997年，龙文区农业人口与外来人口居多，早婚现象时有发生，晚婚率55.05%。

2007年，初婚1216人，晚婚率55.76%。

1997—2007年龙文区晚婚统计情况表

表4-5-1

年　份	初婚人数（人）	其中晚婚	
		人　数（人）	晚婚率（%）
1997	792	436	55.05
1998	838	490	58.47
1999	838	503	60.02
2000	853	475	55.69
2001	819	476	58.12
2002	820	475	57.93
2003	814	478	58.72
2004	1016	543	53.44
2005	1074	612	56.98
2006	1130	615	54.42
2007	1216	678	55.76

第五节 优生优育

一、优生

封建社会及民国期间，医疗保健条件差，特别是农村，医疗资源极度匮乏，民间接生多沿袭延续千百年的传统旧法，导致产妇产褥热、难产、产后大出血等原因死亡的惨事时有发生。破伤风、传染病夺去不少新生儿生命。

1950年，对儿童进行预防接种，至今未曾间断。接种种类从预防鼠疫的活菌苗、霍乱的菌苗、天花的种牛痘、结核病的卡介苗到现在的预防百日咳疫苗、白喉类毒素、破伤风类毒素合成的三联针、麻疹疫苗、乙型脑炎、流行性脊髓脑膜炎疫苗、乙肝疫苗以及口服预防小儿脊髓灰质炎（小儿麻痹症）糖丸等10多个种类。这些措施大大提高儿童的免疫能力，有效保障了儿童的健康成长。1953年，推广新法接生，培训农村接生员，逐步完善孕妇“围产期”保健工作，产妇和新生儿的生命安全得到有力的保障。

1998—2007年，全区新生儿死亡人数104人，占死亡人数1.49%；出生人数12894人，新生儿死亡率占0.81%；孕产妇死亡人数3人，占产妇总数0.03%。

1998—2007年龙文区新生儿、孕产妇死亡统计表

表4-5-2

年　份	新生儿死亡数（人）	占新生儿总数比率（%）	孕产妇死亡数（人）	占产妇总数比率（%）
1998	29	2.23	2	0.15
1999	2	0.16	0	0
2000	15	1.19	0	0
2001	14	1.16	0	0
2002	8	0.64	0	0
2003	5	0.44	0	0
2004	4	0.31	1	0.08
2005	9	0.67	0	0
2006	8	0.56	0	0
2007	10	0.66	0	0

二、优育

1953年，政府开始重视幼儿教育。1955年起，兴办托儿小组、农忙托儿所、全年托儿所、幼儿园等，开始学前教育。这些幼托机构注意卫生工作，注意幼儿的健康检查，对幼儿减少传染病、多发病起很大作用。1958年，步文公社蓝田、西坑、梧店、樟山村幼儿园办得较好，全社共有幼儿园140所。1997年，龙文区共有幼儿园90所，入园幼儿1846人。2007年，龙文区幼儿园75所，入园人数4992人。

第五卷　中共地方组织

1949年9月，中共龙溪县委在区境建立中共基层组织。此后，随着社会主义事业的不断发展，党组织不断发展壮大。至1996年10月，区境建立2个党委会、75个党支部，共有党员2470人。各级党组织先后在中共龙溪县委、龙海县（市）委的领导下，团结和带领广大人民群众，坚持走社会主义道路，取得社会主义革命和社会主义建设的一系列胜利。特别是中共十一届三中全会后，各级党组织把工作重点转移到以经济建设为中心上来，实行改革开放，带领广大人民群众加强物质文明和精神文明建设，谱写了中国特色社会主义现代化的新篇章。

1996年11月，中共龙文区委成立后，加强党的组织、思想、作风建设。在新成立的区直机关企事业单位和非公有制经济组织中，发展党员，建立党组织，扩大基层党组织覆盖面。2007年，全区设6个党委会、11个党总支部和187个党支部，党员总数4181人。在中共龙文区委领导下，全区各级党组织贯彻党的路线、方针、政策，团结和带领全区人民群众坚持改革开放，坚持科学发展观，围绕实现“从农村向城市、从农民向市民”转变这一奋斗目标，实施“工业强区，商贸活区，中心带动，城乡互动”发展战略，艰苦奋斗，开拓进取，推动龙文区改革开放和现代化建设持续、稳定、健康、快速发展。

第一章　组织机构

第一节　中共龙文区委

一、领导机构

1996年8月，中共漳州市委发出《关于成立中共漳州市龙文区筹建委员会党组的通知》，区筹建委员会党组书记陈庆元，副书记戴坤江，党组成员黄宝山、谢荣川；10月，经中共漳州市委批准，成立中共龙文区筹备委员会，陈庆元任书记，林亚才、戴坤江任副书记，委员黄宝山、谢荣川。同时，撤销中共龙文区筹建委员会党组。

1996年11月，召开中共龙文区第一届委员会第一次会议，选出区委书记陈庆元，副书记蔡良国、林亚才、戴坤江，常委5人，组成第一届中共龙文区委常务委员会。

2002年2月，召开中共龙文区第二届委员会第一次会议，选出区委书记陈庆元，副书记蔡良国、柯志明、林雪来，常委9人，组成第二届中共龙文区委常委会。

2006年7月，召开中共龙文区第三届委员会第一次会议，选出区委书记蒋一婷，副书记蔡良国、张琳光、黄建平，常委11人，组成第三届中共龙文区委常委会。

二、工作机构

1997年，区委设办公室、组织部、宣传部（精神文明建设办公室与其合署办公）、统一战线工作部、政法委员会（社会治安综合治理委员会办公室与其合署办公）、机构编制委员会办公室。1999年5月，撤销区直机关党委会，改设区委区直机关工作委员会，作为区委派出机构。2001年，设区委老干部局。2002年，设区委、区政府信访局；设区委农村工作领导小组办公室，作为区委议事协调机构。2003年5月，设区委党校。2004年7月，设区委台湾工作办公室。2005年12月，设区委教育工作委员会。2007年2月，设区委党史研究室。

2007年，区委常设工作机构有办公室、组织部、宣传部、统一战线工作部、政法委员会、机构编制委员会办公室、社会治安综合治理委员会办公室、区直机关工作委员会、教育工作委员会；管理机构有区委老干部局、精神文明建设办公室、信访局、机要局、台湾工作办公室、党校、党史研究室；农村工作领导小组办公室为议事协调机构。

第二节 基层党委会

一、建区前基层党委会

1949年10月22日，区境设中共龙溪县第六区分委会。1952年6月，改设第六区委会。1955年12月，改设东屿区委会。1958年4月撤区并乡，设后坂乡党委会、郭坑乡党委会、蔡坂乡党委会和孚美乡党委会。1958年9月，实行政社合一体制，设卫星人民公社党委会，1959年5月更名为步文人民公社党委会。1962年1月，增设郭坑人民公社党委会。

“文化大革命”开始，人民公社党委受到“造反派”冲击，陷入瘫痪状态。1968年后，由军队干部、地方干部、群众代表“三结合”组建公社革命委员会，取代人民公社党委和管委会。1969年11月，成立公社革委会党的核心小组。1970年11月，步文、郭坑分别召开人民公社党代会，选举产生中共步文人民公社委员会、中共郭坑人民公社委员会。

1984年10月，进行机构改革，人民公社改为乡镇建制，设步文乡党委会和郭坑镇党委会。1985年3月，乡镇党委会增设纪律检查委员会。1992年，步文乡党委会改为步文镇党委会。

二、建区后基层党委会

1997年1月，设龙文区直属机关党委会；4月，设郭坑镇党委会；10月，设朝阳镇党委会；12月，设步文镇党委会、蓝田镇党委会。1998年，蓝田镇梧桥村党总支部升格为梧桥村党委会。1999年，区直属机关党委会改为区直机关党工委，作为区委派出机构。2007年1月，设蓝田经济开发区党委会。

2007年，全区基层党委会有步文镇党委会、郭坑镇党委会、蓝田镇党委会、朝阳镇党委会、蓝田经济开发区党委会、梧桥村党委会。

第三节 基层党总支部、党支部

1955年，区境建立党总支部2个、党分支部2个、党支部10个。

1985年，建立党支部71个，其中步文乡建立党支部51个（农村党支部34个、机关企事业单位党支部17个），郭坑镇建立党支部20个。

1996年，建立党支部75个，其中步文镇建立党支部54个，郭坑镇建立党支部21个。

1997年龙文区成立，在区直机关事业单位中建立教育局、计划局2个党总支部，23个党支部；在农村中建立蓝田镇小港村、梧桥村2个党总支部，41个党支部；在企业（含非公企业，下同）中建立42个党支部。1998年，蓝田镇蓝田村党支部和朝阳镇浦口村党支部升格为党总支部，全区共有党总支部6个，党支部121个，其中农村党支部46个、机关事业单位党支部27个、企业党支部37个、其他单位（含社区，下同）党支部11个。2000年，全区建立党总支部8个，党支部134个。2002年，全区建立党总支部10个，党支部147个。

2007年，全区建立蔡坂村、小港村、湘桥村、蓝田村、浦口村、科坑村、郭坑村、区地税局、区卫生局、区建设局、区交通局党总支部11个；党支部187个，其中机关事业单位党支部50个、农村党支部47个、企业党支部70个，其他单位党支部20个。

1997—2007年龙文区中共基层组织情况表

表5-1-1　　单位：个

年份	党委会数	党总支数	党支部数				
			合计	机关（含事业单位）	农村	企业（含非公企业）	其他（含社区）
1997	5	4	106	23	41	42	
1998	6	6	121	27	46	37	11
1999	5	6	134	25	46	42	11
2000	5	8	134	36	46	41	11
2001	5	8	140	40	46	43	11
2002	5	10	147	41	46	48	12
2003	5	10	146	41	47	44	14
2004	5	11	151	45	47	39	20
2005	5	10	157	46	47	44	20
2006	5	10	168	47	47	54	20
2007	6	11	187	50	47	70	20

第二章　党的代表大会

第一节　区级党代会

一、代表产生

1996年11月中旬，开展中共龙文区第一次代表大会代表选举工作。全区以镇、区直机关划分三个选举单位，根据《中国共产党地方组织选举工作条例》的要求，各选举单位按照中共龙文区筹委会研究分配的代表名额，经过自下而上、上下结合、反复酝酿后，确定164名代表候选人预备名单，经中共龙文区筹委会审查同意后，由各党委召开党员代表会议或党员大会，以无记名投票方式和直接差额选举的办法选举产生代表。全区共选出正式代表136人，其中：各级领导干部代表79人，占58.09%；各类专业技术人员代表30人，占22.06%；各条战线的先进人物代表27人，占19.85%。代表中，45岁以下中青年97人，占71.32%；高中以上文化程度90人，占66.18%；妇女代表16人，占11.76%。

2002年2月上旬至中旬，开展中共龙文区第二次代表大会代表选举工作。全区以4个镇和区直机关党工委、区武装部、金融系统为选举单位，各选举单位按照区委研究分配的代表名额，在自下而上、上下结合、反复酝酿的基础上，确定229名代表候选人预备名单。经中共龙文区委常委会审查同意批复后，各选举单位召开党员代表会议或党员大会，用无记名投票方式和差额选举办法选举产生代表。全区共选出正式代表180人，其中：各级领导干部代表108人，占60%；各类专业技术人员代表36人，占20%；各条战线的先进模范人物代表32人，占17.8%；解放军、武警部队代表4人，占2.2%。代表中，年龄50岁以下的中青年154人，占85.6%；高中、中专学历的41人，占22.8%；大专以上学历的99人，占55%；妇女代表31人，占17.2%；少数民族代表1人，占0.56%。

2006年4月下旬至7月上旬，开展中共龙文区第三次代表大会代表选举工作。全区以4个镇、区直机关党工委、蓝田工业开发区党委、龙文工业开发区党工委、区武装部、消防大队、94947部队63分队、公安分局、交警大队、国土资源分局、国税局、工商分局、金融系统各单位、漳州火车东站、中国联通漳州分公司、中国人保财险龙文支公司、中国人寿龙文支公司为选举单位。各选举单位按照中共龙文区委研究分配的代表名额，在自下而上、上下结合、反复酝酿的基础上，确定251名代表候选人预备名单。经中共龙文区委常委会研究审查后，批复给各选举单位。各选举单位分别召开党员代表会议或党员大会，用无记名投票方式和差额选举办法选举产生代表。全区共选出正式代表208人，其中：各级领导干部代表120人，占57.69%；各类专业技术人员代表46人，占22.12%；各条战线的先进模范人物代表38人，占18.27%；解放军、武警代表4人，占1.92%。代表中，妇女代表32人，占15.38%。

二、代表大会

（一）中共龙文区第一次代表大会

1996 年 11 月 25—27 日，举行中共龙文区第一次代表大会。出席大会正式代表 136 人。大会听取审议通过陈庆元代表中共龙文区筹委会所作的《面向新世纪，开拓创新业，为把龙文建成繁荣、文明、发达的现代化强区而努力奋斗》工作报告。会议提出坚持以经济建设为中心，坚持两手抓，团结和带领全区人民，面向新世纪，把握新机遇，争创新优势，夯实打基础，实现大跨越。两年打基础，三年迈大步，五年成规模，努力把龙文建设成繁荣、文明、发达的现代化强区。大会听取审议中共龙文区纪律检查委员会的工作报告。

大会选举朱志宏、阮亚宏、苏龙辉、邱亚明、陈龙山、陈庆元、陈银花、林亚才、林伟松、林沛能、卓永川、胡文连、黄宝山、谢荣川、蔡良国、戴坤江为区委委员，陈勇谋、林亚远、黄子文为候补委员；选举产生中共龙文区纪律检查委员会委员 11 人；选举出席中共漳州市第七次代表大会代表 12 人。

（二）中共龙文区第二次代表大会

2002 年 2 月 23—25 日，举行中共龙文区第二次代表大会。出席大会正式代表 180 人。

大会听取、审议通过区委书记陈庆元代表区委常委会所作的《抓住新机遇，谋划大发展，为实现新世纪龙文现代化建设的宏伟目标而努力奋斗》工作报告。会议提出，坚持以加快发展为主题，以结构调整为主线，以改革开放和科技进步为动力，以提高人民生活水平为根本出发点，以推进新城区城市化、工业化和城乡一体化进程为目标，加快城市建设，发展城市经济，塑造城市文明，把新区建设成城市产业结构较佳、区域竞争能力较强、城市生活质量较高、城市文明氛围较浓、民主法制健全的新兴市域中心。大会听取审议中共龙文区纪律检查委员会工作报告。

大会选举许向东、刘亚东、苏晖、李绍山、吴勤、吴兆元、何金才、邹三分、宋宇飞、陈龙山、陈庆元、陈勇谋、陈银花、林沛能、林雪来、卓永川、周进春、柯志明、洪泰伟、翁赐文、黄毅、黄建平、曾朝良、蔡良国、魏跃平为区委委员，潘良顺、林建华、康建顺、蔡水松为候补委员；选举产生中共龙文区纪律检查委员会委员 15 人；选举出席中共漳州市第八次代表大会代表 12 人。

（三）中共龙文区第三次代表大会

2006年7月18—19日，举行中共龙文区第三次代表大会。出席大会正式代表208人。大会听取、审议通过区委书记蒋一婷代表区委常委会所作的《乘势而上，加快发展，全力打造新兴的现代化市域中心》工作报告。会议提出，坚持以科学发展观统领经济社会发展全局，积极参与海峡西岸经济区和漳州市工贸港口城市建设，全面实施“工业强区、商贸活区、中心带动、城乡互动”发展战略，做好城市经济、城市建设、城市文明“三篇文章”，统筹协调经济社会发展，切实加强精神文明建设、民主法制建设和党的建设，努力把龙文建设成为工业经济发达、商贸物流兴旺、城市功能完善、都市气息浓厚、社会文明进步、生态环境优美的新兴市域中心。大会听取审议中共龙文区纪律检查委员会工作报告。

大会选举卢荣生、刘亚东、许向东、苏晖、李亚树、李绍山、吴勤、吴兆元、吴志英、何金才、邹三分、张琳光、陈龙山、陈勇谋、林东风、林沛能、林雪来、林惠卿、周进春、洪泰伟、倪政鸿、黄辉、黄毅、黄建平、蒋一婷、曾朝良、蔡乙鹉、蔡良国、潘良顺为区委委员，林建华、王龙庆、林进福、康建顺、蔡水松为候补委员；选举产生中共龙文区纪律检查委员会委员 15 人；选举出席漳州市第九次党代会代表 15 人。

1997—2007 年龙文区历届福建省党代会代表名表

表 5-2-1

姓　名	性别	单位、职务	届　　别
陈庆元	男	中共龙文区委书记	省第六次党代会
陈庆元	男	中共龙文区委书记	省第七次党代会
蒋一婷	女	中共龙文区委书记	省第八次党代会

1997—2007 年龙文区历届漳州市党代会代表名表（按姓氏笔画为序）

表 5-2-2

届别	姓　名	性别	单位、职务
第七次党代会	阮亚宏	男	中共龙文区步文镇委书记
	朱明发	男	中共龙文区合成氨厂总支书记
	陈庆元	男	中共龙文区委书记、区人大常委会主任
	苏龙辉	男	中共龙文区委常委、纪委书记
	陈亚素	女	龙文区人大常委会常委
	陈龙山	男	中共龙文区朝阳镇委书记
	陈丽贞	女	龙文区田丰小学校长
	陈港河	男	中共龙文区郭坑镇院后村支部书记
	邱亚明	男	中共龙文区郭坑镇委书记
	林沛能	男	中共龙文区蓝田镇委书记
	黄宝山	男	中共龙文区委常委、组织部部长
	蔡良国	男	中共龙文区委副书记、区政府区长
第八次党代会	王莲桂	女	中共龙文区朝阳学区支部书记、校长
	刘亚东	男	中共龙文区蓝田镇委书记、镇人大常委会主席
	陈庆元	男	中共龙文区委书记、区人大常委会主任
	陈龙山	男	中共龙文区朝阳镇委书记、镇人大常委会主席
	苏龙辉	男	中共龙文区委常委、纪委书记
	苏　晖	男	中共龙文区郭坑镇委书记、镇人大常委会主席
	吴秀盆	女	龙文区财政局副局长
	林瑞华	女	漳州市政府副市长
	柯志明	男	中共龙文区委副书记、区直机关党工委书记
	黄宝山	男	中共龙文区委副书记、组织部部长
	黄天生	男	中共龙文区步文镇委书记、镇人大常委会主席
	蔡良国	男	中共龙文区委副书记、区政府区长
第九次党代会	王莲桂	女	龙文区翁建中心小学校长、中共支部书记
	刘亚东	男	中共龙文区蓝田镇委书记
	吴　勤	男	中共龙文区委常委、组织部部长
	李亚树	男	蓝田工业开发区管委会副主任
	苏　晖	男	中共龙文区郭坑镇委书记

续表 5-2-2

届别	姓　名	性别	单位、职务
第九次党代会	杨怀榕	男	中共漳州市委常委、组织部部长
	陈东波	男	中共龙文区蓝田镇梧桥村委书记
	林东风	男	中共龙文区委常委、纪委书记
	张琳光	男	中共龙文区委副书记
	胡俊山	男	漳州三龙工业有限公司董事长、总经理
	洪泰伟	男	中共龙文区朝阳镇委书记
	曾朝良	男	中共龙文区步文镇委书记
	蒋一婷	女	中共龙文区委书记
	蔡良国	男	中共龙文区委副书记、区政府区长
	潘良顺	男	龙文经济开发区有限公司总经理

第二节　镇级党代会

一、郭坑镇（公社、乡）党代会

1962年12月，郭坑公社召开第一次党代会。1965年、1970年10月、1973年10月和1984年9月，先后召开第二次、第三次、第四次和第五次党代会。历次党代会，听取和审议公社党委会的工作报告，选举产生新一届公社党委会组成人员，选举出席龙海县党代会的代表。

1987年10月，郭坑镇召开第六次党代会。1990年11月、1993年12月先后召开第七次、第八次党代会。历次党代会，听取和审议镇党委会的工作报告和纪委会的工作报告，选举产生新一届党委会和纪委会的组成人员，选举出席龙海县（市）党代会的代表。

1997年4月，郭坑镇召开第九次党代会（为设龙文区后首届党代会）。1999年9月、2002年9月和2006年5月，先后召开第十次、第十一次和第十二次党代会。历次党代会，听取和审议镇党委会工作报告和纪委会工作报告，选举产生新一届党委会和纪委会的组成人员，选举出席龙文区党代会的代表。

二、步文镇（公社、乡）党代会

1962年12月，步文公社召开第一次党代会。1965年、1970年10月和1984年9月，先后召开第二次、第三次、第四次和第五次党代会。历次党代会，听取和审议公社党委会的工作报告，选举产生新一届公社党委会组成人员，选举出席龙海县党代会的代表。

1987年10月和1990年11月，步文乡分别先后第六次和第七次党代会；1993年12月，步文镇召开第八次党代会。历次党代会，听取和审议乡（镇）党委会的工作报告和纪委会的组成人员，选举产生新一届党委会和纪委会的组成人员，选举出席龙海县（市）党代会的代表。

1997年12月，步文镇召开第九次党代会（为设龙文区后首次党代会）。1999年9月、2002年9月和2006年5月，先后召开第十次、第十一次和第十二次党代会。历次党代会，听取和审议镇党委会工作报告和纪委会工作报告，选举产生新一届党委会和纪委会的组成人员，选举出席龙文区党代会的代表。

三、朝阳镇党代会

1997年10月，朝阳镇召开第一次党代会。2000年10月、2003年4月和2006年5月，先后召开第二次、第三次和第四次党代会。历次党代会，听取和审议镇党委会工作报告和纪委会工作报告，选举产生新一届党委会和纪委会的组成人员，选举出席龙文区党代会的代表。

四、蓝田镇党代会

1997年12月，蓝田镇召开第一次党代会。1999年9月、2002年10月和2006年5月，先后召开第二次、第三次和第四次党代会。历次党代会，听取和审议镇党委会工作报告和纪委会工作报告，选举产生新一届党委会和纪委会的组成人员，选举出席龙文区党代会的代表。

第三章　重要会议与重大决策

第一节　区委全委（扩大）会议

一、第一届区委全委（扩大）会议

1996年11月至2002年2月，第一届区委全委（扩大）会议共召开21次会议。其中：

第一次会议　1996年11月27日召开，选举区委书记1名，区委副书记3人，区委常务委员会委员9人。

第六次会议　1997年10月17日召开。会议贯彻中共十五大和省、市委全体（扩大）会议精神，对全区贯彻落实十五大精神作出部署；听取区委书记陈庆元作《高举邓小平理论伟大旗帜，团结奋斗，艰苦创业，全面推进新区各项事业》报告，审议通过《中共龙文区委一届六次全会〈关于学习贯彻党的十五大精神的决议〉》。

第七次会议　1998年2月13日召开。会议总结建区一年来工作，研究部署1998年工作。听取区委书记陈庆元作《同心同德开好局，艰苦奋斗创新业》报告，审议通过《中共龙文区委〈关于加强党的建设三年规划〉的决议》《中共龙文区委关于龙文区〈社会主义精神文明建设三年规划〉的决议》。

第八次会议　1998年9月22日召开。会议贯彻省委六届八次全会和市委七届十次全会精神，总结建区一年多来干部队伍素质建设情况，部署进一步加强干部队伍素质建设目标任务。听取区委书记陈庆元作《大力加强干部队伍素质建设，为实现区首次党代会确定的战略任务努力奋斗》报告；审议通过《中共龙文区委关于依法治区的决定》。

第九次会议　1999年12月26日召开。会议贯彻中共十五届四中全会、省委六届十次和十一次全会、市委七届十三次全会精神；听取区委书记陈庆元作《大力实施科教兴区战略，加速龙文经济社会发展》报告，审议通过《中共龙文区委关于加快实施科教兴区战略的决议》和《中共龙文区委关于深化国有企业改革与加快民营经济发展的决议》。

第十次会议 2000年11月17日召开，贯彻中共十五届五中全会精神和省委六届十二次全会、市委七届十四次全会精神。研究“十五”期间龙文区加快发展、从严治党重大举措。听取区委书记陈庆元作《面向未来，加快发展，为建设现代化强区努力奋斗》报告，审议通过《中共龙文区委关于制定龙文区国民经济和社会发展第十个五年计划的建议》《中共龙文区委关于加快工业化进程的决定》和《中共龙文区委关于党要管党、从严治党若干问题的决定》。

第十一次会议 2001年5月16日召开。会议表决通过中共龙文区第二届党代会召开时间、会议议题、与会代表名额及代表产生办法。

第十九次会议 2002年2月7日召开，研究区二届党代会《工作报告》及相关事宜。

第二十一次会议 2002年2月21日召开。会议审议通过区二届党代会有关报告、草案及建议名单。

二、第二届区委全委（扩大）会议

2002年2月至2006年7月，第二届区委全委（扩大）会议共召开8次会议。其中：

第一次会议 2002年2月25日召开。会议选举区委书记1人，区委副书记3人，区委常务委员会委员9名。

第二次会议 2002年3月18日召开。会议讨论龙文区出席省党代会人选名单。

第八次会议 2005年12月28日召开。会议贯彻中共十六届五中全会、省委七届十次和市委八届十二次全会精神；听取区委书记陈庆元工作报告，审议通过《中共龙文区委关于制定龙文区国民经济和社会发展第十一个五年计划的建议》。

三、第三届区委全委（扩大）会议

2006年7月至2007年12月，第三届区委全委（扩大）会议（尚未满届）共召开5次会议。其中：

第一次会议 2006年7月19日召开。会议选举区委书记1人，区委副书记2人，区委常务委员会委员11名。

第三次会议 2007年2月3日召开。会议表决同意任命陈银花等13名镇、区直单位主要领导及研究其他事宜。

第五次会议 2007年12月10日召开。会议贯彻中共十七大精神，对落实科学发展观，加快龙文区工业化和城市化进程进行部署；听取区委书记蒋一婷所作工作报告；审议通过《中共龙文区委三届五次全会〈关于学习贯彻党的十七大精神的决议〉》。

第二节 重大决策

一、新区建设

1996年11月，在中共龙文区第一次代表大会上，区委根据中共漳州市委关于“漳州市区东移”的决策，确立“建设新城区，实现农村向城市、农民向市民两个转变”指导思想，提出“两年打基础，三年迈大步，五年成规模，把龙文建设成繁荣、文明、发达的现代化强区”的发展要求。1997—1998年，区委多次召开专题会议，审定新区建设规划方案，对规划区土地实行统一规划、统一征用、统一开发、统一出让、统一管理，采取“政府主导，市场运作”方法多方筹措资金，实现新区建设快速启动，全面推进。区委研究决定，由区政府于1997年8月、1998年4月和9月出台鼓励外商到龙文区投资兴办项目14条优惠政策、改善投资环境8条规定，以及重点建设项目管理18条规定。

2000年11月，区委、区政府作出《关于加快小城镇发展的意见》，强调位于城市规划区内的步文镇、蓝田镇，按照城市规划总体加快建设步伐；位于城市规划区外的郭坑镇、朝阳镇，以小城镇发展要求加快建设步伐，把城镇化与中心区建设有机结合起来。在小城镇建设中，做到“三个集中”（人口向小城镇集中，工业向工业园区集中，耕地向种田能手集中）、“五个结合”（新村建设与小城镇建设结合，工业园区规划建设与小城镇发展结合，市场建设与促进特色产业发展结合，小城镇建设与小城镇管理结合，小城镇各项事业协调发展与精神文明建设结合）。

2002年3月，成立以区委书记为组长的龙文区服务新区建设领导小组，下设办公室，加强对新区建设的统一组织、协调、指导工作。区委部署开展道路整治工作，组织城管、土地监察等部门，加大对主干道违章搭盖、占道经营、占道堆放或晾晒物品、乱贴乱画广告等行为的执法力度。同时，加强城市规划管理，打击违章抢建行为，为新区建设创造良好的外部环境。2003年，区委开展新区建设年活动，在全区上下形成“人人都来关心新区建设，人人都来支持新区建设”良好氛围。2004年，区委总结征地工作经验，规范征地行为，对征地拆迁实行统一规划、统一管理、统一征用、统一赔偿标准、统一赔付方式、统一先安置后拆迁、统一安排征地经费、统一解决历史遗留问题“八个统一”，化解大量群众性利益矛盾，加快新区建设进程。2005年，区委部署在全区范围内开展整治卫生环境“脏、乱、差”专项行动，营造良好的人居环境。

2006年7月，区委在中共龙文区第三次代表大会上，部署“一带五区”发展格局，推进城市化和城乡一体化进程。“一带”即环城北路以北工业集中带，要建设成全市新兴的制造业基地和高新技术产业区。“五区”即中心城区，要加快市、区两级行政中心建设，全面提升城市化水平；高尚商贸住宅区（指江滨路龙文段沿线及江滨路龙文段以北，迎宾路以南，九龙大道以东，龙文路以西区域），要开发建设高尚住宅楼、写字楼、大型商场等，建设成为辐射周边地区的商住中心；东部物流片区，要引进大型物流企业及其配套产业，构建城东物流聚集区；北溪旅游区，要以云洞岩景区为龙头，推动九龙江北溪旅游资源的整合、开发与建设，构建风景优美、配套完善的旅游观光和都市度假基地；北部郭坑镇区，大力推进二、三产业发展，完善镇区基础设施，带动新农村建设。2007年8月21日，区委、区政府作出《关于增强自主创新能力，建设创新型城区的决定》，坚持以科学发展观为统领，参与海峡西岸经济区建设，努力把龙文区建设成为工业经济发达、商贸物流兴旺、城市功能完善、都市气息浓厚、社会文明进步、生态环境优美的新城区。

至2007年，全区共完成固定资产投资114亿元，城乡水、电、路、通讯、商贸市场等重点基础设施基本配套，龙文区正在从原来的两个农村集镇发展成为市级政治、文化、教育、金融、商贸的新城市中心区。

二、工业立区

1997年，区委把加快工业化进程作为新区发展的主线，成立以区委副书记为组长的龙文区工业发展领导小组，下设办公室，加强对全区工业化进程的协调、指导工作。1998年10月，根据全区共有乡镇企业1649家、缴纳税收占全区财政收入70%以上实际情况，区委下达《关于促进乡镇企业发展的若干意见》，对企业实行“先征税后按一定比例返还”优惠政策，返还税款专项用于扩大再生产；对纳税大户给予表彰奖励；建立乡镇企业发展基金，鼓励乡镇企业上质量、上规模、上水平。同时，对现有3家国有工业企业，实行“一厂一策”改革措施进行改组。是年，区委在龙海县民营经济工业园步文镇片区基础上，创建龙文工业开发区，议决推迟党政机关大楼建设，将区大部分财力投建工业开发区。1999年5月，经省政府批准，龙文工业开发区升格为省级工业开发区。12月，区委召开全委（扩大）会议，通过《关于深化国有企业改革与加快民营经济发展的决议》，打破所有制和部门界限，“放宽投资主体、放宽投资领域”，放手放活发展民营经济，为龙文工业开发区发展创造条件。2000年11月，区委召开全委（扩大）会议，通过《关于加快工业化进程的决定》，确立“工业兴区”指导思想，走“兴工富民强区”发展道路。确定以发展非公有制工业为重点，以开发区、工业小区为载体，以改造传统产业为突破口，以实现产业转型升级为目标，着重发展规模工业和引进一批高新技术企业，构筑沿省道郊柏线向北延伸的工业走廊，加快吸引区外企业来落户，尽快形成新区北部工业发展聚集基地。扶优扶强一批重点私营工业，鼓励个体私营企业向竞争性领域、高新技术领域拓展发展空间，培育名牌。把推进信息化作为实现产业优化升级和加快工业化进程的重要环节来抓。建立重点项目、工业企业、开发小区的领导挂钩责任制，以及领导政绩挂钩的考核制度。

2001年2月，中共龙文区委出台加快工业发展20条规定。成立由建设、土地、工商、消防、环保、劳动等部门组成的企业审批办公室，对新办企业实行一条龙服务，简化审批程序；推行“收费登记卡”制度，坚决制止对企业乱收费、乱摊派、乱罚款“三乱”现象；在资产评估、土地使用、税费等方面实行优惠政策；区财政建立工业企业发展基金，专项用于支持企业开展技术改造和纳税大户的贷款贴息；金融部门加大对工业企业的扶持力度；对新办工业企业、发展规模工业、争创名牌、招商引资、扩大出口等实行奖励政策；鼓励党政机关、事业单位的干部职工和大中专毕业生到企业工作或兴办工业企业。2002年7月，漳州市经济工作会议提出“工业立市”战略，龙文区调整充实区工业发展领导小组，重新建立区党政领导班子成员挂钩重点建设项目制度。2003年5月，为加快“工业立区”战略步伐，区委、区政府出台《关于扶持保护第一批区重点企业的规定》，对列入龙文区第一批40家重点工业企业进行重点扶持和保护。这些企业可享受区财政工业发展基金。对其在申报科技贷款、高新技术产品认定、知识产权保护等方面，给予优先权；对其引进高素质人才，在评聘职称、调整档案工资、子女就学等方面，给予特殊照顾。

2004年，中共龙文区委根据中共漳州市委发展民营经济40条政策，修订《龙文区关于进一步加快工业发展的若干规定》，全方位支持民营工业发展，区五套领导班子成员分工挂钩，对45项民营重点项目进行跟踪考察，做好引导与服务工作。2006年，区委将蓝田工业开发区、龙文区工业开发区整合为漳州蓝田经济开发区，调整用地规划，增加工业用地，拓展工业发展空间，在全区形成“一线”（工业为主线）、“两区”（龙文和蓝田工业开发区）、“四片”（朝阳、打山、红山、郭坑工业片区）的工业发展格局。同时，加大招商引资力度，特别是出台鼓励台商投资与扶持台资企业发展的若干优惠政策和规定。对于进入蓝田经济开发区、龙文工业园区的台资工业项目，在用地指标上给予优先保证。对投资额大、效益好、税收高、污染小的台资大项目好项目，给予优惠。区委实施品牌战略，成立创品牌工作领导小组，完善创品牌季度联席会议制度，制定《龙文区2006—2010年品牌发展规划》，实施创建品牌奖励机制。

2007年，全区工业企业2500多家，其中规模工业企业167家，形成食品罐头加工、家具木材加工、机械五金制造、电子仪器制造、建筑材料生产、粮食加工六大支柱产业，创建国家和省级名牌产品18项、漳州市知名产品26项。工业税收3.08亿元，占区财政总收入52.02%。

三、科教兴区

1996年10月，在中共龙文区第一次代表大会上，区委提出实施“科教兴区”战略，促进科技、教育与经济紧密结合。1997年，区委制定《龙文区科技发展“九五”规划》，当年8月23日召开龙文区教育工作会议，强调坚持教育为本，把教育放在优先发展战略地位，区、镇每年教育费投入要按比例与财政增长同步，完善教育设施。2001年12月26日，区委召开全委（扩大）会议，审议通过《中共龙文区委关于加快实施“科教兴区”战略的决定》，提出把科教工作列入各级领导任期目标责任制，作为考评领导干部政绩的一项重要内容。提出在“十五”（2001—2005年）计划期间，深化科技、教育体制改革，加快发展民营科技企业，鼓励发展多种办学形式，建立与社会主义市场经济体制相适应的、符合科技、教育发展规律的体制和运行机制；提高企业技术创新能力，改造传统产业，用高新技术武装支柱产业和重点企业，一般企业、重点企业和高新技术企业要分别按当年销售收入的1.5%、3%和5%以上提取技术开发经费，用于企业技术创新；区、镇两级科技支出占同级财政支出的比例要达到3%以上，其中科技三项费用（新产品试制费、中间试验费、重要科学研究项目补助费）支出要高于1.5%。运用高新技术改造传统农业，以建立城郊型高优农业为目标，加快农业转型升级步伐。全面推进素质教育，巩固提高“两基”水平，进入教育强区先进行列。区级财政支出中，教育经费支出所占比例逐年提高1.5个百分点以上；加快人才队伍建设，搞好人才和智力引进，对引进紧缺、急需的高层次人才，在工资、福利、职务、职称、科研经费及子女就学等方面提供优惠保证。设立“科教兴区”贡献奖、科技进步奖，重奖有突出贡献的人才。2004年4月21日，成立由区委书记任组长、区长任第一副组长的龙文区科技工作领导小组，下设办公室；各镇配任科技副镇长，各村配任科技副村长。11月，区委聘请化工、机械、电子、建筑、农业、医疗、教育等产业的专家、教授12人，成立“科教兴区专家组”，发挥其在实施“科教兴区”战略中的智囊团和技术后盾作用。2005年，区首次通过国家科技部2003—2004年度全国科技进步考核，并获福建省科技进步先进区称号。

2006年，区委贯彻国务院《全面科学素质行动计划纲要（2006—2010—2020年）》、中国科协《关于进一步加强农村科普工作的意见》，以提高全民科学文化素质为目标，制定科普惠农计划，实施科技项目带动工程工作。2007年8月，区委作出《关于增强自主创新能力，建设创新型城区的决定》，从政策环境、工作机制、人才资源开发、经费投入、管理体系建设等方面，为科技发展创造条件。

2007年，区委以龙文区被科技部授予“2005—2006年度科技进步考核先进县（市、区）”称号为契机，把参加全国科技进步考核、争创科技进步示范单位，作为增强科技创新能力和综合竞争力的有效载体，完善各级党政领导科技进步目标责任制，建立科技专项奖励基金和专利奖励制度。

四、依法治区

1998年9月，区委在一届八次全体会议上审议通过《中共龙文区委关于依法治区的决定》，要求各级各部门严格依法行政，建立健全行政管理公示制度，严格实行行政执法责任追究、行政复议、损害赔偿制度。坚持公正司法，加强执法监督，建立健全法律服务网络和执行监督机制，优化社会法制环境。区委成立依法治区领导小组；发出《关于认真落实各级领导维护稳定工作责任制的通知》，要求各地各部门凡发生重大刑事案件、重大治安灾害事故、重大群体性事件（包括苗头），必须在两小时内报告区委、区政府。各级党政主要领导应到现场指挥，妥善处置。凡工作失职、处理不力而引起严重后果的，要追究领导人和直接责任人的责任。2001 年，开展为期 2 年 "严打" 整治斗争工作，区委制定《龙文区 "严打" 整治斗争工作意见》，把开展 "严打" 整治斗争作为 "依法治区" 的重要环节。

2004 年 6 月 14 日，区委召开全区建设 "平安龙文" 动员大会，制定《关于建设 "平安龙文" 的实施意见》，提出在全区创建 5 种环境，即安定团结的政治环境、平安稳定的治安环境、健康有序的发展环境、安全规范的生产环境、和谐舒适的生活环境。要求通过 5 年创建，使全区 4 个镇、1 个开发区达到 "平安镇（区）" 标准。2005 年，区委以龙文区被确定为全省首批争创平安建设达标单位为契机，于 4 月 29 日召开全区动员大会之后，8 月 26 日又召开区五套领导班子扩大会议，专题部署在全区开展全民法制宣传教育，开展平安乡镇、平安校园、平安社区、平安企业、平安单位、平安家庭、平安大道、平安道口、平安工地、平安景区 "十创" 活动。12 月，龙文区平安建设顺利通过省委、省政府达标验收，成为全省首批 "平安县（市、区）"。2006 年，区委制定《关于 "十一五" 期间深入开展 "平安龙文" 建设的实施意见》，推进 "平安龙文" 创建活动向纵深发展。12 月，区委、区政府召开全区 "四五" 普法总结表彰和 "五五" 普法启动大会，开展 "民主法治示范村" 创建活动。2006 年和 2007 年，龙文区连续保持全省平安创建达标区称号。

第四章 组织建设

第一节 中共党员队伍建设

一、发展党员

中华人民共和国成立初期，区境党组织在龙溪县委领导下，贯彻 "积极慎重" 和 "发展一批、巩固一批" 建党方针，发展中共党员。1955 年，区境中共党员共有 679 人。1960 年，在龙海县委领导下，区境党组织根据 "更加严肃慎重" 建党方针，吸收新中共党员。1962 年，中共党员有 744 人，其中步文公社中共党员 620 人（女中共党员 38 人）、郭坑公社中共党员 124 人。1965 年，步文公社中共党员增至 634 人，其中正式中共党员 626 人、预备中共党员 8 人。中共党员中，31 岁以上 506 人，30 岁以下 128 人；初中以上文化程度 34 人。1969 年 8 月，进行 "吐故纳新"，突击发展一部分中共党员。1973 年，中共党员有 1084 人，其中步文公社中共党员 863 人（女中共党员 71 人）、郭坑公社中共党员 221 人。

1977 年，对在 "文化大革命" 中突击发展的党员进行清理整顿，并坚持 "积极慎重" 建党方针，着重在知识分子、妇女和农村专业户、重点户、联营户中发展新党员。1985 年，步文乡党员增至 1567 人，郭坑镇党员增至 331 人。1985—1987 年，根据中共中央关于整党的决定，步文乡和郭坑镇在乡镇机关、企事业单位和村级党组织中，分批开展整党工作，重新登记党员，并吸收优秀积极分子入党。1988 年，按照 "坚持标准，保证质量，改善结构，慎重发展" 原则，发展新中共党员。1993 年，中共党员有 2038 人，其中步文镇党员 1668 人（女党员 108 人）、郭坑镇党员 370 人。1996 年，中共党员有 2470 人。

1997 年，区委遵照 "坚持标准，保证质量，改善结构，慎重发展" 建党方针，适当加快发展中共党员步伐，全年发展中共党员203人。1999年，实行发展中共党员公示制度和季度考评办法，全年发展中共党员166人。2000年，实行发展中共党员预审制度，重点做好优秀青年和年轻妇女发展党员工作，并注重在新经济组织和流动人员中发展中共党员，全年发展中共党员100人。2002年，制定《关于试行发展中共党员“票决制”的意见》，在郭坑镇试行“票决”发展中共党员。此后，在全区全面推行，确保党员质量。1997—2007年，全区共发展中共党员1325人。

2007年，全区中共党员4181人，其中女党员714人，占17.08%；高中及以上学历的党员占49.1%，比1997年增加17.9个百分点。

1997—2007年龙文区中共党员情况表

表5-4-1

年份	合计	其中								
		女性		年龄结构		文化结构				新发展党员（人）
		人数	比例（%）	35岁以下（人）	比例（%）	初中及以下（人）	比例（%）	高中及以上（人）	比例（%）	
1997	2799	253	9	730	26.1	1925	68.8	874	31.2	203
1998	2922	304	10.4	790	27	1964	67.2	958	32.8	127
1999	3068	341	11.1	858	28	1949	63.5	1119	36.5	166
2000	3164	374	11.8	924	29.2	1940	61.3	1224	38.7	100
2001	3236	415	12.8	1012	31.3	1945	60.1	1291	39.9	105
2002	3367	451	13.4	1076	32	1969	58.5	1398	41.5	101
2003	3496	480	13.7	1111	31.8	2039	58.3	1457	41.7	70
2004	3636	511	14.1	1214	33.4	2025	55.7	1611	44.3	112
2005	3814	560	14.7	1301	34.1	2079	54.5	1735	45.5	133
2006	4057	642	15.8	1443	35.6	2133	52.6	1924	47.4	104
2007	4181	714	17.1	1348	32.2	2128	50.9	2053	49.1	104

二、党员教育管理

1953—1957年，各党支部组织中共党员学习党的基本知识和党在过渡时期总路线，对党员进行爱国主义和共产主义理想教育。1960—1962年，组织中共党员学习建设社会主义总路线，教育党员发扬艰苦奋斗革命精神。1963—1965年，各党支部结合面上社会主义教育运动，对中共党员进行阶级教育和社会主义思想教育。

“文化大革命”期间，在“左”倾错误影响下，党内生活不规范，党员思想被搞乱。

1979年起，各党组织贯彻中共十一届三中全会以后的路线、方针、政策，组织中共党员学习《关于建国以来党的若干历史问题的决议》《关于党内政治生活的若干准则》，学习有关农村联产承包责任制政策和农业科技知识，引导党员清理“左”的影响，拨乱反正，解放思想。1984—1986年，各级党组织以中共党员培训班形式，在党员中加强党性、党风、党纪教育。郭坑镇举办中共党员骨干培训班12期，参训84人次；中共党员培训班8期，参训2320人次。1988年，步文、郭坑党委以乡镇党校为阵地，以电化教育的形式，以党的基本理论、基本路线、基本知识为主要内容，加强中共党员教育。步文乡举办4期中共党员培训班，有党员和党外积极分子1850人次参训；举办 12 场电化教育，中共党员和党外积极分子 1716 人次受教育。1988—1990 年，郭坑镇举办 6 期中共党员培训班，参训党员 2235 人次；举办 47 场电化教育，中共党员和党外积极分子有 13100 人次受教育。1991 年，各级党组织健全支部生活会和学习制度，组织中共党员学习中共十四大文件和邓小平理论，进行中国共产党的宗旨和党性再教育。1995—1996 年，步文镇党委以镇党校为阵地，2 年中举办 2 期村两委 250 人参加的中共党员干部党训班，2 期镇直机关中共党员 250 人参加的党训班，4 期农村中共党员 1195 人参加的党训班，集中学习建设有中国特色社会主义理论，学习新党章，学习中共十四届四中全会决定，结合学习法律知识和实用科学技术知识等。

1997 年，全区各级党委组织中共党员学习中共十五大文献，共举办专题讲座 28 场，党员参学率 95%。在全区党员干部中，开展以讲学习、讲政治、讲正气"三讲"为主要内容的党性党风教育和"当公仆，办实事"活动，组织党员收看党员教育片《半个世纪的追求》和学习曾潮州先进事迹。1998 年，举办 1995—1997 年加入中国共产党的新党员培训班 7 期，参训党员 517 人；举办中共党员干部读书班 7 期，参加 760 多人次；举办入党积极分子培训班 7 期，参训率 100%。对中共党员学习和活动推行学习卡、活动卡"双卡"管理制度，全区共发放"双卡"近 3000 份，中共党员人手一份。加强流动中共党员管理，试行外来党员集中登记、挂靠管理、定期活动做法。1999 年 7 月 1 日前夕，成立区中共党员电化教育中心，推动全区党员电化教育。"七一"期间，各基层党委、党支部开展"为党旗添光彩，为群众办实事""党员奉献日"等主题活动。

2000 年，全区各级党组织开展"三讲"教育，基本达到"思想上有明显提高，政治上有明显进步，作风上有明显转变，纪律上有明显增强，工作上有明显推进"的目标要求。各基层党组织坚持"双卡"制度，开好组织生活会，开展民主评议党员活动。同时，摸清流动党员的状况，抓好流动党员教育管理。2001 年，各基层党组织开展"三个代表"重要思想学习教育活动。全区共召开各级学习报告会议 110 场次，印发宣传提纲 2400 份，发放调查问卷 340 份。结合庆祝中国共产党成立 80 周年，全区举办专题文艺晚会、入党积极分子培训班、中国共产党的基本知识竞赛和演讲比赛等纪念活动，使广大党员接受教育，增强党性。区委召开中国共产党成立 80 周年纪念暨表彰大会，有 17 个先进基层党组织、5 个农村"五星级"党支部、88 名优秀共产党员、12 名党务工作者和 5 名优秀农村党支部书记受到表彰。翌年，各级党委组织督查组进行"三个代表"重要思想学习教育活动回访复查，共回访 400 多人次，巩固"学教"活动成果。同时，走访 600 多户，征求群众意见 200 多条，由各单位开展自查自纠，研究制定有针对性的整改方案与措施。2003 年，以农村基层党组织"五级核心网络"建设为载体，结合村级组织换届选举，对广大中共党员进行一次民主集中制和党性党风再教育。

2004 年，开展第一批保持共产党员先进性教育活动，组织党员学习谷文昌、郑忠华和区建设局干部许全喜等先进事迹。结合庆祝中国共产党成立 83 周年，在全区组织开展"七个一"系列活动，即举行一场庆祝大会和文艺会演，举办一场"党内法规"知识竞赛，召开一场理论研讨会，开展一次义务劳动，开办一期入党积极分子培训班和新党员入党宣誓，播放一系列电教影视片，组织一系列慰问活动等，对党员进行党性党纪党风的再教育。2005 年，结合开展第二批中共党员先进性教育活动，全区 4 个镇党委、3 个党总支部、73 个党支部、1040 名中共党员按照区委的统一部署，以"听民声解民忧暖民心，当先锋强素质促发展"为主题，开展中共党员先进性教育活动。区委组织部依托龙文政务网，开办"党员电化教育专栏"，做到全区党员电化教育与保持共产党员先进性教育活动在网上同步开展。制作蓝田镇党委争创"五好"镇党委活动纪实电视专题片《三步曲奏响和谐发展强音》在市电视台播出，并组织全区党员收看。2006 年，结合开展第三批中共党员先进性教育，在区政务网上继续做好党员电化教育专栏的更新工作，利用《保持共产党员先进性》专栏不断加大宣传龙文党员及基层党组织先进事迹。区委组织部与区广电中心制作专题片《党旗飞扬——记漳州市龙文区建设系统党总支》，被推荐参加全省第十届党员电教片观摩评比。

2007年，中共龙文区委突出抓好党中央4个“长效机制”文件的学习贯彻。将4个文件印发到各基层党委，组织委员学习讨论，并与中共十六届六中全会、十七大精神有机结合起来同学习、同贯彻。全区举办8期专题培训班，发放宣传学习材料3000多份，下发中共党员电教片54片，累计播放电教片1322场，组织30969人次收看。区委完善党建工作新机制，对机关、企事业中共党员实行岗位目标管理；对农村中共党员实行定岗位、定职责、定目标、定考核、定奖惩的“五定”管理；对非公有制经济组织党员开展“争创一流业绩”等主题实践活动。同时，加强下岗失业中共党员、离退休干部中共党员管理。

第二节 领导班子建设

中华人民共和国成立至1996年，区境各级领导班子由龙溪县委、龙海县（市）委选拔配备。

1997年，区委选拔配备各级领导班子成员，加强领导班子建设，选拔任用科级干部106人，其中区直66人，各镇40人；正科级40人，副科级66人，平均年龄38.4岁（有6名30岁以下）；大专以上文化程度76名，占71.7%。1998年，区委制定《关于科级干部选拔任用工作的实施意见》《关于明确干部管理权限，加强干部宏观管理的意见》，选拔任用科级干部27名，11名科级干部由非领导职务转为领导职务，13名科级干部调整工作岗位。1999年5月，对4个镇科级干部进行全面考察，并对新一届镇领导班子进行全额推荐，为配齐配强镇领导班子提供可靠的依据。新一届镇党政领导班子配备42名，平均年龄34.52岁。各领导班子均配备1名女干部（其中有1名担任镇长）。同时，以镇换届为契机，推进全区领导干部上下交流和横向交流，有3名区直科级干部到镇交流任职，有5名乡镇科级干部调整到区直机关任职，有29名科级干部在区直机关和各乡镇间横向交流。2000年，对全区各镇及区直机关145名科级干部进行全面跟踪考核。建立科级干部家属谈话制度，强化对科级干部“八小时”以外的监督。建立股级干部任前公示制度，增强干部选拔任用工作透明度。对后备干部进行岗位轮换，选派年轻干部到机关、基层挂职锻炼。2001年，抽调6名干部配合市委考察小组开展对区纪委常委、区法院副院长和区检察院副院长的换届考察。2002年，按照干部队伍“四化”方针和德才兼备原则，做好新一届区委委员、纪委委员和人大、政协常委候选人考核工作。

2003年，实行区直单位全员参加、各镇全额推荐、扩大署名推荐面、所在单位公示、组织部门公示的“两全一扩双公示”模式推荐区管后备干部，全区各单位、系统共推荐科级后备干部候选人250名，经过遴选，有63名干部被确定为区管副科级后备干部。2004年，加强选调生管理工作，通过实行“双岗工作制”使选调生能在做好本职工作的同时得到多方面的锻炼，当年有两名选调生被提拔为副科级干部。采取“高挂”锻炼干部举措，下派13名副科级后备干部到任务重、难度大、困难多的镇、开发区一线挂职锻炼。区委制定《中共漳州市龙文区委关于坚持和健全民主集中制的若干意见》，区委组织部配合区纪委组成督查组，对各镇、开发区、区直各单位进行“集体领导制度”专项督查，派工作组进行协调解决。2005年，再次组织全区干部职工对区管后备干部进行民主推荐，有93名干部被确定为区管副科级后备干部。

2006年，做好区第三次党代会各项工作，选举产生29名新一届区委委员、5名候补委员、15名纪委委员和15名出席漳州市第九次党代会代表。抽调人员对各镇领导班子及全区200名科级干部和12名挂职干部进行全面考察，完成镇党委换届选举工作。新一届镇党委领导班子成员31人，平均年龄39.2岁，其中大学学历14人，大专学历13人，女干部2人。

2007年，做好区直单位领导班子调整配备工作和乡镇领导班子的个别调整充实。全区新提拔正科级干部28人、副科级干部27人，同级调整交流干部85人。

第三节　基层党组织建设

一、农村党组织建设

中华人民共和国成立后，区境农村党组织先后在龙溪县委、龙海县（市）委领导下，不断发展壮大。“文化大革命”期间，党组织受冲击而处于瘫痪状态。“文化大革命”后，通过拨乱反正，开展整党，建立完善“三会一课”、党员目标管理、民主评议党员等党内民主生活制度。同时，开展创建先进党支部、先进党小组、优秀共产党员活动。1989年，郭坑镇党委表彰3个先进党支部、8个先进党小组、38名优秀共产党员、3名先进党务工作者。步文镇蓝田村党支部、后坂村党支部和郭坑镇扶摇村党支部被龙海市委授予“1995—1996年度先进基层党组织”称号。

1997年，村级组织进行换届选举，全区有1600多名中共党员参加民主测评、推荐村干部，调整村党支部书记17个，占总数39.5%，新进党支部委员49人，占总数38.6%。换届后村支委平均年龄40.9岁，比上届下降3.75岁。其中，35岁以下30人，占总数16.1%；高中文化程度33名，占总数17.2%；初中文化程度111名，占总数59.1%。团支书进入村两委班子占93%，妇联主任进入村两委班子占90%。区委制定《关于在全区农村基层组织中深入开展“学美岭、创五好”活动的实施意见》，组织全区镇党委书记、村党支部书记参加全市“百镇千村”学美岭知识问答；并组织到平和县坂仔镇西坑村参观取经。全区评选小港村、石仓村、院后村等先进典型，郭坑镇党委被评为漳州市先进党组织。是年，对4个后进村进行整顿，由5位处级领导干部挂钩和4位乡镇领导干部、7个科局部门、12个乡镇部门直接挂钩结对，从区直机关、各镇抽调17名干部进驻后进村，并组织“亿元村”与“后进村”结对，共调整3名村党支部书记、3名村委会主任。全区41个农村党支部中，一类党支部占85%，消灭三类党支部。在全区农村党组织中开展“塑形象，聚民心”活动，创立“党内扶贫，党外献爱心互济会”，区级1个，镇级3个，村级21个，筹集资金7万多元，帮助贫困党员63人，帮扶项目62项。全区41个村党支部为民办实事156件，村两委挂钩贫困户153户，村党支部书记、村委会主任入户访贫问苦900家，中共党员“一帮一”扶贫结对子380对。

1998年，在全区开展争创班子好、干部队伍好、致富路子好、制度好、作风好、工作格局好“六好”乡镇党委、争当优秀乡镇干部的“双争”活动。建立镇领导与村（居、场）干部谈话制度。对7个村“两委”成员进行调整充实，并在农村党支部书记中广泛开展“增素质，创一流，当公仆，办实事”活动。1999年，区委与基层党委签订党建目标责任书，下发《1999年龙文区基层组织工作重点内容推进表》，促进“双争”活动深入开展，蓝田镇党委被评为市级“六好”乡镇党委。区委组织部制定“五好”村党支部5个方面22条38项的考评标准，在全区村级党组织中开展“创五好，争一流”竞赛活动。

2000年，开展村级组织换届选举工作，全区新一届村党支部班子文化程度明显提高，年龄结构得到改善，高中以上文化程度有51人，占28.8%，比上届提高11.6个百分点；35周岁以下的有39人，占22%，比上届提高5.9个百分点，且以中青年为主。在学习借鉴云霄县“三级核心网络”建设基础上，开展农村基层党组织“五级核心网络”建设，即镇党委—镇工作队—村党支部—村党小组—党员五级核心网络工作制度。全区完成换届选举的39个村党支部全部推行“五级核心网络”建设工作，占总数95%。2001年，开展争创“六星级”镇党委和“五星级”村党支部评比验收，评定朝阳镇党委会为“六星级”镇党委、蔡坂村党总支和步文镇石仓村、朝阳镇浦口村、登科村、郭坑镇院后村为首批“五星级”村党支部。对每个镇随机抽查两个村，对部分网区、网站、网点工作情况进行抽查，确保网络建设更具针对性和实效性。

2002年，完成镇党委换届选举工作，4个镇党委班子成员平均年龄36.4岁，比换届前下降2.4岁；35岁以下16人，占44.4%，比换届前增6.5个百分点。4个镇党委班子成员中，大专以上文化程度23人，占63.9%，比换届前增加9人，比增15.6个百分点；其中本科12人，占33.3%，比换届前增加8人，比增19.5个百分点。2003年，完成村级组织换届选举工作，新一届党支部委员中，高中以上文化程度有65人，占37%，比上一届提高8.2个百分点；初中以上文化程度有102人，占58.2%，比上一届提高2个百分点；35周岁以下42人，占24.1%，比上届提高2.1个百分点。党支部书记高中以上文化程度有21人，占54%，比上届提高23.3个百分点。区委组织部制定下发《关于做好政治学习、驻镇考勤和基层组织建设考评工作的通知》，以效能建设为突破口，建立健全党支部向村委会通报工作制度、村委会向党支部请示汇报工作制度、村两委联席会议决策制度、村党支部与村委会等组织双向评议制度。

2004年，区委制定《关于开展评选“五好”村党组织活动的工作意见》《龙文区“五好”村党组织考评细则》。“五好”村党组织即好班子、好队伍、好路子、好体制、好制度。蓝田镇党委实施“三个加”（党委+工业园区、支部+工业小区、党员+民营企业），推进“五好”乡镇党委创建活动，10月被市委组织部确定为“五好”镇党委联系点。全区还培育梧桥村、田丰村、浦口村、院后村4个“五好”村党组织联系点。各党支部开展“民主评议村干部”活动，通过评议，增强村干部的责任感和使命感。2005年11月，全区“三级核心网络”建设全部完成，比市委组织部计划完成时间提前半年。共设置网区43个，网站168个，网点866个，联系网络户9068户（占农户总数32.7%），入网党员数1408名，占农村党员总数59.5%。当年，贯彻省委组织部《关于开展村务决策听证工作的意见》《福建省村务决策听证办法》，全区共有25个村开展村务民主听证工作，占全区村数60%。2006年，开展争创“五好”乡镇党委、“五好”村党组织活动。

2007年，全区有15个村参与村级组织活动场所建设，列入省规划建设2个试点村竣工投用，后续建设13个村中有3个村投入使用，3个村完成主体建设，7个村进行前期筹备工作。全区42个村推行村务公开民主管理工作，100%开展村务民主听证。

二、机关党组织建设

1998年，开展以“树典型，正作风，创五好”为内容创建机关党建工作先进单位活动，建立健全党支部和党员目标管理责任制、民主评议党员制度。2000年，机关党工委召开全区机关党建工作交流会，总结推广区检察院、财政局、国税局、地税局等单位抓好机关党建的好经验，发挥典型的示范带动作用。2001年，根据《中国共产党和国家机关基层组织工作条例》，机关党工委制定《龙文区直机关基层支部建设的若干规定（试行）》，规范支部工作制度。各党支部普遍完善党员学习机制、教育培训机制、管理监督机制及组织建设机制、党员发挥作用机制和激励保障机制。2002 年，机关各党组织以学习贯彻“三个代表”重要思想为契机，创建机关党建工作先进单位活动。2006 年，根据省委组织部和省直机关党工委《关于开展全省机关党的建设“三级联创”活动的意见》，区委组织部和机关党工委联合制定实施意见，在全区机关中开展以创建机关党建工作先进单位为主要内容的创先活动。

2007 年，区直机关建立 4 个党总支部，50 个党支部，评选 27 个党建工作先进单位。

三、企业党组织建设

1997 年，采用“挂、靠、联”等形式，建立龙文区人造板有限公司党支部、龙文区工商支行党支部、漳州财产保险（龙文）党支部、朝阳镇经联社党支部 4 个新经济组织党支部。1998 年 5 月，区委组织部在郭坑镇召开全区新经济组织党建工作现场会，通过郭坑搬运站党支部典型示范，推动新经济组织党建工作开展；12 月，全区成立新经济组织党支部 12 个，新发展中共党员 28 人。龙文合成氨厂党建工作进行规范化试点，国有企业完成党组织换届选举。1999 年，围绕“加强非公有制经济组织党建，促进非公有制经济增长”主题，采取“一定三包四同步”（制定工作方案；区委组织部与各镇党委组织委员各包一个镇村、包创建一个非公有制经济组织党支部、包发展一名新党员；上报审批项目与设置党组织同步提出、招收员工与调配党员同步进行、下派企业协助人员与党组织领导同步确定、企业生产规模与企业党组织建设同步发展）措施，新成立非公有制经济组织（以下简称“非公企业”）党支部 5 个，发展新中共党员 6 人。2000 年，在国有企业党组织中建立下岗党员职工花名册和跟踪回访制度，使下岗党员“离岗不离党”。在“非公企业”党组织中开展“创六好”活动，并继续推行“一定三包四同步”的做法，创造条件扩大覆盖面。至 2004 年，全区“非公企业”有 34 家建立党组织。其中，从业人员 100 人以上的有 7 家，组建率 43.8%；从业人员 50 人以上的有 6 家，组建率 64.3%。2005 年，新建立 6 家“非公企业”党支部，发展党员 12 人。2006 年，采取“建、联、挂、靠、升”等组建方式，灵活设置“非公企业”党组织，加大发展党员力度。健全“一挂一联一派”的领导机制，开展非公有制企业党员挂牌上岗活动及争当科技攻关尖兵、争当开拓市场先锋、争当管理决策参谋、争当发展企业文化模范、争当守信经营表率的“党员五争当”活动，并实行把生产技术骨干培养成党员、把党员培养成生产技术骨干、把党员生产技术骨干培养成企业管理人才的“三培养”制度。共发展中共党员 24 人，其中 9 名生产技术骨干入党，有 5 名党员生产技术骨干被提拔为企业中层管理干部，有 8 名普通职工党员成为新的生产技术骨干。

2007 年，实施“非公企业”党组织组建率 100%、单独组建率 100% 工程。确定双飞日化党支部和东宝人造板党支部作为市级“非公企业”党建工作示范点，和成制罐等 7 个党支部为区级“非公企业”党建工作示范点。在“非公企业”中开展“比服务当先锋、比奉献促发展”等一系列主题实践活动。全区共新建 17 家规模以上“非公企业”党支部，实现党组织全覆盖，单独组建率 100%。

四、社区党组织建设

2002 年，按照《福建省城市社区建设纲要（试行）》要求，区委组织部下发《关于区直属单位党组织和党员支持参与城市社区党建工作的若干规定》，建立党员参与社区党建工作机制。2005 年，建立健全社区党支部民主决策、民主监督、党建工作协调机构运行、党员联系群众为民服务、党员教育管理制度。同时，对下岗职工党员和流动党员做到管理数据化、宣传教育普遍化；对离退休党员主要是通过加强服务、党员联谊会及组织老年活动等方式进行，做到寓教于乐，发挥老党员余热；对社区内新经济组织和新社会组织主要是采取做思想工作，不断提高党组织覆盖面。对于非公有制经济组织和中介机构，具备条件的建立独立的党支部，对于党员数量少或暂无党员的非公有制经济组织，通过联建、挂靠等方式组建党组织。

2007年，全区建立社区党支部6个：步文镇天亭社区党支部、郭坑镇新街社区党支部、步文镇浦东社区党支部、蓝田镇景山社区党支部、朝阳镇朝兴社区党支部、蓝田镇鹤鸣社区党支部。

第五章　宣传教育

第一节　理论学习

1997年，龙文区委开展以“三讲”（讲学习、讲政治、讲正气）为主要内容的思想教育；以迎接香港回归祖国为契机，深化爱国主义教育。组织150名干部听取“香港回归与香港基本法”专题讲座。区委召开全委（扩大）会议，专题制定贯彻中共十五大意见，并形成决议。区委宣传部举办2期理论骨干培训班，对中共十五大精神进行辅导。1998年，根据《中共中央关于在全党深入学习邓小平理论的通知》和省委、市委贯彻意见，各级党委举办处级干部读书班、科级干部培训班、中共党员轮训班、村主干培训班，组织干部学习邓小平理论和中共十五大精神。1999年，结合庆祝建国50周年和纪念“五四”运动80周年，组织“辉煌灿烂50年”巡回报告会4场，听众6000多人次。组织形势教育报告团，深入中小学校作巡回报告20多场，师生12000多人次接受教育。

2000年上半年，在区五套领导班子成员中开展为期2个月“三讲”学习教育；下半年，在全区干部中开展以“三个代表”重要思想为主要内容的“当公仆，讲奉献，建新区”教育活动。组织形势报告团到48所中小学校巡回报告190多场，听众4.8万人次。2001年，继续在区直机关、镇、村干部中，开展“三个代表”重要思想的学习教育活动。组织各级干部参加专题辅导讲座，收看专题辅导报告电教片，人人做好不少于1万字的学习笔记和撰写不少于3篇的心得体会。

2002年，区委理论学习中心组把江泽民总书记在中央党校讲话纳入学习计划，把思想和行动统一到讲话精神上来。区委理论学习中心组邀请市委讲师团作中共十六大报告的学习辅导；中心组成员深入到挂钩村、镇、单位，宣讲中共十六大精神。2003年，举办1期科级干部培训班、1期理论骨干培训班、1期干部依法行政培训班、2期干部学习“三个代表”重要思想培训班，学习中共十六大精神和“三个代表”重要思想。开展“学习十六大”“学习新党章”专题知识竞赛、演讲比赛等活动。

2004年，区委组织干部学习中共十六届四中全会文件、胡锦涛总书记在中纪委三次会议上讲话，以及《中华人民共和国行政许可法》《中华人民共和国宪法修正案》。在学校，利用国旗下的讲话、主题班会、板报评比等形式，学习“三个代表”重要思想。2005年，区委宣传部、组织部联合举办8场学习讲座，邀请市领导、专家进行学习辅导，听讲干部2000多人次。中共十六届五中全会召开后，区委及时举办领导干部学习研讨班，组建宣讲团，在全区巡回宣讲50

多场，直接听众 7200 多人次。

2007 年，组织全区干部学习胡锦涛总书记在中央党校讲话、中共十六大以来创新理论。区委邀请集美大学政法学院教授杨贵华作《树立科学发展观，构建和谐社会》专题辅导报告，各镇、开发区和区直各单位干部 150 多人参加报告会。中共十七大召开以来，各级党委、各单位通过召开座谈会、举办专题报告会和学习讲座，学习中共十七大精神。区委召开贯彻中共十七大精神动员大会，全区各级党组织召开 60 多场（次）学习座谈会。区委宣传部组织理论骨干组成“十七大精神宣讲团”，深入机关、农村、社区、学校宣讲 8 场，听众 1000 多人。

第二节　社会宣传

1997 年，区委宣传部围绕中共十五大召开、中华人民共和国成立 48 周年和香港回归祖国等大事，组织开展系列宣传活动，包括举办“迎回归”演讲比赛、“工行杯”香港基本法知识竞赛、“迎回归”文艺晚会、“庆十五大、迎国庆”大型文艺晚会等。配合龙文新区建设，在全区城乡开展“知我龙文、爱我龙文、建我龙文”“我为新区献良策”宣传教育活动。配合创建省级卫生城市，举行“创建迎宾大道文明样板路”万人签名仪式。1998 年，围绕新区发展目标，开展“落实十五大，回顾二十年，再创新业绩，迈向新世纪”宣传教育活动。在龙文有线电视台开辟“展望 98 创新业”“来自重点工程的报道”“再就业工程”等专栏，拍摄一部反映改革开放 20 年来特别是建区以来龙文建设成就专题片《崛起》，在市电视台和区有线电视台播出。

1999 年，区委召开“五四”运动 80 周年纪念暨表彰大会，宣传部门组织举办“龙文风光”摄影展、“龙文共青团风采”板报展、“工行杯”建国 50 周年辉煌成就知识竞赛、“爱我中华，爱我龙文”摄影美术书法展、建国 50 周年歌舞暨焰火晚会等，在龙文有线电视台播出《青年文明号巡礼》《新区礼赞》《政协委员风采录》《在飘扬的党旗下》等专题报道；并组织参加全市的“辉煌 50 年成就”展、“共和国万岁”歌咏大会、“祖国颂”文艺晚会、“奔向新世纪”文艺踩街活动。为迎接澳门回归，举行迎澳门回归设置百日倒计时牌仪式，举办“祖国的澳门”知识竞赛和澳门基本法辅导讲座，在全区中小学开展“迎澳门回归，盼祖国统一”巡回报告活动。2000 年，做好全国第五次人口普查宣传工作，在区有线电视台开辟“人口与家庭”栏目，在各镇召开人口普查讲座，在人民广场举办人口普查电影晚会，分发宣传资料 2.3 万多份。

2001 年，区委召开中国共产党成立 80 周年纪念暨表彰大会，举办庆祝中国共产党成立 80 周年大型文艺晚会。同时，组织参加全市“新世纪、新长征、新奉献”火炬接力活动和“党的知识竞赛”。在区有线电视台播放《共产党人》《打造队伍、建设新区》《希望，在这里升腾》专题片。2002 年，拍摄系列电视专题片《创业的五年》在区有线电视台播放，在《闽南日报》开设宣传龙文建区五周年成就专版，在区政府大楼举办“建区五周年成果板报展”，在人民广场举办“建区五周年大型文艺晚会”等文体活动。2003 年，围绕村组织换届选举、综治宣传月、第十二个全国税收宣传月、“全国安全生产月”、“12•4”全国法制宣传日、国防教育、征兵、计生等中心任务，各部门运用宣传车、挂图、现场咨询等多种形式，在城乡广泛开展法律法规和热爱祖国、热爱社会主义的宣传活动。在抗击非典型性肺炎（简称“非典”）斗争中，通过专家电视讲座、“非典”预防常识宣讲小分队进驻农村、分发防“非典”宣传单等有效载体，教育群众以科学手段预防疫病，开展“洁我家园、抗击非典”爱国卫生运动。

2004年，配合区人大、政协二届三次会议的召开，在全区城乡宣传《政府工作报告》中提出的经济建设工作总体要求、工作重点和主要措施。在《闽南日报》刊发8集“走进新区”系列专题报道和“建区七周年”专版，在区有线电视上播放反映建区七周年建设成就的电视专题片《奋进》，并开辟《致力工业促发展》《创卫在龙文》《烟尘整治重现蓝天》等专栏。2005年，以报纸、电视等媒体为渠道，组织工业项目开工、竣工新闻采访活动；举办龙文区首届企业文化艺术节，多方位、多层次、多侧面宣传龙文加大“工业立区”步伐，加快推进城市化进程的举措、力度和成效。在区有线电视上开辟《学典型，当先进，促发展》新闻专栏，宣传报道全区各行各业涌现的先进人物的典型事迹。结合“平安龙文”创建活动，在区有线电视《龙文新闻》中开设专栏，做到每周有一条新闻，每月有一部专题片介绍先进经验做法。

2006年，开展“爱我龙文、携手共创十一五”主题宣传教育活动。宣传龙文“十一五”规划，以及区第三次党代会的指导思想、主要目标、战略部署和具体措施。同时，在市广电中心举办“奋进漳州·新兴龙文”文艺晚会；在区有线电视上开辟“爱我龙文、建设龙文”专栏，策划“壮大产业集群”“建设社会主义新农村”“增强自主创新能力”“做优做强工业园区”“项目建设领导访谈”等宣传报道。

2007年，区有线电视台在龙文区建区十周年庆典期间开辟“创卫”“项目建设”“平安企业”“计划生育”一系列专栏，宣传建区十年成就；组织建区十周年庆典大会、新招商项目签约仪式、重点新项目开工竣工剪彩仪式、建区十周年文艺晚会、加快龙文发展理论研讨会、编辑建区十周年画册、建区十周年发展成果展、“爱我龙文·建设龙文”登山比赛、建区十年成就征文演讲比赛、美术书法摄影作品展、拍摄建区十年成就电视专题片。举办龙文区第二届企业文化艺术节，评选“十佳文明和谐企业”“十佳外来务工人员”。

第三节　精神文明建设

一、公民思想道德教育

1981年3月，步文、郭坑公社党委根据龙海县委统一部署，开展讲文明、讲礼貌、讲卫生、讲秩序、讲道德和心灵美、语言美、行为美、环境美的“五讲四美”活动。此后，每年3月坚持开展“文明礼貌月”活动，治理城乡脏、乱、差，各行业努力创优质服务、优良秩序和优美环境。

1997年8月，成立龙文区精神文明建设指导委员会，下设区精神文明建设办公室。区委制定《龙文区“九五”期间社会主义精神文明建设规划》，指导全区广泛深入开展精神文明建设。全区开展以爱国主义、集体主义、社会主义为核心内容的思想道德教育，在干部群众中倡导树立“艰苦创业、勤俭建区、科学文明、开明守信、敢拼敢闯、争创一流”龙文精神，为新区建设作贡献。当年9月，在区地税局、区工商局召开商业、邮电、税务、银行等行业参加的龙文区“建满意窗口”示范点现场观摩会，推广社会服务承诺制，推动“创文明行业，建满意窗口”竞赛活动扎实开展。1998年，区文明委聘请32位软环境建设评议员，对机关作风、窗口单位服务质量进行评议监督。1999年，印发《立城市观念，铸新区辉煌——市民意识教育读本》《市民十大规范》和《市民文明公约》，开展市民意识教育。2000—2001年，在干部群众中进行“致富思源，富而思进”教育，强化理想信念教育。重点搞好领导机关、领导干部“三个代表”重要思想、防腐倡廉教育，执法部门公正执法教育，窗口行业满意服务教育和全社会的诚实守信教育。组织文明行业评选活动，推动“创文明机关，做人民公仆”“创文明行业、建满意窗口”竞赛活动深入开展。2002—2005年，贯彻《公民道德建设实施纲要》，运用宣传车、宣传队、宣传板、农村广播、公益广告、标语、有线电视讲话和召开报告会、座谈会等形式，大力倡导社会公德、职业道德、家庭美德。开展公德榜、成才榜、能人榜、好榜样“四榜进村”活动，加强农村思想道德建设；开展“万城万店无假货”示范街、示范店和漳州市首届最佳信用企业创评活动，促进职业道德建设。2004年12月，区委区政府成立龙文区未成年人思想道德建设办公室，建立龙文区未成年人思想道德建设联席会议制度，形成党政群齐抓共管的领导机制。组织编印《龙文区中小学生文明行为和安全常识教育手册》等乡土教材，在中小学校增设市民意识教育课程，加强思想道德教育。2006年3月30日，区委召开文明委全体成员39人参加的座谈会，学习胡锦涛总书记关于社会主义荣辱观的重要论述。运用爱国主义教育基地、文明市民学校和各级学习中心组，组织干部群众学习社会主义荣辱观。区委召开“青少年树立社会主义荣辱观”学习动员大会，组织宣讲团深入各中小学校宣讲社会主义荣辱观。

2007年，利用纪念香港回归10周年、建军80周年、“南京大屠杀”70周年，对广大干部群众进行爱国主义教育和社会主义荣辱观教育。全区5万多人参与“全国道德模范”评选投票活动，朝阳镇翁建中心小学教师阮文发获得全国道德模范提名奖。

二、移风易俗

1997年，全区开展反对封建迷信、反对铺张浪费和扫除歪风邪气“两反一扫”统一行动，组织群众参加健康有益的文体活动，树立社会主义新风尚。1998年，利用电影、广播、宣传车、宣传标语等多种形式，在全区广泛进行殡葬改革的宣传教育，各群团组织也发出倡议书，掀起推行殡葬改革的热潮。全区遗体火化率和骨灰寄存率实现双个“百分之百”。此后，年年均予保持。1999年，组织开展以提倡崇尚科学，反对封建迷信；提倡健康娱乐，反对聚众赌博；提倡婚姻自主，反对买卖婚姻；提倡村邻和睦，反对宗派纠纷；提倡艰苦创业，反对铺张浪费；提倡少生优生，反对计划外生育“六提倡、六反对”和“讲文明，树新风”为主要内容的农村移风易俗活动。印发《给全区共产党员的公开信》《倡议书》《奏时代旋律，树文明新风——“两反一扫”宣传提纲》等，引导广大群众逐渐形成“反对封建迷信，崇尚科学，少办神事，多办实事”的文明共识。2000—2003年，建立覆盖全区各村的反对封建迷信信息员、协管员队伍；区有线电视制作播出《扬文明新风、奏时代旋律》专题片；印发《破除迷信树新风，崇尚科学奔富路》宣传材料，广泛深入开展以“崇尚科学，反对迷信”为主题的宣传教育，在天亭社区、坂上村等10多个村（社区）组建老人秧歌健身队，并到全区各村（社区）巡回表演，营造移风易俗良好氛围。2004—2005年，开展科教、法律、卫生、文体、环保、涉台“六进社区”活动，传播先进文化，各社区普遍建立一支科普志愿队伍、一个科普活动室、一个科普画廊，经常性开展各具特色的“社区大家乐”“社区文化节”等文体活动，丰富社区群众文化精神生活。

2007年，推进校园文化、社区文化、企业文化、机关文化、家庭文化建设。全区共建立70个乡村文化活动室，建设12条“健身路径”，40户以上的自然村均已实现广播电视“村村通”，创建基层宣传文化中心户市级6户、区级40户、镇级308户，各具特色的中心户成为党和政府在农村传播先进文化的新载体。

三、文明创建活动

1986年，步文乡和郭坑镇党委贯彻中共中央《关于社会主义精神文明建设指导方针的决议》，带领干部群众开展“争创文明单位、文明户”竞赛评比活动。郭坑镇评出文明建设先进单位11家、文明户77户、文明建设先进工作者54人。1989年，步文乡表彰文明建设先进单位25家、先进个人131人。1995年，郭坑镇表彰文明建设先进单位25家、先进个人54人。1996年3月，步文镇获龙海市委、市政府授予的1995年度文明建设先进单位称号。

1997年，全区开展文明城区、文明村镇、文明行业、五好文明家庭等创建活动。当年8月，区委召开创建省级卫生城市动员大会，要求各单位、各行业把创建省级卫生城市工作作为精神文明创建活动的重要内容。1998年，开展军警民共建精神文明先进个人、文明单位评选工作，推动文明创建活动的深入开展。区委、区政府表彰首届（1996—1997年度）区级文明单位26家、文明村镇5个、先进个人16人、五好文明家庭50户、标兵10户。其中，被评为第六届（1996—1997年度）市级文明单位6家、文明村镇2个、先进个人3名；蓝田镇党委书记林沛能被评为第六届（1996—1997年度）福建省精神文明建设先进个人。首批创建单位蓝田镇小港村、郭坑铁路居民片区，先后被市、省列为示范点，命名为先进片区。区国税局与区人武部、区地税局与驻区部队、龙文中学与武警区消防大队、区职业中学与武警漳州支队后勤生产基地、蔡坂村与龙文交警大队、梧桥村与区检察院和蓝田派出所6家结对，被命名为漳州市第一届军警民共建社会主义精神文明示范单位。在创建省级卫生城市活动中，开展迎宾路“保洁护绿”及人民广场创卫工作，开展全区大规模灭鼠统一行动。

1999—2000年，本着“群众参与、群众受益、群众满意”原则，不断拓展各类文明创建活动。通过自下而上评选，区委、区政府表彰第二届（1998—1999年度）区级文明单位56家，文明安全小区8个、七星级以上文明户184户（其中十星级文明户41户）。获第七届（1998—1999年度）市级文明单位16家、文明村镇6个、文明学校2所、先进个人4名；第二届（1998—1999年度）市级安全小区1个，市首届十星文明户7户。获第七届（1998—1999年度）省级文明单位2家，文明村1个，先进个人2人，梧桥村被列入全省100个高标准文明安全小区示范点。在省级卫生城市创建活动中，以迎宾路、东环城路、郊柏线为重点，开展环境卫生、交通秩序、集贸市场、公共场所等专项整治活动。同时，投入资金300多万元，实施城市夜景工程，重点搞好迎宾路、人民广场及云洞岩风景区绿化、美化、净化工作。2001年，区委批准实施《龙文区创建文明城区活动工作方案》，提出有规划、有制度、有活动、有氛围、有阵地、有投入、有成果、有总结“八个有”的具体要求，指导开展基层文明创建活动。以共建为载体，全区确定6个军警民共建示范点、11个城乡共建示范点和5个“依法治区”教育示范基地。

2002年，中共龙文区委、区政府于4月2日召开大会，表彰第三届（2000—2001年度）区级文明单位57家，文明村镇12个，文明学校8所，先进个人29名。区文明办印发《关于开展文明单位与特困家庭结对济困的倡议书》，推进城乡共建活动的深入开展。2003年，继续深化基层创建活动，全区受市委、市政府命名表彰第八届（2000—2002年度）市级文明单位20家、文明村镇6个、文明学校1所、创文明行业工作先进单位2个、“110”社会服务联动工作先进单位2个。其中，区检察院、国税局、工商局获第八届（2000—2002年度）省级文明单位，郭坑镇、石仓村分获省文明镇、村，人保公司获省创文明行业工作先进单位。

2004—2005年，以创建全国卫生城市为契机，全区开展“美化卫生环境、争创文明标兵”活动，各“城中村”普遍推行“五个一”（一支文明卫生督导队伍、一支卫生保洁队伍、一套筹资机制、一套长效管理制度、一套奖惩办法）、农村普遍推行“五改”（改路、改沟、改厕、改圈、改水）措施。基本实现区有垃圾处理场、镇有垃圾填埋场、村有垃圾处理点、户有垃圾收集桶。开展新一届文明创建活动，评选推荐第九届（2003—2005 年度）省级文明单位 3 家、文明村镇 1 个、文明学校 1 所、文明社区 1 个，第九届（2003—2005 年度）市级文明单位 19 家、文明村镇 4 个、文明学校 2 所、文明小区 1 个、先进个人 5 人和第三届十星文明户 5 户。区人武部与区国税局共建对子被评为全国军民共建社会主义精神文明先进单位。2006 年，开展第五届（2004—2005 年度）区级文明单位创评活动，评选区级文明单位标兵 4 个、文明单位 55 家、文明村镇 9 个、文明学校 7 所和 22 位精神文明建设先进工作者、14 位文明市民，以及第二届（2004—2005 年度）区级“十星文明户”49 户。

2007 年 4 月 6 日，中共龙文区委召开全区精神文明建设工作暨表彰大会，表彰在 2004—2006 年度精神文明建设中获全国、省、市、区精神文明建设、110 社会服务联动工作、未成年人思想道德建设先进单位和个人，部署新一届群众性精神文明创建工作。

第六章　统战工作

第一节　党外人士工作

1997 年后，中共龙文区委根据新时期爱国统一战线工作的要求，结合龙文的实际情况，贯彻党的统战政策，支持各民主党派发展党员。2007 年，全区有中国国民党革命委员会成员 13 人，主要是从事教育、金融会计的人士，成员属于民革漳州市委员会；中国民主同盟成员 7 人，主要是从事教育、医药、建筑的知识分子，成员属于民主同盟漳州市委员会；中国民主建国会成员 4 人，主要是从事医药、教育的知识分子和经济界人士，成员属于中国民主建国会漳州市委员会；中国民主促进会成员 3 人，主要是从事教育、机械的知识分子，成员属于民主促进会漳州市委员会；中国农工民主党成员 10 人，主要从事教育、医药、卫生、法律的知识分子，成员属于农工民主党漳州市委员会；中国致公党成员 13 人，主要是是归侨、侨眷和其他有海外关系的人士，成员属于致公党漳州市委员会；九三学社成员 3 人，主要是从事卫生的知识分子，成员属于九三学社漳州市委员会；台湾民主自治同盟成员 1 人，成员为居住龙文区的台湾省籍人士，成员属于台湾民主自治同盟漳州市委员会。

1997—2007 年，聘请 30 多位党外人士、政协委员担任特约监察员、特约检察员、特约审计员、特约教育督导员，参与反腐败工作、行业评议工作、治理“三乱”（乱收费、乱罚款、乱摊派）以及机关效能建设、财税、物价等的检查监督。区委、区政府每年都邀请党外干部和民主党派人士，参加季谈会、通报会、协商会、座谈会、汇报会等，鼓励他们对区委、区政府的重大决策、经济发展、项目实施、社会治安综合治理、党风廉政建设等建言献策。

1997—2007 年，中共龙文区委先后选拔推荐党外人士担任实职领导干部 26 人，其中 7 名为处级、19 名为科级。做好党外人士政治安排，区第一届人民代表大会，有党外人士人大代表 40 人，占代表总数 39.22%；区第一届政协委员中，党外人士 31 人，占总数 60.78%。区第二届人民代表大会，有党外人士人大代表 49 人，占代表总数 35.25%；区第二届政协委员中，党外人士 46 人，占总数 60.53%。区第三届人民代表大会，有党外人士人大代表 51 人，占代表总数 37.23%；区第三届政协委员中，党外人士 65 人，占总数 64.36%。

第二节　非公有制经济代表人士工作

1998 年后，中共龙文区委重视做好个私、民营、“三资”等非公有制企业中代表人士的统战工作，发挥他们在经济建设中的作用。由非公有制企业人士和政协委员组成经济考察团，在区委领导干部带领下，先后 5 次到石狮、晋江、山东、广西、杭州、上海、苏州等地进行学习考察。组织民营企业参加历年的交易会、洽谈会，拓展招商引资渠道。区委领导经常走访慰问和看望台资企业和外资企业，了解他们在生产经营和生活方面所遇到的困难，为他们排忧解难，维护他们的合法权益。

1999 年，帮助政协委员陈亦斌引进工程塑料项目，帮助荣昌企业发展有限公司、龙文人造板有限公司、德兴包装有限公司等企业解决技改和扩大生产规模问题。

2005 年，针对副食品同业公会会员在经营过程中遇到的商品检测问题，区委统战部协调工商、税务、技监、卫检部门，帮助会员企业提高对商品质量标准的认识，抵制假冒、欺诈行为，净化市场环境。

2007 年，举办为期 3 天的“民营企业创业培训系列讲座”，全区共有 400 多名“三资”企业人员、高技术人员、个体工商户和私营企业人员参加培训，帮助企业人员增强爱国、敬业、诚信、守法意识，改善企业经营管理。

第三节　民族宗教工作

一、民族工作

1997 年，中共龙文区委贯彻执行党和国家的民族政策，培养少数民族干部，做好少数民族的项目帮扶。全区有 19 个少数民族，人口 700 多人。1997—1998 年，提拔任用 2 名少数民族干部为副科级干部。2006—2007 年，将省财政厅、省民宗厅下拨的 3.4 万元专项经费，及时足额发到两户高山族群众手中，帮助他们发展农副业生产。

2007 年，提拔任用 2 名少数民族干部为正科级干部。

二、宗教工作

1997 年，成立龙文区宗教事务办公室，各镇、村（居）配置 1 名干部分管宗教工作。1998 年，对全区宗教活动场所进行调查摸底，重新审批登记；解决香光念佛堂（佛光寺）迁建问题，退还郭坑基督教堂旧址。1999 年，区宗教事务办公室召开 4 次宗教会议，组织全区宗教界人士、场所负责人学习党的宗教政策。选送宗教界有关人士参加市天主教知识培训班。2001 年 2 月和 11 月，分别选送宗教场所负责人参加省民宗厅和市民宗局举办的宗教业务知识培训班。2003 年，根据省委办公厅、省政府办公厅和市委办公室、市政府办公室《关于加强民间信仰活动管理的通知》精神，通过调查摸底，对全区156间民间信仰宫庙进行造册登记，加强对民间信仰活动的管理，保护正常宗教活动。2004年12月，成立区民族与宗教事务局。2006年，协助成立龙文区佛教协会，帮助做好妙智法师“肉身和尚”贴金法会的宣传接待工作。

2007年，帮助成立区天主教爱国会；协助筹集10多万元，用于石室岩寺、聚奎岩寺道路和场所建设。全区正式批准登记宗教活动场所16个，其中佛教6个，道教6个，基督教2个，天主教2个。在活动场所成立管理委员会。区民宗局结合一年一度的年检，帮助各宗教组织制定和完善教务、财务、安全等各项规章制度，使宗教活动场所管理走上正常化、制度化、规范化轨道。

第七章　纪律检查

第一节　机构设置

一、领导机构

1985年3月，步文乡党委、郭坑镇党委增设检查委员会，配备兼职纪检书记和专职纪检副书记。

1996年10月，中共漳州市委组织部批准成立中共龙文区纪律检查委员会，与区政府监察局合署办公。

1996年11月，在中共龙文区第一次代表大会上，选举产生新一届中共龙文区纪律检查委员会，委员11人。委员会选出区纪委书记苏龙辉、副书记（兼监察局局长）郭谊民、常委2人，组成首届区纪委常务委员会，主持领导工作。

2002年2月，在中共龙文区第二次代表大会上，选举产生第二届中共龙文区纪律检查委员会，委员15人。委员会选出区纪委书记柯志明、副书记（兼监察局局长）郭谊民、常委5人，组成第二届区纪委常务委员会，主持领导工作。

2006年7月，在中共龙文区第三次代表大会上，选举产生第三届中共龙文区纪律检查委员会，委员15人。委员会选出区纪委书记林东风、副书记（兼监察局局长）郭谊民、副书记吴启明、常委4人，组成第二届区纪委常务委员会，主持领导工作。

二、工作机构

1997年，区纪律检查委员会（简称区纪委）内设办公室、纪检监察室、信访室。1999—2006年，增设党风廉政建设室、执法监察室、效能办公室。

2007年，区纪委设办公室、纪检监察室、案件审理室、执法监察室、效能办公室、党风廉政建设室、信访室。

第二节　廉政教育

1997年，中共龙文区纪委举办反腐倡廉教育讲座、演讲比赛9场，放映电教片25场，党员干部参与活动有3000多人次；组织137名副科级以上干部参加市党纪政纪和法律法规知识测试。1998年，举办《中华人民共和国行政监察法》讲座，并组织区、镇干部363人参加全国行政监察法知识竞赛，335人观看全省反腐倡廉巡回展及廉政电教片。1999年，在区有线电视台开播《中国共产党纪律处分条例》专栏，播放反腐倡廉题材电视剧，历时1个月，观看人数80多万人次；区纪委组织185人参加全市科级以上领导干部和基层所站负责人党纪政纪知识测试。2000年，利用胡长清、成克杰等全国重大典型案件对党员干部进行警示教育，播放录像68场，观看人数2000多人次。在区直机关中开展“廉内助”活动，评定12名“廉内助”。

2001年，组织党员干部学习廉政文件，观看反腐倡廉电教片，参加廉政知识测试等。2002年，在各级党员干部中开展以权力观为主要内容的责任意识、宗旨意识、法制意识、服务意识、国际规则意识五项教育。2003年，开展治理收送“红包”等系列活动。区直各党组织召开专题学习会82场次，2222人次参加。区纪委印发各类宣传学习材料594份，倡议书1062份；向146名科级干部发送廉政短信1500条。2004年，根据中共中央《中国共产党党内监督条例（试行）》和纪律处分条例，区委制定实施方案，区委中心组带头组织学习。各级各部门采取印发宣传材料、开辟电视专栏、举办培训班、专题辅导、中心组学习、个人研读、组织座谈、知识竞赛和测试等形式开展学习宣传活动。区委召开党内监督条例学习大会，由市纪委专题辅导，全区五套班子成员、各镇书记镇长、区直各单位“一把手”、区纪检监察干部共150多人参加学习。各镇、区直单位举办党员干部培训班7期，参加党员800多人次。区纪委、区委组织部、区委宣传部联合举办以两个“条例”为主要内容的党内法规知识竞赛，并组织参加全市竞赛，获得第二名。

2005年，中共中央下发《建立健全教育、制度、监督并重的惩治和预防腐败体系实施纲要》，区委中心组开展专题讨论2次，请市纪委专人专题辅导。之后，各单位也先后举办辅导讲座，全区800多名干部参加学习。5月，区纪委、区委组织部、区委宣传部联合制定《关于在全区开展以〈实施纲要〉为主要内容的“学纲要、筑防线、促廉政”学习宣传月活动方案》，在全区开展以“学习纲要精神、落实纲要规定、增强防范意识、构建惩防体系”为主题学习宣传月活动。在区有线电视台开辟“实施纲要大家谈”专栏。区纪委指派常委到4个镇、8个重点区直单位，为700多名干部作专题学习辅导。各党总支、支部组织党员干部300多人次参观警示教育基地，1200多人次观看电教片。

2006年6月28日，中共龙文区委举办纪念建党85周年“学党章、树形象、当先进”演讲比赛

2006年，镇党委、区直机关党工委采取印发宣传材料、分发电教片、举办培训班、专题辅导、中心组学习、个人研读、组织座谈、知识竞赛和测试等形式，广泛开展《中国共产党章程》学习宣传活动；5月，区直机关党工委召开党员学习大会，请市委党校教授作专题辅导讲座，区五套班子成员、纪检干部、区直单位党员共300多人参加学习；6月，区纪委举办党内法规知识测试，分发测卷400多份；6月28日，区纪委、组织部、宣传部举办“学党章、树形象、当先进”演讲比赛。与此同时，各镇、区直机关各支部分别于“七一”前夕，采取播放党章知识专题电教片、召开支部讨论会、组织专业人员授课等形式，组织党员、预备党员、积极分子学习党章。全区播放电教片和组织专门培训15场，召开支部学习会40多次，分发学习材料2000多份。

2007年，中共龙文区纪委组织党员观看《生死牛玉儒》《谷文昌》等影片，收听收看区优秀教师阮文发先进事迹报告会。同时，利用有线电视、课堂、宣传栏、公益广告、书画艺术等载体，推进廉政文化进机关、进学校、进家庭、进农村、进企业、进社区活动，营造“以廉为荣、以贪为耻”良好风尚。

第三节 廉洁自律

1997年，中共龙文区委规定干部下乡不得接受镇、村宴请，工作需要只准吃工作餐，每人每餐不超过10元；制定公款配备移动电话、住宅电话范围和限额报销话费制度，规定区、镇、村干部一律不准配备二轮摩托车。1997—1998年，开展住房和通信工具清理工作。全区清理违规占公房8套、超面积住房49套、违规装修1套；5名科级干部上缴超面积购房款17.59万元。纠正超编配备移动电话19部，作价处理回收资金9.3万元，清理后平均每月节约话费1.08万元。对1998年话费报支情况进行自查自纠和重点抽查，有18人次退出超额报支移动电话费1.4万多元、住宅电话费3万多元。2001年，开展处级干部配偶、子女从业登记清理工作，没有发现需纠正的对象；开展党员干部大操大办婚丧喜庆事宜和借机敛财专项治理，对1名为女儿结婚大操大办、收受“红包”违纪干部立案查处。严把干部外出培训、研讨、考察审批关，取消外出参观考察7批108人，节约资金13万余元。

2002年，中共龙文区委总结郭坑镇纠正干部“走读”（不住镇）试点工作经验，在全区范围内纠正干部“走读”现象，推行“五四三”工作制（副科级干部驻镇每周工作不少于5天，夜晚住宿不少于4天，下乡调研、解决实际问题不少于3天）。双休日或节假日，每天至少2名班子成员驻镇带班。2004年，向区五套班子成员发放领导干部廉洁自律提醒卡，做到人手一份。各级各部门领导公开承诺拒收拒送“红包”。当年元旦、春节期间，全区共拒收拒送“红包”3万元。区委加强干部外出参观考察管理，制止3批76人外出考察，节约经费近50万元。

2005—2006年，贯彻中央纪委、中央组织部《关于严肃查处党员和干部参与赌博的通知》和省纪委《关于认真履行监督检查职能，坚决制止和查处党员干部参与赌博的通知》，区纪检先后对6名党员和干部参与赌博予以立案查处。

2007年，根据中央纪委《关于严格禁止利用职务上的便利谋取不正当利益的若干规定》，区纪委、区委组织部开展对用公款大吃大喝、游山玩水、高消费娱乐专项抽查活动，促进领导干部廉洁自律。

第四节　案件处理

中华人民共和国成立后，区境各级党组织先后在中共龙溪县委、龙海县（市）委领导下，不断对党员进行党纪党规教育，加强党纪监督检查，并按照党章和国家法律规定，查处党员违法乱纪案件。1984—1986 年，郭坑镇结合整党，查处以权谋私的违纪案件。3 年中，开除党员 2 人、留党察看 2 人、党内严重警告 2 人、党内警告 2 人，另有 5 人作书面检查。催讨支委、党员归还欠款 3.57 万元。1986 年，步文乡处理违纪党员 12 人，其中党内严重警告 2 人、警告 7 人、除名 1 人、劝退 2 人；催讨党员归还欠款 110 万元。1988—1990 年，郭坑镇处理违纪党员 10 人，其中开除党籍 2 人、留党察看 4 人、党内严重警告 1 人、党内警告 3 人。处理违控购置摩托车 9 辆，上缴资金 4 万多元；清理违纪建私房 4 起，多占地 170.84 平方米，罚款 8839.48 元。1990—1993 年，步文乡（镇）严肃查处以权谋私、贪污受贿、挪用公款、违反计生、腐化堕落等案件，处理党员 20 人，其中开除党籍 5 人、留党察看 4 人、党内严重警告 9 人、党内警告 2 人。

中共龙文区纪委成立后，各级纪检监察机关重点查办党政领导机关、行政执法机关、司法机关、经济管理部门和基层领导干部中，出现的索贿受贿、收受礼金“红包”、贪污腐化、侵害群众利益等违法违纪案件，惩处腐败分子。1997—2001 年，全区纪检监察机关共立案 90 件，其中经济案件 64 件、大要案 29 件，结案 90 件，给予党纪政纪处分 84 人，其中科级干部 8 人。通过办案，为国家和集体挽回经济损失 200 多万元。

2002 年，中共龙文区纪委建立季度联席会议、重大案情通报、个案分类指导等制度，加强与司法机关、经济监督部门的协调，做到线索及时沟通、案情及时通报、查案提前介入、办案手段有效互补，促进案件快审快结。2002—2007 年，全区纪检监察机关共立案 113 件，其中经济案件 65 件、大要案 25 件，结案 113 件，给予党纪政纪处分 98 人，为国家和集体挽回经济损失 570 多万元。

在查办案件中，各级纪检监察机关做到既坚持原则，严肃惩处违法违纪行为；又客观地分析问题，辨别是非，把惩处与教育、保护、帮助有机结合起来。1997—2007 年，共为 46 名受到失实举报的党员干部澄清是非，对 21 名有一般性问题的党员干部实施诫勉教育。

1997—2007 年龙文区纪委立案查处情况表

表 5-7-1

年　份		1997	1998	1999	2000	2001	2002	2003	2004	2005	2006	2007
	立案件数（件）	10	13	18	26	23	21	19	19	19	17	18
其中	经济案件（件）	8	9	9	22	16	16	8	12	12	1	16
	大要案（件）	–	1	6	12	10	6	5	4	5	2	3
	党纪处分（人）	10	12	17	24	22	19	14	16	16	15	18

续表 5-7-1

年　份		1997	1998	1999	2000	2001	2002	2003	2004	2005	2006	2007
其中	开除党籍（人）	8	4	6	12	9	6	—	6	2	6	2
	留党察看（人）	1	3	—	2	1	—	2	3	1	1	1
	撤销党内职务（人）	—	2	—	1	—	—	—	—	—	—	—
	党内严重警告（人）	1	2	4	3	8	8	3	4	5	3	1
	党内警告（人）	—	1	4	5	4	5	9	3	8	5	13
	取消预备党员（人）	—	–	3	1	—	—	—	—	—	—	—
行政处分（人）		—	1	3	2	—	—	—	3	2	2	—
其中	降级（人）	—	—	1	—	—	—	—	—	—	—	—
	撤职（人）	—	—	1	—	—	—	—	2	—	2	—
	开除公职（人）	—	—	—	1	—	—	—	—	—	—	—
	记过（人）	—	—	1	—	—	—	—	1	1	—	—
	警告（人）	—	1	—	1	—	—	—	—	1	—	—
挽回经济损失（万元）		32.8	23.5	18.6	58.6	100	47.2	38.1	85.1	50	37	317

第五节　纠正不正之风

1997 年起，全面开展治理乱收费、乱罚款、乱摊派的“三乱”不正之风。当年，对全区企业收费文件进行清理，停止使用 1 份不合规定收费文件，减负收费 1 项，共减轻新办企业负担 58 万多元。同时，各有关部门执行漳州市公布取消或降低的 76 项收费项目，共减少收费 20.84 万元。1998 年，继续清理企业收费文件 38 份，减轻企业负担 20 多万元。1999 年，明确规定行政事业性收费部门和单位必须经有关机关批准，办理收费许可证，方可进行收费，并试行收费卡登记制度，加强监督。

2000 年，重点纠正医药购销中的不正之风，开展药品专项执法检查 7 次，查处不合格药品 148 种，罚款 2700 元。2001 年，出动执法人员 70 多人次，检查医疗机构 130 个，查处非法医疗机构 12 个，查处不合格药品 13 种。2002 年，取缔 5 家无证卫生诊所（室），公开销毁查处没收的假冒伪劣药品价值 2 万多元。

2003 年，开展农民建房，中小学收费和农民用电、用水、农机服务等不合理收费的专项治理，共减轻农民负担 317 万元。在教育部门推行校务公开和教育收费公示制度，纠正教育乱收费歪风，共清理中小学乱收费 6.3 万元，及时退还给学生。

2004 年，推行向企业检查活动审批报备制度，严防向企业乱收费、乱检查、乱罚款、乱拉赞助和摊派款物等行为的发生。推行药品、医疗器械集中投标采购制度。继续在卫生、公安、建设、教育等 28 个重点部门和行业中开展纠风评议活动，推动政风行风建设。

2007 年，对中小学春秋季开学收费进行专项检查，查处 1 起违规收取入学赞助费 7.44 万元的乱收费行为，责成如数退还学生。

第六节　制度建设

1998年，区、镇两级党委建立专题民主生活会制度、领导干部廉政勤政谈话制度、党政领导接待日和“组织部部长”夜谈联动制度、领导干部离任审计制度、新任科级干部廉政宣誓制度、领导干部年度考核和民主评议制度。1999年，区委、区政府制定《贯彻执行中共中央、国务院〈关于实行党风廉政建设责任制的规定〉的实施意见》，对落实党风廉政责任制做出具体规定。建立领导干部廉政档案，从住房、礼品礼金登记、重要事项报告、通信话费使用、民主生活会、民主测评、举报查实等10个方面，对全区科级以上干部实行动态跟踪管理。2000年，印发《区委、区政府领导班子成员落实党风廉政建设责任制的责任范围和内容》，把党风廉政建设和反腐败的34项任务，分解到区委、区政府班子领导干部身上，并与各镇党委、政府签订党风廉政建设责任制目标管理责任状。2001年，对41家有收费项目单位实行“收支两条线”财务管理，实行票、款分离制度，确定建行、农行、工行为票款分离代缴网点，通过网点代缴款140多万元。

2002年，建立健全领导干部廉政监督“四项制度”（即科级干部任前廉政教育谈话制度、诫勉谈话制度、廉政档案管理制度、经济责任审计联席会议制度），对新任职的一把手进行廉政谈话20人次，对64名新提拔副科级领导干部进行廉政谈话，对21人进行诫勉谈话；对全区146名科级干部建立廉政档案，对13位离任单位一把手进行责任审计。2003年，由区纪检监察部门牵头，抽调财政、审计部门和党内廉政监督员组成两个检查组，分别到4个镇、各个区直部门对开具虚假发票公款报销行为进行检查监督，发现存在着报销项目不清晰、审批手续不规范、报销票据不统一的现象。区纪委、监察局会同有关部门重新规范财务管理制度，严格报支手续和报销程序，规范报销凭证，并规定1000元以上资金安排或开支，必须经过领导集体研定方可支出。区纪委出台《关于进一步保护工业发展的规定》和《关于扶持重点企业的规定》，对随意到企业进行各种检查、评比、摊派等18项行为作出严格禁止和相关规定。

2004年，区纪委下发《2004年五套班子成员党风廉政建设工作责任书》，完善五套班子领导成员党风廉政建设责任制；下发《2004年各基层党组织党风廉政建设工作责任书》，把反腐倡廉的各项工作任务量化、细化到各镇各部门。2006年，建立健全科级干部廉政档案制度、述职述廉制度、廉政谈话和诫勉谈话制度、重大事项报告制度、党风廉政建设责任制报告制度等一系列监督制度，强化对权力运行的制约和监督。全区科级单位共有216人在民主生活会上述职述廉，8名科级领导干部报告个人重大事项，实行科级领导干部任前廉政谈话4人。对3名负有领导责任的领导进行党纪政纪立案，其中2名科级领导受到党纪处分。

2007年，区纪委推进公共资源市场化配置制度的落实，预防公共资源配置方式的腐败现象发生。实施公共资源配置项目54项，其中通过公开招标配置方式的公共资源配置项目16项，增加财政收入297.05万元，节约财政资金25.65万元；通过协议出让配置方式的公共资源配置项目38项。

第六卷　地方人民政府
人大地方组织　政协地方组织

民国初期，区境基层政权组织沿用清代保甲制度，每百户设甲，以甲长 1 人统之；10 甲为保，置保长 1 人、保副 2 人。民国 28 年（1939 年）12 月，设置郭坑区公所，下辖修滨、关霞、鳌头、振桥、复兴、靖东 6 个乡公所，49 个保。民国 36 年，设修滨乡公所，辖 15 个保；桥头乡公所，辖 15 个保；关霞乡公所，辖 10 个保；郭坑乡公所，辖 13 个保。

中华人民共和国成立后，区境先后建立区公所、区人民政府、乡公所、人民公社管理委员会、乡（镇）人民政府等基层政权机构。1950 年，实行人民代表会议制度；1953 年后实行人民代表大会制度。1987 年，设立乡（镇）人大主席团，作为乡（镇）人民代表大会的常设机构，负责办理乡（镇）人民代表大会闭会期间日常工作。

1996 年 12 月 29 日至 1997 年 5 月 10 日，龙文区人民代表大会常务委员会、区人民政府、政协龙文区常务委员会相继成立。基层设立步文、郭坑、朝阳、蓝田 4 个镇人民政府和人大主席团。

区人大及其常务委员会依法监督区人民政府、区人民法院、区人民检察院行使职权，审议决定全区重大施政事项。1997—2007 年，组织人大代表开展视察调研和执法检查 96 次，提出议案、建议 272 件，依法任命国家机关工作人员 188 人次、免职和接受辞职 29 人次。区政协及其常委会通过列席区人大会议和区各类班子领导会议，组织视察调研活动，向党委、政府提交提案 244 件，担任各部门特约监督员等途径，对全区政治、经济和社会生活中的重大问题进行政治协商和民主监督，参政议政。区人民政府成立后，根据漳州市委、市政府关于把龙文区建设成为漳州市新兴中心城区的旨意，带领全区人民坚持改革开放，大力招商引资，加快基础设施建设和房地产开发，开辟经济开发区，兴办科技文教卫生事业，推进全区经济社会又快又好发展。

第一章　地方人民政府

第一节 区人民政府

一、领导机构

1996 年 5 月 31 日，国务院正式批准成立龙文区（县级）；8 月 18 日，经中共漳州市委批准成立龙文区筹建委员会。筹委会主任陈庆元，副主任戴坤江、黄宝山。筹委会下设综合组、组织区划组、财经组、规划建设组，进行建区筹备工作。1997年1月1日，区人民政府挂牌成立，设区长1人，副区长2人。2002年3月3日，区人民政府经换届选举，设区长1人、副区长5人。

2007年1月20日，区人民政府经换届选举，设区长1人、副区长6人。

二、工作机构

1997年，设区政府办公室（增挂外事办公室和经济体制改革办公室牌子）、计划局、经济贸易局、人事局、教育局、民政局、财政局（增挂国有资产管理局牌子）、建设局、交通局、农业局、林业局、对外经济贸易局、计划生育局、土地管理局、旅游事业局、审计局、统计局、粮食局、地方税务局、国家税务局、物价局、劳动局、水利水电局、监察局、公安分局、司法局、文化局（增挂体育运动局牌子）、卫生局、科学技术局、乡镇企业局、侨务办公室、技术监督局、信访局。

2002年，重新设置区政府办公室、发展计划局、经济贸易局、监察局、教育局、民政局、财政局、建设局、交通局、农林局、对外贸易经济合作局、工商行政管理局、地方税务局、国家税务局、物价局、劳动和社会保障局、计划生育局、科学技术局、公安分局、司法局、人事局、水利局、审计局、统计局、卫生局、环境保护局、旅游事业局、文化体育局。另设部门管理机构：安全生产监督局、城市管理执法局、外事侨务办公室；议事协调办事机构：国防动员委员会人民防空办公室、项目开发领导小组办公室。

2007年，重新设置区政府办公室、发展和改革局、经济贸易局、监察局、教育局、民政局、财政局、建设局、交通局、农林局、对外贸易经济合作局、人口和计划生育局、科学技术局、公安分局、司法局、人事局、水利局、审计局、统计局、卫生局、环境保护局、工商行政管理局、地方税务局、国家税务局、劳动和社会保障局、旅游事业局、文化体育局。另设部门管理机构：安全生产监督局、城市管理执法局、外事侨务办公室、粮食局、民族与宗教事务局；议事协调办事机构：国防动员委员会人民防空办公室、项目开发领导小组办公室。

三、派出机构

（一）龙文工业开发区管委会

2001年1月，根据区编委《关于转发漳州市编委〈关于同意设立漳州市龙文工业开发区管理委员会的批复〉的通知》，设漳州市龙文工业开发区管理委员会，正科级，作为区政府派出机构；内设开发办、社会事务办、党政办。

（二）蓝田工业开发区管委会

2005年10月，根据《中共漳州市委、漳州市人民政府关于印发〈漳州市蓝田工业开发区与龙文工业开发区整合实施方案〉的通知》，决定将漳州市人民政府派出机构的蓝田工业开发区与龙文工业开发区实施整合，整合后的新开发区沿用蓝田工业开发区名称，设漳州市蓝田工业开发区管委会，副处级，为龙文区政府派出机构；内设党政办公室，规划建设局、经济发展局、财政局、人力资源局，均为正科级。

（三）蓝田经济开发区管委会

2006年11月，根据市编委《关于福建漳州蓝田经济开发区机构编制的批复》，将蓝田工业开发区管委会更名为福建漳州蓝田经济开发区管理委员会，副处级，为龙文区政府派出机构；内设党政办公室、规划建设局、经济发展局、财政局、人力资源局，均为正科级。

第二节　乡镇人民政府

1949年9月下旬，区境建立第六区区公所，为龙溪县人民政府派出机构。翌年4月，成立村公所，设村长、农会主席、民兵队长、文书，分管政务，各村公所受区公所管辖。1950年实行区辖乡制，第六区建立长洲、蓝田、桧林、东屿等18个乡人民政府，设正、副乡长和农会正、副主席，及民兵队长和财粮、民政、生产、治安等委员。各乡受区公所管辖。1952年，区公所改为区人民委员会，设区长、副区长、文书和民政、财粮、生产等委员及公安员，并设人民武装部。1955年12月，第六区人民委员会改为东屿区人民委员会。1957年7月，又更名为东屿人民委员会。

1958年4月，撤销区人民委员会，实行小乡并大乡的建制，东屿区各乡并为蔡坂乡、后坂乡、孚美乡和郭坑乡。1958年9月，撤销乡建制，成立卫星人民公社，下辖13个耕作区。人民公社管理委员会设社长、副社长，下设办公室、农工部、工交部、财贸部、文教部、武装部及公安特派员。1959年5月，卫星公社改为步文公社，耕作区改为生产大队。大队设大队长、副大队长、会计、文书、民兵营长、治安主任。生产大队下设生产队。1962年1月，由步文人民公社分设郭坑人民公社。1968年，人民公社管理委员会改为人民公社革命委员会。

1984年10月，步文人民公社、郭坑人民公社分别改为步文乡、郭坑镇，生产大队改为村。步文乡人民政府管辖33个村民委员会，郭坑镇人民政府管辖7个村民委员会。乡（镇）人民政府设正、副乡（镇）长，下设办公室、文书室、财政管理站、土地管理站、林业管理站、文化站、人民武装部、民政助理员。村民委员会设主任、副主任和委员、民兵营长、治安主任。1991年12月31日，步文乡人民政府改为步文镇人民政府。

1997年，龙文区人民政府辖步文、郭坑、蓝田、朝阳4个镇人民政府，下辖41个村民委员会和6个居民委员会。镇设镇长、副镇长，内设党政办公室、农业办公室、企业办公室、社会事务办公室、乡村建设办公室、计划生育办公室。2002年7月，企业办公室改为经济发展办公室，乡村建设办公室改为村镇建设办公室。

2007年，步文、郭坑、蓝田、朝阳4个镇人民政府下辖42个村民委员会和8个居民委员会。各镇设党政办公室、农业办公室、经济发展办公室、村镇建设办公室、社会事务办公室、计划生育办公室。

第三节　施政纪要

一、政策规定

（一）经济建设

1997年8月1日，区政府出台《关于鼓励外商到龙文区投资兴办项目享有的优惠政策和规定》，对台、港、澳同胞和华侨及外籍商人到龙文区投资兴办项目，实施14条优惠政策和规定，促使在龙文区外商投资事业迅速发展。出台《关于促进乡镇企业发展的若干意见》，鼓励支持乡镇企业上规模、上档次、创名牌。

1998 年 5 月 4 日，区政府出台《关于进一步改善投资环境的若干规定》，对规范收费制度、减缓停部分收费项目、推行文明执法、简化项目审批手续、到外商投资企业工作优惠政策、实行重点项目领导挂钩联系制度、外商投资项目否定报备制度等作出具体规定，有效改善龙文投资环境，提高利用外资的水平，加快招商引资工作进程；9 月 1 日，区政府颁布《龙文区重点建设项目管理暂行规定》，对重点建设项目的范围与条件、推荐与审定、权利与职责，以及保障措施等分别作出规定，保证重点建设项目的质量和按期竣工。

1999 年 8 月 13 日、2001 年 1 月 18 日和 2 月 16 日、2003 年 1 月 2 日，先后发布《关于严禁在市政综合项目征地范围内抢种抢建的通知》《关于严厉制止漳州市龙文区城市规划内违法建设的通告》《关于严厉制止漳州市龙文区城市规划内违法建设的第二号通告》《关于加强城市规划管理的通告》，确保新区建设有序发展。

2001 年 2 月 18 日，区委与区政府联合制定《关于进一步加快工业发展的若干规定》，从电力、资金、运输等方面对重点创业项目、重点企业进行适当倾斜，支持企业做大做强。2003 年 10 月 31 日，区政府出台《龙文区促进科技成果转化的若干意见》，对开展科技成果转化活动提出保障措施，规定奖励办法和法律责任。2005 年 1 月 4 日，区政府发布《关于龙文区河道采砂管理暂行办法》，规定河道采砂的报批、处罚等管理办法。2006 年 2 月 24 日，区政府出台《关于龙文区整顿和规范矿产资源开发秩序实施方案》，对矿产资源开发利用、保护、监管、违法行为查处等作出规定。

（二）社会事业

1997 年 11 月 5 日，区政府出台《关于对进藏兵员实行优待政策的通知》，对进藏兵员给予优待金、就业安置、保险金、营养补助费四方面的优待政策。1998 年 5 月 12 日，区政府下发《关于对老年人实行优待和服务的通知》，对全区范围内老年人实行优待和服务作出具体规定；7 月 20 日，区政府发布《关于加强殡葬管理的通知》，对殡葬改革和管理作出具体规定，从 1998 年 9 月 1 日零点起，凡在区内死亡人口一律实行火葬，严禁土葬。

2000 年 3 月 15 日，区政府出台《关于农村老年人免于负担各种按人口收费的通知》，要求各镇村切实做好对老年人的社会优待工作，规定从 2000 年 1 月 1 日起，对按人口分摊的各种收费（统筹费），均不得由 60 周岁（含 60 周岁）以上老年人承担；10 月 26 日，区政府作出《关于龙文区城镇退役士兵安置暂行规定（修订）的通知》；对城镇退役士兵的安置及各种优惠政策作出规定。2001 年 3 月 12 日，区政府出台《关于为百岁老人定期发放寿星补贴的通知》，从 2001 年 1 月 1 日起，区财政安排专项资金，为全区 100 岁以上老年人每人每月发放 100 元寿星补贴。2002 年 8 月 19 日，区政府下达《关于龙文区民政救灾专项资金使用管理暂行规定的通知》，对民政救灾款使用范围和发放原则、建立专户管理制度和审批制度、建立使用情况报告制度、加强监督管理作具体规定。2002 年 10 月 23 日，区政府发出《关于兑现计划生育奖励规定的通知》，对实行计划生育的夫妻进行奖励的标准、办法作具体规定。

2004 年 1 月 7 日，区政府出台《关于龙文区残疾人就业保障金征收管理实施细则的通知》，对全区残疾人就业保障金征收标准和办法、使用管理制度作具体规定。2004 年 3 月 17 日，区政府出台《关于全面建立和实施农村居民最低生活保障制度》，对农村居民最低生活保障对象条件、标准、管理办法作出规定，将符合低保条件农村贫困居民纳入保障范围。2005 年 4 月 3 日，区政府出台《关于龙文区农村部分计划生育家庭奖励扶助制度实施方案》，规定从 2005 年 1 月起，对农村只有 1 个男孩或 2 个女孩的计划生育家庭，夫妇年满 60 周岁以后，由政府财政安排专项资金进行奖励扶助。奖励标准为每年每人 600 元，直至死亡为止。2006 年 1 月 20 日，区政府出台《关于龙文区城镇职工基本医疗保险补充规定》，根据实施基本医疗体制改革以来实际情况，对城镇职工基本医疗保险的标准作补充规定，提高医疗保障水平，减轻参保人员负担。

2007 年 2 月 12 日，区政府出台《关于建立健全计划生育利益导向机制六项制度的通知》，决定从 2007 年 1 月起，对计划生育家庭实行六项奖励帮扶制度；4 月 18 日，制定出台《龙文区新型农村合作医疗管理实施办法（试行）》，决定从 2007 年 1 月 1 日起，在全区实施新型农村合作医疗管理制度。

二、行政督查

1997 年起，每年由区政府成立督查组，深入各镇、各有关单位，就区政府重要决策、重要工作部署和上级有关部门交办事项落实情况，以及各级人大代表和政协委员建议、提案办理情况，开展行政督查活动，发现问题及时解决。2006 年 4 月 26—27 日，区政府办、经贸局、龙文公安分局、教育局、消防大队有关人员深入蓝田、步文、朝阳、郭坑 4 个镇和龙文开发区企业、学校、旅游景区，就区政府召开的安全生产工作会议落实情况和“五一”节前消防安全情况进行督查；12 月 20—22 日，区政府办、统计局、效能办有关人员组成督查组，深入 4 个镇和龙文开发区，就开展农业普查登记准备工作进行督查。督查内容有普查经费，特别是普查员和普查指导员补贴到位情况；普查宣传工作情况；普查小区的划分和地址码库编制、上报情况；乡镇地图、普查地区图和普查小区示意图绘制情况；清查摸底进展情况；涉及名录收集整理、下发分解等工作进展情况。通过督查，帮助基层解决工作中遇到的困难和问题，推进农业普查工作按规定进度开展。

2007 年 4 月 16—22 日，区政府办、农业局、农委办有关人员深入 4 个镇和龙文开发区各行政村、养殖户，就春季禽流感等重大动物疫病防控工作进行督查，通过督查，对存在的问题要求责任单位抓好整改，防止发生重大动物疫病。4 月 23—28 日，区政府办、安监局、监察局有关人员深入 4 个镇和龙文开发区企业、学校、旅游景区，就落实全区安全生产工作、第一季度防范重特大安全事故、安全生产目标责任分解、“五一”黄金周期间安全生产工作的部署情况，通过督查，查找安全隐患，及时督促责任单位采取有效措施，抓好整改，落实到位。9 月 13—14 日，区政府办、农委办、农业局、财政局有关人员深入 4 个镇和龙文开发区，就上级安排的能繁母猪补贴资金发放情况进行督查，通过督查，敦促抓好落实，确保上级补助资金按时足额发放到养殖户手中。

三、农业农村工作

1997 年，全区农业特产税保持在 1996 年水平，“村提留、乡统筹”以 1995 年为基数，按“一定三年不变”决定，保障农民休养生息。加强农民负担监督检查工作，累计发放农民负担监督卡 26138 张，做到每户有一张卡，从源头上制止向农民乱摊派、乱收费、乱罚款现象发生。清理村财，共清理各项违规金额 272.18 万元，清退 248.34 万元。1998—1999 年，区政府贯彻中共十五届三中全会精神，落实减轻农民负担政策，继续清理乱收费、乱摊派、乱集资，整顿农村财务，共清出各项违纪违规金额 250.6 万元，清退 176.2 万元。2000—2001 年，开展农村电价整顿和农村电网改造，使农民用电价格有较大幅度下降。2003 年，在全区推行以“五个取消、一项改革、一个稳定”（取消乡统筹费，取消农村教育集资等专门面向农民征收的行政事业性收费和政府性基金、集资，取消除烟叶及原木收购环节特产税外其他农业特产税，取消屠宰税，取消统一规定的劳动积累工和义务工，稳定农业税政策，改革村提留征收和使用办法）为主要内容的农村税费改革。区政府出台《龙文区关于清理整顿涉农收费切实减轻农民负担的意见》《龙文区村集体财务管理暂行规定》《龙文区村级范围一事一议筹资投劳管理办法》《龙文区关于农村税费改革中稳步推进农村义务教育的若干意见》《龙文区农村税费改革转移支付办法》5个配套文件。通过精简机构和人员编制，调整财政支出结构，严控非生产性支出，挤出151.42万元，支持农村税费改革，实现中央提出的“三个确保”（确保改革后农民负担明显减轻、不反弹，确保乡镇机构和村级组织正常运转，确保农村义务教育经费正常需要）。2003年税费改革后，龙文区农民负担从1557.68万元减少到153.21万元，实际减负1404.47万元，降幅90.16%；农民人均负担由原来每人每年144.28元年降到14.19元，降幅90.16%。2004年，全区将已征收的2003年度村提留和统筹费417.93万元如数退还农民。当年，根据省政府“凡种植水稻的耕地，一律减免农业税及附加”规定，龙文区不但从早稻、晚稻种植面积给予减免农业税和附加，还对区内存在的一些“有税无地”一同减免。全区农业税减免达到征收总数的一半，对兑现种粮耕地免征农业税、“有税无地”造成农民不合理负担者给予专项补助73.01万元。2005年，严格执行省政府全面免征农业税及其附加和取消除烟叶外的农业特产税及其附加的重大决定，做好龙文区农村税费改革第二步工作，落实“两取消、三改革”（取消农业特产税、取消农业税；改革综合配套机制、改革农村教育体制、改革县乡财政管理体制）政策措施。至2006年，共减轻农民负担273万元。

2007年5月，开展以核实镇村债务为主要内容的农村综合改革基础资料调查核实工作，锁定2005年底镇村债务余额，严禁发生新债，建立农村综合改革数据库。当年，全区共减轻农民负担159万元。

四、信访工作

（一）办理信访

1997年，成立龙文区信访工作领导小组，并由区委办公室信访科负责办理信访业务，制定一系列信访工作制度，规范受理、办理信访程序。1998年，陆续制定《龙文区信访工作目标管理考评办法》《龙文区信访件退回重新处理决定书》《关于落实信访工作责任制的通知》，实行“半月一催办，一月一办结，一月一通报”做法，提高信访件办结率。2002年10月，设立中共龙文区委、龙文区人民政府信访局，作为区委、区政府主管全区信访工作的机构，建立《信访效能督办制度》《处理信访突出问题及群众性事件群众会议制度》，努力解决群众的信访问题。1997—2007年，全区共受理群众来信8802件，接待群众来访467人次，办结率90.2%。

（二）领导接访

1998年，建立每月15日为区领导接待群众来访日制度，每次由区五套领导班子成员2人值班，接待群众来访。各镇、开发区和区直部门，也设立各自的领导接待日制度，与区形成联动。当年，田丰村因钢材市场未及时兑现租金问题，引发村民到区上访。区委常委黄宝山和黄建平接待后进行协调，一周内兑现58户100多人的租金50多万元。凡到区信访部门集体上访的事件，区信访部门则以专报件的形式，快速呈报区委、区政府批阅。2000年3月，蓝田村因村财管理混乱问题，引发村民集体到市政府上访。区信访部门将此件呈报区委、区政府后，区领导立即组织调查组，进村清查，依法兑现80%征地款，并追究部分村干部违法违纪问题。1998—2007年，区领导共接待和阅批群众来信来访591批（件），解决大量群众信访问题。

（三）化解群体上访事件

区信访部门对群体性上访事件，做到虚心倾听群众代表的意见，耐心细致做好群众工作，并协调所在地方或涉及单位的主要领导赶赴现场，进行疏导处理。2006年6月，朝阳镇科坑村群众因征地问题，与一罐头厂员工发生殴打事件，造成几名村民受伤，村民集体到区信访部门上访。区信访部门和有关领导接待群众，稳定群众思想情绪。事后，区里将其列为重大信访问题，专门成立工作组进行协调解决。负责处理此事件的区委领导多次到当事人家中慰问，同时，责成厂方支付医疗补助金 10 万元，村民消除了怨气。1997—2007 年，区信访部门共接待和处理群体性上访事件 59 批 3546 人，均妥善解决群众反映的问题。11 年中，群众送锦旗 8 面给区信访局。

第二章　人大地方组织

第一节　人大代表

一、代表产生

1950年,区境各乡实行人民代表会议制度。乡人民代表会议代表,由工会、农会、青年团、妇联、工商界、华侨界、文化界和社会人士协商产生。1951 年，乡人民代表会议的代表采用民主选举办法产生。1953 年，实行首次普选。1953—1995 年，区境区、乡镇（公社）依照《中华人民共和国选举法》，成立选举委员会，组织选民进行 12 届人民代表大会代表选举，产生区、乡镇（公社）人民代表大会代表和县（市）人民代表大会代表。代表选举工作分为培训干部、宣传发动、划分选区、人口调查与选民登记、选民资格审查、协商提出代表候选人、投票选举等阶段进行。

1996 年 9 月 27 日，省八届人大常委会第 25 次会议作出决定，批准龙文区第一届人大代表名额 143 人。按照《中华人民共和国选举法》《中华人民共和国地方组织法》规定，区成立选举委员会，主持和领导区、镇选举工作。代表候选人人选，由各政党、各人民团体联合或单独推荐，以及由 10 名以上选民联合推荐，并与各方面协商后提出。代表候选人名单公布后，由选举委员会按选区组织选民小组反复酝酿、讨论、协商，根据较多选民的意见确定正式代表候选人，实行差额选举。1996 年 12 月中旬，各选区选民采取无记名投票方式，选出区第一届人大代表 102 人。

龙文区第二届人大代表安排名额 139 人。2001 年 7 月上旬开始，经过 5 个阶段的工作，全区蓝田、步文、朝阳、郭坑 4 个选举单位的 59 个选区，于 2001 年 12 月 28 日选举产生区第二届人民代表大会代表 134 人；又自 2002 年 2 月 11 日开始，经过 5 个阶段工作，于 2 月 27 日在蓝田镇、朝阳镇、郭坑镇的镇直选区和步文镇的天亭（一）选区，另行选出代表 5 人。两次选举共产生代表 139 人，后因 1 名代表调离龙文，其代表资格自行终止，实有代表 138 人。

龙文区第三届人大代表安排名额 138 人。2006 年 10 月上旬开始，经过 5 个阶段的工作，全区蓝田、步文、朝阳、郭坑 4 个选举单位的 69 个选区，根据较多数选民意见确定正式代表候选人 207 人，实行差额选举。以无记名投票方式，于 2006 年 12 月 12 日选举产生代表 138 人，后因 1 名代表调离龙文，其代表资格自行终止，实有代表 137 人。

二、代表构成

区第一届人大代表 102 人。其中，工人代表 4 人，占 3.92%；农民代表 33 人，占 32.35%；干部代表 37 人，占 36.28%；知识分子代表 25 人，占 24.51%；其他代表 3 人，占 2.94%。代表中，民主党派、无党派爱国人士2人，占1.96%；宗教界人士1人，占0.98%；妇女代表23人，占22.55%。代表的文化素质较高，文化程度大专以上的25人，占24.51%；中专、高中21人，占20.59%。

区第二届人大代表138人。其中，工人代表5人，占3.62%；农民代表69人，占50%；干部代表47人，占34.06%；知识分子代表7人，占5.07%；解放军代表2人，占1.45%；退休干部代表1人，占0.73%；其他代表7人，占5.07%。全体代表中，中共党员代表89人，占64.49%；非中共党员代表49人，占35.51%；妇女代表36人，占26.09%。代表平均年龄40.89岁，比上届有所下降。其中，61岁以上2人，占1.45%；51—60岁21人，占15.22%；41—50岁43人，占31.16%；36—40岁33人，占23.91%；35岁以下39人，占28.26%。代表的文化素质比上届提高，文化程度大专以上50人，占36.23%；中专、高中41人，占29.71%；初中41人，占29.71%；初中以下6人，占4.35%。

区第三届人大代表137人。其中，工人代表17人，占12.41%；农民代表60人，占43.79%；干部代表46人，占33.58%；知识分子代表13人，占9.49%；解放军代表1人，占0.73%。全体代表中，中共党员代表86人，占62.77%；非中共党员代表51人，占37.23%；妇女代表33人，占24.09%。代表平均年龄42.34岁。其中，61岁以上1人，占0.73%；51—60岁22人，占16.06%；41—50岁66人，占48.17%；36—40岁20人，占14.60%；35岁以下28人，占20.44%。代表的文化素质比上届提高，文化程度大专以上61人，占44.52%；中专、高中26人，占18.98%；初中47人，占34.31%；初中以下3人，占2.19%。

1997—2007年龙文区历届福建省人民代表大会代表名表

表6-2-1

姓　名	单　　位	时　间	届　　别
邱亚明	中共郭坑镇委	1998—2002年	省九届人大一次至五次会议
唐亚根	中共蓝田镇小港村支部	1998—2002年	省九届人大一次至五次会议
蔡良国	龙文区政府	2003—2006年	省十届人大一次至四次会议
林瑞旺	中共步文镇石仓村支部	2003—2007年	省十届人大一次至五次会议
蒋一婷（女）	中共龙文区委	2006—2007年	省十届人大四次至五次会议

1997—2007年龙文区历届漳州市人民代表大会代表名表

表6-2-2

姓　名	单　　位	时　间	届　　别
陈庆元	中共龙文区委	1997—2001年	市十二届人民代表大会
林亚才	龙文区人大常委会	1997—2001年	市十二届人民代表大会
周　弋	龙文区人大常委会	1997—2001年	市十二届人民代表大会
林建华	龙文区农业局	1997—2001年	市十二届人民代表大会
蔡良国	龙文区政府	1997—2001年	市十二届人民代表大会
李和松	龙文区民政局	1997—2001年	市十二届人民代表大会
林瑞旺	中共步文镇石仓村支部	1997—2001年	市十二届人民代表大会
任海桂	龙文区合成氨厂	1997—2001年	市十二届人民代表大会

续表 6-2-2

姓　名	单　　位	时　间	届　　别
林沛能	中共蓝田镇委	1997—2001 年	市十二届人民代表大会
邱亚明	中共郭坑镇委	1997—2001 年	市十二届人民代表大会
戴晓平	龙文区朝阳镇政府	1997—2001 年	市十二届人民代表大会
黄天生	龙文区步文镇政府	1997—2001 年	市十二届人民代表大会
陈庆元	中共龙文区委	2002—2006 年	市十三届人民代表大会
蔡良国	龙文区政府	2002—2006 年	市十三届人民代表大会
陈丽凤（女）	龙文区蓝田镇政府	2002—2006 年	市十三届人民代表大会
翁赐文	龙文区人大常委会	2002—2006 年	市十三届人民代表大会
陈亚同	龙文区环卫处	2002—2006 年	市十三届人民代表大会
周煌全	龙文区磷肥厂	2002—2006 年	市十三届人民代表大会
苏碰周	龙文区郭坑镇政府	2002—2006 年	市十三届人民代表大会
王红（女）	龙文妇幼保健所	2002—2006 年	市十三届人民代表大会
林瑞旺	中共步文镇石仓村支部	2002—2006 年	市十三届人民代表大会
黄和本	港昌罐头食品有限公司	2002—2006 年	市十三届人民代表大会
蔡梅英（女）	龙文区朝阳中学	2002—2006 年	市十三届人民代表大会
蒋一婷（女）	中共龙文区委	2007 年 3 月—	市十四届人大一次会议
张琳光	龙文区政府	2007 年 3 月—	市十四届人大一次会议
邹三分	龙文区人大常委会	2007 年 3 月—	市十四届人大一次会议
李亚树	蓝田工业开发区管委会	2007 年 3 月—	市十四届人大一次会议
陈银花（女）	中共蓝田镇委	2007 年 3 月—	市十四届人大一次会议
林建成	中共朝阳镇委	2007 年 3 月—	市十四届人大一次会议
黄和本	港昌罐头食品有限公司	2007 年 3 月—	市十四届人大一次会议
林瑞旺	中共步文镇石仓村支部	2007 年 3 月—	市十四届人大一次会议
陈南川	中共郭坑镇院后村支部	2007 年 3 月—	市十四届人大一次会议
王　乐	龙文医院	2007 年 3 月—	市十四届人大一次会议
李　华	龙文中学	2007 年 3 月—	市十四届人大一次会议

第二节　代表大会

一、区人民代表大会

（一）区第一届人民代表大会

第一次会议　1996 年 12 月 29 日—1997 年 1 月 1 日，在漳州市芗江酒店翠园楼四楼大会议厅召开（以下各次会议均在此举行），出席代表 101 人，中共龙文区委、区政府领导和机关各部门负责人 32 人及出席区政协一届一次会议的政协委员应邀列席。会议选举区第一届人民代表大会常务委员会主任、副主任及常务委员9人；选举区人民政府区长1人，副区长2人；区人民法院院长1人；选举出席漳州市第十二届人民代表大会代表12人。会议听取并审议新当选的区长蔡良国所作《关于龙文区国民经济和社会发展“九五”计划和2010年远景目标纲要的报告》和新当选的区人大常委会主任林亚才所作《龙文区人民代表大会常务委员会工作报告》。会议通过《龙文区国民经济和社会发展“九五”计划和2010年远景目标纲要的决议》《龙文区人大常委会工作报告的决议》和《龙文区1997年国民经济与社会发展计划和财政收支预算的决议》。

第二次会议　1998年2月16—19日召开，出席代表123人。区委、区政府领导及区各部门负责人41人及出席区政协一届二次会议政协委员应邀列席。会议听取和审议《龙文区政府工作报告》《关于龙文区1997年国民经济和社会发展计划执行情况与1998年国民经济和社会发展计划草案的报告》《关于龙文区1997年财政预算执行情况和1998年财政收支预算草案的报告》《区人大常委会工作报告》《区人民法院工作报告》《区人民检察院工作报告》。经审议，作出关于批准国民经济和社会发展计划以及财政预算报告的决议；通过区政府工作报告、区人大常委会工作报告、区法院和检察院工作报告的决议。会议听取和审议代表议案审查报告，选举区人民检察院检察长1人。

第三次会议　1999年1月23—26日召开，出席代表122人，列席人员40人，出席区政协一届三次会议政协委员应邀列席。会议听取和审议《龙文区政府工作报告》《关于龙文区1998年国民经济和社会发展计划执行情况与1999年国民经济和社会发展计划草案的报告》《关于龙文区1998年财政预算执行情况和1999年财政预算草案的报告》《区人大常委会工作报告》《区法院工作报告》《区检察院工作报告》，以及议案审查报告等，并分别通过相应的决议。

第四次会议　2000年1月17—20日召开，出席代表120人，列席人员46人，出席区政协一届四次会议全体委员应邀列席。会议听取和审议《龙文区政府工作报告》《关于龙文区1999年国民经济和社会发展计划执行情况与2000年国民经济和社会发展计划草案的报告》《关于龙文区1999年财政预算执行情况和2000年财政预算草案的报告》《区人大常委会工作报告》《区法院工作报告》《区检察院工作报告》，以及议案审查报告等，并分别通过相应的决议。会议接受林亚才辞去区人大常委会主任职务请求，补选陈庆元为区人大常委会主任。

第五次会议　2001年4月17—20日召开，出席代表122人，列席人员64人，出席区政协一届五次会议政协委员应邀列席。会议听取和审议《龙文区政府工作报告》《关于龙文区2000年国民经济和社会发展计划执行情况与2001年国民经济和社会发展计划草案的报告》《关于龙文区2000年财政预算执行情况和2001年财政预算草案的报告》《区人大常委会工作报告》《区法院工作报告》《区检察院工作报告》，以及议案审查报告等，并分别通过相应的决议。会议接受林丽玲辞去区人民检察院检察长职务请求，补选李绍山为区人民检察院检察长；接受辞去区人大常委会委员1人，补选区人大常委会委员1人；选举出席漳州市第十三届人民代表大会代表10人。

第六次会议　2001年4月27—28日召开，会议增选漳州市第十三届人民代表大会代表1人。

（二）区第二届人民代表大会

第一次会议　2002年2月28日—3月3日，区第二届人民代表大会第一次会议在漳州宾馆会议中心召开（以下各次会议均在此举行），出席代表136人，列席人员63人，出席区政协二届一次会议政协委员应邀列席。会议听取和审议《龙文区政府工作报告》《关于龙文区2001年国民经济和社会发展计划执行情况与2002年国民经济和社会发展计划草案的报告》《关于龙文区2001年财政预算执行情况和2002年财政预算草案的报告》《区人大常委会工作报告》《区法院工作报告》《区检察院工作报告》以及议案审查报告等，并分别通过相应的决议。会议选举区第二届人大常委会主任、副主任和常务委员13人，选举区人民政府区长1人、副区长5人，选举区人民法院院长、区人民检察院检察长各1人。

第二次会议　2003年1月22—25日召开，出席代表135人，列席人员71人，出席区政协二届二次会议政协委员应邀列席。会议审议并通过《龙文区政府工作报告》《关于龙文区2002年国民经济和社会发展计划执行情况与2003年国民经济和社会发展计划草案的报告》《关于龙文区2002年财政预算执行情况和2003年财政预算草案的报告》《区人大常委会工作报告》《区人民法院工作报告》《区人民检察院工作报告》《关于代表议案审查情况的报告》《关于第二届人民代表大会代表情况和补选（另选）代表资格的审查报告》。会议期间，组织民主测评。

第三次会议　2004年3月1—4日召开，出席代表135人，列席人员78人，出席区政协二届三次会议政协委员应邀列席。会议审议并通过《龙文区政府工作报告》《关于龙文区2003年国民经济和社会发展计划执行情况与2004年国民经济和社会发展计划草案的报告》《关于龙文区2003年财政预算执行情况和2004年财政预算草案的报告》《区人大常委会工作报告》《区人民法院工作报告》《区人民检察院工作报告》。会议还听取和审议议案审查委员会《关于代表议案审查情况的报告》、代表资格审查委员会《关于第二届人民代表大会代表情况和另行选举代表资格的审查报告》。会议增选区二届人大常务委员1人。

第四次会议　2005年2月25—27日召开，出席代表132人，列席人员85人，出席区政协二届四次会议政协委员应邀列席。会议审议并通过《龙文区政府工作报告》《关于龙文区2004年国民经济和社会发展计划执行情况与2005年国民经济和社会发展计划草案的报告》，《关于龙文区2004年财政预算执行情况和2005年财政预算草案的报告》《区人大常委会工作报告》《区人民法院工作报告》《区人民检察院工作报告》，以及议案审查报告。

第五次会议　2006年4月18—21日召开，出席代表134人，列席人员82人，出席区政协二届五次会议政协委员应邀列席。会议审议并通过《龙文区政府工作报告》和《龙文区国民经济和社会发展第十一个五年规划纲要》《关于龙文区2005年国民经济和社会发展计划执行情况与2006年国民经济和社会发展计划草案的报告》《关于龙文区2005年财政预算执行情况和2006年财政预算草案的报告》《区人大常委会工作报告》《区人民法院工作报告》《区人民检察院工作报告》《关于代表议案审查情况的报告》《关于第二届人民代表大会代表情况和补选代表资格的审查报告》。会议接受陈庆元辞去区人大常委会主任职务请求，补选邹三分为区人大常委会主任。

（三）区第三届人民代表大会

第一次会议　2007年1月17—20日，区第三届人民代表大会第一次会议在漳州宾馆会议中心召开，出席代表135人，列席人员87人，出席区政协三届一次会议政协委员应邀列席。会议听取和审议《龙文区政府工作报告》《关于龙文区2006年国民经济和社会发展计划执行情况与2007年国民经济和社会发展计划草案的报告》《关于龙文区2006年财政预算执行情况和2007年财政预算草案的报告》《区人大常委会工作报告》《区人民法院工作报告》《区人民检察院工作报告》，以及议案审查报告，并分别通过相应的决议。会议选举区第三届人大常委会主任、副主任和常务委员18人，选举区人民政府区长1人、副区长6人，选举区人民法院院长、区人民检察院检察长各1人，选举出席漳州市第十四届人民代表大会代表11人。

二、乡镇人民代表大会

1987年起，步文、郭坑2个乡、镇（公社）召开人民代表大会，选举产生乡、镇人大主席团，作为乡、镇人民代表大会常设机构。主席团设1名常务主席、6—8名委员，并配备1名专职秘书。常务主席专职负责闭会期间主席团的工作。在新一届人民代表大会上，代表们听取和审议人大主席团工作报告。至1997年4月，区境步文、郭坑2个乡、镇（公社）分别召开12届人民代表大会。历届大会听取和审议乡、镇（公社）政府工作报告，财政结算、预算报告，选举正、副乡（镇）长和人民陪审员。

1997年5月，步文镇召开第十三届人大一次会议，郭坑镇召开第十三届人大一次会议，蓝田镇召开第一届人大一次会议，朝阳镇召开第一届人大一次会议。此后，各镇每年召开1次人大会议，每3年进行换届选举。至2007年，步文镇和朝阳镇分别召开4届11次人大会议，郭坑镇和蓝田镇分别召开4届12次人大会议。历次会议，听取和审议镇政府工作报告、财政预算决算报告，听取和审议人大主席团工作报告。历届大会还选举镇人大主席、副主席和镇长、副镇长。

第三节 区人大常务委员会

一、常委会组成

1996年12月，区第一届人民代表大会常务委员会，由常务委员12人组成，其中主任1人、副主任2人，作为同级人民代表大会的常设机关，在人大闭会期间行使《宪法》赋予的决定权、监督权、任免权等14项职权，向同级人大负责并报告工作。2002年2月，区第二届人民代表大会常务委员会由常务委员7人组成，其中主任1人、副主任3人。2007年1月，区第三届人民代表大会常务委员会由常务委员23人组成，其中主任1人、副主任4人。主任、副主任一般为专职领导，常委委员多数专职少数兼职，兼职委员由中共龙文区纪委、区委组织部、区政府办、区总工会等单位正职或副职领导组成，通过人民代表大会选举担任。

二、办事机构

1997年1月，区一届人大常委会下设办公室、法制工作委员会、财政经济工作委员会、农村经济工作委员会、教育科技文化卫生工作委员会、侨胞台胞宗教工作委员会、建设工作委员会、代表联络工作委员会8个办事机构。2001年8月，建设工作委员会改称城乡建设环境保护委员会。2002年4月，区二届人大常委会设办公室、法制委员会、财政经济委员会、农村经济委员会、教育科技文化卫生委员会、侨胞台胞民族宗教委员会、城乡建设环境保护委员会、人事代表工作委员会8个机构。2007年2月，区三届人大常委会设办公室、内务司法委员会、财政经济委员会、农村经济委员会、教育科技文化卫生委员会、侨胞台胞民族宗教委员会、城乡建设环境保护委员会、人事代表工作委员会、信访办公室9个机构。

第四节　主要工作

一、监督“一府两院”

1997年9月29日，区一届人大常委会第八次会议审议通过《漳州市龙文区人大常委会关于国家行政、审判、检察机关工作人员述职的暂行办法》，明确对国家行政、审判、检察机关工作人员的工作监督。1998年6月，区人大常委会组织人大代表视察全区防汛抗灾工作情况，针对存在问题，向区政府提出意见、建议。区一届人大常委会第十五次会议作出《关于依法治区的决议》；第十六次会议根据区人民政府、区人民法院和区人民检察院的提请，分别作出《关于批准〈区人民政府关于依法行政的实施规则〉的决议》《关于批准〈区人民法院关于实施依法治区决议的方案〉的决议》《关于批准〈区人民检察院关于实施依法治区决议的方案〉的决议》；12月，组织代表视察依法治村（居）和教育基本建设及校务公开实施情况，提出加大依法治村（居）宣传力度，镇和村（居）要制定治理方案，并有计划有组织到小港村和铁路居委会学习取经，教育部门要加强校务公开督促，要加强教育收费管理，坚决纠正“搭车”收费行为，应建立收费工作检查和报告制度，并将检查情况报告人大常委会等意见和建议。1999年4月，开展《水法》和《防洪法》执法检查，就扩建和维修防洪设施，除险加固，提高全区抗洪能力提出意见和建议；11月，区人大常委会与区政协对防洪堤、道路、批发市场等6个重点工程建设进行视察，就建设管理中的安全、质量、进度、环保和资金筹集等方面提出建议。

2000年3月3日，区一届人大常委会第二十三次会议审议通过《漳州市龙文区人大常委会关于开展评议工作的暂行规定》，加强对龙文国家行政机关、审判机关、检察机关的监督，加强对区人民代表大会选举和常务委员会任命的人员的监督；11月30日，在区一届人大常委会第二十七次会议上，通过1名法院副庭长、1名检察院副科长述职报告。2002年4月30日，区二届人大常委会第一次会议审议通过《漳州市龙文区人大常委会关于实行供职发言制度的暂行办法》，首次对19名提请区人大常委会任命的政府组成人员供职发言进行评议，推行人事监督“三项制度”（政府组成人员任命前“供职发言制度”，人大机关、法院、检察院人员任命前“法律考试制度”，对部分人员“述职评议制度”）；6月，常委会组织代表视察浦口粮食和饲料加工区、朝阳村生猪养殖场、龙文经济开发区、九十九湾孚美河道、东亚冷冻和东日食品企业、九龙江碧湖堤段、步文圳头胶合板企业环保工作，向区政府提出意见和建议，要求加强宣传教育，提高全民环保意识；健全环保机构，配足环保设施设备；加强组织领导，形成各部门齐抓共管局面；改革环保投资机制，加大治污资金投入；加强技术指导，增强业主环保能力；加强执法力度，确保环保责任落实；抓住治理重点，迅速提高环境质量。10月29日，区人大教科文卫委组织区级部分人大代表对区防疫站、妇幼所、龙文医院、郭坑中心卫生院和部分乡村医疗所，检查实施《中华人民共和国传染病防治法》《中华人民共和国母婴保健法》和《中华人民共和国食品卫生法》、全区医疗事业发展情况，提出加大对卫生事业资金投入、注重人才引进并加强卫生队伍建设、加强卫生法律法规宣传和执法力度、大力开展爱国卫生运动等建议。2006年6月29日，区人大常委会组织部分人大代表对龙文城建监察大队及各中队的队伍建设和执法情况进行视察，督促城建监察大队在城市规划、市政设施建设、公用事业、市容环境卫生整治、园林绿化和房地产等方面加大监察力度，提升城建监察水平。

2007 年 7 月 18 日，召开“一府两院”办公室主任会议，布置全区“重在提请、主动服务”最佳单位评选工作；9 月 20 日，区三届人大常委会组织 40 多名区级人大代表分别对全区房地产、商场和路网建设项目进行现场视察，向区政府提出建设性意见。

二、视察调研

1997 年 8 月 13—14 日，区人大常委会组织 42 名代表就城市规划建设、水利建设、引进外资和开发区建设进行视察；10 月 29—30 日，再次组织 48 名代表就《全区实行村务公开、民主管理》情况进行视察。2 次视察形成的意见和建议得到区委、区政府采纳。1998 年 6 月 19 日，常委会组织 53 名代表就区农业科技、水利建设、重点项目建设进行视察；12 月 10 日，召集 57 名代表就依法治村、治居、教育工作、校务公开进行视察。2 次视察，形成 3 份视察报告，提出意见和建议，由有关单位予以办理。当年，数次配合省、市级人大代表进行联合视察。1999 年 6 月 29 日和 11 月 18 日，先后组织近百名区人大代表分别对新村、开发区、城镇、重点工程建设进行视察，形成 2 份视察报告，把意见和建议，交由有关单位办理解决。2000 年 9 月，常委会组织 40 多名区级人大代表分别对龙文经济开发区、云洞岩景区进行视察，对开发区征地办法、拆迁补偿、农业税费减免、信贷扶持等方式和对景区归属管辖、管理条例、开辟旅游线路、完善旅游配套服务、清理整顿餐饮业、做好资金筹集和投入等方面，提出改进建议和意见。常委会还组织委员、代表就依法治村试点、农村合作基金会整顿、村级财务债权债务清理、工业企业发展、预算外资金管理使用、小学教师资源配置、建筑施工企业管理、代表小组活动进行专题调研，先后撰写 10 篇专题调研文章，其中《发挥人大代表监督作用，加强预算外资金管理》《关于人大监督人事工作的实践和思考》在全国部分县（市、区）联谊会上交流发言，受到与会者肯定。2001 年 6 月，常委会组织市、区部分人大代表对区环保重点单位的污染治理现状进行视察，提出加强检查、综合治理、依法治理的建议。区委作出“加快龙文区工业化步伐”决策后，常委会迅速作出反应，组织人员与区政协深入工商、税务、银行和多家企业进行调研，了解工业发展现状，分析制约全区工业发展主要因素，提出加快龙文区工业发展基本思路。2002 年 6 月，组织 40 多名区级代表对环境污染治理情况进行专题视察，提出加强环保工作整改意见；10 月 31 日，再次组织代表到整改单位跟踪检查，促进经济和环保工作协调发展。2003 年，常委会围绕区委工作重点、政府工作要点和人民群众关注的热点，共组织 11 个专题调研活动，其中历届村（居）委会换届选举情况、城市建设情况、经济工作运行情况、税收征管情况、农业增产和农民增收情况、“非典型性肺炎”疫情预防情况等专题调研得到区委肯定。2004 年，常委会组织代表对烟尘污染综合整治、云洞岩景区开发建设、河道污染综合治理、《中华人民共和国消防法》和《福建省消防条例》实施情况进行视察，提出一系列建设性的意见、建议。2005 年，常委会组织部分代表就“平安龙文”创建、重点项目进展情况和环境污染问题进行视察，还分别就税收征管、农村公路建设、生态循环经济、“村集体财务管理条例”执行、水利工程建设、高中阶段教育发展、消防安全、企业烟尘综合治理及城市建设等情况进行专题调研，撰写调研报告 9 篇。

2007 年 6 月，常委会配合全国人大代表专题调研组，对蓝田镇东屿村社会主义新农村建设进行调研。是年，常委会先后组织代表 340 人次对毅达新城等城市项目建设进展情况进行专题视察，提出意见建议 5 条。还对工业与生活垃圾污染处理、全区土地使用情况、龙文医院改扩建等问题进行专题调研，写出调研报告 4 篇。

三、执法检查

1997年，区人大常委会开展《中华人民共和国土地管理法》《中华人民共和国农业法》《中华人民共和国乡镇企业法》《中华人民共和国刑事诉讼法》《中华人民共和国行政处罚法》《中华人民共和国义务教育法》和《中华人民共和国消费者权益保护法》执行情况检查。1998年，区人大常委会配合省、市人大常委会组织5个执法检查组，检查《中华人民共和国农业法》《中华人民共和国老年人权益保障法》《中华人民共和国消费者权益保护法》《中华人民共和国城市规划法》《中华人民共和国教育法》《中华人民共和国教师法》实施情况。1999年3—5月，与市、镇人大联手，开展实施《文物保护法》情况检查，就发挥龙文区文物在发展东部旅游经济区作用提出6点要求；6—8月，联合区纪委、财政、审计等部门开展以清理整顿预算外资金、专项资金管理使用为重点的《预算法》执行情况大检查，发出5份整改通知书和1份处理决定书。此外，开展《省初级卫生保健条例》《省计划生育工作条例》实施情况检查，督促区政府抓紧抓好初级卫生保健工作和计生工作。2000年，常委会配合省、市人大检查组，对《中华人民共和国森林法》《中华人民共和国行政诉讼法》《中华人民共和国城市规划法》执行情况进行检查，提出实施这些法律法规的意见和建议。2001年，为落实区委关于社会治安工作会议精神，常委会组织力量对全区“严打”工作情况进行全面细致地调查检查，提出加大“严打”宣传力度、打击力度和责任追究力度的意见。2002年，常委会组织代表就《中华人民共和国环境保护法》《中华人民共和国传染病防治法》《中华人民共和国食品卫生法》《中华人民共和国母婴保健法》实施情况进行专题检查，督促有关部门依法行政。2003年，常委会领导经常听取法院、检察院汇报，并对全区“四五”普法工作进行检查。2004年，常委会对10多部法律法规执行情况进行检查。针对全区木材加工企业多，业主防火意识弱，火灾隐患大等突出问题，常委会组织部分代表对《中华人民共和国消防法》《福建省消防条例》执法情况进行大检查。常委会还对实施《中华人民共和国残疾人保健法》情况进行跟踪检查，推动全区残疾人事业发展。2005年，常委会对《国家林权制度改革法》《国家村集体财务管理条例》《国家动物防疫法》《国家文物保护法》实施情况开展执法检查，配合省、市人大对《劳动法》执法情况进行检查。

2007年，常委会针对社会焦点、热点问题组织或配合省、市人大对《国家农村土地承包法》《国家建筑法》《中华人民共和国义务教育法》实施情况开展执法检查，做好跟踪督促工作。

四、人事任免

1997年1月至2007年12月，区人大常委会共召开37次会议讨论决定人事任免事项。依法任命、决定任命同级国家机关工作人员188人，免职15人，接受辞职14人，其中决定代理区长1人，接受辞去区长职务1人；决定任命副区长7人，政府办公室主任、各局局长70人，决定免去主任、局长职务4人，接受辞去主任、局长职务7人；决定区人民法院代理院长1人，接受辞去院长职务1人；任命副院长4人，接受辞去副院长职务3人；任命正副庭长、审判委员会委员、审判员40人，免去职务10人；决定区人民检察院代理检察长3人，接受辞去检察长职务1人；任命副检察长10人；任命检察委员会委员、检察员35人；接受辞去人大常委会副主任职务1人；任命区人大常委会办公室和各工作委员会正副主任21人，免去职务1人，接受辞职1人。

五、议案、建议督办

1997—2007年，区人大常委会经议案审查委员会审议，147件议案因提出问题均不属于代表大会的职权范围而转为代表建议处理，连同代表建议125件，在大会闭幕后由区人大常委会办公室和区政府办公室联合召开交办会议，按建议涉及内容和职权范围，交给“一府两院”和有关单位办理。人大常委会跟踪督办，承办单位及时向人大常委会报告办理结果。区一届人大二次会议代表提出关于解决漳州糖厂收蔗打白条问题的建议，经区政府及有关单位多次多形式向上反映，并与漳州糖厂协商解决，于当年内兑付到位，保障蔗农合法经济利益。区一届人大三次会议代表提出关于解决蓝田绿化带征地拆迁补偿款拖欠的建议，经区委、区政府主要领导及有关部门多次向上反映，争取上级补偿款83万元，如数发给拆迁户。区一届人大三次会议代表关于教育经费兑现问题的建议，在组织财政、教育等部门进行专题调研基础上，区政府制定《关于调整镇级教育人员经费管理体制的通知》，从深化教育体制改革，加快教育事业发展这一高度出发，对镇级教育人员经费管理体制作出调整，确保教育投入，使问题得到根本解决。区一届人大五次会议代表关于加强对龙文磷肥厂环境污染问题监控的建议，经区政府监管，分期投入资金167万元，对磷肥厂尾气处理原流程进行改造，采用先进的吸收流程，使尾气排放达到国家规定。区二届人大一次会议代表提出关于拓宽有线电视频道、改善播放质量建议，经区广电中心筹资62万元，增配机房设备，改造网络线路，增加收视频道，提高收视质量。区二届人大二次会议代表提出关于增加资金投入，加固水利堤岸的建议，区财政拨出专项资金，完成1750米堤段除险加固工程。区二届人大四次会议代表提出关于解决朝阳镇部分自然村安装自来水的建议，经3年努力，完成27个村级人饮工程。区三届人大一次会议代表提出关于加大村级创卫经费转移支付的建议，区政府在财政预算中增加创卫经费预算，区本级预算安排同口径增长64%。

1997—2007年，代表建议答复率100%。其中，代表所提问题得到基本解决或部分解决的有211件，占建议总数77.57%；因条件限制或政策不允许，留待以后解决，需向代表说明情况的有61件，占22.43%。

六、联系代表

2000年3月，区第一届人大常委会第二十三次会议通过《关于区人民代表大会代表开展活动的办法》和《关于联系区人民代表大会代表的办法》，广泛组织代表开展活动。常委会每年组织1次以上较大型的代表视察活动；邀请人大代表参加调研活动；列席人大常委会会议，参与执法检查、述职评议等活动，利用以会代训等形式加强业务培训，提高代表的法律知识水平和履行职责的能力。人大常委会组成人员实行包片联系代表制度，进村上门，了解代表生活、工作情况，鼓励代表争先创优、参政议政。将人大代表编成代表小组，编印代表联系手册，不定期地印发调查、征询意见的回复函，随时听取代表的建议、批评和意见。人大常委会及其各委、办根据实际需要召开代表座谈会，听取代表意见，研究有关问题。人大常委会为代表订阅《福建人大》《福建法制报》《漳州人大》等报刊，寄送代表大会和常委会《会刊》《情况反映》《人大简讯》等信息资料，通报政情，帮助代表更多地了解全区经济建设和社会发展情况。

七、信访工作

区人大常委会成立后，制定《信访工作规则》，规范信访工作程序，建立接访、登记、汇报、交办、督办、反馈等工作制度，保证各类信访案件的及时处理和妥善解决。2000年4月，在受理市人大下转的科坑村山后村民小组155名村民联名反映被征地村民与用地公司发生械斗的信访件时，常委会领导和具体负责人一道，深入镇、村，听取情况汇报，走访双方当事人，详细了解纠纷原因，还走访公安部门，督促有关单位，较为妥善地解决矛盾纠纷。2005年，朝阳镇西洋村农民冯某与吴某因交通事故引起经济纠纷，吴某拖欠冯某事故赔偿款 63000 元。因吴某久拖不还，冯某将其诉诸法院申请强制执行，但拖了半年仍未兑现。11 月，冯某到区人大常委会上访。最后，在区人大常委会督促跟踪下，冯某到法院执行局如数领回赔偿款。步文镇碧湖村一村民住房门前被严某非法建房，多次申诉要求严某拆除其非法建筑，但无结果，于 2006 年 10 月走访区人大信访办，区人大常委会督促区法院办理此信访件；12 月，在区人大监督下，区法院带领法警前往现场强制拆除严某的非法建筑。2007 年 3 月，区人大常委会增设信访办公室，负责日常信访具体业务。当年，共受理群众来信来访 40 件次，答复率 100%。

1997—2007 年，受理代表和群众来信来访 533 件（批）次，需答复的 197 件均已答复，答复率 100%。其他不需要答复的，转交有关职能部门处理。

第三章　政协地方组织

第一节　机　构

一、区政协委员会

1997 年 5 月 10 日，政协漳州市龙文区委员会正式成立。委员会有委员 51 人，由党政机关和社会团体 11 个界别代表组成。

2002 年 2 月 27 日，区政协换届，产生第二届委员会，委员增至 75 人，由党政机关和社会团体 16 个界别代表组成。

2007 年 1 月 16 日，区政协换届，产生第三届委员会，委员增至 101 人，由党政机关和社会团体 17 个界别代表组成。

1997—2007 年龙文区政协历届委员构成情况表

表 6-3-1　　单位：人

届别	委员总数	其中																
		中共党员代表	民主党派代表	共青代表	妇联代表	工商界代表	科技界代表	经济界代表	农林界代表	新闻界代表	教育界代表	工会代表	医药卫生界代表	文艺界代表	体育界代表	侨联界代表	宗教界代表	特邀代表
第一届	51	8	0	1	2	13	3	5	5	0	3	0	2	0	0	0	1	8
第二届	75	4	4	2	2	19	2	9	5	1	2	1	3	4	0	1	3	13
第三届	101	4	5	3	2	21	4	23	3	1	3	2	2	2	1	2	5	18

二、常务委员会

区政协设常务委员会，主持政协日常工作，组织实施全体委员会议的决议。第一届常务委员会由 15 人组成，设主席 1 人、副主席 2 人、常务委员 12 人。第二届常务委员会由 17 人组成，设主席 1 人、副主席 4 人、常务委员 12 人。第三届常务委员会由 17 人组成，设主席 1 人、副主席 3 人，常务委员 13 人。

三、工作机构

1997 年 5 月，一届区政协常委会第一次会议作出决定，设政协办公室，学习、提案、法制工作委员会，经济、“三胞”工作委员会，科、教、文、卫、文史工作委员会，作为政协机关常设工作机构。同时，按镇成立步文、郭坑、蓝田、朝阳 4 个政协委员联络组。

2005 年 11 月，经市编制委、区编制委批准，对区政协内设工作机构调整为一办四委：政协办公室、提案与学习文史委员会、经济与科技委员会、法制与社会事业委员会、台港澳侨联络委员会。2007 年 2 月，按界别，结合 4 个专门委员会工作职责，设立 4 个委员活动小组。年底，工作机构仍保持“一办四委”。

第二节　委员会会议

一、第一届委员会会议

（一）第一次会议

1997 年 5 月 10—12 日，第一届政协龙文区委员会第一次会议在漳州宾馆举行，出席会议委员 51 名。会议由第一次会议主席团常务主席谢良川致开幕词。会议听取漳州市政协主席林碧华讲话，听取区委书记陈庆元讲话，听取会议主席团常务主席蔡玉斌关于第一次会议筹备情况的报告。会议期间，委员们列席区人大一届一次会议。与会代表学习政协章程及有关文件，选举陈庆元为政协龙文区第一届委员会主席，蔡玉斌、谢良川为副主席，马建华等 12 人为常务委员。

（二）第二次会议

1998 年 7 月 16—18 日，在漳州芗江酒店召开。会议听取和讨论市政协副主席承光大和区委书记陈庆元讲话，审议并通过副主席蔡玉斌代表常委会所作的工作报告和副主席谢良川所作的提案办理情况报告。会议期间，委员们列席区人大一届二次会议。会议增补张茹（女）为常务委员，增补庄碧月等 6 人为政协委员。

（三）第三次会议

1999 年 1 月 23—25 日，在漳州市芗江酒店召开。会议听取和讨论市政协副主席伍向梅和区委书记陈庆元讲话，审议并通过区政协常委会工作报告和提案工作报告。会议期间，委员们列席区人大一届三次会议；25 日，经大会协商同意陈庆元辞去政协龙文区第一届委员会主席职务，选举蔡玉斌任第一届政协龙文区委员会主席，增补周进步、朱文明、陈溪水为第一届政协龙文区委员会常务委员。经一届政协第十五次常委会协商决定，增补严志强等 14 人为政协委员，同意陈伟生等 5 名委员因工作岗位变动辞去委员请求。

（四）第四次会议

2000年1月17—19日，在漳州市芗江酒店举行。会议听取漳州市政协副主席王秀花和区委书记陈庆元讲话，审议并通过第一届区政协常委会工作报告和提案工作报告。会议期间，委员列席区人大一届四次会议。

（五）第五次会议

2001年4月17—19日，在漳州市芗江酒店召开。会议听取漳州市政协副主席伍向梅和区委书记陈庆元讲话，审议并通过区政协常委会工作报告和提案工作报告。会议期间，委员列席区人大一届五次会议。

二、第二届委员会会议

（一）第一次会议

2002年2月27日至3月2日，第二届政协龙文区委员会第一次会议在漳州芗江酒店召开，出席会议委员72人。会议听取市政协副主席陈易洲和区委书记陈庆元讲话，审议并通过第一届区政协常委会工作报告和第一届区政协提案委员会提案工作报告。会议进行换届选举，选出邹三分为第二届区政协委员会主席，林沛能、黄天生、陈顺贵、黄井南为副主席，黄建伟等12人为常务委员。会议期间，委员列席区人大二届一次会议。

2003年1月13日，二届区政协四次常委会议通过，同意许德生、刘志强、陈丽贞、黄亚杰辞去区政协第二届委员会委员的请求；增补王子荣等7人为区政协第二届委员会委员。

（二）第二次会议

2003年1月22—24日，在漳州宾馆召开。会议听取市政协副主席陈易洲和区委书记陈庆元讲话，审议并通过区政协常委会工作报告和提案委员会工作报告。会议期间，委员列席区人大二届二次会议。

2004年2月20日，二届区政协八次常委会议通过，同意黄井南、马建华、孙建辉因工作岗位变动，辞去区政协第二届委员会委员请求；增补黄志文等7人为区政协第二届委员会委员。

（三）第三次会议

2004年3月1—3日，在漳州宾馆召开。会议听取市政协副主席沈长福和区委书记陈庆元讲话，审议并通过区政协常委会工作报告和提案工作情况报告。会议期间，委员列席区人大二届三次会议。同意黄井南、马建华因工作单位的调整，分别辞去区政协副主席、区政协常务委员职务的请求。大会选举黄志文为区政协第二届委员会副主席。

2005年2月21日，区政协二届十一次常委会议通过，同意黄泽龙辞去区政协第二届委员会委员的请求；委员蔡某触犯法纪，决定撤销其政协委员资格；增补林雅玲等9人为第二届区政协委员会委员。

（四）第四次会议

2005年2月25—27日，在漳州宾馆召开。会议听取漳州市政协副主席兼秘书长陈易洲和区委书记陈庆元讲话，审议并通过区政协常委会工作报告和提案工作情况报告。会议期间，委员列席区人大二届四次会议。

2006年4月13日，二届区政协十三次、十四次常委会议通过，同意于乃贤、陈亚农因工作岗位变动，辞去区政协第二届委员会委员的请求；增补林雪来等16人为区政协第二届委员会委员。

（五）第五次会议

2006年4月18—20日，在漳州宾馆召开。会议听取漳州市人大常委会副主任、龙文区委书记陈庆元讲话，审议并通过区政协常委会工作报告和提案工作情况报告。会议期间，委员列席区人大二届五次会议。会议选举林雪来为区政协第二届委员会主席。

三、第三届委员会会议

（一）第一次会议

2007 年 1 月 16—19 日，政协龙文区第三届委员会第一次会议在漳州宾馆召开，出席会议委员 101 人。会议听取市政协副主席李珊珊、龙文区委书记蒋一婷讲话，审议并通过第二届区政协常委会工作报告和提案委员会提案工作报告。会议选举第三届区政协委员会主席林雪来、副主席黄天生、黄志文、吴兆元和常务委员 13 人。会议期间，委员列席区人大三届一次会议。

第三节　主要活动

一、参政议政

龙文区政协自 1997 年 5 月成立以来，政协主席均列席区委常委会议，副主席列席区政府全体会议，正、副主席均参加区各套班子领导联席会议，参与全区政治、经济、社会生活中重大问题的讨论与决策。1997 年，区政协召开 4 次常委会、8 次座谈会，邀请党政有关部门领导向委员通报有关方面情况，让委员知情明政。有 12 名委员被区工商局、法院、检察院、国税局、地税局等部门聘请，担任廉政监督员、特约监察员、特约联络员等。先后与区工商局、国税局、地税局举行座谈会，就如何培植市场、涵养税源、加强征管和发展民营企业等进行探讨；对新区执法队伍形象、创文明窗口、勤政廉政等情况进行评议。1998 年，区政协召开 1 次全委会、6 次主席会、4 次常委会、12 次座谈会，邀请政府及有关部门领导向委员会通报有关方面情况。委员就经济发展战略、加大招商引资力度、扶持发展乡镇企业、科教兴区等问题提出意见和建议；并对基础设施建设、支持和发展民营企业的政策规定、党外干部选拔与培养等重大事项提出建议。区委召开部分政协委员座谈会，就区委制定依法治区的决定征求意见。1999 年，区政协按照区委分工，协助挂钩镇、村做好计划生育、防汛抗灾、外引内联、科技下乡等工作。2000 年，区政协对《龙文区国民经济和社会发展“十五”计划基本思路》《龙文区“十五”期间社会主义精神文明建设规划（征求意见稿）》进行讨论，建言献策。共组织情况通报会 5 次，内容涉及环境保护与污染治理、抗灾救灾、政府工作、社会稳定等，委员提出许多意见和建议。区人民法院建立政协委员监督审判听审活动制度，为政协委员拓宽民主监督的路子。区政协选派委员参与党政部门开展检查督导和明察暗访活动，发挥委员在党风廉政建设和纠正行业不正之风中的监督作用。政协委员还对加强开发区外来人口管理、打击村匪地霸、加强青少年学生法制教育、清理整顿农村合作基金会等社会关注的热点问题，建言献策。2001 年，区政协配合区委、区人大、区政府和区纪委，就区直与各镇机关绩效建设进行考评。还与区广电中心合作，开办《委员视点》电视评论栏目，通过新闻媒体报道委员事迹，反映委员的意见与建议，发挥委员民主监督作用。

2002 年，按照区委“工业立区”战略部署，区政协领导班子成员各负其责，力促挂钩重点项目工作顺利进展；8 月，在龙文工业开发区锦星集装箱运输有限公司召开经济界政协委员座谈会，为“造环境，上项目，调结构，促发展”献计献策。在招商引资工作中，政协委员们发挥“智囊团”作用。2003年，区政协继续把区委“工业立区”发展战略作为参政议政的工作重心；4月，区政协在蓝田镇小港村龙文人造板有限公司举行“进一步发展区域民营经济”商讨会，委员就水仙大道路灯浪费现象、迁移洋老洲段自来水取水口、延伸迎宾路到灿坤工业园区、漳州市九大工业开发区建成正处级工业开发区、加强网吧管理力度提出许多有针对性的意见和建议及时报送党政领导。2004年，区政协收集社情民意，提出增设公交车线路和停口站、建立电子检测仪站以消除交通事故隐患、加强液化气市场安全管理与质量检查等建议，推动问题尽快解决。2005—2006年，区政协探索收集社情民意新形式，形成以专委会、联络组、办公室为主体，以委员为基础的联络各界、上下联动的机制，广辟渠道，发挥参政议政作用。同时，健全完善特邀监督员工作制度，既加强政协与受聘担任监督员的联系，也加强与各邀请单位之间的沟通，逐步走上制度化、规范化轨道。全区100名政协委员中，有30名委员受聘于各部门担任特邀监督员，有56名委员参与区直各单位民主评议和检查。2002—2007年，政协常委、委员累计有165人次捐资赈灾、助学、造路、扶贫济困等近1000万元。

2007年，区政协召开主席办公会、常委会、专委会、对口协商会、政情通报会、座谈会，就工业发展、城市建设、新型农村合作医疗、民营经济发展、民办教育等问题提出建设性意见；8月，召开“新老政协委员座谈会”，区委、区政府领导及区教育局、卫生局领导到会参与座谈，就“民办教育”“新型农村合作医疗”存在问题及今后工作进行探讨。针对外来就业人员子女就近读书难问题，提出可操作性的建议，使外来工子女就学问题得到较好解决。

二、提案办理

区政协第一届委员会共收到提案110件，第二届委员会共收到提案114件，第三届委员会第一次会议收到提案20件。3届合计244件，其中有关经济发展59件，有关科教文卫21件，有关城市农村建设17件，有关环境保护8件，有关群众生活41件，有关社会治安综合治理19件，其他方面79件。

提案委员会对委员提案做好整理、分类、立案、交办督办和反馈工作。第一届提案经审查立案92件，占83.3%，其中由常委解决的59件，提交承办单位解决的33件。第二届提案经审查立案73件，占85%，其中由常委解决的50件，提交承办单位解决的23件。第三届一次会议提案经审查立案均由常委解决。历届提案均在法定期限内全部办结，答案率100%，满意率90%以上。

三、视察调研

1997年，区政协配合区人大常委会，对4个镇8个行政村的村务公开、民主管理情况进行视察，并形成专题视察报告，报送区委、区政府及有关部门参考。区政协还就发展高优农业、改善投资环境、办好重点中学等工作进行专题调研，提出意见和建议。1998年6月，区政协组织农业界、科技界委员实地视察朝阳镇石井村防洪堤加固、漳滨村库中库清理情况，加强防汛抗灾工作。全年组织7次视察和专项调查活动，形成4篇专项调研报告材料和3篇专项视察报告，编印政协简讯20期，提出意见、建议，报送区委、区政府及相关部门作参考。1999年，区政协选择高优农业、水利防汛工程和“一堤一路四市场”重点建设工程项目，开展专项视察活动，参与视察委员46人次。2000年，区政协共组织调研、视察活动8次，形成调研、视察报告8份，提出具有参考价值意见和建议30条。年初区政协对全区环境保护与污染治理情况进行专项视察，提出整治浦口粮食加工区粉尘污染、改善科研与工作生活环境的建议后，区政府成立整治小组，由分管副区长任组长，制定整治方案与项目责任达标规定，在环保局与镇、村及粮食加工企业的支持配合下，着手治理粉尘污染。2001—2002年，区政协围绕治理校园周边环境、云洞岩景区规划建设、对台文化交流、开发区带行政村、新移民与留学人员等课题，组织委员开展调研。《开发区带行政村》调研成果，得到区委、区政府采纳，朝阳村正式划归龙文经济开发区管辖，不但加快开发区建设，也带动朝阳村集体经济发展壮大。《云洞岩景区规划建设》调研成果，在《闽南日报》和《漳州师院学报》上刊登。

2003年，区政协围绕“进一步发展龙文卷压板行业”课题，深入小港、圳头、湘桥、蔡坂等企业视察，对全区卷压板行业发展提出加强规划引导、培育市场拓展营销、实施品牌战略、建立健全服务体系4点建议，既受到区委、区政府肯定，也得到部门和企业界人士认可。该调研成果分别在8月的《闽南日报》《厦门晚报》和《福建日报》上刊登。此后，区政协于2004—2006年对该课题进行跟踪调研，推动全区卷压板行业发展。第二届区政协委员会进行专题调研51次，完成《加强对台文化交流》《加强与在龙文的台商联系，更好服务台商》等调研报告38篇。这些调研报告围绕龙文区域经济发展、实施工业兴区战略、改善投资环境、大力引进外资、加快第三产业发展、深化科技体制创新、加强闽台经济文化合作交流等方面，提出意见、建议116条，其中不少建议被区委、区政府采纳。

2007年，区政协组织关于“湘桥村古民居”“落实责任保平安，深化创建促发展”“职工队伍稳定状况”“云洞岩摩崖石刻保护”“食品安全监督体系建设情况”及“全区工业发展情况”等专题视察调研活动20余次，完成《龙文区民办教育工作调研》《九龙江流域（龙文段）环境污染与治理》及《关于龙文区新型农村合作医疗工作开展情况》调研报告，其中《九龙江流域（龙文段）环境污染与治理》调研报告中提出的有关观点和建议，被吸纳到区政府《九龙江流域（龙文段）环境治理工作方案》中。

四、“三胞”联谊

1997年5月后，通过多渠道、多形式与台湾同胞、港澳同胞、华侨同胞（简称“三胞”）开展联谊活动。2000年10月，区政协副主席林沛能赴香港，出席漳属香港同乡总会第四届理监事就职典礼，增进与漳属港澳同胞的亲情乡谊。当年，区政协参与接待“三胞”8批次30多人到龙文寻根拜祖、投资考察。2002—2004年，接待台湾同胞到龙文谒祖寻根，以及日本、新加坡、马来西亚等地乡亲的来访。2005年，区政协参与接待到龙文寻根拜祖、观光旅游、投资兴业的台港澳同胞共8批500多人次。2006年，区政协参与接待来自20多个国家和地区的华侨、华人，以及台港澳同胞50批、1700多人次。

2007年，区政协参与接待到龙文寻根谒祖的台胞4批500人次。召开三胞企业代表新春座谈会，通报龙文区经济社会发展情况。

五、组织学习

1997年，区政协邀请市委党校教授给委员作《中华人民共和国香港特别行政区基本法》、中共十五大文件学习辅导报告；印发政协全国委员会《关于政治协商、民主监督、参政议政的规定》和省、市实施办法文件材料，供委员学习。2000年，区政协组织委员听取中国加入世界贸易组织讲座，进行提案工作常识培训。2003—2005年，组织委员学习邓小平理论和“三个代表”重要思想，学习胡锦涛在庆祝人民政协成立55周年大会上讲话，学习新修订的《中华人民共和国宪法》和《中国人民政治协商会议章程》。2006年，中共中央颁发《关于加强人民政协工作的意见》，区政协及时组织集中学习和举办培训班专题学习。

2007 年，举办新一届区政协委员理论培训班，集中学习《中共中央关于构建社会主义和谐社会若干重大问题的决定》《中国人民政治协商会议章程》；邀请市政协秘书长为委员作《什么是政协、政协做什么、政协如何做》的报告。中共十七大召开后，通过举办学习培训班、专题报告会、座谈会等形式，组织学习贯彻中共十七大精神，并制定《全国政协委员管理办法》。

六、文史资料编撰

1997 年，区政协成立文史资料编撰委员会，收集、编写各个历史时期政治、军事、经济、文化、宗教、华侨、闽台关系等重要事件，以及重要历史人物的传记等文史资料。1997—2007 年，编辑出版《龙文文史资料》6 辑，刊载文章 50 篇 30 余万字、珍贵图照 400 余张，计印发 15500 册。出版《建言集》《龙文区概况》《云洞岩风景区》《龙文宫庙祖祠》《龙文历史人物》《龙文姓氏辑录》等文史丛书。

1999 年，按省政协要求，完成《中国政协委员名典》（福建卷）组稿工作。2004—2006 年，配合省、市政协编撰出版《开漳圣王文化》《名人故居》《漳州名胜古迹》《摩崖题刻精品》《历史名人》《漳州民间信仰》《漳州民间美术》《漳州历史建筑》《漳州翰墨遗珍》等文化丛书。根据市政协编撰《漳州姓氏文化》工作要求，收集提供龙文辖区内姓氏 100 多个、珍贵图片 200 多张。2007 年，配合市政协完成《闽台关系文物史证》《闽台交流和闽籍台胞寻根谒祖》2 册的前期文史资料征集工作，共征集初稿 20 篇。

第七卷 社会团体

民国时期，区境有农会、三民主义青年团（简称“三青团”）等团体，参加者多为上层人士。民国36年（1947年）上半年，关霞、修滨、郭坑、桥头等乡建立三青团区队，隶属三青团龙溪分团。同年10月，三青团龙溪分团与国民党龙溪县党部合并，三青团龙溪分团及区队撤销。

中华人民共和国成立后，区境广大农民、工人、青少年、妇女、老年人、残疾人，以及工商界、科技界、文艺界、卫生界人士分别组建团体。

1997年后，龙文区各团体围绕党委和政府中心工作，发挥各自的优势和专长开展活动。区总工会发动职工开展技术创新、创建“职工之家”等活动，配合劳动部门帮助失地农民和下岗职工实现就业和再就业，维护职工和农民工的权益。团区委发动团员青年开展“青年文明号”创建活动，爱岗敬业立新功；组织“青年志愿者活动”，为社会办好事；实施“青年人才工程”，培养青年星火带头人和致富能手。区关心下一代工作委员会结合各种重大节日和纪念活动，组织报告团到中小学校巡回报告，对青少年进行思想道德教育和法制宣传教育，并在各村组织关爱员开展“一帮一”活动，帮助失足青少年。区妇联开展“双学双比”（学文化、学技术，比发展、比贡献）“巾帼建功”竞赛和创建“五好文明家庭”等活动，带领妇女投身经济建设主战场，并维护妇女儿童的合法权益。区商会、个私协会在会员中开展争创“文明摊店”“信得过经营户”等活动，促进会员守法经营、文明服务。区外商投资企业协会为外资企业提供信息，协助政府做好招商引资工作。区侨联协助政府开展海外联谊，扶持侨资企业，为归侨、侨眷排忧解难。区科学技术协会、文联、文学艺术界联合会、卫生工作者协会、红十字会、计划生育协会等团体，共同组织会员开展科技、文化、卫生“三下乡”活动。区残联配合卫生部门做好残疾人康复工作，配合劳动、人事、民政部门安置残疾人就业，维护残疾人的合法权益。区老龄委和老年协会开展敬老、助老活动。各群众团体通过实施“爱心助学工程”“春蕾计划”“幸福工程”，开展“送温暖、献爱心”“助残日”“红十字助学”“金秋资助大学生入学”等活动，为贫困家庭、弱势群体排忧解难，送去党和政府的温暖。从各方面调动各阶层民众积极性，为龙文区物质文明和精神文明建设贡献力量。

第一章　工　会

第一节　组织机构

一、区总工会

1997 年 7 月 12 日，成立龙文区总工会筹备领导小组；9 月 4 日，成立龙文区总工会，科级群团单位，设主席 1 人、常务副主席 1 人、副主席 1 人，内设办公室、组织宣传部、经济保障部、财务女工部、经费审查委员会办公室。2007 年，在编人员 5 人。

二、基层工会

1962 年 10 月，成立步文工会工作委员会，会员 55 名。1965 年 6 月，成立郭坑工会工作委员会，会员 36 名。均为龙海县总工会基层工会。“文化大革命”期间，工会停止活动。1978 年后，步文、郭坑公社工会恢复活动，并在社直机关和公社企业中建立基层工会。1996 年，步文镇和郭坑镇有磷肥厂、农药厂、合成氨厂及中小学等企事业单位基层工会 56 家，会员 2500 人。

1997 年 10 月，成立郭坑镇工会联合会、步文镇工会联合会、蓝田镇工会联合会、朝阳镇工会联合会、蓝田工业开发区工会联合会（2001 年改为蓝田开发区工会工作委员会），会员共 3120 人。1998 年 3 月，组建建设局工会联合会（辖 3 个分会）、外经局工会联合会（辖 6 个分会）、交通局工会联合会（辖 3 个分会）、卫生局工会联合会（辖 3 个分会）、教育系统工会联合会（辖 6 个分会）、区政府办公室系统工会联合会、区委办公室系统工会联合会。1999 年 11 月，成立非公有制企业工会组建领导小组，开展非公有制企业工会组建工作。2003 年，成立龙文经济开发区工会联合会。

2007 年，全区有基层工会 234 家，会员 29315 人，其中非公有制企业工会 165 家，会员 19875 人。

第二节　工会代表大会

一、第一次代表大会

1997 年 9 月 4—5 日，召开龙文区工会第一次代表大会，出席代表 55 人。区委书记陈庆元、区长蔡良国、漳州市总工会常务副主席蔡青萍出席大会并致辞。大会选举产生区总工会第一届工会委员会委员 11 人，常务委员 7 人；选举产生经费审查委员会委员 5 人。

二、第二次代表大会

2002 年 10 月 16—17 日，召开龙文区工会第二次代表大会，出席代表 80 人。区委书记陈庆元、漳州市总工会常务副主席林亚平出席大会并致辞。大会听取、讨论并通过康清辉代表第一届委员会所作《组织起来，切实维权，努力开创工会工作新局面》工作报告，审议并通过财务工作报告和经费审查委员会工作报告；选举产生第二届委员会委员 17 人，常务委员 7 人；选举产生经费审查委员会委员 5 人。大会表彰工会工作先进集体 10 个、工会先进工作者 20 人、“职工之家”10 家。

三、第三次代表大会

2007 年 11 月 8—9 日，召开龙文区工会第三次代表大会，出席代表 85 人，特邀代表 5 人。区委书记蒋一婷、漳州市总工会常务副主席林亚平出席大会并致辞。大会听取、讨论并通过康清辉代表第二届委员会所作《增强凝聚力，创造新业绩，在打造新兴的现代化市域中心中发挥工人阶级主力军作用》工作报告，审议并通过财务工作报告和经费审查委员会工作报告；选举产生第三届委员会委员 17 人，常务委员 7 人；选举产生经费审查委员会委员 5 人。大会表彰 2003—2007 年工会工作先进集体 10 个、工会先进工作者 40 人。

第三节　主要活动

一、技术创新

1997 年起，企业工会发动职工开展以小发明、小创造、小革新、小改造、小节约为内容的经济技术创新活动。2003 年，组织职工 600 多人参加计算机操作能手培训，有 220 人取得计算机知识证书或计算机高新技术证书。全区职工共提合理化建议 87 件，实现技术革新 7 项，技术攻关 5 项，新技术推广 2 项。2004 年，区总工会举办工会干部培训班一期，45 人取得岗位证书；组织 220 名职工参加计算机操作、电力维修、金属焊接切割、锅炉操作、药剂制作、车辆维修等特殊工种培训，并取得岗位证书；组织 60 家企业参加安全生产月“安康杯”竞赛活动；实现技术革新 16 项，开展技术攻关 8 项，推广新技术 6 项。2005 年，总工会与区委宣传部等部门联合，开展“创建学习型班组，争做知识型职工”表彰活动。表彰“创建学习型班组”10 个，“争做知识型职工”10 人。2006—2007 年，实现技术革新 12 项，开展技术攻关 8 项，推广新技术 6 项，创经济效益 30 多万元，其中一项获福建省职工优秀技术成果奖。至 2007 年，全区职工共提合理化建议 435 件，实现技术革新 35 项，开展技术攻关 24 项，推广新技术 11 项，创造经济效益 1000 多万元。涌现市级创新工程示范岗 3 个、创新能手 2 人。农业银行龙文支行营业厅被评为全国“学习型先进班组”，工商局工会被评为市级“创争示范单位”。2007 年，区总工会报送 3 个项目参加“6•18”海峡两岸职工创新成果展，其中《复合型阻燃蜂窝纸芯墙体材料》项目获银奖、《农产品农（兽）药残留检测检验》项目和《粮食精选设备应用》项目获铜奖。

二、创建“职工之家”

区总工会成立后，组织基层工会开展创建先进“职工之家”“双爱双评”“关爱员工，实现双赢”打造“活力工会” 活动。1997 年，龙文区磷肥厂工会被评为省级“模范职工之家”。2002 年，区总工会获市总工会组织工作考评获第二名。2003 年，6 个行政村工会和 10 家非公有制企业工会达到有牌子、有印子、有班子、有办公室、有工作室、有工作制度、有工作成效得“六个有”

规范化建设要求。区国税局工会和云洞岩管理处工会，分别获省级“模范职工之家”、市级“先进职工之家”称号。2004 年，区农行工会获省级“模范职工之家”称号。2005 年、2007 年“五一”节期间，区总工会与市总工会、区直有关部门联合，举办区第一、第二届企业文化节，有 21 家企业团体、1000 多名职工登台表演。各级工会每年通过举办球类、棋类、卡拉 OK 等文体活动，丰富职工业余文化生活。2006 年“五一”节期间，区总工会与区直有关部门联合，举办全区职工环城跑、职工趣味游乐园等活动，有 2000 名职工参加。2007 年，被评选区级“先进职工之家”12 家、市级“先进职工之家”3 家。

三、维护权益

1997 年起，在国有企业中建立每年召开一次职工代表大会、民主评议干部和业务招待费报告等制度，维护职工的企业主人权和民主管理权。2003—2004 年，各级工会配合劳动部门，参与处理劳动争议 146 起，为职工挽回经济损失 30 多万元；参与 6 起事故调查处理和劳动协调工作，介绍职业 36 人，维护职工劳动就业权。2005 年，根据省、市总工会“关于开展工会机制创新年”的部署，区总工会针对新区失地农民就业难和企业农民工维权难这一新情况，在龙文工业开发区建立农民工维权中心，为农村劳动力转移、构建和谐企业服务。同时，以郭坑村工会为依托，在郭坑、院后 2 村征地过程中，组织部分失地农民就业。在漳州市工会工作机制创新考评中，区总工会《打造失地农民就业链，建立农民工维权中心》的创新项目获第一名。2006 年，区总工会组织下岗职工参加市“民营企业招聘周”，扶持下岗人员 36 人再就业。2007 年 6 月 29 日，《中华人民共和国劳动合同法》颁布，区总工会印发《中华人民共和国劳动合同法》和宣传提纲共 6000 多份。

四、排忧解难

2001 年 5 月，区总工会成立困难职工帮扶中心，建立困难职工及农民工档案 312 宗。每年元旦、春节期间，走访慰问困难职工家庭。2003—2004 年，筹措近 10 万元，慰问困难职工 268 户；开展“金秋扶困助学”活动，筹措 7400 多元，解决 8 名困难职工子女就学问题。2005—2006 年，筹措 6 万多元，走访慰问困难职工 259 户。2006 年，“金秋扶困助学”活动，由市总工会、区交警大队工会和锦星集装箱运输有限公司及富顺达电子有限公司，向高三 1 人、大学 3 人的困难职工子女资助 14500 元。2007 年 8 月 25 日，区总工会在区政府会议室举行“金秋助学”发放仪式，向特困大学生 17 人发放助学金 16.25 万元，其中农民工家庭 14 人，单亲家庭 2 人。

第二章　共青团

第一节　共产主义青年团

一、组织机构

（一）共青团龙文区委员会

1997 年 5 月 2 日，成立共青团龙文区委员会（简称团区委），科级群团单位，设书记、副书记各1人，内设办公室、学校部、经济部。2007年，在编人员4人。

（二）基层团委会、团支部

1950年，区境成立新民主主义青年团第六区工作委员会（简称“区工委”），翌年建立31个乡团支部，有团员458人，隶属于新民主主义青年团龙溪县工委。1955年12月撤区并乡，成立12个团支部、75个分支部，有团员1965人。1957年，改称为共产主义青年团龙溪县委员会（简称“团县委”）。1962年，建立步文、郭坑2个公社团委会，隶属于共青团龙海县委员会。

1989年，团县委对行政村团组织设置进行调整，步文、郭坑镇以自然村、村办企业设立团支部。1996年，步文镇设团委会1个、团总支部1个（步文学区）、团支部17个；郭坑镇设团委会1个、团总支部1个（郭坑学区）、团支部24个。共有团员5867人。

1997年起，团区委重组基层团委会和团支部，并在非公有制企业中加强团建工作。至2007年，共建立基层团委会12个，其中乡镇4个、学校5个、区直属机关1个、小教1个、蓝田开发区1个；团总支部25个，其中学校13个、机关事业单位4个、农村8个；团支部175个，其中农村72个、学校80个、行政机关15个、非公有制企业8个。团员共11568人。

二、区团代会

1997年5月2日，召开共青团龙文区第一次代表大会，出席代表95人。大会听取、审议并通过共青团龙文区筹备领导小组工作报告；选举产生共青团龙文区第一届委员会委员16人，常委6人。

2002年10月11日，召开共青团龙文区第二次代表大会，出席代表100人。大会听取、审议并通过第一届委员会工作报告；选举产生第二届委员会委员16人，常委7人，选举龙文区出席共青团漳州市第十四次代表大会代表4人。

2005年11月11日，召开共青团龙文区第三次代表大会，出席代表108人。大会听取、审议并通过第二届委员会工作报告；选举产生第三届委员会委员20人、常委7人。

三、主要活动

（一）主题教育活动

1950—1956年，境内团组织发动团员、青年投入抗美援朝、土地改革、镇压反革命三大运动，发挥党的助手作用；在农业合作化运动中，带头参加互助组和农业生产合作社。1963—1965年，发动团员、青年向解放军学习，向雷锋、王杰学习。

1997年7月，举行以中国共产党诞辰纪念日和香港回归祖国为主题的“庆七一，迎回归”知识竞赛和联欢晚会，有团员、青年500多人参加。1998年，“五四”青年节，团区委与团市委、市直团委、漳州电视台、漳州第二职业中专学校联合，在人民广场举办“五四”青年大联欢，团员、青年2000人与漳州市、龙文区党政领导一起参加活动。团区委还与交警直属二大队联合，举办“五四杯”“学习十五大，区情知多少”知识竞赛。各基层团委组织团员、青年，举行座谈会、联欢会、表彰会、球类棋类比赛活动。1999年，配合庆祝新中国诞生50周年和纪念“五四”运动80周年，团区委举行千名团员重温入团誓词仪式、“奔向新世纪”大型文艺晚会、“龙文共青风采”板报展、“龙文风光”摄影展等系列活动。

2001年，结合纪念中国共产党建党80周年，在团员、青年中开展“争当文明青年，建设美好龙文”主题活动。各基层团委共组织10场“党在我心中，青春献龙文”报告会，参加人数3000多人。2002年，纪念共青团建团80周年，以“永远跟党走”为主题，举办书画展、登山比赛、歌咏比赛、征文比赛等活动。

2005年，在团员、青年中开展《公民道德建设实施纲要》宣传，在基层团组织中开展“预防校园侵害，创建平安校园”“青少年阳光上网”等16项“平安龙文团旗红”系列活动。以抗日战争和反法西斯战争胜利60周年为主题，聘请退休老干部组成形势报告团，向中小学作报告。同时，并分发青少年思想道德教育小故事《伴你成长》一书。

2007年5月，纪念共青团建团85周年，开展企业青年文化节、青少年娱乐英雄大赛等16项活动。6月起，开展“青年文化中心户”创建活动，当年全区建立“青年文化中心户”4户，蓝田镇梧桥村建立全省首家“农村青年文化中心”。

（二）实施“青年人才工程”

1977年，步文、郭坑公社团委会开展“新长征突击手”活动，组织团员、青年参加试验田、丰产田、种子田的科研活动。1987—1989年，郭坑镇团委配合农技站，成立镇文化技术学校，举办实用技术培训班56期，参训团员、青年3473人次，105人被县农业局聘请为“青年农民技术员”。1990年起，镇团委组织300多名团员，在东溪农场开发100亩果林地命名“共青山”，并作为活动基地，每年组织团员青年到“共青山”义务劳动。

1998年4月，团区委在新村建设的示范村田丰村召开全区团组织参与新村建设现场会，印发1000份倡议书，号召团员、青年在新村建设中发挥主力军和生力军作用。是年，有3人分别被评为福建省青年星火带头人、福建省青年星火带头人标兵、福建省新长征突击手，3人被评为漳州市新长征突击手，10人被评为区“十佳青年致富能手”。2000年，团区委举办食用菌、果树、反季节蔬菜、大灰鹅等项目实用技术培训班，培养青年星火带头人和青年致富能手。

2003—2005年，团区委实施第一期“共青团城乡互动百千万工程”，组织朝阳镇团委与省计委团支部结对，2个村团支部与市直单位团组织结对，4个村团支部与区直单位团组织结对，促进农村青年增收成才。2003年，有3名农村青年被评为省“农村青年创业致富带头人”，1名被评为市级青年岗位能手；评出漳州市第四届“十佳青年企业家”王龙池、市“十佳青年岗位能手”吴可芸等先进青年典型。2005年，团区委被团省委等部门联合授予“福建省服务农村青年增收成才奖”；团区委、朝阳镇团委被团省委授予福建省“共青团城乡互动百千万工程”第一期先进集体称号。

2006年起，实施第二期“共青团城乡互动百千万工程”。在结对单位中，开展组织、人才、市场、信息、产业、文化“六互动”活动，推进农村青年传播文化、学习技术、领办项目。2007年，团区委把培养一支高素质的青年技工队伍，列入实施“青年人才工程”项目，联合区总工会、劳动局等部门，开展青工技能比武活动，举办青年技能培训班，组织青年参与企业技术创新和管理创新，表彰青年岗位能手。

（三）创建“青年文明号”

1998年“五四”青年节，团区委召开创建“青年文明号”经验交流暨表彰大会，区法院告审庭、区检察院经检科、区地税局郭坑所等13家单位，被命名为首批“青年文明号”，交警直属二大队26号交通治安岗、区国税局步文分局、区地税局步文所被命名为漳州市“青年文明号”。

1999—2002年，各级团组织以“满意服务，情暖龙文，让青年文明号走进千家万户”为主题，以“送温暖，献爱心”为内容，开展“青年文明号”创建活动。组织“青年文明号”与贫困村、贫困户、下岗职工结对子，帮助解决生活、就业困难。2001年，评选出10个市级“青年文明号”、3个省级“青年文明号”。2002年，开展“诚实守信”活动，“省级青年文明号”交警直属二大队26号岗成为漳州市首批示范单位。

2003—2004年，团区委组织省、市、区级“青年文明号”开展“送温暖，解忧难，办实事”活动，推行“青年文明号服务卡”，为特殊群体办实事。在抗击“非典”期间，团区委与团市委经济部联合，组织数十家“青年文明号”单位，在朝阳镇六石村举行“抗击非典，青年文明号与您同行”义诊活动，接受义诊群众近千人。2004年，纪念“青年文明号”成立10周年，开展以“弘扬时代精神，争做文明先锋”为主题的信用建设示范月活动，联通公司龙文营业厅获市青年文明号“十年成就奖”，朝阳镇便民服务中心等8家单位被评为市级“青年文明号”，区检察院被评为省级“青年文明号”。

2006年，以窗口服务创业为重点，倡导职业文明、提高服务质量和工作效率为主要内容，推进全区“青年文明号”创建活动。郭坑大桥收费站、龙文公安分局经济犯罪侦察大队获2006年度市级“青年文明号”称号，团区委获市级创建“青年文明号”优秀组织奖。

2007年，团区委组织“青年文明号”开展“和谐龙文立新功”主题活动和优质服务示范月活动。10多家“青年文明号”单位在人民广场设立咨询台，为群众提供科技咨询、法律咨询、识伪辨伪等10多项便民服务。

（四）青年志愿者行动

1998年，团区委以纪念毛泽东号召“向雷锋同志学习”题词35周年为主题，开展青年志愿者学雷锋活动，并以3月为“学雷锋行动月”。3月1日，组织300多名青年志愿者，在10公里长迎宾路上举行“共青团护绿带”揭牌暨第五次保洁护绿大行动，以保持大道的整洁卫生。郭坑镇由学区、中学、村团委会和团支部选派200多人，组成6支青年志愿者队伍，开展社会公益服务，每周一次到镇敬老院为老人提供医疗保障、捐款捐物；到火车站和集镇街道打扫环境卫生。郭坑中学电器维修专业20多名学生上街免费为群众维修家用电器。12月，开展“缴纳特殊团费，捐赠南平灾区”活动，筹集2万元捐款。1999年，开展“迎接新世纪，绿色助申奥”活动，组织300名青年志愿者到人民广场分发“申奥”宣传单和开展护绿活动。2000年，朝阳中学、景山中学团委以“爱我龙文，青年志愿者环保行”为主题，组织百名青年志愿者到九龙江、云洞岩风景区进行清除白色垃圾义务劳动。

2001—2003年，团区委配合创建文明卫生城区，利用各种节、假日组织青年志愿者上街道护绿保洁、清除非法粘贴物，到立交桥、人民广场、九龙江、云洞岩风景区拾捡白色垃圾。2003年，团区委招募70多名青年志愿者成立青年志愿者服务队，结合爱眼日、爱牙日、禁毒日深入城乡宣传健康生活方式。2004年，发动各级团组织开展“学雷锋活动日”“青年志愿者统一行动日”“青年志愿者与安全文明小区同行”活动。在“全国助残日”期间，组织4个乡镇和4所中学青年志愿者到残疾人家中办好事。2007年6月，发动青年志愿者参加助残活动，向腿脚残疾人赠送轮椅20辆。

2005—2007年，青年志愿者服务领域，从以往服务特定的残疾人、敬老院老人、孤儿等，拓宽到服务外来务工青年和弱势群体等。

（五）“爱心助学工程”活动

1999年，区国税局团支部和国税局步文分局团支部采取“结对子”扶助形式，扶助长福小学2名贫困学生直至毕业。2001年，团区委与区关工委联合，扶助贫困学生80人次，金额2万多元。

2003年，团区委向各中小学校发放“龙文区特困生调查摸底表”，为贫困学生建立“爱心档案”，并在“龙文青年网”上开辟爱心档案专栏。团区委专门设计“爱心助学邮封”，将所售出邮封的利润作为助学金。还与电视台举办“爱心助学工程”广播电视报义卖活动。组织10家“青年文明号”

与16名贫困生结成扶助对子。2004年9月初，团区委举行“爱心助学”结对仪式，组织22家“青年文明号”与22人贫困学生结成扶助对子。在获知郭坑中心小学一位学生身患白血病后，团区委联合关工委、教育局向全区各中小学、机关单位的团员青年发出倡议，并在郭坑中心小学举行“手拉手，献爱心”捐款仪式，全区捐款2万元。是年，团区委筹集助学金3.9万元，资助大学生5人、中学生5人和小学生60人。2005年，团区委组织22家“青年文明号”开展“真情助困进万家”活动，慰问30人特困生，送去资助金和慰问品折款7000多元。团区委得知朝阳中学高二年学生郭某患疑难病住院治疗，发动团员、学生捐款15693元。

2007年春节，团区委组织返乡大学生开展“迎新春，送温暖”活动，捐款1万元，资助大学生2人和中学生12人。4月和9月，漳州一汽大众、盛元丰田汽车公司捐资16800元，资助大、中、小学生32人。

第二节　青年联合会

2004年5月10—11日，召开龙文区青年联合会第一次代表大会，成立区青年联合会（简称区青联）。大会选举产生区青年联合会首届委员会委员69人，常委27人，其中主席1人、副主席6人。区青联由9个界别组成，即共青团组、公务员组、民主党派民族宗教组、港澳台侨组、农林牧渔组、科教文卫体组、企业商贸组、政法军组、社团组。

2007年8月10日，区青联举行年会，通过增补委员决议。增补后，有委员72人。

第三节　少年先锋队

一、组织机构

中华人民共和国成立后，区境中小学建立少年先锋队。至1996年，共建立42个大队、412个中队，有队员13695人；大队辅导员42人、中队辅导员412人。

1998年5月30日，召开少先队龙文区第一次代表大会，选出委员16人，组成区第一届少先队工作委员会（简称少工委）。区少工委设办公室，挂靠团区委，由团区委学校部负责少工委日常事务。全区队员9117人，设39个大队、271个中队；有大队辅导员39人、中队辅导员271人。

2005年6月1日，召开少先队龙文区第二次代表大会，选出委员19人，组成区第二届少先队工作委员会。全区队员7977人，设39个大队、268个中队；有大队辅导员39人、中队辅导员268人。

2007年，全区队员9441人，设36个大队246个中队；有大队辅导员36人、中队辅导员246人。

二、主要活动

1953—1996年，区境少先队先后在龙溪县少工委、龙海县（市）少工委指导下，开展捡稻穗、学雷锋、“争戴小红花”“读书读报奖章”“敦促全社会文明用语”、学赖宁、“雏鹰行动”“手拉手”等活动。

1998年5月30日，区少工委在人民广场举办“海尔杯”庆“六一”活动，全区2000人少先队员参加。同时，表彰一批“优秀少先队辅导员”“优秀少先队员”“优秀少先队大队部”。12月4—11日，举办龙文区第一期少先队辅导员培训班，参加培训辅导员50人。1999年6月，召开庆“六一”表彰大会暨少先队“手拉手”文艺会演，举办少儿歌手赛；8月，组织48名少先队员参加军事夏令营活动；10月，举办纪念少先队建队50周年大型儿童集体舞大赛，来自全区12支队伍、368人儿童参加比赛；12月，举办“爱祖国，迎港澳回归”少儿现场书画比赛，165名少儿参加比赛。2003年，开展“红领巾心向党”“手拉手，话小康”“养成道德好习惯”等主题教育活动。以“向雷锋学习”纪念活动40周年为契机，在少先队中开展“学雷锋见行动”活动。是年，涌现省“十佳少先队辅导员”郑艺玲和一批市“十佳少先队辅导员”“十佳少先队员”。步文中心小学少先队大队被团中央授予“全国红旗大队”称号。

2004年，团区委和区少工委在全区少先队中开展“绿色承诺百米长卷巡回签名活动”和“绿色承诺”宣誓仪式；在人民广场举行“绿色的明天属于我们”少先队鼓号队、腰鼓队检阅仪式，全区6支鼓号队、6支腰鼓队、1500人学生参加。龙文区获省“少先队工作红旗县（区）”称号。2005年，“六一”儿童节，开展“万张贺卡颂师恩”主题活动，全区少先队员向老师赠送贺卡16500张。2006年，在少先队中开展“雏鹰行动”“雏鹰争锋”“新世纪我能行”等活动。

2007年5月，举办“庆六一，迎奥运”“同一个世界，同一个梦想”少儿才艺表演，100多名少儿参加；开展青少年“自救自护”消防实境演练活动，2500名师生参加。是年，团区委和教育局表彰优秀少先队辅导员15人、优秀少先队员20人和8个优秀少先队大队部，学生7人被评为市级优秀少先队员，教师3人被评为市级优秀少先队辅导员，学生3人获得市级“星星火炬”奖章。

第三章 妇 联

第一节 组织机构

一、区妇联、妇儿工委

（一）区妇联

1997年2月13日，成立龙文区妇女联合会筹备小组；5月18日，正式成立区妇女联合会（简称区妇联），科级群团单位。区妇联设主席、副主席各1人，内设办公室、宣传部、权益部。2004年10月，改设办公室和权益部。2007年，在编人员4人。

（二）区妇儿工委

1997年9月1日，成立区妇女儿童工作委员会（简称区妇儿工委），下设办公室，挂靠区妇联。

二、基层妇代会、妇联会

1952年夏，区境第六区设民主妇女联合会办事处，郭坑、蓝田、东屿、汐浦等12个乡设妇代会，隶属龙溪县民主妇女联合会。1953年2月，区民主妇女联合会办事处改称区民主妇女联合会，1957年10月又改称妇女联合会。1958年人民公社化，步文、郭坑公社成立妇女联合会，生产大队建立妇代会，生产队建立妇女代表小组。1984年下半年，撤销公社建制，改设乡镇妇女联合会、村妇代会。1996年，有步文、郭坑2个镇妇联会、43个村（居）妇代会。

1997年，区妇联成立，对基层妇女组织进行整顿和重建。2007年，全区有蓝田、步文、郭坑、朝阳4个镇妇联和蓝田开发区妇联，区直机关妇联，有村妇代会43个，社区妇代会8个，以及东溪农场妇代会。

第二节　妇女代表大会

一、区妇女代表大会

1997年5月18日，召开龙文区第一次妇女代表大会，出席代表85人。区委书记陈庆元和市妇联主席王丽芳出席开幕式并讲话。大会听取区妇联筹备委员会工作报告，选举产生区妇联第一届执行委员会委员13人。区妇联第一届执委会举行第一次全委会议，选举产生第一届常委5人，主席、副主席各1人。

2003年3月6日，召开龙文区第二次妇女代表大会，出席代表107人。区委书记陈庆元、市妇联主席白建英出席开幕式并讲话。大会听取、审议并通过第一届执委会工作报告，选举产生第二届执委16人。执委会举行第一次全委会议，选举产生第二届常委7人，主席、副主席各1人。

二、乡镇（公社）妇女代表大会

1966年，步文公社妇联成立，至1996年共召开11次妇女代表大会，每次出席代表多者400多名，少者90多名。1997—2007年，步文镇妇联共召开3次妇女代表大会，出席代表分别为38人、38人、39人。

1966年，郭坑公社妇联成立，至1996年共召开12次妇女代表大会。每次出席代表多者近百名，少者50多人。1997—2007年，郭坑镇妇联共召开2次妇女代表大会，出席代表分别为38人、40人。

1997年2月，蓝田镇妇联成立，至2007年共召开4次妇女代表大会，出席代表分别为42人、45人、47人、49人。

1997年2月，朝阳镇妇联成立，至2007年共召开4次妇女代表大会，出席代表分别为46人、50人、50人、60人。

第三节　主要活动

一、“双学双比”活动

1992年，郭坑镇妇联发动妇女开展学文化、学技术、比成绩、比贡献“双学双比”竞赛活动；

组织564人次参加8期的农业技术培训、147人次参加4期法律骨干培训班、153对新婚夫妇参加婚育学校接受“优生优育”教育。

1997年起，开展“双学双比”“巾帼科技致富工程”活动，推动农、林、牧、庭院经济和特色经济发展。1998年，区妇联与农业局、科技局联合。举办各种实用技术培训班15期，培训妇女2100人。组织140名妇女参加农函大、农广校学习，有4人被评为农民技术员，10人获“绿色证书”；区、镇、村三级妇女干部成立扶贫帮困服务队，分别挂钩贫困户450户，开展“手拉手”“一帮一”“结对子”活动，为结对户提供信息100多条，介绍120多人次学习技术，解决生产资金2万多元。1999—2002年，各级妇联以独办、联办形式，建立“巾帼高优农业”示范基地6个，“双学双比”示范基地18个。2000年，组织300多名妇女参加养猪、种菜、栽培食用菌等实用技术培训班，85人获“绿色证书”、45人获农民技术员职称。2001年，区妇联请农业专家到示范基地向100多名妇女讲授科技知识3次，组织科技、卫生、法律“三下乡”活动2次，分发科技书籍200多册、法律书籍400多册、“家庭美德格言”200多册，接受300人次义诊。

2004年，开展“农村信用社支持农村妇女创业贷款服务”活动，朝阳镇西洋村妇代会主任吴素贞以小额信贷发展立体养殖业，一年增收上万元，被省妇联评为“双学双比”女能手。2005年11月8日，福建省农村妇女小额信贷扶贫开发工作现场经验交流暨表彰会在漳州召开，200多名代表到西洋村参观吴素贞的立体养殖示范点。2007年，全区发放低息贷款134.5万元，帮助33户妇女发展生产，向4户妇女发放农村个人小额信贷使用证。

1997—2007年，全区受省妇联表彰“双学双比”女能手3人，受市妇联表彰“双学双比”女能手5名，受区妇联表彰“双学双比”女能手24人。

二、“巾帼建功”竞赛

1956—1965年，开展“巧姐妹”“多面手”活动，发挥妇女在社会主义建设中的“半边天”作用。1978年后，开展“三八”红旗集体、“三八”红旗手活动。步文公社朝阳妇代会杨翠莲于1979年、1983年两次被全国妇联授予“三八”红旗手称号。1983年，郭坑公社扶摇妇代会杨金兰被全国妇联评为“五好个人”。

1997年9月1日，区妇联成立城镇妇女“巾帼建功”竞赛活动领导小组，在全区城镇妇女中开展“巾帼竞风采，岗位争一流”活动。1998年，在国有企业和个体、私营、外资企业中，开展“比优质服务，比优良秩序，比优美环境”的“巾帼文明经营”活动，当年评出“巾帼建功”先进单位3家、先进个人14人、“巾帼纳税”先进个人8人。2000年10月，制定《龙文区“巾帼文明示范岗”管理办法》，在机关、企事业单位中开展“巾帼文明示范岗”创建活动。区妇联通过区有线电视开辟“巾帼风采”系列报道，并制作“巾帼风采”专版展示。是年，全区涌现10家“巾帼建功”先进单位，其中龙文地税局办税服务大厅受全国妇联表彰，为漳州市唯一的国家级“巾帼文明示范岗”。2003年，有4人被评为漳州市“巾帼建功明星”，2个单位获市级“巾帼文明示范岗”称号。2005年3月7日，举行金融系统“巾帼技术大比武”，龙文农行参赛选手囊括计算机记账、计算机传票算、单指单张点钞、多指多张点钞4项的第一名。当年，龙文农行营业部被评为全国“巾帼文明岗”。

2001年，把妇女参加体育运动增强体质，纳入“巾帼建功”竞赛内容。是年3月，举办龙文区第一届妇女运动会，400多名运动员参加6个项目比赛。2002年3月，区妇联获国家体育总局颁发的“妇女群众性体育活动先进单位”奖状。2006年3月6日，举办龙文区“闽润石化杯巾帼健身活动”，200多名妇女参加拔河比赛、4×100米接力赛、400米中跑赛等。1997—2007年，区妇联在云洞岩举办登山比赛共12场，参赛妇女670人次。

至2007年，全区涌现“巾帼文明岗”区级16个、市级11个、省级3个、国家级2个；受区妇联表彰的“巾帼建功”先进单位3个，先进个人26人，“巾帼纳税”先进个人23人，“巾帼建功文明经营”先进个人17人；被评为省“三八”红旗手6人，被评为市“十佳女性”3人，被评为市首届“创业女标兵”1人。

三、“五好文明家庭”创建工作

1978—1984年，组织开展“五好家庭”“合格家长”“遵纪守法户”“双文明户”等活动。1985—1987年，郭坑镇评出好家长186人、好媳妇271人、好邻居8对、好夫妻10对、好妯娌49对。

1997年，开展“五好文明家庭”创建活动，有4户被市妇联授予“五好文明家庭”称号。1998年，把创建“五好文明家庭”与创建“文明安全片区”活动、“爱我家园”环保活动、“少生快富奔小康”活动相结合。向全区3万多个家庭分发《人人参与创卫，共建美好家园倡议书》，成立村、社区卫生督导队，劝阻乱张贴、乱倒垃圾行为。组织妇女打扫巷道，清理水沟，维护村容村貌。当年，评出“五好文明家庭”60户、“五好文明家庭标兵”10户、“移风易俗模范家庭”1户。2000年，全区发放《家庭美德格言》1000份、《保护妇女儿童法律法规》800份。2001年，区妇联召开“五好文明家庭”表彰会、先进事迹报告会，和“五好文明家庭”挂荣誉牌匾并制作电视专题片进行宣传报道。2005年，区妇联和区综治办联合在蓝田镇小港村举行“平安家庭”创建活动启动仪式，区、镇、村妇女干部和综治办、治保主任等100多人出席，并举行“创建平安家庭，构建和谐社会”签名仪式，和发放倡议书，由区领导为6户“平安家庭”代表授牌。创建活动以小港村的试点，向全区铺开。2007年，全区涌现市级“平安家庭”示范户25户、区级示范户56户、镇级示范户447户，区级示范乡镇2个、示范村（社区）25个，市级“十佳平安家庭”2户。蓝田镇蔡坂村被省妇联评为省级“平安家庭”创建活动示范村。

1997—2007年，区妇联与龙文公安分局、区检察院等部门联合，共表彰“五好文明家庭”60户、“五好文明家庭”标兵28户、“人民警察好妻子”53人、“贤内助”6人、“廉内助”10人。有10户被评为市级“五好文明家庭”，6户被评为省级“五好文明家庭”。

四、妇女儿童合法权益保障工作

1989年，步文乡妇联配合工商所，检查个体经营户雇佣童工情况，清退童工56人（其中女童37人）返校就读。

1997年，区成立妇女法律咨询服务中心，下设咨询部、信访接待部；镇成立妇女法律咨询援助站共4个；村（社区）成立妇女法律咨询维权站共50个，构建社会化维权工作网络。通过会议、广播、电视、培训、知识竞赛、下乡巡回宣讲等途径，宣传《中华人民共和国婚姻法》《中华人民共和国妇女权益保障法》《中华人民共和国未成年人保护法》。1998—1999年，建立乡镇妇联主席陪审制度和陪审调查制度。组织专职妇女干部参加漳州市陪审员培训，被确认为人民陪审员6人。区妇联获市妇联授予“妇女干部陪审员创新奖”。2000年3月，区妇联协助龙文公安分局擒获3名人贩子，解救3名被拐的广西少女，并与公安分局为3名少女筹集回家路费2200多元。当年，妇联干部参与庭外调查、庭内陪审案件25件。2001年7月，区妇联在全省妇女维权工作会议上作妇联“陪审”工作经验介绍，妇联主席陈银花被省妇联评为全省维权工作先进个人。2003年，纪念《中华人民共和国妇女权益保障法》颁布十周年，通过发放宣传单、小册子，广泛开展法律咨询宣传信访；妇联干部共参与30宗涉及妇女儿童和老人权益案件的审理。2004

年3月，针对家庭暴力事件，区妇联向区政协一届四次会议提交《采取有力措施，维护妇女合法权益》议案，并作大会发言。会后，在政协牵头下，配合公、检、法、司等部门，在全区开展预防和制止家庭暴力宣传教育活动；4月，区妇联与区司法局联合下发《关于充实妇女调解委员，加强人民调解工作的意见》，各镇妇联与司法行政部门选拔女性人民调解员49名，达到每个调委会至少配备1名女性人民调解员。2006年，结合“三八”妇女节法律宣传周、“12•4”法制宣传日，开展法律法制宣传和知识咨询活动；结合“世界禁毒日”，配合公安分局在人民广场、汽车站、火车站，分发禁毒倡议书、宣传折页，开展禁毒宣传活动，提倡共创“无毒家庭”。

1997—2007年，全区妇联接待来信来访308件，人民陪审员参与陪审案件465件，女性人民调解员调解纠纷案件135件。

五、儿童少年工作

1997年“六一”儿童节，区领导班子成员和妇联、团区委、教育局等部门负责人，到各学区向学生送书籍、学习用品和玩具，价值上万元。9月，成立区妇女儿童工作委员会，加强对儿童少年工作的指导，配合区妇幼保健所为全区幼儿园开展义诊；为4252名学龄前儿童做健康体检，并将此作为常年活动。1998年，区妇联实施“春蕾计划”，建立“春蕾基金”21775元，扶助贫困辍学女童73人。1999年，全区建立家长学校48所，开展“创建合格家长学校”活动，发放“家教知识进万家”问答卷，开展家庭教育论文评选活动，建立健全家庭教育网络。2000年实施“春蕾计划”，通过“拉富朋结穷亲”，扶助172名贫困女童上学；蓝田、步文、朝阳、郭坑4个镇，分别召开贫困女童发卡发资助金暨学习交流会；省妇联儿童部派人到龙文区看望教育部部长陈至立结对帮扶的扶摇小学和土白小学2名贫困女生，并为20名贫困女童发送慰问品。

2001年，区政府制定《龙文区2001—2010年儿童发展纲要》，由香港廖烈智捐助20万元、区镇两级财政各支持10万元、村民及社会热心人士捐献41万元，共71万元。建成的漳州市首家龙文区春蕾小学落成投入使用，占地面积2600平方米，建筑面积1131平方米。2003年，在继续扶助“春蕾女童”452人的基础上，区妇联又牵线区委办、区委政法委等6个部门与6名贫困女童结对子，扶助她们完成学业。2004年，各基层妇女组织发动儿童少年开展“家庭读书”“争做合格小公民”的家庭教育宣传实践月活动，并确定每年9月为龙文区家庭教育宣传实践月。2006年，区妇联牵线，漳州市聚善堂医药连锁有限公司总经理林雅玲资助龙文中学2名初中女生每年1200元，直至读完高中；并向郭坑中心小学、朝阳镇翁建小学，10名贫困女生发放书包、学习用品和2000元慰问金。翌年，林雅玲被评为省第五届“春蕾计划”先进个人。2007年，开展“亲情关爱留守儿童”活动，通过写“给全区留守儿童家长一封信”和发倡议书、召开“爱心妈妈，关爱留守儿童”座谈会，发动社会各界82名爱心人士担任“代理妈妈”，并建立“代理妈妈”与留守儿童档案，结成“一帮一”或“一帮几”的对子。区妇联发放助学款6000元，资助10户二女困难户和计生困难户。

第四章　科学技术协会

一、组织机构

（一）区科协

2007年2月，龙文区科学技术协会（简称区科协）成立，为正科级群团机构，负责组织和管理基层科技协会和各专业性科技协会活动。在编人员2人，为正、副主席各1人。

（二）基层科协

1960—1962年，步文、郭坑建立公社科普协会，生产大队建立科普协会分会。1984年，步文公社科协改为步文乡科协，郭坑公社改为郭坑镇科协，生产大队科协分会改为村科普小组，隶属于龙海县（市）科学技术协会。

1997—2007年，蓝田镇科协，理事会成员8人；步文镇科协，理事会成员7人；朝阳镇科协，理事会成员10人；郭坑镇科协，理事会成员10人；蓝田开发区科协，理事会成员8人。

（三）专业性技术协会

1992年4月，成立步文镇机砖协会，会员52人，为区境最早的专业性科技协会。

1998年4月，成立龙文区建设行业协会，会员50人。

2001年3月，成立龙文区粮食协会，会员206人。

2004年4月，成立龙文区榕树盆景协会，会员201人；6月，成立龙文区果苗、绿化苗协会，会员202人；8月，成立龙文区流岗蔬菜协会，会员200人。

2007年12月，成立龙文区蓝田镇蓝田蔬菜协会，会员125人。

（四）企业科协

2007年，全区成立7个企业科协：漳州市吉马印刷职业技术学院科协，理事会成员5人；福建东方食品有限公司科协，理事会成员5人；大闽食品（漳州）有限公司科协，理事会成员5人；福建富顺电子有限公司科协，理事会成员5人；福建双飞日化有限公司科协，理事会成员4人；漳州市恒丽电子有限公司科协，理事会成员5人；福建省明欣集团有限公司科协，理事会成员5人。

二、主要活动

1960年后，步文、郭坑科协通过举办图片展览、科普讲座，利用幻灯、广播、墙报、宣传栏等，开展破除迷信、讲科学、用科学宣传活动，帮助农民增强科学意识。

1997年至21世纪初，区科技局、科技协会围绕区党委、政府的中心工作，组织学术交流和科普“进农村、进校园、进社区、进企业”，开展科普宣传、科普讲座、科技咨询等科普活动。建立蓝田、孚美、浦口、郭坑4个科普活动站。建立龙文中学、漳州市第二实验小学、龙文区翁建中心小学、龙文区东溪农场4个科普教育基地。在翁建中心小学建立青少年科学工作室。在区、镇、村主要路段建立38个科普宣传栏。

2004年，区榕树盆景协会与韩国巨扬（广州）有限公司签订2005年1.5万株和2006年3万株成品销售合同，以及100万株半成品的销售意向。2005年，该协会被漳州市人民政府列为30家重点扶持的农民专业合作社组织试点单位。区流岗蔬菜协会与蔬菜龙头企业——芗安果蔬有限公司对接，建立“公司＋协会＋农户”模式，发展订单农业，提高农产品流通组织化程度。2005年9月，该协会被漳州市人民政府列为全市30家重点扶持的农民专业合作化组织试点单位。2007年，该协会拥有蔬菜基地700亩，年销售蔬菜1100吨，营销额130万元，人均收入由2003年2839元增加到4911元。2004—2007年，区榕树盆景协会聘请福建农林大学博士生导师赖钟雄教授、福州园林研究所3位技术人员到协会授课8次，受训468人次。

2007年5月19—25日，在“提升科学素质，共建和谐海西”的科技人才活动周中，区科协与区委宣传部、科技局、卫生局、计生局、地震办等单位联合，在城乡开展义诊、优生优育、防震减灾、公共安全应急处理等咨询服务活动，展出防震减灾、节约能源、环境保护等科普图片，向公众分发科普资料5000份和《家庭卫生保健知识》《婚前保健》《防震减灾》等科普图书1200册及避孕药具500套；9月15日第五个“全国科普日”，区科协以“节约能源资源、保护生态环境、保障安全健康”为主题，开展义诊、科学养猪讲座、鱼病防治咨询、农作物病虫害田间防治指导等活动，发放科普书120册，科技资料1080份。是年，区科协和区科技局配合教育部门开展科普进校园活动，举办科普讲座8场，听讲1640人；科普展览5次，参观700人；组织青少年科技创新大赛2次，参赛100多人；各学科竞赛6次，参加740人。

第五章　侨　联

第一节　组织机构

一、区归国华侨联合会

2002年11月28日，召开龙文区第一次归侨侨眷代表大会，成立区归国华侨联合会（简称区侨联）。出席大会代表55人，列席代表13人。大会审议通过《龙文区侨联工作报告》，选举产生区侨联第一届委员会主席1人、副主席3人、常委11人、委员30人。区侨联内设办公室、海外联谊中心、权益保障中心，配专职干部1人。至2007年不变。

二、镇侨联筹备领导小组

2002年，郭坑、步文、蓝田、朝阳4个镇都成立由党委副书记、统战委员等组成的侨联筹备领导小组。在各镇和侨办企业中，配信息员、联络员。

第二节　主要活动

一、联谊捐资

2002年，区侨联成立后，利用春节、元宵、清明、中秋、圣诞节，以贺信、贺卡、电子邮件、电话等形式，开展海外联谊工作。2003 年 9 月，侨联名誉主席、香港同胞康寿领和侨联副主席、香港同胞黄素美，在香港建立龙文籍华侨联络工作点，开展华人、华侨联谊活动，传递龙文区经济建设概况和投资意向。区侨联配合区花卉盆景艺术协会创办花卉盆景艺术展厅，至 2007 年共接待前来参观鉴赏的海内外侨胞和艺术界朋友 5000 多人次。2006—2007 年，区侨联向海外寄出《龙文区侨情简介》300 多份，龙文区人文景观彩色画册 300 多份，龙文区投资项目和特色景点画册 200 多份。

2002—2007 年，海外侨胞、侨资企业共捐款 875.9 万元，用于修路、造桥、扶贫帮困和改善学校办学条件等公益事业。区侨联慰问特困侨属 74 户，送上慰问金 26800 元；筹集 13.2 万元扶助 13 名特困侨生上大学，帮助贫困侨属就业 60 人。

区侨联名誉主席、桂溪房地产开发公司总经理林天海，2003 年捐资 380 万元支持龙文区兴办公益事业和开展民间活动；2006 年为龙文区实验小学捐资 150 万元，兴建体育设施；2007 年与港资企业荣昌房地产开发公司总经理王子荣共同捐献 310 万元，增建龙文区实验小学教学楼。

二、华侨企业帮扶工作

区侨联建立每月定期联系侨资企业制度，听取意见和建议，沟通协调解决问题。2003 年，香港通华织造有限公司董事长吴开聪在龙文开发区投资 1000 万元，创办“泰利针织品有限公司”。2004 年 5 月，该公司急需年轻针织工人，区侨联主动跟踪服务，在朝阳镇后店、朝阳、六石等 5 个行政村招工，经过筛选和培训，厂方如愿招到合格的技术工人上岗，得以按时完成交货任务。区侨联又 20 多次到企业，解决店面出租纠纷。2006 年，吴开聪投资 500 万美元，征地 2.33 万平方米，创建针织工业园，生产销往欧美市场的时装针织品。

2002—2007 年，区侨联共帮助侨资企业排忧解难 57 件，帮助联系设备维修 30 多次，法律咨询 50 多人次，帮助侨企与相关涉外经济部门协调 20 多次，参与调解经济纠纷 10 例，协助侨企招工 4000 多人。

三、华侨合法权益工作

2004 年，步文镇土白村印度尼西亚侨眷林某，因开发商建商品房需拆迁其别墅 2 栋、店面 1100 多平方米，林某为安置、赔偿问题，诉至市房管局、区法院仍未果，经侨联 10 多次与开发商交涉，并与林某沟通谈心，使双方得到较为满意的解决。2006 年 4 月，港属林某因开发商征地拆迁涉及 2 幢别墅、1 幢三层楼、出租店面及厂房，双方多次协商未果，经区侨联协助调解，得到妥善解决，开发商向侨联赠送锦旗。至 2007 年，区侨联共 200 多次到侨房拆迁现场、房地产开发公司和相关建设单位，以通过召开座谈会、勘查现场、登记数据等形式，解决 65 宗侨房拆迁安置问题，拆迁面积 9950 多平方米，赔偿金额 1050 多万元。

2002—2007 年，区侨联为 13 名归侨退休教师、下岗职工按规定办理退休附加工资手续，为 100 多名归侨、侨眷从资料、手续等方面明确身份，为 80 多名侨眷上大学出示有关证明资料和手续。

第六章 工商联

第一节 工商业联合会（商会）

一、组织机构

（一）区工商业联合会（商会）

2003年5月21日，召开龙文区工商业联合会（商会）第一次会员代表大会，成立区工商业联合会（简称区工商联，亦称区商会）。出席代表90人，选举产生区工商联第一届执行委员会委员39人（后增补至49人），其中常委18人，设会长1人、副会长12人。2007年，区工商联在编工作人员2人，拥有会员企业786家。

（二）同业公会

1952年9月，第六区建立工商业联合会分会，隶属龙溪县工商业联合会。

1994年8月24日，成立步文镇食品罐头行业协会；10月28日，召开步文镇商会成立大会暨首届会员大会，出席代表92人。选举产生理事33人，组成步文镇商会首届理事会，商会会员108人，隶属龙海市商会。

2003年5月1日，龙文区副食品同业公会召开第一次会员大会，成立区副食品同业公会。大会选举产生第一届理事会成员19人、会员120人。2006年6月23日，召开第二次会员大会，更名区副食品同业商会。会员130人。

2004年4月20日，龙文区商会杭州分会在杭州举行第一次会员大会，成立龙文区商会杭州分会。大会选举产生第一届常务理事会成员5人。会员27人。

2004年4月30日，龙文区汽车同业商会召开第一次会员大会，成立区汽车同业商会。大会选举产生第一届理事会成员13人。会员36人。

2004年5月26日，龙文区胶合板同业公会召开第一次会员大会，成立区胶合板同业公会。大会选举产生第一届理事会成员16人。会员156人。

二、主要活动

（一）建言献策

区工商联在区人大第一届有人民代表2人，第二届5人，第三届11人。一至三届的人民代表大会上，提交议案3件。在区工商联在区政协第一届有政协委员12人，第二届21人，第三届33人。在政协一至三届委员会会议上，共提交议案13件，发挥参政议政作用。

2005年11月30日，区工商联与区国税局联合召开“龙文区税收与促进经济发展”座谈会，45名企业家参加，区长蔡良国出席座谈会，与企业家共同商议。2006年6月，区工商联与区公安分局联合召开“重在提请，主动服务”警企座谈会，20多位企业代表参加；8月，区工商联与区消防大队联合召开“龙文区消防工作与企业发展”座谈会，60多位非公企业代表参加；10月，区工商联和区国税局联合召开“企业发展与国税”座谈会，50多位企业代表与会并表示拥护国家税收政策，自觉照章纳税。

2007年春节前夕，中共龙文区委、区政府召开迎新春企业家座谈会，区委书记蒋一婷、区长张琳光与来自商会各行业的企业家代表80多人共商经济发展大计。

（二）捐助活动

2003年，区工商联组织恒丽电子有限公司等5家会员企业捐资1.6万元，扶助8名大学生入学。2004年，组织企业向区消防大队捐赠15万元，购买消防车。2005年，区工商联副主席周进步设立“进步奖教奖学基金”50万元，奖励教学成绩突出的教师和优秀的学生。2006年，组织非公企业人士向区消防大队捐赠13.4万元，用于购买消防设备；组织非公企业人士向受台风袭击的灾区捐款90多万元，帮助灾民重建家园；17名工商联执委捐资1.7万元，资助17名贫困大学生升学。区工商联主席王建坤从2003年至2007年，捐资30多万元，支持公益事业和资助贫困学生入学，并向贫困小学捐助100套课桌椅。

（三）帮助企业经营

2003年9月，区工商联组织非公企业经济人士8人，到广东和福建的福安、平和等地参观考察。2004年5月中旬，区政府副区长钱莹带领部分模板行业企业家，到广西梧州、贺州、柳州、北海、桂林等地参观考察，学习先进技术和经营理念。2005年5月1—3日，区汽车同业商会，在市人民广场举办首届汽车文化节活动，25家企业（其中汽车销售业17家）。参展参观人数2万多人次，订购各类型汽车72部，达成订购意向63人；6月21日，区工商联与漳州培训网、漳州市卓毅文化传播有限公司联合举办财智论坛《企业高效执行力》讲座，邀请著名管理咨询专家、中山大学、香港商学院郑健教授主讲，中、高层管理人员150多人参加；7月28日，区汽车同业商会与漳州市交警支队车管科联合举办为期2天的首期车管代办员培训班，有73人参加培训，其中69人获车管代办员上岗证；9月10日，区委书记陈庆元带领21名企业家前往广西、湖南考察，走访慰问龙文区在广西投资办厂的企业家，回访湖南岳阳市君山区工商联，并与当地企业家签订3项投资意向协议书。2006年元旦期间，区汽车同业商会在人民广场举办第二届漳州汽车文化节；8月，省工商联副会长邱家赞一行到龙文区恒丽电子有限公司、双飞日化有限公司等企业调研；10月，区工商联分别在漳州万佳陶瓷工业有限公司和漳州市聚善堂医药连锁有限公司举办2场《企业执行领导力》潜能培训班，有100多名企业中、高层管理人员参加培训。

2007年元旦期间，区汽车同业商会在人民广场举办第三届漳州汽车文化节，有15个单位84辆各类型汽车参展。展会期间，订购、销售汽车131辆，经济收入2491万元；4月25日，区工商联与漳州市财贸学校、漳州市电子协会联合举办为期3天的“漳州市民营企业创业培训系列讲座”，邀请香港等地4位专家，就创业投资分析、经理人执行力管理、职业经理人常犯的错误、会计报表阅读与分析等内容进行授课，民营企业管理人员、高级技术人员、个体工商户400多人次参加；5月和8月，区工商联部分执委到漳州柏桦木业有限公司、福建双飞日化有限公司、漳州市林奇钢管有限公司等6家企业参观考察，探讨民营企业发展的新思路和新举措。

第二节 个体私营企业协会

一、组织机构

（一）个体劳动者协会

1982 年，步文、郭坑公社（1984 年 10 月改为乡镇）成立个体劳动者协会分会（简称个协分会），隶属龙海县个体劳动者协会。

1998 年 7 月 23 日，召开龙文区个体劳动者第一次代表大会，成立区个体劳动者协会。出席大会代表 43 人。大会讨论通过《龙文区个体劳动者协会章程》，选举产生协会第一届理事会。代表大会每 3 年召开 1 次，选举产生新一届理事会。2007 年，会员共 1975 人。

（二）私营企业者协会

1998 年 7 月 23 日，召开龙文区私营企业者第一次代表大会，成立区私营企业协会（简称龙文区私协）。出席大会代表 35 人，大会讨论通过《龙文区私营企业协会章程》，选举产生协会第一届理事会。代表大会每 4 年召开 1 次，选举产生新一届理事会。2007 年，会员单位 554 家。

二、主要活动

20 世纪 80 年代，在个体工商业中贯彻“自己教育自己、自己管理自己、自己解决自己问题”的“三自”方针，开展遵纪守法教育，争创“文明摊店”“信得过经营户”竞赛。1990 年，开展“学雷锋、树新风”活动月，步文个协分会组织支农服务队，到村头田间为农民修理农机具。1991 年，创办龙海县个体劳动者学校步文分校，组织会员上政策法规、职业道德教育课。1993 年，个协分会工作重点转到为帮助个体、私营企业办证办照和在工业小区安家落户。1996 年 2 月，贯彻国家工商局、中国个协会《关于在个体工商户和私营企业中开展“户户讲道德，店店无假货”活动的通知》，步文个协分会向会员发出“打假治劣从我做起”倡议，开展自查自纠，清查一批假冒伪劣商品交有关部门处理或自行销毁。

1998 年龙文区个协、私协成立，利用宣传栏、黑板报、市场有线广播、举办讲座等形式，开展《中华人民共和国劳动法》《中华人民共和国反不正当竞争法》《中华人民共和国食品安全法》《中华人民共和国消费者权益保护法》等宣传教育活动，提高会员法制观念。在会员中开展“岗位学雷锋、企业树新风”“青年文明号”“巾帼建功、文明经营杯”和“户户讲道德、店店无假货”创优活动。2000 年，引导会员制定企业服务承诺内容，统一制作牌匾公开悬挂，公布工商局、个体协会的监督、投诉电话。区个协、私协开展“送温暖”“献爱心”慈善活动。2005 年，个协、私协慰问孤寡老人、残疾人、特困户、老干部等 56 人，送慰问金和慰问品（折价）计 9050 元；会员为社会提供免费服务 652 人次。2006 年，漳州发生特大洪涝灾害，个协、私协发动会员捐款捐物（折价）12.7 万元，支援灾区。龙文区玉华化工店经营者为一位贫困大学生捐助 3400 元。

2007 年，个协、私协走访企业 86 次，提供各类登记、年检等法律、法规咨询 289 次；指导会员单位申请地理标志证明商标和集体商标注册，促使“真花”“龙盛”“华滨”“津味”等 11 件涉农商标获准漳州市知名商标认定，“升源大米”“兴浦大米”2 件涉农商标获准福建省著名商标认定。

第三节　外商投资企业协会

一、组织机构

1998 年 5 月 12 日，召开龙文区外商投资企业第一次代表大会，成立区外商投资企业协会。与会 28 名代表选举 5 人组成协会首届理事会。

2005 年 5 月 31 日，召开龙文区外商投资企业第二次代表大会，与会 54 名代表选举 46 人组成协会第二届理事会。

二、主要活动

1998 年后，每年为外资企业提供信息和咨询，举办培训班，组织展销、考察等活动。每年中秋节和春节，协会都开展慰问企业活动，以及组织会员联谊活动。

2007 年 10 月，协会举办外经贸知识培训班，139 名企业人员参加培训。当年，协助区政府开展“4•9”招商活动，签约项目 8 项，总投资 5810 万美元，合同外资 4960 万美元，注册外资 2200 万美元；“9•8”招商活动，签约项目 13 项，总投资 3982 万美元，合同外资 3028 万美元，注册外资 1602 万美元。

第七章　文学艺术界联合会

一、组织机构

1997 年，成立非常设的区文学艺术界联合会（简称文联）机构，挂靠在中共龙文区委宣传部，由 1 名副部长行使文联主席职责。2001 年 12 月起，先后成立区美术工作者协会、书法工作者协会、音乐工作者协会、舞蹈工作者协会，共有会员 123 人。4 个协会由区委宣传部指定专人负责日常工作。

2007 年 1 月，正式成立龙文区文学艺术界联合会（简称区文联）；4—5 月，配副主席、秘书长各 1 人。至 2007 年年底，区文联下属有美术工作者协会、书法工作者协会、音乐工作者协会、舞蹈工作者协会、文学工作者协会、摄影工作者协会、灯谜协会、奇石（盆景）艺术协会、民间文艺工作者协会，会员共 359 人。

二、主要活动

1997 年，开展文艺宣传和文学创作活动。1998 年 1 月，举办龙文区建区 1 周年文艺晚会和书画作品展，展出作品 97 幅；3 月，举办纪念周恩来总理 100 周年诞辰美术书法作品展，展出作品 100 幅。1999 年，举办青年教师书画作品展，展出作品 66 幅。2002 年 1 月，举办建区 5 周年文艺晚会和书画作品展，展出作品 80 幅。2003 年 1 月，举办“万博杯”少儿歌手赛，有 128

名选手参加；5 月，举办“荣昌杯”书画现场比赛，现场作品 80 幅。2005 年“五一”节期间，配合第一届广场企业文化节，组织专场文艺会演；6 月，举办区首届少儿才艺大赛；7 月，举办纪念抗日战争胜利 60 周年龙文、华安、长泰、平和四县区书画联展，展出作品 160 幅。同年，组织 46 件作品参加漳州市第一届书画大赛暨海峡两岸书画精品展。2006 年元旦，在漳州中山公园举办林双全个人书法展，展出作品 66 幅；6 月，举行“爱我龙文、美化家园”壁画现场比赛，现场作品 40 幅；8 月，中共龙文区委宣传部和区文联联合举办“奋进漳州，新兴龙文”专场文艺晚会；10 月，在龙岩学院图书馆举办区书协主席黄昌和漳州市著名书画家郑长琰书画作品联展，展出作品 80 幅。

2007 年 1 月，举办建区 10 周年书画作品展，展出作品 200 幅，并举办“爱我漳州，建设龙文”建区 10 周年庆典专场文艺晚会；“五一”节期间，结合第二届广场企业文化节，举办专场文艺晚会，组织木偶戏演出和灯谜活动；举办“8•28”龙文投资说明会专场文艺会演；秋，区美协副主席侯镇华在新加坡举办个人国画作品展，展出作品 100 幅；6—10 月，选送 8 幅书画作品参加全省“反腐倡廉”书画作品展、10 幅书画作品参加“海峡两岸”职工中国书画艺术展、18 幅书画作品参加福建省“东海浪”新人新作品展和“情系海西—2007 福建当代国画艺术大展”。年底，出版《陈文勇、林少雄山水画作品选》。

第八章　残　联

第一节　组织机构

1990 年 10 月，成立郭坑镇残疾人协会；11 月，成立步文乡残疾人协会，隶属龙海县残疾人联合会。

1999 年 11 月 26 日，成立龙文区残疾人联合会（简称区残联），隶属区民政局的股级事业单位。2002 年 10 月，升格为正科级单位，工作人员 1 名。同时，成立区残疾人工作委员会（简称区残工委），由 26 个成员单位组成，下设办公室与区残联合署办公。

2004 年 4 月 27 日，成立区残疾人就业服务站（加挂区残疾人康复服务指导站牌子），工作人员 1 人，隶属区残联；8 月，郭坑、步文、蓝田、朝阳镇分别成立残疾人联合会，由各镇民政办公室主任兼任理事长。

2005 年 10 月，成立区肢残人协会、盲聋人协会和智力精神残疾人亲友会 3 个残疾人专门协会。

2007 年 4 月 28 日，区人民政府残疾人工作协调委员会更名为区人民政府残疾人工作委员会。11 月 28 日，区残工委出台关于村（居）残协选聘专职委员的通知。至 2007 年 12 月，全区发证残疾人 1171 人。

第二节　代表大会

一、区残联第一次代表大会

2002年10月18日，召开区残疾人联合会第一次代表大会，出席代表66人。大会审议通过《龙文区残联第一次代表大会筹备工作报告》，选举产生区残联第一届主席团和执行理事会。主席团委员27人，主席1人，副主席5人，名誉主席1人。执行理事会设理事2人，理事长1人。

二、区残联第二次代表大会

2007年10月25日，召开区残联第二次代表大会，出席代表85人。大会审议通过第一届主席团《团结奋斗，务实创新，努力推进残疾人事业又好又快发展》工作报告，选举产生区残联第二届主席团和执行理事会。主席团委员27人，主席1人，副主席5人，聘请名誉主席1人。理事会设理事3人，理事长1人。

第三节　主要活动

一、助残康复

2003年11月，区残联会同区卫生局和龙文医院开展“视觉第一中国行动”第二期白内障手术复明活动，为25名白内障手术适应证患者实施复明手术。2007年9—11月，组织实施中共福建省委、省政府为民办实事“光明行动”项目，全区免费为61名白内障患者成功实施复明手术，完成上级下达的任务。2003—2007年，全区实施白内障复明手术共216例，手术成功率和脱盲率均100%。

2006年11月，漳州市第一个儿童脑瘫康复中心在龙文区蓝田镇西坑村落成，填补闽南地区无儿童脑瘫康复机构的空白。至2007年，共接诊脑瘫患儿400余人次。该中心被中残联、省残联、市残联列为儿童脑瘫康复定点机构，是香港李嘉诚“长江新里程”康复定点机构。至年底，全区实施脑瘫儿童家庭康复训练8人。

2007年6月6日，举行龙文区“慈善助行”轮椅发放仪式暨青年志愿者爱心助残活动，在青年志愿者帮助下20名重度下肢残疾人坐上崭新轮椅。至年底，为下肢残疾人发放助行器具拐杖19副、手摇三轮座椅1台和手动轮椅27台；为边远山区任教的肢残模范教师阮文发特别捐助1辆机动代步车，作为工作用车。

二、就业安置

1990年，郭坑镇和村创办5家福利工厂，安置38名残疾人就业。

2004年1月7日，区政府发出《关于龙文区残疾人就业保障金征收管理实施细则的通知》，开征残疾人就业保障金；8 月 31 日，残联会同人事局、劳动局在后坂民政制罐厂举办首期残疾人就业培训班，40 多名残疾人参加培训。2005 年 5 月，举办为期 3 天的手工艺编织技术骨干培训班，14 名残疾人及其家属参加培训；8 月 20 日，通过考试选聘 4 名社区残疾人联络员。2006 年 6 月，残联委托龙文区职业中学举办为期 1 个月的残疾人电脑应用技术培训班，12 名残疾人及其残疾人工作者参加培训。2007 年 1 月 15 日，区首家个体盲人保健按摩所——继伟盲人保健按摩所开业。

至 2007 年年底，全区征收残疾人就业保障金 117 万多元；安置 450 名残疾人在 15 家福利企业稳定就业；推介 40 名有劳动需求残疾人在民营企业就业；组织 5 名盲人参加省、市按摩技能培训，获职业资格证书，实现就业。

三、文化体育竞赛活动

2004 年 4 月，区残联选送王惠雨参加福建省第一届中小学生残疾人运动会，获女子田径项目 t46 级女子 400 米赛跑第二名。2005 年 8 月，区残疾人代表队参加漳州市首届残疾人田径选拔赛，区残联获体育道德风尚奖，运动员竞赛成绩获 5 项第一、2 项第二、3 项第三。同月，肢体残疾人郑明清参加第七届全省残疾人艺术会演，获二等奖；聋哑残疾人沈恋娇参演《阿里山的姑娘嫁过来》舞蹈，获一等奖；同月，聋哑残疾人沈恋娇参演《咱们一家亲》舞蹈，获第六届全国残疾人艺术会演广东赛区比赛优秀奖。12 月，陈同杰参加福建省第五届残疾人运动会，获男子 75 公斤级力举第二名。2006 年，肢体残疾人郑明清参加福建省第三届青少年书画大赛，获青年组书法一等奖。

2007 年 8 月，龙文区残疾人自强不息、身残志不残的两件新闻稿《用脚去圆七彩梦》《阮文发：单腿立教坛 37 载》，获第五届福建省残疾人事业好新闻三等奖；8 月，蓝田镇残疾人联络员唐亚江获“福建省优秀残疾人联络员”称号；9 月，区残联理事、肢残协会主席阮文发获“全国道德模范提名奖”；11 月，区残联被中国残疾人联合会评为 2007 年度《三月风》《中国残疾人》两刊宣传工作先进单位；12 月，获“2007 年度全省残联系统宣传工作先进集体”称号。

四、扶贫解困

1991 年 5 月 18—19 日，步文、郭坑残疾人协会开展第一个“全国助残日”活动，慰问残疾人，为残疾人义务维修家用电器和义诊。此后，每年“全国助残日”，都开展各种慰问、服务活动。

2002 年，区、镇青年志愿者助残服务站和区残疾人法律援助站成立，开展维护残疾人合法权益和扶贫解困工作。2003 年起，每年春节及“全国助残日”，区残联组织走访慰问残疾人的贫困户、五保户、计生困难户，送慰问金和慰问品。2005 年 8 月，中共龙文区委、区政府把残疾人扶贫解困工作列入全区扶贫攻坚计划，出台《关于加强扶助贫困残疾人工作实施方案》《关于在全区开展挂钩扶助贫困残疾人活动的通知》，落实“帮、包、带、扶”措施，51 户贫困残疾人家庭从项目、政策、信息、资金等不同方面得到对口扶持。2007 年 5 月 19 日，区司法局、残联会同漳州市司法局、残联在蓝田工业开发区举行首批“法律援助证”发放仪式暨《残疾人就业条例》颁布实施咨询活动。至 2007 年年底，全区发放小额扶贫贷款 12.5 万元，帮助残疾人发展家具加工业、木耳养殖业和其他家庭副业。全区列入城乡最低生活保障贫困残疾人 455 人，实现应保尽保。实施“安居助残工程”，给 4 户残疾人低保户补助 8 万元，完成危房改建任务。

2003—2007 年，在龙文大道、迎宾路、云洞岩景区等主要交通道路、旅游场所，设置方便残疾人行走活动的盲道、轮椅坡道、扶栏等无障碍设施。区残联接待残疾人来访 220 人次，处理涉及残疾人利益的土地承包权属纠纷3起、行政执法争议1起、劳资纠纷3起、经济合同纠纷1起，化解社会矛盾，维护弱势群体合法权益。

第九章　老龄工作委员会

第一节　组织机构

1991年，步文乡、郭坑镇成立老龄工作委员会，各行政村成立老年协会，隶属龙海县老龄工作委员会。

1997年5月28日，成立龙文区老龄工作委员会（简称区老龄委），由区直有关部门领导20人组成，设主任、常务副主任、副主任各1人。聘请名誉主任1人。

2001年2月5日，组建新一届区老龄委领导班子，主任黄建平（区委常委，兼任），常务副主任阮亚宏（副区长，兼任）。2002年6月21日，主任许向东（副区长，兼任）。2006年5月，主任陈龙山（副区长，兼任）。区老龄委下设办公室，负责日常工作。

各镇成立镇老龄委，由镇政府分管领导兼任老龄委主任，下设办公室，负责日常工作。2007年，全区建立4个镇老龄委、48个村（居）老年协会、120个老年协会分会。会员总数11522人，占老年人总数80%。

第二节　主要活动

一、敬老助老活动

每年春节、老年节期间，区老龄委走访慰问95周岁以上老人，镇主要领导慰问镇内80周岁以上老人，村（社区）领导慰问村（社区）内60周岁以上老人。1997—2007年，共慰问老人75114人次，送慰问金259万元。全区有33个行政村对60岁以上老人4581人，给予每人每月5—30元生活补贴。区老龄委给全区每位70周岁以上老人颁发“三优证”、老年人凭证在区境可免费游览公园、动植物园、风景区和名胜古迹，免费上公厕，免费挂号就诊；进入国营和集体的影院、录像室等收费场所，享受半价优惠。

2002年10月14日，区老龄委在步文镇举行老人健康义诊、法律咨询活动，受益老人300多人。2003—2005年，区老龄委在石仓村、区医院开展专家义诊活动，受益老人730人，分发《老年健康知识》小册子200本。2006年、2007年，区老龄委配合市老龄办组织心血管、眼科、糖尿病等专家，在龙文医院门诊部开展两次义诊活动，并上门为两位百岁老人作义诊慰问；配合福建南海油脂食品有限公司，向全区老年人优惠售油并慰问90岁以上老人。区老龄委每年至少一次组织医务人员到农村保健站（室），为老年人免费体检。

二、参观学习活动

区老龄委每年都组织老年人到外地参观学习。2002 年，组织 80 多位老人赴港澳旅游，组织各村（居）老协会负责人到龙海角美龙佳山庄游览。2003 年，组织 46 个村（居）老协会会长和 42 名老人到厦门、北京、天津等地参观学习。2004—2007 年，3 次组织 120 名老人和各村（居）老年协会会长，分别到莆田湄洲湾、漳浦天福茶庄、东山风景区观光游览。

三、文体活动

2001 年 10 月 22—25 日，区老龄委与文体局、老体协联合举办全区首次老年人体育比赛，50 多人参加乒乓球、门球、象棋比赛。翌年 10 月 10 日，在步文、郭坑镇举办“瑞健杯”乒乓球、门球、象棋比赛，60 人参赛。区老龄委协助基层老年协会，在村、社区建立 120 个老人活动中心，配备电视机 98 台、音响设备 60 台、健身器材 253 台、报刊 217 份、图书 920 册、乐器 286 件等，为老年人提供文化娱乐、健身的好场所。

四、调研活动

区老龄委每年开展老年问题调研活动，共撰写 6 篇调研文章，入选市老年学学会《老年论文集》，其中《给老人一座暖巢—市场呼唤银色住宅》一文，被中国老年学学会评为 2006 年老年学学术高峰论坛优秀论文；《征地，要以保障农民权益为本》一文，获福建省老年学学会优秀调研文章三等奖。

第十章　关心下一代工作委员会

第一节　组织机构

1990 年，龙海县关心下一代协会在郭坑镇、步文乡成立关心下一代协会（后改称关心下一代工作委员会），各村成立关心下一代协会。

1997 年 11 月，龙文区关心下一代工作委员会（简称区关工委）成立。委员会成员由区教育局、司法局、妇联、团区委等部门领导组成，委员 18 人，设主任 1 人、常务副主任 1 人。区关工委与团区委合署办公。

1997 年 12 月至 2001 年 4 月，先后成立蓝田镇、郭坑镇、区教育系统、朝阳镇、步文镇关工委。随后，在各村、中小学校建立关工小组。2004 年，区、镇两级关工委发动“五老”（老干部、老战士、老专家、老教师、老模范）参与关心下一代工作，设立报告团、帮教组（后更名关爱组）、家教组、科技组、校外辅导组。

2007 年，区委调整充实关工委成员，设名誉主任 1 人，名誉副主任 2 人，主任 1 人（区政协主席蔡玉斌担任），常务副主任 1 人，副主任 4 人。全区基层关工委设区直机关关工委 1 个，镇级关工委 4 个，村级关工小组 41 个，中小学关工小组 38 个；工作人员 565 人，其中“六大员”392 人（报告员 15 人、关爱员 83 人、家教员 114 人、科教员 9 人、校外辅导员 125 人、文化市场督导员 46 人）。

第二节　主要活动

一、思想道德教育

区关工委成立后，围绕党的中心工作，结合国家重大节日和纪念活动，组织报告团到中小学校开展巡回报告活动。1999年，庆祝中华人民共和国成立50周年，举行《辉煌50年》报告48场，受教育9500人次。2000年，配合形势教育，举行《反对“台独”分裂，完成祖国统一大业》报告40场，受教育8000人次。2001年，纪念中国共产党建党80周年，举行《没有共产党就没有新中国》报告120场，受教育1.5万人次。2002年，配合庆祝中共十六大召开，举行《盛世盛会抒盛情》报告42场，受教育8000人次。2002年起，贯彻《公民道德建设实施纲要》，关工委协同教育局每年组织千名以上中小学生参加“全国青少年五好小公民”读书征文活动，组织老同志在各中小学开展“每周一故事”和“国旗下讲话”活动。2003年，举行《学习“三个代表”重要思想》宣讲报告40场，受教育7400人次。2004年，举行《弘扬、培育民族精神，全面建设小康社会》报告40场，受教育7000人次。2005年，纪念抗日战争胜利60周年，举行《不忘抗战历史，弘扬民族精神》报告43场，受教育6500人次。2006年，纪念红军长征胜利70周年，举行《英雄史诗扬天下，长征精神代代传》报告43场，受教育6400人次。2007年，纪念“卢沟桥事变”“南京大屠杀”70周年，举行《不忘日寇侵华历史，弘扬爱国主义精神》宣讲报告17场；围绕中共十七大精神，举行《展望美好前景，承担历任重任》宣讲报告40场，两次宣讲受教育青少年人数7000人次。

二、法制教育

1999年5月，区关工委邀请区法院刑庭庭长到龙文、景山等5所中学举行法制讲座5场，以案释法，受教育中学生2500人次。2000年6月，制作“为了明天—预防青少年违法犯罪”大幅挂图36幅，到5所中学、5所小学中心校进行巡回展览，受教育4500人次。2001年10月，在龙文中学、朝阳中学、景山中学、龙文二实小、蓝田中心校举办图片展，宣传《中华人民共和国未成年人保护法》和《中华人民共和国预防未成年人犯罪法》，受教育3200人次。2001—2007年，关工委报告团多次开展反对邪教、拒绝“六合彩”等宣讲报告活动。

三、帮教失足青少年

1999年、2000年春节期间，区关工委协同区政法委、区司法局两次赴闽西监狱、龙岩监狱和漳州市监狱，开展对龙文籍服刑青少年帮教活动。1999年6月，区关工委与区法院少年庭派员前往省少管所，对在押未成年人杰某进行帮教。蓝田镇关工委和步文镇关工委组织40名学生旁听龙文法庭庭审，接受法制教育。2005年起，全区80多名关爱员以村为单位，开展“一帮一”帮教活动，遏制和减少未成年人犯罪。

四、扶贫助学

1998年，区关工委发动社会各界扶助特困生33人，从当年所读年级起至授完九年义务教育，每人每学期 120 元。2001—2007 年，开展“金秋资助大学生入学”活动，发放 19400 元资助 21 名大学新生入学。2002 年，根据市关工委《资助城乡特困生实施方案》，市、区两级财政各拨 8 万元，资助中小学特困生 400 人，每人 400 元。2007 年，开展爱心“伴你成长”活动，组织全区 7 名孤儿游览石狮市闽南黄金海岸。

五、开展调查研究

1998—2007 年，区关工委开展有关调查研究，向区委、区政府呈送《龙文区中小学特困生情况调查报告》《龙文区未成年人思想道德现状及对策》《龙文区学校、家庭、社会相结合教育现状和建议》《龙文区蓝田镇留守儿童调查报告》等，为区领导对青少年工作决策提供依据。

第十一章　其他团体

第一节　农民团体

一、组织机构

（一）农会

民国 30 年（1941 年）前后，区境修滨、复兴、关霞、振桥、靖东、鳌头等乡建立农会，归龙溪县农会管辖。1949 年 9 月 19 日，区境解放，农会解散。

（二）农民协会

1950—1951 年，龙溪县人民政府工作组到第六区，领导农民成立区、乡、村农民协会，共有会员 15910 人。1953 年，农民协会停止活动。

（三）贫下中农协会

1965 年 1 月 18 日，步文、郭坑人民公社分别召开首次贫下中农代表大会，选举产生公社贫下中农协会委员会。继之，在各生产大队建立贫下中农协会。翌年，步文、郭坑分别召开第二次贫下中农代表大会，选举产生第二届贫下中农协会委员会。1975 年 8 月 21 日，步文、郭坑公社分别召开第三次贫下中农代表大会，选举产生第三届贫下中农协会委员会。1976 年，“文化大革命”结束，各级贫下中农协会自行解散。

二、主要活动

（一）农民协会主要活动

1950—1951 年，各乡、村农民协会发动农民完成支前任务，协助人民政府开展剿匪反霸斗争；宣传土地改革法，引导农民参加土地改革、镇压反革命和抗美援朝三大运动。1951—1952 年，各农民协会宣传贯彻中共中央《关于农业生产互助合作决议（草案）》，引导农民自愿结合，组织劳动互助组、农业生产合作社，走集体化道路。

（二）贫下中农协会主要活动

1965 年 1 月贫下中农协会成立后，贯彻《中共中央关于农村社会主义教育运动中一些具体政策的规定（草案）》，发动贫下中农参加社会主义教育运动，开展清账目、清工分、清仓库、清财产“小四清”和清思想、清政治、清组织、清经济“四清”运动，揭露干部“四不清”问题，责成干部兑现经济退赔。1968年9月，组织贫下中农宣传队进驻中小学“管理学校”，开展所谓“斗、批、改”运动，学校正常教学秩序被打乱。1975年8月，步文、郭坑公社分别召开贫下中农代表大会，推选赴县贫下中农代表大会代表，大会通过《倡议书》，号召全社贫下中农“深入学习无产阶级专政理论，加速农业学大寨的步伐，促进农业大干快上，为建设社会主义新农村而努力奋斗”。

第二节　红十字会

一、组织机构

1999年前，区境步文中学成立红十字会，隶属龙海市红十字会。

1999年11月26日，成立龙文区红十字会。随后成立龙文医院、郭坑中心卫生院、龙文区妇幼所和4个镇基层红十字会。有会员150人。

2002年5月，成立龙文区红十字青少年工作委员会。

2006年7月，经漳州市委常委会批准，区红十字会调整体制及规格，由卫生局代管改为政府领导联系，从民政部门登记改为编制部门管理，独立设置办事机构。2007年6月，区编委批复区红十字会机关“三定”方案，核编2人。机构设置为副科级。

2007年8月8日，召开龙文区红十字会第一次会员代表大会，出席代表56人。大会选举产生第一届理事会理事30人，其中常务理事19人，设会长、常务副会长各1人，兼职副会长5人，秘书长1人。

二、主要活动

1999年，组织干部职工300多人经过体检合格参加无偿献血。此后，无偿献血从有组织到民众自发参加，人数逐年增多。至2007年，全区共有4000多人次参加无偿献血。

每年的5月8日“世界红十字日”，区红十字会组织医务专家开展义诊、健康咨询宣传活动。2002—2007年，龙文医院、仁和医院、东方医院等出动医务专家87人次，在蓝田开发区、人民广场、长运汽车站、居民小区等人口相对集

2006年5月1日，龙文区红十字会与龙文区卫生局
开展纪念“5·8”世界红十字日活动

中地点，免费为682人做健康检查，接受健康咨询1017人，发放宣传纪念品1000多份、健康宣传材料2万多份。

区红十字会成立后，注重在青少年中普及红十字会运动基本知识。2006年6月5日，在石仓小学红十字会成立大会上，邀请市红十字会为师生250人讲解红十字会知识；12月8日，小港小学成立红十字会，区红十字会派员为小学生150多人上救护知识培训课，给讲解自然灾害发生和如何避险,如何自救互救,并现场表演各种受伤包扎方法,提高学生自救能力和自我保护常识。

2005—2007年，开展“红十字助学”活动，通过上级红十字会及社会爱心人士捐款，为龙文区15名贫困中小学生捐助6000元。

第三节 计划生育协会

一、组织机构

1988年10月，步文乡、郭坑镇成立计划生育协会。遂后，在各行政村和村民小组成立计划生育协会和计划生育协会分会，隶属龙海县计划生育协会。

1997年6月4日，成立龙文区计划生育协会（简称区计生协会），副区长齐荣芗兼任会长;10月21日，召开区计生协会第一次代表大会，选举产生第一届理事会，理事29人，其中会长1人、副会长3人、秘书长1人，副区长齐荣芗兼任第一届理事会会长。1998年7月，区人大常委会副主任周弋接任会长。基层建立4个镇、1个开发区和43个村级计生协会，在村民小组中建立403个计生协会小组。会员12033人。

2003年1月8日，召开龙文区计生协会第二次代表大会，选举产生第二届理事会。理事26人，其中会长1人、副会长3人、秘书长1人。区政协主席蔡玉斌兼任会长。全区建立计生协会小组403个，共有会员12530人。

2007年12月28日，召开龙文区计生协会第三次代表大会，选举产生第三届理事会。理事28人，其中会长1人、副会长3人、秘书长1人。区政协主席蔡玉斌兼任会长。全区建立4个镇、1个开发区和47个村级计生协会，在村民小组中建立413个计生协会小组，配备413个女组长。共有会员12677人。

二、主要活动

（一）宣传服务

区计生协会，每逢全国计生协会“5•29”会员活动日、“7•11”世界人口日和其他重大节日活动，发动和组织协会小组及会员，开展基本国策、预防艾滋病和优生优育等计生宣传活动。至2007年，全区共发放宣传单62696份；免费为育龄群众义诊6468人次，治疗2318人次；发放避孕药具62368份；访视育龄群众21869人次；访视计生困难户2316户。

（二）救助贫困

2003年，开展“幸福工程”救助贫困母亲活动。2005年11月，蓝田镇蔡坂村计生困难母亲陈少清等17人，在“幸福工程”救助资金帮助下，辛勤劳动，脱贫致富，获全国“幸福母亲奖”；龙文区计生协会李俊秀、郭坑镇计生协会徐来珠、朝阳镇计生协会李俊伟获得全国“幸福工程”

组委会颁发的“幸福工程优秀工作者”证书。2007年4月，区计生协会被评为全省“幸福工程”先进单位。至2007年底，全区总融资67.52万元，共发放8期“幸福工程”救助款，救助滚动资金165.5万元，救助计生户贫困母亲365户，惠及人口1396人。其中，二女户175户，独生子女户147户。前6期救助款到期资金回收率100%，脱贫率86.8%。

（三）评选先进

区计生协会组织开展创建先进乡镇计生协会、创建一流村和合格村协会、创建五好会员小组“三联创”活动。2003年12月，区计生协会秘书长杨荣福被国家计生协会评为先进工作者。2005年8月，区计生协会会长蔡玉斌被国家计生协会评为先进志愿者，步文镇后坂村计生协会被国家计生协会评为先进集体。2005—2007年，步文、郭坑、朝阳3个镇的创建工作先后通过市计生协会检查验收；“一流村和合格村”协会达标44个，“五好会员小组”达标250个。

2007年12月，郭坑镇院后村计生协会被国家计生协会评为先进集体。

第四节　卫生工作者协会

一、组织机构

1951年，区境成立龙溪县卫生工作者协会第六区分会。会员20人。

1991年，步文乡、郭坑镇成立农村卫生工作委员会，会员共86人。

1999年8月20日，召开第一次龙文区卫生工作者代表大会，成立区卫生工作者协会。出席大会代表128人，审议通过《龙文区卫生工作者协会章程》和工作报告，选举产生龙文区卫生工作者协会第一届理事会理事7人，设会长、秘书长各1人。会员151人。

2005年12月31日，召开第二次龙文区卫生工作者代表大会，出席代表150人。大会审议并通过第一届理事会工作报告和协会章程修订案；选举产生第二届理事会理事48人，设会长1人、副会长3人、秘书长1人。

2007年，协会会员共213人。

二、主要活动

2000年7月，区卫生工作者协会组织会员12人，到漳浦县参观学习村卫生所（室）甲级达标卫生所建设。2001年，全区有58家村卫生所（室）通过甲级达标卫生所验收，43家通过乙级达标卫生所验收。2002年，区卫生工作者协会5次邀请龙文医院内、外科主任医师、法律顾问为乡医进行业务培训讲课，提高乡医诊疗水平。2003年，非典型性肺炎（简称“非典”）流行期间，区卫生工作者协会组织会员做好疫情监控，搜索疫情信息，坚持每日发热病人登记、统计疫情报告制度，共登记发热病人2万多人次。

2006年5月，组织会员18人到华安县参观农村合作医疗开展情况。2007年4月，组织会员33人到漳浦县参观学习村卫生所（室）基本建设和诊疗经验。

区卫生工作者协会在每年的世界结核病防治日、艾滋病防治日、碘缺乏病防治日、计划免疫宣传日、食品卫生宣传周中，组织会员上街下乡，参加现场宣传、咨询和义诊活动。

第五节 消费者权益保护委员会

一、组织机构

1990 年 4—7 月，龙海县消费者委员会在步文、郭坑等乡镇建立消费者委员会分会，成员 5—7 人，由工商、税务、公安、卫生、兽医等部门领导组成。分会设立名誉分会长 1 人，由乡、镇长担任；分会长 1 人，由工商所所长或副所长担任。

1998 年 8 月 22 日，成立龙文区消费者权益保护委员会(简称龙文区消委会)。委员会成员 22 人，由工商、税务、公安、卫生等 10 家成员单位分管领导组成常委会。

2007 年 8 月，成立朝阳镇、郭坑镇、蓝田镇、步文镇 4 个消委会分会。在各行政村、旅游点、学校、企业设 92 个"12315"消费维权服务点，在区消委会设"12315"消费维权服务站。是年，区消委会换届选举，委员会成员 28 人，聘请区人大常委会副主任、副区长、区政协副主席各 1 人及区工商局局长为区消委会名誉会长。

二、主要活动

1990 年起，步文、郭坑消费者委员会分会在每年"3•15"国际消费者权益日活动期间，开展维护消费者合法权益法律法规宣传、咨询服务活动。配合工商所和个协开展市场大检查，查处无厂名、无厂址、无合格证"三无"产品，并在个体工商户中开展"百家无出售假冒伪劣商品活动"。1993 年 11 月，《中华人民共和国消费者权益保护法》和《中华人民共和国反不正当竞争法》颁布实施，步文、郭坑消委会分会配合工商所和个协张结彩车，到集贸市场和各街道巡回广播宣传，受理消费者投诉，为消费者挽回经济损失。1994 年，郭坑镇消委会分会被龙海市消委会评为"第三届保护消费者权益先进集体"。

1998 年龙文区消委会成立后，每年结合"3•15"消费者权益日，配合工商部门和个私协会，运用宣传车深入镇村开展"维权护法"和消费知识宣传教育。参与整顿和规范市场经济秩序、受理投诉和开展维权护法等活动，保护消费者合法权益。2003 年，处理申诉 76 起、举报 5 起，办结 81 起，办结率 100%。2006 年，处理申诉 71 起、举报 6 起，办结 77 起，办结率 100%。

至 2007 年，累计处理、调解消费者投诉案件 1215 起，为消费者挽回经济损失 371.32 万元。

第八卷 政 法

民国 25 年（1936 年），福建全省水上警察总队第二大队在龙溪县石码设“龙溪海澄南靖平和长泰办事处”，在郭坑分布警力，管理水上治安事务。民国 33 年，修滨、桥头、关霞、郭坑乡公所，配备警卫干事，建立调解委员会；设户籍股，配备户籍干事和户籍员。

中华人民共和国成立后，区境各乡人民政府设治安委员会和调解委员会，在区公所设公安助理员。1971 年和 1981 年，县公安局先后在郭坑、步文设公安派出所。1984 年，建立步文人民法庭。在各行政村建立治安保卫委员会和治安调解委员会，协助司法机关搞好治安保卫工作和民事调解工作。区境刑事、民事案件批捕、起诉、公诉等，由龙海县（市）人民检察院负责。1983—1996 年，连续不断开展严厉打击刑事犯罪活动和社会治安综合治理，维护社会安定稳定。

1997 年后，陆续成立漳州市公安局龙文分局、区人民检察院、区人民法院、区司法局。公安、检察、法院、司法各司其职，依法办案，互相制约，互相配合，发挥政法机关“保护人民，打击敌人，惩治犯罪，服务四化”职能作用。根据全国人大常委会颁布实施的《中华人民共和国刑法》《中华人民共和国刑事诉讼法》《中华人民共和国民事诉讼法》《中华人民共和国民法通则》等一系列法律法规，维护社会治安和经济秩序。1997—2007 年，政法机关依法判处各类刑事犯罪案件 775 件，惩处 1076 人，审结各类民商事案件 5509 件，办结调解民事纠纷 2167 件，受理公证 5209 件，提供法律援助 436 件。区综治委和区委政法委成立以来，在全区实施社会治安综合治理，广泛深入进行法制宣传教育，提高广大人民群众的法律意识，创建多形式、多层次的治安防范网络，持续开展“安全文明小区”“安全文明户”“安全文明单位”“平安龙文”等创建活动，维护全区安定团结的良好局面。2005 年，龙文区成为全省首批平安县（市、区）；2006 年和 2007 年，保持全省平安创建达标区称号。

第一章 公 安

第一节 机 构

一、龙文公安分局

1997 年 1 月 12 日，成立漳州市公安局龙文分局（简称龙文公安分局），内设办公室、政工科、法制科、预审科、刑警大队、治安科、户政科、治安拘留所，下辖步文、郭坑、蓝田、朝阳4个派出所。全局配备民警50人。1998年9月，撤销治安拘留所和预审科。1999年8月，成立行政科。2003年4月，刑警大队经侦中队扩编成立经济犯罪侦查大队（简称经侦大队），刑警大队更名刑事侦查大队（简称刑侦大队）。2004年3月，成立禁毒大队，与经侦大队合署办公；8月，成立国内安全保卫大队（简称国保大队），治安科更名为治安大队，行政科更名为装财科，户政科更名为户政中心。2005年11月，成立公共信息网络安全监察科，挂靠在分局办公室。全局配备民警增至99人。

2007年12月，龙文公安分局内设办公室、政工科、装财科、法制科、户政中心、国内安全保卫大队、治安管理大队、刑事侦查大队、经济犯罪侦查大队、禁毒大队、公共信息网络安全监察科等，下辖步文、郭坑、蓝田、朝阳、蓝田经济开发区5个派出所。全局配备民警112人。

二、公安派出所

（一）郭坑派出所

1971年1月，成立郭坑派出所，配备所长、民警共5人。1997年1月，郭坑派出所从龙海市公安局转隶龙文公安分局。2007年，配备所长、副所长、副教导员、民警共9人。

（二）步文派出所

1981年12月，成立步文派出所，配备所长、民警共5人。1997年1月，步文派出所从龙海市公安局转隶龙文公安分局。2007年，配备所长、教导员、副所长、民警共14人。

（三）蓝田派出所

1997年1月，成立蓝田派出所，隶属龙文公安分局，配备所长、民警共6人。2007年，配备所长、副所长、副教导员、民警共13人。

（四）朝阳派出所

1997年1月，成立朝阳派出所，隶属龙文公安分局，配备所长、民警共6人。2007年，配备所长、教导员、副所长、民警共11人。

（五）蓝田经济开发区派出所

2004年5月，成立蓝田经济开发区派出所，隶属漳州市公安局治安大队，配备所长、民警共5人。2006年5月，转隶龙文公安分局。2007年，配备所长、副所长、民警共7人。

第二节 犯罪案件侦查

一、刑事案件侦查

1949年10月起，区境发生刑事案件，由龙溪县公安局、龙海县（市）公安局侦查。郭坑、步文派出所成立后，配合县局开展刑事侦查，及时打击刑事犯罪活动。1982年，郭坑派出所破获8起刑事案件，依法逮捕9人、拘留11人，抓获流窜作案20人，缴获各种赃物折款3100多元。1983年8月至1984年3月，步文派出所开展“严厉打击刑事犯罪活动”（简称“严打”），挖出抢劫团伙3个11人、盗窃团伙2个5人、流氓团伙3个7人，逮捕罪犯62人。群众检举揭发320件、扭送犯罪分子7人。1986年，郭坑派出所侦破刑事案件14起，其中盗窃5起、杀人1起、诈骗 1 起、伤害 4 起，逮捕 14 人。1991 年，步文派出所破获刑事案件 51 起，逮捕案犯 34 人，拘押违法人员 4 人，捣毁作案窝点 5 个。1996 年，步文派出所被龙海市委、市政府评为“严打”斗争先进单位。

1997 年，龙文公安分局刑警大队成立。1997—1998 年，开展春季、冬季“严打整治”和“百日会战”统一行动，破案 137 起，抓获犯罪嫌疑人 149 人，追回被盗摩托车 11 辆，挽回经济损失 9 万余元。1998 年，出动警力 100 多人次，侦破郑某、唐某等人伤害致死案、方某伤害致死案和陈某杀人碎尸案，其中犯罪嫌疑人陈某手段特别残忍，被判处死刑。

1999 年，公安分局开展“春季攻势”“破案会战”和“追逃”等专项斗争。9 月 8 日，黄某开办的打火机组装厂因操作不慎发生爆炸致 10 人死亡，犯罪嫌疑人黄某逃亡新疆，于同年 10 月 15 日被抓获归案。全年共破案 154 起，抓获违法犯罪嫌疑人 195 人，抓获各类逃犯 36 人。2000 年，流窜犯罪案件日益突出，特别是路面抢劫、抢夺“两抢”案件高发，龙文公安分局及时开展打击“两抢”与盗窃机动车、“打黑除恶”等专项斗争，全年抓获犯罪嫌疑人 210 人。

2001 年 4 月 1 日至 2003 年 3 月 20 日，根据公安部为期 3 年的“严打整治”部署，开展“打黑除恶”、命案攻坚、破案追逃和打击“两抢”等专项斗争，2001 年抓获犯罪嫌疑人 258 人，其中抓获在逃嫌犯 44 人，被省公安厅评为“全省追逃专项斗争先进集体”。2002 年 5 月 17 日，摧毁一个诈骗团伙，抓获 3 名犯罪嫌疑人，该团伙自 2001 年从龙岩诈骗煤炭到龙文区销赃案件 8 起，挽回经济损失数十万元。2003 年 3 月 31 日，公安分局针对连续发生多起盗窃汽车案，成立“3•31”系列盗窃机动车专案组展开侦破工作，4 月初，抓获犯罪嫌疑人 7 人，追回被盗车 5 辆。

2004 年，开展“打黑除恶”“严打整治”专项斗争，侦破“3•23”朝阳镇恒坑村抢劫杀人、“5•10”蓝田镇景山村故意杀人、“5•26”蓝田镇西坑村故意杀人、“12•8”步文镇后坂村故意杀人等 4 起命案，抓获犯罪嫌疑人 240 人。2005 年，以“侦破命案”和打击“两抢一盗”犯罪为主线，侦破“3•15”郭坑镇绑架学生案、“3•24”朝阳镇孚美强奸杀人案、“10•15”“12•3”伤害致死案等危害严重、影响恶劣的大要案。

2006 年，开展“命案侦破”“打黑除恶”“两抢一盗”3 个专项打击活动，继续保持“严打”高压态势。4 月，公安分局抽调民警 60 人、警车 10 余辆，展开打击路面“两抢”专项行动，抓获黄某等 6 名犯罪嫌疑人，破获该团伙在龙文区抢劫摩托车案 12 起、在龙海市抢劫摩托车案 5 起、在芗城区抢劫摩托车案 2 起、抢劫出租车司机财物案 6 起，追回被抢摩托车 4 辆、手机 3 部，受到市公安局通报表彰。在侦破“6•19”伤害致死案中，公安分局成立以局长为组长的专案组，抽调刑侦大队、蓝田派出所、步文派出所等一线单位警力，在 3 个多小时内将 6 名主要犯罪嫌疑人抓获归案。全年共抓获违法犯罪嫌疑人 354 人，其中铲除以吴某为首和以江某为首的恶势力团伙 2 个，抓获犯罪嫌疑人 18 人，涉案 26 起。

2007 年，公安分局坚持“主要领导亲自挂帅，党委成员全部上阵，机关基层联合作战”的打击模式，开展打黑除恶、侦破命案、打击虚伪信息诈骗、打击破坏电力设施、打击破坏电信设备和广播电视设备专项斗争。8 月，根据群众举报线索成立专案组，组织 110 名民警对陈某 3 兄弟为首的黑社会性质犯罪团伙展开侦查，在两个月内查清该团伙采取威胁、恐吓、造势、滋扰等手段，在朝阳镇一带进行强迫交易、故意伤害、敲诈勒索、寻衅滋事等犯罪事实，抓获犯罪嫌疑人 39 人。在侦破“9•25”命案中，公安分局于 10 月 11 日将犯罪嫌疑人欧某抓捕归案。当年发生的 3 起现行命案均在短时间内侦破，全年共摧毁抢劫团伙 14 个，抓获违法犯罪嫌疑人 471 人，抓获网上在逃人员 165 人。蓝田经济开发区派出所通过网上对比，在开发区抓获 1 名被福建省公安厅列为 2005 年度十大在逃要犯之一的外地杀人逃犯。全局连续 7 年保持命案必破的记录，受漳州市公安局通报表彰。

二、经济案件侦查

龙文公安分局经济犯罪侦查工作，在2003年前统一合在刑事侦查中，2003年划由经侦大队负责。当年5月，侦破一起保险业务员利用职务之便侵吞保险理赔金2.7万元的职务侵占案，并将犯罪嫌疑人抓获归案。全年立案3起，破案2起，挽回经济损失4.7万元。2004年，发案数和涉案金额呈上升趋势，案件主要集中在公司、企业业务人员利用职务便利侵占和挪用，先后破获朱某利用职务便利侵占公司货款及周转金案，追回赃款38316元；破一起某业务经理职务侵占案，查清其从江西赣州、辽宁沈阳、福建龙岩、建瓯及漳州等地客户收取预付货款11.6万元占为己有的犯罪事实；破一起某企业驾驶员套开柴油发票侵占公司财产职务侵占案、某企业业务经理职务犯罪案等一批企业界影响较大的经济案件。全年立案27起，破案20起，挽回直接经济损失100万元。

2005年，参与开展以打击制假售假等侵犯知识产权和商标专用权犯罪为重点的“山鹰行动”，与市烟草稽查大队联手，破获生产、销售假冒注册商标商品案和生产、销售伪劣产品案5起，捣毁制假窝点3个，抓获犯罪嫌疑人6人，查获一批制假机器设备和原辅材料。当年，共立案21起，涉案金额120万元，破案17起，挽回经济损失80万元，并带动侦破其他刑事案件14起。2006年，根据省、市公安机关《打击侵犯知识产权犯罪“山鹰二号”专项行动方案》要求，连续侦破10起销售假冒注册烟用商标的商品案，抓获涉案犯罪嫌疑人13人，查扣作案小型汽车5辆，查获200万元假冒注册商标的卷烟，捣毁3个存储假烟仓库，挖出1个运输、仓储、销售假烟的犯罪团伙。当年，共立案28起，破案25起，涉案总值500万余元，抓获犯罪嫌疑人33人。

2007年，开展“服务和保障平安企业建设年”活动，帮助企业纠正财务管理漏洞30处，并依托城市报警与监控系统，在规模企业门口、主要路口、重点部位安装监控点，维护企业生产安全。当年，侦破涉企刑事案件40起，查处涉企治安案件50余起，抓获犯罪嫌疑人80人，为企业挽回经济损失400万元。全区有149家规模企业初步达到“平安企业”标准。

第三节　治安管理

一、公共场所和特种行业管理

1971年，成立郭坑派出所，对旅店、客栈、修理业等特种行业进行整顿、登记发证，对车站、市场、影剧院等公共场所加强治安管理。1985年，郭坑派出所查处治安案件15起，抓获外来流窜盗窃作案24人，追回赃款954元，赃物金耳环6只、金戒指1枚、白银15块、银链2条。1991年，郭坑、步文派出所根据省政府转发的《特种行业治安管理办法》，对特种行业进行整顿，重新审批，办理特种行业许可证，建立治安管理责任制。

1997年，龙文公安分局成立，把美容店、按摩室、桑拿浴室、音像放映点、舞厅、路边饭店等纳入公共场所治安管理范围，把旅馆业、印刷业、废旧金属收购业等列为特种行业管理范围。组织治安大清查，清理整顿行业场所，依法打击各种治安违法活动。2000年7—10月，出动警力250人次，清理整顿娱乐服务场所12家次，取缔无证经营场所5家，吊销许可证3家，责令停业整顿2家。2001年，对未经工商行政管理机关登记注册擅自经营的36家网吧、歌舞厅、电子游戏室、发廊、按摩桑拿室予以取缔。2005年，龙文公安分局举办2期培训班，组织全区特种行业和列入发证管理的公共场所经营人员学习有关法律法规。当年9—12月，分局会同劳动、工商等部门，根据“保护合法，限制和取缔非法”原则，清理整顿旅馆业和公共场所，与业主签订治安管理责任书，依法取缔2家无证经营旅馆。2006年7月至年底，根据《福建省公共场所治安管理办法》和《关于发证管理的公共场所治安安全条件暂行规定》，对符合规定的特种行业和公共场所进行换发新证。同时，清理已发证管理行业、场所60家，取缔违法经营3家，发出整改通知书25份，责令停业整顿12家。

2007年，开展清理整顿废旧金属收购业专项工作，对全区54家废旧金属收购业重新发证，举办从业人员治安安全培训班2期，参与培训人员156人。

二、扫淫秽打丑恶、禁赌、禁毒

（一）扫淫秽打丑恶

1987年，郭坑、步文派出所开展“扫淫秽打丑恶”专项行动。1989年，郭坑派出所查获淫秽录像带55卷，裸体扑克3副。1991年，郭坑派出所查处卖淫窝点1个，抓获嫖客6人，查获淫秽录像带40多卷。

1997年，龙文公安分局缴获淫秽录像带30片、影碟627片。2000年，公安分局成立“扫淫秽打丑恶”专项行动小组，以治安大队和步文、朝阳派出所为主，出动巡警、治安警、派出所民警126人次，清查发廊、图书出租点和录像厅40多家，取缔发廊19家，查封录像厅8家、图书出租点10家；查处传播淫秽、反动刊物及卖淫嫖娼案件29起，抓获违法人员45人，没收反动、淫秽书刊27册、录像带10盒。同时，设立举报电话2部，发动社会力量参与打击。2006年5月，公安分局对人民广场卖淫嫖娼丑恶现象反弹开展专项整治活动，抓获涉嫌在长福村组织容留妇女卖淫的犯罪嫌疑人12人，摧毁卖淫窝点27处，破获刑事案件12起。7—12月，结合整顿特种行业和公共场所，查处卖淫嫖娼28起56人，介绍、容留卖淫嫖娼案件5起5人，传播淫秽物品案件3起4人。1997—2007年，全区共查处卖淫嫖娼、传播淫秽物品等案件457起，收缴并销毁淫秽图片、书刊2479张（册）、录像带123盒、影碟627片、裸体扑克牌34副，有589名违法人员受到拘留、罚款、警告等治安处罚。

（二）禁赌

1986年，步文派出所查获赌博团伙15个191人，其中逮捕14人，行政拘留63人，教育处理114人。1989年，郭坑派出所查获赌博团伙1个4人，罚款1600元。1991年，郭坑派出所查获赌博团伙3个。

1997年，全区抓获特大“斗鸡”赌博案，缴获赌资20多万元、美元1001元、印尼币90元。2001年5月，针对“六合彩”赌博违法犯罪活动在全区蔓延现象，公安分局抽调13名民警成立打击“六合彩”专项行动小组。至2007年，共查处“六合彩”赌博案件759起、1245人，拘留286人，缴获“六合彩”宣传材料9万余份、一体化复印机15台、打印机23台、电脑14台、手机15部。同时，查处其他赌博案件1000余起，有523名违法人员受到治安拘留、罚款、警告等处罚。

（三）禁毒

1997年，龙文公安分局抓获贩毒人员6人，缴获毒品50克。2004年起，公安分局开展创建“无毒害社区”活动，每逢“6•26”国际禁毒日，开展“远离毒品，珍爱生命”禁毒宣传教育活动。公安分局联合司法、妇联、团委等部门组成宣传队，在重点区域进行禁毒图片展宣传禁毒法律、法规，并制作禁毒宣传大横幅，挂于各镇主要街道、广场。设立3个禁毒教育基地，建立吸毒人员动态管控机制。

至2007年年底，全区共破获7起贩卖毒品案件和1起非法持有毒品案件，抓获18名犯罪嫌疑人，移送起诉14人，劳教戒毒2人，强制戒毒2人，缴获毒品海洛因0.2克、摇头丸376粒、K粉98.05克和大麻13.5克。

三、爆炸物品管理

1997—1998年，龙文公安分局依照《中华人民共和国爆炸物品管理条例》规定，摧毁地下打火机作坊和地下鞭炮加工厂各1家，收缴非法烟花爆竹112箱、雷管12枚、导火索4米。1999年9月中旬，在九龙江北溪岸边郭坑镇篁卿段，集中销毁收缴的非法烟花245件、鞭炮107箱、废弃子弹13发。2002年，龙文公安分局清理无证开采矿山，出动警力62人次，检查石场12家，责令停业整改2家（次），取缔无证开采8家（次）；开展涉爆安全检查6次，检查涉爆单位5家（次），发整改通知书4份，提出整改意见15条；查获涉爆刑事案件2起2人，查处违反民爆物品管理规定案件2起2人。2004年12月，步文鞭炮厂发生爆燃事故，轻伤1人，炸踢房屋2间，受到不同程度损坏房屋6间，公安分局会同安全生产监督局给予吊销证件，责令停业。2006年，龙文公安分局投入3万元专项资金，在治安大队和郭坑镇茂昌民爆服务公司建立民用爆炸物品信息管理系统，对民爆物品实行动态、实时监控；投入2万元为民爆物品储存仓库安装防盗报警器等设施，健全规章制度。

2007年，根据国务院《烟花爆竹安全管理条例》规定，对烟花爆竹经营秩序进行统一规范，规定经营销售烟花爆竹须经区安全生产监督局审批、发证。开展集中统一行动5场次，共出动警力363人次，检查烟花爆竹经营点64家（次），收缴非法烟花爆竹211件，拘留违法人员2人。

四、枪支弹药管理

1983年8月至1984年3月，步文派出所在开展“严打”斗争中，缴获土手枪2支、火药枪1支、子弹9发、手榴弹2枚、炸药9公斤和危险器具28件。1991年，在坂上、朝阳等村查处制造土枪窝点6处，抓获制造、销售土枪犯罪分子8人，收缴土枪170支。

1997—1998年，全区收缴流散在社会上的各种枪支33支、子弹90发。1999—2003年，全区收缴各类枪支3支、子弹257发、催泪弹6发、管制刀具596把。2004—2007年，全区共查处违反枪支管理条例的治安案件8起8人，查获非法私藏各类枪支32支、子弹537发，破获涉枪刑事案件3起3人，收缴管制刀具220把。

第四节　国内安全保卫

1978年，步文、郭坑的企事业单位建立保卫科、股，配备专职保卫人员。1982年，推行“内部安全保卫责任制”，建立健全安全保卫制度。

1997年，龙文公安分局刑警大队管理内部安全保卫工作。1999年7月20日，根据上级指示取缔“法轮功”邪教组织，严厉制止其利用电话录音、投寄光盘等反动宣传活动。2006年10月，龙文公安分局国内安全保卫大队抓获以林某为首的“实际神”邪教组织在龙文区活动的骨干分子5人，对林某实施监视居住，其他4人实施转化教育。

2005年11月，龙文公安分局成立公共信息网络安全监察科，加强互联网络和网吧运营商的管理；贯彻《企业事业单位内部治安保卫条例》，指导和监督金融机构、医院、学校、爆炸物品存放单位、危化品存放单位建立内部治安保卫工作制度。2005—2007年，龙文公安分局国内安全保卫大队连续3年在全市同系统综合考评中名列前三，其中2006年和2007年情报信息工作连续两年名列全市同系统第一。

第五节 户政管理

一、登记管理

1953年，在农村开展户口调查，以乡为单位直接进行户口登记管理；7月1日，开展全国第一次人口普查。1955年下半年，贯彻国务院《关于建立经常户口登记管理制度指示》，各乡建立日常户口申报登记制度。1958年，贯彻全国人大常委会《中华人民共和国户口登记条例》，户口管理走上制度化。1963年，开展户口大普查，以生产队为单位发放农村户口簿，由兼职户口员负责出生、死亡、迁出、迁入“四变动”登记。1964年7月1日和1982年7月1日，按照全国的统一部署，先后进行2次人口普查。

1986年8月，公安派出所接管农村户口管理工作，建立健全出生、迁入、迁出、死亡的申报登记、申请注销管理制度。公安派出所每年进行人口统计。1990年7月1日，开展第四次全国人口普查。1991年，在郭坑镇设10个户口申报站，便于外来人口申报办证。

1997年，公安分局设户政科负责户籍管理工作，在步文、蓝田、朝阳、郭坑镇设4个户籍登记窗口、4个暂住人口管理站，全区办理外来务工暂住证7250件。1999年，规范外来人口管理，做到用工单位、出租房主带领暂住人口到申报站办证，全区外来人口办证10349人，租赁房登记建档425户；同时，对重点人员实行分类列管，全区共分6类列管人口334人。2001年，全区统一对原由龙海市公安局制发的户口簿进行更换。

2003年起，放宽户口迁移规定，在原只许婚迁和只准16周岁以下的子女亲属投靠迁入基础上，增加购房迁入、科技人才引进迁入、亲属只要是未成年子女均可投靠迁入等。龙文公安分局在原有建立人口信息微机单机管理基础上，新建市局、分局、派出所三级网络系统，使人口管理工作走上规范化。

2007年，办理出生入户1592人，办理死亡注销630人，办理省内迁入户口396人、省外迁入户219人，办理户口迁出336人。由于龙文区公安分局未设出入境管理部门，有关出入境申请业务，统一由市公安局办理。

二、颁发居民身份证

1988年始，步文、郭坑年满18岁以上公民，由龙海县公安局（1993年后为龙海市公安局）颁发居民身份证。

1998年8月起，区内居民原所持龙海市户籍身份证更换为龙文区户籍身份证，住户门牌也相应更换为龙文区门牌。2005年，换发第二代居民身份证，当年换发13716件。2007年，换发第二代居民身份证10882件。

第六节　消　防

一、消防设施

1998年，龙文区消防大队配备第一辆多功能抢险救援云梯车

1965年起，区境各机关、学校和企业等单位普遍添置灭火器材，做好防火工作。

1997年，龙文区凡新成立的机关、学校、企事业单位，均设置灭火器材和标明防火标志，共设置消火栓248支。在小港家具工业小区、东屿批发市场、浦口批发市场、荣昌花园组建义务消防队4支53人，购置全套消防设备，进行5次培训演练。

1998年6月，成立中国人民武装警察部队龙文消防大队（简称区消防大队），配备干部、战士26人，合同制消防人员6人。

2007年，区消防大队配备6吨东风水罐消防车2辆、大功率斯太尔水罐消防车1辆、多功能抢险救援云梯车1辆、手抬消防机动泵6台、消防防化服6套、避火服8套、隔热服8套、抢险救援服8套、电绝缘服2套、救生衣16件、消防切割机和链锯各1套、液压组合工具1套、空气呼吸器38具等主要灭火抢险救援装备。

二、监督检查

1997年，区消防办公室取缔非法液化气经营点6家，对17家公共娱乐场发出防火整改意见通知书12份，凡采用可燃材料的责令留防火通道，并配足灭火器材及标明防火标志。区消防大队开展消防监督检查，整治住宿、生产、储存为一体的“三合一”场所，排查火灾隐患。1998年，对“三合一”场所，发出整改通知书492份，提出整改意见1968条。2001年，对公共场所和168个单位进行消防安全检查，消除火灾隐患486处，取缔或停业4家，吊销营业执照5家，取缔一次性打火机地下生产窝点1个。2005年，开展“三合一”厂房大检查，督促整改27家，查处6家，罚款15万元。至2007年，共审核消防设施建筑项目731项，验收建筑项目715项，排查火灾隐患13658项，整治“三合一”场所2356家，取缔“油毛毡”等一批违章建筑；全区城乡设置消火栓248个。

三、火灾扑救

2004年1月26日中午11时33分，蓝田镇蓝田村林产工业公司发生火灾，区消防大队迅速出动14名官兵和2部消防水罐车，将火势控制在着火的木材仓库内，未蔓延至主厂房。从着火现场疏散60余名工人，保住价值近百万元的加工半成品、机台设备、厂房等。

2007年11月1日下午，水仙大道发生1起交通事故，1辆改装后的跑车与1辆满载幼儿园师生的面包车交会相撞，导致4名幼儿和2名老师被抛出车外，1名幼儿当场死亡，多名幼儿受伤，跑车起火爆炸。区消防大队官兵经过20分钟营救，扑灭跑车大火，并将受伤师生送往医院。同年11月8日凌晨4时，龙文区浦口粮食批发市场一座粮食仓库内因电器线路短路发生火灾，过火面积700多平方米，烧毁粮食仓库内机房，区消防大队迅速出动16名官兵和2部水罐车、1部指挥车，经过3小时扑救，避免大火向周围粮食堆垛和仓库蔓延，挽回经济损失300多万元。

1998—2007年，区消防大队共参加火灾扑救1589起，各类突发性事故的抢险救援1238次，抢救遇险人员658人，抢救财产总值7568万元。

第二章　检　察

第一节　机　构

1997年9月龙文区人民检察院成立，内设办公室、审查批捕科、审查起诉科、经济检察科。1999年3月，增设政工科、法纪检察科、民事行政检察科、控告申诉检察科、监察室，经济检察科更名反贪污贿赂局。2003年4月，增设政治处、行政装备科，成立直属机构司法警察大队；另外，审查批捕科更名侦查监督科，审查起诉科更名公诉科，法纪检察科更名渎职侵权检察科，监察室更名检察科。2006年7月，渎职侵权检察科再次更名反渎职侵权局。2007年6月，增设职务犯罪预防科。

2007年，区检察院内设办公室、政治处、侦查监督科、公诉科、反贪污贿赂局、反渎职侵权局、民事行政检察科、控告申诉检察科、职务犯罪预防科、行政装备科、监察科和法警大队。在编人员35人，其中正副检察长4人，检察员20人，书记员4人，法警1人，其他业务干部和工勤6人。

第二节　刑事检察

1998年，在办理张某、林某持刀入室强奸女中学生一案中，分管副检察机关干警现场取证，补充证据，在公安机关将案件移送检察院审查批捕的当天，就作出批捕决定。2003年，受理叶某故意杀人一案，检察机关提前介入，用14小时完成阅卷、提审、批捕，确保案件不在检察环节贻误时机。2007年10月，在审查以陈某等三兄弟为首的18人黑社会性质犯罪案件中，针对涉案人员多、作案时间长、犯罪事实复杂的特点，指派两位副检察长审查案件，并出庭支持公诉，确保案件快审、快捕、快诉，及时有力地打击严重犯罪。1998—2007年，区检察院共受理提请逮捕案件806件1141人，经审查批准和决定逮捕犯罪嫌疑人961人，不捕犯罪嫌疑人53人；受理移送审查起诉案件927件1358人，经审查提起公诉753件1061人，案件准确率100%。

在审查批捕和审查起诉的环节中，贯彻“宽严相济”的刑事政策。1998—2007年，决定不诉35件35人，决定不捕46件53人，建议侦查机关不捕直诉113件161人，促成刑事和解117件136人；向法院建议适用简易程序196件，适用普通程序简化审理162件，有效提高诉讼效率，改善执法效果。

第三节 反贪污贿赂

一、警示教育

1998年，区检察院成立全市首家预防职务犯罪办公室，创办《检察之窗》法制宣传小报，以实际案例为教材，每期印500份，分发到全区各镇、村和区直单位，并通过有线电视剖析案例。2000年6月，检察院设立预防职务犯罪警示基地，是年，全区副科级以上干部和各执法单位人员及其他干部职工计1000多人参观警示基地，接受警示教育。2002年，检察院与计划局、审计局、建设局和新区建设办公室等单位联合制定《关于龙文区建设工程项目预防职务犯罪实施方案》《关于新区建设预防职务犯罪实施方案》，从源头上预防腐败。2005年，区检察院在全市率先将警示基地的主要内容印制成《预防职务犯罪宣传手册》2000本进行分发，扩大教育面；区检察院到交通局、民政局、市长运集团公司漳浦分公司等单位，举办预防职务犯罪专题讲座8场次，受教育400多人。

2007年5月，开展“反渎职侵权工作宣传月”活动，向机关、企业和各镇、村分发有关法规学习资料1000多份，营造“预防职务犯罪，大家都来参与”社会氛围。是年，区委先后组织区直有关单位干部职工600多人参观警示基地；检察院派出检察干警到6个单位开展以案释法警示讲座；针对发案单位存在的问题发出检察建议11份，开展案后回访16次，帮助整改，建章立制，堵塞漏洞。

二、案件查办

1997年，查办贪污案、行贿受贿案各1件、挪用公款案2件。2000年，查办贪污案1件、行贿受贿案2件、挪用公款案4件。2007年，查办贪污案1件，行贿受贿案1件，挪用公款案8件。

1997—2007年，区检察院共立案侦查76件82人，其中贪污案件21件22人、贿赂案件25件26人、挪用公款案件30件34人。其中，查处科级以上人员职务犯罪案件10件10人。案件全部侦查终结并移送审查起诉（其中作不起诉处理7件7人），挽回经济损失2100余万元。

第四节　控告申诉检察

1997年，区检察院设立控告申诉检察科、举报中心、刑事赔偿办公室，向社会公布举报电话，分发举报联络卡，设立接访室，并把每月15日定为检察长接访日。村民王某，因对其丈夫涉嫌故意伤害被逮捕不服，多次到市政府、市检察院上访，扬言如不放人则要死在检察院。区检察院领导出面向王某讲政策、讲法律，耐心细致进行疏导，并带领干警与镇、村干部一道做群众工作，及时化解矛盾，平息事态，消除不安定因素。1997—2001年，区检察院共受理人民群众来信来访770件（次），其中举报件251件（次）、控告申诉件519件（次）；办结人大及有关领导交办件220件；接受法律咨询2000多人次。

2002年，开展创建省级“文明接待室”和文明行业活动。全年受理群众来信来访49件（次），其中举报件24件（次）、控告申诉件25件（次）；办理领导交办件5件，办理刑事申诉案件1件、刑事赔偿案件1件。2003年，接访室被评为“漳州市青年文明号”，被省人民检察院授予“文明接待室”称号。2004年，加强控告申诉检察工作，开展集中处理涉法、涉检上访专项活动，全年接待群众来信来访50件（次），其中市院交办件3件、检察长交办件1件、检察长接待日批办20件，均在规定期限内妥善办结，群众的好评率和满意率达100%。2007年春节前夕，控申接待室接待妇女吴某来访，反映其踩三轮车载客谋生的丈夫在交通事故中丧生，法院判决的赔偿尚未执行，家庭生活难于维持。检察长随即要求控申科和民事行政检察科与保险公司、法院沟通、协调，并以检察建议书形式，建议依法加大执行力度，使吴某在大年十二月二十七日从法院领回1万元赔偿款。

2003—2007年，区检察院共接待、受理群众来信来访545件（次），其中举报件107件、控告申诉件438件。属于应由检察机关处理的全部按时办结，并做好善后息诉工作，群众送来锦旗20多面。

第五节　法纪检察

1998年起，区检察院依法侦查国家机关工作人员渎职犯罪和利用职权实施非法拘禁、刑讯逼供、报复陷害、非法搜查、暴力取证、破坏选举等犯罪案件。至2007年，受理并初查各类渎职侵权犯罪案件28件，立案侦查7件7人。其中，玩忽职守案3件，非法拘禁案1件，失职致使在押人员脱逃案1件，帮助犯罪分子逃避处罚案1件，徇私舞弊不征少征税款案1件。经审查后，决定起诉4件4人，不起诉2件2人，撤案1件1人。

第六节 民事行政检察

1999年，受理民事行政申诉案件4件，经审查，提请市检察院抗诉3件，均得到市检察院采纳。2000年，受理不服已判决生效的民事行政申诉案件2件，经审查，提请市检察院抗诉2件，均得到市检察院采纳。2002—2004年，受理市检察院交办的民事行政申诉案件7件，经审查，建议市院提请抗诉4件，均得到市院的支持；受理民事行政申诉案件1件，经审查，向法院发出检察建议1份。2005—2007年，共受理民事行政申诉案件19件，决定立案审查18件，向上级检察院提请抗诉、建议提请抗诉5件均采纳；发出再审检察建议1件被法院采纳，法院再审改判3件；向有关部门发出检察建议13件，做好执行和解4件；代表国家和集体提起附带民事诉讼3件，为国家和集体挽回经济损失30多万元。

第七节 立案与审判监督

一、立案监督

1997年，区检察院通过审阅案卷，到当事人所在地派出所核实出生年月和被羁押原因，又到看守所核对羁押时间，对一件未满16周岁的未成年涉嫌盗窃被羁押的案件，认定为不属犯罪，向公安机关发出纠正违法通知，得到公安机关的采纳。1997—2001年，区检察院共纠正有案不立13件14人。

2002年，区检察院纠正不当立案1件，向侦查机关发出《说明不立案理由说明书》1份、《补充移送起诉通知书》8份、《退回补充侦查决定书》2份，要求补充移送起诉24人。2003年，向侦查机关发出《要求说明不立案理由通知书》3份、《通知立案书》1份、《补充移送起诉通知书》2份、《纠正违法通知书》1份；建议侦查机关提请逮捕犯罪嫌疑人1人，追诉漏犯3人，遗漏犯罪事实2条。

2004年，开展制假售假、侵犯知识产权的专项立案监督和加强侦查监督，全年向侦查机关发出《要求说明不立案理由通知书》3份、《通知立案书》1份、《应当逮捕犯罪嫌疑人意见书》1份；要求公安机关补充移送起诉犯罪嫌疑人5人，追加起诉犯罪事实9条。在办理陈某诈骗案中，了解到芗城区检察院办理的杨某诈骗作案手法与本案极其相似，立即多次前往芗城、厦门等地调查取证，掌握被告人陈某伙同杨某5次进行合作诈骗的犯罪证据，成功追诉一起涉案金额33万余元大案。同年，纠正侦查机关送达回执超期5次和不当延长羁押期限4次。2005年，监督侦查机关立案2件3人，不立案2件，纠正侦查机关违法延长拘留期限25件。

2007年，监督立案7件11人，依法纠正有案不立、有罪不纠、以罚代刑等问题，共向侦查机关发出说明不立案理由通知书8件12人，追加逮捕漏犯4人。

二、审判监督

1997—2001 年，区检察院在刑事审判监督中，提请刑事抗诉 8 件 8 人，纠正违法 72 次，不批准逮捕 25 件 48 人，不诉 13 件 13 人。其中，2000 年受理不服已判决生效的民事、行政、申诉案件 2 件，经审查，提请市检察院抗诉 2 件，均得到市院采纳。2002 年，对认为确有错误的刑事判决，裁定提出抗诉 3 件，市中级人民法院改判 1 件。2003 年，对认为确有错误的刑事判决，裁定提出抗诉 4 件 5 人，建议市院提请抗诉 3 件 4 人，均得到市院采纳。2004 年，对 84 名被减刑、假释、保外就医的人员一一进行登记、排查，未发现有违法减刑、假释、保处就医的情形。2005 年，改变侦查机关定性并得到法院确认 3 件，发出《提供法庭审判所需论证材料意见书》5 份、《检察建议书》6 份，提请市院抗诉 1 件 1 人，被采纳。2007 年，在办理审查起诉案件中，追加起诉遗漏罪 2 个，追加起诉漏犯 16 人，改变案件定性 10 件；在刑事审判监督中，提起刑事抗诉案件 3 件 6 人，全部得到上级院采纳。当年，开展检查纠正监外执行罪犯脱管漏管专项工作，经考核总分获得全市第一。

第三章　法　院

第一节　机　构

1984 年 7 月，设立步文人民法庭，承办步文乡、郭坑镇的民事纠纷、经济纠纷和执行案件。

1997 年 1 月，成立龙文区人民法院，内设办公室、告申庭、刑庭、民庭、经济审判庭、司法行政装备管理科、政工科和司法警察大队。保留步文人民法庭。1999 年，增设行政庭。2000 年，增设执行庭。2002 年 9 月，撤销步文人民法庭，改设朝阳人民法庭，庭址迁至朝阳镇。2003 年，告申庭更名立案庭，民庭更名民事审判第一庭，经济审判庭更名民事审判第二庭，增设审判监督庭，执行庭更名执行局，政工科更名政治处。2004 年，增设纪检监察室。

2007 年，区人民法院设办公室、立案庭、刑庭、民事审判第一庭、民事审判第二庭、行政庭、审判监督庭、执行局、司法行政装备管理科、政治处、纪检监察室、司法警察大队。全院有干警 40 人，其中女性 14 人，具有大学本科及以上学历 30 人。

第二节　犯罪案件审判

一、刑事案件审判

1951 年 11 月至 1996 年，区境刑事案件先后由龙溪县、龙海县（市）人民法院受理审判。

1997 年，龙文区人民法院适用新修改《中华人民共和国刑事诉讼法》《中华人民共和国刑法》，受理审结抢劫、盗窃、故意伤害、贩毒等各类刑事案件 18 件 20 人。1998—1999 年，审结抢劫、盗窃、故意伤害、强奸等各类刑事案件116件140人。

2000年，区人民法院审结抢劫、盗窃、故意伤害、寻衅滋事、放火等案件62件90人。2001年，审结各类刑事案件73件105人，其中组织公开宣判大会4场，公开宣判16件26人，每场旁听群众近千人。2002—2003年，开展“严打”整治和整顿规范市场经济秩序，共审结交通肇事、妨害公务等各类刑事案件135起175人。

龙文区人民法院公开开庭审理刑事案件

2004年，重点打击严重危害社会治安的暴力犯罪、多发性犯罪及危害社会主义文明建设的社会丑恶现象。全年受理各种刑事案件75件96人，审结74件95人。2005年，开展刑事审判岗位技能竞赛，提高刑事审判质量与效率，所有上诉案件均被二审维持，判决准确率100%。2006年，审结各类刑事案件100件138人。2007年，审结各类刑事案件110件196人。

二、经济案件审判

1997年起，重点惩处农村干部、国家机关干部经济犯罪活动。被告人杨某1997年9月至2005年4月，冒领民政定期补助款12474元，挪用抚恤、低保、救灾款16.48万多元，对其数罪并罚判处有期徒刑5年6个月，没收其非法所得12474元，追缴全部挪用款。杨某2005—2006年利用职务便利收受7家纳税户贿赂款20600元，案发后，能主动退赃，悔罪表现较好，依法以受贿罪判有期徒刑1年6个月，缓期2年6个月执行。

1997—2007年，审结贪污受贿、挪用公款、出售假币、职务侵占、购买伪造增值税专用发票等经济犯罪案件72件90人。

三、未成年人案件审判

1997年，审理未成年人犯罪案件3件3人，均判处3年以下刑罚，其中缓刑1人。2003年，审理未成年人犯罪案件3件5人，均判处3年以下刑罚，其中缓刑3人。区法院在对未成年人犯罪案件的审判工作中，贯彻“教育、感化、挽救”方针，寓教于审，立足于挽救少年犯。并与团区委、区妇联、区关工委等部门互相配合，加强对少年犯的帮教。2005年，在审理辍学来漳打工少年吴某抢劫罪一案中，经办法官及时与法律援助中心联系为其指定辩护律师，最后被依法减轻处罚判处有期徒刑2年。随后，经办法官又特地到看守所对吴某进行帮教，使其受到感动，泪流满面。事后，他写一封满满2页信纸的忏悔信寄给经办法官表示悔恨与感激，经办法官则连夜回信鼓励他痛改前非，重新走上正确的人生道路。1997—2007年，区法院共审结未成年人犯罪案件62件70人，对每个少年犯建立帮教跟踪资料档案。每年坚持走访考察少年犯、缓刑犯及其家属10人次。

四、附带民事诉讼案件审理

1997年，审结刑事附带民事诉讼案件1件，标的1.2万元。2001年，在审理被告人黄某故意伤害案中，被告人黄某与被害人系妯娌关系，但积怨很深，起初不愿意调解。经办法官以亲情为出发点，多次召集双方相关人员做思想工作，终于达成赔偿协议。当年，共审理12件，标的33.2万元，其中调解2件、自动履行2件。2003年，在审理被告人谢某交通肇事致1死1伤案中，被害人家属在提起附带民事诉讼时要求赔偿经济损失30多万元，双方存在较大分歧。主审法官经过一天调解，使双方达成协议，当场付清12.9万元赔偿款。事后，被害人家属分别给区法院刑庭和经办法官送感谢牌匾。1997—2007年，共审结附带民事诉讼案件389件，标的600多万元，其中调解结案200多件，当事人自动履行率89%。

第三节　民商事案件审判

一、合同类纠纷案件

1986年，步文人民法庭办结各类经济纠纷案件47件，为国家和集体追回欠款、贷款3.2万元。1991年，法庭审结民事、经济纠纷案件136件，受理信贷案件48件，运用督促程序发出支付令13件，总标的101万元，追回贷款54万元。

1997年，龙文区人民法院受理各类经济纠纷案件128件，审结122件，标的1191.32万元。其中，审结涉及企业购销合同84件，为企业收回沉淀资金512.45万元；开展为金融部门清收逾期贷款的专项服务，审结借款合同纠纷案件27件，标的691.95万元。1998—1999年，审结涉及企业购销合同等纠纷案件174件，标的1361.88万元；审结金融部门的借款合同案件71件，标的1884.05万元。2000—2001年，审理各类购销、借款等合同纠纷案件，审结89件，标的930.67万元；处理农村承包合同纠纷案件，审结85件，标的1003万元；同时，配合清理整顿农村合作基金会，组织开展基金会案件专项审判活动，审判人员多次深入到坂头、科坑、蓝田等重点村，就地集中开庭审理，共审结基金会借贷纠纷案件167件，标的776万元。2002年，受理各类经济纠纷案件454件，审结438件，其中借款合同纠纷86件标的698.63万元，买卖合同纠纷167件标的928.28万元，调解或经调解撤诉结案212件占审结案件48.4%，适用简易程序的369件占审结案件84.2%。2003—2004年，突出审好"涉农"案件，审结涉及农民承包合同、征地拆迁、农民工劳资纠纷等案件127件。并审结消费贷款、电信、建设工程等合同纠纷案件614件，依法制裁欺诈、任意毁约、侵占国家财产等违法行为，弘扬社会诚信。2005—2007年，依法审结合同类纠纷案件1049件，标的3231万元。

二、权属、侵权纠纷案件

1986年，步文人民法庭审结宅基地纠纷2件、房屋纠纷5件。

1997年，龙文区人民法院审结权属、侵权纠纷案件189件，调解82件。1999年初，受理王某诉市第二自来水公司和恒坑村委会赔偿纠纷一案，王某于1992年12月某日晚不慎掉进自来水公司埋设管道所挖的沟道中，致高位截瘫，王某多次找有关部门解决赔偿问题未果。1996年11月，王某村委会签订由村委会每年补助3000元的终身协议，但协议又不能履行。王某又于1999年初诉至区法院，要求赔偿30余万元，区法院受理后到王某家中了解案情并依法进行调解，使原、被告双方达成协议，由自来水公司一次性付给王某6万元赔偿款，由村委会继续履行原有的调解协议。审结后，王某特地让其妻儿到区法院送“为民解忧，体恤民情”锦旗。2001—2004年，审结有关权属、侵权纠纷案件609件，调解314件，调解率51.3%。2005年10月，区法院在交警部门设立交通事故损害赔偿纠纷办案点，既为当事人诉讼调解提供便利，又利于及时采取诉前保全措施，当天结案率约占30%，当月结案率约占80%以上，服判息诉率100%。

2005—2007年，审结有关权属、侵权纠纷案件398件，调解272件。其中，2007年，交通事故损害赔偿案件的调解率由2002年的26%提高到81%。

三、婚姻家庭、继承纠纷案件

1986年，步文人民法庭审结婚姻纠纷17件，赡养纠纷11件。

1997年，龙文区人民法院审结婚姻家庭、继承纠纷案件47件，其中离婚50件、赡养4件。区法院从区关工委、区妇联聘请6位特邀陪审员，配合维护老人、妇女、儿童合法权益。特别是及时审理赡养、抚养、扶养“三养”案件。1997—2002年，审结有关婚姻家庭、继承纠纷等案件276件。2003—2006年审结271件。

2007年，审结离婚案件53件，其中调解结案40件、撤诉结案6件、判决结案7件；审结赡养案件4件，全部调解结案。

第四节　行政审判

一、行政案件

1997—2001年，审结行政案件24件，其中裁定撤诉9件，驳回诉讼请求3件，判决维持行政机关行政处罚决定6件，撤销6件。2002年，审结行政案件11件，涉及政府、公安、交警等行政机关案件类型有所增加，其中维持行政机关决定2件，撤销行政机关决定3件，撤诉3件，判决赔偿3件。2004年，行政案件受案范围和类型继续扩大，共受理审结39件，比上年增长95%。在办案过程中，既监督、支持行政机关依法行政，也注重保护相对人的合法权益。全年仅2件上诉，服判息诉率94.87%。2002—2006年，审结行政案件98件，其中维持行政机关决定22件，占22.45%，原告主动撤诉34件，占34.69%。

2007年，审结行政案件5件，较上年下降70.5%，案件类型增加，主体涉及政府、台商，审理难度增大。法院运用协调处理机制，增进群众与政府之间的相互信任以化解争议，其中撤诉4件，判决驳回1件。

二、行政非诉执行案件

1997—2001年，加强对行政非诉执行案件审查工作，确保行政机关依法行政。审查执结行政非诉执行案件85件，案件涉及征地拆迁、计划生育、环境保护、公路稽征等，其中计划生育案件占半数以上。

2002年后，随着新区建设的发展，涉及征地拆迁的行政非诉执行案件逐年增加。审判庭选择典型案例以点带面，并加强法律宣传，使案件由抗拒转向配合，取得较好法律效果与社会效果。2003年，对被执行人林某违章建房案，仅用16天执结，产生很大影响，使许多违章建房当事人在接到执行通知书后，纷纷主动自行拆除违章建筑。2002—2007年，受理行政非诉执行案件197件，其中城建案件及非法占用土地案件59件，占30%。受理的行政非诉执行案件以自动履行、和解等方式全部执结，依法保障新区建设的有序进行。

第五节　审查立案与审判监督

一、审查立案

1997年，区法院告申工作实行立审分开、统一立案制度，坚持每月2日分别在院部告申庭和朝阳镇巡回法庭开展“院长接待日”活动。1997—1998年，审查立案1595件，接待群众来访1000余人次，处理来信51件。1999年，结合“创建公正文明窗口单位”达标活动，建立健全审查立案时限制度和服务承诺，实行“全天候”服务。1999—2000年，审查立案2003件，当天立案率98%，立案准确率100%。

2001年起，区法院实行预交诉讼费归口管理、中午轮流值班、审查立案个人负责和领导审批等制度，保证立案效率与质量。2001—2002年，审查立案各类案件1877件，当天立案率和立案准确率均达100%；接受群众来访咨询1300多人次，处理来信62件次。2003年，强化立案审查和信访工作便民措施，发放“便民卡”，清查信访案件，成立速裁组。共审查立案各类案件850件，接受群众来访咨询539人次，处理来信8件次。此外，办结支付令案件48件；公示催告案件1件；申请宣告公民死亡案件1件；速裁民商事案件18件，标的72.88万元。

2004年，加快立案改革步伐，建立便民诉讼体系，开设“绿色诉讼通道”。全年审查立案各类案件857件，立案准确率100%，接受群众来访咨询300多人次，来信12件次，督办件8件。2005年，贯彻便于群众提起诉讼、便于群众参加诉讼原则，做到“每信必复”“每信必理”，逐案调查处理，把矛盾解决在诉前。全年审查立案各类案件950件，立案准确率100%；接受群众来访咨询815人次，来信23件，督办件6件。区法院加强司法救助工作，为5名被告人指定辩护人，为20名经济困难的当事人实行诉讼费缓、减、免金额3万余元。2006年，调整流程管理与质量评查工作，落实司法救助规定，向社会公开减免缓交受理费条件，对符合条件的21位当事人减、缓、免交诉讼费3万余元。

2007年，全年审查立案985件，无错案发生；受理来信7件次，均予以答复，无发生矛盾激化现象。

二、审判监督

2003年，审判监督庭从立案庭分立，建立上诉案件及二审结果登记、开展案件质量评查、实行执行审限的跟踪管理。2004年，审结再审案件4件，案由为离婚1件、买卖合同2件、医疗事故赔偿1件，均以维持原判结案。2006年，审结再审案件3件，案由为买卖、借款、租赁合同各1件，除租赁合同案改判外，其余2件均维持原判。

2007 年，审结再审案件 2 件，案由为借款合同和人身损害赔偿，均以维持原判结案。

第六节 案件执行

1997 年，区法院采取集中执行与分散执行相结合、日常执行与突击执行相结合等方式强化执行力度。全年受理 117 件，执结 75 件，执结率 64.10%，执结标的 134 万元。1998 年，开展“百日执行会战”，建立“月有执行周，周有执行日”制度，讲究各庭室协调配合，坚持文明执行，做好疏导教育工作。全年受理 507 件，执结 475 件，执结率 93.69%，执结标的 657 万元。1999 年，区法院组织 30 多次集中执行会战，执行工作取得新进展。受理的被执行人林某交通肇事案，该案刑事附带民事赔偿 6.6 万元，且被执行人家住厦门，路途远，执行难度大。对此，承办人员在两周内往返厦门 3 趟，做被执行人及其家属的思想工作，告知被害人家庭的艰难处境，被执行人终于变消极为积极，四处向亲友筹借资金，凑足 6.6 万元交给被害人，案件得到解决。全年受理各类执行案件 468 件，执结 438 件，执结标的 1366 万元。省、市人大到龙文区法院进行专题调研，推广经验。

2000 年，建立定期告知和执行个案监督制度，组织集中执行会战、专项执行活动和“执行工作宣传周”活动。全年受理各类执行案件 314 件，执结 291 件，标的 1701 万元。2001 年，受理各类执行案件 392 件，执结 377 件，执结率 96.17%，执结标的 2487.53 万元。2002 年，受理各类执行案件 356 件，执结 342 件，执结率 96.07%，执结标的 1978.40 万元。其中，执结陈某系列拖欠蘑菇款案件，标的 619 万余元，保障 2 万多名菇农的合法权益。

2003 年，出台 8 项便民措施，与双方当事人及群众实现有效互动，提高工作效率。全年受理各类执行案件 307 件，执结 291 件，标的 1319.96 万元。受理外地法院委托执行案件 6 件，全部及时执结，标的 45.68 万元。2004 年，受理各类执行案件 276 件，执结 263 件，标的 1875 万元。2005 年，受理执行案件 306 件，执结 294 件。2006 年，贯彻落实中央政法委《关于切实解决人民法院执行难问题的通知》，开展清理执行积案活动，全年受理各类执行案件 263 件，执结 253 件。

2007 年，通过健全执行公开、执行期限、执行分权工作机制，建立执行联络员制度，在全区设 43 名联络员，形成基层协助执行工作网络，推进执行工作的开展。全年执结各类执行案件 228 件，执结率和执行到位率均为 100%。

1997—2007 年龙文法院审结各类案件情况表

表 8-3-1

年份	刑事案件		民商事案件				行政案件（件）	执行案件（件）	其他案件（件）
	件数	人数	婚姻家庭类（件）	普通民事案件（件）	经济合同纠纷（件）	合计			
1997	18	20	47	189	122	358	1	75	20
1998	57	74	52	355	136	543	2	475	46
1999	59	66	62	305	152	519	4	438	12
2000	62	90	56	303	231	590	8	291	20
2001	73	105	52	300	165	517	9	377	21

续表 8-3-1

年份	刑事案件		民商事案件				行政案件（件）	执行案件（件）	其他案件（件）
	件数	人数	婚姻家庭类（件）	普通民事案件（件）	经济合同纠纷（件）	合计			
2002	68	93	54	155	229	438	11	342	21
2003	67	82	67	68	289	424	20	291	48
2004	74	95	66	86	325	477	39	263	4
2005	87	117	70	136	352	558	11	294	
2006	100	138	68	127	280	475	17	253	38
2007	110	196	58	135	417	610	5	228	32

第四章　司法行政

第一节　机　构

一、龙文区司法局

1999 年 10 月成立，内设办公室、法制宣传股和基层工作股。2007 年，在编人员 9 人。

二、司法办公室　司法所

1984 年，成立步文乡司法办公室、郭坑镇司法办公室，各配备司法助理员 1 人，协助龙海县司法局承担基层司法行政工作。

1997 年，成立龙文区步文镇司法办公室、郭坑镇司法办公室、蓝田镇司法办公室、朝阳镇司法办公室，各配备工作人员 1—2 人。2002 年 10 月，4 个镇司法办公室收编改所，成立步文、郭坑、蓝田、朝阳 4 个司法所，各所配备工作人员 1—2 人。2007 年 9 月，增设蓝田经济开发区司法所，配备工作人员 2 人。

三、公证处　法律服务中心

1985—1988 年，步文乡司法办公室、郭坑镇司法办公室先后设立公证联络站、法律服务所。

2003 年 2 月，成立龙文区法律服务中心，为区司法局下属事业单位。2007 年，有专职法律工作者 3 人，兼职 6 人。

2003 年 11 月，成立龙文区公证处，为区司法局下属的独立核算、自负盈亏事业单位。2007 年，工作人员 5 人。

第二节 法制教育

一、宣传教育

1950—1957年，步文、田丰、孚美、科坑、洛滨、蓝田、梧浦等乡，组织宣传队，运用图片展览、布告、幻灯、黑板报等形式，宣传《中华人民共和国土地改革法》《中华人民共和国惩治反革命条例》《中华人民共和国婚姻法》《中华人民共和国宪法》。1962—1965年，步文、郭坑公社结合城乡开展社会主义教育运动，开展爱国守法教育，发动群众订立爱国公约。1979—1981年，宣传《中华人民共和国刑法》《中华人民共和国刑事诉讼法》。1982年，宣传贯彻中共中央、国务院《关于打击经济领域中严重犯罪活动的决定》和全国人大常委会《关于严惩危害社会治安犯罪分子的决定》。1986—1990年，步文、郭坑乡镇实施第一个五年全民普法教育，运用广播、黑板报、幻灯、图片展览等形式，在群众中进行"十法一例"宣传教育。1991—1995年，开展第二个五年普法教育，组织干部群众学习宪法、行政诉讼法、义务教育法、集会游行示威法、国旗法。

1997—2000年，在开展第三个五年普法教育，区综治委和区委政法委根据龙文新区建设、征地迁拆量日益增多的实际情况，印发《中华人民共和国土地法》和有关征地、拆迁、安置、补偿政策等宣传材料4万多份，并利用各村广播向群众广泛宣传。执法部门制作15块图文并茂、以案析法宣传版面，深入各镇、村、学校进行法制宣传。区政法委被国家司法部评为1999年度人民调解宣传工作先进单位。

2001年开始开展第四个五年普法教育。区司法局通过开展"法制宣传月""法律知识竞赛""法律知识进万家"等活动，宣传相关法律法规。编印《常用法制知识手册》，分发到各家各户。在区有线电视台开辟《法制园地》和《依法治区领导访谈录》专栏，每周播放1期。运用小港村"4•21"群体抗法的典型案例，以案释法，制作成专题电视片，在全区开展警示宣传教育。2003年，开展第二个全国法制宣传日活动，区司法局开展送法下乡、进厂、入校活动，共赠送《公民实用法律常识》300多本。2004年，区委政法委组建一支由政法、宣传、民政、土地、城建、劳动等部门组成的农村法制宣传队伍，结合开展"民主法治示范村"创建活动，加强农村的法制宣传教育。2005年，在人民广场举办以学习宣传《中华人民共和国宪法》为主要内容的法制文艺晚会，观众近7000人。在石仓社区开展法律咨询活动，接待群众咨询50多人次，发放宣传材料500多份。

2006年，利用综治宣传月、"5•21"全国助残日、"6•25"全国土地日和"12•4"法制宣传日等，开展送法下乡、法律咨询、法制图片展览等活动。当年12月1日，区委、区政府召开全区"四五"普法总结表彰和"五五"普法启动大会，部署全区开展"五五"普法教育活动。

2007年，在社区、学校、机关、企业、乡村开展"学法律、讲权利、讲义务、讲责任"为主题的公民法制宣传教育活动。区司法局利用移动公司装备的信息平台，编辑500多条普法短讯，发送至干部群众手机。在全区开展"民主法治示范村"创建活动，全区有石仓村被评为全国示范点，石仓、蔡坂、郭坑3个村被评为省级示范点，石仓、梧桥、院后、浦口、田丰5个村被评为市级示范点。

二、培训

1986—1990年，在第一个五年全民普法教育活动中，步文乡司法办举办2期法制宣传骨干培训班，参训553人次；郭坑镇司法办举办4期普法骨干培训班，参训110多人。

2000年，区司法局配合区委政法委举办领导干部普法讲座3场、科级干部法制知识讲座4场、执法人员行政执法业务培训6期，受教育者603人。在步文、蓝田、朝阳、郭坑4个镇，组织治安人员、调解人员、联防人员、护村人员、老年人协会骨干参加法制培训班，举办9期，受训945人。举办外来人口法制夜校12期，受训1600多人。

2002—2003年，区司法局与有关部门举办2期法制培训班、5期世贸组织知识培训班。区人事局组织全区100多名行政执法人员，分3期参加公务员更新知识培训班；组织全区司法人员、治安调解人员参加以《人民调解工作条例》《法律援助条例》为主要内容的法制培训班；组织治安调解人员、联防队员、护村人员、老年人协会骨干等245人，参加《综治纲要》培训班。

2004年，举办科级以上领导干部和司法、行政执法人员法制培训班3期，受训1000多人次。区委政法委出台《关于加强中小学生法制教育的实施方案》，选派41名优秀政法干警，担任全区41所中小学校的法制副校长，加强青少年的法制教育。2005年，区普法办联合区教育局利用暑假举办教师法、教育法、义务教育法、预防未成年人犯罪法和未成年人保护法等法律法规培训班6期；举办镇司法人员、村治调委员等人员参加的以《人民调解工作条例》《法律援助条例》和新颁布的法律法规和条例为主要内容培训班4期，并深入村（居）进行宣传。《中华人民共和国宪法》修正案颁布以后，聘请市委党校法学教授讲授宪法修正案，听讲干部200人。

2007年，举办调解知识、宪法、交通安全法、土地法、计划生育法等法律法规培训班14期，各村（居）调解主任、村两委成员、各中小学学生共1000多人参加培训。

第三节　民事调解

1950年，第六区和郭坑、汐浦、翁建、营上、蓝田、龙池等18个乡建立人民调解委员会。1956年6月，调解委员会与民政委员会合并为民事调解委员会。

1959年，在人民公社成立治安调解委员会，生产大队设治安调解小组。1963年，步文公社办结各种民事纠纷1578件，其中婚姻纠纷191件、家庭纠纷393件、邻居纠纷307件、债务纠纷17件、房屋纠纷93件、财产纠纷164件、其他413件。1965年，郭坑公社调解民事纠纷75件，其中生产纠纷14件、夫妻纠纷10件、家庭纠纷10件、邻居纠纷10件、其他31件。

1984年，步文乡、郭坑镇及各村重新组建调解委员会，形成乡镇、行政村、自然村三级调解网络。1988—1990年，郭坑镇调解各类民间纠纷185起，调解成功率98%，预防和制止纠纷激化7起。1992年，郭坑镇调解民间纠纷87起，防止矛盾激化5起，避免3场群体性械斗事件的发生。

1997—1999年，民事调解工作由区委政法委负责。通过调整、充实各镇、村（居）调解委员会，全区共成立47个调委会，成员265人。区委政法委组织人员深入各镇村，举办业务培训，指导调解工作，发挥基层调解组织的作用。1999年，全区调解民间纠纷349件，消除群体性械斗苗头15件。

2000年起，民事调解由新成立的区司法局负责。2002年10月司法部出台《人民调解工作若干规定》后，龙文区开展规范化调委会创建活动，对重大矛盾纠纷实施挂牌督查。区司法局每年举办2期以上人民调解员培训班，提高调解队伍的素质和调解技能。2004年，全区共调处民间纠纷570件，防止群体性上访事件2件35人。

2005年起，龙文区开展省级平安建设达标区创建活动，成立指导人民调解工作协调领导小组，各镇建立人民调解委员会、矛盾纠纷排查调处中心，建立预警、排查、联调、处置4项工作机制，发挥司法、公安行政、基层人民调解三支力量作用。2007年，区司法局组织全区调解委员会参加省司法厅统一部署的“十百千万”创建活动，建立排查、调解、回访、学习会议、法制宣传5个登记簿和调解委员、10户调解员花名册，健全指导网络。

2005—2007年，全区共排查各类矛盾纠纷1543起，调处1543起，调处率100%，调处成功1465起，成功率95%。

第四节 公证服务

1985年年初，步文乡、郭坑镇司法办公室设立公证联络站，聘请司法助理员为特约公证员。1986年，步文司法办公室办理各类合同公证1506件，标的金额101.79万元。郭坑镇司法办公室全年办理572件、金额70多万元的公证合同，件件履行；担任7个村（居）委会和5家个体户的常年法律顾问，1988—1990年参与制定和审查经济合同15份，协助办理公证3200多份。

1997年，全区公证事项由漳州市第三公证处受理。2003年11月，漳州市第三公证处变更为龙文区公证处。2004年7月1日，龙文区公证处正式执业。当年，办理公证事项214件，其中商品房买卖合同20件、其他经济合同5件、招投标3件、摩托车挂牌摇号6件、国内土地使用权挂牌交易1件、现场监督1件、继承权10件、赠予合同71件、赡养协议书2件、一般民事协议64件、提存4件、拆迁房屋安置权益转让协议17件、委托书5件、学历4件、证据保全1件。

2005年，龙文区公证处配合新区建设征地拆迁，采取上门办证、现场办证、设点办证、预约办证和节假日值班的主动服务方式。全年受理公证事项917件，其中商品房买卖合同193件、招投标23件、国有土地使用权挂牌交易1件、其他经济合同2件、个人购房担保借款合同43件、摩托车挂牌摇号9件、继承权57件、赠予合同280件、赡养协议书17件、拆迁房屋安置权益转让协议75件、提存1件、委托书43件、学历9件、证据保全47件、具有强制执行效力的权责文书1件、遗嘱1件、一般民事协议45件、声明书1件、选房公证1件、民事案件68件。

2006年，根据新区建设加快、房地产开发活跃等特点，龙文区公证处及时介入市区毅达新城、荣昌小区、龙文花园、景山小区等重点建设项目，提出可行性司法建议，协助制定实施方案，义务担任法律顾问，开拓商品房买卖合同公证业务。2006—2007年，共办理公证事项4078件，其中商品房买卖合同3115件。

第五节 法律服务

1986年，步文司法办公室为群众提供法律帮助18件，处理群众来信来访32件，代写法律文书17件，法律咨询解答177人次。1988年11月5日，郭坑镇成立法律服务所，至1990年，完成非诉讼代理55件，协助追讨欠款20多起、30多万元。1992年，代写法律文书5份，非诉讼代理24件，解答法律咨询65人次，协助追讨欠款6万多元。

1999 年，龙文区政法委成立“148”法律服务中心，在各镇挂牌设立法律服务中心、法律援助中心，为群众提供法律咨询和法律援助。2002 年，受理法律援助案件 3 件，受援人员 5 人，接待法律咨询 40 人次，代写法律文书 34 份。

2003 年 2 月 18 日，正式成立龙文区法律服务中心。当年，完成民事诉讼代理 3 件、经济诉讼代理 1 件（为当事人挽回经济损失 4.08 万元）、合同见证 18 件、援助案件 3 件。2004 年，办理民事诉讼代理 8 件、经济诉讼代理 5 件。贯彻《福建省法律援助条例》，为社会弱势群体提供无偿法律援助案件 3 件。

2005 年，区法律服务中心发动律师、公证员、基层法律服务工作者履行援助义务，鼓励和支持工青妇等社会团体和社会志愿者提供无偿法律服务。开展基层法律服务和“12348”法律服务进社区、进乡村、进校园活动，与漳州市第二实验小学签订《基层法律服务和“12348”法律服务进社区、进乡村、进校园活动协议书》，担任该校的法律顾问，组织开展校园法制宣传活动，定期开展义务为校园师生提供法律咨询活动。全年办理民事诉讼代理 58 件、经济诉讼代理 19 件、行政诉讼代理 5 件、非诉讼法律事务代理 42 件，主持调解纠纷 113 件，协助办理公证 63 件，见证 83 件，代写法律事务文书 180 件，其他业务 37 件，为当事人挽回经济损失 1724 万多元。履行法律援助义务办理援助案件 20 件，其中涉及老年、妇女、未成年人各类主体，涉及赡养、婚姻、人身损害等案由，维护弱势群体的合法权益。

2006 年，法律服务中心在做好年检注册和基层法律服务工作者职业核准工作的同时，加强法律服务工作者的诚信教育与业务管理。全年完成民事诉讼代理 21 件、经济诉讼代理 4 件、非诉讼法律事务代理 5 件、劳动争议案件代理 1 件、申请执行代理 3 件、见证 1 件、代写法律事务文书 17 件、代为草拟合同 4 份，为当事人挽回经济损失 32.36 万元，履行法律援助义务办理援助案件 11 件。

2007 年，法律服务中心在各镇（开发区）、部门建立 4 个法律援助站，在相关单位和村委会指定法律援助联络员 30 人；对符合法律援助条件的残疾人、计生二女户发放 70 本绿色“法律援助证”，持证可直接获得法律援助。全年办理民事诉讼代理 53 件、非诉讼法律事务代理 5 件、见证 3 件、代写法律事务文书 13 件，为当事人挽回经济损失 50.57 万元；履行法律援助义务办理援助案件 9 件。法律服务中心为朝阳村 60 多岁残疾人杨敏取回被他人侵占土地补偿款。此事被漳州市电视台《法在身边》栏目摄制播出。

第五章　社会治安综合治理

第一节　机构与队伍

一、机构

1980 年，步文、郭坑两个公社分别成立社会治安综合治理领导小组，开展社会治安综合治理。1991 年，郭坑镇被龙海县政府评为社会治安综合治理先进单位和“村民自治达标镇”。

1997 年 4 月 16 日，成立龙文区社会治安综合治理委员会（简称区综治委），下设办公室（称综治办）。区综治委由区党政群机关和公检法司等政法机关共33家成员单位领导组成；5月6日，成立中共龙文区委政法委员会（简称区委政法委），内设办公室和政工科，综治与政法委合署办公。综治委下设指导人民调解工作协调领导小组、刑释解救人员安置帮救工作领导小组、预防青少年违法犯罪工作领导小组、学校及周边治安综合治理工作领导小组、流动人口管理工作领导小组、铁路护路联防工作领导小组。

2002年7月，步文、蓝田、朝阳、郭坑4个镇各配备1位负责综治专职副书记，并设立镇综治办公室，各配备专职工作人员1—2人。2006年8月，全区每个行政村都聘任，名综治协管员，由区财政统一支付工作补贴；每个自然村都聘任1名“平安中心户长”。2007年不变。

二、队伍

1980年，各公社、生产大队建立治安保卫委员会（简称治保会）、调解委员会（简称调委会）、治安巡逻队。1989年，郭坑镇建立1支155人治安管理队伍、1支12人治安夜巡队伍、7支51人治安联防队伍。

1997年，根据龙文区地处城乡接合部、国道324线横贯其中、新区大开发、外来流动人口多的特点，不断健全治保会、调委会组织，加强群防群治网络建设和社会面的控制。1999年，全区设置22个治安岗亭，建立37支373人护村巡逻队，与公安派出所形成互相呼应的防范网络。2000年始，构筑新型的、多层次的主干道有“110”巡警、次干道有镇巡逻队、村有护村队三级防控体系。与此同时，在国道及省道线上建起治安工作站2处，在人口密集区、治安复杂部位、重点工程及重点企业等布建警务室、执勤点36个，形成覆盖全区的立体化治安体系。2003年，整合公安、交警、镇级和村级巡逻队的力量，制定联动运作机制，划分责任区域，规定工作目标和联动方式；在蓝田、步文、朝阳、郭坑4个镇和蓝田开发区，重新组建专职巡逻队5支33人，增设治安岗亭4个，形成社区治安有驻片民警、主干道有“110”巡警、次干道有镇巡逻队、村有护村队、重点部位有治安岗亭和报警点的联防格局。2004年，龙文区综治办被省综治委评为铁路护路先进单位，朝阳派出所被授予“2001—2004年度全省社会治安综合治理先进集体”称号。

2005年，城镇企业和行政村群防群治队伍建设，推行专职模式、志愿者模式、企业互联互防模式、义务护村模式和有偿服务模式。全区建立专职巡逻队7支92人，招募志愿者2000多人，以党团员和离退休干部为主，利用双休日、节假日开展巡逻。全区44个行政村成立义务护村队46支6000多人，根据季节、时段特点，排班轮值开展巡逻，义务护村。

2006年，各行政村聘任综治协管员，落实每人每月工作补贴50元；138个自然村聘任“平安中心户长”。当年10月，区综治办、法院、公安分局对村级综治协管员进行集中培训；镇综治办、司法所、派出所对“平安中心户长”进行集中培训。

2007年6月和9月，两次对全区综治协管员和“平安中心户长”进行集中培训。

第二节 整治活动

一、综治责任制

1997年起，综治工作列入各镇、开发区和区综治委成员单位的年度目标考核内容。每年年初，区委书记、区长与各镇党委书记、镇长签订《责任状》，并向各综治委成员单位下达《责任状》。各镇、开发区细化指标，与各村签订或下达《责任状》。同时，根据中共中央、国务院《关于加强社会治安综合治理的决定》和全国人大常委会《关于加强社会治安综合治理的决定》，区综治委制定《龙文区社会治安综合治理“一票否决权”制实施办法》。区人大常委会和政协常委会对综治工作，每年开展1—2次视察检查，督促各项措施的落实。1997—2003年，区、镇两级党委每年不定期召开社会稳定分析会。2004年起，实行每季度召开一次社会稳定分析会。区委政法委对各镇刑事案件发案数、破案率、打击质量、防控建设等进行综合考评，召开现场会及时通报，促进各镇落实责任制。

2007年，区政法委将季度稳定状况考评延伸到村、社区，凡平安建设“三率”（人民群众对平安建设知晓率、党政领导对社会治安工作重视率、人民群众对社会治安工作满意率）评比最后一名的村委会、居委会支部书记，要在季度稳定分析会上作表态。2004—2007年，先后对1个市级文明单位、1个“平安校园”、1个“平安单位”、1个“平安村居”评选资格实行“一票否决”。

二、专项整治

漳州市公安局龙文大队民警开展整治摩托车专项行动

1997—1998年，区综治委和政法委针对新区流动人口犯罪案件突出的新情况，多次开展清查外来人口专项行动，对租赁房屋和外来人口进行地毯式清查，共补办暂住证1535份、私房出租治安许可证164份，消除治安隐患2008处，使流动人口犯罪率大幅下降。

1999年，开展“追逃犯”专项斗争，追捕网上通缉逃犯35人。2000年，开展“保护重点工程，打击敲诈勒索”专项整治，从政法系统抽调精干人员组成专案组，对重点工程进行逐项访问，对排查的5起案件实行挂牌督办。针对蓝田镇出现非法垄断茭白笋市场、朝阳镇出现售假农药、假化肥等坑农害农问题，进行专项整治，破获刑事案件16起，查结治安案件38起，逮捕14人，劳教1人，治安拘留22人，其他处罚教育52人。2001年，全区政法部门组织力量，开展“追逃犯”专项行动，对潜逃违法人员实施全方位追捕，使暴力抗法的11名犯罪嫌疑人全部归案，其中判刑7人。

2005年，配合郭坑大桥通车、漳州东站启用，公安、交警、工商等部门联合出动130多人对站前广场治安环境开展专项整治，解决各类营运车辆无序停放、广场乱收费及不文明“拉客”“抢客”等问题，并设立1个治安值勤点，加强检查督促，维护好漳州东大门。

2007年，开展严厉打击地霸、村霸等地方恶势力专项行动，摧毁黑社会性质犯罪团伙1个、恶势力团伙 7 个、逮捕 147 人，连续第 8 年实现“命案必破”目标。

三、重点整治

1999 年，由区综治委成员单位领导、基层政法干警、镇和村委会干部参加的整治工作队，进驻步文镇土白村、蓝田镇圳头村、朝阳镇漳滨村、郭坑镇郭坑村开展重点整治，打击各类违法犯罪活动，全面落实综合治理措施，摧毁流氓团伙 3 个 10 人、地方恶势力 1 个 6 人，依法处理违纪违法村干部 3 人。

2001 年，区综治委与铁路沿线的镇、村签订《责任状》，重点开展铁路沿线和火车站的整治。解决铁路沿线群众急需解决的道口安全问题，多次筹措资金，新建石井、书厅、汐浦、洛滨、院后、篁卿 6 个铁路道口，雇人常年看守；促成厦门铁路工务段出资在火车事故多发的院后、篁卿 2 个道口设置启闭设备；使铁路沿线“摆放阻碍、石击列车、牲畜上道、盗抢铁路器材、哄抢铁路运输物资”的“五类案件”不再发生；路内、路外安全事故下降 50%。区政法委获全省铁路护路联防工作先进单位的称号。

2003 年，龙文区政法委加强对刑事案件多发部位进行重点整治，确定“一点（人民广场）、两镇（蓝田、步文）、三线（国道 324 线、省道郊柏线、鹰厦铁路沿线）、九村（梧桥、西坑、圳头、步文、下浦、后坂、六石、浦口、郭坑）”为重点整治部位，对影响全区稳定的各类问题逐项排查、逐项整治，刑事发案率下降 43%—60%。

2006 年，确定蓝田镇蔡坂片为重点整治点，蓝田镇党委、政府与区建设局、云洞岩管理处、市城市投资公司等单位统筹计划，综合治理。蔡坂村建立 1 支 12 人的专职治安巡逻队，配置服装和器械。整治前的第一季度发生治安案件 7 起，整治后的第二季度发生治安案件 3 起，下半年零发案。

2007 年，结合“平安企业建设年”活动，将蓝田开发区确定为重点整治片区。抽调公、检、法、经贸、劳动、工商、消防、交警等部门精干力量，组建重点整治工作队，进驻蓝田开发区开展整治。蓝田开发区投入 20 多万元整修派出所，将 17 个城市报警系统监控点集中监控，在重点企业和建设工地设立 5 个治安值勤点和 1 个流动警务室。2 支专职巡逻队由民警带队，实行 24 小时巡逻。区综治委组织公安、综治办、计生办人员在开发区及周边开展外来人口大普查活动，抓获流窜犯 16 人和逃犯 7 人。同时，组织力量对开发区周边的西坑、梧桥、蓝田、孚美、漳滨等村开展整治，组织以打击抢劫、抢夺和盗窃为重点的统一行动 13 次，破获刑事案件 48 起，查结治安案件 65 起，有效维护工业区及周边地区正常生产生活秩序。

第三节 “110”社会服务

1999 年，龙文区实行交警、巡警合并试点，启动“110”报警服务台，成立区“110”社会服务联动领导小组，实施全区“110 社会服务联动工程”。2000 年 3 月，召开全区“110”服务联动工作会议，确定参与联动的单位，完善联动机制，使群众紧急救助得到及时有效服务。全区“110”社会服务联动共接警 406 次，处警 406 次，办结率 73%。2002 年 4 月下旬，某企业粉尘超标排放，污染大气环境，对周边农作物生长造成影响，周边 10 名农民到漳州粉磨站要求索赔。5 月 9 日，区“110”联动办公室接到群众投诉后，立即与郭坑镇政府和区环保局、农业局、科技局联系，组织执法人员到现场查看污染及农作物损失情况，并请市农业局高级农艺师作技术鉴定。在查明污染事实，分清责任基础上，通过调解方式，促成企业与农民达成赔偿协议。同时，对企业粉尘超标排放的环境违法行为，责令限期改正并处以罚款。2003 年 7 月 18 日，78 名外省民工集体罢工，到区信访局投诉某压板厂拖欠工资 15 万元。区劳动和社会保障局接到联动指令后迅速赶到该厂，一方面做好员工思想工作，控制事态；一方面向厂方了解情况，督促其在次日筹措资金如数发放至 78 名员工手中，赢得劳资双方的好评。

2004 年，区“110”社会服务联动领导小组召开行风监督员、群众代表座谈会，征求群众对联动工作的意见，并以“110 社会服务联动宣传日”活动为载体，开展“爱民、便民、助民”活动。2005 年，全区投入 70 万元，配好联动救助设施，健全网络体系建设，提高救助服务能力。全区“110”社会服务联动共接警 634 次，处警 634 次，办结率 80.4%。

2006 年，以“110 联动进万家”主题宣传活动为载体，深入农村、社区、企业、工厂、校园开展宣传活动，提高社会公众对“110”社会服务联动工作的认知率、知晓率，增强法律意识和报警意识。全区各联动单位接警 817 次，处警 817 次，办结率 91%。

2007 年，“110”社会联动工作向农村延伸，各联动单位组织力量深入各镇、村，及时化解各种矛盾，维护农村社会稳定。全区各联动单位接警 1032 次，处警 1032 次，办结率 94.7%。

第四节 “平安龙文”创建

1998 年始，龙文区把基层安全创建活动作为社会治安综合治理的有效载体，部署全区广泛开展创建文明安全小区活动。全区创建文明安全小区 18 个，其中省级 1 个（郭坑镇铁路居委会）、市级 4 个（小港村、铁路居委会、郭坑村、石仓村）、区级 13 个。

1999 年，政法部门结合创建安全文明小区，开展警民共建活动，与村民共同制定《安全文明公约》《村规民约》，拓宽安全文明覆盖面。全区创建安全文明片区 25 个，覆盖率 56.8%。

2000 年，全区印发《市民行为规范》《文明市民公约》《文明安全小区公约》《精神文明公约》宣传材料共 10 万余份及《告居民同志的一封信》3.1 万份，促进“创安”活动深入开展。全区创建文明安全小区 35 个，覆盖率 78%。2003 年，全区创建安全文明片区增至 43 个，覆盖率 91%。

2004 年 6 月 14 日，龙文区召开创建“平安龙文”动员大会，下发《关于建设“平安龙文”的实施意见》，各部门、各镇各村结合实际，开展群众性的“平安乡镇”“平安企业”“平安单位”“平安校园”“平安金融”“平安医院”“平安家庭”“平安大道”“平安道口”“平安景区”等创建活动。

2005 年 4 月 29 日，龙文区召开动员大会，对创建省级平安区进行动员部署；5 月，区综治委印发《龙文区 2005 年创建省级平安建设达标区实施意见》和《关于建立“平安龙文”建设分片挂点联系制度的通知》，实行区委、区政府领导和政法部门领导挂钩乡镇（开发区）、区综治委成员单位挂钩村（居），共同推进基层的平安建设工作；6 月 20 日，龙文区召开表彰大会，对 2004 年度社会治安综合治理、平安建设工作 21 个先进集体、29 名先进个人进行表彰。区委政法委和区综治委先后在石仓村、荣昌花园、永嘉企业公司、漳州第二实验小学、郭坑大桥工地等平安创建试点单位，召开现场观摩会、推进会，总结推广平安建设中涌现出来的新亮点、新做法，推动创建活动深入开展；12 月，龙文区平安建设顺利通过省委、省政府达标验收，成为全省首批平安县（市、区）。

2006 年，区委政法委和区综治委制定《关于“十一五”期间深入开展“平安龙文”建设的实施意见》，推进“平安龙文”创建活动向纵深发展。在全区开展“七个一”活动：各中小学开一堂法制讲座；由政法部门组织一系列“以案析法”为主题的法制下乡宣传活动；进行一次外来人口大普查；组织一次“以规范执法行为、促进执法公正”为主要内容的问卷调查；对平安建设先进单位、示范户 58 个和先进工作者 59 人进行一次命名授牌，树立典型；开展一次“平安宝典送万家”活动，各镇以防火、防盗、防抢、防骗“四防”和朗朗上口的“平安三字歌”为主要内容，印制《平安宝典》4 万份，分发各家各户；开展一次以规范镇区治安巡逻队、义务护村队为主要内容的“基层基础建设月活动”。2006 年和 2007 年，龙文区连续通过省委、省政府考评验收，保持全省平安创建达标区称号。

2007 年，推进平安家庭、平安单位、平安医院、平安企业、平安校园建设活动，重点开展“平安企业建设年”活动。当年，有 149 家规模企业达到“平安企业”标准；10 月 19 日，全市创建“平安企业”现场会在龙文区召开。

第九卷　军　事

龙文区为边闽、粤、赣三省交通枢纽，战略地位十分重要。特别是江东桥和万松关，古称“三省通衢”，地势险要，历来为兵防重地，兵家必争之地，兵事迭起。

中华人民共和国成立后，区境地处福建海防前线。适龄青年踊跃参军参战，人民群众拥军支前，开展防空工作。同时，先后在龙溪县、龙海县（市）人民武装部领导下，组建民兵队伍，进行政治学习和军事训练，配合驻军开展联防活动，为保家卫国、巩固国防、发展生产贡献力量。

龙文建区后，驻军部队和民兵、预备役部队建设进入全面发展新阶段。区人民武装部根据“精干、规范、实效”要求，不断优化民兵队伍和预备役部队整体结构，在民兵中开展国防动员和革命传统教育，强化专业技术军事训练，提高后备兵员科技含量和在新形势下参战支前的能力。驻军官兵开展“拥政爱民”“军民共建”活动，在支援地方经济建设、抢险救灾、创建精神文明、加强人民防空工作等方面，发挥重要作用。区人民武装部于2001年被省政府评为全省第三届军民共建精神文明先进单位，2005年被评为全国军民共建社会主义精神文明先进单位，2006年被省国防动员委员会评为全省人民防空工作先进单位。

第一章　军事组织与设施

第一节　军事组织

一、驻军

六朝以来，江东一带驻扎军队防守。

唐乾封至总章二年（666—669年），驻闽镇府曾溥率兵驻扎柳营江（江东桥）一带。

唐光启元年（885年），王潮起义军攻下泉州，在江东一带屯兵守卫。

明万历十一年（1583年），龙溪县设浙兵一营，驻扎西教场，派兵在万松岭亭孔道设哨守。

清顺治九年（1652年）初，郑成功进兵漳州，遣将率兵据守万松关。同年三月，清廷调闽浙总督陈锦率兵进驻江东桥五里外的牛蹄山。

清同治三年（1864年），清廷调总兵曾玉明率水师泊守江东一带。十月底，福建陆路提督林文察率清军千人于万松关扎营。翌年三月，闽浙总督左宗棠入闽督师，兵分三路进攻漳州，其中一路湘军进扎漳州东郊一带。

民国15年（1926年）10月，北洋军阀福建陆军第一师师长张毅，在江东桥一带驻防。

民国21年4月，中国工农红军东路军攻克漳州，东路军的红四军部分兵力在今步文镇龙池至嵩屿一带驻防。

1960年后，福州军区汽车某营进驻步文公社蓝田长山。1985年，该营随福州军区整编而改编并于1989年移驻长泰。

1969年8月，中国人民解放军某部队某分队进驻步文公社桥头大队。1997年，驻地改为朝阳镇桥头村，至2007年不变。

1997年，中国人民武装警察部队漳州市消防支队进驻龙文区水仙大街，至2007年不变。

2006年10月，南京军区房地产管理局漳州办事处进驻蓝田镇长山，至2007年不变。

二、地方武装

明代，江东桥附近设巡检司，从民间壮丁中选配弓兵数十名。区境各乡组建乡兵，由团长1人教习武艺。

民国初期，区境各乡村设民团。民国23年（1934年），按保甲建壮丁队，保设小队，联保设联队，区设区队，由保长、联保主任、区长分别担任队长，各配1名专职副队长。壮丁队担负地方巡逻守望。

民国24年，组建保安队，龙溪县保安大队第二中队驻守郭坑、市尾等地。

民国29年，区境各乡组织国民兵，隶属龙溪县国民兵团。

民国31年，第四区（郭坑区）设义勇警察中队，隶属龙溪县义勇警察大队。义勇警察由民壮报名参加，白天集中训练，夜间按指定地点守望放哨。参加义勇警察者，免征兵役。

1998年6月，组建中国人民武装警察部队龙文区消防大队，对外称龙文区公安消防大队，下辖1个中队，配备干部、战士26人，合同制消防队员6人，实行义务兵役制。至2007年不变。

第二节 武装机构

一、把截所

明洪武三年（1370年），漳州卫在龙溪县柳营江设把截所。

二、巡检司

明代，在江东桥附近设柳营江巡检司。清康熙五十五年（1702年），移驻石码，至乾隆八年（1743年）裁撤。

三、塘汛

清乾隆年间，龙溪县城守营所辖的陆路汛，设江东塘、鹤鸣塘、万松关塘和郭坑汛。

四、人民武装部

（一）龙文区人民武装部

1997 年 5 月，筹建中国人民解放军龙文区人民武装部（简称区人武部）；10 月 25 日正式挂牌成立，配备部长、政委、副部长，内设军事科、政工科和后勤科，至 2007 年不变。

（二）基层人民武装部

1951 年，区境成立第六区人民武装部，隶属龙溪县人民武装部。1955 年，第六区人民武装部改为东屿区人民武装部。1958 年 9 月，东屿区人民武装部改称卫星人民公社武装部。1959 年 3 月，卫星人民公社武装部改称步文人民公社武装部。1962 年年初，成立郭坑人民公社武装部。1984 年 9 月，人民公社改为乡（镇），成立步文乡人民武装部（1992 年 1 月改称步文镇人民武装部）、郭坑镇人民武装部，隶属龙海县人民武装部，1992 年起隶属龙海市人民武装部。1997 年 5 月，步文、郭坑镇人民武装部改为隶属龙文区人民武装部。同时，成立蓝田镇人民武装部和朝阳镇人民武装部，隶属区人民武装部。步文、郭坑、蓝田、朝阳镇人民武装部各配备专职武装干部 2 人。至 2007 年不变。

第三节　军事设施

一、关隘

明崇祯二年（1629 年），漳州知府施邦曜主持，在岐山与鹤鸣山之间的万松岭设置关隘，称万松关。万松关城墙，全部用长方形花岗岩砌成，高 25 米，宽 7 米，全长 100 米，“上有炮门三眼，其堞高可见海”。在关的两侧鹤鸣与岐山的山脊上，从西往东，还残留 5 座用石头垒砌营堡，俗称“五营寨”。此寨与万松关一线摆开，可防敌包抄，形成防御体系，其在冷兵器时代，是漳州东大门一道坚固屏障。

二、墩台

明清时期，区境江东、万松关、鹤鸣山筑烟墩台，亦称烽火台，派兵驻守，遇敌情焚烟报警。

三、封锁线

民国 26 年（1937 年）7 月，抗日战争爆发后，修滨乡镇头宫江面划为封锁线，填塞大船、大石，以阻日舰入侵。

第二章 兵役与兵事

第一节 兵 役

一、兵役制度

唐朝实行募兵制，从民间丁壮中招募兵员。元、明、清时期，主要实行世袭兵役制，父死子继，世代为兵。

民国 25 年（1936 年），实行征兵制，征兵对象为年满 18—35 岁男性国民，服现役 3 年；期满退伍为正役，6 年后再转为续役，至年满 40 岁则转为国民兵，45 岁退役。

中华人民共和国成立后，实行志愿兵役制。年满 18—30 岁男性公民，自愿报名后，经县级征兵单位统一进行体检、政审等程序，合格者选送入伍，享受军人待遇。1955 年 7 月，国家颁布《中华人民共和国兵役法》，开始实行义务兵役制。凡年满 18—22 岁男性公民，均有服兵役的义务。独子和家庭唯一劳动力者可免服现役，高中在校生可以缓征。当年，实行民兵与预备役相结合制度，服现役期满退伍转为预备役。服预备役人员平时在家参加生产劳动，战时应召参军参战。

1978 年，实行义务兵与志愿兵相结合的兵役制度。义务兵超期服役，经批准自第六年起改为志愿兵，再服役 8—12 年，可转业到地方工作。1988 年，实行新的军衔制，将志愿兵改称为士官。

1998 年 12 月 29 日，颁布新修的《中华人民共和国兵役法》，对兵役制度作出重大调整，将义务兵役期限缩短为 2 年并取消超期服役，志愿兵实行分期服役制度。1999 年，国务院、中央军委先后颁布《中国人民解放军现役士兵服役条例》，规定服现役满 2 年，不满 5 年的授予一级士官军衔；满 5 年，不满 8 年的授予二级士官军衔；满 8 年，不满 12 年的授予三级士官军衔；满 12 年，不满 16 年的授予四级士官军衔；满 16 年，不满 21 年的授予五级士官军衔；满 21 年以上的授予六级士官军衔。

义务兵服现役期满后，不再超期服役，根据部队需要和个人自愿，按照“本人申请、基层推荐、机关考核、组织审批”程序选取为士官。士官服役分为 6 期。第一、第二期各为 3 年，退出现役时实行复员制度；第三、第四期各为 4 年，退出现役时实行转业制度；第五期为 5 年、第六期为 9 年以上，服现役满 30 年或年龄满 55 岁退出现役时，实行退休制度。

二、兵员征集

民国 31 年（1942 年），由龙溪县政府军事科办理征兵事务，征集名额分配到乡镇，各保应征壮丁采取抽签办法确定应征者。抗日战争时期，区境征集壮丁 756 人。抗战胜利后，国民党发动内战，为扩充兵源，增加征兵配额，壮丁惧征，纷纷外逃，时军警荷枪下乡抓壮丁，强行绑扣以充兵额。

1950—1954 年，区境征集志愿兵，应征青年入伍时披红戴花，人民政府组织队伍敲锣打鼓欢送，家庭享受军属待遇，群众称赞“一人参军全家光荣”。1955 年 12 月，进行义务兵征集工作，按人口比例分配征兵任务。兵员征集要求十分严格，对报名青年按思想品德、政治历史、文化程度、健康状况和身高等条件，先由乡镇初审，将合格者送县复查，经征兵办公室批准，发给入伍通知书。新兵入伍时，逐级组织欢送，到县集中后，由部队接兵人员带领，乘坐专车开往部队驻地。1984年，改由县人民政府派人直接送交接兵部队。1989年，恢复接兵部队派员到县接兵制度。1990年1月，在乡、镇（场）设立兵役登记站，确定应征送检对象。1991年起，改为在县民兵训练中心统一设体检站。

1997年后，每年冬季征兵伊始，区、镇、村层层成立征兵工作领导小组，党政主要领导抓征兵工作。区委从有关部门抽调人员，组建区征兵办公室，做好征兵工作的计划指导、宣传发动、业务培训、体检政审等，确保当年征集新兵任务圆满完成。1998年，开始征集下岗、待业青年中符合条件的优秀青年入伍，企事业单位职工征集年龄放宽到21周岁。1999年，增加征集非学历教育民办大学的在校生、高等学校接收的无学籍学生及在各类高考补习班学习的青年入伍；同时，大专以上文化程度征集年龄放宽至22周岁。2000年，把宣传发动工作作为提高兵员质量的基础性工作来抓，全区共悬挂横幅标语123条，出动宣传车50多台次，出板报、墙报、宣传栏120期，召开各种座谈会16场次，邀请现役军人和英模举行报告会，宣扬爱国拥军和征兵工作中涌现出来的先进典型，激发适龄青年踊跃报名应征的热情。

2001年，区人武部在兵役登记的基础上，会同区人事局、教育局组成工作组，深入各部门、各镇村调查摸底，加大征兵宣传力度，实行封闭式体检，严格验证程序，把好体检、政审关。2002—2004年，坚持把挑选高学历青年应征入伍和严把体检、政审关，作为提高兵员质量的重要环节来抓，圆满完成征兵任务。

2005—2007年，按照“从高、从优、从严”要求，开展征兵政策咨询活动10余场，开设征兵宣传网站1个，开办宣传栏25个，印发宣传简报1万余份，悬挂横幅标语380条。实行封闭式体检，建立区、镇、村三级政审责任制和接兵部队、征兵办、镇村干部、学校四方联合走访定兵制度。区征兵办公室制定廉洁征接兵措施，24小时开通举报电话，接受群众监督，杜绝征兵中的不正之风，保质保量完成征兵任务。

三、预备役登记

1955年起，依照《中华人民共和国兵役法》，各乡成立预备役登记机构，对适龄公民进行预备役登记。并把年满18—30周岁服一类预备役退伍军人和18—25周岁符合基干民兵条件服一类预备役人员，全部编入基干民兵；把31—40周岁服二类预备役和18—25周岁不符合基干民兵条件者，编为普通民兵。

1997年，区人民武装部成立后，根据《中华人民共和国兵役法》和国务院、中央军事委员会的有关规定，对符合预备役条件的退伍军人、转业军官及地方上适合服预备役的人员，分别按军官预备役和退伍士兵预备役进行登记，分类建卡。凡军队转业军官和退伍士兵到地方报到时，由区人武部会同安置部门进行登记；地方服预备役人员，由所在单位的民兵组织负责登记。每年6月30日，区人武部组织开展预备役登记核对工作，分别做好“六核对”，即核对需作消除登记的人、核对需作注销登记的人、核对需要补登的人、核对需要转递“卡片”的人、核对改登人员、核对需要转类的人员。1997年、2000年、2007年，全区共有3次登记预备役退伍军人数、地方与军事专业对口技术人员、民兵应急分队人数、专业技术人数，以及勤务保障类队伍人数、应急类队伍人数等为战时兵员动员做好准备。

第二节　兵事纪要

一、农民起义军之战

唐乾符五年（878 年），黄巢农民起义军攻入福州后，进军至岐山与鹤鸣山之间万松关，与唐兵交战，并在附近地区招兵买马。后经雍厝桥（今吴厝）征战卢远，败而逃往广东。

二、戚家军抗击倭寇

明朝中期，倭寇经常进犯月港、石码、漳州，百姓屡遭其害。明嘉靖四十三年（1564 年），抗倭名将戚继光率戚家军，从浙东入闽，进行征讨。越过万松关，在蔡坂一带，围歼入侵倭寇，把倭寇全部驱逐下海。

三、郑成功抗清

明末清初，郑成功大军进兵漳州，清军守将赖国显率千总刘国轩部据守万松关，与郑军征战多年，互见胜负。后刘国轩奉命出关应战，郑成功遣谋士游说其反戈，刘国轩献关接应郑军，攻克漳州城。

清顺治九年（1652 年）初，郑成功攻克海澄后，遣将据守万松关，控制漳州清兵，并以万松关为据点，进攻长泰；三月，清闽浙总督陈锦率兵 2 万人进犯江东桥，郑成功命驻万松关守军配合主力部队，三面夹攻，把陈锦所率清兵打得溃不成军。陈锦只率部分残兵败将向同安逃跑。郑成功江东桥大捷后，声势大振。

清康熙十七年（1678 年）二月，郑成功部将郑经以刘国轩为中提督，进取江东桥，清守将王禄、吕韬溃奔。漳州清兵援至，刘国轩分兵迎击，三战三捷。康熙十七年十月和翌年三月，又两次于江东桥一带进行争夺战。

四、太平军抗击清兵

清同治三年（1864 年）六月，太平天国天京失陷。侍王李世贤率领太平军，转向赣闽粤边区，经粤东镇平入闽；九月十四日，太平军攻克漳州，李世贤率将士驻漳州城；十月底，福建陆路提督林文察率 1 万余人清军，由同安进抵万松关一带扎营；十一月初三日夜，李世贤乘清军立足未稳，率精兵偷袭清营，打死主将林文察，全歼清军。泊在江东桥一带待命的清总兵曾玉明闻讯率水师急援，也被击退。此后，清廷为加强镇压入闽太平军，指派李鸿章部提督郭松林、杨鼎勋率领装备有洋枪洋炮的淮军由海道入闽，会同左宗棠提督高连升、黄少春率领湘军，主攻驻扎漳州的太平军。同治四年初，李世贤率太平军与高连升部激战于龙溪镇门（今西溪桥闸、龙文塔附近）。李世贤 2 次组织冲杀，均遭湘军洋枪洋炮强势反击，后退又遭清军伏击，伤亡 1 万余人。李世贤率部突围西走。

五、军阀混战

民国初期，军阀混战。民国 8 年（1919 年），驻漳粤军陈炯明与驻厦北洋军阀臧致平，两军在江东桥附近相持1年有余。民国13年，闽南建国军总指挥张贞率部与北洋军阀师长张毅部，在江东桥激战10余日。

六、中央红军攻克漳州

民国21年3月下旬，毛泽东、林彪、聂荣臻、罗荣桓等率领中国工农红军东路军，由赣州分两路进入闽西；4月10日，东路军歼灭驻守龙岩的国民党陆军第49师张贞部杨逢年旅291团和张性白独立团后，进驻龙岩，做好攻打漳州的准备工作。张贞妄图凭借漳州天宝大山屏障，阻挡红军攻取漳州；4月13日，红军东路军主力从龙岩出发，分3路向漳州进军；4月19日拂晓，漳州战役打响。红军先后攻破敌军左翼防线，进击天宝，攻克漳州，并在江东桥一带击退美国军舰掩护的国民党军队；5月28日，东路军完成预定任务，主动撤离漳州，回师中央苏区。

第三章 国防与防空

第一节 国防教育

1997年6月，龙文区国防动员委员会成立，开展《中华人民共和国人民防空法》《中华人民共和国国防法》《福建省人民防空条例》宣传教育。每年“八一”建军节前后，组织区、镇两级领导成员过“军事日”活动，观看军事汇报表演，听取国防形势授课。每年“五四”期间，各中学邀请复员军人、残疾军人进校园，为师生讲述“东山战斗”军人英勇作战、为国捐躯、因战负伤致残等事迹。2002年起，每年在中学生中开展一次以“拉响心中的警报”为主题的防空宣传教育周活动，组织中学生观看国防和现代军事知识的科普教育片《永远的蓝天》《抵御空中威胁》等，观看防核武器、防化学武器、防生物武器知识图片展和听取知识讲座。2004年9月15日，组织大型“爱中华、奔小康、强国防”军事签名活动。

2005年，开展人民防空知识宣传“进社区”活动，向人民群众分发《中华人民共和国人民防空法》和《福建省人民防空条例》及有关知识问答等宣传材料1000多份，通过有线电视播放《中华人民共和国福建人防》《抵御空中威胁》（十集）科普教育片，扩大人民防空宣传教育的覆盖面。

2006—2007年，结合当年的“国防教育日”，组织开展全民国防教育宣传周活动，通过报告会、播放电教录像片、公益广告、分发宣传材料等途径，进行《中华人民共和国国防法》《中华人民共和国军事设施保护法》《中华人民共和国兵役法》等内容的国防知识教育。

第二节 人民防空

一、防空设施

抗日战争爆发后，为防侵华日军进攻，在龙溪县政府发动下，区境民众大挖防空洞。民国

30年（1941年）11月起，由县政府统一组织消防队、救护队、担架队每月进行一次防空演习，为预防夜间日机空袭，实行严格灯火管制。

1950—1953年，台湾国民党军经常空投武装匪特骚扰大陆沿海地区，企图颠覆人民政权。区境各乡村由龙溪县公安部门组织民兵，在山区结合部部署反空投。1954年，国民党军飞机对沿海地区空袭频繁，机关、学校、工厂等单位在县公安部门组织下，修筑防空洞，开挖防空壕，制定防空疏散区。1969年中央“8•28”命令下达后，步文、郭坑人民公社成立防空领导小组，响应毛泽东主席关于“深挖洞、广积粮、不称霸”指示，发动群众挖筑防空地道、防空壕、防空洞等人防工程。

2000年8月，漳州市政府、漳州军分区确定4个镇为市第一批人民防空重点设防镇。由市人民防空办公室组织安排，安装电动式防空警报器。2002年7月起，4个镇根据市人民防空办公室的规定，实施“结合民用建筑修建防空地下室”。

2007年，全区结合民用建筑修建防空地下室和公共人防工程。新安装防空警报器7台，其中2台2.0千瓦电声器和1台车载移动警报器。警报器发放应用无线电统一遥控，实现同步自动接收控制信号报警。

二、防空演习

民国30年11月起，由县政府统一组织，每月进行一次防空演习，参加演习有消防队、救护队、担架队等。为预防夜间日机空袭，实行严格灯火管制。

1969年12月29日，步文、郭坑公社组织民众参加漳州地区防空演习。1979年后，形势变化，停止防空演习。

1997年，龙文区设置防空警报器，在每年9月19日漳州解放日，举行防空警报试鸣活动。结合每年“全民国防教育日”活动，在中小学校组织学生进行防空袭疏散演练。

2006年8月，区人武部结合民兵军事训练，组织蓝田镇小港村民兵消防分队、医疗救护分队、人防分队等50余人，进行城市遭空袭演练。

第四章 民 兵

第一节 组织建设

1950年，区境各区、乡、村以中队、分队、小队建制建立民兵组织，配合解放军搜山剿匪，支前参战，维护社会治安等。1951年，根据福建军区司令部颁发的《民兵组织暂行条例（草案）》，对民兵组织进行整顿。1953年春季开始，根据中央人民政府《中华人民共和国民兵组织暂行条例》，各乡实行普遍民兵制，逐步把18—40岁男性公民编入民兵组织，将18—25岁政治纯洁、身体强壮、家庭劳力充裕者，编为基干民兵，其余编为普通民兵。

1958年，大办民兵师，实行“全民皆兵”。公社建团，生产大队建营；机关企业按系统、工人按车间、学校按年段，分别编成营、连、排、班，形成组织军事化、生活集体化、行动战斗化。1962年，根据毛泽东主席关于“民兵组织要做到组织、政治、军事三落实”指示，步文、郭坑2

个公社，开展“三落实”活动。

1981年，贯彻中共中央《关于调整民兵组织问题》指示，取消公社设团的民兵编制，调整简化民兵组织。

1986年，执行中共中央关于民兵“减少数量，提高质量，抓好重点，打好基础”方针。1988年1月，步文乡民兵武器室被福建省人民政府和福建省军区评为乡（镇）民兵武器室规范化建设达标单位。

1997年，区人武部贯彻总参谋部、总政治部《关于民兵工作调整改革的意见》、南京军区、福建省军区的指示，采取“建、并、减、压”办法，适当压缩规模，合理调整布局，坚持以镇、村、社区为主体组编基干民兵。2000年，全区41个村的民兵营进行整组，基本达到布局合理、组织健全，较好地适应战时兵员动员和平时执行急、难、险、重任务的要求。根据省军区司令部下发的《福建省基层武装部和民兵营（连）部建设标准》，在上年完成41个村民兵营正规化建设基础上，又抓好基层正规化建设，完成步文、郭坑2个基层武装部建设和建立民兵营的“青年民兵之家”。同时，利用村级换届选举时机，调整民兵营长，把热爱民兵工作、有工作经验、年富力强的后备干部选任民兵营长。区人武部与区委、区政府联合下发《关于加强专武干部队伍建设的意见》文件，规范专武干部管理。当年12月，区人武部被漳州市政府、漳州军分区评为“民兵组织建设先进单位”。

2001年，全区基层民兵组织进行整顿，巩固民兵营部正规化建设，在4个村民兵营建立集活动室和阅览室为一体的高档次“青年民兵之家”。兴建集作战指挥、办公、值班为一体的朝阳镇武装部，达到省军区基层武装部规范化建设标准，还配置电脑投影，建立民兵资料数据库和各种战斗预案，并给每个民兵应急分队队员配发1顶头盔、1支警棍、1副臂章、1套迷彩服、1条腰带、1个挎包、1个水壶、1双解放鞋。全区75%的镇武装部和70%的民兵营（连）部，达到规范化建设标准。2002年，完成蓝田镇武装部规范化建设，使全区4个镇部均达到正规化建设标准。

2003年，区人武部根据“十五”基干民兵任务，按照“结合任务、就地就近、依托力量、便于指挥与管理”原则和扩大民兵专业对口技术分队组建规模，优化民兵队伍整体结构的思路，着眼军事斗争准备需要，合理进行调整布局，取得较好效果。

2005年，区人武部根据军分区民兵整组工作业务会议精神，合理调整和优化民兵、预备役部队组织结构，突出抓好以民兵防空分队、专业技术分队、应急分队为重点的后备力量建设，努力提高后备兵员的科技含量。2006年，按照“编为用、建为战”原则和“精干、规范、实效”要求，优化民兵组织结构。在编组范围上做到向技术密集型企业单位拓展、向新兴企业等经费载体拓展、向社区和行业系统拓展。提高综合效能，搞好整教结合、整管结合、整用结合。注重加大检查督导力度，先后4次对民兵整组情况进行检查，并将检查情况以区政府文件形式通报全区。

2007年，军分区召开民兵整组工作会议后，区人武部制定措施，落实勤务保障分队和防空分队整组任务，提高专业对口率，解决专业技术分队人员难落实的问题。在省军区民兵整组检查中，区人民武装部的整组资料整理规范，为全市11家单位中最好的单位。

第二节 政治教育

1950—1952年，各乡、村民兵组织结合剿匪反霸、土地改革和镇压反革命运动，进行阶级教育，提高无产阶级觉悟。抗美援朝开始，进行“抗美援朝，保家卫国”教育，激发民兵爱国主义热情。1955年，以人民战争思想教育民兵。1958年，组织民兵学习社会主义建设总路线，学习“全民皆兵”的意义。1962年，对民兵进行战备教育。1963—1965年，组织民兵开展学习毛泽东著作、学习雷锋、学习解放军活动。1973年，以政治夜校为阵地，组织民兵学文化、学政治。

1977年，各民兵营建立“每月一课”制度，运用上课、读报、演讲等形式进行教育。1979年后，普遍进行以经济建设为中心，坚持四项基本原则、坚持改革开放的基本路线教育。1985年，将“每月一课”改为“每季一课”，进行社会主义物质文明和精神文明的教育及法制教育。1988年，采取刊授教育形式，订阅《中国民兵》《东海民兵》等刊物，开展读刊、用刊征文比赛活动，进行爱国主义、革命英雄主义为重点的全民性国防教育。

1990—1992年，各民兵营以国务院、中央军委新颁发的《民兵工作条例》为基本教材，进行民兵观念、国防意识、社会主义精神文明教育，开展“争当合格民兵”“军民共学雷锋、共建社会主义精神文明、共同弘扬优良传统”活动。1993年起，按照总政群工部统一编印的民兵教材，结合征兵、民兵整组和重大节日，对民兵进行建设有中国特色社会主义理论和党的基本路线教育。

1997年上半年，结合纪念中国共产党建党76周年、中国人民解放军建军70周年和迎接香港回归祖国，在全区基干民兵队伍中开展以“爱党、爱国、爱军、爱国防、爱本职”为主要内容的学习教育活动。下半年至1998年，贯彻中共十五大精神，开展以“顾大局、讲奉献，拥护和支持经济体制改革”为主题的宣传教育活动。1999年，进行讲政治、讲学习、讲团结的“三讲”教育，提高服从命令、听从指挥的自觉性。

2000年，区人武部在蓝田镇小港村进行民兵政治教育试点，总结出《行政村民兵营落实政治教育六项制度》，组织全区的民兵营长和专武干部进行施教。在蓝田镇蔡坂村、步文镇石仓村、田丰村，郭坑镇汐浦村民兵营建立集活动室和阅览室为一体的青年民兵之家，配齐卡拉OK设备、专用课桌椅、民兵标志喷绘图、“两个文明”创建成果图板、学习园地、管理规定、英模像挂图、书柜、100本以上书籍。2002年，区人武部把民兵政治教育纳入全民国防教育轨道，利用区有线电视网络播放民兵政治教育内容，发挥“青年民兵之家”教育阵地作用，引导民兵牢固树立“后备必用、首批动用、全程使用、用则必胜”思想。

2003年，区人武部根据总政《参训民兵政治教育纲目》，解决市场经济条件下民兵政治教育出现的新问题。在民兵刊授教育基础上，运用城乡有线电视网、广播网等现代大众传媒落实民兵政治教育。通过制作图文并茂的民兵政治教育光盘，在电视台开辟民兵政治教育专栏和时段，定时播放民兵政治教育讲座。2006年，结合全民国防教育日和纪念红军长征胜利70周年，开展全民国防教育活动。通过组织过“军事日”、召开军政军民座谈会、签名等活动，增强民兵预备役和人民群众的国防观念。在基干民兵中开展践行社会主义荣辱观和培育民兵战斗精神教育，增强民兵“听党指挥、不怕牺牲、讲求科学、敢打必胜”的战斗精神。

2007年，继续深入开展国防教育和“双拥”宣传教育。组织民兵干部参观爱国主义教育基地、国防教育基地。通过黑板报、电视广播、网站等多渠道，宣传《中华人民共和国国防教育法》《中华人民共和国兵役法》等国防知识，增强民兵国防意识。

第三节　军事训练

1950年，区境民兵训练多在冬闲时节进行，每期3—4天，学习武器使用、保养和近程射击基本要领。1955年，以基干民兵为基础，预备役兵为重点，每期用8—10天学习兵器常识，进行射击、投弹和战术训练。1958年，增加爆破、简易三防（防空袭、防原子弹、防化学武器）2项军训内容。1960年，民兵由单一兵种训练向多兵种训练发展，既训练步兵，又训练炮兵、工兵、通讯兵、侦察兵。1962年，采用小型、分散、就地、劳武结合方法，进行夜间巡逻和抗击小股匪特武装袭扰训练。1965年，军训贯彻“少而精”原则，以提高战术、技术为主，重点训练夜间作战和200米内近战过硬本领，5月间开展民兵野营活动，有急行军、传口令、防空、登山、游泳、射击、战术等科目。1969年，军训项目以打飞机、打坦克和防空为重点。1976年，根据中央军委“加强东南沿海战备工作”指示，组织武装基干民兵分赴各军事重点地段，进行反空降、反登陆、反暴乱综合演习。

1985年，基干民兵训练制度进行改革，把原1个周期30天分2年训完，改为1年训练20天。1986年，按总参谋部新颁布的《民兵军事训练大纲》，训练新入队基干民兵，并把以乡镇为单位集训改为由全县统一集训。1989年8—9月，采取集中与分片设点相结合的方法施训，实训新入队基干民兵；9月10日，步文乡、郭坑镇选派男女民兵，在龙海县民兵训练中心参加全县民兵阅兵大会，接受省军区、市军分区领导和市、县党政领导检阅。

1990年5—9月，参加龙海县人武部在县民兵训练中心和在浮宫、角美举办的军训，经省军区考核，全部合格。1991年5月16日至10月5日，按照省军区《民兵规范化训练细则》要求，采取由县集中分点分期轮训和与驻军挂钩代训形式，步文乡、郭坑镇民兵营长、民兵应急分队骨干和新入队基干民兵参加军事训练，合格率100%。1996年，民兵由单一兵种训练向多兵种训练发展。

1998年5月，区人武部组织民兵应急连进行为期20天强化专业训练；7月，组织民兵干部，就组织指挥、战术动作、基本技能、业务知识进行训练。2000年，区人武部根据民兵年度训练任务，组织民兵应急分队和对口专业分队进行模拟实战演练，进行民兵应急分队警棍防暴术、民兵医疗分队护送重伤病员、民兵木工分队搭架简易独木桥、民兵快速机动车分队紧急出动野外运输、民兵工程道路抢修分队对道路实施快速抢修5个科目的综合演练。全区训练民兵合格率100%。

2001年7月，区人武部组织民兵应急分队队员，利用15天时间进行升级训练，经军分区考核组验收，合格率96%；8月，组织民兵进行参战支前、护路保交通、重伤员护送、维护社会治安等训练；组织重伤员救护人员进行补差训练。2003年，以军事训练大纲为依据，立足攻防兼备要求，重点抓民兵应急分队、民兵专业技术分队、民兵干部、专武干部训练和高等学校学生军训，完成上级下达的年度民兵预备役训练任务。2005年1月，区人武部被福建省军区授予“2004年度按纲施训先进单位”称号。

2006年5月，组织为期7天的专武干部和民兵营长业务培训；8月，组织应急分队进行1个星期集中训练，经军分区考核成绩较好。当年，结合战备检查、抗洪抢险等行动，对民兵应急分队进行检验，增强预备队伍的责任感和使命感。

2007年，按照成体系、成建制形成作战能力的要求，以重点科目研训和编组联训科目为内容，组织民兵训练。8月15—30日，区人武部组织蓝田、郭坑民兵应急分队，进行演练，完成年度军训任务。

第五章 拥政爱民

第一节 支持地方经济建设

1985年，某部队发挥装备技术优势，出动人员和运输车辆，投入3600个劳动日，挖掘水沟2.8万米，搬运土方1.7万立方米，搬运石方0.5万立方米，帮助步文乡搞好基础设施建设。1990年，部队出动兵力，投入1300余个劳动日，动用车辆120台次，帮助步文乡基本建设工程搬运沙土石1万立方米。

1998年，某部队医院主要领导率领医务人员到步文镇中心医院，指导医院的整体建设，并在技术上和人力上给予支持帮助。，

2003年，区人武部组织朝阳镇民兵支援内林引水工程建设，完成长4.5公里、宽30米挖土任务。在非典型肺炎发生期间，区人武部组织民兵，深入各村开展防抗非典型肺炎宣传教育活动，发放爱国卫生知识宣传单23200张；组织基干民兵，开展防抗非典型肺炎爱国卫生运动，疏通水沟11公里，清理卫生死角136处，消毒公共场所8万平方米，清运垃圾466车，灭鼠2100多只。

2004年，围绕市政府东移的战略和龙文区开展招商引资活动，区人武部组织有驾驶技术的民兵成立汽车运输队，协助区政府搞好建设工地的平整和回填土，全年出动车辆3800台次，完成土石方回填1.9万立方米。

2005年，配合创建国家卫生城市，区人武部先后出动干部、职工及民兵上街开展市容整治及清理垃圾，共整治道路14公里，清理垃圾30多立方米。

2007年5月，区人武部确立步文镇后坂村为“社会主义新农村建设”援建村。

第二节 维护社会治安

1999年，区人武部在各村组建民兵治安巡逻队，配合公安部门担负维护社会治安任务。1999—2000年，协助公安部门抓获违法违纪人员10多人次。

2002年，配合开展创建“平安龙文”活动，区人武部将区民兵应急分队组织起来，成立20多支“护村队”“护路队”，建立正规的值班、巡逻制度，一年中抓获违纪违法人员30余人次。当年，区人武部还派出干部组织基干民兵，担负郭坑临时大桥守护工作，确保大桥的安全和畅通。

2007年元月，龙文区举办庆祝建区十周年文艺晚会，根据区委、区政府的要求，区人武部组织应急分队在会场协助公安部门维持秩序，确保晚会安全顺利进行。

第三节　参加抢险救灾

龙文区人民武装部组织民兵转移受灾群众

2002年，云洞岩风景区发生火灾，某部队闻讯立即出动官兵，车辆15台前往救援。

2003年，某部队分队组织指战员帮助桥头村抢修村路2次，扑灭甘蔗林火灾2次。

2005年，区人武部组织民兵预备役人员600多人次，参加抗洪、抗台风抢险救灾，巡堤查险18公里，加固堤防5公里，帮助转移群众2200多人。

2006年台风期间，区人武部派出干部23人次驻村指导抗灾工作，组织民兵帮助转移人民群众和财产。台风过后，部里拨经费1.2万元和发动干部职工捐献6000多元。帮助受灾的伤残军人和“五保户”。是年，市武警支队2次出动官兵，由支队长带队帮助区内扑灭2次山林火灾。

2007年，在超强台风“圣帕”袭击期间，区人武部派出干部9人驻挂钩的步文镇后坂村指导抗灾工作，组织民兵150人帮助转移人民群众和财产。

第四节　共建精神文明

1997年起，由区“双拥”办公室穿针引线，开展军民共建社会主义精神文明活动。至2000年1月，全区结成的军民共建对子16对。

1998年4月，区人武部与区国税局结为共建对子后，做好优势互补，共谋发展。区人武部以覆盖全区40多个行政村的民兵营为依托，选派民兵营承担税收宣传员、纳税督导员、廉政建设监察员，协助国税局开展各项活动。2001年，区人武部和区国税局被评为漳州市军警民共建社会主义精神文明先进单位。2005年7月，其对子又被评为全国军警民共建社会主义精神文明先进单位。

1999年，某部队分队与桥头村结成共建对子后，每年派出指战员帮助该村搞好治安保障、环境卫生等，并开展扶贫帮困活动，给“五保户”送去大米、面粉、蔬菜等物品。2002年，该部队被评为漳州市军警民共建社会主义精神文明先进单位。

2004年起，区人武部在共建活动中，广泛开展“送温暖、献爱心”捐献活动。每年捐献2000元，挂钩资助贫困小学生2人至小学毕业。每年春节拿出4000元，慰问军烈属和“五保户”。2005年，发动干部职工捐款3500元，为挂钩的后坂村敬老院赠送一批文体器材。2006年“六一”前夕，为蔡坂小学送去1000元的慰问品。2006年和2007年，每年拿出1600元，挂钩帮扶后坂村一位残疾家庭的小学生。2007年，区人武部通过区妇联了解到部分女童因家庭困难面临辍学的情况，即发动干部职工捐款1900元，于开学前夕将捐款送到困难女学生4人家里。

第十卷　经济总情

唐垂拱二年（686 年）漳州建置后，劝农重本，通商惠工，区境推广中原先进技术。宋代，兴修水利，畅通贸易，促进经济发展。元代，纺织机具和技术传入，纺织业得到发展。明代中叶，商业随着月港兴起而发展。清代强令“迁界”至民国 38 年（1949 年 9 月 30 日止）8 月，战事频仍，区境经济衰落，财政收入主要为田赋和赋外加税，正课之外还巧立名目，杂捐杂税繁多。

中华人民共和国成立后，消灭封建制度的经济基础，区境进行土地改革，解放生产力；恢复交通运输，促进城乡物资交流；开展农业生产互助合作运动，对私营商业、手工业和资本主义工商业进行社会主义改造，建立社会主义经济基础；废除繁杂税种，建立全国统一税制，贯彻“发展经济，保障供给”财政方针，扶持生产，提高经济效益，增加财政收入。1958 年始，受“大跃进”影响，以及国家三年困难时期，经济比例失调。1961 年，区境粮食减产，工业总产值下降。1962 年起，贯彻执行“调整、巩固、充实、提高”方针，区境经济得到好转。

“文化大革命”中，区境工厂多数停产“闹革命”，个体手工业被取缔，限制农民多种经营，商业机构合并，集市关闭，国民经济下滑。财税工作受到干扰，税源流失。

1978 年后，区境贯彻中共十一届三中全会精神，坚持以经济建设为中心，实行改革开放，开展经济体制改革，国民经济迅速恢复和发展。1983 年，对国营和集体企业实行利改税，开征企业所得税，更好发挥税收调节经济杠杆作用。1994 年，实行集中统一、以法治税的分税制财政体制。1995 年，步文、郭坑两镇国内生产总值 4.21 亿元，占漳州市国内生产总值 2.8%；财政收入 2198 万元，预算内人均财政收入 193 元。

1997 年起，龙文区立足区情，求实创新，发挥区域经济优势，确立“建设新城区，实行农村向城市、农民向居民两个转变”指导思想，加快经济体制改革，加大产业结构调整力度，扩大对外开放，加快新区建设进程，区域经济呈强劲发展态势；实施“兴工富民强区”发展战略，发展规模工业；不断推进农业产业化进程，调整农业种养结构，实行农业产业化经营，发展集约化现代农业；培养完善专业市场与商贸网点相结合的商贸物流体系，加快运输物流业的发展；国民经济持续、稳健、快速发展。2007 年，地区生产总值 43.01 亿元，比 1996 年增长 5.94 倍，年均递增 19.25%。农业总产值 7.08 亿元，比 1996 年增长 2.28 倍，年均递增 11.4%。工业总产值 102.42 亿元，比 1996 年增长 6.88 倍，年均递增 20.64%；其中规模工业产值 78.36 亿元，比 1996 年增长 31.51 倍，年均递增 37.23%。第三产业增加值 11.03 亿元，比 1996 年增长 10.61 倍，年均递增 24.97%。财政总收入 2.96 亿元，比 1996 年增长 10.31 倍，年均递增 24.67%。全社会固定资产投资额 27.04 亿元，比 1996 年增长 11.5 倍，年均递增 25.81%。社会消费品零售总额 12.52 亿元，比 1996 年增长 8.81 倍，年均递增 23.07%。农民人均纯收入 6188 元，比 1996 年增长 1.06 倍，年均递增 6.79%。城镇居民人均可支配收入 11461 元，比 2005 年增长 0.43 倍，年均递增 19.68%。

第一章 经济总量

第一节 地区生产总值与财政总收入

一、地区生产总值

1992年，郭坑镇国内生产总值7513万元。1995年，步文、郭坑两镇国内生产总值4.21亿元。1997年1月，龙文区实施工业发展、城市建设“两轮驱动”和“工业强区、商贸活区、中心带动、城乡互动”发展战略，加快城区基础设施建设，优化资源配置，培植以第三产业为主的特色经济；以房地产建筑业和旅游业为主导产业，带动三大产业全面发展，形成农业、工业、旅游业、商贸物流业、房地产业、建筑业六大支柱产业，实行全区经济协调、快速、健康发展。1997年，龙文区全年国内生产总值8.02亿元，比上年增加1.82亿元。全区国内生产总值占全市国内生产总值3.14%。2002年，龙文区国内生产总值增至17.92亿元，占全市国内生产总值4.28%。

2007年，龙文区地区生产总值43.01亿元，比1997年增长4.36倍，年均递增18.29%。全区地区生产总值占全市地区生产总值5.03%。

二、财政总收入

1963年，郭坑公社财政收入4903.64元，县财政拨款16203.78元，合计21107.42元。1979年，步文公社财政收入24.27万元，其中上级补助8万元。1985年，步文乡财政收入132.37万元，比上年增长48.6%。1988年，步文乡、郭坑镇财政收入分别为223.5万元、19.83万元。1989年，步文乡财政收入482.62万元。1990年，郭坑镇财政收入26.8万元。1991年，步文乡财政收入687.39万元，其中上级补助239.43万元。郭坑镇财政收入33.52万元。1993年，郭坑镇财政收入213.08万元。1994年税制改革，中央税和中央与地方共享税等税种归国家税务局征管。1995年，区境财政收入2198万元，其中郭坑镇财政收入950万元。

1997年，龙文区国税局主要负责蓝田、步文、郭坑3个镇和蓝田开发区（含龙文开发区）内资企业和个体工商业户的增值税、消费税、所得税和营业税征收和管理。区地方税务局税费征管户数862户。当年，龙文区财政总收入3410万元，比上年增加792万元，其中全区地方财政收入2252万元，占全市地方财政收入1.37%。2002年，区财政总收入8262万元，其中全区地方财政收入4918万元，占全市地方财政收入2.88%。此后，国税税收连年以20%以上速度增长。2004年，区财政总收入突破亿元大关，达10338万元。2005年5月，调整市区征管范围后，区地方税务局实现属地管理，征管户数和税费征收额快速增长。2006年，国税收入首次突破亿元大关。

2007年，龙文区财政总收入2.96亿元，比1997年增长7.69倍，年均递增24.15%。全区地方财政收入1.66亿元，占全市地方财政收入3.49%。

第二节　工农业总产值

一、工业总产值

1961年，步文公社工业总产值13.27万元。1978年，区境工业企业100多家，工业总产值361万元。1985年，工业企业400多家，工业总产值2739万元。1990年，工业企业800多家，工业总产值41064万元。

龙文区建立后，实施“兴工富民强区”发展战略，加紧工业区规划与基础设施建设，制定鼓励外商到龙文区投资兴业优惠政策、改善投资环境规定和重点建设项目管理规定，加大招商引资力度，提高利用外资水平；发展规模工业，改造传统产业，引进高新技术企业，实行产业转型升级。设立工业发展基金，加快工业发展进程。1997年，全区工业总产值16.72亿元。2002年，工业总产值33.63亿元。2007年，全区工业总产值102.42亿元。

二、农业总产值

1985年，区境农业总产值1.07亿元。1996年，农业总产值2.16亿元。

龙文区建立后，推进农业产业化进程，调整农业种养结构，实行农业产业化经营，发展集约化现代农业。1997年，全区农业总产值2.7亿元。2003年，农业总产值4.04亿元。2007年，全区农业总产值7.08亿元。

第三节　固定资产投资额与消费品零售总额

一、全社会固定资产投资额

1995年，区境全社会固定资产投资额1.07亿元。

1997年，龙文区落实中共漳州市委、市政府“建设新区，壮大中心城市”战略目标，围绕“从农村向城市转变，从农民向居民转变”的根本任务，采取“政府主导，市场运作”方法，多方筹措资金，快速启动，全面推进，加快全区城市化进程。全区社会固定资产投资额39459万元，比上年增加17821万元。2004年，全社会固定资产投资额12719万元，比上年增长1.11倍。

2007年，全区社会固定资产投资额270443万元，比1997年增长5.85倍，年均递增21.23%。

二、社会消费品零售总额

1978年后，实行改革、开放、搞活的政策，发展多种经济商贸体制，建立多种流通渠道，采取多种经营方式，私营商业活跃，个体商店、农贸集市、超级市场、物流企业遍布城乡，区境商品充盈，百业兴旺。1995年，社会消费品零售总额1.31亿元。

1997年，龙文区凭借城市中心区、旅游区、工业园区、人流物流集聚区优势，培养完善专业市场与商贸网点相结合的商贸物流体系，加快商贸物流业的发展。全区社会消费品零售总额16305万元，比上年增加3545万元。2002年，社会消费品零售总额45308万元。

2007年，全区社会消费品零售总额125212万元，比1997年增长6.68倍，年均递增22.61%。推进农业产业化进程，调整农业种养结构，实行农业产业化经营，发展集约化现代农业。

1997—2007年龙文区主要经济指标统计表

表10-1-1　　单位：亿元、万元、万美元

类别 年份	地区生产总值（亿元）	农业总产值（亿元）	工业总产值（亿元）	财政总收入（万元）	地方财政总收入（万元）	全社会固定资产投资额（万元）	社会消费品零售总额（万元）	城乡居民储蓄存款余额（万元）	实际利用外资额（万美元）	出口总值（万美元）
1997	8.02	2.7	16.72	3410	2252	39459	16305	15112	1381	2185
1998	8.99	2.99	19.44	3866	2639	35860	21273	20325	2518	2745
1999	10.25	3.06	21.84	4516	3128	48354	26726	24991	1485	1194
2000	12.65	3.3	23.36	5518	3749	48414	32552	29352	1809	1759
2001	15.24	3.54	27.56	7189	4960	58845	38653	35123	2767	2967
2002	17.92	3.68	33.63	8262	4918	66917	45308	44899	3275	6280
2003	20.10	4.04	38.22	8790	5043	60358	49659	53663	4204	7745
2004	22.55	4.85	45.95	10338	5602	127191	56039	67740	4019	12381
2005	31.14	5.1	72.9	15333	7791	162404	62427	83500	5337	15568
2006	35.8	5.29	83.7	22309	11820	202659	88182	98028	2208	16986
2007	43.01	7.08	102.42	29633	16551	270443	125215	114479	2455	19085

注：实际利用外资额和出口总值的计量单位为万美元

第二章　经济结构

第一节　产业结构

一、三大产业结构

1996年，区境第一产业增加值占国内生产总值比重19.1%，第二产业比重65.6%，第三产业比重只有15.3%。1997年起，龙文区加快推进工业化和城市化进程，向着以工业为主体、三大产业协调发展的多元经济发展新格局推进。第一产业、第二产业比重下降，第三产业比重上升。2002年，三大产业比重为10.1∶59.32∶30.58。

2007年，龙文区地区生产总值三大产业结构由1997年18.45∶64.84∶16.71变化成为6.28∶68.08∶25.64。

1997—2007年龙文区三次产业增加值及结构比例统计表

表10-2-1

类别 年份	第一产业		第二产业		第三产业		类别 年份	第一产业		第二产业		第三产业	
	增加值（亿元）	比重（%）	增加值（亿元）	比重（%）	增加值（亿元）	比重（%）		增加值（亿元）	比重（%）	增加值（亿元）	比重（%）	增加值（亿元）	比重（%）
1997	1.48	18.45	5.2	64.84	1.34	16.71	2003	1.94	9.65	12.06	60	6.1	30.35
1998	1.63	18.13	5.66	62.96	1.7	18.91	2004	1.99	8.83	13.9	61.64	6.66	29.53
1999	1.7	16.59	6.31	61.56	2.24	21.85	2005	2.07	6.65	21.44	68.85	7.63	24.5
2000	1.79	14.15	7.05	55.73	3.81	30.12	2006	2.2	6.15	24.65	68.85	8.95	25
2001	2.01	13.19	8.69	57.02	4.54	29.79	2007	2.7	6.28	29.28	68.08	11.03	25.64
2002	1.81	10.1	10.63	59.32	5.48	30.58	—	—	—	—	—	—	—

注：增加值为现价

二、第一产业结构

1997年，龙文区种植业、林业、畜牧业、渔业比重为53.7∶3.5∶23.1∶19.7。此后，对农业结构进行调整，改变单一经营粮食种植业、忽视以至损害经济作物和牧业、渔业的状况，根据当地的特点，发展多种经营。适当减少粮食播种面积，扩种蔬菜、食用菌、花卉等经济作物。同时，发展生猪养殖等畜牧养殖，促进农林牧渔全面发展，农业结构发生变化。2002年，龙文区种植业、林业、畜牧业、渔业比重为37.8∶0.2∶46.8∶15.2。

2007年，全区农业总产值7.08亿元。其中，种植业、林业、畜牧业、渔业比重为25.1∶0.2∶66.3∶8.4。

若干年份龙文区农业结构统计表

表10-2-2

类别 年份	农业	种植业		林业		畜牧业		渔业	
	总产值（万元）	产值（万元）	比重（%）	产值（万元）	比重（%）	产值（万元）	比重（%）	产值（万元）	比重（%）
1997	26978	14483	53.68	952	3.53	6232	23.1	5311	19.69
1999	30580	13691	44.77	1410	4.61	10119	33.09	5360	17.53
2001	35391	14657	41.41	66	0.19	14680	41.48	5988	16.92
2003	40041	13669	34.14	20	0.05	19989	49.92	6363	15.89
2006	52882	13860	26.21	341	0.65	31874	60.27	6807	12.87
2007	70768	17775	25.12	112	0.17	46913	66.29	5958	8.42

三、第二产业结构

1997年，龙文区工业与建筑业增加值分别为4.45亿元和0.75亿元，比重为85.58∶14.42。2001年，工业与建筑业增加值分别为7.17亿元和1.52亿元，比重为82.51∶17.49。

2007年，龙文区工业与建筑业增加值分别为26.68亿元和2.6亿元，比重为91.12∶8.88。

1997—2007 年龙文区第二产业增加值与结构比例情况表

表 10-2-3

类别 年份	第二产业增加值（亿元）	工业		建筑业		类别 年份	第二产业增加值（亿元）	工业		建筑业	
		增加值（亿元）	比重（%）	增加值（亿元）	比重（%）			增加值（亿元）	比重（%）	增加值（亿元）	比重（%）
1997	5.2	4.45	85.58	0.75	14.42	2003	12.06	10.45	86.65	1.61	13.35
1998	5.66	4.92	86.93	0.74	13.07	2004	13.9	12.41	89.28	1.49	10.72
1999	6.31	5.57	88.27	0.74	11.73	2005	21.44	19.67	91.74	1.77	8.26
2000	7.05	6.27	88.94	0.78	11.06	2006	24.65	22.48	91.2	2.17	8.8
2001	8.69	7.17	82.51	1.52	17.49	2007	29.28	26.68	91.12	2.6	8.88
2002	10.63	9.08	85.42	1.55	14.58	—	—	—	—	—	—

第二节　区域经济结构与固定资产投资结构

一、区域经济结构

1949 年至 1996 年，步文镇以竹木加工为主，郭坑镇以农业种植为主。

1997 年起，龙文区按照市政府中心区总体规划，按照城乡一体化发展思路，重点加强城区基础设施建设，引导市区工业向龙文开发区迁移，带动城乡经济发展。2006 年，蓝田、龙文两个工业区整合为蓝田开发区。

2007 年，区域经济形成以蓝田开发区为龙头，推进迎宾路以北及郭坑镇各工业园区的建设，完善各项配套设施建设的迎宾路以北工业集中带；整合城市资源，完善设施配套、居住优美、生活舒适、就业方便良好社区环境的中心城区；以江滨路龙文段沿线及江滨路龙文段以北，迎宾路以南，九龙大道以东，龙文路以西构建的高尚住宅、写字楼、大型商场等高尚商贸住宅区；推进以水仙大街、迎宾路为主轴的东面开发，依托吉马、聚善堂、汽车汽配等物流项目的开发，大型物流企业及其配套产业的城东物流聚集区；推动云洞岩景区和北溪旅游资源开发建设，完善各项配套设施，构建的北溪旅游区；九龙大道六石段以西区域的水土保持和资源保护，发展生态农业，构建的生态农业区。

二、固定资产投资结构

1997 年，龙文区固定资产投资总额 39459 万元，其中城建投资额、其他投资额分别占固定资产投资总额 60.5%、39.5%。2002 年，龙文区固定资产投资 66917 万元，比 1997 年增长 69.59%。其中城建投资额、其他投资额分别占固定资产投资总额 55.79%、44.21%。

2007 年，龙文区固定资产投资 270443 万元。其中，城建投资额占全区固定资产投资总额 41.03%、比 1997 年降低 19.47 个百分点；其他投资额占全区固定资产投资总额 58.97%，比 1997 年提高 11.59 个百分点。

1997—2007年龙文区固定资产投资结构情况表

表10-2-4

年　份	投资总额（万元）	城建投资		其他投资		年　份	投资总额（万元）	城建投资		其他投资	
		投资额（万元）	占比（%）	投资额（万元）	占比（%）			投资额（万元）	占比（%）	投资额（万元）	占比（%）
1997	39459	23873	60.5	15586	39.5	2003	60358	34093	56.48	26265	43.52
1998	35860	23774	66.3	12086	33.7	2004	127191	66342	52.16	60849	47.84
1999	48354	28657	59.27	19697	40.73	2005	162404	62648	38.58	99756	61.42
2000	48414	28050	57.94	20364	42.06	2006	202659	103234	50.94	99425	49.06
2001	58845	27853	47.33	30992	52.67	2007	270443	110952	41.03	159491	58.97
2002	66917	37332	55.79	19585	44.21						

第三章　经济增长速度与贡献率

第一节　经济增长速度

一、国内生产总值

“九五”时期后4年（1997—2000年），龙文区国内生产总值平均增长速度为14.69%。“十五”时期（2001—2005年），国内生产总值平均增长速度为14.29%。“十一五”时期前2年（2006—2007年），全区国内生产总值平均增长速度为15.94%。

二、财政总收入

“九五”时期后4年，龙文区财政总收入平均增长速度为20.51%。“十五”时期，财政总收入平均增长速度为25.33%。“十一五”时期前2年，全区财政总收入平均增长速度为39.01%。

三、农民人均纯收入

“九五”时期后4年，龙文区农民人均纯收入平均增长速度为5.69%。“十五”时期，农民人均纯收入平均增长速度为6.76%。“十一五”时期前2年，农民人均纯收入平均增长速度为9.12%。

若干时期龙文区主要经济指标平均增长速度情况表

表 10-3-1　　单位：%

时　　期	地区生产总值	第一产业增加值	第二产业增加值	第三产业增加值	农业总产值	工业总产值	财政总收入	全社会固定资产投资额	社会消费品零售总额	农民人均纯收入
“九五”时期后 4 年（1997—2000 年）	14.69	12.06	12.06	27.89	14.32	17.42	20.51	22.3	26.38	5.69
“十五”时期（2001—2005 年）	14.29	3.14	17	13.57	5.41	18.7	25.33	27.37	13.87	6.76
“十一五”时期前 2 年（2006—2007 年）	15.94	3.45	15.75	19.48	4.49	18.67	39.01	35.05	28.07	9.12

注：各时期平均增长速度为各相关年度发展速度计算所得

第二节　经济增长贡献率

一、第一产业

2000 年，龙文区第一产业对经济增长的贡献率为 3.8%。2004 年，第一产业对经济增长的贡献率为 2%。2007 年，第一产业对经济增长的贡献率为 7.6%。

二、第二产业

2000 年，龙文区第二产业对经济增长的贡献率为 30.5%。2004 年，第二产业对经济增长的贡献率为 75.1%。2007 年，第二产业对经济增长的贡献率为 71.2%。

三、第三产业

2000 年，龙文区第三大产业对经济增长的贡献率王 65.7%。2004 年，第三产业对经济增长的贡献率为 22.9%。2007 年，第三产业对经济增长的贡献率为 21.2%。

2000—2007 年龙文区三次产业对经济增长的贡献率情况表

表 10-3-2　　单位：%

年　份	地区生产总值	第一产业	第二产业	其　中		第三产业
				工　业	建筑业	
2000	100.0	3.8	30.5	29.2	1.3	65.7
2001	100.0	8.5	63.3	34.7	28.6	28.2
2002	100.0	-7.5	72.4	71.3	1.1	35.1
2003	100.0	6	65.6	62.8	2.8	28.4
2004	100.0	2	75.1	80	-4.9	22.9

续表 10-3-2

年份	地区生产总值	第一产业	第二产业	其中		第三产业
				工业	建筑业	
2005	100.0	0.9	87.8	84.7	3.1	11.3
2006	100.0	1.7	58.2	53	5.2	40.1
2007	100.0	7.6	71.2	62.9	8.3	21.2

第四章　经济均量与生活水平

第一节　经济均量

一、人均地区生产总值

1997 年，龙文区人均国内生产总值 7097 元，比全省人均国内生产总值少 19.12%，分别比全国、全市人均国内生产总值多 10.55% 和 22.15%。2002 年，全区人均国内生产总值 13220 元，分别比全国、全省和全市人均国内生产总值多 40.8%、2.18% 和 45.69%。

2007 年，全区人均地区生产总值 30214 元，比 1997 年增长 3.02 倍，平均递增 15.11%。全区人均地区生产总值分别比全国、全省和全市多 59.58%、16.62% 和 67.19%。

二、农民人均纯收入

1957 年，区境农民人均口粮 269 公斤，人均收入 58 元。1958 年，受到“大跃进”影响，加上遭受自然灾害，农民收入锐减。1960 年，农民人均口粮仅 170 公斤，人均收入 51 元。“文化大革命”期间，区境农民收入减少。1978 年，区境农民人均收入 120 元。

1978 年后，区境农民收入稳步提高。1987 年，郭坑镇农民人均纯收入 494 元，1990 年增至 850 元，1992 年达到 1378 元。1995 年，步文镇农民人均纯收入 2500 元。1996 年，区境农民人均纯收入 3003 元，比上年增长 4.89%。

1997 年，龙文区推进农业产业化进程，进一步调整农业种养结构，实行农业产业化经营，发展集约化现代农业。加快发展农村二、三产业，增加非农收入，农民收入快速提高。当年，全区农民人均纯收入 3237 元，分别比全国、全省和全市农民人均纯收入多 54.88%、16.19% 和 8.62%。1999 年，龙文区农民人均纯收入 3575 元，居全市各县（市、区）农民人均纯收入第二位。2002 年，农民人均纯收入 4037 元，分别比全国、全省和全市农民人均纯收入多 63.05%、14.07% 和 7.34%。2005 年，农民人均纯收入 5199 元，居全市各县（市、区）农民人均纯收入首位。

2007 年，全区农民人均纯收入 6188 元，分别比全国、全省和全市农民人均纯收入多 49.47%、13.19% 和 8.64%。

三、城镇居民人均可支配收入

2005年，龙文区城镇居民人均可支配收入8001元，分别比全国、全省和全市城镇居民人均可支配收入少23.75%、35.06%和28.82%。

2007年，全区城镇居民人均可支配收入比2005年增长43.24%，年均递增19.68%。城镇居民人均可支配收入分别比全国、全省和全市少16.86%、26.08%和19.02%。

1997—2007年龙文区主要经济指标完成量人均值情况表

表10-4-1

年份	地区生产总值（万元）	农业总产值（万元）	工业总产值（万元）	财政总收入（万元）	地方财政收入（万元）	全社会固定资产投资（万元）	社会消费品零售总额（万元）	农民纯收入（元）	城镇居民可支配收入（元）	城乡居民储蓄存款余额（元）
1997	7097	2490	15422	315	208	3639	1504	3237	—	1394
1998	8033	2672	17370	345	236	3204	1901	3405	—	1816
1999	8884	2652	18929	391	271	4191	2316	3575	—	2166
2000	10907	2845	20141	476	323	4174	2807	3747	—	2531
2001	11289	2622	20415	533	367	4359	2863	3889	—	2602
2002	13220	2715	28410	610	363	4937	3343	4037	—	3312
2003	14769	2968	28082	646	371	4435	3649	4321	—	3943
2004	16347	3501	33309	749	406	9220	4062	4785	—	4910
2005	22235	3642	52053	1095	556	11596	4457	5199	8001	5962
2006	25345	3745	59285	1579	837	14350	6244	5553	9461	6940
2007	30214	4974	71949	2082	1163	19164	8795	6188	11461	8042

注：龙文区从2005年起开展城镇居民生活调查与统计

1997—2007年龙文区地区生产总值及人均水平与全国、全省、全市比较表

表10-4-2

年份	全国		全省		全市		龙文区	
	国内生产总值（亿元）	人均国内生产总值（元）	地区生产总值（亿元）	人均地区生产总值（元）	地区生产总值（亿元）	人均地区生产总值（元）	地区生产总值（亿元）	人均地区生产总值（元）
1997	78973	6420	2870.9	8775	255.12	5810	8.02	7097
1998	84402.3	6796	3159.91	9603	291.21	6584	8.99	8033
1999	89677.1	7159	3414.19	10323	319.54	7169	10.25	8884
2000	99214.6	7858	3764.54	11194	353.56	7732	12.65	10907
2001	109655.2	8622	4072.85	11892	388.49	8462	15.24	11289
2002	120332.7	9389	4467.55	12938	418.23	9074	17.92	13220
2003	135822.8	10542	4983.67	14333	472.14	10199	20.1	14769
2004	159878.3	12336	5763.35	16469	553.55	11879	22.55	16347
2005	183868	14053	6568.93	18646	628.53	13402	31.14	22235

续表 10-4-2

年份	全国		全省		全市		龙文区	
	国内生产总值（亿元）	人均国内生产总值（元）	地区生产总值（亿元）	人均地区生产总值（元）	地区生产总值（亿元）	人均地区生产总值（元）	地区生产总值（亿元）	人均地区生产总值（元）
2006	211923.5	16165	7584.36	21385	711.7	15108	35.8	25345
2007	249529.9	18934	9249.13	25908	854.81	18072	43.01	30214

1997—2007 年龙文区地区生产总值及人均水平指数与全国、全省、全市比较表

表 10-4-3 单位：%

年份	全国		全省		全市		龙文区	
	国内生产总值	人均国内生产总值	地区生产总值	人均地区生产总值	地区生产总值	人均地区生产总值	地区生产总值	人均地区生产总值
1997	109.3	108.2	114	113.2	113.6	112.9	119.2	122.2
1998	107.8	106.8	110.8	110.2	113.5	112.6	117.6	113.9
1999	107.6	106.7	109.9	109.3	110.4	109.6	110.3	106.9
2000	108.4	107.6	109.3	107.5	110.5	107.7	111.9	111.3
2001	108.3	107.5	108.7	106.7	108.6	110.2	114.4	116.3
2002	109.1	108.4	110.2	109.3	110.7	108.2	117.1	116.6
2003	110	109.3	111.5	110.7	111.4	110.3	112.9	112.5
2004	110.1	109.4	111.8	111.1	111	110.7	113.8	111.3
2005	110.4	109.8	111.6	110.9	111.1	110.4	113.3	111.7
2006	111.6	111.0	114.8	114	112.5	112.1	114.8	113.9
2007	111.9	111.4	115.2	114	115.1	114.6	117.1	116.2

注：上年指数为 100

第二节 生活水平

一、农民生活水平

（一）收入水平

解放前，区境多数农民无地或少地，靠租种地主的土地过日子。由于生产力低下，加上苛捐杂税、派款派丁等盘剥，及土匪的敲诈勒索，农民生活苦不堪言。

中华人民共和国成立后，区境通过土地改革，农民分到土地，并开展生产互助合作，农业生产得到发展，农民生活逐步提高。1957 年，农民人均口粮 269 公斤，人均收入 58 元。1958 年“大跃进”，生产瞎指挥，浮夸成风，加上 3 年困难时期，区境农民收入锐减。1960 年，农民人均口粮仅 170 公斤，人均收入 51 元。“文化大革命”期间，片面强调“以粮为纲”，自留地和家庭副业被当作“资本主义尾巴”而割除，区境农民收入再次减少。1974 年，超支欠款户占总分配户数 30% 以上，平均每户超支欠款 100 多元。

1978 年，区境农民人均收入 120 元。中共十一届三中全会后，实行家庭联产承包责任制，调整产业结构，农业生产迅速发展，农民收入稳步提高。1980 年后，出现数以千计的种植、养殖及工商业、建筑运输业等专业户、联营体，农民开始走向劳动致富的道路。1988 年，郭坑镇农民人均纯收入 677 元，1991 年增至 1184 元。1995 年，步文镇农民人均纯收入 2500 元。1996 年，区境农民人均纯收入 3003 元。

1997 年，龙文区农民人均纯收入 3237 元，比上年增长 7.79%，居漳州市各县（市、区）农民人均纯收入第四位。1999 年，全区农民人均纯收入 3575 元，居漳州市各县（市、区）农民人均纯收入第二位。2002 年，全区农民人均纯收入 4037 元，比 2000 年增加 290 元。2004 年，全区农民人均纯收入 4785 元，比上年增长 10.74%。2005 年，全区农民人均纯收入 5199 元，跃居漳州市各县（市、区）农民人均纯收入第一位。

2007 年，全区农民人均纯收入 6188 元，比 1997 年增长 0.91 倍，年均递增 6.69%。

（二）消费水平

食品消费　解放前，区境农民主食杂粮，副食品很少，以萝卜干为主。逢年过节，鱼、肉等副食品也很少见。中华人民共和国成立后，区境多数农户粮食自给有余，消费结构发生变化，肉、禽、蛋、果、茶、酒等副食品消费逐步增加。中共十一届三中全会后，逐渐由“温饱型”转向“小康型”，对肉禽蛋等副食品的需求日益上升。2000 年，全区农民人均主副食品消费 1492 元，2007 年增至 2128 元，增长 42.63%。

居住消费　解放前，区境农民住宅多为土墙瓦顶房，房屋矮小，通风采光差，甚至存在人畜禽混居现象，卫生条件差。中华人民共和国成立后，区境农民住房逐步得到改善。一些农民省吃俭用，通过多年积蓄，对旧房进行改造。1950—1976 年，农民住房消费总体变化不大。中共十一届三中全会后，农民基本解决了吃、穿问题，并着手改善住房条件，多数农户建起新房，逐渐淘汰低矮农舍。1980 年后，新建房屋多为砖木、钢筋混凝土结构。1990 年后，室内多配有卫生间、浴室，布局合理，通风条件好，美观舒适。1997 年后，随着新区建设步伐加快，部分农民房屋被征用拆迁，从而住进政府统一规划、统一建设的安置小区，改善农民住房条件。2000 年，全区农民人均居住消费 262 元，2007 年增至 1442 元，增长 4.5 倍；人均居住面积 36 平方米。

衣着消费　解放前，区境多数农民穿土织布衣，补丁再补丁。不少农民无棉衣、毛衣御寒，脚穿木屐、草鞋，有的常年赤脚。中华人民共和国成立后，区境农民穿着逐渐发生变化。1950 年后，农民穿上机织棉布衣，夏有汗衫、衬衣，冬有卫生衣、羊毛衣、胶布鞋；1960 年后，国家对各种工业品供应减少，农民衣着较为短缺。1970 年后，随着化纤业的兴起，农民衣着由以棉布为主转为以化纤为主，并逐渐趋向城市化。1980 年后，对式样新颖、美观大方的成衣需求量日益增多，呢绒、毛料、针织品以及各式皮鞋、旅游鞋、丝袜等消费量增加。 2000 年，全区农民人均衣着消费 195 元，2007 年增至 223 元，增长 14.36%。

日用品消费　解放前，区境农民日用品极少，家具多为木料粗制。中华人民共和国成立后，区境农民生活水平逐步提高，日用品消费逐步增加，品种也比较丰富。1950 年后，农民开始使用手电筒、闹钟、热水瓶等。1970 年后，自行车、缝纫机、收音机、手表等从城镇转向农村，中档大家具成为婚嫁必需品。1980 年后，收录机、电风扇、电视机、录像机等进入农民家庭。1990 年后，城镇居民使用的日用品逐步进入农民家庭。2000 年，全区农民人均日用品消费 174 元，2007 年增至 321 元，增长 84.48%。

燃料消费　解放前，区境农民生活燃料以柴草、稻草为主。中华人民共和国成立至 1984 年，区境农民燃料变化不大。1985 年后，随着煤炭工业的发展，农民燃料基本普及煤炭。1990 年后，农民开始使用液化石油气、沼气等，燃料趋向多样性。

文化生活服务消费　解放前，区境农村生活水平低，农民文盲多，娱乐活动的消费少。中华人民共和国成立后，区境开展扫盲活动，建立乡、村文化站、室和有线广播网，逐步丰富农民的文化生活。1980 年后，农民购买电视机、收音机逐渐普遍。乡镇有中学，村村有小学，农民精神生活向高层次迈进。1990 年后，影碟机、程控电话、手提电话、电脑开始进入普通家庭。2000 年，全区农民人均文化生活服务（含邮电通讯、交通服务）消费 589 元，2007 年增至 677 元，增长 14.94%。

若干年份龙文区每百户农民家庭主要耐用消费品拥有数量统计表

表 10-4-4

年份	洗衣机（台）	电风扇（台）	电冰箱（台）	抽油烟机（台）	微波炉（台）	空调器（台）	热水器（台）	自行车（辆）	摩托车（辆）
2000	51	243	60	17	29	24	54	144	129
2005	18	226	64	28	20	26	52	104	110
2007	24	–	83	42	26	36	81	87	125

年份	生活用汽车（辆）	固定电话机（台）	移动电话机（台）	彩色电视机（台）	影碟机（台）	组合音响（套）	收录机（台）	家用计算器（台）	照相机（部）
2000	4	100	130	119	83	31	16	11	21
2005	4	90	130	118	66	6	14	8	—
2007	4	79	152	125	63	—	—	16	—

注：2000 年和 2005 年的数据系分别由 70 户和 50 户农民家庭抽样调查资料测算

2000—2007 年龙文区农民人均生活消费情况表

表 10-4-5　　单位：元

年份	食品消费（元）	衣着消费（元）	居住消费（元）	家庭设备和用品消费（元）	交通和通讯消费（元）	文教和娱乐服务消费（元）	医疗保健消费（元）	杂项商品和服务消费（元）	合计消费（元）	恩格尔系数（%）
2000	1492	195	262	174	365	224	56	246	3014	49.5
2001	1463	217	322	175	353	184	66	301	3081	47.5
2002	1375	128	198	148	276	138	35	480	2778	49.5
2003	1188	116	286	70	262	131	70	327	2450	48.5
2004	1764	161	317	91	330	204	47	42	3556	49.6
2005	1878	185	939	145	365	225	65	64	3866	48.6
2006	1825	162	1264	218	370	270	103	74	4286	42.6
2007	2181	223	1442	321	387	290	135	85	5064	43.1

表 10-4-6

1997—2007 年龙文区农村居民家庭人均纯收入及恩格尔系数与全国、全省、全市比较表

单位：元、%

年份	全国			全省			全市			龙文区		
	人均纯收入		恩格尔系数（%）	人均纯收入		恩格尔系数（%）	人均纯收入		恩格尔系数（%）	人均纯收入		恩格尔系数（%）
	绝对数（元）	指数（元）		绝对数（元）	指数（元）		绝对数（元）	指数（元）		绝对数（元）	指数（元）	
1997	2090	108.5	55.1	2786	111.8	55.1	2980	111	55.9	3237	107.8	
1998	2162	103.4	53.4	2946	105.7	54.4	3218	108	55	3405	105.2	
1999	2210	102.2	52.6	3091	104.9	52	3378	105	51	3575	105	
2000	2253	101.9	49.1	3230	104.5	48.7	3530	104.5	45	3747	104.8	49.5
2001	2366	105	47.7	3381	104.7	47.5	3695	104.7	53.2	3889	103.8	47.5
2002	2476	104.6	46.2	3539	104.7	45.9	3761	101.8	51.7	4037	103.8	49.5
2003	2622	105.9	45.6	3734	105.5	45.1	3680	97.8	49.5	4321	107	48.5
2004	2936	112	47.2	4089	109.5	46.7	4076	110.8	51	4785	110.7	49.6
2005	3255	110.9	45.5	4450	108.8	46.1	4463	109.5	50.9	5199	108.7	48.6
2006	3587	110.2	43	4835	108.7	45.2	5075	113.7	45.9	5553	106.8	42.6
2007	4140	115.4	43.1	5467	113.1	46.1	5696	112.2	47.1	6188	111.4	43.1

注：上年指数为 100

二、城镇居民生活水平

（一）收入水平

解放前，区境城镇居民就业率低，工人、店员、职员为数不多，地位低、报酬薄。

中华人民共和国成立后，区境城镇居民就业人数不断增加，工资收入逐步提高。1957 年，城镇居民人均可支配收入 168.69 元。1978 年，城镇居民人均可支配收入 240.44 元。1978 年后，执行中共十一届三中全会的路线、方针、政策，工农业生产稳定发展，市场商品丰富，职工收入逐年提高。1997 年后，城镇居民就业渠道拓宽，居民工资收入快速增长。

2007 年，全区城镇居民人均可支配收入由 1996 年的 4408 元增加到 11461 元，年均递增 9.08%。

（二）消费水平

解放前，区境城镇居民虽终日劳累，却生活困苦；遇到工伤、病痛，则负债累累，难以维持生计。

中华人民共和国成立后，区境城镇居民随着工资收入的提高，生活逐步改善。1957 年，城镇居民人均生活消费 161.94 元。1978 年，城镇居民人均生活消费 230.81 元，比 1957 年增长 42.53%。

1997 年起，随着工资收入增长，区境城镇居民生活水平显著提高。

2007 年，全区城镇居民人均生活消费由 1996 年的 4045 元增加到 8010 元，年均递增 6.41%。

食品消费　解放前，区境城镇居民主食为大米，辅以甘薯、豆类等。副食品以蔬菜、腐乳为主，仅逢年过节才能吃到鱼、肉。中华人民共和国成立后，区境城镇居民食品消费实行定量供应，定量标准随国家供应标准的变化而变化，基本解决温饱问题。中共十一届三中全会后，随着城市经济体制改革的不断深入，多渠道竞争，多种经济成分并存，市场不断繁荣，城镇居民消费逐渐由“温饱型”转向“小康型”，主食消费减少，副食品消费增加，品种多样，档次提高。2007年，全区城镇居民人均食品消费3358元。

衣着消费　解放前，区境城镇居民多数穿土布汉装、机织中山装和布鞋、木屐。中华人民共和国成立后，区境城镇居民穿着不断更新。1050—1969年，多数以棉布、卡其布、灯芯绒为衣料。1970年后，以涤纶、的确良、化纤等为衣料。1980年后，增加哔叽、呢绒、羽绒衣料，款式多样。2007年，全区城镇居民人均衣着消费697元。

居住消费　解放前，区境城镇居民住宅以土木瓦房结构居多，砖木结构楼房少。中华人民共和国成立至1979年，区境部分单位建宿舍，改善职工的住房条件，但居民住宅情况变化不大。1980年后，政府增加住房建设投资，居民用于住房消费增加，有的自建新房或购买商品房，多为钢筋混凝土配有阳台、卫生间，采光充足、通风条件好，并注重室内装修，材料有彩釉瓷砖、石材、木质地板等，讲究美观舒适。2007年，全区城镇居民人均居住面积25平方米；人均居住消费724元。

水电燃料消费　解放前，区境城镇居民燃料以柴草、木炭为主。中华人民共和国成立至1969年，区境居民生活燃料无大变化。1970年后，燃煤逐步普及。1990年后，燃煤逐步被石油液化气及电取代。2007年，全区城镇居民人均水电燃料消费598元。

日用品消费　解放前，区境城镇居民家具简陋，多为世代传用，手表、座钟极少。中华人民共和国成立至1959年，区境城镇居民日用品消费变化不大。1960年后，电唱机、收音机等开始进入普通居民家庭。1980年后，电风扇、收录机、照相机、洗衣机、电视机、电冰箱、录像机大量进入普通居民家庭。1990年后，组合音响、空调器、热水器、摄像机、电脑、影碟机以及摩托车、汽车也进入居民家庭，并不断增加。2007年，全区城镇居民人均日用品消费622元。

文化生活服务消费　解放前，区境城镇居民由于就业率低、经济窘迫，文化生活匮乏，文化生活服务消费水平低下。中华人民共和国成立后，政府大力发展文化事业，区境逐步提高医疗卫生水平。中共十一届三中全会后，随着城镇居民物质生活的日益提高，对精神文化生活的需求不断增长，层次不断提高。随着电子音像技术的发展，文娱活动逐渐由大众式向家庭式转化。1990年后，适龄儿童均入学，有的参加校外文艺、书画培训。成年人函授、自学等越来越多，到舞厅、迪吧、KTV等娱乐场所娱乐者也不少。电视机户户普及，部分装上数字电视。家庭均拥有程控电话和手提电话，电脑及网络进入普通居民家庭。2007年，全区城镇居民人均文化生活服务消费806元，其中文化娱乐用品及服务消费264元、教育支出542元。

2007年龙文区每百户城镇居民家庭主要耐用消费品拥有数量统计表

表10-4-7

耐用品名称	数量	耐用品名称	数量	耐用品名称	数量	耐用品名称	数量
摩托车（辆）	87	彩色电视机(台)	120	照相机（套）	23	淋浴热水器（部）	87
家用汽车（辆）	3	家用电脑（台）	30	钢琴（套）	3	固定电话机（部）	100
洗衣机（辆）	53	录像机（台）	3	微波炉（套）	57	移动电话机（部）	163
电冰箱（辆）	83	组合音响（台）	20	空调器（套）	43	—	—

2007年龙文区城镇居民人均生活消费情况表

表 10-4-8　　单位：元

消费类别	支出金额	消费类别	支出金额	消费类别	支出金额
生活消费合计	8010	居住消费	724	文化教育、娱乐服务消费	806
食品消费	3358	家庭设备、用品消费	622	医疗保健消费	304
衣着消费	697	交通和通讯消费	965	杂项食品和服务消费	534

1997—2007年龙文区城镇居民家庭人均可支配收入及恩格尔系数与全国、全省、全市比较表

表 10-4-9　　单位：元、%

年份	全国			全省			全市			龙文区		
	人均纯收入		恩格尔系数（%）	人均纯收入		恩格尔系数（%）	人均纯收入		恩格尔系数（%）	人均纯收入		恩格尔系数（%）
	绝对数（元）	指数（元）		绝对数（元）	指数（元）		绝对数（元）	指数（元）		绝对数（元）	指数（元）	
2005	10493	111.4	36.7	12321	110.3	40.9	11241	111.1	43.3	8001	110.2	47.3
2006	11760	112.1	35.8	13753	111.6	39.3	12511	111.3	40.3	9461	118.2	42.4
2007	13786	117.2	36.3	15505	112.7	38.9	14153	113.1	41.0	11461	121.1	42.8

注：龙文区从2005年起开展城镇居民生活调查与统计，指数上年为100

第五章　镇级经济

第一节　步文镇经济

陈元光开漳之后，实行屯田制，劝农为本，镇境农业生产得到发展。明代，山头顶、六石等地个体纺织手工业者普遍使用织布机具。清代，手工业产品趋多样化，石仓竹器、小港木器远近驰名。

中华人民共和国成立后，在巩固农业主导地位的同时，镇境工业及手工业等产业得到发展。在大量种植稻谷同时，逐步种植甘蔗、番薯、花生、荔枝、龙眼等农作物。1955年，纺织业全部实现机械化。1958年，登科大队种植“134台蔗”，每公顷产量75吨，获国务院颁发的“甘蔗高产”奖状。1961年，步文公社粮食总产量1.22万吨，工业总产值13.27万元。

1979年起，步文公社个私、股份制企业迅速发展，促进粮食加工、竹器木器、食品罐头、建材建筑、商业运输和金属制品6个产值上亿元支柱产业和“菇王、砖王、柴王、谷王、钟王”等骨干企业，以及后坂村、蓝田村、石仓村、田丰村和浦口村等“亿元村”的形成。当年，步文公社粮食总产量2.76万吨。1985年，步文乡工农业总产值1.21亿元，其中工业总产值5187.85万元。1991年，步文乡农业总产值1.2亿元。

1994年，步文镇粮食复种面积4580公顷，总产量3.15万吨；甘蔗种植面积667公顷，甘蔗供榨量3.77万吨；蘑菇种植130万平方米，总产量0.91万吨。全镇农业总产值2.02亿元。根据

“以道路建设带小区建设，以小区建设带企业建设，以企业建设带集镇建设”经济发展思路，坚持“多轮驱动，多种经济成分并举”，初步形成“一村办一区、一区结一品、一品带一群、一群富一方”的格局。全镇有17个工业小区，在建企业140家，总投资2.3亿元；已投产61家，新增产值2.4亿元。是年，全镇社会总产值13.5亿元，工农业总产值11.38亿元，人均纯收入2500元。

1997年，步文镇按照城区发展要求，调整经济结构，扶持东亚冷冻、冬日冷冻、后坂民政制罐、和成制罐、嘉顺制罐、益民食品、永成食品、福隆食品罐头、裕盛包装9家年产值上千万元的骨干企业；拓展小区规模，以小区拓展带动全镇企业发展，全镇有工业企业380家，其中村办15家、合作企业200家、个体165家。农业生产初步形成以土白、下洲为中心，包括后坂、步文、坂上等村共100公顷蔬菜种植带，以后坂、碧湖、田丰、步文等村为中心100公顷早、晚两季粮食生产带，以后坂、坂上等村为中心33公顷淡水养殖和家禽饲养带。全镇粮食种植面积200公顷，年产量1500吨，全镇社会总产值5.95亿元。

2000年，传统农业不断优化升级，高优农业所占比重逐渐加大。在巩固下洲、土白、步文、坂上4个村种植99公顷蔬菜的同时，把步文、石仓、后坂、碧湖等村67公顷水田改为种植茭白笋等高优作物，全镇蔬菜总产1.23万吨。养殖业、食用菌业和家禽饲养业以后坂、坂上等村为中心继续发展，全年粮食、水产品、畜牧业和食用菌产量分别为1888吨、850吨、2022吨和124吨。全镇有工业企业441家，其中集体企业14家、私营企业90家、个体企业337家。2003年，随着城市建设步伐加快，耕地面积减少，在巩固现有城郊型高优农业同时，与城市配套的蔬菜、花卉、养殖等农副产品得到较快发展。2004年，坚持“大中小企业齐发展”方针，投资4000多万元新办企业33家，其中新办工业企业8家；新增厨师食品有限公司等2家规模企业。全镇规模企业总数13家，完成产值3.33亿元。后坂、田丰、步文、下洲4个工业小区完成产值和税利分别为2.6亿元和830万元。2006年，全镇有工业企业500多家，基本形成木材加工、建筑建材、金属制罐、食品罐头、陶瓷、皮革等支柱产业；有2家企业2项产品获“福建名牌产品”称号。

2007年，全镇社会总产值21.94亿元，工农业总产值8.26亿元，农民人均纯收入6088元，分别比1997年增长2.69倍、1.16倍、65.08%。新增规模企业莱威尔陶瓷和东方智能2家。全镇有中国驰名商标“厨师”商标1项、省级著名商标2项，厨师食品企业获“福建省品牌农业企业金奖”。

1997—2007年步文镇基本经济指标完成情况表

表10-5-1　　单位：亿元、万元、元

年份	社会总产值（亿元）	工业总产值（亿元）	农业总产值（万元）	全镇财政收入（万元）	农民人均纯收入（元）	年份	社会总产值（亿元）	工业总产值（亿元）	农业总产值（万元）	全镇财政收入（万元）	农民人均纯收入（元）
1997	5.95	3.64	1800	843	3688	2003	9.72	7.5	2228	1496	4650
1998	7.20	4.70	1654	916	3835	2004	14.57	8.76	1939	1813	4845
1999	9.49	6.10	1903	1124	4148	2005	16.99	9.88	1661	2725	5310
2000	11.06	7.50	2077	1320	4340	2006	19.14	8.83	1150	10130	5682
2001	12.36	8.10	2180	1489	4492	2007	21.94	8.1	1620	8132	6088
2002	8.67	5.80	2039	1261	4762	—	—	—	—	—	—

第二节 郭坑镇经济

唐垂拱二年（686年），陈元光建置漳州后，劝农重本，镇境垦荒种植，扩大稻田蔗圃，推广中原先进农业生产技术。宋代，镇境加工业兴起。洛滨、扶摇，东溪一带盛产的陶瓷产品销往各地，其中“鲤鱼吐珠”细陶茶罐畅销全国。明中叶，通过月港，从国外引进甘薯、烟草等农作物。清初，实行“海禁”“迁界”政策，海澄月港关闭，瓷器外销受阻。清代中期至民国38年（1949年9月30日止）8月，镇境有私营粮油、食品加工作坊、竹木器加工场和农具生产工场。

1951年年底至1955年，镇境分别组织农业生产互助组、初级农业生产合作社、高级农业生产合作社。1958年人民公社化后，生产大队、生产队和街道集资创设碾米厂、石料场、砖瓦窑、林果茶场、畜牧场、竹木加工和农具修造工场等企业。1962年，实行以生产队为经济核算单位，生产得到发展。郭坑公社粮食产量1471.5吨、甘蔗产量2234吨、生猪存栏数2004头，比1961年分别增长34.54%、12.57%、80.54%。1977年，全公社粮食产量4281吨，甘蔗产量12986吨，生猪存栏数6884头。

1978年后，郭坑公社实行家庭联产承包责任制，发挥农民生产积极性，促进农业生产发展。1980年始，调整农业产业结构，改变单一化种养局面，开山种果，扩大香蕉、菠萝、龙眼、荔枝等种植面积，恢复芦柑、文旦柚等郭坑名果种植，并引进印度杧果、泰国番石榴、日本巨峰葡萄等外来新品种，年水果产量675吨。当年，全公社工农业总产值537万元。1985年，全镇工农业总产值1292.27万元。1988年工业总产值960万元，比1985年增长30.56%。1991年，全镇农业总产值1184万元。1993年，全镇引进“三资”企业5家，新办乡镇企业、个私企业85家，推广“渔—牧—果”集约经营模式，每公顷地由原来的年收1.2万元提高到10.5万元，全镇工农业总产值2.3亿元，其中农业总产值2550万元（1996增至3485万元）。1996年，全镇工农业总产值5.1亿元，其中农业总产值3485万元；镇财政收入850万元、农民人均纯收入3026元。

1997年，郭坑镇调整经济结构，实施“依托车站，承接市区，工贸并举，交通兴镇，突出中轴，开发一线，建设两区”发展战略，工业坚持“多轮驱动，多种经济成分并举”方针，引进力盛玩具、兴隆防火板2家外资企业及兴办翰苑化工、联盛农业等个私企业，全镇工业企业总数153家，产值5.74亿元，形成以食品、饲料、包装、烘干、建筑材料、交通运输行业为主的乡镇企业群。农业坚持“稳粮保蔗，区域种植，多种经营，提高效益”方针，实施年亩产“吨鱼、吨肉、吨果”工程，朝着“高特新、种养加、产供销、农工贸”一体化方向发展。当年，全镇工农业总产值6.12亿元，农民人均纯收入3026元。1999年，抓好个私经济区、工业走廊和农副产品加工区3个载体建设，发展壮大民营经济。投资100多万元，在扶摇、洛滨2村的浦口片区建立总面积49.87公顷龙文区现代农业示范区。2001年，建设反季节蔬菜、水果、淡水养殖、食用菌种植、禽畜养殖五大基地和洛滨、扶摇农副产品加工区，形成“一村一品、一村一业”格局。2002—2006年，采取加快载体建设、实施分类指导、强化招商引资、狠抓软环境建设4条措施，投资3000万元，新征工业用地60公顷，建设郭坑工业园区，完善洋底个私经济区。

2007年，全镇工业总产值10.62亿元，农业总产值1.43亿元，农民人均纯收入5591元，分别比1997年增长85.22%、2.72倍、84.77%。

1997—2007 年郭坑镇基本经济指标完成情况表

表 10-5-2　　单位：亿元、万元、元

年　份	工业总产值（亿元）	农业总产值（万元）	全镇财政收入（万元）	农民人均纯收入（元）	年　份	工业总产值（亿元）	农业总产值（万元）	全镇财政收入（万元）	农民人均纯收入（元）
1997	5.74	3849	984	3026	2003	7.98	6653	854	4430
1998	7.32	4183	896	3720	2004	7.98	8666	1192	4350
1999	9.15	4323	840	3900	2005	8.45	9520	1602	4848
2000	10.67	5726	927	4100	2006	9.28	7990	2078	5157
2001	11.31	5873	855	4250	2007	10.62	14300	2850	5591
2002	7.56	6562	950	4450	—	—	—	—	—

第三节　蓝田镇经济

1997 年，蓝田镇在确保粮蔗生产的同时，发展高优农业，抓好以蓝田村为主的反季节蔬菜——茭白笋和以东屿、梧桥为主的食用菌生产。全镇茭白笋生产面积 40 万平方米，创产值 1200 万元。因地制宜，加强与重点工业企业沟通，做好协调服务工作，推进乡镇企业和民营经济的持续、稳定、健康发展。全镇工业产值 6.4 亿元。当年，全镇社会总产值 8 亿元，工农业总产值 7.04 亿元，农民人均纯收入 3683 元。1998 年，改造低产果园，对梧桥村、东屿村 600 棵龙眼树进行高接换种；西坑村从永春引进优良麻竹笋 700 棵，种植成功；致力发展短平快项目，灰鹅养殖以东屿景山为基地，年创产值 200 万元。2000 年，食用菌、大灰鹅、茭白笋、果树等 5 个示范基地建设进一步完善，农产品营销工作有新的突破，全年完成农业总产值 1.03 亿元。2001 年，蓝田镇木材加工、家具生产、建材加工、罐头四大支柱产业初步形成，中粮食品、裕兴果蔬、东方食品、尧富家具、金田水泥等一大批骨干企业不断发展，市场竞争力增强。全年工业总产值 11.7 亿元。2004 年，新增规模企业 5 家，新培育亿元工业企业 1 家。全镇有上亿元企业 3 家、5000 万元以上企业 2 家、1000 万元以上企业 3 家。裕兴果蔬、尧富家具应诉美国反倾销案件成功，扩大出口美国的空间。当年，裕兴果蔬产值 1.7 亿元，比上年增 12.5%，纳税 734.6 万元；尧富家具创产值 3.2 亿元，比上年增 48.4%，出口交货值 3.18 亿元，比上年增 43.8%。东方食品集团公司成立，实现全区企业集团零的突破，促进企业上规模，上档次，创产值 10014 万元，纳税 148.44 万元。2005 年，种植木耳 3000 万袋，蘑菇 2.6 万平方米，茭白笋、蔬菜 66.67 公顷，养殖家禽 5.1 万羽、生猪 1.1 万头，全镇农业产值 10450 万元。蓝田镇在全区经济目标责任状考核评比中名列第一。

2007 年，全镇完成工业总产值 21.5 亿元，其中规模工业产值 10.6 亿元；完成合同外资 197 万美元，实际到资 832 万美元，自营出口 1943 万美元；社会固定资产投资额 5.51 亿元，比上年增长 79.48%；农业产值 0.85 亿元；居漳州市“十强镇”行列。当年，全镇社会总产值 23.2 亿元，工农业总产值 22.35 亿元，农民人均纯收入 6086 元，分别比 1997 年增长 1.9 倍、2.17 倍、65.25%。

1997—2007 年蓝田镇基本经济指标完成情况表

表 10-5-3　　　　单位：亿元、万元、元

年份	社会总产值（亿元）	工业总产值（亿元）	农业总产值（万元）	全镇财政收入（万元）	农民人均纯收入（元）	年份	社会总产值（亿元）	工业总产值（亿元）	农业总产值（万元）	全镇财政收入（万元）	农民人均纯收入（元）
1997	8	6.4	6400	838	3683	2003	12.7	9.3	11500	2004	4341
1998	9.5	6.3	8100	820	3960	2004	16.8	13.6	11000	1285	4755
1999	12.3	8.7	9000	935	4160	2005	20.1	16	10450	5000	5269
2000	14.2	10.3	10288	1297	4350	2006	26	19.2	9540	6038	5680
2001	16.3	11.7	11013	1390	4462	2007	23.2	21.5	8500	5061	6086
2002	11.5	8.4	11108	1470	4620	—	—	—	—	—	—

第四节　朝阳镇经济

1997 年，朝阳镇针对社会经济处于起步阶段，工业项目建设亟待规范等状况，紧扣“搞好镇区中心区域规划，建设新兴工贸城镇”主线，进行镇区基础设施建设，投资 1600 多万元，完成镇科技综合楼、朝阳中学科技楼等项目建设，镇区框架基本形成。投资 2000 多万元，修建道路 20 条（段），总长 41 公里。村村通水泥路，镇道、县道与省道、国道相连，形成完整的路网体系。投资 200 多万元，完成省道郊柏线 3.5 公里自来水管道铺设。朝阳镇以优越的地理环境和便捷的交通优势，完善的水、电、路网设施而成为新兴的投资兴业热土，吸引着越来越多的投资者。当年，全镇社会总产值 6.27 亿元、工农业总产值 5.81 亿元，农民人均纯收入 3472 元。2003—2005 年，朝阳镇连续 3 年获得龙文区经济责任指标完成第一名；2006 年，获漳州市经济发展实力十强镇称号。

2007 年，全镇拥有朝阳、打山、红山三个工业发展集中区和一个省级专业市场（浦口粮食批发市场），漳滨榕树、书厅蔬菜、恒坑苗木三大农业基地，逐步形成以“畜、鱼、花、蔬”为主的四大主导产业。农业项目和农田水利设施建设扎实推进，占地面积 153.33 公顷的漳滨浦头洋土地整理项目经省级验收通过。开展农村“六千水利工程”（千万农民饮水工程、千座水库保安工程、千万立方米山地水利工程、千万亩农田节水灌溉工程、千公里河道清水工程、千万亩水土流失治理工程）建设，投资 350 万元解决群众生产生活用水问题。当年，全镇社会总产值 23.82 亿元，农业总产值 4.06 亿元，工业总产值 18.2 亿元（其中规模工业产值 8.5 亿元），财政收入 3600 万元，农民人均纯收入 5627 元，分别比 1997 年增长 2.8 倍、2.09 倍、3.04 倍、62.07%。

1997—2007年朝阳镇基本经济指标完成情况表

表10-5-4　　单位：亿元、万元、元

年份	社会总产值（亿元）	工业总产值（亿元）	农业总产值（万元）	全镇财政收入（万元）	农民人均纯收入（元）	年份	社会总产值（亿元）	工业总产值（亿元）	农业总产值（万元）	全镇财政收入（万元）	农民人均纯收入（元）
1997	6.27	4.5	13148	687	3472	2003	9.13	7.1	18274	1567	3998
1998	6.59	4.7	14454	765	3650	2004	10.44	8.3	20171	1823	4357
1999	7.61	5.1	14388	829	3864	2005	—	10.6	25765	2135	4888
2000	7.3	5.7	15691	1088	4046	2006	17.98	13.8	31986	2796	5213
2001	8.6	6.1	17613	1306	4185	2007	23.82	18.2	40562	3600	5627
2002	8.62	6.2	18524	1475	4195	—	—	—	—	—	—

第十一卷　农林牧渔业

龙文区地处南亚热带，位于漳州平原腹部，九龙江西溪、北溪穿境而过，历来是农作物主产区，四季花果飘香，水产资源丰富。

唐代，陈元光开漳后，区境农民开山辟地，扩大稻田蔗园，引进中原先进农业技术。宋代兴修水利，垦土埭田，改农具，引良种；水果花卉已成农家青睐的农作物。“杂卉三冬绿，佳禾二度新”，正是区境九龙江沿岸农业生产的写照。明代中叶，月港兴起，漳州地区大量农作物输出国外，同时，引进甘薯、花生、安南稻谷等新品种，促进区境农业经济发展，尤其是水稻、水果、甘蔗、花卉、蔬菜种植达到一定水平。

清代至民国时期，区境农业虽有一定的发展，但因战乱频仍，农业生产条件较差。民国27—34年（1938—1945年），日本侵略沿海，区境农林牧渔业受到极大破坏。

中华人民共和国成立后，进行土地改革，实现耕者有其田，渔者有渔具。人民政府组织农渔民开展生产互助合作，走共同富裕的集体化道路；加强农林牧渔业技术指导，促进增收增产。同时，鼓励群众大搞荒山绿化，林业综合经营得到发展。1956年，步文乡双季水稻平均亩产突破500公斤，出现粮食亩产吨粮田、甘蔗亩产1.3万公斤的高产记录。但是，1958年“大跃进”、生产浮夸风、瞎指挥，造成1959—1961年连续3年的困难时期。1962年后，贯彻执行中央“调整、巩固、充实、提高”方针，生产和生活有所好转。“文化大革命”时期，农村多种经营被抑制，区境农林牧渔业发展缓慢。

改革开放后，农村实行经济体制改革。1983年，区境农村全面建立和完善家庭承包责任制，农民自主经营的积极性和创造性大为提高，生产力得到解放。普遍开展科学种田，实行农业机械化；耕作技术实现粮食一年三熟三高产；机耕面积占可耕面积90%以上。同时，大面积推广杂交水稻；采用科学施肥、化学除草、药物除虫；发展食用菌、家禽家畜及林木等多种经营，促进农林牧渔总产量、总产值大幅度提升。1985年始，调整和完善产业结构，加强农作物商品基地建设。

1997年后，龙文区贯彻中央、省、市有关政策，以及农业和农村工作精神，大胆实践，不断创新农业科技推广机制，推进农业产业化进程：利用地处城市城郊和大通道的优势，调整农业种养结构，确定花、果、蔬、禽畜、水产、食用菌为六大主导产业，提高农产品质量和效益，促使农业向高优、高效的方向发展，实现农业生产由以种养业为主向农林牧渔全面发展、粗放型传统农业向集约型现代农业的两大转变。同时，加强法律法规宣传和农林牧渔业执法监督力度，提高服务水平，确保农业经济和农村工作持续健康发展，切实维护农民的合法权益。

2007年，全区农林牧渔业总产值7.08亿元，比1997年的2.7亿元增长1.62倍，占工农业比重由13.9%下降为6.5%；农民人均纯收入6188元，比1997年的3237元增长70.79%。

第一章　生产条件

第一节　耕　地

一、分布与面积

（一）面积

1951 年，步文乡耕地 3278.73 公顷，郭坑乡耕地 630.53 公顷，合计 3909.26 公顷。1982 年，步文公社有耕地 3484 公顷，其中水田 2167.2 公顷，占耕地 62.2%；旱地 1316.8 公顷，占耕地 37.8%。郭坑公社有耕地 661.33 公顷，其中水田 355.6 公顷，占耕地面积的 53.8%；旱地 305.73 公顷，占耕地面积的 46.2%。

1996 年 6 月龙文区筹建时，从龙海市划出耕地 3007.4 公顷（水田 1429.53 公顷、旱地 1577.87 公顷）归龙文区，其中步文镇 2382.53 公顷、郭坑镇 624.87 公顷。

1997—2005 年，国家基建用地 790.73 公顷、乡村集体基建用地 54.27 公顷、农民建房用地 9.47 公顷、退耕改牧 3.33 公顷、退耕改渔 15.33 公顷，灾害毁地 8.13 公顷。全区耕地减少 881.27 公顷。

2007 年，全区耕地面积 1734.17 公顷，比 1996 年减少 1273.23 公顷。

（二）分布

九龙江北溪和西溪下游沿岸是平原田，是粮食、蔗糖主产区。步文、蓝田、朝阳镇的平原田占水田面积 93.9%；梯田占水田面积 1.6%。郭坑镇平洋田占水田面积 54.2%；山垅田占水田面积 45.8%。

1997—2007 年龙文区耕地统计表

表 11-1-1　　　　单位：年、公顷、平方米 / 人

项　目	1997	1998	1999	2000	2001	2002	2003	2004	2005	2006	2007
耕地面积	2871.6	2826.47	2737. 67	2693. 67	2641. 07	2529. 53	2299. 07	2210. 27	2063. 93	1876	1734. 2
人均面积	273	260	253	247	240	233	207	200	193	187	173

二、改造耕地

1971—1975 年，步文、郭坑公社坚持冬春平整土地，夏秋开山造田。年均平整土地 8800 亩，开山造田 200 亩左右。步文公社根据改港改溪工程，裁弯取直，扩大耕地面积。

1978 年，步文公社采取对土层薄的蔗园容土和增施蘑菇土的办法，对坡度较大的丘陵蔗园，建成台阶式高水平梯田，前筑埂、后修沟，平整、改造土地，扩大面积。1979 年，步文、郭坑

公社平整、改造土地面积分别为1353.6公顷、190.07公顷。

1979年，步文、郭坑公社改造耕地面积分别为994.6公顷、105.27公顷。

1997年，龙文区实施省级“133.33公顷由中低产田改造成高产稳产田”工程项目，在郭坑镇扶摇村与朝阳镇漳滨村建设田间灌溉渠道2200米、排涝渠道150米、排灌站1座，总投资100万元。

1998年，全区有533.33公顷水田耕地因地势低洼，排水不畅，防御自然灾害能力低。区、镇政府共投资84.08万元，建设机耕路460米、排灌渠道7条总长3060米，受益面积200公顷。当年5月8日，“中低田改造成高产稳产田”项目通过省农业厅、省财政厅检查组验收。是年，该项目区内耕地粮食增产31.2万公斤，单产增加100多公斤。

1999年，龙文区继续承担中低产田改造工程项目。总投资112.36万元，建设3条机耕路1670米，投入土石方1382立方米；砌筑排灌渠道3条总长1780米，投入土石方6310立方米。同年，郭坑镇扶摇村口浦洋、洛滨村楼前洋连片50公顷农田列为龙文区现代农业示范区，投资100多万元，建成机耕路6条总长2100米、排洪沟1条600米、排灌沟7条总长2500米；基本达到“路成网、渠相通、旱能灌、涝能排”合理科学布局要求。

2000年，中低产田改造工程项目投资76.8万元，建设机耕路300米、排灌渠道3条总长1900米，投入土石方15108.6立方米，受益水田耕地80公顷。

2001年，龙文区在朝阳镇漳滨村实施中低产田改造及沃土计划，投资70万元，建设田间排灌渠1600米，机耕路加高培厚700米，投入土方1.18万立方米、石方0.33万立方米。

2003年，采取“填平废沟弃塘，平整高低地块，改造田间路、沟、渠”措施，全区增加耕地53.33公顷。同时，将片区河道和废弃水域的淤泥回填低产田，提高耕地地力。

2005年，实施省级标准农田建设项目。在朝阳镇浦头洋建设标准农田166.67公顷，其中机耕路16条总长8.39公里，田间渠道11条总长7.03公里，涵洞2座长12米及标志牌1座；蘑菇土还田66.67公顷。

2006—2007年，结合省级标准农田建设，针对朝阳镇漳滨、科坑村土壤潜育化严重、土壤质地差、肥力低等问题，实施16.67公顷土地整理及客土改良工程，推广2.5吨蘑菇土还田及100吨配方肥平衡施肥，改造农田133.33公顷。

第二节　劳力与畜力

一、劳力

1967年，步文公社总户数10846户，其中农业户10803户，占总户数99.6%。全社总人口58444人，其中农业人口58286人，占总人口数99.7%；总劳动力19323人（全劳动力11214，半劳动力8109人）占农业人口33.1%。1978年，郭坑公社总户数2656户，其中农业户2045户，占总户数77%；非农业户611户；总人口15332人，其中农业人口11827人，占总数77%；总劳动力4579人（全劳动力2340人，半劳动力2239人）占农业人口38.7%。

1983年开始，推行家庭联产承包责任田，农户成员有的经商、务工、从事运输业，务农人员逐渐减少。

1998 年后，区境土地承包者对承包的土地经营权依法转包、转入、互换和入股，农民对土地依赖性减少，从事农业生产劳动力锐减。

2007 年，全区投入农业生产劳动力占总劳动力比例由 1997 年的 49.7%下降至 26.5%；而投入二、三产业劳动力占总劳动力比例由 1997 年的 50.3%上升至 73.5%。

1997—2007 年龙文区农村劳力从业统计表

表 11-1-2　　　　单位：人

项　目		1997	1998	1999	2000	2001	2002	2003	2004	2005	2006	2007
农村劳力		50702	51393	52123	52459	53474	52828	53332	54464	53213	64391	66129
农村实有从业人员		49688	50349	50205	51284	50561	50134	49936	51586	51329	54335	54916
其中	投入农林牧副渔业劳动力	24537	24076	23761	22644	20628	20280	17548	15484	14563	14832	14564
	占总劳力 %	49.7	47.8	47.4	44.1	40.8	40.5	35.2	30	28.4	27.4	26.5
	投入工、企业劳力	10096	10208	10863	12246	14282	14543	16392	18539	17864	22833	23152
	占总劳力 %	20.3	20.3	21.6	23.9	28.2	29	32.8	36	34.8	35.44	31.63
	投入第三产业劳力	15055	16065	15581	16394	15651	15311	15996	17563	18902	20094	22992
	占总劳力 %	30	31.9	31	32	31	30.5	32	34	36.8	37.16	41.87

二、畜力

1985 年后，耕地逐年减少，运输被机动车所取代，牛饲养量明显减少。1997 年，全区年期末存栏牛 2123 头，其中耕牛 873 头。2000 年，全区年期末存栏牛 1558 头，其中耕牛 1189 头。

2007 年，全区从事农务劳役的牛 496 头，比 1997 年的 873 头减少 377 头。

1997—2007 年龙文区耕牛统计表

表 11-1-3　　　　单位：头

项　目		1997	1998	1999	2000	2001	2002	2003	2004	2005	2006	2007
农务劳役牛 占%	头数	873	950	1084	1189	1166	976	942	463	570	591	496
	41.1	62.3	71	76.3	78.8	70.6	69.7	31.5	52.8	53.9	50.8	
期末年存栏头数（牛）		2123	1576	1526	1558	1484	1382	1352	1468	1079	1096	975
其中	黄　牛	1147	843	849	876	778	749	700	624	497	527	517
	良种及改良乳牛	27		17		4	4					
	水　牛	949	683	660	682	698	629	652	844	582	461	453

第三节 农业机具

一、传统人力农具

中华人民共和国成立前，区境农民仍沿用历代农务耕作的木犊犁、拉挞、铁耙、戽桶及水车等木农具和手工农具。农业运输靠畜力与人力；渔业多是小帆船，捕捞用的是手撒网。1979 年，步文、郭坑公社分别拥有人力脱谷机 1167 台、235 台，胶轮大车 503 辆、32 辆，手推车 1004 辆、76 辆，人力喷雾机 1489 台、239 台。

1997 年，龙文区有人力喷雾机 6961 台，人力脱谷机 1407 台，胶轮大车 18 辆，手推车 1756 辆，还有农用木帆船、木舢船 42 艘。

2007 年，全区有人力喷雾机 11937 台、人力打谷机 612 台、胶轮大车 76 辆、手推车 315 辆和农用木帆船、木舢船 23 艘。

二、机械化农业机具

1958 年，步文、郭坑公社重视对农业机械化投入，相应建立农业机械化管理机构，设立农机修理网点。区境农民开始使用漳州机械厂生产的机械脱谷机，亦有用旧打谷桶安上皮带轮和木齿轮，改为半机械化脚踏式脱谷机。

1961 年后，随着社办工业的发展，公社机械厂生产机动脱谷机。1973 年，中央农林部、一机部联合在龙海县召开南方 13 省农业机械化会议。会后，农业机械化在区境农村迅速发展，耕作、排灌、收获、植保、加工、运输、渔业、畜牧业机械大幅度增加。

1979 年，步文公社、郭坑公社分别拥有主要农业机械总动力 13397 马力、2507.8 马力。其中，耕作机械分别为 4173 马力、1508 马力，排灌动力机械分别为 5622 马力、1438 马力，收获机械分别为 867 马力、30.5 马力，加工机械分别为 1623 马力、241.8 马力，运输机械分别为 210 马力、160 马力，植物保护机械分别为 99 马力、8 马力，畜牧业机械分别为 184 马力、46.5 马力，其它农业机械分别为 139 马力、75 马力。步文公社还拥有渔业机械 480 马力。

1992 年，步文、郭坑镇分别拥有农业机械总动力 23205 千瓦、4056 千瓦。其中，耕作机械分别为 6957 千瓦、1535 千瓦，排灌动力机械动力分别为 4613 马力、885 马力，加工机械动力分别为 1623 马力、241.8 马力；运输机械动力分别为 210 马力、160 马力，植物保护机械动力分别为 99 马力、8 马力，畜牧业机械动力分别为 184 马力、46.5 马力；其它农业机械动力分别为 139 马力、75 马力。

1997 年，全区农业机械总动力 27306 千瓦。其中，柴油机动力 16834 千瓦、汽油机动力 1261 千瓦、电动机动力 9211 千瓦。此后，区内手扶拖拉机，尤其是变型拖拉机、多功能拖拉机逐年增多，每年新车注册 100 多台，年增长率 10%。

2006 年、2007 年，全区拥有农业机械动力分别为 2.34 万千瓦和 2.08 万千瓦，其中柴油机动力分别为 1.75 万千瓦和 1.47 万千瓦，电动机动力分别为 0.59 万千瓦和 0.61 万千瓦。

第四节 农业区划

一、区划状况

1983年，龙海县农业局组织专业人员开展自然资源调查及农业区划工作，编写《龙海县农业区划》，将位于中部平原、台地的郭坑镇6个村、步文镇33个村，规划为粮、蔗、牧、渔区；位于东北部丘陵的郭坑镇1个村，规划为经济、粮食、牧区。

1997年，龙文区将全区划分城郊高优农业区、特色高效农业区。蓝田镇和步文镇部分农田规划为城郊高优农业区；朝阳镇与郭坑镇为特色高效农业区。

2007年，城郊高优农业区面积46.6平方公里，其中蓝田镇32.2平方公里、步文镇14.4平方公里；耕地面积371.4公顷，其中水田180.73公顷，旱地190.67公顷。特色高效农业区总面积79平方公里。农业区以建设“农业生产可持续性、经济可持续性、生态可持续性”为目标，按照“在特色上创优势，在开发上创新业”思路，发展城郊型高优精致农业；以持续高效综合开发的生态模式建立两个农业产业化体系。

二、城郊高优农业区

（一）蔬菜、食用菌产业

1997—2007年，有裕兴果蔬、东方食品、嘉仁制罐农产品加工企业，形成种植、加工、营销产业体系。至2007年，引进牛蒡、肉姜、豌豆、番茄等国内外名优蔬菜品种及“AS2796”“AS3303”、姬松茸、鲍鱼菇、滑仔菇、真姬菇等食用菌品种；引用吸收消化微生物肥料与有机肥生产技术，推广食用菌无公害栽培及珍稀菇工厂化生产，开展蔬菜、食用菌生产、加工等综合开发研究。

（二）瘦肉猪产业

1997年前，区境生猪养殖有一定规模。1997年后，龙文区重点引进国内外优良品种，特别是台湾杜洛克、兰瑞斯、约克夏三元杂交高产优质瘦肉猪优良品种。至2007年，扩大瘦肉型三元杂交猪种苗基地，并大面积推广优良品种，加强优良品种更新换代。

三、特色高效农业区

1997年，位于朝阳镇与郭坑镇。农业区总面积79平方公里，其中朝阳镇42.2平方公里、郭坑镇36平方公里。对区境山、水、林、田、路进行全面规划，科学配制生产用地、庭院、房舍、草地、道路空间比例，以获取较高的经济效益和生态效益。农业总体发展方向为建立具有闽东南特色，特优产业带；以发展畜牧产业、水果产业、花卉产业及蔬菜产业为主导产业。

2007年，耕地面积1692.53公顷，其中水田504.67公顷、旱地1187.87公顷。通过种植业、养殖业整体规划与实施后，农业生产结构变“单一”经营为“一体为主、多种经营”，建成漳滨村200公顷榕树盆景花卉专业种植基地、书厅村百公顷蔬菜种植基地、恒坛村高优水果生产基地、石井村观赏鱼养殖基地、大坑种猪场畜牧生产基地。

第二章　生产关系

第一节　土地改革

唐代中叶，龙溪县土地兼并日益严重，大地主和寺院占有大量土地，区境不少自耕农民土地被侵吞、霸占。宋元时期，土地更是集中在官府、寺院和地主手中。区境土地集中在地主和官宦手中，以至乡村农民多沦为无地之户，向地主租田耕种。

民国时期，土地仍实行私有制，区境多数农民向土地私有者租佃。历代的官田、屯田，至民国时期已被官府变卖，或被地主土豪劣绅霸占。民国10年（1921年）后，所有官田、屯田不复存在，只有公田和私田两种。

1950年12月至1951年8月，龙溪县第六区区委派工作组进驻各村开展土地改革，依靠贫雇农，团结中农，组织农民协会，树立农民绝对优势，然后划分阶级成分，没收地主土地，征收富农多余土地，按人口分配田地给无地和少地的农民。同时，给地主少量土地，令其自食其力，在劳动中改造自己。1951年11月，完成土地证发放工作。

1950—1951年步文乡土地改革前后各阶层土地统计表

表11-2-1　　单位：户、人、公顷、%

阶　层	户　数		人　口		土改前		土改后	
总　计	6429	100	28032	100	3278.72	100	3278.72	100
雇　农	244	3.8	701	2.5	7.93	0.24	86.47	2.64
贫　农	2700	42	10736	38.3	543.93	16.59	1180.93	36.02
中　农	2457	38.22	11437	40.8	1067.47	32.56	1448.66	44.18
富裕中农	189	2.95	1177	4.2	237	7.23	149.06	4.55
富　农	208	3.23	1233	4.4	334.53	10.20	156.2	4.76
地　主	187	2.91	1065	3.8	457.93	13.97	99.4	3.03
小土地出租者	213	3.32	505	1.8	85.53	2.61	64	1.95
其他成份	231	3.57	1178	4.2	55.73	1.70	94	2.87
公　地	—	—	—	—	488.67	14.90	—	—

1950—1951年郭坑乡土地改革前后各阶层土地统计表

表11-2-2　　单位：户、人、公顷、%

阶　层	户　数		人　口		土改前		土改后	
总　计	2046	100	8184	100	630.52	100	630.52	100
雇　农	143	6.99	384	4.7	2.07	0.33	33.8	5.36
贫　农	819	40.03	2987	36.5	117.4	18.62	235	37.27

续表 11-2-2

阶　层	户　数		人　口		土改前		土改后	
中　农	765	37.39	3265	39.9	174.13	27.62	261.2	41.43
富裕中农	60	2.93	336	4.1	50.13	7.95	26.87	4.26
富　农	87	4.25	524	6.4	107.93	17.12	41.93	6.65
地　主	60	2.93	311	3.8	88.53	14.04	19.73	3.13
小土地出租者	29	1.42	57	0.7	6.67	1.06	4.53	0.72
其他成份	83	4.06	320	3.9	15.13	2.4	7.47	1.18
公　地	—	—	—	—	68.53	10.87	—	—

第二节　农业合作化

1951 年冬，中共龙溪县委在步文蓝田试办农业生产互助组，实行等价交换、民主管理的原则，发展个体农民的劳动互助合作。随后，合作化运动全面铺开。1952 年，步文乡有 1030 个互助组，其中常年互助组 337 个，参加农户 1516 户；临时互助组 594 个，参加农户 2495 户；变工队 99 个，农户 213 户；合计农户 4224 户，占总农户数 75%。郭坑乡成立 223 个互助组，其中常年互助组 118 个，参加农户 728 户；临时互助组 105 个，农户 611 户；合计农户 1339 户，占总户数 74%。两乡互助组 1253 个，农户 5563 户，占总农户 74.7%；互助组全、半劳力 9944 人，占总劳动力 63%，入组耕地 2075.47 公顷，占耕地 62%。其时，渔业专业村石洲村渔民也组织生产互助组。

1953 年，龙溪县第六、十区先后组织初级合作社，合作社实行统一经营、统一核算、统一分配收益，农民保留土地所有权，作为入社股份参加分配或领取固定的报酬。石洲村也组织生产合作社。

1956 年，龙溪县第六区步文、郭坑两乡根据中共中央《关于发展农业生产合作社的决议》，组织高级农业生产合作社。1957 年撤区并乡，第六区及第十区的部分合并为郭坑、古塘、后坂、蔡坂 4 个大乡，共组织 17 个高级社。高级社规模，以乡为基础，作为核算单位，然后三包给初级社，即包成本、包工分、包产量，统一核算，按劳分红，消灭私有制关系，走集体化道路。

第三节　人民公社化

1958 年 9 月，步文、郭坑两地的 17 个高级社联合成立卫星人民公社，下辖 13 个耕作区，入社农户万户以上。人民公社实行行政领导、计划生产、劳动调配、经济核算、供给分配 5 个统一。推行组织军事化、行动战斗化、生活集体化制度，将劳动力按部队编制组织生产，取消按劳取酬分红制度，实施分级工资制；工资每月最高 15 元，最少 4 元。生活上实行供给制，宣布“包吃、包住、包穿、包分娩、包托儿、包医疗、包理发、包养老、包丧葬”的所谓“9 包措施”；大办公共食堂，吃饭不要钱。经济核算以大队为核算单位，经常无偿调用生产队土地、物质和劳动力，甚至也调用社员房屋、家具。农业生产上，采取大兵团作战的方法，从事生产。除生活用具外，生产资料一律归公。

1959年3月，根据中央指示精神，区境人民公社逐步纠正这一错误倾向，耕作区改为生产大队，以大队为基础的核算单位，再设置若干生产队。采用包工分、包成本、包产量的“三包制”计酬方法和“三包一奖赔”生产责任制。同年，石洲渔业村组织渔业生产大队，实行集体生产和统一分配体制；当年划出榜山公社福河渔民74户、210人转入九龙江养殖场，1960年并入石洲渔业生产大队。1962年，实行以生产队核算，并分配每人26—40平方米自留地给农民，农民除生产队集体劳动外，允许上山开荒扩种。1962年底，社员基本得到温饱。同年，析步文人民公社为步文、郭坑两个公社。石洲渔业生产大队归属步文公社。1963年，基本恢复到1957年生产水平。生产队实行以劳动工分粮，有的采用以工分为主适当照顾困难户办法，推动生产发展。

“文化大革命”时期，受“左”倾错误干扰和冲击，开展“学大寨”“斗批改”等运动，搞阶段斗争扩大化，批判和取消“三包一奖赔”，实行“政治评分”，破坏按劳分配制度，再度挫伤社员生产积极性。中共十一届三中全会，实行“改革、开放、搞活”方针，农村经济进入改革和发展的新阶段。

1984年10月，取消人民公社建制，成立步文乡、郭坑镇人民政府。

第四节 土地承包责任制

1981年，区境调低对农民粮食征购数，调高农副产品收购价，取消对农民家庭副业生产限制，允许实行专业队、组、户联产计酬承包。

1982年，步文、郭坑公社实行农村经济体制改革，落实生产责任制。1983年，区境基本实行大包干为主的联产承包制，生产成本在内的费用由家庭承包，除上缴完成规定的农业税，交售任务和集体“三金”（公积金、公益金、管理费用）公共提留外，剩余部分归包干户所有。家庭联产承包均由生产队（或大队）与承包户签订承包合同。步文、郭坑两公社耕地4140公顷，按人口承包占95%，按人口劳动力比例承包占4%，按劳动力承包占1%。承包15年以上的占25%，5—15年占26%，5年以下的占39%。石洲渔业生产大队同时实行渔业体制改革，把集体船只和渔具等财产作价下放，归船上渔民股份所有。

1998年，中共中央把农村土地承包期延长30年。龙文区、镇、村均成立农村土地延包工作领导小组，全区以郭坑镇扶摇村为试点，选派业务骨干8人组成工作小组，印发宣传材料500多份，召开现场会。在全村10个村民小组中，查阅家庭联产承包清册，通知各承包户到田间核实土地面积和“四至”及现状，基本核实承包清册。1999年12月，全区基本完成新一轮土地承包合同的签订工作。全区颁发承包经营权证书的村民小组466个，占应发证村民小组468个的99.6%；农户23372户，占全区应发证农户23466户的99.6%；发放证书的耕地总面积2812.4公顷，占全区应发证总面积2821.27公顷的99.7%。

2000年，根据省土地承包合同签订扫尾工作会议精神，全区抽调人员组成工作队进村入户，做好承包合同的补签和规范工作。全区举办培训班8期，参训238人次。区、镇、村利用广播、有线电视、宣传栏、宣传车，逐村宣传，印发宣传材料0.8万份，张贴宣传标语52条。对有问题的村组限期整改，检查验收，完善签证工作。按漳州市农经委、市档案局要求，各镇、村将签订合同装订成册，编写目录表，专柜存档，使土地承包管理工作实现规范化。

2002 年，龙文区委出台《关于切实抓好土地延包扫尾工作的通知》，稳定土地承包关系，及时妥善处理“延包”遗留问题，尤其是做好土地承包纠纷的排查调处工作。在土地承包管理上依法维护农民土地承包经营权，及时排查调解土地承包纠纷，让农民吃上“定心丸”。区政府主管部门及时给予政策咨询，引导农民依法解决矛盾纠纷，指导农户规范签订土地流转合同。同时，开展农村土地突出问题的专项整治。

2007 年，龙文区成立农村土地突出问题专项治理工作领导小组，拉网式地对农村土地承包、土地征占等情况进行排查督导，查处 4 起农民违法占地建房，占地面积 4724 平方米。在土地延包后续工作中，及时处理涉及农民土地纠纷的信访、上访案件，保障农民合法权益，维护农村社会稳定。

第三章 主要农作物种植

第一节 粮食作物

一、基本情况

区境粮食作物主要有水稻、甘薯，其次为小麦、大豆、马铃薯、杂豆类。

1979 年，步文公社种植粮食作物面积 5988.87 公顷，总产量 27636.1 吨。其中，稻谷 24232.85 吨、甘薯 669.30 吨、小麦 2437.85 吨、杂粮 447.6 吨、大豆 626.5 吨。郭坑公社种植粮食作物面积 633.13 公顷，产量 4587 吨。其中，稻谷 3947.4 吨、甘薯 184.3 吨、小麦 451.4 吨、杂粮 3.9 吨、大豆 2.2 吨。

1992 年，步文镇粮食作物种植面积 5684 公顷、产量 31006 吨。其中，稻谷 24830 吨、小麦 3691 吨、杂粮 640 吨、大豆 715 吨、甘薯 1170 吨。郭坑镇粮食作物种植面积 871.8 公顷、产量 4248 吨。其中，稻谷 3458 吨、小麦 464 吨、大豆 105 吨、甘薯 206 吨、马铃薯 15 吨。

1997 年，全区粮食作物播种面积 5131.53 公顷，推广良种、抛秧及健身栽培综合技术，全年粮食总产 3.21 万吨，完成漳州市下达任务 101.4%。

1998 年，继续围绕“调整结构，规模生产，科技攻关，提高效益”方针，在朝阳镇西洋村、蓝田镇东屿村推广优良品种及抛秧技术试验示范。

1999 年，龙文区利用幼龄果园、新植蔗园套种巴西陆稻、甘薯、绿豆、马铃薯，在鱼塘坝上、房前屋后杂地扩种甘薯、大豆，提高耕地复种指数。全年粮食作物播种面积 4209 公顷，产量 24747 吨。

2002 年，全区农田逐年锐减，粮食作物播种面积 618.4 公顷，粮食产量 3073 吨。

2005 年，全区粮食作物播种面积 167.67 公顷，仅为 1997 年的 3.27%；全区粮食作物总产量 947 吨，是 1997 年的 2.95%。

2007 年，全区粮食种植面积 124.67 公顷，总产量仅为 702 吨，面积和产量分别比上年减少 25.65%、25.87%；粮食种植面积比 1997 年减少 5006.87 公顷，粮食产量是 1997 年的 21.8%。

1997—2007 年龙文区粮食作物面积、产量统计表

表 11-3-1 单位：公顷、吨、%

项目		1997	1998	1999	2000	2001	2002	2003	2004	2005	2006	2007
粮食作物合计	播种面积	5131.53	4666.67	4209	1804.73	904.2	618.4	427.33	376.2	167.67	167.67	124.67
	总产量	32140	27011	24747	10694	4933	3073	1991	1501	947	947	702
	占总产量%	100	100	100	100	100	100	100	100	100	100	100
稻谷	播种面积	3720.4	3553.93	3276	1272.33	595.47	332	262.07	218.87	120.2	120.2	91.87
	产量	26004	22757	20791	8653	3817	2084	1520	1017	766	766	566
	占总产量%	80.9	84.25	84.0	80.91	77.38	67.82	76.34	67.76	80.89	80.89	80.63
大小麦	播种面积	18.67	9.33	5.33	2.33	—	—	—	—	—	—	—
	产量	40	22	15	7	—	—	—	—	—	—	—
	占总产量%	0.13	0.08	0.06	0.07	—	—	—	—	—	—	—
甘薯	播种面积	438.13	373	357.8	160.33	112.33	97.4	12.33	19.87	18.93	18.93	21.07
	产量	2763	2312	2350	925	557	452	43	88	83	83	91
	占总产量%	8.60	8.56	9.50	8.65	11.29	14.74	2.16	5.85	8.6	8.9	12.96
马铃薯	播种面积	107	130.93	90.53	46.4	20.73	18	21.73	11.73	6.73	6.73	6.67
	产量	714	536	358	200	84	73	81	46	30	30	31
	占总产量%	2.22	1.98	1.45	1.87	1.7	2.38	4.07	3.07	3.11	3.16	4.42
杂粮	播种面积	76.33	106.67	41.67	—	26.67	26.67	13.33	26.67	4.67	4.67	—
	产量	298	369	128	—	72	72	36	72	25	25	—
	占总产量%	0.93	1.37	0.52	—	1.46	2.34	1.81	4.8	2.60	2.64	—
大豆	播种面积	675.67	383.67	350	265	80.47	75.53	57.6	44	3.2	3.2	2.07
	产量	2067	740	928	733	213	209	155	119	9	9	7
	占总产量%	6.43	2.74	3.75	6.85	4.32	6.8	7.79	7.93	0.93	0.93	1.00
杂豆类	播种面积	95.33	109.13	87.67	58.33	68.53	68.8	60.27	55.07	18	18	3
	产量	254	275	177	176	190	182	156	159	52	52	7
	占总产量%	0.79	1.02	0.72	1.65	3.85	5.92	7.84	10.59	5.39	5.47	1.00

二、主要粮食作物

（一）水稻

唐代，区境已有双季稻种植。

中华人民共和国成立前，常遇天灾人祸，粮食作物生产不稳定。

中华人民共和国成立后，各级政府重视农业生产，引进良种，推广水稻丰产经验、新耕作技术，水稻单产大幅度提高。1956 年，双季稻年平均亩产 545.2 公斤。1958 年，实行“大跃进”，生产措施违反科学做法，1961 年，双季稻年平均亩产下降。1963—1965 年，在农村中纠正浮夸风和瞎指挥，推广科学技术，双季稻年平均亩产 630.76 公斤。1966—1968 年，“文化大革命”期间，农业机构瘫痪，农业技术干部靠边站，水稻生产再度受到影响。1969 年后，中共中央提出“抓革命促生产”，区境农业机构恢复，加强农田基本建设。1970 年，步文公社双季稻年平

龙文区水稻生产

均亩产634公斤。1971—1977年，双季稻年平均亩产保持624—683公斤。

1978年，实行耕作制度改革，大力推广杂交水稻，科学施肥，化学除草及塑料薄膜育秧等新技术，双季稻年平均亩产789.5公斤。1979年，区境双季稻年平均亩产792.5公斤，其中步文公社平均亩产802.5公斤。

1997年，全区水稻种植面积3720.4公顷，占粮食作物播种面积72.5%；水稻总产量26004吨，占粮食总产量80.9%。

1997—1998年，农业主管部门在朝阳镇西洋村、蓝田镇东屿村，推广水稻优良品种种植及抛秧技术试验示范。

1999年，在郭坑镇扶摇村口浦洋、洛滨村楼前洋连片50公顷农田建立现代农业示范区。2000年，龙文区实施科技兴农战略，普及农业新技术应用，推广良种特优63、特优多系1号、漳农9104、泉农3号，种植面积773.33公顷，占水稻播种总面积97.1%；实施平衡施肥400公顷，降低成本12.6万元，粮食增产24万公斤；普及抛秧技术，早、晚稻推广抛秧513.33公顷，占总面积53%，每亩单产增多40—50公斤；推广示范巴西陆稻21.33公顷，亩产360—380公斤；应用水稻健身栽培技术，提高水稻抗御病虫害能力。2000年，每百公斤早籼稻90元、晚稻100—110元。

2001—2002年，在省农业厅、财政厅及漳州市农业局的支持下，以苏南田园化高标准模式为目标，按田成方、路相通、渠相连旱能灌、涝能排的要求，在朝阳镇漳滨村投资76.8万元建设农田水利设施，受益面积66.67公顷。

2003—2004年，根据中央、省、市惠粮政策文件精神，对全区早、晚两季水稻生产摸底、调查。经核实后，全部实行免收农业税，落实扶持粮食生产优惠政策。2005年，全区水稻种植面积120.2公顷，占粮食作物播种面积71.7%；水稻总产量766吨，占粮食总产量80.89%；早、晚两季水稻平均亩产425公斤。

2007年，全区水稻种植面积减少到91.87公顷，总产量比上年减少200吨；种植面积比1997年减少3628.53公顷；总产量只有566吨，仅为1997年的2.17%。

1997—2007年龙文区水稻面积、产量统计表

表 11-3-2 单位：公顷、公斤、吨

年份	早稻			晚稻			水稻合计		
	播种面积	亩产	总产	播种面积	亩产	总产	播种面积	亩产	总产
1997	1727.33	449	11634	1993.07	481	14370	3720.4	466	26004
1998	1735.67	425	11061	1818.26	429	11696	3553.93	427	22757
1999	1633.67	424	10379	1642.33	423	10412	3276	423	20791
2000	575	432	3726	697.33	471	4927	1272.33	453	8653
2001	313	425	1997	282.47	430	1820	595.47	427	3817
2002	161.13	396	958	170.87	439	1126	332	418	2084
2003	147	392	864	115.07	384	656	262.07	387	1520
2004	104.33	316	495	114.54	304	522	218.87	310	1017
2005	72.73	441	481	47.47	400	285	120.2	425	766
2006	72.73	441	481	47.47	400	285	120.2	425	766
2007	46.2	411	285	45.67	410	281	91.87	411	566

（二）小麦

1954年，龙溪县推广冬季种植小麦，区境种植小麦面积逐年增加。主要小麦品种有福麦7号、抗锈1号、晋麦2148、30452，红芒、红车蕾及尚麦。1981年后，步文、郭坑两公社把冬季小麦视为一季粮食生产，采取各种措施确保小麦稳产、高产。

1997年，全区农田大面积减少，小麦种植面积随之逐年减少。全区小麦种植面积18.67公顷，占粮食作物播种面积0.36%，总产量40吨，亩产143公斤。1998年，全区小麦种植面积仅为1997年的一半，占粮食作物播种面积0.2%，总产量22吨，亩产157公斤。1999年，全区小麦种植减至5.33公顷，占粮食作物播种面积0.13%，总产量15吨，亩产188公斤。2000年，全区小麦种植面积只有2.33公顷，占粮食作物播种面积0.13%，总产量7吨，亩产200公斤。

2001年起，全区不再种植小麦，冬种改为扩种粮菜兼用型品种马铃薯。

（三）甘薯

明万历年间，从国外引进，区境农民开始种植。

境内种植品种有新种花，大南佛、岩茹5号，胜利百号，禹北白，农薯305、徐薯18、岩薯7—3。1949—1996年，种植面积变化不大。农民利用合理密植、良种壮苗、改良土壤、分期施肥、精耕细作，提高产量。

1997年，龙文区甘薯种植面积扩大，种植面积438.13公顷，占粮食作物播种面积8.54%；总产量2763吨，亩产420公斤。1999年后，耕地逐步减少，甘薯种植面积也减少。

2000年，种植面积160.33公顷。2001年，种植面积112.33公顷。2002年，种植面积97.4公顷。2003年，种植面积锐减少至12.33公顷，总产量仅为43吨，亩产232公斤。

2004年后，种植面积有所增加，保持在19.87公顷。2006年、2007年，全区种植甘薯面积分别为18.93公顷和21.07公顷，总产分别为633吨和705吨。

1997—2007 年龙文区甘薯种植面积产量统计表

表 11-3-3　　单位：公顷、%、吨、公斤

年份	种植总面积	其中		占粮食作物	总产量	单产
		春收	夏秋收			
1997	438.13	130.67	307.46	8.54	2763	420
1998	373	39	334	8.00	2012	413
1999	357.8	123.33	234.47	8.50	2350	438
2000	160.33	71	89.33	8.88	925	385
2001	112.33	14.67	97.66	12.40	537	331
2002	97.4	2.73	94.67	15.80	453	310
2003	12.33	0.67	11.66	2.90	429	232
2004	19.87	1.33	18.54	5.28	879	295
2005	18.93	2.67	16.26	11.29	829	292
2006	18.93	4.6	14.33	12.4	633	223
2007	21.07	4.8	16.27	13.6	705	223

（四）马铃薯

1990 年，由省外引进。收获马铃薯一年有春、夏、秋 3 季。

1997 年，全区种植马铃薯 107 公顷，占粮食作物播种面积 2.1%，总产量 714 吨，亩产 445 公斤。1997 年后，先后引进克新系列（3 号、2 号），坝薯 10 号，大西洋、东农 303、无花种、春薯 4 号、中薯 3 号、吉农金 958 等优良品种。马铃薯年种植面积居粮食作物播种面积的第三位。

2004 年，种植马铃薯 11.73 公顷，占粮食作物播种面积 3.12%；总产量 46 吨，亩产 261 公斤。

2007 年，马铃薯种植面积 6.67 公顷，总产量 31 吨。

（五）大豆

区境一年种植两季大豆，即春大豆和秋大豆。主要品种有花面豆、莆豆 8008、雁青 1 号及龙豆 1 号等。

1960 年，区境农民推广在晚稻田埂种植大豆。1969 年，种植数量有所下降，但单产和总产上升。1970 年后，田埂豆较少，多在农地上单独种植，或与甘薯套种间作，成为区境主要粮食作物品种。

1997 年，全区种植面积 675.66 公顷，其中春大豆 383.33 公顷，秋大豆 292.33 公顷，总产量 2068 吨，亩产 204 公斤。1998—2000 年，年种植面积 200—267 公顷。2001 年，大豆种植面积 80.47 公顷，仅为 1997 年的 11.9%。2003 年，种植面积锐减至 57.6 公顷，其中春大豆 35.87 公顷、秋大豆 27.73 公顷；总产量 155 吨，亩产 179 公斤。2005 年后，种植面积只有 3.2 公顷，其中春大豆 1.47 公顷，秋大豆 1.73 公顷；总产量 9 吨，亩产 188 公斤。

2007 年，全区种植大豆面积 2.07 公顷，产量 7 吨。

第二节　经济作物种植

一、基本情况

境内经济作物主要品种有蔬菜、食用菌、花卉、水果、甘蔗、花生，兼种少量黄麻、茶叶及饲料作物。

1997 年，全区经济作物种植面积 2631.53 公顷，占农作物播种面积 34%。1998—1999 年，种植面积分别为 2737.73 公顷、2495.6 公顷，占农作物播种面积 37%—37.2%。

2000 年，种植结构调整，在不放松粮食生产的前提下，优化种植业品种结构，经济作物种植面积 3329.47 公顷，占农作物播种总面积 64.8%。2005 年，经济作物种植面积 2223.33 公顷，占农作物播种面积 93%；其产值 17054 万元，占种植业总产值 98.93%。

2007 年，全区种植经济作物 1589.47 公顷。

二、主要经济作物

（一）花卉

区境历来有种植花卉盆景习惯。主要花卉品种有水仙花及观赏植物、花木盆景。

1988 年，台籍同胞陈先生在步文乡创办漳州市最大的榕树盆景园，占地面积 0.33 公顷，主要栽培榕树苗，雕扎 3 万多盆 20 多种造型的榕树盆景。1990 年后，传统花卉生产转向花木商品生产，花卉产业成为区境农民致富的新兴产业。

1997 年，全区榕树苗种植面积扩大。1998 年，推广榕树苗种植 32 公顷，每亩年产值 0.5—2.3 万元。1999 年，全区榕种植面积 133.33 公顷；推广嫁接技术，榕树嫁接雕培盆景 10 万盆。

2002 年，朝阳镇漳滨村榕树苗种植栽培面积 200 公顷，成为龙文区榕树苗生产基地。漳滨村榕树苗木每亩纯收入 5000 元以上；盆景栽培户每户年纯收入 8000—9000 元。漳滨村农户张振松出售榕树盆景 1500 盆，每盆纯收入 150 元，纯收入 22.5 万元。在榕树盆景庭院经济发展的同时，开拓东湖 2.67 公顷花卉盆景市场，实现花卉、盆景专业化生产和产业化经营。

2003 年起，龙文区开始发展水仙花，培育名贵花木，摸索、探讨水仙花叶芽变花序的新技术。2005 年，全区花卉园艺产值由 2001 年的 2061 万元，增加到 4065 万元，比 2001 年增长 97.24%，占全区农业产值 12%。2006 年、2007 年，全区花卉园艺产值分别为 4584 万元、1384 万元。

（二）果树

区境果树品种繁多，有柑桔、龙眼、荔枝、香蕉及菠萝五大水果，其余有杨梅、柚子、橄榄、桃李、柿子。

1988 年、1991 年，步文乡有果树种植面积分别为 671.47 公顷、665.13 公顷。其中，柑橘 70 公顷、67.6 公顷；荔枝 122.93 公顷、123.4 公顷；龙眼 190.73 公顷、228.93 公顷；香蕉 190 公顷、191.2 公顷；杨梅 40 公顷、40 公顷；李子 17.27 公顷、25.13 公顷；其它水果 40.53 公顷、188.87 公顷。郭坑镇有果树种植面积分别为 221.87 公顷、261.93 公顷。其中，柑橘 20.27 公顷、21.4 公顷；荔枝 70.6 公顷、64 公顷；龙眼 42.8 公顷、41.67 公顷；香蕉 34.6 公顷、90.33 公顷；菠萝 8.8 公顷、6 公顷；李子 3.87 公顷、10.27 公顷；其它水果 40.93 公顷、27.93 公顷。

1997年，龙文区新开发果树种植面积65.33公顷；推广科学管理技术，侧改造低产果园466.67公顷。全区果树面积523.6公顷，总产量6058吨。当年，开发优质果苗基地66.67公顷，年出圃苗数1600万株，产值1000多万元。

1998年，加强龙眼、荔枝管理。龙眼树经嫁接换种，换上“水南1号”“水南2号”及本地优质品种，实现全区龙眼、荔枝由“风景树”向“摇钱树”转变。郭坑镇东溪农场采取荔枝化学调控技术，1200株荔枝总产80吨，是上年的10倍，成为漳州市荔枝高产典型。

2000年，全区果树种植面积466.27公顷，以柑桔、龙眼、荔枝为主。其中，柑桔82.27公顷，产量1716吨；龙眼146.6公顷，产量876吨；荔枝129.07公顷，产量628吨。还有香蕉51.87公顷，产量894吨；菠萝3.2公顷，产量9吨。

2001年，全区龙眼种植146.6公顷，产量1212吨，亩产量551公斤，比1997年龙眼亩产量230公斤，增长139.6%；荔枝种植面积125.47公顷，产量800吨，亩产量425公斤，比1997年荔枝亩产量244公斤，增长74.2%。

2005年，柑桔面积减少、产量下降。

2007年，龙文区果树生产形成规模化、专业化种植。朝阳镇恒坑村名誉果苗场，成为闽南地区果树育苗的“开发—引进—试种—繁育—推广—销售”的特色果苗场。

1997—2007年龙文区果树生产统计表

表11-3-4　　　　单位：公顷、吨

项目		1997	1998	1999	2000	2001	2002	2003	2004	2005	2006	2007
全区实有总面积		523.6	499.2	483.13	466.27	444.6	432.4	296.27	269.47	279.8	255.47	243.4
水果总产量		6058	6668	6610	5007	5801	6018	2766	2210	3182	2933	2011
柑桔	实有面积	100.6	97.2	91.67	82.27	75.67	73.67	16.8	2.73	12.4	0.87	0.2
	产量	2735	2895	2177	1716	2023	2032	344	65	260	26	2
龙眼	实有面积	157.27	151.27	145.93	146.6	146.6	147.53	109.47	111.33	106.8	103.33	113.27
	产量	542	454	1125	876	1212	1343	12	790	1027	1153	790
荔枝	实有面积	135	136.2	132.27	129.07	125.47	124.8	110.87	108.4	112.4	108.4	97.33
	产量	493	628	1032	628	800	896	927	645	736	859	488
香蕉	实有面积	57.27	56.73	57.67	51.87	57.67	54.33	54.13	42.53	40.47	34.87	28.6
	产量	1320	1578	1184	894	1478	1508	1437	675	1078	837	723
菠萝	实有面积	3.67	3.07	3.4	3.2	3.33	3	0.93	3.33	4.67	8	1.33
	产量	11	7	10	9	13	7	1	17	40	57	8
杨梅	实有面积	19.67	16.87	16.87	15.67	16.87	17.07	0.4	0.27	0.2	—	—
	产量	13	4	90	36	35	14	7	4	3	—	—
柚	实有面积	10.67	6.67	6.67	7.33	16	11.33	3	—	1.67	0.07	0.07
	产量	2	2	2	9	215	208	28	—	18	1	1
橄榄	实有面积	0.33	0.33	0.33	0.87	—	—	—	—	—	—	—
	产量	2	2	2	—	—	—	—	—	—	—	—
桃李	实有面积	3.33	1.67	1.33	1.33	1	0.67	0.67	—	—	—	—
	产量	21	10	5	5	25	10	10	—	—	—	—

续表 11-3-4

项目		1997	1998	1999	2000	2001	2002	2003	2004	2005	2006	2007
柿子	实有面积	0.8	0.8	0.8	0.67	—	—	—	—	—	—	—
	产量	15	11	11	10	—	—	—	—	—	—	—
其它	实有面积	35	28.6	26.2	27.4	2	—	—	0.87	1.2	—	—
	产量	904	1077	972	824	—	—	—	14	20	—	—

（三）蔬菜

1955 年，龙溪县农技站在郭坑总结种南瓜、白菜、茄子、红豆、葫芦栽培经验。1960 年困难时期，县委号召人民多种蔬菜，以代替粮食，区境农民扩大蔬菜种植面积。1980 年，县成立蔬菜公司，健全对蔬菜收购调运。区境农民种植蔬菜：叶菜类有菠菜、芹菜、大白菜、包菜（圆白菜）、花椰菜、篙笋、芥菜和空心菜；瓜类有黄瓜、冬瓜、丝瓜；根茎类有萝卜、胡萝卜、芋头、生姜、芦笋；茄果类有茄子、西红柿、甜椒（青椒）；葱蒜类有蒜子、蒜苗（大蒜）、韭菜、小葱；菜用大豆有四季豆（菜豆）、豌豆（荷兰豆、甜豌）、长豇豆；水生产菜类有莲藕、茭白、荸荠。农民种植七大类蔬菜面积占蔬菜播种面积：叶菜类占 55.73%、水生产菜类占 17.9%、瓜类占 10.23%、根茎类占 5.64%、菜用豆类占 4.36%、葱蒜类占 4.34%、茄果类占 1.78%。产量所占蔬菜总产量：叶菜类占 54.38%、水生产菜类占 20.66%、瓜类占 9.43%、葱蒜类占 5.17%、根茎类占 4.95%、菜用豆类占 3.65%、茄果类占 1.76%。

1997 年，龙文区开发以蓝田村为中心辐射全区的反季节茭白笋基地 200 公顷、大路菜 133.33 公顷。茭白笋每亩产值最高上万元，平均 4000 多元，新开发茭白笋、大路菜，年创产值 2200 万元。

1998 年，实施沿蓝田、步文、朝阳 3 镇中 10 村，即蓝田、圳头、石仓、步文、土白、下洲、坂上、六石、孚美、书厅村“十村万亩月芽形”蔬菜基地建设项目。同时，调减甘蔗种植面积，扩种高优蔬菜 266.67 公顷，调整优化农业结构，促进农业转型升级。蔬菜播种面积 1302.07 公顷，总产量 34799 吨，分别比上年增长 32.7%、25.6%。

1999 年，蓝田镇 200 公顷反季节茭白笋又获高产，平均亩产值 4500 元，比 1997 年增长 12.5%。郭坑镇扶摇村 1.33 公顷反季节苦瓜试验获成功，亩产值 0.5 万—0.7 万元，效益比往年增加 1—2 倍。全区蔬菜播种面积 1509.27 公顷，总产量 37972 吨，比上年增产 9.12%。

2000 年，全区蔬菜瓜果播种面积 2519.67 公顷，总产量 61433 吨。种植春茭白笋 320 公顷、花韭菜 32.67 公顷、紫茄 21.33 公顷、北大葱 8.67 公顷、反季节苦瓜 5.33 公顷；引进适销对路高优新品种，亩产值 0.5 万—2.3 万元，比往年增加纯收入 0.3 万—1.2 万元 .

2001 年，全区蔬菜播种面积 2607.13 公顷。其中，朝阳镇 1290 公顷，占 49.48%；蓝田镇 628.67 公顷，占 24.1%；步文镇 500 公顷，占 19.18%；郭坑镇 188.47 公顷，占 7.24%。蔬菜总产量 64419 吨。其中，朝阳镇 29025 吨，占 45.06%；蓝田镇 17810 吨，占 27.65%；步文镇 13000 吨，占 20.18%；郭坑镇 4584 吨，占 7.12%。

2002 年，引进蔬菜新品种，推广冬种反季节苦瓜、小角瓜、空心菜，调减低产值蔬菜，倡导低农残蔬菜种植 66.67 公顷。全区蔬菜瓜果播种面积 2690.67 公顷，其中蔬菜 2681.33 公顷，瓜果 9.33 公顷。

2003 年，稳定 200 公顷反季节茭白笋种植面积，发展无公害蔬菜栽培。步文、长福、下洲等村以适应市区菜蓝子工程建设需要为目标，确保市、区蔬菜供求，以种植大路菜为主，发展低农残蔬菜面积100公顷。全区冬种蔬菜536.67公顷，其中茭白笋200公顷、芥菜33.33公顷、枝豆133.33公顷、四季豆26.67公顷及各种叶菜类143.33公顷。

2004年，龙文区农业主管部门在朝阳、郭坑举办无公害蔬菜、反季节蔬菜栽培实用技术讲座2期，推广农业新技术。在巩固200公顷反季节茭白笋种植基地上，发展城郊型菜蓝子工程基地及石仓外向型精致蔬菜示范区，注重推广无公害蔬菜栽培133.33公顷，形成步文、长福、下洲、书厅等以大路菜种植为主的常年性叶菜生产基地。

2005年，全区蔬菜瓜果播种面积1534.8公顷，其中蔬菜面积1492.87公顷，占99.6%；瓜果面积5.53公顷，占0.4%。蔬果总产量38557吨，其中蔬菜产量38421吨，占99.6%；瓜果产量136吨，占0.4%。

2006年，全区蔬菜瓜果种植面积增至1363.67公顷，年总产量32522万吨，创产值4900多万元；形成以书厅、流岗、扶摇、洛滨为主体的蔬菜基地。流岗村王开枝农户种植0.03公顷红秀长茄子嫁接苗，一季产值1.43万元，单位面积产值列漳州首位。

2007年，全区蔬菜瓜果总面积1060.07公顷，总产量27849吨。

1997—2007年龙文区蔬菜瓜果面积、产量统计表

表11-3-5　　单位：公顷、吨、公斤

项目		1997	1998	1999	2000	2001	2002	2003	2004	2005	2006	2007
合计	播种面积	992.26	1315.1	1522.93	2519.67	2616.8	2690.7	2416.2	1613.4	1534.8	1502.5	1060.07
	总产量	27785	35249	38092	61433	64534	62970	58620	38253	38557	32522	27849
	亩产	1867	1787	1662	1625	1644	1560	1617	1581	1675	1675	1751
蔬菜	播种面积	980.93	1302.1	1509.27	2506.93	2607.13	2681.4	2407.9	1608.1	1529.3	1497	1056.34
	总产量	27705	34799	37972	61287	64419	62863	58485	38167	38421	32522	27804
	亩产	1883	1782	1677	1630	1647	1563	1619	1582	1675	1675	1755
瓜果	播种面积	11.33	13	13.67	12.73	9.67	9.3	8.3	5.3	5.5	5.5	3.73
	总产量	80	450	120	146	115	107	135	86	136	136	45
	亩产	471	2308	585	764	793	764	1080	1075	1639	1639	1000

朝阳蘑菇场

（三）食用菌

1980年，区境始种食用菌，以蘑菇、草菇为主。蘑菇品种有AS2796，草菇品种有农大2号、农大3号。此后，发展毛木耳栽培。毛木耳主要栽培品种有台湾43号、782、8700、AP-4号、92、93等。

1997年，食用菌生产以朝阳镇为主，连接蓝田、郭坑两镇，蘑菇种植面积40

万平方米，平均每平方米产量5.765公斤，总产量2306吨。毛木耳（干品）产量605吨，草菇产量360吨，年创产值4000万元。

1998年，食用菌总量2940吨，其中毛木耳（干品）产量618吨、蘑菇产量2322吨。1999年，试验反季节高温蘑菇1000平方米，在全区有序推广应用。2001年，龙文区大规模发展食用菌生产，推广袋料栽培法，利用蔗渣、杂木屑、棉子壳等为原料，栽培面积迅速扩大。2003年，食用菌总量3358吨，比2001年、2002年分别增长：6.23%、5.9%。

1997—2005年，全区食用菌总量29241吨，其中毛木耳（干品）总量9576吨，蘑菇总量19533吨、草菇总量104吨，其他菇产量28吨。蓝田镇、朝阳镇、郭坑镇、步文镇食用菌产量，分别占全区食用菌总量59.26%、20.92%、15.24%、4.58%。

2007年，全区食用菌总量3113吨，其中干、鲜品分别为1641吨、1449吨。

1997—2007年龙文区食用菌生产统计表

表11-3-6　　单位：吨、平方米

项目		1997	1998	1999	2000	2001	2002	2003	2004	2005	2006	2007
食用菌总量		2947	2940	3471	2984	3161	3171	3358	3363	3846	3200	3113
毛木耳产量（干品）		605	618	879	989	1093	1046	1159	1182	2005	1331	1641
草菇产量		36	—	68	—	—	—	—	—	—	—	—
蘑菇	产量（鲜品）	2306	2322	2524	1995	2068	2125	2199	2181	1813	1841	1449
	种植面积	400000	339700	339900	291530	335796	333080	257930	348700	194800	161800	153900
其它菇产量		—	—	—	—	—	—	—	—	28	28	23

（四）甘蔗

明代，区境开始种植甘蔗，并以蔗加工糖。明末清初，种蔗制糖很普遍，尤以登科村为多。解放前，均无水田种粮，只靠旱地植蔗，蔗煮糖，以糖换米，维持生计。每亩竹蔗可制板糖200公斤；每亩田蔗可制白糖250公斤。民国31年（1942年），该村年产糖1.25万吨。

登科甘蔗

1952年，推广爪哇2878、2883等甘蔗新品种。1955年，登科村从广东引进“台湾134”品种试种，单产4吨多，比竹蔗增产50%—100%，成为主要品种。1957年，漳州糖厂建成，登科村农民有历代相传种蔗丰产经验，加上引进优良品种和漳州制糖工业兴起，促进蔗农发展甘蔗生产积极性。1958年，登科种植“台湾134”出现丰产片，亩产5吨。丰产片为此获国务院颁发的“甘蔗高产”奖状。1964—1974 年，强调“以粮为纲，蔗田让路”，甘蔗面积和产量下降。全村插蔗 40.13 公顷，亩产仅为 8514.5 公斤。

1975 年，省农业厅在步文公社搞试点，将 53.33 公顷粮田改种甘蔗。1976 年后，实施种蔗优惠政策，种蔗面积回升。1977 年，步文公社甘蔗种植面积 1200 公顷，平均亩产 6570 公斤，交售原料蔗 11.51 万吨，比 1976 年增加二成。登科、后坂两村实现平均亩产甘蔗 10 吨。登科 36.2 公顷甘蔗单产 10.7 吨，高产面积居全省首位，单产为全省第二位。

1978 年，登科村农科组在 0.14 公顷蔗地试验种植“611”号高产蔗，获高产。经省蔗麻研究所验收鉴定，亩产 18580 公斤。同年 7 月，全国人大原副委员长阿沛阿旺晋美，视察登科丰产蔗园；9 月，登科村择选两支各长 4.5 米，重 10.5—11.5 公斤标本甘蔗，送北京展览馆。1980 年，全村种蔗 35.33 公顷，单产 1.07 万公斤，创历史最高纪录。同年，龙海县农业部门引进粤糖 57 / 423 品种在步文浦口生产大队试种，单产 20.6 吨，出糖 2.6 吨。

1985 年后，每亩甘蔗收益比粮食作物少收 100 元，种蔗面积再度下降。1992 年，步文、郭坑镇甘蔗种植面积 879.87 公顷，总产量 57783 吨。

1997 年，龙文区甘蔗种植面积 1468.67 公顷，总产量 139599 吨，亩产 6337 公斤。1998—1999 年，甘蔗面积分别为 1226.67 公顷、882.07 公顷。其间，推广“8605”优良品种 1500 亩，甘蔗单产 6315 公斤。2000 年后，甘蔗种植面积逐年调减。至 2005 年全区甘蔗种植面积 438.47 公顷，其中糖蔗 432.13 公顷亩，果蔗 6.33 公顷。

2007 年，全区甘蔗种植面积 4168.13 公顷，总产量 25012 吨。

1997—2007 年龙文区甘蔗种植面积、产量统计表

表 11-3-7　　单位：公顷、吨、公斤

项目		1997	1998	1999	2000	2001	2002	2003	2004	2005	2006	2007
合计	播种面积	1468.67	1226.66	882	526.67	615.33	575.66	547.33	474.66	438.46	438.46	416.13
	总产量	139599	116190	78911	45712	55858	55170	51571	43047	32784	32784	25012
	亩　产	6337	6315	5965	5786	6052	6389	6281	6046	4985	4985	4931
糖蔗	播种面积	1424	1193.33	848.67	520	611.33	572.33	544	441.33	432.13	432.13	338.13
	总产量	134884	112770	75681	45067	55491	54850	51251	39997	32356	32356	25012
	亩　产	6315	6300	5945	5778	6051	6389	6281	6002	4992	4992	4931
果蔗	播种面积	44.67	33.33	33.33	6.67	4	3.33	3.33	33.33	6.33	6.33	78
	总产量	4715	34200	3230	645	367	320	320	3054	428	428	5725
	亩　产	7035	6840	6460	6450	6117	6400	6400	6100	4505	4505	4893

（五）花生

步文镇是花生主产区之一。1989 年种植面积 192.4 公顷，总产 484.2 吨，单季亩产 168 公斤。1979 年后，国家调高油料价格，种植花生获利比粮食作物高，花生种植面积随之扩大。1992 年，种植面积 204.67 公顷，年总产量 515.3 吨，单季亩产 168.6 公斤，分别比 1989 年增长 6.28%、6.42%，0.36%。

1997 年后，龙文区先后引进花生品种粤油 551、58、田沙 7 号、212、海花一号，产量高，抗病力强，含油率高且稳。1998—1999 年，全区花生播种面积稳定在 75—154 公顷之间，平均

亩产 174.6 公斤，比建区前每亩增产 3.56%。

2000 年后，种植面积逐年减少。2005 年，花生亩产 201 公斤，比建区前每亩增产 19.22%。2007 年，全区花生种植面积 15.93 公顷，产量 43 吨。

1997—2007 年龙文区花生种植面积、产量统计表

表 11-3-8　　单位：公顷、吨、公斤

项　目	1997	1998	1999	2000	2001	2002	2003	2004	2005	2006	2007
播种面积	153.67	99	75.67	56.8	51.53	49.33	46.8	40.27	21.2	21.2	15.93
总产量	435	217	215	175	137	133	121	112	64	64	43
亩产量	189	146	189	205	177	180	172	185	201	201	180

第四章　种植业

第一节　耕作技术

明代，平原地区水稻作物由唐宋时期一年两熟转为“稻—稻—麦”或少量“稻—稻—菜”的一年三熟耕作技术；山垅、丘陵耕地有蔗、薯、花生种植，为一冬麦二熟制。

1953 年后，扩大三熟制面积，加上种蔗业发展，农地开始实行“蔗—花生—甘薯—蔗”轮作方式。1980 年后，水田耕地轮作方式更是多样，多为蔬菜品种种属间的轮作；旱地依然以蔗为主体的蔗、薯、花生轮作，复种指数为 189.7%。

1997 年后，蔬菜种植面积逐年增加，注重反季节茭白笋、苦瓜、空心菜、八角瓜栽培技术推广，由冬季栽培为主发展到四季栽培并重、以粮食作物为主体的方式，向“蔬菜、食用菌、畜禽、水产”一起发展。在鱼塘坝上，房前屋后杂地扩种甘薯、大豆，实施“1241”工程，实行“鱼、薯、菜”“禽、鱼、果”等形式的立体种植模式。区域水田、农地，依然实行二、三熟制，旱地作物耕作，轮、套、间制有 2 年 6 熟和 3 年 4 熟、5 熟等类型。

1997 年，全区农作物播种面积 7763 公顷，复种指数 213.4%。2005 年，农作物播种面积 2391 公顷，复种指数 268.3%。2006 年、2007 年，农作物播种面积 2391 公顷、1842.4 公顷，复种指数保持在 250%—300% 之间，提高耕地利用水平。

第二节　良种繁育与推广

一、水稻良种繁育与推广

1950 年后，区境对水稻品种进行筛选利用，继而引进外地良种繁殖推广。1951—1956 年，筛选一批新品种，其中早稻品种有农友二号（台湾种）、南特号、石空、坑内黄、白脚慢、红脚慢；

晚稻品种有小青骨、大青骨、乌哈、马路稔。引进良种有赣农 3425、5636 等广东晚稻品种；华南农科所的北陆 12 号、早粳 66 号、3 号、广场 13 号及莲塘早等早稻品种，以上品种均属高秆稻种，增产效果显著。

1960 年始，引进推广矮杆水稻良种与杂交水稻，至 1991 年，区境矮秆水稻良种：矮脚南特号、珍珠矮、铁骨矮 1 号、31 号、广陆矮、广场矮等。矮脚南特号推广种植面积最大。杂交水稻引进和推广品种有汕优 2、30、35、63、3550、特优 63、特优桂 33。连片种植汕优 63 丰产性好，推广普及。1993 年后，汕优易病害、株型差，逐步更换成特优 63、籼 128、8303、8401 品种。

1997 年后，大面积推广种植品种：特优 63、特优多系 1 号、漳农 9104、泉农 3 号、特优 77、特优 70、培两优 288。示范品种的早季水稻有福优多系 1 号、佳禾早占、两优培九、华优桂 99、珍占 971、溪选早 1 号、新香优 80、福两优 63、2163、2186，特优 18、128 及南系 1 号；晚季水稻有福优 964、协优 3550、特优 70、82、669，世纪 137、T 优 7763、8063、8563、5286、6586 及漳优 8463、2484。

2000—2007 年，全区推广种植特优 63、特优多系 1 号、漳农 9104、泉农 3 号优质稻面积 773.33 公顷，占水稻播种总面积 97.1%。水稻良种繁育得到大面积推广。

二、甘薯良种推广

1970 年始，推广试种新种花、大南佛、胜利百号、禹北白新品种。1980–1989 年，引进农荠 305、徐薯 18 及龙溪 1 号。1990 年后，当家良种有岩茹 5 号、岩薯 7—3 号、林泗 1 号。2005 年，全区种植甘薯岩茹 5 号面积 17.67 公顷，占甘薯当年种植面积 93.3%。

三、马铃薯良种推广

1994 年后，区境农民逐渐重视马铃薯推广种植，引进克新系列 3、2、大西洋、东农 303、坝薯 10 号、无花种、春薯 4 号、中薯 3 号、吉农金 958 等优良品种。

1997—2007 年，龙文区加大优良品种推广栽培，年种植马铃薯面积占农作物播种面积 2.8%。

四、甘蔗良种推广

区境种植甘蔗品种有糖蔗、果蔗两种。

1950 年，引进印尼爪哇改良品种 2878、2883、2725、108 等糖蔗。1955 年，从广东引进台湾“134”良种，单产比竹蔗增产 50%—100%，为当家品种。1950 年后，农户自选品种有白蔗、白眉蔗、红蔗及青皮蔗等果蔗。1978 年，试验“611”高产糖蔗，单产 37160 斤。1998 年后，普及推广“8605”优良糖蔗品种。

1983 年，龙溪地区农科所在区境试验甘蔗新品种闽糖 70—611，是由亲系 CP49—50 × F134 杂交育成。植株高，单茎重大，宿根性好、早生快发，茎大，中熟种，高糖、丰产稳定，蔗茎产量比 F134 增产 10.96%；11 月至翌年 3 月平均蔗糖分达 13.3%，比 F134 高 0.66 个百分点，高峰期蔗糖分 15%。亩含糖量增产 17.85%。蔗茎含纤维份较高，蔗皮硬，螟害节少，适应性广，各类土壤均可种植，产量稳定。至 1986 年，为福建省甘蔗当家品种，在全福建省推广面积 34666.67 公顷，占全省甘蔗总面积 60%。至 2007 年，为区境甘蔗当家品种。

五、花生良种推广

1954 年前，主要品种有琉球和倒藤的鸳鸯种。1955 年始，种植“大屁股”“笃鼻仔”“狮头企”“小琉球”，推广面积大的是“狮头企”。

1997—2007年，陆续引进粤油551、58、田沙7号、212，以及海花1号。海花1号，产量最高，亩产201公斤。

六、蔬菜良种推广

1990年后，蔬菜品种更新换代快。1998年，区域传统品种老化，在调整种植结构中，引进新优品种有年花韭菜、紫色长茄704、北大葱、细菜、贵妃柿。

2000-2007年，引进台湾苦瓜、金山长茄、新旺番茄、短叶萝卜、六月红早芋等品种。

第三节　主要作物栽培技术

一、水稻栽培技术

（一）抛秧栽培技术

1997年，龙文区在蓝田镇、朝阳镇4个村推广抛秧栽培技术，面积2.27公顷，亩产506公斤，比常规手插秧每亩增40公斤，增幅8.58%。2000年，全区普及抛秧技术，早、晚两季推广抛秧513.33公顷，占2000年水稻总播面积40.35%，亩产增加40—50公斤，成为全区普及实用农业技术。2007年，全区全部应用抛秧栽培技术。

（二）旱育稀植栽培技术

1997年，推广以旱地育秧为核心，浅栽插为关键，巧施肥为基础，控水促根为条件的规范化水稻高产栽培技术。全区示范面积5.67公顷，每亩比普栽田增35公斤—40公斤；水稻可提早成熟4—6天。2007年，全区普遍应用旱育稀植栽培技术。

1997年，在步文镇、郭坑镇、蓝田镇、朝阳镇各选择两个村示范，应用面积6.33公顷，单产比普栽田增长9.02%。至2007年，在全区迅速推广普及。

（三）水稻套种栽培技术

2000年，在区境240公顷幼龄果园示范和推广套种巴西陆稻320亩，亩量360—380公斤。至2007年，推广应用农作物间套种创新技术，实现充分利用土地、光能、空气、水肥和热量等自然资源，发挥边际效应和植物间的互利作用，在全区普遍推广应用。

（四）水稻种业工程技术

1997年后，漳州市农科所在朝阳镇实施种子产业“育、繁、推”一体化工程技术和“产、供、销”一条龙营销网络。该所水稻育种亲本材料丰富，保存育种亲本300多份。1989年“特优63”育成推广后，在南方粮食主产省份引起轰动。2004年，“特优6355”通过省品种区域审定。2005年，优质稻“漳佳占”通过省品种审定。“特优63”“特优6355”“漳佳占”3个新组合品种于2004年、2005年分别参加省级验收。

2007年，市农科所在朝阳镇培育水稻“特优103”，亩产567.8—615.46公斤；“特优202”，亩产500公斤—550公斤，米质达国颁优质米3等食用米标准；特优293、Ⅱ优623、特优107号3个品种参加省级试验；培两优27、特优623、Ⅱ优103号3个品种参加市级试验；Ⅱ优103参加国家“863计划”海南试验基地展示，在300多个展示品种中名列第64位。

二、果树栽培技术

（一）高位嫁接换种技术

1997—2007年，选择名、优、特、新品种进行高位嫁接，实施水果品种改造工程，优化水果品种结构，降低优质水果种植成本，缩短挂果时间。在全区333.33公顷龙眼树进行高位嫁接换种，嫁接时间在果树抽穗后扬花前进行，选择10万株树龄8—12年嫁接换种，换上“水南1号”“水南2号”及本地优质品种。

（二）化学调控技术

1998年，荔枝生产应用化学调控技术。项目技术应用须采取防病虫、控冬梢、疏花疏果等措施。调节剂选用：控梢促花素，杀梢促花灵及丰花利累素。当年，漳州市荔枝普遍减产，龙文区荔枝依然喜获丰收，总产量628吨，比上年增产27.38%。2007年，该项技术在全区全面推广。

（三）甘蔗地膜复盖技术

1997年，在1466.67公顷甘蔗基地，落实地膜复盖栽培技术，总产13.96万吨，比上年增产49.31%。至2007年，该项技术已在全区推广。

（四）果树种苗工程技术

1997年，漳州市农科所在朝阳镇建立香蕉实验田。该实验田是福建省香蕉试管苗最大的生产基地。1998年，国家与福建省计委投入资金190万元，在市农科所建“漳台农业合作良种引进、繁育示范基地”和“漳州市现代农业示范基地”，实施果苗工程技术，推广优良品种。

2007年，建有闽台特色的园艺良种基地6.66公顷（母本园1.33公顷，苗圃2公顷，示范园3.33公顷），引进台湾果树良种13类20多种，主要有蜜丝软枝杨桃、水蜜桃、芭乐、甜柿、柠檬、黑钻石莲雾、释迦、台湾枣“高朗一号”、金煌芒果等，年产优质果苗30万株，供省内外产业化基地种植2000公顷，在漳州建有台湾品种水果3.57万公顷，建立平和县山格青枣、芭乐基地2000公顷。早期引进台蕉1号、台蕉2号香蕉品种，经区试品种良好。漳州种植以台蕉2号为主品种面积2.43万公顷。

三、蔬菜栽培技术

（一）蔬菜嫁接苗技术

2007年，在书厅、流岗、扶摇、洛滨的蔬菜基地推广蔬菜嫁接育苗技术，清除植物连作栽培容易产生病虫害。

（二）反季节栽培技术

1999年始，区境推广冬季反季节苦瓜、八角瓜、空心菜等栽培，亩产值在4000元以上。同时，开发以蓝田镇为中心辐射全区的反季节茭白笋基地200公顷。肥料使用以经发酵腐熟的沼气肥为主。生产栽培按照DB34/204标准执行。当年，茭白笋亩产值4500元以上，最高上万元，比1997年增长12.5%。

2002年，全区继续推广冬季反季节栽培技术，调减低产值蔬菜。2005-2007年，全区反季节栽培面积年均近67公顷，供应漳州市区冬季蔬菜上市。

（三）无公害栽培技术

2003年，步文、长福、下洲等村以种植大路菜为主，选择避风向阳，排灌方便，肥力中上，土壤无超标重金属和硝酸盐等有害物质及无污染源，实施低农残蔬菜生产，种植面积100公顷。

2007年，全区推广无公害栽培蔬菜面积133.33公顷，形成步文、长福、下洲、书厅等地以大路菜种植为主常年性无公害叶菜生产基地。

（四）蔬菜种业工程技术

1997—2007年，漳州市农科所在朝阳镇建设“漳州市珍稀蔬菜品种园”和“福建省无公害蔬菜生产示范基地”6.67公顷。其中“叶番薯、苦菜、苦瓜、油菜心”4个品种获A级绿色食品认证；“白背天葵、紫背天葵”获无公害特色蔬菜认证。

四、食用菌栽培技术

（一）反季节高温蘑菇栽培技术

1999年，蓝田、朝阳镇蘑菇种植户试验反季节高温蘑菇1000平方米，取得成效。双孢蘑菇反季节栽培经济效益是秋季栽培的2—3倍。至2007年，在全区逐渐推广普及该项技术。

（二）工厂化栽培技术

2005年，开始实施珍稀食用菌工厂栽培技术，主要珍稀食用菌有姬松茸、金针菇、平底菇、鲍鱼菇、茶树菇、白灵芝。至2007年，在全区普遍推广工厂化栽培技术。

第四节　施　肥

一、肥料种类

中华人民共和国成立前，区境农民使用绿肥、人粪尿、厩肥、沤肥、沼气肥及废弃物肥料。

1950年后，使用人粪尿、厩肥、由禽畜粪尿与饲料残茬、绿色植物推积发酵的产物、作物秸秆、绿肥、人畜粪尿及生活垃圾混合堆置好氧发酵而成的肥料、人畜粪尿，冲栏污水在沼气池厌氧发酵后残留物、沼液、沼渣、生活垃圾和生物有机残体，经发酵处理而成的肥料，以及泥肥、坑土、糟渣和饼肥等。

1960年始，施用过磷酸钙、钙美磷、骨粉等化学肥料。1970年后，增加尿素、氨水、硫酸锌、硫酸镁、磷酸二氢钾等。1976年后，化学肥料增加，农家肥使用逐暂减少。

1980—2007年，增加复合肥料和混合肥料施用，增加微量元素肥料，有“高乐”叶面肥、复混肥、植物动力2003、BB肥、BR—120等。

二、施肥技术

（一）传统施肥技术

1950—1965年，区境农民以农家肥为主，偶尔混配氮肥施用，化学肥用量甚少。腐熟厩肥、沤肥、堆肥皆为基肥，追肥多为施水肥，肥足多施，不足少施。1963年，步文公社采取“挖、割、造、收、购、堆”办法，开展全民积肥运动。挖积土肥9335万公斤，割积绿肥98400公斤，豆藤回田270.33公顷、稻草回田540.87公顷、大造土化肥5万多公斤，收购水肥2800公斤。全社备足早、晚季肥料，每亩施用2500公斤有机肥，特别是晚稻在未插秧之前追上一遍“嫁底”肥料。

1964年，郭坑公社开展1年5次积肥“突击运动”与“全民运动”。早季以积泥土肥为主，每亩41担；夏种后，以割绿肥为主，秋收前以积地皮肥为主，确保作物有足够肥料。1965年后，以农家肥为主，增施化学肥。

1978年，步文公社在甘蔗田间管理上，改变过去两头小中间大的施肥习惯，采取“促前，攻中，后补足”的施肥方法，以人畜粪便为主，化肥为辅。甘蔗前期苗，勤施薄施水肥，每次配混1.5—2.5公斤氮肥，培育壮苗；中期结合大豆秸秆压青，多施人粪尿、土杂肥（堆肥），并每亩配施化肥15—20公斤；后期补施壮尾肥，每亩施化学氮肥5—7.5公斤。

全区发展沼气为蔬菜种植提供优质有机肥源，推动无公害蔬菜生产。全区建沼气池7000多口。养殖业废水经沼气综合治理后，所沤制沼液、沼渣均是优质有机肥料，其主要养分含量：全氮0.03%—0.08%、全磷（p2o5）0.02%—0.07%、全钾（k2o）0.05%—1.40%。

（二）化学肥施肥技术

1970年后，区境农民施用化学肥料大幅增多，有机肥用量明显减少。1979—1988年，推广应用有机、无机肥料混配施用。1979年，推广施用钾肥。1984年，应用水稻“氮调”施肥技术。1988年，推广土壤识别与优化施肥。

2000年起，龙文区在实施省级中低产田改造工程项目中，有计划实施“客土改良、沃土计划”。2005年始，实施省级标准农田建设项目中，在朝阳镇浦头洋片、漳滨村及科坑村，推广平衡施肥66.67公顷，其中水稻田16.67公顷，果园榕树苗园23.33公顷，蔬菜基地26.67公顷；施用作物专用肥、复混肥100吨，并设立10处监测点，开展土壤养分变化跟踪。同年，利用禽畜粪尿的沼气池厌氧发酵处理。

2007年，全区建设大、中、小型沼气池，有效容积9030立方米，年沤制沼液16931吨、沼渣45150吨。沼气肥是缓速兼备肥料，成为全区生产无公害蔬菜和反季节白茭笋的主要肥源。

第五章　林　业

第一节　林地与权属

东溪林场

一、林地

区境森林主要分布在北部、东部及东北部丘陵地带，东南、西南部森林资源少。民国期间，华侨在境内创办四维垦植公司，种植经济林木，森林覆盖率扩大。

1958年，开展群众性大炼钢铁，乱砍滥伐树木严重，林地被人为破坏。1959—1965年，生产大队耕山队开展植树造林，增加林业用地。1986年，根据地形、气候、植被、林业现有结构及经营习惯，步文、郭坑划为九龙江下游平原林业地带，林业用地占土地面积40%，人均山地面积0.08公顷。

1991年，步文乡有林地面积1051.2公顷，其中经济林地457.4公顷、疏林地20公顷，未成林造林地283公顷，森林覆盖率12.11%；郭坑镇有林地1288.93公顷、其中经济林562.47公顷，疏林地113公顷，森林覆盖率35.8%。

2007年，龙文区各类林业用地面积4594.2公顷；有林地3668.33公顷，其中特种用途林144.6公顷、防护林328.07公顷、经济林3166.2公顷、竹林29.47公顷，占79.9%；疏林地202.87公顷，占4.4%;无林地723公顷，占15.7%；森林覆盖率34.2%。

二、权属

明清时期，区境山林为村社族有林和私有林。民国时期，战争频繁，荒山越来越多，县政府发布公告，鼓励民众上山垦荒。县政府发给开垦证书，山林归承垦人经营，林权归私人所有。

1952年始，区境进行山林改革，实行农民山林所有制。1956年农业合作化，一部分私有林折价归合作社。1958年公社化后，山林全部归集体所有。

1967年，根据兼顾国家、集体、个人三者利益，有利于林业生产经营管理原则，区境公社、大队划定山界，确定权属。对高级社时期社员所有的树木仍归私人所有；土地改革期间分配给农民的林地，仍可留一部分，但不得超过有林地的一半；村庄附近小山或荒坡地划一定数量给社员作为自留林地。“文化大革命“期间，所有山林收归集体所有。

1981年9月，根据中共中央、国务院《关于保护森林、发展林业若干问题的决定》，步文、郭坑公社根据县林业局部署，稳定山权林权，落实林业生产责任制，开展“稳定山林权属、划定社员自留山、确定林业生产责任制”的林业“三定”工作。至1982年7月结束。

2003年,龙文区开始进行集体林权制度改革,实现“山有其主、主有其权、权有其责、责有其利”,完成商品林改革面积800.87公顷。

2007年，探索集体林权制度改革后生态公益林保护与建设新路子，建立与其适应的责权利相统一的管护机制。

第二节 植树造林

一、山地造林

区境山地造林多分布在郭坑镇金鸡山和朝阳镇三峰山一带。1953—1957年，区境自然村、互助组和农业合作社响应国务院“谁种谁有”政策的号召，兴起植树造林热潮。1958年，大炼钢铁砍树烧炭，原生植被基本被破坏殆尽。1959年2月，龙溪县召开公社党委、生产大队书记电话会，动员和部署机关干部、工厂职工、公社社员、中小学生上山植树造林。这种群众性植树运动，树木成活率低。公社化又将各家种植的树木收归集体所有，农民植树积极性低落。1963—1965年，重申国务院“谁种谁有”政策，群众植树造林积极性有所提高。“文化大革命”期间，山林被乱砍滥伐。

1981年,林业开展“三定”(稳定山林权属、划定农民自留山、确定生产责任制)工作,实行“谁种谁有”政策，区境群众开始开荒种果。30% 的宜林荒山承包给专业队（组）、专业户，调动农民植树造林积极性。

1991 年，郭坑、步文林地分别为 1288.93 公顷、1051.2 公顷。其中，基地林分别为 577.33 公顷、459.13 公顷。2000 年后，龙文区群众开始种植速生丰产林。2007 年，山地造林 94.8 公顷。至 2007 年，全区造林 539.27 公顷。

二、“四旁”造林

1991 年，步文、郭坑公社“四旁”（村旁、路旁、水旁、屋旁）造林分别为 17.53 公顷、416.67 公顷。

1997 年后，龙文区抓国道、省道绿化美化，推广“四旁“植树美化家园。全区开展“创绿色家园、建富裕新村”创建活动，确定朝阳镇为绿色乡镇，步文镇石仓村、蓝田镇东屿村为市级创绿色家园示范村。2007 年，“四旁”植树 13.6 万株。至 2007 年，全区“四旁”植树 320 万株。

第三节　森林蓄积与采伐

一、森林蓄积

1949 年，区境活立木蓄积量 20 万立方米，主要分布在郭坑丘陵地带。1958 年，大炼钢铁毁林烧炭。“文化大革命”时期，不少群众乱砍滥伐，林木蓄积量大为减少。1979 年后，经过多次植树造林，蓄积量逐渐增加。

1991 年，步文、郭坑有活立木蓄积量分别为 8340 立方米、45332 立方米；林分积量分别为 1560 立方米，2827 立方米；疏林蓄积量分别为 716 立方米，4630 立方米，散生木蓄积量分别为 1086 立方米、470 立方米。

1997 年后，龙文区森林蓄积量有所增加。

2007 年，森林蓄积量 4278 立方米，其中林分蓄积量 3546 立方米（用材林 619 立方米、防护林 544 立方米、薪炭林 2383 立方米）、疏林蓄积量 565 立方米、散生木蓄积量 167 立方米。

二、林木采伐

中华人民共和国成立前，区境的林地多是族有林，在封山数年后，允许采伐。

1958 年大炼钢铁，砍林烧炭作燃料，乱砍滥伐。1960 年，政府虽有制止，但是已经难以控制，森林遭到严重破坏。1962 年 9 月，龙海县颁布关于制止乱砍滥伐的紧急通知，随后，开展社会主义教育运动，乱砍滥伐之风才有所收敛。“文化大革命”期间，乱砍滥伐之风又盛，出现植树造林不见林的状况。1982 年，龙海县政府发出《坚决制止乱砍滥伐，保护森林资源的紧急通知》，严格实行计划采伐。集体或个人需要林木，由林业部门批准发给采伐证始得采伐。1984 年，修建公路需要，公路两侧树木部分由交通部门全部砍光。

1997 年，龙文区林业主管部门允许间伐山林。2000 年，龙文区实施林木分类采伐。全区林木分为商品林和生态公益林。2001 年，划定生态公益林区，区内生态敏感区位的高速公路、鹰厦铁路一重山、九龙江流域、水库一重山、云洞岩风景区范围内的山林界定为省级生态公益林，实行严格保护，严禁采伐。对于商品林实施放活的政策，鼓励林农种植短周期工业原料林巨尾桉。2001—2005 年，全区种植 343.33 公顷，2006 年开始采伐巨尾桉，11 公顷，采伐木材 602.4 立方米。2007 年全区采伐巨尾桉 10.4 公顷，采伐木材 513.8 立方米；抚育间伐 37.47 公顷，生产木材 214.4 立方米；采伐林木面积 47.87 公顷；采伐蓄积量 812 立方米。

至 2007 年，全区批准采伐 7 宗，采伐面积 105.27 公顷，采伐蓄积量 2896.2 立方米，生产木材 2413.5 立方米。

第四节　森林保护

一、林地保护

1997 年，区林业局编制林地保护利用规划，严管生态公益林地，保护利用商品林地，对工程征占用林地进行初审上报，保障国家重点工程和企业发展的用地需求。对非法采石、采土等破坏林地的行为进行打击。

2007 年，全区查处破坏林地案件 2 起，移送检察院起诉 2 人。

二、森林防火

1953 年前，村民上山耕种，点火烧草不小心引发火灾事故时有发生。1953 年 10 月，龙溪县发布山林防火公告，重视护林防火工作，发动群众加强防火措施。1956 年 4 月，根据县护林防火委员会要求，步文、郭坑成立护林防火组织，做到火灾必报，扑灭山火。1983 年，区境干部、群众响应龙海县森林防火指挥部“加强森林防火工作”号召，保护国家森林资源，同违章用火、随意烧荒和乱砍滥伐违法行为作斗争。在山头用白石灰浇刷“严禁放火烧山”“森林防火”等警示标语。

1997 年，全区 12 个有林村都配备专职护林员，进行日常巡山管护，在第一时间发现野外明火，及时组织扑救。林业主管部门注视天气变化，发布防火戒严令，指导群众进行生物防火林带建设。至 2007 年，全区建成以厚荚相思、马占相思等树种为主的生物防火林带 7.6 公里，形成阻隔网，保障云洞岩风景区及朝阳镇三峰山周边地区 1000 公顷森林不发生大火灾。

第六章　畜牧业

第一节　产值与产量

1997 年，畜牧业总产值占农牧渔总产值比例提高，成为龙文区一大支柱产业。全区畜牧业总产值 6232 万元，占农牧渔业总产值 23.9%。

全区肉蛋奶产量：1997 年 5952 吨、1998 年 9151 吨、1999 年 9506 吨、2000 年 12047 吨、

2001年13201吨、2002年16187吨、2003年17435吨、2004年22491吨、2005年20191吨。2006年、2007年，全区肉蛋奶总产量分别为25140吨、29612吨。

2007年，全区畜牧业增加到4.69亿元，占农牧渔业66.3%。

1997—2007年龙文区畜牧业产值统计表

表11-6-1　　单位：万元、%

项　目	1997	1998	1999	2000	2001	2002	2003	2004	2005	2006	2007
农牧渔业总产值	26026	28846	29170	32086	35325	36751	40021	47477	49829	52635	70768
畜牧业总产值	6232	9678	10119	12618	14680	17253	19989	28045	24507	31874	46913
畜牧业占农业总产值比重	23.9	33.6	34.7	39.3	41.6	46.9	49.9	59.1	49.2	60.6	66.3

1997—2007年龙文区畜牧业增加值统计表

表11-6-2　　单位：万元

项　目		1997	1998	1999	2000	2001	2002	2003	2004	2005	2006	2007
产值（当年价）		6232	9678	10119	12618	14680	17253	19989	28045	24507	31874	—
中间消耗	金额	3614	5166	5368	6363	7046	9084	10374	16699	14552	19605	—
	占%	58	53.4	53	50.4	48	52.7	51.9	59.5	59.4	62.1	—
增加值	金额	2618	4512	4751	6255	7634	8169	9615	11346	9955	12270	20520
	占%	42	46.6	47	49.6	52	47.3	48.1	40.5	40.6	38.5	-

第二节　家畜与家禽饲养

一、家畜

（一）生猪

中华人民共和国成立后，生猪生产产值占畜牧业总产值70%以上。主要以饲养本地猪为主。1958年，推行大集体养猪，不顾客观条件，村村办养猪场。由于管理不善，造成猪疫时有流行。1963年，实行集体、社员并举养猪政策，养猪生产有较大的回升。龙海县畜牧兽医站和食品公司引进约克夏、汉普夏种猪在步文公社建立瘦肉型良种猪人工授精站，提倡本地猪与新种杂交，使生猪生产稳定发展。1980年后，养猪专业户逐年增加，生产规模不断扩大。

1997年，推行规模化养殖，落实品种改良措施，以大坑种猪场等3个专业养殖场为中心，引进良种瘦肉型公猪。品种有杜洛克、长白、大约克、皮特兰，并与梅山母猪进行二元、三元杂交，提高产仔数，培育出优良的商品猪，改善肉质。当年，生猪年末存栏45660头，比上年增长5.75%，其中可繁母猪4800头（1996年底2300头）、种公猪120头。

1998年，全区上百头规模化养猪场152家，省级种猪场3家。当年3—5月，全国性生猪价格大跌，区委、区政府颇为重视，组织人员了解实情，对压栏猪过多，资金周转困难饲养户落实专项贷款基金给予扶持。全年生猪存栏52324头，出栏117862头，比上年增长14.6%、73.7%。

1999年，养猪业推广科学养殖技术，普及优良品种，加强疫病防治，出栏数111454头；瘦肉型良种猪比例40%，比上年提高10个百分点。

2000年，生猪市场价格相对较稳定，每100公斤700元，加上饲料价格跌落，有较可观的利润，促进养猪业平稳发展，全区上百头规模化养猪场175家。年末存栏64252头，出栏164290头，分别比上年增长15.35%、47.41%。全年养猪业生产总值1亿元。

2001年，大坑种猪场，推行牧草养猪饲养技术，每头猪年可节约饲料成本35元。全区实现机械化管理养猪场36家，推行瘦肉猪养殖，瘦肉猪比例50%。年末存栏93783头，出栏183763头，产值8000万元。龙文区被中共漳州市委、市政府授予"九五"期间"畜牧业生产先进县区"称号。

2002年，年末生猪存栏112220头，当年出栏220651头，比上年分别增长19.66%、20.07%。同时，改进母猪产仔率低关键技术，瘦肉型猪比重超50%以上。

2003年，引进优良品种，推广三元杂交，全区生产瘦肉型商品肉猪生产快、瘦肉率高、肉质好、饲料报酬高，达省领先水平。年末存栏119715头，出栏230173头，比上年增长6.68%、4.32%。

2004年，在全区推广生猪人工授精配种技术，减少公猪饲养数量，降低饲养成本，人工授精普及率75%。2004年、2005年存栏数分别为155654头、130775头，出栏数301102头、277894头。2007年，全区生猪年末存栏数243025头，出栏数413143头。

2006—2007年，根据国家发改委办公厅、农业部办公厅《关于加强生猪良种繁育体系和生猪标准化规模养殖场（小区）建设项目管理的通知》，龙文区加强生猪标准化规模养殖场项目建设，形成具有高效益、上规模、优标准的复合生态循环经济发展模式。

（二）牛

区境有水牛、黄牛两种。在沿江平原水草茂盛地带主养水牛，用以耕田，母牛产围期兼产奶；在郭坑镇山丘地带饲养黄牛较多，用以耕地，兼碾米、拉板车及榨糖。1985年后，黄牛饲养量减少。

1997年，龙文区水牛存栏数949头，从事农务劳役水牛873头，占92%；黄牛存栏数1147头，2005年，水牛存栏数下降到582头，比1997年减少38.7%；黄牛存栏数497头，减少56.7%。2006年、2007年，全区水牛存栏数分别为1096头、970头；黄牛存栏数分别为526头、517头。

（三）羊

区境饲养羊以奶羊为主，靠山的村民养羊不耗粮食，多数养奶山羊。自推行家庭联产承包责任制后，农村大量劳动力转入第二、三产业，饲养羊减少，年存栏数遂告下降。2005年末，全区养羊存栏50只；2006年存栏只剩22只。

2007年，全区已无人养羊。

二、家禽

（一）鸡

清代，区境饲养鸡种主要是土鸡。民国以后，开始引进良种鸡种，有芦花鸡、澳洲黑、来克亨、新汉西等。

1997年，兴办多家集约化良种鸡场，建立禽畜良种供应站。1998年后，由散养转为集中饲养，引进肉蛋鸡品种有海赛塞斯、海兰褐、罗斯来航、广西黄、河田鸡、江西土鸡等。

2001年，全区鸡存栏10.6万羽，出栏30.6万羽，肉产量324吨。2004年后，鸡存栏逐年减少。2007年，鸡存栏为54176羽，出栏6.2万羽，肉产量183吨。

（二）鸭

区境养鸭以蛋用麻鸭、番鸭、半番鸭为主要品种。

1997年后，饲养方式由分散粗放逐步发展到专业化、集约化。2001年，鸭存栏8.4万羽，出栏 23.6 万羽，肉产量 280 吨。

2007 年，全区鸭存栏 10.8 万羽，出栏 55.8 万羽，肉产量 628 吨。

（三）鹅

一般农户分散饲养灰鹅、狮头鹅，靠山的农户利用坡地、草场、水面多饲养灰鹅。

蓝田镇东屿村，是远近闻名的灰鹅生产专业村。1997—2007 年，养鹅专业户 60 多家，年均出栏成鹅 5 万羽，年均产值 400 万元，年均创利润 100 多万元。

第三节　防疫与检疫

一、防疫

1998 年，龙文区设固定报检点 4 处、流动报验点 6 处；聘用基层兽医代检员 15 人、动物防疫监督员 3 人、检疫员 8 人。同时，成立“无规定动物疫病区”建设项目领导小组，区委副书记担任组长，区计划局、财政局、农业局为领导成员单位。全区设产地检疫报检点 10 处、疫情测报点 12 处。1999—2000 年，全区配备兽医防疫员 79 人、专业饲养场兽医人员 160 人。防治“生猪 5 号病”工作始终以“早、快、严、少”扑灭原则，加强对各专业养猪场实施布控监测。根据《福建省农业厅关于动物产地检疫工作管理的暂行规定》，2000 年，由区领导牵头、农业局等相关单位成立龙文区动物产地检疫工作领导小组，区公安、工商有关部门协调配合开展监测工作。

2003 年，召开全区动物防疫工作会议，制定《漳州市龙文区重大动物疫情应急控制预案》，与各镇分管领导签定动物防疫工作责任状；选拔人员参加省畜牧局畜牧兽医站举办动物防疫网络化管理培训班；成立龙文区动物防疫网络化管理领导小组。同年，召开区、镇动物防疫工作会议，由村指定防疫员逐户调查本村畜禽存栏数，填表存档。全区印发调查表 2000 多份，免疫宣传单 3 万份，张贴公告 200 张；发放 5 号病疫苗 6500 毫升。

2004 年，龙文区农业部门采取有效措施，防止高致病性禽流感疫病发生。成立区重大动植物疫情应急控制指挥部，由副区长任总指挥。同时，下发《漳州市龙文区人民政府办公室关于印发龙文区动物高致病性禽流感应急控制预案的通知》，区、镇、村三级签订责任状。全区印发宣传资料 4.7 万份，张贴禽流感知识挂图 1300 多份及免疫公告 200 份，知识问答、法律问答各 200 份；接受群众咨询 100 多人次。2003—2004 年，下拨动物防疫工作经费、疫苗配套经费、监测仪器和试剂经费 14 万元。2005—2006 年，举办村级以上畜牧农民技术员、畜牧兽医干部培训班，参训 200 人次。其中，村级农民技术员 98 人次、畜牧兽医干部 24 人次、养殖大户 78 人次。

2007 年，区畜牧兽医技术人员下乡举办讲座。在各镇兽药店中选择技术服务联络点，定期派人服务咨询，接受养殖户咨询 7600 多人次，挽回养殖户经济损失 600 多万元。设立 24 小时开通的疫情监测举报电话和技术咨询电话。

二、检疫

民国期间，由个体兽医为农户畜禽治病，无专门的防疫检疫机构。

1950 年，龙溪县政府成立畜牧兽医站，开展瘟疫苗注射，防治疫病。1956 年，步文、郭坑先后成立畜牧兽医工作站。“文化大革命”期间，放松防疫工作。1987 年，步文、郭坑在龙海县主管部门帮助下开展消灭猪瘟疫试点工作，每年注射疫苗，防治密度 95% 以上。1989 年，区境猪瘟基本控制。1986—1991 年，开展禽畜疫病普查，主要传染病得到控制。

1997 年，区畜牧兽医站成立，建立畜牧兽医执法队伍，保障区境动物防疫、检疫工作正常开展。当年年初，“5 号病疫苗”注射率 55%以上，年底预防率 80%以上。猪瘟接种率 95%以上，鸡新城疫接种率 90%以上。当年 6—8 月，朝阳镇书厅村黄稻川种猪场有 3 头母猪发生人畜共患的布氏杆菌病，抽取血清经省畜牧局血清学 SAT 检查，阳性率 81.25%。按照“政府负总责，部门各司其责”和“政府保免疫密度，业务部门保免疫质量”要求，全区采取紧急预防接种，制止疫病蔓延。

2000 年，检疫生猪 9.2 万头、禽 8.5 万羽；查处逃检疫行为 86 起，补检生猪 1250 头，并按规定加倍收费。

2001 年，在每个村公开招聘 3—4 名村级兽医人员，上门登记母猪数量，实行“单列管理，依托村医，登记造册，强制免疫，加挂耳标，以检促防”办法，对生猪进行强制免疫。免疫次数为 2 次，即仔猪产出后 20—30 天内免疫一次，50—60 天内免疫第二次。2002 年，全区发放免疫耳标 6.86 万个，佩带率 100%。

2004 年 1—2 月，全区免疫生猪 4.5 万头，禽类 23.6 万羽，免疫率均 100%。

2005 年，全区免疫生猪 27.25 万头，免疫鸡 16.4 万羽，免疫鸭 19.1 万羽，免疫鹅 0.1515 万羽，常年免疫密度 100%。下发消毒药品 2000 公斤，消毒面积 60 多万平方米。针对禽流感、口蹄疫等强制免疫疫苗专项检查，出动执法人员 60 人次，检查兽药经营企业 54 家。在全区设立疫情测报点 8 处，其中蓝田镇 2 处、步文镇 1 处、朝阳镇 3 处、郭坑镇 2 处。各村设立疫情观察员 1 人。当年注射疫苗：猪五号病活疫苗 54.5 万毫升、重组禽流感灭活疫苗（H5N1 亚型，Re-1 株）49.8 万毫升、禽流感灭活疫苗（HS 亚型 N28 株）1.5 万毫升、禽流感重组鸡痘病毒载体活疫苗（HS 亚型）50 万羽份。全区在疫情监测点抽取血样进行免疫抗体监测，经检测：血清 HS 亚型抗体合格率 95%；O 型口蹄疫血清抗体合格率 80%。

2006 年，全区免疫生猪 28.29 万头、免疫鸡 6.04 万羽、鸭 13.41 万羽、鹅 0.0249 万羽，常年免疫密度 100%。

2007 年，全区年用禽畜的口蹄疫苗 105 万毫升、重组禽流感灭活疫苗 23.25 万毫升，免疫密度 100%。

第七章　渔　业

第一节　发展概况

区境自然条件优越，发展渔业生产具有较好的区位环境。九龙江下游北溪、西溪的江河水域及港道、池塘、水库等是淡水鱼虾养殖场所。境内的石洲村是纯渔业生产村；郭坑、江东、马崎、下洲等一带江河水域，常年有渔船作业。中华人民共和国成立前，区境渔民以一家一户的连家船为主经营，捕鱼世代相传。

1952—1958 年，石洲村渔民先后组织生产互助组、合作社和人民公社生产大队，实行集体生产和统一分配体制。1959年，划出福河渔民74户210人转入九龙江养殖场；1960年并入石洲渔业生产大队。1983年，石洲渔业生产大队实行渔业体制改革，把集体的船只和渔具等财产作价归船上渔民股份所有。1991年，石洲渔业专业村有196户739人，渔业劳动力336人；拥有渔船126艘、579吨位、2240马力。当年，水产品产量955吨，经济收入271万元，人均收入1123元。

1997年，随着生产条件的完善和科技进步，渔业生产水平得到提升。全区渔业产值5311万元。

2005年，渔业产值增至8083万元，比1997年增长52.2%，年均占农牧渔业总产值17.1%。此后，渔业资源减少，捕捞量逐年减少。2006年、2007年渔业产值分别为6840万元、5958万元。

第二节　捕捞与养殖

一、捕捞

区境江河溪流纵横交错，河道多弯曲，落差大，江段水流时急时缓，构筑诸多鱼类生存的深潭港湾。水域天然，饵料丰盛，数十种鱼、虾在水域中生长繁殖。石洲村是专业渔村，其先民使用手抛网、刺网等渔具，从事江河捕捞。捕捞主要鱼类有青鱼、草鱼、鲢鱼、鳙鱼、鲤鱼、鲫鱼等；虾类有沙虾、毛虾；蟹类有毛蟹、扁蟹；贝类有背角无齿蚌、沙蜊、河蚬、田螺等。捕捞水域为九龙江北溪，上至马崎、石龟头，下至龙海市浮宫镇海门岛海山、海鹏。

1960年，石洲渔民定居马崎，1967年迁移至石洲。1974年10月，第一对150马力机帆船走出九龙江到舟山渔场，进行海洋捕捞作业。1976年、1977年，石洲渔业大队先后向龙海县紫泥镇城内村及晋江购置150马力、185马力机帆船各1对。1977年，机帆船增加到至8艘，以拖网为主，在闽南渔场、舟山渔场捕捞。

1997年，石洲渔业村有60艘小型渔船、36艘中、大型渔船，海洋捕捞作业结构呈现渐趋合理的势头。2003年，石洲渔业村迁至郭洲农场附近。当年，全区捕捞（含石洲渔业专业村和其它村捕捞渔船）水产品1780吨，产值1890万元。

2005年，全区捕捞水产品产量是建区以后最低的，只有1600吨，但产值却是最高，达2926万元。

2007年，海洋捕捞产量1868吨，产值2780万元。

二、养殖

1957年，步文乡组织养鱼专业组。1964年，由公社和生产大队联办养鱼场，北起北溪内林，南至西溪湘桥，九龙江流经30个生产大队，全长20公里，港道面积155公顷。1980年后，漳州糖厂工业污水排入河道，污染日益严重，部分港道不能养鱼。同时，实行“退耕还鱼”政策，推行联产承包责任制，农村出现挖塘养鱼热潮。水产养殖实行推广立体养殖新模式，改造低产鱼塘，引进外国优良品种。改进饲养技术，系取轮放轮捞措施，提高单位面积产量。

1986年，步文乡长洲、吴浦、梧桥、蔡坂、流岗、翁建、湘桥利用港道吊养三角帆蚌、冠蚌500多万苗，面积72公顷，被称为千亩“珍珠港”。

1997年，龙文区坚持“以养为主，捕捞结合，各有测重”渔业发展方针。罗非鱼养殖产量2273吨，占漳州市 5.35%。

1997—1998 年，全区新建淡水养殖基地面积 266.67 公顷。实行水中养鱼、水面养鸭、岸上种果养猪，饲料养猪，猪粪（经发酵腐熟的沼气肥）养鱼，塘泥肥果的立体生态农业种养模式。1997 年，全区养殖面积 452 公顷，1998 年 462 公顷，比上年增长 2.21%。

1999 年，对低产量鱼塘进行改造，改造后鱼塘每亩增值 400 元。引进美国叉尾鮰、巴西鲴和泰国红鱼优良新品种。2000 年，全区水产养殖面积 518.67 公顷，比 1998 年增长 12.3%。

2001—2002 年，全区调整养殖结构，推广南美白对虾养殖面积 13.33 公顷、美国叉尾鮰养殖面积 40 公顷、倒刺养殖面积 3.33 公顷。2001 年，全区养殖面积 526 公顷，比上年增长 1.41%；2002 年养殖面积 534 公顷，比 2001 年增长 1.52%。

2003 年，从厦门鹭业有限公司引进优良品种奥尼罗非鱼，养殖面积 20 公顷。其中，在东溪农场、汐浦村试验示范 13.33 公顷。汐浦村引进黑脊倒刺，养殖面积 3.33 公顷；石井村引进日本锦鲤，养殖面积 13.33 公顷。当年，全区养殖面积 551.33 公顷，比上年增长 3.25%。

2004 年，全区罗非鱼养殖产量 3026 吨，占漳州市 5.54%。同年，福州联合养殖场在朝阳镇石井村投建大型观赏鱼养殖场。全区水产养殖面积 563.33 公顷，比上年增长 2.18%。

2005 年，引进赤眼鳗、奥尼罗非鱼，养殖面积 20 公顷。2006 年，引进赤眼鳗、奥尼罗非鱼，养殖面积 13.33 公顷。2005 年、2006 年，全区水产养殖面积分别为 554.67 公顷、537 公顷，比上年分别减少 1.54%、3.19%。

2007 年，龙文区围绕“调整”与“增收”目标，引进新技术、新品种。推广奥尼罗非鱼、鲮鱼，养殖面积 10 公顷。全区水产养殖面积 529.33 公顷，比上年略减 1.42%。

1997—2007 年龙文区水产品产量产值统计表

表 11-7-1　　单位：吨、万元

项　目	1997	1998	1999	2000	2001	2002	2003	2004	2005	2006	2007
海水产品产量	1605	1715	1710	1710	1720	1760	1780	1810	1600	1830	1868
海水产品产值	1582	2266	2195	1767	2103	1620	1890	1111	2926	2810	2780
淡水产品产量	4000	4152	5050	5050	5260	5483	5845	6115	6242	5345	5056
淡水产品产值	3729	3811	3165	3491	3885	3972	4473	4520	5157	3861	3658

1997—2007 年龙文区渔业增加值统计表

表 11-7-2　　单位：万元

项　目		1997	1998	1999	2000	2001	2002	2003	2004	2005	2006	2007
产值（当年价）		5311	6077	5360	5258	5988	5592	6363	5631	8083	6807	5958
中间消耗	金额	3080	2625	2291	2261	2574	2540	3182	3116	4446	3540	3196
	占%	58	43.2	42.7	43	43	45.4	50	55.3	55	52	53
增加值	金额	2231	3452	3069	2997	3414	3052	3181	2514	3637	3266	2948
	占%	42	56.8	57.3	57	57	54.6	50	44.7	45	47.9	49.4

第八章 管 理

第一节 机 构

一、区级机构

（一）龙文区农业局

1997 年 1 月，龙文区农业局成立，内设人秘股、财会股、农业执法股、水利建设股、机电股、林政股、营林股、渔政股。

1998 年 5 月，设区经管站、区农业技术推广中心，隶属农业局，均为全民股级事业单位；编制各为 3 人。1999 年 6 月，设区兽医站，隶属农业局，全民股级事业单位，编制 1 人。2000 年 3 月，设区动物防疫监督所，与区兽医站实行“一套人员，两块牌子”；5 月，设区农民负担监督管理办公室，隶属农业局，为全民股级事业单位，编制 2 人。

2002 年 11 月，区农业局内设办公室、农业执法股（加挂区农业执法大队牌子）、渔政股；人员编制 6 人，其中局长 1 人，副局长 2 人，股级 3 人，后勤人员 1 人；12 月，区农业技术推广中心更名区土壤肥料站，加挂区植保植检站，实行“两块牌子，一套人员”编制。

2004 年 3 月，区渔政股，加挂水产技术推广站；土壤肥料站增挂区种子管理站，不增加编制。2005 年 1 月，设区农业机械监理站，隶属农业局，为全民股级事业单位，编制 2 人。2007 年 9 月，设区农渔执法大队，隶属农业局，为全民股级事业单位，编制 3 人；11 月设区畜牧兽医局，副科级单位，设局长 1 人、副局长 1 人；增挂区动物疫病防控中心（动物卫生检疫所）。

2007 年，区农业局机构不变；人员编制 29 人，在编 24 人，其中局长 1 人。

（二）龙文区林业局

1997 年 1 月，龙文区林业局成立，与农业局合署办公。2002 年，区林业局为正科级单位，内设人秘股、林政资源管理股、营林股。龙文区成立花卉管理办公室、处理山林权纠纷工作小组办公室、绿化委员会办公室、森林防火指挥部办公室，挂靠在林业局。2004 年，区林业局下设林业办证中心、森林资源管理站。

2007 年，区林业局编制 20 人，在编 20 人，其中局长 1 人，副局长 1 人。

二、乡镇机构

（一）农牧业单位

1960 年，步文、郭坑公社成立农技站，配备农业技术人员。1985 年，步文乡农机站、郭坑镇农机站成立，聘用农机管理人员。1997 年，各镇成立农业办公室和农村经济服务中心，下辖农技站、农经站、畜牧兽医站；1998 年，各镇配备人员：蓝田镇 3 人、步文镇 4 人、朝阳镇 5 人、郭坑镇 4 人。

2007 年 11 月，设立镇畜牧兽医站，作为区畜牧兽医局派出机构。全区人员编制 7 人，其中蓝田 1 人、步文 1 人、朝阳 3 人、郭坑 2 人。

（二）乡镇林业工作站

1977 年步文林业工作站成立，至 1996 年，管理林业用地 20334 亩。1997 年 1 月，步文、郭坑林业工作站成立。1998 年，将步文、郭坑 2 个林业站改设为蓝田、步文、朝阳、郭坑 4 个林业站。

第二节　农牧业管理

1997 年，龙文区农业局成立农业执法股和农业执法大队，加强对农业法律法规的宣传、监督检查，查处涉农违法活动。区农业局着重农村财务清理整顿工作，严厉打击侵吞集体财产的违法行为，健全财务管理制度，农村财务管理逐步走向正规化。全区 41 个村清理违纪违规金额 272.85 万元，清退 248.34 万元。1998 年，全区清理整顿重点村 14 个，清理违纪违规金额 250.64 万元，清退 176.15 万元。同时，建立健全集体资产管理制度和运营机制，保证集体资产保值增值。

1999 年，对 16 个重点行政村财务进行清理，清出违纪金额 91.76 万元，比上年减少 100 多万元；清理镇村两级不良债务 6616 万元，其中镇级 3411 万元。

2001 年，组织村财务人员 83 人参加全省统一的村级财会人员资格考试。2002 年，区农业局配合有关部门，加强农产品安全检查。全年查处逃避检疫案件 15 起、贩卖病死畜禽 2 起、经营违禁药品案件 2 起，为人民群众吃上放心肉提供保证。同时，继续规范完善村级财务管理，全面开展财务人员业务培训，颁发《农村财会任用证》，做到持证上岗。

2003 年，全面落实农民负担监督管理和村级财务审计工作。区农业局和各镇抽调业务骨干 7 人，抽查 10 个村、1 个村民小组，通过检查，健全各项制度，维护集体经济和农民群众的权益。

2004 年，区农业局植保站、渔政站、兽医站、经管站及各镇农经办联合抽调有关人员，进村入户宣传农产品检验检疫、农用物资使用技术、动物及动物产品检疫和疫病防治等；配合区工商局开展农业执法工作，进行种子、肥料、农药、兽药、农膜、农机具等农用物资专项整治活动，严厉打击坑害农民行为，没收过期农药 20 瓶。

2005 年，在全区设立 8 个疫情测报点，强化疫情监测；加大检疫检查力度，严厉打击非法收购、贩卖病死猪、病害猪的行为。全区出动执法人员 72 人次，检查市场、饲养场，有效遏制餐桌污染。与有关部门联合，加强农资市场整治，查处不合格农药案值 8700 元，规范市场秩序。同时，抓好农民负担的监督管理，健全涉农民负担信访查办制度；对 10 个村的财务进行审计，规范农村财务监督管理。

2006 年，区农业局突出禽流感等重点动物疫情防控，促进畜牧业健康发展；健全农村财务审计工作，查处违纪录违规行为；稳定土地承包关系，依法解决矛盾纠纷；强化农民负担工作的监督管理。同时，加大农业机械安全生产的检查力度，严格执行拖拉机的牌证登记及驾驶证伸领的相关规定，重点查处拖拉机违法载人、超速超载、无牌无证、疲劳驾驶、酒后驾驶等违法行为。全年拖拉机挂牌登记 147 辆，安全检查 226 辆。

2007 年，区农业局执法大队狠抓农产品质量安全、安全生产隐患排查专项治理行动。全年出动执法人员 94 人次，检查生猪养殖场 42 家、饲料添加剂企业 3 家、饲料经营动物 27 家、饲料生产企业 5 家；对 52 家兽药经营企业开展拉网式巡查；出动执法人员 27 人次，对 5 家农药、化肥经营点进行专项检查，查扣没收禁售的甲基异柳磷农药 100 瓶及其它高剧毒农药 92 瓶；加强蔬菜、水产品安全监管，督查渔药经营者合法经营。同时，继续开展农机安全专项整治。全年拖拉机挂牌187辆，年检512辆，培训驾驶员134人。加大拖拉机道路交通安全监管力度，依法打击上路行驶的拖拉机和驾驶人的违法行为。查处无牌无证拖拉机13辆、逾期未检拖拉机31辆、违法载人1辆、擅自改拼拖拉机10辆、外挂拖拉机8辆。

第三节　营林与木材流通管理

一、营林管理

1997年，龙文区林业局编制并落实年度的营林生产计划，发动和鼓励个体私营造林，加强技术指导，推行工程造林，开展年度造林检查；组织、指导林木种苗生产、管理，执行林木种苗生产经营许可证，建立义务植树登记卡和绿化费征收制度，保障林业生产对优良种苗的需要。

2007年，全区有3家林木种苗生产企业取得《林木种苗生产经营许可证》。同时，开展全民义务植树，加大林业新技术、新品种的引进和推广力度，推广种植以巨尾桉、厚荚相思等优良树种为主的速生丰产林。

二、木材流通管理

龙文区木材加工企业多，木材来源多由区外流入，产品大部分外销。在木材流通管理上实行服务与打击并举。林政部门、森林公安依法检查监督，打击非法运输木材的行为。1997—2007年，办理木材运输证82728份，木材蓄积量819252立方米；查处木材违法运输案件996宗，没收非法运输木材蓄积量9900立方米。

第四节　林业执法检查

2002年，龙文区正式成立森林公安分局。先后开展“春雷行动”“绿剑行动”“候鸟行动”“长剑一号、二号、三号行动”“绿盾一、二号行动”等专项行动，打击破坏森林违法违纪行为，保护森林及野生动植物资源、生态安全，维护林区社会治安秩序。

2003年4月10—19日，森林分局在全区范围内统一组织春雷行动，出动警力41人次，检查宾馆饭店等场所8家、野生动物市场5处；查处行政案件2起，处理违法行为2人；收缴野生动物213只（头）、捕鸟网800多米；11—12月，开展为期两个月的“绿剑行动”，森林分局出动警力240人次，检查征占林地17处、木材采伐区21处，清查木材加工厂所435家；查处行政案件22起，处理违法行为22人；收缴木材106.04立方米，收回被非法占用的林地2.36公顷，收缴非法捕捉的野生动物98只（头），打击破坏野生动物资源的犯罪行为；12月16—25日，集中开展破坏鸟类资源违法犯罪行为的“候鸟行动”，出动警力56人次，清理宾馆饭店等场所23处、各种农贸鸟类市场5处；查处林政与治安案件2起，处罚2人；收缴各种国家保护鸟类112羽。

2005年3—6月，开展“长剑行动”，破获林业三类案件57起，其中治安案件1起、林政案件56起；治安拘留1人，收缴木材642立方米，为国家挽回经济损失31万多元；10月1日至11月30日，开展为期两个月的“长剑二号”行动，受理三类林业案件57起，其中治安案件1起、林政案件64起；治安拘留1人，收缴木材735立方米，查扣总价值34万多元。

2006年4—11月，开展“长剑三号”行动，森林分局受理林业三类案件145起，其中刑事案件1起，逮捕1人移送起诉2人；林政案件144起，收缴木材1354立方米；追缴财务总价值78万元；11—12月，按照《国家林业局关于开展“绿盾行动”的通知》要求，森林分局开展以坚决遏制破坏林地和野生动物违法犯罪活动为主的“绿盾行动”，出动警力140多人次，受理查处各类森林案件62起，其中刑事案件2起、破坏林地资源案件2起、其它森林行政案件56起、破坏野生动物资源案件2起，清理非法木材经营机构场所25处；收缴木材476.2立方米、野生动物及其制品23头（件）、作案工具15件；打击处理各类违法犯罪人员64人，其中治安拘留1人、取保候审2人、行政处罚62人，行政罚款63.14万元。

2007年5月21日至9月17日，区林业局与森林公安分局在全区范围内开展“绿盾二号”行动，下发停业整顿通知书190份；查处无证木材经营加工企业11家，罚没金额45025元；清理非法占用林地12处，其中郭坑村非法采矿点4处、蓝田西坑擅自改变林地用途2处、口村社非法取土6处。

2002—2007年，龙文区森林分局破获8起重大刑事案件，其中盗伐林木案件3起、非法占用农用地案件2起、非法收购林木案件2起、买卖证件案件1起；受理森林3类案件1009起，其中刑事案件9起，逮捕11人，起诉7人；治安案件4起，拘留4人；行政案件996起，处理违法人员1024人，没收木材9900立方米，挽回国家经济损失960万元。

第五节　渔政管理

1997年后，强化渔船安全管理，发挥“依法制渔、以法兴鱼”作用。1999年，开始执行国家规定的伏季休渔制度。进行不适航的渔船转产、转业工作。

2002年，区农业局组建渔船安全生产领导小组，建立健全责任制，落实船只编队，落实船上安全生产设备的配置，落实对“三无”（无船名号、无船籍港、无船舶证书）船只或不适航的船只进行查封或限期整改。

2003年，以“全国安全生产月”为契机，出台《漳州市龙文区人民政府办公室关于开展乡（镇）村渔业船舶专项整治的通知》和《漳州市龙文区人民政府办公室关于打击非法捕捞整治海上生产秩序专项行动方案的通知》；与有关镇、村船主签订渔业安全生产目标责任制，形成安全生产管理监督网络。同年，区农业局制定《龙文区渔民预防控制非典型肺炎工作预案》，配合区卫生局，开展渔业非典型肺炎的防治工作；依据《渔业法》规定，制定《养殖水域滩涂规划》。

2004年，加强渔业养殖病害防治建设，开展渔业科技调研活动；结合季节及鱼病流行特点，举办科技培训班，开通“969155”农业服务热线，指导养殖户掌握水产科技知识。全年举办水产技术培训班4期，参训135人次，接受来电或来访咨询28人次。当年，龙文区是伏季休渔的第6年，伏休渔船12艘。同时，对46艘小型渔船和44艘中、大型渔船给以年检和换发证。

2005年，区农业局成立海上渔业安全生产专项整治工作领导小组，各镇也相应成立专项整治工作领导小组和办公室，组织协调实、施专项整治工作。签订《2005 年度渔业安全生产目标管理责任书》；对全区渔船、船员模底登记，分类建档。全年发放安全生产材料 400 份，在渔村举办安全生产培训班 60 人次。按照农业部转产转业工作目标，申报 2 艘符合条件渔船转产转业。

2006 年，区农业局根据《安全生产法》下达《2006 年度渔业安全生产目标管理书》，开展一系列渔业安全生产专项整治活动。根据省财政厅《关于认真做好石油价格改革财政补贴资金的分配兑付和监督管理工作的通知》制定《龙文区石油价格改革财政补贴工作实施方案》，发放石油价格补贴资金 79.96 万元，受益渔业 78 户。

2007 年，根据区政府办公室《关于在重点行业和领域开展安全生产隐患排查治理专项行动的通知》和龙文区安全生产委员会办公室《关于对安全生产隐患排查治理专项行动进行检查督查的指导意见》，区农业局下达《2007 年度渔业安全生产目标管理书》，有序地在全区开展渔业安全生产隐患排查治理专项行动。同时，根据省财政厅关于机动渔船石油价格补贴文件精神，全区发放渔船石油价格补贴资金 92.36 万元，受益渔民 72 户。

第十二卷　水　利

区境地处九龙江西溪、北溪两岸，江堤长27.13公里。沿江地段多受上游山洪冲击，积涝成灾。明清时期，虽有修建陂、塘、池、井等灌溉设施，但因技术水平限制，仍然无法抗拒自然灾害威胁。

鸦片战争至民国时期，区境水利设施长期失修，遇到较大洪灾、旱灾，政府对此无能为力。遇到灾荒，老百姓不是饥饿而死，就是逃往他乡。

中华人民共和国成立后，区境干部群众大兴水利设施建设。1951—1958年，在农业集体化进程中，联片进行修塘、挖井、建小型水库，修补江堤。1959—1963年，区境进行防洪基础设施建设，在抗拒各种灾害斗争中取得成效和经验。1972年始，加强水利工程建设，开展冬春兴修水利设施。

龙文区成立后，政府重视水利建设，对重要堤防工程进行大规模的除险加固；陆续修建一批水利骨干工程。1997—2007年，全区冬春水利建设累计完成土石方291.29万立方米，投资9827.93万元，投入劳力337.38万工日。实施省、市、区三级党委、政府为民办实事的"千万农民饮水工程、千座水库保安工程、千万立方米的山地水利工程、千万亩农田节水灌溉工程、千公里河道清水工程、千万亩水土流失治理工程"的水利工程项目。全区共完成投资1795.36万元，其中"千万农民饮水工程"完成开发区供水工程1项和村级供水工程33项，受益人口6.62万人，总投资1348.75万元，解决龙文区城乡群众饮水安全与困难问题；"千座水库保安工程"完成水库除险加固6座，总投资114.61万元，通过实施溢洪道整修改造，大坝整修、反滤体改造和灌浆加固，水库安全隐患得到根本消除；"千万亩水土流失治理工程"完成小流域水土流失综合治理工程166.8公顷，总投资56万元；"千万亩农田节水灌溉工程"扩大节水灌溉面积100公顷，投资134万元；"千万立方米的山地水利工程"建成山地蓄水池60座，总蓄水量6000立方米，总投资142万元，解决山地高优农业经济作物的灌溉用水及山地畜牧生产的用水问题。

第一章　水利设施建设

第一节　蓄水工程

一、陂、塘、池

清乾隆年间，区境有白银陂、郑陂、林陂、陈陂、白衣陂、吴陂、县陂、张陂、董陉陂、林角陂、大黄陂、黄竹陂、普通陂、王陂、石陂、中陂、北陂、官陂等；水口塘、郭坑塘、梧桥塘等。此外，在农田中挖掘水井、池塘，蓄水以备干旱时用。这些水利设施一直沿用到解放前夕。

1970年后，随着大规模的农业基本建设及平整规格田，旧的水利设施已经弃用或逐年减少。1996年，区境有池塘59个。1997年开始，因城市建设需要，池塘被填平27个。

2007年，全区还有池塘32个。

二、水库

（一）长山水库

位于蓝田镇西坑村。1966年2月动工，1967年11月竣工。集雨面积3.6平方公里，均质土坝，坝高21.5米，库容146万立方米，有效灌溉面积243.53公顷。配套左干渠2.8公里，建筑物4座；右干渠4.4公里，建筑物3座；支渠3.1公里。西坑到水库防汛公路长3.5公里；工程投资39万元，其中国家补助11.8万元。1997年后，龙文区和蓝田经济开发区建设，水库下游土地被征用，灌溉面积逐步减少，水库功能逐转为蓄洪为主，渔业养殖为辅。

2007年，列入省千万座水库保安工程，由蓝田镇政府组织实施水库除险加固工程。建设内容包括：大坝劈裂灌浆、迎水坡护砌整修勾缝、坝顶路面砼硬化、溢洪道维修加固和管理房整修。工程投资40.2万元，完成土石方0.2万立方米。

（二）朴船水库

位于蓝田镇梧桥村。1973年12月建成。集雨面积0.95平方公里，均质土坝，坝高米，库容94.3万立方米，分为朴船上库和下库，有效灌溉面积0.13万公顷。配套总干渠6.1公里，左支渠2.2公里；右支渠2.8公里。工程投资2.5万元，其中国家补助1.5万元。下游涉及3个村，保护人口4332人，保护耕地356.33公顷和1条公路。2004年，漳龙高速公路建设动用，朴船水库上库报废，大坝拆除；下库溢洪道进行改建，大坝进行劈裂灌浆加固。

2007年，朴船水库列入省千万座水库保安工程，由蓝田镇政府组织实施水库除险加固，完成大坝迎水坡整修和坝顶路面砼硬化；投资14.93万元，完成土石方0.05万立方米。

（三）大石水库

位于朝阳镇漳滨村。1959年10月建成。集雨面积1.36平方公里，均质土坝，坝高16米，库容39.65万立方米，有效灌溉面积1533.33公顷。配套总干渠4.3公里，左支渠0.5公里。工程总投资3.4万元，其中国家补助3.4万元。下游涉及3个村，保护人口3103人，保护耕地244.33公顷。2005年，列入福建省千万水库保安工程，朝阳镇漳滨村组织实施水库除险加固，进行溢洪道整修、引水渠整修和大坝灌浆加固。工程投资7.5万元，完成土石方0.02万立方米。

（四）岩坑水库

位于朝阳镇漳滨村。1967年12月建成。集雨面积0.26平方公里，均质土坝，坝高14米，库容20万立方米，有效灌溉面积23.33公顷。配套总干渠1.8公里。工程总投资2.8万元，其中国家补助2.5万元。下游涉及3个村，保护人口3000人，保护耕地244.33公顷。2005年，列入省千万水库保安工程，朝阳镇漳滨村实施水库除险加固，进行溢洪道改造、反滤体更新和大坝灌浆加固。工程投资8.7万元，完成土石方0.05万立方米。

（五）水流吼水库

位于郭坑镇汐浦村。1971年12月建成。集雨面积0.52平方公里，均质土坝，坝高14.9米，库容43.16万立方米，有效灌溉面积67.33公顷。配套总干渠4公里，左支渠1.5公里；右支渠2.5公里。工程投资6.3万元，其中国家补助1.2万元。下游涉及2个村，保护人口1500人，保护耕地79.73公顷，保护鹰厦铁路郭坑段。2004年，列入省千万水库保安工程，郭坑镇汐浦村实施水库除险加固，工程投资12万元，完成土石方0.03万立方米；完成水库大坝溢洪道清淤、坝坡面整修、坝体灌浆、坝后反滤贴坡、反滤堆体及排水沟更新。

（六）大湖水库

位于郭坑镇郭坑村。1967年3月建成。集雨面积0.25平方公里，均质土坝，坝高10.7米，库容11.73万立方米，有效灌溉面积13.33公顷。工程投资2.6万元，其中国家补助0.2万元。下游涉及1个村，保护人口1500人，保护耕地133.33公顷，保护漳州至长泰公路路段。2006年，列入省千万水库保安工程，郭坑镇郭坑村实施水库除险加固，工程投资11.28万元，土石方0.05万立方米；完成溢洪道清淤、反滤体更新和大坝灌浆加固。

第二节　引水工程

一、港道

清乾隆年间，区境二十二都有浦口港、石龟头小港、汐浦港、苏浦港；二十四都有蓬莱港；二十六都有东港、西港、流岗港、翁建港；二十七都有喜心港、碧湖港、湘桥港、乌蓬港、古蓬港、后吉港、浯浦港、上苑港、福房港、城东港等。鸦片战争后，旧有港道年久失修，淤塞严重，加上汇水面积大，地势低，旱涝灾害严重。一遇洪旱灾，乡村民众经常为排涝、争水而引起纠纷和械斗。

1956—1965年，区境相继兴建内林渠道、梧浦渠道、漳滨渠道。1956年1月，始建内林港道引水工程，将老工程改造成引、蓄、排结合的新工程。进水口位于九龙江北溪右岸朝阳镇郭坑大桥上游2.5公里处内林头，1956年6月基本建成。随后进行改建配套，至1961年全部建成。

1969年10月，动工兴建西溪桥闸，1970年6月完工。1997年开始，对内林引水工程进行全面改造。1999年7月1日，漳州市水利局实施，动工建设一期工程，2000年9月完工，投资1222.45万元；建成孚美新引水闸和六石930米引水渠。工程系无坝引水，在内林防洪堤上建进水闸1座，设2孔，每孔宽3.5米，设计引水流量22.5立方米/秒，实际流量15.4立方米/秒。干渠新开和改建长13.58公里，支渠9条18.5公里，建筑物8座，港道总蓄水量599万立方米。工程完成土石方31.9万立方米，其中石方0.56万立方米，投工24.33万工日；投资39.97万元，其中国家

九十九湾石仓丹店段

六石浦头港

补助19.65万元。灌区为蓝田、朝阳、步文3镇和芗城区芝山、市农科所，有效灌溉面积2933.33公顷。内林港道供应漳州糖厂、罐头厂、合成氨厂等工业用水及漳州市区北区居民补充供水，年供水量4000万—6000万立方米。同时，提供沿渠两边7.5万居民的生产、生活用水。

2003年1月23日动工建设二期工程，2004年7月完工。至2007年，内林港道引水工程全部建成，总投资5975.13万元。工程与浦头港排涝工程、九九湾内河港道相接。工程改扩建内林至孚美水闸引水渠道长5.37公里，复式断面，进水渠顶宽46.26米、底宽23米、高3.5米，引水渠顶宽27米、底宽13.9米、高3.7米；扩建内林引水闸，由2孔水闸扩建为3孔涵闸；新建交通桥5座，分别为内林村口桥、坂头桥、流岗村口桥、流岗上游桥和流岗下游桥。项目投资4752.68万元。新建内林进水闸防洪标准达到百年一遇，内林引水渠，设计供水保证率P=90%，设计引水流量19立方米/秒，最大流量28立方米/秒（P=50%），枯水期保证流量5立方米/秒（P=97%）。工程利用枯水期北溪水位高于西溪水位1.5米落差的地理条件，把北溪水引进内林水闸至孚美，然后进行分流，一条通过孚美旧节制闸经九九湾港道流入湘桥、东墩水闸进入西溪；另一条通过孚美新节制闸流经六石、人民广场、浦头港、桂林水闸进入西溪，使城区内河水域形成良好的自流状态。

二、渠道

1959年10月，建成位于漳滨村的漳滨渠道。干渠长2公里，支渠2条长3公里，灌溉水田100公顷。1967年11月，建成位于梧浦村的梧浦渠道。干渠长4公里，支渠5条长2.2公里，灌溉水田200公顷。至2007年，两条渠道引水供应周边居民生活及生产用水。

第三节　提水工程

南北朝时期，采用戽斗、戽桶。宋代，农民使用水车、筒车、辘轳、吊杆等简易提水工具灌溉农田。这些传统的提水工具沿用至中华人民共和国成立初期，大部分农田仍依靠简单的工具提水灌溉，只是对工具本身进行改进，以提高效率。随着社会经济的发展，机电提水灌溉逐渐代替古老的人工提灌。1963年，步文人民公社开始使用电力提灌，首批电动提水机械47台498千瓦。1983年，步文、郭坑机电保有量共有375台7019.5千瓦，固定电灌站274处277台3620.5千瓦，灌溉面积2953.33公顷；流动机电灌溉76台210.5千瓦，灌溉面积133.33公顷。1984年，步文乡使用移动式的喷灌机。

1997 年建区后，随着龙文区道路和房屋建设需要，耕地被大量征用，面积锐减，大部分机电灌溉闲置报废或被征用拆除。

2007 年，全区机电保有量 5710 千瓦，固定电灌站 78 处 3160 千瓦，灌溉面积 1226.67 公顷。

第四节 饮水工程

区境居民饮水历来靠江取溪水，或者挖井提水。1958 年人民公社化时期，步文的居民仍然是抽井水饮用；郭坑镇区因靠近北溪，溪水基本符合饮用水标准；其他大部分村庄人畜饮水靠打井、简易自来水等方式供水，水质不好，污染严重，人畜饮水条件差。

1975 年，郭坑镇建水塔，修建自来水工程。1983 年始，步文居民饮用自来水。1991 年，步文、郭坑两地大部分乡村通自来水，部分偏僻自然村还是靠挖井取水。

1997 年，龙文区水利局通过调查分析，全区需解决饮水不安全的人口有 10.35 万人。2004 年起，区、镇、村三级政府将饮水工程当成一项利民的“民心工程”，贯彻“国家补助、集体配套、群众集资”原则给予解决，采取“宜井则井，宜引则引、宜输则输”措施。取水方式：靠近城区农村的人饮水源以联接漳州市自来水公司、漳州糖厂水厂、郭坑火车站供水站 3 个供水网为主；偏僻农村采用机钻深井配套水塔（水池），提取地下水作为供水水源。同时，设计能力日供水 15 万吨的漳州第二自来水厂直供龙文区；日处理 10 万吨漳州污水处理厂，以及有效改善龙文区水系质量的浦头港渠道建成启用。蓝田开发区与龙文开发区整合后，总用水量 12 万吨 / 日。2006 年 9 月，利用外资引进自来水建设项目规划，投资 1325 万美元。

2007 年，全区完成投资 1348.75 万元，兴建人饮工程 33 处，其中开发区供水工程 1 处；解决 4 个镇 33 个村 6.62 万人饮水问题；铺设主管道 52.69 公里，支管道 72.02 公里，日供水量 8900 吨。

第五节 堤防工程

一、九龙江防洪堤

1952—1956 年，龙溪县人民政府组织上万名民工到郭坑、内林、碧湖等地防洪堤段进行整修。1959 年 8 月 23 日，发生特大台风暴雨；9 月 12 日继发暴洪，崩岸缺口 171 处，总长 8.07 公里。中共龙溪县委、县政府抽调干部、组织民工 1 万多人，对沿岸水毁严重的步文等处堤段，按照施工标准进行抢修。1959 年，开始进行防洪基础设施建设。1960 年 6 月 9 日，内林防洪堤被洪水冲毁决口后，进行改线重建，形成登科大弯段。1961 年 6 月 5 日，龙海县成立九龙江防洪堤管理处，下设步文堤防管理所；同时，将步文境九龙江西溪、北溪江堤划分为国营防洪堤。

1961 年 9 月 13 日，碧湖水闸被洪水冲毁，后进行重建。1961 年，九龙江西溪、北溪防洪堤坝基本建成。此后又进行多次加高加固，形成较为完整的防洪体系。西溪防洪堤与芗城区堤段交接处的桂林至步文镇碧湖至蓝田镇东墩，总长 6.41 公里。防洪堤顶高程起点 10.93 米，终点 9.56 米。堤坝建排涝闸 3 座，起到保护漳州市区的作用，其中步文、蓝田镇的保护人口 5 万多人，保护耕地 0.23 万公顷。北溪防洪堤从朝阳镇石井村内林头至太阳山，全长 3.74 公里。防洪堤顶高程起点 16.18 米，终点 14.76 米；有进水闸 1 座、节制闸 1 座，起到保护飞机场、鹰厦铁路漳郭支线、漳福公路等重要设施安全，其中龙文区保护人口 8.13 万人，保护耕地 2333.33 公顷。

1980 年开始，国营堤防普遍进行压载平台、反滤、降压井等建设。1990 年，在省、市水利主管部门支持下，对九龙江西溪、北溪防洪堤进行大规模加固扩建。

1996 年，漳州市水利主管部门实施九龙江下游防洪堤一期加固扩建工程，其中打造步文镇碧湖堤段防渗墙 1.4 公里，并按 50 年一遇标准进行堤防全线加高培厚。

1997 年，对重要堤防进行大规模除险加固，使龙文区城市防洪屏障牢固。堤防工程长 27.13 公里，堤线主要分布在蓝田、朝阳、郭坑 3 镇，共有堤防 13 处。其中，国有堤防 2 处，长 10.15 公里；镇村集体堤防 11 处，长 16.98 公里；九龙江西溪堤岸线长 6.41 公里，北溪堤岸线长 20.72 公里。

1999 年，龙文区成立九龙江下游防洪堤三期加固扩建工程指挥部，负责组织实施步文、内林堤加固扩建工程。同年 8 月，正式动工兴建，2002 年完工，2003 年通过省水利厅竣工验收。其间，加固扩建防洪堤长 10.15 公里，其中打造砼防渗墙 5.35 公里，构筑钢筋砼和浆砌条石防浪墙 9.17 公里；铺设泥结石路面 3.83 公里；加固水闸 3 座；投资 1316 万元，完成土石方 7.72 万立方米。使步文、内林防洪堤防洪标准由 50 年一遇提高到 100 年一遇，防洪能力达到西溪设计流量 7400 立方米 / 秒、北溪设计流量 11400 立方米。

2004 年 7 月 1 日，漳州市江滨大道工程破土动工。江滨大道紧靠西溪防洪堤，采用路堤结合建筑临江道路，纳入市政府重点工程。漳州市城市建设发展投资有限公司组织实施。湘桥水闸、碧湖水闸改、扩建工程结合江滨大道建设同步进行。2006 年 11 月完工。经过改、扩建，江滨大道路堤面宽 36 米，堤身和水闸达百年一遇防洪标准。

二、城区（城镇）堤防工程

1972—1989 年，乡镇防洪堤在小围堤基础上进行加高培厚，但普遍存在堤顶低、断面薄、土质差、渗漏严重，堤脚冲刷、堤后管涌、流土、堤坡滑动等险工隐患，防洪标准低于 10 年一遇。

1997 年，区境城区防洪堤有 12 段，总长 16.982 公里。其中，朝阳镇 2 段，分别是石井堤、科坑漳滨堤，长 5.72 公里，高程 11—14 米，设水闸 2 座 4 孔，保护人口 1.42 万人，耕地 286.67 公顷；郭坑镇 10 段，分别是山头、顶口、舟山桥、塔下宫、漳溪桥、黄坑、芦州、下州、口社、高排渠堤段，长 11.262 公里，高程 11—15 米，设水闸 10 座 13 孔，保护人口 1.8 万人，耕地 266.67 公顷。

2000 年，九龙江北溪乡镇防洪堤及其配套的中小型排涝工程全部纳入省水利厅的全省城区防洪工程规划。2001 年，郭坑镇漳溪桥、黄坑、芦州、郭坑下州堤段 3.83 公里和朝阳镇漳滨堤段 3.36 公里，6 个堤段长 7.19 公里，纳入全省千公里防洪堤加固扩建项目，称为龙文区城防一期工程。当年 2 月，区、镇二级建设指挥部成立，朝阳镇和郭坑镇政府为项目业主负责实施。6 月 6 日，动工兴建；11 月 28 日完工。2002 年 9 月 20 日，竣工验收。建设项目：6 个堤段全线加高培厚、压载平台扩宽、顶冲段抛石护岸等。工程投资 746.24 万元，其中省市专项资金补助 340 万元、区财政投入 44 万元、镇村自筹 362 万元；完成土石方 16.870 万立方米，其中石方 0.18 万立方米；征地赔青 6.68 公顷，建筑物拆迁 3200 平方米。2004—2007 年，实施步文、内林防洪堤大型砂石备料池建设，完成储备石料 500 立方米以上的大型备料池 5 座，有效保障防汛抢险物料应急需要。

2007 年，全部堤段防洪标准达到 20 年一遇。

第六节 排涝工程

一、排涝状况

清乾隆二十七年（1762年），有碧湖港闸、梧浦港闸，用以排涝档洪水。闸门设施简陋，排涝能力低，每遇江河水位上涨，难以抵挡水害，江堤内的农作物常受涝渍之灾，至民国时期仍无改变。

1956年，龙溪县治水规划时，将区境易涝地区划为西溪北岸易涝片区，因地制宜分年实施治理。1995年，区境排涝片由东墩、漳滨、石井、下贯、郭坑、扶摇、院后（三角线）8个排涝站和东墩排涝港、3631排涝港、浦头港、九九湾内林港4条港道总长17公里，以及东墩、碧湖、湘桥等排涝闸组成，有效排涝面积920.67公顷。

1997年后，区境涝区主要分布于迎宾路以南至蔡坂东墩的低洼地带，易涝面积733.33公顷。随着城市经济建设不断发展，内河港道淤积，排涝港道排水不畅，涝区分布逐渐向孚美水闸上游低洼地带转移，主要是朝阳镇海底洋、大水洋等地低洼地带。至2007年，易涝面积1333.33公顷。主要排涝港道是九十九湾渠道，以及分布在蓝田、步文、朝阳镇的支港道；有排涝站11座。

二、主要排涝站

（一）东墩排涝站

位于蓝田镇东墩村。1971年3月兴建，1973年5月竣工。工程投资60万元，其中国家补助29万元。装机7台1110千瓦，净扬程5米，抽水流量16.23立方米/秒；配套排涝主渠1条长13.5公里，流量22.5立方米/秒，支渠1条20.3公里，排涝面积733.33公顷。排涝站建设年限久，排涝机老化严重，1997年后多次组织人力物力对排涝站进行维修，其中较大规模的是2003年，区政府投资36万元，对2台变压器及1.6公里高压线路进行改造。

（二）漳滨排涝站

位于朝阳镇漳滨村。1977年11月兴建，1980年4月竣工。工程投资8.7万元，其中国家补助4.5万元。装机2台160千瓦，净扬程4.6米，抽水流量1立方米/秒；配套渠道1条长2公里，排涝面积66.67公顷。

（三）石井排涝站

位于朝阳镇石井村。1979年12月兴建，1980年4月竣工。工程投资6.96万元，其中国家补助3.5万元。装机2台110千瓦，净扬程5.6米，配套渠道2条长2.5公里，排涝面积33.33公顷。2004年，区政府投资31万元，对排涝站机电设备及输电线路进行重新安装配套，装机2台套，解决石井片区内涝问题。

（四）下州排涝站

位于朝阳镇下州村，又称郭坑排涝站。1975年10月建成。工程投资9.5万元，其中国家补助1.8万元。装机2台110千瓦，净扬程5.6米，抽水流量1立方米/秒，排涝面积36公顷。2007年，下州排涝站改扩建工程列入省城区排涝工程建设项目内容，由郭坑镇政府实施。当年11月动工兴建，投资210万元，其中省专项资金补助105万元，区专项资金补助100万元。建成机电排涝泵站1座、水闸1座，排涝标准为城镇3年一遇归槽不漫溢。泵站装机容量240千瓦，抽水流量 3.25 立方米 / 每小时，排涝流量 15 立方米 / 秒。

（五）漳溪桥排涝站

位于郭坑镇。1973 年建成。工程投资 11 万元，其中国家补助 4.5 万元。装机 3 台 165 千瓦，净扬程 6.8 米，抽水流量 1.5 立方米 / 秒，排涝面积 33.33 公顷。

（六）扶摇舟山桥排涝站

位于郭坑镇扶摇村。1974 年 12 月建成。装机 1 台 55 千瓦，净扬程 5.5 米，抽水流量 0.5 立方米 / 秒，排涝面积 27.33 公顷。

（七）院后（三角线）排涝站

位于郭坑镇院后村。1980 年 12 月建成。装机 1 台 55 千瓦，净扬程 3 米，抽水流量 0.5 立方米 / 秒，排涝面积 6.67 公顷。

（八）郭坑下贯排涝站

位于郭坑下贯村。1976 年 3 月建成。工程投资 5.6 万元，其中国家补助 2.5 万元。装机 2 台 110 千瓦，抽水流量 1 立方米 / 秒，排涝面积 46.67 公顷。

三、主要排涝港道

1997 年，区境主要排涝港道是九九湾港道，主港道为横贯九龙江西、北溪内河港道，通北溪，起自内林街，经孚美桥、崎下桥、响水桥至湘桥水闸和东墩水闸与西溪相接。全长 17.3 公里，河内港湾曲折，面宽 30—50 米，集防洪、排涝、灌溉、工业供水、景观、生态等功能于一体。与主港道配套的是遍布于蓝田、步文、朝阳镇的排涝支港道（渠道），排涝受益范围包括龙文区中心城区及 32 个村。

1998 年 10 月 1 日动工，兴建浦头港排涝港道，整治港道 3.21 公里；2000 年 10 月 1 日竣工。投资 4700 万元。

2006 年 5 月，漳州市规划局、市水利局委托市水利设计研究院设计完成《漳州市排涝工程九十九湾河道整治规划（修编）》，并报市政府批准同意，按十年一遇涝水归槽的城市排涝标准，分期分批整治九九湾排涝港道。2007 年在建。

四、主要排涝闸

（一）东墩水闸

湘桥水闸

位于蓝田镇蔡坂村。1963 年 7 月建成。闸门有 3 孔净宽 10.5 米，为平板钢筋砼闸门，装 20 吨螺杆式启闭机 3 台，过闸流量 118.5 立方米 / 每小时。

1997—2007 年，每年汛期前，区水利局都组织对水闸进修维护。2007 年，因钢筋砼闸运行年限久，裂缝严重，区水利局投资 30 万元，将平板钢筋砼闸门更换为钢闸门。

（二）湘桥水闸

位于蓝田镇湘桥村。1962 年

始建。闸门有4孔净宽15.5米，为平板钢筋砼闸门，装20吨螺杆式启闭机4台，过闸流量143.9立方米/秒。2004年，湘桥水闸进行改、扩建，2005年4月动工，2006年11月完工。投资2800万元。改、扩建为3孔宽4.5米、高5米的排洪闸和1孔宽5米、高7米的船闸，排洪流量280立方米/秒；完成土石方10万立方米。

内林水闸

（三）碧湖水闸

位于步文镇碧湖村。1964年始建。闸门有2孔净宽7.0米，为弓形钢筋砼闸门，装20吨螺杆式启闭机2台，过闸流量78立方米/秒。2004年，碧湖水闸进行改扩建，2005年4月动工，2006年11月完工。2孔扩建为3孔4.5米宽、5米高，排洪流量206立方米/秒。

（四）内林水闸

位于朝阳镇石井村。1964年始建。闸门有2孔净宽7.0米，为钢闸门，装20吨螺杆式启闭机2台，过闸流量87立方米/秒。2001年5月，市水利实施完成内林水闸改扩建工程，2孔水闸扩建为3孔涵闸，净宽13.5米，装30吨卷扬式启闭机3台。工程按“10年一遇”标准设计，过闸流量300立方米/秒。

第七节 冬春水利工程

1964年始，区境开展农田基本建设，利用冬春农闲时间进行水利设施建设。

1990年，郭坑镇投资23.84万元，投工1.79万个工日，完成土石方1.81万立方米，对全镇11公里的水利堤岸进行全线灌浆，修造丁字坝2个，修复水废工程21处，砌下州堤岸石挡土墙1100米，砌口社村、洛滨村水利堤岸石护坡中长840米。同年，步文乡投资80多万元，投入劳力20多万个工日，以治涝、固堤、排灌为主要内容开展大规模的水利设施建设。

1997年始，冬春水利工程建设纳入区、镇两级党委、政府的议事日程。每年8月，区水利局编制计划，9月下达任务和动员部署，10月开始实施，分3个阶段推进，至次年3月全面完成。全区成立冬春水利建设领导小组，建立行政首长责任制。同时，将冬春水利建设工作纳入各镇、各单位年终考核的内容之一。

1997—2007年，全区冬春水利建设累计完成土石方291.29万立方米，完成投资9827.93万元，投入劳力337.38万工日。

第二章　防汛抗旱

第一节　非工程设施建设

一、“三化”中级达标建设

1997 年，龙文区人民政府防汛抗旱指挥部成立，下设办公室，开展防汛办“三化”（正规化、规范化和现代化）中级达标建设，完成办公场所、办公用具、电脑、空调机、录像机、传真机、照相机、防汛专用车辆等一系列硬件设施的配套建设。同时，在市防汛办专家的精心指导下，开展建章立制，防汛手册编制，防汛资料建档，洪水撤退路线图、内涝淹没图绘制和各类预案编制等软件建设。

1998 年 6 月，龙文区“三化”达标顺利通过省市的达标验收。

2007 年，全区防汛工作“三化”建设全部达标。

二、指挥系统建设

（一）洪水预警报系统

市水利局统一开发，由 78 个水位雨量站、16 个中继站和 35 个中心站 3 部分组成，采用超短波无线通信方式组网。2001 年龙文区洪水预警报系统（含东墩、内林水位雨量自动测报站和西坑中心站的洪水预警报系统建设。）建成投入使用。

2007 年，实现九龙江西溪、北溪和九十九湾港道主要站点（控制断面）水情、雨情实时监测和洪水预报预警。

（二）视频会议系统

2004 年 12 月，龙文区完成防汛抗旱指挥部视频会议系统网络建设任务，并接入省、市防汛视频系统。

2007 年，形成省、市、区联网防汛视频会议系统，采用华为视讯会议系统，设置终端设备，租用电信光纤 2 兆 IP 专用线路通讯方式，共用市电信 MCU，实现防汛抗灾会商现代化。

（三）卫星云图接收系统

2000 年，龙文区建成卫星云图接收系统，通过“风云 1 号”气象卫星，实时接收卫星云图信息。2005 年，“风云 1 号”气象卫星退役，系统停用。2006 年 5 月，龙文区完成卫星云图接收系统的更新改造。

2007 年，改造后的系统及时接收“风云二号”C 气象卫星云图信息，消除春秋分对系统影响，云图接收稳定，三维立体显示，图像质量良好。系统主要功能有降水预报、云层信息、云图剖面分析、历史资料查询等，满足防汛工作基本要求。

（四）决策支持系统

2007 年 3 月，龙文区建成防汛指挥决策支持系统，整合卫星云图接收系统、洪水预警报系统和互联网信息查询系统，增加防汛工程信息数据库、气象雷达等内容，实现实时水情、雨情、风情、台风路径、卫星云图、气象雷达、防汛工情和预警预报等功能，为防汛指挥决策提供技术支持。

（五）无线电及卫星通信系统

2002年，龙文区建成超短波无线电通信系统，在防汛办和东敦、内林、孚美3个站设立超短波电台，并在各基层所（站）配套无线电对讲机，实现各站点对点互相传呼联络。2003年，区防汛办增设1台新一代的海事卫星通信电话，防洪抢险及救灾应急通讯提高到一个新水平。至2007年，超短波无线电通信系统运行正常。

（六）防汛办公设备

2005年，区水利局重新更换和配置防汛专用设备。

2007年，防汛办公设备主要有电脑14台、复印机1台、空调机10台、照相机2台、录像机2台、传真机3台及防汛专用车1辆，并建立宽带网络，通过互联网实现防汛资源共享，为防汛指挥信息采集传递和决策提供科学、可靠、快捷的条件。

第二节　组织防汛抗旱

一、防汛责任制

1997—2007年，每年汛前及时调整、充实区、镇二级防汛指挥机构领导成员，公布重要堤防、水库防汛责任人。按照分级管理、分级负责及行政首长负责制原则，建立区领导及区直科级领导包堤包库责任制。各镇政府建立包村及包重点水利工程责任制，每年汛前区防汛办组织协防部队和相关单位上堤确认防洪责任堤段，明确协防职责，确保巡逻抢险工作责任的落实。区水利局建立汛前汛中水利工程安全检查责任制，落实安全检查整改和除险加固责任制，确保水利工程安全度汛。

二、预案体系建设

1997—2007年，区水利部门完善防汛抗旱预案，形成预案体系构架，做到防汛工作规范有序。编制完成《漳州市龙文区防汛手册》《城区江河洪水撤退路线图》《龙文区防台防洪、防台、防旱工作预案》《龙文区防漂船工作预案》《龙文区防御超标准洪水预案和人员安全转移预案》《龙文区水利工程突发事件应急工作预案》《龙文区镇村防汛抢险救灾应急预案》，为防汛抗旱科学指挥、应急管理打好基础。

三、防汛物资储备

1997年后，龙文区根据水利行业防汛物资储备定额标准和“分级负责、满足急需”原则，区、镇政府不断增加防汛物资储备。每年汛前，开展防汛物资质量检查，对于多年没使用而导致质量下降的防汛物资及时更新，对于新型的防汛物资及时购置充实，保证足量防汛物资储备。防汛的物资按照保证重点，调用方便原则，科学合理地分布储备。至2007年，国有重点水利工程共储备救生衣360件、救生圈200只、防汛抢险舟5艘、编织袋7.28万条、无纺土工布0.518万平方米、桩木98支、块石450立方米、沙石料0.19万立方米，以及一批防汛工具。主要分布在东墩、内林、湘桥、郭坑4个防汛仓库。镇村水利工程也储备沙石料2150立方米。

四、组建抢险队伍

1997年始，根据重点水利工程防汛需要，组织抢险队伍。至2007年，全区以镇村为主建立防汛巡逻抢险队伍76支3645人，有抢险车船队100辆（艘）。调整充实巡逻抢险队伍，登记核实造册。同时，建立区人民武装部和区武警、部队协防机制。

第三节　重大防汛抗灾活动

一、1959年抗击强台风

1959年8月23日凌晨3时30分，12级以上的强台风从海澄县沿海登陆，最大风速为每小时50米，直径100—150公里。区境各乡村正面受台风、暴雨、大潮袭击4小时。九龙江上游山洪暴发，水位超警戒线1.2米，堤岸受到严重破坏。县、公社党委、政府组织辖区干部、群众，投入救灾抗险的第一线，组织80%劳力抢修江堤。某部队官兵协助抢险，当天就完成全部工程1/3的工作量。8月29日至9月1日，龙溪地委从平和、云霄等县抽调人员到区境参与抢险救灾，完成堤岸修复工作。

二、1960年抗御特大洪灾

1960年6月9日，受强台风影响，造成九龙江特大洪水。某部队出动飞机空投食品救济灾民。步文公社党政机关干部带头，组织民工投入抢险。地区组织抗灾抢险指挥部，龙海县成立指挥分部，步文公社组织领导小组。相邻县抽调民工，某部队官兵到区境与民工汇成一支抗灾大军。至24日，区境毁坏的堤岸缺口全部修好。

三、1961年抗洪抢险

1961年9月10日第21号台风在香港登陆，22号台风12日14:00在莆田、惠安一带登陆。连续两次台风袭击，九龙江流域普降暴雨。两次台风发生期间，在龙海县委统一部署下，步文、郭坑组织干部、群众投入救灾工作中。某部队组织大批官兵携带登陆艇、橡皮舟、浮水衣等各种救生器材，奔赴区境灾情严重的地方，冒着危险抢救灾民。九龙江步文堤岸及郭坑等灾区群众生命、财产获救。区境干部群众立即抢险救灾，修复被毁坏的堤岸缺口。

四、1997年抗洪抢险

1997年8月3日13时，受西溪上游流域暴雨影响，西溪发生大洪水，湘桥站洪水位最高7.11米，超警戒水位2.81米，超危险水位0.81米。在洪水的侵袭下，西溪步文防洪堤湘桥段防洪堤护岸挡土墙塌方20多米，工作人员及时发现，及时汇报。龙文区委、区政府紧急动员蓝田镇及各村群众投入到抗洪抢险战斗中，及时垒筑沙袋，拦洪御水，保护大堤。

五、2000年抗击特大洪水

2000年8月24日，受台风影响，北溪发生高水位洪水，19时内林站洪水位最高10.67米，超警戒水位2.37米，超危险水位0.37米，经“三期”加固扩建的内林防洪大堤安然无恙，但全线17公里镇村城防堤到处频频告急，险情不断地出现。龙文区指挥部启动预案，全区各级各部门立即紧急动员，调集抗洪队伍投入到各危险堤段的抢险。区委、区政府及五套班子挂钩领导亲临险段组织指挥各镇干部群众彻夜抢险；区水利部门紧急抽调技术骨干力量奔赴一线指导抢险，险情严重的石井堤段出现30多处渗漏、管涌，群众采用“前堵、后疏”“反滤、围井”等抢险措施进行加固保住防洪堤；黄坑沙堤上百人垒筑沙袋制止堤坡滑动，稳定堤脚；顶口州堤段出现20米滑坡，洛溪村委会紧急开闸引水平压，避免防洪堤被冲毁。

六、2006年抗洪抢险

2006年7月14日，第4号强热带风暴在宁德登陆，15日给龙文区带来特大暴雨。区防汛指挥部按照省委、省政府和市委、市政府部署要求，启动防台防洪工作预案，把人民群众的生命安全放在首位；区防汛办紧急向市防汛指挥部调用救生橡皮舟4艘，全区各级各部门紧急行动起来抗灾抢险救援；漳州市委、龙文区委领导深入灾区，指挥救援，安排受淹地区群众安全转移。镇村干部群众同时开展救援和自救，保护群众生命和财产安全。

第四节 重大抗旱救灾纪要

一、1963年抗旱堵江

1963年，龙海县发生历史罕见的干旱。九龙江最枯流水量西溪只有2.71立方米/秒，北溪只有22.1立方米/秒；小二型水库蓄水量仅有4%，池塘、水井几乎干枯。龙海县委、县政府号召全县人民发扬共产主义风格，参与抗灾斗争。步文、郭坑公社干部群众立即响应，参加抗旱堵江工程建设，与全县人民一起完成抗旱救灾工作。

二、2001—2003年抗旱救灾活动

2001—2003年，龙文区发生连续3年大旱。其中，2001年9月21日至2002年5月10日旱灾，是遭受40年不遇的大旱。全区连续232天降雨严重偏少，降水量仅130毫米，比历史同期减少70%，其旱情强度之大、持续时间之长为历史上所罕见。小型水库接近干涸，水库总蓄水量240万立方米，地下水位骤降，出现特大干旱。农作物受旱面积1900公顷，其中较严重的873公顷。全区4个镇除城镇自来水网覆盖的镇村外，都出现人畜饮水困难情况，直接经济损失1010万元。

2003年，全区全年降水量仅为997毫米，比正常年份偏少35%，出现严重春旱、夏旱、秋旱，年缺水量196万吨，受灾面积730公顷，经济作物损失220万元。龙文区委、区政府按“先生活、后生产；先节水、后调水”原则，把抗旱工作当作头等大事来抓。区水利系统干部职工坚守岗位，做好蓄水工程、供水工程的科学调度，组织技术力量深入田间地头指导群众合理开采地下水，推行抗旱机井和推进山地水利建设。同时，为确保全区主要的供水设施内林引水工程正常供水，区水利局采取“外堵、内疏”办法，组织干部职工，调集民工，某部队指战员协助，共出动600多人次，抽砂船、运输船20多艘次，对九龙江北溪进行堵江截流抬高水位，清淤疏浚河道港道；协调北溪供水局调节水闸调高水位，提高内林引水渠道进水水位，增加引水流量，使旱情得到有

效缓解，确保市区群众的生产生活用水安全。3 年间全区累计投入抗旱劳力 6.01 万人次，建设机电井 1900 口，新建设山地蓄水池 30 余口，抗旱设备 840 台套，抗旱用电 23.72 万度，抗旱用油 25.91 吨，投入抗旱资金 253.8 万元，抗旱浇灌面积 6413.33 公顷。

第三章 管 理

第一节 机 构

一、行政机构

（一）龙文区水利局

址在蓝田镇西坑村。1997 年 1 月，成立区水利水电局，2002 年 10 月，更名区水利局。2007 年，编制 5 人，在编 5 人。

（二）龙文区人民政府水土保持办公室

址在蓝田镇西坑村。2005 年 10 月成立，挂靠区水利局。2007 年，编制 2 人，在编 1 人。

（三）龙文区防汛抗旱指挥部办公室

1997 年 1 月，成立区人民政府防汛抗旱指挥部，下设办公室，挂靠区水利局。组成防汛抗旱网络，在防汛抗旱期间统一指挥防汛抗旱工作。2007 年，防汛办编制 3 人，在编 3 人。

二、事业机构

（一）龙文区九龙江河道防洪排涝管理所

址在蓝田镇东墩村 159 号。1957 年 2 月，成立内林水利管养所。1960 年 12 月，改称内林水利管理所。1961 年 6 月，改为步文水利管理所。1993 年，改称步文水利电力管理站。1999 年 5 月，称龙文区九龙江河道防洪排涝管理所。2007 年，编制 14 人，在编 13 人。

（二）龙文区西溪水利工程管理站

址在蓝田镇湘桥村。前身为龙海市西溪水利工程管理所。1999 年 6 月，更改今名。1999 年 10 月在原址重建。下设碧湖水利管理站。2007 年，编制 9 人，在编 9 人。

（三）龙文区北溪水利工程管理站

址在朝阳镇内林头村。前身为龙海市步文水利工程管理所。1999 年 5 月，成立改今名。2001 年 7 月，在原址重建。下设孚美水利管理站。2007 年，编制 9 人，在编 9 人。

（四）龙文区郭坑水利电力管理站

址在郭坑大桥旁。前身为 1974 年成立的龙海县郭坑水利管理所。1993 年，为龙海市郭坑水利电力管理站。1997 年改为龙文区郭坑水利电力管理站，2007 年，编制 6 人，在编 4 人。

（五）龙文区水政监察大队

址在蓝田镇西坑村。1997 年 7 月成立。2007 年，编制 10 名，在编 10 人。

第二节 水利工程管理

一、堤防工程管理

（一）国有防洪堤管理

国有防洪堤包括西溪步文堤和北溪内林堤（含内林、科坑隔堤），总长 10.141 公里，产权业主为龙文区九龙江河道防洪排涝管理所，由区九龙江河道防洪排涝管理所、西溪水利工程管理站、北溪水利工程管理站分段负责管理。按照管养分离的办法，管理经费纳入区财政预算，除险加固养护经费从省、市、区三级专项资金中筹措解决。各管理单位建章立制，落实工作责任，加强防洪堤安全运行管理。

2002 年，九龙江下游防洪堤“三期”加固工程完成，实行堤防管理三级联查制度（堤段责任人员日常巡查、水政监察大队重点巡查、局效能检查组不定期抽查），及时解决龙文区成立初期乡镇企业快速发展中出现的在堤防管理范围乱建、乱搭、乱堆、乱放的违章现象，堤防管理问题得到有效解决。

2006 年 11 月 28 日，西溪防洪堤改扩建工程完工，江滨大道正式通车，路堤及其设施由市建设局、公路、水利等部门根据各自职责共同负责管理。

（二）城区防洪堤管理

1997—2004 年，除险加固及改扩建资金按照“区级补助 20%，镇配套 20%，村自筹 60%”筹措资金。

2004 年，堤防建设资金主要靠省、市、区、镇四级增加补助解决，村集体采用“一事一议”办法筹集建设管理资金困难，村级堤防建设管理难度很大，堤防失管情况不断出现。主汛期间，各管理单位加强 24 小时值守，密切监视汛情动态，加强堤防守护。洪水来临前，提前警戒，加强巡查，及时预警。洪水来临时，各管理单位配合抢险队伍加强巡逻和抗洪抢险，确保堤防安全度汛。当年，实施堤防绿化工程，在步文、内林堤段建立 3 个绿岸工程建设试点，兴建堤防绿地 6000 平方米，其中内林太阳山堤段成为全省典型的绿化精品工程。

2007 年，西溪堤防环境全面改善，沿江堤岸绿化带环境优美，照明路灯等市政公共设施配套完整。

二、水闸工程和机电排涝工程管理

1997—2007 年，国有水闸和机电排涝工程包括内林、孚美、碧湖、湘桥、东墩水闸和东墩机电排涝站。区水利事业管理单位派专人负责运行管理，其中堤管所管理东墩水闸、排涝站，西溪水管站管理湘桥、碧湖水闸，北溪水管站管理内林、孚美水闸。运行管理维护经费纳入区财政预算。

区水利局统一指挥，九龙江河道防洪排涝管理所牵头协调，科学调度各水闸、排涝站运行，发挥九九湾未涝先排、引潮蓄水、冲污排污、供水灌溉、环境用水等综合作用，取得较好的社会、经济效益。

镇、村级水闸及排涝站由各受益镇村派专人负责运行管理，并承担运行管理费用，机电设备检修资金由区财政给予适当专项补助。

三、水库工程管理

龙文水利监察

1973年，区境有6座小型水库，分别为小（一）型长山水库，小（二）型朴船、大石、岩坑、水流吼、大湖水库，由所在镇、村为责任单位管理。1984年农业体制改革后，随着农业结构的多次调整和改变，需水量较少的经济作物大量替换传统粮食作物，水库灌溉功能萎缩，逐渐转为以渔业和养殖业为主兼顾防洪的蓄水工程，水库管理方式以承包养鱼兼管水库设施的办法。

1997年后，各管理单位每年汛前开展水库安全大检查，对查出来的险情隐患，及时制定除险加固措施，对一时无法处理的，各管理单位根据实际情况制定应急度汛措施和水库下游群众安全转移预案。水库管理人员每年都与所在镇、村签订水库管理责任书，加强水库管理与值守，密切注视水情、雨情，及时记录，及时反馈情况，遇到险情及时逐级上报，按照汛期限制水位进行蓄水，全面实施水库除险加固工程。2006年4月起，各镇按照市、区两级政府要求，在承包管理基础上，另行聘用兼职水库管理人员，每座水库配备1人协管水库，主要负责台风暴雨期间防汛安全管理，工资补贴每年1200元，由市、区两级财政共同负担，水库管理逐步规范。为确保水库大坝安全和下游群众生命安全，区政府建立水库安全防汛责任制，明确镇政府行政负责人、村防汛责任人、水库安全管理人三级防汛安全责任人。

2007年，长山、朴船、大石、岩坑、水流吼、大湖6座水库全部除险达标。

四、河道管理

1997年，西溪、北溪及九九湾内河港道，由堤管所、西站、北站、郭坑4个所（站）按照管辖范围分级负责管理。

2007年，按照《中华人民共和国防洪法》《河道管理条例》，加强河道巡查，及时制止河道违章违法现象。区水行政主管部门加强涉河工程审查、审批和监管，杜绝未经审查核准、许可的涉河工程在河道内违法建设。加强河道采砂管理，划定限采区和禁采区，实行采砂权政府公开招标出让，严格监管河砂资源开采。加强北溪沿岸重点部位护岸工程建设监管，防止水土流失和河岸冲刷，稳定河道两岸。

五、引（供）水工程管理

1997年，北溪水利工程管理站负责内林引水工程的供水、灌溉、排涝、环境用水管理，运行管理费用来源于向漳州糖业股份有限公司供水厂收取的工业水费。

2007年，北溪水利工程管理站下设孚美站，调控孚美节制闸，配合市堤管处调控孚美新闸，控制内林引水渠道供水位和流量，满足漳州糖厂供水和九十九湾内河及浦头港的用水需求。

第三节 水资源保护与收费管理

一、水资源保护

（一）建立取水审批制度

1997年，区水利局依据《福建省水法实施办法》《福建省取水管理办法》，建立取水许可申请、办证、取水许可年审等监督管理制度。同时，对农业生产用水、工业生产用水也实行取水许可制度，对水资源保护起到有效作用。

2000年，建立取水许可计量抄表制度，对全区取得取水许可的单位或个人开展取水计量安装工作。

2007，全区审批办理取水许可证16本，年取水总量2500万立方米。

（二）划分水资源功能区

1997年，区水利部门根据《福建省水（环境）功能区划》规定，开展区级水功能区划，划分龙文区水域不同功能类型的水功能区，实行不同区域保护职能。2005年完成水功能区划。

2007年，完成水功能区划界树碑工作。

二、水费征收

（一）内林灌区工业水费

漳州市九龙江河道防洪排涝管理所依法征收漳州糖厂用水量，收费标准由1997年前的每立方米2.5分逐步调整为2000年的每立方米3.75分。2007年，每立方米收费8分。

1997—2007年，征收工业水费793.82万元。

（二）内林灌区农业水费

1997年，按灌区内受益面积每亩收费标准17元，由区政府与各镇签订经济责任状，由各镇代征。1997—2003年，征收农业水费165.6万元。2004年，暂停征收农业水费。

（三）河道采砂管理费征收

区水利局按审批采砂量每立方收取1.5元河道采砂管理费。1997—2007年，征收河道采砂管理费302.99万元。

（四）水资源费征收

区水利局按审批取水量分类征收。1997—2007年，全区征收水资源费14.36万元。

（五）水利建设基金征收

1997—2003年，区水利局会同区财政局征收水利建设基金，征收额为124.16万元。2004—2007年，委托区地税局代征收，征收额为566.46万元。1997—2007年，全区征收水利建设基金690.62万元。

第四节 水利执法

一、水利法治化

1997 年，区政府下发《关于计收水费粮折价标准和有关事项的补充通知》，规定农业水费的计收依据和标准。1999 年，区政府下发《关于加强水利工程设施管理的通知》和《关于水资源费征收项目和标准重新核定的通知》，明确水利工程的管理规定和征收水资源费的项目和标准。

2002 年，区水利局下发《关于加强九龙江西溪河段采砂管理的通知》。2003 年，区政府印发《龙文区堤防维护管理费征收使用和管理暂行办法》，明确征收堤防维护费的标准、范围和使用办法。2004 年上半年，区水利局根据国务院关于行政审批制度改革和省、市、区人民政府有关通知精神，以水利部、省水利厅和市水利局公布的水行政审批项目为依据，全面开展水行政审批项目清理工作，全年重新确定水行政许可审批项目 31 项，并经区法制办审核向社会公布。

2005 年，区水利局发出《关于开展整顿规范水资源开发程序专项行动的通知》。2006 年 1 月，根据《漳州市龙文区人民政府办公室关于推行行政执法责任制的实施意见》，区水利局对水行政执法主体和水行政执法行为依据进行梳理，明确龙文区水行政执法行为 77 项，再次确定水利局为水行政执法主体，区防汛指挥部为法律授权组织，区水政监察大队为受委托组织。

2007 年，通过一系列相关规范性文件的出台，推动水工程管理、河道采砂管理、水资源管理、水政监察等水事活动的法制化、规范化进程。

二、开展专项整治活动

1997 年，龙文区开展九龙江防洪堤专项整治活动。1998 年，开展以“防洪保安，维护河道秩序”为主题的专项执法活动。1999 年，开展《中华人民共和国水法》《中华人民共和国防洪法》执法检查活动。

2001 年，开展“河畅水清，防洪安全”专项执法活动。2002 年，开展整顿规范取水许可秩序专项行动。2003 年，开展河道采砂执法专项行动。2004 年，开展建设项目水资源论证专项检查。2005 年，开展整顿水资源开发程序专项活动。2006 年，成立龙文区北溪河道采砂整顿领导小组。2006—2007 年，对九龙江北溪部分河段的河砂开采权进行公开招投标，严格按照上级有关河道采砂规划的要求，对限采河段严格控制采砂船只的数量和采砂量，取缔非法吸砂船只，统一规范管理北溪河道采砂。

第十三卷　工　业

两晋南北朝时期，北方大批士族南迁，带来中原先进技术，区境不少农村有制陶、纺织等手工业作坊。唐垂拱二年（686年）建漳州，首任刺史陈元光倡行“通商惠工”。贞元二年（786年），龙溪县归属漳州，州治迁至龙溪县桂林村（今属芗城区），县治成为附郭。区境居民依据靠近县、州城及丰富的自然资源优势，发展家庭手工业。两宋时期，家庭手工纺纱织布、竹编、木器、糕饼、糍粿、砖瓦、陶瓷器等生产较普遍；境内东溪和扶摇陶瓷名闻遐迩，还有葛布、吉贝布等畅销海内外。手工业技艺世代沿传，逐渐发展。清代，区境形成不少专业手工场（坊），有纺织业、竹编业、木制家具业、食品加工业、砖瓦业、陶瓷业、制糖业、蜜饯业等；出现有特色的专业村，产品畅销闽、粤等地。丹店的“几桌”、孚美的面线，远销南洋群岛。民国时期，区境各种工场（作坊）五六百家，有些私营企业，雇用工人发展生产。

中华人民共和国成立初期，区境家庭手工业继续发展。1956年，完成私营手工业社会主义改造，手工业户成立专业合作社（组）。1958年，实行人民公社化，手工业合作社（组）改制为厂场，成为公社、大队集体企业。其时，政府重视发展服务于农业的国营或集体的农药、化肥、农械等工业。“文化大革命”中，许多手工加工场（坊）被视为“资本主义尾巴”而受裁撤，人员下放务农。

中共十一届三中全会后，手工业恢复和发展。1985年，区境有企业364家。其中，国有企业4家、乡办企业27家、村办企业145家、个体企业161家、私营企业37家。主要集中在砖瓦业、竹木业、小食品业、五金业和化工业。1992年，步文镇内成立省级工业开发区；1996年11月，成立龙文区工业开发区。龙文区工业经济进入快速发展的轨道。

1997年龙文区成立后，以发展工业为主线，加快工业化建设进程，加大招商引资力度，加紧工业区规划与基础设施建设，加强对乡镇个体私营工业、“三资”工业的扶持与服务。同时，加速公有制企业的改革步伐，全区工业向区域化、专业化、规模化方向发展。2001年，全区实现工业总产值27.56亿元，比1996年增长1.12倍，年均增长16.7%；企业总数2100多家，其中规模以上工业企业35家，比1996年增加9家。

2002年7月，龙文区贯彻漳州市经济工作会议精神，确定“工业立区”战略，成立区工业发展领导小组及办公室，加强对工业的领导，加强招商与项目建设和工业载体园区建设，发展规模企业与产业集群，创新品牌与提高效益。

2006年，蓝田工业开发区与龙文工业开发区统一整合，全区形成以工业为主线，龙文和蓝田工业开发区和朝阳、打山、红山、郭坑工业片区（“一线、两区、四片”）的工业发展格局，凸显食品罐头、家具制造业、机械五金、电子仪器、建筑材料、粮食加工六大主导行业。

2007年，全区有工业企业2500家，工业总产值102.42亿元，比1996年的13亿元（调整数，未调整数为14.63亿元）增长6倍，占工农业总产值93.5%。规模工业企业167家，工业总产值

77.91亿元（调整数）；规模以上工业经济效益综合指数143.43%，全员劳动生产率33848.97元/人，产品销售率95.15%。全部工业实现税收3.08亿元，占当年全区财政总收入54.8%，成为地方财政支柱。年产值亿元以上企业21家。食品加工、家具制造、机械制造、电子仪表等重点行业实现产值50.6亿元，占规模工业产值比重64.6%，产业集群基本形成。全区有国家驰名商标3项、省级著名商标9项、漳州市知名产品23项。

第一章　企业所有制

第一节　个体私营企业

解放前，东屿、蓝田、坂上、步文、石仓、长福、孚美、六石、翁建、后店、科坑等村，有许多手工织布农户；碧湖东坑与后巷、石仓等村，有许多编竹器农户；圳头、后房、小港等村，有许多制木器农户；田墘、孚美、洞口、坂上等村，有许多制售糕粿、麻糍、麵线、碰饼、麦芽糕等小食品农户。无论是手工业专业户还是农工兼营，都是个体私有。自家筹备资金购置生产工具和原料，凭祖传技术进行生产，自产自销（或由商户贩销）。织布、砖瓦、陶瓷等行业，出现资本较多的业主，兴办私营小企业。民国38年（1949年9月30日止）初，区境个私手工业五六百家。

1980—1989年，个体户手工场或小企业兴起。1990年，区境有个体私营厂（场）357家，其中步文乡205家、郭坑镇107家。1992年，区境有个体私营企业645家，其中步文镇554家、郭坑镇91家。1997年，龙文区规模以上的私营企业2家；2005年，全区规模以上的私营企业61家；2007年，全区规模以上的私营企业95家。

第二节　集体企业

1955年，区境实行农村合作化，将手工业户组织起来。石仓成立竹器合作小组或竹器厂；小港、圳头成立木制品合作小组或木器厂；洞口、孚美、坂上先后成立糕饼合作小组或糕饼厂、砖瓦合作小组或砖瓦厂。初级合作化阶段实行生产资料入股并参与分红；高级社时期生产资料折价归社，入社者只按劳动工分分红。

1958年，实行农村人民公社化，所有手工业小组（厂）属公社、大队集体所有，即全部实行公有制，不允许有个体生产者。工业厂场由公社或生产大队统一管理，统一购置生产资料、统一计划生产、统一安排劳动、统一产品销售、统一核算分配。

1958年，区境创办碾米厂、竹器厂等公社、生产大队企业。1978年，区境社队集体企业201家、6019个职工。其中，步文公社150家、4584人；郭坑公社51家、1435人。1992年，乡镇村集体企业209家。其中，步文镇办企业23家、村办企业119家；郭坑镇办企业19家、村办企业48家。乡镇办企业，有的规模逐渐扩大。1997年，上规模的企业8家。1998年后，为提高市场竞争活力，有的乡镇企业引进港澳台外资而转为“三资”企业，还有部分企业改制为股份制公司或个体私营企业。

2007年，有内资集体企业4家。

第三节 国有企业

1996年前，区境属龙海市的国有企业3家，省属国有工业企业1家。

1997年，地方工厂划归龙文区管辖。1998年起，龙文区政府酝酿国有工业企业（龙文合成氨厂、龙文农药厂、龙文磷肥厂）实行改制。至1999年，3家地方国有企业在市场经济迅猛发展中失去竞争活力，实行改制，由民营企业收购经营。区内地方国有工业企业有序地退出国有体制，在改革改制中，维护职工合法权益，重视生产自救与保护财产，剥离不良资产7700万元，筹集2500万元用以安置职工1100多人。

2007年，仅存省属国有企业1家。

第四节 股份合作企业

1985年后，出现个人合伙创办的股份制企业。1991年，区境有合作企业311家，其中步文263家、郭坑48家。1999年，龙文区有2家股份有限公司，2005年有3家。

2007年，全区上规模的股份有限公司13家、有限责任公司127家。

第五节 外商、港澳台商投资企业

一、外商投资企业

1985年后，外商开始到步文、郭坑投资办企业，并不断扩大规模。1997年，全区上规模的外商、港澳台商独资创办企业1家，2005年增加到8家。其中，中外合资企业4家、外商独资企业4家。

2007年，全区上规模的外商投资企业22家。

二、港澳台投资企业

1985年，港澳台商开始到步文、郭坑投资办企业，多与内资企业合作或合资。1996年，港澳台独资企业数增加，增资扩大规模。1997年，龙文区上规模的港澳台商投资企业8家，其中独资企业3家。

2007年，全区港澳台商投资企业上规模的32家，其中独资企业18家。

1997—2007年龙文区各种体制规模工业企业数统计表

表13-1-1　　单位：家

项　目	1997年	1998年	1999年	2000年	2001年	2002年	2003年	2004年	2005年	2006年	2007年
合　计	23	26	28	27	35	38	52	77	84	145	167
内资企业	14	17	20	16	21	25	40	65	71	95	113
1. 国有	4	3	2	2	2	2	2	2	2	2	1
其中：地方	3	2	1	1	1	1	1	1	1	1	—
2. 集体	8	3	2	1	2	1	1	1	1	6	4
3. 股份、联营	—	—	—	1	1	1	1	3	3	10	13
4. 有限责任公司	—	—	2	1	1	1	1	—	—	102	127
5. 私营	2	11	13	11	15	19	31	53	61	77	95
其中：独资	—	1	1	1	2	3	6	4	3	29	31
港澳台投资	8	8	6	9	10	9	6	5	5	29	32
其中：独资	3	3	3	5	5	5	3	3	3	—	18
外商投资	1	1	2	2	4	4	6	7	8	21	22
其中：独资	1	1	1	1	3	2	3	3	4	—	—

第二章　工业门类

第一节　粮食与食品加工业

一、粮食加工

中华人民共和国成立前，区境农户用牛拖石轮或人推土垄碾谷成米，无专门的粮食加工企业。

浦口粮食

1955年起，各村相继兴办集体碾米加工厂，为农户碾米，加工米粉、面线、面干等粮食复制品。

1979年后，步文、郭坑相继创办粮食公司，从外省购运原粮，加工为成品粮供应当地民众，并销往广东。因盈利颇丰，吸引不少人创办粮食加工企业。

1997年，区政府在浦口村建设粮食加工市场，延伸到郭坑、朝阳镇兴办粮食加工企业。2001年，全行业有115家企业，年工业产值2.44亿元，占当年全区工业总产值9%，产品产销率68%，年利税1875万元，就业人数745人，企业总资产1.22亿元。全行业中，粮食加工及其制品企业50家，饲料、复制品加工企业35家，相关副产品加工企业30家，年产量20.6万吨。企业规模，年产值500万元以上25家。企业主要分布在浦口村一带。浦口粮食市场成为全省规模最大的粮食加工与集散中心。产品有稻、麦成品粮，粮食副食品（如麵干、线面）和饲料等，销闽南和广东潮汕地区。原料主要来自湖南、河南等地。

2002年，实施“浦口国家级粮食加工贸易流通市场”项目，市场面积扩大2000多平方米，增设销售企业，科学分区，提高加工与贸易功能，带动周边粮食加工业的发展。

2004年，全区粮食加工能力超50万吨有“升源”粮业、“兴浦粮行”等6家粮食加工企业，获省级“放心粮油”企业称号。

2007年，全区粮食加工企业31家，产值8.7亿元，其中规模企业12家，分布在朝阳镇10家，形成以“升源”为代表的粮食加工产业集群，产值共2.88亿元，销售产值2.82亿元，产销率97.77%；纳税430万元，占全区规模工业企业0.4%。

二、食品加工

明清时期，区境就有农村家庭手工小食品作坊，至民国时期有五六十家。传统产地产品有坂上麦芽糖、孚美麻糍、孚美糕粿和面线、莲池尾豆干、田墘清凉粿、洞口有饼（俗称碰饼）等。

1958年公社化后，家庭小食品作坊基本停产。

1980年，农村实行经济体制改革，社队集体或个体私营企业逐步兴办皮蛋、面线、酿酒、蜜饯、糕饼等食品加工厂场。

1984年，步文乡集体投资21万元，创办步文罐头厂，有高炉、预煮机、冷却槽、杀菌锅、封口机、水塔等设备，日产10吨罐头。主产品蘑菇罐头，还有柑橘、荔枝、菠萝、龙眼等水果罐头。年产值400万元，利税20万元。1985年，步文乡由乡村与省外贸部门联合创办步文联营蔬菜脱水厂，投

鑫发食品

朝阳六石面线

资32万元.主要生产脱水蘑菇、蒜头等。当年投产，创产值120万元，实现税利16万元。1986年后，孚美、六石、科坑、碧湖等村相继创办罐头食品厂。

1997年，龙文区引进港澳台外资企业参与罐头食品加工行业的开发，食品工业逐步向规模化、专业化发展，成为全区工业中发展最快的行业。

2003年，全区食品工业企业91家（不含家庭工场），工业产值10亿元，占全区工业总产值30%，产销率95%以上，年利税5000多万元，出口交货值2000多万美元，就业人数1万多人，行业资产超3亿元。出现许多规模大、技术高的企业，其中年产值上亿元的港昌食品、裕发果蔬企业；年产值上5000万元的中粮食品、东方食品企业；年产值上1000万元的“东亚冷冻”“东日食品”“裕泰食品”“裕兴食品”“同发食品”“鑫发食品”企业。产品有蘑菇、芦笋、水果罐头和果蔬加工、冷冻及储藏食品、蜜饯制品、水产品加工和冷冻及储藏食品等。全区食品罐头制品企业37家、农副产品深加工食品企业50家、冷冻储藏食品企业4家。较大规模的企业主要分布在步文、蓝田和龙文工业园区。产品销往美国、日本、澳大利亚、东南亚等地区，内销山东、上海等地。

2003年，瞄准国际市场，加大新产品研发力度，加强各生产环节（卫生、防疫、质量）检测体系建设。2004年，全行业中果蔬加工企业16家，年创产值超5亿元，初步形成以“港昌食品”“裕兴果蔬”为代表的果蔬食品加工业产业集群。

2007年，全区食品工业企业有102家，产值28亿元。其中，规模以上食品工业企业25家，年产值21.71亿元，年销售产值19.94亿元（产销率91.85%），出口交货值8.6亿元，年纳税5649.85万元。产值、出口交货值、纳税额分别占全区规模企业的27.71%、38.87%和23.8%。

第二节 建材与木制品加工业

一、建筑材料加工

清代至民国时期，九龙江西溪堤边的田丰、碧湖、湘桥、小港等村共有6座砖瓦窑，生产砖、瓦（俗称“红料”）建筑房用料。其时，砖瓦窑资方雇用农民工挖土制砖瓦、砍柴作燃料，双方均获利，民谣“瓦窑动，戒指多”。民国26年（1937年），日本军机常轰炸闽南，“红料”销路萧条，砖瓦窑停产。

1950—1955年，各村砖瓦窑陆续生产“红料”。1958年，农村实行公社化，限制瓦窑挖土用地，有瓦窑拆除，仅保存提供国家重点建设用料的少数瓦窑，“红料”生产供不应求。1964年，强调“以粮为纲”，严禁砖瓦窑生产。在“文化大革命”中砖瓦窑被毁殆尽。

1978年7月，步文公社创办步文机砖厂，投资64.8万元，年产机砖740多万块，产值33万元。1980年后，区境有36座瓦窑恢复生产。1985年，蔡坂、蓝田等地相继创办机砖厂、瓷砖厂。建筑材料业提高生产技术，产品质量逐步提高，旧式砖瓦被机砖、瓷砖所取代。当年，步文机砖厂在全市机砖行业质量评比中获第三名。与此同时，步文、郭坑等地兴办乡镇石料场，生产石料。1992年，区境有机砖厂、瓷砖厂、石料场10多家。

1997年后，龙文区商品房开发和大型项目建设普遍采用钢筋、水泥、瓷砖等建筑材料，生产水泥、混凝土预制件、陶瓷器的厂家相继创办，企业规模不断升级。上规模的有“万佳陶瓷”“金田水泥”“莱威尔”“金力建材”“佳宝混凝土”“日盛建筑陶瓷”等有限公司。年产值5000万元以上的有“万佳陶瓷工业”、佳宝混凝土工程有限公司。产品有水泥、水泥预制件、建筑陶瓷、卫生洁具等，其中卫生洁具出口国际市场。

2007年，全区建筑材料企业21家，产值5.6亿元。其中，规模企业10家，产值33740万元，销售产值32369万元，产销率95.94%，出口交货值3902万元，纳税1080万元。产值、出口交货值、纳税额分别占全区规模工业企业4.31%、1.77%和4.3%。

二、木制品加工

南靖、平和、华安等山区生产的木材经九龙江转运至区境。明初，沿溪丹店、小港、后巷、圳头等地木制品生产逐步兴起。产品有木水车、木桶、扁担、寿板、镜框、桌、椅、床、柜、橱等。明中叶，丹店颜家所制几桌（俗称“芗几”）一套3只，称著闽省，盛销南洋群岛。清至民国时期，区境木制品畅销华安、长泰、漳浦、厦门等地。1941年后，产销锐减。

尧富家具

西坑木制品加工坊产品

1953年，区境创办木工厂、木制品加工厂，有剪、锯、凿、铣、钻、切、边函等整套生产线机械设备。1953—1959年，后巷村木工厂生产箱类框架，1960年开始生产木镜框，兼做油印箱、电表箱、日光灯架等。1960年，小港家具厂生产出口产品，是全省第一个出口木家具的村办集体企业。产品有方凳、酒柜、衣柜、组合套柜（衣柜、书橱、写字桌、玩具橱），外销订货量逐年上升，在全省评比中列前三名。“文化大革命”开始后，小港家具厂管理松懈，加上设备技术老化，签订合同不能如期完成，外销市场停止。1984年，推行经济责任制，进行技术创新，提升产品质量，销路再度打开。同年，后巷村木工厂开发棉花画镜框，产品进入国际市场。1989 年，木制品行业与台港澳外资企业合资合作，采用新设备、新材料、新技术，制造新产品，企业规模扩大。

1997 年，木制品行业主要生产木家具、卷压板及日用木制品。2002 年 9 月，全区有家具生产企业 256 家、卷压板生产企业 424 家、木制日用品企业 60 家、中密度纤维板企业 1 家，形成以龙文工业开发区为龙头，以小港、圳头、湘桥 3 个专业村为依托的木器加工产业群。年生产木家具 1000 万套、木制合板 20 万立方米，还有大量日用木制品。规模较大的企业有“尧富家具”“柏桦木业”、龙文人造板厂等龙头企业。全区木制品行业 741 家，其中年产值 1000 万元—1 亿元的 2 家、500 万—1000 万元的 2 家。2002 年，全行业年产值 4.47 亿元，占全区当年工业总产值 25%，产品产销率 90%。出口货值 1388 万美元，就业人数 9300 人。

2003 年后，龙文区建设特色产品市场，培育小港家具城、圳头卷压板批发市场；建立行业协会，规范管理、产品质量和市场价格；开展板材制造业和家具制造业协作；通过产业链招商引资，开拓市场，促进家具与木材加工行业优化升级。2004 年，木材加工形成产品链，胶合板产量位居全国（县、区级）第三。在龙文工业开发区形成以红梅家具、永嘉家具为代表的家具制造产业集群；建成郭坑院后、朝阳打山两个木材卷压板加工区和小港家具物流中心。产品有各种木质家具、钢木与钢籐家具、木材卷压板、胶合板等。主要出口企业有“红梅家具”“百乐家具”“咏柽家具”“永嘉家具”“尧富家具”“富山工贸”“岚泉木业”等企业。产品销往美国、加拿大、日本、欧洲等地。

2007 年，全行业比较规模化企业 87 家，年产值 26.2 亿元。其中，规模企业 25 家，年产值 13.41 亿元，销售产值 12.81 亿元（产销率 95.55%），出口交货值 5.2 亿元，纳税 4213.85 万元。产值、出口交货值和纳税额分别占全区工业规模企业 17.11%、23.61% 和 21.8 %。

第三节　机械与电子仪器制造业

一、机械制造

中华人民共和国成立前，步文、郭坑等地有数家铁匠打造小农具。1953 年后，农村合作化、公社化时期，个体铁匠组织农具生产合作小组。

1970 年，步文公社兴办农械厂，人员 10 多人。起初生产锄、刀等小农具及维修农用车辆；后制造小麦脱粒机等农机具。1978 年，步文公社创办电器装配厂，生产机耕船、收割机等农业机械。1984 年，通过技术革新制造旱麻籽脱粒机（比人工脱粒提高工效 20 倍）、拖拉机拖斗等，产品畅销漳浦、东山等地。1985 年 3 月，步文村添置冲床、电钻床、电气焊、砂轮机及加工模具等 40 多台（套）设备，创办个体小五金厂，投产一年后为晋江安海无线电厂、石狮五金配件厂、龙溪地区（今漳州市）五交化厂场加工铁锁、皮带头、窗帘架 18 万件。1986 年，引进 35 吨级冲床、618 型车床各 1 台，扩大生产。当年，六石村兴办 2 家瓶盖加工厂，日产瓶盖 40–45 公斤，产品销于厦门、龙海、芗城、长泰。

1990 年后，机械五金制造行业的厂家和产品种类不断增加。1997 年后，蓝田镇有“航天机电”“嘉亿制罐”；步文镇有“嘉顺制罐”；朝阳镇有“红宝石工贸”“宏立不锈钢制品”“兴华金属制品”“豪盛机电”；郭坑镇有“郭坑铁路工务修制”“洪流汽车板簧”；龙文工业开发区有“多特制针”“三龙工业”“华大铜业”“和成制罐”“新丽珠五金”；蓝田开发区有“震东机械”“吉马彩印”“可加仪器”“炜亮机械”“汉协压力容器”“闽达印铁”“国峰精机”“金柁汽车转向器”“伟翔精密机械”“艾默生动力传动”“金安机电”“华毅五金”“旭铎机械”等公司（厂）。蓝田开发区 13 家企业成为产业集群。年产值上亿元的企业有“三龙工业”“和成工贸（制罐）”“闽达印铁”“兴华金属制品”等。产品有农用汽车、多功能拖拉机、汽车配件、发电机、电动机、传动机械、压力容器、罐头空罐、饮料空罐、针制品等。产品出口国际市场的企业有“洪流汽车板簧”“多特制针”“震东机械”“可加仪器”“旭铎机械”“艾默生动力”等公司（厂）。

2007 年，全行业大小企业 45 家，产值 15.6 亿元。其中，规模企业 27 家，产值 12.44 亿元，销售产值 12.09 亿元（产销率 97.17%），出口交货值 8911 万元，年纳税 4135.1 万元。产值、出口交货值、纳税额分别占全区规模工业企业 15.88%、4.05% 和 20.2%。

二、电子仪器制造

1986 年 10 月，步文创办首家电讯器材厂，投资 45 万元。1987 年 3 月正式投产，主要组装各种型号的单、双频收录机。年产 6000 台，创产值 160 万元。

1996 年，蔡坂村兴办石英钟厂，登科、步文、后坂等村亦相继创办石英钟厂。

1997 年后，龙文区引进、创办“新雅达钟表”“天蕊电子”“新威士钟表”“福世通电子”“富顺电子”“恒丽电子”“智诚电子”“天利达计时”“东方智能仪表”“科龙伟特电子”“富华光学工业”“时利和电子”“桑泰钟表”“凯邦电子”“思特电子”“利利普电子”“科能电器”“锦达电子”“众辰精密机芯”“杰龙机电”“利利普光电科技”“科能电子科技开发”等有限公司，形成石英钟表园区。其中，在蓝田开发区 15 家企业成为产业集群。年产值亿元及以上的企业有“科能电器”“思特电子”“恒丽电子”“富华光学”“凯邦电子”等公司；16 家企业产品出口国际市场。出口产品有石英钟表、电子钟表、显示仪器、电子机芯等。

2007 年，全行业企业 31 家，产值 15 亿元。其中，规模企业 22 家，产值 9.79 亿元，销售产值 9.23 亿元（产销率 94.34%），出口交货值 50075 万元，纳税 4338.25 万元。产值、出口交货值、纳税额分别占全区规模工业企业 12.49%、22.74% 和 21.2 %。

第四节　其他行业

一、包装制品类

1982 年年初，孚美、六石村王文根等 7 人合办塑料编织厂，设塑料米再生、整丝和编织 3 个车间，职工 65 人，机械设备 7 台。生产塑料编织包装袋，销往厦门、东山、芗城及省外。王来保等 4 人合办塑料包装袋厂，日产 110 公斤，产品销往厦门、福州等地。同年 6 月，孚美村 4 个村民与晋江人合办塑料再生袋加工厂，职工 24 人，日产再生袋 9000 件。

1990 年后，较大规模的包装制品厂家“祥达包装”“德兴工贸”“隆祥包装”“金鑫辉包装”“新利达包装纸品”“金利泰包装制品”“天辰纸品包装”“永盛包装”“嘉利达包装制品”等公司

新利达企业

相继兴办。其中，年产值亿元的有金鑫辉和新利达企业。蓝田工业开发区成为包装制品小产业集群。

2007年，全区包装制品企业25家，产值13.5亿元。其中，规模企业9家，产值6.27亿元，销售产值6.25亿元（产销率99.54%），年纳税1670万元。产值和纳税额分别占全区规模工业企业8.01%和5.8%。

二、化学工业类

双飞日化有限公司

1956年，在步文东湖村创办地方国有漳州农药厂。1958年，在步文莲池尾村创办地方国有漳州合成氨厂。1964年，在郭坑创办地方国有龙海县磷肥厂。

1963年，步文乡创办火药厂，生产、安全条件不够而歇业。1970年，步文乡创办腐殖酸肥料厂，年产量最高是1982年达1487吨腐殖酸肥料。

1985年，步文乡兴办肥皂制品厂。孚美、六石村5位村民合办涂料加工场，日产涂料500公斤。

1997年后，一批规模较大的新型化工企业相继建成投产。蓝田镇有福泰化工、佳泰塑胶；步文镇有“美皇日化”“星河塑料”；郭坑镇有“农化工业”“龙文磷肥”“翰苑化工”“广益塑料”；龙文工业开发区有“双飞日化”“聚合工贸”“椿兴塑料制品”；蓝田工业开发区有“旭化学工业”“杰安塑料”“生物化学制药”“无极药业”“御芳化妆品”“格莱雅化妆品”等有限公司。其中，双飞日化有限公司年产值亿元；出口型企业5家。

2007年，全区化工企业7家，产值12亿元。其中，规模企业17家，产值5.22亿元，占全区规模工业企业总产值6.67%；销售产值5.08亿元（产销率97.19%）；出口交货值8547万元，占全区规模工业企业出口交货总值3.88%；纳税1044万元，占全区规模工业企业纳税总额4.2%。

三、服装鞋帽伞具类

奇美雨伞厂雨伞生产车间

1979年，步文公社创办刺绣、抽纱场。1983年，步文长福服装加工厂与港商合作，来料加工服装。1990年，步文、郭坑两地有服装鞋帽企业7家。

2007年，全区有服装鞋帽伞具类企业15家，产值4.2亿元。其中，规模企业9家，步文镇有“金龙鞋业”“福森皮革”企业；郭坑镇有“奇美实业”“奇胜雨具服饰”企业；龙文工业开发区有“永益针制服装”“和光洋伞配件”企业；蓝田工业开发区有“恒生制衣”“波斯特服饰”“晟龙服装”等有限公司（厂）。服装鞋帽伞具类的规模企业产值9801万元，销售产值9363万元，产销率95.53%，出口交货值5094万元，纳税2450万元。产值、出口交货值、纳税额分别占全区规模工业企业1.25%、2.31%和8.7%。

四、文化制品类

1980年后，步文、郭坑两地创办文印、纸制品企业。1990年后，随着印刷技术和设备更新，文化制品业也随之发展，区境文化制品企业数量增加。

2007年，全区文化制品企业17家，产值2.7亿元。其中，规模企业8家，龙文工业开发区有“新华彩印”“中乐音响”“新艺彩印”“泰昌纸业”；蓝田工业开发区有“康丽磁带”“金三番眼镜”“瑞旭纸品”“富亿纸制品”等公司。当年，规模企业产值14541万元，销售产值14454万元，产销率99.40%，出口交货值1263万元（康丽磁带出口），纳税320万元。产值、出口交货值、纳税额分别占全区规模工业企业1.86%、0.57%和0.5 %。

五、工艺美术品类

2007年，全区有工艺美术品企业11家，产值2.5亿元。其中规模企业3家，朝阳镇有“中山创新工艺美术”，蓝田工业开发区有“佳富工艺品”“强兴工艺制品”等公司。当年，全区规模企业产值8136万元，销售产值7414万元，产销率91.14%，出口交货值4837万元，纳税203万元。产值、出口交货值、纳税额分别占全区规模工业企业1.04%、2.20%和0.3 %。

六、制糖业

明代，区境有制糖坊；清代有所发展。民国9年（1920年），浦口、郭坑创办糖厂，半机械化；向农民购蔗制红糖，产销景况颇佳，日军侵入闽南后，每况愈下，后停产。

1966年，郭坑公社创办小型糖厂。1980年后，国有糖厂不断扩大生产能力，小型糖厂受到限制，停办。区境农民多将甘蔗运到漳州和龙海糖厂出售。2000年后，甘蔗种植面积锐减，原料缺乏，漳州和龙海糖厂也相继关闭。

第五节　传统手工业

一、纺纱织布

唐中叶，步文一带有脚踩手摇木织布机手工纺织作坊。宋代，区境已生产葛布，也有棉纺织品（用木棉织吉贝布）。元代，有官办纺织工场。明嘉靖十四年（1535年），六石、埔尾、蓝田、东山、市尾（今属芗城区）等村有家庭纺织专业场坊，所产蕉布、土潞绸、葛布（大纺、小纺、黑爪纱等品种）名闻遐迩。明末清初，上述各村几乎家家皆有手工纺织机，生产的龙头细布销至厦门、南洋等地。鸦片战争后，外国纱布大量进口，区境土布纺织业随之衰落。

民国期间，织布业向专业化发展，许多发包商陆续自办纺织厂场，从漳州城里布商取纱分放家庭妇女加工成布。民国25年（1936年），东屿村创办私营海记织布厂，有50台新型织布机（俗称合同机），每台机日产布40米。并聘上海织布师傅为技术指导，所产布料花样多、色泽美、不褪色。海记布畅销漳州、石码、厦门、泉州、安海及上海等地。东屿村民又创办2家织布场，各有织布机10台，并设店于漳州城区（址在今东方影院）。民国26年，仅东屿村一处就有织布机200多台，加上蓝田、坂上、步文、石仓等村共有织布机660台。日军侵入中国，上海沦陷后，棉纱原料路绝，织布厂改织土纱布，但销路不畅。

民国36年，区境织布机1100多架，分布于东屿、蓝田、坂上、步文、石仓、长福、孚美、翁建、后店、科坑等村。织布机改为新型的“朱仔机”，从织格花布提升织柳条布。日产布1100匹，每匹盈利5分黄金，日利黄金55两。产品销往温州、天津、上海等地。

中华人民共和国成立后，厦门、上海等地机器织布业发展迅速，区境织布业设备技术落后，老产品缺乏市场竞争力，织布厂场逐渐关闭。1951年，仅30台织布机。1955年，全部停业。

二、竹器编制

清代，石仓、碧湖等村家庭竹器生产兴盛。石仓箩筐闻名于闽南一带，大小米箩、箩筐、竹篮品种多样。家家户户均以编竹器为副业。孩童、老人都会编织，世代相传。1956年合作化时期，石仓村兴办集体竹器厂，工场300多平方米，劳力200多人。生产各种箩筐及竹椅、竹床、晒谷蓆等。

1982年，石仓、碧湖等地农户纷纷创办家庭竹器作坊。自购原料、自销产品，因资金、销售困难。石仓村办竹器厂实行经营管理改革，由竹器厂包购原料、包销产品，社员分户生产竹器，定质、定量、定时间、定报酬。厂方选派320名技术工人，分头到各自然村传授竹编工艺，扩大生产规模，职工2000多人。1983年，竹器厂分设3家分厂，各分厂人员自愿组合，民主招标，独立核算，利润包干上缴。各分厂实行灵活经营，或建立购料专业户，或建立销售专业户，或建立购销联营体，开展竞争，扩大业务范围，增加各种货物包装笼、基建工程用脚踏板等产品的制作与销售。同时，与厦门、泉州30多家竹器店和批量用户建立业务关系。1984年，该厂人均创产值3527元，比1980年增长6倍。1980—1989年，是竹编行业的兴盛时期。

1990 年后，新型的纸箱、塑料袋等生产企业兴起，竹箩筐、竹篮等逐渐被新型包装产品所替代；竹椅、竹梯、竹架等也逐渐被新型木、钢家具所替代。

三、陶瓷器制品

宋代，郭坑有陶窑生产陶器，洛滨山有瓷窑生产施青釉、黄色釉、褐色釉瓷器。明代，郭坑扶摇村有陶窑 13 座，为直斜连窑，生产家用粗陶器。其时，天宝生产外销的“菜脯”（萝卜干）均选用扶摇所制“瑶山瓮”贮藏运出。明中叶，郭坑东溪瓷窑生产的“东溪双耳络子樽”“缘东溪石榴樽”“三角二耳东溪炉”，白釉米色，纹如冰裂，尤为名贵，畅销海内外。崇祯年间，扶摇村陶窑生产的“鲤鱼吐珠”细陶茶罐，闻名遐迩。

清代，陶瓷器生产每况愈下，民国时期基本停产。

第三章　企业与产品

第一节　主要企业

一、民营企业

（一）漳州市港昌罐头食品有限公司

址在朝阳镇浦口村。1994 年建，投资 1.6 亿元，注册资本 2000 万元。占地面积 10.67 公顷，建筑面积 4 万平方米，其中生产车间 4320 平方米、仓库 15000 平方米。员工 2000 人，其中高级专业技术人员 210 人。公司从事果蔬罐头及果蔬制品等生产，自营、代理多种商品和技术进出口，先后获 ISO 9001、HACCP 国际标准认证、国际食品标准证书 BRC（英国）和 IFS（法国）认证，是现代化规范化企业。主导产品蘑菇罐头、芦笋系列罐头，销往欧洲、日本、加拿大、南美洲、澳大利亚、中东等地。年产罐头 2.5 万吨。是环保型、出口创汇型企业，是福建省农业产业化龙头企业。

漳州市港昌罐头食品有限公司

2007 年，公司产值 26737 万元，出口交货值 21857 万元，纳税 724.21 万元。

（二）漳州万佳陶瓷工业有限公司

漳州万佳陶瓷工业有限公司

址在步文镇，由航标洁具（福建）有限公司改制组建，2002年3月1日注册成立有限责任公司。2002年，公司有产品5个系列18个品种，产量3万件。

2007年，公司有职工500多人；产品增至41个系列160个品种，产量75万件，产值5246万元，出口交货值3901万元，创汇514万美元，纳税697.63万元。产品获“福建名牌产品”和“中国著名品牌”称号。

（三）福建裕兴果蔬食品开发有限公司

址在蓝田镇。生产蘑菇罐头及芦笋、马蹄果等果蔬食品罐头，销往美国、加拿大、日本及欧洲、中东、东南亚等地。是全国最大的蘑菇罐头生产出口型骨干企业，取得美国FDA食品卫生注册，通过ISO 9001、HACCP和IFS国际认证，被福建省出入境检验检疫局审定为一类出口企业。

2007年，产值18653万元，出口交货值19418万元，纳税1032.31万元。

（四）龙文区岚泉木业有限公司

址在朝阳镇。2004年3月建成。生产装饰板材。

2007年，产值3236万元，出口交货值96万元，纳税162.08万元。

（五）龙文区升源粮业有限公司

址在朝阳镇。年均加工大米2万多吨。是福建省农产品加工龙头企业。产品获国家颁发的“放心米”称号；“升源”牌大米多次被评为省名牌农产品。

2007年，产值6543万元。

（六）龙文区兴浦粮行

址在朝阳镇。生产的大米获国家颁发的“放心米”称号。“兴浦”商标于2005年被评为市知名商标。

2007年，企业产值3341万元。

（七）漳州特艺玻璃有限公司

址在蓝田镇。2007年1月建成，投资1500万元。厂房及办公楼建筑面积7710平方米。

2007年，产值2107万元。

二、国有企业

（一）龙文合成氨厂

址在步文莲池尾村。占地面积45143平方米，建筑面积26393平方米。1958年，由省化工厂投资211万元兴建，称漳州合成氨厂。有兰开夏锅炉2台、造气炉3台、合成塔1座、压缩机3台。1961年6月29日，归龙海县并改称龙海县合成氨厂，至1963年建成投产。年产合成氨

800 吨。1965 年，扩建为年产 2000 吨液氨能力。经技改，1966 年产量超 4000 吨。氨水含氨量 18% 以上。1971 年，对兰开夏锅炉进行技改（并重建 3 个碳化氨水贮槽），1973 年完成。年产液氨能力 6000 吨，含氨量 15% 以上（农用）。1979 年，进行试产碳铵技改，自行设计 SHF10-13W 沸腾炉，命名为福建省龙海 7800 型 10 吨 / 时沸腾炉，是国家化工部向全国推广的先进炉型。1980 年，产量 7000 吨（氨水、碳铵各占 50%）；1981 年，产量 8000 吨；1982 年，产量 1 万吨，全为碳铵，并利用煤渣生产煤渣砖 180 万块。全厂拥有自动造气炉 3 台、合成塔 3 座、压缩机 6 台。

1979—1983 年，盈利 261 万元。1983 年，获"全国小化肥扭亏增盈先进单位"称号。1984—1987 年，盈利 376.74 万元。1987 年，自行设计国内先进水平的合成系统，年产量 1 万余吨，万元产值总能耗从上年 41.73 吨降为 36.49 吨，被省授予"节能企业"称号。1988 年，生产合成氨 9117 吨，碳铵 6641 吨，产值 620 万元，利润 13.21 万元，被评为省级先进企业和全国化工系统增产化肥先进单位。

1990 年，企业固定资产 716 万元，职工 625 人。1990 年后，市场经济迅猛发展，市场竞争力减弱，多年亏损。2000 年 5 月，实施政策性关停改制。

（二）龙文农药厂

原址在步文东湖。占地面积 59246 平方米，厂房建筑面积 19015 平方米。1956 年 8 月，漳州农药厂由省化工厂投资兴建，1957 年建成投产。1961 年 6 月 29 日，划归龙海县，改称龙海县农药厂。1968 年，再建合成农药车间，1971 年投产甲基 1605 原油；1978 年，省授予大庆式企业称号。1983 年，建年产 50 吨杀灭菊酯原药生产车间，1985 年 2 月试产成功，填补省内空白，被评为国家三级计量管理企业。1988 年，在"1605 车间"实行承包，产量增加，质量提高，成本下降。1990 年，固定资产 5000 万元，职工 480 人。该厂是化工部定点农药生产厂，产品有甲基 1605 原油、杀灭菊酯原药、叶蝉散粉剂、甲基 1605 粉剂、农药乳油及家用香菊酯等；获省政府授予先进企业称号。2003 年，迁异地重组改制。

（三）龙文磷肥厂

址在郭坑镇。1964 年 5 月创建，称郭坑化肥厂。占地面积 20 万平方米，厂房建筑面积 2.65 万平方米。

1965 年，建成土法块矿炉 3 套，年产工业硫酸 6000 吨；建成普通过磷酸钙干法生产装置，年产 2 万吨。1969 年 7 月，省投资 65 万元，建硫酸车间；1970 年，建成投产，年产 8000 吨。1975—1976 年，增建排废水工程，减少排废对农作物的危害。1979 年 1 月，改称龙海县磷肥厂，省投资 152 万元，增建年产 2 万吨硫酸车间；1983 年 9 月，建成投产，达国内先进水平，为省内第二个规模生产厂。1981 年，省投资 160 万元，增建普通过砂酸钙年产 10 万吨湿法生产线；1983 年建成投产。1978—1988 年，扭亏增盈，10 年计创税利 860 万元。1979 年、1981 年两次获化工部授予"全国小硫酸、小化肥厂际竞赛红旗单位"称号。1988 年 10 月，投资 1400 万元，建年产 4 万吨硫酸生产线，采用二转二吸流程新工艺，成为省内规模最大生产厂。1988—1989 年，获省级"支农工作先进单位""文明单位""先进企业"称号。1990 年，化工部批准投资 2500 万元，新建年产 3 万吨料浆浓缩法磷酸铵项目，为全省首套高浓度的复合化肥工程。是年，企业固定资产 830 万元，职工 705 人。1991 年，省政府授予该厂第一轮承包"先进企业"称号。1992 年后，产品销路不畅，多年亏损，虽然改革内部经营管理制度，但效果不佳。2002 年提出破产申请，做好生产自救和破产前期准备。2007 年 10 月，实施破产方案，12 月实现改制。改制后全厂有 2 条硫酸生产线，专业生产硫酸，年生产能力 8 万吨。产品质量达国家部优。2007 年，产值 4210 万元，纳税 704.2 万元。

第二节 主要产品

一、驰名商标产品

（一）“含羞草”蜜饯

福建东方食品集团有限公司依托漳州市丰富水果资源，建立万亩水果标准种植基地，拥有2万农户，全面推行绿色栽培技术，生产长金橘、圆金橘、雪花梅、菠萝圈、水果脯、凉果等系列蜜饯及开心果、干果类。在国内100多个市、县（区）建立营销网络，产品进入沃尔玛、家乐福、好又多连锁超市，并销往美国、日本等国家和地区。2002年3月，福建省政府授予“福建省名牌产品”称号，省著名商标认定委员会授予“福建省著名商标”称号。2002年9月，获中国质量协会、全国用户委员会授予“全国用户满意产品”称号。2007年3月，含羞草商标经司法认定为“中国驰名商标”。

（二）“厨师”食品

福建省厨师食品集团有限公司所属核心企业之一的漳州市美味食品有限公司生产的“厨师”系列食品，远销东南亚、美国、俄罗斯等地；畅销国内各省市区；并进入国内外的“温州人本”“温州五洲”“南京苏果”“杭州家友”“福州永辉”“福州百佳”“无锡天惠”“上海家得利”“上海华联”“沃尔玛”及“山姆会员店”“好又多”“家乐福”“麦德龙”“日本吉之岛”“正大”等著名超市。1994年，获福建省名优特新产品金奖、最畅销奖。1998年，获福建省精品展销会金奖。1999年，获中国昆明园艺博览会产品金奖。2002年，获福建省名牌产品称号。2003年，获福建省著名商标称号。2006年，经司法认定为“中国驰名商标”。

（三）“青蛙王子”美容系列产品

为福建双飞日用化学品有限公司生产的美容产品，根据儿童肤质柔滑细腻的特点，精心研制而成，性质温和，不刺激眼睛，有效清洁并保护娇嫩肌肤，香味清新。产品销往国内10多个省（市），并出口国际市场。2004年7月获“福建省著名商标”称号。2007年2月，经司法认定为“国家驰名商标”。

二、著名商标产品

（一）“航标”卫浴陶瓷器

由漳州万佳陶瓷有限公司生产，意大利科技人员设计，结合古罗马艺术和中国陶瓷制造工艺精髓，线条简洁，外形丰满。2000年，产品通过国家节水型卫生洁具定点办公室和国家陶瓷检测中心现场鉴定。2001年，经国家建材工业局建材放射性监督检测中心检测，产品符合《建筑材料放射卫生防护标准》GB 6566—2000。2004年，公司通过ISO 9001质量管理体系认证和ISO 14001环境管理体系认证。航标（BOLINA ITALIANA）卫浴获中国著名品牌、福建名牌产品、奥运工程入选产品、中国绿色建筑陶瓷等称号。产品符合国家卫生陶瓷GB 2005—6952标准。同时，通过美国国际管道暖通协会UPC认证、加拿大标准协会CSA认证、法国产品认证制度NF认证及韩国KS标准认证。

（二）“升源”大米

由漳州市龙文升源粮业有限公司生产，有8个系列32个品种。产品由中国人民保险公司予以质量承保，获国家质检总局颁发的计量合格标志。“升源”牌优质大米在漳州市各县（市、区）粮食市场占据较高份额，并畅销泉州、厦门、龙岩及广东潮汕地区。产品被国家、福建省、漳州市三级粮食行业协会授予“放心米”“放心粮油”称号。2007年11月，产品获“福建省著名商标”称号，并被福建省消费者委员会推荐为绿色产品。

（三）“恒丽”钟表

由漳州恒丽电子有限公司生产，主导产品石英钟、电子表、石英表、机械表、液晶显示钟。2005年8月，获省著名商标。2007年2月，获福建名牌产品称号。产品全部出口，销往欧洲、东南亚、非洲、中东等80多个国家。

（四）“兴浦”大米

由漳州市龙文兴浦粮行生产，获国家质检总局颁发的计量合格标志。“兴浦”牌优质大米被国家、福建省、漳州市三级粮食行业协会授予“放心米”“放心粮油”称号。2007年11月，产品获省著名商标称号，并被福建省消费者委员会推荐为绿色产品。

三、传统产品

（一）细龙缸牌松花皮蛋

为孚美村皮蛋厂生产，其特点透明、松花纹显、味甘、润滑，为全国四大名牌皮蛋之一。产品销往美国、日本、新加坡、菲律宾等国家和中国香港等地。1984年，获农牧渔业部优质产品称号。

（二）福寿牌盒装面线

为孚美村面线厂生产，其特点色白、条细、味香、耐煮，煮咸煮甜皆宜。为全国4家品牌面线之一。产品销东欧、东南亚10多个国家。1984年，获龙溪地区优秀新产品称号。

（三）坂上麦芽糖

为坂上村生产，其特点糖分含量高、风味纯正、香甜可口，是男女老少尤其产妇的滋补品，也是制作糖果、糕饼的重要原料。

（四）莲池尾豆干

为莲池村传统产品，其特点香又润。精选黄豆，经细磨，盐卤凝结，包成块，过煮加焙而成。配炒韭菜、肉丝，或调酸辣酱拌面食用皆佳。

（五）璞山片仔癀

明朝廷一太医出家，南下境内璞山岩寺为僧，采草制药片为岩寺和尚练武受伤时治疗，一片即退肿，代代相传。民国34年（1945年）后，璞山岩寺住持僧还俗娶妻，夫妇于漳州城开设馨苑茶庄，并生产“僧帽牌”片仔癀出售。1956年，公私合营，片仔癀归漳州制药厂生产。1965年，其商标改用“荔枝牌”，产品畅销海内外，被视为“安家之宝”。

（六）丹店“芗几”

步文丹店村传统工艺木制品，俗称“芗几”。明天启年间，销至南洋群岛。村里木匠工艺代代相传，至1944年太平洋战争爆发而停产，后失传。

芗几每套3只，中间一只面长方形，高12厘米，摆放香炉；左一只面方形，高18厘米，摆放花瓶；右一只面方形，高24厘米，摆放时钟。几脚都是弯曲，几面四周横眉雕刻花鸟。制作工序12道，再涂以精漆，美观耐用。以前生产的“芗几”被作为古董工艺品收藏。

第四章 工业总量与企业分布

第一节 工业总量

1949年9月，区境至少有手工业作坊五六百家。1958—1978年，贯彻“以粮为纲”方针，多种经营受到限制。手工业除大部分改务农外，发展缓慢。1978年，区境有工业厂场100多家，工业产值361万元（当年价，下同）。改革开放后，以发展经济为中心，工业总量迅速增加。1985年，区境工业企业364家，工业产值2739万元。1990年，企业数量800多家，产值41064万元。1996年，激增至1200多家，产值13亿元（调整数），分别比1978年增长11倍和359倍。

1997年后，龙文区以发展工业为主线，注重工业总量，提升企业质量，开发工业园区，加强招商引资力度，增加新项目、大项目建设。2002年始，贯彻执行“工业立区”方针，制定“发展一批特色产业名镇，重点培育粮食加工朝阳镇、卷压板加工蓝田镇两个省级产业名镇；发展壮大一批核心企业，重点抓好和成工贸、红梅家具、岚泉木业等大型企业；延伸一批产业链，以港昌食品、裕兴果蔬为龙头的食品加工产业链，以荛富家具、柏华木业为龙头的家具产业链，以浦口粮食加工为龙头的原粮加工产业链；打造一批拳头产品，重点发展石英钟表、食品制造、粮食加工、建筑陶瓷，推进产品开发与升级，提高市场竞争力”的“四个一批”发展策略，以市场为导向、民营企业为主体、技术进步为支撑，继续改造传统产业，扶持优势企业，促进工业机构优化升级，增强工业整体素质和竞争力，培育全区主导产业和先导产业，实现企业量的扩张和提升。

2007年，全区工业企业数2500家，比1996年增加1倍多；工业总产值102.42亿元，比1996年增长6倍；规模企业167家，总产值77.91亿元，比1996年增长31.33倍。

1996—2007龙文区工业产值统计表

表13-4-1

年度	总产值			规模企业产值			规模以下产值			工业增加值			
	金额（当年价）（亿元）	当年价比+%	可比价比+%	金额（当年价）（亿元）	当年价比+%	可比价比+%	金额（当年价）（亿元）	当年价比+%	可比价比+%	当年价（亿元）	可比价（亿元）	当年价比+%	可比价比+%
1996	13.00	—	—	2.41	—	—	10.59	—	—	3.37	2.63	—	—
1997	16.72	28.61	35.4	1.88	-23.96	9.1	14.84	40.13	42.0	4.45	3.11	10.25	18.2
1998	19.44	16.27	24	3.78	101.06	43.5	15.66	5.52	20.6	4.92	3.69	18.64	18.5
1999	21.84	12.35	3.8	5.51	45.76	31.1	16.32	4.21	-2.4	5.57	3.90	5.69	5.8
2000	23.36	6.96	8.8	7.56	37.20	33.7	15.80	-3.19	1.2	6.27	4.32	10.76	10.8
2001	27.56	17.98	16.6	10.19	34.70	38.6	17.37	9.93	7.6	7.17	7.27	68.28	15.2
2002	33.63	22.05	23.2	14.51	42.39	45.0	19.12	10.07	11.7	9.08	8.87	22.00	22.0
2003	38.22	13.65	14.8	17.68	21.84	25.9	20.54	7.42	7.2	10.45	10.18	14.76	14.8
2004	45.95	20.23	17.5	24.51	38.63	37.6	21.44	4.38	2.0	12.41	11.96	17.48	17.5

续表 13-4-1

年度	总产值			规模企业产值			规模以下产值			工业增加值			
	金额（当年价）（亿元）	当年价比+%	可比价比+%	金额（当年价）（亿元）	当年价比+%	可比价比+%	金额（当年价）（亿元）	当年价比+%	可比价比+%	当年价（亿元）	可比价（亿元）	当年价比+%	可比价比+%
2005	72.90	58.65	21.6	49.70	102.77	31.0	23.20	8.20	5.6	19.68	13.99	16.97	17.0
2006	83.70	14.8	16.1	61.87	24.92	20.3	22.6	—	6.1	18.19	—	—	15.2
2007	102.42	21.3	21.3	77.91	26.60	25.6	24.51	9.3%	9.3	21.16	—	—	16.2

注：1. 含蓝田工业区；2.2000 年前可比价为 1990 年价，2001 年起可比价为 2000 年价。

第二节　企业分布

1997 年后，各镇和工业园区根据区政府工业发展规划和各自优势特点，制定适合本区域工业发展规划，开展招商引资与发动民间资金投入工业项目建设，不断扩大企业规模。各镇把工业园区建设作为发展工业的突破口和经济增长点，形成以镇级工业园区为龙头，带动村级民营小区整体发展的格局。市区两级政府以蓝田、龙文工业园区为主的载体建设，沿郊柏线的城市工业走廊建设作为培育新的经济增长点，引导城市中心区内的工厂向郊柏线工业区迁移。蓝田镇重点发展家具、食品工业；朝阳镇重点发展粮食加工、家具制造工业；郭坑镇重点发展农用化工、建筑材料、服装鞋帽工业；步文镇重点发展食品、建材、电子仪器工业；龙文工业园区重点发展家具木业、食品、机械五金、电子仪器工业；蓝田工业园区重点发展电子仪器、五金机械、食品工业。

2007 年，全区工业企业 2500 家，规模以上工业企业 167 家、产值 77.91 亿元，其中蓝田工业园区 62 家，产值 27.98 亿元，占 35.86%；龙文工业园区 39 家，产值 22.42 亿元，占 27.98%；蓝田镇 15 家，产值 10.61 亿元，占 13.54%。

2002—2007 年龙文区规模工业企业统计表

表 13-4-2　　单位：家、万元

镇、区	2002		2003		2004		2005		2006			2007		
	企业数（家）	总产值（万元）	企业数（家）	总产值（万元）	企业数（家）	总产值（万元）	企业数（家）	总产值（万元）	企业数（家）	总产值（万元）	增加值（万元）	企业数（家）	总产值（万元）	增加值（万元）
蓝田镇	2	45363	1	60456	—	82072	—	103232	14	89046	23800	15	106086	26479
步文镇	1	16902	1	23550	—	33257	—	47121	15	47727	13454	13	46522	12012
朝阳镇	1	26187	1	36267	—	43027	—	55339	19	65159	16613	24	85116	20970
郭坑镇	4	12175	—	13038	—	19786	—	25052	13	32083	8228	14	31447	9910
龙文开发区	2	16315	1	24345	—	65790	—	108365	35	176144	53123	39	224153	59986
蓝田开发区	—	—	—	—	—	—	—	—	49	208494	66696	62	279762	82271
合　计	10	116942	—	157656	—	243932	—	339109	167	618652	181914	167	779086	211629

注：2006 年前不含蓝田开发区

第五章 管理与服务

第一节 机 构

清代，县衙门设工房，管理手工业户。

民国元年（1912年），龙溪县政府设劝业所。民国12年，改为实业局。民国17年，改为建设局。

1997年前，区境国有工业企业由龙海市（县）工业局、经委进行业务管理。步文、郭坑镇的乡镇村办工业、手工业由乡镇企业经济联合社及龙海市（县）乡镇企业局管理。

1997年，区设龙文区经济贸易局，内设工业股。2002年，区成立工业发展领导小组，由区委副书记任组长，由经贸局等12家单位领导任成员。下设办公室，由经贸局局长任主任。

2007年，区经贸局工业股工作人员1人。

第二节 监督管理

中华人民共和国成立后，龙溪县人民政府成立工业管理机构，对厂场设置进行审批、登记，按国民经济发展计划进行工业生产计划管理。每年年初，县工业主管机构根据上级的指标制定计划，下达各企业。企业按计划任务安排生产，原材料由有关部门按计划调配供应，产品由有关部门按计划包销，价格由物价部门计划规定。1955—1965年，工业企业内部建立生产管理、质量管理、财务管理等制度。“文化大革命”开始，各种制度受到冲击而一度混乱。

1980年后，工业的计划管理逐步转为计划指导与市场调节相结合，进而以市场调节为主。企业所有制多种经济成分并存，民营占绝大部分。企业有按市场需求决定生产计划的自主权，并自主向市场购原材料、推销产品；企业实行多种形式经济责任制。政府工业主管机构职能从管理逐步转向监管与扶持服务并重。

1997—2007年，龙文区委、区政府，以及经贸局等部门转变职能，对工业的发展采取许多有效的服务与引导措施，如贯彻执行优惠政策，招商引资扶持民营，开辟工业园区，帮助企业开展产品质量安全管理等。龙文区每年初制订工业发展计划目标，与各镇、工业开发区及有关部门单位党政领导签订责任书。两级党政领导班子成员对工业片区、重点项目实行分工挂钩，建立目标责任制，实行“深入现场办公，实施优惠政策”和“一月一查，每季一评析，年终考评表彰奖励”监管制度。

第三节 项目扶持

1997 年后，龙文区把工业项目建设摆在发展工业经济总量首位。区经贸局每年筹划建立项目储备库，发动镇村集体和民间资本承项投建。全区营造“投资者是上帝”“引资者是功臣”和“亲商、扶商”的氛围。同时，贯彻漳州市委、市政府制定的一系列招商引资优惠政策，建立招商引资责任制，成为党委、政府的工作重心。抓住“对台小三通”“漳州市区东移”“台湾传统产业转移”“厦门周边开发”等契机，组建招商组“走出去”到广东、厦门、泉州、江浙沪等地宣传龙文区建设项目。

2000 年后，全区开展“网上招商”“以商引商”“产业链招商”，利用漳州花博会、恳亲会、厦门贸洽会宣传龙文区大项目。出台扶持民营经济优惠政策，鼓励民营企业家承建工业项目。区党政领导人每年对重点建设项目实行挂钩制度，到现场办公，使项目按时按质完成。区党委和区政府办公室、区效能建设办公室，对重点项目每月督查一次，并书面通报，及时协调有关单位做好服务工作。

2004 年春，龙文区根据漳州市委、市政府关于发展民营经济 40 条政策，修订《龙文区关于进一步加快工业发展的若干规定》，全方位支持民营工业发展。区五套领导班子成员分工挂钩，做好引导与服务工作，对 46 项重点项目进行考察。这 46 项中，民营的项目占 45 项。

每年 4 月、9 月，区委、区政府领导带招商引资项目组参加在漳州、厦门举办的洽谈会，欢迎企业家到龙文区创办工业企业。同时，根据需要到有关省、市召开项目说明会，招商引资。2007 年 7—8 月，区党政领导人率领“招商组”到温州、厦门、东莞、泉州等地招商；8 月 28 日，在厦门举办的项目说明会上，签约工业项目 11 项，总投资 21.1 亿元；9 月上旬，组团参加厦门“中国国际投资贸易洽谈会”，举办项目说明会，邀请漳州、厦门、中国台湾、中国香港、新加坡及欧洲、美洲等地商人 500 多人次，签约 16 项工业项目，总投资 1.2 亿美元，其中利用台港外资 1 亿美元。当年，区政府利用庆祝建区 10 周年良机，邀请温州商会、厦门商会、福州商会等客商 200 多人到龙文区考察、洽谈，共签约 35 项工业项目，总投资 20.7 亿元。

1997—2007 年，全区促成工业项目建设 354 项，投资 142.3 亿元；完成建设项目 158 项，投资 93.6 亿元。项目总数中，投资 500 万—1000 万元 165 项，1000 万—5000 万元的 157 项，5000 万元—1 亿元的 52 项，1 亿元以上的 32 项。其中投资最多的是矢崎公司，投资 4.5 亿元。项目总数中，港澳台商、外商投资的项目 86 项，投资 7800 万美元；国内民营企业投资的项目 102 项，占 72.3 %，投资 102 亿元，占总投资额 72%。

第四节 质量管理

一、技术改造

1997 年前，区境国有、集体企业开展设备与技术改造。

1997 年后，龙文区经贸局引导与帮助企业开展技术革新、技术改造，引进“新设备、新技术、新工艺、新材料、新型产品”（通称“五新”），提升企业级类及其产品质量，倡导实行生产企业、科研单位和大专院校的“产、研、教”三结合进行技术改造创新。2000 年，孚美冷冻食品厂和东方食品有限公司向银行贷款700万元，进行企业技改，促进企业升级、发展。2002年，区经贸局引导闽南浦口粮食市场加工企业引进日本大米彩色选别机16台。当年，区经贸局协助东方食品有限公司与江南大学合作，开发蜜饯真空熬糖技术，创新产品；协助龙迪企业进行技改，开发出高浓度复合肥产品。

2007年，全区工业企业进行技改、引进“五新”企业31家，项目52项，新增产值6.3亿元。

二、标准化管理

1997年前，区境工业企业按照龙海计量所，质量监督局的要求实行标准化管理。

1997年后，区经贸局配合市技术质量监督局，在工业企业开展“TQC”活动，推行标准化管理，引导与协助企业制定产品标准并按标准进行生产。至1999年，有45家企业制订100项标准。2000年，成立龙文区消灭无标生产领导小组及其办公室，加大标准化管理力度。当年，60家企业培训企业标准化管理骨干人员125人。培训后，有51家企业在经贸局、技监局协助下制定96项标准，并登记取证。

2007年，全区有36家工业企业制定标准登记取证，涉及产品标准18项。

三、质量体系管理

2001年，许多工业企业面对“入世”后进口国可能采取的各种进口标准“关口”，在实施技改和规范化管理的同时，引进ISO 9000体系和HACCP体系进行原料和成品质量控制。区经贸局、技监局等有关单位引导港昌罐头（于2002年获得双认证）、中粮食品（于2002年获得双认证）、东亚冷冻（于2002年获得双认证）等外向型企业开展ISO 9000体系和HACCP体系管理，对企业负责人和管理人员进行业务培训，协助企业做好认证工作。

2007年，全区有72家工业企业通过上述质量体系认证。

四、创建品牌

1997年后，区经贸、技术监督、工商等管理部门在引导与协助工业企业开展技改、标准化、质量体系管理等的同时，引导与协助企业创名牌。各级各部门及企业单位把实施品牌战略、发展品牌经济作为提升企业自主创新能力和产业发展水平的有效途径。2006年年初，成立创品牌工作领导小组，建立创建品牌季度联席会议制度，制定《龙文区2006—2010年品牌发展规划》，实施创建品牌奖励机制，促进各工业企业加强内部管理，提高管理水平和创品牌能力。

2007年，全区获国家驰名商标称号的工业产品有3项、省级著名商标9项、市级知名商标23项，涵盖食品、电子、机械、建材、美容、医药等行业。

五、奖励机制

2004年，龙文区开始对企业实施奖励机制；对完成工业指标前3名的龙文工业开发区、蓝田镇、朝阳镇给予表彰和物质奖励；对区经贸局等5家服务工业先进单位给予表彰。同时，对获名牌产品、著名商标称号和通过ISO 9000、HACCP认证的企业给予表彰、奖励。

2005—2007年，全区有“波斯特服饰”“汉协压力容器”“炜晓机械”“康丽磁带”“国峰精机”“鸿翔精机”“利利善光电”“新利达包装罐品”“荛富家具”“顺和工贸”“翰苑化工”“郭坑工务段”“奇美实业”“龙文磷肥厂”“青松木业”“中乐音响”“三龙工业”“万佳陶瓷”18家规模企业获表彰，奖励金106.87万元。

第十四卷　经济开发区

漳州蓝田经济开发区是省级经济开发区，位于龙文区境内，地处漳州市城区东部，是通往厦门、汕头两大经济特区的必经之地；区位优势明显，交通十分便捷。开发区东与龙海市毗邻，西与芗城区相连，南临324、319线国道，北临漳龙高速公路。开发区距沈海（沈阳—海口）高速公路入口处3.6公里，距厦门高崎国际机场50公里、厦门东渡港码头55公里，离漳州港码头39公里，距鹰厦铁路漳州站7公里。开发区内有龙文北路、漳华路、漳州市环城北路、龙江路4条市级城市交通主干道穿越，其中龙江路直接漳龙高速公路漳州北站出入口。区内有开放大道、东干道、西干道等21条主要道路，其中蓝田园区形成“七横七纵”道路网，龙文园区形成“四横四纵”道路网。园区内交通主干道宽40米，次干道30米，大型集装箱能顺畅进出。开发区取消10千伏以下电力架空线路和通讯架空线路，全部采用地下电缆和通信缆沟；建有220千伏及110千伏变电站直接供电，电力总容量50万千伏安。排水系统采用雨污分流制，日供水量3万吨。区内万门程控电话投入使用，宽带实现光纤接入；建有大型生活小区，银行、保险、邮电、医院、幼儿园、小学、中学、职业学院、超市、网吧、体育设施等公共服务设施齐全。福建省唯一教育部备案的印刷包装类专业全日制高等职业学校漳州吉马印刷职业技术学院和全球快递DHL公司入驻开发区。

2007年，开发区开发面积710.66公顷。引进美国、德国、澳大利亚、比利时、日本和中国香港、澳门与台湾等16个国家和地区的项目416项，总投资92.1亿元。其中，工业项目312项，投产企业232家，规模工业102家。涉及行业有食品加工、机械制造、光学工业、家具制造、印刷包装、电子钟表、日用化工、服装针织等16个产业集群；产品远销20多个国家和地区。开发区有智能仪表产业园、光电子产品产业园、汽车配件产业园、光学工业产业园、钟表工业园、中小企业创业园6个特色园区；园区内有世界500强企业艾默生电气投资的艾默生动力传动（漳州）有限公司、亚洲最大的眼镜企业富华光学工业（漳州）有限公司、中国最大工业茶粉生产企业大闽食品（漳州）有限公司、漳州钟表行业龙头企业漳州恒丽电子有限公司。

第一章　投资环境

第一节　发展概况

漳州蓝田经济开发区前身是蓝田工业开发区和龙文工业开发区。蓝田工业开发区是1992年经福建省人民政府批准成立的省级工业开发区，由漳州市人民政府主管。开发区总规划面积10平方公里，其中一二期开发面积2平方公里，三期开发面积3.05平方公里。龙文工业开发区创建于1996年11月，是龙文区在龙海县民营经济工业园步文镇片区基础上成立的；1999年5月，经省政府批准升格为省级工业开发区，由龙文区政府主管。2002年8月，龙文工业开发区管理委员会实行“以区带村”行政体制，将朝阳镇朝阳村划归龙文工业区管辖。朝阳村人口1996人，土地面积101.06公顷，其中农田面积60.63公顷，园地面积40.42公顷。村民主要经济来源是以养猪业为主。开发区规划面积3.19平方公里，其中首期开发面积1.78平方公里。2004年，新批钟表工业园区用地20公顷；2005年，新批生活配套用地26.67公顷。

2006年3月，经省政府批准，漳州蓝田工业开发区、漳州龙文工业开发区整合成立漳州蓝田经济开发区；11月，中共漳州市委、市人民政府正式将两个工业园区整合成立漳州蓝田经济开发区，由龙文区人民政府主管。整合后的漳州蓝田经济开发区总规划面积10.19平方公里；朝阳村由蓝田经济开发区管辖。

2007年，蓝田经济开发区开发面积8平方公里，其中蓝田工业园区开发面积5.37平方公里，龙文工业开发园区开发面积2.63平方公里。

第二节　基础设施建设

一、蓝田工业开发区

1992年6月，漳州市蓝田工业开发区规划面积10平方公里，首期与二期开发面积2平方公里，三期开发面积3.05平方公里，漳州市及龙海县、步文镇三级地方党委、政府给予高度重视，加强基础设施建设，搞好交通、水、电等各种基础设施，创造优良的投资环境。

1996年，投资800万元，完成土石方6.2万立方米，铺设通讯管道2400米、片石路18100平方米、水泥路面25000平方米、人行道2000平方米，使二期可转让土地从33.33公顷增加到93.33公顷；绿化道路5条，总长5500米，绿化面积6000平方米。投资487万元建设二期土地转让关键工程开放大道。

1992—1996年，工业区投入基础设施建设资金23175万元，铺设管道27.7公里，完成土石方250万立方米，道路11公里；建设厂房、住宅、公寓、文化体育设施等建筑面积18万平方米；转让土地87.40公顷。

1997年，投资1136.5万元，完成土石方10万立方米；铺设管道5500米；建设水泥路面14000平方米；建设第二供水管道第一期工程3.8公里；打通开放大道，延伸横二、横三、纵三4条主干道；完成乌石、变电站两个工程挡土墙打桩和沿迎宾路北侧围墙改造2000米。

1998年，投资780万元，进行开放大道的配套设施和横三路向东延伸建设。其中完成电缆沟750米、通讯管道600米、给水管道1000米、片石面层8050平方米、混凝土路面14000平方米、土石方5万立方米、雨水管道250米，污水管道500米、排洪沟250米，使开放大道以东、横三路以北的土地具备“五通一平”（通电、通水、通讯、通路、通气，平整土地）的转让条件，新增可转让土地20公顷，动工兴建第四开闭所。

1999年，投入828万元，完成第二条外供水管道工程；投入350万元继续完善横三路、纵四路的基础设施建设，完成土石方开挖回填5万立方米、电缆沟800米、污水管道设施设埋400米及通信管、排洪沟、雨水管道铺设；完成片石层900平方米、砼面层6000平方米和第四开闭所的土建任务；完成开发区第三期土地开发及高科技工业园前期规划。

蓝田经济开发区

2000年，投入686万元，完成纵四路及开放大道慢车道两侧（横二至横三段）砼路面建设；完成纵四路给水管道、通讯管道及横三路雨污管道铺设；完成第四开闭所电压安装、调试，并投入使用。

2001年，投资286万元，完成纵五路片石路面、雨污管道铺设；完成横三西路、西干道延伸、拆迁和平整20公顷土地供招商用地；改选完善供电和邮电线路3公里；完成开放大道、横二路绿化带建设，绿化面积8000平方米。

2002年，投资271万元，完成东干道北段排洪沟、纵三路、横三路北段的基础设施配套建设。

2003年，投资5363万元，完成近60公顷土地平整工作，完成土方量90万立方米，新开挖建设道路2.4公里，新铺设管道3.3公里。

2004年，投入建设资金3618万元，完善三期基础设施配套建设。其中，投入120万元改造开放大道、西干道路灯及周边绿化；投入30万元完成区内排水系统清淤工作；投资800多万元用于乌石村16.67公顷安置地的平整、供水、供电、道路的建设。全年完成土石方工程50万立方米、挡土墙600米、片石路面6万平方米、雨污管道2800米、给水管道2800米、电缆沟2700米、水泥路面建设5万平方米。

2005年，投资7645万元，完成安置地的排水工程、路基工程。其中开放大道、纵四路沿石3000米，北一号路西段、纵四路北段水泥路面12000平方米、挡土墙200米；新种植树木2000多株，新绿化面积6000多平方米。

二、龙文工业开发区

1996年，在步文镇民营工业园区设立龙文工业开发区，开发区规划面积3.19平方公里，由龙文区地产事务部作为开发商，以粮食加工区项目向漳州市政府报批朝阳镇朝阳村耕地面积7.8公顷，作为开发工业建设用地。

1998年，工业区开始运转，投入建设资金200多万元，完成纵二路北段370米、横二路西段260米路面建设。

1999年，投入资金600多万元，完成电缆沟460米，横二路东段130米，纵三路北段160米建设，铺设给水管道1.3公里，完成第一开闭所建设。

2000年，投入资金400多万元，完成配套设施建设，其中西大道北段建设330米、西大道南段90米、纵二路南段120米；完成电缆沟建设600米，给水管道建设550米。

2001年，投入资金630万元，完成配套设施建设，其中横一路西段150米、横三路280米、电缆沟440米、给水管道650米、纵二路南段270米。

2002年，投入资金760万元，建设排洪沟180米、北环辅道490米、纵三路南段270米、电缆沟400多米；完成横二路及纵二路两旁绿化及路灯建设1500米；完成土方回填工程5万立方米。

2003年，投入资金800多万元，完成横一路建设450米，北环辅道建设500米，横二路建设150米，电缆沟建设0.9公里、给水管道建设1.1公里。

2004年，投入资金920万元，完成横一路建设400米，北环辅道建设490米，电缆沟建设0.8公里，两旁绿化及路灯建设2.3公里。

2005年，投入资金1000多万元，完成横一路、北环辅道水泥道路建设840米；完成第二开闭所建设并投入使用，完成高压走廊改造工程110千伏安的架设升高和东华线、东郭线的基础施工；完成纵二路、纵三路、北环辅路的绿化工程建设；完成土方回填30万立方米。至当年年底，开发区累计投入资金7000多万元，用于基础设施建设。其中，建设水泥路面6公里，形成“四纵三横”道路网；建设排洪沟1000米、电缆沟4.5公里；铺设给水管道及配套地下通讯管网15公里；日供电容量2万千伏安，日供水量2.8万吨。

三、漳州蓝田经济开发区

2006年，福建漳州蓝田经济开发区规划面积10.19平方公里。当年投入资金2253万元。其中，蓝田园区投入资金1053万元，主要完成横六路、开放大道北段市政工程、路灯工程，纵三路市政工程、第一、二标段土方工程。龙文园区投入资金1200万元，主要完成横一路建设600米，纵二路建设550米，钟表工业园挡土墙建设350米，电缆沟建设1.1公里，给水管道建设0.8公里，横四路建设250米。

2007年，开发区投入基础设施建设资金6089.9万元，建设道路总长9287米，投资3845.5万元；供电工程建设投资600万元；建设供水管道3800米，投资120万元；土方回填329万平方米，投资1523万元；征地面积117.8公顷，拆迁面积85.6公顷；拆迁房屋面积20175平方米，拆迁简易搭盖面积13万平方米。全区开发面积8平方公里，其中蓝田工业区开发5.37平方公里，龙文工业区开发2.03平方公里。

第三节　服务措施

一、优惠政策

1992—2007年，在开发区投资的内外资企业均享有国务院赋予闽南金三角经济开发区的优惠政策和省、市、区政府赋予省级开发区的优惠政策；对高税收、高技术含量、高就业、轻污染、低能耗的项目给予土地价格的优惠；在减免税收方面，外商投资企业为生产《国家新技术产品目录》的产品而进口所需的自用设备及按照合同随设备进口的技术及配套件、备件，除《国内投资项目不予免税的进口商品目录》所列商品外，免征关税和进口环节增值税；外商投资企业引进属于《国家高新技术产品目录》所列的先进技术，按合同规定向境外支付的软件费，免征关税和进口环节增值税；外商投资企业出口列入科技部、外经贸部《中国高新技术产品出口目录》的产品，凡出口退税率未达到征税率的，经国家税务总局核准，产品出口后，可按征税率及现行出口退税率管理规定办理退税；外国企业向福建转让技术免征营业税，属技术先进或条件优惠的，经税务主管部门批准，免征企业所得税；凡在开发区内投资生产性项目的外商投资企业，经营期在10年以上，从获利年度起头两年免征企业所得税，第3年至第5年按规定缴纳的所得税，纳税后经政府批准，属地方收入部分由同级财政部门按《预算法》规定程序全部返还，第6年至第10年缴纳的所得税纳税后经政府批准属地方收入部分的由同级财政部门返还50%。对关联性强的大项目还可以实行个案更大的优惠。同时规定，外商投资企业的外国投资者将从企业取得的利润直接用于再投资（含增资）经营期不少于5年的，其投资部分已缴纳的所得税除按国家规定报经税务机关批准退还40%之外，经政府批准，属于地方财政收入的部分由同级财政再返还30%。对高新技术项目实行特别优惠，外商投资开发高新技术项目，除享受以上规定的所得税优惠政策之外，引进的技术设备经省科技主管部门确认达到世界先进水平的，其缴纳的关税和进口环节增值税，从该企业投产营运后上缴的税费中，属地方财政收入的部分逐年返还。

二、优质服务

1992年，开发区在土地、税收、审批、行政服务等方面给外来投资者提供政策咨询、项目审批、注册登记等优质服务；建立招商引资跟踪服务机制、人力资源服务机制，从项目洽谈、审批、建设、投产及生产过程中的用工等问题实行全方位的服务。2003年，深化“平安企业”建设活动，营造和谐、安全、稳定的社会环境，为招商、安商、富商创造良好的条件。办理外商投资企业成立审批或增资、股权转让等变更手续，凡材料完整的当日办结；办理外商投资企业批准证明书核发手续，凡文件资料完整的，受理当日送至上级有关部门，获准后即日准发；办理外商投资企业加工贸易合同审批手续，材料完整的当日办结。至2007年，开发区全方位为外来投资者提供优质服务；热情为客商、单位及个人提供利用外资政策、法规等有关材料的咨询及服务；无偿为企业办理项目建设选址意见书、建设用地规划许可证及配合企业办理有关建设项目的各种手续，实行一条龙服务。

第二章　园区招商引资

第一节　项目引进

一、蓝田工业开发区

1992—1996年，累计引进中外项目62项；合同利用投资额21835万美元，实际到资11001万美元。其中，1996年引进“三资”企业11家，总投资2403万美元（合同外资额2012万美元）；年产值6亿元，上缴税费879万元。

1997年，审批“三资”企业15家，总投资额2510万美元，实际到资1000万美元，创产值6.5亿元，上缴税费1435万元。

1998年，新引进项目19项，其中外资项目8项，总投资额7311万美元，创产值8亿元，上缴税费1409万元。

1999年，引进项目23项，其中外资项目20项，总投资额5686万美元，实际到资5051万美元，创产值8.5亿元，上缴税费1994万元。

2000年，引进项目34项，其中外资项目14项，新投产12家，在建项目14项，合同投资额2628万美元，实际到资1000万美元，创产值12亿元，上缴税费2673万元。

2001年，引进项目39项，总投资额4700万美元，其中新批外资项目16项，合同利用外资2634万美元，实际到外资1764万美元，创产值12亿元，出口创汇1200万美元，上缴税费4200万元。

2002年，引进项目45项，合同投资额4303.96万美元。其中外资项目21项，合同外资额2670.1万美元，实际利用外资2269万美元；内资项目19项，总投资10248万元，全年共实现工业产值15亿元，实现税费收入5681万元，增长35.3%，出口创汇1855万美元，增长54.58%。

2003年，共引进项目35项，合同投资额4165万美元。其中，外资项目20项，合同外资额3911万美元，实际利用外资2704万美元；内资项目10项，总投资5001万元，全区共实现工业产值17.89亿元，实现税费收入7593万元，同比增长33.64%，出口创汇6062万美元，增长31.2%。

2004年，引进项目35项，其中外资项目14项，合同利用外资2501万美元；新批内资项目18项，总投资6888万元。新投产项目23项，在建项目12项。全年实现工业产值为21.5亿元，同比增长19.58%。实现出口创汇7000万美元，增长15.47%。实现税收收入10156万元，增长33.77%。

2005年，引进项目33项，总投资4352万美元。其中，外资项目13项，合同外资3637万美元，实际利用外资3337万美元；内资项目20项，总投资5719万元。全年完成规模工业产值25.5亿元，增长35.6%；新增规模工业企业15家；实现税收收入14622万元，同比增长43.97%；出口创汇突破1亿美元，增长43%。

二、龙文工业开发区

1997年，入驻内资企业3家，总投资6700万元。

1998年，引进内资项目6项，外资项目1项，总投资8900万元，实现工业产值1.395亿元，增长33%；实现税收279万元，增长36%；出口创汇236万美元，净增长。

1999年，引进内资项目4项，外资项目2项，总投资8500万元，实现工业产值1.975亿元，增长41%；实现税收395万元，增长41%；出口创汇407万美元，增长72%。

2000年，引进内资项目12项，外资项目1项，总投资12210万元。实现工业产值2.87亿元，增长45%；实现税收600万元，增长52%；出口创汇530万美元，增长30%。

2001年，引进内资项目8项，外资项目1项，总投资13500万元。实现工业产值3.95亿元，增长38%；实现税收850万元，增长42%；出口创汇590万美元，增长11%。

2002年，引进内资项目11项，外资项目2项，总投资14800万元，实际到资9500万元，其中外资98万美元。实现工业产值4.84亿元，增长21%；实现税收957万元，增长15%；出口创汇516万美元，增长45%。新增固定资产1.1亿元，新增建筑面积4.9万平方米。至2002年，开发区已开发利用土地1350亩。引进中外企业52家，总投资6.46亿元，其中外资企业11家，合同利用外资2450万美元，投产企业36家，其中规模以上企业8家。

2003年，引进内资项目19项，外资项目2项，总投资23000万元，实际到资9500万元，其中外资 200 万美元。实现工业产值 5.4 亿元，增长 21%；实现税收 1100 万元，比上年同期增长 15%；实现出口创汇 748 万美元，比上年同期增长 45%。新增固定资产 1.1 亿元，新增建筑面积 4.9 万平方米。至 2003 年，开发区已开发利用土地 100 公顷。引进中外企业 79 家，总投资 9.2 亿元，其中外资企业 15 家，合同利用外资 1500 多万美元，投产企业 41 家，其中规模以上企业 12 家。

2004 年，引进内资项目 21 个，外资项目 2 个，总投资 34770 万元，增长 43%；合同利用外资 692 万美元，实际到资 92 万美元。至 2004 年，开发区累计引进项目 98 个，总投资 14.5 亿元，其中外资项目 12 项，合同利用外资 2299 万美元，实际到资 1220 万美元。

2005 年，引进内资项目 11 项，外资项目 1 项，总投资 20500 万元；合同利用外资 477 万美元，实际到资 462 万美元。至 2005 年，开发区累计引进项目 110 项，总投资 17 亿元，其中外资项目 12 项，合同利用外资 3939 万美元。实现工业总产值 134426 万元，增长 48.6%；实现税收 3616 万元，同比增长 64%；出口创汇 2100 万美元，增长 55%；新增固定资产 15690 万元，新增建筑面积 65000 平方米。

三、漳州蓝田经济开发区

2006 年，引进项目 72 项，其中蓝田工业园区 59 项、龙文工业园区 13 项；总投资 1.17 亿美元，其中蓝田开发区 5720 万美元、龙文开发区 6012 万美元；合同利用外资 2983 万美元，实际到资 1677 万美元。

2007 年，开发区共引进项目 40 项，其中蓝田园区 36 项、龙文园区 4 项；总投资 1.17 亿美元，其中蓝田园区 8297 万美元、龙文园区 3413 万美元；合同利用外资 3888 万美元，实际到资 1454 万美元。实现规模工业总产值 50.52 亿元，增长 28.71%；实现税收 2.19 万元；出口创汇 1.09 亿美元，增长 32%；新增规模企业 25 家，新增固定资产 7.71 亿元。

至 2007 年，开发区共引进项目 416 项，拥有工业企业 102 家，总投资 92.1 亿元。两个园区引进项目 416 项，总投资 92.1 亿元，拥有规模工业企业 102 家。

第二节　投产企业行业分布

一、蓝田工业开发区

1995 年，投产企业 22 家，主要行业有家具、食品饮料。

1997 年，新增智能仪表、光学工业行业。

2002 年，投产企业新增石英钟、服装针织、印刷包装等行业。

2005 年，投产企业新增电子、家具、机械制造等行业；年实现产值 26.6 亿元，年实现税收 14622 万元。

1992—2005 年蓝田工业开发区投产企业统计表

表 14-2-1 单位：家、亿元、万元、万美元

年 份	投产企业数（家）	实现产值（亿元）	实现税收（万元）	出口创汇（万美元）
1995	22	0.57	542	1800
1996	22	6	879	2000
1997	34	6.5	1435	2600
1998	44	8	1409	2100
1999	47	8.5	1994	2400
2000	59	12	2673	2500
2001	65	12	4200	1200
2002	79	15	5063	1855
2003	102	17.89	7593	6062
2004	125	21.05	10156	7000
2005	131	26.6	14622	10000

二、龙文工业开发区

1997 年，投产企业 3 家，涉及行业有食品罐头、电线电缆等，主要企业有漳州市龙文区鑫发罐头食品有限公司、漳州市荣昌企业发展有限公司等，总投资 6700 万元，年实现产值 10500 万元，年实现税收 205 万元。

2002 年，投产企业涉及行业有食品罐头、电线电缆、建材木业、金属家具等行业，新投产企业有漳州市孚美实业有限公司、漳州柏桦木业有限公司、漳州咏柽家具有限公司、漳州市利得家具有限公司等，总投资 64610 万元，年实现产值 48400 万元，年实现税收 957 万元。

2005 年，投产企业涉及行业有食品罐头、电线电缆、建材木业、金属家具、印刷纸业、日用化工等行业，新投产企业有福建双飞日化有限公司、福建永嘉家具有限公司、漳州市三龙工业有限公司、漳州红梅家具有限公司、漳州市青松木业有限公司、漳州多特针制有限公司等；全年总投资 14.338 亿元，年实现产值 13.443 亿元，年实现税收 3616 万元。

1997—2005 年龙文工业开发区投产企业统计表

表 14-2-2 单位：家、亿元、万元、万美元

年 份	投产企业		实现产值（亿元）	实现税收（万元）	出口创汇（万美元）
	内资（家）	外资（家）			
1997	3	0	1.05	205	0
1998	6	1	1.40	279	236
1999	12	3	1.98	395	407
2000	17	4	2.87	600	530
2001	21	5	3.95	850	590
2002	29	7	4.84	957	516
2003	32	9	5.40	1100	748
2004	44	11	9.04	2116	1350
2005	50	12	13.44	3616	2100

三、漳州蓝田经济开发区

2006年，漳州蓝田经济开发区突出引大聚强，做好优势对接、产业对接、产品对接工作。对大项目强化服务指导，力促重点企业增产。全区企业211家，实现产值47.13亿元，实现税收2.04亿元，出口创汇9239万美元。

2007年，投资企业245家，实现产值50.52亿元，实现税收2.19亿元，出口创汇1.09亿美元。

至2007年，开发区投资企业涉及家具制造、钟表电子、食品罐头、金属制造、印刷纸业、日用化工、建材木业、服装针织等行业。形成五大产业集群：以大闽食品、东方食品、孚美实业等为龙头的食品产业集群；以和成制罐、嘉隆制罐等为龙头的金属制品产业集群；以红梅家具、林奇钢管、尧富家具等为龙头的家具制造产业集群；以艾默生动力、力佳股份、三龙工业等为龙头的汽车汽配制造产业集群；以科能电器、利利普电子、思特电子、恒丽电子、富顺电子等为龙头的家电电子产业集群。同时，形成22家高新技术产业：漳州市荣昌企业发展有限公司、漳州市福世通电子有限公司、漳州富顺电子有限公司、大闽食品（漳州）有限公司、漳州无极药业有限公司、漳州科能电器有限公司、漳州炜喨机械有限公司、漳州市生物化学制药厂、漳州震东机械有限公司、旭化学工业（漳州）有限公司、漳州思特有限公司、漳州旭铎机械有限公司、福建金柁汽车转向器有限公司、漳州恒丽电子有限公司、漳州市锦达电子有限公司、漳州亚明工贸有限公司、漳州市富顺达计算机有限公司、富华（漳州）光学工业有限公司、漳州市杰龙机电有限公司、福建利利普光电科技有限公司、福建众辰精密机芯有限公司、福建航天机电有限公司。

2006—2007年福建蓝田经济开发区投产企业统计表

表14-2-3

年　份	投产企业（家）	实现产值（万元）	实现税收（万元）	出口创汇（万美元）
2006	211	471340	20409	9239
2007	245	505200	21900	10911

第三节　规模企业效益

一、蓝田工业开发区

2001年，蓝天工业开发区规模企业23家，实现工业产值5.52亿元。主要企业有健力宝饮料、大闽食品、天伦饼干、尧富家具、东方食品、富华眼镜、宏源等，其中尧富家具年产值上亿元，年税收上百万元，是漳州市家具行业的龙头企业。2002年，规模企业20家，其中新增企业7家：科能电子、吉马彩印、思特电子、国峰机械、康丽磁带、可加仪器、安佑；工业总产值10.75亿元，其中年产值上亿元有富华眼镜、健力宝饮料、大闽食品、尧富家具、宏源表业。2003年，规模工业34家，其中新增规模企业4家：金肯、金柁汽车、无极药业、大闽罗亚；年工业产值12.34亿元，其中年产值上亿元有大闽食品、宏源表业、金肯鞋业、金柁汽车、中粮食品5家。2004年，规模企业40家，其中新增规模企业6家：旭铎机械、嘉亿制罐、锦绣食品、汉协压力器、锦达电子、航天机电；工业产值12.13亿元。2005年，规模企业44家，其中新增规模企业4家：裕兴果业、智光纸业、富顺电子、含羞草食品；规模企业工业产值15.78亿元；出口创汇5268万美元，其中尧富出口创汇4750万美元，占全额90.1%。

2001—2005年蓝田工业开发区规模企业效益情况表

表14-2-4

年　度	规模企业（家）	实现工业产值（万元）
2001	23	55205
2002	30	107497
2003	34	123364
2004	40	121311
2005	44	157806

二、龙文工业开发区

1999年，工业区有漳州市荣昌企业发展有限公司、漳州市龙文区碧山罐头食品有限公司、漳州市孚美实业有限公司3家规模企业，实现工业产值0.58亿元，实现税收119万元。荣昌企业是省级铜线加工生产的知名企业，孚美实业是省级农副产品加工的龙头企业。2000年，规模企业增加漳州柏桦木业有限公司，成为漳州市木业行业龙头企业，年产值上亿元；全区实现工业产值0.81亿元，实现税收162亿元。

2001—2003年，规模企业发展态势强大，年平均增长率63%；3年新增规模企业8家，其中红梅家具、永嘉家具、利得家具、咏柽家具4家金属家具企业。2004—2005年，新增以双飞日化为产业链的规模企业和以钟表行业为产业链的规模企业，分别有双飞日化、新艺彩印、新威士电子、智诚电子、海博工贸。2005年，规模企业28家，实现工业产值10.84亿元，实现税收3074万元。

1999—2005年龙文工业开发区规模企业效益统计表

表14-2-3

年　度	规模企业数（家）	实现工业产值（亿元）	实现税收（万元）
1999	3	0.58	119
2000	4	0.81	162
2001	6	1.18	270
2002	8	1.63	536
2003	12	2.43	680
2004	21	6.58	1750
2005	28	10.84	3074

三、漳州蓝田经济开发区

2006年、2007年，开发区规模企业分别是13家、25家，分别实现工业产值44.55亿元、

50.52亿元，完成税收分别是119万元、162万元。主要规模企业有艾默生动力、时利和电子、金利泰包装、永烁电光源、伊莱福食品、富亿纸业、金三番眼镜、波力马高分子、林奇钢管、和成工贸等，形成以食品、电子仪表、机械制造、金属制品、汽车配件为主的五大支柱产业体系，带动下游产业链快速集群发展。

在规模工业企业中，年出口额1500万美元至1亿美元企业2家，分别是尧富家具（漳州）有限公司、富华（漳州）光学工业有限公司；出口额1000万美元至1500万美元企业有柏桦木业；出口额1000万美元以下25家。在项目投资中，总投资1000万美元以上外资项目9项；总投资1亿元以上内资项目13项。企业产品“青蛙王子”“含羞草”获国家驰名商标；获福建省名牌4项，获福建省著名商标10项。园区企业吸纳就业人数4万多人。

2007年福建漳州蓝田经济开发区年产值1亿元以上规模企业情况表

表14-2-5　　单位：亿元

企业名称	年产值	企业名称	年产值
大闽食品（漳州）有限公司	3.86	漳州市和成工贸有限公司	1.28
漳州金鑫辉包装有限公司	3.4	漳州市荣昌企业发展有限公司	1.23
漳州红梅家具有限公司	2.8	新利达（漳州）包装纸品有限公司	1.22
漳州市闽达印铁有限公司	2.3	福建思特电子有限公司	1.2
漳州林奇钢管有限公司	2.2	漳州市恒丽电子有限公司	1.1
福建双飞日化有限公司	1.96	漳州市金明食品有限公司	1.08
富华（漳州）光学工业有限公司	1.72	漳州市孚美实业有限公司	1.06
漳州柏桦木业有限公司	1.5	漳州科能电器有限公司	1.06
福建永嘉家具有限公司	1.3	—	—

第四节　主要企业介绍

一、蓝田工业园区企业

（一）大闽食品（漳州）有限公司

1995年创办。由大闽食品（美国）有限公司投资1620万美元，注册资本814万美元，占地6.87公顷。生产速溶茶、浓缩液、饮料、调味品、速食汤及水产果蔬、肉类食品。

公司通过ISO 9001、HACCP、GMP、HALAL、美国Kosher及有机茶加工认证。客户涵盖可口可乐、百事可乐、雀巢公司、立顿公司、康师傅、统一等著名企业，占据国内80%以上的速溶茶市场份额。同时，开拓国际市场，产品销往欧美、日本、东南亚等43个国家和地区。

公司下属企业：漳州大闽罗亚香料有限公司，投资420万美元，注册资本210万美元；漳州伊莱福食品有限公司，投资800万美元，注册资本400万美元；漳州摩果生物科技有限公司，投资70万美元，注册资本50万美元；漳州健达甜叶菊有限公司，投资70万美元，注册资本50万美元。产品涉及速溶茶、饮料、速食汤、休闲食品、香精香料、摩果、甜叶菊种植等等。

2007年，大闽食品及下属企业产值4亿多元，纳税2158万元。

（二）尧富家具（漳州）有限公司

属台商独资企业。生产加工木制家具及相关产品，产品100%远销欧美等地。2001年，进入蓝田工业开发区投资办厂，投资额2928万美元，注册资本1300万美元。2002年，企业产品获美国家具协会“Best Factory”称号。2006年，公司出口创汇3708万美元，纳税3009万元。

2007年，出口1809万美元，纳税1003.28万元。

（三）艾默生动力传动（漳州）有限公司

2006年3月，由美国艾默生电气公司独资创办。项目投资1200万美元，注册资本500万美元。主营精密轴承和各种主机专用轴承，以及相关配套产品的研究、开发、加工、生产和销售自产产品。

2007年，完成产值3100万元。

（四）福建东方食品集团有限公司

1995年入驻开发区，占地面积2.44公顷。集团公司下辖福建东方食品有限公司、漳州含羞草食品有限公司、江苏澳润福食品有限公司、上海含羞草贸易有限公司、南京含羞草食品有限公司、漳浦含羞草食品有限公司等，是一家集工贸为一体的现代中型食品集团企业，专业从事蜜饯、糖果、米面、南北干货、冷冻、生鲜、脱水果蔬食品生产与销售。2002年3月，产品被福建省人民政府授予“福建省名牌产品”称号。2004年12月，公司被中国食品工业协会评为“全国食品工业优秀龙头食品企业”，列名全国非国有大中型企业行列。是福建食品制造业最佳效益企业之一，是国家农业部创品牌重点企业、全面质量管理达标企业。2005年5月，集团公司被推选为“中国蜜饯专业委员会理事长单位”；被中国食品工业协会授予“全国食品工业科技进步优秀企业”称号。

2007年3月，含羞草商标被认定为“中国驰名商标”。当年，产值45175万元，纳税286.95万元。

（五）漳州吉马彩印有限公司

漳州吉马彩印有限公司

福建吉马集团属下大型彩印生产企业，注册资金2113万元，占地面积3.33公顷。经营酒类包装，水果包装还有各类瓦楞纸外馐，产品款式新颖，色彩丰富，鲜明亮丽。公司是华夏葡萄酒有限公司，北京龙微酿酒有限公司和天龙食品有限公司指定包装生产企业。公司于2001年通过ISO 9001质量认证体系。先后引进全新的印刷作业系统海德堡CD102速霸5色胶印机和海德保电脑直接制版系统，印刷网络采用全新的工作模式；引入专业的色彩管理程序，真正做到印前制作屏幕显示，印前打烊；引进3台大幅柔性版印刷机，专用于瓦楞纸印刷，其印刷的最大幅面可3米多，并且印刷精度不低于小幅柔性版印刷机；引进全自动5层瓦楞纸版生产线，可以生产宽1.8米瓦楞纸版。2000年，获“漳州百佳重点包装装潢印刷企业”“重合同，守信用单位”称号。

2007年，产值4053万元，纳税246.75万元。

（六）旭化学工业（漳州）有限公司

2001年5月，入驻开发区；10月开工投产。是经国家科委认定的集科、工、贸为一体的省级高新技术企业，以研制和生产高科技产品植物生长调节剂、生物农药的专业性跨国公司。产品“爱多收”植物生长调节剂在日本、美国、德国、瑞士、墨西哥、巴西等10多个国家获得专利，产品畅销欧美、东南亚等30多个国家和地区。2005年，“爱多收”作为无公害天然活性物质在美国国家环保局获准注册（EPA REG 64922-1）。公司执行ISO 9001质量认证体系的要求，先后获“福建省同行业最畅销产品”“福建省AAA级信用企业”“纳税信用A级企业”“诚信单位”“园林单位”等称号。

2007年，年产值1000多万元，年创税200万元。

（七）福建航标卫浴有限公司

2007年下半年入驻蓝田开发区，为民营企业。用地面积14.67公顷，投资25000万元。生产卫生陶瓷及水箱配件、淋浴房、五金卫浴件等产品。拥有全套意大利西蒂公司先进的高档卫生洁具生产线，包括自动微压注浆成型线、喷釉机械手、宽断面节能隧道窑等主要生产设备。有产品41个系列、160多个品种，通过福建省名牌产品认证，正在申报中国名牌产品。其中，上百个产品处于国内领先水平，并成功入选奥运工程。产品出口美国、韩国、欧洲及东南亚等国家和地区。

（八）富华（漳州）光学工业有限公司

1999年创办，系萨摩亚国（SAMOA）商人投资的外资企业。投资额1500万美元，注册资本750万美元，占地5.2公顷。生产中高档金属框和塑胶框眼镜、老花镜、其他运动功能镜及光学配镜架，产品95%以上出口欧洲、美洲、东南亚各国。

2007年，产值1亿多元，出口创汇2147万美元，纳税1131万元。

（九）福建思特电子有限公司

1995年创办，公司厂房建筑面积48000平方米。是一家中澳合资企业。从事无线通信（2G/3G手机，固定终端）、网络终端及系统研发与生产的国家核准的新高新技术企业。企业4次获科学技术二等、三等奖，连续5年被评为纳税大户，获工信部颁发的无线设备入网证书，并通过CCC、ISO等体系认证。2001年始，研发、生产无线商话及无线公话。产品有HCD 986系列GSM/GPRS、CDMA、TD-SCDMA、WCDMA、CDMA-EVDO、HSPA等2G、3G、后3G手持电话、无线移动公话/商话、农村信息电话、固定无线终端、无线企业通信平台、无线传真接入台、空中充值公话终端及行业应用无线终端和系统平台等。

2007年，产值上亿元，纳税445.66万元。

（十）漳州科能电器有限公司

1994年创办，由福建科能电子科技开发有限公司及其控股企业漳州科能电器有限公司联合投资。是国家级高新技术企业、福建省高新技术企业、福建省软件十强企业、漳州市首批十家重点民营科技企业之一；其产品电能表是中国十佳首选品牌、福建省名牌产品。公司在电力线载波技术、电能计量技术、系统软件开发技术等方面有较强的研发能力，拥有多项发明专利和实用新型专利。公司产品是电力需求侧管理的终端产品及其通信、分析、管理系统，远销东南亚、北美市场，在国内华南、华东、西南、西北、华中电力市场有较高的市场占有率和知名度，其中“单相电力载波复费率电能表及其抄表系统”被国家科技部列入国家火炬计划项目。

2007年，投资2亿多元，扩建厂房面积15万平方米。

漳州科能电器有限公司

（十一）漳州富亿纸品有限公司

2007 年 2 月创办，厂房面积 2 万平方米，员工 400 人。经营瓦楞纸箱、彩盒包装。设备有先进的四色高速开槽印刷机、全自动平压平模切压痕机、三色高速开槽印刷机、单双色水性印刷机、薄刀分压机、半自动粘箱机、半自动钉箱机、手动打钉机、半自动开槽机等先进设备；建有专门实验室，可对原纸、纸板、纸箱的环压、耐破、拉力、黏合、含水率、抗压等性能指标进行精确测试。

每月生产各种规格瓦楞纸箱 150 万平方米、彩印纸箱 50 万平方米，为客户设计制造各种形状、用途的包装用箱及协助印刷版面设计。

（十二）漳州市恒丽电子有限公司

2005 年 2 月投产，占地面积 6.93 公顷。生产石英钟表、电子表、机械表、收音机等系列产品，销于 80 多个国家。产品包括系列石英钟表、电子钟表、电波钟表。产品商标“MOVEBEST”在世界 26 个国家和地区均有注册。2004 年 4 月，被漳州市人民政府认定为“漳州市知名商标”。2005 年，被评为“福建省著名商标”。2006 年，被评为“福建十大畅销礼品”“福建出口名牌”。

2007 年，产值 1 亿元，出口交货值 4879 万元，纳税 450 万元。当年被福建省质量技术监督局评为“福建省名牌产品”。

福建力佳股份有限公司

（十三）福建力佳股份有限公司

2006 年投建。属力佳股份异地改造项目，项目投资 1.8 亿元，用地 12.95 公顷，厂房面积 7 万平方米。2007 年，公司正式投产。主要从事柴油机生产。拥有完整的加工设备、检测手段和可靠的质量保证体系，是中国机械工业 500 强、省高新技术企业，已建立省级技术中心公司，设有铸造、锻工热处理、机加工、装配（出厂试验）车间，以及先进的加工中心机群，形成比较完整的加工体系，并配备支持生产、科研的理化实验室、金相化验、长度计量、零部件及整机检测手段和机构。主要设备 400 多台，专业流水线 22 条。

SL2100、SL3100 柴油机，获国家技术开发优秀成果奖。SL2105AB、SL3105B 型直喷机被列入国家重点新产品。SL3105ABT、SL4105ABT 柴油机取得美国环保总署颁发的 EPA 认证证书。公司是中国内燃机市场知名品牌、福建名牌产品。

（十四）漳州富顺电子有限公司

1995 年创办，注册资金 5060 万元，占地面积 8.4 公顷，标准化厂房 5 万多平方米。员工近千人。在全国 26 个省份建立 3600 多个特约服务商。是一家专业从事 LED 电子显示系统开发、生产、销售的专业电子公司，产品广泛应用于银行网点利率显示，商场购物引导，交易中心动态行情显示，公共场所广告宣传和车站、码头车次及票价显示等。是漳州市科委直属的重点高科技企业，福建省独家拥有自己知识产权生产 LED 多媒体屏的专业厂商。2001 年，被福建省人民政府认定为福建省高新技术企业，连续 4 年被漳州市人民政府评为“重合同、守信用”单位。

2007 年，产值 2000 多万元，纳税 91.22 万元。

（十五）新利达（漳州）包装纸品有限公司

1999 年 11 月创办，系港商投资企业，投资 8000 多万元，占地面积 5 万多平方米。生产瓦楞纸板、纸箱、彩盒及商标印制等包装纸品，是出口包装纸品及危险品包装定点生产企业；拥有完善的质量管理体系、设有专用的实验室、先进的检测设备。2001 年 5 月，通过 ISO 9001 质量体系认证。

2007 年，产值上亿元，纳税 416.2 万元。

（十六）漳州市杰龙机电限公司

1988 年创办，占地面积 4.4 公顷，建筑面积 2.09 万平方米。是专业研制和生产门窗驱动和控制产品的机电一体化实业公司。有一批高、中级职称技术专家组成研发、制造团队；配备先进的金工、焊装、涂装和电机制造、产品装配、计量检测等仪器、设备、生产线，形成一流工艺的电动门窗机生产制造技术。产品综合生产能力 15 万台 / 年。“杰龙”牌门窗机产品有 GKH1、GKH2 工业滑升门机和 GKJ3 工业卷门机、ECR 卷帘门机、FJJ 防火卷帘机、中央电机、管状电机、澳式门机等，适用于住宅、车库、商住楼、商铺、工厂、仓储、码头、机场等电动门窗的驱动控制或防火隔断。产品销售全国 30 多个省市，并销往英国、韩国及东南亚、南亚、西亚、中东、南美等国家和地区。拥有自主产权商标 16 项，获“电动卷帘门的防滑装置”等 12 项国家专利。

2007 年，产值 3000 多万元，纳税 78.24 万元。

（十七）漳州杰安塑料有限公司

2003 年创办，是一家从事一次性塑料餐具及塑料食品包装业务的企业，系全球 500 强企业美国乔治亚太平洋公司的合作伙伴。是伊利、蒙牛、王老吉、旺旺等大型企业的主要供货商。拥有 2.7 万平方米的现代化标准厂房，引进国外先进设备，实行标准化生产；产品通过 ISO 9001:2000 和 QS 认证。获美国全球 500 强企业的优秀合作伙伴奖、美国 SILLIKER 公司验厂特优奖。

2007 年，产值 2000 多万元，纳税 26.33 万元。

（十八）漳州市金安机电有限公司

1991 年 5 月创办，是国内最早开发研制电动卷帘（门）机、遥控器、防火型电动卷帘门电气控制系统、储备电源等产品的专业厂家之一。产品引进美国先进的电控技术，集电动、遥控、手控等多种功能于一体，具有美观大方、安全可靠、经久耐用、安装维修方便等特点，通过 ISO 9001 国际质量体系认证、CCC 认证、CE 认证和国家质量技术监督部门的质量认证。获“福建省

漳州市金安机电有限公司

著名商标”“防火产品生产许可证”“工业品行业最具影响力十大品牌”称号。

2007年，产值1000多万元，纳税55.08万元。

（十九）漳州无极药业有限公司

1992年10月创办，主营产品水仙牌无极膏、拜尼多、丁硼乳膏等，年产值5000万元。是全国高新技术企业、开发区纳税大户、福建省药品生产质量管理GMP示范单位。

公司设有市级技术中心实验室，获得GLP和GCP认证，具备药品开发资格和能力。开发两种剂型5个品种产品投放市场。水仙牌无极膏在国内市场占有率很高，是药业工业的龙头企业。“水仙”商标被评为“福建省著名商标”。公司被漳州市评为“守合同、重信用”单位，获福建省“企业形象300佳”、全国“模范职工之家”称号。

2007年，产值4530万元，纳税640.57万元。

二、龙文工业园区

（一）漳州市闽达印铁有限公司

2000年7月创办，是一家专业从事各种马口铁的加工及其制品的销售、包装装潢印刷、其他印制品印刷的专业化生产企业。拥有先进的工艺技术及马口铁制品材料的滚涂、印刷、剪切等加工的全套设备和检测设备。配备有3台剪切机、6台涂黄机、1台英国双色印刷机、1台德国高宝双色彩印机等。

2007年，产值2亿多元，纳税128.46万元。

（二）福建永嘉家具有限公司

1999年，进驻园区，投资3000万元，占地面积1.93公顷，建筑面积2.15万平方米。员工500多人。2004年4月投产，生产钢木、钢塑、钢管系列家具180多种。产品通过ISO 9001质量管理体系认证，销往美国、加拿大、日本、澳大利亚、丹麦、英国、西班牙等国家。

2007年，产值上亿元，出口交货值1亿多元，纳税593.45万元。

（三）福建漳州三龙工业有限公司

2004年11月建成投产。投资4000万元，占地面积3公顷，厂房建筑面积1.2万平方米。系福建三龙集团公司（龙溪收割机厂）改制设立，是一家专业生产制造低速载货汽车的实业公司。具备冲压、焊铆装、涂装、整车总装汽车四大总成生产工艺条件和完善的检测手段，形成从产品研发、制造、营销、售服等完整的生产经营体系。年产农用汽车、变型拖拉机5000台。“龙江”牌低速载货汽车于2007年通过ISO 9001质量管理体系认证。龙文区政府授予公司“纳税大户”“纳税先进企业”称号。

2007年，产值近亿元，纳税501.43万元。

（四）漳州市林奇钢管有限公司

漳州市林奇钢管有限公司

2005年4月建成投产。投资4000万元，占地面积1.47公顷，建筑面积1.2万平方米。拥有专业技术人员200多人。生产黑退火钢带和光亮带，圆形钢管、方形钢管和其他各种异形钢管。年生产能力8万吨。企业通过ISO 9001质量体系认证。产品应用于制造各种冷轧带钢光亮薄板、家具、运动器材、五金冲件、雨伞伞骨及冲件、建筑业。被评为福建省高新技术产品。

2007年，产值2亿多元，纳税319.26万元。

（五）福建双飞日化有限公司

2003年6月建成投产。投资2200万元，占地面积1.67公顷，建筑面积2.1万平方米。是一家集科研、生产、销售为一体的综合性日用品企业。生产“青蛙王子”儿童护理系列、“双飞剑”家用卫生杀虫系列及“深呼吸”等日用品。通过ISO 9001∶2000质量体系认证和ISO 14001环境体系认证。“青蛙王子”获中国驰名商标。

2007年，实现产值1.97亿元，税收473万元。

（六）漳州市金明食品有限公司

2005年创办。投资1500万元，占地面积1.33公顷，建筑面积1万多平方米。生产蘑菇罐头、草菇罐头、甜玉米罐头、荔枝罐头等。年生产能力1.3万吨。产品全部出口欧盟、俄罗斯、东南亚、中东等国家和地区。通过出口卫生注册，并通过ISO 9001∶2000、BRC、IFS等国际质量体系认证。企业多年获“农业产业化龙头企业”“守合同重信用企业”称号。

2007年，产值上亿元，纳税311.55万元。

漳州市金明食品有限公司

（七）漳州市红梅家具有限公司

2004年4月，建成投产。投资3000万元，占地2.13公顷，建筑面积1.5万平方米。是一家

漳州市红梅家具有限公司

专业从事金属钢管家具产品集研发、生产、销售为一体的外向型民营企业。公司获“抗震救灾奉献爱心”“捐资助残造福社会”等荣誉。公司钢管家具技术创新中心于2006年12月获中国家具协会颁发的“中国家具科学技术鼓励奖”。2004—2007年，连续被评为“纳税大户”“纳税先进单位”。

2007年，年产值2亿多元，出口交货值4000多万元，纳税360万元。

（八）漳州市孚美实业有限公司

1995年，建成投产。投资2300万元，占地面积1.53公顷，建筑面积15000平方米。是一家以加工生产速冻果蔬为主的外向型企业。产品有青毛豆、荷兰豆、马蹄、黑木耳、红萝卜、蘑菇、花菜、荔枝等20余种40多个规格，销往美国、韩国及欧洲、中东等30余个国家和地区。公司获“福建省省级农产品加工龙头企业”“福建省省级农牧业产业化龙头企业”等称号。

2007年，公司产值上亿元，出口交货值3769万元。

（九）漳州柏桦木业有限公司

2000年1月，建成投产。投资2300万元，占地面积3.2公顷，生产车间2.8万平方米，办公楼3000平方米。是中外（新加坡）合资企业，引进国外先进生产设备。生产各种等级贴面板、装饰木皮、细木工板、水泥模板、复合实木地板等系列产品。解决就业人员500多人。

2007年，产值上亿元，出口交货值1亿多元，税收701万元。

（十）福建和成制罐有限公司

1993年3月创办，占地4公顷。从事食品空罐的制造，年产值1.5亿元。拥有全自动制罐机16条、罐盖生产线14条；员工400人。公司在山东、河北、福建晋江地区设分厂，产品销往全国各地。

漳州市荣昌企业发展有限公司

是中共漳州市委、市政府及龙文区委、区政府确定的经济发展重点企业和重点保护企业。获“纳税先进企业”“诚信企业”“质量管理先进企业”等称号。

2007年，产值3000多万元，纳税260.84万元。

（十一）漳州市荣昌企业发展有限公司

1996年1月投产。投资6000万元，占地

2.33 公顷，建筑面积 4 万平方米。生产高频电阻铜线，并进行马口铁印涂、彩印，是福建省著名专业生产电线电缆系列产品企业，是漳州市重点保护与扶持的民营企业。有 100 多台进口的先进设备。职工 200 多人。

2007 年，产值 1 亿多元，纳税 135.97 万元。

（十二）龙文区鑫发罐头食品有限公司

1996 年，建成投产。投资为 3000 万元，占地面积 1.33 公顷。生产罐头食品及农副产品加工，产品以内销为主。

2007 年，产值 8607 万元，出口交货值 8206 万元，纳税 259.76 万元。

（十三）漳州新艺彩印有限公司

2004 年 4 月投产。投资 1500 万元，占地面积 1.07 公顷，厂房面积 5000 平方米，办公楼面积 1200 平方米。从事彩印生产，产品以内销为主。拥有德国海德堡 SM 102 六色彩印机、速霸 CD102 五色彩印机、速霸 CD102 四色彩印机及自动 UV 上光机、电脑自动切纸标机、腹膜、烫金、自动模切、自动糊盒等成套设备。公司是指定印刷商标单位和首批获国家商品条码印刷资格认定企业，并通过 ISO 9001 国际质量管理体系认证。产品在全国印刷质量评比中多次获奖。获“百佳重点包装装潢印刷企业”“印刷商标信得过单位”“讲信用、重质量单位”“纳税大户”等称号。企业增资 5000 万元，建设厂房 1.3 万平方米，采用净化无尘车间，从事药品、食品生产线包装。

2007 年，产值 3376 万元，实现税收 109.55 万元。

第三章 管 理

第一节 机 构

一、行政机构

（一）漳州市蓝田工业开发区管理委员会

1998 年 10 月成立，为漳州市人民政府派出机构，副处级。赋予管委会经济、行政管理权。按照“精简、统一、效能”的原则，下设办公室、财务科、规划建设科、经济发展科。行政编制 35 人，机关工勤编制 4 人。

2006 年 10 月，与龙文工业开发区管委会合并。

（二）漳州市龙文工业开发区管理委员会

2001 年 7 月成立，正科级。下设党政办、开发办、社会事务办。行政编制 5 人，机关工勤编制 1 人，正科级 1 人，副科级 3 人。

2006 年 10 月，与蓝田工业开发区整合，机构撤销。

（三）漳州蓝田经济开发区管理委员会

2006 年 10 月，蓝田工业开发区与龙文区工业开发区管理委员会合并，更名为福建漳州蓝田经济开发区管理委员会，为副处级，属龙文区政府派出机构。下设党政办公室、规划建设局、经济发展局、财政局、人力资源局，均为正科级。机关事业编制 25 人，工勤事业编制 3 人。其中，书记 1 人、副书记2人；主任1人、副主任3人；纪检组长1人。内设机构各设局长1人、副局长1人。

二、事业机构

（一）漳州市蓝田工业开发区网络信息管理中心

2000年3月，成立蓝田工业开发区电脑管理中心，为蓝田工业开发区管理委员会下属事业单位。人员编制1人，经费自理。2004年8月，蓝田工业开发区电脑管理中心更名蓝田工业开发区网络信息管理中心，副科级。该中心承担区内信息网络的服务和管理；政策咨询；统计、财税、规划、建设、国土、人口等信息的分析和文档的管理；实施网上招商、项目推介；建立区内企业需求的人才库、劳动力资源信息库、产业投向和技术创新资料库；承办管委会交办的根据开发区建设和区内企业需求的各项网络信息的咨询和服务。编制6人：行政管理人员1人，专业技术人员4人，后勤工作人员1人。配置副科级领导职数1人。2007年，机构不变。

（二）漳州市龙文工业开发区公共事业管理中心

2002年10月成立，负责开发区内水电、道路、广告、卫生、绿化、路灯等公用事业建设和管理。为正股级全额拨款事业单位，编制3人。2007年，机构与人员不变。

三、企业机构

（一）漳州蓝田开发有限公司

1992年3月，福建省对外经济贸易委员会批准漳州市加工区开发公司与台胞施茂昆合资成立漳州蓝田开发有限公司。投资总额5100万元，注册资本2550万元。漳州市经贸委担任合资企业主管部门。董事长施茂昆。1996年9月至1999年8月，马建华担任总经理。2001年11月，漳州蓝田开发有限公司调整董事会中方董事成员。1999年8月至2005年2月，秦秋水兼任总经理。2005年2月，施茂昆辞去董事长职务。新一届董事会由7人组成，经董事会选举李亚树担任董事长、法人代表，聘请陈维清担任总经理。

2005年2月，股权进行变更及增资，投资总额调整为11600万元，注册资本5800万元。其中，蓝田开发区公共事业管理中心出资2111.51万元，占36.41%；市国有资产投资经营有限公司出资1090.99万元，占18.81%；漳州市片仔癀集团公司出资1147.5万元，占19.78%；台商罗秉坤以外汇折人民币1450万元出资，占25%。2006年10月，两个开发区整合后该机构保留不变。

（二）漳州市龙文经济开发区有限公司

1996年11月创办。注册资金800万元，其中龙文工业开发区管理委员会出资750万元，占94%，龙文开发区公共事业管理中心出资50万元，占6%。1996年11月至1998年3月，汤志勇兼任总经理，1998年3月至1999年11月，苏辉兼任总经理，1999年11月，由潘良顺兼任总经理。2006年10月，两个开发区整合，至2007年机构不变。

第二节　管理与服务

一、企业监督与服务

1992—1997年，开发区主要是以开发公司的身份对企业实行管理，没有行政职能，只是配合区直有关部门对企业实行监管。

1998年，开发区管委会配合龙文区工商局，加强企业监管与服务。建立重点项目、重点企业联系服务制度；与50家重点内外资企业建立联系制度，对重点行业、重点项目、重点企业进行重点服务。工商局开展“重在提请、主动服务”行政指导实践活动，实行预约办事制、跟踪服务制、重点项目责任制、项目筹备联络员制、登记事务代理服务制等服务措施，坚持定期走访、传递信息、释疑解难、跟踪服务，做到事前注重提请、事中主动服务、事后跟踪反馈，为企业的健康发展创造优质的环境。扶持东方集团申报驰名商标、晨辉茶业申报著名商标。

2002年，通过创建“企业之家”，深化服务内涵，提高服务水平和工作质量，拓展服务职能，服务海峡西岸经济区建设。利用“企业之家”服务外资企业，艾默生动力传动（漳州）有限公司在进口设备过程中，开发区工商局两次派人到省进出口商品检验检疫局办理设备进口报批手续，受到企业好评。2006年，建立食品经营企业台账，从工商局经济户口中摸清经营食品企业并到现场核对，分成两个片区两个组进行监管。组织开发区食品生产经营企业负责人和经办人员进行培训，发送宣传材料。对新开办的内资企业、外资企业进行回访，指导和帮助企业建立规章制度，解决生产中遇到的困难。至2007年，回访率年年达到100%。

二、社会治安综合治理

1998—2007年，管委会落实社会治安综合治理领导责任，开展“平安企业”创建活动；加大矛盾纠纷排查调处力度，化解劳资纠纷；发挥公安机关、司法机关为企业保驾护航作用，坚持打、防、管、建、治、教多管齐下，对强揽工程、强买强卖、刁难阻挠施工、敲诈盗窃等不良现象进行有效遏制，确保企业正常的生产经营和施工建设不受侵扰；加强治安防控体系建设，完善城市报警监控系统技防设施。开发区建立2支专职治安巡逻队，指导企业加强技防、人防建设；在全市率先建立流动人口管理服务中心，完善流动人口管理服务工作。

三、社会事业统筹管理

1998—2007年，管委会坚持一手抓经济建设，一手抓社会事业的发展，对102家规模以上非公有制企业，按照行业类别成立企业联合党支部；园区内规模工业企业党支部建立率100%。

至2007年，开发区建立党支部32个，其中管委会各局（办）支部4个、朝阳村支部1个、企业联合支部5个、规模以上非公有企业独立支部22个。同时，以创建市级文明单位为契机，提高文明单位、文明行业创建水平；深入企业开展安全生产宣传、监督活动，提高企业安全生产意识；建立计生工作管理网络体系，实现同步信息化，加强各企业流动人口计划生育管理工作，提高企业流动人口审核率、办证率。

第十五卷 交通运输 邮政电信

区境地处漳州平原中部，地势平坦，是闽南地区交通枢纽。

唐代以前，区境有简易道路与外界相通。唐垂拱二年（686年）漳州建置，辟驿道，修航道，以利交通。南宋嘉熙二年（1238年），改建的虎渡桥（即江东桥）为中国桥梁史上一大奇迹。桥上58根石梁，每根长23.7米，宽厚各1.7米，重约200吨，堪称世界之最。元代，设江东马驿。明代，设江东铺。清光绪三十三年（1907年），区境兴修铁路。宣统三年（1911年），开辟由龙溪县城经江东桥衔接漳厦小火车至嵩屿步班邮路。民国10年（1921年），区境兴修铁路和公路，使用火车、汽车运输。民国16年，漳州至郭坑长11公里公路建成通车。民国26年，开通郭坑乡至龙溪县政府电话路线。抗日战争期间，公路毁坏，航道堵塞，交通运输中断。抗日战争胜利后，除漳嵩、漳郭公路外，其他交通设施未能修复。

中华人民共和国成立后，迅速恢复和加快交通邮电设施建设。

“文化大革命”期间，区境交通邮电的经营、管理遭受干扰。

1978年后，区境交通运输业快速发展。国营企业、集体企业、个体户兴办交通运输企业。邮电事业迅速发展，开办国内、国际特快专递，推出商品广告、信函及无线寻呼、移动电话、电子电传等新业务，邮电业务总量不断增加。1987年，根据《福建省汽车维修行业管理暂行规定》，交通部门对汽车维修业开展行业管理。1995年5月，漳州市公共交通公司在郊区步文镇开辟2条公交营运路线。

1997年始，龙文区加大资金投入，拓宽改造乡村公路，提高技术等级；修造高速公路，满足日益增长的客货运输需要。加强交通运输管理，确保交通安全。1998年，邮政、电信分营后，加快邮政、电信管理体制改革。邮政部门推出电子汇兑、快递包裹、促销商函等业务，涉足物流配送市场和电信领域。电信部门逐步实行企业化运作，出现“移动”和“联通”等多家通信企业竞争局面，通信种类快速增多，通信设施日臻完善，业务网络覆盖面日益扩大，形成由固定程控电话、无线环路无绳电话（小灵通）、数字化移动电话、电子计算机等构成的高速信息公路网，用户数量不断增长。

2007年，鹰厦电气化铁路，国道319、324和省道郊柏线穿越区境，厦漳、漳龙高速公路均经城区。水仙大街、新浦东路、江滨路龙文段、南昌路龙文段、澳门路、龙江路、龙文路、八号路等，形成“五横五纵”道路交通网络，实现村村通水泥路目标。全区公路里程246.09公里，百平方公里密度195.31公里。其中，乡村公路总长207.23公里，占全区公路里程84.21%。全区有运输企业24家，货运站（场）10家，驾驶员培训机构4家，三类以上机动车维修企业34家。在册营运车辆2561辆，运输能力8381吨。铁路旅客发送量55.6万人，旅客周转量5.08亿人公里；货物发送量19.4万吨，货物周转量8.58亿吨公里。内河水路通航里程21公里。漳州市公共交通公司在龙文区境开通 12 条公交路线，投放公交车 142 辆。是年，龙文区在福建省平安畅通县区等级评定中达到“二等管理水平”，成为漳州市首批通过等级评定的 3 个县区之一。全区邮政业务总量 129 万元，比 1997 年增长 1.71 倍；有固定电话用户 2.84 万户，比 1997 年增长 1.76 倍；移动电话用户 13 万户，其中小灵通用户 1.04 万户，分别比 2001 年增长 39.63 倍、2.25 倍；互联网用户 1.33 万户，比 2000 年增长 10.08 倍。

第一章　交通运输

第一节　交通设施

一、公路

（一）国道

厦成公路龙文段　厦成公路（编号 G319 线），起自厦门讫于成都。福建境内路段原称厦隘公路，由漳龙公路和漳嵩公路等公路连接而成，起自厦门东渡港，入龙海角美经步文，至漳州，讫于闽赣交界处长汀隘岭。民国 10 年（1921 年）2 月，漳嵩公路兴建。至民国 15 年 5 月，建成漳州至江东桥西端段，长 17 公里。民国 19 年，江东桥东段经角美至嵩屿段建成，长 34 公里。民国 24 年 4 月，江东桥改建工程竣工，漳嵩公路全线贯通。民国 27 年 4 月，公路毁坏。民国 37 年 7 月，漳嵩公路修复通车。1949 年 9 月后，漳嵩公路几经改建拓宽。1986 年，漳嵩公路角美至漳州路段划入国道厦成公路。1992 年 10 月，北环城公路建成通车，东起朝阳镇六石村（起点与省道郊柏线平面交叉），西经芗城区古塘、凤梧、新厝、北斗、龙奎至上坂村，全长 10.7 公里，路基宽 23 米，路面为沥青混凝土，路中间绿化分隔带将相向行车道分开，均设快慢车道。载重等级为汽—超 20，行车速度每小时 100 公里。1997 年，厦成公路漳州植物园至漳州立交桥路段（即迎宾大道）拓宽为 60 米，行车速度为 60 公里 / 小时。厦成公路龙文段东起漳州植物园，经步文镇、漳州东立交桥、六石圆圈，西讫北环城公路龙文打山村，长 14.22 公里（一级公路）。

福昆公路龙文段　福昆公路编号 G324 线，起自福州讫于昆明。福昆公路龙文段起自漳州植物园，经步文镇、漳州东立交桥，讫于九龙大道漳州大桥。其中，福（州）漳（州）公路由厦门灌口，经角美至漳州立交桥路段属国道 319 线的重叠线。1949 年 9 月后修复。1986 年，拓宽改造。1993 年 10 月 1 日通车。公路起自港桥，往南经龙文区土白、下洲横跨九龙江西溪与省道漳云线交叉，至龙海市九湖镇琪塘村与国道 324 线衔接。1999 年，国道 324 线漳州立交桥至漳州大桥路段拓宽为 60 米，行车速度 60 公里 / 小时。福昆公路龙文段长 13.5 公里（一级公路）。

（二）省道

官九线龙文段　官九线（编号 S207 线），起自泉州市南安官桥讫于平和县九峰镇。1986 年，划入省道郊柏线，为闽粤第二条干线。官九线龙文段从郭坑镇北部入境，经朝阳镇，抵漳州城区，从漳州大桥出境，总长 13.92 公里。其中，六石圆圈至漳州立交桥 1.85 公里属于国道 319 线和省道西港线的重叠路段，漳州立交桥至漳州大桥 3.19 公里属于国道 324 线和省道西港线的重叠路段。1999 年，朝阳镇六石圆圈至郭坑大桥 2.5 公里路段拓宽为 15 米宽混凝土路面。2005—2007 年，公路两侧绿化带、非机动车道及人行道分两期建设配套完善。

西港线龙文段　西港线（编号 S208 线），起自永安西洋讫于龙海港尾。西港线龙文段由芗城区经北环城路入朝阳镇打山村，经朝阳镇六石圆圈，抵漳州立交桥，从区境南部漳州大桥出境，往龙海港尾。1989 年 12 月兴建，1994 年 1 月竣工通车。省道西港线龙文段长 7.17 公里。其中，北环城路至漳州立交桥 3.98 公里属于国道 319 线的重叠路段，漳州立交桥至漳州大桥 3 公里属于国道 324 线的重叠路段。

（三）漳龙高速公路龙文段

漳龙高速公路漳州段起于厦漳高速公路长洲，终于漳州与龙岩两市交界的石崆山隧道中部。漳龙高速公路漳州段主线按双向四车道建设，其中 K11+460—K38+100 段行车速度 100 公里 / 小时，隧道段为 80 公里 / 小时，桥涵荷载为汽—超 20、挂—120。1999 年 1 月，长洲至万松关 3.64 公里路段动工兴建；2001 年 2 月，万松关至朝阳 7.86 公里路段开工；2002 年 1 月，建成通车。漳龙高速公路龙文段长 11.5 公里。公路沿线有隧道 2 座，分万松关隧道左右幅；有翁建高架桥、璞航中桥、书厅高架桥、龙文互通主线桥、K4+920 通道小桥、K5+300 通道小桥、西洋高架桥、西洋中桥左右幅等 16 座桥梁，全长 7885 米；有分离式人行天桥 1 座，长 96 米。朝阳镇高速互通即 A1–2 龙文互通共有匝道桥 8 座，全长 935 米。

（四）县（区）道

浦朝线龙文段　自国道厦成线北环城路打山路口，经恒坑村、桥头村，至朝阳镇西洋村出境。1996 年 6 月前属龙海步文镇村道；2003 年，在全省大力推行农村公路硬化建设中，拓宽为 6 米水泥混凝土道路。浦朝线龙文段长 4.98 公里。

蓝朝线　自蓝田开发区东部梧桥村地界，经朝阳镇荣昌工业园区、漳滨村、科坑村，至省道官九线朝阳镇浦口村路口终止。1996 年 6 月前属龙海石码通往郭坑镇县道，2000 年和 2005 年分两期拓宽为 6 米水泥混凝土道路。蓝朝线长 7.27 公里。

（五）乡村道

1950 年后，人民政府提出“解放肩膀，实现车子化”号召，区境掀起修建村道热潮。1978 年后，农业经济活跃，机动车辆普及，村道村道的数量和质量快速增加和提高。先后修筑郭东线（长 6.88 公里，从省道官九线郭坑大桥桥头，经郭坑村、口社村、汐浦村，至郭坑镇东溪农场）、郭洛线（长 6.9 公里，从省道官九线郭坑镇区路口，经郭坑镇政府、篁卿村、扶摇村关帝庙景区，至洛滨村）、郭长线（长 3.93 公里，从省道官九线郭坑立交路口，经郭坑火车站广场路口、院后村、院后工业园区，至省道官九线口）、孚石线（长 4.68 公里，从省道官九线孚美村路口，经朝阳镇孚美村、漳州市农科所、流岗村、书厅村，至石井村村部）等乡村道路。1996 年起，孚石线分两期拓宽为 5 米水泥混凝土道路。

漳州古道步文段

1997 年起，龙文区多方筹集资金，加快农村水泥路建设。2004 年，郭东线、郭洛线、郭长线分别拓宽为 5

—6米水泥混凝土道路。2006年11月10日，区境农村公路建设通过省交通厅验收，率先在全市实现村村通水泥路目标。

2007年，龙文区村道总里程为179.62公里，其中村道硬化里程119.15公里。乡道有漳石线、浦梧线和恒登线等7条，总长27.61公里。

二、铁路

（一）漳厦铁路嵩屿—江东段

东起厦门嵩屿，西至漳州江东桥东端，长28.17公里。清光绪三十二年（1906年）四月，由福建省铁路公司开始测量，光绪三十三年七月动工兴建，宣统三年（1911年）通车营运。漳厦铁路营运首尾均需车船转接，诸多不便。民国9年（1920年）和民国19年漳州至浮宫公路和漳州至嵩屿公路先后通车，铁路停业。沿线铁轨于抗日战争初期被拆除，路基荒废。

（二）鹰厦铁路郭坑—角美段

鹰厦铁路自江西鹰潭至厦门，全长694公里。1956年7月建成通车。

2007年，鹰厦铁路郭坑—角美段自长泰县西南境进入郭坑洛滨、扶摇、郭坑、汐浦，通往龙海角美，长28.25公里，其中区境内长10公里。

（三）鹰厦铁路郭坑至漳州支线

自鹰厦线上郭坑，经黄坑，跨北溪，进入石井、书厅、打山等地，抵南坑火车站，全长11公里。1956年动工，1957年竣工。1958年6月，南坑火车站建成后通车营业。

2007年，鹰厦铁路郭坑至漳州支线区境内长8公里。

（四）漳糖铁路专用线

1958年，漳州糖厂甘蔗运输铁路专用线兴建，1959年投运。其中，厂区至登科专用线，长6公里，沿途经芝山古塘，进入六石、孚美等地至登科，厂区至六石长1.5公里。1964年9月中旬，建厂区至镇头宫专用线，长10公里，沿途经芝山古塘，过六石、山头顶、响水桥蔗站，穿东屿、埔尾山、梧店、蓝田蔗站至镇头宫。1992年，停运后被拆除。

蓝田镇东屿糖蔗运输铁路专用线

（五）郭坑厂库铁路专运线

1957年，自郭坑火车站至郭坑镇内3条工厂专运线兴建，总长8.6公里。其中，郭坑化肥厂专运线，长3公里；址在郭坑的长泰水泥厂专运线，长2公里；郭坑沥青仓库专用线，长3.6公里。

2007年，郭坑镇内工厂铁路专运线仍在运营。

三、桥梁

（一）江东桥

位于九龙江北溪下游、距漳州城区17公里处。南宋绍熙年间，始作浮梁，联船代桥。嘉定七年（1214年），建造石墩木面桥，名通济桥，俗称虎渡桥。嘉熙元年（1237年），木质桥面焚毁。

江东桥

翌年，改建为石梁桥，淳祐元年（1241 年）三月竣工。郡守黄朴《虎渡桥记》载："计其长三千尺，址高百尺，酾水一十五道，梁之跨于址者五十有八，长八十尺，广博皆六尺有奇。东西结亭以憩往来者。"元代，虎渡桥毁于兵燹。明洪武年间重修。嘉靖四十四年（1565 年），在桥上砌石为栏，东西各建关门 1 座，分别上书"三省通衢""八闽重镇"。清康熙十七年（1678 年），江东桥毁于战火。康熙四十年重建。此后，大桥经多次修建。民国 21 年，改为公路桥，在大石梁上铺设钢筋混凝土桥面。

中华人民共和国成立后，大桥几经加固。1969 年 12 月，大桥改建，成为永久性桥梁，总长 280.5 米，桥面净宽 6 米。2001 年，江东桥被列为第五批全国重点文物保护单位。2004 年 11 月再次维修，总投资上千万元。维修后的江东桥禁止机动车辆通行，成为人行景观桥。

步文镇山头顶崎下桥

（二）崎下桥

址在步文镇坂上村山头顶自然村，九十九湾港道上。为五孔石梁桥。元朝兴建。

2007 年，崎下桥长 50 米，宽 2 米。桥面铺设 4—5 米长、0.4—0.5 米见方条石。桥孔可通行大帆船。

（三）西港桥

址在今漳州立交桥以北国道厦成线上。明洪武六年（1373 年）建。1997 年，九龙大道拓宽改造时被拆除。

（四）响水桥

址在蓝田镇与步文镇交界处的国道跨越九十九湾河道上。明洪武九年（1376 年）兴建，为木桥，叫东港桥。清康熙四十四年（1705 年）改建为石桥，更名响水桥。1997 年，改建为三跨钢筋混凝土结构桥梁。车辆荷载为汽—20、挂—100。

响水桥

2007年，响水桥长48.44米，桥面宽60米，桥宽组合为2—4.5米人行道、2—4.5米非机动车道、2—3米两侧绿化带、2—15.5米行车道、1—5米中间绿化带。

（五）浦头桥

址在漳州立交桥以南100米的国道跨越浦头港河道上。1992年4月兴建；2000年改建为两跨钢筋混凝梁结构。车辆荷载为汽—20、挂—100。

2007年，浦头桥长26米，桥面宽60米，桥宽组合为2—4.5米人行道、2—4.5米非机动车道、2—3米两侧绿化带、2—15.5米行车道、1—5米中间绿化带。

（六）漳州大桥

址在九龙江西溪、国道324线K323+492处。路段与漳州立交桥（国道319线与国道324线叠线分离处）相接，经立交桥、土坪、土白、新亭、琪塘，通往漳浦方向。1989年10月，漳州大桥动工兴建，1992年8月竣工。大桥宽15米，桥宽组合为1.5米人行道、1.5米非机动车道、2—4.5米机动车道、1.5米非机动车道、1.5米人行道。1998年，大桥拓宽改建，1999年9月通车。漳州大桥长608.66米。桥面宽15米，其中机动车道宽12米，两侧人行道各宽1.5米。两端接线长491米，路基宽15米，路面宽12米。

（七）港桥

址在九龙大道立交桥北侧。1990年，建成通车。2000年，重新扩建。港桥长43米，桥面宽22米，为三跨钢筋混凝土结构。车辆荷载为汽—20、挂—100。

（八）孚美桥

址在朝阳镇孚美村。由新、旧2座桥梁构成，即由12米宽度石拱桥与28米宽度预应力空心板梁桥结合。石拱桥为早期建设，板桥梁为1998年省道拓宽时建造，主桥为16米跨度预应力混凝土空心板梁。桥长28.4米，桥面宽40米，桥宽组合为5米人行道、2—15米行车道、5米人行道。

（九）樟山桥

址在朝阳镇后店村河道。由新、旧2座桥梁构成，即由12米宽度石拱桥与28米宽度钢筋混凝土板梁桥结合。石拱桥为早期建设，板梁桥为1998年省道拓宽时建造，主桥为9米跨度钢筋混凝土板梁。

2007年，樟山桥长14.5米，桥面宽40米，桥宽组合为5米人行道、2—15米行车道、5米人行道。

（十）郭坑大桥

址在九龙江北溪上郭坑公路渡口处。1972年11月6日，动工兴建；1974年3月竣工。大桥全长468.51米，桥面净宽9米，两边各设人行道1米，标准为汽车—13、拖拉—60。郭坑大桥使用20多年后损坏严重且无法适应通行车辆行驶荷载要求，2001年经福建省交通厅科研所鉴定

1974年3月，郭坑大桥建成

为危桥。当年11月，漳州市政府对该桥实行交通管制。2002年初，漳州市政府制定大桥拆除改建新桥方案。2003年9月，拆除旧桥，在桥址偏上游位置重建。2004年10月竣工；11月3日通车。郭坑大桥长495米，桥面宽19米，桥宽组合为2米人行道、2—7.5米行车道、2米人行道。2005年9月12日，郭坑大桥收费站开始征收通行费。

四、车站

（一）汽车站

漳州市客运中心站位于水仙大街与九龙大道交叉口东北角。日输送旅客1万多人。2005年5月，按国家一级道路客运站标准设计建造竣工，占地面积3.36万平方米，建筑面积2.84万平方米。2005年9月20日开始营业。

2007年，漳州市客运中心站设有28个发车位，候车室1470平方米，站前广场2800平方米，停车场1.35万平方米。

（二）火车站

郭坑火车站

1956年，郭坑火车站兴建，占地17.7万平方米，站房建筑面积4800平方米。其中，主楼候车室257平方米，货物仓库1100平方米。1956年6月建成营业。1957年，郭（坑）漳（州）支线竣工。1959年，火车站有客货列车至发线2股道轨、货物装卸线和专用线8股道轨。1981年后，火车站客货列车至发线、货物装卸线和专用线增至12股道轨。其中，6股旅客至发线，6股货运专用线。经营客货运输业务，属三级火车站。1994年，郭坑站旅客量近100万人次。2001年，火车站再行改建，建有候车大厅1个，面积1080平方米，可容纳900人。2002年1月1日，总投资1000万元的郭坑火车站候车大厅正式投入使用。2004年12月2日，郭坑火车站改为漳州东站。漳州北站停止对外发送旅客。漳州东站按技术作业性质划分为中间站，按业务性质划分为客货运输二等站。

2007年，漳州东站客运发送量61.5万人，到达旅客29万人；货运发送量12.43万吨。

五、航道

（一）北溪航道龙文段

北溪由漳平自北流经华安县、长泰县、芗城区、龙文区、龙海市，经郭坑镇、朝阳镇，在三叉河（福河）与西溪汇流。北溪下游航道自潭口、碧溪至三叉河。北溪航道龙文段从石井蓬洲至江东古桥，长13.1公里。航道处于丘陵平原地段，河床呈河漫滩曲流凹形河谷，河道宽度300—400米，汐浦段宽500多米，水势平缓，平均比降在万分之一以上。河床地形多变，潭口至浦南卵石浅滩沙洲，浦南以下沙洲发育，上游水夹带泥沙多在此沉积，每遇洪水，主航道改向。民国

27 年在江东桥、三叉河填筑水下封锁线后，航道日浅。

中华人民共和国成立后，经多次疏浚整治，恢复通航。航道宽 10—12 米，枯水期水深 0.5—0.9 米。1979 年，自长泰石室至扶摇长 18.5 公里航道通航 5 吨以下船舶。

2007 年，江东桥以下水深 1—3 米航道仍维持 20 吨位以下船舶通航。

（二）西溪航道龙文段

西溪上游芗江（龙山溪）在南靖县靖城镇双溪口汇流，经芗城区天宝、圆山，往东经下洲、碧湖、湘桥、小港、镇头宫，在三叉河与北溪交汇；经石码、海澄，由浮宫海门入海。民国 27 年前，芗江航道以漳州为中心，西起天宝镇墨溪，东至西溪出口处碧湖港。西溪航道龙文段从漳州大桥至西溪桥闸，长 9.1 公里。枯水期航道水深 0.6—1.5 米，通航 3 吨位—6 吨位船舶。下行至石码，枯水期航道水深 1.5—3 米，全年通航水深 1.8 米，可通 50 吨位以下轮船和大木帆船。民国 27 年，在镇头宫、北溪头等处填筑水下封锁线后，航道淤积日甚，潮流影响仅抵碧湖，长 8 公里。

1961 年，漳州至石码航道水深 0.8—1.5 米，通航 20 吨位以下船舶。1970 年，龙海县在洋西村河段兴建西溪水利桥闸，长 684 米；设船闸 1 孔，长 24 米、宽 8 米，门槛水深 0.35 米。此后，西溪主航道变化较大，1979 年，靖城至福河航道枯水期水深 0.4—0.7 米，航道宽 6—15 米，通航 12 吨以下船舶。1982 年，全线停航。

（三）浦头溪航道

浦头溪，原为西溪干流，清康熙十六年（1677 年），发生洪水灾害，西溪改道，成为西溪下游支流，流经漳州城区东南城，由碧湖港出口与西溪汇流。沿溪上溯经后坂、东洋、新厝进入城郊土坪至浦头港，长 6 公里，有小河伸至芗城顶田下（通广桥），海水潮汐可抵浦头港。河宽近百米，航道水深 1—2 米，通航大小木帆船，为元代至清代入漳州城区的主要航道，船舶来往如梭，历经洪水泛滥淤积，久失疏治，民国初期航道淤废。

六、港口与渡口

（一）港口

浦头港　位于郭坑镇白土村。明代，浦头港为区境船只停泊地之一。港域水深开阔，石砌码头可同时停靠三四艘商船；海水朝夕可至，通航大型木帆船。港口设盐鱼市，店肆栉比。各地水产品和来自海澄月港进口物质，经船只运抵浦头港，再转销漳州内陆各地。清代后期，港域淤积，航运受阻，港口集市渐废，沿岸垦为田园，航道淤废，仅存码头遗址。

郭坑港　明代，随着商品经济发展，北溪航道出现商业港埠郭坑港。中华人民共和国成立后，经修筑，码头长 35 米，1 个泊位。码头前沿水深 1.2 米，最大靠泊能力 100 吨。1981 年，石码至郭坑公交汽车线路开通，客轮停航。1982 年，自长泰石室至扶摇长 18.5 公里航道停航。1991 年，郭坑港货物吞吐量 6.24 万吨。1992 年，货物吞吐量 2.1 万吨。此后，随着公路运输量的增加，郭坑港的货运量逐渐减少。

（二）主要渡口

郭坑渡口　位于郭坑镇西侧、漳郭公路干线与北溪干流交叉处。民国 20 年修建岩溪至漳州公路时，郭坑渡口只渡人，两岸采用汽车对接。民国 37 年，漳州至岩溪公路修复通车，在郭坑码头和对岸登科洲修建一对简易汽车轮渡码头，置载重 20 吨木方舟 1 艘，以汽轮拖带渡运车辆。中华人民共和国成立后，渡口增配人员和车渡轮船。1953 年，郭坑渡口进行扩建维修，砌条石引道，长 60 多米，宽 6 米；在登科洲河岸砌条石引道，长 350 米，宽 7 米。渡口为木桩石砌码头，前沿水深 1.5—2 米，渡口河面枯水期 320 米。此后，增置载重 40 吨木方舟、60 匹拖轮各 2 艘。

1974年3月，郭坑大桥通车，郭坑渡口停渡。

碧湖渡口　位于步文镇南侧九龙江西溪河段，自碧湖讫于下洋（今龙海市颜厝），渡距450米，属乡村渡口，人工摆渡。明代修筑。2000年，对碧湖渡口码头进行扩建维修，砌长30米、宽3.5米条石引道；配置4匹马力木质渡船1艘。渡口经区政府确认，由交通部门重新审查认定并纳入管理范围。2006年，江滨路龙文段建成通车，碧湖渡口停渡。

湘桥渡口　位于步文镇南侧、九龙江西溪河段，自湘桥讫于中洲，渡距450米，属乡村渡口，人工摆渡。有木质渡船1艘，客位15座。解放前修筑。1994年，湘桥渡口停渡。

石洲渡口　位于步文镇东侧、九龙江北溪河段，自石龟山讫于石仔山，渡距450米，属乡村渡口，人工摆渡。有木质渡船1艘，客位10座。解放前修筑。1996年，石洲渡口停渡。

第二节　运　输

一、公路运输

（一）人力客运

轿舆　解放前，区境人力客运工具，有民轿、花轿等。民轿分为“青轿”“兜”，“青轿”多为豪门富户乘用。“兜”为长途商贾雇用，或民间请医乘坐。花轿又称“新娘轿”，为民间迎娶新娘之用。中华人民共和国成立后废除轿运，花轿仅作为迎娶新娘之用。

自行车　自行车，俗称“脚踏车”或“单车”。民国34年（1945年）8月，区境部分商贩用自行车载运货物赶圩赴市。中华人民共和国成立初期，自行车载客应时而兴。为使乘客舒适，将车后小行李架改装成大货架，客货兼载，以客为主。1950年夏天，载客工人自己设置“箭仔牌”作为标志，同时用作核定营业牌号。此后，自行车营运由民间运输管理中心站管理，对载客自行车工人实行驾驶技术考核，工人到站挂牌轮值承载，秩序井然。1958年，公路客运班车迅速发展，自行车载客业务日减。自行车陆续改成三轮车投入短途客运。1978年后，运输市场开放，步文公社仍有10余辆“箭仔牌”自行车以载客作为副业。1982年，自行车载客业务锐减，步文“箭仔牌”自行车逐渐歇业。1985年，“箭仔牌”自行车改造装成三轮车投入客运。

三轮车　人力三轮车构造简单，在自行车左侧装配1个车架和1个辅助轮，上铺底板，中设座位，架顶有遮阳篷，能避风雨，每辆可载4人。1958年，步文公社有少量自行车改成三轮车投入短途客运。1985年，步文镇有35辆人力客运三轮车经市区三轮车管理办公室批准参与营运。1996年，步文镇有人力客运三轮车70辆，从业人员70人，归步文交通运输管理站管理。1994年，步文有50辆人力客运三轮车经芗城区三轮车管理机构许可，核发牌证，加入漳州市区短途营运。1999年，龙文区人力客运三轮车增加50辆。2000年，龙文区人力客运三轮车增至120辆，从业人员130多人。2002年，人力客运三轮车统一改型为后两轮人力客运三轮车。此后，对新增人力客运三轮车严格控制。2007年，全区人力载客三轮车120辆。

（二）人力货运

人力肩挑　清代及以前，陆路驿运除少数使用车、马外，多从民间征用挑力。民国初期，区境设货栈、客栈，代客商办理雇工专运业务，雇用职业或半职业挑工人力挑运。挑工多在客货栈邻近等待受雇。挑运力资一般以担（50公斤）按里程论价，或按所挑货物面议。山路每担5公里力资 5—6 角（银元），平路每担 5 公里力资 4—5 角。民国 36 年后，公路运输逐渐恢复，雇用人力挑运逐渐被人力车、畜力车和汽车所取代。

独轮车运输　手扶独轮车亦称“鹿车”或“鸡公车”。独轮车备有绳带可负肩，较肩挑优越，至民国初期沿用已久。1954 年，独轮车得到更新改造，装配轴承和手制动，操作自如，灵活轻便，载重 150—200 公斤。1978 年后，独轮车被手扶拖拉机和农用运输车所取代。

板车运输　人力板车分为铁质手推车、小板车和胶轮大板车 3 种。铁质手推车载重 500 公斤—700 公斤。民国初期，有少量小板车出现在公路修建工地。民国 11 年，一些商行货栈购置少量铁质手推车，供店员运载货物。民国 26 年 7 月后，胶胎不能进口，铁质手推车逐渐减少。铁质手推车的车架距地面低（仅 0.2 米），推动费力，逐渐被淘汰。小板车载重 300—500 公斤，是民间短途货运常用工具。民国 34 年 8 月后，一些旧的黄包车改装为木架板车，车轮为钢圈硬胶带，时兴一时。1954 年，小板车改装钢圈充气胎，发展很快，但为时不久，人力板车被机动车辆所取代。胶轮大板车车身长 1.8—2 米、宽 1.3—1.5 米，载重 1.5 吨。1978 年后，拖拉机和农运车上路运输，胶轮大板车被淘汰。

（三）畜力运输

驴马驮运　又称“驴驮”，驴或马配上一副木制驮架就可驮运货物，负重 150—200 公斤。清代末期，区境始有驮运。民国 36 年，公路汽车运输恢复，驴驮逐渐减少。1954 年后，驮运被畜力货车和机动货车运输所替代。

马车运输　马车，用驴或马拉运，载重 500—600 公斤。明至清代，区境民间有少量马车从事短途运输。民国初期，随着公路的兴建，马车运输稍有发展。民国 26—34 年，公路被破坏，客运马车只存 2 辆，春节期间在城区载客游览娱春。民国 34 年 8 月，驴马价格比牛昂贵，民间发展牛车运货。1956 年，马车被淘汰。

牛车运输　牛车是常见的陆运工具，又称“牛板车”，木制车架车轮，以耕牛拉运，载重 250 公斤左右。明至清代，区境牛车运输盛行。民国 26—34 年，公路被破坏，牛车运输随之减少。民国 34 年 8 月后，牛车运输得到恢复与发展。1970 年后，汽车和拖拉机经营货运增多，牛车逐渐被淘汰。

（四）汽车运输

汽车客运　民国 16 年，区境公路始有载客运输。客运路线有漳州—郭坑、漳州—嵩屿（途经步文镇路段）等。民国 26—34 年，公路被破坏，客运停顿。中华人民共和国成立后，国营运输企业迅速建立，恢复正常客运。1985 年，厦泉漳辟为经济开发区，海外华侨、港澳台同胞回乡省亲观光，国际友人抵漳旅游人数剧增，出现国营、集体和个体专业户申办客运新局面。1995 年 5 月，漳州市公共交通公司在郊区步文镇开辟 1 路（石龟头—云洞岩）、2 路（步文三叉路口—上苑）2 条公交营运路线。1996 年后，随着市区范围扩大，形成公路和市政道路纵横交错路线网络。1997 年 5 月，龙海市移交客运班车 5 辆 85 座位归龙文区管理。经营客运班车主要线路有龙文—石码、龙文—长泰、郭坑—石码。当年客运量 3.06 万人，周转量 107.1 万人 / 公里。是年，龙文区有客运汽车 9 辆 98 个座位。1998 年初，经漳州市道路运输管理处核准，同意龙文区路通运输发展中心、龙文区交通运输服务中心 2 家客运企业增加经营出租汽车客运业务，配备出租汽车 60 辆。此后，客运企业按出租车车型、外观等要求，更新购置车辆投放运输市场。2000 年，开通 8 路（新城车站—郭坑）、18 路（西站—花博园）、17 路（群裕小区—桥南）、6 路（西站—水头）4 条公交线路。2001 年，开通 13 路（立人学校—区政府）公交线路。2002 年，开通 10 路（漳州师院—蓝田开发区）、11 路（高校园区—九湖花市）2 条公交线路。是年，全区有客运汽车 64 辆、301 个座位，客运量 10.23 万人，周转量 107.1 万人 / 公里。2005—2006 年，开通 23 路（漳州长途车站—角美龙池开发区）、21 路（江滨花园—吴浦）、25 路（高校园区—区小港村）3 条公交线路。2007 年 4 月，全区 80% 行政村通公交车。是年，有客运汽车（含客运出租车）62 辆 338 个座位，分别比 1997 年增长 5.89 倍和 2.45 倍。其中，国营客运班车 2 辆 34 座位，客运量 3.02 万人，周转量 78.62 万人 / 公里；有出租车 60 辆，年运送旅客近 160 万人。漳州市公共交通公司在龙文区开通 12 条公交路线，投放公交车 142 辆。

2007 年龙文区公交客运路线及投放车辆情况表

表 15-1-1　　单位：辆

开通时间	路线名称	起讫站点	途经主要地段	投放车辆
1995 年 5 月	1 路	石龟头—云洞岩	蓝田开发区	16
1995 年 5 月	5 路	步文三叉路口—上苑	蓝田开发区	10
2000 年 3 月	8 路	新城车站—郭坑	长福、朝阳	12
2000 年 6 月	18 路	西站—花博园	下洲	8
2000 年 8 月	17 路	群裕小区—桥南	下洲	15
2000 年 10 月	6 路	西站—水头	下洲	12
2001 年 6 月	13 路	立人学校—区政府	一中分校	12
2002 年 1 月	10 路	漳州师院—蓝田开发区	客运中心站、步文	14
2002 年 2 月	11 路	高校园区—九湖花市	客运中心站	15
2005 年 12 月	23 路	漳州长途车站—角美龙池开发区	一中分校、迎宾路	15
2006 年 5 月	21 路	江滨花园—吴浦	打山、恒坑	1
2006 年 12 月	25 路	高校园区—小港村	一中分校	12

汽车货运　民国 16 年始，区境汽车多以客运为主，兼载少量货物。大批货物仍从水路由货船运输。民国 26—34 年，公路被破坏，通行受阻。中华人民共和国成立后，城乡经济迅速发展，区境汽车货运繁忙。鹰厦铁路通车后，汽车货运从长途转为以山区支线短途为主。1979 年后，运输市场开放，区境出现国营、集体、行业、乡镇和个体专业户等参与交通运输新局面。乡镇和专业户（包括联营户）汽车货运逐步发展。有的汽车为乡镇企业所有，盈亏由承包者自负。有的个体专业户依附在乡镇，按月缴纳管理费用。有的由 2—3 人联合集资购置汽车，每月除缴纳税收、管理费用、车辆维修费用外，按议定股份分配收入。有的专业户独资购置汽车，自己驾驶（或雇用驾驶员），或承包（出租）给他人运营。乡镇和专业户以当地运输为主，也有跨区跨省长途运输。运费按国营运价规定或按路线、货物面议，灵活机动，手续简便，有利于应急，竞争力较强。1997 年 3 月，龙海市移交给龙文区货运汽车 41 辆 174 吨位。2002 年，龙文区货运汽车增至 1134 辆 2493 吨位。2007 年，全区拥有货运汽车 2243 辆 8070 吨位，分别比 1997 年增加 25.39 倍和 27.92 倍。

（五）其他机动车运输

拖拉机运输　1970 年后，区境公社、农林场和部分生产大队，先后配备轮式拖拉机和手扶拖拉机，用以耕地兼短途农资运输。此后，手扶拖拉机普及至各生产大队。1976 年，郭坑公社有小型拖拉机 23 辆。农村经济体制改革和 1979 年后运输市场开放，拖拉机运输逐步发展，仍以短途运输为主。公社、农林场和生产大队的拖拉机，由个人承包或转让给个人经营。有自筹资金购置手扶拖拉机从事专业货运。1979 年，郭坑公社有小型拖拉机 93 辆。1993 年，随着国产微型汽车增多，轮式拖拉机逐步退出运输市场。

机动板车运输　1972 年，区境使用三轮式前驱动柴油机板车（称“三脚虎”），从事市区短途运输。安全系数低，污染较大，发展缓慢。1981 年，农用运输车问世后，机动板车逐步被淘汰。

农用车运输　1981 年，平和县农用运输车厂生产的龙溪牌农用车投放市场后，区境不少单位和农村个体专业运输户纷纷购置，用于短途营运。农用运输车逐步取代轮式拖拉机而成为农村短途运输重要运载工具。1990 年，区境载货农用运输车保有量 224 辆。1997 年，龙文区有农用运输车 398 辆 573 吨位。2002 年，载货农用车 270 辆 369 吨位。2007 年，全区载货农用运输车保有量 256 辆 311 吨位。

摩托车运输　1975 年后，区境有少量两轮摩托车，仅作为人们消闲、休假游乐运输工具。步文、郭坑公社共购置 3 辆 2.25 吨位三轮摩托车从事客货运输业务，后被淘汰。1978 年后，摩托车作为载货、载客及代步工具，发展迅速。1990 年，区境拥有摩托车 38 辆。1997 年，全区摩托车拥有量 1000 余辆，1998 年增至 2692 辆，2004 年增至 20109 辆。2007 年，全区有摩托车 21583 辆。

1997—2007 年龙文区公路营运机动车辆与吨位（座位）数量统计表

表 15-1-2　　单位：辆、吨

年份	载货汽车		载货农用车		载客汽车		年份	载货汽车		载货农用车		载客汽车	
	数量（辆）	吨位	数量（辆）	吨位	数量（辆）	座位		数量（辆）	吨位	数量（辆）	吨位	数量（辆）	座位
1997	85	279	398	573	9	98	2003	1352	2854	267	365	62	334
1998	173	435	402	572	66	331	2004	1560	4283	301	388	62	334
1999	392	945	423	597	67	346	2005	1738	4933	335	421	62	334
2000	622	1306	392	545	67	346	2006	2016	6165	322	400	62	338
2001	871	1792	309	422	65	322	2007	2243	8070	256	311	62	338
2002	1134	2493	270	369	64	301	—	—	—	—	—	—	—

1997—2007 年龙文区公路客货运输量统计表

表 15-1-3

年份	旅客运输量（万人）	旅客周转量（亿人/公里）	货物运输量（万吨）	货物周转量（亿吨/公里）	年份	旅客运输量（万人）	旅客周转量（亿人/公里）	货物运输量（万吨）	货物周转量（亿吨/公里）
1997	21	0.45	40	1.85	2003	7	0.21	322	17.84
1998	19	0.47	62	2.88	2004	7	0.21	457	29.77
1999	22	0.55	134	6.27	2005	7	0.21	408	27.57
2000	22	0.55	186	8.66	2006	7	0.21	450	31.50
2001	17	0.42	254	11.83	2007	7	0.21	621	44.71
2002	12	0.31	312	15.26	—	—	—	—	—

二、铁路运输

（一）漳厦铁路区境路段运输

清宣统三年（1911年），嵩屿至江东桥东端路段铁路建成，经营漳州至厦门和沿途客货运输业务，每日上下午各往来一班次。铁路线限于嵩屿至江东之间，前不过海，后不达江，漳厦旅客乘搭火车或托运货物，需在漳州或厦门搭船，继而转乘火车，再搭船，船车兼程，诸多不便。加上火车运行缓慢，旅客因而多乘汽车或搭汽船，铁路客货运输业务量少，火车每趟乘客仅四五十人，货物最多不超百件，营业收入不足供给火车燃料和养路等费用。民国19年，漳嵩公路全线通车营业，经营漳厦客货运输业务，铁路运输停业。

（二）鹰厦铁路龙文段运输

1958年7月，郭坑火车站建成投用。旅客到郭坑火车站购票和办理行李、货物托运。是年，漳州火车站建成，郭（坑）漳（州）支线通车后，火车客运发展迅速，旅客列车班次陆续增加，旅客在漳州、郭坑站上车，可达北京和全国各大城市；车站办理货物整车和零担托运，兼办物资中转运输。当年经郭坑火车站进出旅客、货物分别为400多万人、243万吨。1970年，组建郭坑交通运输联运站，在郭坑开创南北线货物中转业务，1973年改称郭坑中转站。至1980年，货物中转年均98万吨，承办货物仓储年均2.5万吨。1986年，中转站与郭坑火车站联运，一票到底，实行火车运输、货物中转、陆运一条龙服务。1991年，郭坑火车站货物发送量33.08万吨、旅客发送量17.03万人次。1994年，郭坑站旅客量100万人次，经过郭坑火车13趟。（北）京—广（东）铁路建成通车后，广东潮、汕地区及南北线货物中转、疏运业务中断，郭坑中转站业务停止，郭坑中转站撤销。1997年，龙文区铁路旅客发送量14.6万人，旅客周转量1.33亿人/公里；货物发送量37.7万吨，货物周转量85.69亿吨/公里。2002年，全区铁路旅客发送量27.5万人，旅客周转量2.51亿人/公里；货物发送量41.6万吨，货物周转量94.06亿吨/公里。2004年11月30日，郭坑大桥改建通车后，郭坑火车站主要承载粮食和大宗物资，货运量锐减；12月，郭坑火车站升格为漳州东站。当年全区铁路旅客发送量增至33.1万人，旅客周转量3.02亿人/公里。

2007年，全区铁路旅客发送量55.6万人，旅客周转量5.08亿人/公里；货物发送量19.4万吨，货物周转量8.58亿吨/公里。

1997—2007年龙文区铁路客货运输量统计表

表15-1-4

年份	旅客发送量（万人）	旅客周转量（亿人/公里）	货物发送量（万吨）	货物周转量（亿吨/公里）	年份	旅客发送量（万人）	旅客周转量（亿人/公里）	货物发送量（万吨）	货物周转量（亿吨/公里）
1997	14.6	1.33	37.9	85.69	2003	31.7	2.89	37.1	83.88
1998	14.7	1.34	38.1	86.14	2004	33.1	3.02	6.2	2.74
1999	18.4	1.68	27.9	63.08	2005	39.5	3.58	6.1	2.70
2000	22.9	2.09	33.4	75.57	2006	46.5	4.17	12.4	5.48
2001	24.3	2.22	35.2	79.59	2007	55.6	5.08	19.4	8.58
2002	27.5	2.51	41.6	94.06	—	—	—	—	—

三、水路运输

（一）非机动船运输

1950—1952年，郭坑港有木帆船48艘193吨位，通航郭坑—石码航线，长17公里；郭坑—漳州航线，长27公里，年货运量0.6万—0.8万吨。

1957—1972年，郭坑港通过石码港中转，担负着龙海、漳浦、云霄、诏安及广东潮汕地区由鹰厦铁路运进货物的联运业务。1972年，铁路、公路、水路联运业务达到高峰，郭坑港年货运吞吐量30万吨。1974年，郭坑大桥通车后，水路货运业务日少。1997年，龙文区水路货运量0.68万吨，货物周转量7万吨/公里。1999年，水路货运量、货物周转量分别减至0.32万吨、3.29万吨/公里。2002年，龙文区水路货运量0.02万吨，货运周转量0.21万吨/公里。2003年，水路停止货运业务。

（二）机动船运输

民国9年始，石码、海澄木质内河汽船和机帆船航行于漳州—石码—厦门航线。民国27年5月，金门、厦门被日军占领，沿海港口封锁，轮船转入九龙江内河运输。抗日战争期间，内河汽船运输以石码港为中心的航线有石码—漳州、石码—郭坑。西溪航线以漳州港为中心的有漳州—石码—厦门（途经碧湖小港）。北溪有新圩—沙建—浦南—郭坑—石码航线，各航线汽船运输多以客运为主，兼营货运。

1949年10月17日，厦门解放后，漳州、石码、厦门商旅往来和货物流通依赖水运。北溪航线郭坑港有浅水机动船1艘。1950年后，内河轮船运输迅速恢复，但其发展受到航道变化限制，西溪漳码航线淤浅严重，冬季枯水期，石码汽船只能通航至漳州港下游7公里的小港圩。汽船客运由于不能直达漳州港而转入粮食运输。1957年，开通郭坑至石码客运业务，120座位的客轮每日2个航班，双向对开共4个航班。1970年、1980年，先后建设西溪、北溪水利闸桥，轮船过不了闸门，闸门以上的航线中断或停航；北溪航线郭坑—石码停航；西溪航线只达镇头宫自然驳岸。西溪桥上游航线（镇头宫至漳州港航段12公里）于1980年后停航。1981年，石码至郭坑公共交通汽车开通后，客轮停航。1985年后，仍以机动船维持新圩—沙建—浦南—石码航线的货物运输。2002年，机动船舶货运停业。

四、搬运装卸

1954年，根据政务院《关于建立搬运公司，废除各地搬运事业中封建把持制度的决定》，区境建立江东、郭坑搬运站。搬运工人主要在郭坑码头厂区从事货物装卸作业。货物搬运装卸靠人力肩挑、背驮，使用扁担、篓绳、竹杠、木架等简陋工具。1956年6月，郭坑火车站建成通车，搬运装卸业务扩展到火车站。1958年，搬运使用小板车，以解除货物徒步挑运之苦。1962年，郭坑公社搬运站有胶轮板车20辆，人员30人。1980年后，码头搬运装卸工人转到市区短途运输站、驻火车站开展货物搬运装卸作业，购置拖拉机等设备以取代笨重的体力操作。

1981年，步文公社和郭坑公社货物搬运装卸量分别为21.91万吨和11.08万吨，分别比上年增长44.24%和4.14%。1982年和1983年，步文公社货物搬运装卸量分别为20.05万吨、19.83万吨；郭坑公社货物搬运装卸量分别为15.34万吨、16.87万吨。1985年，步文乡和郭坑镇货物搬运装卸量分别为25.44万吨和18.26万吨，分别比上年增长26.32%和18.26%。1997年，搬运装卸使用货运汽车和起重吊车等设备。当年龙文区货物装卸量19万吨。2001年减至18万吨。2007年为8万吨。

1997—2007 年龙文区货物装卸量统计表

表 15-1-5　　　　单位：万吨

年　份	装卸量	年　份	装卸量	年　份	装卸量	年　份	装卸量
1997	19	2000	17	2003	19	2006	6
1998	19	2001	18	2004	3	2007	8
1999	15	2002	21	2005	3	—	—

第三节　企　业

一、运输企业

（一）陆运企业

1978 年后，区境国营、集体企业，个体户兴办交通运输企业。1997 年 4—12 月，龙文区成立区交通运输服务中心、区闽龙交通运输服务站、区路通运输发展中心 3 家运输企业，共有营运机动货车 348 辆 590 吨位、客车 6 辆 50 座位。

1999 年起，龙文区成立漳州市通联运输有限公司龙文分公司、漳州市锦星集装箱运输有限公司、龙文区路安运输服务中心和福建鸿达运输有限公司漳州分公司 4 家运输企业。2002 年，7 家运输企业共有营运机动货车 1088 辆 2862 吨位、客车（含客运出租车）64 辆 301 座位。

2004 年，龙文区成立龙岩市曹溪联合运输有限公司漳州分公司、漳州市力鑫运输有限公司和厦门晋联物流有限公司漳州分公司 3 家运输企业。2005 年，龙文区成立漳州吉通汽车有限公司、漳州正兴汽车有限公司、漳州泽发货物运输有限公司、南靖龙丰运输有限公司龙文分公司等 7 家运输企业。是年，17 家运输企业共有机动货车 1328 辆 3972 吨位、客车（含客运出租车）62 辆 334 座位。

2007 年，龙文区成立漳州市捷通速运有限公司、福建省四通物流有限公司、漳州市闽凌物流有限公司和顺丰运输（漳州）有限公司 4 家运输企业。是年，全区 24 家运输企业共有机动货车 1910 辆 7035 吨位，客车（含客运出租车）62 辆 338 座位。比 1997 年分别增长 4.49 倍、10.92 倍、9.33 倍和 5.76 倍。

（二）水运企业

1956 年 6 月，郭坑航运社成立，系隶属龙溪县交通局的集体企业，有职工 129 人。经营九龙江西溪、北溪内河航线货物运输，有内河小木帆船 48 艘 193.24 吨位，年货运量 1.6 万吨，货物周转量 22.10 万吨 / 公里。1958 年 10 月，航运社下放给卫星公社管理，1966 年 7 月收归县交通局，1967 年 8 月，再度下放公社管理。1979 年，郭坑航运站货运量 3.13 万吨，货物周转量 72.08 万吨公里；客运量 1.56 万人次，旅客周转量 21.32 万人 / 公里。1980 年，步文航运队成立，属集体企业，有运输船 5 艘、64.5 吨位，船员 15 人。1982 年，郭坑航运社又收归县交通局管理。1983 年，郭坑航运社有木帆船（挂机）40 艘 200 吨位，年货运量 3 万吨，货物周转量 66.4 万吨 / 公里。此后，内河运输货源少，兼营陆路机动车货运业务。1988 年，郭坑航运社改称郭坑水陆运输社。1989 年，有挂机船 44 艘 633 吨位，职工 101 人（其中船员 90 人）；农用运输车 3 辆，50 匹拖拉机 1 辆，手扶拖拉机 2 辆。当年货运量 2.09 万吨，货物周转达量 33.6 万吨 / 公里，营运总收入8.22万元，利润0.1万元，完成税金0.26万元。1990年复称郭坑航运社。此后陆续增置水泥船8艘550吨位，发展内海航线业务。1997年1月，郭坑航运社隶属龙文区交通局，更名为龙文水陆运输服务社。受北溪航道、水利桥闸限制，通航能力低，运输业务减少，船舶逐年报废。2003年，龙文水陆运输服务社终止运输业务。

二、维修企业

1987年，根据《福建省汽车维修行业管理暂行规定》，交通部门对汽车维修业开展行业管理。1997年，龙文区有各种机动车维修业户37家，从业人员200多人。2003年，重新核审机动车维修业企业56家。

2007年，全区经行政许可的机动车维修企业34家。其中，一类维修企业有漳州盈众汽车销售服务有限公司、漳州市通海汽车销售服务有限公司、漳州聚力汽车销售服务有限公司、漳州市中正汽车销售有限公司、漳州市立昌汽车服务有限公司、上海大众漳州销售服务有限公司和盛元丰田汽车销售公司7家；二类维修企业有龙文区祥达汽车修理场、龙文区海滨汽车修理场、龙文区同兴汽车修理场、龙文区万盛达汽车修理场和龙文区创佳汽车修理厂等16家；三类维修企业有龙文区漳发汽车修理场、龙文区东升轮胎维修店、龙文区新概念汽车服务有限公司、龙文区漳龙汽车电器维修店和龙文区方圆汽车修理店等11家，从业人员500多人。

第四节　管　理

一、管理机构

（一）龙文区交通局

1975年3月，郭坑、步文民间运输管理站成立，隶属龙海县交通局。1976年5月，郭坑、步文民管站改称郭坑、步文交通运输管理站，负责辖区交通运输行业管理及营运车辆交通规费征收工作。

1997年2月，龙文区交通局成立，内设人秘监察股、工程股和财务股。人员编制3人，实有人员3人。下辖步文、郭坑2个交通运输管理站。同时，成立龙文区国防动员委员会交通战备办公室，挂靠龙文区交通局。2004年6月，龙文区交通局内设人秘监察股、安全生产股、工程路政股和计划财务股。2007年，人员编制8人，实有人员7人。

（二）漳州市公安局交通警察支队龙文大队

1998年5月12日，漳州市公安局交警支队直属二大队成立，负责龙文区道路交通安全管理工作，在编民警27人。1999年1月10日，漳州市公安局对二大队进行交巡警合并试点，成立全省首支交巡警队伍，实行两块牌子（漳州市公安局交警支队直属二大队、漳州市公安局巡警支队直属二大队）一套人马的工作体制。2004年9月，全省公安交警系统进行机构改革，二大队更名为漳州市公安局交通警察支队龙文大队、漳州市公安局巡逻特警支队二大队。2007年，共有民警76人。

（三）龙文区运输管理所

1998年9月，龙文区交通运输管理所成立，核定人员编制34人，隶属龙文区交通局，下设

漳州市公安局交警支队龙文大队大楼

步文、蓝田、朝阳、郭坑 4 个交通运输管理站。2003 年 4 月，区交通运输管理所更名为区运输管理所，副科级单位。2003 年 7 月，加挂“福建省龙文区地方海事处”牌子，隶属龙文区交通局。2004 年 10 月，区运输管理所内设综合股、运输管理股（含规费征收股）、维修管理股（含驾培股）、稽查队、海事股，下设步文运管站、蓝田运管站、郭坑运管站。2007 年，全区运输管理所人员编制 34 人，实有人员 32 人。

二、设施维护

（一）公路维护

公路养护　民国时期，漳州各线公路由商营汽车公司向政府承租经营、管养。中华人民共和国成立后，区境公路由漳州公路管理处龙溪养路工区管养。1961 年，区境由漳州养路工区管养的国道、省道、县道计 54.5 公里。1983 年，对区境乡镇公路有规划进行扩建新建，不断打通“断头路”。对管养公路进行日常养护维修、小修、翻修和大修等。1992 年 10 月，城区北、南环城公路建成通车后，区境增加管养北环城路段和省道郊柏线郭坑至港桥 25 公里路段。1997 年起，龙文区交通局负责政府补助列养的区、乡公路 34.64 公里，实行分级管理，由蓝田、步文、朝阳、郭坑 4 个镇公路管理站负责日常维修养护。区道、乡道、村道，通往行政村的农村公路，均列入区级养护计划，均给予一定的养护资金补助，养护资金不足部分，由镇、村自筹解决。区、乡公路由所辖镇公路管理站负责，定期养护和阶段养护、维权管理。村道养护管理均由各村民委员会负责，在主要节日或重要活动、汛期等，临时组织人员清理路障等工作。1997—2007 年，区境国道 324 线 K63+360M 至 K322+860M 左半幅路段、国道 319 线 K56+460M 至 K65+950M 路段和省道 207 线 K89+361M、K98+247M 路段由漳州市公路局直属分局专养。

公路整治　1962 年起，执行“切实整顿，加强养护，积极修复，逐步改善”方针，加强公路养护，清理和拆除公路沿线堆积物、违章搭盖，收回被开挖侵占的路肩地，并对拆毁路桥行为的查处。1966—1971 年，公路基础设施建设薄弱，交通秩序混乱，管理不严，国道 324 线、国道 319 线境内路段两侧出现违章建筑、行道树被乱砍滥伐，占道堆积物、暴晒农作物等现象。1972 年起，加强交通安全宣传教育和路政检查工作，至 1979 年，开展 5 次公路检查整顿，清除路障，拆除违章建筑物等。1980 年后，公路整治以重点路段为主。1982 年，整治与芗城区交界的港桥路段。1983 年，整治蓝田路段，对运煤而压砸路肩、致使路面下沉、排水沟阻塞的经营煤炭个体户采取赔偿经济损失 3910 元处理。1989 年，开展建设漳响（漳州—响水桥）文明路活动。1997 年起，区交通局和有关部门多次组织宣传检查队伍，广泛开展宣传教育、路政检查和清理路障等整治工作，维持公路畅通。对国道、省道进行综合治理整顿，清除路障和两侧违章搭盖，基本实现整治路段内“无占道堆物、无占道作业、无占道经营、无占道阻塞、无随意损坏公路设施、无违章搭盖建筑、无影响行车视线的障碍物”。针对国道324线、国道319线在区境路段途经4镇，群众经商意识较浓，违章回潮现象时有发生状况，区政府组织交通、公安、交警、城管、工商等综合执法队伍，开展“交通安全宣传、交通秩序整治”活动，把六石圆圈往郭坑路段作为重点整顿治理，向沿路店面和来往群众分发宣传单，与商店签订门前“三包”（包卫生、包绿化、包秩序）责任书，解决长期挤占公路经商、阻碍交通“顽疾”，取得群众的理解与支持。步文镇坂上村自筹资金500万元，征地4.67公顷，兴建“漳州龙文蔬菜批发市场”，设立240多个大、小摊位及配套设施，至2000年，占用公路经商的商贩全部进入市场内，阻碍交通的“瓶颈”被打破，路面交通顺畅。2001—2007年，区境公路由漳州市公路局路政分局直属管理所负责整治、巡查。

（二）航道维护

中华人民共和国成立后，区境以“民工建勤”办法，组织船民利用枯水季节对航道浅滩、碍航危险段进行疏浚整治。1957年，整治九龙江北溪、西溪等河段。1965年，疏浚北溪航道维持3吨位船舶通航。

1966年，“文化大革命”开始，区境航道失去整治。

1977年起，区境航道恢复维护。2002年，机动船舶货运停业。2003年，水路停止货运业务，航道维护停止。

三、营运管理

（一）市场管理

1950年，区境汽车运输实施“统一货源、统一调派、统一运价”的“三统”管理。1952年10月，郭坑航运代办站成立，对民间运输船舶进行注册登记，按照航区航线组编船队，纳入统计运输管理范围。1953年9月，区境人力车、自行车、三轮车、小板车和畜力车等民间运输实行“三统”管理。1954年4月，福建省人民委员会发出《关于加强运输市场管理的通知》，严格限制农村和社会闲散劳力盲目向城区短途运输和搬运装卸发展，限制各部门企业单位车辆自货自运范围，限制农副业车船参加社会营业性运输。当年，郭坑搬运社成立。1956年6月，郭坑航运社设立。搬运装卸、民船运输实行“三统”管理。1962年，运输市场适当放宽，农村社队和城区各工厂企业的车船，在经申请获交通部门批准后参加社会运输，纳入运输市场管理。1966年始，“三统”工作受到冲击，管理乏力。1975年3月，步文、郭坑民间运输管理站分别成立。1976年6月，步文、郭坑民间运输管理站改称交通运输管理站；8月，区境整顿管理机构，理顺关系，恢复“三统”管理。

1983年7月21日，国家经委、交通部联合发出《关于改革公路运输管理的通知》，提出公路运输要“实行多家经营，发展多种形式”，“允许城乡个人或联户购置机动车、船、拖拉机从事运输”。运输市场开放，区境个人或联户购置汽车、拖拉机从事运输者日增，突破原有独家经营和“三统”管理范围，运输市场由专业管理转向社会行业管理。1984年，对参加社会营业性运输的各种客货车辆，包括车辆维修和运输服务行业，一律实行严格申请、审批、办证经营，使用统一票证。1986年，对客车实行“三定一挂”（定站点、定路线、定班次、挂运行线路牌）。同时，组织联合检查组上路检查，对于无证经营、无单证运输、哄抬运价、偷漏税收和交通规费、违章超载等违反运输管理的违法行为，视其情节轻重，给予相应的行政处理，直至停止营业。

1988年9月，交通专业管理转向社会运输行业管理。区境水路运输企业、水路运输服务企业及水路运输企业以外的单位和个人从事营业性运输，由龙海县交通主管部门审查批准，在取得水路运输许可证、船舶营业运输证和水路运输服务许可证后，凭证向龙海县工商行政管理局申请登记，经核准领取营业执照后开业。1997年1月，龙文区交通局负责水路运输行业管理。

1998 年，龙文区交通局组建区交通运输服务中心、区路通运输发展中心、区闽龙交通运输服务站，吸引社会分散经营户车辆向企业挂靠，实施“挂靠服务、集中管理”，扭转运输市场建区初期管理混乱的现象，做到“管而不死、散而不乱”。当年，全区经核准的各种营运机动车辆 641 辆，其中客车 6 辆、货车 173 辆、农用运输车 402 辆、营运出租车 60 辆。2003 年 7 月，区运输管理所加挂“福建省龙文区地方海事处”牌子，负责水路运输经营活动及对水路运输相关的辅助性经营活动实施监督管理，规范水上运输活动。全区经核准的各种营运机动车辆 1681 辆，其中客车 2 辆、货车 1352 辆、农用运输车 267 辆、营运出租车 60 辆。2005 年，龙文交警大队与交通部门联合，加强打击并逐步取缔摩托车载客营运现象。

2007 年，龙文区经核准的各种营运机动车辆 2561 辆，其中客车 2 辆、货车 2243 辆、农用运输车 256 辆、营运出租车 60 辆，人力客运三轮车 120 辆。

（二）票证管理

中华人民共和国成立后，区境水陆运输票证实行“统一印制、分级管理”。公路运输经营许可证、营运证、行车路单、客货运输票证等统一实行单证使用。

1963 年，区境使用由龙溪地区交通局会同财政局、税务局统一制定的民间运输业收费凭证，由龙海县交通局、运管站集中管理、分发和回收，非统一票证一律不核销。1978 年，区境交通运输企业连续实行统一运输票证的管理制度。1982 年，加强统一票证和运价管理。

2003 年 11 月 1 日起，货物运输业发票的印刷，领购、开具、取得、保管和缴销均由区地方税务局管理和监督；已委托给其他部门管理的，依法收回；提供货物运输劳务的纳税人经区地方税务局认定后开具货物运输发票，凡未经区地方税务局认定的纳税人开具的货物运输发票不得作为记账凭证和增值税抵扣凭证；12 月 1 日起，对货物运输发票进行清理。同时，组织人员做好发票开具、信息资料的录入、上报工作，并严格进行纳税人开票资格认定。

（三）规费征收

中华人民共和国成立后，区境领有牌证或行驶在道路上的各种机动车辆，以及从事公路运输的畜力车，按国家有关规定缴纳公路养路费，国家规定暂免征收的车辆除外。

1994 年 1 月始，区境执行《福建省公路养路费征收管理实施办法》。养路费征收标准，货车每月每吨位 140 元；客车每月每吨位 160 元；属胶轮式、履带式的特种车按照货车标准，每月每吨位 140 元计征。农用运输车、机动板车、利用机器脚踏车公路养路费每月每吨位按 180 元计征；二轮摩托车每辆月征 4 元。手扶式胶轮拖拉机不论型号每辆月征 50 元；方向盘式胶轮拖拉机按不同功率每月每辆征收 40—180 元。1997 年，龙文区征收养路费 84.3 万元、货运附加费 20.12 万元。2002 年，分别为 91.41 万元、16.71 万元。

2007 年，全区征收养路费 82.86 万元、货运附加费 15.01 万元。

1997—2007 年龙文区养护费及货运附加费征收统计表

表 15-1-6 单位：万元

年份	养路费	货运附加费	年份	养路费	货运附加费	年份	养路费	货运附加费
1997	84.3	20.12	2001	108.24	20.11	2005	99.76	19.27
1998	186.27	39.94	2002	91.41	16.71	2006	90.58	17.05
1999	163.17	37.05	2003	95.41	16.48	2007	82.86	15.01
2000	130.54	27.71	2004	86.84	15.93	—	—	—

四、安全管理

（一）机动车辆登记与核发牌证

汽车　1950年7月始，区境汽车换发中华人民共和国汽车牌照和驾驶执照。1952年，结合年度检审工作，换发全国统一新牌照。1961年11月1日，根据福建省交通厅颁行《福建省机动车辆管理办法实施细则》，区境四位数汽车牌号改以县代号。1974年后，车辆不断增加，又改以省（区）新代号。1986年7月1日起，区境汽车换发全国统一新牌照，新牌照由汉字“福建”和管理机关代号，以及车辆牌号两部分组成。1989年，按照福建省公安厅车辆管理所通知规定，区境出租客运小车于6月换发新牌照。1998年，龙文区开展汽车登记与核发牌证。2002年，汽车登记与核发牌证2502个。2007年，龙文区汽车登记与核发牌证25743个。

拖拉机及农用车　1960年，交通部颁布《机动车管理办法》，区境拖拉机纳入机动车辆管理范围，牌证由车辆监理部门核发。1981年，农用车列为拖拉机类机动车管理。拖拉机类车辆牌号编排与汽车类同。1982年1月，拖拉机类机动车更换区域代号牌，牌号前面为县名汉字。1986年，拖拉机类机动车换发全国统一新号牌。1988年，交通监理部门划归公安部门管辖，拖拉机换发新号牌。2007年，龙文区农用车登记、核发牌证726个。

摩托车　1999年，全区核发摩托车驾驶证1772本。2004年，全区核发摩托车驾驶证1127本。1998—2004年，全区核发摩托车驾驶证20346本。2007年，全区核发摩托车驾驶证21583本。

（二）机动车辆检验

1984年前，区境机动车年检由龙海县车辆监理部门指定时间、地点进行检验。对机动车辆每年进行一次法定性的年检；对新车、修理出厂的车辆和车辆办理入户、转籍、变更、过户、改型、改装，或对车辆技术状况有质疑，或车辆发生交通事故进行一次性检验。1984年起，区境车辆年检改按车辆牌照尾数号码常年检验。应检车辆接到《年检通知书》后，车主安排车辆保修，持《年检通知书》驾车到指定地点进行检验。1996年，区境机动车由蓝田开发区营运车辆综合性能检测站检验。1999年，漳州市交通局按区域管辖原则由龙文区运管所派员驻蓝田开发区营运车辆综合性能检测站，实行现场监督管理。漳州交警二大队抽调力量组成流动车管站，挤出资金11.5万元购置一部工具车，由大队领导带队，车管民警、照相师傅、体检医生等组成便民分队，根据预约时间，在全区4个镇40个村巡回办理摩托车年检、驾驶证年审等业务。2005年起，随着平安畅通工程的推进，交警龙文大队加强对客车、摩托车、低速汽车和拖拉机的安全管理工作。

2007年，交警龙文大队强化对客车、摩托车、低速汽车日常管理，严格车辆的定期检验，辖区内汽车检验合格率90%。

（三）船舶管理

1952年12月，区境未设立验船点，船只由漳州航管处派员巡回检验。1960年，交通部颁布《中华人民共和国木帆船检验规则》《中华人民共和国船舶登记章程》，区境船舶管理工作得到加强。1961年，区境50吨、主机功率60匹马力以下船舶的检丈、登记和发证管理工作由厦门港务监督漳州监督站负责。1980年，区境登记、发证的机动船舶54艘400多吨位。1988年9月后，区境水路运输企业、水路运输服务企业及水路运输企业以外的单位和个人从事营业性运输，所属船舶在取得水路运输许可证、船舶营业运输证和水路运输服务许可证后投入营运。1989年，区境登记、发证的机动船舶44艘663吨位。1992年，区境登记、发证的机动船舶18艘200吨位。1997年，龙文区登记、发证的机动船舶16艘700吨位。2001年，龙文区登记、发证的机动船舶5艘25吨位。2002年，龙文区机动船舶停业，注销船舶水路运输许可证。

（四）驾驶员管理

2005 年，龙文区驾驶员教练所及教学车辆

驾驶员培训　1984 年，步文、郭坑部分驾驶人员参与龙海县交通局驾驶员培训班培训并领取驾驶证。2004 年，根据《中华人民共和国道路运输从业人员管理规定》，龙文区运输管理所对道路运输从业人员实行严格考试制度，坚持持证上岗。根据《中华人民共和国道路运输条例》，对漳州市鑫湖机动车驾驶培训有限公司（址在朝阳镇）、漳州市龙文区汽车驾驶员教练所（址在朝阳镇桥头村）、漳州市飞鸿汽车驾驶员教练所（址在蓝田开发区）和漳州市中良汽车驾驶员教练所（址在郭坑镇）4 家驾驶员培训机构给予行政审批、许可发证。龙文区交通运输企业均建立安全活动小组，每月组织驾驶员安全学习至少 1 次，每年均组织开展全国“安全生产月”和“安全生产万里行”活动，深化普法和交通安全宣传“五进”（进农村、单位、学校、社区、家庭）教育活动。2006 年 4 月 1 日起，根据交通部《机动车驾驶员培训管理规定》《福建省〈机动车驾驶员培训管理规定〉实施办法》，完善驾驶员培训机构市场准入机制、驾驶员培训大纲实施情况提出严格要求，全面推行学员入学时制。2007 年，新建龙文大队摩托车考试场投入使用，规范驾驶人培训、考试等各项流程。

驾驶员考核与审核　1950 年，按照华东区《汽车监理制度》规定，区境汽车司机经考核，核发华东区统一制作的卡片式驾驶执照。1953 年，根据交通部《汽车管理暂行办法实施细则修正文》和福建省《驾驶员考试补充规定》，龙溪县交通部门对区境驾驶员进行考验后，换发职业（一、二、三等）驾驶证和普通驾驶证两种全国统一的驾驶证。驾驶员考验每月举行一次，经龙溪县监理所审验后报省公路局制发学习证，2—5 年学习期满后申请报考正式驾驶证。1957 年 1 月，学习证的审核发放权由省交通厅下放至龙溪专区监理所。1960 年，拖拉机纳入机动车辆管理，区境拖拉机驾驶员考核，参照汽车驾驶员考核办法进行。1982 年，拖拉机驾驶员培训考核工作由龙海县交通监理站管理，漳州交通监理所监督审批。1983 年前，按福建省监理部门要求，龙溪地区、龙海县相应成立领导机构和办事机构进行审验。1984 年后，驾驶员年审和机动车年检实行改革，区境驾驶员审验按月份参加年审。1987 年后，机动车驾照培训、考核移交公安交警管理。1999 年，龙文交警加强对驾驶人考试发证的监督检查，严格落实教学大纲各项要求。是年，龙文区核发驾驶执照的机动车驾驶员 1742 人。2004 年 7 月 1 日，国务院颁布《中华人民共和国道路运输条例》，对机动车驾驶证实行考，培分离制度，由公安、交通两部门配合协调。当年，龙文区核发驾驶执照的机动车驾驶员 4872 人。2006 年 6 月，龙文交警大队建立校车和中小学、幼儿园承租车辆及驾驶员管理制度。每月组织对接送中小学、幼儿园学生车辆驾驶员进行一次交通安全教育，核发交通安全教育学习卡。2007 年，全区核发驾驶执照的机动车驾驶员 3.8 万人，其中持摩托车类驾照的驾驶人员 2.4 万人。

（五）船员管理

中华人民共和国成立初期，区境 50 吨位和主机 60 匹马力以上的机动（帆）船，划归厦门轮船公司管理，船舶驾驶员、轮机员经培训、考核合格后，领取船员证书。舵工则在漳州培训，经港航监督部门考评合格后，担任相关职务。

1979 年 6 月，按照《中华人民共和国轮船船员考试发证办法》，恢复对船员考试、发证工作。1990 年，严格把好船员准入和考核制度，作为船员职务晋升和证书换发依据。区境船员经考试合格报省审核，发证有挂机驾驶员 45 人，船舶驾驶员、轮机员 16 人。2002 年，龙文区机动船舶停业，注销船舶水路运输许可证，船员的培训与考核停止。

（六）交通秩序整治

1998 年，漳州交警二大队开展以“创建平安大道，实施畅通工程”为主题的交通秩序整治行动。针对迎宾路每日车流量超过 3 万辆次，交通秩序一度混乱状况，实行定人、定位、定时间、定责任、定奖惩的“五定”措施，加大路面管理力度。在严格管理的同时，协助漳州长运总公司汽车站，在人民广场设置“公共车站”，让过往客车有站可进，有位可停。在整治无证驾车和无牌无证车上路行驶的同时，加强源头管理，推出下乡培训服务办法，有效减少无证驾车现象。在创建国道 324 线“平安大道”活动中，由区政法委牵头安排，开展“交通安全宣传、交通秩序整治月”活动，向沿街店面和过往群众分发宣传单 2.80 万份；与区交通、城管组成综合执法队，清理违章占道；与商店签订门前“三包”，有效地解决占道的难题，路面交通秩序好转。经福建省交警总队、漳州交警支队多次检查，龙文区违章率均低于省交警总队的控制数。2000 年，重点开展对国道 324 线西坑环岛段、步文三叉口到综合批发市场路段及国道 319 线港桥到长福村等危险路段整治。设置大型龙门架式反光警示牌、黄色闪烁灯、限速标志、线形诱导标，铺设减速带，并在高峰期、傍晚、雨天加派警力值勤，加设临时警示牌，避免发生事故。2001 年 7 月 20 日至 9 月 20 日，开展整治机动车无（假）牌证及打击盗抢机动车犯罪专项行动，无（假）牌证机动车上路现象得到有效的治理，达到市区不超过 3%、城镇不超过 5%、农村不超过 12% 的要求。

2002 年，漳州交警二大队加大道路交通秩序整治力度，组织春运期间反超载专项整治、反夜间违章专项整治、治理公路货运和客运车辆严重超载违章专项行动、整治机动车无（假）牌证、整治摩托车类违章专项行动和集中整治严重交通违章等专项行动。全年开展统一行动 25 次，出动警力 1452 人次，纠正交通违章 10154 人次，查扣无牌无证车辆 666 辆次、假牌假证 70 辆次；国道 324 线、国道 319 线遵章率 85%。2003 年 4 月 25 日至 6 月 16 日，开展集中整治摩托车交通违章专项活动，在迎宾路立昌公司路段、港桥长福路段、西溪桥路口、新浦路口处设 4 个点，重点查处摩托车无牌、无证、超载、不戴安全头盔等违章行为，共查处摩托车类交通违章 1531 人次。其中，不戴头盔 824 人次，超座超载 388 人次，无牌 115 辆次，无证 118 人次，其他违章 86 人次；暂扣摩托车 276 辆次，教育群众 913 人次。经过整治，无牌、无证摩托车上路明显减少，不戴安全头盔率低于 10%，超载率低于 2%。7—9 月，开展道路交通秩序整治“百日会战”行动。龙文区道路交通事故起数、受伤人数、死亡人数、直接经济损失分别比上年同期下降 33.5%、14.2%、42.9% 和 10.5%。

2004 年，交警龙文大队加大对路面超载、超速、无证驾驶、酒后驾驶、强行超会车、逆向行驶及骑乘摩托车不戴头盔、不按规定使用安全带等违法行为的整治力度；加强路面监控，对迎宾路、国道 319 线、国道 324 线等主要道路实行 24 小时巡逻；抓事故隐患路段的整改，完善各种道路交通安全设施标志。对巡查中发现的省道 207 线朝阳高速公路路口至郭坑大桥处两侧虽设置隔离花台，但未设置非机动车道与人行道和最基本的标志标线，以及省道207线91公里780—850米处（郭坑铁路立交桥北端）下坡急弯道，外侧坡深10米，虽在弯道外侧设置警示标杆，但交通事故频发，通过对17处事故的隐患路段进行治理，使危险路段事故起数、死亡人数、受伤人数、经济损失分别下降61%、85%、48.2%、52.6%。2005年，建立龙文区道路交通安全工作局际联席会议制度，各部门群策群力，齐抓共管，加大路面纠违监控力度，开展交通安全专项整治及完善道路交通安全设施，强化路面交通秩序管理，交通违法率降低。2006年8月，交警龙文大队建立校车和中小学、幼儿园承租车辆及驾驶员管理制度，核发交通安全教育学习卡。2007年，龙文区在福建省平安畅通县区等级评定中达到“二等管理水平”，成为漳州市首批通过等级评定的3个县区之一。

1998—2007年，漳州交警二大队、交警龙文大队开展交通综合整治行动1680次，纠正交通违法行为60万起；完成龙文区9个主要路口的渠化和红绿灯设置，建成5个路口的电子警察和13个路口的交通监控。

（七）交通事故处理

1999年，漳州交警二大队建立“122”报警台，配备3名接警人员，实行24小时备勤接警制度，做到接警快、出警快、抢救伤员快、勘察现场快、恢复交通快。指挥准确，出警提速，民警现场抢救伤员240名，使22名重伤员及时得到抢救而转危为安。2000年，与一七五医院联合设立“122绿色救护通道”，有效降低交通事故人员伤亡。2001年，实施“四公开、二监督、一回访”（公开执法内容，公开执法程序，公开听证，公开处理结果；内部监督，外部监督；回访当事人）管理模式，在处理791起道路交通事故中，责任认定准确率100%。在道路交通事故处理工作中，重视逃逸案件的侦破工作，破逃率83.4%。2006年，交警龙文大队主动与龙文区法院取得联系，邀请法院工作人员进驻交警大队设立办案点，参与交通事故调解，当年调解交通事故1493起，即方便当事人，又及时化解双方矛盾。

1999—2007年，全区共发生道路交通事故逃逸案235起，其中侦破196起，破逃率83.4%。

第二章　邮政　电信

第一节　邮　政

一、经营网点与邮政设备

（一）经营网点

解放前，区境设郭坑邮政代办所。

1949年10月至1953年，设乡村邮政代办所。1953年后，区境先后设郭坑邮电所、步文邮电所；1958年，改名郭坑邮电支局、步文邮电支局。1969年12月，实行邮政、电信分设制度。1973年11月，邮政、电信机构合并为邮电机构。1998年，国家对邮电体制进行改革，实行邮、电分营，龙文区设郭坑、步文2个邮政支局和步文邮政储蓄点。2001年，增设蓝田邮政支局。

2007年，全区有3个邮政支局和1个邮政储蓄点，人员9人。

（二）邮政设备

1998年，郭坑、步文2个邮政支局和步文邮政储蓄点共有3个信筒信箱。2002年，郭坑、步文、蓝田3个邮政支局和步文邮政储蓄点共有3个信筒信箱、1台邮资机、3台计算机、1台ATM自动柜员机、15辆投递自行车等设备。

2007年，郭坑、步文、蓝田3个邮政支局和步文邮政储蓄点共有6个信筒信箱、1台邮资机、10台计算机、2台ATM自动柜员机、14辆投递自行车等设备。

二、邮政业务

（一）业务经营

函件　解放前，区境开办的函件业务有信函、明信片和印刷物等。中华人民共和国成立后，区境开办函件业务有信函、明信片、印刷品、贸易契、商务传单、瞽者文件和货样等。1960年10月，开办特种挂号信函业务。1969年4月，货样改为包裹邮寄。1988年，函件仅分信函、明信片、印刷品和盲人读物文件4类。1991年，区境开办国内函件有平常信函、给据邮件、明信片、印刷品、义务兵信函、盲人读物和商业信函等。1992年，首次销售中国邮政贺年（有奖）明信片。此后，销售贺年（有奖）

步文邮电局

郭坑邮电局

蓝田邮电局

明信片成为常态业务。1993年4月，区境开办特快专递业务，资费实行新标准，超重200克或其零数由8元调为12元，续重每200克或其零数由2元调为3元；大陆寄往台湾函件仅限办理信函和印刷品业务。1994年4月1日起，根据邮电部、国家技术监督局和国家工商行政管理局《信封生产监制管理办法》，对未经监制的信封不收购、不销售。1995年，销售邮电部邮政总局发行的中国邮政礼仪（邮资）信函。1996年1月1日，区内国际挂号函件改用带有条形码的号码标签；9月1日，开办超常规特快专递邮件业务；12月1日，开办国内、国际特快专递收件人付费业务。是月，邮政资费调整，对1997年中国邮政贺岁（有奖）加盖“改值”邮戳出售。1997年8月1日，为适应工商企业和各种商贸公司开辟国际市场、寻求国外新伙伴的要求，开办国际商业回函业务，与国际广告邮件配套使用。是年，龙文区国内函件出口量59.59万件。其中，平常函件52.37万件，给据函件7.22万件。1999年，取消“邮电公事”业务种类，开办限时递业务，业务通达范围为厦门、泉州、漳州、晋江和石狮5个城市。停止收寄普通国际快递函件。2000年，龙文区国内函件出口量58.73万件。其中，平常函件51.58万件，给据函件7.15万件。2001年3月1日，区开办中国速递国际“经济快递”业务。2002年6月15日，开办邮政特快送款业务；9月21日，开办闽台直达快件业务；9月28日起，开办邮政混合信函业务；10月9日，开办省内特快专递次晨递业务。2003年8月30日起，国家邮政局调整国内邮政特快专递业务资费标准和计算方式，邮件起重、续重计量单位由200克调整为500克，起重500克及500克以下邮件资费为20元；9月26日起，开通日本国际特快精品路线，邮件实现当时收寄隔日投送。2004年4月1日起，开办省内出入境证件特快专递业务；5月，开办闽南金三角区域快递业务，在通达的城市开通“即时递”“当日递” 和“次晨通”业务种类；6月1日始，执行中华人民共和国《信封》国家标准GB/T1416–2003；10月1日，开办“闽东南区域快递业务”，在通达的福州、厦门、泉州、漳州、莆田、晋江、石狮、南安和龙海9城市实现特快专递邮件“当日递”和“次晨达”。是年，龙文区国内函件出口量58.56万件。其中，平常函件51.50万件，给据函件7.06万件。2005年8月1日，开办省内“次晨达”业务，推出“即时未达，原银奉还”承诺服务。2006年4月21日，开办普通高校录取通知书特快专递业务；6月20日，开办省内邮政特快专递邮资到付业务。2007年1月1日，开办“闽粤EMS次日递”业务，对出口的给据邮件实施条码统一集中管理；8月28日，开办国内经济快递业务。是年，商业信函业务由原来的中邮专广告业务发展成为以账单、数据库信函和邮资封、片3项业务为主，中邮专送为辅的业务格局，商业信函出口量约占函件出口业务量80%。全区国内函件出口量8.79万件，其中平常函件7.95万件、给据函件0.84万件。

包裹　解放初期，区境开办快递小包业务。1952年11月，收寄航空包件业务。1982年，开办商品包裹业务。1986年，包裹分为民用、商品和纸质品。1987年11月，开办大件包裹业务。1991年，邮电部试行商包资费临时性下浮政策，区境包裹出口业务量增加。1992年12月18日，邮寄包裹推广使用无碳纸包裹详情单。1993年2月，邮电部对商包资费下浮及其资费管理作出规定，商包可按民包资费收寄，亦可在民包资费基础上加收不超过50%的资费；3月1日，恢复烟草及其制品邮寄业务，每人每次限寄1件，每件以2条（400支）为限；烟叶、烟丝每件以5公斤为限；二者合寄不得超过10公斤。1995年11月，开办由邮政总局推出“家乡包裹”新业务。1996年1月1日，恢复大包件包裹“用户专用袋”业务；12月，邮电部取消商品包裹、纸制品包裹和航空包裹业务种类。1997年，龙文区国内包裹出口量1.13万件。1998年12月，对一次性交寄图书、报刊100件或500公斤以上的，要凭出版地文化行政管理部门出具证明；对音像制品和电子出版物严格凭证限量收寄。是年，开办邮政直递包裹业务。1999年12月20日，开办具有地方特色的“家乡亲情包裹”业务。2000年，国内包裹出口量1.09万件。2001年8月1日，龙文区开办国内快递包裹业务。2003年4月1日，实行国家邮政局对国际及港澳小包和包裹统一制作、使用包装箱；10月1日，开办台湾小包收寄业务，只收寄平常航空小包，不办理挂号业务。2004年1月1日，邮寄国际包裹启用新款报关单式；10月1日，统一启用标准的物品型邮件封装用品；11月1日，开办国际包裹保价业务。是年，龙文区国内包裹出口业务量0.99万件。2007年，全区国内包裹出口量0.39万件。

机要邮件　1957年4月1日，区境开办机要通信业务。1990年7月31日，邮电部调整机要文件邮资标准，文件类处理手续费，每件0.35元，刊物类每件0.25元。查询费不分文件、刊物或省际省内，每件资费标准0.5元。1994年6月，在机要营业收寄的机要文件上粘贴机要条码，代替机要号码签。1996年1月1日，将普票通过机要通信"公免"传递改为"收费"传递；3月，对符合寄递范围的单位核发"寄递证""领取证"，作为交寄、收取、领取文件的凭证。1997年4月1日，对秘密、机密、绝密的高等考试、中等考试试卷批量交寄的，按机要文件资费标准的70%收费。是年，龙文区机要文件业务量0.21万份。1999年3月1日，调整部分机要文件邮资标准。挂号费按件计收，每件资费标准2元。机要保密费按件计收，每件资费标准1元。查询费免收。1999年3月9日，机要文件交寄限量为2千克，机要刊物限重为5千克。用户需交寄超过限重标准的机要邮件，放宽至20千克；6月1日，启用"机要邮件交接证"，只限在押运与接发之间交接邮件时使用；7月1日，机要文件密级分为"绝密""机密"和"秘密3种。2001年，根据国家邮政局规定，机要等重要岗位，不得使用劳务人员。传递绝密级机要邮件，必须实行双人（包括司机）投递。2002年，龙文区机要文件业务量0.21万件。2003年9月1日，对不能使用"邮资机"处理的机要邮件，允许使用"机要邮资已付"专用截。2005年2月1日，调整部分机要业务资费标准，机要邮件挂号费每件资费标准提高到3.00元。是年，龙文区机要文件业务量0.21万件。2006年4月1日，推广使用国家邮政局标准化规定的"机要专用封装用品"。2007年，龙文区机要文件业务归漳州市邮政局直接办理。

汇兑　中华人民共和国成立初期，区境开办国内人民币汇兑业务。1955年，实行凭证兑付汇款办法，以确保汇款安全。"文化大革命"期间，汇兑业务锐减。1981年8月，汇款限额每笔为5000元。1988年5月，开办快件汇款业务。1991年，汇票种类有普通汇票、航空汇票、高额汇票和快件汇票4种。国内汇款金额每笔最高限额1万元，超过1万元，可以分笔办理，只要符合邮政汇款办理范围，笔数不予限制。1997年，龙文区国内汇票2.85万份。2001年7月，邮政电子汇兑系统正式投入使用。2002年10月，入账汇款（现金到账户、账户到账户汇款）单笔最高限额为20万元；现金到现金汇款、账户到现金汇款最高限额为5万元。现金兑付方式实现省内通兑。是年，龙文区国内汇票2.92万份。2007年，全区国内汇票4.28万份。

报刊发行　1953年，区境实行报刊预订制度。1954年8月，实行报刊破订制度。"文化大革命"期间，报纸、杂志多数停刊，只发行《人民日报》《解放军报》《福建日报》《厦门日报》和《红旗》杂志等报刊，业务量减少。1978年，报纸、杂志纷纷复刊，业务量增加。1985年，郭坑报刊零售报刊自办点设立。1986年，零售点报刊销售实行"包滞销与损失"。1987年，报刊实行多渠道发行，有些报刊发行不再经过邮电局，零售点报刊销售量减少。1991年10月，实现报刊订销业务处理微机化。1997年，龙文区报刊发行业务量140.59万份，其中报纸138.11万份、杂志2.48万份。1999年6月，对电子出版物拴挂杂志袋牌时，加挂"红杯"标志，每袋重量不超过10公斤。2007年，全区报刊发行业务量225.08万份，其中报纸220.97万份、杂志4.29万份。

邮政储蓄　1994年，郭坑、步文邮电支局开办储蓄业务。1997年，龙文区邮政储蓄存款余额1400万元。1998年，步文邮政储蓄点设立。2000年，步文邮政储蓄点邮政储蓄存款余额1650

万元。2002年，步文邮政储蓄点邮政储蓄存款余额比上年增长8.97%。2005年，龙文区邮政储蓄存款余额2500万元，比1997年增长78.57%，年均递增7.52%。2007年，全区邮政储蓄存款余额6000万元。

（二）邮件投递

邮路　唐垂拱二年（686年），漳州建置，区境辟驿道。清宣统三年（1911年），开辟龙溪至江东桥（步班）衔接厦漳铁路小火车至嵩屿邮路（民国16年裁撤），每天2次与厦门邮局专差交接邮件。1949年开办龙溪县城至郭坑邮路。1962年，开办郭坑至东屿自行车邮路。1970年，开办龙海途径步文至漳州汽车邮路。1974年，开办漳州途径郭坑至长泰汽车邮路。1976年2月，龙海至漳州汽车邮路途径步文，延伸到漳浦旧镇。1988年，区境实行农村邮路承包责任制。1997年，龙文区乡村邮路有步文—朝阳22公里、步文—石州41公里、步文—石井33公里、步文—东屿16公里、步文—湘桥11公里、步文—长洲32公里、步文—长尾山25公里、郭坑—汐浦29公里、郭坑—洛滨25公里、步文镇内1公里、郭坑镇里1公里，总长236公里。此后，随着市区面积扩大，城乡接合部增设开发区和工业区，乡村邮路不断延伸与增加。2007年，全区乡村邮路有步文—碧湖45公里、步文—登科48公里、步文—石仓25公里、步文—田丰42公里、步文—打山37公里、步文—流岗51公里、郭坑—汐浦42公里、郭坑—洛滨38公里、蓝田—东屿35公里、蓝田—小港51公里、蓝田—湘桥38公里、蓝田—开发区26公里，总长478公里，比1997年增长1倍。

投递　解放前，区境邮件由邮政代办所捎转或托圩贩投送。邮件投递不及时，且丢失事件有发生。中华人民共和国成立初期，邮件投递工作由区、乡政府通讯员兼任。1958年9月，邮件由人民公社邮递员投递。1980年，落实“五定”（定人员、定线路、定点、定班期、定出归时间）投递措施。1988年，邮路由农民承包，农村投递做到“邮路到村、信报到户”和“送包送汇上门”，改变信报只投递到生产大队、村委会传统方式。1991年，区境邮件报刊投递使用自行车。电报、报刊、邮件收取延伸服务费。“院内投送”月邮件报刊量超过1000件份，市区一天投递2班，每月收费30元，乡村一天投递1班，每月收费15元；月报刊、邮件量低于1000件份，市区一天投递2班，每月收费20元，乡村一天投递1班，每月收费10元。“上楼投送”邮件报刊，市区一天投递2班的，从第二层起（含第二层）每层每月收费10元；乡村一天投递1班的，从第二层起（含第二层）每层每月收费5元。高楼底层店面或大院围墙店面，每月每户收取5元。沿街道或公路无门牌店面投送的邮件报刊，每月每户收取5元。暂不通邮路地段新建单位投送邮件报刊，往返每一公里每月收取10元。城镇居民、农村村民深宅多住户的邮件报刊，亲投到平常函件每件收费0.1元，挂号函件和给据邮件通知单每件0.2元，日报每份每月收费0.6元，期报每份每月0.3元，杂志每本收费0.1元。农村邮送电报每份收费0.4元。高层住宅楼房上楼投送，从第二层起（含第二层），每份报纸和杂志每次每层多收0.05元，平信和给据邮件每次每层多收0.1元。1992年4月，《闽南日报》在早上6点前出报的，对市区重点用户实现早班投递，让用户在上午9点前见报。1997年，龙文区市区邮件报刊投递使用2辆自行车，每天1次；乡村投递使用15辆自行车，每天1次。2007年，全区市区邮件报刊投递使用2辆自行车，每天1次；郊区乡村投递使用12辆自行车，每天1次。

三、邮政管理

（一）经营管理

1964年，区境建立以提高质量为中心的生产岗位责任制，把质量指标完成情况和全面考核结合起来，作为评比、奖励的依据。“文化大革命”期间，业务技术管理被视为对职工“管、卡、压”，受到不应有的批判，邮政业务质量下降。

1987年，区境推广全面质量管理。1989年，建立计量工作责任制。1990年，设立班组、支局（所）信息员和质量管理员，各班组、支局（所）建立QC小组，健全信息系统、质量保证系统和完善二级核算制度。1991年，对邮政业务实施企业标准化管理。运用计算机系统对报刊专业实行统一管理，增强报刊专业竞争力。

1999年，龙文区对函件、速递、集邮3种业务推行专业化管理。2005年，根据国家邮政局《邮政大客户代码编制规则》，对邮政大客户用邮情况进行科学管理。2006年，依照《漳州邮政市场营销体系建设管理办法（试行）》，构建邮政营销体系，实现传统营销向现代营销、全员营销和专业营销转变，促进邮政企业健康持续发展。

2007年，龙文区加大邮政大客户管理和营销体系建设步伐，强化市场开发能力，配备大客户管理人员，运用邮政客户营销服务管理系统对大客户用邮、项目开发情况进行科学、规范管理。邮政业务管理实现从“管生产质量”向“服务质量与客户管理并重”转变。

（二）财务管理

1960年，区境邮电支局（所）财务实行分工、分片管理。1980年，改革会计制度，按邮政、机要、长途报话、农村电话5个专业核算。1985年5月，实行经济核算制，改收支差额管理为利润管理。1987年起，按函件、报刊、机要等专业核算。

2004年11月，龙文区邮政企业开始从重视结果控制的传统管理转向关注从经营结果延伸到经营过程和资本、资产运作过程的预算管理。落实包括预算编制、质询、执行分析等环节在内的预算管理流程。通过质询方式将经营、财务预算编入经营责任书中。在每月经营分析会上，对企业重点成本、项目预算执行情况进行通报及分析，严格控制预算进度。同时，把全面预算管理同财务集中管理、专业化经营等结合起来，取得较好管理成果。2005年6月，中国邮政业务量收管理系统上线试运行。

2007年，龙文区邮政企业通过业务、财务、技术等部门密切配合，量收系统应用工作取得显著成效，完善优化业务流程和管理流程，通过各业务系统的对接，实现对量收数据的自动采集、稽核、汇总、上报、入账、分析和预警，在业务发生的次日生成重要的量收统计数据，实现“业务流程标准化、业务操作规范化”；取消手工日报，凭机打日报缴款和记账，实现财务和业务信息一体化；量收数据在收入管理、客户管理、业务稽核和经营分析等方面广泛应用，对各项业务量收信息多角度分析、监控和稽核，提高经营分析和监督检查效率，推动财务管理创新。

第二节　电　信

一、经营网点与电信设施

（一）经营网点

龙文电信营业厅　1998年始，龙文区设立电信营业厅。2007年，龙文电信共设置蓝田电信营业厅、朝阳电信营业厅、郭坑电信营业厅3个营业网点，有员工7人。

龙文联通经营部　1999年10月，中国联通漳州市龙文经营部（简称龙文联通经营部）成立，设立步文营业厅。2000年7月，设立蓝田、朝阳客服中心。至年底，龙文联通经营部有员工27人。

龙文移动营业部 2002年，中国移动漳州分公司市区营销服务部龙文营业部（简称龙文移动营业部）成立。2003年10月，设立石仓移动营业厅。2006年10月，增设蓝田移动营业厅。2007年，龙文移动营业部（含石仓移动营业厅、蓝田移动营业厅）有员工32人。

（二）电信设施（设备）

1998—2007年，龙文电信营业厅经营部设施（设备）由漳州市公司统一建设（配置）。

1999—2007年，龙文联通经营部通信设施（设备）由漳州联通分公司统一建设（配置）。

2002—2007年，龙文移动营业部通信设施（设备）由漳州移动分公司统一建设（配置）。

二、电信业务

（一）固定电话

民国26年（1937年）5月，开通龙溪县政府至郭坑联乡电话线路，长8公里。

1955年，东屿区设置电话总机。1960年，步文、郭坑至龙海县城均有2对直达电话线路和1对双幻线路。1976年，步文、郭坑公社至龙海县城实行电话载波化。1980年，实行基本营业区制度，以电话交换点为中心、1公里为半径为界，界内、界外用户分别收费。1981年，开通1路郭坑至漳州电缆载波电话线路。1984年，增开1路郭坑至石码中继线（实线）。1986年，步文邮电支局安装交换点磁石对自动拨号设备。1988年7月，区境开通步文至漳州架空明线电话线路4路。郭坑、步文邮电支局进入长途全自动直拨电话网。1989年，郭坑邮电支局投资52万元，安装一套270门纵横制自动电话交换机。1990年，停开2路郭坑至漳州电缆载波电话线路。郭坑邮电支局改装一套24路特高频收发信机。1991年12月，步文邮电支局结合石码市话改制程控交换机，建立1个500门程控模块点，配备PCM端机60路、光端机2端。1993年，郭坑邮电支局开通程控电话500门。1994年8月28日零时，区境电话号码升为7位。是年，郭坑镇投资35万元，开通各村程控电话通信网络，程控电话由500门扩容到2000门。1995年10月18日，区境实现电话交换程控化、传输数字化。1996年，区境固定电话交换机容量0.8万门，固定电话用户0.63万户。

1997年，龙文区固定电话用户0.9万户。1999年，全区固定电话交换机容量2.3万门。2000年，全区固定电话交换机容量5万门，固定电话用户2.24万户。2002年，固定电话交换机容量增至5.5万门，固定电话用户减至2万户。2003年，对小灵通基站进行升级改造，实现小灵通省内、省际互联。2005年，完成“小灵通”网优工程，开通固话与“小灵通”有机结合的超级无绳业务。全区固定电话用户增至2.95万户。

2007年，全区固定电话交换机容量6万门，固定电话用户2.84万户。

（二）电报

1975年，区境开办电报业务。1986年，开办电报专递业务。1990年4月，开办公众真迹传真与公众用户传真电报业务，步文、郭坑邮电支局改用电子电传机通报，加快传输速度。

1997年3月，龙文区开通公众用户电报。此后，随着程控电话、移动电话、互联网的普及，电报业务逐渐减少。1999年，电报业务除传真电报外，其余停止使用。2004年，明码电报停止使用。

（三）无线寻呼

1990年4月，区境开通无线寻呼业务；10月，无线寻呼实现全省人工互联网，开办异地寻呼业务。1992年3月，增开无线寻呼中文显示系统，实现人工、自动和汉字、数字双兼容。1994年10月，实现漳州全市漫游，并实现一次自动呼叫功能。

1998年3月，新增全国网信息通频点，在全区开通；10月，寻呼业务从邮电系统剥离出来。1999年12月，新增寻呼增值业务，开通网上寻呼、电子邮件到达通知、网络秘书、银行对账呼，并推出“全国通知呼”业务。2000年9月，开通如意呼业务，让“联通”手机实现一机双号。2002年，随着移动通信市场双向通信的发展，“小灵通”手机用户的增多，无线寻呼用户减少。受无线寻呼功能局限，无线寻呼业务逐步被市场淘汰。2005年，停办无线寻呼业务。

（四）移动电话

1993年12月8日，区境移动通信基站正式投入使用，开通模拟移动电话业务，推出“大哥大”品牌。1995年，区境实现模拟移动电话全国漫游。翌年，国际漫游功能业务开办，推出“全球通”品牌。1996年，区境开办“139”数字移动电话业务。

1997年，龙文区开办“138”“136”和“135”数字移动电话手机业务及系统的多次增站扩容，信号覆盖所有镇。1999年7月22日零时，GSM数字移动电话用户号码由10位升至11位。当年，推出“八闽通”品牌。2000年，130GSM网络实现全区覆盖；下半年，开通CDMA移动通信网络。

2000年，龙文电信营业厅开通“小灵通”（无线环路无绳电话）移动手机业务。年底，模拟移动电话开始退网，模拟电话用户转网至数字移动电话。2001年，全区有“小灵通”手机用户0.32万户。2002年9月，实现所有模拟移动电话用户退网。

2003年，龙文电信营业厅开通“小灵通”和“一机多号”业务。实行“小灵通”福（州）、厦（门）、漳（州）、泉（州）、莆（田）五地联网使用。龙文移动营业部通过整合，推出“全球通”“动感地带”及“神州行”三大品牌。2005年，龙文电信营业厅完成“小灵通”网优工程，实行固话与“小灵通”有机结合的超级无绳业务，全区“小灵通”用户增至1.52万户。

2007年，龙文移动营业部三大品牌——“全球通”“动感地带”和“神州行”已拥有“139”“138”“137”“136”“135”“134”“159”“158”“150”共9个网号，拥有移动电话用户近10万户。龙文联通经营部采用MOTOROLA基站子系统，有移动电话用户2万多户。龙文电信营业厅有“小灵通”手机用户1.04万户。

（五）互联网

1996年，区境开办互联网业务。1998年，开通公众多媒体通信网和英特尔国际计算机互联网。2000年5月，在固定电话上开通互联网拨号业务，并进行DDN专线和宽带业务拓展，为企事业单位开通上网专线。当年，全区有互联网用户0.12万户。2001年8月，正式向社会开放ADSL（宽带）业务，采用光纤+LAN技术组网。2004年8月，建成公用宽带视讯业务网，并开通“宝视通”业务。是年，全区有互联网用户增至0.95万户。

2007年，实现光纤宽带网全区覆盖，全区互联网用户1.33万户。

（六）其他业务

1995年11月，区境开通呼叫转移业务、短信息服务及语音信箱、呼叫转移、留言通知业务。

1997年5月，龙文区推出模拟移动电话实行呼叫转移一次拨号功能；开通全球通中文短信息业务。发送信息资费标准为0.1元/条，接受免费。2000年3月，龙文区移动通信企业推出信息点播业务；4月，开通IP电话；5月，推出WAP业务；7月，推出呼叫等待业务；9月，推出一卡双号业务。2001年1月，开通移动“800”业务；3月，全球通业务开通；4月，开办E-number移动邮箱业务，为用户提供一个包括语音、传真、Email的统一号码服务；5月，开办移动梦网业务、主叫号码隐藏/显示业务；7月，开通神州行短信业务，神州行2000的发送短信资费标准调整为0.15/条；8月，开办对账户业务；10月，开办“700/800”（主叫付费/被叫付费）业务；11月，开办“990”聊天热线。

2002 年年初，龙文移动营业部开办移动 QQ 业务；3 月，推出“520”城际聊天 E 配网手机短信聊天业务；5 月，推出“GPRS 业务”“12580”“660”话费定制业务，其中“12580”业务提供短信、秘书、手机短信杂志、外联信息等服务；7 月，推出 GPRS 商务卡；8 月，推出“来话宝”业务；10 月，推出彩信业务；11 月，开通“12586”娱音在线，提供“都市情缘”和“疯狂大拍卖”两项业务；12 月，推出“国际短信”业务。2003 年，龙文联通企业开通营运 CDMAIX 网络，使移动通信进入 2.5G 无线数据通信时代，并通过 ISO 国际质量体系认证。推出基于联通新时空 CDMA 网络的“联通无限 U—Max”数据增值业务统一品牌，具体包括“彩 E、互动视界、掌中宽带、神奇宝典、定位之星”5 个子品牌业务。“联通无限”以高速数据传输，为用户提供资讯、娱乐、多媒体 EMIL、商务、定位等服务。

2007 年，龙文联通企业开通“17911”“17910”IP 电话业务和“17911”账号业务、IP 专线业务、数据承载业务、互联网专线业务等。

三、电信管理

（一）经营管理

1999 年，龙文联通经营部成立，秉承“竞争、创新、激情、诚信”的企业文化，坚持“以人为本、严谨高效”的管理理念，发扬“知苦不言苦、知难不畏难”的精神，为社会公众提供良好的通信服务。

2002 年，龙文移动营业部设立，执行《电信服务规范》，开展“温馨服务”“美丽家园”“服务提升”和“客户关怀”系列竞赛活动。在实际工作中培养员工“爱岗敬业，争先创优”意识，开展微笑天使、服务明星等评选活动，实行末位淘汰制。创新服务模式，不断提升服务内涵和服务价值，从理念、安全、便捷、价值四方面提升客户对企业关怀的感知度，并把客户作为服务文化贯穿服务工作的始终。开展以“真诚回馈，真心关怀”为主题的“移动百万真情关怀”活动，为前来办理保险业务的外来务工人员、农村用户提供移动公司为其投保的太平洋人寿保险承保的保额为 1.5 元人身意外伤害保险及保额为 2000 元的附加人身意外伤害医疗保险各一份。完善内部服务质量监督机制，每日由质监员加强对营业厅现场环境到营业服务规范进行巡检监督，发现问题，派发整改通知书，限期整改。加强制度建设，抓好营业的制度化管理，对人员管理、岗位责任、服务承诺、服务用语、业务流程等各方面工作进行严格规范。实行政务公开，全面执行窗口一线员工的客户服务首问责任制，要求全体员工切实做好“微笑服务”“四声服务”（来有迎声、问有答声、去有送声、收付有唱声）、“文明十字用语”（你好、请、对不起、谢谢、再见）等基本服务，推出“错收话费、双倍返还”诚信服务活动。围绕“以市场需求为导向，网络容量适度领先市场需求，网络质量绝对领先竞争对手”的指导思想，加强网络优化与覆盖，与世界 193 个国家的 215 家运营商开通自动漫游业务；保证高速公路、国道线的无缝覆盖，改进主要旅游景点、电梯、地下室的信号覆盖工作。

2004 年，龙文联通经营部全面启动“服务效益年”主题活动，继首创低柜台、一站式、微笑服务模式之后，又率先在通信行业中公开承诺“话费误差、双倍返还，短息误差、先行赔付”，切实保护消费者权益。2005 年，龙文电信营业厅实行将营销、装机与维护、抢修有机分离，使营销专业化、维护规范化、服务标准化、流程框架化。2006 年，龙文联通经营部确定“争创一流通信企业”目标，提高公司核心竞争力，为社会提供综合、便利、有特色的电信服务。

2007 年 5 月，龙文联通经营部实现自漳州联通成立以来的首次扭亏为盈；12 月，实现增长 7.65%。

（二）质量管理

1998年起，龙文电信营业厅为用户免费提供对账单和长途电话费清单。推行服务“首问制”和“一次申告下岗”制度。翌年，建立“计划—实施—检查—考核”的质量管理体系。

1999年，龙文联通经营部秉承“竞争、创新、激情、诚信”企业精神，以“倾心关注顾客，服务提升价值”服务于客户，以“以人为本，严谨高效”的管理体系营造市场。

2000年，龙文电信营业厅建立大客户服务“绿色通道”，实行自动上门，延伸窗口服务。2001年，设置“首问责任单”，实行闭环管理。设立服务热线，接受用户咨询、投诉，建立信息反馈渠道。

2002年，漳州移动龙文区石仓、蓝田营业厅设立，坚持以管理、服务和技术创新为核心，开展QC质量管理活动。建立VIP营业厅特色化服务体系，制定切实可行的措施和办法，有效推动员工队伍建设和管理水平提升。

2003年，龙文电信营业厅推行全员持证上岗制度。2004年，实施行风民主评议，解决用户反映强烈的宽带售后服务和话费争议问题。

2007年，龙文电信营业厅制定客户服务差异化服务标准并强化执行。

（三）财务管理

1998年，龙文电信机构财务由市电信公司统一管理，龙文电信营业厅仅属于报账单位。

2002年，龙文移动营业部成立后，通过完善加强稽核与财务检查，及时跟进业务整合和政策调整，理顺业务流程，严格控制成本开支范围和开支标准，压缩非生产性支出，切实降低成本费用水平。2005年，龙文移动营业部实施预算管理，从指定经营目标总预算，到每个项目的成本项目管理，通过MIS预算功能，加强事前预算约束力，业务、收入、利润、现金流和资本性支出纳入全面预算管理体系，利用埃森哲公司预算系统提高预算目标的管理和控制水平，提高预算管理运行效率和差异分析的精确度。通过KPI的考核，强化预算管理的执行力。同时，加强资金安全管理，完善内控制度，落实会业对账，加强计费、收费、缴费、欠费等环节的稽核检查。

2007年4月，龙文移动营业部实施县级集中报账制度，实现信息收集、信息处理与会计核算的标准规范，促使财务工作在同意、信息准确、风险控制、资源配置、高效运作、管理提升等方面获得实质改进，为全省财务集中奠定基础。

（四）设备维护

1998年，龙文电信营业厅对农村镇以下机线设备由村推荐维护人员，实行放号、装机、代维“一条龙”（将营销、维护工作融为一体，实现营销、维护、服务的有机统一）承包。开展“三线”交越（电力线、通信、广播电视线建设和架设过程中，违章交越、搭挂现象）隐患整治，加强对通信线路的巡视和维护，妥善处理光缆过沟、过河、过桥、过涵洞安全隐患。龙文电信营业厅机房都安装监控和报警设备，做到统一调度、统一管控、适时维护。2000年6月、11月，龙文电信营业厅开展2次全区网络运行维护大检查，及时处理安全隐患。2002年，建立护线与抢修相结合的防护体系。2003年，龙文电信营业厅设备由漳州兴光通信技术有限公司承包维护。

1999—2007年，龙文联通经营部网络的设备维护以承包方式，移交代维公司负责。龙文移动营业部经营网络由福建鸿达电子技术有限公司负责基站方面的故障抢修，光缆线路由漳州兴光通信技术有限公司负责抢修维护。其中，2007年，龙文电信营业厅实施光电缆线路差异化维护，提高用户“可感知”维护质量。

第十六卷 商业贸易 招商引资

唐代，随着农业、手工业的发展，商贸活跃，区境贸易以个体私营为主。南宋，郭坑洛滨、扶摇、东溪一带盛产陶瓷制品，其中“鲤鱼吐珠”细陶茶罐畅销全国。元元贞二年（1296 年），吴中黄道婆纺织机具、技术传入区境后，促进纺织业的发展，市后、山头顶、孚美等地生产的潞绸、葛布及刺绣品销往海内外。明隆庆元年（1567 年），开放海禁，“准贩东西洋”，区境郭坑、小港、浦头港航运直达月港。明万历年间（1573—1620 年），海澄月港海外贸易繁忙，从省内外运回的日用品及从月港进口的部分物资，在区境乡村销售，商业逐渐发展。地处九龙江中游的郭坑集镇成为上游山区土特产汇集地，土特产经货栈收购后，运至龙溪石码港和海澄月港，销往省内外及国外。清代，朝廷强令实行“迁界”政策，致漳州沿海对外商贸急剧萎缩，月港衰落，区境商业也随之凋零。郭坑仅保留一般农贸集市。

民国初期，区境乡村有个体私营商店和流动小商贩从事商品经营。为方便农民自销农副产品和购买日用品、农具，而形成郭坑、桥头、小港等圩市，定期赶集，人数上千人。民国 35 年（1946 年）后，通货膨胀，不少商户倒闭，商贸萧条。抗日战争爆发后至解放前夕，由于海运阻隔，进出口贸易停滞。

中华人民共和国成立后，区境设立郭坑供销社和步文供销社，后增设合作商店，经营日用百货、糖烟酒等生活资料和农具、种子、农药等生产资料，兼营农副产品收购，在农村设立食品购销站，担负收购、调拨、供应工作。1956 年前，个体私营商业占有重要位置。1956 年，完成对私营商业的社会主义改造。1958 年后，供销社和合作商店“过渡”为国营商业。同时，限制自由市场，取缔个体商业。“文化大革命”期间，商业遭到冲击，机构合并，人员精简，网点减少，集市关闭，商贸活动受到限制。中共十一届三中全会后，实行改革、开放政策，发展多种经济成分，建立多种流通渠道，采取多种经营方式，私营商业活跃，个体商店、农贸市场、超级市场等商业企业遍布城乡，区境呈现百业兴旺、商品充盈、市场繁荣的局面。

龙文区建区之前，外贸商品采购、储运及外资引进、“三来一补”等业务由龙海县（市）对外经济贸易委员会、外贸公司负责。改革开放以后，区境乡镇企业发展迅速，并逐步嫁接外资转为外向型企业。1983 年，步文乡镇企业开始以来料加工形式与港商合作。1992 年，福建省人民政府批准漳州市在步文镇成立蓝田工业开发区，招商引资开始第一次飞跃。

龙文区建区后，相续成立对外经济贸易局、贸易工作领导小组和外商投资企业服务机构，制定出台鼓励外商、港澳台商到区境投资兴业的优惠政策和奖励办法，引导和鼓励内资企业嫁接外资，对外经济贸易快速发展。

2007 年，龙文区社会消费品零售总额 12.52 亿元；累计引进外资项目 126 项，总投资 48900 万美元，实际利用外资 34399 万美元；投产的“三资”（中外合资、中外合作、外资港澳台资）

企业 81 家，全年实现出口总值 1.91 亿美元，比 1997 年的 2005 万美元增长 8.52 倍；“三资”企业缴纳税金及附加费 8503.2 万元，占全区财政总收入（分成后）2.96 亿元的 28.82%。

第一章　商业所有制

第一节　国有商业与集体商业

一、国有企业

1958 年 4 月，郭坑、步文供销合作社并入国营商业。1961 年 6 月，国营商业与供销合作社集体商业分开，恢复各自建制。1962 年，设立步文粮站和郭坑粮站。1964 年，步文粮站设 3 个保管点 29 座粮仓、2 个门市部，有职工 18 人。1968 年 6 月，郭坑、步文供销合作社并入国营商业。1971 年，建立郭坑综合服务部商业分站，下设汐浦、扶摇、黄坑、洛滨、院后综合服务站。1972 年，郭坑粮站有职工 14 人。文粮站有职工 31 人。1976 年 1 月，综合服务部商业分站中的国营商业与集体商业分开，恢复各自建制。1989 年，郭坑粮站有职工 30 人，其中固定工 19 人、女职工 9 人。步文粮站有职工 41 人，其中固定工 24 人、女职工 14 人。郭坑食品站有职工 18 人，其中固定工 10 人、女职工 2 人。步文食品站有职工 40 人，其中固定工 15 人、女职工 8 人。1990 年，郭坑粮站有职工 32 人，其中固定工 20 人、女职工 10 人。步文粮站有职工 40 人，其中固定工 23 人、女职工 14 人。1991 年，郭坑粮站有职工 30 人。步文粮站有职工 41 人。

1993 年，区境国有商业企业实行经营权和所有权分离，推行“国有民营”承包管理，企业资产所有权归国有企业所有，承包者享有经营自主权。1994 年，继续对其余固定资产较大、库存商品较多、经营效益相对较好的批发零售企业和基层食品站逐步推行“国有民营”改革。

1997 年，郭坑食品站、港桥食品站、蓝田食品站分别有职工 14 人、10 人 12 人。当年，龙文区国有商业企业 4 家、从业人员 101 人。其中，批发企业 2 家，从业人员 62 人；零售企业 2 家，从业人员 39 人。2001 年，国有商业批发企业 1 家，从业人员 14 人。2002 年，郭坑食品站、港桥食品站、蓝田食品站分别有职工 17 人、8 人、11 人。2006 年，龙文区粮食购销有限公司有在岗职工 10 人。2007 年，龙文区限额以上商品批发国有商业企业 1 家，从业人员 152 人。

二、集体企业

1952 年，郭坑、步文供销合作社成立，属集体商业。1954—1956 年，合作商店、合作小组建立，从事代购代销业务，属集体商业性质。1958 年，合作商店（组）转为国营商业，人员转为国营职工。1958 年，郭坑、步文供销合作社并入国营商业，改称郭坑供销社、步文供销社。1961 年，郭坑、步文供销社恢复为集体所有制，名称也恢复为郭坑供销合作社和步文供销合作社。1962 年，从国营商业、供销合作社中，划出小商贩，按行业分别组织百货业、食杂业、饮食业、服务业等行业合作商店（组）。

1968 年，商业机构再度合并，郭坑、步文供销合作社归入国营商业，再度改名郭坑供销社、步文供销社。1969 年，解散合作商店（组），从业人员除部分转为国营商业和供销合作社职工和留用人员外，其余全部下放到人民公社生产队当社员。1973年起，恢复合作商店（组），被下放的人员陆续收回安置，并招收部分回乡知识青年和城镇待业人员，扩大合作商店（组）。

1976年，郭坑、步文供销社恢复供销合作社建制，1977年，为全民所有制。1982年，供销社恢复为集体所有制。1989年，郭坑供销合作社有职工76人，其中固定工46人、女职工17人。步文供销合作社有职工164人，其中固定工97人、女职工51人。郭坑合作商店有职工46人，其中女职工20人。步文合作商店有职工41人，其中女职工15人。1990年，郭坑供销合作社有职工82人，其中固定工48人、女职工23人。步文供销合作社有职工158人，其中固定工92人、女职工28人。郭坑合作商店有职工45人，其中女职工19人。步文合作商店有职工65人，其中女职工25人。1991年，郭坑供销合作社有职工77人，其中固定工48人、女职工16人。步文供销合作社有职工148人，其中固定工85人、女职工46人。郭坑合作商店有职工34人，其中女职工15人。步文合作商店有职工41人，其中女职工12人。

1993年，国家农业生产资料供应政策从“专营”改为“经营”。区境基层供销社各供肥、供药点的承包经营责任制从“联销计酬”改为“全奖全赔、利润大包干”。同时，生活资料供应实行“总体设计、市社审核、公开招标、人员优化组合、上岗预缴风险金、中标者依法签订合同”的承包制度。1994年，区境合作商店（合作小组）由职工或者个体户承包、承租经营。1995年，区境供销社实行“两个提供”（提供营业执照、营业场所）、“三个一”（一个原则：招标公开；一个制度：利费预缴，短的3个月、长的3年；一个措施：收回商品资金），农资经营恢复“联销计酬”经营责任制；生活资料供应责任制为“租赁制”。

1997年，龙文区集体商业企业70家，从业人员157人。其中，批发企业55家，从业人员141人；零售企业15家，从业人员16人。2001年，郭坑供销合作社有职工57人，其中在岗职工37人、离退休职工20人；步文供销合作社有职工95人，其中在岗职工43人、离退休职工52人。是年，全区集体商业商品批发企业27家，从业人员34人。

第二节　私营商业与联营商业

一、私营企业与个体户

唐开元二十九年（741年），实行“营农积粟、通商惠工”政策，区境较大聚落郭坑、步文等地，个体私营店肆逐渐开业，从事农产品、日用品、农具、杂物的购销。元代至民国35年（1946年），区境经济以农业为主，乡村有个体私营商店和流动小商贩从事经营活动。此后，通货膨胀，货币一再贬值，私商大都陷入周转不灵困境，不少商户因负债而倒闭。

中华人民共和国成立后，区境实行“利用、限制、改造”政策，扶持私营商业，对私营工商业实行社会主义改造，对私营零售商采取安排与改造相结合，通过为国营商业经销、代销和公私合营等形式，对小商小贩采用以联购联销、共负盈亏和联购分销、各负盈亏形式，为国营商业和供销合作社承揽经销、代销、代购业务，在此基础上，成立合作商店或合作小组，逐步走上合作化道路。1956年，完成对私营商业的社会主义改造。

“文化大革命”期间，区境个体私营商业被冲击，受到批判、限制，甚至取缔。

中共十一届三中全会后，贯彻执行“改革、开放、搞活”的政策，恢复个体经商。1980年，政府部门对个体经商在贷款、设点、审批等方面提供方便，允许私人经营饮食业，接着，私营服务业、小食杂商店纷纷开业。1983 年，允许农民进城入镇开店，开放小商品批发市场。1986 年，郭坑镇有各种商店 159 家，个体商贩 202 户，粮果行 48 家，零担托运从业人员 60 人，从事商品流通的私营人员有 600 多人。步文乡出现“店多、栈多、商行多”局面，有各种商店 600 多家，货栈 200 多家，粮果行 90 多家，外出到漳州、厦门开设商店、货栈、粮果行 30 多家，从事商品流通的私营人员 2500 多人。1987 年以后，私人开设商店、连锁店和兴办公司，数量不断增加，规模不断扩大。

1997 年，龙文区商品批发私营企业 35 家，从业人员 298 人；个体户 149 家，从业人员 551 人。商品零售私营企业 1 家，从业人员 1 人；个体户 378 家、从业人员 1090 人。2001 年，商品批发私营企业减至 8 家，从业人员 40 人；个体户减至 135 家，从业人员 598 人。商品零售私营企业 1 家，从业人员 2 人；个体户 801 家，从业人员 3252 人。2007 年，龙文区限额以上商品批发私营企业 4 家，从业人员 66 人；商品零售企业 10 家，从业人员 265 人。

二、合营企业

1999 年，龙文区分别有商品批发联营企业、商品批发股份有限公司、商品批发有限责任公司 3 家、1 家、10 家，从业人员 17 人、8 人、74 人；有商品零售股份有限公司 1 家，从业人员 10 人。2000 年，分别有商品批发联营企业、商品批发股份有限公司 2 家、3 家，从业人员 13 人、14 人；商品零售股份有限公司 1 家，从业人员 6 人。2001 年，有商品批发有限责任公司 5 家、从业人员 27 人；商品零售联营企业、商品零售有限责任公司 1 家、2 家，从业人员 10 人、18 人。2007 年，限额以上商品批发有限责任公司 1 家，从业人员 9 人；商品零售有限责任公司 2 家，从业人员 149 人。

第二章　市　场

第一节　传统圩市与集贸市场

一、传统圩市

清代至民国初期，区境设郭坑、桥头、小港圩市，定期进行贸易。

（一）郭坑圩市

长泰县土特产、蔬菜等在此交易。每逢农历三、六、九日为圩期，交易品种以农副产品为主，每圩赶集人数 2000—3000 人，营业额万元以上。1960 年，郭坑圩每圩赶集人数 3000 多人，交易品种 200 多种，交易额 1 万多元。郭坑圩市改建为集贸市场。

（二）桥头圩市

位于桥头、西洋、崎岭自然村一带。临漳泰大路，交通便利。每逢农历二、五、八日为圩期，交易品种以耕牛为主，以及禽蛋、地瓜、蔬菜等农副产品，每圩赶集人数 1000 多人，邻县也有许多人前来买卖耕牛。抗日战争时期，为避敌机轰炸，迁移于青山荔枝园内交易。1952 年，

郭坑圩市

赶集人数剧增，原场地拥挤不堪，圩市迁往芗城东关，致桥头圩逐渐冷落，至1958年，桥头圩市关闭。

（三）小港圩市

位于小港、后房村一带，属传统集市。每逢农历一、四、七日为圩期，交易品种以猪苗为主。购猪苗者可先付一半货款给卖主，另一半货款寄存于管理人员处，待过一个圩期后，猪苗没出现问题，买卖双方再结清款项。1972年，小港圩市一度关闭；后虽恢复，但一直不见起色。

二、集贸市场

中华人民共和国成立初期，为尽快恢复国民经济，活跃城乡市场，除按旧制保持圩市贸易外，1952年，在郭坑举办物资交流会。1958年，取缔个体商贩，限制农贸圩市，商品种类、数量大为减少。1961年，步文公社投资96万元，兴建郭坑农贸市场。以玻璃钢搭盖，建筑面积2070平方米。设有店面13间、面积638平方米，混凝土结构售货台108号（每号有1—3个摊位），其他摊位305个，另设有临时摊位。

“文化大革命”期间，区境贸易圩市关闭，仅有少量农副产品在暗中交易。1972年6月起，不准农民弃农经商、转手倒卖、不准农村社队办企业、不准搞长途贩运等。1975年10月，圩市交易初步恢复，除农民自产蔬菜、禽蛋、饲料、猪苗、小水产外，其余农副产品和物资均不得上市交易。1976年4月，统一圩期为每月农历初一、十一日和二十一日，其余时间圩市停止交易。

1978年6月，区境恢复集市贸易，允许商品长途贩运和个体商贩经营，农民和商贩参加圩市交易日益增多，一、二、三类农副产品大部分能自由上市，大米、杂粮、水果、水产品、食用菌、禽蛋等种类和数量大为增加，布料、衣服、鞋帽、小百货等工业品允许在圩市交易。1979年，每逢农历一、六日为圩期。1981年1月，恢复旧圩期。1983年，龙海县工商局牵头规划，征地33333平方米兴建长福生牛市场，设固定摊位50位。每逢农历二、五、八日为圩期。每圩生牛成交量100多头，高峰期200多头。生牛主要来自周边的龙海角美和南靖、华安、长泰、漳浦、云霄等地。销往广东、江西等地的为主要为仔牛，用于饲养后再生产；销往泉州等地的以丧失劳动力的老牛为主，用于宰杀出售1985年，牛市解散。

1985年12月，步文港桥农贸市场建成并投入使用，每逢农历二、五、八日为圩期，交易商品有耕牛、猪苗、禽蛋、粮食及其副食品、水果、蔬菜、农具、生活用品、服装鞋帽、五金电器等，每圩赶集人数2000—3000人，营业额上万元，是步文乡集市贸易中心。郭坑镇投资35万元，征地3200平方米，农贸市场扩大到郭坑街道、铁路新村、火车站，设摊位600位。交易商品22个大类，150个品种。每圩上市交易人数至五六千人，成交额2万—8万元。1988年，郭坑镇投资 39.8 万元，扩建郭坑农贸市场，占地面积 5587 平方米，其中棚位搭盖建筑面积 638 平方米。步文乡浦口村逐渐成为漳州市规模较大的粮食、饲料贸易市场。1995 年，郭坑镇兴建郭坑火车站水果市场。2005 年，荣昌农贸市场建成并试营业，投资 400 多万元，建筑面积 4000 平方米，分为蔬菜、水产品、副食品、肉类、水果 5 个交易区、220 个摊位，并设立检测室，配备检测人员，每星期抽检 12 个品种，确保食品安全。1996 年后，郭坑农贸市场成为蔬菜、肉类、水产、干货及服装等商品零售为主的集贸综合市场。市场成交额 2002 年为 1460 万元，2007 年增至 1972 万元。

2007 年，龙文区集贸市场有郭坑农贸市场、步文港桥农贸市场、荣昌农贸市场等。

第二节　批发市场与超级市场

一、批发市场

中华人民共和国成立前，区境商业批发为私人经营，少数为专营批发，多数为批发和零售兼营。

1950 年年初，区境私营批发商在商业批发中仍占有较大比例，随后国营批发企业逐步取代私营批发商。1956 年，在社会主义改造运动中，私营批发商大部分并入国营商业或成为公私合营商业，小部分转经营其他行业。区境设郭坑、步文商业批发点。此后，区境商品批发业务均由国营商业承担。1978 年后，随着经济体制改革和搞活经济政策的实行，区境商业批发打破国营批发垄断局面，出现“全民经商，批发大上”“地区不分南北，对象不分公私”新状况。国营零售商店、集体所有制零售商店，甚至小商品市场上的个体摊贩也做起批发生意，或零售和批发兼营。同时，出现跨省、跨地区进货、批发，使批发市场空前活跃，竞争激烈。

1997 年起，龙文区立足于“大批发、大贸易、大市场、大流通”思路，调动社会各方面力量，依托产业集群，加快发展各类专业批发市场。1998 年，步文镇坂上蔬菜批发市场建成开业，占地面积 33126 平方米，有固定摊位 36 位，临时摊位 450 位。采取批零兼营，以批发为主，经营各类品种蔬菜。市场配套停车场、垃圾中转站等设施。1998 年，闽南浦口粮食批发市场创建。2001 年，龙门蔬菜批发市场、浦东副食品批发市场建成投用。2002 年，漳州市工业品批发市场、闽南饲料原料批发市场建成投用。2004 年，小港家具物流中心筹建，翌年建成开业。至 2006 年，累计投资 9.77 亿元，建设各类专业批发市场 12 处。

2007 年 2 月，漳州火车东站站前广场商业城投入使用。是年，龙文区主要批发市场有漳州市工业品批发市场、浦东副食品批发市场、福建省浦口粮食批发市场、龙门蔬菜批发市场、闽南饲料原料批发市场、新东城商业中心市场、漳州汽车汽配交易中心和小港家具批发市场等。

（一）漳州市工业品批发市场

位于水仙大道与东环城路交汇处。1999 年 12 月，动工兴建。2002 年，建成投用。建筑面积 8.6 万平方米，其中经营面积 6240 平方米。宽度分别为 4.2 米、6 米，深度分别为 12 米、20 米、30 米。14 幢三层半商住楼 356 间，钢结构店面 80 多间；适合经营各种建材店面、仓库群 1.5 万平方米；入住商家 100 家。经营品种为汽车及其配件，建筑、家居装饰材料等。内设 5000 平方米和 4000 平方米前、后停车场、商务中心和 1300 平方米的产品展示销售中心，每年定期举办全国性产品展销会，配置国际互联网络公众服务台。当年交易额 1680 万元。2005 年，交易额 3311 万元。2007 年，交易额 4422 万元。

（二）浦东副食品批发市场

位于九龙大道东侧。1997年10月动工兴建，2001年建成投用。经营场所建筑面积5.5万平方米，店面474间，入住经营户213家。其中，省级诚信单位1家，级诚信单位5家，区级诚信单位7家，放心消费示范点13家。经营品种为酒、饮料、烟、糖果、罐头、面制品、调味品及其他副食品。2002年，交易额1000万元。2005年，交易额5092万元。2007年，交易额7043万元。

福建省浦口粮食批发市场

（三）福建省浦口粮食批发市场

位于朝阳镇浦口村、省道郊柏线路段西北侧。1998年12月，闽南浦口粮食批发市场动工兴建，2001年建成投用。为福建省三大粮食批发市场之一。建筑面积3.8万平方米，其中经营面积2.86万平方米；入住商家28家，经营粮食加工品、油脂、面粉、饲料、粮食复制品等。年加工稻谷3.5亿公斤，年销售大米2.5亿公斤，年产值4.5亿元。2002年，交易额1.61亿元。2005年11月，浦口粮食批发市场更名“福建省浦口粮食批发市场”，当年交易额3.07亿元。2007年，交易额3.55亿元。

龙门蔬菜批发市场

（四）龙门蔬菜批发市场

位于步文镇坂上村、省道郊柏线与北环城路交叉点。2001年1月建成投用，当年交易额9000万元。是漳州市最大的蔬菜批发市场之一。内设蔬菜保温库8座300多平方米、停车场和货物中转站等，日蔬菜销售量1500吨。建筑面积3.31万平方米，其中经营面积2万平方米；入住固定商家42家、中小型摊位158个、临时摊位450个，经营品种为瓜、豆、蔬菜等。货源来自内蒙古、浙江、山东、山西、江西、广西、湖北、河北和福建等省、市、自治区，销售渠道辐射厦门、漳州、泉州、三明、龙岩和广东、江西等地。2002年，年交易额1.46亿元。2005年，交易额1.02亿元。2007年，交易额1.23亿元。

（五）闽南饲料原料批发市场

位于朝阳镇浦口村。2002年，建成投用，一期工程投资1087万元。建筑面积2.1万平方米，其中经营面积1.8万平方米；入住商家60家，经营品种为饲料原料。当年，交易额1309万元。2005年，交易额2001万元。2007年，交易额2000万元。

（六）新东城商业中心市场

位于桂溪花园。2003年动工兴建，2007年竣工。由桂溪花园商住楼的底层和3个大型商城构成，投资7000万元，经营面积、建筑面积为3万平方米。入住商家500家，以经营建筑材料、机电产品、汽车配件等为主。2007年，交易额3600万元。

（七）漳州汽车汽配交易中心

位于蓝田镇蓝田村和西坑村、迎宾路两侧。2005年动工兴建，2007年竣工。建筑面积20万平方米，其中经营面积15万平方米。建有汽车配件城、汽车修理城、商务中心等，经营品种以汽车、工程机械、汽车配件为主。入住汽车销售企业34家，其中龙文区有28家，占82.35%；入住4S店有18家，其中龙文区有14家，占77.78%。已入住万盛达、捷诚、建联、奔马、盛元、C1等汽车贸易公司。2006年，销售各种汽车1.4万辆。2007年，销售各种汽车1.8万辆，交易额1.5亿元。

漳州汽车汽配交易中心

（八）小港家具批发市场

位于蓝田镇小港村。2006年3月动工兴建，2007年10月竣工。占地面积28万平方米。其中，漳州家具物流中心建展厅7.67万平方米；小港建材城占地面积8万平方米，经营面积4万平方米，建设店面666间，容纳商家450家。经营品种以建筑材料、装饰材料为主。

二、超级市场

1979年改革开放后，在区境出现新型综合商场——超级市场（俗称“超市”）。超市门类多样，食品、生鲜食品、日用品等品种齐全，开架选购，一次选购可满足消费者多方面的需求。龙文区主要超市有位于荣昌花园15—18幢一层的荣昌生鲜超市。2000年动工兴建，2001年竣工。2007年，荣昌生鲜超市经营面积4500平方米。

第三节　物流中心

一、盛辉物流中心

位于蓝田经济开发区。2003年，入驻漳州市，设立福建省盛辉物流集团有限公司漳州分公司。2007年，盛辉物流中心成为集物流方案策划、货运代理、甩挂箱运输、仓储分拣，货物分拨、包装、配送为一体的第三方物流企业。

二、吉马物流中心

位于蓝田镇迎宾路与水仙大街交叉处南侧。2004年6月动工兴建，2007年1月竣工。总建筑面积34.87万平方米。拥有物流配送展示中心及配套实施、物流广场。配套36部豪华电梯、3万平方米休闲广场、1000个停车位。

三、聚善堂医药物流配送中心

位于蓝田镇水仙大街与迎宾路交叉口。2004年动工兴建，2005年建成投用。投资6276万元，占地面积1.57公顷，建筑面积2.29万平方米，其中经营面积2万平方米。配送中心设有阴凉库和冷库，具有适合药品存放的专用货架和实现药品入库、传送、分拣、上架、出库的现代物流系统装置和设备。药品配送包装采用专用物流箱，避免二次包装交叉污染、运输过程挤压破损。配送中心计划采购、入库验收、在库养护、出库复核、售后服务等均使用ERP、电子标签辅助拣货系统、车辆卫星定位监控系统等现代技术。配货过程采用电脑化管理、条码管理，保证药品在仓质量。2005年，交易额2274万元。2006年，交易额8359万元。2007年，交易额1.3亿元。

第三章　商品经营

第一节　粮油经营

一、粮油购销

（一）公粮征收

明代至清代，区境田地主要分为官田和民田两大类，土地按肥瘠分5个等级，朝廷征收田赋，农民缴交粮米。

民国1—29年（1912—1940年）夏，田赋折银元（法币）缴交；民国29年秋至民国38年夏，田赋以实物（粮米）征收。

中华人民共和国成立后，区境废除旧田赋制度，建立以公粮征收为主要形式的农业税制，废除国民党政府的田赋征实、附加税及其他苛捐杂税。1951年，结合土地改革运动，进行土地实地丈量、核实亩数、民主评户，实行遇自然灾害减免和对鳏寡孤独者减免政策。1952年，土地改革完成，农业税也相应进行修改，实行专项的“新得地减免”“老区减免”，取消地方附加，允许征收20%代金。1953年11月，实行统购统销后，公粮和统购粮统一入库，分别计算，公粮由国家粮食部门代收，按规定价款付给财政部门。国家为减轻农民负担，采取“增产不增税，少征多购”办法，逐步降低公粮征收额。2004年4月取消农业税。2005年，全面停止征收。

（二）粮食收购

民国以前，区境无专门机构从事粮食收购。灾年往浙江、台湾等地购粮应急。民国29年，实行粮食公沽制度，区境粮食生产者每人年留稻谷5担，其余由公沽局收购。民国30年9月，公沽制度废除。民国31年改以赋元为依据实施配购粮食，每赋元配购原粮1.5市斗。配购粮以

30% 现金支付，70% 以四年期甲种“节约建国储蓄券”偿付。民国 32 年秋，赋元配购粮食改为征借。

1950—1953 年夏季，区境私营粮商粮食收购占粮食收购总量 60% 以上，国营粮食商业和供销合作社收购粮食采取“购价略高，销价略低，明码标价”的原则，有效抑制粮价波动。

1953 年 11 月，政务院发出《关于实行粮食的计划收购和计划供应的命令》（简称统购统销），区境将粮食统购任务向群众公开宣布，将统购任务落实到集体生产单位和种粮农户。国家严格控制粮食市场，严禁私商自由经营粮食。农民交售公粮和统购任务以外的余粮可以自由储存，自由使用，可以继续售给国家。1955 年 8 月，国务院发布《农林粮食统购统销暂行办法》，实行粮食定产、定购、定销（简称“三定”）。按粮田种植面积、田地质量、自然条件和经营条件，评定其常年产量，归户计算。生产粮食的农户，按照核定的粮食产量，减去口粮、种子、饲料三大留粮和实缴公粮后，有余粮者按单一比例计购。正常年景不动，丰歉之年实行“丰产的稍增，歉收的略减”的办法。1961 年 9 月，中共中央决定，社队向国家交售的粮食实行奖售工业品的政策。完成征购任务后，按粮食价值的 50% 奖给工业品券，凭券购工业品。1965—1970 年，粮食统购实行 2 届的“一定三年”办法；1971 年开始，连续 3 次实行“一定五年”办法。

1970—1984 年，区境完成统购基数不再奖售化肥，超购粮食奖励办法不变，超购粮加价 30%—50%。1985 年起，实行定购粮食与化肥、柴油、预购定金“三挂钩”的办法。当年 4 月，取消粮食统购，实行粮食合同定购和经济补偿政策，规定定购任务内每 50 公斤粮食奖售化肥 5 公斤和柴油 1 公斤。1990 年，改为国家定购，粮食部门分别与各个行政村委会签订粮食定购合同，连同公粮征收一起计算。合同定购的粮食品种仍是稻谷、小麦、大豆。1993 年，放开粮价和粮食经营，国家取消粮食定购改为合同定购。实行“保量放价”，随行就市定价收购。对定购粮食包括农业税交实物，将化肥、柴油平议差价折现金 3.75 元 /50 公斤，实行价外加价。

1994 年，合同定购改为国家定购。区境早籼谷按国标中等质量（下同）每 50 公斤 53 元收购，等级差 1 元。仍实行价外加价。1995 年，国家定购粮（不含公粮）实行价外补贴和粮肥挂钩奖售政策。当年每 50 公斤定购粮价外补贴 15 元、奖售标准化肥 12.5 公斤。1996 年起，每 50 公斤定购粮收购价调为 75 元，价外补贴改为 10 元，仍保留粮肥挂钩奖售政策。

2002 年起，龙文区取消粮食定购，粮食收购采用征收实物为主与折征代金方法征收农业税，代金按每 50 公斤 53 元作价。2005 年起，龙文区实行粮食订单收购。

（三）粮油计划供应

城镇居民口粮供应　中华人民共和国成立前，区境粮油均由私营粮油商经营，农民在圩市自由贸易，互通有无。中华人民共和国成立初期，人民政府对粮油采取自由贸易的政策，以适应国计民生的需要。区境民间粮食交易仍在传统市场进行。1953 年 12 月，区境开始实行粮食计划供应（简称统销）。城镇居民实行定户、定量、定月、定点供应。临时流动人口凭户口簿到粮站办理临时购粮证，在指定地点购买。行业用粮经政府批准，凭购粮证购买粮食。粮食供应品种有大米、面粉、黄豆、大麦 4 种。1955 年 8 月起，城镇居民口粮实行按人分等定量供应办法，即按其劳动差别、年龄大小等情况分等定量，以户为单位发给购粮凭证，到指定的粮食门市部（粮店）购买粮食。供应定量以大米供应为主，搭配其他粮种，如面粉、番薯、番薯丝等。1956 年，对不同职业及一些不合理定量给予适当调整。每人每月定量由 12.5 公斤调高到 14 公斤。1957 年，城镇人口粮食每人每月平均定量为 12.12 公斤。1958 年“大跃进”中，城镇街道办起“公共食堂”，要求居民到食堂用膳。当年 11 月，粮食放宽供应，城镇未参加食堂的家庭和个人粮食供应，在原定量基础上，放宽幅度 15%—20%。1959 年后，由于受到“大跃进”浮夸风、自然灾害等影

响，粮食供应日趋紧张，熟食、糕饼等食品凭粮票供应。同时，普遍调低定量标准，居民每人每月定量 12 公斤，干部 13.5 公斤，食油每人每月 4 两。1963—1964 年，开展大规模统销检查，核实人口工种定量，减少粮食销量，除饮食、糕饼继续凭粮票供应外，油条、豆腐等也凭粮票供应。1984 年，城乡粮油销售逐步向营业化、食品化、成品化转变，积极开发粮食油类复制品新品种。1985 年，凡退出定购的品种，同时退出统销，一律改为议价或市场调节。1987 年起，平价供应只保留固定人口的口粮和军粮，其余各项用粮全部放开经营。1993 年，取消城镇居民粮油定量供应，粮油销售价格全面放开，区境私营粮商相继开业经营。

渔民粮食供应　1954 年始，区境渔民粮食供应采取鱼汛季节补贴办法。1966 年，对从事专业鱼类捕捞和海水养殖的集体所有制渔民，列入国家计划，实行凭证定量供应。1970 年，步文公社石洲渔业队并入漳滨农业大队，由生产队供应口粮。1977 年，恢复石洲渔业大队体制。1981 年 1 月起，石洲渔业大队渔民口粮由国家发证定量供应（不供应食油）。1985 年，取消渔民粮食定量供应，改配回销粮，销售价格按比例价供应。

菜农粮食供应　1953 年，对蔬菜区农民的口粮供应，按农村一般缺粮回销办法安排解决。1955 年后，区境菜农口粮供应按不低于邻近产粮队社员的标准，自产粮中留下饲料、种子后，还有余粮的顶一部分口粮，不足部分由国家给予定销，定销指标一年一定。1959 年，菜农的口粮按余粮户标准供应。1962 年，对位于城镇郊区的孚美、下洲等村菜农，采取粮菜挂钩的办法，即交售国家多少蔬菜，给予多少粮食，按粮、菜挂钩折率、分别蔬菜的不同品种进行确定。1987 年，各项用粮放开经营，区境菜农的口粮由议价或市场调节解决。

农村缺粮户粮食供应　1954 年，对区境农村常年缺粮户、因灾缺粮户供应口粮。1955 年 9 月，实行粮食定产、定购、定销的“三定”政策，规定全年口粮原粮 265 公斤；稻田每亩留种 8 公斤，大豆、小麦每亩各留种 7.5 公斤；饲料以牲畜、家禽数量留储，耕牛每头留粮 30 公斤，公猪、母猪每羽留粮 100 公斤，母鸭群每羽留粮 10 公斤。生产粮食的缺粮户，生产部分按留粮标准留给，缺粮部分应低于余粮户用粮标准 8%。1962 年，对缺粮户采取发证分月供应的办法，安排回销粮供应。1978 年后，区境农村实行联产责任制，粮食产量大幅提高，原有缺粮队（户）粮食状况明显好转，为提高农民生产生活水平，继续向一些口粮标准较低的农民实施粮食供应。1993 年，粮食放开经营，粮油销售进入市场调节。

奖售粮供应　1961 年 4 月起，对区境主要油料、糖蔗、土产、出口水果等农副产品和生猪、禽蛋的收购实行奖售粮食办法。以后又不断扩大奖售范围、提高奖售标准。1971 年后，实行农副产品统一奖售的办法。区境实行奖售粮有油料、糖蔗、烤烟、生猪等 14 种。1976 年，实行糖蔗与粮食挂钩政策，交售 1 吨原料蔗奖售粮食 125 公斤。1985 年，取消农副土特产品收购奖售粮食的办法，交售 1 吨糖蔗奖售粮食标准降为 50 公斤。1987 年，交售 1 吨糖蔗奖售粮食标准提高为 62.5 公斤。1989 年，吨蔗奖粮提高到 75 公斤，奖售粮可抵征购任务，可购现粮，亦可取平议差价款，同时奖售标准氮肥 10 公斤，按综合价供应。1993 年，停止奖售粮供应。

（四）粮油市场购销

民间交易　解放前，区境民间的粮油交易普遍在圩市进行。郭坑圩、桥头圩和小港圩为主要粮油购销圩市。上市粮油产品有谷、米、小麦、番薯干、花生、芝麻、花生油、菜籽油，以及其他杂粮、油料油脂、粮食复制品等，价格随行就市，买卖双方议定。除农民互通自产粮油外，还有私营粮油商、粮油小贩采购粮油产品，到当地乡镇和其他地方销售。中华人民共和国成立初期，仍允许农民自产自销的粮油在圩市上互通，并允许私营粮油商、粮油小贩从事粮油购销。1953 年 8 月，设郭坑、小港 2 个粮食交易所，允许农民在完成统购任务后，在专设的交易所进行余缺调剂。1957 年，粮油统一由国家经营，关闭所有粮油集市。但民间小宗粮油仍在私下交易。1978 年后，有计划地逐步开放粮食集市贸易，增辟农贸市场，调剂粮食余缺。1983 年，允许粮食实行多渠道经营，区境从事粮食经营的专业户、个体户和联营店家纷纷开业。郭坑镇利用地处漳泰公路和鹰厦铁路交通优势，兴办米行 25 家，购销范围达 13 个省市，年粮食销售量达 1813 万公斤。1989 年，开放饲料经营，区境出现私营商贩经营饲料、兼营大米等粮食品种。1991 年，实行平议价互转互换，平价粮食销售锐减，区境议价粮米以优良品质迅速占领市场。1993 年，粮食销售价格完全放开，粮油购销进入市场调节。

议价购销　1962 年，区境在做好粮食统购统销的同时，开展粮油议价经营，作为统购统销的补充，以弥补食品、酿造和其他行业用粮的不足。议价水平一般均低于市价 10%。粮油议价业务由供销合作社兼营，1965 年 4 月，正式归粮食部门经营。1970 年，停止粮食议购议销业务。1978 年夏季开始，逐渐恢复议价粮油经营。区境生产队在完成国家征购任务（包括加价超购）和安排各种留粮后，还有余粮的可以有计划、有重点地进行议购；对有议购的生产队，不再回销粮食。社员个人在完成国家征购、加价超购任务后，有剩余的稻谷，允许议购。1980 年 4 月，严格控制议购数量，不能议购过头粮。议销主要对象为城镇饮食业和车站、码头等交通要道的饮食、糕点行业；工商用粮的安排和国营饲料的补助；城镇户粮关系不落实人员的供应和口粮困难补助；农村供销社饮食业需要的粮油原料，除计划安排外，不足部分可由粮站安排议销供应。同时，为平衡粮油计划购销，允许粮食部门根据上级下达的指标，把一部分议价粮油转为平价销售。根据实际情况，每年调整议价粮油的最高控制价。1983 年后，粮站由代购代销代储转为直接经营，独立核算，执行随行就市的原则。1986 年后，议价经营政策放宽，议价经营完全执行市场价格。1993 年，粮食价格完全放开，区境取消粮食议价购销。

二、粮油储运

（一）仓储

南宋乾道年间，区境始建社仓，以备灾年之用。

民国初期，区境清末遗留仓廒倾圮已尽。民国 25 年，分设各种谷仓，统称“积谷仓”，其作用为平粜、散放、贷放 3 种。准许私人捐建义仓，但须受政府监督。民国 30 年，田赋征实，政府在征收地方设规模较大的粮仓，直接收纳农户完纳的赋谷，并在水陆交通要道修建“集中仓库”，集中收纳运存粮食。抗日战争胜利后，国民党政府发动内战，加上军粮骤增，粮源枯竭，仓储量大为减少。中华人民共和国成立前夕，区境粮仓已存粮无几。

中华人民共和国成立后，区境的粮仓数量少、容量小，且破烂不堪。为适应购销和储运任务不断增长的需要，国家不断投入大量资金用于增建仓储设施。1963 年，步文粮站有粮仓 30 座，仓容 175 万公斤，设 5 个保管点，委派 5 个保管员。1971 年 9 月，步文粮站在蓝田粮点兴建 8 座直径 5 米的土圆仓，面积 176 平方米，造价比基建仓节省 40%。1975 年，步文粮站在蓝田粮点和赤岭粮点建土圆仓 12 座，存粮 200 万公斤，粮仓全部实现无虫害、无霉烂、无鼠雀、无事故。1980 年，步文粮站有粮仓 19 座，存粮 125 万公斤，库存品种有稻谷、小麦、花生果和其他粮油种子等。1995 年 10 月，步文粮站在蓝田粮点兴建的 8 座土圆仓，被兴建的民房所包围，致粮食进出仓困难，且熏蒸杀虫工作无法开展，难以继续储粮，1995 年 10 月报废。

1997 年，有蓝田开发区库点标准仓库 1 座，仓容 1500 吨。蓝田村库点老化仓库 1 座，仓容 350 吨；报废仓库 1 座，仓容 250 吨。郭坑库点老化仓库 1 座（分为 3 间），仓容 1313 吨。1998 年下半年，在蓝田开发区库点新建 1 座标准仓库，库容 1500 吨。2005 年 7 月，在龙文区朝阳镇浦口粮食批发市场内新建1座省级粮食储备库，有砖圆仓4组（仓容1.1万吨）、平房仓6幢（仓容4.1万吨），总建筑面积1.33万平方米。

2007年，龙文区粮库存放区级储备粮2500吨。

（二）调运

明代至清代，区境农村所产粮食除部分在乡村自行加工口粮和留存种子粮、储备粮外，其余的公粮、商品粮均向城镇流动。不足的粮食从广东潮州、惠州和浙江、台湾转运输入。

民国初期，粮食余缺调剂主要通过省政府指令和行政区粮食会议解决，对粮食流通实行管制，规定须有当地政府签发的准运证，粮食方可起运。抗日战争胜利后，恢复仰光米、安南米、暹罗米输入，面粉、大豆等由上海、东北省输入。民国35年6月后，政局动荡，缺粮严重，粮价暴涨，区境粮食调剂、调运处于停止状态，民间粮商自行长途贩运，牟取高额利润。

中华人民共和国成立后，区境粮油由政府及时组织民工、运输船只和汽车，从粮食集运点运入供应缺粮区，平抑粮价，安定人民生活。实行粮食统购统销后，国家严格控制粮油，对国库粮油调拨实行“支拨证”命令书制度。区境粮食部门采取直接进厂、进仓、进店、进码头办法，防止迂回倒流，避免重复搬运，以降低粮油经营费用。

鹰厦铁路通车后，外省产粮区调入区境的粮食靠火车运输为主。2001年，位于郭坑火车站附近的浦口粮食批发市场建成投产。2005年11月，经省政府批准升格为省级粮食批发市场后，2006—2007年，龙文区粮食行业协会多次参加省内外粮食购销协作洽谈会，与安徽、江苏、江西、湖南、山东、河南、黑龙江等省建立较稳固的粮食产销协作关系，依靠铁路运输大批量调入粮食加工，调出粮食复制品。

第二节　副食品购销

一、肉食禽蛋

解放前，区境有私营猪廊、屠宰户，农民卖猪时收取少量定金，待宰杀销售后，再结算取足余款；也有商贩到农村收购、宰杀生猪，小部分由养猪户自产自销。猪苗、羊、禽蛋则在郭坑圩、桥头圩、小港圩按圩期上市交易，价格随行就市，买卖双方议定，货款两清。

1953年，郭坑供销合作社和步文供销合作社开展猪牛羊收购和供应业务，私商逐步减少。1956年起，实行生猪派购政策，每年向农民分派一定的交售任务，由食品公司（食品站）按国家规定的价格收购。对被淘汰的役牛实行统购；对菜羊、家禽和鲜蛋实行计划收购。采取“平日紧，节日松，淡季控制，旺季放宽”的供应办法，在一定程度上缓和供求矛盾。1959年，步文供销社收购生猪3038头、菜牛376头、家禽13215羽。1963年开始，对农民完成生猪派购任务后多余的部分，参照市场价格予以收购。1964年，步文供销社收购生猪5331头，比1961年增长12.56倍。1965年，由于生猪的集市贸易价格与国家的收购价基本持平，停止议价收购。1970年，郭坑综合服务部商业分站收购生猪2838头，1971年收购3588头。1972年，生猪实行“一把刀”管理，购销统一由国家经营，不允许农民自宰、自销。为加强商农关系，供销社、食品站组织肉担挑肉下乡。生猪宰杀、供应猪肉，坚持做到“二早一方便”，即提早宰猪，提早挑肉下乡。让群众买肉不出队、卖猪不出村，保证村民在出工前就能买到猪肉。1975年，步文食品站在书厅、石井、长洲设3个生猪屠宰点，组织32个肉担分别到32个大队巡回供应，并在港桥、蓝田设2个固定摊点，供应辖区内的机关、工厂、部队。当年收购生猪23829头，其中上调给国家9452头，出口2439头。1977年，步文食品站收购生猪20734头，其中上调给国家9560头，销售11876头；1978年，上调给国家11500头。1979年开始，又恢复议价收购。1985年起，取消生猪派购，实行自由交易，由国家、集体、个体商业多渠道经营，一概为议价收购、议价供应。菜牛、菜羊购自区境的养殖专业户，数量不多，除供出口外，大部分调往福州、厦门等地。鸡鸭蛋品大都购自区境饲养专业户，除销售当地外，则供出口和调往外地。1985年，郭坑供销社收购生猪3680头，1986年收购3684头。2007年，龙文区有肉食禽蛋专业市场1个、摊位45个，零售额42000万元。

二、蔗糖

明代，海澄县月港崛起，外贸活跃，“稻利薄，蔗利厚”，区境农民竞种甘蔗煮糖外销。清代，不但村村种植甘蔗，而且开设糖寮，制蔗糖，运销外地。

民国初期，甘蔗产区扩大，区境登科种植甘蔗优质高产，成为闻名的“登科甘蔗”，出糖率高。抗日战争期间，蔗糖外销困难。

中华人民共和国成立后，蔗糖生产逐渐恢复并外销。1952年，食糖由供销合作社和私营糖商交错经营。1954年7月，食糖实行计划收购和供应。1959年，食糖实行凭证按人口定量供应，城乡每人年供应定量为3公斤。1964年，食糖取消票证，敞开供应。1967年，食糖又恢复凭证供应。1983年起，取消食糖凭证供应，放开销售。

三、蔬菜与水果

解放前，区境蔬菜、水果由个体商贩购销。

中华人民共和国成立初期，区境蔬菜仍由个体商贩经营。水果由私营水果商经营，主要在郭坑、桥头、小港等圩市进行交易。鲜果主要销售省内，干果远销上海、浙江、江苏、天津等省市及日本、朝鲜和东南亚各国。龙眼、荔枝、柑橘、香蕉等鲜果和荔枝干、桂圆干（龙眼干）、柿饼等干果被列为二类产品后，由国家安排购销，供销合作社经营。1956年，食杂公司组织的蔬菜商店、合作小组参与收购蔬菜。1958年后，公社设立水果加工场、罐头厂，果品除部分供应当地工场、工厂加工罐头、蜜饯和零售外，大部分外销英国、美国、意大利和北美、北欧、南非等国家，以及省外各地。1959年，步文供销社收购蔬菜229.38万公斤。1964年，步文公社交售水果2500吨，1985年，交售水果3335吨，其中香蕉1505吨。1986年后，实行多渠道经营，国营、集体、个体蔬菜商同时进行购销，除供应当地市场和调往省外，还加工速冻蔬菜、脱水蔬菜，出口日本、新加坡、马来西亚等国家。从外省调进紧缺品种的蔬菜，调剂市场，增加供应蔬菜花样。水果被列为三类农副产品，改国家统一购销为多渠道经营，国营、集体、个体果品加工厂、加工场和运销户应运而生，参与水果购销。1989年，郭坑镇运销各种水果2.1万吨。

1997年，龙文区步文港桥农贸市场、步文西边市场、步文解放村市场、郭坑圩市场、郭坑铁路新村市场、郭坑火车站水果市场等市场均有蔬菜、水果购销。2007年，步文镇步文、长福、坂上等村，朝阳镇朝阳、埔尾等村均建有大面积的商品菜生产基地，年供鲜菜2000吨。全区上亿元商品交易蔬菜市场1个，摊位79个，营业面积36000平方米，市场成交额12257万元，商品零售额699万元。

第三节　食盐与烟酒购销

一、食盐

解放前，区境食盐均由私营盐商自石码运入销售。1950—1984 年，郭坑供销社、步文供销社和圩市、乡镇食品（食杂）商店所零售之食盐，均从盐业石码分公司购进。

二、烟与酒

明万历三年（1575 年），烟草（也称“淡巴菰”）从菲律宾传入区境。清代至民国 37 年（1948 年），区境以销售烟丝为主，只有少量卷烟上市，均由私商开设的食品杂货店和个体小商贩在圩市、乡村经营。酒类为私营小酒厂、酿酒作坊自产自销，批零兼营。品种单调，多数是白酒、黄酒、荔枝酒，少数是中药配制的药酒。

中华人民共和国成立后，区境烟丝和卷烟由供销合作社经营，烟丝多数供应农村，卷烟多数供应城镇。酒类实行专卖，禁止私人酿酒上市。私营酒厂和作坊经过社会主义改造，成为公私合营或转为国营酒厂，生产纳入国家计划，全部由国营专卖公司收购，不能自销。农村自酿的白酒或黄酒，每年每户限白酒 50 公斤、黄酒 25 公斤以内，只作自用，不准出售。酒类零售业务由领有营业执照，并向专卖部门办理承销手续的零售商经营。1961 年起，烟丝和卷烟供应采取“保证特需，照顾重点，兼顾一般”的定量控制办法。粮食紧张，米酒实行凭票定量供应，后改为凭粮票随意购买，大量用番薯、龙眼核、荔枝核、金狗头（蕨类）等代用品酿制的饮料酒敞开供应。利用榨糖后的甘蔗渣酿制的甘蔗渣酒，价格便宜，农村多用于冬季喂养耕牛御寒。1970 年后，以凭票供应为主，结合批发供应。

1979 年，区境酒类生产数量大幅上升，品种不断增加，除名优特酒类实行计划供应外，一般酒类敞开供应。国营、集体、私营商业企业自行到产地酒厂进货、自行销售。1981 年，烟丝和卷烟实行专卖管理，敞开供应，区境国营、集体、私营零售网点遍布城乡，烟草销售量上升。2000 年起，葡萄干红酒、葡萄干白酒甚受消费者喜爱，进口的外国酒也摆上酒席，区境酒类商品销量迅速增加。2003 年，区境实施卷烟零售明码标价，卷烟价格管理延伸至零售终端。2007 年，龙文区商品交易市场经营烟酒类摊位 36 个，商品成交额 2443 万元，其中零售额 85 万元。

第四节　日用品与服装鞋帽纺织品购销

一、日用品

明代之前，区境日用品多为手工业制品，手工业制品一般与土特产品、食品同时经营。日用商品有石粉、扇子、板刷、草纸、烟丝、烟纸、旱烟筒、水烟筒、香烛、灯芯、灯油品等。明代中叶后，随着海澄月港对外贸易的繁荣和厦门辟为通商口岸，外国货不断进入国内城乡市场，区境番仔火（火柴）、洋伞、肥皂、洋烛等“洋”商品的种类和数量日益增长，部分杂货店逐渐发展成为经营上海、广东等地新兴工业企业所生产的日用品为主的百货店。有部分小百货商贩手摇拨浪鼓、肩挑“杂细担”，串街走巷下乡兜售，定期赴圩市推销。

中华人民共和国成立初期，仍由私营百货店、杂货店和小百货商贩经营日用品。1952 年，区境经营的文化用品等由龙溪县百货公司提供。随着供销合作社的成立和对私营商业的改造，日用品由供销合作社、合作商店及其归口管辖的商贩共同经营，货源由百货采购供应站和百货公司提供。竹壳热水瓶、肥皂、火柴等成为畅销品。1960 年起，香水、香皂、雪花膏、牙膏等销量较大。1970 年后，各色搪瓷面盆、杯盘、机制薄纸、洗衣粉等较为畅销。1980 年后，允许工业部门自销产品，也允许商业部门向外自由采购日用品，实行跨区、跨省或直接从生产厂家多渠道购进。区境化妆品、尼龙伞、电饭煲、铁壳和塑壳热水瓶等销路好。国营、集体商店大多经营综合类文化用品，而个体商店以经营单一品种为多。文化用品以纸笔销量较多。

1990 年后，区境大批私营百货公司和个体百货商店纷纷开业，搪瓷制品、铝制品、不锈钢制品、保温瓶、保温桶、玻璃器皿、洗涤用品、化妆用品、塑料用品、皮革及布制品、工艺品和玩具等新品种、新型号、高档的日用商品不断上市。经营的文化用品有纸张、纸制品、文具、印刷用品、照相器材、体育用品、娱乐用品等。2006 年，龙文区经营的文化用品有纸张、文具、体育用品、娱乐用品、照相与录像器材、电脑和复印机等。

2007 年，龙文区商品交易市场经营日用品类摊位 26 个，成交额 221 万元。

二、服装鞋帽纺织品

元元贞二年（1296 年），吴中黄道婆纺织机具、技术传入，区境的市后、山头顶、孚美等地，手工生产潞绸、葛布，销往海内外。明嘉靖十四年（1535 年），区境生产的漳纱、漳绒（天鹅绒）、漳缎，畅销各地，并通过沿海商人运销海外。

民国 1—37 年（1912—1948 年），随着织机、漂染、印花、轧光等技术的改革，区境生产的土布品种不断增加，质量不断提高，除在域内各圩市、乡间自销外，还运销厦门、龙岩、江西等地。当地生产的土布由私营布店和肩挑小贩走村串乡流动兜售，比较畅销的有粗白布、细白布、漂白斜纹布、黄斜纹布、蓝斜纹布、线呢等。

中华人民共和国成立后，区境国营贸易公司综合经营棉纱、布匹等商品。私营商业仍担负大部分纺织品零售业务。1952 年，区境经营的鞋帽、纱布、针织品由龙溪县百货公司提供。1954 年 9 月，实行棉布凭票供应。居民每人每年发给布票 5.67—6.67 米，干部职工略有增加。1959 年，每人每年平均定量减至 5 米。1960—1964 年，每个居民每年发给布票 1.67 米，每个干部职工发给布票和针棉织品票共 3.33 米。“文化大革命”期间，每人每年发给布票 4 米。在纺织品凭票供应期间，人们买布只求结实耐磨耐洗，不太讲究花色品种，一遇打折收票的棉布和不收票的化纤品上市，便争相排队购买。

中共十一届三中全会后，服装、鞋帽、纺织品生产，特别是化纤织品的生产发展迅速，花色品种不断更新，区境货源日益丰富。1983 年 12 月，取消布票，棉纺织品、针织品一律敞开供应。中长纤维织品畅销。各色涤纶、腈纶、棉纶、乔其纱、的确良等销路甚广，呢绒、毛料供不应求。1990 年后，由于消费观念发生变化，一度被冷落的纯棉纺织品，又在市场中占有重要位置，受到消费者的青睐。

2007 年，龙文区商品交易市场经营服装、鞋帽、纺织品摊位 44 个，其中服装摊位 29 个、鞋帽 9 个、纺织品 6 个，成交额 604 万元，其中服装销售 526 万元、鞋帽 46 万元、纺织品 32 万元。

第五节　五交化商品与交通用具购销

一、五金交电化工商品

解放前，区境除个体“打铁店”自产自销刀剪、小农具外，私营五金店、个体商贩经营元钉、铁丝、插销、窗钩、合页等民用小五金。

中华人民共和国成立后，五金交电商品由百货公司和私营商家交错经营。1956年后，由国营五交化商店和供销合作社经营。1972年，五金交电化工商品改由五交化公司及其属下机构和供销社经营，品种从原来的1600多种扩大到2600多种。五交化商品从民用小五金扩大到工具五金、建筑五金、机械配件、防护器材等；又从金属材料扩大到胶木制品、塑料制品、尼龙制品。五交化商品货源大部分来自上海、广州、杭州、苏州、天津、青岛、大连、重庆、沈阳等地，属计划商品。

1978年后，除国营商业和供销合作社外，其他集体、工业部门和私营商业，也参与经营五交化商品，并实行多渠道进货，五交化商品的种类和数量不断增加、质量不断提高。1980年后，区境手表、电子表、收音机等商品敞开供应。1990年后，随着科学技术水平的发展，产品更新换代步伐加快，手机、电话机、电视机、洗衣机、电冰箱、微波炉、数码相机等家电产品畅销市场。

2007年，龙文区商品交易市场经营五金电料类交易市场摊位16个，成交额75万元；电器产品及设备类交易市场摊位86个，成交额1600万元。

二、交通用具

1953年，区境开始销售永久牌、飞鸽牌等牌号自行车，销售量不多。1957年后，增加凤凰牌、红棉牌、红旗牌等牌号，自行车销量增加。1960年，名牌自行车实行凭票供应。1962年，实行高价供应。1965年4月后，自行车陆续恢复平价供应。1970年后，区境又增加武夷牌、金狮牌等牌号自行车。因规格型号多样化，商品畅销。1978年后，摩托车、汽车开始进入百姓家中，成为便捷的交通工具。1985年，名牌自行车实行浮动价格敞开供应，凤凰牌、永久牌等名牌自行车供不应求，而其他杂牌自行车销售不畅。随着摩托车、汽车的销售，自行车销量减少。

1997年起，龙文区在迎宾路两侧陆续兴办销售各种摩托车、货车、小轿车企业。1998年，漳州市立昌汽车服务有限公司开业。2000年，龙文区兴办漳州吉兴汽车销售有限公司、漳州市万盛达汽车经贸有限公司和上海大众汽车漳州销售服务有限公司。2002年起，漳州盈众汽车销售服务有限公司、漳州建联汽车贸易有限公司、龙文区恒昌汽车发展有限公司开业、漳州通海汽车销售服务有限公司、漳州恒驰汽车贸易有限公司开业、聚力汽车销售服务有限公司、漳州捷诚汽车销售服务有限公司和漳州市源通汽车销售服务有限公司分别开业。2003年，龙文区汽车购进总额801.1万元，销售946.8万元。2005年，龙文区汽车购进总额7537.6万元，销售7934.5万元。2006年，龙文区兴办漳州盛元丰田汽车销售服务公司。当年，全区销售各种汽车1.4万辆。

2007年，龙文区有汽车销售企业33家，占漳州市汽车销售企业的35.1%，购进总额8.56亿元，销售8.27亿元。其中，亿元以上汽车类交易市场1个，有20个摊位，面积8000平方米，成交额3.85亿元（零售额699万元）。

第六节　药品与医疗器械购销

解放前，中西药品和医疗器械均由私商经营。

1953年，西药纳入国营商业经营，中药材由供销合作社和私营药商交错经营。1960年，郭坑和步文经营网点向龙海县医药公司进货零售。1965年，龙海县医药公司郭坑门市部设立，经营药品和医疗器械。1978年后，实行改革、开放、搞活的政策，允许私营药商开业，经营中西药品和医疗器械。私营药店遍布城镇村庄，多渠道进货，给群众带来各种便利。2004年，龙文区中西药类购进总额2248.1万元，销售总额5576.6万元。2005年，龙文区中西药类销售总额3546.5万元。当年，聚善堂医药物流配送中心运用现代科技和管理技术，负责向漳州市聚善堂医药连锁有限公司属下的18家连锁分店配送药物，交易额2274万元。2006年，聚善堂医药物流配送中心交易额8359万元。2007年，全区限额以上医药与医疗器械批发企业1个，从业人员152人，购进总额15413万元，销售额15276万元，其中中西药品交易额13056万元。

第七节　燃料与成品油供应

一、煤炭

解放前，区境铜铁锡手工制品作坊、饭菜馆、糕饼店购用少量煤炭，由煤炭商供应。中华人民共和国成立后，随着运输业、制造业、机械业的不断发展，生产用煤不断增加，煤炭由燃料公司统一经营。

1960年后，区境集镇、乡村开始推广生活用煤灶、煤炉，以煤炭取代过去长期使用的柴薪、木炭等燃料，由煤建公司及其下设门市部经营民用煤炭的购销。工业用煤按实际生产所需供应，民用煤采取统一购买簿、供应卡按人定量供应。1972年，改凭煤票供应，在集镇设立购煤点，供应煤炭及加工制成的煤球、蜂窝煤块。农村的村民购得煤炭后，多数在工余时自行印制煤球、蜂窝煤块自用，以节省生活费。

1989年后，由于石油液化气燃料的兴起，区境民用煤炭销量逐年减少，工业用煤由生产单位直接从龙岩、漳平等产地购进。1996年后，龙文区逐渐以石油液化气燃料、电能替代煤炭。

二、石油

清光绪年间，英国壳牌公司，美国美孚石油公司、亚细亚火油公司、荷兰皇家石油公司先后向区境输入煤油、汽油、柴油，俗称“洋油”。由商行、店铺个体商经销。

中华人民共和国成立后，石油产品列为国家统配物资，实行“保证重点，统筹兼顾，定额配给，核实供应”的原则，由国营商业企业负责销售。1980年，农用柴油，定量下拨给步文和郭坑供销合作社经销。

2007年，龙文区主要成品油零售企业有15家，其中，二级加油站有4家，三级加油站有11

家。为国有中国石油天然气股份有限公司、中国石油化工股份有限公司（简称中石化）下属企业7家，国有参股（中石化控股）企业2家，个人独资私营企业6家。二级加油站有位于朝阳镇漳龙高速公路漳州路段的福建省高速公路华陆管理有限公司朝阳上行加油站，占地面积534平方米，拥有汽油加油机4台、柴油加油机4台；位于朝阳镇漳龙高速公路漳州路段的福建省高速公路华陆管理有限公司朝阳下行加油站，占地面积534平方米，拥有汽油加油机4台、柴油加油机4台；位于九龙大道与水仙大道交叉口的中石油福建漳州长运加油站，占地面积3705平方米，拥有汽油加油机6台、柴油加油机6台；位于蓝田开发区开放大道的中石化森美（福建）漳州蓝田加油站，占地面积2397平方米，拥有汽油加油机2台、柴油加油机2台。三级加油站有位于朝阳镇登科村的中石化森美（福建）漳州登科加油站，占地面积2963平方米，拥有汽油加油机3台、柴油加油机1台；位于坂上村公路旁的中石化森美（福建）漳州坂上加油站，占地面积3667平方米，拥有汽油加油机4台、柴油加油机2台；位于朝阳镇经济开发区的中石化森美（福建）漳州朝阳加油站，占地面积6942平方米，拥有汽油加油机4台、柴油加油机2台；位于坂上村西边路口的中石化福建漳州德信加油站，占地面积1260平方米，拥有汽油加油机2台、柴油加油机1台；位于迎宾路南侧西坑段国道324线的中石油福建漳州龙兴加油站，占地面积6534平方米，拥有汽油加油机12台、柴油加油机12台。位于朝阳镇登科村省道207线的龙文区永昌加油站，占地面积1000平方米，拥有汽油加油机2台、柴油加油机1台；位于步文镇坂上村西边路口国道319线的龙文区赐丰加油站，占地面积142平方米，拥有汽油加油机2台、柴油加油机1台；位于蓝田镇梧田村的龙文区龙江加油站，占地面积1892平方米，拥有汽油加油机2台、柴油加油机1台；位于朝阳镇桥头村的龙文区赐安加油站，占地面积400平方米，拥有汽油加油机1台、柴油加油机1台；位于步文镇下店尾人民广场旁的龙文区智兴加油站，个人独资，占地面积1000平方米，拥有汽油加油机3台、柴油加油机1台；位于郭坑镇工农路省道207线的龙文区君勇加油站，占地面积250平方米，拥有汽油加油机1台、柴油加油机1台。15家加油站从业人员共127人，其中专业技术人员21人；拥有汽油加油机51台、柴油加油机40台；汽油总储能力755立方米，柴油总储能力535立方米。当年，龙文区商品交易市场经营石油及制品类摊位18个，成交额100万元。

第八节 物资经营

一、农业生产资料供应

解放前，区境中小农具主要有铁器、木器、竹器、麻织四类，分别由相关行业私营商户雇工制造，或由个体相关工匠自产，在圩市上和私营商店出售。铁器类农具有锄头、镰刀、禾刀、铁犁、铁铧、铁（铜）牛串等；木器类农具有扁挑、风柜、木桶、水车、拉挞、木耙、木柄等；竹器类农具有箩筐、竹笼、竹扫、土筛、竹笠、戽斗、谷笪、土箕、担甲等；麻织类农具有麻袋、麻索、棕蓑、棕绳等。私营商贩经营豆饼和少量进口化肥。

中华人民共和国成立初期，区境各种农具除少量由行业工匠、个人作坊制造，在圩市上出售外，绝大部分由供销合作社和农资公司经营。政府重视农业生产，区境供销社多渠道组织供应豆饼、化肥、农药、农药械、黑光灯捕虫器等。主要农药品种有六六粉、敌敌畏、敌百虫等。1959

年，步文供销合作社供应农具 24.85 万件，供应农药 17158 公斤，销售化肥 7.48 万公斤。

1960 年起，区境增加经营滴滴涕、硫酸铜、乐果、硫黄、克瘟散等 10 多种农药。1963 年，郭坑供销社销售各种农具 0.72 万件。1965 年开始，推广液体化肥氨水，成本低，见效快，销量大增。当年，步文供销社销售各种农具 10.49 万件，销售化肥 215.8 万公斤、氨水 27 万公斤、磷肥 69.97 万公斤、其他杂肥 8 万公斤，销售各种农药 9.545 万公斤。

1970 年起，区境增加供应打谷机、手推车、水泵等小型农业机械。1971 年，郭坑供销社销售打谷机 74 台。郭坑供销社销售农药 3.53 万公斤，主要农药品种有稻瘟净、杀虫醚、多菌灵、稻脚青等。1974 年，步文供销社从外地购进各种铁、木、竹类农具 1.5 万件，销售各种农具 19.67 万件。为支援农田水利建设，组织购进、供应手推车 56 辆、土箕 4546 担，竹挑、木柄、锄头等 9128 件。郭坑、步文供销社组织供应、检修黑光灯，使郭坑、步文公社黑光灯分别从上年的 73 盏、788 盏增加到 275 盏、969 盏。1976 年，步文供销社销售各种农具 15.14 万件，其中铁器农具 1.78 万件、竹器农具 8.62 万件、木器农具 1.44 万件、其他农具 3.3 万件。1976 年，步文供销社销售氮肥 388.62 万公斤。其中，氮肥 220.22 万公斤、氨水 167.81 万公斤、磷肥 8.49 万公斤、钾肥 0.32 万公斤。销售农药 26.45 万公斤，销售农药器械 400 件。1977 年，步文供销社销销售氮肥 270.73 万公斤、氨水 16.78 万公斤、其他杂肥 160 万公斤。

1980 年起，区境增加经营叶枯净、托布津、井冈霉素等农药品种。农药器械主要品种为喷雾器、喷粉器等。1986 年，在肥源紧张的情况下，郭坑供销社想办法多方组织供应肥料 37.6 万公斤。1989 年，郭坑供销社销售氮肥 110.62 万公斤、磷肥 195.1 万公斤、钾肥 18.86 万公斤、进口复合肥 11.72 万公斤；销售农药 2.14 万公斤。

1997 年，步文供销社经营化肥批发和零售业务的有位于蓝田镇西坑村的天宅肥药经营部、位于朝阳镇翁建村的翁建肥药经营部、位于朝阳镇西洋村的西洋肥药经营部、位于蓝田镇西坑村的西坑肥药经营部、位于步文镇下洲村的下洲肥药经营部、位于朝阳镇桥头村的桥头肥药经营部、位于朝阳镇浦口村的浦口合肥经营部。从事农药批发和零售业务的经营部，有位于步文镇步文村的农化经营部、位于港桥的农鑫农资有限公司等企业。2007 年，龙文区农业生产资料专业市场有摊位 16 个，成交额 2000 万元。

二、木材与建材经营

（一）木材

区境缺乏森林，属非木材主产地。中华人民共和国成立之前，北溪流域龙岩、永福、漳平、华安等地沿江砍伐的木材，以扎排水运漂放至郭坑后在区境销售。中华人民共和国成立后，木材被列为国家统配物资。1956 年，区境木材由国营龙溪县木材公司及其下属机构经营。1969 年后，区境木材除少量扎排水运外，大都改用汽车、火车转运。1986 年，取消木材指令性计划和政策性亏损补贴，开放木材市场，由私营木材商经营木材运销。

2007 年，龙文区有木材及制品类交易市场摊位 2 个，成交额 32 万元。

（二）建材

解放前，区境多数村庄建有砖窑，烧制砖瓦用于民居建筑。村民以蚝壳烧制石灰，用于修建民居涂壁。同时，私营商家从国外购进水泥（俗称洋灰）出售。

中华人民共和国成立后，水泥被列为国家统配物资，由区境国营企业经销。1960 年，水泥归物资部门经营。砖瓦、石料、石灰属三类物资，由各行业自行销售。1979 年后，市场全面开放，国营、集体、私营建材商均参与各项建筑材料经营。

2007年，厦门旺嘉美建材投资有限公司以租赁土地的方式，投资4000万元，建成小港家具装饰建材市场，占地面积9.58公顷，经营各种家具、建筑材料、装饰材料。当年，龙文区有建筑及装潢材料类交易市场摊位36个，成交额400万元。

三、废旧物资回收

明代，区境已有收购废旧钢铁、铜、锡器的商户。清代至民国38年（1949年9月30日）8月，废旧回收店增多，废旧金属成为铸造业和铁器加工业的一大资源。回收的破布、废纸、猪牛骨、鸡鸭毛等也得到利用。

中华人民共和国成立后，区境集镇开设废旧物资收购站，组织小商贩肩挑回收担走街串巷，到偏僻农村收购。1965年，废旧物资回收公司下设的回收站、回收点组织货郎担下乡登门收购。1959年，步文供销社收购废旧物资支出金额25050元。1974年，郭坑供销合作社回收废钢铁40.35吨。1975年，废铜、铁、锡、铅、橡胶等被列为统购物资，并把破布、废纸、废棉等列为计划收购物资，由供销合作社负责收购。

1976年起，杂骨被列为国家计划管理物资，区境实行定人、定片登卡的收购办法，进行收购，按规定上调。1980年后，随着城乡经济体制改革，废旧物资回收出现多家经营局面，国营物资部门、供销合作社和私营回收店同时并存，多渠道开展收购、销售、加工、利用废旧物资。

1997年起，龙文区有从事再生物资回收与批发业务的商户，还有分布于集镇、乡村各个角落的私营个体回收店。

2007年，龙文区主要从事再生物资回收与批发业务的商家有位于龙文浦东明欣苑的漳州市云集物资回收有限公司、位于郭坑镇开发区漳泰公路边的龙文区盛怡废品收购有限公司和位于步文镇田丰村的厦门兴重环保化工有限公司漳州分公司。

第四章　服务业

第一节　餐饮业

明至清代，区境各圩场、码头周围均开设店铺、排摊设点供应餐饮，出售各种饭菜、面食、甜点、茶水、米粿等，还有手提、挎篮、肩挑的流动小商贩，叫卖糕饼、手抓面等方便食品。民国1—38年（1912年至1949年9月30日）8月，区境各圩集沿街、交通要道，增设餐店，大都在店内摆几只桌椅，店前明炉亮灶，现制现卖，以招徕顾客。沿街食摊，低档消费，很适合赶圩的村民和一般路人的口味。

1956年，鹰厦铁路通车后，郭坑火车站及其附近，餐饮商店、食摊棋布，便利旅客就餐。1959年3月，郭坑大众饭店、旅社合并，改称郭坑饮食服务公司，隶属龙溪县商业局。此后，由于受“大跃进”及农业连年遭灾减产的影响，区境粮食、肉禽蛋、蔬菜不足，饮食不再精工细作，传统烹调特色消失，大众化食品多为粗制滥煮，服务质量和食品质量均差，顾客需要凭票排队购买。没有粮票的，须自带小麦、大米，换取面粉类或米类食品。“文化大革命”期间，饮食业被视为是“为资产阶级吃喝玩乐服务”，传统菜点和便民服务项目被废除，国营饮食店和合作饮食店，只供应低档食品，失去行业经营特色。

中共十一届三中全会后，区境各种经济形式的饮食店竞相经营，国营、集体、个体饮食店、摊，恢复供应传统小吃和名菜名点；开设雅座，承办宴席，热情待客，周到服务；拓展快餐、自助餐、中西餐、海味、素菜、早茶（点）、午茶、晚茶（夜宵）等业务，顾客络绎不绝。1988 年，郭坑镇饮食业收入 41.40 万元。

1997 年，龙文区餐饮业零售总额 2124.4 万元。1999 年零售总额 2992 万元。2001 年，龙文区餐饮业零售总额 3676.9 万元。2003 年零售总额 4785.4 万元。2005 年，零售总额增至 5827 万元，比 1997 年增长 1.7 倍，年均递增 13.4%。2006 年，龙文区主要餐饮业有位于步文镇浦东的漳州浦东大酒楼，主营潮汕菜系、生猛海鲜、燕翅鲍、港式茶点等；位于蓝田镇蓝田村的龙文区广惠餐饮服务有限公司；位于云洞岩风景区的龙文区云顺大酒店；位于蓝田镇圳头村的漳州华美达大酒店有限公司，属旅游饭馆。还有位于漳州火车站东站广场的贵溪饭店，以及快餐店、小吃店、中西餐馆共 12 家。酒楼、饭店、餐馆、饮食摊点，遵照《中华人民共和国食品卫生法》和相关规定进行经营，做到"卫生许可证、健康证、工商营业执照"三证齐全，配备风幕机、纱门纱窗、灭蝇灯、紫外线消毒灯、保洁柜、消毒柜等，做好防蝇和消毒工作，餐用具分别设有专用洗涤、清洗水池。食品采购制定台账登记和索证索票制度，向定点屠宰场、有卫生许可证、检验报告单的商场选购食品原料，做到有效监控。存放食品仓库设隔墙、隔地的平台和货架，清理过期变质食品，确保加工的食品无毒无害、安全新鲜。从业人员必须持有健康证明，操作中穿戴干净的工作服、工作帽，严格遵守卫生管理制度。2007 年，龙文区餐饮业（含住宿）零售总额 6354 万元。

第二节　其他服务业

解放前，区境服务业还有旅社、照相、理发等，大都集中于水陆交通交汇处郭坑、步文集镇，均为私营商业。住宿规模较大的称旅社，较小的称客栈，设备简陋，设统铺和几间木板隔成的单双铺，以接待各地前来的商贩为主要业务。理发业有在集市开设小间理发店和流动剃头担走街串巷、下乡服务。理发店只设一张理发椅，一面挂墙上的玻璃镜，一个水桶，一个洗面盆；设备简陋。剃头担一头为小柜，内装炭炉、木桶，供烧开水用，上面放洗面盆。另一头小木柜内放剃头刀、推剪、木梳等工具，小木柜又兼作顾客座椅，故民谚有"剃头担子一头热"。照相洗相技术采用自然日光，由于设备简陋，相片清晰度较差。

中华人民共和国成立后，区境私营服务业实行改造，由合作、合营到并入国营服务公司。1952 年起，照相业逐步改日光为电光摄影，改黑白照片为彩色照片，拍摄、冲片、洗片、放大等设备和技术不断改革。随着经济的发展，交通运输、商品贸易活动不断繁荣，旅客、商贩流动量增大。特别是 1978 年以后，个体独资、合资经营的旅社、招待所、宾馆纷纷开业，大大改善住宿设施，提高服务质量，让旅客有"宾至如归"的感受。1980 年起，区境个体理发店、发廊、美容店纷纷开业，满足不同层次人群的生活需求。各种发式的流行显示社会生活的丰富多彩和人民生活水平的提高。1988 年，郭坑镇服务业收入 4 万元。

1996 年后，龙文区服务业主要集中于交通要道两侧及郭坑镇漳州火车站东站广场、步文镇九龙大道漳州汽车客运中心周边。旅社业主要有火车站东站的站前宾馆、姐妹旅馆，以及浦东宾馆、宏洋宾馆、龙江宾馆、鸿业宾馆、东兴旅馆等。照相服务业主要有艺林摄影店、朝阳照相馆等。

2007年，新兴的服务业物业管理，有毅达新城的君和物业服务有限公司、南昌花园的厦门创优物业管理有限公司龙文分公司、浦东副食品综合市场的浦东物业管理有限公司。从事家用电器修理的三诚维修服务中心，从事咨询与调查的亿鑫商务服务有限公司。从事清洁服务的通洁清洁服务有限公司、达洁清洁服务有限公司，为居民服务的正源堂推拿养生馆以及提供互联网信息服务的思索、福森、银河、年华、东升、万荣满天鑫、开思网宇沸点、开思网宇金星等网吧。

第五章　进出口贸易

第一节　出口贸易

唐宋时期，区境生产的陶瓷、纺织品、竹木加工品由进出口商贩转运至福州港或泉州港出口。

明代中叶，漳州海澄县月港兴起。因辖区毗邻港口优势，区境农副产品、手工业品或从水路或从陆路直达月港输出。主要出口商品有布织品、陶瓷、砂糖、纸品、干鲜果品、铁器、竹木制品、动物及肉制品、蜂蜜等，尤以郭坑东溪、扶摇生产的“漳瓷”享誉海内外。出口物品主要销往日本、菲律宾等南洋群岛及欧美国家和地区。

清至民国时期，出口商品主要由厦门港输出，少数经福州及台湾、香港转运出口。主要物品有家禽及其蛋品、糖、蜂蜜、纸品、陶瓷、果品、竹木制品等。

中华人民共和国成立后，区境出口物资由龙溪地区、龙海县外贸公司组织出口，以传统农副产品及竹木手工制品为主。1985年，国家实行对外开放特殊政策和灵活措施，龙海县外经贸部门在步文、郭坑先后建立龙眼、柑橘、蔬菜等出口创汇农业生产基地，扶持外向型企业。1987年，步文乡基本建成副食品加工、竹木家具、淡水珍珠、家养禽畜、水果（万亩香蕉、5000亩龙眼）五大出口基地。主要出口产品有松花皮蛋、寿牌面线、毛巾、纸箱、锡箔、快餐筷、脱水菇和蔬菜、咸水菇罐头、速冻对虾等30多项优质产品。当年，步文乡镇企业产品出口金额444.4万元，其中港商投资企业文通果蔬食品有限公司出口货值231.1万元；郭坑镇乡镇企业产品出口货值64万元。1988年，国外市场对蘑菇罐头需求锐减，出口货量相应减少；步文乡、郭坑镇出口产品货值分别为360万元和34万元。

1990年，步文乡根据国际市场的变化，把大多数的罐头厂由加工蘑菇罐头改为加工烘干蘑菇，克服蘑菇罐头出口难的问题，实现增产增收。当年，通过与厦门外贸公司联系，步文厦碧冷冻厂冷冻食品由厦门口岸出口，价值593万元。同时，有2家乡镇企业嫁接外资，企业产品出口交货值500多万元。

1991年后，区境内外资企业的产品委托各地口岸外贸公司代理出口，或供县外贸公司收购出口。1992年，由步文厦碧冷冻厂与港商合资的龙文东亚冷冻食品有限公司生产的冷冻蔬菜销往日本市场，共出口冷冻蔬菜420吨，创汇20多万美元。至1995年，区境“三资”企业年产值2亿元。

1997年，全区“三资”企业累计出口货值2005万美元。1998年，全区“三资”企业累计出口货值2525万美元，同比增长25.9%。

2001年，内资企业孚美实业有限公司获得自营出口权。随着国家出口退税等优惠政策进一步到位，以及加入世界贸易组织竞争趋势拉动，出口贸易保持强劲势头。当年全区出口同比增长107.06%，增幅14.95%，出口增幅高于漳州市各县（市）区，位居全市第一。

2002年，内资企业出口贸易日益活跃，出现订单多、开工足、效益好、增长幅度大的良好局面。全区有5家内资企业获得自营进出口权。全区出口总值激增至4425万美元，其中内资企业出口88万美元，外资企业出口4337万美元。增幅在50%以上的企业有尧富家具有限公司，增长78.89%；港昌罐头食品有限公司，增长162.9%；福兴食品有限公司，增长617.45%；孚美实业，增长9298.79%。出口增幅较大的行业涉及家具、果蔬食品等。

2003年，龙文区引导企业参加福建外文网站暨征集企业资源信息和福建出口商品网上交易会，开展网上促销、网上成交等商务活动，取得良好效果。全区全年出口总值5451万美元，其中“三资”企业出口5202万美元。

2004年，国家放开对外贸易经营权，龙文区鼓励上规模、出口业绩好的企业申报进出口经营资格。全区累计有16家内资企业获得进出口经营权，涉及的行业有食品加工、家具制造、陶瓷制品制造、汽车板簧制造、机械及电子产品制造、服装加工和贸易流通等。全区出口总值8479万美元。其中“三资”企业出口7191万美元、内资企业出口1288万美元。

2005年，全区自营出口总值突破亿美元关口，达到10300万美元。重点企业保持快速增长的态势，“三资”企业出口仍占主导地位。其中，出口500万美元以上的尧富家具有限公司、港昌罐头食品有限公司、柏桦木业有限公司的出口总值占全区出口总值73.25%。

2006年，全区有5家内资企业取得自营进出口权，累计有39家内资企业取得外贸经营权，自营出口增势发展强劲。内资企业积极参加广交会等国内外商品展销活动，开拓国际市场意识增强。龙文区引导企业用足用好各项优惠政策，重点跟踪17家主要出口企业和4家成长型企业。当年，全区累计出口总值16986万美元。其中，内资企业累计出口3616万美元；出口720万美元的万佳陶瓷企业，增长58.26%；出口600万美元的双飞日化企业，增长15倍多。2006年，全区的出口总值同比增长10.2%（按同口径对比）。

2007年，全区实际有开展自营进出口业务的企业72家，新办进出口经营资格备案的企业17家。蓝田开发区的出口比重逐步增大，有52家企业开展外贸业务，出口总值占全区的比重由2006年54.95%上升到63.78%。全区“三资”企业缴纳税金及附加费8503.2万元，占全区财政总收入的28.82%；规模“三资”企业工业产值33.2亿元，占全区规模工业总产值的42.37%。当年，全区出口总值19085万美元，同比增长10.63%。其中，“三资”企业出口14610万美元，内资企业出口4475万美元，同比分别增长7.78%、21.13%。食品罐头、木制品等支柱产业增长较大，分别增长41.19%、20.99%。出口贸易到达世界101个国家和地区，主要输入欧盟（英、法、德、意）、东盟（印尼、菲律宾、新加坡）、日本、土耳其、韩国、中东、俄罗斯、乌克兰、埃及、摩洛哥、南非、墨西哥、阿根廷、巴西、加拿大、澳大利亚、美国等国家。

1997—2007年，龙文区主要出口商品有食品：豌豆、蘑菇、木耳、香菇、柑橘、柚、芦笋、蔬菜、饮料；化学用品：淋浴露、洗发水、肥皂、洗涤剂、清洁剂、香膏；木制品：胶合板、鞋帽伞：雨伞、阳伞；矿物材料制品：陶瓷洗涤槽、脸盆、浴缸；玻璃镜；金属：钢铁制弹簧及弹簧片；机电：缝纫机针、针织针、滚动轴承、发电机；光学仪器：钟表、钟芯、镜片、眼镜；家具：木制家具、金属家具；车辆及其附件：减震器、婴儿车；服装：各类服装。

1997—2007 年龙文区分镇、开发区出口总值统计表

表 16-5-1　　　　单位：万美元

年　份	出口总值	蓝田镇	步文镇	朝阳镇	郭坑镇	龙文开发区	蓝田开发区
1997	2005	—	—	—	—	—	—
1998	2525	340	320	939	566	360	—
1999	970	245	156	—	569	—	—
2000	1425	430	242	309	422	22	—
2001	2487	1223	348	508	228	180	—
2002	4425	2177	355	1336	240	317	—
2003	5451	2765	356	1540	265	525	—
2004	8479	4176	673	1917	362	1351	—
2005	10300	4903	829	2536	510	2022	—
2006	16986	4227	1278	2000	750	3404	4700
2007	19085	1943	922	3156	891	5835	7471

注：2006 年前不含蓝田开发区

第二节　进口贸易

明清时期，郭坑、小港等地是农副产品集散地，也是农民、商贩贸易的圩市。同时，由于毗邻漳州府治及县城区，物流方便。其时国外货物已进入区境。明代中叶，从海澄月港进入区境商品有香料、珍珠、象牙、犀角、胡椒、香米（占城米、泰国米）、沉香，木香、冰片、交趾绢、龙涎物、丁香、苏合油、槟榔、番镜、番铜鼓、油麻、西洋布、樟脑、红花米、虾米、鹿角等。清代，由厦门港口输入区境物品有棉纱、原棉、棉花毯、汗衫、西洋银器、长短袜、棉织衣服、手帕等棉纺织品、各种粗细哔叽布、各色厚薄呢及毛毯、粗细绒线等毛织品、大米、小麦、面粉、豆饼、肥田粉、火柴、肥皂、香烟、蜡烛、煤油、汽油、罐头、香水、纸烟、铜、铁、锡、铅、水泥、玻璃、机器、西药材、鱼介海味，以及鸦片。

民国期间，国外日用工业品、工业机械、碾米机、发电机、动力机、榨糖机、自行车、手表、袋表等，以及炼乳、布匹、水泥、钢筋、化肥等生产和生活用品输入区境。

中华人民共和国成立后，商业部门按指标供应进口的主要商品有手表、金笔、圆珠笔、纸张、尼龙布、化纤布、呢绒布、电器等日用工业品，以及农业机械等生产工具和尿素、硫酸铵等化肥、农药。此外，民间通过华侨、港澳同胞捐赠或携带等进口国外商品，主要有服装、电器、药品、食品等。

1985 年后，“三资”企业因生产需要，陆续进口机械设备、原辅材料、汽车等生产工具及其他用品。

1997 年后，龙文区利用“三资”企业进口设备免税宽限期的有利时机，鼓励企业进口设备。大型外商投资企业有奇美实业、尧富家具、佳宝混凝土、达隆食品等，相继增资进口先进的机器设备。

1997—2007 年，龙文区主要进口物品有生产工具：塑胶成型机、粉碎机、制铜钉机、冲床、实心钉机台、升降机、打包机、发电机、制冷机、风选机、水泵、电动吊车、切菜机、金属探测器、干燥箱、预拌混凝土搅拌机、蘑菇罐头真空工艺设备、编织机、冷冻压缩机、冷凝器、真空泵、风造机、色泽选别机等；原辅材料：尼龙针织布、纯绵布、涤纶布、化纤织物、雨伞布、人造革、塑料薄膜、塑料米、电子表散件、电子玩具散件、电子计算机散件、电阻电容散件、钢材、铁线、拉链、化工原料、染料、服装辅料、包装配件等；交通工具：工具车、旅行车、小货车、小轿车等；其他用品：电话机、传真机、电脑、复印机、彩色电视机、录像机、摄影机、液化气灶、微波炉、电冰箱、空调、电梯、建筑装潢材料等。

1997—2007 年龙文区进出口贸易统计表

表 16- 5-2 单位：万美元

年份	出口贸易			进口贸易
	出口总值	其中		总值
		内资企业	外资企业	
1997	2005	—	—	—
1998	2525	—	—	—
1999	970	0	970	—
2000	1425	0	1425	—
2001	2487	1	2486	—
2002	4425	88	4337	—
2003	5451	249	5202	1329
2004	8479	1288	7191	1942
2005	10300	1593	8707	2441
2006	16986	3616	13370	2062
2007	19085	4475	14610	2615

注：1999 年起为海关统计口径，2006 年起含蓝田经济开发区

第六章 招商引资

第一节 投资环境

一、优惠政策

1985 年 2 月，龙海县经国务院批准为闽南金三角区开放县。根据中央“加快改革，扩大开放”的指导思想，以及中共中央和省人民政府给予的特殊政策，县、乡镇人民政府结合本地实际，制定规划，实施多种优惠政策和灵活措施，积极改善投资环境，鼓励外商投资兴业。郭坑、步文相继开发建设工业小区，引进外资，发展第二、第三产业。投资领域涉及食品加工、机械、电器、

建材等。

1997后，龙文区政府按照中共漳州市委、市政府“争创环境优势，提高开放水平”决策，营造“政府开明、群众文明、环境优美”的发展环境。执行漳州市政府《关于进一步鼓励外商投资的若干规定》《扩大漳台经贸合作若干规定》，出台《龙文区人民政府引进项目资金奖励办法》《外商到龙文区投资办企业的优惠政策》，在地价、税收等方面采取更加开明和优惠的政策。

1998年，区政府出台《龙文区人民政府关于进一步改善投资环境的若干规定》，执行市政府减缓征收28项收费规定，以及国家关于鼓励企业出口的优惠政策。对于把经营业绩良好的上市公司总部搬迁到区境发展，并对税务登记迁到漳州市的企业，由市、区两级政府分别给予一次性50万元的奖励；外商投资建设非营利性的教育、医疗、文化、体育设施所需要的土地，可采用划拨方式提供；对实际投资5000万美元以上的高科技项目，其土地出让按个案处理；对投资良种引进繁育等“两高一优”的农业项目，其用地按农业用地价格收取，其土地使用费按农业生产用地标准征收；对首次被认定为国家级高新技术企业和省级高新技术企业，由市政府从科技“三项”费用中分别给予20万元和10万元的奖励。

1999—2007年，龙文区鼓励“三资”企业运用国家赋予的对外投资、产品开发、进出口贸易、创出口品牌等优惠政策，使企业真正获得实惠，为外商在龙文区投资办企业创造良好经营环境。凡在龙文区内投资生产性项目的外商投资企业，经营期在10年以上，从获利年度起头两年免征企业所得税，第3年至第5年按规定缴纳的所得税，纳税后经政府批准，属地方收入部分由同级财政部门按《中华人民共和国预算法》规定程序全部返还，第6年至第10年缴纳的所得税，纳税后经政府批准，属地方收入部分由同级财政返还50%。对关联性强的项目还可以实行个案更大的优惠。外商投资企业的外方投资者将企业所得利润直接用于再投资的（含增资），经营期不少于5年的，其投资部分已缴纳的所得税除按国家规定的报税务机关批准退还40%之外，经政府批准，属地方财政收入的部分由同级财政再返还30%。

对高新技术项目实行特别优惠，外商投资开发高新技术项目，除享受以上规定所得税优惠政策外，引进技术设备报经省科技主管部门确认达到世界先进水平的，其缴纳的关税和进口环节增值税，从该企业投产营运后上缴的税费中，属地方财政收入部分逐年返还。

二、服务措施

（一）服务与协调

1997—1998年，龙文区相继成立外商投资企业服务中心、外商投资企业投诉协调中心、对外加工装配服务中心和外商投资企业协会，形成较为完善的服务网络；树立“重在提请，主动服务”意识，建立“规范、公开、廉洁、高效”的服务体系，通过设立监督台、投诉箱、政务公开栏等，公开接受社会各方监督。审批外商投资企业简化办事程序，对职权范围内的可批外资项目实行“二先二后”制度，即先签同意后审核，先盖公章后提交材料；凡是国家没有明文禁止的各部门都要视作可行；一些限制性项目，也要采取灵活变通措施。对投资500万美元以上的大项目，实行区领导挂钩联系和工作人员跟踪服务的办法，随时协调解决建设、生产及经营中遇到的困难。

1999年，建立机关干部挂钩联系企业制度，召开座谈会和走访等形式，做好指导、服务、协调工作，协助企业解决贷款，帮助企业搞好生产经营。

1997—2002年，区外经部门受理外商的投诉和协调案件，切实维护外商的合法权益，做到有诉必接，主动协调解决。全区受理外商投诉案件57件，办理57件，办结率100%。帮助企业协调与税务、海关、商检、工商、银行、公安、国土等部门的关系，理顺通关、出口退税、年检等方面的关系；主动向企业宣传有关法律法规和政策，帮助企业依法经营，加强管理，提高产品的技术含量和档次，促进企业健康发展。主动协调有关部门兑现政府鼓励出口政策，做好自营出口企业加入“中国电子口岸系统”工作、申请“中小企业开拓国际市场资金”工作；对重点出口企业实行跟踪服务，实行凡事马上办，急事急办，特事特办。

2003年，落实《中华人民共和国行政许可法》，在办理有关审批手续时，实行一次性告知制度；手续齐全的实行一次性办结制度。对凡属国家鼓励投资的项目，实行合同、章程一次审批。同时，鼓励企业开展赴国外参观考察、经贸洽谈和产品认证等活动，为企业申请“国际市场开拓资金”提供项目咨询，帮助企业做好申报工作。是年，全区有14家企业31项计划项目获省批准，获62.4万元开拓资金支持。

2004年，组织10家进出口企业申报“中小企业国际市场开拓资金”计划项目19项，有8家企业的11项计划项目获省批准，获补助资金12.95万元；帮助企业落实扶持出口资金30万元。同时，针对企业遇到的出口退税问题，协调国税部门走访重点企业，指导企业加强出口管理，加快单证办理速度，做到及时报税，确保出口退税资金及时到位，缓解资金紧张的局面。

2005年，贯彻落实对外经贸各项政策措施，重点做好“中小企业国际市场开拓资金”和“外贸经营权”的政策宣传工作，支持企业开展认证、境外考察、宣传、展销等活动。2002—2005年，协助企业争取39.68万元的“国际市场开拓资金”。建立项目跟踪责任制、服务工作承诺制、岗位工作责任制，及时与投资方沟通交流，在政策咨询、材料撰写、项目申报等方面提供优质、高效、便捷的“一条龙”服务。同时做好外商投诉协调工作，受理外商投诉协调案件17件，办理17件，办结率100%。

2006年，协助11家企业申报38项，计划申请“开拓国际市场”补助资金93.08万元；发挥外商投资企业协会作用，介绍外商洽谈项目，参加深圳招商会、漳台经贸恳谈会、中国（厦门）国际投资贸易洽谈会、广州出口商品交易会、中国（上海）国际跨国采购大会、东盟博览会等主要经贸活动。

2007年，建立出口跟踪监测制度，对17家重点出口企业和4家成长型出口企业实行重点跟踪服务，及时提供与外贸相关的政策和信息服务，协助企业解决生产经营遇到的困难和问题。

（二）宣传与咨询服务

1997年，龙文区编印《龙文区投资指南》《招商项目册》，为外商投资提供宣传与咨询服务。此后，在每年的漳台经贸恳谈会、中国（厦门）国际投资贸易洽谈会和海峡两岸（福建漳州）花卉博览会等有关招商活动中，都编印《招商项目册》《龙文区投资指南》等宣传材料，并在报刊上介绍龙文区投资环境与优惠政策，扩大对外影响。同时，利用网络介绍龙文，为外商和港澳台商到龙文区投资提供信息咨询服务。

2007年，利用建区10周年庆典之机，编印多种宣传资料，全面介绍龙文区改革开放的成就，多渠道吸引外商、港澳台商到龙文区投资兴业。

第二节 招商活动

1978年12月，国家实行开放搞活政策，促进区境乡镇企业嫁接外资。1983年4月，步文乡长福服装加工厂与港商签订合同，来料加工服装，收取工缴费。1985年，龙海县人民政府加快开放步伐，在步文、郭坑等地开发建设工业区，吸引外商投资办企业。1987年，步文罐头厂与香港元通有限公司合资创办文通果蔬食品有限公司，投资40万美元，其中港资30万美元，合作年限15年。主要产品是果蔬保鲜、罐头制品。当年9月，步文乡粮食复制品厂与香港汉普有限公司合资创办龙文果蔬食品有限公司，投资18.06万美元，其中港资16.06万美元，合作年限17年。主要产品是脱水蔬菜、水果、菇片、蒜片。11月，郭坑镇劳动服务公司与香港华菱企业公司合资成立华菱电子有限公司，投资41.71万美元，其中港资26.88万美元。主要生产电风扇、电子控制器。

1990年9月至1991年3月，郭坑镇政府加强内联外引工作，大力引进“三资”企业，与港澳台商洽谈投资项目18项，签订协议12份。全镇创办“三资”企业3家，实际利用外资1000万元以上。郭坑镇民政包装厂与港商合资创办智兴建材工业有限公司，投资49.29万美元，其中港资34.95万美元，合作年限18年。主要加工石板材、石制品。

1991年11月，步文乡与台商签约，台商独资在东屿建设悦胜民族文化村微缩景观及少数民族文化餐厅、配套酒楼、舞厅和交通设施等旅游服务项目，投资1288万美元；12月，厦碧冷冻厂与香港亚细亚食品有限公司合资创办龙文东亚冷冻食品有限公司，投资280万元，其中港资70万元。主要出口冷冻蔬菜。

1992年，成立省级蓝田工业开发区，开展招商引资活动。

1995年，步文、郭坑镇组织力量参加龙海市在海内外举办的贸易投资洽谈会、展销会，开展招商引资，蓝田工业开发区成为“三资”企业最活跃、最集中的区域。

1997年，加大招商力度，采用“走出去，请进来”办法争取外商投资项目。龙文区在漳台经贸恳谈会上签订投资总额1250万美元的“龙之山休闲度假村”大型建设项目；在中国（厦门）投资贸易洽谈会上签约外资项目6项，总投资6648万美元。全年新批外资项目10项，合同外资1887万美元，实际利用外资502万美元。

1998年，组织企业参加漳台经贸恳谈会和中国（厦门）投资贸易洽谈会，共推出招商项目35项，邀请50多位新老客商参加招商洽谈会活动；签约外资项目9项，投资总额2316万美元，合同外资1948万美元。同时，利用闲置的厂房、设施、技术嫁接外资招商。当年成功引进纳华电子等5家外资企业。在日常招商工作中，龙文区注重发挥外商投资企业协会作用，加强与成员单位和会员沟通，“以外引外”，做好后招商工作，选择合适的项目推介给在本区投资的外商，鼓励其再投资。全年新批“三资”企业项目10项，合同外资2959万美元，实际利用外资610万美元。

1999—2000年，漳台经贸恳谈会和中国投资贸易洽谈会期间，推出招商项目26项和27项；印发项目册1000多份；邀请100多位中外客户前来考察，其中台北县农会监事一行40多人对龙文区农业项目进行观光考察，对开展海峡两岸农业技术交流合作起推动作用。

2001年，龙文区以经济建设为中心，加强对外经济技术合作与交流。继续组织参加漳台经贸恳谈会、中国（厦门）投资贸易洽谈会和海峡两岸（福建漳州）花卉博览会的招商活动，共签约外资项目13项，投资总额5293万美元，合同利用外资817万美元，协议利用外资3748万美元。全年共新批外资项目3项，增资项目2项；完成合同外资1029万美元，实际利用外资1003万美元。

2002年，龙文区贯彻落实省、市外资工作会议精神，突出抓目履约促到资，参加各种大型招商活动引进外资，搞好服务促增资。区委、区政府对各乡镇及开发区下达“外资任务目标责任状”，各责任单位积极进行项目洽谈，外经贸部门主动做好跟踪、服务和协调工作。全年新批“三资”企业5家，增资2家；完成合同外资1247万美元，同比增长21.19%；实际利用外资1010万美元，同比增长0.7%。

1997—2002年，全区累计批准外资项目45项，比建区前增长181.25%；合同外资12142万美元，比建区前增长250.32%；实际利用外资4833万美元，比建区前增长123.23%。对外经济已成为全区经济的重要组成部分。投资500万美元以上的“三资”企业10家，投资100万—500万美元的“三资”企业12家，投资100万美元以下的“三资”企业23家。

2003年，龙文区把引进大项目作为利用外资工作的突破口，对投资上亿港元的“漳州市毅达房地产发展有限公司”进行项目全程跟踪，从项目申请到报批，区外经贸局在15天内帮助完成报批手续。区外经贸局建立招商引资联络渠道，主动与漳州市、厦门市两地台商协会联络，加强与各界人士联系，为招商引资牵线搭桥。同时，由分管领导带队到其他兄弟县（区）就“如何开展招商引资”等课题开展学习调研，拓宽工作思路。

2004年，龙文区把引进工业项目作为招商引资工作重点；利用龙文区民营企业多的优势，引导和鼓励民营企业嫁接外资，创办中外合资、合作企业，引导企业向外向型经济转变。

2005年，组织参加大型国内外招商活动，抓好项目的跟踪洽谈；把老客户的挖潜、老企业的增资和外资并购作为引进外资的重点来抓，做到洽谈项目抓履约，履约项目抓报批，报批项目抓投产，投产项目抓增资，利用外资取得突破性进展。合同外资、实际利用外资和新开工外资工业企业三项指标均提前完成全年目标任务。全区累计新批“三资”企业10家，增资项目2项，变更企业1家；累计完成合同外资（验资口径）2127万美元，同比增长98.04%；实际利用外资2000万美元，同比增长32.01%；新开工外资工业企业3家，同比增长50%。

2006年，全区新批“三资”企业15家，增资项目5项，变更企业1家；完成合同外资（验资口径）2244万美元，实际利用外资（验资口径）2208万美元，新开工外资工业企业6家。其中，蓝田开发区新批“三资”企业6家，增资项目9项；完成合同外资（验资口径）1485万美元，实际利用外资（验资口径）1167万美元，新开工外资工业企业3家。

2007年，全区在重大招商活动中策划编写100多项招商项目，签约外资项目29项。全年新批外资项目20项，完成合同外资（验资口径）3393万美元，同比增长51.20%；实际利用外资（验资口径）2250万美元，同比增长1.90%；新开工外资工业企业8家，同比增长33.33%。全区有“三资”企业133家，其中开工生产经营企业81家；有规模“三资”工业企业58家，产值33.2亿元，占全区规模工业企业总产值的42.37%。

2006—2007年，龙文区发挥外商投资企业协会作用，介绍外商考察、洽谈项目；邀请新老客户参加深圳、漳州、厦门等国际、国内招商活动。龙文区重视外商投资项目的计划编制工作，把产业配套招商作为引进项目的工作重点，把招商引资的重点放在工业项目产业配套和以商贸物流、旅游休闲、金融服务为主的项目。同时，有效利用开发区招商引资平台，注重产业上下游配套招商，形成产业集群。

1997—2007年龙文区在招商活动中外资项目签约情况表

表16-6-1

类别 年份	签约项目合计			其中					
				合同项目			协议项目		
	项目数（项）	总投资（万美元）	利用外资（万美元）	项目数（项）	总投资（万美元）	利用外资（万美元）	项目数（项）	总投资（万美元）	利用外资（万美元）
1997	7	7898	7898	3	1550	1550	4	6348	6348
1998	9	2316	1948	6	1778	1572	3	538	376

续表 16-6-1

类别 年份	签约项目合计			其中					
				合同项目			协议项目		
	项目数（项）	总投资（万美元）	利用外资（万美元）	项目数（项）	总投资（万美元）	利用外资（万美元）	项目数（项）	总投资（万美元）	利用外资（万美元）
1999	10	9468	9459	5	2770	2770	5	6698	6689
2000	15	6882	6145	11	1860	1394	4	5022	4751
2001	13	5293	4565	5	1315	817	8	3978	3748
2002	10	3692	3368	5	1322	1083	5	2370	2285
2003	11	5607	5351	5	967	871	6	4640	4480
2004	10	5980	5400	9	5780	5200	1	200	200
2005	13	4771	3314	13	4771	3314	0	0	0
2006	34	15960	11044	33	13960	10494	1	2000	550
2007	29	10927	9013	29	10927	9013	0	0	0
合计	161	78794	67505	124	47000	38078	37	31794	29427

1997—2007 年龙文区参加漳台经贸恳谈会外资项目签约情况表

表 16-6-2

类别 年份	签约项目合计			其中					
				合同项目			协议项目		
	项目数（项）	总投资（万美元）	利用外资（万美元）	项目数（项）	总投资（万美元）	利用外资（万美元）	项目数（项）	总投资（万美元）	利用外资（万美元）
1997	1	1250	1250	1	1250	1250	0	0	0
1998	5	1686	1415	4	1373	1227	1	313	188
1999	1	500	500	1	500	500	0	0	0
2000	7	2618	2235	4	396	284	3	2222	1951
2001	3	660	480	1	240	60	2	420	420
2002	3	1400	1220	1	600	420	2	800	800
2003	6	1639	1509	3	379	329	3	1260	1180
2004	4	990	990	3	790	790	1	200	200
2005	6	1622	1155	6	1622	1155	0	0	0
2006	15	4998	4194	15	4998	4194	0	0	0
2007	8	5810	4960	8	5810	4960	0	0	0

1997—2007 年龙文区参加中国国际（厦门）投资贸易洽谈会外资项目签约情况表

表 16-6-3

年份	签约项目合计			其中					
				合同项目			协议项目		
	项目数（项）	总投资（万美元）	利用外资（万美元）	项目数（项）	总投资（万美元）	利用外资（万美元）	项目数（项）	总投资（万美元）	利用外资（万美元）
1997	6	6648	6648	2	300	300	4	6348	6348
1998	4	630	533	2	405	345	2	225	188
1999	9	8968	8959	4	2270	2270	5	6698	6689
2000	8	4264	3910	7	1464	1110	1	2800	2800
2001	7	4030	3800	2	550	550	5	3480	3250
2002	6	1792	1648	3	222	163	3	1570	1485
2003	4	3468	3342	1	88	42	3	3380	3300
2004	5	4690	4110	5	4690	4110	0	0	0
2005	3	1091	1091	3	1091	1091	0	0	0
2006	9	5854	4750	9	5854	4750	0	0	0
2007	13	3982	3028	13	3982	3028	0	0	0

2001—2007 年龙文区参加海峡两岸（福建漳州）花卉博览会外资项目签约情况表

表 16-6-4

年份	签约项目合计			其中					
				合同项目			协议项目		
	项目数（项）	总投资（万美元）	利用外资（万美元）	项目数（项）	总投资（万美元）	利用外资（万美元）	项目数（项）	总投资（万美元）	利用外资（万美元）
2001	3	603	285	2	525	207	1	78	78
2002	1	500	500	1	500	500	0	0	0
2003	1	500	500	1	500	500	0	0	0
2004	1	300	300	1	300	300	0	0	0
2005	4	2058	1068	4	2058	1068	0	0	0
2006	10	5108	2100	9	3108	1550	1	2000	550
2007	8	1135	1025	8	1135	1025	0	0	0

第三节　投资结构

一、投资方式

1983 年，区境乡镇企业与港商采取来料加工的形式开展合作。1985 年，内资企业嫁接外资，创办中外合作、中外合资企业。1990 年后，逐渐以外商独资形式兴办企业。1997 年，龙文区开工生产经营的“三资”企业9家。其中，中外合作企业1家、中外合资企业4家、外商独资企业4家。注册资本1493万元，合同投资2025.8万元，实际投资1253.3万元。每家“三资”企业平均实际投资225.09万元。2002年，全区累计开工生产经营的“三资”企业有23家。其中，中外合作企业1家、中外合资企业8家、外商独资企业14家。独资企业占“三资”企业总数60.87%。

2007年，全区开工生产的“三资”企业81家。其中合资企业26家、合作企业2家、独资企业53家。外商以独资为主要投资形式。全区开工生产经营“三资”企业注册资本16710万元，合同投资49593.8万元，实际投资25934.4万元。

1997—2007年龙文区投产的“三资”企业统计表

表16-6-5

年份	企业数				注册资本（万元）	合同投资（万元）	实际投资（万元）	历年增资（万元）
	总计（家）	合资（家）	合作（家）	独资（家）				
1997	9	4	1	4	1493	2025.8	12533	0
1998	13	6	1	6	1982.7	2586.2	15992	150.0
1999	16	5	1	10	2602.9	3063.7	18593	160.6
2000	21	7	1	13	3044.4	3934.2	24177	629.0
2001	22	8	1	13	4269.4	6343.3	36251	1729.0
2002	23	8	1	14	4443.5	6913.2	38027	2000.5
2003	22	9	2	11	3668.5	7350.1	32779	1596.1
2004	21	10	0	11	4092.3	8282.5	41773	1653.4
2005	22	10	0	12	5761.5	12080.0	77937	2651.2
2006	77	24	0	53	14743.8	46723.0	195897	3825.9
2007	81	26	2	53	16710.0	49593.8	259344	4297.4

二、资金来源

1997年前，投资主要来自中国香港和台湾地区。1997年，投资来自美国企业1家、中国香港地区企业3家、中国台湾地区企业5家。1998年，澳门籍商人到龙文区投资兴办企业。1999—2000年，日本、新加坡、澳大利亚等地客商到龙文区投资，全区“三资”企业形成以中国香港、台湾投资为主，以新加坡、日本、澳大利亚等地投资为辅的投资格局。至2006年，有非洲、日本、菲律宾、新加坡、英国、法国、美国等国家和中国香港、澳门、台湾地区到龙文区创办企业。

2007年，“三资”企业资金来源中国以香港、台湾地区为主，分别是29家和32家；资金还有来自美国的6家、澳大利亚4家、新加坡2家、菲律宾1家、非洲1家、其他国家和地区2家。

三、投资行业及区域分布

（一）投资行业

外商、中国港澳台商到龙文区投资以工业制造业为主。1997年，开工生产经营“三资”企业 都是制造业，以后逐年增加行业。

2007 年，全区开工生产经营“三资”企业有制造业 72 家、房地产业 5 家、其他行业 4 家。到龙文区投资的国家和地区有 15 个，世界 500 强企业的美国艾默生公司落户蓝田开发区；光学眼镜工业园、永大金属制品等企业到龙文区拓展。外商投资行业涉及机械设备业、电子及光学仪器制造业、食品及农副产品加工业、纸质品加工业、家具制造业、房地产及服务业等领域。

（二）区域分布

1997 年前，“三资”企业主要集中在蓝田工业开发区。

1997 年，各镇及龙文开发区加快招商引资力度。投资外资项目 10 项，其中蓝田镇 2 项、步文镇 1 项、朝阳镇 1 项、郭坑镇 4 项、龙文开发区 2 项。

2007 年，全区新批“三资”企业项目 20 项，其中蓝田开发区 12 项、蓝田镇 2 项、步文镇 2 项、朝阳镇 2 项、龙文开发区 2 项。

1997—2007 年龙文区“三资”企业分镇、区统计表

表 16-6-6

项目		1997	1998	1999	2000	2001	2002	2003	2004	2005	2006	2007
新批项目	全区（个）	10	10	6	11	3	5	4	3	10	14	20
	蓝田镇（个）	2	3	1	3	0	0	1	1	3	–	2
	步文镇（个）	1	5	4	2	0	2	1	1	2	2	2
	朝阳镇（个）	1	0	0	1	1	2	1	0	0	3	2
	郭坑镇（个）	4	1	0	1	0	1	0	1	1	2	—
	龙文开发区（个）	2	1	1	4	2	—	1		4	2	2
	蓝田开发区（个）	—	—	—	—	—	—	—	—	—	5	12
合同外资	全区（万美元）	1887	2959	2505	2515	1029	1247	3766	1074	2127	2244	3393
	蓝田镇（万美元）	1268	453	173	400	450	650	3400	147	1068	0	197
	步文镇（万美元）	10	456.9	2109	45	0	42	9	7	202	2	260
	朝阳镇（万美元）	45	0	0	140	555	55	250	0	300	300	500
	郭坑镇（万美元）	168	884.1	40	660	0	500	0	20	80	400	0
	龙文开发区(万美元）	396	1125	183	1270	24	0	107	900	477	57	178
	蓝田开发区(万美元）	—	—	—	—	—	—	—	—	—	1485	2258
实际利用外资	全区（万美元）	502	610	705	1003	1003	1010	1500	1515	2000	2208	2250
	蓝田镇（万美元）	319	360	166	200	339	240	836	1291	1062	823	832
	步文镇（万美元）	12	20	309	585	243	316	347	132	469	9	0
	朝阳镇（万美元）	15	27	0	0	151	214	1	0	0	36	94
	郭坑镇（万美元）	90	138	0	100	150	104	200	0	0	3	30
	龙文开发区(万美元）	66	65	230	118	120	136	116	92	469	170	169
	蓝田开发区(万美元）	—	—	—	—	—	—	—	—	—	1167	1125

续表 16-6-6

项目		1997	1998	1999	2000	2001	2002	2003	2004	2005	2006	2007
新开工工业企业开工	全区（个）	—	—	—	4	4	4	1	2	3	6	8
	蓝田镇（个）	—	—	—	1	2	0	0	0	0	0	0
	步文镇（个）	—	—	—	1	–	2	1	1	1	—	1
	朝阳镇（个）	—	—	—	0	0	1	0	0	0	2	1
	郭坑镇（个）	—	—	—	0	0	0	0	0	0	0	0
	龙文开发区（个）	—	—	—	2	2	1	0	1	2	1	1
	蓝田开发区（个）	—	—	—	—	—	—	—	—	—	3	5

注：2004 年起，报表中合同外资、实际利用外资采用新口径

第四节　投资效益

一、经济效益

（一）出口盈利

1997 年后，全区“三资”企业总产值、销售收入、出口销售收入、利润总额等指标均有较大幅度增长。2002 年之后，增长更快。

2007 年，全区 81 家开工生产经营的外商及港澳台商投资企业总产值 34.49 亿元，比 1997 年 1.0031 亿元增长 33.38 倍；销售收入 33.34 亿元，比 1997 年 9618.1 万元增长 33.67 倍；出口销售收入 18580.7 万美元，比 1997 年 507.5 万美元增长 35.61 倍；1997 年企业利润亏损 0.7 万元，2007 年实现利润 11945.8 万元。

1997—2007 年龙文区投产的“三资”企业产销总值分类统计表

表 16-6-7　　单位：家、万元、万美元

年份	企业数（家）	总产值（现价）（万元）	销售收入（万元）	出口销售收入（万美元）	利润总额（万元）
1997	9	10031.4	9618.1	507.5	-0.7
1998	13	20535.1	18667.6	1246.9	-1075.8
1999	16	18809.4	17453.4	1844.1	-931.2
2000	21	24828.1	24487.0	2472.0	-2212.6
2001	22	34580.9	4769.5	2872.9	-2060.9
2002	23	52670.3	49822.1	4566.3	-335.2
2003	22	57200.8	54769.1	4020.8	-330.1
2004	21	83076.1	77307.5	7613.6	435.3
2005	22	11447.4	102843.7	10990.8	1404.8
2006	77	275351.4	299562.5	14372.1	9988.4
2007	81	344857.6	333426.5	18580.7	11945.8

2007年龙文区出口值超200万美元的“三资”企业情况表

表16-6-8　　单位：万美元

企业名称	出口值	企业名称	出口值
福建漳州市港昌罐头食品有限公司	2841	漳州咏桎家具制造有限公司	490
富华（漳州）光学工业有限公司	2147	漳州福兴食品有限公司	459
尧富家具（漳州）有限公司	1809	漳州国峰精机制品有限公司	378
漳州柏桦木业有限公司	1329	漳州市嘉森食品有限公司	282
大闽食品（漳州）有限公司	726	漳州桑泰钟表有限公司	229
漳州利利普电子有限公司	660	漳州东日食品有限公司	219
漳州红梅家具有限公司	640	漳州杰安塑料有限公司	214
漳州强兴工艺制品有限公司	639	—	—

（二）增加税金

1997年，龙文区“三资”企业依法缴纳税金，成为区境主要税源，为财政收入的增长作出重大贡献。“三资”企业缴纳税金及附加费169.9万元，2007年达到8503.2万元，增长将近50倍。1997—2007年，全区开工生产经营“三资”企业共缴纳税金及附加费2.13亿元。

1997—2007年龙文区投产的“三资”企业缴纳税金及附加费统计表

表16-6-9

年份	企业数（家）	税金及附加费（万元）	年份	企业数（家）	税金及附加费（万元）
1997	9	169.9	2003	22	1008.3
1998	13	657.6	2004	21	721.1
1999	16	527.1	2005	22	1279.3
2000	21	1202.5	2006	77	5768.7
2001	22	967.0	2007	81	8503.2
2002	23	524.6	合计		21329.3

2007年龙文区纳税100万元以上的“三资”企业一览表

表16-6-10　　单位：万元

企业名称	纳税额	企业名称	纳税额
大闽食品（漳州）有限公司	2157.84	漳州市林奇钢管有限公司	319.26
漳州新源电力工程有限公司	1895.95	漳州市金明食品有限公司	311.55
富华（漳州）光学工业有限公司	1131.68	漳州震东机械有限公司	289.46
尧富家具（漳州）有限公司	1003.29	漳州强兴工艺制品有限公司	273.60
漳州柏桦木业有限公司	701.03	福建和成制罐有限公司	260.84
漳州华港置地有限公司	645.48	漳州市龙文区鑫发罐头食品有限公司	259.76
漳州无极药业有限公司	640.57	漳州市华大铜业有限公司	250.77
福建科能电子科技开发有限公司	625.08	漳州吉马彩印有限公司	246.75
福建永嘉家具有限公司	593.45	健力宝（漳州）饮料有限公司	189.29
福建漳州三龙工业有限公司	501.43	漳州咏桎家具有限公司	167.88

续表 16-6-10

企业名称	纳税额	企业名称	纳税额
福建双飞日化有限公司	473.41	艾默生动力传动（漳州）有限公司	161.15
漳州市恒丽电子有限公司	450.56	漳州伟翔精密机械有限公司	153.60
漳州国峰精机有限公司	446.76	漳州聚力汽车销售服务有限公司	152.41
福建思特电子有限公司	445.66	漳州嘉亿制罐有限公司	142.76
新利达（漳州）包装纸品有限公司	416.20	漳州桑泰钟表有限公司	127.96
漳州金鑫辉包装有限公司	415.03	漳州市青松木业有限公司	127.39
漳州市龙文佳宝混凝土工程有限公司	379.65	天伦食品（福建）有限公司	121.98
漳州多特制针有限公司	378.74	漳州市龙文利得家具有限公司	120.80
漳州利利普电子有限公司	370.10	漳州市智诚电子有限公司	117.72
漳州红梅家具有限公司	360.30	漳州新艺彩印有限公司	109.55
旭化学工业（漳州）有限公司	347.09	漳州市锦星集装箱运输有限公司	101.96
福建东方食品集团有限公司	344.91	漳州市龙文区永益针织服装有限公司	101.00
漳州炜亮机械有限公司	326.93	—	—

二、社会效益

（一）扩大就业

1997 年，全区开工生产经营“三资”企业 9 家，接纳 1828 名职工。随着加工制造业及房地产建设项目的开发，带动劳力密集型的建筑业、交通运输业、商业饮食及娱乐服务业发展，安置劳动力，为居民和外来人员提供就业机会。2002 年全区“三资”企业 23 家，安置职工 3690 人。

2007 年，全区开工生产经营“三资”企业增加到 81 家，接纳安置 13570 人，比 1997 年增加 11742 人，增长 6.42 倍。

（二）提供经验

1996 年，乡镇企业规模小、科技含量低，工业基础较为薄弱。1997—2007 年，龙文区提出适合本地工业发展思路，把发展加工型产业、劳动密集型产业、加工出口型企业作为招商引资的重点。结合本地实际情况，即农副产品资源丰富，传统的农副产品加工业较为发达的特点，发展果蔬食品加工业。通过乡镇企业嫁接外资，盘活资产，促进企业升级，提高产品的科技含量，扩大出口。外商及港澳台商到区境投资，不仅带来资金，也带来先进的经营管理经验，使全区的企业形成“重质量、重信息、重创新”观念，以及“重诚信、重品牌”理念。许多企业根据自身特点制定现代化管理制度，提高产品质量、工作效率和经济效益，并且注重捕捉市场信息，开发产品，提高市场竞争力。同时，“三资”企业带来国外的先进设备、先进技术、新的管理理念和方式。双飞日化、万佳陶瓷等创建技术创新中心，为技术创新提供强有力的支撑。“三资”企业通过培训，使青年职工有机会掌握先进工艺和生产技能，为企业造就技术和管理人才，为龙文区经济发展增添生机和活力。

第七章　管　理

第一节　管理机构

解放前，区境未设置商业管理机构。

中华人民共和国成立后，区境商业归龙溪县工商行政管理科、粮食科和商业科管理。1960年起，区境商业归龙海县商业局、粮食局、物资局管理。1997年，区境始设龙文区经济贸易局、龙文区粮食局（挂靠区经贸局）。龙文区对外经济贸易局、龙文区外商投资企业服务中心、龙文区外商投资企业投诉协调中心。

一、龙文区经济贸易局

1997年1月，龙文区经济贸易局成立。1998年7月，区经济贸易局下设区商贸管理服务中心。2007年，区经济贸易局下辖区商贸管理服务中心。

二、龙文区粮食局

1997年1月，龙文区粮食局成立。1999年7月，更名区粮食购销有限公司；11月，区粮食局下设区收储公司。2002年，区粮食局挂靠在区发改局。

三、龙文区对外贸易经济合作局

1997年1月，龙文区成立对外经济贸易局。2002年7月，更名龙文区对外贸易经济合作局。为正科级行政管理机构。内设人秘股、对外贸易经济合作管理股、外资与WTO事务股，下辖区外商投资企业协会、区外商投资企业服务中心。2007年，在编行政人员5人，其中局长1人、副局长2人（1人兼股长）、股级3人。

四、龙文区外商投资企业服务中心

1997年7月，区外商投资企业服务中心成立，属全民所有制事业单位。2001年6月，停止运行。2004年3月，区外商企业服务中心恢复运行。

五、龙文区外商投资企业投诉协调中心

1997年7月，区外商投资企业投诉协调中心成立，隶属于区外资工作领导小组，机构依托区对外贸易经济合作局。

第二节　商品调配与物价调节

一、商品调配

解放前，区境私营商户根据社会生活需求自行购销，随时调整。

中华人民共和国成立初期，为恢复国民经济，稳定市场，对区境粮油、棉花、棉纱产品等实行高度集中管理，统一调拨，集中调运。1953 年，进入有计划的经济建设时期，国营商业起市场主导作用，按照上级专业公司的要求，区境供销合作社编制商品流动指标，包括购进、销售、调入、调出、供应出口等项。国家先后对粮食、油料、棉花、棉布等物品实行统购统销，全国物资统一调配。1954 年 1 月，实行食油计划供应。1955 年 9 月，区境食油“以人定量，分户计算，超吃不补，节余归己”，凭证购买。1959 年，商品实行三类分级管理。区境一类商品有粮食、食用油、棉花、棉布、石油、煤炭等。二类商品有生猪、麻、竹、茶叶、化肥、农药、铁丝、元钉、卷烟、缝纫机、自行车等。三类商品是除一、二类商品外的所有其他商品，有小五金小百货商品、分散生产的水产品、非集中产区的干鲜果品、调味品、零星分散的小土产、中药材等。一、二类商品由中央及有关部委直接管理。三类商品由地方或企业自行管理。1962 年，商品流转实行“双轨制”（国营各专业公司由上级业务部门和商业局双重领导），采取双轨上报、双线下达，自上而下，上下结合的办法。

“文化大革命”期间，取消商品调配。直到 1975 年，才恢复主要农副产品收购、上调和主要工业品分配调拨管理。

1978 年后，改革商品购销政策，逐步减少商品调配的数量。1990 年起，区境商品实行市场调节，各商业企业根据购销情况，自行调配商品。

二、物价调节

解放前，区境商品价格按供求关系自行调节，随行就市，物价起落不定，遇上天灾人祸，物价飞涨。

中华人民共和国成立后，为稳定市场物价，保障人民生产生活，国家对物价实行“统一领导，分级管理”。1956 年，区境商业部门贯彻执行国家物价政策、法规，除集市贸易价格随行就市、自由议定外，大部分商品实行国家定价。生猪派购，食糖、烤烟、茶叶等 10 多种农副产品实行计划收购。一类和大部分二、三类农产品由国营商业或供销合作商业统一收购经销，集市上只有小部分二、三类和其他农副产品进行交易。1958 年起，由于“大跃进”和国家三年困难时期的影响，商品短缺、物价上涨，集贸市场物价高于国家牌价好几倍。1961 年起，为了稳定物价，保障供给，国家有计划提高农副产品收购价格，对统购、派购任务完成之后的部分农副产品，实行加价奖励。区境粮食、食油、食盐、食糖、棉布、絮棉、针织品、棉织品、肥皂、鞋、酱油、醋、肉、鱼等 18 类商品实行凭票定量平价供应，并参照集市价格，对自行车、手表、针织品、糕点、糖果、高级菜肴等少数商品实行高价敞开供应。1963 年，随着经济的好转，区境贯彻执行国务院《关于物价管理的试行规定》，除粮、油、肉、糖、烟、棉布等商品仍实行凭票供应外，其余商品敞开供应。1965 年，高价、议价商品全部停止营业，提高 15 种主要商品的零售价格，区境市场物价基本恢复稳定。“文化大革命”期间，物价调节受到干扰。

1978 年，区境按照国务院《关于当前市场物价问题》的精神，对百货、五交化、糖烟酒、食杂等重点行业开展物价大检查，制止随意变动物价行为。1982 年后，区境贯彻执行《关于逐步放开小商品价格实行市场调节的通知》，至 1984 年全部放开小商品价格。物价部门从管理型转为服务型，提供价格信息服务，开展“物价、计量信得过”等活动。1992 年 7 月后，改革价格体制，对商品价格放开搞活，区境物价依照市场购销情况自行调整。1993 年初，区境实行粮油价格改革，取消指令性定购，放开收购价格，采用合同定购；放开粮油销售价格，取消城镇居民粮油定量供应。1995 年 12 月起，区境粮食部门深化改革完善粮食价格机制。1998 年，区粮食企业按保护价敞开收购农民余粮，定购粮顺价销售。2005 年起，取消农业税征收，粮食收购改为订单收购。粮食收购价按不低于省定每 50 公斤（中等）早籼谷 70 元标准，随行就市定价，并相应给予 4 元直接补贴和 1 元良种补贴，至 2007 年不变。

第三节 餐桌污染整治

1997 年，龙文区坚持治本为主，标本兼治，建立长效治理“餐桌污染”机制。1998 年，封存、销毁 19 种劣质散装酒。2001 年，对畜牧业产品、种植业产品、水产品、饮用水、加工食品和餐饮业的污染现象开展专项治理。先后 3 次组织人员对生产食品添加剂、食品加工制造、饲料加工、食品销售等行业进行重点检查，并在龙文区教育局、龙文区卫生防疫站配合下，对校园周边饮食店、食杂店等进行专项整治。查处私设生猪屠宰点 5 处，没收私宰猪 14 头；查处病死猪屠宰点 1 处，没收、销毁病死猪肉 200 公斤；取缔地下食品加工窝点 8 处。购置有机磷农药残存速测卡和测试仪，对农贸市场进行经常性检查，销毁农药残留超标蔬菜和有毒有害水泡制品 469 公斤。查获未经检疫的进口鸡爪 25 公斤；销毁无商标、无生产厂家、地址和无卫生许可证号的“三无”食品、饮料 260 多公斤。2002 年，取缔地下食品加工窝点 5 个，地下私宰病死猪窝点 2 个，查获并销毁各种污染食品 2000 公斤。在高考期间，组织人员对考点周围的快餐店、饮食店进行检查，取缔无证照经营的快餐店、儿童食品摊点 15 户，限期整改 20 户，并派员全天候值班检查，确保正常经营的快餐店、饮食店、食品摊点无污染食品上桌，保证就餐的考生饮食安全。2005 年，查获冒牌葡萄酒 4662 瓶、冒牌啤酒 312 瓶、劣质葡萄酒 671 瓶。2006 年，查获冒牌葡萄酒 1152 瓶、牛初乳 2260 件。

2007 年，龙文区制定 " 餐桌污染 " 源头治理方案，筹措资金 3 万元，用于改造旧式生猪定点屠宰场。择址郭坑镇郭坑村一处远离居民区的地块，新建一座占地面积 2128 平方米、建筑面积 1550 平方米、年屠宰生猪量 2.5 万头、具有 SB/T10376 一星级标准的定点屠宰场，配套无害化废料、废水处理及检测设施，从源头上治理“餐桌污染”、确保餐桌上肉食安全。

第四节 “三资”企业监管

1997年，龙文区对外贸易经济合作局开始对“三资”企业实行监管与服务。区外经贸局依照国家对外商投资企业的法规、政策进行管理，监督外商投资企业按合同规定，切实履行各应负的责任，享受应得的权利；监督外资企业在合同和章程的修改、补充时按规定的程序进行，并报请原审批机关批准；审核转报进出口企业所需物品配额许可证申请，管理加工贸易；依法负责对外反倾销、反补贴及保障措施中的有关事务，指导协调外国对龙文区出口商品的反倾销应诉；监督检查外商投资企业执行国家法律、法规、合同章程情况；审核报批技术先进型，产品出口型的外资企业；配合海关、工商、财政、税务、国土、环保、商检等部门，依照中华人民共和国的有关法律法规，对外商投资企业进行监督检查，促进企业健康发展。通过监督，绝大多数企业能履行合同、章程，依法经营，使龙文区外商投资企业的合同履约率、投产（开业）率、外资到资率、出口创汇率和企业达产率5项指标逐年提高。

2006—2007年，全区有一批“三资”企业在生产管理中发挥骨干作用，为龙文区经济建设和上缴国家税收作出贡献。2006年、2007年度纳税100万元以上的企业分别为44家、45家，受中共漳州市委、市政府表彰的经济建设功臣分别为6人、9人。

第五节 财务管理

解放前，区境私营商户资金投入、回收均自行决定，盈亏自负。

1950年，区境门市部、营业处实行报账制。1952年，实行高度集中统一经营管理。1953年，商业高度集中管理体制改为统一领导、分级管理体制。各企业均核定资金，实行经济核算制，在银行开立账户，按计划办理贷款和资金往来，废止商业系统内部转账，一律通过银行划拨清算。1958年，在“大跃进”的影响下，区境商业开展“大购大销”活动，采取“生产什么，收购什么；生产多少，收购多少”。财务管理打破常规，资金“需要多少，供给多少；什么时候需要，什么时候供给”。在会计核算方面，实行“以单代账”“无账会计”的办法，造成许多企业账目混乱，管理水平下降，不适销的商品越来越多，占压大量资金，经济效益一年比一年差。区境粮站实行独立核算。1960年9月，商业系统普遍开展清库存、清资金、清账目的“三清”运动，清理出冷背呆滞、质次价高、残缺变质等有问题的库存商品、待核销的财产。精简不合理的中间环节，节约商品流通费用，建立健全的财务管理制度。对基层企业核定经营范围、经营商品录，制定商品合理库存，核定流动资金，实行定额管理，合理使用资金。

“文化大革命”期间，区境商业财务制度受到严重破坏，财务管理混乱。

1983年7月，省人民政府把商业企业财务管理体制下放。商业零售企业、三级批发企业（包括食品、蔬菜行业）、商办运输车队等的盈亏缴拨，均下放给当地管理。区境粮油财务纳入地方财政，对粮油商业企业实行利润分成。1986年，改革商业财务体制，实行国家所有、集体经营的小型企业，执行集体企业的财务制度，第二步利改税核定上缴的承包费减半上缴。对区境转为集体所有制的小型企业，占用国家的固定资产和流动资金，其偿还金在税后列支，缴商业主管部门。租赁给集体或个人经营的企业，租赁费由税前列支，缴商业主管部门。1993 年 7 月 1 日起，商业财务体制改变原有的增减计账法为借贷计账法，建立资本金制度，保障所有者权益；改革成本管理法，反映企业耗费和经济效益；改革资金管理办法，扩大企业理财自主权。改革财务报告体制，促其与国际惯例接轨。区境凡实行税利放流的粮食企业，取消调节税；未实行税利放流的粮食企业，仍按规定交纳调节税。1994 年，财政部下发《国有企业财产管理监督条例》，进行一次全面清产核资，澄清家底。至 1995 年，区境商业清产核资结束。1996 年 4 月起，区境粮食企业实行政策性业务与商业性经营财务分开，单独核算，防止互相挤占。政策性财务补贴分别由各级财政列入预算，予以承担。政策性业务由主管部门管理、核算。2004 年 5 月 26 日起，区粮食部门执行国务院《粮食流通管理条例》，依法管理全社会粮食流通、管理市场主体的准入和维护正常市场秩序。

第十七卷　旅游业

龙文区风景名胜主要有云洞岩风景名胜区和瑶山风景区。云洞岩风景名胜区位于九龙江下游北溪、西溪汇合处，地处漳州市区蓝田镇和朝阳镇东部，324、319 国道和厦漳、漳龙、漳诏高速公路从景区外过境。瑶山风景区位于九龙江北溪北岸，漳州市区北部的郭坑镇，漳（州）郭（坑）公路和鹰厦铁路近临景区。

云洞岩风景名胜区包括云洞岩、瑞竹岩、石室岩、仙亭岩、聚奎岩、青云岩、照莲岩，史称漳州“外七首岩”，以及江东桥、郷山讲堂遗址、万松关、五营寨、凤凰山、龙文塔、漳州植物园、“淡泊宁静中正和平”坊等景点，总面积 12.6 平方公里。云洞岩是云洞岩风景名胜区的主景区，以千姿百态的花岗岩及所形成的岩洞景观为特色，以历史悠久的“闽南第一碑林”“闽南理学名山”为主要文化内涵，已发展为观光旅游、度假休闲功能兼具的旅游景区。云洞岩风景区于 1985 年 10 月列入省级文物保护单位。区境还有赤岭关帝庙、山头顶觉皇院、崎下桥、湘桥古民居等景点。

瑶山风景区包括扶摇关帝庙、瑶山及镇安寨等景点。扶摇关帝庙在扶摇村瑶山下，有明神宗御赐“关帝君”青玉腰带，堪称镇庙之宝。镇安寨在瑶山顶，是区境少有的古村寨之一。

1997—2007 年，云洞岩景区共投资 3280 万元，用于景点保护、修缮和配套设施建设及环境综合整治。瑶山风景区投资 250 万元，修建道路、广场等配套设施。云洞岩风景名胜区和瑶山风景区已发展为闽南重要的旅游胜地。云洞岩景区吸引厦门、泉州等沿海城市和闽西南龙岩及广东潮汕地区的游客，景区游客量从 1990 年 6 万人次增至 2007 年 42.38 万人次。

第一章　景　区

第一节　云洞岩风景名胜区

一、云洞岩景区

（一）景点概况

位于蓝田镇蔡坂村。海拔 228 米，面积 58 公顷。东向依次有万松关、瑞竹岩、江东桥，西临蓝田开发区，南临 324 国道，北连仙亭岩。

云洞岩旧石器晚期细石器文化遗址，位于云洞岩东南蔡坂村境；青铜器时代文化遗址，位于蔡坂村云洞岩湖山；西周时期文化遗址，位于蔡坂村云洞岩西北坡。

山之阳有洞，深广各丈余，天将雨则云出，霁则云归，故名云洞。隋开皇年间（581 年），有潜翁养鹤其中，不时鹤鸣，又名鹤鸣山、鹤峰。山麓至巅皆由晶洞花岗岩组成，古称石壁山，俗称洞仔岩。

唐时，云洞岩顶岩建有罗汉殿，殿已圮，罗汉雕像移入后建的大雄宝殿。

五代著名道士、高阳人许碏，至王屋山学道后，周游名山洞府，一心寻找偃月子，云洞岩有其题刻“许碏寻偃月子至此”，为省内现存最早的摩崖石刻。

南宋绍熙元年（1190 年），朱熹任漳州知府，政事之暇游览云洞岩，登临援笔书写“溪山第一”，为《福建通志·金石志》著录。宋时，始建大雄宝殿。南宋理宗年间和元至正三年（1343 年），修筑佛殿前崖下石街、石栏。颜颐仲尚书于山顶建“天开图画亭”。明成化进士、兵部尚书陆完诗赞：“突兀万石攒，逶迤两溪抱。风挟云进凉，泉留月渟皓。”

明嘉靖年间，道学家、龙溪蔡坂人蔡烈隐居鹤鸣山之白云洞，讲学山中称洞主。蔡烈于朱熹讲学处建仰止堂作崇祀、讲学之用。云洞岩“观澜”旧为蔡烈藏修之所，“风台”“霞陆云丘”等处为蔡烈所命名。明弘治十三年（1500 年）状元、翰林学士、浙江鄞县人丰熙于明嘉靖七年（1528 年）十月、十一月至云洞岩，与蔡烈交游。丰熙留有“霞窝”“仙梁”“得朋”“枕流”“风动”等题刻 10 余处，尤其著名的是 1160 字《鹤峰云洞游记》。嘉靖八年季秋，明南京吏部郎中、莆田人林达作《鹤峰云洞续记》，前后游记异曲同工，为云洞岩石刻菁华。嘉靖三十四年冬至，古文学家、晋江人王慎中到云洞岩，访道于蔡烈，于千人洞之左开石室“云深处”，石室前筑“云游亭”，贵州巡抚、邑人蔡文为此作记。明天启二年（1622 年）进士、少詹事、漳浦人黄道周在云洞岩讲学，作《云洞游记》。自宋朱熹莅山载笔，开一代理学宗风，至明乡贤蔡烈，与朱子学一脉相承，讲学山中。云洞岩遂成“闽南理学名山”。云洞岩名贤题刻林立，以“闽南第一碑林”而名于世。

明末倭寇犯乱，乡人于云洞岩悬崖峭壁上、通道隘口处垒石筑寨用以避乱，名“秉文山寨”，古寨墙垣存有 7 处。

清康熙五十一年（1712 年）进士、雍正元年（1723 年）刑部主事、海澄人李五福致仕归后，与其弟李五达于云洞岩辟“李氏石巢”，亦称“李五福书室”。清雍正进士、江南按察副使、南靖人庄亨阳撰《李氏石巢记》。还有“苏生书舍”“许氏幽居”“铭鼎山房”读书处，共 4 处。康熙年间，云洞岩“霞陆云丘”处原蔡烈所建“仰止堂”祠宇废后，朱子祠位移祀于“霞窝”。清乾隆十三年（1748 年）进士黄宽请假归后，于清乾隆二十七年冬，

云洞岩旧石器时代遗址
（距今 13000—9000 年）

现场采集的石片、石核、刮削器

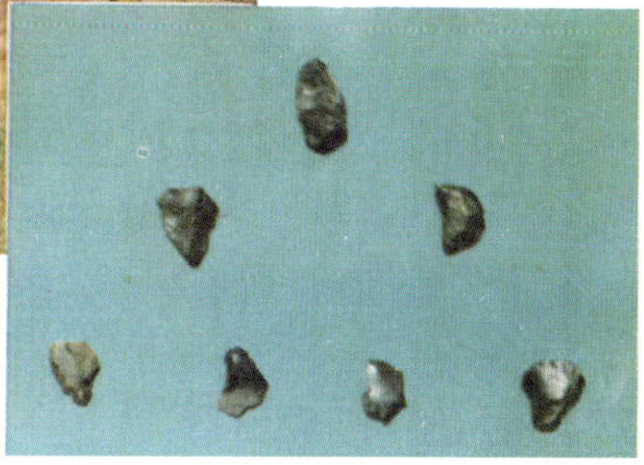

倡议重修云洞岩“朱文公祠”。清乾隆三十五年，留下云洞岩洪水水位标志，成为宝贵的水文史迹。光绪六年（1880年），龙溪李令于云洞岩立界告示，严禁近山乡民占据山上祠址和在山界内凿石、挖硒土、伐木等。有《云洞岩朱子祠禁事碑》立于朱子祠旁。光绪二十一年，重修云洞岩山上庙宇。

民国时期，驻漳国民革命军张贞，于云洞岩建鹤鸣祠，祭祀北伐阵亡将士。鹤鸣祠后改称鹤鸣楼。民国28年（1939年），弘一法师辗转漳州弘法，至云洞岩鹤鸣楼讲经。

1988年春，全国政协原副主席爱新觉罗·溥杰为云洞岩题书“云洞名山”，镌匾于云洞岩景区山门。

（二）自然景观与古迹

景区景观资源为典型的晶洞花岗岩地质地貌，经千百万年的风化剥蚀及海陆变迁动力作用，形成秀奇的岩峰、陡峭的崖壁、叠置的洞穴和各种象形岩石景观。石洞无数，多有互通，洞壑幽深，主要有先天洞、云归洞、罗汉洞、仙樵洞、千人洞等40处，其大者可容千人，故有“丹霞第一洞天”之称。

云洞岩一峰突兀，怪石嶙峋，洞壑绵密，独具神态，近看有千洞万壑之概，远观如山石盆景之美。从西、北向观山，状如卧狮；南望主峰，犹似老子打坐，奇观妙景，转换各异。“云岚烟雨”“奇峰异石”“山壑幽洞”“摩崖石刻”为云洞四大特色景观。主要景点有临流濯足、鸿磬、鹤丘、铁桥初度、万石庄、鹤室、先天洞、渡云桥、大雄宝殿、别有天、霞窝、溪山第一、月峡、寒泉、仙人迹、一川风月、晞发岩、云深处、顶岩（罗汉殿）、天梯径、小榕桥、鸳鸯洞、汲玉栏、云根洞、留仙榻、听泉崖、瑶台、许碏题刻处、李五福书室、千人洞、一线天、风动石、天开图画亭（遗址）、朱文公祠、仙梁、得朋、仙樵洞、卧龙洞等40余处。

鹤丘　云洞岩南麓树一石碑镌“鹤丘”。明嘉靖年间，道学家蔡烈，字文继，龙溪蔡坂人，系随州知府蔡杲之子。蔡烈“力行好学，老而不倦”，后隐居云洞不仕，居山读《易》讲学，著《读书录》若干卷，世称鹤峰先生。蔡烈卒后葬于山下，林达立碑“鹤丘”，勒《鹤丘铭》云：“鹤峰千仞，龙江数曲。中有一丘，其人如玉。”分置亭中。名山因名人而益彰。1987年3月，列为县级文物保护单位。

鹤室　沿“铁桥初度”巨石旁上攀，石栏后即“鹤室”。隋唐时，潜翁养鹤修道于此。明嘉靖年间，蔡烈入山居于“鹤室”，专研程朱理学。“鹤室”正中镌“蔡鹤峰先生神位”，篆书，字大三寸，直行。

先天洞　在“鹤室”右边一石洞，名“先天洞”，乃蔡烈读《易》处。洞中石刻“易有太极，是生两仪，生四象，生八卦，定吉凶，生大业”。

别有天　从“大雄宝殿”右侧环山而上，经“踏起青云”“渐入佳景”至“别有天”。四周岩石奇形怪状，如鬼斧神工砍削而成。石壁有明正德三年（1508年）进士、江南监察使、镇海卫人吴仕典诗：“妙景天下希，化工效神智。不遇希世人，谁阐千年秘。”

霞窝　从“别有天”转弯而入“仙岛”，一巨石陡峭矗立其间。彩霞映照之时，流丹溢彩，甚奇。明丰熙于此书“霞窝”两大字，霞窝原有茶亭、古松。明张鹏题诗赞：“白云结高寒，护此万玉峰。中有学易人，盘桓抚孤松。”宋朱熹亦赋诗赞之。

溪山第一　南宋朱熹在漳任职期间，上山揽胜，多有题刻，于“霞窝”东壁高处题“溪山第一”大字，楷书，字大尺余，直行。谓云洞岩地挹山光，面收水色，奇峻灵秀，堪称天下名山。

月峡　经由“溪山第一”巨石后小峡谷，中有一泓泉水，清澈见底，涓涓细流，久旱不涸。每逢月圆之夜，天上圆月倾入水中，水中之月又返映于石壁上，遂成三月分辉之奇观，故名“月峡”，又名“三月峡”。明嘉靖八年（1529年）龙溪知县、休宁人俞琏诗赞：“岩泉弄清响，月峡涵虚白。

中有独醒人，勘破先天易。”

寒泉　“月峡”石壁出口处有一寒泉，泉由石隙出，凛冽清澈。明弘治十五年(1502年)进士、广东参政、龙溪埔尾人林魁诗赞：“鹤山有寒泉，我来濯炎热。明月飞入山，千秋照岩穴。”丹屿人蔡春官题诗：“一勺无多夏亦寒，涓涓静听怯衣单。清流不受绨袍物，云作罗裳石作冠。”

云深处　“仙人迹”拐左登高一岩洞，名“云深处”，原为巍峨巨石构成的天然岩洞，洞内清幽，细泉汩汩，系明嘉靖年间晋江文人王慎中访道蔡烈时所辟，洞外高地有“云游亭”，亦为王慎中建，今亭已毁。

诵经石　一作“诵经坛”。有石斜叠，色如银，击之有声。元胡梅所诗：“昔人曾此月明中，扫石焚香礼碧空。千载台空人不见，野花啼鸟自春风。”

千人洞　在山腰挂练石下，有一洞名曰“千人洞”，深数丈，口狭窄，匍匐始得入，入则别有洞天，悬石如倒钟、如盖、如莲房，参差怪石，摹形拟状。此洞室可容千人，为前人避乱之所。元胡梅所诗：“天生岩穴受千人，隐隐幽处隔世尘。不识人间经几代，洞门依旧锁闲云。”明丰熙诗：“片石千人屋，天工太泄机。海风吹不破，应待野云归。”

一线天　在千人洞中，仰首即见洞顶裂开一线，长数丈，名之“一线天”，“鬼斧神工劈山崖，洞中一线冲天开”。千人洞上面有一石酷肖屈肢踞坐、昂首向天的青蛙，称“石蛙鸣天”。

风动石　云洞岩之巅，有一巨石叠立崖顶，露出崖边数尺，高16.67米，围60米，下承磐石，因此石四面均不偏倚，其下两尖相当，风来则动，力摇之动而不坠。明丰熙题“风动石”三大字。明嘉靖年间龙溪知县刘天授诗云：“突兀千峰上，临空势欲欹。我来时一抚，天地见圆儿。”此景载入宋《皇舆胜览》一书。

云洞岩风动石

仙梁　从朱子祠左侧，经过“福寿”崖刻，前有一巨石长4丈余，卧于深壑之上。相传为仙人所经桥梁，明丰熙书“仙梁”两字，以记其事。

得朋　明丰熙慕蔡烈品学，上山造访，二人登高望远，指点江山，相交甚契。一日漫步而谈，行至山上一隅，但见两巨石并立，势形若“朋”字。丰熙甚喜，题“得朋”两大字，一语双关，遂为一段佳景佳话。

天开图画亭　宋吏部尚书颜颐仲告老还乡，爱此山水佳景，于云洞岩顶建亭览胜。此亭上倚岩壁，下俯江流，烟云林麓，风帆钓艇，宛如图画，遂名“天开图画亭”，今存遗址。

朱文公祠　宋朱熹任漳州知府，政暇常游云洞，且于山中讲学。明蔡烈于朱子讲学处建“仰止堂”以作崇祀、讲学之用，将所在地题名为“霞陆云丘”。清康熙初年，祠宇废而复修。年久祠又倾圮，朱子祠位移祀于“霞窝”处，因陋就简。乾隆二十七年冬，江西崇义县知县黄宽倡

朱文公祠

议重建，有200余人捐资，计费银400余两，于“仰止堂”旧址建成“朱文公祠”。后祠又废。2006年，于原祠址开工重建朱文公祠。

（三）理学文化景观

南宋以来，漳州为大贤教化之邦、名儒诞育之里。龙溪为漳首邑，实首化之地。云洞岩为京省通道所环绕，踞漳东形胜，乃灵迹胜区。

南宋绍熙元年四月，朱熹（1130—1200）出任漳州知州，在漳时刊印四经、四书集注，崇儒兴学，倡导“格物致知”，开一代理学宗风。朱熹于政暇历游云洞，并讲学山中。

当时龙溪从学朱熹的士人，有十数人后来成为道德文章名重于时的学者，尤以传人陈淳成就较大，在朱学与陆九渊学派之争中，捍卫师门甚力，多所发明。

明理学家、龙溪蔡坂后吉人蔡烈，弱冠为诸生，从学于晋江蔡清、莆田陈茂烈。蔡烈受知而大省悟，遂“隐居鹤鸣山之白云洞，不复应试”。蔡烈治学尊奉朱子学，以穷理力行为实、主敬为要。嘉靖年间，蔡烈隐居山中，自称洞主，远近名流，闻风景从，云洞岩成为儒家谈道讲学之所，驰名海内。蔡烈于朱熹讲学处建“仰止堂”作崇祀，并讲学其中，取地名“霞陆云丘”以示志。蔡烈藏修之所有“观澜”“先天洞”等处。

明理学家、龙溪镇海卫人陈真晟，早年受教于进士、长泰武安山唐泰。17岁赴省应乡试，因有司防察过严，褫衣搜身，耻于受辱而弃考。陈真晟归镇海后，笃志理学，自号漳南布衣。

明景泰五年（1454年）进士、郡人林雍，官至兵部郎中。林雍为司正时上疏建言，陈淳卫道有功，宜从祀于两庙或设祠，以励士行、敦风化。上疏未及呈报，反为士论所踶。后林雍归乡，结屋龙山，以朱子为宗教徒授学。自此累征不再出仕。林雍与陈真晟交为师友。学者称蒙庵先生。

明成化五年（1469年）进士、四川参政、龙溪镇海卫人周瑛，少时师事陈真晟，与蔡烈、陈献章、林雍相研习。居官咸有善绩，尤励清操。其学以检心为主，力主“居敬”，穷究天地万物之理。

明弘治十三年状元、翰林学士、浙江鄞县人丰熙于嘉靖四年被贬谪镇海卫，嘉靖七年与龙溪蔡烈交游，寓居云洞半载，作《鹤峰云洞游记》。丰熙与蔡烈曰：“先生不言而躬行，某心醉矣。”蔡烈倡建文相公祠，丰熙撰《文相公祠记》，示建学立师之义。

明嘉靖理学名儒、古文学家、晋江人王慎中，于嘉靖三十四年冬到云洞岩，访道于蔡烈，为“敬”之用工条目反复商酌，慎重为学。

其间，除周瑛、丰熙，尚有莆田人林达、临川人陈九川、莆田人周宣等，多为因“议礼”或谏阻武宗南巡被窜逐的正臣名宦、学养深厚的名儒硕彦，流寓入漳。诸士探履鹤峰，怀贤证道，或讲论，或留题，济济摩崖，汇成一部明儒学案。云洞岩由此文帜高扬、人文荟萃，愈成理学昌明之地。

逾云洞岩以北为万松关，出关5公里，至北溪柳营江西岸左折乃郱山，山面水即蓬莱渡。明时郷山亦为讲学之所。

明天启二年进士、少詹事、漳浦人黄道周，为明末儒学大师。黄道周治学不尚天理人欲之空谈，专重亲民爱国之实践。明崇祯八年（1635年），黄道周初辟郷山讲堂，建三近、与善、乐性三堂，为其在漳讲学处之一。黄道周讲学于郷山讲堂，亲定《郷山讲仪》七条，“四方人士从学者以千计”，盛极一时。其治学主张“意静心诚”，推崇“好学、力行、知耻”，提出“维一善”“与道德邻”“学贵知性”等思想。黄道周治学思想，在明清之际产生重大的社会影响。

清时，云洞岩读书处有“李氏石巢”“苏生书舍”“许氏幽居”“铭鼎山房”4处。康熙五十一年进士、雍正元年刑部主事、海澄人李五福，登云洞岩，与其弟李五达，辟石巢于顶岩后峭壁间，复构石室数间于石巢上。李氏兄弟于此办学多年。“苏生书舍”位于“第一峰”下，开办于康熙末至雍正初。“铭鼎山房”在千人洞西出口处。

清雍正年间进士、江南按察副使、南靖人庄亨阳，是名重一时的有学有用的巨儒。庄亨阳造访云洞岩，作《李氏石巢记》。

清乾隆十三年进士、江西崇义县令黄宽，积劳成疾，请假归后，应请至郷山书院讲学，严立课程，勤于诱导，门徒振作奋发。

朱子理学文化对漳州后世产生深远影响。明四川参政周瑛撰漳郡名宦乡贤祠记云：“郡守陈侯（陈洪谟）以漳为朱文公过化地。”清文华殿大学士蔡新《重建龙溪县学碑记》云：“吾乡自宋以来，犹安僻陋，至紫阳朱子作守，北溪、东湖二先生从其学，以倡于乡，而文物以盛，亦非必山川之秀之有加也哉。”龙溪为漳郡治之所，是朱熹“过化”的重点区域。朱熹知漳任上，力倡儒学，培育人才，漳之文教乃渐昌；经陈淳等薪火相传，至蔡烈、陈真晟、黄道周等先后继起，倡明道学，诗教益盛。漳州遂有“海滨邹鲁”之誉。云洞岩其为“理学名山”，是漳州作为“海滨邹鲁”、礼仪之郡和历史文化名城的一大标识印记。

（四）摩崖石刻

云洞岩摩崖石刻源于五代而盛于明清，山上留存历代名人题刻203处，包括五代1处、宋7处、元1处、明25处、清69处，朝代不明100处，作者90余人。其中，五代高阳许碏“许碏寻偃月子至此”一刻，为省内现存最早摩崖石刻。

南宋大理学家朱熹“溪山第一”“石室清隐”，书法雍容高雅，两刻为《福建通志·金石志》著录。云洞岩题刻至明代为盛。明弘治十三年状元、翰林学士丰熙“仙梁”“得朋”“风动”等，以及《鹤峰云洞游记》。丰熙游记称前记，全文1160字，镌刻在一块高5米、宽4米的磐石上，世所罕见。明正德九年进士、南京吏部郎中人林达（莆田）

云洞岩五代许碏题刻处

镌刻“鹤室”“鹤丘”《鹤丘铭》，以及《鹤峰云洞续记》，林达续记称后记。前后游记异曲同工，遗存云洞岩重要史料。明成化五年进士、四川参政周瑛（镇海卫籍）刻“云洞”。进士、漳州郡守张鹏（四川洪雅人），刻“寒泉”。弘治十二年进士、广东右布政周宣（莆田人）刻“一川风月”。明成化进士、兵部尚书陆完（浙江长洲人），正德初会元、太仆卿邵锐，嘉靖进士、江西按察使谢汝义（鄞县人），嘉靖进士、河南参政、古文学家王慎中（晋江人），嘉靖进士、贵州巡抚蔡文（龙溪人），万历十四年进士、四川按察副使韩擢（罗浮人），以及清顺治十八年（1661年）会元陈常夏（龙溪人），乾隆元年武状元、福建陆路提督马负书（汉军镶黄旗）等，俱有留题。清乾隆岁贡林祖澎（瀚江人）“搔首”两字，刻在顶峰“天柱”下一峭壁上，隶书，每字大2平方米。当代，有开国上将杨成武“飞来石”，书法家虞愚、谢澄光等题刻。摩崖石刻有诗、词、文、联、记、录、铭等文体，篆、隶、楷、行、草等书体，风格各异。尤以朱熹、丰熙书法更为奇丽，享誉于宋、明书苑，墨迹被选入清高宗《三希堂石渠宝笈法帖》。摩崖石刻分布于云洞岩岩壁各处，多集中于“观澜”“霞窝”“月峡”等处。云洞岩摩崖石刻，素有“闽南第一碑林”称誉。1982年6月，被列为县级文物保护单位。1985年10月，被列为省级文物保护单位。

当代巨型摩崖篆刻《道德经》载入云洞碑林。中国当代篆刻家荆鸿，原《道德经》篆印作品于1996年在辽宁问世，为小枚篆印集成。后荆鸿到漳州云洞岩实地考察，进行二度创作，采取大型篆印形式，由石刻工匠攀崖摹刻，于1998年9月至12月完成凿刻。篆刻选址在云洞岩主峰西坡高40多米、宽18米摩崖巨石上，以阴阳文相配，共有898枚篆体印模，容纳老子《道德经》全文5500字；印模大至2.4平方米，小有0.5平方米，面积500多平方米，成为“闽南碑林”新景观。

二、瑞竹岩

（一）景点概貌

瑞竹岩位于龙文区蓝田镇东境，梧浦村岭东（岭兜）自然村的岐山上。东邻江东桥，西接万松关，俯瞰九龙江西溪、北溪合流东注，气势磅礴，景致峻秀。瑞竹岩是以花岗岩地貌峰峦景观为基础，以佛教文化为内涵的旅游景区。

瑞竹岩为五代高僧楚熙卓锡之处。楚熙刳竹引泉，竹萌新芽，故名瑞竹岩；结茅为庵，取名“德云庵”。明末，邑人陈天定暨住持绝尘禅师重建佛殿，迁移基址，即今寺所在地。嗣后历代屡有修葺。清末民初，名僧转道和尚，曾于此岩住持多年，后云游南洋，驻锡新加坡。民国27年（1938年），厦门沦陷前夕，弘一法师辗转漳州弘法，曾驻锡瑞竹岩，讲经撰述，并作《瑞竹岩记》。

瑞竹岩与云洞岩联峙，沿崖风景独胜。山上原建寺庙，有石洞、石刻、清泉，以及庙址前唐宋时植的铁树两株（至20世纪90年代重建庙时被毁）。五代时僧楚熙坐禅于石洞而有“石禅床”之谓。明兵部尚书陆完《陆完同蔡烈游》诗云：“万松关外瑞竹岩，峰峰峙峙列层嵌；偶来石上凭南眺，一望江山挂远帆。”明万历四十四年（1616年）探花、东阁大学士、龙溪洞口人林釪，天启五年进士、吏部郎中、龙溪梧店人陈天定，出仕前相与读书山中。明万历年间，林釪与魏阉党抗争，以忤珰归，于旧寺后筑“介石云窠”，俗谓八角楼。明末，陈天定凿山通道，门径幽绝。悬岩之上镌有“海日江春”等摩崖石刻10余处，其中诗刻6首、寺中名人题刻石柱联6对。原建寺庙大部坍塌，仅存石柱基址，石柱联“夙根有慧皆森发，上善无声自广长”为林釪所撰；“风静潮初满，山空月正中”系陈天定所题。明绝尘禅师舍利塔，置于旧寺后石洞内。林釪为照乘上人书“瑞竹岩”横行隶字石榜。

瑞竹岩寺依山面水，大雄宝殿坐西北朝东南。上抵悬崖石镌“海日江春”处，则眼界豁然。

岩上原有寺宇4座，因年久失修，至1957年仅存残垣断壁。1988年、1989年，新加坡龙山寺广洽、广净法师，系转道和尚徒孙，二次募资，重建大雄宝殿、卧佛殿、斋堂，获赠泰国铜佛一尊。广洽法师圆寂后，其弟子多方募资扩建。至2007年已扩建大雄宝殿、卧佛殿、祖堂、素食馆；新建天王殿、圆通宝殿、钟鼓楼、华严殿、竹林丈室、广洽阁和禅堂、斋堂、功德堂、客堂、僧舍、圆凉亭、六角凉亭等殿堂斋舍，建筑面积达1万多平方米，成为闽南一大佛教丛林。

（二）寺庙建筑

广洽阁　为纪念广洽和尚，故名。过游客天桥近抵广洽阁。于天王殿左前方，为六层六角塔形，阁临悬崖。

天王殿　在广洽阁前方，建筑面积130平方米。殿门上悬原中国佛教协会会长赵朴初书“瑞竹岩”匾额。殿内供奉弥勒佛、四大天王、韦陀。殿右侧为斋堂；殿前广场下方即五观堂，为千人大斋堂，建筑面积1100平方米。

圆通宝殿　在天王殿正对面，建筑面积130平方米。供奉千手千眼观世音菩萨、12尊护法诸天。

钟鼓楼　钟楼在圆通宝殿左侧，两层，建筑面积60平方米。供奉地藏王菩萨、道明法师、闵公法师。鼓楼在圆通宝殿右侧，两层，建筑面积60平方米。供奉伽蓝菩萨（关羽）、周仓、关平。

大雄宝殿　在寺院中心。原寺为宋大觉琏禅师所建，后圮。明邑人陈天定暨住持绝尘禅师重建，原有陈天定书“智慧观”木刻榜悬于寺前楹，今佚。后屡兴废。至1957年仅存断垣残壁。1989年重建，建筑面积165平方米。殿中供奉释迦牟尼佛、东方药师佛、西方阿弥陀佛及阿难、迦叶尊者。殿门廊石柱有林釬、陈天定题联，刑部郎中、龙溪锦江人陈文芳题联“临三江跨万松结茆即成名刹，掖百法超十地刳竹蚤喻禅机”。殿门上悬赵朴初书“大雄宝殿”匾额。

卧佛殿　在大雄宝殿左侧，上回龙亭，右即卧佛殿，坐东朝西。原建于明万历年间，后圮。1989年于原址临崖扩建，两层，建筑面积187平方米。上层为藏经阁，下层供奉缅甸白玉卧佛。殿门廊石柱有清康熙九年进士、刑部郎中、南靖人张雄题联“翠竹无心穿石壁，海潮有意泛慈航”。

祖堂　卧佛殿对面拾级而上即祖堂。祖堂供奉历代祖师。

竹林丈室　即方丈楼，在大雄宝殿与功德堂之间的高处，三层，楼顶外形为八角飞檐，建筑面积150平方米。

华严殿　在大雄宝殿后山高处，建筑面积600多平方米。殿内供奉华严三圣毗卢遮那佛、普贤菩萨、文殊菩萨。殿左山上建一圆凉亭。殿右山上建一六角凉亭；亭上方有从华严殿所在山上移来的楚熙祖师舍利塔。

经幢　从华严殿盘绕而上，耸立岐山，石柱上刻有千手千眼观世音菩萨、二十四诸天、楞严咒、大悲咒、十小咒、心经等，即正法之象征。

瑞竹岩古迹文物主要有“介石云窠”遗址、绝尘禅师舍利塔、石禅床等。

“介石云窠”遗址　在竹林丈室后面，为明林釬所建，原为八卦形结构，上有层楼，今存门框，上有“介石云窠”石坊，楷书。石门今有刻联“梵音歇尘心佛前闲看青史，草堂欹睡足茶里笑品人生。”

绝尘禅师舍利塔　在云窠遗址后面，有一天然石洞，洞中有明绝尘禅师舍利塔，洞口顶端有明照乘上人“无法续传”题刻。

石禅床　在半山近崖一石洞内，有一石平整如床，传为楚熙禅师坐禅入定处。志载，“石禅床在岐山，五代时僧楚熙居此。”元胡梅所诗云：“空山危石平如掌，云起苔封自昔时；不识山僧曾坐处，几回弹舌雨龙归。”

1982年6月，列为县级文物保护单位。1993年9月，登记为宗教活动场所。

三、石室岩

石室岩位于蓝田镇梧桥村的三峰山，在聚奎岩之西。

石室岩有天然巨石构成的石室数间，其中一间为一块弧形巨石覆盖于石室之上，石室背山朝南，前有流泉，室内面积有10余平方米，地面平展，故名。因在瑞竹岩西向，古又称西石室岩，俗称石厝岩。

明万历初年，漳州开元寺苦行僧樵云，至石室岩结庵诵经、建亭施茗。今山上尚存名人崖刻、题联多处。石室门额镌“闲云石室”。室顶巨石刻“斗牛”，意指祥瑞之地。室旁岩壁有沈克明题刻“一览”；题刻“大悲阁”。室前石柱有明万历年间进士、右佥都御史、龙溪人颜继祖书联“无树非台还是佛，枕流漱石即为禅”；明东阁大学士林釬题联“云封片瓦乾坤古，月度三峰世界清”。石室前右下方有石结构葫芦顶四方形古佛塔1座，高5米，宽2米，四周有精美花纹浮雕，刻佛名、佛咒及“祝圣延寿”“保国佑民”等字。

石室岩“闲云石室”，系依附岩穴，由石柱、石梁、石板构筑成室，为昔樵云讲经法坛。寺历供释迦牟尼佛、观世音菩萨、普贤菩萨、地藏菩萨、伽蓝神等。新建1幢3层楼堂，顶层天王殿，祀弥勒菩萨、四大天王、韦驮天；次层祖师殿，祀樵云、念庵等。新建日清舍利塔。现堂舍近10座，建筑面积约2000平方米。石室岩寺已建成漳州闻名的一处佛门名刹、朝圣旅游胜地。

1987年3月，被列为县级文物保护单位。1998年1月，登记为宗教活动场所。

四、仙亭岩

仙亭岩在鹤鸣山之北，有棋盘石、仙岩亭、僧洞、一人泉等胜迹。

鹤鸣山西北端，山有石壁高悬，即仙岩石。仙岩石乃一巨大岩石，石面平坦宽敞，东西长约20步，南北10余步；北面为削壁，崖沿平卧一磐石，一头挑出崖外，古称棋盘石。

旧志载，“仙亭岩在鹤鸣山之阴。宋僧从谦往见二士对弈，就之，化为白鹤冲天而去，余一棋子，取咽之，因辟谷不食，寿百余岁。”北宋庆历六年（1046年），祭酒刘植为僧从谦建仙岩亭于绝顶。宋吏部尚书颜颐仲建仙亭岩寺于岩下。《紫云开士传》云：“从谦，宋僧，漳州人……尝游石壁山，见二异人对弈，遂能辟谷不食。”历代文人骚客多有题咏，仙亭岩成为著名寻仙景观。

仙岩亭建于仙岩石上，至今保存基本完好。亭为四柱方形，亭盖庑殿式，五脊四坡。亭长、宽、高均3米，亭盖高度为亭高的一半。全亭上下内外皆采用岩石材质，柱、梁、正脊、脊吻、瓦顶、瓦楞、瓦当、飞檐均以清一色的花岗岩石凿成仿木构件，榫卯拼接而成。正脊脊吻为朝天鱼尾，垂脊成飞檐翘角，西侧两个翘脊今已无存。居中两横梁镌楷书“檀越通守颜公恭人陈氏同登仙界”“朝天庵主绍仁造仙棋盘石亭伏冀”。石亭构造严谨、端庄、飘逸。

仙岩亭下有一天然岩洞，宋僧从谦即于此洞苦修。岩洞以仙亭岩为盖顶，左靠右依数块硕石，形成洞中有洞、四处皆有洞口的有趣景观。北侧洞门崖壁镌楷书“师谦洞”，每字半尺见方；入口石壁上刻楷书“功德主通引官刘植大宋庆历六年丙戌岁二月初一日开岩沙门从谦”28字，直书3行。洞室宽敞，北向岩石上镌一诗，引文为“一人泉，古之灵泉也。”；诗首句“瑞泉出石窟，朝夕供一人”。“一人泉”出于石穴，深不盈尺，不溢不竭，适供一人一日之需。

五、聚奎岩

聚奎岩为三峰山之一，在朝阳镇漳滨村、岐山北面。山原有石如龟，名曰“瑞龟”。五代时僧楚熙，先于瑞竹岩结庐静修，后越岐山辟建聚奎岩寺，位于山麓。山中有“龙会洞”。宋末忠臣名士陈格曾读书山中。因山石称瑞龟，取龟字与“奎”谐音，更名“聚奎”。旧志载，“康熙元年，僧顺熙重修。有石如室，下可坐百人，泉出其中，清泠可爱。近僧复于岩边再辟一洞。”

清乾隆十九年（1755年），大学士张川直于殿中题联：“曼幻山中赦将毫彩明应翠；心容足俊锁却禅关任白云。”寺内有清时八角莲花壶，刻“麉首僧”三大字。寺几经废修，近年修缮有大雄宝殿、药师殿、祖师殿及僧舍、斋堂。

被漳州市文管办列为漳州市文物点。2003年2月，登记为宗教活动场所。

六、青云岩

青云岩为三峰山之一，在朝阳镇漳滨村东，与聚奎岩相隔一峰。岩上树林荫翳，奇石众多。原寺已废，尚存清乾隆年间《重修青云岩寺碑记》一方。寺前有铁树，旧志载，“旧有铁树，唐宋间植。”

七、照莲岩

照莲岩在岐山与三峰山之间山下。旧题：“三峰夹影屏千尺，二水交光玉一围。”旧有妈祖庙。备极其胜。

八、万松关

（一）古关隘

位于蓝田镇境，在鹤鸣山与岐山之间。旧志载，“岭踞郡城之东北山川形胜，海洋出没一览在目”。万松岭，后建关，是唐代以来漳州以东通往京省的必经之路，地势险要，为历代兵家必争之地，漳州著名古战场、三大名关之一，是省内仅存的一座古关隘。今漳龙高速公路经由万松关隧道而过。

朝阳镇樟山考古发现，商周时期有人类部落活动于万松岭一带，从嵌刻在岩壁上的屋檐沟、排水道等可证。旧志载，“六朝以来，戍闽者屯兵于龙溪，阻江为界，插柳为营，两岸尽属蛮獠。”“蛮獠”据守江险，历朝官兵视为畏途，隔江扎营，未敢贸然出师。至唐总章二年（669年），归德将军陈政“遣人沿溪结筏，间道袭蛮，遂建寨柳江之西。”陈政率军沿北溪上游至汰内（今华安沙建），于江面狭窄处结筏渡江，成功袭击蛮獠。后建寨于柳江之西，即旧称军营岭、万松岭一带。唐开漳后，在鹤鸣山与岐山之间开辟一条漳州府通往福州府的交通要道，取名“福岐路”。通路初期，沿途暴日风尘。明万历初年，邑绅陈克聪于福岐路“植松夹道，连阴十里”，始称“万松岭”。原植松树岁久凋枯，唯岭上奇石如丛林。万历年间，漳州府督学沈儆炌，将之改名“堆云岭”。明崇祯二年（1629年），漳州知府施邦曜建成关城，称“万松关”，为通省福岐路孔道，素有漳州门户之称。旁原建“堆云庵”，又建亭供行旅者憩息，今俱废。

万松关横跨山谷，两侧山头乱石交错，悬崖峭壁，构成天然屏障。关墙用长方形花岗岩石垒砌，中建拱形城门，雄壮高坚，上原有炮门三眼，城门正额上嵌一青石横匾，镌“天保维垣”四大字，楷书。城门附近有明大学士林釬撰《施公新筑万松关记》碑和清同治四年（1865年）左宗棠班师勒铭篆书残碑、光绪十二年《张公司马德政碑》。关墙原长100余米，高25米，宽7米，关墙垛口在“文化大革命”期间被拆除三分之一，今残长55米，残高8米，宽4米。1982年6月，被列为龙海县级文物保护单位。

（二）五营寨

位于蓝田镇境，在梧浦村岭东自然村的岐山瑞竹岩。沿山脊建兵寨4座，东临北溪建寨1座，合称“五营寨”。峰顶一寨，呈四方形，面积2667平方米，砌石墙，高4米，厚1.5米，前后各一寨门，东北面墙角有一方石台，原有石匾镌“应龙门”。顺坡而下为第二寨，正门一石横匾镌“龙浦金汤”，寨墙厚1.2米，南侧仅存残基。第三寨，寨墙已圮，寨门完好，寨内有清道光二年（1822年）双圹墓1座。第四寨仅存残址。

九、江东桥

位于龙文区蓝田镇境，在长洲村马崎自然村东部。江东两岸，峻山对峙，江宽流急，古称柳营江，原为一处津门渡口，旧志载其为郡之寅方，寅属虎，因名“虎渡”；又传虎负子渡江，得名“虎渡”。宋时石桥原名“虎渡桥”，又名“柳营江桥”“通济桥”，后世称“江东桥”。虎渡桥系多孔梁式石桥，为宋龙溪“八景”之一，名“虎渡春潮”。桥居闽粤咽喉要道，明时称“三省通衢”“八闽重镇”，是中国古代八大名桥、福建四大石桥之一。

南宋绍熙年间，漳州知州赵伯逖，以联船建浮桥，开江东造桥历史之先声。嘉定七年（1214年），知州庄夏，改建为木板桥，垒石为墩。《龙溪县志》载：“酾为十五道而屋之”，改名“通济桥”，多称“虎渡桥”。嘉熙年间，木桥面为火毁，始改建石梁桥，历时4年告竣。首建石桥夷然稳定百数十年。元朝在此设江东驿，始称“江东桥”。明景泰七年（1456年）举人、晋江陈让撰记云：“昔欲为桥，有虎负子渡江，息于中流。探之有碛如阜，循其脉沉石截江，隐然鱼梁，乃因垒址而桥焉。”明嘉靖十九年（1540年），桥重建。晋江王慎中有记。嘉靖四十四年，桥复修。旧志载：“砌石为栏，东西竖二关。”清康熙十七年（1678年），桥梁焚毁殆尽。康熙十八年，以木梁修桥，不久又坏。康熙二十四年，重新以石筑桥。康熙四十八年，桥重修将成，中板复折。五十二年，桥复修成，郡绅蔡世远有碑记。清雍正九年（1731年），桥重修。清乾隆二十一年（1756年），桥石中断，重修，邑绅王材有记。《漳州府志》载：“施以石为梁，长二百余丈，梁长八丈余，厚亦如之。桥东西各有亭。郡守黄朴为之记。”宋、元、明、清诸代和民国时期，历时700余年，一桥屡毁屡修，共修建10余次。

江东桥采用同洛阳桥一样筏形基础的桥基形式。当代中国著名桥梁建筑专家茅以升、世界著名科学史家英国李约瑟博士均考察江东桥。1962年，茅以升在《中国的石拱桥》中说：“我国劳动人民在建筑技术上有很多创造，在起重吊装方面更有意想不到的办法，如福建漳州的江东桥，修建于800年前，有的石梁一块就有二百来吨重，究竟是怎么安装上去的，至今还不完全知道。”李约瑟在《中国科学技术史》中评道：“一个有趣的历史性

江东桥遗存石梁

问题”“在中国的其他地方和国外的任何地方都找不到可同它相比的。”江东桥在世界桥梁史上有显著地位，被《中国名桥》《世界之最》列为“世界上最大最重的石梁桥”。

1982 年 6 月，被列为县级文物保护单位。1991 年，被列为第三批省级文物保护单位。2001 年 5 月，被列为第五批全国重点文物保护单位。

十、郱山

（一）概貌

位于龙文区蓝田镇境，在江东桥北侧蓬莱峡旁、焦桐山下。山石裸露，中有一石状如唐代藏书家郱侯，故名郱侯山。旧志载，郱山一名蓬莱峡，此山不生草木，其土白紫而燥。明少詹事黄道周辟郱山讲堂，讲学于此。其旁为蓬莱峡、芙蓉峡，又有石矗峙江畔，俨如人立，名曰“石翁”。今有郱山讲堂遗址和蓬莱峡、逃雨岩、墨池等胜迹。

（二）郱山讲堂遗址

明天启二年（1622 年），进士、少詹事、漳浦人黄道周，乃正直诤臣，犯颜屡谏，多次被贬，在野讲学历时多于在朝为官。明崇祯八年（1635 年），黄道周于郱山辟书院，称郱山讲堂，又名郱侯讲堂、文明书院，建三近、与善、乐性三堂，为其在漳主要讲学处之一。三近堂位于郱山之中，是最早建筑的讲学之所；与善堂位于郱山之左、三近堂之北，乃郱山讲堂的谒圣之所；乐性堂位于郱山之右、三近堂之南，即黄道周及门人考论之所。黄道周与弟子常“讨德于与善，征功于三近，从容于乐性”。崇祯十一年，黄道周回郱山讲学，十五年回乡在漳讲学，十七年夏至郱山讲学；九月奉南京福王征召出行。南明弘光时，官至礼部尚书，明隆武时，任首辅，自请募师，北上抗清，兵败江西婺源，以身殉国。旧志载，“黄道周讲学江东，每临讲时，堂设先圣位，具琴瑟钟鼓，立监史，读《誓戒》，献酬歌诗，主宾百拜。四方学者环江门而来听者千艘。礼乐之盛，比之河汾，亦一时仅事云。”黄道周治学，推崇“好学、力行、知耻”，提出“维一善”“与道德邻”“学贵知性”等思想，为讲堂制定一整套严格有序的教规。郱山讲堂属私学，为明代漳州影响较大的书院之一。黄道周殉职后，郱山讲堂日趋荒废。清乾隆十四年，巡道单德谟重建讲堂。2007 年，郱山讲堂已毁，仅存基址。

郱山周围峭壁崖石上，尚存黄道周书“蓬莱峡”“芙蓉峡”“鸟道不绝风云通”“墨池”“游磬”5 处。黄道周字体峭厉方劲，世称“漳浦体”。清乾隆四年（1739 年）进士、龙溪人黄可润书“得珠”“冠峰”“蕉叶”。乾隆十三年进士、龙溪人黄宽书“黄岩洞”“静如太古”等题刻。1982 年 6 月，列为县级文物保护单位。

十一、澹泊宁静中正和平坊

位于蓝田镇西坑村天宅自然村北，万松关官路口。

明崇祯九年（1636 年），为表彰明东阁大学士林釬而建。整座建筑为三间五楼式石仿木结构，共 12 柱，面阔 8 米，通高 7 米，明间面阔 4.35 米，进深 1.1 米，次间面阔 1.8 米，进深 2.2 米。单檐庑殿顶，翘梁鱼尾状，正脊微弧；石柱子架梁，梁上叠屋顶；屋顶由中楼、夹楼、边楼三层递次外延降低；屋檐下正中牌匾，一面刻“澹泊宁静”，一面刻“中正和平”，下面横梁刻“为万历丙辰科殿试第一甲第三名，授翰林院编修直起居注，纂修实录，经筵展书官，历南京国子监司业，左春坊中允谕德入国子监祭酒，詹事府詹事，经筵讲官加奉一级，礼部右侍郎，掌翰林院事，教习庶吉士，实录副总裁，礼部左侍郎兼东阁大学士，奉敕同知经筵事，实录总裁，赠礼部尚书，谥文穆林釬立”。石牌坊精雕细刻，蔚为壮观。

1982年6月，被列为县级文物保护单位。

十二、龙文塔及漳州植物园

（一）龙文塔

龙文塔

原位于漳州旧县学前腾龙山，名腾龙亭。腾龙山又名龙文山，其塔亦称龙文塔。旧志载，“腾龙亭在城西南隅腾龙山。”又载，“龙文塔在龙溪学宫前龙文山。”即今漳州二中与九龙江西溪之间。

明嘉靖十四年（1535年），始建龙文塔，后圮。清“雍正十年，邑绅林编捐赀重修。”龙文塔为七层八面石塔，高约10米，遂为漳城一名景观。“文化大革命”期间，塔被毁。

1998年，漳州市重建龙文塔，选址于龙文区蓝田镇324国道（迎宾大道路段）旁的凤山上，于1998年9月24日奠基，至1999年2月8日封顶。凤山又名凤凰山。旧志载，“凤凰山在县东二十五里，来自鹤鸣山。山势如飞凤展翼，故名。”新塔选点处海拔80米。依山面江，俯瞰九龙江西溪，再现原塔的历史风貌。塔为七层八角仿石框架结构，高39.9米，基座宽15.68米，山下建山门，为仿古石牌楼式大门，正面青石龙柱，与主塔保持谐调统一的建筑风格。

（二）漳州植物园

位于蓝田镇的凤山及西麓，国道324线贯穿园区，南濒西溪，地处云洞岩风景名胜区南部的岭兜山景区。漳州植物园于1998年9月24日奠基，至1999年2月建成。

漳州植物园规划占地面积50.7公顷，规划建设南亚热带花果种植基地，科研科普与植物造景观光游览并重的现代植物园。漳州植物园以龙文塔为主体建筑，已建成并投用的龙文塔景区初具规模，占地20公顷。其中，园艺观赏区，建有赏石馆、花展馆、盆景园、茶室、水池、草坪等，小桥流水，亭廊倒影，极具闽南园林特色。

漳州植物园、龙文塔与万松关、瑞竹岩、云洞岩等景区（点）相衔接，成为漳州市区东部旅游专线。

第二节　瑶山风景区

一、概貌

瑶山风景区位于九龙江北溪北岸、郭坑镇，由扶摇关帝庙、瑶山及镇安寨等景点组成，面积约3.6平方公里，是以朝圣、寻古和山水生态为主的旅游景区。景区沿北溪北岸分布，沿岸公路交通便利。

1997年设立龙文区以来，在扶摇关帝庙一带进行开发建设，景区广场、道路设施初步配套。2003年2月15日，龙文区瑶山风景区正式成立。

二、景点

（一）扶摇关帝庙

位于郭坑镇扶摇村瑶山下。古庙背山面水，气势宏伟，素为胜景。扶摇关帝庙在漳州、厦门、泉州一带闻名遐迩。

扶摇关帝庙

明万历八年（1580年）始建庙。明天启年间重塑关帝像，清顺治十五年（1658年）重修，此两次修葺庙内有碑记，今石碑断为2截。明万历年间，明神宗御赐“关帝君”青玉腰带1条，腰带由13片青玉缀成，至今保存完好，每年展出一回，堪称镇庙一宝。据庙碑记，清光绪十年（1884年），由泉州运回透雕蟠龙纹带八仙过海青石柱两根，系蓬洲珊瑚社振丰号糖行捐款，置于庙宇正殿，为庙二宝。1982年，龙海县对扶摇关帝庙进行维修，保留原庙规制。1997年设立龙文区后，对关帝庙进行修葺，拓展庙前广场。

扶摇关帝庙面临北溪，距江面30米，前、后殿高度相差2米，光线可由前殿顶照入后殿内，每年五、十月中旬下午四五时，落在江面的夕光折射到关帝像“丹凤眼、卧蚕眉、面如重枣”的脸上，呈威武端庄之仪。夕照关帝像，每年出现时间约10天，每次历时数分钟，为庙之奇观。

扶摇关帝庙为单檐歇山顶砖木结构，坐北朝南，二进宫阁，面阔5间，依次为前堂、天井、后殿，大殿雕梁画栋，碧瓦重檐。东西两侧分建双层钟鼓楼。整座庙占地面积1700平方米，建筑面积380平方米。

1987年3月，列为县级文物保护单位。1998年1月，登记为宗教活动场所。2003年2月15日，纳入龙文区瑶山风景区，为区级景区。

（二）镇安寨

镇安寨位于九龙江北溪北岸，郭坑镇扶摇村瑶山上。

南宋有一忠臣，因宦官当道，朝野动乱，为避难计，舟行水路，沿九龙江北溪漂至江北岸扶摇瑶山，上山辟居，以其地形似龙舟，遂名龙舟寨。至明朝，龙舟寨逐渐衰落。乡人为纪念显灵除恶和祛病镇邪的关帝（关羽），将龙舟寨更名镇安寨，于寨内建庙祀关帝。后关帝庙迁建至瑶山下、北溪岸边，比原庙规模大。镇安寨旷置至今。

沿扶摇关帝庙左侧一石阶小道蜿蜒而上，至半山腰有一六角凉亭，再往上通镇安寨。镇安寨于瑶山顶围建成龙舟形，为寨堡式，开南、北、西三门，均用花岗岩条石垒成。寨墙裙部位局部以花岗岩条石砌成，墙身大部分以三合土夯筑，墙周长约280米，寨占地约4800平方米。现存寨遗址。

郭坑扶摇镇安寨遗址

明万历至天启年间，瑶山始建窑洞，盛产日用陶器，尤以瓮闻名漳州，原有窑洞20多处，至2007年调查，山之东、西、中三面存窑遗址13处。

（三）黄坑沙洲

位于九龙江北溪北岸边，郭坑镇篁卿村段。九龙江北溪经此急弯，常年流沙冲积，滩面开阔，沙质洁白，江水清澈，水流舒缓，是优良的天然浴场。黄坑沙洲贮沙量巨大，面积2.67公顷。地热资源十分丰富，为漳州市“第二大热田”。

第三节　其他景点

一、赤岭关帝庙

位于步文镇步文村。始建年代待考，为二进式悬山顶建筑。清顺治年间昭武将军提督杨捷重建，康熙四十四年（1705年）、光绪十八年（1892年）重修，有3次重修碑记。庙内有清乾隆年间所置石柱6根。今庙宇建筑从石础到雕梁画栋及屋面，保持清代建筑风格。

1998年1月，登记为宗教活动场所。2000年6月，被列为区级文物保护单位。

二、山头顶觉皇院

位于步文镇坂上村山头顶自然村。又称“崎下庵”，为明万历时僧樵云出家地。原规模较大，有田园业产，至民国34年（1945年），田地被卖。“文化大革命”期间，原庙受毁。1990年，厦门、晋江、广东、台湾等地信徒，前来寻祖并捐资修建觉皇院。新建庙宇，单座，面阔3间，进深3间，坐西南朝东北，祀三宝佛、樵云法师等。

2002年6月，登记为宗教活动场所。

三、崎下桥

位于步文镇坂上村山头顶自然村、九十九湾港道上。始建于元朝，为古时京省通道及周边路桥要道，桥孔可通行大帆船。桥下九十九湾港道为古时内港通往外海的重要水路。古逢初一、十五，可见海潮涨落情景。崎下桥为五孔石梁桥，桥长50米，桥宽2米多，桥面采用5米长、0.5米见方的花岗岩条石。桥旁即山头顶觉皇院，有百年古榕2棵。

2000年6月，被列为区级文物保护单位。

第二章 景区规划与建设

第一节 规 划

1984年3月，龙海县人民政府以《布告》公布所划定的云洞岩风景区范围。1985年10月，云洞岩被福建省人民政府列为第二批省级文物保护单位，开发为旅游区。1991年3月，江东桥被列为第三批省级文物保护单位。以云洞岩为中心的步文名胜古迹旅游区成为当时龙海县5个旅游区之一。

1997年龙文建区后，区政府将风景区规划纳入议事日程，着手组织编制风景区总体规划，加强风景区的景观资源及生态环境保护工作，协调处理风景区保护与漳州市区发展之间的关系。1997年12月，委托漳州市城乡规划局、福建泛闽风景园林艺术中心编制完成《漳州市云洞岩风景名胜区总体规划》文本及说明书、基础材料汇编工作。1998年，编制《龙文区旅游业2000—2010年发展规划纲要》。

1999年，配合市有关部门，开展旅游景观资源调查，着手编制《闽南亚热带植物园总体规划》。同年，在郭坑镇扶摇一带确立瑶山风景区为龙文区第二个风景区，范围包括扶摇关帝庙、瑶山及镇安寨等。2001年，将瑶山风景区开发建设列入《龙文区“十五”发展计划》；云洞岩风景名胜区被列入《漳州市“十五”发展计划》，作为漳州市申报国家级景区的项目之一。安排来自全国各地的旅游地质方面的院士、教授和专家100多人，对云洞岩风景名胜区进行实地考察，就云洞岩风景名胜区规划征集意见。

2001年8月1日，受省政府委托审核，省建设厅以闽建规〔2001〕24号文批复《漳州市云洞岩风景名胜区总体规划》，并由当地建设部门批准实施。云洞岩风景名胜区规划总面积12.6平方公里，外围保护地带面积5.5平方公里，分为山南景片云洞岩景区、岭兜山景区和山北景片瑞竹岩景区、长山景区、大石景区，共2个景片，含5个景区。风景名胜区性质确定为以花岗岩及其岩洞景观为特点，以摩崖石刻为文化内涵，具有观光游览、登山运动、朝圣祈福、休闲度假和地质考察探秘等功能的城郊型风景名胜区。之后，执行风景名胜区规划，对近期建设的景区编制详细规划，强化风景名胜区总规划范围及外围保护地带内各项开发建设的规划管理。同年，具有地方特色的盐焗鸡饮食店搬迁改造项目进入详细规划阶段。

2002年，提出云洞岩风景名胜区创建国家AAAA级旅游景区计划。着手分步实施《云洞岩风景名胜区总体规划》，完成云洞岩景区的主景区山门及管理配套设施建设详细规划，在设计上，将自然景观与人文景观相融合，从规划布局、建筑形态到功能配置，均突出闽南地域文化特色。同年，组织瑶山风景区规划工作，规划总面积3.6平方公里。

2005年，组织全区旅游业规划和旅游景区升级申报工作，开展编制全区旅游业发展总体规划前期工作，开展创建和申报云洞岩国家AAAA级旅游景区前期工作。

2007年5月23日，中共龙文区委、区政府调整充实云洞岩风景名胜区创建国家AAAA级旅游景区工作领导小组，制定云洞岩风景名胜区创建国家AAAA级旅游景区申报工作实施方案。2007年12月18日，通过漳州市旅游局组织的检查评定，进而开展接受省级评审、国家级验收评定的一系列工作。

2007年9月14日，《漳州市龙文区旅游业发展总体规划》由省专家评审组评审通过，10月29日经漳州市旅游局审核同意，12月28日经龙文区政府常务会研究原则同意。全区旅游业发展总体规划包括云洞岩中心区规划及其他功能区规划，即以云洞岩景区为中心，覆盖万松关、瑞竹岩、江东桥、郱山讲堂、石室岩和漳州植物园、龙文塔等区域。

2007年12月29日，蓝田镇湘桥村被省政府公布为第三批省级历史文化名村。

第二节　景区建设

一、道路修建

（一）车道

云洞岩景区内道路与龙文区路网相接，主要有324国道、环城东路。按《云洞岩风景名胜区总体规划》，云洞岩景区主出入口位于通向324国道的云洞岩南麓。

1982年12月至1983年，修建由324国道经蔡坂村至云洞岩的山前旅游公路，长980米，投资35万元；山南麓停车场，占地面积1640平方米。1995年，扩建云洞岩景区入口处停车场，面积330平方米。1997年，云洞岩景区道路开工建设并竣工。景区道路由324国道至云洞岩南麓、蔡坂村前侧山脚处，总长1000米，宽30米，其中车行道15米，两侧人行道各7.5米，为四车道、城市二级干道，共投入征地拆迁安置和工程建设资金1000万元。瑞竹岩景区的入内交通与龙文区路网相接，主要有324国道。是年，瑞竹岩修建景区盘山公路，长3000多米，宽5米，修建景区停车场。1998年1月26日，举行云洞岩景区道路通车典礼。2003年，结合云洞岩景区山门及管理配套设施建设，建设云洞岩景区停车场，面积1333平方米。石室岩景区的入内交通与龙文区路网相接，主要有区、镇级公路。2001年，石室岩修建景区道路。至2007年，云洞岩风景名胜区和瑶山风景区都有公路相通。

（二）步行道

云洞岩山上主景区的步游道大多是条块石台阶步行道。上山游路从其南麓主入口开始分3条步游道，其中从南麓主入口沿山上直至鹤鸣楼或经鹤丘、鹤鸣楼，到得朋、风动石；从鹤丘经佛殿、千人洞到风动石的2条步游道为主游路。从朱文公祠及千人洞外的上山步游道为次游路。

1996年，云洞岩主景区进行云洞岩千人洞改路，修建月峡等段步游道，实施岩上榕径工程。修建云洞岩中部步游道1段，长105米，为块石路面。2000年，开工建设并完成云洞岩岩上东主游道，从鹤丘到大雄宝殿，长332.55米。

二、景点修建

至1996年年底，龙海市管辖期间，共投资154万元用于云洞岩古建筑建设，具体有大雄宝殿、鹤鸣楼、准提佛院、阁老亭、千人洞茶室。1998年9—11月，完成云洞岩西北坡老子《道德经》巨型摩崖石刻，共刻898枚篆字印章，总面积500多平方米。1999—2001年，石室岩共投入300多万元，建成龙裤祖师大殿、舍利塔、放生池。开工建设云洞岩南麓翔鹤湖，面积4800平方米。2001年8月省建设厅批复《云洞岩风景名胜区总体规划》后，加快云洞岩景区内山上主景区建设和山下旅游度假村新建。进行云洞岩景区前庭广场、得朋景点改造及卵石平台铺设。石室岩寺庙新建、古迹恢复建设。2003 年，实施云洞岩景区前庭行云湖、五曲桥、返客亭、湖中岛等景观工程，占地面积 4000 平方米；建设景区山门及黄道周广场，占地 1333 平方米。2004 年，云洞岩景区内广场改造、小桥叠水瀑布等园林景观工程建设完成并投用。

三、配套设施

解决山上大雄宝殿、鹤鸣楼景点的供水供电问题。1983 年，大力开展云洞岩景区的植树绿化。1996 年进行绿化及榕径工程，停车场和水、电、厕等配套设施建设。1998 年 10 月 19 日，开工建设云洞岩景区外山门标志柱及配套广场、绿地等，至 1999 年 11 月竣工投用。其中，外山门标志柱高 15.1 米，配套广场火烧板铺面 573.5 平方米，绿地 504 平方米，石砌花池 39.9 平方米，方整石台阶踏步 14.4 平方米，碎花岗岩园林步道 62 平方米，共征地 0.2 公顷，投资 67.61 万元。2000 年，对鹤鸣楼近处 1 座 21.5 平方米的公厕进行改造，在千人洞周边建成 1 座 13.3 平方米的公厕。2001 年，在云洞岩景区培植和保护的 200 多亩林地被列为省级生态保护林。2002 年 11 月至 2004 年年底，云洞岩景区山门及管理配套设施建设启动实施并完成，景区游览环境明显改善。2003 年，实施云洞岩景区盐焗鸡饮食店搬迁改造项目，将云洞岩南面半山坡上的 24 家盐焗鸡店搬迁至云洞岩景区道路西侧，规范景区饮食卫生环境。建设景区停车场，占地 1330 平方米，共投入征地拆迁补偿金 150 万元和工程建设资金 330 万元。同年，建设云洞岩山门及广场西侧配套服务设施，主要有景区售票房、旅游商场、管理处管理用房、特色美食饭店等，总投资 500 万元；开发云洞岩山门及广场东侧配套服务设施，主要有综合接待服务中心，设置标准客房、小型会议中心、宴会餐厅及休闲、健身配套设施等，总投资 900 万元。所有项目至 2004 年 8 月竣工投用。2005 年，进行云洞岩主景区步游道维修改造和环境绿化美化，增设部分石雕和图文标识牌等。建设完成云洞岩景区内广场旁边六角凉亭 1 座，面积 16.37 平方米；荔枝林小卖部 1 座，面积 20.63 平方米；休闲茶亭 1 座，面积 26.22 平方米。2006 年，投资 60 万元进行云洞岩朱文公祠古迹恢复重建及周边绿化、埕院等配套工程建设，翌 2007 年 10 月底竣工。2007 年 5 月，全面开展云洞岩景区创建国家 AAAA 级旅游景区工作。

第三章　旅游市场

第一节 旅游宣传与促销

一、宣传

（一）风景区文史与景观宣传

1986 年始，龙海县组织编制云洞岩风景区宣传资料。1992 年，制作《游云洞岩》导览图册。

1997 年龙文建区后，有计划地组织开展云洞岩风景区景观资源推介和旅游宣传促销工作，组织编制风景区图书、挂历、影像等宣传资料。1998 年始，制作《省级风景名胜区云洞岩》导览折叠画页。云洞岩风景区管理处与区政协文史委合作，于 1999 年 9 月，编印《云洞岩风景区》

文史资料1辑。2001年，完成《漳州之旅——文化名山云洞岩》和石室岩景点、瑶山风景区电视专题片及VCD制作，扩大对外宣传。被市旅游局评为2001年度市级旅游宣传促销先进单位。2004年2月，编印《云洞岩民间故事》历史传说与神话资料1辑。2007年，制作《云洞岩风光》影碟宣传片。2005年起，区旅游局编制《龙文旅游》包括云洞岩、龙文塔、扶摇关帝庙等景区（点）和《历史文化名村湘桥》含明清时期民居等折叠画页宣传资料。

（二）风景区旅游文化交流活动

1999年，新建成的漳州植物园成为第二届"海峡两岸漳州花卉博览会"分会馆。2001年，在云洞岩景区举办旅游风光摄影展和"闽南风·海峡情"——闽台少年夏令营活动。2003年5月，由云洞岩管理处等与海峡都市报社漳州站、中国联通漳州分公司联合举办云洞岩标志岩公开征名活动，经专家组评选出"漳州大佛""鹤仙岩"2个精致命名和"寿星岩"等8个优秀命名；11月8日，举行云洞岩标志岩命名征集活动颁奖仪式。2005年，举办龙文区文化旅游节活动，其间，5月1—7日举办"云洞岩书画展"等活动。2006年，在闽南日报社主办的漳州城市名片推选活动中，获"漳州十大城市名片"提名奖。1999—2007年，多次举办云洞岩登山比赛等活动。

（三）风景区宣传报道

电视专题风光片　1999年始，在漳州电视台多次播放《闽南风——云洞岩》《漳州之旅——文化名山云洞岩》及瑶山风景区、江东桥景点等专题风光片。2003年12月11日，台湾中视媒介集团《万里江山——大陆寻奇》摄制组到云洞岩风景名胜区采风。

报刊新闻报道　1999年2月23日，在《人民日报》海外版刊登《摩崖篆刻〈道德经〉在漳州竣工》新闻报道。2001年7月17日，在《海峡导报》时尚周刊·旅游天地专栏刊登《天然盆景闽南碑林云洞岩》专题报道。2002年1月30日，在《海峡时报》旅游文化摄影专栏刊登《漳州龙文区风光揽胜》专题报道，包括云洞岩、石室岩、江东桥等名胜古迹。2005年5月21日，在《海峡都市报》时尚生活·行游专栏刊登《云洞岩古碑换新颜》专题报道。6月23日，在《闽南日报》刊登《云洞岩成为市民休闲胜地》专题报道。2007年7月30日，在《厦门日报》刊登《云洞岩千年百人摩崖石刻》专题报道。

风景区网页信息　2007年，云洞岩管理处建立云洞岩网站，依托网站有福建旅游之窗和福建旅游网，利用互联网发布风景名胜区景观资源、开发建设和旅游等信息。

二、促销

1997年后，编制旅游景区基础设施和配套服务设施建设项目招商说明书，参加全国性、省级旅游交易会、推介会、博览会，参与跨地区旅游协作网活动，加强与省内外各地旅行社的业务联系，吸引大型旅游团队，开辟客源市场。2000年，参与厦门、漳州旅游中介联谊和闽西南五地市旅游协作网活动；承接广东旅行社团队旅游踩线任务。2002年，区境主要景区被列入漳州市一日游、二日游等线路；与厦门、泉州及广东潮州、汕头一带旅行社建立长期业务联系。2006—2007年，2次参加海峡旅游博览会。2007年，主动融入厦门、漳州、泉州、龙岩四市的区域旅游协作圈，加快布局，以优越的地理位置对接厦门，推动龙文区旅游业发展。

1999—2007年，共5次参加全国旅游交易会。

第二节 旅游线路

一、旅游专线

云洞岩风景名胜区处于漳州市区东部交通枢纽中心地带，324、319 国道从风景区外围过境，厦漳、漳龙、漳诏高速公路于风景区一带交汇，公路及高速公路齐全便捷。

云洞岩风景名胜区位于省内福州、厦门旅游线上。连接泉州、厦门、漳州的 324 国道从云洞岩景区南面外山门口、瑞竹岩景区南部外围经过。

漳州市区有多路公交车，漳州与厦门、泉州之间有漳厦线、漳泉线等专线车，沿 324 国道经临云洞岩景区外山门、瑞竹岩景区道路入口处。

二、合作线路

一日游线路 云洞岩—芗城南山寺一日游；云洞岩—漳浦花博园一日游；云洞岩—漳浦天福茶博物院一日游；云洞岩—龙海龙佳山庄一日游；云洞岩—长泰马洋溪一日游。

二日游线路 云洞岩—漳州（漳浦）滨海火山地质公园—漳浦石雕园二日游。

第三节 服务设施

一、游客服务

云洞岩风景名胜区的服务设施主要依附于漳州市区，以漳州市区的服务接待设施作为风景区的旅游服务基地。

瑞竹岩景区于 1999 年建千人大斋堂；2002 年建素食馆、香客馆；2003 年建“瑞泉茗苑”茶楼。

2003 年后，沿云洞岩景区道路西侧，建有多家规范经营的酒店、饭馆及盐焗鸡饮食店，提供酒店大餐和漳州及各地特色风味小吃。2004 年 8 月，云洞岩景区内设立游客服务中心，内有咨询台、导游服务中心和特殊人群服务处。

二、旅行社

2006 年 8 月 24 日，华辉旅行社成立。经营业务为旅游观光、商务考察。2007 年 2 月，经公安部批准，为漳州地区代办 5 年期台胞证，以及授权签证。

第四节 旅游客源

1985年，云洞岩开发为旅游区。1986年3月，云洞岩景区正式对游人开放。1988年、1989年，瑞竹岩寺重建，1998年对外开放，当年游客逾万人，以后逐年增加。1997年建区后，云洞岩景区旅游业进入一个新的发展阶段。云洞岩景区在城市周边地带形成一定的消费群体和消费带动力。1998年，客源结构开始发生变化，来自厦门、泉州和广东潮州、汕头等地的游客有一定的增加。自此，云洞岩景区主要客源有来自漳州、厦门、泉州、龙岩、福州等地，以及广东潮汕地区的游客。2003年2月15日，瑶山风景区正式揭牌成立。随着名胜古迹、景区景点的恢复修缮和新景区的兴建及对外开放，接待境内、境外游客量较快增长。漳州市区人口是景区客源的重要组成部分。

至2007年，省内游客量占总游客量70%，省外游客量占总游客量25%，境外游客量占总游客量5%。

1990—2007年龙文区旅游游客量、总收入统计表

表17-3-1 单位：万人次、%、万元

年份	云洞岩景区年游客量（万人次）	全区年游客量（万人次）	全区年游客量增长率（%）	全区年旅游总收入（万元）	其中云洞岩景区收入	
					营业收入（万元）	门票收入（万元）
1990	6.0	—	—	—	—	—
1991	6.6	—	—	—	—	—
1992	7.2	—	—	—	—	—
1993	7.6	—	—	—	—	—
1994	7.8	—	—	—	—	—
1995	8.2	—	—	—	—	—
1996	8.8	—	—	—	—	—
1997	9.2	12.57	—	207	—	—
1998	7.89	13.32	5.76	217	77	51.4
1999	8.01	14.66	9.87	230	99	66.7
2000	7.96	15.69	7.36	247	98	65.2
2001	8.05	16.95	8.12	267	84	56.8
2002	7.6	18.81	10.50	296	76	50.5
2003	6.9	21.44	14.00	320	96	64
2004	8.7	24.66	15.00	375	124	77.7
2005	8.1	28.60	16.30	471	157	92.1
2006	8.1	34.17	19.48	607	189	105.1
2007	11.9	42.38	24.03	780	260	137

第五节　旅游收入与购物

一、门票收入

1998 年，云洞岩景区门票收入 51.4 万元。随着游客量的逐年增加，旅游门票收入、购物、餐饮等消费与之俱增。2006 年，云洞岩景区门票收入 105.1 万元。2007 年，云洞岩景区门票收入增至 137 万元。

二、旅游购物

2001 年，云洞岩景区新增旅游工艺品店等。之后，景区旅游购物环境日臻完善，出售具有云洞岩景观特色的旅游纪念品，导游图、邮资明信片、特色邮戳纪念封、挂历、风光 VCD 和《云洞岩摩崖石刻》《云洞岩风景区》《云洞岩民间故事》等书籍；具有漳州特色的旅游商品有八宝印泥、片仔癀系列产品、水仙花、纪念雨伞等；土特产有龙眼、荔枝、桃、李、香蕉等。水果及肉干制品。

第四章　旅游业管理

第一节　机　构

一、区旅游局

1997 年 1 月 1 日，漳州市龙文区旅游事业局正式成立并运作，编制 2 人，配局长 1 人。区旅游局负责全区旅游行业管理工作。2007 年 3 月 13 日，经重新核编，区旅游局编制调整为 4 人，配局长、副局长各 1 人。区旅游局负责全区旅游事业发展总体规划，指导旅游景区开发、建设与保护，监督旅游企业规范化经营，组织旅游宣传促销与市场开发。

二、云洞岩风景区管理处

1982 年 12 月 1 日成立，主管部门为龙文区建设局。负责风景区的景源保护、开发建设和日常管理工作，协调风景区与周边镇村的关系。1997 年，重新核定为差额拨款一级事业单位，编制 14 人。2001 年，云洞岩风景区管理处确定为旅游定点接待单位。

三、瑶山风景区管理委员会

2002 年 12 月　经龙文区人民政府批准，设立龙文区瑶山风景区管委会。2003 年 2 月 15 日，龙文区瑶山风景区管理处正式揭牌成立。

第二节　旅游资源保护

1961年3月，龙海县人民委员会发出《关于公布我县第一批文物保护单位的通知》，云洞岩被列入第一批文物保护单位。1979年11月，龙海县革命委员会发出《关于保护云洞岩名胜古迹的通告》。建立云洞岩文物名胜管理所。

“文化大革命”中，不少珍贵文物遭到破坏。“文化大革命”后期至1982年，由于云洞岩景区规划滞后，景区范围未界定，增加景区保护、管理工作难度。开山采石屡禁不止，云洞岩、瑞竹岩、石室岩等一带被周边一些村民作为采石场，山体、岩石、树林植被受到一定程度的破坏。

1982年，通过国家拨款、群众集资、港台侨三胞捐献等渠道，对云洞岩、扶摇关帝庙等重点文物单位进行修缮。1982年3月20日成立云洞岩风景区管理处后，在各级政府的重视下，组织查禁风景区内采石场。

1982年6月，龙海县人民政府重新公布第一批县级文物保护单位，其中有云洞岩摩崖石刻、万松关、江东桥、澹泊宁静中正和平坊、郱山讲堂摩崖石刻、瑞竹岩6处。1983年，在风景区内大量植树绿化。1984年3月，龙海县人民政府发出《关于保护云洞岩风景区的布告》。1985年10月，云洞岩被福建省人民政府列为第二批省级文物保护单位。1987年3月，公布第二批县级文物保护单位，有石室岩、扶摇关帝庙、林釪墓、蔡烈墓4处。对公布的文物单位，建立文物档案，划定保护范围，树立保护标志，成立保护小组。1991年2月26日，省政府以闽政〔1991〕综27号文批准云洞岩风景区为第二批省级风景名胜区。1991年3月，江东桥被列为第三批省级文物保护单位。

1997年1月，云洞岩风景区归由龙文区管辖后，区政府着手加强风景区保护和管理，筹措旅游资源调查评估与规划编制工作。2001年5月，江东桥被列为第五批全国重点文物保护单位。

2001年8月，省建设厅批准《云洞岩风景名胜区总体规划》，规划范围：东临九龙江北溪，西至漳州市区东环城路龙文段，南起324国道旁龙岐山，北达九龙江北溪石单头码头，总面积12.6平方公里；外围保护区范围：东临九龙江北溪东岸，西至蓝田镇西坑村，南起九龙江西溪边，北达朝阳镇漳滨村，总面积5.5平方公里。确认旅游景点资源150处。其中，云洞岩景区一级景点2处，二级景点8处，三级景点11处，四级景点15处，五级景点15处，共51处。文物保护单位国家级1处、省级1处、市级7处。2001年，培植200多亩林地被列为省级生态保护林。云洞岩景区新增绿地2.6万多平方米。

2001年，进行云洞岩景区盐焗鸡饮食店搬迁改造项目规划。2003年，强制拆除云洞岩南面半山坡上24家盐焗鸡店，拆迁建筑面积3600平方米，恢复树木植被。

2006年至2007年10月，在宋绍熙年间朱熹讲学处、明嘉靖年间蔡烈建仰止堂、清乾隆年间朱文公祠遗址，重建朱文公祠。

2007年，开展云洞岩景区创建国家AAAA级旅游景区工作，组织对云洞岩景区进行专项整治。根据《中华人民共和国城市规划法》《中华人民共和国文物保护法》等法律和国务院《风景名胜区管理条例》《自然保护区管理条例》等法规，加强对云洞岩风景名胜区的保护和管理，严禁在风景区内采石、取土、开矿、开荒、乱砍滥伐等破坏景观、植被和地形地貌的活动，严禁损毁破坏风景区内的文物古迹、摩崖石刻、古树名木，禁止在风景区内乱摆摊设点、乱搭乱建等行为。

对风景区内的文物古迹、古树名木，按不同类别及等级实施保护管理，定期对摩崖石刻进行描红。强化造林绿化，提高风景区的绿化覆盖率。瑞竹岩寺、石室岩寺、扶摇关帝庙已作适度开发，在建设中采取保护文物古迹的措施。

第三节 队伍建设与管理

一、服务培训

1997—2007 年，参加旅游行业初、中级服务员培训考核，有旅游景区 2 人、旅行社 11 人，共 13 人；参加导游员技术等级考核、持证上岗，有旅游景区 2 人、旅行社 5 人，共 7 人。旅行社经理及经理资格人员有 3 人。1997 年，组织旅游管理、服务、导游人员参加省、市旅游行业各种业务培训。云洞岩风景区管理处推荐的导游词《云洞岩》获市委宣传部、市旅游局、市文联 2003 年 3 月 24 日颁发的漳州市旅游景点导游词征文比赛二等奖。云洞岩风景区管理处有 1 人获市旅游局 2007 年 1 月颁发的“东南花都杯·首届漳州市旅游景区（点）十佳讲解员”称号。龙文区华辉旅行社获共青团漳州市委 2007 年 11 月颁发的市级“青年文明号”称号。

二、行业管理

1997 年后，加强旅游行业管理，改善旅游服务环境。坚持保护与开发并重，落实景区文物古迹和生态环境保护工作。

2000 年，开展云洞岩风景区环境综合整治活动，组织创建省级文明风景旅游区工作，改善行业管理，规范软件建设。2001 年，推进风景区环境综合整治，加强对风景区内经营、卫生、安全管理工作。确立旅游定点接待单位，完善景区购物环境。申报创建省级文明风景旅游区，落实创建省级爱国主义教育基地和科普基地工作。2002 年，开展清理妨碍观瞻的违章搭盖专项整治活动，改进旅游行业服务工作。云洞岩景区被确立为漳州市创建中国优秀旅游城市创建点之一，落实景区创建工作。2003 年 12 月 3 日，通过创建中国优秀旅游城市国检组的检查评审。

2005 年 1 月 15 日，厦门、泉州、漳州三地市文明办组织考察团到云洞岩景区考察省级文明景区建设情况；10 月 29 日，通过国家园林城市考察组对云洞岩景区工作检查。

2007 年，确立创建云洞岩国家 AAAA 级旅游景区工作目标，进行综合整治，切实保护自然景物、人文景观和生态环境。

第十八卷　金融业

唐至元代，区境流通的货币有唐代铜钱，宋代“交子”，元代“交钞”和“宝钞”等。明初，盛行银两和制钱。景泰年间，龙溪县“移民货番”，外国银元始流入区境。清代，禁用前代铜钱，并收回重铸。区境开设当铺，质物以衣服、布料为多。辛亥革命后，纸币和金属币相间流通。民国24年（1935年）11月，区境流行法币。民国35年后，通货膨胀，币制混乱，流通的纸币几成废纸，复用银元，市场交易甚至以物易物或以大米为媒介。

中华人民共和国成立后，人民政府加强对金融市场管理，废弃一切旧币，通用人民币，取缔金银黑市，在区境设立办事所和农村信用社等金融机构，开展存款、贷款、保险等金融业务。“文化大革命”期间，金融机构被撤并，金融工作受到干扰。1976年后，金融工作得到恢复和发展。

1997年，龙文区金融工作以服务经济建设为中心，实施金融体制改革。逐步完善商业银行体制，建立自主经营、自负盈亏、自担风险、自我发展、责权利相结合的新型经营运行机制。拓展新的业务领域，推进电子化建设，扩大营业网点，延长服务时间，提高服务质量。贯彻执行《商业银行法》，稳定金融市场，开展反假币、防诈骗、反洗钱等活动，确保金融工作稳健发展。

2007年，龙文区金融机构存款余额23.48亿元、贷款余额21.98亿元、国内保险费收入9860.13万元，比1997年分别增长10.06倍、11.41倍和18.72倍。中国人民财产保险股份有限公司漳州市龙文支公司理赔1370.63万元，比2001年增长85.43%。

第一章　机　构

第一节　银行与信用社

一、银行

（一）中国工商银行股份有限公司漳州龙文支行

1996年10月17日，漳州市工行成立漳州市工行龙文办事处筹建组。1997年1月1日，启用“中国工商银行漳州市分行龙文办事处”印章；7月正式开业。1998年8月10日，办事处更名“中国工商银行漳州市龙文支行”，下辖郭坑、步文分理处。2005年，龙文工行更名为中国工商银行股份有限公司漳州龙文支行（简称龙文工行），12月20日启用新印章。

2007 年，龙文工行内设综合业务部和结算部，人员 25 人。

（二）中国农业银行漳州市龙文支行

1997 年 5 月，中国农业银行漳州市龙文支行（简称龙文农行）成立。

2007 年，龙文支行下设营业厅和郭坑、东兴分理处，内设综合部、会计结算部、业务管理部和客户部，员工 58 人。

（三）中国建设银行股份有限公司漳州龙文支行

1992 年 6 月 12 日，中国建设银行漳州市郭坑办事处成立。1995 年 1 月 12 日，龙海市支行步文分理处成立。1997 年 10 月 26 日，在步文分理处基础上，成立龙文支行，内设业务科、储蓄科、办公室；储蓄科下设支行储蓄专柜和郭坑分理处、步文分理处 3 个网点。2003 年 12 月，撤销郭坑分理处，其债权债务并入步文分理处。2004 年 12 月 20 日，中国建设银行漳州市龙文支行更名中国建设银行股份有限公司漳州龙文支行（简称龙文建行）。2005 年，步文分理处从龙文支行分离出去，收归漳州分行直接管辖，升格为步文支行。

2007 年，龙文建行内设客户部、营业部、办公室。干部职工 27 人。

（四）中国银行漳州分行龙文分理处

1998 年 11 月，中国银行漳州分行龙文分理处（简称中行龙文分理处）成立，址在蓝田工业区招商楼一楼北侧，营业面积 88 平方米，员工 6 人。

2007 年，中行龙文分理处有员工 10 人。

（五）兴业银行股份有限公司漳州龙文支行

1989 年 11 月 25 日，兴业银行漳州分行菜市路储蓄所开业。1991 年 1 月 8 日，菜市路储蓄所正式转为分理处。2002 年 12 月 19 日，迁蓝田开发区，更名龙文分理处。2005 年 11 月，兴业银行股份有限公司漳州分行龙文支行（简称龙文兴业银行）成立，员工 10 人。

2007 年，龙文兴业银行有员工 13 人。

二、信用社

漳州市城区农村信用合作联社龙文区营业网点

1954 年，区境兴办农村信用社。1958 年 9 月，农村信用社和银行营业所合并下放至公社，成为人民公社信用部。1959 年 4 月，信用合作社下放至生产大队，改名信用合作分部。1960 年，信用社恢复独立经营。1961 年起，在公社一级设信用合作社，在生产大队设信用合作分社。1963 年，公社设信用合作社，生产大队设信用合作点。1972 年，设步文、郭坑信用合作社，大队设信用合作站，实行信用合作社一级核算，社、站两级管理体制。1985 年，区境设龙海县农村信用合作联合社步文、郭坑信用合作社。

1997 年，龙海市农村信用合作联合社步文、郭坑信用合作社划归漳州市城区农村信用合作联社管理，更名龙文区东城农村信用合作社和郭坑农村信用合作社。2001 年 1 月，郭坑农村信用合作社并入东城农村信用合作社，设龙文区东城农村信用合作社郭坑分社。2006 年 7 月，农村信用社统一县（区）级法人改革，龙文区有漳州市城区农村信用合作联社东城信用社、西边信用社、西坑信用社、浦口信用社、新浦分社、梧店分社和郭坑分社 7 个营业网点。

2007 年，漳州市城区农村信用合作联社龙文区 7 个营业网点，在岗人员 64 人。

第二节　保险机构

中国人民财产保险有限公司

一、中国人民财产保险股份有限公司漳州市龙文支公司

1996 年，中国人民财产保险股份有限公司漳州分公司筹建中国人民财产保险股份有限公司漳州市龙文支公司。1997 年，中国人民财产保险股份有限公司漳州市龙文支公司（以下简称龙文人保财产保险公司）正式成立，人员 3 人。

2007 年，龙文人保财产保险公司有人员 50 名。

二、中国人寿保险股份有限公司漳州分公司中介营业部

2004 年，中国人寿保险股份有限公司漳州分公司中介营业部成立，人员 10 人。2006 年，人员增至 24 人。

2007 年，中国人寿保险股份有限公司漳州分公司中介营业部有人员 50 人。

第二章　货　币

第一节　金属币

一、铜币

（一）铜钱

唐至明代，区境流通唐、宋、元、明诸代铜钱。清代，禁用前代铜钱，回收重铸。区境流通顺治通宝、康熙通宝、雍正通宝、乾隆通宝、嘉庆通宝、道光通宝、咸丰通宝与元宝、同治通宝与重宝、光绪通宝、宣统通宝等铜钱。其中，“康熙通宝”“咸丰通宝”“同治通宝”和“光绪通宝”为“宝漳局”所铸。所铸铜钱有汉文和满文的“漳”字。清末，开始使用铜元，铜钱逐渐消失。

（二）铜元

清光绪二十六年（1900 年），区境始流通广东省造及福建官局的“光绪元宝”和光绪末年

至宣统初年改成“大清铜币”的铜元。民国元年，区境流通“中华民国开国纪念币”和福建、广东所铸的铜元，还有一定数量的香港人头像铜板。民国 24 年（1935 年）11 月，国民政府推行法币政策，铜元逐步退出流通市场。

二、银币

（一）银两

宋代，白银成为一般通货，与铜钱并用。元代，以银两为货币单位。明成化至弘治年间，龙溪县月港兴起后，区境使用银两交易增多。清顺治至康熙年间，区境流通的银两分为元宝、小锞和碎银 3 种，均为民间铸造。大元宝重 50 两，小元宝 10 两，又称大小蹄锭；小锞形似馒头，重 3—5 两；碎银在 1 两以下，作为辅币流通。银两规格杂，成色和重量又不一，携带及使用不便，逐渐被外国、中国银元所取代。民国 22 年 3 月，废止银两，改用银元。

（二）银元

明景泰年间，龙溪县“移民货番”，外国银元始流入区境。隆庆元年（1567 年），海禁开放，西班牙等国的银元经月港流入区境。清代至民国时期，流通的银元较常见的有清政府和广东铸造的龙银、民国元年的孙头银、北洋政府的袁头银、国民政府的船银等。漳州和台湾等地方铸造的“漳州军饷粮”和“寿星银”的流通量较少。银元重量均为库平 7 钱 2 分。银元辅币流通较多的是福建、广东两省官局铸造的一角、二角银毫，光绪年间铸造的一角、二角银毫，“黄花岗七十二烈士”一角、两角银毫。在漳州铸造的银毫有民国 8 年陈炯明部驻漳时仿铸的二角银毫。民国 13 年，张毅驻漳时仿铸的劣质二角银毫。民国 16 年，何应钦率国民革命军入闽铸造“革命军入闽纪念币”二角银毫。民国 24 年 11 月，推行法币政策，禁止银元流通。民国 38 年一度恢复银元流通。

1950 年，人民银行挂牌收兑银元，区境市面上银元退出流通。

三、镍币

民国 25 年，国民政府发行镍币作为辅币在区境流通。民国 27—29 年，铸造的镍币有 5 分、10 分和 20 分等 3 种。抗日战争胜利后，通货膨胀，法币贬值，镍币因之消失。民国 38 年 8 月，虽恢复使用，但在区境流通量甚少。

四、合金币

（一）合金流通币

1957 年 12 月 1 日起，中国人民银行发行的面值 1 分、2 分和 5 分 3 种铝镁合金硬币，作为新版人民币辅币在区境流通。1980 年 4 月 15 日起，发行的面值 1 角、2 角和 5 角 3 种铜锌合金辅币及 1 元铜镍合金币；1991 年起，发行的面值 1 元、5 角、2 角、1 角等 4 种合金币均在区境流通。

2000 年 7 月 1 日起，停止流通 1980 年 4 月 15 日发行的 4 种合金币。当年 10 月 16 日起，发行的面值 1 元、1 角两种合金币；2002 年 11 月 18 日起，发行的面值 5 角合金币；2005 年 8 月 31 日起，发行的 1 角合金币均在区境流通。

（二）金属纪念币

解放后，中国人民银行在区境发行金属纪念币。1984 年 10 月 1 日，发行“中华人民共和国成立 35 周年”纪念币 1 套 3 枚，面值均为 1 元，系铜镍合金铸币。1986 年 9 月 20 日，限量发行“国际和平年”纪念币 1 套 1 枚，系铜镍合金币，面值 1 元。1987 年 11 月 20 日，发行“第六届全国运动会”纪念币 1 套 3 枚，系铜镍合金币，面值均为 1 角。1988 年 12 月 1 日，发行“中国人民银行 40 周年”纪念币 1 套 1 枚，系铜镍合金币，面值 1 元。1989 年 9 月 28 日，发行“中华人民共和国成立 40 周年”纪念币 1 套 1 枚，系铜镍合金币，面值 1 元。1991 年 3 月 2 日，发行“全民义务植树运动 10 周年”纪念币 1 套 3 枚，系钢芯镀镍币，面值均为 1 元；6 月 18 日，发行“中国共产党成立 70 周年”纪念币，系钢芯镀镍币 1 套 3 枚，面值均为 1 元；11 月 1 日，发行“第一届世界女子足球锦标赛”纪念币 1 套 2 枚，系钢芯镀镍币，面值为 1 元。1993 年 11 月 16 日，发行“宋庆龄 100 周年诞辰”纪念币，系钢芯镀镍币 1 套 1 枚，面值 1 元；6 月 15 日，发行“中国珍稀野生动物—大熊猫”纪念币 1 套 1 枚，系紫铜币，面值 5 元；12 月 26 日，发行“毛泽东 100 周年诞辰”纪念币 1 套 1 枚，系钢芯镀镍币，面值 1 元。1994 年 10 月 26 日，发行“希望工程 5 周年”纪念币 1 套 1 枚，系钢芯镀镍币，面值 1 元。1995 年 11 月 26 日，发行“中国珍稀野生动物—金丝猴”纪念币 1 套 1 枚，系紫铜币，面值 5 元。1997 年 7 月 1 日，发行 1 套 2 枚“庆祝中华人民共和国香港特别行政区成立”纪念币，系铜合金币，面值均为 10 元。1998 年 3 月 2 日起，发行“周恩来 100 周年诞辰”纪念币 1 套 1 枚，系钢芯镀镍币，面值 1 元。1999 年 12 月 10 日，发行“庆祝中华人民共和国澳门特别行政区成立”纪念币 1 套 2 枚，系铜合金币，面值均为 10 元。2000 年 11 月 28 日，发行“迎接新世纪”纪念币 1 套 1 枚，系铜合金币，面值 10 元。2004 年 8 月 22 日，发行“邓小平 100 周年诞辰”纪念币 1 套 1 枚，系钢芯镀镍币，面值 1 元。2006 年 11 月 28 日，发行“第 29 届奥林匹克运动会”纪念币 1 套 1 枚，系钢芯镀镍币，面值均为 1 元。其中，“举重”和“游泳”各 1 枚。2007 年 6 月 20 日，中国人民银行发行“第 29 届奥林匹克运动会”纪念币 1 套 1 枚，系钢芯镀镍币，面值均为 1 元。其中，“体操”“射箭”和“乒乓球”各 1 枚。

第二节 纸　币

一、宝钞与官票

北宋中期，区境流通“交子”纸币。元代，流行纸币“元宝交钞”和“通行宝钞”。明代，流通纸币“大明宝钞”和“洪武宝钞”。清代，以铜钱为单位的纸币称“大清宝钞”，以银两为单位的纸币叫“户部官票”。民间把“大清宝钞”和“户部官票”统称“钞票”。

二、法币

民国 24 年（1935 年）11 月起，区境流通纸币为中央、中国、交通和农民 4 家银行发行的法币，禁止银元和其他银行发行的纸币流通。法币发行初期与银元等价，面值最大为 10 元。抗日战争至解放战争，通货膨胀，货币贬值，法币发行面值逐次增大。民国 36 年 2 月，市面拒收面值 50 元法币，5 月拒收面值 100 元法币。民国 37 年，500 万元面值法币发行后，600 万元法币只兑换 1 元银元。当年 8 月，法币被金元券所取代。

三、关金券

民国 20 年 5 月起，国民政府发行的“海关金单位兑换券”（简称关金券，专供缴纳关税之用）

在区境流通，1关金券含纯金0.601866克。民国31年4月，关金券以1元折合法币20元的比价，与法币并行流通。民国37年8月，金元券发行后，关金券停止使用。

四、金元券

民国37年8月19日起，国民政府发行的金元券取代法币在区境流通，以金元券1元折合法币300万元的比率，收兑急剧贬值的法币。金元券初期最高面值为10元，发行无度，物价猛涨，在短短10个月中，最大面值升至100万元，其贬值更甚法币，招致民众不满和抵制，民间私藏的金饰品、银元、银角又流通于区境市面。

五、银元券

民国38年7月4日起，民国政府发行的银元券在区境流通，有面值1元、5元、10元、50元和100元5种。金元券5亿元折合银元券1元或银元1元，各种银元一律等价流通。银元券只发行不兑换，民众拒用。中华人民共和国成立后，人民政府在区境限期限额用人民币作价收回银元券。

六、外币

日本银本位钞票　清光绪三十年（1904年），日本和中国台湾银行厦门支行在厦门发行银本位钞票，流入区境有1元、5元、10元和50元4种面额。民国8年，该钞票在市面上消失。

美钞　抗日战争后，法币贬值，失去信用，美钞开始在市面盛行。在区境流通的美钞主要有50元、100元等面额。民国37年8月，金元券强制回兑民间美钞和银元，但不久金元券急剧贬值，美钞复出流通至解放前夕。

七、人民币

中华人民共和国成立后，中国人民银行发行第一套人民币（旧版）在区境流通，有面额1元、5元、10元、20元、50元、100元、200元、500元、1000元、5000元、1万元和5万元等12种。民间持有的金银、外币和国民政府发行的各种货币，由人民银行挂牌收兑。1955年3月起，在区境发行第二套新版人民币，并按新版人民币1元等于旧版人民币1万元的比值，回收旧版人民币。第二套新版人民币主币有1元、2元、3元、5元和10元5种（其中由苏联代印的3元、5元、10元券于1964年限期收回），辅币有1分、2分、5分、1角、2角和5角6种。1962年4月20日起，在区境发行第三套人民币。主币有1元、2元、5元和10元4种，辅币有1角、2角和5角3种。1987年4月27日起，在区境陆续发行第四套人民币。主币有1元、2元、3元、5元、10元、50元和100元，辅币有1角、2角和5角3种。1992年8月起，发行有防伪线的1990年版50元、100元。1999年1月起，第二套人民币停止流通并兑换回收；10月1日起，陆续发行第五套人民币，面值有100元、50元、20元、10元、5元、1元、5角、1角8种。2000年1月1日起，第三套人民币流通并兑换回收。2005年8月31日起，发行2005年版第五套人民币，面值有100元、50元、20元、10元、5元。

2007年4月1日，第二套人民币在区境市场上停止流通。

第三章 业 务

第一节 银行与信用社业务

一、存款

1959年，步文公社金融机构城镇存款余额3.56万元、农村存款余额21.27万元。1980年、1983年，步文公社金融机构存款余额分别为82.4万元、161.1万元。1984年，步文乡、郭坑镇金融机构存款余额分别为180万元、144.59万元。1985年，郭坑镇金融机构存款余额233.12万元。1986年，步文乡金融机构存款余额251.83万元，比上年增加31.60万元。1987年，步文乡金融机构存款余额700万元。1990年，郭坑镇金融机构存款余额2532.79万元，1993年增至3232.21万元。

1997年，龙文区金融机构各项存款余额21236万元，其中龙文农行存款余额4403万元。1998年，龙文区金融机构各项存款余额比上年增长39.12%，其中龙文工行存款余额6775万元，龙文农行存款余额6080万元，步文、郭坑农村信用合作社存款余额共7300万元。

1999年，龙文工行根据不同阶段存款增减特点，加强外勤和公关工作，提高服务水平，各项存款余额比上年增长43.03%，增量占比名列全龙文区第一。中国银行漳州分行龙文分理处存款余额960万元。2000年，龙文区金融机构各项存款余额42625万元，其中龙文农行存款余额10492万元，分别比上年增长17.92%和35.62%。是年，龙文工行主动深入镇、村、企业，做好营销工作，吸收村财、民营企业存款1000万多元；开办教育储蓄482户，月存款6.7万元。2001年，龙文工行面临储蓄存款下滑局势，加强联动机制，内设部门与网点挂钩，组织一批兼职外勤队伍，对存款大户跟踪服务，年末各项存款余额仍比上年增长3.46%。2002年，龙文工行开展电子银行、汇款直通车、基金、汽车消费贷款等新品种的营销工作，储蓄存款余额4708万元，比上年增加38万元。中国银行漳州分行龙文分理处存款余额7133万元。是年，龙文区金融机构各项存款余额69451万元。其中，龙文农行各项存款余额18613万元，龙文区东城农村信用合作社存款余额15215万元。

2003年，龙文工行抓住“两节”期间资金回笼有利时机，推介个金业务新品种，改进服务工作，年末各项存款余额10554万元，比上年增长13.48%。龙文区金融机构各项存款余额突破10亿元，达10.01亿元。

2004年，龙文工行撤并郭坑、步文2个分理处，各项存款余额比上年减少15.26%。龙文农行抢抓机遇，乘势而上，加快发展，龙文农行各项存款余额28976万元，比上年增长55.68%，创历史最好水平。龙文兴业银行各项存款余额16138万元，比上年增长37.16%。农村信用社储蓄存款余额3.02亿元。龙文农行把全额保证金质押承兑业务作为增量存款突破口，拓展漳州（闽南）发展股份有限公司、漳州城市投资建设开发有限公司、漳州益社房屋拆迁有限公司等优良、优质客户13家，新增存款6733万元，占全行新增存款的45.58%。各项存款余额43748万元。

2005年，龙文农行拓展福建济生堂药业有限公司、漳州林奇钢管有限公司等优良、优质客户5家，新增存款992万元，占全行新增贷款12.4%。各项存款余额51732万元。龙文区金融机构各项存款余额16.25亿元，比上年增长21.20%。2006年，龙文工行拓展公存空间，壮大资金实力，加强有贷户资金流向监控，提高贷款归行率；各项存款余额10259万元，比上年增长65.02%。龙文区金融机构各项存款余额193384万元。其中，龙文兴业银行存款余额26868万元，比上年增长75.33%；农村信用社储蓄存款余额5.99亿元。

2007年，龙文工行加大推介电子银行、基金、保险、银行卡、本外币理赔产品等品种力度，存款余额20961万元，比1998年增长2.09倍，年均递增13.37%。龙文区金融机构各项存款余额234785万元，比1997年增长10.06倍，年均递增27.16%。其中，龙文农行人民币各项存款余额56759万元，比1997年增长8.34倍，年均递增25.03%；中国银行漳州分行龙文分理处存款余额11200万元。龙文兴业银行存款余额40015万元，比2003年增长2.4倍，年均递增35.77%；漳州市城区农村信用合作联社龙文区7个营业网点存款余额共81249万元，比1997年增长10.13倍，年均递增27.25%。

二、贷款

1952年，第六区发放农业贷款1万多元。其中，口社511元、郭坑436元、汐浦1840元、黄坑3938元、扶摇1462元、院后2466元、洛滨458元，帮助农民解决生产和生活困难。1955—1956年，东屿区发放贫农合作基金贷款5287元。1962年，郭坑公社发放农业贷款12060元。其中，口社大队445元、郭坑大队120元、汐浦大队3100元、黄坑大队3480元、扶摇大队410元、院后大队4387元、洛边大队118元。1963年，郭坑公社发放短期农业贷款15145元，长期无息贷款8000元，解决61个生产队购买动力机械、肥料、农药、农具的资金困难。

1952—1964年，郭坑公社发放农业贷款9.43万元。其中，口社大队6812元、郭坑大队22350元、汐浦大队11564元、黄坑大队10236元、扶摇大队19059元、院后大队12234元、洛边大队12045元。

1984年、1985年，郭坑镇金融机构贷款余额分别为132.03万元、86.38万元。1987年，郭坑镇金融机构组织资金，服务商品生产，农贷资金从1984年的51.44万元增至376.18万元，成为龙海县唯一农贷不动用国库资金、自筹有余单位，被评为全县金融系统双文明单位。

1997年，龙文区金融机构各项贷款余额17715万元。其中，龙文农行贷款余额4146万元，步文、郭坑农村信用合作社贷款余额共0.48亿元。1998年，龙文工行各项贷款余额11161万元。龙文农行贷款余额比上年增长20.14%。1999年，龙文工行坚持以市场为导向，优化增量，盘活存量，新增贷款支持2个批发市场和2条城区主干道建设；发放360万元支持龙文区步文中学、华侨中学基础设施建设；采取抵押、质押形式，支持符合政策的“三资”、民营企业中的优质客户；根据“一厂一策，区别对待”原则，完善磷肥厂4100万元贷款抵押手续。龙文工行各项贷款余额17367万元。龙文区金融机构各项贷款余额35307万元，比上年增长44.99%，其中龙文农行贷款余额6702万元。2000年，龙文工行新发行贷款300万元，支持龙文医院、旅游开发公司和消防大队等重点项目建设；分别为升源粮业有限公司、龙文经济开发区、荣昌企业发展公司提供贷款240万元、250万元、680万元。由于剥离不良贷款4066万元，核销362万元。龙文工行各项贷款余额比上年减少3367万元。

2001年，龙文工行采取“扶优限劣”措施，对AA级以上企业增加流动资金贷款800万元；对经营规模小、发展前途差、抵御风险能力低的企业进行逐步调整、压缩，收回企业贷款22笔、金额273万元，全年各项贷款余额增至15140万元。龙文区金融机构各项贷款余额44618万元，其中龙文农行贷款余额9401万元。2002年，龙文工行通过新增贷款、转贷、银票等多种方式为东厦、天伦、基泰等A级以上企业融通资金9100万元，其中银票融资6220万元，收回率100%，较好实现银企双赢目标。

2003年，龙文农行率先在全市农行开办住房公积金贷款，加大对优质法人客户和个人信贷的营销力度，新增贷款5738万元。其中，26.41%新增贷款投向个人消费贷款户，73.59%新增贷款投向AA级以上法人客户和个人生产经营性贷款客户。龙文工行加强存量盘活和增量优化，深入各企业开展调查研究，完成调查报告20份，锁定营销重点，并与多家企业达成贷款意向。加大投入力度，巩固优秀客户，对天伦食品、基泰纱业、益信物资等优秀客户新增贷款扶持。大力扩展银票业务，为企业短期资金融通开辟绿色通道，先后办理银行承兑汇票120笔，融资金额12800万元，实现无垫资、无违约，到期收回率100%，银票业务量和金额居全市支行首位。龙文区金融机构各项贷款余额68006万元，比上年增长36.10%。2004年，龙文农行把信贷市场定位在优质法人客人、个人资产业务和票据贴现业务上，各项贷款余额25741万元，其中AA级以上优质客户贷款余额19542万元，个人消费贷款、质押贷款、贴现贷款等低风险贷款余额2735.5万元。龙文工行强化对不良贷款的压降与处置，完成龙文城建中心700万元、富兴粮油工贸267.5万元不良贷款的以物抵贷工作；抵贷户龙文农药厂1159万元不良贷款，获上级银行批准，列营业外支出，切实提高信贷资产质量。龙文区金融机构各项贷款余额86008万元，其中龙文兴业银行贷款余额3493万元，比上年增长1.66倍。

2005年，龙文农行各项贷款余额29452万元。2006年，龙文工行突出营销房地产项目，房地产业务实现零的突破，全年发放个人住房按揭贷款107笔、金额1576万元；票据贴现30笔、金额0.62亿元，均位居全市支行前列。开拓创新，成功发放全市首笔微型企业贷款，率先办理商业承兑汇票，开办中小企业结算产品套餐、网上银行对账业务。大力清收盘活不良贷款，不良贷款率1.09%，各项贷款余额10491万元，比上年增长31.06%。漳州市城区农村信用合作联社龙文区营业网点率先在全市推出评选“文明信用村（户）”支农举措，改善农村信用环境；开办“小额信用贷款”和“联保贷款”等“信用村”支农贷款，解决长期以来普遍存在的农民“贷款难”与农村信用社“收贷难”问题，共发放支农贷款36209万元。同时，致力中小企业信贷服务，采取“规范化管理、多样化服务、优化结构、简化程序、净化环境和强化信用意识”措施，推出“房产按揭宝”企业整贷零还贷款、在建设工程抵押贷款和仓库质押贷款等一系列为小企业量身定做的金融信贷创新产品，破解小企业融资瓶颈，促进小企业健康发展。面对日益激烈的金融同业竞争，推出“快易宝”个人消费贷款、“巾帼诚信创富”个人创业贷款、“万通宝”个人自助循环贷款和“富农宝”自助循环贷款等信贷产品，丰富城乡居民融资选择，提高自身竞争能力。各项贷款余额40179万元，比上年增长46.52%。龙文区金融机构各项贷款余额142438万元，比上年增长33.99%。其中，龙文兴业银行贷款余额17047万元，比上年增长51.27%。

2007年，龙文农行加大信贷有效投放力度，支持有担保抵押的AA级以上优良客户，提高资产质量，各项贷款余额48679万元（含风险部578.8万元），比1997年增长10.74倍，年均递增27.93%。龙文工行制订和落实结算账户和信贷业务营销挂钩考核办法，大力开展贷款等业务营销，拥有正兴轮胎、恒丽电子、柏桦木业、国立贸易等一批优良客户。同时，对东厦物资、益信物资、闽信物资等客户加大贷款支持，全年新增一般流动资金贷款25390万元。率先在全市办理国内保险业务和二手按揭贷款业务。住房开发贷款、国际贸易融资等业务也实现零的突破，发放“信隆花园”和“永大星城”两个楼盘住房开发贷款7800万元。抓住小企业贷款拓展有利时机，发放小企业贷款2740万元。各项贷款余额44365万元，比1998年增长2.98倍，年均递增16.57%。龙文区金融机构各项贷款余额219793万元，比1997年增长11.41倍，年均递增28.64%。其中，龙文兴业银行贷款余额24892万元，比2003年增长17.98倍，年均递增208.72%。

三、中间业务

1997年，龙文建行开展代理保险业务、基金业务、国际业务、工程审价、国库统一代理收付、企业年金、龙信理财产品和投行IPO等中间业务，配合住房基金管理中心，做好公积金归集工作。发展结算、银行卡、代理业务、投资银行业务等重点产品。1998年，中间业务主要柜台结算业务手续费收入、票据业务收入、代理国债业务收入等。1999年，办理单位代发工资业务19户2100人，办理储蓄卡4100张，存款月留存率25%。2000年，代发工资总户数4677户，月代发工资额120万元；代理“八闽通”固定电话费缴费业务，代收发行“八闽风采”、代收行政罚没款月均41万元。

2000年，兴业银行漳州分行龙文分理处推出代发工资，代缴水费、电费、固定电话费、移动话费，代收交警罚没款业务；开通银税通、申购通、基金超市；代理发行债券，依托有形服务网络和无形服务平台，方便客户办理各种金融业务。2001年，龙文工行独揽龙文区全区统一国库支付工资代理权，共为5244人办理代发工资业务，月代发工资额250万元；发行牡丹信用卡、灵通卡2100张；代收行政罚没款503万元。

2002年，龙文工行中间业务得到快速发展，办理代收水电费、代收罚没款、代缴学杂费、代收税费、代扣代缴个人储蓄利息所得税、代收房租、代收广告费、代收手机话费、代收固定电话费等业务。龙文农行中间业务费收入25.97万元。2003年，龙文农行提高银行卡业务收入，开办在金穗卡上加载“金色世纪卡”商务功能的营销和“国税语音报税代扣税款”等业务，中间业务收入35.69万元。代理贷款客户财产保险61户，保费收入29万元。

2004年，龙文农行加大开放式基金、代理财产保险、代理鸿泰人寿保险、代理税金缴交等金融产品的营销力度，中间业务收入比上年增长1.93倍。龙文工行营销电子银行业务，增加中间业务收入，全年共新增个人网上银行开户266户、发放个人客户证书113户、个人电话银行22户、企业网上银行3户、电话银行7户。龙文农行从防范贷款风险、拓展业务种类和提高经营效益的角度出发，加大开放式基金、代理财产保险、代理鸿泰人寿保险、代理税金缴交、代理交警罚没款、代理运管所罚没款等金融产品的营销力度，全年中间业务收入104.54万元，比上年增长1.93倍。2005年，龙文农行促进非贷款收息收入占比提高，突出票据贴现业务营销工作，中间业务费收入149.54万元。龙文工行中间业务稳步增长，实现中间业务收入227万元，中间业务收入指标完成占比稳居全市支行前列。

2006年，农村信用社统一区级法人改革，龙文区营业网点推出福万通借记卡和贷记卡业务。同时，信用社发展银行承兑汇票业务，拓展代理保险、代理工资、代收话费及POS机特约商户等中间业务。龙文农行加大国际业务拓展业务，中间业务收入增至228万元。龙文工行员工参与“大个金”业务的储蓄增长、基金代理、银行卡、电子银行等业务营销，实行奖罚并举、常年考核，实现中间业务收入翻两番，人均创利20万元；办理企业财务顾问3户，增加效益31万元。

2007年，龙文农行实现中间业务收益多元化，代理企业财产险94户，营销贷记卡904张，注册个人网银287户、企业网银31户，全年中间业务收入314.77万元，比上年增长38.06%。龙文工行中间业务收入大幅增加，全年共销售基金、保险等各类理财产品936万元，新增灵通卡发卡量2057张，新增银行卡1514张，新增特约商户6户，创历史最好成绩，在全市支行“牡丹信用卡定向营销竞赛活动”中获组织奖第二名。新增企业电话银行12户，完成计划数120%；企业网银30户，完成计划数100%（其中证书版客户13户，完成计划数163%）；网上银行银企对账23户。新增个人电话银行102户、个人网银364户，全年电子银行交易额13729万元。实现中间业务收入262万元，完成计划数143%，在全市支行排名第二，在全省支行考评中名列二类行第四。

第二节 保险公司业务

一、保险种类

1951年，区境开办的保险业务有货物运输保险和旅客意外伤害保险。1958年，区境开办险种有财产保险、运输工具保险、货物运输保险、人身保险和牲畜保险。年底，区境停办保险业务。1981年，恢复保险业务。1991年，开办险种有企业财产保险、家庭财产保险、汽车保险、拖拉机保险、摩托车保险、其他运输工具保险、农业水果保险、货物运输保险、简易人身保险、团体人体平安保险、养老保险、老人高寿保险、学生团体平安保险、独生子女平安保险、驾驶员意外伤害保险和旅客意外伤害保险。

1997年起，龙文人保财产保险公司为龙文三大开发区内的中外资企业以及广大龙文群众提供保险保障服务主要有机动车辆保险、财产保险、船舶与货物运输保险、责任与信用保险、人身意外伤害与健康保险五大类。机动车辆保险是人保公司业务量最大的险种，有主险与附加险。财产保险有企业财产保险、家庭财产保险与工程保险等。家庭财产保险一般有普通型、理财保障型、个人贷款抵押房屋综合保险。工程保险以建筑、安装工程为主。意外伤害保险分为个人意外伤害保险和团体意外伤害保险。五大险种中，财产保险主要以企业财产保险和家庭财产保险为主。2001年，龙文人保财产保险公司具体承保的险种有车险和非车险，车险指机动车辆保险，非车险有企业财产基本险、家财险、货运与船舶险和责任险。2002年，增承保建安工险。2003年，不再承保船舶险。当年，新增意外险和其他险。投资保障型家财险和种植险新险种只在2003年承保过。2004年，龙文人保财产保险公司增财产保险中的工程险。漳州人寿保险公司中介营业部在龙文区开办“国寿鸿泰两全保险（分红型）”险种。2005年，龙文财产保险公司新承保企业财产综合险。2006年，龙文人保财产保险公司实施农村保险发展战略，承保农业险。2006年7月1日，《机动车辆交通事故责任强制保险条例》施行，承保机动车交强险。

2007年，龙文人保财产保险公司拓展机动车辆保险、财产保险、货运险、责任险和意外险等险种。漳州人寿保险公司中介营业部在龙文区开办共开办“国寿鸿泰两全保险（分红型）”“国寿鸿丰两全保险（分红型）”和“国寿美满人生年金保险”3个险种。

二、保费与理赔

1997年，龙文区保费收入399万元，理赔367万元，赔付率91.98%。1999年，全区保费收入1058万元，理赔1444万元，赔付率136.48%。2001年，龙文人保财产保险公司收取保费1210.35万元。其中，车险占87.09%，财产险占6.37%，责任险占3.56%，船舶与货运险占2.99%。按照“主动、迅速、准确、合理”理赔原则，理赔739.17万元，赔付率61.07%，其中货运险赔付率高达133.57%。2002年，龙文人保财产保险公司收取保费1389.01万元，理赔855.53万元，赔付率61.59%。其中，企业财产险赔付率127.8%，责任险赔付率90.89%。全区保费收入1389万元，理赔1056万元，赔付率76.03%。2003年，龙文人保财产保险公司收取保费1280.34万元，其中新承保的意外伤害保险占3.62%；理赔734.95万元，赔付率57.4%，其中新承保的种植险、建安工险、投资保障型家财险赔付率均为零。2004年，漳州人寿保险公司中介营业部成立初期，在龙文区销售“国寿鸿泰两全保险（分红型）”，月收保费不到50万元。提出“完成任务是天职”口号后，5个月后实现保费收入1000万元。龙文人保财产保险公司收取保费1633.82万元，理赔853.93万元，赔付率52.27%，其中车险的赔付率为57.42%。2005年，龙文人保财产保险公司收取保费1534.71万元，理赔1038.1万元，赔付率67.64%。当年遭“海棠”“珊瑚”“泰利”和“龙王”等一系列台风袭击，龙文区一部分工厂企业受灾，通过查勘定损，赔款50万元给受灾户。是年，漳州人寿保险公司中介营业部保费收入4100万元。全区保费收入9340万元，理赔1630万元，分别比1997年增长22.41倍和3.44倍；赔付率17.45%，比1997年降低74.53个百分点。2006年，龙文人保财产保险公司收取保费1733.73万元，其中新承保的农业保费收入14.92万元；理赔1019.18万元，赔付率58.79%。当年遭受“珍珠”和“桑美”等一系列台风袭击而引发洪水灾害，赔款100万元给受灾客户。是年，漳州人寿保险公司中介营业部实现保费收入4300万元（其中期交263万元）。

2007年，漳州人寿保险公司中介营业部销售“国寿鸿泰两全保险（分红型）”和“国泰鸿丰两全保险（分红型）”及“国寿美满人生年金保险”，实现保费收入7088万元（其中期交887.8万元），业务完成率列全省专业化公司第一名。是年，龙文人保财产保险公司龙文财产保险公司收取保费2772.13万元，理赔1370.63万元，赔付率49.44%。

2001—2007年龙文人保财险公司各险种保费收入统计表

表18-3-1 单位：万元

年份	车险	交强险	企业财产险	家财险	货运险	责任险	意外伤害险	其他险	保费收入合计
2001	1054.05	—	70.44	6.61	30.56	43.06	—	5.63	1210.35
2002	1255.15	—	60.35	8.22	29.2	19.86	—	16.23	1389.01
2003	1060.27	—	84.91	25.63	31.06	26.53	48.39	3.55	1280.34
2004	1402.37	—	103.58	25.05	27.97	20.45	46.38	8.02	1633.82
2005	1276.19	—	108.91	64.79	9.7	14.98	36.62	23.52	1534.71
2006	1203.76	258.19	110.21	50.56	4.28	46.93	19.29	40.52	1733.74
2007	1609.80	843.12	843.12	12.23	41.36	63.34	30.23	172.05	2772.13

2001—2007年龙文人保财险公司各险种赔款给付统计表

表18-3-2 单位：万元

年份	车险	交强险	企业财产险	家财险	货运险	责任险	意外伤害险	其他险	理赔合计
2001	654.22	—	16.84	—	40.82	27.29	—	—	739.17
2002	745.71	—	77.13	0.46	14.18	18.05	—	—	855.53
2003	697.62	—	8.73	0.07	14.71	13.01	0.81	—	734.95
2004	805.12	—	17.52	0.26	10.88	3.38	16.77	—	853.93
2005	944.67	—	56.83	0.1	0.4	7.31	28.73	0.06	1038.10
2006	933.72	10.71	58.92	0.54	—	8	7.01	0.28	1019.18
2007	1106.71	185.83	42.49	0.3	10.75	10.86	13.29	0.4	1370.63

1997—2007年龙文区金融机构主要经济指标统计表

表18-3-3　　单位：万元

年份	年末各项存款余额	其中城乡居民储蓄存款余额	年末各项贷款余额	其中农业贷款余额	承保金额合计	其中农业险承保金额	保费收入合计	理赔合计
1997	21236	15112	17715	4251	40012	320	399	367
1998	29544	20325	24352	6085	89651	580	901	762
1999	36146	24991	35307	6838	107773	950	1058	1444
2000	42625	29352	36660	7481	168003	1740	1120	963
2001	54354	35123	44618	9532	274842	2610	1210	1009
2002	69451	44899	49969	10361	364819	970	1389	1056
2003	100066	53663	68006	15011	337511	1090	1280	935
2004	134052	67740	86008	22473	542759	1250	8102	1419
2005	162466	83500	106306	29448	443775	880	9340	1630
2006	193384	98028	142438	—	208966	14135	1734	1019
2007	234785	114479	219793	—	323488	—	2772	1371

注：2006年和2007年不含人寿保险承保金额、保费收入和理赔金额

第三节　民间金融业务

一、典当

清代，蓝田黄文来开设当铺，质物以衣服、布料为多。当铺为私人提供质押放款。当户抵押品的当值一般为抵押品价值的5成，旧衣服为2成至3成。清代，押当期限为30个月至40个月。民国初期，当期为6个月至18个月。当息按抵押品种类收取，金银珠宝当品月息2分，衣饰当息3分。当期未满而赎当，即使只当1天，照样按1个月计息。当户逾期不赎，当铺则将当物拍卖抵赏。民国20年（1931年）后，农村连年受灾，社会购买力减少，加上衣饰款式改变，收当之物不断贬值，当满后当物拍卖，不足当本，当铺歇业。

二、典借

解放前，区境求贷者以耕地或房屋作抵押，归债主使用，向债主借钱，并签订典借金额、期限、利率等合约。逾期无法归还典借金额者，其耕地或房屋所有权永归债主。

三、借物

解放前，区境贫民向富户、商家借米、豆、谷、糖等物，多为1年期限，年利率均在100%以上。若遇旱涝灾害或其他原因，无力偿还本息，则将利息变为本金合并计算。

解放后，借物为互帮互助性质，不计利息。

四、卖青苗

解放前，区境贫困农民在青苗不接时，把田里的禾苗折成谷子出卖，价格低于市场价 20%—30%。有的则以青苗作抵押向富户借现金或粮食，到稻谷收成时偿还，时间仅一个月至两个月，却要支付高达 20%—30% 利息，而且富户要在借贷时先扣回利息。

五、借贷

解放前，区境民众遇到病丧嫁娶、天灾人祸，或就业谋生，须向富户、商家或典当店借钱，一般要以田契、房契、衣物作抵押，年利率 20%—40%。有的年利率高达 100%—200%。

中华人民共和国成立后，人民政府拨出粮食和资金救济贫民，银行发放贷款，打击高利贷活动。此后，随着农业增产增收和农村信用合作社的发展，农村高利贷受到抑制，民间借贷减少。1980年后，随着商品经济的发展、人民生活水平的提高，区境居民因经商、扩大生产或婚嫁、建房等需要，又向亲友融资。民间借贷期限和利息由双方议定，月息一般为 1—2 分，有的高达 3 分以上。

六、合会

解放前，区境的合会是民间低收入者之间盛行的具有互助性质的借贷组织。用钱人凭自己的信用，或请信誉较好的亲友做“会头”，邀 10—30 人入会，会员多属亲友或同行业者，以按期出资和轮流收回为特点，会金、利息、期限由入会者议定。“会头”得“头会”，以后“着会”者的次序经商议或抽签决定。常见的合会有“标会”和“摇会”等。“标会”用投标方式，以利息最高者得会。“摇会”用投骰方式，以点数最多者得会。

解放后，区境的合会有“孝子会”，亦称“父母会”，遇会友父母去世，其他会员拿出一定数额的钱或粮，帮助会友应付急需，均属互助性质，不计利息。

第四章 管 理

第一节 业务管理

一、现金管理

1997 年，龙文区银行执行《大额现金管理制度》，5 万元以上领现报开户行审批，10 万元以上转报市人民银行批准。是年，龙文工行拓展结算与现金管理业务，与客户签订现金管理协议、结算产品套餐，发挥现金结算快捷方便优势。合理核定库存，根据不同季节灵活调节库存限额，减少现金占用。龙文农行执行现金管理制度，现金收入 2633 万元、支出 3151 万元，现金净投放 518 万元。2000 年，大额现金支付 10 万元（含以上）和现金账户管理改人民银行审批为开户行审批，向市人民银行报备。

1998—2002 年，龙文农行现金因农副产品采购需要支出增多，净投放 5.08 亿元。

2003 年，龙文建行加强现金内部管理，现金柜员执行轮岗制度，对普通柜员日终现金库存给予不超过2万元的控制。2003—2007年，龙文农行现金收入多于支出，净回笼17.61亿元。1998—2007年，中国银行漳州分行龙文分理处每年现金支出多于收入，合计净投放3.15亿元。

2007年，龙文农行现金收入44.99亿元、支出41.07亿元，分别比1997年增长14.16倍、11.20倍。中国银行漳州分行龙文分理处现金收入5.84亿元、支出6.45亿元，现金净投放6128万元，分别比1998年增长19.48倍、21.17倍。

二、信贷管理

1997年，龙文农行结合龙文新区建设实况，加强信贷结构调整，拓展个人贷款、优质房地产项目，强化信用风险控制，优化信贷资产质量。在信用环节设置放款审核岗，履行放款审核职责，加大审核力度。推进贷后管理工作，实行贷后管理例会制度，按照规定频次和审议形式召开贷后管理例会。选配客户经理，实行客户经理的等级管理制度，制定贷后管理的量化标准，设置考评指标，明确贷后管理目标与责任，对客户经理的贷后管理工作进行考核评价。龙文工行贯彻国家货币信贷政策，按照“效益优先，降低风险，提高质量”原则，采取“有进有退，重点开拓与收缩并举”策略，在资金投向上向有市场、有效益、有信誉的大中型企业和支柱产业转移，向基础设施项目建设和新的经济增长点转移。抓好不良贷款清收处置工作，成立不良贷款清收压降工作领导小组，采取“兼并重组、协议清赏、转贷移位、抵贷拍卖、依法起诉收贷”等手段，加大不良贷款的清收、转化、处置工作。

2002年，龙文兴业银行执行个人授信业务风险预警。对正常、关注类贷款采取抽查的方式不定期进行，对次级、可疑、损失类贷款采取全面检查的方式，每季度至少进行一次贷后检查，加强个人贷款预警监测。对监测中发现的贷款异常现象，及时通报，采取措施，化解风险。

2003年，龙文农行不良贷款清收盘活成效明显，资产质量提高，退出劣质客户贷款275.5万元，清收不良贷款本息189.91万元，不良贷款余额1290万元，不良贷款占比8.52%，比上年下降4.78个百分点。2004年，龙文农行加大监控力度，遏制新逾期贷款的产生，收回不良贷款本金54.21万元，收回表外利息56.16万元，不良贷款余额884.4万元，不良贷款占比3.43%。龙文建行从严控贷款风险入手，坚持“因地制宜、循序渐进、务求实效”原则，加强信贷档案管理，严格执行档案移交、入库、调阅使用制度。强化贷后管理，定期走访客户，防止出现贷款逾期。同时，加强内控规范管理，防止操作风险、道德风险。

2005年，龙文农行完善落实信贷退出机制，压缩“小、散、差”客户贷款450万元，事实风险不良贷款退出20万元，带动存量结构全面调整。贯彻落实信贷新规则，出台《关于进一步规范信贷流程的意见》和《关于进一步落实信贷业务主责任人制度的通知》，提高信贷管理质量和办贷效率。2006年，龙文农行构建风险防范机制，实现不良贷款余额及不良贷款占比双下降。

2007年，龙文农行不良贷款余额及不良贷款占比分别由1997年的1418万元、34.4%下降至750万元、1.5%。龙文兴业银行贷款余额2.49亿元，比2004年增长6.13倍，年均递增92.25%。龙文工行不良贷款48.9万元，不良贷款率0.11%，比上年降低0.98个百分点。

三、经营管理

1997年，龙文建行抓好“增存款、抓开户、产品业务上档次”竞赛活动。密切与当地房地产开发商合作关系，争取其项目资金在建行体内循环。加大对中小企业营销拓展，提高中小企业存款市场份额及银行承兑汇票存款保证金，增强对公存款的稳定性。抓住重点产品，加强“利得盈”“汇得盈”“建行财富”和“黄金”等理财产品宣传力度，扩大产品品牌效应。推介建行电子产品新优特服务功能，吸引黄金客户，提高电子产品使用范围，培植优质客户，促进存款份额提升。发展个贷业务，开展“建行真情个贷，因您更加精彩”营销活动，以优质楼盘为重点，加大营销力度，简化审批手续，提高办理效率，保持建行在住房按揭贷款的领先优势。龙文农行坚持“从严治行，稳步经营”方针，抓内控工作长效机制，推行“一课三会”（晨课、周一业务讲评例会、内控季度分析会、客户营销及风险资产管理工作季度分析会）制度，筑高内控管理平台。健全完善自律、辅导和监督职能，明确“谁主管，谁负责，一级抓一级，层层抓落实”管理要求，跟踪落实存在问题的整改。龙文工行完善国有独资商业银行的财务管理体制，促进国有商业银行经济效益提高。1998 年，龙文工行会计管理实行“三统一、四集中”模式（实现市区各行统一在人行集中开立一个账户，各行票据交换和资金清算由市行统一办理，市区会计、储蓄事后监督统一集中由核算中心管理监督的“三统一”）。实现联行业务集中，资金清算集中，同城票据交换集中，事后监督集中的“四集中”。

1999 年，龙文工行加大统一会计管理力度，率先在全省实现会计、牡丹卡事后业务核算系统的全辖数据集中管理。制订和实施“资金划汇清算”系统工作方案，为客户建立一条方便快捷的资金汇划“高速公路”。2000 年，龙文工行经营机制主要围绕完善法人治理结构，完善自主经营、自负盈亏、自我发展、自我约束的法人实体和市场主体机制；建立国际标准的财务会计制度和信息披露制度。建立动态、多渠道的资本金补充机制，立足于压缩风险资产，增强自我积累。建立以市场为导向、以客户为中心、以效益为目标、综合经营与专业化经营有机结合的机构体系。

2002 年，龙文兴业银行加强对柜员考核，实行末位淘汰制，增强柜员自主服务意识，提高服务水平。落实举手服务制度、周例会制度、机具保洁制度。根据客户流量和业务量，合理安排柜员上班时间，设置相应窗口柜台，满足客户业务办理需要。在业务量高峰期，会计主管主动到大堂引导客户，分流客户到自助机具办理业务。同时，依照先外后内的顺序进行业务受理，对于代发工资等大批量业务不安排在高峰期办理，确保柜台的服务质量。自觉做好客户大笔资金的安全提醒工作。

2005 年，龙文工行考核重点由经营利润调整为建立提足拨备基础上的账面利润。制定实施年度考评与任期考评相结合的业绩管理制度，促进各项业务的持续健康发展。龙文农行再次通过内控一类行验收，以总分 98 分的全省最好成绩，顺利通过省市农行对龙文农行的会计基础工作“三铁”（铁账、铁款、铁规章）达标验收。在 2006 年度业务经营与发展综合计划考评和营业网点柜面服务年度考评中龙文兴业银行取得第一名的佳绩。

2007 年，龙文农行开展合规文化教育活动和案件专项治理。以“三个指引”（《商业银行合规风险管理指引》《商业银行操作风险管理指引》《商业银行内部控制指引》）为重点学习内容，抓好员工“合规文化，从我做起”教育活动，全面提高全行干部员工的合规经营意识。同时，搞好职业道德教育，发挥员工在案件防范工作中的主体作用，全面落实安全保卫责任制，搞好安全意识教育和防范能力训练。

四、信息化建设

1994 年 7 月 1—5 日，区境兴业银行漳州分行营业网点推出客户电脑电话查询系统和会计票据交换提出电脑系统。1995 年 1 月 28 日，区境兴业银行漳州分行营业网点储蓄柜台全部实现以计算机代替手工记账。翌年，实现联网和通存通兑。此后，陆续推出电话银行、网上银行、E 卡、网上基金超市等。

1996 年，区境工商银行对单位存款和储蓄业务实现电脑化。市区 ATM 开通营运，公存业务实现联网。1997 年，工商银行龙文办事处实现大型计算机延伸全集中模式全省网点大联网，营业网点加入全省活期储蓄通存通兑，ATM 加入全国 16 个大中城市的联网通取业务，会计对公业务加入全省网络。1998 年，工商银行龙文支行开通代理“闽发证券”股民资金自动划转和证券远程交易转账系统。1999 年，资金汇划清算系统正式启用，完成储蓄网点全面联网前期工作，牡丹灵通卡全国联网，开拓电话银行，开展会计对公事后和牡丹卡事后数据集中监督等技术保障工作。

2000 年，工商银行龙文支行全面普及 OA 系统的推广运用和稳步推进“综合业务处理系统”推广技术保障工作。同时，开通“银证通”“电话银行”“股民双向资金划拨”和“保险”等新中间业务系统。龙文农行推出“95599”电话银行、网上银行、自助银行、手机银行等现代化服务手段，并为客户在证券、保险等行业架设沟通桥梁，将服务延伸至社会经济各个领域；根据客户需求，度身定做综合金融服务方案和金融产品。2001 年 3 月和 9 月，工商银行龙文支行“综合业务系统”对公版与整合版分别按时成功投产，将改造传统业务与开发新业务有机结合，增强核心竞争力。此外，完成外汇清算系统上机，“银证通”系统调试、安装，网上银行新版本投产和信贷台账升级等工作。2002 年，做好综合业务系统各子系统的推广工作，成功投产计划财务子系统和出纳二期子系统工程；做好科目转换和账户清理工作，实现综合业务系统数据库全面上挂南方（上海）数据中心。2003 年，全功能银行（NOVA）系统按时成功投产，标志着工行系统信息化建设的一次新跨越。

2005 年，龙文建行在确保实现电子银行与柜面交易量之比、电子银行客户数新增和电子银行交易额三项指标基础上，提高个人客户、企业客户的动户率。以 KPI 考核为核心、单项产品买单为手段，实现电子银行产品营销“购买制”。挖掘高级企业网银潜在客户。与保险、移动等单位合作，利用资源，通过联合宣传、驻点营销、现场展示等方式，扩大产品知名度，提高企业网银交易量。走进行政事业单位、行业协会、大型知名企业，通过举办金融知识讲座、产品推介会及现场驻点等形式，通过批发营销方式，抢占高端客户、优秀客户。多渠道并进，多方位营销，大力提高个人电子银行客户量。2006 年，中国农业银行福建省分行建成省域数据中心，在全省推广应用 ABIS 系统，网络覆盖率 100%，促进龙文农行新业务和传统业务的联动发展。

2006 年，农村信用社统一区级法人改革，龙文区营业网点相继开通大、小额支付系统，推出农信银资金清算业务、“96336”电话银行业务及短信银行业务。逐步推广市设 ATM（自动取款机）、CRS（存取款一体机）及 BST（自助终端）等自助机具，提升金融服务电子化和自动化水平。

2007 年，龙文农行依托农行网络优势和新开发电子技术，拓展网上银行业务，实现个人网银拒面受理和注册，全年注册个人网银 287 户、企业网银 31 户，分别完成农业银行漳州市分行任务计划数 151.05% 和 155%。

第二节　打击违法违规活动

1997 年，龙文农行围绕服务和保障业务发展这一中心任务，树立“无危为安，无损为全”的观念，贯彻“预防为主，群防群治，全员防范，综合治理”方针，履行反洗钱职责和义务，执行反洗钱规定，完善反洗钱工作协调机制，提高防范洗钱风险能力。开展反假币宣传活动，提高人人参与反假币意识，打击金融领域违法活动。

1998 年，龙文工行实施中国人民银行《关于对金融机构违法违规经营责任人的行政处分规定》，龙文工行杜绝违规经营，健全依法合规经营模式。龙文中行报送洗钱可疑案例 1 笔；收缴假币 340 元。

2002 年 4 月，龙文兴业银行实施《人民币银行结算账户管理办法》《个人存款实名制规定》和《人民币现金管理条例》，及时准确做好大额和可疑交易的报送工作。龙文中行报送洗钱可疑案例 3 笔；收缴假币 920 元。

2007 年，龙文中行报送洗钱可疑案例 3 笔；收缴假币 1300 元。

第十九卷 财政 税务

明代，区境征收盐、酒、商、关等税，清康熙年间征收地丁、酒、茶、土药、矿、当等税。清末，增设厘金税，按货价“百厘抽一”征收。财政实行中央集权制。财政收入除赋税之外，每遇一事，地方官吏还临时筹措，在正课之外巧立名目，杂捐杂税滋生。

民国前期沿袭清制。民国21年（1932年），实行中央、省、县三级财政体制。民国30年，改行中央、县两级财政体制。民国35年，恢复中央、省、县三级财政体制。因战患频仍，社会动乱，财源枯竭，地方政府横征暴敛，税费繁多。

中华人民共和国成立后，废除繁杂税种，建立全国统一税制。贯彻“发展经济，保障供给”财政方针，积极扶持生产，提高经济效益，增加财政收入。1959年，步文公社培养财源，增加社会财富23万元，增加国家税收5.6万元。1962年，撤销人民公社一级财政。

“文化大革命”开始，区境财税工作受到严重干扰，财政、金融机构合并，日常征收管理濒于瘫痪，税源流失，直至1972年后才陆续恢复。1977年11月，国务院批转财政部《关于税收体制的规定》。1978年，税制改革以适应对外开放需要，建立涉外税收制度。1983年，分两步实施国营企业“利改税”改革，把国家与企业分配关系以税收形式固定下来。对国营和集体企业实行利改税，开征企业所得税，发挥税收调节经济杠杆作用。1984年，建立乡镇一级财政，步文、郭坑成立乡镇财政所。1994年，实行集中统一、以法治税的分税制财政体制。1984年，建立乡镇一级财政，步文、郭坑成立乡镇财政所。1995年，步文、郭坑两镇国内生产总值4.21亿元，占漳州市国内生产总值2.8%；财政收入2198万元，预算内人均财政收入193元。

1997年，龙文区财政总收入3410万元，占全区国内生产总值4.25%，比全市平均水平低4.37个百分点，比全省低4.5个百分点。其中，区级财力2252万元，比全市地方收入比重少9个百分点。国税征收1543万元，地税征收920万元。财政支出3079万元，财政供养人员2054人。随着改革和经济结构调整力度加大，不断加快招商引资步伐，区域经济呈强劲发展态势，地方财源不断壮大。2001年，财政总收入7189万元，比1996年增长1.7倍。1997—2001年，财政总收入累计24499万元，年均递增22.4%。其中，地方级收累计入16728万元，年均递增25.4%。2005年，龙文区地方税务局实现属地管理，税收10076万元，比上年增长1.3倍，成为全市地税系统第四个年税收上亿元单位。2006年，龙文区“工业立区”效果显现和城市建设快速发展，地方一般预算收入首次突破亿元大关。地方级收入和财政总收入增幅在全漳州市（县、区）中均位居第一。国税征收15354万元，比1997年增长8.7倍，年均递增28.77%。2007年，区财政总收入2.96亿元，占全区地区生产总值6.89%，占全市财政收入比重从1997年的1.55%提高到3.53%；财政支出1.70亿元，比1997年增长4.53倍，年均递增18.66%；财政供养人员增至2325人。特别是2005—2007年财政收入总量6.73亿元，占建区11年财政收入总量56.5%，为1997—2004年财政收入总量1.3倍。国税征收10913万元；地税征收20628万元，比1997年增长20.78倍，年均递增36.09%。

第一章　财　政

第一节　财政体制

清代及以前，财政均实行中央集权制。

民国前期沿袭清制。民国21年（1932年），实行中央、省、县三级财政体制。民国30年，改行中央、县两级财政体制。民国35年，恢复中央、省、县三级财政体制。

中华人民共和国成立后，国家实行"统收统支，财力高度集中"财政体制。1953年，实行中央、省、县三级财政体制。1958年，财政下放，由农村人民公社统一管理，实行"收支下放，计划包干，地区调剂，总额分成，一年一定"财政体制。翌年改为实行"固定分成，调剂分成，以收定支，五年不变"体制。人民公社的财政收入分项计算，分别上交；支出采取"划定项目包干，结余留用"办法。1962年，撤销人民公社一级财政。1984年，建立乡镇一级财政，步文、郭坑成立乡镇财政所，试行"定收定支，收支挂钩，超收分成，节余留用，一年一定"体制。1997年起，龙文区财政预算管理体制经历改革、调整和完善3个发展时期，不断适应政治经济形势发展的需要。

一、区财政体制

1997年，漳州市财政局对龙文区实施由省核定的"划分税种、核定收支、定额缴补、增量上缴"财政管理体制，下发《关于核定龙文区财政收支基数的通知》，以龙海市步文、郭坑两个镇的收入及其财力测算核定龙文区财政收支基数，并按比例分摊承接龙海市原体制上缴基数，核定龙文区财政收入基数为891万元，支出基数（市政府没有将建区新增区本级和蓝田、朝阳两个镇的机构人员支出基数700万元计入支出基数）为712万元，定额上缴179万元。1997—2001年，龙文区固定上缴和集中上缴省级共3588万元。

2002年，省政府重新核定省级分成收入基数，地方级收入扣除专项收入部分，超分成收入基数部分按20%上缴，同时将2001年上缴省级固定分成收入1029万元计入省级固定上解基数。市财政重新核定龙文区收入基数4185万元，支出基数3705万元，收支基数对抵后定额上缴480万元。核定龙文区省级分成上解收入基数4252万元。2002年，上解收入基数116万元（不包括上缴省级固定分成收入1029万元）。

2003年起，实施新一轮市区财政体制，扣除继续保留作为市级收入的18家企业外，市区范围内所有企业按照属地原则，由各征收机关根据收入范围和市区五五共享比例，分别缴入市级国库和区级国库，形成市级财政收入和区级财政收入。重新核定龙文区收入基数4335万元，支出基数4810万元，市级财政定额补助475万元，加上所得税"五五共享"改为"四六共享"补助81万元，核定龙文区每年的体制定额补助为556万元。2003—2007年，龙文区按新体制规定上缴省级分成收入分别为258万元、514万元、751万元、1527万元、2439万元，加上已计入固定上缴基数1029万元，5年上缴省级分成收入累计10634万元。

二、镇财政体制

1984 年，建立乡镇一级财政，步文、郭坑成立乡镇财政所，试行“定收定支，收支挂钩，超收分成，节余留用，一年一定”体制。1997 年，龙文区对镇实行 “下达收入任务，核定支出标准，超收分成，超支自负，自求平衡”的临时过渡财政体制。1998 年，实施“划分收支，核定基数，超收分成（定比），短收减支，超支不补，结余留用，自求平衡”的镇级财政预算管理体制。1999 年 7 月，将各镇的教育经费全部收归区管。同时，各镇分成比例相应调减。1999—2001 年，镇级每年超收分成分别为 23 万元、28.19 万元和 34.25 万元。

2002 年，实施新的镇级财政包干体制。本着“顾全大局，适当集中，合理分配，综合平衡”原则，增加没纳入包干的计生和环卫人员数；提高支出包干标准，由原人均 0.86 万元提高到 1 万元；在 2001 年农业特产税收入任务下调 20% 基础上，再下调 20% 作为收入基数；步文、蓝田、朝阳 3 镇税收分成比例分别提高到 30%，郭坑镇税收分成比例提高到 35%。 2003 年，为全面确保农村税费改革的实施，在停征农业特产税后，及时调减各镇收入基数，减轻镇级财政负担。同时，在省市转移支付补助基础上又专项配套 151 万元，加大对各镇的转移支付补助力度。2002—2004 年，镇级每年超收分成分别为 36 万元、40.97 万元、170.78 万元。

2005 年，实行“划分收支范围，核定支出基数，增收分成（环比），支出包干，一定三年”的镇级财政预算管理体制。镇级收入范围按照属地原则和市区新体制区级分成收入划分。镇级支出范围主要承担各镇党政机关运转所需经费及经济、社会事业发展支出。体制分成比例分为两档。其中，建安类税收单列考核，除郭坑镇按重点卫星城镇执行优惠政策，蓝田、步文和朝阳 3 个镇按当年增收财力的 40% 分成；其他工商税收按当年增收财力的 50% 分成。2005—2006 年，镇级增收分成分别为 556 万元、787 万元。2007 年，镇级增收分成为 798 万元。

三、开发区财政体制

2002 年，对龙文工业开发区实行“划分收支，核定基数，超收分成，一定三年”财政体制。支出补助基数每年 5.83 万元；收入范围包括企业工商税、耕地占用税；支出包干主要用于开发区的公共管理、管委会运转、公共设施建设等。超收分成比例按区、开发区五五比例进行分配。2002—2004 年，开发区累计获得 191.76 万元财政决算补助资金。

2005 年，龙文区对龙文工业开发区实行“划分收支，核定支出基数，增收分成，一定三年”的体制。收入范围包括企业工商税、建安类税、耕地占用税；支出包干主要用于开发区的公共管理、管委会运转、公共设施建设等，支出补助基数（含农村税改转移支付补助）每年 12.66 万元。增收分成比例按区、开发区四六比例进行分配。

2006—2007 年，蓝田经济开发区（2006 年，龙文工业开发区与蓝田工业开发区合并）累计获得 609.59 万元财政决算补助资金。

第二节　财政收入

一、一般预算收入

1963年，郭坑公社财政收入4903.64元，县财政拨款16203.78元，合计21107.42元。1979年，步文公社财政收入24.27万元。其中，税收16.27万元、上级补助8万元。1985年，步文乡财政收入132.37万元，比上年增长48.6%，其中税收125.72万元。1988年，步文乡、郭坑镇财政收入分别为223.5万元、19.83万元。1989年，步文乡财政收入482.62万元。1990年，郭坑镇财政收入26.8万元。1991年，步文乡财政收入687.39万元，其中上级补助239.43万元。郭坑镇财政收入33.52万元。1993年，郭坑镇财政收入213.08万元。

1994年，地方财政收入主要包括工商税收、农业税收、国有资产收益、行政性收费、罚没收入、专项收入和其他收入等25项。中央收入包括增值税的75%部分和消费税的100%。1995年，郭坑镇财政收入950万元。1996年，将司法、公安、民政等22个部门的83项行政性收费纳入预算管理。

1997年，龙文区一般财政收入3410万元。2000年，将工商、农业等部门的45项行政事业性收费纳入预算管理。2002年，改革按企业隶属关系划分所得税收入办法，企业所得税和个人所得税收入由中央与地方按比例分享，实施增量分成。所得税收入中央、地方五五分享。当年，全区一般财政收入8262万元。2003年起，所得税收入中央、地方六四分享。将公安、法院、工商、环保、计划生育等34项行政事业性收费纳入预算管理。同年，将经贸、外贸、人事等部门和单位的118项行政事业性收费及中央和地方政府所属教育、人事、交通等部门和单位的76项行政事业性收费纳入预算管理。

2004年，报关出口货物需退付的增值税（含出口货物“免、抵”增值税税额），超基数部分由中央和地方按75∶25比例分别负担。出口货物退增值税（含出口货物“免、抵”增值税税额）25%部分调整到地方收入科目。“免、抵”增值税税额的调库方式改按“免、抵”税额和中央与地方75∶25比例负担。2005年，全面免征农业税及其附加，取消除烟叶外的农业特产税。出口退税超基数部分的退税额，由中央和地方改按92.5∶7.5比例分担，由国库退付的出口货物退增值税统一从中央库款中退付，“免、抵”的增值税按75∶25比例分别调增中央和地方“免抵调增增值税”。2007年，全区一般财政收入29633万元，比1997年增长7.69倍，年均递增24.14%。

1997—2007年，龙文区征收入库的地方一般预算收入11.92亿元。其中，税收10.78亿元，占地方一般预算收入90.44%；非税收入1.14亿元，占9.56%。

（一）工商税收入

1979年，步文公社工商税收入12.62万元。1985年，步文乡工商税收入116万元。1988年，步文乡工商税收入99.81万元。1991年，步文乡工商税收入269.07万元。1995年，郭坑镇工商税收入240万元。1997年，龙文区工商税收入2484万元，占财政总收入的72.84%。1998年5月，龙文区制定《关于争取区外建安工程结算纳税奖励政策的通知》，建安类税收增多，但受郭坑税务检查站减收和自营出口企业增值税缴交“免、抵、退”影响，致使“两税”减收。当年，工商税收入2807万元，占财政总收入的72.61%。2000年，随着第三产业逐步发展，财源结构不断优化，工商税收入4128万元，比1996年翻一番。

2001年，龙文区加快推进工业化进程，城市建设和专业市场建设带动工商税收增长。当年，工商税收入5324万元，比上年增长28.97%。2002年，国家调整出口产品退税政策，改“先征后退”为“免、抵、退”，造成增值税收入滞后。同时，漳州市委、市政府对城市中心区5.3平方公里重新规划，龙文区的建安企业和房地产开发受到较大影响，当年工商税收入5791万元，仅比上年增长8.77%。2003年，国家停征屠宰税，增值税“免、抵、退”调库指标严重滞后，并且受“非典”疫情等诸多减收因素影响，但在工业、房地产建筑业、交通运输业等收入的强力支撑下，当年工商税收仍比上年增长6.98%。

2004年，区财政收入首次突破亿元大关。工商税收入7472万元，比上年增长20.61%。2005年，龙文区“工业立区”效果逐步显现，城市建设初具规模，工商税收12346万元，占财政总收入80.52%。

2007年，龙文区工商税收22067万元，比1997年增长7.88倍，年均递增24.41%。

（二）企业所得税收入

1996年，区境年纳税20万元以上企业14家，年纳税上百万元企业2家。

1997年，龙文区制定《关于促进乡镇企业发展的若干意见》，区财政拨付40万元扶持乡镇企业发展，安排49万元建立企业帮困基金。当年，企业所得税收入11万元。1998年4月，龙文区颁发《龙文区财政周转金管理办法》，财政周转金主要用于支持短期周转的生产经营企业及区属重点企业、骨干企业和税利大户，新增外资企业11家、内资企业23家、私营企业49家、个体工商户449家，当年企业所得税收入30万元，比上年增长1.73倍。

2001年，随着工业化进程的不断推进，内外资企业齐发展，企业收入显著增加，全区企业所得税收入295万元，比上年增长2.39倍。2002年，龙文区实施“工业立区”战略，区财政部门协助企业争取资金，落实企业挖潜改造和外贸出口财政贴息等资金89万元；兑现区委、区政府关于招商引资奖励；协助粮食龙头企业争取银行贷款。当年，企业所得税收入500万元，比上年增长69.49%。2003年，龙文区制定《扶持个私经济发展二十一条意见》《关于进一步加快民营经济发展的若干意见》，加大“科技兴企”力度，吸引企业15家，“孵化”成功连腾电子、东方电子等3家企业。当年，全区企业所得税收入1058万元，比上年增长1.12倍。

2005年，及时兑现出口退税政策，支持外贸出口企业的发展，全区有29家企业实现自营出口突破亿美元大关，累计完成10300万美元；企业出口退税5522万元。当年，全区企业所得税收入1600万元，比上年增长80.79%。

2007年，全区企业所得税收入4137万元，比1997年增长375.09倍，年均递增80.94%。

（三）农业税收入

农业税与特产税　清代，区境农业税以田赋形式征收。康熙五十一年（1712年），诏令以康熙五十年丁册定为常数，“续生人丁，永不加赋”。雍正元年（1723年），推行“摊丁入亩，地丁合一”政策。光绪二十八年（1902年），为摊庚子赔款，开征随粮捐，附加于田赋，后又加派“教育附加”。光绪三十四年，筹建闽厦铁路，加派铁路随粮捐。民国初期，区境田赋沿用旧制。民国3年（1914年），田赋改征银元。此后，田赋附加交相叠加，额外附有建设费、教育费、自治费、随粮捐、征收费、保安附加、附加税、壮丁给养费等。中华人民共和国成立后，区境田赋改称农业税，又称公粮。1950年，以户为单位按人均农业收入实行全额累进制，全年每人农业收入75.5—95公斤（稻谷）为起征税率3%。此后数次调整。1954—1957年，农业合作化时期，采取各户平均税率征收。1958年公社化，以公社为单位实行比例征收。1959年，以生产大队平均税率征收。1961 年，大幅调减农业税。历年农业税附征地方附加。1965 年起，地方附加按省、县、公社（乡镇）各占三分之一。1979 年，步文公社农业税收入 3.65 万元。1985 年，步文乡农业税收入 7.91 万元、特产税收入 1.81 万元。1988 年，步文乡农业税收入 75.92 万元、特产税收入 28.72 万元。1990 年，郭坑镇农业税收入 11.33 万元、农业特产税收入 14.51 万元。1991 年，步文乡农业税收入 88.00 万元、农业特产税收入 78.00 万元。郭坑镇农业税收入 11.35 万元、特产税收入 15.72 万元。1997 年，龙文区农业税和特产税收入分别为 176 万元、211 万元。随着龙文区“由农村向城市转变、农民向市民转变”战略的实施，农业用地不断减少，致使龙文区农业税和特产税逐年相应减少。2002 年，征收农业特产税 157 万元。2003 年 1 月始，龙文区全部缓征农业特产税，并对特产税票证进行清理、检查、核销，收缴到区统一保管。2004 年，全区征收农业税 146 万元。2005 年，全面停征农业税。

耕地占用税　1987 年 4 月 1 日起开征。税率为占用每平方米水田 8 元、农地 6 元，一次性征收。1988 年，步文乡、郭坑镇耕地占用税收入分别为 19.05 万元、3.11 万元。1990 年，郭坑镇耕地占用税收入 0.96 万元。1991 年，步文乡耕地占用税收入 12.9 万元。郭坑镇耕地占用税收入 6.45 万元。1997 年，耕地占用税采取委托土地管理部门代征和直征结合办法征收。1998—1999 年，由于新区建设批地数多，工业建设用地处于开发建设阶段，龙文区耕地占用税共征收 463 万元。2002 年，漳州市委、市政府对 5.3 平方公里城市中心区重新规划，龙文区建安、房地产开发迅速发展，耕地占用税征收增长。当年，耕地占用税征收 249 万元。2007 年，龙文区耕地占用税征收 1037 万元，比 2002 年增长 3.16 倍，年均递增 33.02%。

契税　1997 年，龙文区土地均为出让，征收契税均属省级契税。1999—2004 年，全区共征收 168 万元。2005 年，龙文区契税改为财政直接征收，契税征收 29 万元，比上年增长 61.11%。2007 年，根据国土资源部制定的《全国工业用地出让最低标准》，全区征收契税 561 万元，比 1999 年增长 24.5 倍，年均递增 49.91%。

（四）非税收入

1997 年，龙文区纳入政府预算管理的行政事业性收费、罚款、专项收入、其他收入等非税收入 552 万元，占财政总收入 16.19%。1998 年，行政事业性收费逐步规范，收入总量逐年增长，罚没收入逐年增长。2004 年，全区非税收入 1277 万元，占财政总收入 12.35%。2005 年，公路运管费收入纳入预算管理，专项收入逐年增长；其他收入属临时收入，收入总量较不稳定。当年，全区非税收入仅 885 万元。

2007 年，龙文区非税收入 1831 万元，比 1997 年增长 2.32 倍，年均递增 12.74%。

1997—2007 年龙文区一般预算收入统计表

表 19-1-1　　单位：万元

年份	增值税	消费税	营业税	企业所得税	个人所得税	资源税	固定资产投资方向调节税	城市维护建设税	房产税	印花税	城镇土地使用税	土地增值税
1997	1540	3	403	11	396	—	—	71	—	9	29	1
1998	1636	—	523	30	420	—	7	125	—	21	45	1
1999	1848	2	566	56	506	—	1	146	—	28	59	—
2000	2354	3	803	87	623	—	—	200	—	35	58	23
2001	2970	2	1049	295	890	1	—	220	—	44	17	89

续表 19-1-1

年 份	增值税	消费税	营业税	企业所得税	个人所得税	资源税	固定资产投资方向调节税	城市维护建设税	房产税	印花税	城镇土地使用税	土地增值税
2002	3502	9	913	500	916	1	—	205	—	53	92	60
2003	3480	22	1253	1058	800	7	—	219	212	73	46	59
2004	3938	18	1495	885	1098	17	—	292	360	119	67	35
2005	7456	16	2060	1600	1623	30	—	409	362	168	103	89
2006	10696	5	3233	2483	1620	42	—	492	439	215	258	265
2007	12376	2	4804	4137	2193	66	—	766	462	266	602	475

年 份	车船使用和牌照税	屠宰税	农业税	农业特产税	耕地占用税	契税	国有资产经营收益	行政性收费收入	罚没收入	土地和海域有偿使用收入	专项收入	其他收入
1997	2	6	176	211	—	—	—	58	4	—	—	490
1998	8	21	164	181	217	—	7	16	144	47	41	212
1999	19	22	129	180	246	22	16	23	304	113	39	191
2000	15	14	126	181	91	20	6	30	361	—	54	434
2001	19	23	90	144	32	22	—	62	581	—	111	528
2002	22	18	151	157	249	48	—	64	718	—	87	497
2003	23	1	118	—	232	38	—	98	759	—	118	174
2004	33	—	146	—	540	18	—	112	811	—	165	189
2005	30	—	—	—	473	29	—	225	143	—	404	113
2006	22	—	—	—	1009	92	—	351	127	—	555	405
2007	55	—	—	—	1037	561	—	418	192	—	722	499

二、基金收入

1996 年，根据国务院《关于加强预算外资金管理的决定》，将养路费、车辆购置附加费、铁路建设基金、电力建设基金、新菜地开发基金、公路建设基金、农村教育费附加、邮电附加、市话初装基金等 13 项数额较大的政府性基金纳入财政预算作为地方财政固定收入，不再作为预算外资金管理。

1997 年始，根据财政部《政府性基金预算管理办法》，龙文区将基金全额纳入预算管理，实行收支两条线，收入全额上缴国库，先收后支，专款专用；在预算上单独编列，自求平衡，结余结转下年继续使用。1999 年，全区政府性基金收入 12 万元。2003 年，全区政府性基金收入 3911 万元，比 2001 年增长 19.58 倍。

2007 年，龙文区政府性基金收入 8123 万元，比 1999 年增长 675.9 倍，年均递增 125.85%。

1999—2007 年龙文区政府性基金预算收入统计表

表 19-1-2　　单位：万元

年份	工交部门基金	文教部门基金	农业部门基金	土地有偿使用	其他部门基金	地方财政收费附加	合计收入
1999	—	—	—	—	—	12	12
2000	20	—	15	67	—	37	139
2001	55	—	12	79	—	44	190
2002	46	—	21	513	—	38	618
2003	48	172	8	3665	—	18	3911
2004	31	—	15	401	15	22	484
2005	62	—	11	1756	25	—	1854
2006	46	—	8	4499	33	—	4586
2007	44	—	320	7715	44	—	8123

三、预算外收入

1983 年，步文公社预算外收入 5.5 万元。1985—1986 年，郭坑镇预算外收入分别为 2.26 万元、4.39 万元。1988–1989 年，步文乡预算外和自筹资金总收入分别为 88.05 万元、102.52 万元。1991 年，步文乡预算外和自筹资金总收入 188.75 万元。1997 年，龙文区预算外收入 1301 万元。其中政府性基金（资金、附加）收入占 40.12%。2000 年，全区预算外收入 2805 万元，比 1997 年增 1.16 倍。其中行政事业性收费收入 1400 万元。2003 年，全区预算外收入达 3484 万元。其中行政事业性收费收入占 64.18%。1997—2007 年，龙文区财政预算外收入共 27697 万元（含政府统筹 1015 万元）。

2007 年，全区预算外收入 2527 万元。

1997—2007 年龙文区预算外收入统计表

表 19-1-3　　单位：万元

年　份	合　计	行政事业性收费收入	政府性基金（资金、附加）收入	主管部门集中收入	乡镇自筹、统筹资金	其他收入	社会保障基金收入	国有资源（资产）有偿使用收入	上年结余
1997	1301	482	522	24	213	27	33	—	—
1998	2588	876	657	208	421	100	—	—	326
1999	2158	1214	90	—	811	—	—	—	43
2000	2863	1400	441	—	957	7	—	—	58
2001	3400	1346	112	3	1340	196	—	—	403
2002	2784	1723	47	—	990	217	—	—	-193
2003	3374	2236	6	—	1025	217	—	—	-110
2004	2094	1342	99	—	—	451	—	—	202
2005	2833	1329	—	—	471	620	—	—	413
2006	2233	674	—	—	609	619	—	—	331
2007	2548	734	—	—	—	1776	—	17	21

1997—2007 年龙文区财政收入统计表

表 19-1-4 单位：万元

年　份	全区财政总收入	地方级财政收入	年　份	全区财政总收入	地方级财政收入	年　份	全区财政总收入	地方级财政收入
1997	3410	2252	2001	7189	4960	2005	15333	7791
1998	3866	2639	2002	8262	4918	2006	22309	11820
1999	4516	3128	2003	8790	5043	2007	29633	16551
2000	5518	3749	2004	10338	5602			

1997—2007 年龙文区财政收入占地区生产总值比重与全国、全省、全市比较表

表 19-1-5

年份	全　国			全　省			全　市			龙文区		
	财政总收入（亿元）	国内生产总值（亿元）	收入与总值比（%）	财政总收入（亿元）	地区生产总值（亿元）	收入与总值比（%）	财政总收入（亿元）	地区生产总值（亿元）	收入与总值比（%）	财政总收入（亿元）	地区生产总值（亿元）	收入与总值比（%）
1997	8651.14	78973	11	251.3	2870.9	8.8	21.98	255.12	8.6	0.34	8.02	4.3
1998	9875.75	84402.3	11.7	281.42	3159.91	8.9	25.28	291.21	8.7	0.39	8.99	4.3
1999	11444.08	89677.1	12.8	312.57	3414.19	9.2	28.97	319.54	9.1	0.45	10.25	4.4
2000	13395.23	99214.6	13.5	369.67	3764.54	9.8	31.6	353.56	8.9	0.55	12.65	4.4
2001	16386.04	109655.2	14.9	428.33	4072.85	10.5	30.11	388.49	7.9	0.72	15.24	4.7
2002	18903.64	120332.7	15.7	476.2	4467.55	10.7	27.82	418.23	6.7	0.83	17.92	4.6
2003	21715.25	135822.8	16	551	4983.67	11.1	30.96	472.14	6.6	0.88	20.1	4.4
2004	26396.47	159878.3	16.5	622.57	5763.35	10.8	38.1	553.55	6.9	1.03	22.55	4.6
2005	31649.29	183868	17.2	788.11	6568.93	12	50.61	628.53	8.1	1.53	31.14	4.9
2006	39343.62	211923.5	18.6	1011.86	7584.36	13.3	63.75	711	9	2.23	35.8	6.2
2007	51304.03	249549.9	20.6	1284.27	9249.13	13.9	83.84	854.81	9.8	2.96	43.01	6.9

1997—2007 年龙文区财政收入及增速与全国、全省、全市比较表

表 19-1-6 单位：亿元、%

年　份	全　国		全　省		全　市		龙文区	
	财政收入（亿元）	增长速度（%）	财政收入（亿元）	增长速度（%）	财政收入（亿元）	增长速度（%）	财政收入（亿元）	增长速度（%）
1997	8651.14	16.81	251.3	16.8	21.98	17.81	0.34	
1998	9875.95	14.16	281.42	11.99	25.28	15.01	0.39	14.71
1999	11444.08	15.88	312.57	11.07	28.97	14.6	0.45	15.38
2000	13395.23	17.05	369.67	18.27	31.60	9.08	0.55	22.22
2001	16386.04	22.33	428.33	15.87	30.11	−4.72	0.72	30.91
2002	18903.64	15.36	476.2	11.18	27.82	−7.61	0.83	15.28
2003	21715.25	14.87	551	15.71	30.96	11.29	0.88	6.02
2004	26396.47	21.56	654.9	18.86	38.1	23.06	1.03	17.05
2005	31649.29	19.9	788.11	20.34	50.61	32.83	1.53	48.54

续表 19-1-6

年份	全国		全省		全市		龙文区	
	财政收入（亿元）	增长速度（%）	财政收入（亿元）	增长速度（%）	财政收入（亿元）	增长速度（%）	财政收入（亿元）	增长速度（%）
2006	39343.62	24.31	1011.86	28.39	63.75	25.96	2.23	45.75
2007	51304.03	32.4	1284.27	26.92	83.84	31.51	2.96	32.74

第三节　财政支出

一、一般预算支出

1950 年起，地方财政预算支出除上解支出外，分为经济建设费、文化卫生科学事业费、抚恤和社会福利救济费、行政管理费和其他支出五大类。1963 年，郭坑公社财政支出 19362.83 元。1979 年，步文公社财政支出 24.27 万元，其中上解支出 16.27 万元。1983 年，步文公社财政支出 12.64 万元。1986 年，郭坑镇财政支出 24.16 万元。1988 年，郭坑镇财政支出 33.78 万元。步文乡财政支出 107.85 万元。

1989 年，步文乡财政支出 482.62 万元，其中上缴税款 328.33 万元。1990 年，郭坑镇财政支出 31.89 万元。1991 年，步文乡财政支出 687.39 万元，其中上缴税款 447.96 万元。1993 年，郭坑镇财政支出 94.78 万元。1995 年，郭坑镇财政支出 154.84 万元。

1997 年，全区财政一般预算支出 3079 万元。2002 年，一般预算支出 5807 万元。2006 年，一般预算支出 11497 万元，首次突破亿元大关。2007 年，龙文区财政一般预算支出 17039 万元，比 1997 年增长 4.53 倍，年均递增 18.66 %。

1997—2007 年，全区一般预算支出 75856 万元，年均支出 6896 万元。

1997—2006 年龙文区一般预算支出情况表（一）

表 19-1-7　　单位：万元

年份	基本建设	企业挖潜改造	地质勘探费	科技三项费用	支援农村生产	农业综合开发	农林水利气象	工业交通等部门	流通部门事业费	文体广播事业费	教育事业费	科学事业费
1997	450	64	—	21	133	—	121	—	—	81	751	—
1998	—	14	—	22	165	—	104	—	—	95	905	2
1999	1000	46	—	22	136	2	117	14	5	106	1103	4
2000	—	30	—	9	147	—	171	53	—	138	1341	5
2001	50	4	—	25	267	—	229	5	—	160	1660	2
2002	—	20	—	2	105	—	225	54	1	174	1883	2
2003	—	35	2	-	56	127	36	5	211	1992	2	124
2004	—	—	88	—	84	179	95	6	306	2128	2	144
2005	—	69	144	—	91	133	92	6	319	2346	6	147
2006	—	151	144	—	170	266	191	8	394	3089	2	245

注：2007 年按新科目统计

1997—2006 年龙文区一般预算支出情况表（二）

表 19-1-8　　单位：万元

年　份	卫生经费	其他部门事业费	抚恤和社会福利	行政事业单位	社会保障补助	行政管理费	城市维护费	政策性补贴	支援不发达地区	专项支出	农业综合开发	其他支出
1997	96	131	52	—	–	669	66	81	—	—	2	361
1998	46	37	62	—	–	560	84	72	2	22	—	106
1999	64	57	49	—	3	641	157	60	7	39	—	424
2000	142	278	97	—	5	732	168	69	8	62	—	800
2001	122	76	92	—	2	875	180	72	15	81	—	340
2002	110	568	—	—	13	1133	254	37	1	62	—	1074
2003	567	123	—	6	13	—	65	4	—	97	—	2615
2004	495	128	—	3	34	—	60	—	—	—	729	2299
2005	887	171	—	3	24	—	64	1	—	—	412	3206
2006	1454	280	—	21	109	—	86	52	—	—	560	4275

注：2007 年按新科目统计

二、基金支出

1996 年前，按财政总预算会计制度规定，基金在预算外有关科目核算。

1997 年始，基金支出列为预算支出的一部分。1999 年，龙文区基金支出 14 万元。2003 年，基金支出 3908 万元。

2007 年，全区基金支出 5894 万元，比 1999 年增长 420 倍，年均递增 112.83%。

1999—2005 年龙文区政府性基金支出统计表

表 19-1-9　　单位：万元

年　份	工交部门基金	商贸部门基金	文教部门基金	农业部门基金	土地有偿使用	其他部门基金	地方财政税费附加	合计支出
1999	–	—	—	—	—	—	14	14
2000	13	—	3	20	—	—	—	36
2001	33	—	—	18	330	—	56	437
2002	68	16	—	15	130	—	56	285
2003	50	—	177	—	3648	—	33	3908
2004	26	—	—	11	899	3	21	960
2005	40	—	16	26	1844	9	14	1949

2006—2007 年龙文区政府性基金支出统计表

表 19-1-10　　单位：万元

年　份	教　育	文化体育与传媒	社会保障和就业	城乡社区事务	农林水事务	交通运输	工业商业金融等事务	地方财政税费附加	合计支出
2006	6	10	18	4686	19	17	—	13	4769
2007	12	30	23	5755	38	18	18	—	5894

三、预算外支出

中华人民共和国成立后，国家规定预算外资金属于国家财政范畴，不同时期其管理范围和管理办法不同。1983 年，步文公社预算外支出 4.4 万元。1985—1986 年，郭坑镇预算外支出分别为 1.25 万元、1.56 万元。1988—1989 年，步文乡预算外和自筹资金总支出分别为 76.72 万元、100，75 万元。1991 年，步文乡预算外和自筹资金总支出 175.85 万元。1993 年 7 月 1 日起，国家实行新的财务会计制度，对原确定为国营企业预算外资金部分，由企业自主支配使用，财政不再纳入预算外资金管理的统计范围。1996 年 7 月，国务院颁发《关于加强预算外资金管理的决定》，严格控制预算外资金规模。预算外资金收入上缴财政专户，建立预算外资金预决算制度，实行收支两条线管理。

1997 年，龙文区预算外支出主要用于弥补预算内支出不足，支持农业生产、林业生产、小型农田水利建设、农村道路修建、农村小学修缮，以及一些单位事业编制人员经费等。龙文区预算外支出 1301 万元，其中行政事业费支出 592 万元、年终滚存 386 万元。2001 年，全区预算外支出增至 3400 万元，其中行政事业费支出 1153 万元、城市维护支出 155 万元。2007 年，全区预算外支出减为 2548 万元。

1997—2007 年，全区预算外支出 26555 万元。至 2007 年年底，年终滚存结余共 1621 万元。

1997—2007 年龙文区预算外支出统计表

表 19-1-11 单位：万元

年度	合计	行政事业费支出	基本建设支出	城市维护支出	乡镇统筹、自筹支出	其他支出	政府调剂资金	专项支出	年终滚存
1997	1301	592	127	—	177	16	—	3	386
1998	2588	1032	584	—	580	49	6	149	188
1999	2158	994	212	—	818	60	16	—	58
2000	2863	1118	287	127	914	14	—	—	403
2001	3400	1153	268	155	1854	76	87	—	–193
2002	2784	1523	201	25	1290	74	110	—	–439
2003	3374	2197	211	34	561	–	168	—	203
2004	2094	1497	—	81	—	11	92	—	413
2005	2833	1398	164	—	471	469	—	—	331
2006	2233	616	—	—	609	987	—	—	21
2007	2548	2298	—	—	—	—	—	—	250

1997—2007 年龙文区财政支出情况表

表 19-1-12

年份	财政支出（亿元）	年份	财政支出（亿元）	年份	财政支出（亿元）	年份	财政支出（亿元）	年份	财政支出（亿元）	年份	财政支出（亿元）
1997	3079	1999	4858	2001	5192	2003	6080	2005	8121	2007	17039
1998	2873	2000	4530	2002	5807	2004	6780	2006	11497	—	—

1997—2007 年龙文区财政支出总额及增长速度与全国、全省、全市比较表

表 19-1-13

年 份	全 国		全 省		全 市		龙文区	
	财政支出（亿元）	增长速度（%）	财政支出（亿元）	增长速度（%）	财政支出（亿元）	增长速度（%）	财政支出（亿元）	增长速度（%）
1997	9233.56	16.3	224.36	12	18.49	18.5	0.31	
1998	10798.18	16.94	254.87	13.6	21.15	14.39	0.29	-6.45
1999	13187.67	22.13	279.24	9.56	24.44	15.56	0.49	68.97
2000	15886.5	20.46	324.18	16.09	26.4	8.02	0.45	-8.16
2001	18902.58	18.99	373.19	15.12	24.91	-5.64	0.52	15.56
2002	22053.15	16.67	397.56	6.53	23.21	-6.82	0.58	11.54
2003	24649.95	11.78	452.3	13.77	26.4	13.74	0.61	5.17
2004	28486.89	15.57	516.68	14.23	31.14	17.95	0.68	11.48
2005	33930.28	19.11	593.07	14.78	39.8	27.81	0.81	19.12
2006	40213.16	18.52	722.15	21.77	49.57	24.55	1.15	41.98
2007	49565.4	23.26	901.22	23.8	68.17	37.52	1.7	47.83

第四节 财政管理

一、管理机构

1984 年，步文、郭坑分别设立乡镇财政所。

1997 年 1 月，龙文区财政局成立，下设人秘股（增挂监察股、税政条法股牌子）、预算股（增挂基建财务股牌子）、行政事业股（增挂社会保障股牌子）、综合计划股、企业财务股（增挂会计事业股牌子）、国资股和农财农税股。行政编制 10 名、事业编制 8 名。1999 年 3 月 19 日，区财政局设立农业税收稽查队。2002 年 12 月 23 日，区财政局下设办公室（含监督检查股）、预算股（增挂国库股牌子）、行政事业股（含行政政法股、教科文股）、社会保障股、综合股、企业股（增挂外经股、统计评价股、龙文区清产核资领导小组办公室牌子）、农财农税股（含农业股、农税股）、经济建设股（增挂外债股牌子）和会计股；龙文区人民政府控制社会集团购买力办公室和龙文区人民政府采购委员会办公室合署办公，挂靠财政局。行政编制、事业编制 18 人（含控办、采购办）。2006 年 4 月 24 日，龙文区财税信息中心成立，编制 2 人。2006 年 7 月 17 日，增设国库股；10 月 25 日，增设国有资产管理股。

2007 年 6 月，区直会计核算中心从区政府办分离归区财政局管理。是年，区财政局下辖 6 个事业单位，干部职工 32 人。2007 年 12 月 14 日，龙文区财政投资评审中心成立，编制 4 人。

二、预决算管理

（一）区级预决算管理

1997 年，设立龙文区金库（支库），加强全区的库款管理。1998 年，制定《龙文区财政支出管理办法》。1999年，教育收归区管，财政赤字加大，收支结余-1002万元，争取当年市级困难补助200万元、次年省级补助403万元。2001年，收支结余-839万元，争取当年市级困难补助200万元。2002年，由于所得税改为中央共享税后，中央和地方按5∶5分成，地方财政负担重，财政赤字加大，收支结余-1411万元，争取当年省、市级困难补助1013万元。2003年，国家调整所得税分成比例，中央和地方按6∶4分成，地方财力进一步缩小。通过增收节支、优化结构，以及市财政适当加大转移支付补助，当年挂账313万元，当年止累计挂账2195万元，2004年起，龙文区随着经济好转，财力不断扩大，实现收支平衡，当年净结余52万元。2005年净结余18万元。2007年，净结余24万元，当年止净结余82万元。

（二）部门预算改革

2002年，龙文区采取强化预算约束，规范财政支出措施，选择教育部门试编部门预算。此后，逐步扩大部门预算编制范围。2004—2005年，分别增加城建系统、卫生系统的部门预算。在继续实行综合财政预算基础上，细化部门预算，实行“一个部门、一本预算”的编制方法改革，完善预算编制方法，增强预算透明度和约束力。2007年，实行部门预算编制的有教育部门、城建系统和卫生系统。

1997—2007年龙文区财政结余统计表

表19-1-14 单位：万元

年份	当年收支结余	当年困难补助	困难补助后当年结余	当年挂账	次年冲减省级补助	当年消除支出挂账	冲减后当年挂账余额	当年净结余	当年止净结余	当年止累计挂账	当年止累计结余（含挂账）
1997	-469	469	—	—	—	—	-	—	—	—	—
1998	-776	200	-576	576	303	—	273	—	—	273	-273
1999	-1002	200	-802	802	403	—	399	—	—	672	-672
2000	-771	200	-571	275	—	—	275	-296	-296	947	-1243
2001	-839	200	-639	935	—	—	935	296	—	1882	-1882
2002	-1411	1013	-398	—	—	—	—	-398	-398	1882	-2280
2003	-313	—	-313	313	—	—	313	—	-398	2195	-2593
2004	52	—	52	—	—	—	—	52	-346	2195	-2541
2005	18	—	18	—	—	—	—	18	-328	2195	-2523
2006	1203	—	1203	—	—	817	—	386	58	1378	-1320
2007	24	—	24	—	—	—	—	24	82	1378	-1296

三、预算外资金管理

1996年，国务院颁布《关于加强预算外资金管理的决定》，财政部印发《预算外资金管理实施办法》，福建省人大常委会颁布实施《福建省行政事业性收费管理条例》。1997年，福建省人民政府下发《关于加强预算外资金管理的通知》。

1997年3月21日，龙文区贯彻财政部《关于印发〈预算外资金管理实施办法〉的通知》，按预算级次，对本级各部门和单位的预算外资金实行统一财政专户，建立健全收支两条线管理制度，制定预算外资金专户储存实施办法，严格预算外资金支出审批制度。当年，预算外资金专户储存数28家，占应储户100%，专户储存额累计190万元。1998年11月26日至12月2日，清理整顿区直单位财政性资金银行账户，取消非财务机构预算外资金银行账户，撤并财务部门多头开设的银行账户，建立预算外资金银行账户档案，清理不合理银行账户30家，清缴游离在财政管理之外各项预算外资金200多万元。

2001年，龙文区政府制定《关于预算外资金收入集中统筹的通知》，对全区各部门预算外资金（除政府性基金外）按其收入并结合不同财政管理体制及其单位性质，分档次按比例集中上缴。2002年，实行行政事业性收费“票款分离”或委托式“票款分离”制度，强化预算外资金财政专户管理。坚持定期检查，票据跟踪，从收费、收款源头落实“收支两条线”管理规定。2004年7月，根据财政部《关于加强政府非税收入管理的通知》，预算外资金逐步纳入预算管理。部门各项支出与收入彻底脱钩，切实扭转预算外资金“部门所有、谁收谁用”的散、乱状况和“坐收坐支”的违纪行为，加强政府财政性资金的统筹管理。2007年，年终滚存结余1621万元。

1997—2007年，全区预算外资金总收入27697万元（含政府统筹1015万元），预算外资金总支出26076万元。

四、行政事业财务管理

1997年1月1日，龙文区贯彻《福建省财政厅行政性收费纳入预算管理有关问题的通知》，调整扩大行政性收费纳入预算管理范围，行政性收费使用新的专用票据。收费票据的发放、稽查和核销由预算部门统一管理。8月31日前，各收费单位办理收费许可证。行政性收费纳入财政预算管理，实行收支两条线的管理办法，事业性收费和尚未纳入预算管理的行政性收费实行预算外资金管理，全部纳入财政专户储存。

2005年3月1日，区财政局改变原来支票拨款模式为新型的“专用预算拨款凭证电脑打印拨款”模式；3月8日，电子化票据管理软件投入试运行。2006年10月1日，龙文区全面实行票据电子化改革。2007年，及时落实中央和省公布取消、停止的收费、基金项目，规范行政事业性收费和预算外资金管理，专户管理面100%。全面实行票据电子化管理改革，创新政府非税收入收缴机制，全区有235家单位实行电子开票，以票控费。

五、会计管理

1997年9月，龙文区对持有会计从业资格证的会计人员进行继续教育年检工作；10月8日，区财政局举办初级职称会计人员继续教育培训班，有286名会计参加培训，发放会计证98本，完成新区首次开展的1998年度会计职称报考工作。1998年4月，对持有会计从业资格证的会计人员进行年检换证工作。2000年5月10日，对全区会计证持证人员（含未在岗）进行新《中华人民共和国会计法》培训。2001年11月5日，在景山中学对会计人员（持证人员）进行培训。2005年7月1日至10月31日，对全区328名持有会计从业资格证书的人员进行培训。2006年1月，对全区持有会计从业资格证的会计人员进行换发证、卡工作，建立会计人员资料档案。2007年9月，村级会计委托代理工作全面启动，开展委托代理财会人员上岗培训，各镇委托代理工作所需的人员和经费均到位，办公场所、电脑及电算化软件全部落实，各村进行委托代理账务移交工作。

六、国有资产管理

1996年，区境国有企业资产总额15363.5万元，负债总额8743.5万元。

1997年，龙文区从龙海市接收3家国有企业资产，建立国有资产管理档案。配合区经贸局完成对磷肥厂磷铵车间承包方案的测算和招标，盘活国有资产存量。建立国有企业帮困基金 30 万元，初步建立困难企业职工基本生活保障机制。办理合成氨厂、磷肥厂 2 家企业的资产抵押贷款确认，抵押总额 3658.2 万元。全区国有工业资产总额 16368 万元。

1998 年，区财政部门参与龙文农药厂改制，配合区经贸等部门完成合成氨厂经营体制改革，实行风险抵押承包方式，转换企业经营机制，安置下岗职工。开展清产核资、产权登记等工作，加强企业固定资产转让、报废管理，监督国有资产安全有序经营。1999 年，对龙文区行政事业单位和国有企业进行国有资产产权登记，参加登记的有 46 家单位。同时，实施国有企业产权登记年检制度。2000 年，参与龙文合成氨厂结构调整改制工作，筹集资金 1905.69 万元。其中，评估确认及处置国有资产收入 346.41 万元，电量指标转让收入 1559.28 万元，安置人员 345 人，发放经济补偿金 671.38 万元，缴纳统筹金 104.95 万元。

2003 年 10 月，龙文区首次对行政事业单位开展产权登记调查工作，对行政事业单位占有、使用的各项资产以及对外投资、出租、出借等非经营性转经营性资产情况进行全面清查，掌握区内行政事业单位国有资本的流向和流量情况。2004 年，根据国有资产产权管理实施办法，对全区行政事业单位产权进行全面调查，规范全区国有资产产权管理。2007 年 2 月，举办行政事业资产清查工作培训班，参训人数 85 人；4 月，成立龙文区国有资产投资经营有限公司，依法运营龙文区本级国有资产。是年，龙文磷肥厂破产清算，安置人员 350 人，发放安置费 1132.32 万元。

1999—2007 年龙文区国有企业年检情况表

表 19-1-15　　　　单位：家、万元

年 份	年检国有企业数（家）	资产总额（万元）	负债总额（万元）	国有资产总额（万元）	利润总额（万元）	净利润（万元）
1999	6	10368.4	6939.8	3740.3	—	—
2000	10	15861.6	10986	4956.2	—	—
2001	14	26205.7	17680.3	8647.9	376.8	375.1
2002	12	25946.7	18891.5	7164.9	4.4	-6.7
2003	11	25247.5	18085	7244.2	-91.5	-95.7
2004	10	31827.2	24276.8	7550.1	-204.3	94.2
2005	10	39269.1	31828.2	7440.9	-328.8	-238.9
2006	9	28558.6	25298.3	3260.3	-327.9	-328.4
2007	6	52873.6	50239	1934.5	-312.6	-325.2

注：1999 年至 2000 年未，统计利润数据，用“—”表示

七、国库集中支付

2000 年 9 月，龙文区以区政府财务室为试点推行国库统一支付工资。2002 年 4 月，扩大国库集中支付工资范围，将区直机关和全额预算拨款的事业单位编制内的在职和离退休人员由中央和省统一出台的工资项目纳入国库统一支付。当月，全区除 4 个镇以外的行政事业单位全部纳入统付工资范围。2005 年 1 月，将区直机关和全额预算拨款事业单位编制内的在职和离退休人员市级补贴纳入财政国库统一支付工资项目。当年，全区有 64 家单位 1669 人纳入国库统付工资范围。

2007 年，全区国库集中支付的代理银行增至 4 家，通过国库统一支付工资系统发放工资的

单位 112 家，人员 1794 人。

八、政府采购与控制社会集团购买力

（一）政府采购

2001 年 2 月，龙文区政府采购委员会成立，对行政事业单位政府采购行为加以规范管理。2002 年 10 月，龙文区委托市级政府采购中心公开招标采购 10 所中小学信息技术教育设备，节约资金 25 万元，节约率 29%。2003 年 5 月，撤销龙文区政府采购委员会，成立龙文区政府采购领导小组，制定《关于推行政府采购的初步方案》。2004 年 7 月，区政府制定政府采购运作规程；9 月，区政府办公室向全区各镇、区直各部门、开发区管委会印发《龙文区政府采购运作规程（试行）》。全区政府采购项目经区采购办核准，报市采购办审批后，再委托市政府采购中心实施招投标。

自 2003 年制定《关于推行政府采购的初步方案》，实施至 2006 年，全区政府采购预算资金 1333.68 万元，实际采购金额 1235.49 万元，节约 98.19 万元，节约率 7.36%。2007 年，全年政府采购预算资金 1019.14 万元，实际支付资金 981.15 万元，节约 37.99 万元，节约率 3.73%。

2003—2007 年，龙文区通过各种采购方式累计成交采购招投标项目 411 批次，预算总金额 2352.82 万元，实际中标金额 2216.64 万元，累计节约资金 136.18 万元，节约率 5.79%。

2003—2007 年龙文区政府采购预算金额与中标金额统计表

表 19-1-16

年份	预算资金（万元）	采购中标（万元）	节约资金（万元）	节约率（%）	年份	预算资金（万元）	采购中标（万元）	节约资金（万元）	节约率（%）
2003	153.07	132.47	20.6	13.46	2006	578.26	553.71	24.55	4.25
2004	117.22	105.53	11.69	9.97	2007	1019.14	981.15	37.99	3.73
2005	485.13	443.78	41.35	8.52	—	—	—	—	—

（二）控制社会集团购买力

1997 年 7 月，龙文区控制社会集团购买力领导小组成立，加强对社会集团购买小汽车管理；10 月 7 日，制定车辆统一实行定点维修管理办法，把区财政拨付修燃费的区直各单位所有车辆纳入定点维修车辆范围。1998 年 5 月，确定区五套班子、区直正科级单位、政法部门、特殊工作岗位无线移动电话配备数量及费用标准。2004 年 9 月，根据《关于党政机关厉行节约制止奢侈浪费行为的若干规定》，区委办、区政府办印发《关于加强公款购买小汽车管理的通知》，明确单位配备车辆标准和审批程序。2006 年 8 月，区委办、区政府办制定《关于加强公款购买小汽车审批管理的通知》，严格购车转报程序，控制购车规模。

九、财政监督

1997 年，区财政局对税收财务物价大检查工作精心部署，区国税局、地税局联手，区财政局与物价局联检，对 16 家单位进行重点检查。同时，开展会计信息质量检查。1998 年，取消财务大检查后，财政监督检查重点转到日常监督检查和专项检查，采取处理事和处理责任人相结合的办法进行监督。龙文区财政局制定《区财政局内部监督管理暂行办法》，对财政收支活动依法行使监督；制定《龙文区专项资金使用跟踪反馈制度》，加强对本级安排和上级下达的各项专款的使用管理；制定《龙文区财政局依法行政实施意见》，加强依法行政，依法监督；实施《龙文区财政支出管理暂行规定》，规范预算行为。完善专项储备粮管理制度，规范财政政策性补贴拨款管理。

1999 年 5 月 25 日，区财政局聘请 9 位政务监督员，实行民主监督；12 月 7 日，制定《区财政局督查工作制度》，对督查范围、督查程序作出规定。2000 年 11 月 27 日，开展国有企业账外资产检查。是年，清理压缩财政供养人员，清退吃“空饷”人员 19 人，节支 28 万元。2001 年 7 月 30 日，区财政局聘请 12 位民主评议行风监督员暨政务监督员。2002 年，制定《龙文区民政救灾专项资金使用管理暂行规定》，建立救灾款专户，做好跟踪、监督和检查。全区查处违规金额 219 万元。

2004 年 2 月，区财政局与区物价局、减负办等部门联合转发《福建省涉农收费和价格公示实施办法》，规范涉农收费行为；9 月 16 日，组织 2 个检查组对全区 2003 年的支农资金、社保资金使用情况和区水利局、交通局 2003 年财政收支情况进行督查，查出违纪问题 144.01 万元。其中，提出调账 59.55 万元，纠正违规操作 84.46 万元。同年，组织开展《中华人民共和国预算法》和《中华人民共和国会计法》执法大检查，做好救灾、扶贫、“两保”（城乡低保与农村五保）、国债等项目资金的专户管理和专项检查。2005 年，对 2 家行政、事业单位进行会计信息质量检查，查出违法违纪金额 5.70 万元。责令调账处理 0.5 万元，纠正违规操作 5.2 万元；提出建议、整改意见 4 条。由区纠风办牵头，区财政局、计划局物价分局、教育局等部门参加的检查组，对全区涉企、涉农、涉教收费和罚款进行大检查。

2007 年，龙文区对 2 家企事业单位进行会计信息质量检查，查出违法违纪金额 9.6 万元。责令调账处理 8 万元，没收违法所得上缴财政 1.6 万元；处罚款 1.6 万元；提出建议、整改意见 3 条。

第二章 税 务

第一节 税务体制

清代以前，一切税种、税率均由国家统一规定，税额统一上解。清代后期，地方课征的牙帖、当税及部分营业税由县署掌管。捐税征收多系“招商承包”。

民国初期，沿袭清代税制。南京国民政府成立后，开征新税种。民国 17 年（1928 年），国民政府颁布《国家收入、地方收入暂行标准草案》，各种地方税初由省定章则，后由中央制定通则，县负责征收。县级地方收入除田赋及各项附加外，还有诸多地方捐税、临时性派捐募捐。

1950 年，政务院颁布《全国税政实施要则》，实行统一税制、税种、税目和税率。1958 年，国务院颁布《关于改进税收管理体制的规定》，扩大地方税收管理权限。1974 年，福建省革命委员会制定《关于税收管理体制的规定》，把较多管理权限下放给地方。1977 年 11 月，为清理“文化大革命”中税制上的混乱，国务院批转财政部《关于税收体制的规定》，重申凡属国家税收政策的改变、税法的颁布实施、税种的开征停征、税目的增减和税率的调整，均由国家统一规定。

1978 年后，税制改革以适应对外开放需要，建立涉外税收制度。1982 年后，分两步实施国营企业“利改税”改革，把国家与企业分配关系以税收的形式固定下来。1994 年，构建适应社会主义市场经济体制的税制体系，按照统一领导、分级管理原则和分权、分税、分设机构的要求，设国家税务局和地方税务局，将由税务部门征收的全部税收调整归并为17种，分为中央税、地方税、中央与地方共享税。2003年起，分步实施税制改革和出口退税机制改革。

2007年，区税务部门负责征收的有增值税、消费税、营业税、企业所得税、个人所得税、资源税、城镇土地使用税、房产税、城市房地产税、城市维护建设税、耕地占用税、土地增值税、车辆购置税、车船税、印花税、契税和烟叶税。关税和船舶吨税由海关部门征收；进口货物的增值税、消费税由海关部门代征。

第二节　税费征收

一、国税征收

（一）增值税

1983年1月，开征增值税。1994年1月，增值税由国税局征收，范围扩大到生产环节、商业环节、进口环节，以及加工和修理修配行业。实行凭增值税专用发票扣税制度，按17%、13%和0税率3档税率征收。1997年，区国税局增值税征收入库1515万元。2002年，增值税征收入库增至3017万元。

2007年，区国税局增值税征收入库13543万元，比1997年增长7.94倍。

（二）消费税

1994年1月，开征消费税，为有限型消费税，只选择部分消费品征收。采取比例税率和从量定额税率（即固定税率）两种税率征收。比例税率3%—45%，共10档；从量定额单位税额由0.1—240元不等，共计4档税额，档次多，差别大。消费税共设置11个税目，征收范围主要有卷烟、酒、鞭炮、焰火等。1997年，区国税局消费税征收入库3万元。2004年，消费税征收入库36万元。

2007年，区国税局消费税征收入库减至4万元。

（三）企业所得税

1997年，企业所得税一般按应纳所得额33%税率计算，另设置18%、27%两档低税率，以照顾营业额较少的企业。当年，区国税局征收企业所得税11万元。2002年1月1日，在各级工商行政管理部门设（开业）登记的企业，其企业所得税由国家税务局负责征收管理。国税局的企业所得税管理范围由原来单一的中央企业逐步扩大到各种类型企业。当年，区国税局征收企业所得税93万元。此后，根据《国家税务局关于所得税收入分享体制改革后征收征管范围的补充通知》，清理与地方税务局交叉管征范围。

2007年，区国税局征收企业所得税1701万元，比1997年增长153.64倍。

（四）个人所得税

1997年，区国税局征收个人所得税22万元。1999年11月1日起，对储蓄存款利息所得征收的个人所得税，由国家税务局负责征收管理。对储蓄存款在1999年11月1日后孳生的利息所得征收个人所得税，一律按20%税率计算代扣代缴储户应缴纳的储蓄存款利息所得个人所得税。2000年，区国税局储蓄存款利息个人所得税征收入库61万元。2004年，储蓄存款利息个人所得税征收入库 137 万元。

2007 年 8 月 15 日起，对储蓄存款利息征收个人所得税，按 15% 税率执行。当年，区国税局储蓄存款利息个人所得税征收入库 106 万元，比 1997 年增长 3.82 倍。

（五）营业税

1997 年，营业税中的金融保险业税率由 5% 提高至 8%，提高的 3% 部分属中央税，由国家税务局负责征收。区国家税务局征收营业税 26 万元。2000 年，区国税局营业税征收 118 万元，比 1997 年增长 3.5 倍。2003 年，区国税局征收营业税 7 万元。2004 年起，营业税归龙文区地方税务局征收。

1997—2007 年龙文区国家税务局税收统计表

表 19-1-16　　单位：万元

年　份	增值税	消费税	企业所得税	个人所得税	营业税	税收合计
1997	1515	3	11	22	26	1577
1998	1640	4	28	5	110	1787
1999	1858	2	23	—	101	1984
2000	2377	3	14	61	118	2573
2001	2974	2	135	92	83	3286
2002	3017	9	93	86	46	3251
2003	3984	23	-5	108	7	4117
2004	5412	36	105	137	—	5690
2005	5676	33	754	140	—	6602
2006	9021	11	1694	188	—	10914
2007	13543	4	1701	106	—	15354

二、地方税费征收

（一）营业税

1950 年 1 月，营业税并入工商业税。1984 年 9 月，营业税从工商业税中分解出来，成为一个独立税种。1993 年 12 月，国务院发布《中华人民共和国营业税暂行条例》，原属营业税征税范围的商品零售、商品批发等改征增值税。营业税共设置交通运输、建筑安装、金融保险、邮电通信、文化体育业、娱乐业、服务业、转让无形资产和销售不动产 9 个税目，设 3%、5% 和 5%—20% 三档税率。1994 年 1 月 1 日起，漳州市确定营业税按期纳税起征点为 400 元。1997 年，国家将金融保险业税率由 5% 提高到 8%，提高的 3% 部分属中央税，由国家税务局负责征收。当年，区地税局征收营业税 436 万元。2001 年 5 月 1 日起，对夜总会、歌厅、舞厅、游艺、保龄球、台球等娱乐行为营业税统一按 20% 税率执行。2002 年，区地税局征收营业税 1133 万元。2003 年 1 月 1 日起，对单位和个人开办“网吧”的收入，按“娱乐业”税目 20% 税率征收营业税。当年，福建省对营业税起征点进行调整，县城以上（含县城）按期纳税起征点提高到月营业额 1500 元，乡（镇）以下（含乡、镇）按期纳税起征点提高到月营业额 1000 元；房屋租赁的不分区域统一提高到月营业额 1000 元。将按次纳税起征点提高到每次（日）营业额 100 元。2006 年 1 月 1 日起，按期纳税起征点不分区域统一提高到月营业额 5000 元。

2007年，区地税局征收营业税8575万元，分别比1997年、2001年增长18.67倍、6.57倍。

（二）企业所得税

1958年税制改革时，企业所得税从工商业税中独立出来，只征收非国有经济所得，国有企业则实行上缴利润办法。1984年，把国有企业上缴利润改为征收国营企业所得税。1986年起，征收集体企业所得税和私营企业所得税。1994年税制改革时，把国营企业所得税、集体企业所得税和私营企业所得税统一为企业所得税。1997年，区地税局征收企业所得税11万元。2001年1月起，对个人独资和合伙企业停征企业所得税，只对其投资者的经营所得征收个人所得税。对企业所得税实行统一的33%税率。对年纳税所得额在3万元以下企业，暂按18%税率征收；年纳税所得额在3万—10万元的企业，暂按27%税率征收。2002年，区地税局征收企业所得税326万元。

2007年，区地税局征收企业所得税3932万元，比1997年增长356.45倍。

（三）个人所得税

1981年起,对在中国境内居住满一年的个人,从中国境内和境外取得的所得,征收个人所得税。但因当时的社会现实局限，实际上仅用于外籍人员。1993年10月31日，第八届全国人大常委会第四次会议通过《关于修改〈中华人民共和国个人所得税法〉的决定》，将个人所得税、城乡个体工商业户所得税和个人收入调节税 “三税合一”，适用于涉及个人所得税应税行为的中外人员，从1994年1月1日起施行。1997年，区地税局征收个人所得税373万元。1999年11月1日起，对储蓄存款利息所得征收个人所得税，按照20%的税率计征收，由支付利息者在结付时代扣、代缴个人所得税；对在中国工商银行开设的教育储蓄存款专户的存款，其利息免征储蓄存款利息所得个人所得税。储蓄存款利息所得征收的个人所得税列入中央收入，由国家税务局负责征收管理；个人取得的其他利息所得按“利息、股息、红利所得”应税项目计算缴纳个人所得税，由地方税务局负责征收管理。

2001年6月，龙文区地税局通过采集高收入者的姓名、收入额、身份证号码、纳税情况等基础资料，建立高收入人员档案，掌握高收入行业和个人基本情况，加强对高收入者个人所得税的征收管理。2002年1月起，对个人独资企业和合伙企业停征企业所得税，但对其投资者的经营所得征收个人所得税，个人所得税比照“个体、工商业户的生产经营所得”应税项目征收。当年，区地税局征收个人所得税916万元。2006年1月1日起，个人所得税实行分类课征，其纳税对象分为工资、薪金所得，个体工商户的生产经营所得，企事业单位的承包经营、承租经营所得，劳务报酬所得，稿酬所得，特许权使用费所得，利息、股息、红利所得，财产租赁所得，财产转让所得，偶然所得，其他所得11类。

2007年，区地税局征收个人所得税3759万元，比1997年增长9.08倍，年均递增25.99%。

（四）城市维护建设税

1985年1月1日起，实施《中华人民共和国城市维护建设税暂行条例》；3月，国家财政部规定，对外商投资企业和外国企业不征收城市维护建设税。1994年税制改革，城市维护建设税的纳税义务人改为缴纳增值税、消费税、营业税的单位和个人，以纳税人实际缴纳的增值税、消费税、营业税税额作为计税依据。纳税人所在地在市区的，税率为7%；纳税人所在地在县城、乡镇，税率为5%；纳税人所在地不在市区、县城或乡镇的，税率为1%。1997年，区地税局征收城市维护建设税63万元。2002年，征收城市维护建设税205万元。

2007年，区地税局征收城市维护建设税1529万元，比1997年增长23.27倍。

（五）资源税

1984年10月1日起，根据《中华人民共和国资源税条例（草案）》规定，对原油、天然气、煤炭征收资源税（金属矿产品和其他非金属矿产品暂缓征收）。1994 年 1 月 1 日起，根据《中华人民共和国资源税暂行条例》规定，在中国境内开采应税矿产品的单位和个人或生产盐的单位和个人为资源税的纳税人；收购未税矿产品的单位，包括独立矿山、联合企业和其他收购未税矿产品的单位为资源税的扣缴义务人。1998 年 7 月 1 日，根据《中华人民共和国资源税代扣代缴管理办法》规定，收购未税矿产品的独立矿山、联合企业以及其他单位为资源税的代扣代缴义务人。

2000 年 7 月 1 日起，建筑用砂、水泥配料用砂、砖瓦用砂，资源税按 1 元 / 立方米征收；温泉按照 0.5 元 / 立方米征收资源税。2002 年，区地税局征收资源税 1 万元。2005 年，征收资源税 60 万元。

2007 年，区地税局征收资源税 131 万元，比 2002 年增长 130 倍。

（六）固定资产投资方向调节税

1991 年 4 月 16 日，实施《中华人民共和国投资方向调节税暂行条例》，计税依据为固定资产投资项目实际完成的投资额，其中更新改造投资项目为建筑工程实际完成的投资额；税率设 0%、5%、10%、15%、30% 五档。固定资产投资方向调节税的征收管理采取由各专业银行、其他金融机构及有关单位负责代扣代缴税款。1994 年税制改革，该税由地税机关征收。1998 年，区地税局征收固定资产投资方向调节税 13 万元，比上年增长 1.6 倍。1999 年，征收固定资产投资方向调节税 3 万元。根据财政部、国家税务总局和国家发展计划委员会联合通知，固定资产投资应税项目自 2000 年 1 月 1 日起新发生的投资额，暂停征收固定资产投资方向调节税。

（七）印花税

1950 年，政务院公布《印花税暂行条例》，征收印花税。1958 年，将印花税并入工商统一税。1988 年 10 月 1 日起，实施《中华人民共和国印花税暂行条例》，主要有营业账簿、权利许可证照和凭证等 5 类。1997 年，区地税局印花税征收 10 万元。1999 年 4 月，工业按购进原材料、燃料、辅助材料、包装物金额 60% 和产品销售额 60%，商业按商品购进额 50% 和商品批发销售额 50%，商业零售按商品购进额 50%，建筑安装业按工程收入 30%，广告、印刷、修理、修缮、测绘、测试企业按经营收入 70%，交通运输企业按营业收入 80% 作为应税合同计税金额核定应纳税款。2003 年，区地税局印花税征收 86 万元。

2007 年，区地税局征收印花税 392 万元，比 1997 年增长 38.2 倍，年均递增 44.32%。

（八）城镇土地使用税

1988 年 11 月 1 日起，根据《中华人民共和国城镇土地使用税暂行条例》规定，征收城镇土地使用税。其纳税义务人为在城市、县城、建制镇、工矿区范围内使用土地的单位和个人，征收范围为城市、县城、建制镇、工矿区。城镇土地使用税的计税依据为纳税人实际占有的土地面积。1997 年，龙文区按地段等级征收城镇土地使用税，三级地段每平方米年税额 2 元，四等地段每平方米年税额 1 元。当年，全区土地使用税征收 28 万元。2002 年，土地使用税征收 92 万元。2006 年起，龙文区核定土地等级地段，二等地段每平方米年税额 6 元，三等地段每平方米年税额 4 元，四等地段每平方米年税额 2 元。2007 年起，龙文区重新确定土地等级地段，三等地段每平方米年税额 10 元，四等地段每平方米年税额 5 元，五等地段每平方米年税额 3 元。是年，区地税局城镇土地使用税征收 310 万元，比 1997 年增长 10.07 倍。

（九）房产税

1951 年 8 月 8 日，实施政务院《城市房地产税暂行条例》，征收城市房地产税。1973 年，简化税制时，把对国营企业、集体企业征收的城市房地产税并入工商税，而对房产管理部门和个人及外商投资企业和中外合资、合作经营企业房屋继续征收城市房地产税。1984 年 10 月，将城市房地产税分为房产税和土地使用税。1986年10月1日起，开征房产税，而对中外合资经营企业、外资企业和外籍人员（包括华侨、港澳台同胞）的房屋仍适用1951年政务院《城市房地产税暂行条例》规定。1994年税制改革，房产税由地税机关征收。福建省规定以房产原值一次扣除25%后的余值计算缴纳；房产出租的，以房产租金收入为房产税的计税依据。依照房产余值缴纳的税率为1.2%，依照房产租金收入计算的税率为12%。1997年，区地税局征收房产税1万元。1999年7月1日起，福建省居民个人将私有房屋租赁取得的收入实行综合征收率征收的管理办法，即按10%综合征收率征收；转租收入依7%征收。2001年1月1日起，对个人按市场价格出租的居民住房，房产税暂按4%税率征收。2004年，征收房产税254万元。

2007年，区地税局征收房产税533万元，比1997年增长532倍。

（十）车船税

2007年，龙文区召开车船税管征工作会议

1950年后，征收车船使用税。1970年后，税制改革，将对国营、集体企业征收的车船使用税并入工商税，仅对外国企业和外商投资企业及个人继续征收。1984年，恢复征收车船使用税。1986年10月1日起，实施《中华人民共和国车船使用税暂行条例》。福建省车船使用税实行定额征收办法，纳税期限为按年一次征收，每年开征时间为2—4月。1997年，区地税局征收车船使用税2万元。2002年，征收车船使用税22万元。

2007年1月1日起，对各类企业、行政事业单位、社会团体、其他组织和个人统一征收车船税。车船税由地方税务机关征收管理；9月1日起，车船税统一由保险机构代扣代缴。是年，区地税局征收车船税109万元，比1997年增长53.5倍，年均递增49.16%。

（十一）屠宰税

1950年12月，实施政务院《屠宰税暂行条例》，屠宰税按重量从价计征。1973年，国家将国有、集体收购单位应税牲畜屠宰税并入工商税。1970—1989年，城镇地区屠宰税由税务人员或协税员（助征员）直接征收。1990年始，陆续在重点城镇实行牲畜定点屠宰，各地税务机关普遍委托当地定点屠宰管理部门（副食品公司）代征屠宰税；对乡村屠宰税，聘请代征员代征。1994年7月，福建省人民政府颁布的《福建省屠宰税征收办法》规定，凡在福建省境内屠宰或收购猪、牛、羊的单位和个人为屠宰税纳税义务人。境内个人自养、自宰、自食的牲畜均免征屠宰税。屠宰税实行从量计征，由地税机关负责征收。1994年后，各地基层地税机关采取对有牲畜定点屠宰的地区委托定点屠宰管理部门（副食品公司）代征税款；没有定点屠宰的地区和边远乡村委托代征员代征，并实行定点与代征互补、地税机关检查的税源控管办法。1997年，区地税局征收屠宰税6万元。2002年，征收屠宰税18万元，比2000年增长28.57%。2003年1月1日起，福建省人民政府推行农村税费改革，停征屠宰税。

（十二）土地增值税

1994年1月1日，实施《中华人民共和国土地增值税暂行条例》，土地增值税实行四级超率累进税率为 30%、40%、50%、60%。分税制后，土地增值税由地税部门征收。全省土地增值税实行预征办法，预征率 2%–5%。漳州市对建造非普通标准住宅（包括写字楼、办公楼、高级公寓、生产经营用房等）的房地产开发项目，按全省最低平均预征率 2% 预征。1997 年，区地税局征收土地增值税 1 万元。2000 年，区地税局征收土地增值税 23 万元。2005 年 4 月 1 日，漳州市重新确定土地增值税预征率，住宅按 1% 预征，商业营业用房、写字楼等其他房地产按 2% 预征，别墅按 3% 预征。当年，区地税局征收土地增值税 153 万元。

2007 年，区地税局征收土地增值税 701 万元，比 1997 年增长 700 倍，年均递增 92.56%。

（十三）教育费附加

1986 年 7 月 1 日，实施《征收教育费附加的暂行规定》，以各单位和个人实际缴纳的产品税、增值税、营业税的税额为计征依据，教育费附加率 1%；对直接从事生产卷烟和经营烟叶产品的单位，减半征收教育费附加。对农业、乡镇企业，由乡镇人民政府征收农村教育费附加，对缴纳农村教育费附加的单位不再征收教育费附加。1990 年 8 月 1 日，教育费附加征收率调整为 2%。1994 年，将教育费附加率提高到 3%。教育费附加由地税机关负责征收。1997 年 7 月 1 日，福建省将教育费附加征收率提高到 4%。2001 年，区地税局教育费附加征收 44 万元。2002 年 1 月，福建省开征地方教育附加，同时取消原增提一个百分点的城市教育费附加，教育费附加征收率由 4% 调整为 3%。2004 年，教育费附加征收 184 万元。

2007 年，区地税局征收教育费附加 655 万元，比 2001 年增长 13.89 倍。

（十四）地方教育附加

2002 年 1 月 1 日，实施《关于征收地方教育附加有关问题的通知》，在全省征收地方教育附加。按照《福建省地方教育附加征收管理暂行办法》规定，地方教育附加以各单位和个人实际缴纳的增值税、营业税、消费税的税额为计征依据，征收率为 1%，由地税机关征收。对已交纳农村教育费附加的单位和个人不再征收地方教育附加。是年，区地税局征收地方教育附加 11 万元。2005 年，征收地方教育附加 113 万元。

2007 年，区地税局征收地方教育附加 213 万元，比 2002 年增长 18.36 倍。

（十五）基本养老保险费

2001 年 1 月 1 日，实施《福建省城镇企业职工基本养老保险条例》，漳州市城镇企业基本养老保险费由地方税务部门负责征收，形成“地税征收，财政监督，社保发放”的社保基金管理体制。基本养老保险费征缴费率 19%。缴费个人以本人月工资总额为缴费依据，个人缴费率 6%。当年，区地税局征收基本养老保险费 316 万元。2002 年，基本养老保险费征缴费率调整为 18%。个人缴费率调整为 7%。2004 年，个人缴费率调整为 8%。当年，区地税局征收基本养老保险费 586 万元。2005 年，城镇个体工商户和灵活就业人员参加企业基本养老保险，从 2006 年 1 月 1 日起，征缴费率按 20% 执行。

2007 年，区地税局征收基本养老保险费 928 万元，比 2001 年增长 1.94 倍，年均递增 19.67%。

（十六）失业保险费

2001 年 1 月 1 日，实施《福建省企业职工失业保险条例》，漳州市失业保险费改由地方税务部门征收，形成与基本养老保险费一致的“地税征收，财政监督，社保发放”社保基金管理体制。缴费单位、有雇工的城镇个体工商户以本单位工资总额为计费依据，费率为 2%；缴费个人以本人月工资总额为计费依据，费率为 1%。缴费单位招收的农民合同制工人本人不缴纳失业保险费。当年，区地税局征收失业保险费 36 万元。2004 年，区地税局征收失业保险费 79 万元。2006 年

9月1日，实施《福建省失业保险条例》，凡依法成立的各类企业、事业单位、社会团体、民办非企业单位、有雇工的个体工商户及与之建立劳动合同关系的劳动者应当参加失业保险。单位招收的农民合同制工人本人不缴纳失业保险费，但本人自愿缴纳的除外。

2007年，区地税局征收失业保险费174万元，比2001年增长3.83倍，年均递增30.03%。

1997—2007年龙文区地税局分税种征收统计表

表19-1-17　　单位：万元

年份	营业税	企业所得税	个人所得税	城市维护建设税	资源税	固定资产投资方向调节税	印花税	城镇土地使用税	房产税	车船税	屠宰税	土地增值税	合计征收
1997	436	11	373	63	—	5	10	28	1	2	6	1	947
1998	560	30	415	123	—	13	21	45	—	8	21	1	1237
1999	688	56	507	146	—	3	28	59	—	18	21	—	1526
2000	1038	87	622	200	—	1	35	58	—	15	14	23	2093
2001	1049	200	878	220	—	1	28	17	—	19	23	50	2485
2002	1133	326	916	205	1	—	53	92	—	22	18	60	2826
2003	1790	655	1141	321	13	—	86	68	—	46	2	82	4204
2004	1361	366	1497	455	13	—	131	126	254	65	—	61	4329
2005	3865	1520	2837	814	60	—	225	204	339	59	—	153	10076
2006	5963	1463	2954	981	82	—	291	515	415	44	—	469	13177
2007	8575	3932	3759	1529	131	—	392	310	533	109	—	701	20486

1997—2007年龙文区地税局其他费征收统计表

表19-1-18　　单位：万元

年份	教育费附加	地方教育附加	基本养老保险费	失业保险费	残疾人就业保障金	工会经费	其他费	合计收入
1997	—	—	—	—	—	—	4	4
1998	—	—	—	—	—	—	—	—
1999	—	—	—	—	—	—	—	—
2000	—	—	—	—	—	—	—	—
2001	44	—	316	36	—	—	58	454
2002	41	11	362	51	—	—	35	500
2003	66	20	392	62	—	—	32	572
2004	184	—	586	79	—	—	77	926
2005	348	113	849	137	21	—	31	1499
2006	421	137	959	141	35	—	33	1726
2007	655	213	928	174	46	37	26	2079

第三节　税务管理

一、管理机构

（一）龙文区国家税务局

1996年11月，筹建龙文区国家税务局。1997年8月，龙文区国税局成立，内设综合科、税政征管科和计征科。下设稽查分局、步文分局、郭坑分局和郭坑火车站税务检查站。1997年12月，稽查分局改称稽查局，郭坑火车站税务检查站更名区国家税务局郭坑火车站税务检查站。2001年8月，区国家税务局更名漳州市国家税务局管理二局，内设办公室、人事监察科、税政征管科、计划财务科、管理科和信息中心，下设郭坑管理分局。2002年5月，漳州市国家税务局管理二局更名区国家税务局。2005年7月，区国家税务局内设办公室、人事教育科、监察科、综合业务科、征收管理科、计划征收科和办税（车购税）服务厅；直属有稽查局；下设步文税务分局、开发区税务分局和蓝田税务分局；事业单位有信息中心。

2007年，区国税局在编62人。

（二）龙文区地方税务局

1997年2月28日，龙文区地方税务局成立，内设人事（监察）股、征管（税政）股、办公室和计划财务股，人员19人。2001年，区地税局内设办公室、税政（社保）股、征管法规股、计划财务股、信息技术股、人事教育股和监察室，下设龙文区地方税务局稽查局、龙文区地方税务局步文分局和郭坑分局，人员32人。

2007年3月1日，成立规费征收管理股。区地税局人员44人。

二、国税征收管理

（一）税务登记

1997年，区国税局把全区的税收征管基础有关数据逐步纳入计算机网络化管理和监督。1998年7月，对有应税收入、应税财产或应税行为的各类纳税人，按税收征管范围，实行统一代码，分别登记、分别管理。2002年，组织未办证固定户的办证工作，加强对新办理税务登记企业所得税户的跟踪管理；5月始，对企业所得税新办证户数实行月报制度。2003年，对在全区进入CTAIS管理的不上起征点纳税户，都进行税种登记。2004年2月1日，执行国家税务总局《税务登记管理办法》。2005年，全区调整划转属地管理1户。

2007年，区国税局办理税务登记1510户。

（二）验证与换证

1998年，区国税局开展对纳税人税务登记证件的验证工作。1999年，区国税局开展换发税务登记证件工作。2000年8月，全区开展税务登记证件验证工作，至10月31日前完成。2001年，将税务登记验证作为推行CTAIS系统前期奠定基础的一项准备工作来抓，至8月31日，全区验证工作基本完成。2006年，国税局与地税部门订立资料移交协议，在规定时间内完成1855户纳税户的换证工作。

（三）纳税申报

1997 年，区国税局全面推行纳税人自行申报纳税制度。2003 年，推行“12366”电话语音申报。在电话报税软件基础上增加管理功能，在纳税申报期内和申报期后进行电话提示申报和催缴，减少纳税户不及时申报纳税而造成加收滞纳金和被罚的损失。2004 年，市国税局在龙文区国税局试点推行电子申报工作，将使用 10 万元版以上专用发票的增值税一般纳税人、外贸企业、具有进出口经营权生产企业及成品油生产、批发、零售加油站四类企业作为第一阶段推行电子申报对象，推行网络申报户数占全部电子申报户 10%。2005 年 8 月，所有一般纳税人（包括暂认定户）都纳入电子申报；11 月起，施行电子缴税的单位逐步推广网络申报户，网络申报户占全部电子申报户 30% 以上。网络申报使纳税人足不出户就可在 10 分钟内完成纳税申报。

2007 年，区国税局网络申报户占全部电子申报户 12%。

（四）网络建设

2000 年，成立龙文区国税局金税工程网络建设项目领导小组和工程实施小组，筹备金税工程网络建设工作。2001 年 7 月 31 日，金税工程运行成功，完成一般纳税人档案信息收集工作，并纳入防伪税控。2002 年，推行个体双定户邮政划缴，按期申报纳税率达到 98% 以上。存根联采集率 99.997%、防伪税控企业报税率和一般纳税人档案信息录入率 100%。2005 年，开展金税工程“一机多票”系统的安装、升级。实现税库行横向联网电子缴税，税库行横向联网系统涵盖国税部门、国库部门和工商银行、农业银行、建设银行、中国银行、兴业银行和农村信用社，以及邮政储蓄网点。

2007 年，全区 249 户一般纳税户、479 户小规模企业、2219 户个体户分别与各商业银行签订《电子缴税协议书》，全部实行电子缴税。

（五）发票管理

1997 年，区国税局全面清理旧版普通发票，建立健全防伪新版发票管理制度。2000 年，区国税局把全区使用 10 万元版增值税专用发票的企业全部纳入防伪税控系统。2001 年，做好增值税防伪税控开票子系统推行工作，全面开展对防伪税控企业最高限额开票清理审批工作。2003 年，结合 CTAIS 的推行，对现行发票进行清理，加强 CTAIS 环境下税收普通发票管理工作。做好手写版增值税专用发票清理销毁工作。完成防伪税控开票子系统的推行工作，应纳入防伪税控的企业 132 户全部推行防伪税控。2004 年，建立增值税失控发票快速反应机制，加强新办商贸企业增值税管理。2005 年，普通发票进行全面换版。税务机关代开增值税专用发票必须通过防伪税控系统开具，通过防伪税控报税子系统采集代开增值税专用发票开具信息，不再填报代开发票开具清单，同时停止使用非防伪税控系统为纳税人代开增值税专用发票。加强增值税专用发票和其他抵扣凭证稽核比对工作，全区共采集发票 3.9 万份，税款 3423.91 万元，废旧物资发票金额 103.52 万元。

2007 年，区国税局随着“金税工程”二期推进到位，数据采集及时、完整、准确；协查按时回复率高，有效发挥打击偷税、骗税作用。依托此系统，对有风险的企业采取控制售票数量，验旧购新时预缴税款等措施控制风险。

（六）税务稽查

1997 年，稽查局开展税收大检查。1998 年，强化日常税收检查，建立税务违法案件举报管理制度。稽查局对重点行业、重点企业和重点税源进行重点检查，加大处罚力度，严格滞纳金制度，严厉打击偷逃骗税违法分子。1999 年，区国税局规范税收管征，加大稽查力度，严打各种偷骗抗税行为。先后对压板、卷板两大行业进行全面清理整顿，清理 135 家，补税入库 25 万元；

检查纳税人130户，查补税额56.42万元。

2005年，龙文区国税局稽查局建制恢复后，开展对压板行业、农副产品及食品工企业、废旧物资经营等专项检查，堵塞行业税收管理漏洞，做好举报案件查处工作，开展协查各项工作。共查补税款30.62万元，罚款14.61万元，加收滞纳金1.64万元。2006年，共查补税款89.50万元，罚款32.75万元，加收滞纳金7.10万元。

2007年，区国税局稽查局共查补税款93.31万元，罚款53.56万元，加收滞纳金10.75万元。

三、地税征收管理

（一）重点税源管理

2000年，区地税局将重点税源分级管理，纳入重点税源企业6户，税收648万元。2002年，纳入重点税源企业34户，税收1189.36万元。2004年，加大重点税源管理力度，税收增至2873.92万元。2005年，纳入重点税源企业101户，税收6784.93万元，比2003年分别增长1.73倍、1.88倍。

2007年，区地税局纳入重点税源企业101户，税收11072.44万元；税收比上年增长63.19%。

（二）税收信息化建设

1998年，区地税局加大信息化建设投资，加快网络建设，发挥技术优势，应用计算机软件，促进业务工作开展。对应用绩效考评系统、稽查案源信息库管理系统、车船使用税征收管理系统、一窗式涉税服务管理软件、人事信息管理系统、政务公开软件进行培训。2000年3月30日，龙文区与市地税局签订征管信息系统应用和广域网系统建设责任状。7月，局域网模试运行；8月11日。正式启用征管信息系统对外办理有关税收业务，实现全市广域联网运行。2002年1月1日，区地税局实施双定户邮储划缴税款缴税方式改革试点；4月在全区推广。2003年8月1日，开始进行税库横向联网，至12月中旬，实现全区地税系统税库联网的推广和运行工作。2004年3月，首个应用三层中间件技术的征管信息综合查询系统投入使用。2005年，征管信息一户式管理系统、新版稽查管理信息系统先后投入使用，全面推行建筑业税收信息化管理工作。2006年3月，实现税库行横向联网电子缴税方式。是年，市地税局对全市税库行横向联网电子缴税工作中成绩突出的先进单位予以通报表彰，区地税局名列第一。

2007年8月，区地税系统推广应用“银税通”电子缴税。

（三）税收稽查

2006年6月，区地税局严格落实《税务检查计划制度》，改变重复选案、多头选案问题。规范证据收集，使调查取证更具系统性、相关性和完整性。审理过程中落实三级集体会审制度，即审理机构会审、稽查局长会议会审和区地税局重大案件审理委员会会审，确保案件质量。区地税局对房地产行业、建筑安装业、工业企业、批发零售业、服务业、交通运输业进行专项检查。在开展专项检查过程中，稽查局加强与经侦、检察院、国税等协税护税部门的联系，建立税警协作机制，畅通联系渠道，加大对涉税违法行为的打击力度，深化整顿和规范税收秩序，净化税收环境。

2006年下半年至2007年，区地税局稽查局共组织检查92户，查补税费992.75万元。其中，专项检查85户，查补税费883.91万元；受理、查处举报案件7起，查补税费及罚款108.84万元。

第二十卷　经济管理

1956 年，完成对私社会主义改造，开始执行第一个五年国民经济计划；区境基层政府根据上级政府的部署和要求，开展各项经济活动。1958 年后的公社化时期，各个单位执行高度集中的计划经济，生产和生活资料实行计划供应，一切物资均实行计划收购；各项生产经济活动执行社会主义计划管理模式。1959 年，步文、郭坑圩农贸市场成立管理委员会。1962 后，特别是“文化大革命”期间，受“左”倾错误影响，群众的正常自由贸易受到限制。

改革开放后，逐步开放社会主义经济市场，区境农村经济进入活跃时期。1984 年，步文乡、郭坑镇成立工商管理所，执行社会主义市场经济法规政策，转变市场经济监管模式，配合有关主管部门开展物价、安全生产、计量标准化、技术监督等管理工作。

1997 年后，龙文区相继成立经济管理机构；加强和完善国民经济计划发展与改革、统计、工商行政管理、物价管理、安全生产管理、审计、质量技术监督等各项经济管理工作。

区发展与改革局贯彻国家大政方针、经济政策、产业政策和指导思想，参照省市下达计划任务和目标要求，结合区情实际，深入调查，协调有关部门综合平衡，精心编制国民经济和社会发展计划。统计工作贯彻实施《中华人民共和国统计法》，纳入法制轨道。工商行政管理、物价管理、安全监督管理、审计监督、质量技术监督等经济管理部门根据各自管理职能，执行国家法律法规，根据新时期经济发展和改革开放的需求，不断改进管理方式；加强对工商企业、经济合同、商标广告、市场交易、安全生产、审计工作、物价检查、商品质量与技术标准等方面的监督管理；查处假冒伪劣商品、走私贩私、无照经营、非法生产、哄抬物价、乱收费及违反财经制度等各个领域的经济违法违纪活动，维护社会主义市场经济秩序，保护国家、企业和公民的合法权益，提高技术和质量标准，增强企业创名牌能力，保障国民经济持续、健康发展。

至 2007 年，龙文区累计注册登记各类企业 997 家，注册资金 320491.59 万元，从业人员 7603 人。个体私营经济飞速发展，在国民经济的比重大幅上升。全区共有 17 家企业注册商标 35 项，其中国家级“驰名商标”3 项、“福建省著名商标”9 项、“漳州市知名商标”23 项。

1997—2007 年，全区立案查处各类经济违法违章案件 1880 件，案值 2210 万元，上缴罚没款 642.67 万元；受理、调处消费者投诉案件 1215 起，为消费者挽回经济损失 371.32 万元；完成审计单位（项目）194 项，上缴财政 1576.38 万元；发现违规金额 3412.26 万元，管理不规范金额 12359.88 万元。

第一章　计划管理

第一节　机　构

1997 年 1 月，成立龙文区计划局，内设综合股、价格管理股、投资股、工交贸易股、农林股；行政编制 5 人，事业编制 2 人，在编 7 人，其中局长 1 人、副局长 1 人、股级干部 3 人。

2002 年 7 月，区计划局更名为区发展计划局，内设综合规划股、投资股（含招投标管理办公室）、价格管理股；行政人员编制 5 人，在编 5 人，其中局长 1 人、副局长 1 人、股级干部 3 人；机关工勤人员编制 1 人，在编 1 人。

2005 年 5 月，区发展计划局改为发展和改革局。2007 年，机构与人员不变。

第二节　经济计划的编制与执行

一、中长期计划

（一）“九五”时期（1996—2000 年）

1996 年 12 月，步文、郭坑两镇国民经济计划指标和执行情况的数据资料全部移交筹建的龙文区。1997 年 1 月，根据“八五”时期（1991—1995 年）步文、郭坑两镇的经济和社会发展实际情况，以及新区发展需要和应对东南亚金融危机、国内外市场变化等因素，综合各方意见，调整编制《漳州市龙文区国民经济和社会发展“九五”计划和 2010 年远景目标规划》；4 月，经龙文区一届人大一次会议审议通过。1999 年 1 月，在区人大一届三次会议上对“九五”计划进行调整。计划制定的主要奋斗目标：到 2000 年，全区国内生产总值“九五”期间平均增长 30.6%，达 16 亿元，到 2010 年实现 90 亿元；三次产业结构 2000 年为 8∶38∶54；财政收入“九五”期间保持与国内生产总值同步增长，到 2000 年达 6900 万元；实际利用外资“九五”期间累计 5000 万美元；全社会固定资产投资“九五”期间累计投资 18 亿元；农民人均纯收入“九五”期间年均增长 13%，到 2000 年达 5200 元；人口自然增长率“九五”期间控制在 10‰以下。

1997—2000 年，龙文区调整经济结构，经济总量不断扩大。至 2000 年，“九五”计划各项主要指标均完成或超额完成：地区生产总值（GDP）完成 16.09 亿元，年均增长 22.5%；人均地区生产总值 13834.8 元，比 1995 年增长 1.5 倍。产业结构进一步优化，三次产业增加值比例由 1995 年的 17.2∶59.3∶23.5，2000 年调整为 11.4∶56.0∶32.6，5 年中第一产业比重上升 9.1 个百分点，第二产业比重在基本稳定的情况下，逐年回落；三次产业增加值年平均递增 12.2%、21.1%、31.4%。2000 年，全区财政收入 5518 万元，是 1995 年的 2.5 倍。“九五”期间，固定资产投资 15.18 亿元，其中基础设施建设投资占 80% 以上；农业总产值年均增长 11.8%，农民人均收入 3747 元；工业总产值年均增长 22.45%，工业对地区生产总值的贡献率为 60%，其中“九五”

期末规模工业企业产值占工业总产值 17%；全社会消费零售额年均增长 14.6%；累计实际利用外资 3227 美元，年均增长 21.75%。

（二）“十五”时期（2001—2005 年）

1999 年 8 月，龙文区召开“关于编制十五计划工作会议”；9 月完成计划初稿。2000 年 10 月，编制《中共龙文区委关于制定国民经济和社会发展第十个五年计划的建议》；12 月编制完成《漳州市龙文区国民经济和社会发展“十五”计划与 2010 年规划纲要（讨论稿）》。此后 2 个月广泛征求社会各界修改意见。2001 年 2 月，完成征求意见稿；4 月 18 日，经龙文区一届人大五次会议审议通过。计划主要目标：国内生产总值“十五”期间平均增长 14.7%，到 2005 年达 23 亿元；三次产业结构 2005 年为 6∶62∶32；财政收入“十五”期间保持与国内生产总值同步增长，到 2005 年达 1.1 亿元；实际利用外资“十五”期间年均 1000 万美元；全社会固定资产投资“十五”期间累计投资 25 亿元；农民人均纯收入“十五”期间年均增长 3.5%。

2001—2005 年，龙文区在国家冻结土地、加大宏观调控等情况下，克服重重困难，较好地完成“十五”计划预期的目标和任务。2005 年，全区生产总值 27.5 亿元（现价，不含蓝田经济开发区，下同），比 2000 年翻一番多，按可比价计算，年均增长 17.75%，人均地区生产总值 23305 元；三次产业结构现价比例从 2000 年的 11.2∶53.3∶35.5，优化为 2005 年的 7.4∶60∶32.6，第二产业比重明显提升；全区财政收入 1.53 亿元，增长 39.9%，财政收入占地区生产总值比重由 2000 年 4.135% 提高到 5.56%；农业总产值 5.1 亿元，年均增长 5.3%；农民人均收入 5199 元，年均增长 6.85%；工业总产值 57 亿元，年均增长 20.75%，其中规模工业总产值 33.9 亿元，年均增长 41.3%；完成外贸出口 1.03 亿美元，年均增长 48.5%；实际利用外资 800 万美元，增长 13.3%，5 年累计 6604 万美元；完成固定资产投资 15 亿元，增长 21.8%。

（三）“十一五”时期（2006—2010 年）

2005 年 9 月，编制完成《中共龙文区委关于制定国民经济和社会发展第十一个五年规划的建议》；12 月编制完成《漳州市龙文区国民经济和社会发展第十一个五年规划纲要》。2006 年 4 月 21 日，“十一五”计划纲要经龙文区二届人大五次会议审议通过。计划主要奋斗目标：地区生产总值 2010 年比 2005 年翻一番，年均增长 14.9%；财政收入 2009 年比 2005 年翻一番，年均增长 17.6%；全社会固定资产投资年均完成投资 16 亿元；实际利用外资年均 2500 万美元（验资口径）；农民人均纯收入年均增长 6%。

2007 年，实现地区生产总值 43.01 亿元；财政总收入 2.96 亿元，同比增长 48.8%；全社会完成固定资产投资 27.04 亿元；农民人均纯收入 6188 元。

二、年度计划

1997 年 4 月，根据步文、郭坑两镇经济运行情况，按照区委、区政府“两年打基础、三年迈大步、五年成规模”指导思想，制订年度发展计划。1997 年是龙文区经济和社会发展的奠基之年，在国家继续实行银根紧缩、土地动结，以及新区基础工作薄弱情况下，全年完成国内生产总值 6.59 亿元（可比价），增长 33.67%。其中第一产业增加值 0.78 亿元，增长 34.48%；第二产业增加值 3.98 亿元，增长 27.16%；第三产业增加值 1.83 亿元，增长 50%；实际利用外资 502 万美元；财政收入 0.341 亿元，增长 19%。

1998 年 1 月，根据中央经济工作会议精神，龙文区制定年度经济和社会发展计划，主要调控目标：国内生产总值 8 亿元（不变价），增长 21%。其中，第一产业增加值 0.82 亿元，增长 5.135%；第二产业增加值 4.82 亿元，增长 21.15%；第三产业增加值 2.36 亿元，增长 28.96%。工农业总产值 20.48 亿元，增长 22.48%，其中工业总产值 19 亿元，增长 24.1%；农业总产值 1.48 亿元，增长 5%。预算内财政收入 3800 万元，可比增长 17.5%。农民人均纯收入 3850 元，增长 6.12%。当年主要经济指标完成、执行结果：国内生产总值完成 11.51 亿元，可比增长 23.63%，完成年度计划 101.84%，高于全市平均水平；第三产业上升 4 个百分点；工农业总产值 26.75 亿元，可比增长 25.88%；预算内财政收入完成 3866 万元，完成年度计划的 101.74%；农民人均纯收入 3866 元，增长 5.15%。

1999 年 1 月 26 日，龙文区第一届人民代表大会第三次会议审议通过龙文区计划局提交的《关于漳州市龙文区国民经济和社会发展计划草案的报告》。1999 年，国民经济和社会发展调控目标保持经济适度快速发展，优化结构，提高经济增长质量和效益。经济发展目标：国内生产总值（不变价）计划 9.7 亿元，增长 19%，工业总产值计划 23 亿元，增长 20.3%；农业总产值计划 1.75 亿元，增长 8.7%；财政收入计划 4410 万元，同口径增长 14.1%；社会消费品零售总额计划 2.1 亿元，增长 24.3%; 农民人均纯收入计划 4005 元，增长 5%。1999 年是龙文区迈大步之年，实施“启动东部，突破中部，繁荣西部，开发北部”发展战略，全区经济和社会事业发展计划执行结果：国内生产总值 3.81 亿元，可比增长 20.1%，完成年计划 100.89%；工农业总产值 31.3 亿元，可比增长 20.1%，完成年计划 100.44%；预算内财政收入 4516 万元，增长 16.8%，完成年计划 102.4%；全社会固定资产投资完成 3.63 亿元，增长 10%，完成年计划的 100.78%；实际利用外资 735 万美元，增长 20.5%，完成年计划的 100.68%；社会消费品零售总额 2.12 亿元，增长 25.65，完成年计划的 101.1%；农民人均纯收入 4005 万元，增长 5%。

2000—2001 年，按照龙文区总体发展战略，继续执行年度经济计划。2001 年是实施十五计划的第一年，是龙文区实现五年成规模的一年。计划预期目标：国内生产总值 13.3 亿元（可比价），增长 14.6%，其中第一产业增加值 1.15 亿元，增长 4.5%; 第二产业增加值 8.15 亿元，增长 15.9%；第三产业增加值 4 亿元，增长 14.9%；预算内财政收入 6300 万元，增长 14.2%；全社会固定资产投资 4.75 亿元，增长 14%；社会消费品零售总额 2.97 亿元，增长 14.6%；实际利用外资 1000 万美元，与上年持平；农民人均纯收入 3882 元，增长 3.6%。年度计划执行结果：国内生产总值完成 15.83 亿元，可比增长 16.4%。完成年计划的 101.7%，比 1996 年增长 1.35 倍；全社会固定资产投资完成 5 亿元，增长 19.9%，完成年计划的 105.3%，比 1996 年增长 3.3 倍；预算内财政收入完成 7178 万元，增长 30.3%，完成年计划的 114.1%；社会消费品销售总额 3.07 亿元，增长 18.6%；实际利用外资 1003 万美元，增长 0.3%，完成年计划的 100.3%。1997—2001 年累计完成 3848 万美元；农民人均纯收入 3889 元，增长 3.8%，完成年计划的 100.2%。

2002 年后，龙文区围绕工业化、城市化、农业产业化的目标，制定年度计划，经济运行呈现发展态势。2005 年是执行“十五”国民经济计划最后一年，也是“十一五”规划奠定发展基础的重要一年，全区经济质量明显提高，社会全面发展。2006 年、2007 年，实施漳州市委“依港立市、工业强市、开放活市、科教兴市”发展战略，融入海峡西岸经济圈建设，加快“工业强区、商贸活区，中心带动、城乡互动”实施步伐。

2007 年，龙文区地区生产总值（含蓝田经济开发区，下同），完成 42.8 亿元，增长 17%，完成年计划的 103.9%；全社会固定资产投资 27 亿元，增长 33.5%，完成年计划的 106.5%；财政分成总收入完成 2.96 亿元，增长 32.8%，完成年计划的 102.2%，地方财政收入完成 1.65 亿元，增长 40%，完成年计划的 110.3%；社会消费品销售总额 12 亿元，增长 36%，完成年计划的 120%；实际利用外资 2250 万美元（验收口径），增长 2%，完成年计划的 83.3%；农民人均纯收入 6188 元，增长 11.4%，完成年计划的 105.7%。

三、专项规划

1998 年 8 月，龙文区召开区“十五”计划编制工作会议，下发关于编制“十五”计划和确定首批 9 个专题规划的有关文件，成立由分管副区长任组长的领导小组，下设办公室和编制小组。会后举办各成员单位执笔人参加的规划编制培训班；9 月，《龙文区现代农业发展规划》《龙文区商贸流通业发展规划》《龙文区民营经济发展规划》《龙文区招商引资和外贸出口规划》《龙文区城市化建设发展规划》《龙文区社会事业发展规划》等首批 9 个专题规划（初稿）编制完成。

2000 年 1 月，《龙文区土地利用整体规划》《龙文区劳动就业规划》《龙文区财政与经济运行规划》第二批 3 个专题规划编制完成，并建立龙文区“十五”重点项目储备库；5 月，开展工业化专题研讨，组织编制龙文区工业化发展思路及专题规划工作。同时进行第三批 8 个专题规划课题：《龙文区建筑建材发展规划》《龙文区基础设施规划》《龙文区旅游业发展规划》《龙文区水电发展规划》《龙文区交通发展规划》《龙文区劳动就业和社会保障规划》《龙文区生态和环境保护规划》《龙文区土地开发利用规划》编制工作；7 月，对重点项目进行修改，形成重点项目储备表；9 月，组织有关部门对三批 20 个专题规划进行修编、整理工作，为龙文区“十五”计划纲要（草案）框架提供翔实资料和依据。

2005 年 7 月，龙文区下达“十一五”计划编制和有关单位专题规划文件；9 月完成《福建省浦口粮食批发市场总体规划》《龙文区第三方物流业总体规划》《龙文区木材加工发展规划》《龙文区九龙江北溪旅游规划》《龙文区地质灾害防治规划》5 个规划编制工作；12 月 28 日，龙文区委第二届第八次全体会议通过“关于制定漳州市龙文区国民经济和社会发展第十一个五年规划的建议”。同时通过 5 个专项规划，为“十一五”计划的制定提供翔实的资料依据。

第三节　重点项目建设管理

1998 年 7 月，龙文区政府下发《漳州市龙文区制定建设项目管理暂行规定》，对列入区重点建设的项目进行跟踪管理。区计划局有针对性做好资料收集整理，开展跨世纪重点项目研究工作，建立区项目储备库。至 1999 年 12 月，全区共上报 87 项储备项目，其中提请列入省市重点储备 18 项；计划局对储备项目进行筛选和论证，从中选取重点项目委托咨询单位进行可行性研究。

2000 年 5 月，龙文区计划局下发关于报送“十五”计划时期重点建设项目的通知，其中重点筛选城市基础设施建设、农林水利和农业基础设施建设、促进生产结构优化升级和工业化建设、促进第三产业潜力发挥、促进社会事业进步 5 项重点建设项目；6 月，对重点建设项目进行深化、细化；7 月，对重点项目进行修改，形成重点项目储备表。

2001 年，龙文区围绕“农村变城市，农民变市民”发展需要，加大重点项目督查力度。工业品批发市场、华侨中学教学综合楼、郭坑火车站站房改造工程、浦东副食品综合批发市场三期、北溪龙文段城区防洪工程加固一期项目全面竣工。

2002 年，龙文区推进新区 5.3 平方公里内的重点项目建设，成立重点项目领导小组，下设办公室，挂靠区发展计划局，加大重点项目协调和跟踪服务力度。其中郭坑大桥可行性研究报告获得省计委批准；浦口粮食饲料专业加工贸易批发市场完成可行性研究；市第二实验小学进入桩基施工阶段。

2003 年，全区计划 45 项重点项目建设，其中完成 6 项重点项目工程。同时，引进香港毅达、厦门特房等一批有实力的企业参与龙文区重点项目建设。

2004 年，落实区领导挂钩重点项目责任制，确定 35 项重点项目跟踪管理。全年上报、审批项目建议书 14 件；储备招商项目 15 项；落实签约项目 2 项。同时，初选 2005 年重点项目 25 项，预备项目 13 项；参与浦口粮食物流园、省级粮食动态储备库、九龙江北溪旅游带灯可行性研究报告工作。

2005 年，区发展改革局在开展“十一五”规划编制工作的同时，策划和筛选“十一五”期间储备项目 173 项。主要从国家和省产业规划布局、现有产业链延伸、对接招商平台、资源比较优势、对外对台经贸合作、企业需求入手策划重点项目储备。全年完成 24 项重点项目建设。

2006 年，全区策划招商项目 40 项，上报或审批项目建议书 18 件。龙文区建区十周年庆典前期，汇总活动项目 134 项，其中奠基开工和落成投产项目 78 项；汇总可签约项目 36 项，其中合同签约项目 26 项。

2007 年，区发展改革局主动服务企业及项目单位，简化程序，缩短审批时限。全年共审批项目 94 项。帮助企业编写项目策划书及可行性研究报告 8 份。

第四节　固定资产投资管理

1996 年 5 月，国务院正式批准成立龙文区，新区项目开发与配套建设同步实施，实行“谁投资，谁受益”优惠政策，增加资金投入，建立区政基础设施有偿使用、公用事业合理化计价收费、利用外资、广泛吸纳社会资金、受益单位集资等多渠道、多元化、稳定的投资新体制。1999 年，全社会固定资产投资 3.63 亿元，居全市第九位。固定资产投资占国内生产总值（固定资产投资率），由 1995 年的 24.9% 上升到 1999 年的 26.3%，高于市平均水平 2 个百分点，低于全省平均水平 4.1 个百分点。当年，全区上报争取资金项目 32 项，获资金补助 200 万元，涉及农村电网改造、道路、农林水利、学校、卫生等社会事业项目。

2000 年，龙文区 34 项重点项目完成投资 9913 万元，占全区固定资产投资 3.5 亿元的 28.3%。2001 年，在编制项目规划时，加大重点项目资金管理；1—11 月，全区固定资产投资完成 3.61 亿元，比上年同期增长 3.11%。其中基本建设完成投资 1.156 亿元；房地产投资 9373 万元；更新改造投资 4147 万元；其他投资 1.1044 亿元。同时启动社会资金投资，选择一批重大民间投资项目跟踪服务、重点扶持，吸引更多资金到龙文区工业开发区及民营工业园投资兴业，扩大城区经济的投资力度与规模。

2002 年，突出“结构调整、城市化、资本运营和环境建设”，重点项目建设吸引更多新兴产业投资。34 项重点项目投资 4.5 亿元，占全区固定资产投资 81.7%；全社会固定资产投资完成投资 5.51 亿元，增长 10.2%，完成年度计划 100.2%。

2003 年，旅游、房地产、专业批发市场、汽车销售、物流配送等成为龙文区第三产业新投资热点，全区 45 项重点项目完成投资 6.06 亿元，超年度投资计划 1.06 亿元。其中 11 项计划竣工项目完成投资 1.96 亿元，占年度计划 172.1%；15 项续建项目完成投资 2.58 亿元，占年度计划 96.9%；19 项新开工项目完成投资 1.52 亿元，占年度计划 118.8%。

2004 年，龙文区完成全社会固定资产投资 9.1 亿元，（可比口径）增长 58.3%；全区 34 项重点项目完成投资8.65亿元。2005年，全社会固定资产投资15亿元，增长21.8%，完成年度计划的143%。全区向上申请资金补助金4项；争取国债资金补助1项；全年共争取预算内资金补助125万元，其中漳州厨师特色农产品添加示范工程70万元，浦口省级粮库前期费用30万元，林业有害生物检测及检疫基础设施建议项目25万元。

2006年，全社会固定资产投资20.3亿元，增长25%，完成年计划的119.9%。全年向上争取资金补助项目7项，515万元。其中吉马物流配送展示中心（国债）240万元、福建浦口粮食批发市场（国债）240万元、湘桥小学灾后修复补助金10万元、郭坑农村沼气示范工程补助金12万元、朝阳镇流岗村防洪堤排水渠水毁水利项目修复5万元、步文镇下洲供排水渠修复工程补助金8万元。

2007年，龙文区完成固定资产投资27亿元，增长33.5%，完成年计划的106.5%。其中，城镇以上投资26.3亿元，增长32%。全区46项重点项目完成投资18.3亿元，占年计划的107.8%，其中25项重点项目完成投资11.6亿元，占年计划的122.25；省级重点项目完成投资9625万元，占年计划的137.5%。2006—2007年，龙文区继续实行项目定位跟踪制度，了解企业发展生产及争取项目意愿，关注国家产业政策和资金扶持方向，协助项目单位到市、省计委进行资金申请。

第二章　统计管理

第一节　机　构

1962年，步文、郭坑公社各配备1名统计员。1987年，步文乡、郭坑镇设统计站，乡镇政府统计工作逐渐转变为农村综合经济统计。1997年1月，成立龙文区统计局，与区计划局合署办公；2月底，区统计局独立办公。2002年7月17日，成立龙文区城市社会经济调查队和龙文区农村社会经济调查队，事业编制人员3名；10月保留区统计局，正科级；行政、事业编制2人。2004年8月，成立龙文区统计局普查中心，事业编制2人。

2007年，区统计局（含下属事业单位）编制10人，在编6人。

第二节　专业统计

一、综合统计

1997—2007年，综合统计以每月收集本部门各专业及有关经济部门数据，进行整理、编印；印发月度、季度、年度统计资料，及时负责做好统计数据的对外提供。

二、核算统计

1997—2003年，测算龙文区域地区生产总值（GDP）指标。2004年，全国第一次经济普查，龙文区获得各行各业较为翔实的数据资料。

2005 年，对工业、商业、建筑业、房地产业的增加值进行核算。2006—2007 年，实施国家统计局《关于改进地区 GDP 核算工作意见的通知》《福建省统计局关于对设区的市以下实行 GDP 下算的通知》，实行一、三季度 GDP 龙文区进行核算，半年和年度 GDP 实行评估制度。

三、农业统计

1997 年，农业统计采取“以村起报、逐级汇总”方法，同时运用抽样调查的科学方法验证粮食产量。由区、镇一级统计机构运用抽样调查方法推算，或通过典型调查、重点调查，分别对区境耕地面积、粮食产量和果树面积、农业机械拥有情况、农林牧渔业总产值等进行统计。林业、渔业分别由区林业局、区水产局负责统计并抄报区统计局；农业机械情况由区农机管理站负责统计。农业总产值以年度计算，分为按当年价格计算和按不变价格计算两组数据，实行 1990 年不变价格。2006—2007 年，实行价格缩减指数进行计算农业总产值增长速度。

四、工业统计

1997 年，龙文区开始工业统计乡及乡以上工业统计。工业统计内容包括工业总产值、主要产品产量、出口交货值、企业用电量及经济效益指标。1999 年，工业统计分为规模以上（指全部国有工业企业和年产品销售收入在 500 万元及以上的非国有工业企业）工业统计和规模以下抽样调查两方面。其中，规模以上工业统计增加能源统计；规模以上工业统计采取全面调查、层层上报的方法汇集资料。实行超级汇总规模以上工业企业调查。2001 年起，增加企业景气调查；2006 年起增加工业品价格调查。

历年工业产值统计数据，分为按当年价格计算和按不变价格计算两组数据。2006 年以前实行 1990 年不变价格计算的历年不变价格计算的工业总产值。2006—2007 年，实行价格缩减指数进行计算工业总产值增长。

五、商贸业统计

1997 年，商业贸易统计，主要统计商品购、销、存及社会商品零售额。对全民、集体等单位采用全面报表、层层上报的方法汇集资料，对个体商业采用抽样调查资料推算。1998 年，贸易统计分为限额以上企业（包括：限额以上批发贸易企业，指年末从业人员 20 人及以上，主营业务收入 2000 万元及以上；限额以上零售贸易企业，指年末从业人员 60 人及以上，主营业务收入 500 万元及以上；限额以上餐饮业，指年末从业人员 40 人及以上，主营业务收入 200 万元及以上；限额以上住宿业，指星级宾馆、饭店）和限额以下采用抽样调查统计。2004 年，实行在地统计，执行国家批发零售业、住宿餐饮业统计报表制度，基层统计报表包括年报表 11 种、定期报表 7 种。

2007 年，成品油纳入商贸业统计，执行批发零售统计报表制度，其中年报 2 种，定期报表 2 种。

六、固定资产投资统计

1997 年开始固定资产投资统计。投资统计分为项目投资和房地产开发两方面，其中项目投资可分为建筑工程、安装工程、设备购置及其他等基本建设；项目投资还按城镇以上固定资产投资和农村固定资产投资。

1997—2007 年，固定资产投资统计资料，由区统计局下发统一的固定资产投资统计表式，建设单位或施工单位填报，然后由区统计局进行汇总。

七、对外经济统计

1997—2007年，区统计旅游服务、外商投资企业生产经营情况、“三来一补”情况、出口商品收购总值、出口产品总值、劳务出口情况、出口创汇情况、外商投资签约数、引进外资成交额、实际利用外资额、来料加工实收缴费等。统计数据由区统计局和区外经局分别承担完成。

八、劳动工资统计

1997年，劳动工资统计，按国民经济行业分组有农、林、牧、渔、水利业、工业、地质普查和勘探业、建筑业、交通运输、邮电业、商业、饮食业、物资供销和仓储业、房地产管理、公用事业，居民服务和咨询服务业、卫生体育和社会福利事业、教育、文化艺术和广播电视事业、科学研究和综合技术服务事业、金融保险业、国家机关、党政机关和社会团体。统计报表分为年报和季报两种。主要指标有职工人数与工资、职工增减变动情况、职工分类、工资总额构成等。职工范围包括固定职工、合同制职工、临时职工、计划外用工等。工资统计内容，包括计时工资、计件工资、各种奖金、各种津贴、加班加点工资及其他。

2004年，劳动工资报表增加单位从业人员变动情况和上季度末从业人员等指标。2006—2007年，新增使用农村劳动力的年平均人数等指标。

九、基本单位统计

2004年，第一次全国经济普查结束后，从2005年至2007年，龙文区统计局根据2005年国家统计局、中央机构编制委员会办公室、民政部、国家税务总局、国家工商行政管理总局联合颁发的《关于建立全国基本单位名录更新制度的通知》要求，增设基本单位统计，以第一次全国经济普查数据库为基础，每半年向职能部门收集新增、变更、注销单位信息，经核对整理后向新增企业布置报表，更新法人名录资料，为服务新区建设提供更准确的参考和决策依据。

第三节　专项普查

一、全国农业普查

（一）第一次全国农业普查

1996年6月，根据《国务院关于开展第一次全国农业普查的通知》和省、市政府的有关通知，龙文区成立第一次全国农业普查领导小组及其办公室，并于同年10月召开龙文区第一次全国农业普查工作会议，全面动员部署普查工作。普查对象是各种类型的农业生产经营单位、农村住房、乡镇企业、行政村和乡镇。普查内容主要有农业生产经营单位的数量、规模和结构，农业用地在各生产经营单位的分布和使用情况，乡镇企业和建制镇的基本情况等，普查表分为农村住户调查表、非农村住户类生产经营单位调查表、行政村调查表、乡镇调查表、非农乡镇企业基本情况卡片、农业用地卡片等，普查表调查项目38项。普查时期指标为1996年1月1日到12月31日。普查时间到当年12月31日。

1997 年 1 月 1 日，进行普查登记和复查、事后质量抽查、普查数据市级光电录入、普查资料汇总和开发利用等项工作。

（二）第二次全国农业普查

2005 年 4 月 29 日，国务院下发《关于开展第二次全国农业普查的通知》，龙文区政府于 2005 年 12 月成立龙文区第二次全国农业普查工作领导小组及其办公室。2006 年开展第二次全国农业普查，普查内容包括农业生产条件、农业生产经营活动、农业土地利用、农村劳动力及就业、农村基础设施、农村社会服务、农民生活，以及乡镇、村民委员会和社区环境等方面的情况。涉及农户从事何种行业、是否参加专业合作组织及饮水、能源、厕所等生活设施条件、各种养老保险、各类规范经营大户、居民迁移情况，以及新型合作医疗、村级养老补助等农村社会保障，水、电、路等社区基础设施及服务，医疗卫生条件，文化教育体育组织，农田水利及农村生产条件，乡镇市场建设、社区规划等都设置普查指标体系，涵盖农村经济社会发展各项内容。

第二次全国农业普查的时期资料为 2006 年度；普查标准时点为 2006 年 12 月 31 日 24 时。普查成果显示：2006 年，全区农业总产值 49760 万元，其中种植业销售收入 10569 万元、林业销售收入 79 万元、畜牧业销售收入 33320 万元、渔业销售收入 3283 万元、农业服务业总收入 2508 万元。

二、全国人口普查

境内的步文和郭坑分别于 1953 年 7 月 1 日，1964 年 7 月 1 日，1982 年 7 月 1 日，1990 年 7 月 1 日进行 4 次全国人口普查，普查资料统一汇总到县、市统计局。

第三次人口普查项目包括姓名、年龄、性别等 19 项；第四次人口普查内容增加到 21 项，新增户口性质、迁移情况及原因等。

2000 年 5 月 10 日，根据省、市第五次全国人口普查工作电视电话会议精神，龙文区召开第五次全国人口普查领导小组成员会议，进一步部署全区“五普”工作。普查先在蓝田镇小港村开展试点工作。全区普查时间从 2000 年 8 月至 10 月底。入户登记（普查的标准时点是：11 月 1 日零时）、复查阶段（2000 年 11 月 1 日至 12 月上旬），验收、编码、数据光电处理阶段（2000 年 12 月中旬至 2001 年 2 月底），资料开发阶段，发布公报。普查内容增加姓名、与户主的关系、性别、年龄、民族、户口登记地状况等 26 项指标。普查结果显示：全区总户数 13.47 万人，与第四次人口普查相比，10 年零 4 个月，人口增加 2.59 万人，增长 23.74%，年均增长率 2.15%。普查标准时间前一年内出生人口 1399 人，死亡人口 634 人，人口自然增长率 5.68‰。

三、全国基本单位普查

1996 年 8 月，步文镇和郭坑镇开展第一次全国基本单位普查。

2001 年 8 月，区政府根据《国务院关于开展第二次全国基本单位普查的通知》和省、市通知精神，成立龙文区第二次基本单位普查领导小组及其办公室。确定这次普查对象为行政区划内除农户和个体经济以外所有的法人单位及法人单位附属的产业活动单位，其中包括各类企业法人、事业单位法人、机关法人、社团法人和其他法人，以及这些法人所属的农业、工业、建筑业、交通运输业、批发零售贸易业、餐馆服务业、行政事业单位和社会团体等产业活动单位。普查内容主要有单位的经济类型、所属行业、从业人员、企业规模、营业状态等各类基本属性和主要标识。普查表式采用全国统一的基本单位普查表式，包括基层表和简易综合汇总表。基层表分为甲、乙两种表式，甲表为法人单位调查表，乙表为产业活动单位调查表。普查标准时点为 2001 年 12 月

31日结束；调查年度为2001年（1月1日至12月31日）。在具体操作上采用“以块为主，条块结合”的方法，并于2001年12月5日至12月31日进行普查登记。2002年，全部完成普查工作。

四、全国经济普查

龙文区进行第三次全国经济普查宣传活动

2004年3月，成立普查工作领导小组及其办公室。经济普查的对象，是在区境从事第二产业和第三产业的全部法人单位、产业活动单位和个体工商户。具体范围包括：采矿业，制造业，电力、燃气及水的生产和供应业，建筑业，交通运输、仓储和邮政业，信息传输、计算机服务和软件业，批发与零售业，住宿和餐饮业，金融业，房地产业，租赁与商务服务业，科学研究、技术服务与地质勘查业，水利、环境和公共设施管理业，居民服务和其他服务业，教育，卫生、社会保障和社会福利业，文化、体育与娱乐业，以及公共管理与社会组织等。

经济普查的主要内容包括单位标志、从业人员、财务收支、资产状况，企业的主要生产经营活动和生产能力，主要原材料和能源消耗及科技开发的投入状况，以及个体工商户的基本情况等。

经济普查的时期资料为2004年度；标准时点是2004年12月31日。

普查结果：全区法人单位867个，产业活动单位927个，个体户6144个。其中第二产业中规模以上工业企业数77家，从业人员10774人，主营业务收入225414万元；建筑业企业7家，建筑业企业总产值13619万元。

第四节　统计调查

一、农村住户抽样调查

2000—2007年，根据国家统计局制定的调查方案和省农调队的部署，龙文区农调队负责农村住户抽样调查，调查规模为70户农户。调查样本按照区内农民人均年纯收入水平由低到高编制抽样框，采取对称等距抽样方法抽取7个行政村作为调查点，每调查点取10户。调查点每隔几年调整一次，调查内容为农户收支情况，包括吃、穿、住、用和文化生活服务等生活消费情况。调查方法是建立经常性收支记账制度，由调查户逐日、逐笔记账，按规定时间报送区农调队审核汇总后上报市、省农调队。通过农村住户抽样调查取得农民人均纯收入和人均收支等重要数据，具有代表性。

2000—2007 年龙文区农村住户抽样调查收支情况表

表 20-2-1　单位：元

项　目	2000 年	2001 年	2002 年	2003 年	2004 年	2005 年	2006 年	2007 年
人均总收入	5137	5325	5295	5206	5651	7547	9249	10818
人均总支出	4430	4328	3727	3066	4215	6142	7850	9617
人均纯收入	3747	3889	4037	4321	4785	5199	5553	6188

二、城镇住户抽样调查

2005 年 11 月，龙文区统计局开展城镇住户调查工作。根据国家统计局制定的调查方案和省、市城调队的部署，由区城调队负责城镇住户抽样调查，调查规模为 30 户。调查样本按照区内城镇居民可支配收入水平由低到高编制抽样框，采取对称等距抽样方法抽取 2 个居委会作为调查点，每调查点取 15 户，调查内容为城镇居民住户收支情况，包括吃、穿、住、用和文化生活服务等生活消费情况。调查方法是建立经常性收支记账制度，由调查户逐日、逐笔记账，按规定时间报送区城调队审核汇总后上报市、省农调队。调查结果显示：2005 年、2006 年、2007 年，龙文区城镇居民人均可支配收入分别为 8001 元、9461 元、11461 元；人均消费支出分别为 6175 元、7761 元、8689 元。

三、人口变动情况与群众安全感抽样调查

2003 年，龙文区被确定为人口变动情况抽样调查点（属省级样本点，对全区具有代表性），被抽中的镇、村是蓝田镇的圳头村（省点）、步文镇的下洲村（国家点）。

2004 年，根据国家统计局和《福建省人民政府办公厅关于认真做好 2004 年人口变动情况和群众安全感调查工作的通知》精神和全省、全市的统一部署，开展人口变动情况抽样调查和群众安全感调查。调查方法是实行镇、村、小区三级抽样，每个村（居）抽选 2 个小区。调查内容主要是：人口、出生、死亡、迁入、迁出等重要数据。调查标准时间为 2004 年 11 月 1 日 0 时，现场登记时间为 2004 年 11 月 1 日至 10 日。龙文区蓝田镇梧桥村委会第三小区和步文镇田丰村第三小区被抽中作为省点调查小区；另外还有 8 个市扩大点调查小区。其中市区抽中 5 个小区（蓝田镇 3 个、步文镇 2 个），镇区抽中 2 个小区（朝阳镇 1 个、郭坑镇 1 个），乡村抽中 3 个小区（朝阳镇 2 个、郭坑镇 1 个）。调查结果样本总户数 964 户，样本总人口 4595 人。抽查样本出生人口 57 人，人口出生率为 12.46‰，根据调查结果测算龙文区常住人口 13.95 万人。

2005 年，开展全国 1% 人口变动情况抽样调查。调查的标准时点为 2005 年 11 月 1 日零时。调查内容包括住户的基本情况和个人的年龄、性别、受教育程度、职业、迁移流动、生育、社会保障、住房情况等指标。其目的主要在于摸清 2000 年以来中国人口数量、构成以及居住等方面的变化情况，研究未来人口状况的发展趋势，为制定第十一个五年国民经济计划和有关政策提供准确的依据。龙文区共抽中 29 个小区，其中国家点 7 个小区，省扩大点 22 个小区；常住人口 6800 人，其中男 3512 人、女 3288 人，性别比为 106.8。全区调查的总户数为 1951 户，登记总人口 7306 人，其中出生人口 72 人，出生率 9.9‰，死亡人口 27 人，死亡率 3.7‰， 自然增长率 6.2‰；家庭户常住户数 1766 户，家庭户常住人口 6188 人，家庭户均人口 3.48 人，65 周岁及以上人口 442 人，占总人口比重为 6.5%。本次调查城镇人口 5134 人，城镇人口占总人口比例为 75.50%。据调查数据测算全区常住总人口为 14.06 万人，城镇化率为 74.2%。

2006年6月，开展人口抽样调查，长福村委会、浦口村委会、漳滨村委会3个村、6个小区。常住人口743人，性别比为104.7。全区调查的总户数为217户，登记总人口743人，其中出生人口8人，出生率10.8‰，死亡人口1人，死亡率1.35‰， 自然增长率9.45‰。本次调查城镇人口占总人口比例为78.33%。据调查数据测算全区常住总人口为14.19万人，城镇化率为78.3%。

2007年，开展人口变动调查，蓝田、步文、朝阳3个镇、6个村、12个小区，登记总人口1504人。其中常住人口1416人，男性735人、女性681人；外出人口58人；暂住人口30人；常住出生人口15人，出生率12.39‰；死亡人口3人，死亡率4.46‰；人口自然增长率7.75‰；0—14岁人口177人，占常住人口比重12.50%；15—64岁人口1146人，占常住人口比重80.93%；65周岁及以上人口93人，占常住人口比重为6.57%。本次调查12个小区均在城镇地区，城镇人口1416人。据调查数据测算龙文区常住总人口为14.28万人，城镇化率为79.2%。

第五节　统计服务与执法监督

一、统计服务

（一）编印统计资料

1997年以后，每月收集本部门各专业及有关经济部门数据，整理、编印一份“龙文主要经济指标数据一览”，供有关领导和部门参考。

1998年，编印首部《1997年龙文统计年鉴》。2002—2004年，每月编印《龙文每月经济报告》《龙文工业立区专刊》。2005年改版《龙文每月经济报告》，增加文字分析内容。2007年增加编印《分县市区主要经济指标快报数龙文每月经济报告》，对龙文区的经济总量与增幅在全市的位次进行对比公布。除了每月撰写进度分析外，每季度撰写一至两篇综合统计分析资料；及时公布当月主要经济指标完成情况。为各级领导、各部门提供分析研究决策的依据。同时，每年为区委、区政府提供大量统计信息，为党政机关、社会团体及各界人士查询资料提供便利，为企业申报名牌提供服务。

2007年8月，整理编印《龙文统计年鉴（1997—2005）》。

（二）统计分析与研究

2000年始，区统计局编印《统计分析报告》。每年登载统计人员撰写的统计分析和调查报告。统计专业人员撰写的统计论文多次在全市学会评比中获奖。

二、统计执法监督

1997年后，大力宣传统计法律法规，制定开展统计法制宣传教育的规划；不断加强统计监督检查和统计执法，确保全区统计数据质量。2003年起，区统计局每年初根据各专业提供的名单，确定25家单位作为当年统计监督检查的重点单位。

2004年5月，漳州市人大常委会组织对龙文区统计执法进行大检查。龙文区政府成立由分管副区长为组长，区人大财经委主任、区政府办主任和区统计局长为副组长的区统计执法检查领导小组，并从区政府办、区监察局、区统计局抽调精干工作人员组成执法组，做好自查工作。

2005年6月27—29日，漳州市统计局对龙文区规模以上工业企业进行统计监督检查，并以《关于龙文区统计数据质量监督检查的整改建议书》文件进行反馈，文中对龙文区统计局几年来统计工作所取得的成效予以充分肯定，同时也指出工作中存在的一些不足，并提出整改建议。

2006—2007年，龙文区统计部门提出具体整改措施：广泛宣传《中华人民共和国统计法》，增强统计法律意识；规范数据的采集、整理、汇总、传递等工作；加强队伍建设，提高统计人员业务素质；狠抓统计基础工作，进一步提高基层统计工作规范化；加强统计监督检查；加大统计执法力度；加大对各镇、开发区统计工作的督查，同时根据检查组的意见进行整改。

第三章　工商行政管理

第一节　机　构

1959年6月，郭坑圩成立市场管理委员会，隶属龙溪县工商科。1964年，郭坑、步文公社成立市场管理委员会，作为龙海县工商局的派出机构。1979年7月，按行政区划，郭坑、步文公社市场管理委员会改为工商所，隶属龙海县工商局。1996年11月，成立漳州市工商行政管理局龙文分局筹建小组，1997年1月25日挂牌成立漳州市工商行政管理局龙文分局，编制49人，其中行政编制43人，事业编制6人；在职36人，其中干部29人，工人7人。内设人秘股、公平交易股、市管股、注册股、检查大队及步文工商所、郭坑工商所。同年12月，龙海市工商局步文、郭坑工商所划归龙文分局。1998年2月，增设朝阳工商所和蓝田工商所。

2000年3月和4月，龙文分局基层工商编制32人。其中，工商所及检查大队28人、消委会办公室2人、个私协办公室2人。2001年3月，龙文分局基层工商所改为分局：设置步文分局和郭坑分局，撤销朝阳工商所。

2001年12月，龙文分局为正科级机构，内设办公室、法制股、行政执法股、注册管理股、人事教育股（含纪检组、监察室、机关党委）；机关编制16人，其中行政编制15人、工勤人员事业编制1人。

2002年1月，漳州市工商行政管理局龙文分局更名为漳州市龙文区工商行政管理局。

2003年3月，龙文分局基层专项行政编制40人。其中分局（工商所）人员21人、检查大队15人、消委会办公室2人、个私协办公室2人。

2004年4月，工商分局按副科级进行设置调整，分局改为所，工商所所长实行聘任制；6月，录用招收机关工勤人员事业编制3人，其中驾驶员2人、电脑录入员1人；9月30日之前完成工商所设置调整及工商所所长聘任工作；11月，设立漳州市龙文区工商局信息技术管理股，人员编制自行调剂。

2005年1月，设立龙文区工商局“12315”消费者申诉举报服务台，编制3人；12月，设立区工商局增设财务装备股，人员编制自行调剂。

2006年10月，龙文区工商局“12315”消费者申诉举报服务台的人员，编制数增编2人。

2007年3月，龙文区工商局调整内设机构，将行政执法股分设公平消保股、市场合同股、商标广告股，人员编制自行调剂。2007年年底，龙文区工商局在编60人。

第二节 企业监督管理

一、登记发证

1952年，开始对私营企业进行登记。1956年，完成对私营企业社会主义改造，部分私营企业过渡到公私合营和手工业合作社。农村个体小商小贩被动员回乡参加农业生产。1958年，大办工业，公社、生产大队相继兴办企业。1973年，对社队企业登记发证。1983年，郭坑、步文公社工商企业进行检查验证，统一换发全国统一营业执照。1984年，国家鼓励农村个体工商业发展，允许农民进城申请务工经商，由工商行政部门发给营业执照。

1997年，全区登记的内资企业433户，注册资金69419.06万元，其中私营企业244户；个体工商户302户，注册资金1832.36万元，从业人员3261人；“三资”企业35户，外国投资2492.72万美元。

1998，新登记外商、港澳台商投资企业17户、国营集体企业23户、私营企业49户、个体工商户449户；办理外商、港澳台商投资企业变更5户、国有集体企业变更33户、私营企业变更31户、个体工商户变更30户；办理外商、港澳台商投资企业注销、吊销8户，国有集体企业注销、吊销70户，私营企业注销、吊销24户，个体工商户注销10户。全区累计有外商、港澳台商投资企业31户，其中独资企业15户、合作企业2户、合资企业13户、分支机构1户；内资企业258户，其中私营企业167户（其中有限公司111户、分公司9户、私营合伙企业24户、私营独资23户）；个体工商户1452户。

1999年，新登记注册内资企业18户，有内资企业259户，注册资本金17126万元；新登记注册私营企业50户，有私营企业195户，注册资本金22108万元；新登记注册个体工商户254户，有个体工商户1706户，注册资本金9016万元；有外商投资企业30户，投资总额7723万美元，注册资本4519万美元；

2000年，新登记的外商投资企业6户、集体企业27户、私营企业35户、个体工商户294户。2001年，新登记的集体企业11户、外商投资企业2户、私营企业29户、个体工商户120户。2002年，新注册外资企业4户、私营企业25户、个体工商户53户，新增注册资本3453万元。2003年，新登记内资企业7户，注册资金10178万元。2004年，新登记私营企业54户，办理私营企业变更登记79户，注（吊）销20户；办理个体工商户开业登记286户，变更登记605户，注销登记202户。

2005年，新登记集体企业20户，办理外商投资企业设立登记7户，新设立私营企业81户、个体工商户开业登记309户，全区国有集体企业162户，注册资本（金）30540万元；外商投资企业43户，投资总额17027万美元，注册资本（金）8508万美元；私营企业423户，注册资本（金）76379万元，从业人数3832人；个体工商户2117户，注册资金12758万元，从业人数6557人。2006年，新登记各类经济主体537户，其中新发展个体工商户435户，比上年同期增长40%，私营企业89户，同比增长10%。

2007年，龙文区注册登记各类企业997户，注册资金320491.59万元，从业人员7603人。累计内资企业937户，注册资金263337.78万元（有限责任公司及其他法人企业630户，注册资金252198.78万元）；其中私营企业总量702户，占内资企业总数量74.91%，注册资金

202724.58万元，从业人数7108人；“三资”企业60户，外国投资7830.41万美元。个体私营经济飞速发展，在国民经济的比重大幅上升；个体工商户2553户，注册资金15407.32万元，从业人员7102人。

二、监督检查

1978年前，主要查处无照经营的个体工商业者，或责令停止营业，或经审查合格批准后许可经营，补发营业执照。1978年后，恢复发展农村个体工商业，扶持乡镇企业发展；组织个体劳动者开展自我教育、自我服务、自我管理。1984年后，工商管理部门加强个体私营企业和国有、集体企业的监督管理，清理整顿无证经营，查处违法违章经营活动；教育企业文明经商、维护市场秩序，保护群众合法权益。

1997—2001年，龙文区工商局以开展年检验照工作为切入点，通过开展多形式培训，开辟年检绿色通道、建立一次说清等机制，加强对企业的年检验照。

2002年，全年完成外商投资企业年检30户，年检率89%；国有集体企业年检171户，年检率83%；私营企业年检186户，年检率87%；个体工商户验照贴花1344户，验照率87.5%。

2003年，国有集体、私营企业、个体工商户年检验照率分别达到87%、85%、85%；2004年，年检验照率分别达到85%、87%、85%。

2005年，国有集体、私营企业、个体工商户、外资企业年检验照率分别达到83.77%、78%、61%、82.6%。

2006年，个体工商户、国有集体企业、私营企业年检验照率分别达到78%、82%、79%；已参检企业网上年检率达99%，居全市前列。

2007年，应检内资企业531户，已检企业506户，年检率95.3%；应验照个体工商户1646户，已验照1126户，验照率68.41%；应检外商投资企业54户，参检企业45户，年检率83.33%。企业全部通过网上进行年检。

第三节　经济合同管理

一、合同办理与监督检查

解放前，区境民间买卖、订货双方，多有合约或契约，但政府并无专门的合同管理。如果发生纠纷，则由商会或民间经纪人从中调解。

中华人民共和国成立初期，区境个体私营企业沿用契约之类的合同。1956年，对私营企业完成社会主义改造后，国有、集体企业才逐步重视经济合同。但是由于计划经济体制的关系，企业组织并没有对经济合同引起足够的重视。“文化大革命”时期，经济合同也常常流于形式。

改革开放后，国家强调用社会主义经济手段管理经济，并明令工商行政管理机构是签约监证经济合同执行机关。1980年，郭坑、步文工商管理所负责处理境内的企业和公社、生产大队之间签订购销合同，如有纠纷，备案上报县工商局经济合同仲裁机构进行调解。1981年开始，公社全面实行农副产品和主要生产生活资料的农商购销合同。1982年，境内的企业、公社和生产队组织均按照要求配备合同管理联络员。1983—1996年，郭坑、步文工商所配合上级机构，建立经济合同管理制度，查处违法违规的经济合同案件。

1997年，龙文区工商局运用合同管理职能，大力推进合同管理。当年办理企业动产抵押登记20份，抵押物价值3678万元，为企业融资1753万元。

1999年，办理企业动产抵押登记25份，抵押物价值4805万元，为企业融资2233万元；经济合同鉴证13份，合同金额1748万元。

2000年，以促进地方经济发展盘活企业资金为切入点，办理企业动产抵押登记，共办理企业动产抵押登记30份，抵押物价值5612万元，为企业融资2202万元；经济合同鉴证23份，合同金额5420万元。

2001年，办理合同鉴证52份；办理动产抵押登记20起，变更5起，抵押物总值7587万元，为企业盘活资金3269万元。

2002年，办理合同鉴证15起，标的物总值3931万元；办理动产抵押物登记21起，抵押物总值6584万元，为企业盘活资金2434万元。

2003年，办理动产抵押物登记11起，抵押物总值4978万元，主债权金额1828万元； 2004年，共办理动产抵押物登记15起，抵押物总值7646万元，主债权金额2731万元。

2005年，办理企业动产抵押登记15份，抵押物价值17727万元，为企业融资5968万元。在抓好经济合同帮扶的同时，加强对经济合同违法违章行为的监督检查，规范经济合同行为。当年监督检查经济合同11份，合同金额583万元；调解合同争议2件，解决争议金额7.75万元。

2006年，办理企业动产抵押登记16份，抵押物价值12144万元，为企业融资3831万元。监督检查经济合同23份，合同金额1266万元；查处违法经济合同6件，罚没款0.8万元。

2007年，办理企业动产抵押登记10份，抵押物价值17763万元，为企业融资5507万元。全年监督检查经济合同43份，合同金额5644万元；查处违法经济合同8件，罚没款1.29万元。

二、“守合同、重信用”评选活动

1998年，区境企业单位开展“守合同、重信用”评选活动，全区共有13家企业被表彰为1997—1998年度“守合同、重信用”单位。其中市级4家、区级9家。

2000年，龙文区表彰“守合同、重信用”单位。全区有20家企业获1999—2000年度“守合同、重信用”单位称号，其中市级9家、区级11家。

2002年，全区评选2001—2002年度“守合同、重信用”单位28家，其中省级3家、市级9家、区级19家。2004年，表彰2003—2004年度“守合同、重信用”单位19家，其中省级2家、市级12家、区级5家。

2007年，表彰2003—2004年度“守合同、重信用”单位19家，其中省级2家、市级12家、区级5家。

第四节 商标与广告管理

一、商标注册核转

民国时期，区境产品除步文璞山的片仔癀在城区经营后申报商标外，其余产品均不注重商标注册。中华人民共和国成立之后，经济体制公有化，企业之间没有竞争，企业产品统一由国家收购，所以商标使用得不到重视。1959年，开始澄清商标使用情况。1960年，境内企业开始重视商标品牌。1963年，国家公布《商标管理条例》，工商行政管理部门建立商标档案。“文化大革命”期间，商标被当作资产阶级标志遭到批判、禁止使用。

1979年，企业使用商标意识增强。当年10月，区境国有企业龙海县农药厂的6%可湿性666粉产品注册“三鹿”牌商标。

1985年5月、6月，龙海县磷肥厂硫酸、化肥注册“北溪”牌商标；10月，步文鞭炮厂“爆竹”注册“云洞岩”商标，步文乡罐头厂罐头产品注册“永生”牌商标。

1986年5月，步文食品罐头厂罐头产品注册“万松关”商标；6月，步文石仓罐头厂罐头产品注册“响水桥”商标。

1987年2月，步文合营碧湖罐头的罐头产品注册“锦湖”商标，漳滨合营海记罐头厂罐头产品注册“合滨”商标；3月，步文合营兆川罐头厂罐头注册“兆川”商标；5月，步文合营合成罐头厂罐头产品注册“闽和”商标；6月，步文和营东屿副食品罐头厂罐头产品注册“北溪”牌商标；7月，步文科坑双猫罐头厂罐头产品注册“科坑”牌商标，县农药厂粉剂、乳剂产品注册“三鹿”牌商标。

1988—1990年，步文乡共有8家罐头厂注册商标8件。至1996年，区境有商标23件。步文、郭坑工商管理部门开展核转商标注册登记，清理印刷行业，查处假冒商标案件，保护企业合法权益。

1997年，龙文区以“品牌立区”为工作重点，通过座谈会、约见、邮寄告知书等方式，向企业宣传“品牌兴企”理念，鼓励企业“无标创标、有标创牌”，走自主创新路子。同时鼓励引导企业争创省著名商标、漳州市知名商标称号。当年全区企业共拥有注册商标17项。

1999年，新办理商标注册6件，商标变更1件，注册商标继展2件。2000年，核转注册商标20项，2户企业的商标被评为漳州市知名商标。2002年，核转注册商标17项，推荐"东方"、"青蛙王子"等6项注册商标参加知、著名商标评选，分别占新区成立以来，商标核转数和推荐数的25%和86%。2003年，核转注册商标17件，比上年同期增长了25%，办理续展商标1件，商标许可使用3件。积极推荐“厨师”“青蛙王子”产品参与福建省著名商标评选、推荐“真花”等6项商标参与漳州市知名商标评选。

2004年，共核转注册商标15件，办理续展商标1件，商标许可使用3件。推荐“厨师”“青蛙王子”参与福建省著名商标评选。“升源”等4项商标被评为漳州市知名商标，使全区知名商标达到8项。

2005年，核转注册商标10项，其中农产品核转注册商标4项；培育和指导5家企业被推荐为知名商标认定单位。

2007年，全区17家企业注册商标35项。其中福建省厨师食品集团有限公司的“厨师”、福建东方食品集团有限公司的“含羞草”、福建双飞日化有限公司的“青蛙王子”商标，经司法认定为国家级“驰名商标”；龙文升源粮业有限公司的“升源”等9个商标被认定为“福建省著名商标”；漳州碧山食品有限公司“真花”等23项商标被漳州市政府认定为“漳州市知名商标”。

二、广告管理

1980年前，广告未列入工商管理部门的专门管理范围。改革开放后，区境企业为推销产品，到工商管理部门申请登记广告备案。辖区因地处漳州交通要道，企业通过广告公司在319、324国道两旁设立路牌广告。1993—1996年，步文、郭坑镇工商管理所配合市工商局和有关部门在国道查处违章广告。

1997—1999 年，龙文区工商局发挥行政指导效能，开展虚假广告专项整治行动，建立健全户外广告登记管理制度，指导广告经营者规范发布行为。结合迎接“花博会”召开、开展创卫等活动，配合城建、公安等部门，开展对虚假广告、不规范广告牌进行整治清理，严厉打击非法广告。

2000 年，全区查处广告违法案件 6 起，收缴广告宣传单 2000 多张，布条 40 多条，罚款 4000 多元。2002 年，开展国道沿线竖立的广告进行专项整治活动。对迎宾路、郊柏线违法广告进行全面整改，共取缔虚假药品广告布条 61 条、店堂违法广告 80 多个，责令清理乱张贴广告 140 多张，拆除未经审批登记的广告牌 6 个。

2003 年，共查处违法案件 3 起，没收非法广告牌 87 个，布条 39 条，责令拆除未批准广告牌 8 个，收缴广告宣传单 6000 多张。2005 年，开展“花博会”期间国道沿线综合整治，责令拆除违法户外广告牌匾 84 个，没收非法广告牌匾 78 个，立案查处虚假违法广告案件 10 件。2006 年，以开展创卫为契机，配合城建、公安等部门，开展对虚假广告、不规范广告牌进行整治清理。对广场两侧 18 个不规范广告牌进行责令拆除并统一规格重新制作。并清理省道两侧不规范店堂广告 60 多个。

2007 年，贯彻市、区政府关于开展户外广告整治专项行动，强化对广告的监督管理。全年查处广告违法案件 30 件，罚没款 2.9 万元。

第五节　查处经济违法案件

一、打击投机倒把、走私贩私

1949—1976 年，工商管理部门主要是配合政法部门打击投机倒把、走私贩私活动。“文化大革命”时期，在“左”倾错误影响下，“投机倒把”扩大化，把农民正当的家庭副业和城乡个体经济当成投机倒把加以打击。

1978 年后，市场开放，为了加强对投机倒把、走私贩私打击力度，县工商管理部门在郭坑火车站设立缉私站，打击经济违法犯罪活动。1984 年，允许农民长途贩运，不少原来被认定为投机倒把的行为重新被确定为正常的经济活动，从而激发农民搞活经济的积极性。但是，境内外的走私集团，利用国家开放的政策，仍然存在倒卖国家紧缺物资、走私贩私。1985—1996 年，工商管理部门主要查处走私黄金、贵重药材、文物犯罪行为。

1999 年，龙文区组织开展打击走私行为等专项行动，全年共查处走私案件 13 件，上缴缉私罚没款 90 多万元，查获不锈钢 90 吨、涤纶丝 55 吨、塑料米 2 吨、味精 5 吨、香烟 24 件等一批物品。1999 年后，经济领域走私贩私活动已大量减少，制造假冒伪劣商品等违法活动增加，工商管理部门开始转入查处这一类违法案件。

二、查处假冒伪劣等违法活动

1997 年，龙文工商局成立后，加强执法队伍建设和执法力度，建立打击假冒伪劣商品机制。全年共查处违法案件 31 件，案值 290 多万元，上缴罚没款 63.1 万元。

1998 年，重点开展打假治劣专项整治活动，封存销毁 19 种来路不明的散装酒，捣毁两个假烟地下工厂、制假化肥窝点1处，查扣1套卷烟机器设备、烟丝920万包、盘纸46件、丝束27件，查处过期农药等一批假冒伪劣商品。

2000年，查处经济违法违章案件120件，罚款100多万元。6月8日在公安部门的配合下，捣毁4处传销窝点，查获传销产品“海豹油”80盒、各类传销宣传品及授课教程数百份、传销VCD光盘18片及用于传销收入转账的银行储蓄折（卡）19张，现场查获涉案人员23人，2名传销头目移送公安机关审理，其中1人被判刑6年，取得较好的社会效益。

2002年，进行专项整治行动39项，出动执法人员1650人次，车辆430辆次，立案查处各类经济违法违章案件307起，总案值239万元，上缴罚没款81万元。查获假冒“夏士莲”“舒肤佳”香皂28箱、钢卷尺226件、砂轮片250箱、服装600套、罐头1380箱、大米87吨、米粉2985箱、油漆100桶等一批物资。

2003年，在“非典型性肺炎”疫情发生期间，龙文区工商局组织开展查处利用“非典”进行违法经营活动、查处销售毒鼠强等专项行动，加大对假冒伪劣物品的查处力度。全年共出动执法人员2430人次，车辆490辆次；查处各类经济违法违章案件326起，总案值131.5万元，上缴罚没款81.43万元。查获“新一代化学气剂三步倒”鼠药575支、假冒“ADIDAS”“NIKE”等品牌的网帽6万个、冒牌化肥31.5吨、冒牌电动卷帘门500台等物品，总案值111.75万元。

2004年，加大力度查处各类经济违法违章案件，相继开展“维护春节市场秩序、保障群众消费安全”的春节行动、保护广大农民利益的“打假护农”专项行动、组织“校园周边市场经济秩序专项整治”、开展“食品市场”“文化市场”“粮食市场”等一系列专项整治行动。全年共出动执法人员1130人次，车辆230辆次；立案查处各类经济违法违章案件115起，上缴罚没款41万元。

2005年，开展“保护知识产权专项执法行动”、保护广大农民利益的“打假护农”专项行动、手机市场专项整治行动、查处生产销售“黑心棉”制品专项行动、查处制售假冒金门高粱酒行动、对城乡各类市场非法出版物专项整治行动。全年共出动执法人员783人次，车辆185辆次；立案查处各类经济违法违章案件189起，上缴罚没款56.14万元，其中查处各类假冒伪劣案件44起，捣毁制售假窝点11个，案值25余万元，罚没款17.18万元。查获仿冒“长城”牌葡萄酒4662瓶、仿冒“大白鲨”牌啤酒312瓶、“长寿”牌面线包装盒3850个、不合格葡萄酒“洋葱干红”600瓶、“芹菜干红”60瓶、“古井”牌酒11瓶等一批违法物资。

2006年，认真落实开展各阶段整治规范工作，加大力度查处各类经济违法违章案件。相继开展“治理商业贿赂专项工作”“移动电话市场秩序专项行动”“整治商业零售企业不规范促销行为”“打击黑心棉专项行动”“查处欧典地板专项行动”“检查仙妮蕾德公司违法违规行为”、查处非法出版物专项整治工作、“红盾”行动，以及专项查处不正当竞争案件工作。全年共出动执法人员823人次，车辆196辆次；立案查处各类经济违法违章案件193起，上缴罚没款70万元，其中查处各类假冒伪劣案件42起，捣毁制售假窝点18个，案值32余万元，罚没款32.09万元。查处销售不合格农机案件2起，罚9.9万元；假冒案件20起，查获侵权葡萄酒1152瓶，侵犯“伊利”注册商标专用权的牛初乳2260件，侵犯“田七”注册商标专用权的洗洁精203瓶，冒用厂名、厂址的泥子粉15吨；销售不合格木地板500平方米，细木工板560张，罚5.4万元；不合格复合肥2000公斤，罚没0.11万元。查获辖区某饭店在经销某品牌啤酒过程中收受厂家返利款的商业贿赂案件，案值3万元，罚没款2.47万元。

2007年，全区共立案查处各类经济违法违章案件291件，案值404万元，上缴罚没款78万元。其中不正当竞争案件8件，案值3.5万元，罚没金额3.8万元；商业贿赂案件1件，罚款1万元。依法查处彭某伪造产品产地案，没收在扣的“亿佳”枕芯3对、棉被2床、罗曼妮名牌棉被3床、

“彭氏”枕芯5对、蚊帐3张，罚没款2万元。查处黄某冒用食品合格认证标志的不正当竞争案，没收并销毁香芋饼干20包、面包10包、麻花饼干20包、食品合格证标识纸300张，罚款1500元。先后开展查处假冒台湾水果、假冒金门高粱酒、假冒美国花生酱、假冒伪劣手机、手机售后服务市场专项整治、康之味食品公司投诉件等10多项专项整治活动。出动执法人员859人次，车辆298台次，检查辖区内企业（个体户）1025户/次，立案查处制售假冒伪劣商品案件11件，案值10.1万元，罚没金额7.95万元。捣毁制假窝点7个，制售假冒伪劣商品行为得到有效的遏制。先后查获2起假冒名牌洗涤用品案，查获假冒舒肤佳香皂52件、冒牌黑人牙膏3件、飘柔洗发露23件、海飞丝洗发露6件；4月份查获漳州明仕达贸易有限公司销售假冒无锡小天鹅股份有限公司“小天鹅”牌多功能取暖器和燃气灶共310台，经营额24445元，罚款3万元。加大对制造、销售假冒伪劣人造板经营者打击力度，立案查处冒牌胶合板案件3件，罚款1.5万元。开展红盾打假护农，立案查处步文供销社销售冒牌农药案，依法查扣2件冒牌农药，罚款0.2万元。

第六节　市场管理

一、市场建设

明清时期，有郭坑圩、市尾圩、小港圩等农村集市。民国时期至改革开放前，市场也长期保持旧貌。

1985年，步文公社投资70多万元，兴建步文港桥农贸市场。1988—1989年，新建、扩建郭坑农贸市场。

1997年，龙文区有主要集贸和专业批发市场4处，除郭坑集贸市场有办理登记外，其余均属村办市场，且大都为简易搭盖。根据区政府和工商局提出支持开拓有特色的市场，先后投建莲池尾农贸市场、浦东副食品综合市场、浦口粮食市场。2000年，对郭坑、莲池、坂上、下洲4处农贸市场进行改建和扩建。投资350万元，增加摊位500位，店面30间，面积2000平方米。

2005—2007年，结合“创建全国卫生文明城市”活动，整治农贸市场“脏、乱、差”的现象。全区各农贸市场先后投入200多万元，按照统一标准实行软硬件改造升级，做到上市商品划行归市、摆放整齐、明码标价；市场内禁售有毒、有害、变质、过期食品及灌水肉类等；熟食品行业统一配备卫生工具；市场内定期消毒，使市场经营秩序及面貌大为改观。

2007年，全区有各类市场8处。其中工业品批发市场1处、蔬菜批发市场1处、粮食批发市场1处、副食品综合市场1处，其他农贸市场4处。

二、市场监督检查

1951—1952年，各级人民政府组织摊贩委员会，对市场进行整顿。1953—1954年，县成立市场管理委员会，加强对市场的管理。1956年，贯彻中央“放宽农村市场管理”的指示，允许农民自由贸易。1962年，步文、郭坑公社成立市场管理委员会。但是在“左”倾错误影响下，农民贸易仍然受到很多限制。“文化大革命”期间，正常集市贸易被取消。1978年，区境市场全部开放。1982年，农村实行生产责任制，商品生产发展，促进集市贸易活跃。

1999年，龙文区工商分局成立粮食稽查队，出动人员107人次，车辆36辆次，检查企业及个体工商户 269 户。查处粮食违法运销案件 5 起，粮食 155 吨，罚款 11000 元。

2001 年，深入开展“餐桌污染”专项整治，加强对农贸市场的管理，先后购买有机磷农药残存“速测卡”和“测试仪”，对全区 6 个农贸市场进行经常性的检查；组织人员 3 次对食品添加剂、食品加工制造、饲料加工、食品销售等 5 个行业进行重点检查。此外，在区教育局、卫生防疫站的配合下，开展校园周边饮食店、食杂店的专项整治。全年共捣毁地下食品加工窝点 8 处，查处生猪屠宰点 5 处，没收私宰猪 14 头；查处病猪宰点 1 处，没收病死猪肉 200 公斤；销毁农药残留超标蔬菜、有毒有害水泡制品 469 公斤，未经检疫的进口鸡爪 25 公斤；查扣查封冰箱、冰柜 14 台，食品烘烤炉具 6 台、经营快餐饭菜架 3 台；销毁假冒伪劣食品、饮料 260 多公斤。

2002 年，建立长效治理“餐桌污染”机制。坚持治本为主，标本兼治的工作方针，制定“餐桌污染”源头治理方案，全年捣毁地下食品加工窝点 5 处，取缔地下私宰病死猪窝点 2 处，查获并销毁各类污染食品 2000 公斤。同时，在高考期间，组织人员对考点周围快餐店进行检查，取缔无证照经营快餐店、儿童食品摊点 15 户，限期整改 20 户。

2003 年，建立定期巡检机制，组织开展“红盾打假护农”、夏季农资市场检查等专项行动，加强对农资生产、经营点巡查力度，查处违法违章行为 7 起，取缔无照经营 2 家。

2004—2007 年，在浦口粮食批发市场推行新的监管模式，督促市场主办单位制订《浦口粮食批发市场文明诚信经营守则》《浦口粮食批发市场自我规范内容》《“浦口大米”计量诚信倡议书》等一系列经营规范，实现窗口前移，取得监管重大突破。该经验先后在中国工商报、省局整规简报上专题推广。

三、维护消费者合法权益

1998 年，龙文区工商分局设立“12315”消费者投诉服务台，接受消费者的投诉，维护消费者的合法权益。

2004 年前，调解纠纷办结率 95%；2005 年后，办结率 100%。1998—2004 年，为消费者挽回经济损失 371.32 万元。

2007 年，龙文区消委会与区工商局“12315”投诉服务台按照省、市工商局的工作部署，组织开展“红盾维权进社区”活动，加快村（居）、市场、商场三级网络建设，在全区内行政村、旅游点、学校、汽车经营点建立 96 个维权站点，拓宽消费维权渠道，推进“12315”进校园、进乡村、进企业、进超市，促进维权活动深入开展。

1998—2007 年，龙文区工商局“12315”消费者投诉台总计受理、调处消费者投诉案件 1215 起。

第四章　审　计

第一节　机　构

1998 年 2 月，成立龙文区审计局，内设办公室、综合审计股、财政金融审计股、行政事业审计股、经济责任审计股、经济责任审计联系办公室；编制 6 人。

2007 年，在编 4 人，其中局长 1 人、副局长 2 人。

第二节　财政金融审计

一、区级预算执行情况审计

1999年，龙文区审计局开始对区财政局及有关预算执行单位上一年度进行审计（以下简称“同级审”）。同时，针对查出的问题，提出整改和处理意见，分别向区政府和区人大常委会提交审计结果报告和审计工作报告。当年审计查出违规金额11.98万元，管理不规范金额630.22万元。

2000年，查出违规金额7万元，管理不规范金额250万元，处理上缴区财政7万元。

2001年，查出违规金额3万元，管理不规范金额260万元，处理上缴区财政3万元，查出少征预算收入20万元，应缴未缴预算收入170万元，虚列支出70万元。

2002年，查出违规金额67万元，管理不规范金额579万元，处理上缴区财政5万元。

2003年，查出违规金额15万元，管理不规范金额467万元，处理上缴区财政1万元。审计查出存在预算编制不够规范，应缴未缴预算收入，基金未及时足额上缴入库，部分预算外收入未上缴财政专户，专项资金使用管理不合规等问题。

2004年，查出违规金额83万元，管理不规范金额386万元，处理上缴区财政68万元。

2005年，查出违规金额9万元，管理不规范金额1203万元，处理上缴区财政9万元。审计查出存在混淆预算收入级次，挪用专款，预算外执行收支两条线不够严格，固定资产管理不规范等问题。

2006年，查出违规金额1082万元，管理不规范金额280万元，应归还原渠道资金130万元。审计查出存在的主要问题是：部分在预算外资金专户暂存的一般预算收入、基金预算收入未及时缴入国库；部分应纳入国库核算的财政收入放在预算外资金专户进行核算；个别部门存在专项结余数额较大，造成财政资金的闲置，甚至被挪用。

2007年，查出违规金额119.74万元，管理不规范金额1572.53万元，处理上缴区财政119.74万元。审计查出的主要问题是：某些预算单位财政收入和支出核算不实，虚增当年财政收入数和支出数；个别部门存在专项结余数额较大，造成财政资金闲置，甚至被挪用的情况。

二、乡镇财政决算审计

1999年，开始对蓝田镇、步文镇、朝阳镇、郭坑镇的1998年度财政决算情况进行审计，查出管理不规范金额429.93万元。审计发现4个镇存在的主要问题是：会计核算基础薄弱，个别单位仍使用财政所自制的收费票据；有些专项资金没有专款专用；现金管理不符合规定；违反控办购车；教育附加费挪作他用。

2004年，对蓝田镇、朝阳镇的2003年度财政决算审计，查出管理不规范金额985万元，处理上缴区财政8万元，虚列财政收入150万元，虚列财政支出220万元，截留挤占挪用财政资金1万元。

2005年，对步文镇、郭坑镇的2003—2004年度财政决算进行审计，查出管理不规范金额453万元，处理上缴区财政6万元，截留挤占挪用财政资金23万元。审计查出部分财政资金存在应缴未缴，财政转移不规范等问题。

2006年，开展对朝阳镇、蓝田镇2个乡镇2005年度财政决算审计，审计查出违规金额10万元，管理不规范金额55万元，处理上缴区财政1.3万元。查出的主要问题是：租金收入漏缴税费；专项资金使用管理不规范；购置部分固定资产未纳入政府集中采购。

2007年，对步文镇的2006年度财政决算审计，审计查出管理不规范金额77.85万元。查出的主要问题是：租金收入漏缴税费；预算外支出控制不严，致使当年赤字；违规用计生经费购买旅行车；往来款项未清理及购置固定资产未登记入账。

三、税收审计

1999年后，龙文区审计局每年都对区地税局税收计划执行情况进行审计。审计发现的主要问题是：多提代征代扣和个人所得税手续费；未按税款归属划分，将区级税款划归镇级收入；违规减免税；部分委托代征代扣的税款未及时缴入国库等问题。在2002年审计发现：区地税局张某采取虚开税证的手段，贪污纳税人龙文磷肥厂磷肥分厂等7家企业交纳的税款63667.76元。该问题涉嫌贪污税款及时移交到区检察院，经区检察院进一步查处，查出张某虚开税证贪污税款12.43万元。2004年，在开展税收计划执行情况审计的同时，对2001—2003年的经费收支进行审计。审计发现应缴未缴税收登记证、发票工本费等预算收入55676.45元，经费收入来源不合规8.3万元。2005—2007年，税收审计未发现问题。

四、金融审计

1997—1998年，未对金融机构进行审计。

1999年，对区工商银行1998年度资产、负债和损益情况进行审计，查出多摊成本费用1.9万元，固定资产修理费少摊销34.83万元以及贷款分类不合规等问题，并提出审计处理意见和建议。通过审计，为区工商银行规范金融资产管理，防止国有资产流失起到重要作用。

2001年，对中国人民保险公司漳州市龙文区支公司的1999—2000年度资产负债损益情况进行审计，重点审计该公司保费收入、理赔支出、手续费支出、费用支出等情况及业务经营的合规合法性。审计查出主要问题是：违规退还保费；1999年出售固定资产收入40200元，未缴税费；没有严格执行现金管理规定，在部分赔款支出、保险费退费、费用支出等方面超额地以现金支付。

2002—2007年，无金融审计。

第三节　行政事业审计

1999年，龙文区审计局开始对4个行政事业单位进行审计。查出应缴未缴预算收入72.18万元，挤占挪用250万元。

2000年，对12个行政事业单位进行审计。查出管理不规范金额223万元，处理上缴区财政66万元。审计查出存在私设小金库，虚报财政补贴，挪用专项资金，公款私存非法集资等问题。

2001年，对10个行政事业单位进行审计。处理上缴区财政6万元，应缴未缴预算收入5万元，挤占挪用18万元，预算外收入未缴专户19万元，偷税漏税1万元

2002年，对20个行政事业单位进行审计。处理上缴区财政65万元，应缴未缴预算收入112万元，挤占挪用40万元，虚列财政支出3万元，乱收费、乱摊派、乱罚款2万元、预算外收入

未缴专户9万元、账外资产8万元。

2003年，开展行政事业单位审计18家，处理上缴区财政49万元，查出存在违规收费，租金收入未交纳税费，学生代办费未办理结算等问题。

2004年，对13家行政事业单位进行审计。处理上缴区财政17万元，查出存在超标准收费，固定资产管理不规范，支出未严格控制等问题。

2005年，对8个行政事业单位进行审计。处理上缴区财政111万元，应缴未缴预算收入104万元，账外资产6万元。

2006年，对3个行政事业单位进行审计。查出管理不规范金额75万元，处理上缴区财政2.5万元。审计查出存在预算外资金未上缴财政专户，存在隐瞒收入；部分对外经营活动资金体外循环，没在本单位入账；收入款项未向有关单位及时追缴，长期挂账等问题。

2007年，对1家行政事业单位进行审计。审计查出管理不规范金额11.14万元。存在挤占、挪用专款；个人预借绿化款未及时清算，长期挂账等问题。

第四节　经济责任审计

1999年，依照中共中央、国务院办公厅《关于印发〈县级以下党政领导干部任期经济责任审计暂行规定〉的通知》，龙文区审计局开始对4个镇书记、镇长任期经济责任进行审计，查出管理不规范金额682.81万元。查出的主要问题是：部分财会人员管理水平较低，会计核算基础薄弱，个别单位仍使用财政所自制的收费票据；有些专项资金没有专款专用，现金管理不符合规定，违控购车，教育附加费挪作他用。

2000年，对区经济开发有限公司原总经理任期经济责任进行审计，查出管理不规范金额100万元。查出的主要问题是：未按有关规定及时完整反映债权情况，未按规定结转成本及分配相关费用，造成存货数不实；开发区与内部职工合资成立公司，手续不完整，投资额未到位；固定资产处理及清理未作账务处理，及办理审批手续；未真实体现经营损益情况，基本建设项目未办理监督手续。

2001年，对区教育局局长、龙文医院院长及区卫生局局长的任期经济责任进行审计。查出管理不规范金额88万元。存在的主要问题是：龙文医院及卫生局部分医疗收支未真实核算；固定资产核算、管理制度不健全；财会部门未设置固定资产的明细分类账，白条支付医院维修费；部分收支未完全真实的反映，每月月底库存现金较大；区教育局存在无收费许可证的项目收取自考助学费，部分收费未按收支两条线足额上缴财政专户，未及时退还各中小学代办资金。

2002年，对17家单位领导进行任期经济责任审计（其中党政领导15人、国有企业领导2人）。查出违规金额225万元，管理不规范金额1375万元；移送纪检2人。审计查出部分单位存在挤占挪用截留专项资金，私设小金库，乡镇收支不真实，弄虚作假多申请财政补贴，偷漏税款，乱挤乱摊成本费用，私自购买收据违规收费等问题。

2003年，对云洞岩风景区管理处、区住房管理中心、区卫生防疫站、区计划局、区粮食购销公司单位领导的任期经济责任审计。审计查出违纪金额3万元，管理不规范金额86万元。查出存在预算外资金未及时、足额上缴财政专户；超标准、超范围收费；未及时拨付专款、违规使用专款等问题。同年，成立“龙文区领导干部经济责任审计工作领导小组”，制定《龙文区领导干部任期经济责任审计实施办法》《龙文区经济责任审计立项制度》《关于机关内部经济责任审计业务协调制度》《龙文区经济责任审计移送制度》《龙文区经济责任审计执法过错追究制度》《龙文区经济责任审计集体审定制度》《龙文区实行领导干部经济责任审计制度实施意见》有关审计制度，对全区领导干部经济责任审计工作加以规范。

2004 年，对区旅游局、区交通局、区畜牧兽医站、区水利局、蓝田镇政府、朝阳镇政府、郭坑镇食品站 7 个单位领导进行任期经济责任审计。其中行政事业单位领导 6 人，国有企业领导 1 人。审计查出违规金额 267 万元。存在违规收费；挤占、挪用专项资金；未按规定申报，偷漏税收；预算外资金未及时上缴或未缴财政专户等问题。

2005 年，对区工业开发区管委会和漳州市城建监察龙文大队领导的任期经济责任进行审计。查出违规金额 105 万元，管理不规范金额 300 万元。主要存在未按《财政总预算会计制度》有关规定进行财政收支核算和财政管理，未编制财政收支预、决算，随意扩大财政赤字；会计核算与财务管理不规范，税费未及时上缴；预算外资金未上缴财政专户；未经报批，擅自处置固定资产；现金管理不规范等问题。

2006 年，对郭坑镇、蓝田镇、朝阳镇、步文镇的镇长任期经济责任进行审计。审计查出违规金额 59 万元，管理不规范金额 388 万元。审计查出的主要问题是：部分预算外收入未实行收支两条线管理；租金收入漏缴税费；各种专项资金存在部分被挪用或未拨付；账务管理不够严格等问题。

2007 年，对区交通局、区水利局、区民政局、区计生局、区经贸局、区农业局、区卫生局 7 位原任局长，自 2004 至 2006 年任职期间经济责任进行审计。审计查出违规金额 6 万元，管理不规范金额 537 万元。审计查出预算外资金未缴财政专户、专项资金存在挤占挪用等主要问题。

第五节 专项审计

1999 年，对区老人互助会在 1997 年至 1999 年 9 月期间资金运作情况进行专项审计调查。查出存在的主要问题是：财务管理混乱，财务人员存在公款私存、公款私用等严重违反财经法纪的现象，以及区老龄委不合规向互助会收取管理费和报销费用、费用开支不合规等。这次审计，引起区委领导的高度重视，对审计报告作了批示，并移交区纪委进一步查处。

同年，对步文中心粮站和郭坑粮站在 1997 年至 1998 年 10 月资产负债和损益情况进行专项审计调查。两个粮站主要存在问题是：内部管理制度失控，管理混乱，存在原始购销业务未能在账上体现，虚购虚销转移资金账外经营，偷漏税收等问题。未能如实反映经济活动情况，已建议有关部门进一步查处。

2000 年，对郊柏线龙文段改（扩）建工程项目资金使用情况审计，发现存在以下问题是：拆迁补偿款发放手续不完整，工程项目资料不全；违反《现金管理暂行条例》，多次以现金支付工程款。通过审计，加大重大建设项目审计监督力度，有效地规范建设领域的经济秩序。

同年，对区教育系统劳务费进行专项审计；对区农保公司在 1998 年至 1999 年期间保险基金管理与使用情况进行审计。对区农保公司的审计，查出违规金额 4800 元。

2002 年，对区住房公积金管理中心在 1997—2001 年住房公积金管理与使用情况及其机构经费进行审计。查出管理不规范金额 11654.88 元。

2003年，对区民政局的2002年度城市居民最低生活保障资金进行专项审计，查出管理不规范金额28502.65元。

2004年，对区住房制度改革办公室在1999年6月至2004年6月期间公有住房出售收入使用情况进行专项审计。查出2000年11月未按规定的手续费发放货币分房补贴8000元。

2005年，对区2004年度社会保障基金进行专项审计调查，查出存在当年安排再就业专项经费低于规定比例，违规发放失业金的行为。

2006年，对区财政财政资金转移支付、区工商联会费、区工业开发区专项贷款、区民政局救灾专项资金及捐赠4个项目进行专项审计调查。查出管理不规范金额136万元。存在的主要问题是：区财政在拨付转移支付补助款时，用途及金额不具体，预算安排乡村两级办学减收补助款不规范，使用单位未专户核算；区工商联未按规定的程序制定会费收取标准，使用非正式票据入账；区工业开发区对贷款利息支出的核算，与使用单位作出承诺书的内容不相符；区民政局对救灾专项资金的使用过程还存在滞留、拨付不及时。

2007年，对区农村公路建设资金、开发区专项贷款、区预算外资金管理情况、失业保险金管理与使用、农村社会养老保险基金筹集、管理与使用5个项目进行专项审计调查。审计查出管理不规范金额647万元。存在的主要问题是：区农村公路建设资金省市区级补助资金拨付未及时到位，拨付环节多，致使滞留时间长，影响工程建设和资金的使用效率，部分农村公路建设资金未专款专用；开发区专项贷款未按规定建立偿债风险金，存在负债率高，偿债能力较差的风险；区预算外资金收入未上缴财政专户，捐赠款收入未纳入政府集中统筹，政府集中统筹比例较低；失业保险金的管理与使用未能真实反映失业保险基金结余；农村社会养老保险基金工作制度有待于规范，保障水平低，覆盖面小。

第六节　国际贷款项目审计

2004年，开始对区卫生防疫站的2003年度世行贷款结核病控制项目进行审计。审计发现的主要问题是：配套资金和报账回补的外资贷款未到位，2003年第二批省级配套经费6440元和国外借款提款报账6021.18元回补资金未到位；项目资金进度未达到计划要求，2003年项目计划安排，世行贷款42275元，配套资金13296.25元，实际到位世行贷款15800.42元，配套资金12754元，到位率分别是37.38%和95.92%；财务管理方面存在药品领用手续不完整、银行存款日记账和现金日记账不规范。

2005年，对区疾病预防控制中心2004年度世行贷款结核病控制项目进行审计。审计发现的主要问题是：世行贷款到位率偏低，本年计划到位世行贷款42300元，本年实际到位世行贷款12330.92元；挤占配套资金用于列支餐费，发放过节费、责任奖等7210元；会计基础工作及财务管理方面存在记账凭证填写要素不齐全、账簿记录不完整。

2006年，对区疾病预防控制中心的2005年度世行贷款结核病控制项目进行审计。审计发现的主要问题是：配套资金的使用管理不够合理，该单位用配套资金发放各种补贴6140元，存在不合理支出的现象；财务管理不够规范。

2007年，对区疾病预防控制中心的2006年度世行贷款结核病控制项目进行审计。审计发现的主要问题是：世行贷款到位率偏低。

第五章　物价管理

第一节　机　构

1997年12月，成立龙文区物价检查所，为全额事业单位，归区计划局管辖。1998年2月，成立龙文区价格事务所，为自收自支事业单位，2001年7月，改名为龙文区价格认证中心。2002年5月，区物价检查所改名为区计划局物价检查分局。2007年，龙文区物价分局与龙文区价格认证中心仍直属区发展与改革局管辖；人员编制2人，实际在编1人。

第二节　价格管理

一、农村电价管理

1995年，农村电价平均为1.01元/千瓦时，个别村达到1.56元/千瓦时；另外每表还要加收底度电，致使农民负担过重，高电价严重影响农民的生产与生活。1995年1月，郭坑镇政府根据农村电价乱收费的现象，制定下发《关于核定各村分类综合电价最后限价的通知》，加强农村电价管理，制止农村乱提价、乱收费乱摊派现象。郭坑镇规定最高电价限价为0.50元/千瓦时。

1998年，中共福建省委、省政府把整顿农村电价作为为民办实事项目，在全省范围内部署开展农村电价整顿工作。按照部署，龙文区价格检查所对全区农村电价开展整顿工作。通过整顿，平均每千瓦时从1.01元降到0.88元，平均降低0.134元，年减轻农民用电负担350万元。

1999年，龙文区继续深入开展农电整顿工作。当年农村到户电价又有所降低。

2002年9月，在全区实行“同网同价”，农村照明电价每千瓦时比上年同期平均降低0.27元，当年，为农民减负704万元。至2007年，取消历年来对农民每表加收底度的做法，农民得到更多的实惠。

二、液化气价格管理

1997年前，步文、郭坑地处农村，价格监管比较薄弱，液化气价格基本上由经营者按照市场来自由调节。龙文区成立后，定价权在设区市价格主管部门，实行市区统一价格，价格基本稳定在50元/瓶。1999年，全市瓶装液化石油气质量和重量实行统一标准，市场零售价格由市物委按国家标准统一核定。2002年福建省漳州市物价局发布《关于调整市区瓶装液化石油气价格管理办法的通知》，对瓶装液化石油气价格管理进行调整。从此液化气价格根据动态的源头气价进行调整。

2003年，国际气价抬升，液化气价格攀升，一度由50元/瓶涨价到75元/瓶。为抑制液化气价格，市政府采取措施，在市物价局的统一部署下，龙文区物价检查所大力开展整治工作。

2007年，区物价部门区内的液化气市场进行调查，及时向市物价局和区政府、区人大提交关于液化气涨价及对策的报告，并且采取紧急限价措施，发出紧急限价通知书，责令各液化气经营点必须严格执行政府定价，不得擅自抬高价格；接受群众举报，及时查处乱涨价。

三、药品价格管理

中华人民共和国成立后，药品价格一直采取政府定价办法。药品价格改革以后，政府定价的药品品种基本控制在2000多种，采取药品最高限价的定价措施。

2003年，非典型肺炎疫情发生期间，一些不法商家利用这时机，趁势乱涨价，加剧群众的恐慌心理。区物价局加强对药品价格的检查力度，共出动检查小组19个，检查人员40人次，发放价格政策提醒函25份，检查经营单位43个，责令改正单位5个，有效地打击恶意抬高物价行为。

2004—2007年，根据国家、省、市物价主管部门关于进一步整顿药品和医疗服务市场价格秩序的意见的通知，区物价局重点检查药店和诊所，共检查药店3家、诊所2家、医院2家，查出违法金额26075元，退还17875元，收缴入库8200元。

第三节　收费管理

一、收费清理

1999年，对涉及龙文区的收费项目进行清理，并宣布取消一批收费项目，共140多项。涉及公安、建设、土地管理、劳动、教育、交通、农业等部门。

2001—2007年，取消涉及农村收费的收费项目60多项，涉及土地、建设、计生、教育等部门。

二、收费审验

（一）教育收费

2000年，规范全区农村和城市义务教育阶段的收费管理政策，明确规范学费以外的收费和代办费，加强对代办费的收支情况审查，及时地要求各学校严格执行代办费多还少补的原则。当年8月派员对1所中学、两个学区代办费的收支情况进行检查，发现存在代办费多收没有退还的问题，并责令限期退还。至2007年，在解决杂费偏低和支持学校开办信息技术教育的同时，全面规范代办费管理并实行课本费限价制度；出台高中择校收费管理办法，对择校生实行“三限政策”，体现公平、公正、公开的原则。

（二）建设项目收费

1997年，加大城市住房建设和农民建房收费的清理整顿力度。

至2007年，全区取消15项涉及城市住房建设项目、56项涉及农民建房收费项目，降低14项涉及建设项目收费标准。

（三）污水处理费

1997年，实施《福建省城市污水处理收费管理暂行办法》，开征污水处理收费。

至2007年，全区共收取污水处理费200.63万元。

（四）涉农收费公示

2000年后，根据省物价局、财政厅、减负办、纠风办《关于加强价格管理，全面推行涉农收费公示制的通知》精神，区物价局把推行涉农收费公示与村务公开结合起来，与减轻农民负担结合起来，摆上政府工作议事日程，切实加强组织领导，明确工作职责，督促检查，促进全区涉农收费公示工作的开展。2001 年，全区已完成涉农收费公示，公布取消涉农收费项目 7 项，降低收费标准 2 项（其中政府明令降低的 1 项），年减轻农民负担 500 万元。

至 2007 年，全区聘请 41 名各村级监督员，监督各执行单位和镇村都按规定制作公示牌并上墙公示。

第四节　价格检查

民国期间，政府采取限价措施，但因通货膨胀，区境市场价格上涨频繁，限价无效。中华人民共和国成立后，政府加强市场管理，工商部门打击各种哄抬物价的活动，保护消费者的利益。

1956—1965 年，国家实行计划价格，而市场价格随行情就市。但是由于物资匮乏，集市价格猛涨。国家对有关民生必需品实行定量供应办法，同时实行出售高价商品与定量平价商品互补的办法，稳定市场物价。1966 年，市场有些物品随意涨价。1967 年下半年，政府对市场价格实行冻结，延续到 1978 年。

1979 年，市场物资实行议价，集市贸易价格普遍上涨。1980 年，国务院公布《关于控制物价整顿议价的通知》，步文、郭坑工商所配合物价部门控制物价大检查。每逢节假日，经常组织物价检查。1985 年 4 月，国务院发布《关于加强物价管理与监督检查的通知》，物价部门对超越权限自行提价及增加各种收费进行大检查。1986 年，大部分商品物价放开，政府采取控制和稳定物价的措施，重点检查人民生活必需品的价格。1987 年，国务院发布《中华人民共和国物价管理条例》，价格管理进入法制化的轨道。1988—1996 年，物价部门配合工商所开展物价检查，重点检查生产资料和生活必需品价格，查处不合理收费和违纪行为。

1997 年，龙文区物价局贯彻落实国家关于整顿和规范市场经济秩序的决定，开展价格专项检查。坚持把社会和群众反映强烈的乱收费、乱涨价等问题作为价格监督检查的重点，组织开展涉农收费、药品医疗服务价格、电力价格、电信收费、交通收费、教育收费等专项检查；推行商品与服务价格明码标价制度；深入宣传国家计委《关于商品和服务实行明码标价的规定》；推行明码标价制度。

至 2007 年，全区商品和服务的明码标价率明显提高，城市主干道明码标价普及率达到 90% 以上；行业标价得到进一步规范，不规范标价方式得到有效制止；教育与医疗服务收费公示、物业公共性服务项目和代收代缴费用情况公布、商品房出售标价书等。根据国家计委和省物价局的部署，在全区范围内开展反价格欺诈活动，把零售商业及电信、医疗、交通、旅游等与人民群众生活关系密切的领域作为打击重点，使价格欺诈现象得到一定程度遏制；对粮、油、蛋、肉、禽制品等主要副食品类的价格暴涨行为及时予以回应，极大地缓解群众的紧张情绪；通过向经营者发提醒函、召开座谈会等方式，提高经营者守法经营和抵制不正当价格行为的自觉性。开展“双信”评选活动，倡导诚实守信的商业道德，建立完善“12358”价格举报制度，基本形成多层次价格举报网络，及时受理、快速处理各类价格举报和投诉，“12358”价格举报电话已经逐步联结起千家万户，在政府和群众之间架起一座“连心桥”。

1997—2007 年，全区处理群众来信来访涉及价格问题的举报和投诉 56 件（次）。

第六章　安全生产监督管理

第一节　机　构

1997年，龙文区成立安全生产委员会办公室（简称安全办），挂靠区劳动局。区劳动局内设劳动安全监察股，与安全办合署办公，由区劳动局副局长兼任安全办主任。

2002年7月，组建漳州市龙文区安全生产监督局，为副科级，由劳动和社会保障局管理。机关行政编制为2人，其中局长（副科级）1人、股级职数1人。同年12月，组建漳州市龙文区安全生产监察大队，为全额拨款事业单位，编制2人，隶属龙文区安全生产监督局。

2006年11月，区安全生产监察大队更名区安全生产执法监察大队，隶属龙文区安全生产监督局，编制6人。

2007年9月，龙文区安全生产监督管理局升格为正科级，下辖安全生产执法监察大队。

第二节　安全宣传与培训

1980年5月，区境企业组织按照劳动安全主管部门的要求，开展“安全月”活动。一直到1996年，步文、郭坑的乡镇企业办公室不定期协助企业进行生产安全宣传。

1997年，龙文区成立安全生产监察部门，开展安全生产教育培训。当年举办1期村（居）委会主任安全生产管理培训班；3期企业法人消防安全知识培训班；编写出版9期《安全生产通讯》。

1998年，区政府分管领导5次召集各镇分管领导和区直有关部门人员深入火灾现场，对当地群众进行现场说教，宣传火灾危害性和扑救方法；举办村主任和企业法人消防安全知识培训班1期90多人；举办“四种对象”（项目经理、施工员、安全员、特殊工种人员）持证上岗培训班，参训人数400多人；在区政府办公楼前设置大型宣传栏，用典型事例宣传事故的危害性和预防措施。

1999年，开展安全知识讲座3期280人，制作宣传牌1幅；举办特种作业人员培训班3期181人，举办矿长安全知识培训班1期35人。2000年，悬挂、张贴宣传标语1800余条，制作宣传板报22期，印发安全生产法律法规宣传材料3.52万多份；举办各种培训班5期400多人；参加安全生产知识竞赛人员达400多人。

2001年，举办2期特种作业人员培训班；召开2次安全生产现场会；印发安全生产法律法规宣传材料4000多份。2002年，举办《中华人民共和国安全生产法》知识培训班1期87人和特种作业培训班1期43人；发放《安全生产法》宣传单4000多份、单行本1500多册；制作安全生产挂图100多幅，举办巡回图片展12回；举办有4000多人参加的“安全生产月专题文艺”晚会；与区广电中心合作，制作专题片《安全生产大家谈》在漳州市有线电视台播放。

2003年，张贴图片900多张，发放宣传资料1900多份，悬挂横幅标语30多条，编辑黑板报100多块；举办安全生产知识咨询5场次，参加安全知识培训300多人。2004年，各类安全生产培训332人；发放《安全生活小常识》1500多本、《安全生产知识竞赛问卷》400多份，悬挂安全标语40多条，制作挂图40多幅。2005年，共发放《安全知识读本》《安全用气常识》《中华人民共和国道路交通安全法》等宣传材料1200多册，职业病防治、交通安全、消防安全宣传单2200多份；悬挂宣传横幅30多条和挂图100多张，张贴宣传标语160多份；举办各类安全生产培训班，参加人员100多人；开展2次企业应急救援预案演练。

2006年，发放《安全生产知识》《道路交通事故案例分析》《家庭防火常识》等宣传材料共计8000多本（份）；参加各类培训2657人；制作100多幅安全活动宣传板，印刷5000多份宣传材料。当年全区有6家单位和5人次被国家安监总局及省、市政府授予安全生产先进单位和先进工作者荣誉称号。

2007年，悬挂宣传横幅35条，发放各类宣传品4300余份，发送安全短信1万多条；乡镇安全办参加全省统一的安全生产执法资格考试合格4人；企业各类人员参加培训305人。是年，区安全办代表漳州市接受省安全生产责任制考核督查和在国家安全生产隐患排查治理专项行动"回头看"督查中，区安全生产工作均顺利通过各项严格检查验收。

第三节 安全生产监督

1956年，国务院公布《工厂安全卫生规程》《工人职员伤亡事故报告规程》等法规后，县政府立即组织劳动安全生产检查组对工厂企业进行对照检查。1962年，县成立安全生产委员会，经常组织安全生产大检查。"文化大革命"期间，安全生产检查制度中断。1980年，境内的县级工厂企业均组织安全生产小组，工厂车间开展自查互查活动，查出问题，立即采取有效措施。1983—1988年，区境磷肥厂等国有企业司炉人员进行培训，提高安全技术素质，确保锅炉安全运行。1988年，开始按《安全监督程序表》对境内的磷肥厂等企业实行全面的安全监察。此后扩大全面安全生产监察的企业数，做到年年检查100%。

1997年，区安全执法监察大队组织两次全区性的安全大检查、3次专项检查；发出整改通知内容148条，落实整改96项；对1家企业责令停产整顿。

1998年，在整治"三合一"（住宿与生产、仓储、经营一种及以上使用功能，违章混合设置在统一功能空间内的建筑）中，发整改通知书492份，提出整改意见1968条；群众专职（义务）消防队组建率80%，全区"三合一"整治率95%，公共娱乐场所安全合格率85%，易燃易爆生产场所消防合格率100%；拆除违章加油站1家。1999年，全年检查企业172家次，提出整改意见450余条，企业整改率90%，参与各类事故监察13起。

2000年，共检查企业451家，发出整改通知书353份，提出整改意见1400余条，落实整改措施985条，整改率达71%；吊销烟花爆竹零售点48家；重新规范烟花爆竹批发部1家、零售点30余家、液化气经营37家。2001年，共检查企业815家次，提出监察整改意见2212条，企业整改率达90%；检查矿山企业105家次，提出整改意见301条；参与各类事故（件）监察6起。工矿企业伤亡事故实现零的目标。

2001年6月至2002年6月，完成全区锅容管特的普查、登记工作，普查精确率95%以上，在用设备普查登记率98%，土设备整治率95%。2002年，对64家危化、矿山和烟花爆竹企业进行安全专项整治，对全区164家消防安全整治对象进行检查；发现火灾隐患510处，发出《整改通知书》161份、《责令限期改正通知书》3份，依法取缔2家，督促整改230条。

2003年，关闭非法采矿点2家，对公共聚集场所组织检查450多次，检查单位150多家。2004年，清除“三合一”场所42家，整改火灾隐患187条，取缔2家非法危险化学品企业和4艘“三无”船舶，集中销毁各类火药和炸药共58公斤、导爆管500米、导火索200米、非法烟花爆竹159件；查处8起安全生产事故，追究有关责任人6人，移交司法机关追究刑事责任6人，行政处罚6家。

2005年，发现安全隐患200条，责令当场整改的150条，发出整改指令书10份，责令限期整改的50条；查处无证非法经营危险化学品单位2家，责令不符合城市规划要求的生产企业限期搬迁2家。2006年，组织各类安全生产检查210多人次；配合省、市督查组开展督查10次；检查生产经营企业和场所160多家处。全区共发现各类事故隐患400多处，下达隐患整改指令书28份，行政处罚6家，依法关闭3家整改不合格涂料生产企业，取缔1家无证无照加油点。

2007年，全区共组织各类综合安全生产检查23次，其中配合省、市督查组开展督查5次，检查生产经营企业和场所115家；发现隐患518条，当场整改179条，责令限期整改339条，下达整改意见通知书67份，复查意见书58份，落实整改325条，整改率96%。

第七章　质量技术监督管理

第一节　机　构

龙文区成立前，区境质量技术监督管理工作由龙海市（县）质量技术监督局负责。

1997年1月至2000年6月，由漳州市技术监督局兼管；2000年7月，改由漳州市芗城区技术监督局管辖。同月，芗城区技术监督局正式划归漳州市质量技术监督局垂直管理，更名为漳州市质量技术监督局芗城分局；2002年6月，更名漳州市质量技术监督局直属分局，履行芗城、龙文两区范围的质量技术监督行政执法和综合管理职能。至2007年，机构内设办公室（与人事教育股合署办公）、质量综合管理股、监督稽查股。

第二节　计量管理

清末，区境普遍使用木杆绳量石锤称，至民国时期淘汰。民国18年（1929年）2月，国民政府颁布《度量衡法》。民国19年，龙溪县政府建设科配备度量衡检定员，不定期到市场检查度量衡器件。民国24年，通用度量衡开始采用市制。

中华人民共和国成立初期，度量衡仍继续使用市制。1959年6月，中央人民政府颁布基本度量衡制度，规定以公制为计量标准；原重量16两1斤改为10两。1978年12月5日，龙海县正式成立计量所，负责检查境内度量衡。1979年8月、9月，县计量所先后对工厂和郭坑铁路工务段下属企业的万能量具压力表分析天平、动圈式温度指示仪等计量器件进行普检。当年9月，开始对农村市场摊贩、供销社门市部及合作商店等单位度量衡器件进行查、检、修。为维护消费者利益，凡是检查到短斤少两的行为，均给予批评教育，责令检查，较严重的处以罚款和没收不标准的器具。

1984年，区境县合成氨厂、农药厂的计量工作被评为三级水平。1986—1991年，县计量主管部门组织开展计量器具检查，没收不合格的器具，查处短斤少两的违章行为。1991年，国家明文规定，不允许使用市制、英尺制在内的非法定的计量单位，但民间有的还习惯使用市制。至1996年，区境计量器具由龙海市计量所检定。

1997—2003年，龙文区开展强检计量器具的建档备案和检定工作。经检查督促，37家企业全部建档并备案，备案率100%，录入计算机管理系统100%。经与市计量所核实和对照备案表，14家加油站的加油机全部检定完毕。地中衡12家，备案12家，备案率100%，录入计算机管理系统100%；经与市计量所核实和对照备案表，12家地中衡全部检定完毕。

2004年，质量技术监督分局对往年从未涉足监管的餐饮业计量器具试点性地进行专项调查摸底，通过各种渠道获取餐饮业企业名单，出台《关于在市区范围内对餐饮业进行计量专项监督检查的通知》文件，要求计量器具使用单位按规定送检和备案；举办1期餐饮业计量培训班，参加培训23人。在普查治理中共督促30多家单位送检300台计量器具。

2005年7月中旬，开始对加油站加油机进行全面执法检查，共检查加油站35家，加油机168台，加油枪376枪。发现16家加油站中有部分加油机主板铅封被破坏；立案5起，责令整改16起；10月，专门召开加油站、加油机维修点和销售加油机厂家代表20余人参加的规范加油机计量备案制度和维护报备制度工作会议，规范加油机备案工作和加油机维修行为。

2006年，做好强检计量器具建档备案和检定，15家加油站全部建档并备案，备案率100%，录入计算机管理系统100%。15家加油站的加油机全部检定完毕。地中衡15家，备案15家，备案率100%，录入计算机管理系统100%，经与市计量所核实和对照备案表，15家地中衡全部检定完毕；医疗卫生单位30家，备案30家，备案率100%，录入计算机管理系统100%，经与市计量所核实和对照备案表，10家医疗卫生单位已全部与市计量所联系检定；出租车经核实，也由市计量所备案和检定完毕。

2007年，质量技术监督分局全面开展锅炉的压力表计量检定工作，督促特种设备使用单位检定压力表120多件，切实消除隐患。

第三节　标准化管理

1984年6月，区境粮食部门和国有企业单位，配备质量标准管理人员；7月，福建省颁布《工农业产品企业标准审批、发布管理办法》，企业产品分为省标准和地（市）标准两种。具有地方特色的产品由地（市）颁布。1988年11月，省、市标准计量局先后对境内磷肥厂等试点单位检查验收。1989年4月，按照国家实施《标准化法》的规定，产品标准分为国家标准、行业标准、地方标准和企业标准4种。区境国有工业企业的产品执行国家、部、省标准；乡镇及村办企业也分别执行省或漳州市标准。区境磷肥厂生产的过磷酸钙获国家优质标准，步文乡孚美生产的松化皮蛋获得部优质标准。

1989—1992年，国家制定标准化工作规划，步文、郭坑乡镇企业单位法人代表先后取得标准化培训合格证。1993—1996年，标准化生产主管单位加强对企业标准化管理，区境的企业产品不少获得省、市优质标准。

1997—2001年，龙文区标准化管理由漳州市技术监督局负责。2002年7月，芗城区技术监督分局成立，负责对龙文区境内的企业标准化管理；各企业单位也相应设立标准计量管理组织，配备人员。

2003年，围绕国有企业改革与发展，开展以引导企业为导向，加强技术基础，贯彻《中华人民共和国标准化法》。技术监督分局抓住“消灭无标”复查工作有利时机，加强对工业产品执行标准的管理工作。通过省考核组复查验收，为企业QS认证、“3C”认证及工业产品生产许可认证提供保障。帮助企业申报采标5项及申报一家“无公害”认证。组织强制性标准的监督工作，组对21家“危险化学品”、12家“化妆品”、9家“室内装修涂料”的企业执行标准检查，并加强对企业标准化人员的培训，培训51家企业标准化人员。

2004年，龙文区制定胶合板创品牌3年滚动计划和细木工板生产许可证认证计划；加强对企业标准化工作的监管，应对WTO的竞争机制，推动一批企业采用国际标准和国外先进标准。当年，完成3项产品采标，推动11家企业获取ISO 9000及HACCP认证；组织18家37项产品标准注册登记，组织制定17项企业产品标准，帮助6家企业办理产品条码的注册登记，举办1期51人企业标准化人员的培训班。

龙文区是水泥模板（建筑模板）主要生产基地之一，产品销往全国各地，在国内具有一定的知名度，但也出现某些产品抽检达不到国家推荐性标准要求。技术监督分局与漳州源鑫贸易有限公司共同提出《水泥模板标准化产品开发》的课题，并于2004年9月交由漳州市科技局立项纳入漳州市2004年第一批科技计划项目。

2005年，对已备案的食品企业标准进行复审和清理工作。按市局要求督促企业对逾期的食品企业标准进行复审并重新备案，组织已备案的企业标准进行清理。清理前辖区内有标准备案数81项，超过有效期42项，清理后的标准备案数39项。通过标准复审和清理工作，促使企业贯彻最新的食品强制性标准和推荐性标准的要求，保证食品的质量和安全。

2006年，办理企业标准备案15家企业，18项标准；办理标准注册登记5家企业，15项标准；上报产品采标1项；开展参与国标、行标的企业调查。辖区内有2家企业已参与或正在参与国标或行标的制修订工作，制定标准6项。

2007年，龙文区水泥模板监督抽检合格率较低，影响漳州市整体产品质量抽检合率。区质量技术监督分局与市局配合，指导企业制定产品标准，以结束无标生产的局面。通过与当地政府、行业工会、生产企业的多方探讨，启动企业标准的推广执行工作。

第四节 质量监督管理

中华人民共和国成立之前，手工业企业作坊对产品大都采用眼看、手摸、鼻闻、口尝的传统方法，摸索产品质量。有的靠祖传的秘方生产，获得优质产品。

1956—1965年，企业大部分设立检验产品质量机构。“文化大革命”期间，产品质量标准被视为资产阶级的框框而废除，很多产品质量达不到应有水平。改革开放后，工农业主管单位对企业产品质量提出严格要求；技术监督部门以《中华人民共和国产品质量法》《福建省商品监督条例》为依据，加强质量监督力度，促进产品质量全面提升。

1997—2001年，全区建立企业产品名录和产品质量监督管理档案。2002年，漳州市质量技术监督局直属分局对辖区内的大米、小麦粉、食用植物油、酱油、食醋5类食品进行质量安全发证检验，完善产品质量监督抽查制度，提高监督的有效性。

2003年，开展食品及相关产品生产加工企业卫生许可证专项调查工作。技术监督分局在原有掌握企业资料的基础上，通过工商、防疫站等部门获取相关的数据材料，已建立辖区内所有192家食品企业名册。其中有证有照企业110家、有证无照的企业46家、无证无照的企业36家；并责令无证无照的企业及时补办手续。

2004年，开展食品添加剂使用监管工作。技术监督分局加强对食品添加剂的监督查处力度，重点对肉制品等企业使用食品添加剂情况进行比较全面的检查。根据国家强制性标准GB 2760的要求，对16家肉制品企业、14家罐头企业、9家饮料企业逐一检查，查处4家企业违规使用食品添加剂行为，根据有关法律给予严肃的处理。实施食品添加剂的备案管理制度，下发《关于对面粉等四类食品实行添加剂使用备案登记制度的通知》，要求面粉企业使用过氧化苯甲酰、儿童食品企业使用糖精钠、肉类食品企业使用色素、酱油企业铁强化酱油中使用EDTA的食品添加剂使用情况实行备案登记管理。对酱腌菜、茶叶、挂面、饮料、蛋制品等44家食品小作坊基本情况进行分析，了解生产工艺特点，分类建立企业档案，寻找有效的解决方法。是年，质监部门探索小作坊监管模式，开展食品卫生许可证专项调查，组织对辖区内食品生产加工企业普查核实。

2005年，建立完善食品安全监管体系，强化监管责任制，专项整治的任务和责任分解到人。对取得食品生产许可证的食品生产加工企业实行“食品质量安全”目标责任管理，与企业法人代表签订食品质量安全责任书，建立食品生产加工企业法人为“食品质量安全”目标责任管理的第一责任人制度。当年，建立政府协管员和社会信息员制度，共聘请16名政府协管员和20名社会信息员。深入落实质监部门的食品质量安全区域监管的责任机制，落实“三员四定、三进四图、两书两册一证一报告”［区级质量技术监督部门派出的监管员、在乡镇（街道）聘请的政府协管员、在社会上聘请的收集食品打假及质量安全相关信息的信息员；定区域、定任务、定人员、定责任；进村、进户、进企业建立档案，掌握食品生产加工企业的第一手材料；制作食品企业数量变化动态图、食品行业分布图、监管责任落实图和食品安全警示图；质量技术监督部门上下级之间要签订责任书；食品生产企业要向质监部门提交食品质量安全承诺书。建立乡镇分管食品安全领导和食品安全协管员花名册；28类食品生产企业要取得食品生产许可证；质量技术监督部门要定期向当地政府报告重大食品质量安全问题，分析形势，提出对策］的食品质量安全监管制度。质量技术监督分局做好肉制品生产加工企业进货货源的监督管理工作，杜绝使用无证非法私宰肉品进行生产加工。分局对市区冷冻企业的食品安全特别是病死猪肉的防范进行检查，共检查5家冷冻企业。组织执法人员开展对各肉制品生产加工企业的执法检查，出动执法人员36人次，检查肉制品生产企业12家，未发现用病、死猪肉作为生产原料的生产企业。查处无QS生产许可证的肉制品生产企业1家，查获无证产品125公斤。参加市、区餐整办开展的餐桌污染专项检查行动，检查超市4处、食堂4处、集贸市场11处，生猪饲养场1处。杜绝使用无证非法私宰肉品进行生产加工。

2006年，为保证获证企业不降低生产必备条件，平时不定期组织突击检查。全年两次强台风袭击，部分地区发生严重的洪涝灾害。根据省、市局的部署，质量技术监督分局迅速组织力量，对食品生产企业开展全面检查。全年共发现擅自改变生产必备条件、违规使用添加剂等问题20多家，立案查处15家，其余的限期整改，罚没款5万多元。其次，加大对无证生产的查处力度。

加大对涉及人身安全的食品无证生产企业的查处力度，通过开展拉网式巡查，发挥食品安全协管员的作用，共查处无证生产的食品生产企业、小作坊、窝点8家，有力地打击无证生产的违法行为。

2007年，在全国产品质量和食品安全专项整治电视电话会议之后，组织专项整治工作领导小组和办公室，制定《产品质量和食品安全专项整治行动方案》和《质量技术监督直属分局产品质量和食品安全专项整治行动方案》。人员包片包区，明确责任。以主干道、次干道、食品集中加工区为重点，按食品生产的要求，对QS获证企业进行全面的巡查，确保“3个环节、4本台账、5项制度”（要求在巡查、日常监管已年审抓住原料和成品仓储、生产过程管理、添加剂管理3个重点环节，严格按要求进行管理；指导企业建立原材料进货台账、添加剂台账、包装物进货台账和产品销售台账；督促企业建立健全卫生监督员制度、添加剂管理人员制度、产品检验员制度、标准化管理人员制度、员工进场卫生培训制度）的落实，巡查率100%。对还未取证的食品企业，督促其加快办证的各项准备工作，保证食品企业在年底前100%获证。对小作坊的状况，发挥镇、街食品协管员作用，开展全面的普查。对有证有照的小作坊，“两证一书”全部上墙，建立3本台账。全局出动人员200多人次，检查企业200多家次，开出限期整改通知书100多份，督促企业完成整改项250多条，专项整治工作取得应有的成效。

第五节　执法检查

2001年11月，技术监督分局正式开通“2033567”举报电话。2001—2003年，举报问题由业务股处理。

2004年，开展食品专项整治行动，开展对劣质奶粉的检查。针对奶粉销售比较集中的市场，要求企业提供进货的品牌、生产企业等资料，逐一对照“45种劣质奶粉黑名单”，不放过任何一罐黑名单上的奶粉，检查中，对无标注生产许可证号的奶粉也进行立案调查，还对产品进行抽样送检。此外，节日时对食品质量安全大检查。对生产经销豆制品、调味品、糕点等18类加工食品进行监督抽检。

2005年，开展农资、建材市场的专项整治，整治龙文区胶合板生产基地。人造板（胶合板、细木工板）是龙文区的支柱产业，胶合板质量关系该产业的发展前景，从当年定期抽检的情况分析，龙文区胶合板的抽样合格率仅为58.96％，存在的主要问题为“甲醛释放量”“胶合强度”“含水量”“曲静强度”不合格，造成不合格的主要原因是使用的胶水质量及产品制作工艺问题。针对上述问题，技术监督分局协助龙文区政府及龙文胶合板协会，组织对83件不合格产品进行处理后，责成企业制定整改方案，监督整改，整改完毕后再进行抽验验证。

同年，开展农资市场的监督检查，从春耕季节开始对农药、化肥农机配件等进行检查。全年查获一批违法经销的农药产品，违法案值7.2万元。技术监督分局协调工商、公安、环保等职能部门，先后组织19次专项治理工作，并配合有关部门开展“餐桌污染”“毒鼠强”“安全生产”等整治；组织食品127批次的检查，收缴过期变质、不合格的各类食品货值共计20多万元；指导蔬菜批发市场“农药残留”检测，共检测2万批次，合格率96.1%；帮助建立食品38项标准，对所有街镇组织“毒鼠强”的地毯式检查、打击和查处制假售假案件21起，案值17多万元。

2006年，质量技术监督分局与龙文区公安部门密切配合，协同作战，打掉2个制售假酒、假烟的窝点，案值达100多万元。在处理龙文区胶合板胶水不合格的后处理案件中，通过辖区公安经侦部门对胶水生产业主的宣传教育和协调工作，解决近年来龙文区胶水生产不合格后处理查处难的问题，有效地运用“借力打击”的战术。仅下半年，由辖区公安部门提供的案源和协助办理的案件罚没款就占全局全年罚没收入的 20%。

2007 年，朝阳镇和步文镇部分果蔬罐头企业经国家、省、市级抽检不合格批次较多，不合格项主要集中在违规添加甜蜜素、糖精钠等食品添加剂等问题上。此种情况引起省、市质监局和分局的高度重视，为防止形成区域性产品质量问题，根据市局的要求，技术监督分局以呈阅件的形式向龙文区政府反映此情况，引起龙文区政府的高度重视。9 月 10 日上午，龙文区食品安全办公室在朝阳镇政府召开相关企业整治座谈会。由技术监督分局通报龙文区果蔬罐头食品被国家、省、市抽检的情况，强调形成区域性产品质量问题的严重性和屡教不改将坚决予以严厉查处的决心。龙文区 15 家内销罐头食品生产加工企业法人代表参加会议。会后，对罐头企业进行 3 轮的检查整治。通过罐头产品区域性专项整治工作，责令不合格的企业关、停或转产。

第六节　特种设备安全监管

2002 年，开始对龙文区液化气气瓶、压力管道进行普查、监管。2004 年，对起重机械开展专项普查、整治工作。根据省、市技术监督局《关于开展载货升降机安全专项整治活动的紧急通知》，技术监督分局工作人员先后走访龙文区、蓝田开发区。龙文区政府和市分局下文指导推动整治工作，全年共下发文 130 多份，表格 260 多份。

2005—2006 年，加强监管网络的建设，在各镇（街）、开发区建立特种设备安全协管员，为确保特种设备安全运行，落实特种设备安全责任制，奠定坚实的基础；加强对液化气瓶的监管，加大对过期瓶的监管力度，确保气瓶的使用安全；与技术机构保持良好的沟通，对超期未检、检验不合格的设备实行重点监管；加强日常对企业特种设备进行巡查，把问题处理在萌芽状态。

2007 年，出动执法人员 250 人次，检查特种设备使用单位 85 家次，发出《特种设备安全监察指令书》75 份，查出安全隐患 101 条，有效地保证特种设备的安全运行。开展特种设备隐患排查和起重机械专项整治工作，全区共有 150 台特种设备完成各类隐患的整改；查封、拆毁土制及废旧设备 7 台，有效地保证特种设备的安全运行。

第二十一卷 教 育

宋绍兴十二年（1142年），区境学子多在漳州府学受业，文风甚盛。

元至元十年（1273年）十一月，元将唆都攻入龙溪县城，学子科举受限。

明代初，发展官学，抑制书院。明代中期后，书院发展迅速，理学观念主导书院的办学思想。学者以书院为阵地授徒讲学。学风重简约，以理学为教学内容。明代末，府学位于今漳州职业大学附近，东阁大学士林釬就学于此。

清光绪三十一年（1905年）上半年，士子参加最后一次童子试。宋代至清代，中进士者45人，其中文科进士38人，特奏名3人，武进士4人。清末废科举，创办小学堂。

民国初，政府及民间创办各类国民小学。民国7年（1918年），援闽粤军入漳，下令废除私塾，每村办1所小学，小学校数大增。不久，军阀混战，教育走向衰落。民国28年，国民政府推行国民教育，学龄儿童入校略有增加。

1949年9月，人民政府接收公、私立学校。1950年起，整顿旧学校教学秩序，调整学校布局，开展扫盲运动，工农子弟入学率大增。1955年，区境分蓝田、东屿、郭坑、古塘、书厅5个学区。有7所高级小学、45所初级小学。1957年，郭坑小学附设初中班。1958年4月，步文公社创办4所农业中学。

“文化大革命”期间，教育事业遭受破坏。

1977年，恢复高考。1978年，王绍宏成龙文区首位考上大学的应届毕业生。1979年，步文中学学生陈海龙考上清华大学。同年，有12名学生考上大学。

1987年起，区境高中教育走进低谷。

1994年，九年义务教育达标。1997年6月，龙文区首次组织1988名小学生、986名初中生参加统考、138人参加高考；115人考上各类中专学校、68人考上大专院校；8月23日，龙文区召开教育工作会议，后加大对教育资金投入。

2000年5月，龙文区第一所民办学校龙文区进鑫文武艺学校创办。2003年，漳州一中分校创办。同年，创办漳州市第二实验小学。龙文区中小学教育事业快速发展，学生数2万多人。2006年10月，龙文区接受省“双高普九”（高水平、高质量，实施九年义务教育）验收评估通过。同年，龙文中学通过省二级达标中学的评估验收。

2007年，龙文区拥有中小学43所，教职工1165人，在校中小学生20006人。其中，中学7所，中学教职工691人、在校中学生10565人；小学37所，小学公办教职工474人，在校小学生9441人。民办幼儿园75所，入园幼儿4992人。初中学生年辍学率2.55%，小学辍学率0.01%。学前教育3—5周岁入园率90.10%，6周岁学龄入学率99.99%。普通高中毛入学率50.23%，15—24周岁非文盲率99.98%。每万人中初中生占592.31人，高中生占349.79人，大学生占40.52人。

第一章 社学 书院 私塾

第一节 社 学

一、分布

明代，区境社学二十二都设郭坑1所，二十六都设田边、内林、璞山各1所，二十七都设小港1所，共5所。

清顺治年间，社学十二三都设土白、溪头2所；二十二都设翁建、郭坑、浦口、登科、科坑、汐浦6所；二十三四都设洛滨、石井、翰林3所；二十六都设璞山、孚美、赤岭、石仓4所；二十七都设蓝田、长洲、上苑、岭兜、水居、西坑、东洋7所。清康熙年间，二十二都设浦口、黄柑、郭坑3所；二十三四都设浦南埠、金沙、磁窑、沙建4所，二十六都设田边、六石、内林3所；二十七都设浦头、李阳、蔡耀3所。清末，区境社学渐废。

二、教材

明代教材，读《孝经》《小学》《大学》《论语》和当朝律令，以及学习冠、婚、丧、祭等礼节。

清代教材，选用《论语》《大学》《中庸》《孟子》《诗经》《书经》《易经》《礼记》《春秋》为基本教材。

第二节 书 院

一、慧山书院

位于蓝田镇梧店社。明嘉靖二十九年（1550年）创办。培养众多举人、进士，称“学顶社”。陈元光裔孙、檀林始祖第七世孙陈孟宽首迁塔山筑屋居住，第十世孙创办慧山书院，书院初以习武为主，兼教文科。陈氏十世至十七世，在慧山书院就读的陈氏族人多人考取举人和进士。明天启五年（1625年），为进士陈天定读书处。清顺治九年（1652年），慧山书院荒废。

二、邺山讲堂

位于朝阳镇。九龙江北溪蓬莱峡。明崇祯十六年（1643年），黄道周创办。建有三近堂、与善堂、乐性堂及逃雨岩、墨池诸胜。有蓬莱峡、芙蓉峡，又有巨石矗峙江畔，俨如人立，名曰“石翁”。清乾隆十四年（1749年），岁久堂宇尽圮，巡道单德谟重建讲堂，赖以讲学、祀石斋。郡人进士河间守黄可润建“璞园别业”于讲堂左畔，其从弟进士黄宽任江西崇义县令，假归后，在邺山掌教20年，一时负笈从学者接踵，人才辈出。

三、建溪书院

位于朝阳镇翁建村。旧为二十二都翁建社。明洪武十二年（1379 年），乡人苏廷贵建。清乾隆二十一年（1756 年），武进士王天柱等捐修。

四、芗江书院

位于朝阳镇登科村内林社。旧为二十三四都翰林社，办学于朱文公祠。朱文公祠，明洪武二十三年（1390 年）由漳州守钱古训、龙溪令刘孟雍创建。祀朱文公，以陈淳、黄榦、刘宗道配祀。明正统年间，漳州守甘瑛修。

第三节　私　塾

一、私塾种类

（一）村塾

封建社会至民国时期，区境大村社均办村塾，延请外地或本地区有名望人士担任塾师，本村社则由热心公益者任“塾头”，负责招生、课室及塾师膳宿，有的村则由公田收入充作办学费用。清乾隆间，贡生黄宏达在下埔创办湘桥村塾，供本村子弟读书。

（二）家塾

区境家塾多为富家所开设的蒙馆，专为自家或亲戚子弟敦聘名师授课。明正德年间，漳州知府陈洪谟延请步文碧湖杨表教授其子弟，杨表为家塾教师期间赴考，明正德九年（1514 年）中进士。清宣统元年（1909 年），秀才黄江河在蓝田黄氏宗祠创办蓝田家塾，后校址迁黄启绪二房之桂攀学舍。民国时期，由黄叔锴接任，直至蓝田社创办私立学校时，家塾停办。

（三）学塾

塾师自开学馆，自行招生收费。清雍正元年（1723 年），刑部主事李五福和其弟李五达在鹤鸣山云洞岩创办石巢别墅，办学授徒。清同治年间，孝廉王咸熙在步文下店尾赤岭缘觉寺办学授徒。

（四）义塾

也称义学，免费私塾。经费来源于祠堂、庙宇地租或个人捐款。明朝在漳州城北隅有龙瀛义塾，学子就近入学。

二、私塾教材

选用教材，先选学《三字经》《千家诗》《百家姓》《千字文》《幼学琼林》《秋水轩尺牍》为基础教材，作为启蒙。再读“四书”（《论语》《大学》《中庸》《孟子》）和“五经”（《诗经》《尚书》《周易》《礼记》《春秋》）等，而“书方”（书法课）则作为每日必做之作业。私塾教学因人施教，分别教授读书、写字、作文 3 门课程。教学依据学子择业不同，以工农为业者，以识字为主；以科举中式为目的者，则选用更多且高深的教材。

第二章　幼儿教育

第一节　幼儿园设置

民国 23 年（1934 年），修滨乡诗浦社创办诗浦幼稚园。

中华人民共和国成立后，区境幼儿园分全日制、半日制、定时制、季节制和寄宿制，也有混合设置。幼儿园小小班（2—3 周岁）每班人数编制 25 人，小班（3—4 周岁）编制 25 人，中班（4—5 周岁）编制 30 人，大班（5 周岁至未满 6 周岁）编制 35 人。人数较少的幼儿园设混合班，编制 30 人，学前班不超过 40 人，寄宿制幼儿园每班幼儿人数酌减。幼儿园一般为 3 年制，亦可为一年制或二年制。

1955 年，东屿区设公立幼儿园附设班 2 所：蓝田中心小学附设幼儿园 1 班，教养员 1 名，幼儿 33 人；翁建中心小学附设幼儿园 1 班，教养员 1 人，幼儿 31 人。民办幼儿园有郭坑学区登科 1 班 38 人，蓝田学区龙池 2 班 81 人，长洲 2 班 81 人，马崎 1 班 27 人，小郭坑 2 班 67 人。

1958 年，步文公社设幼儿园 140 所，办得比较好的有蓝田、西坑、梧店、樟山幼儿园。

1959—1960 年，灾害及饥荒，多数幼儿园停办。

1962 年，各生产大队陆续复办幼儿园。1970 年，龙海县合成氨厂创办幼儿园，有 10 多名幼儿。1982 年，郭坑公社有幼儿班 14 班，514 名幼儿，占 4—6 周岁幼儿数 83.04%。1980 年初，出现私人性质幼儿园，但仍然挂靠集体单位，采用冠以村名、厂名的幼儿园等形式。

2002 年，《中华人民共和国民办教育促进法》颁布，龙文区民办幼儿教育事业迅速发展，大型幼儿园相继创办。当年，创办石仓幼儿园、书都幼儿园。2003 年，创办红旗幼儿园、育苗幼儿园、大齐幼儿园、东升幼儿园、大风幼儿园。2004 年，创办立人小哈佛幼儿园、区实验幼儿园、圳头艺术幼儿园。2005 年，创办天天幼儿园、新星幼儿园、宝贝幼儿园、西坑幼儿园、育才幼儿园。2006 年，创办阳光艺术幼儿园，蓝天星星幼儿园。

2007 年，龙文区民办幼儿园 75 所 199 班，其中步文镇 23 所、蓝田镇 22 所、朝阳镇 22 所、郭坑镇 8 所。在园幼儿 4992 人。

第二节　幼儿保育和教学

明清时代，区境幼儿教育薄弱，大户人家聘请教员在家里或宗族祠堂里为少儿启蒙。

民国后期，区境幼儿教育没有明确的培养目标，主张幼儿个性发展，课程没有统一规定。各幼稚园教育内容采用灵活教育和单元教学，课程设有识字、故事、歌谣、唱游、数数、手工等，偏重于趣味性。

中华人民共和国成立初期，幼儿教育学习苏联经验，注重教师主体作用。上午学必修课，包括语言、音乐、美工、计算及环境认识。下午学选修课程，包括唱游、劳动、散步、观察、参观等。

幼儿园教学

1964年，采用福建省教育厅编制的幼儿园教材，设语言、音乐、美工、计算，有统一内容，课程设置基本不变。

1966年后，幼儿教育以游戏为主，有捏泥人、画画、唱歌、讲故事等，基本没有教具、玩具。

1982年，农村体制改革，各完全小学、教学点兼办幼儿园，教幼儿写字、唱歌、做游戏，教具、玩具逐渐增多。1988年起，民办幼儿园大量创办，规范办学的幼儿园按国家颁布工作规程设置保育及教学计划；民办幼儿园随意性大，教学不规范。

1997年龙文建区，幼儿教育依照《幼儿园工作规程》，贯彻保育与教育相结合的方针，以游戏为基本教学活动，辅以教儿歌、讲故事、学画画等。上课时间：小班每周6—8节，每节10—15分钟；中班每周10—11节，每节20—25分钟；大班每周12节，每节25—30分钟。不留家庭作业，不考试。民办幼儿教育发展迅速，部分集体单位创办的幼儿园相继停办。

2006—2007年，龙文区教育局对民办幼儿园进行检查、指导、评估、整顿。郭坑中心、龙文实幼、小哈佛、双菱、小港、土白、欢心7所民办幼儿园通过检查、评估，获得“办学许可证”。其他的民办幼儿园通过整顿，在教学设施、教学质量相应得到提高。

2007年龙文区境幼儿教育情况表

表21-2-1

镇	名　称	创办时间	班数（班）	在园生数（人）	教职员数（人）
步文镇	后坂村幼儿园	1980年9月	3	34	3
	双菱幼儿园	1988年3月	5	149	13
	坂上幼儿园	1990年2月	2	21	4
	欢心幼儿园	1990年2月	6	199	13
	园顶幼儿园	1990年9月	5	151	8
	田丰双语幼儿园	1997年6月	3	60	4
	宝贞幼儿园	1998年5月	2	51	4
	文星双语幼儿园	1998年6月	2	51	4
	芳心幼儿园	1998年7月	2	14	2
	莲池幼儿园	1998年9月	2	30	3
	玄坛宫幼儿园	1999年6月	2	35	3
	霞店美幼儿园	1999年6月	2	27	3
	园丁苑幼儿园	2000年6月	2	32	3
	土白幼儿园	2000年7月	4	122	11
	石仓幼儿园	2002年2月	6	232	11
	红旗幼儿园	2003年6月	2	51	3

续表 21-2-1

镇	名 称	创办时间	班数（班）	在园生数（人）	教职员数（人）
步文镇	春苗幼儿园	2003 年 6 月	3	65	4
	育苗幼儿园	2003 年 7 月	2	27	3
	立人小哈佛幼儿园	2004 年 2 月	8	257	31
	龙文区实验幼儿园	2004 年 7 月	13	410	48
	晨光幼儿园	2005 年 2 月	3	100	10
	天天幼儿园	2005 年 7 月	2	60	4
	新星幼儿园	2005 年 7 月	2	50	4
蓝田镇	圳头育英幼儿园	1990 年 9 月	1	23	3
	塘边幼儿园	1995 年 2 月	1	28	2
	龙池幼儿园	1998 年 9 月	1	29	1
	小港幼儿园	1998 年 9 月	7	198	18
	英桥幼儿园	1998 年 9 月	1	25	1
	上苑欣欣幼儿园	2001 年 2 月	3	48	6
	湘桥幼儿园	2001 年 2 月	2	40	3
	蓝田村幼儿园	2001 年 5 月	3	103	8
	华英幼儿园	2001 年 2 月	3	93	8
	东屿星星幼儿园	2002 年 12 月	1	22	3
	天奇幼儿园	2003 年 2 月	2	38	6
	东升幼儿园	2003 年 7 月	3	81	6
	大风车幼儿园	2003 年 9 月	2	48	4
	圳头艺术幼儿园	2004 年 2 月	4	60	4
	宝贝幼儿园	2005 年 5 月	2	30	2
	西坑幼儿园	2005 年 7 月	6	130	10
	育才幼儿园	2005 年 8 月	3	52	5
	阳光艺术幼儿园	2006 年 2 月	3	81	6
	欢星幼儿园	2006 年 9 月	1	24	3
	蓝田星星幼儿园	2006 年 9 月	2	47	6
	下尾幼儿园	2007 年 6 月	1	22	2
	培智幼儿园	2007 年 8 月	1	25	3
朝阳镇	打山幼儿园	1993 年 9 月	1	28	3
	六石亲亲幼儿园	1995 年	4	115	6
	育才幼儿园	1995 年	1	20	2
	六石新星幼儿园	1995 年	2	46	3
	翁建丽云幼儿园	1997 年	2	52	4
	金星幼儿园	2000 年	3	85	6
	六石育苗幼儿园	2000 年	3	92	5
	乌石萌芽幼儿园	2001 年	3	92	7
	书都幼儿园	2002 年	3	92	6

续表 21-2-1

镇	名　　称	创办时间	班数（班）	在园生数（人）	教职员数（人）
朝阳镇	西洋乐莹幼儿园	2003 年 2 月	2	61	5
	桥头幼儿园	2003 年 2 月	2	40	4
	童乐幼儿园	2003 年 9 月	1	25	3
	浦口佳佳幼儿园	2005 年	3	73	4
	晨曦幼儿园	2005 年 9 月	1	20	2
	孚美大拇指幼儿园	2005 年	1	18	4
	朝阳幼儿园	2005 年	2	50	2
	培蕾幼儿园	2006 年	1	30	3
	后店幼儿园	2006 年	1	19	1
	成才幼儿园	2006 年	1	26	3
	漳滨幼儿园	2007 年	2	43	4
	龙美幼儿园	2007 年	1	20	2
	阳光宝贝幼儿园	2007 年	2	40	5
郭坑镇	郭坑龙磷幼儿园	1987 年 9 月	4	60	5
	篁卿育英幼儿园	1994 年 2 月	2	51	2
	扶摇村育贤幼儿园	1994 年 2 月	1	24	1
	洛滨幼儿园	1994 年 2 月	2	46	2
	星星幼儿园	1994 年 3 月	1	21	2
	新星幼儿园	1996 年 9 月	2	31	2
	郭坑铁路地区幼儿园	2000 年 9 月	2	32	4
	郭坑中心幼儿园	2002 年 9 月	7	165	9

第三节　幼儿园选介

一、龙文区实验幼儿园

龙文区实验幼儿园

位于新浦东路漳州市第二实验小学校园内。2004 年 7 月创办。占地面积 0.4 公顷，建筑面积5000多平方米，总投资 1000 万元，按省级优质园标准建设。建有综合楼 3 幢，配有多个功能室。是一所经龙文区教育局批准，由漳州市第二实验小学、福建竹林教育集团联合创办的民办幼儿园。办园宗旨是“一切为了孩子全面发展”。坚持“以人为本，以诚取信，以质量求生存，以特色谋发展”的办学理念，引进各地的辅助教材，推行国际流行的“蒙台梭利”教育方法，办学特色是开展幼儿艺术教育、英语教育。2007年，有13个教学班，其中大班5班，中班4班，小班4班。幼儿410人。教职员工48人。

二、龙文区双菱幼儿园

位于九龙大道1721号双菱新村。1988年，漳州电瓷厂创办。幼儿园占地面积1540平方米，建筑面积500平方米。2002年，通过租赁方式由个人承包的民办幼儿园。办园宗旨：一切为了孩子，让孩子快乐每一天。幼儿园执行省统编教材教学大纲，开展幼儿舞蹈、美劳等素质教育活动。设活动教室5间、寝室5间、办公活动室1间、厨房1间、资料室1间、职工宿舍1套。户外场地1000多平方米，大型户外活动玩具6套。2007年，设大班2班，中班1班，小班1班，小小班1班。幼儿149人。教职工13人。

三、立人小哈佛幼儿园

校址在原步文学区校园。占地面积5600平方米，建筑面积1300平方米，可容纳300多名幼儿。是经龙文区教育局批准，由漳州立人学校于2004年1月创办的民办幼儿园。课室配有钢琴、多媒体等现代化教学设备，各种小型益智性玩具齐全。拥有户外大型活动综合玩具及诸葛迷宫、大象乐园、幼儿游泳池等。按教育部《幼儿园教育指导纲要》要求设置课程，围绕主题活动，开展五大领域教学。同时，注重双语启蒙教育，按照幼儿学习语言特点，反复研究与探索，与“快乐英语”机构联盟，进行一系列课程培训，采用相应的教学方式与方法，渗透于幼儿一日活动中，引导幼儿在快乐的学习氛围中轻松学英语。2007年，有大班3班、中班2班、小班2班、小小班1班，共8个班。幼儿257人。教职工31人。

第三章　小学教育

第一节　学校设置

清宣统元年（1909年），基督教会牧师陈锦昌创办毓才小学（男校）。宣统二年，陈锦昌创办毓秀小学（女校）。宣统年间，在步文有翁建、翰苑（后坂）、东屿小学堂。

民国元年（1912年），王渭北参与创办翁建国民小学。民国7年，黄俊杰创办蓝田私立高小学校。民国8年，关霞保（蓝田村）办起一所正规的关霞小学，校长施蔓华，学生200余人。民国9年，在翰苑保设崇正小学分校。民国21年，林者仁创办东屿学堂（修宾小学）。民国27年，毓才小学、毓秀小学合并为公立龙溪县郭坑乡中心国民学校。民国28年，西洋保国民学校创办。民国29年，龙溪县扶摇小学创办。民国31年，上苑国民小学在上苑社祠堂创办，第一批学生50多人。民国34年，私立湘桥国民小学在湘桥东社创办。

1949年10月，郭坑乡中心国民学校更名郭坑中心小学。

1950年1月，檀林初级小学创办，1962年办成完全小学。1952年9月，从檀林初级小学分出梧桥小学，1967 年 9 月办成完全小学，但仍属檀林小学管辖。1997 年，成立独立的梧桥小学。

1955 年，区境设 5 个学区，蓝田学区辖关霞、长洲 2 所中心小学和霞里、湘苑、后房、龙池、马岭、小岭（小郭坑）、梧镇（张浦）7 所初级小学。东屿学区辖东屿、翁建 2 所中心小学和桥后（梧桥）、檀林、檀山（下桥）、浚山（圳头）、洞景（景山）、翰苑（后坂）、碧湖、朝阳、建溪（书都）9 所初级小学。郭坑学区辖郭坑 1 所中心小学和科坑（营上）、苑浦（浦口）、登科、南阳（汐浦）、霞贯、洛蓬（洛滨）、溪园、渡东、篁渡（渡头）、扶一（扶摇）、扶二（院后）、漳滨 12 所初级小学。古塘学区辖古塘 1 所中心小学和路南（路头）、风林、坪口、诗浦、溪头、长福、步文、孚美、六石、西边、坂上 11 所初级小学。书厅学区辖书厅 1 所中心小学和蓬一（石井）、蓬二（蓬洲）、下尾张、西洋、楼内（桥头）、恒流（流岗）6 所初级小学。其中，张浦初级小学由私立梧镇初级小学改成，渡东初级小学由私立渡东初级小学改成。有学校数 52 所，班级数 95 班。

1955 年龙文区境小学基本统计表

表 21-3-1

类别		蓝田	东屿	郭坑	书厅	古塘
学校数（班）	总学校数	9	11	13	7	12
	中心小学	2	2	1	1	1
	初级小学	7	9	12	6	11
班级数（班）	总班级数	20	21	22	11	21
	高小班数	3	4	3	1	2
	初小班数	17	17	19	10	19
学生数（人）	总数	834	824	938	351	841
	高小学生数	114	149	136	37	78
	初小学生数	720	675	802	314	763
毕业生数（人）	初高级总数	205	204	218	88	209
	高小毕业生	50	59	51	17	34
	初小毕业生	155	138	167	71	175
教职员数（人）	教职工总数	23	23	25	11	22
	教员	22	23	24	11	22
	工友	1	0	1	0	0

1956 年，樟山、树兜初级小学创办。

1957 年，福州铁路分局在郭坑创办郭坑铁路中心小学。

1963 年，石洲小学教学点开办，招收一年级学生。1965 年 9 月，梧桥村梧店社教学点开办。1967 年，梧桥生产大队后坑社教学点创办，招收 1—3 年级学生入读，采用复式教学。1966 年，下尾张教学点开办。

1968 年，区境设 4 个学区：蓝田、翁建、东屿、郭坑。1968 年后，步文公社成立教改组，下设 4 个片：蔡坂、东屿、朝阳、西洋。郭坑镇成立教改组。

1970 年后，步文公社设 19 个教学点：梧店、好坑、景山、上坂、后房、下尾、长边、乌石、后坑、樟山、树兜、下尾张、山头顶、坂上、科坑山后、内林街、下尾李、石洲、马崎。郭坑镇设 1 个教学点：东溪农场。招收低年级学生就读。1978 年，步文公社有完全小学 33 所。郭坑镇有完全小学 7 所。

1980—1984 年，步文公社设 4 个学区：蔡坂、东屿、翁建、西洋。郭坑镇设 1 个学区：郭坑。

1985 年，成立步文学区。步文学区设 4 所中心校：蔡坂、步文、翁建、西洋。

1991 年，步文公社有完全小学 34 所、教学点 14 个，有小学生 8843 人，专任教师 271 人。郭坑镇有完全小学 7 所、教学点 1 个。1992 年 10 月，中共十四大提出 20 世纪末基本普及九年义务教育，基本扫除青壮年文盲。政府及集体投入大量资金，兴建教学楼，“学生就学实现小学不出村”。

1997 年龙文区成立，步文镇设步文学区，辖步文中心石仓小学、坂上小学、长福小学、下洲小学、后坂小学、碧湖小学、土白小学、田丰小学；蓝田镇设蓝田学区，辖蓝田中心西坑小学、梧桥小学、东屿小学、圳头小学、小港小学、湘桥小学、蔡坂小学；朝阳镇设翁建学区、西洋中心小学，由学区辖翁建中心六石小学、孚美小学、后店小学、朝阳小学、浦口小学、登科小学、科坑小学、漳滨小学、石洲小学、西洋中心小学、石井小学、书厅小学、流岗小学、桥头小学、恒坑小学、打山小学；郭坑镇设郭坑学区，辖郭坑中心篁卿小学、洛滨小学、扶摇小学、口社小学、汐浦小学、院后小学。10 月，西洋中心小学部分行使中心校职权，辖石井小学、书厅小学、流岗小学、桥头小学、恒坑小学、打山小学 6 所小学。全区有小学 42 所，全日制小学班 412 班，小学生 13965 人，教职工 472 人，专任教师 466 人。

1999 年 6 月 1 日，龙文区全面启动“春蕾计划”。2001 年 11 月 28 日，在朝阳镇漳滨村建成全市第一所“春蕾小学”。由省、市、区三级妇联和漳滨村联合投资。

1999 年 9 月，樟山、树兜（书都）、下尾张 3 个教学点并入后店小学。

2000 年，蔡坂小学拆分，增加英桥小学。2001 年，院后小学、东溪办学点、郭坑铁路小学（原铁中，属南昌铁路局管辖）撤并入郭坑中心小学。朝阳镇打山村私人试办新龙文武学校，2004 年改名为新龙学校并正式开办，招收一年级至九年级学生，为九年一贯制学校。

2002 年 9 月 3 日，龙文区由蓝田、步文、朝阳、郭坑学区改制为蓝田、坂上、翁建、郭坑、西洋 5 所中心小学。2003 年 8 月，西洋中心小学独立行使中心校职权。

2002—2003 年，撤并 4 所小学：2002 年 6 月 11 日撤销土白小学，6 月 16 日撤销后坂小学，6 月 30 日撤销田丰小学。2003 年 5 月 9 日撤销步文小学。创办漳州市第二实验小学，秋季招生。至 2003 年年底，有 20 个小学教学点。

2004 年 7 月 1 日与桂溪房地产、2005 年 6 月 11 日与荣昌房地产公司签订业主子女入读协议。步文中心小学改名坂上中心小学，管辖石仓、坂上、长福、下洲 4 所小学。2006 年，撤销后店小学并入翁建中心小学，撤销碧湖小学并入漳州市第二实验小学。2007 年 8 月，撤销石洲小学并入漳滨小学。2007 年 9 月，龙文区完全小学 37 所，其中市直实验小学 1 所，蓝田镇设蓝田中心小学 1 所，辖 9 所完小学校；步文镇设坂上中心小学 1 所，辖 3 所完小学校；朝阳镇设翁建、西洋 2 所中心小学，辖 13 所完小学校；郭坑镇设郭坑中心小学 1 所，辖 5 所完小学校；新龙学校小学部 1 所。

2007 年年底，全区全日制小学共 250 班，学生 9441 人，教职工 474 人，专任教师 452 人。

1997—2007 年龙文区小学生、教职工统计表

表 21-3-2 单位：人

年 份	学 生 数							教职工数	专任教师
	合 计	一年级	二年级	三年级	四年级	五年级	六年级		
1997	13965	2573	2178	2163	2309	2338	2404	472	466
1998	14198	2301	2634	2428	2173	2315	2347	504	477
1999	13404	1546	2300	2636	2425	2185	2310	526	503
2000	12271	1182	1544	2303	2634	2424	2184	563	544
2001	11233	1095	1203	1549	2285	2648	2453	559	542
2002	9863	1079	1107	1203	1547	2280	2647	539	520
2003	8673	1432	1095	1115	1207	1551	2273	523	503
2004	8021	1633	1421	1111	1125	1125	1185	508	489
2005	7977	1393	1647	1434	1146	1133	1224	504	481
2006	9517	1673	1652	1916	1645	1339	1292	485	464
2007	9441	1629	1516	1603	1845	1598	1250	474	452

2007 年龙文区小学班级学生数统计表

表 21-3-3

学校名称	班级数（班）	学生数（人）	学校名称	班级数（班）	学生数（人）
市第二实验小学	36	2167	西洋中心小学	7	222
蓝田中心小学	10	427	朝阳小学	5	250
蔡坂小学	6	163	登科小学	6	160
英桥小学	6	162	浦口小学	6	169
小港小学	7	266	科坑小学	7	330
湘桥小学	6	213	石井小学	7	54
西坑小学	7	350	书厅小学	6	198
檀林小学	6	202	桥头小学	2	32
梧桥小学	6	189	恒坑小学	2	13
东屿小学	6	181	打山小学	4	63
圳头小学	6	224	流岗小学	3	71
坂上中心小学	9	351	郭坑中心小学	16	805
石仓小学	10	419	篁卿小学	3	57
下洲小学	6	266	扶摇小学	4	79
长福小学	5	168	洛滨小学	4	66
翁建中心小学	6	350	口社小学	4	54
六石小学	5	104	汐浦小学	3	54
孚美小学	6	189	新龙学校	6	84
漳滨小学	7	289	合计 37 所	250	9441

第二节 学制与课程

一、学制

清光绪二十九年（1903 年），清廷颁布《癸卯两等学制》，这是中国小学教育的第一部学制。规定初等学堂修业 5 年，招收 6—11 岁儿童入学。高等学堂修业 4 年，招收 11—15 岁儿童入学。俗称“五四制”。宣统元年（1909 年），两等小学改为“四三制”：初等修业 4 年，招收 6—11 岁儿童入学，高等修业 3 年，招收 11—13 岁儿童入学。

民国 11 年（1922 年），全国教育联合会制定《新学制草案》规定：小学由“四三制”改为“三三制”，初小、高小各修业 3 年。民国 16 年，国民政府颁布《新学制》，规定小学修业 6 年，初小修业 4 年，高小修业 2 年，称“四二制”。

1950 年，福建省教育厅《小学教育实施办法》规定：初小应办足 4 个年级，高小必定兼办初小。学制沿用“四二制”。

1969 年，小学实行 5 年制。1970 年 9 月，取消小学一年级招生，延至 1971 年 2 月招生，其他年段延长一个学期。1974 年，由春季招生改回秋季招生。1988 年，部分恢复 6 年制；1989 年起，全部恢复。

二、课程

清光绪三十年（1904 年），高等小学开设：中国文学、修身、讲经、算术、历史、地理、格致、体操、图画、手工及农业。民国元年（1912 年），初等小学开设修身、国文、算术、体操、图画、手工、音乐，高等小学废除讲经。

民国 9 年，改国文课为国语。民国 12 年，废除修身课，增设公民课，改体操课为体育课。初等小学增加社会课，四年级在算术课中增加珠算。民国 25 年，高年级开设：国语、算术、历史、地理、卫生、自然、公民训练、美术、劳作、音乐、体育、童子军 12 个科目，初小减少历史、地理及童子军。

1949 年，下学期课程只有语文、算术、时事 3 科。1950 年，采用《福建省统编教材》开设科目：初小 1—2 年：国语、算术、唱游、劳作、美术；3—4 年：国语、算术、常识、音乐、体育、美术、劳动；4—5 年：国语、算术、政治常识、历史、地理、自然、体育、劳作、美术、音乐。1963 年起，每周增加 2 节生产劳动课及 1 节少先队活动课。

“文化大革命”开始，保留语文、数学等课程。

1972 年，统一使用省编《全日制小学教学计划试行意见》教材。1978 年，贯彻教育部《教学大纲》，并采用统编教材。高年级开设：语文、算术、历史、地理、自然、音乐、体育、队日活动；初年级开设：语文、算术、音乐、体育、队日活动。1982 年，增加《思想品德课》，另在课外开设第二课堂，由各科任老师组织各种兴趣小组。

1990 年，开设课程：1—2 年级：语文、数学、音乐、体育、美术、自然、思想品德；3—4 年级：语文、数学、音乐、体育、美术、自然、劳动、思想品德；5 年级：语文、数学、音乐、体育、美术、自然、劳动、地理；6 年级：语文、数学、音乐、体育、美术、自然、劳动、历史。

1997—2002年，龙文区统一执行福建省教育厅《福建省小学全日制课程计划》。2003年，龙文区成为第二批进入课程改革的实验区，从小学一年级起，统一执行福建省教育厅《福建省义务教育课程计划》。

第三节 素质教育

一、主题活动

1990年，区境德育教育采用寓教育于“主题”活动之中，提高学生素质。从升国旗、教唱革命歌曲入手，从教育学生热爱班级、热爱学校、热爱家乡做起，开展“班级是我的家，我是班级小主人”“学校哺育我成长，不负老师培养情”和“小主人在行动”为主题的教育活动。树立集体荣誉感，培养爱集体的思想。开展“家乡在前进，祖国在腾飞”“我爱家乡”等主题活动，组织学生到郭坑磷肥厂参观，到云洞岩游览，了解改革开放伟大成果，领略祖国的壮丽河山，激发学生爱国热情，增强民族自豪感和自信心。

二、举办座谈会

区境小学举办“从小立志，献身祖国”座谈会，使学生明确到进入20世纪末、21世纪初自己正处于风华正茂，建功立业，大有作为的美好年华。结合座谈会，指导学生作文，以《我家的新事喜事多》《家乡新貌》《我爱家乡的新事物》等为主题写作。

三、培养能力

素质教育以“开发潜能、发展个性”为理念，以培养“合格+特长”学生为目标。对小学生进行小制作、小实验、音乐、美术、艺术能力的培养教育。每年“六一”前举办小学生书法、美术、作文、数学、小制作能力竞赛、评比。开展各种体育、声乐、演讲比赛。各校因地制宜，创造、改善素质教育条件。1999年暑期，蓝田中心小学建60米直跑道，铺设标准水泥篮球场、排球场，建造乒乓球桌、阅览桌、音乐室专用椅子等，配备1架钢琴，配齐音乐、体育、美术、电脑等专职教师。组织鼓号队、电脑组、科技组等13类兴趣小组。2004年，黄静茹获省小学生计算机奥林匹克分区联赛（FPOI’2002）三等奖。2005年3月，蓝田中心小港小学、坂上中心石仓小学、蓝田中心小学被市教育局授予“漳州市实施素质教育工作先进学校”称号。

2007年，市第二实验小学郑妍妍获全国“五好小公民”诚信征文二等奖；黄维鸿等3人获省级征文一等奖；徐维佳等3人获漳州市中小学生素质教育比赛特等奖，还有3人获一等奖，严雅君、郑丽云分获漳州市小学生作文、数学竞赛高年级组一等奖。

第四节 教学与教研

一、教学

民国时期，小学教育以填鸭式教学为主。

中华人民共和国成立初期，仍延续这种教学方法。

1985年，福建省教育厅在龙海县召开“全省农村小学教育工作会议”。之后，全县教学改革目标：“减轻负担，生动活泼，全面发展”，优化基础工具课，优化课堂教学，减轻学生过重负担。试点小学各学科在漳州市教育局教研室指导下，制订学科教学整体改革规划，有目的、有计划地在学科教育目标、课程设置、教育内容、教学形式和教学方法、考试评价方面进行改革试验。

1993年，通过改革教学方法，加强对学生学习规律和方法的指导，克服重教轻学的倾向，加强启发教学，把能力培养放到重要位置，运用各种教学设备和教学手段，加强教学方法的直观性、趣味性。

二、教研

1953年，区境各小学建立学科教研组和年段学科备课组，有计划地开展教学研究活动，组织小学教师学习苏联凯洛夫教育学的理论。1955年，各小学学科教研组扩大为教学研究室。1958年，小学观摩教学活动由学区扩大到县际、省际，组织教师到福州、厦门、泉州等地市观摩教学。

区境各小学贯彻“教学相长”的方针，建立学科教研组。普遍采取听（听讲座、听老教师授课）、备（钻研教材、写教案、教学笔记）、试（试讲）、评（集体评议、总结经验）形式进行教学活动，教研氛围浓厚，教师中以老带新形成制度，新教师在老教师的帮扶下提高教学水平。

“文化大革命”中，教研活动被政治学习取代。

恢复高考后，各小学教研活动逐渐恢复正常。小学以学区为单位开展活动。1975年，步文学区每两个星期进行一次教研活动。每学期举办现场出卷比赛，分一、二、三等奖。1978年，区境小学建立“县中心教研组、学区教研组、学校备课组”三级教学研究网络。1975—1986年，教师坚持每星期一、三、五学习政治理论、备课教研等。1986—1995年，每星期六下午，以学区为单位开展公开课、示范课、讲座、教学交流等教研活动。1995年后，每所学校每周有二节教研课，以学校各学科教研为主。学区（中心校）每月举行一次集体教研。

1997年，区教育局经常组织以学科为单位的教研活动。区进修学校成立后，大力培养名师、骨干教师、学科带头人。采用个别辅导、集体备课，开设公开课、观摩课、示范课等方式，组织骨干教师参加各种教学比赛、研讨会等。

2004年11月，漳州市第二实验小学成立教研室。2006年，该校的数学课题“问题解决”经过申请立项，成为省级课题。2006—2007年，由学校数学教研组牵头，校级骨干教师参与课题研究工作。先系统学习国内外“问题解决”的理论，并制定实施步骤。后把“问题解决”的模式应用到课堂教学中，开办“1000以内数的认识”“简便运算”等展示课。学校分期、分批派出老师参与省级与“问题解决”相关活动，征集有关“问题解决”案例、教学设计、经验论文，结集成册。

第五节 小学学校选介

一、漳州市第二实验小学

址在步文镇田丰村。1999年，龙文区筹建漳州市第二实验小学。1999年12月28日奠基，2003年秋季招生。2007年，学校有教学楼一幢，占地面积1030平方米，建筑面积5986平方米。有教室38间、办公室8间、实验室1间、语音室1间、多媒体教室1间、舞蹈厅1间、图书阅览室1间、电脑室1间。学校绿化面积3000多平方米。新建一幢科学楼。建成250米塑胶跑道。建立校园网，每间教室配备先进的多媒体教学设备。至年底，学校有教学班35班，学生2167人。教师86人。其中，小学中学高级教师2人，小学高级教师48人，小学一级教师32人。拥有大学本科学历8人、大专学历76人。平均年龄34周岁。学校承担龙文区小学课程改革实验及教学改革课题。获“漳州市教学常规管理优秀学校”等市、区级表彰52项。师生获全国、省、市、区级奖382人次。

二、蓝田中心小学

位于蓝田镇蓝田村。学校创办于1918年，属私办高小学校，辖9所完小校。中心校占地面积6000平方米，绿化面积960平方米。中华人民共和国成立后，转为公办完小学校。1997年，学校升格为中心小学，辖9所完小学。

2007年，中心小学有多媒体教室1间、电脑室1间、多功能活动室1间、300平方米室内体育室1间。学校在“创特色、争一流”办学思想指导下，营造“科研兴校、和谐发展”教育氛围。学校多次承

漳州市第二实验小学

办区级教学研讨活动及区级特色校建设研讨现场会。其中，小港小学获“福建省农村示范校”，蓝田中心小学获“漳州市校园管理建设先进单位”称号。管辖66个教学班，学生2377人，教师104人。

三、坂上中心小学

位于漳州东郊国道319漳泰公路旁。1995年，步文镇坂上村投资200万元建成完小校，辖2所完小校。占地面积10496平方米，校舍建筑面积1740平方米，建教学楼、行政楼、教师办公楼、职工活动楼。学校坚持以“面向全体、面向发展、各有所长”为办学方向，以“乐学上进、求实创新”为校训，以“以德立校、依法治校、科研兴校、特色办校”为办学理念；以“让每个学生都能学会生存，学会做人，学会学习，学会健体，让每个学生的个性与才能都能得到最大限度的发展”为办学目标。学校绿化面积88.2%。学校有篮球场、排球场、乒乓球场地、体育器械室、卫生室、图书阅览室、自然实验室、电脑室、综合功能室、教工活动室。

2007年，管辖3所完全小学，30个教学班，学生1204人。学校配齐音乐、体育、美术、英语教师、专（兼）职教师。石仓小学获省级农村示范小学、漳州市文明学校等称号。

四、翁建中心小学

位于朝阳镇翁建村。民国13年（1924年）创办。至2007年，学校占地面积2980平方米，建筑面积670平方米。其中，教室384平方米，图书室24平方米，图书1500册。全校6班，学生350人。教师17人，专职教师14人，其中小学高级职称12人。2007年，中心校及所辖完全小校共9所公办小学。学校有教学班52班，学生1775人，教师96人。其中，小学中学高级教师1人，小学高级教师60人，小学一级教师35人。拥有大学本科学历4人，大专学历38人。平均年龄42周岁。师生获省、市、区级奖86人次。

五、郭坑中心小学

位于郭坑镇大众路北端。1909年创办。占地面积2万平方米，建筑面积5000平方米。分为教学区、生活区和活动区。绿化覆盖率40%。“争先进，创一流，办特色”是学校办学理念。2000年12月，校企整合，铁路小学并入。

2007年，拥有16个教学班，学生805人，教师45人。其中，小学中学高级教师2人（1名特级教师）；小学高级教师38人，小学一级教师5人。拥有大学本科学历6人，大专学历32人，大专以上学历占教师总数84%。音乐、体育、美术、英语专职教师各2人。学校获“漳州市德育先进学校”称号。

六、西洋中心小学

位于北环城路西北方向西洋村。占地面积4923平方米，建筑面积1536平方米。辖五所完全小学。学校坚持以“以学校为基础，以教师为关键，以学生为根本，以教学为中心，以质量求生存，以管理求效益”为办学宗旨，坚持“明理、求真、慎思、力行”校训。有黄忠伟等2名教师获“福建省师德标兵”称号。

2007年，有学生653人，教师55人。

第四章　中学教育

第一节　学校设置

一、公立普通中学

1957 年 9 月，创办郭坑中学，原为郭坑小学附设初中班。1959 年 9 月，学校定名龙溪县第三中学，面向角美、郭坑、古塘、北斗、浦南等公社招生。1960 年，龙海县成立后改名为郭坑中学。1961 年初，学校改名龙海县郭坑中学，1966 年，拥有 38 名教师、478 名学生的独立初中校。“文化大革命”期间，学校停课，一度改名龙海县育红中学。1969 年春，学校复课，校名仍为龙海县郭坑中学，招收新生 6 班。

1970 年 9 月，创办步文中学，当年只招收初一、初二年学生，次年招收第一届高中生。1971 年春，郭坑中学设立高中部，招收第一届高中生，1973 年首届高中毕业生 93 人。

1993 年，朝阳中学开办，招收初中生。2000 年，朝阳中学升格为完全中学，招收高中部。

1997 年，龙文区普通中学有 128 班，学生数 6249 人，其中初中 122 班，学生 5997 人，高中 6 班，学生 252 人。

2007 年，龙文区有龙文中学、朝阳中学、龙文职中、景山中学、书厅中学 5 所。全区普通中学有 207 班，学生数 10565 人，其中初中 139 班，学生 7090 人，高中 68 班，学生 3475 人。

2007 年龙文区公办中学统计表

表 21-4-1

校名	班级数（班）		学生数（人）		教师数（人）		行政人员（人）
	初中	高中	初中	高中	初中	高中	
龙文中学	14	29	680	1512	50	98	4
朝阳中学	13	18	547	738	47	56	3
龙文职中	12	2	497	111	38	10	3
景山中学	18	—	752	—	71	0	4
书厅中学	7	—	353	—	27	0	1

二、私立普通中学

龙文区贯彻《社会力量办学条例》《民办教育促进法》及《民办教育促进法实施条例》，执行“积极鼓励、大力支持、正确引导、依法管理”民办教育方针，探索私立（民办）教育发展路子，将私立学校纳入管理。

龙文区新龙文武学校　2001 年 4 月筹设。试办九年一贯制学校，小学 1—6 年级，初中 7—9

年级。2004 年 10 月，更名“龙文区新龙学校”，正式成立。

漳州一中分校 2002 年，漳州市政府将华侨中学新校园出让给香港毅达集团，创办漳州一中分校。2003 年 9 月，初中部正式招生。

1997—2007 年龙文区普通中学班级统计表

表 21-4-2 单位：班

年份	班级总数	初中				高中			
		小计	一年级	二年级	三年级	小计	一年级	二年级	三年级
1997	128	122	43	43	36	6	3	1	2
1998	138	130	45	42	43	8	4	3	1
1999	141	130	46	43	41	11	4	4	3
2000	150	132	44	46	42	18	10	4	4
2001	154	131	41	44	46	23	10	9	4
2002	153	124	42	40	42	29	10	10	9
2003	164	135	56	41	38	29	10	10	9
2004	188	152	57	55	40	36	15	10	11
2005	197	156	49	55	52	41	16	14	11
2006	204	148	45	48	55	56	26	16	14
2007	207	139	47	44	48	68	26	26	16

1997—2007 年龙文区普通中学在校生统计表

表 21-4-3 单位：人

年份	在校生数合计	初中				高中			
		小计	一年级	二年级	三年级	小计	一年级	二年级	三年级
1997	6249	5997	2176	2092	1929	252	138	42	72
1998	6613	6257	2356	1960	1941	356	185	129	42
1999	6895	6362	2281	2322	1759	533	233	173	127
2000	7609	6751	2218	2244	2289	682	281	231	170
2001	7658	6454	2115	2159	2180	1204	524	449	231
2002	8070	6546	2367	2069	2110	1524	561	514	449
2003	9210	7563	3225	2317	2021	1647	580	557	510
2004	10714	8708	3269	3189	2250	2006	869	580	557
2005	11230	8874	2576	3195	3103	2356	953	831	572
2006	10932	7866	2228	2512	3126	3066	1335	920	811
2007	10565	7090	2404	2211	2475	3475	1307	1285	883

第二节　学制与课程

一、学制

1957—1966 年，初中学制为 3 年。1966—1978 年，初中、高中学制均为 2 年。1978—1983 年，实行中学 5 年学制，按初中 3 年、高中 2 年分段。1984 年起，步文中学学制为 6 年，初、高中各 3 年。1984—2007 年，延续中学 6 年学制。

二、课程

1957 年，区境设立第一所初中校后，中学课程频繁修改。1963 年，根据《全日制中学暂行工作条例（草案）》，课程设置政治、语文、数学、生物、俄语、物理、化学、体育、音乐、图画、生产知识。

1966 年“文化大革命”始，中学停开历史、地理、图画、音乐课，以劳动课代替体育课。1973 年下半年，根据“开门办学”要求，改物理课为“工业基础知识”课，主要学“三机一泵”（电动机、拖拉机、水轮机、水泵）；改化学、生物课为“农业基础知识”课，主要讲土壤分析和快速检测、化肥、农药、作物栽培；数学压缩基础知识，增加测量、农村会计、工业制图；政治课主要学毛泽东著作和《毛主席语录》。这种课程设置实施到 1976 年“文化大革命”结束。

1978—1980 年，课程设政治、语文、数学、物理、化学、英语、历史、地理、生物、农基、体育、生理卫生、美术。1981 年 4 月，为应对高考文理分科考试，完中校从高二年起按文、理分科，初期实行时变成文不学理（物理、化学、生物），理不学文（历史、地理、政治）。1979 年高考时，文理科外语以 10% 计入总分；1980 年以 30%、1981 年以 50%、1982 年以 70%、1983 年以 100% 计入总分。1981 年生物科列入理科高考科目以 30%、1982–1984 年以 50%、1985—1993 年以 70% 计入总分。1994 年取消。2001 年，恢复为理科综合部分内容，以 72 分计入理综。

2002—2006 年，高二年文、理分科，高考为 3（文理科均为语文、数学、英语）+1（理科或文科综合）。2006—2007 年，采用新实验教材，开设课程不变，教材编写思路侧重实验及知识掌握过程。

第三节　中学素质教育

1957 年，郭坑小学附设初中班贯彻中央“教育必须为无产阶级政治服务，教育要与生产劳动相结合”教育方针，进行政治、形势教育。

1960 年，国家经历经济困难，区境遭受“6•9”灾害，群众生活遇到暂时困难，组织学生学习有关论述形势的文件，请老贫农讲解放前的苦难史，进行“忆苦思甜”教育。进行革命英雄主义教育，在学生中大力树立刘胡兰、欧阳海、邱少云、雷锋等英雄人物的形象。

“文化大革命”期间，学校思想政治教育陷于绝境，造反派斗领导、斗教师，传统道德教育被当作是“封资修”加以批判。

1976年10月6日，中共中央粉碎江青反革命集团篡党夺权的阴谋，结束“文化大革命”，区境教育恢复正常的教学秩序。

中共十一届三中全会后，学校贯彻《中学生守则》，开展“学雷锋，创三好”为中心的思想政治教育。1981年3月起，步文公社所辖学校开展“讲文明、讲礼貌、讲卫生、讲秩序、讲道德；心灵美、语言美、行为美、环境美；热爱祖国、热爱社会主义、热爱党”的“五讲四美三热爱”教育活动，同坚持四项基本原则、清除资产阶级精神污染、加强爱国主义教育结合起来。1983年7月起，学校按照《福建省中学生思想政治教育纲要》，按年级结合各时期中心任务，加强四项基本原则教育和开展“学雷锋、做好事”活动。

1997年8月23日，龙文区各中学设立政治处。加强对学生进行《中学生守则》和行为规范养成教育。当年，景山中学开设果树栽培课程、组织校园十大歌手比赛；朝阳中学组织美术兴趣小组；有些中学让学生学习自编的校本教材，开展社会调查活动。

2007年8月3—7日，朝阳中学初二年学生颜雅鸿代表漳州市中小学生赴京参加教育部关工委全国五好小公民“知荣明耻树新风”演讲比赛获得季军。当年，中学、中心小学配备党支部副书记，加强德育工作领导。至2007年底，全区有27名学生考上美术学院、19名学生考上声乐学院校、9名学生考上体育院校、160名学生考上职业院校。中学生在市级文艺调演中有5人次获一等奖，1人获省级少年散打比赛第一名，1人获市级体育比赛第一名，1人获市绘画比赛一等奖。

第四节　教学与教研

一、教学

1966年上半年，教师严格组织教学活动：按省颁标准开足开满课程，教师晚上住校轮流辅导学生。

“文化大革命”期间，中学教学忽视教学质量，教学内容侧重与农业生产相结合。初中生、高中生到田间地头搞测量、学开拖拉机、平整土地等，强调从生产中学习科学知识，正常的教学秩序得不到保证。

1977年恢复高考，中学教学秩序逐渐规范。学校教学目标就是提高大学、中专的升学率，重点培养尖子生。每学期按学习成绩高低重新分班，安排不同教师任教。

1993年，市教育局提出改进中学各科教学的意见：为适应培养四个现代化人才的需要，加强教学理论的学习和研究，端正教学思想，全面完成教学任务，不断改进教学方法，提高教学效率。

1997年起，加强对学生智能的开发和非智力因素的培养，改变中学教育单纯为升学服务的旧观念，树立全面贯彻教育方针，德、智、体、美、劳五育和谐共进，为社会主义建设服务的观念。改革封闭式教学，加强和改善学生的课外活动及校内外活动。开设各学科专题讲座，组织学科兴趣小组，组织学生进行社会调查、参观、访问，开展小发明创造、科技小制和写小论文等活动，以利于发展学生的智力和特长，培养学生的能力。开始改变过去忽视学生学习的主体性的弊端，改革填鸭式的教学方法，重视激发学生的学习兴趣和求知欲，教会学生学习的方法，探索以启发式为中心的新教法体系和从实际出发实现最佳教学效果的教学方法。

二、教研

1953年，各中学建立中学学科教研组和年段学科备课组，有计划地开展教学研究活动，组织中学教师学习苏联凯洛夫教育学的理论。1955年，学校学科教研组扩大为教学研究室。各中学贯彻“教学相长”的方针。普遍采取听（听讲座、听老教师授课）、备（钻研教材、写教案、教学笔记）、试（试讲）、评（集体评议、总结经验）形式进行教学活动，教研氛围浓厚，教师中以老带新形成制度，新教师在老教师的帮扶下提高教学水平。

“文化大革命”期间，教研活动时断时续。1975年，逐渐恢复正常。普通中学以教研组为单位开展活动。完中校经常以“走出去，请进来”形式开展校际教研活动。

1978年，中学以年级学科为单位，组成校际教研组，进行观摩教学活动。同时，成立语文、数学、物理、化学、历史、地理、外语等教学研究会，定期开展学术讨论和教学研究。其间，步文中学派人从福州三中等学校搜集高考材料及信息，教师的教研围绕高考升学率展开。1984年后，教研分校内、片区分别开展。1993—1994年，景山中学力图以“优化组合”形式力促教学研究。

1997年，龙文区教育局经常组织以学科为单位的教研活动，选送一部分骨干教师到省、市教育学院参加培训。新课改以来，选派骨干教师参加出版单位在漳州召开的各科教材编写说明会。当年9月，龙文中学设立教研室，由教务处副主任兼任教研室主任。龙文中学先后与福州三中、长汀一中、龙海卓崎中学、长泰二中等校建立横向联系，开展听课、试题交流、教法探讨、编写乡土教材等校际活动。区进修学校成立后，大力培养名师、骨干教师、学科带头人。采用个别辅导、集体备课、开设公开课、观摩课、示范课等方式，组织骨干教师参加各种教学比赛、研讨会等。

2007年，各中学各学科制定教研计划，每周各教研组开展教研活动并进行评课。开展校际教研、交流，聘请专家讲座。

第五节 中学学校选介

一、龙文中学

龙文中学

址在蓝田镇西坑村。1970年9月，在农业中学基础上创建步文中学。占地面积9.34公顷，建筑面积22082平方米，绿化面积8439平方米。创办时，招收2班初二年学生。1971年1月，招收59名高中学生。1985年，被列为“全国百所农村整体改革试验学校”。1991年3月，经福建省教委批准登记注册。1997年，改今名。2001年，被定为国家级考试规范化考点。2003年，37名学生考上重点本科，2名学生考上北京大学。高考专科上线率95%，本科上线率50%。2006年9月，龙文中学面向全区首次招收高一年保送生40名。当年，通过福建省二级达标中学的评估验收，成为龙文区唯一的省级重点中学。

1998—2007年，教师中受省级表彰9人、市级表彰23人；有5位教师到宁夏回族自治区支教。2003—2007年，教师发表省级以上论文10篇，市级论文50篇。学生参加全国学科竞赛获省级表彰6人，市级表彰12人。龙文中学先后被评为“福建省体育管理先进单位”“福建省文明学校”“漳州市普通中学研究性学习先进单位”等称号。

2007年，拥有43个教学班，其中高中29个班；学生数2192人，其中住宿生1648人；教职工数152人，专职教师148人，其中高级教师32人，中级教师59人。学校组织合唱团、舞蹈队、美术兴趣小组等。

二、漳州第一中学分校

址在新浦东路。1998年征地4公顷，1999年投建，2002年竣工。2003年创办漳州一中分校，该校由漳州一中初中部整体转制，与香港毅达国际投资有限公司联合办学，体制上属于民办全日制学校。享有单独提前自主招生的政策性扶持。学校实行董事会领导下的校长负责制，教育行政归漳州市教育局管辖。

2003年9月，漳州一中分校初中部正式招生。至2007年，投资2.6亿元。校园面积8.8公顷，建筑面积8万多平方米。主要建筑有教学楼2幢、科技楼、图书馆、艺术楼、多功能体育馆、学生餐厅各1幢、学生公寓3幢、教师公寓楼1幢。学校建有1个400米标准塑胶田径场、1个足球场、6个塑胶篮球场、2个塑胶排球场、1个塑胶网球场。校园网络开通使用，所有教室均配置多媒体教学系统。漳州一中分校改名为漳州毅达中学，仍挂靠一中分校的名号。拥有5个年级，85个班级，学生4738人，教师264人。

漳州第一中学分校

第五章　职业教育

第一节　公办职业中学

一、步文农业中学

位于步文长尾山。1958年4月，步文公社创办东屿、蓝田、翁建、后坂4所农业中学。1959年，4所农业中学合并成立步文农业中学。办有农场、畜牧场、木器厂、竹器厂，建立米丘林实验场，开设教学试验园地、标本园地，与公社农科所结合，开展农业科学研究活动。1960年，有教职工15人，学生234人，其中历届高小毕业生100%入学，工农子弟占85.1%。1961年，编制核定为6人。1962年停办；1963年9月复办，校址迁朝阳村，后又移到东屿村、长山农场。1965年，有7名教师，3个班，109名学生。1970年，在步文农业中学的基础上创办步文中学。

二、郭坑铁路职业中学

位于郭坑铁路俱乐部旁边。前身是郭坑铁路小学，1958年创办。1976年，改办为福州铁路分局郭坑铁路职工子弟中学。1985年，改为职业中学，办铁路信号专业，学制3年。1991年，办有3个专业班，学生100人，教职员12人。1995年，与郭坑铁路职工子弟小学合并，2000年12月并入郭坑中心小学。

三、龙文区职业中学

位于郭坑镇西部。1957年9月，郭坑小学附设村中班。1960年，改为郭坑中学。1985年秋，划归职业中学系列。

1997年，建区时设3个年级学生数214人，教职工10人。

1999年4月7日，更名龙文区职业中学，设计算机、商贸管理等专业，由单独办学发展为校企联合办学，并升格为职业中专。校园面积3万平方米，校舍建筑面积6400平方米，有教学楼2幢、公寓式学生宿舍楼1幢、教师套房20套。教学班14班，在校生700多人。教职工54名，其中高级职称14名，中级职称25名。学生数最少的是2003年124人，最多的是2006年936人。

2007年，设3个年级学生数712人，教职工56人。

1997—2007年龙文区中等职业教育基本情况统计表

表21-5-1

年份	中等职业学校（所）		毕业生数（人）	在校生数（人）				教职工数（人）	
	合计	调整后		小计	一年级	二年级	三年级	合计	专任教师
1997	1	1	27	214	106	37	71	10	8
1998	1	1	71	194	84	28	35	10	8

续表 21-5-1

年　份	中等职业学校（所）		毕业生数（人）	在校生数（人）				教职工数（人）	
	合　计	调整后		小　计	一年级	二年级	三年级	合　计	专任教师
1999	1	1	82	456	344	84	28	28	19
2000	1	1	28	493	105	308	80	16	16
2001	1	1	233	289	52	95	142	8	8
2002	1	1	182	141	50	42	45	12	8
2003	1	1	45	124	30	50	44	16	9
2004	1	1	11	391	318	50	16	16	9
2005	2	1	44	816	470	316	30	15	8
2006	3	1	30	936	323	368	245	19	10
2007	3	1	12	712	540	89	83	56	38

第二节　私立职业学校

一、中专职业学校

龙溪县甲种农业学校　位于翁建村。民国13年（1924年）创办。从事农业职业教育。民国14年，并校时称龙溪县立初级中学校。民国17年停办。

漳州乾元食品技术学校　位于龙文职中校园里。2005年10月，由漳州市教育局批准设立。校长黄清福。2006年春季招生办学，开设烘焙专业。2006年秋季招收学生5人。2007年春季招收14人，秋季招收5人。有管理人员及基础教师5人、专业教师3人。学生毕业后推荐就业。

漳州现代印刷技术学校　位于漳州市蓝田工业开发区横三路。2006年5月，漳州市教育局批准设立。法人代表林朱江，校长陈达禹。2006年招生办学。

二、大专职业学校

漳州吉马印刷职业技术学院　位于蓝田工业开发区横三路。2005年6月，由福建省教育厅批准筹建。董事长林朱江，院长任威烈。2007年2月，福建省人民政府批准设立全日制专科高等职业学院。4月20日，教育部同意漳州吉马印刷职业学院备案，纳入福建省高等学校统一招生范围，学院具有独立颁发专科学历文凭资格。学院占地14.27公顷，校舍面积5万多平方米。学院的教学区、生活活动区和实训区均按现代标准规格建设，教学大楼有功能用室89间，多媒体教室11间。有图书3.5万册，报纸杂志100多种。学院以“立足福建、服务行业”为办学宗旨。漳州吉马彩印有限公司全套生产设施为学院提供实践基地。学院经福建省新闻出版局及福建省劳动和社会保障厅批准成立福建省印刷复制行业职业技能鉴定总站漳州培训基地。2007年年底，学院有教职工57人，其中专任教师28人，职工29人。高级职称教师5人，占教师总数17.8%，向北京印刷学院聘请兼职高级职称专业教师10人。高职专业设印刷图文信息处理、印刷设备及工艺、包装技术与设计、印刷技术、市场营销5个专业。招生指标400人，注册入学342人，入学率85.2%。

附：景山农业大学

景山农业大学校址

校址初设景山社小学内，后迁龙溪县第六区区公所原址。

1957 年，步文乡在景山村创办景山农业大学。1959 年，停办农业大学，创办农业中学。创办时，由步文乡党委宣传委员兼职任校长。学生来自步文乡各行政村的小学毕业生。农业大学建实践基地，位于圳头村山后社村口的山上。在东屿小学右侧建牛棚，在东屿村第 8 生产队大埕设养猪场。景山农业大学名为大学，实为培训农村农业技术青年的基地。

第六章　成人教育

第一节　扫除文盲

清代末期，区境是个田园荒芜、生产萧条、人民生活贫困、文化落后的地区。91% 的青壮年是睁眼瞎子，有民谣称："十户人家九缺粮，十个农民九个盲。"

民国初期，翁建村王渭北毕业于北京大学，后任国民党中央政府农商部主事，关心家乡教育，对翁建卢坑农中的创办和巩固、翁建国民小学（翁建小学前身）的创办作出贡献。但是，民国时期区境青壮年文盲率仍然很高。

民国 18 年（1929 年），区境推行社会教育，各乡镇设立民众学校。抗日战争时期，城乡设立战时民校，有成人班、妇女班。

中华人民共和国成立，政府工作人员组织青壮年进入文化夜校、成人识字班、扫盲班学习，文盲人数大大降低。后随政治运动的变化，各种扫盲班时办时停，青壮年文盲人数也随之变化。

合作化时，中共东屿区委召开四级扩干会，作出决议：层层配备扫盲工作领导力量。在会上指定 12 个乡支部副书记、29 个高级社副社长、174 个生产队长专管扫盲工作。制定入学任务，确定完成时间。宣布区委对具体问题具体办法解决的规定，并正式下达公文。

1950 年 12 月，举办"冬学训练班"，后将"冬学"转为常年民校。1952 年，民校中推广祁建华"速成识字法"。1957 年 1 月，东屿区扫盲工作进展很快。1957 年春节后，中共东屿区委召开全区"扫盲骨干分子活动会"，指定 12 个乡党支部副书记、29 个高级社社长、174 个生产队长专管扫盲工作。通过表彰先进、树立标兵形式，一支上千人的扫盲队伍就在全区范围内迅速涌现，民校复课80%。1957年冬，东屿区提出“冬闲变冬忙”的号召，印发服务“冬忙”的“千字教材”，开展“千字运动”，布置识字定额。入学数从7017人迅速增加至14000人。

东屿区先后创造90多种扫盲先进经验，其中“随军文化队伍”“学习三跟走”（学习跟着水利走、教师跟着学员走、学员带着三宝走）、“文化八搬家”（文化下田、路口识字、车水学习、工地识字、灶前温习、床前练字、队间挂牌、店前读书）、“开展铁民校运动”“科学研究与培养师资相结合的工农教育师范”等做法，41种典型学习方法是全省第一。首创“业余师范学校”广泛推广，在全国教育厅局长会议上介绍，《光明日报》以头版头条新闻向全国介绍推广这一经验，中国新闻社为此向海外发布专稿。东屿区成为全省一面文化红旗。

1957年，成为“千人学习乡”“万人学习区”的扫盲典型。东屿区在“业余师范学校”基础上，办起各级各类业余学校，开展全民大创作、大写诗，成为文化区。有业余初中27班642人，业余高小451班8705人，工农师范15班309人，业余师范64班840人，业余技术学校13班445人，干部红专学校15班151人，坚持常年学习的学员计11092人，占在家应入学青壮年总数90.8%。实现队队有业余初中和工农教育师范班，村村有业余师范，班班念高小。出现“村前村后闹生产，男女老少进学堂，生产捷报连频传，文化革命满堂红”的新气象。

1958年，步文公社把业余教育（冬学）列入党委日常工作主要内容之一，指定副书记分管，配备脱产文教干部39人，从党内到党外建立一条完整的业余教育领导体系。是福建省、龙溪专区、龙溪县业余教育的重点公社。当年，实现第一个基本无文盲区。东屿民校被评为“铁民校”。

1959年，从民校输送各类建设人才3954人，其中有国家脱产干部50人，生产组长以上干部1744人，生产技术员141人，会计、记工员、测量员429人，保管员297人，民师1059人，幼儿教养员145人等。学员连万德扫盲毕业以后，上厦门大学工农预科学习，成为大学生。

1960年，步文公社有396人被评为省、专区、县、公社的扫盲积极分子、功臣和模范，有九年如一日，从文盲到优秀民师、获团中央扫盲积极分子的陈朝贵，有坚持九年教学连续三次被评为省扫盲积极分子的优秀民师陈育麟等。1962年8月27日，郭坑公社组成业余教育委员会，12月12日，开办民师训练班，培养民师26人。至1963年5月，郭坑公社共开办7所民校，12个班293人，完成计划数的58.6%。1964年，业余教育先进单位步文公社朝阳大队扫盲率达66.3%，其中朝阳自然村达扫盲饱和点83.6%。

“文化大革命”中，扫盲活动受政治学习影响，经常以学政治代替原来的文化学习。

1986年初，郭坑镇12—40周岁少年、青年、壮年的文盲率反弹到26.72%。镇政府重视扫盲工作，贯彻省人大审议通过的《福建省扫除文盲暂行条例》，办起扫盲班、成人高小班、实用技术班，入学人数950人，占文盲数95%。

1990年“四普”时，郭坑乡总人口17503人，15—40周岁9296人，文盲数1398人，非文盲率为84.96%；步文总人口91670人，15—40周岁45030人，文盲数6490人，非文盲率为85.59%。1996年10月，省教育“两基”考核验收时，郭坑镇15—40周岁9086人，脱盲人数1091人，剩余文盲数189人，青壮年非文盲率为97.92%；步文镇15—40周岁44976人，脱盲人数5497人，剩余文盲数930人，非文盲率为97.93%。脱盲后进入巩固班学习结业：郭坑镇1045人，占脱盲人数95.78%；步文镇5412人，占脱盲人数98.45%。1996年年底，龙文境内教育“两基”达标工作，已随龙海市一起通过省级评估验收，基本扫除青壮年文盲。

1997年12月，龙文区15—40周岁总人口为52614人，剩余文盲864人，实际非文盲率为98.36%；15周岁总人口2060人，文盲17人，文盲率为0.83%，

2000年10月，“五普”及教育“两基”跟踪时，龙文区15—40周岁人口52622人，剩余

文盲462人，青壮年非文盲率为99.12%。2006年，省“双高普九”达标验收时，龙文区15—24周岁人口19766人，文盲5人，非文盲率99.97%。

2007年，对龙文区教育工作进行督导评估时，15—24周岁人口20753人，文盲4人，非文盲率99.98%。

第二节 农民教育

一、农业函授大学教育

1997年起，教育系统每年组织初三年毕业班学生200人参加农业函授大学学习。2006年，招收300人，结业273人。2007年，招收350人，结业300人。

二、文化教育活动中心教育

1990年，郭坑村创办缝纫知识班，有32名学员结业。1992年，郭坑镇郭坑村两委拆除旧村部，投资37万元，建成文化教育中心。2000年，郭坑镇建成镇文化活动中心。2001年，步文镇建成镇文化活动中心。文化教育中心设有老人活动室、人口学校、图书室等，配有音响、电视、录像、健身器材等设备。

2001年后，各行政村、自然村逐渐开辟文化活动场所或在祖厝祠堂、或新建修旧，购置电视、音响等娱乐设备，文化娱乐活动遍布乡村，出现文化中心户现象。

1997—2007年龙文区各类成人学校毕业生统计表

表21-6-1 单位：人

项目	1997年	1998年	1999年	2000年	2001年	2002年	2003年	2004年	2005年	2006年	2007年
成人初级小学	5421	2006	2632	843	443	255	119	103	103	91	0
其中：扫盲班	4330	411	585	256	79	40	21	20	20	20	0
农民文化技术培训学校	12827	7377	8323	4090	1312	649	431	298	262	340	261

第三节 职工教育

1951年，区境职工教育在龙溪县职工业余文化学校指导下进行。1956年，职工到龙溪县干部业余文化学校接受教育。1960年，职工到龙海县干部业余文化学校接受教育。

1987年，职工参加考试，经考试合格，取得漳州市职工教育办公室颁发的合格证书。1988年后，参加岗位职务培训班培训。

1997年12月9日，龙文区教育工会成立，每所中学、中心小学先后建职工之家，有职工教育基地。1998年，组织中学、学区财务人员进行电算化培训，15人获得省会计电算化合格证书，先后有 28 名教职工获得会计资格证书。职工每年都要参加继续教育。

2001 年，漳州市教育局与漳州师范学院成人教育学院合作，对学历不达标教师（职工）进行培训，发给结业证书。之后，部分职工参加函授教育、远程教育，区人事局每年组织职工参加继续教育。

1997—2007 年龙文区各类成人学校教职工统计表

表 21-6-2　　单位：人

项　目	1997 年	1998 年	1999 年	2000 年	2001 年	2002 年	2003 年	2004 年	2005 年	2006 年	2007 年
成人初级小学	92	108	77	35	10	10	6	4	4	0	0
其中：扫盲班	40	35	28	10	2	4	2	2	2	0	0
农民文化技术学校	4	71	10	67	23	21	13	13	13	11	11

第七章　教　师

第一节　来　源

书院、社学的教师或讲学者，由主办单位聘请，任教时限与待遇由双方议定。私塾属民间办学，由办学单位聘请塾师，或由塾师自办自教。历代创办的书院、社学和私塾的教师人数，均无定数。

民国时期，政府规定中等师范毕业者为高级小学合格教员，简易师范毕业者为初级小学合格教员，但实际并无按此执行。师范毕业生服务期（三年）满后，若未被聘任即失业，而靠派系势力或眷属关系得聘者也可充当教员。民国期间，区境开办的学校，教员实行聘任制。教师来源于师范学校、私立寻源中学、崇正中学及社会上的知识分子等。

1949 年 10 月，在接收旧学校后，区境留用原有小学教师。1952 年 12 月，翁建乡有 17 人参加师资训练班结业。1955 年，龙溪县第六区有小学教师 61 人。

1957 年前，区境没有中学，只有蓝田小学、翁建小学、东屿小学、郭坑小学、书厅小学等学校。教师来源主要是一些师范、简易师范毕业的学生及部分初中毕业生、小学毕业生。以后，随着教育事业的不断发展，教师队伍逐渐扩大。1957 年后，教师中简易师范毕业生、初中生、小学生的比例逐渐减少，师范毕业生逐年增加。“文化大革命”期间，一部分退伍军人、工农兵大学生加入教师队伍。1983—1986 年，有少数非师范普通高校师资班、非师资班毕业生加入教师队伍。

1958 年后，城乡增办一批民办小学（村办）、教学点，增加民办教师 58 人。教师来自简易师范学校、农业中学、初中毕业生。

1972 年，部分小学办附属初中，任课教师选择部分小学教师经短期培训后担任，教师来源于工农兵学员、退伍军人等。1973 年，步文公社有民办教师 207 人。1974 年有 223 人。1975 年有 230 人。1976 年有 256 人。1977—1978 年有 236 人。其中，部分优秀民办教师转为公办教师，部分考入师范学校。1979 年、1981 年两次对民办教师进行清理整顿。

1980 年，龙溪师范学校毕业生开始充实龙文境内教育系统，数量逐渐增加。1993 年后，师范生源质量有所下降。1997 年，龙文区有 5 所中学，教师 320 人；4 个学区，教师 448 人。1999

年后，教师待遇提高，师范生源质量有明显提高。

2000 年，龙文区小学没有接收师范毕业生，小学教师队伍老龄化现象日趋严重。之后，教师队伍，由师范院校毕业生担任，不足部分则吸收大中专毕业生为见习或代课教师，每年向外地引进优秀教师 10 人左右。

2007 年，龙文区首次公开向社会人员招聘 9 名教师。龙文区幼儿园教职员工 365 人，小学教师 474 人，初中教师 511 人，高中教师 180 人，普通中学教师 691 人，中等职业学校教师 56 人，农技校教师 11 人，中学教职工 691 人。全区各类学校教职员工 1649 人。

1997—2007 年龙文区各类学校教职工统计表

表 21-7-1 单位：人

单位	1997 年	1998 年	1999 年	2000 年	2001 年	2002 年	2003 年	2004 年	2005 年	2006 年	2007 年
中等职业学校	10	10	28	16	8	12	16	16	15	19	56
普通中学	320	347	339	359	372	384	429	475	583	646	691
高中	13	19	34	45	55	87	103	111	127	162	180
初中	260	281	266	271	267	248	273	318	402	484	511
小学	472	504	526	563	559	539	523	508	504	485	474
幼儿园	146	145	152	156	179	175	175	202	184	294	365
教育办	143	145	149	153	32	29	25	62	2	209	249
社会办学	—	—	—	—	143	142	146	140	182	294	365
部门办	3	—	3	3	4	4	4	0	0	0	0
成人初小	92	108	77	35	10	10	6	4	4	0	0
扫盲班	40	35	28	10	2	4	2	2	2	0	0
农技校	4	71	10	67	23	21	13	13	13	11	11
培训机构	5	5	5	5	5	5	7	7	7	0	0

1997—2007 年龙文区普通中学教职工统计表

表 21-7-2 单位：人

年份	教职工数				普通中学、班、师、生比例		
	总数	专任教师			学生数	每班教职工数	每一教师负担学生数
		小计	初中	高中			
1997	320	273	260	13	1249	2.5	19.5
1998	347	300	281	19	1322	2.51	19.05
1999	339	300	266	34	1379	2.4	20.3
2000	359	316	271	45	1521	2.39	21.19
2001	372	322	267	55	1531	2.42	20.58
2002	384	335	248	87	1345	2.51	21.0
2003	429	376	273	103	1535	2.61	21.46
2004	475	429	318	111	1785	2.53	22.5
2005	583	529	402	127	1871	2.96	19.26
2006	646	579	417	162	1562	3.17	18.9
2007	691	605	425	180	1510	3.34	17.5

第二节 教师素质及教师资格

一、教师素质

1949 年 10 月，区境接收民国时期旧学校留下的教师，教师素质属于转型与提高的阶段。1951 年秋，普师、初师、简师毕业的占 30%，教师队伍素质构成得到改观。

1958 年，增加民办教师。教师来自简易师范学校、农业中学、初中毕业生，整体素质下降。

1972 年，区境兴附属初中，小学老师经短期培训后教初中，素质不高。而且，有些教师来自工农兵学员、退伍军人等，教师素质参差不齐。1980 年起，区境教育系统有龙溪师范学校毕业生充实，素质逐渐提高。

1987 年，开始教师职称的评定。

1990 年，教师通过自学考试、函授学习、网络教育等途径提高学历。小学教师有 23 人取得本科学历、中学教师有 2 人取得硕士学历。1993 年，教师队伍素质趋下降。1996 年“两基”验收，教师学历均达标。

1997 年，中学专任教师高级教师 3 人，已聘 3 人；一级教师 42 人，已聘 42 人；二、三级教师 239 人，已聘 239 人；见习期人数 24 人。小学教师中获得中级职称 69 人，初级职称 361 人，见习期人数 33 人。1999 年后有所提高。

2000 年，龙文区小学没有接收师范毕业生，小学教师队伍老龄化现象日趋严重。

2005 年起，龙文区实行教师职称评审与职务聘用分开的制度。2006 年“双高普九”验收，教师学历均达标。

2007 年，小学教师年龄在 45 周岁以上的占教师数 28%。中学高级教师 86 人，已聘 54 人；一级教师 184 人，已聘 146 人；二、三级教师 137 人，已聘 137 人。小学教师中有小学中学高级教师 3 人，已聘 3 人；中级职称教师 288 人，已聘 170 人；初级职称教师 154 人，已聘 154 人。中小学专任教师中硕士毕业生 2 名，大学本科毕业 225 人，专科毕业 415 人，中专 213 人，其他学历 63 人。

1997—2007 年龙文区教师职称评定人数统计表

表 21-7-3

年份	中学						小学					
	高级（人）	占（%）	中级（人）	占（%）	初级（人）	占（%）	高级（人）	占（%）	中级（人）	占（%）	初级（人）	占（%）
1997	3	0.96	42	13.5	239	77.1	0	0	69	14.8	361	77.5
1998	5	1.46	69	20.2	232	68.1	0	0	119	23.9	341	68.7
1999	5	1.37	93	25.5	243	66.7	0	0	132	25.7	352	68.6
2000	11	2.92	112	29.8	241	64.1	0	0	168	29.8	365	64.8
2001	14	3.66	122	31.9	238	62.3	1	0.18	164	30.1	372	68.2
2002	20	5.14	117	30.1	240	61.7	2	0.38	153	29.8	369	70.7

续表 21-7-3

年份	中学						小学					
	高级（人）	占（%）	中级（人）	占（%）	初级（人）	占（%）	高级（人）	占（%）	中级（人）	占（%）	初级（人）	占（%）
2003	30	7.7	120	30.8	236	60.5	2	0.39	163	31.7	350	67.9
2004	41	10.3	117	29.3	235	58.9	3	0.6	155	31.4	337	68.2
2007	86	20.6	184	44.1	137	32.8	3	0.67	288	64.7	154	34.6

二、教师资格

1996 年，龙海市对在职在岗的教师给予认定教师过渡资格。2001 年，对尚未取得教师资格、新入伍的教师开展教师资格认定。2001—2007 年，龙文区认定教师资格，幼儿园教师 24 人，小学教师 278 人，初中教师 225 人，高中、中职教师 142 人，各类教师共认定 669 人。

2001—2007 年取得教师资格人数统计表

表 21-7-4 单位：人

年份	获得教师资格人数				合计
	幼儿园	小学	初中	高中、中职	
2001	6	192	158	18	374
2002	没有开展认定资格				
2003	6	72	27	11	116
2004	2	9	7	18	36
2005	0	1	14	40	55
2006	3	0	10	17	30
2007	7	4	9	38	58

第三节　教师待遇

一、政治待遇

民国时期，区境中小学教师社会地位低下，职业无保障，没有退休制度。

中华人民共和国成立后，教师列为国家事业干部，在政治上同国家干部一样享受各种待遇。1962 年起，贯彻“以粮为纲”精神，有一部分公办教师被精简回家务农。1964 年起，部分被精简回家的教师被回聘为民办教师。

1969 年 7 月 15 日，龙海县“革命委员会”在中小学教师中，举办“斗、批、改学习班”，搞所谓“清理阶级队伍”。1972 年，为减轻公社负担，劝退一部分民办教师回乡。1974 年 2 月，龙海县中小学师生开展学习《一个小学生日记》《一分发人深省的答案》活动，批判“师道尊严”，伤害教师积极性。1975 年，教师的教学行为受到干扰，中小学教师经常被抽调参加各种政治活动，到各大队参与“抓典型、帮后进、促中间”活动。

1979年后，党的知识分子政策逐步落实，为受迫害的教师恢复名誉，补发工资。1985年9月，每年9月10日为教师节，各级党委、人民政府每年在教师节前对先进学校和优秀个人进行表彰。民办教师逐步被转为公办教师，1998年，最后6名民师因不能转正给予逐年办理退养。

1999年9月10日，龙文区召开表彰大会，表彰一批获得省、市、区级称号的教育先进集体和先进个人。12月24日，龙文区政协常委周进步捐赠50万元，委托区政协设立“进步奖学奖教基金”，用于奖励龙文区初、高中优秀学生和优秀教师。2004年9月9日，龙文区召开庆祝第二十个教师节暨表彰大会。2006年9月6日，龙文区召开庆祝教师节表彰大会及高中毕业班教师座谈会，庆祝第二十二个教师节。

2007年4月4日，中共漳州市委教工委、市教育局联合作出《关于开展向阮文发同志学习的决定》，深入开展向单腿立教37年奉献渔村小学教育工作的人民教师阮文发学习的活动。中共福建省委常委、省教工委书记陈桦专程到龙文区看望慰问阮文发，要求全省教育系统学习阮文发事迹。9月22日，漳州市、龙文区领导举行隆重仪式欢迎获全国道德模范提名奖的阮文发载誉归来。

全区有中共党员264人，占全区教师30.56%。

二、经济待遇

区境社学、书院教师，由主办者供给，无固定薪俸；民间举办的私塾教师工薪，依赖学生交纳学费或由主办团体、宗族供给，或由家族公田财产提供。

1949年11月，区境教师根据省教育厅颁布的教职工待遇标准，以大米为月薪。小学校长、教员每人每月大米75—110公斤；初中校长、教员每人每月大米100—140公斤。1951年4月提高标准，小学教师每人每月100—120公斤，初中教师每人每月120—168公斤。

1952年11月，教师改粮薪制为工资分制，小学教师每人每月90—150工资分。1953年4月调升为110—210工资分。小学教师每月实领工资24.8—41.33元。1955年7月，改工资分制为货币工资制，并且给10%教职工提高工资级别；教师月薪30.87—51元，月平均工资35.52元。1956年，实施工资改革，月薪38—80元，平均月薪48.27元，增长率35.7%。1968年11月，区境小学教师实行工分加补贴。

1973—1978年，小学民办教师每月补助16元和部分工分。1975—1977年，中学民办教师每月补助21元，1978年提高到27元。

1977—1982年，先后4次给部分教师调整提高工资。其中，1981年10月，中小学教师普遍提高工资一级。同时，给民办教师增加补助费。

1985年10月工资改革。1988年起，开展职称评定，中小学教师按政策规定，以职称、任职年限和教龄等项目计算其应得工资，另加30%津贴、岗位工资、生活补贴、物价补贴等。

1991年，中学教师月均工资112.72元，小学教师月平均工资109.4元。

1993—2006年，教职工工资每二年晋升一档。2006年7月1日起，每年晋升一级薪级工资。2000年7月1日，工资改革，规并各类补贴。

2005年，龙文区实行第一轮教师评聘分开制度，教师按聘用职务领取相应级别的工资。2006年7月1日，对教师工资实行收入分配制度改革，分基本工资和绩效工资。2007年，全区在职教职工工资总额1997.8万元，平均年工资收入22099.56元。退休教职工工资总额462.8万元，平均年工资收入22250元。

三、其他待遇

1952年7月，区境女教师享受分娩休息56天产假期。2004年，女教师晚婚分娩假期为女方135—180天，男方照顾假为7天。同时，对于接受计划生育措施的女教师给予14—51天不等的假期，对上环或取环的女教师也给予1—2天假期。同时，规定教师男满60周岁、女满55周岁可办理退休。

1980年始，班主任每月发5—100元津贴。教龄满30年男教师、教龄满25年的女教师退休后享受100%工资待遇。1986—2007年，教师家属“农转非”122人。

第四节　培训进修

一、教师、校长培训

1954年3月，区境小学教师参加龙溪师范学校小学教师轮训班。1955年，小学教师参加标准语音训练班。

1955—1961年，小学教师到龙溪专区小学行政干部轮训班培训。

1966年前，新教师上岗前，除集中进行学习外，还要由学校指定一名老教师带领，以“师带徒”形式培训新教师。1966年后，中小学领导提拔后，大部分由教育学院负责培训，少部分由龙海县教师进修学校培训。培训内容侧重政治学习。

1981年，小学教师参加中师函授。1981—1984年，参加招工补员青年教师培训班。1985年，组织未达中专学历教师参加中师自学考试。

1997年龙文区成立后，中学新入伍教师到市教育学院参加新教师培训，小学新入伍教师由区进修学校培训或委托市教育学院培训。新分配或招聘的新教师，第一年见习期间，都要进行上岗培训，这是新教师一年后转正的必要条件。骨干教师培训由省、市级教育学院分别培训高中、初中和小学骨干教师。中小学校长在就任前必须进行岗位培训，先培训后上岗。初中校校长上任前必须到漳州教育学院参加培训，上任后的5年内也要进行提高培训，一部分小学校长也委托漳州教育学院培训。完中校和龙文职中的校长在上任前要到福建教育学院培训。至2007年有147人次接受各级校长培训。

二、继续教育

1996年起，区境教师每年必须参加由各级教师进修学校主办或与其他进修培训机构联办的继续教育或参与相应的函授学习，学习形式有集中学习、自学等形式。区境只有少量的教师接受自学考试。1997年之前，仅少数教师参加函授学习。

龙文区成立后，由区教育局招生办兼办自学考试的报名、协助组织自学考试工作。

1998年，有108位小学教师参加自学大专考试，报考及格率80.25%。2001年6月1日，龙文区专业技术人员继续教育基地在景山中学举行揭牌仪式。至2007年底，有340人参加函授学习、毕业277人；287人参加自学考试、264人毕业；30人参加网络教育、29人毕业；16人参加党校系列学习、14人毕业。函授，参加人数340人，277人毕业；自学考试，287人参加，264 人毕业；网络教育，30 人参加，29 人毕业。全区有 304 人大专毕业、244 人本科毕业、2 人硕士毕业。

2000—2007 年龙文区教师继续教育实施情况统计表

表 21-7-5　单位：人

项目		受培训人数							
		2000 年	2001 年	2002 年	2003 年	2004 年	2005 年	2006 年	2007 年
新教师培训	小学教师	28	37	—	21	—	—	—	—
	中学教师	—	—	—	—	—	—	—	—
职务培训	小学教师	459	506	531	543	503	489	278	142
	中学教师	292	325	357	375	376	429	103	—
骨干教师培训（市级）	小学教师	0	0	0	0	0	0	35	—
	中学教师	0	0	0	0	0	0	20	—
提高学历培训	小学教师	192	198	239	263	54	27	17	39
	中学教师	16	142	166	195	61	110	81	51
计算机培训		—	—	—	918	22	2	0	0
培训者培训		3	3	2	4	4	4	4	4

三、专业培训

新课程培训　2003 年，龙文区开始参加省、市组织的小学、初中新课程培训。2006 年，参加省教育厅组织的高中新课程培训。2007 年，由区、市教育局逐级推荐骨干教师参加省级培训。

计算机培训　2005 年，第一轮评聘分开时，教师要聘任职务时，须通过由国家人事部组织的计算机考试（教师通过自学或由漳州电大组织培训）。2007 年，未通过计算机考试的教师仍需参加培训和考试。

普通话培训　2001 年，龙文区对教育系统教职工进行普通话全员培训，漳州市普通话测试站进行测试。

附：龙文区教师进修学校

1997 年 5 月 28 日成立。负责对教师进行培训，开展教研、交流活动，促进教师的专业成长，建立骨干教师培养机制。选送骨干教师参加省、市级骨干教师培训，选派教师参加全国和省一级的教研活动。开展校本培训和校本教研活动。教师进行在职研修，开展公开课教学观摩评比活动，参加市级以上的课堂教学评比活动。首批编制 5 人。

第八章　管　理

第一节　管理机构

一、龙文区教育局

1997 年 1 月 1 日成立。设局长 1 人、副局长 2 人。局机关内设人秘股、计财股、中教股、科技管理股等 6 个股室。2007 年，编制 6 人。

二、龙文区人民政府教育督导室

1997 年 12 月 26 日，区人民政府教育督导室成立，编制 3 人，下辖督导办。12 月 30 日，任命陈水庆、洪建民、陈才能为区政府督导员，任期三年。2007 年 5 月，任命陈艺红为副主任。

三、中共龙文区委教育工作委员会

2005 年 12 月 22 日成立，为中共龙文区委派出机构。书记由区委常委担任，副书记由区教育局局长担任，区教育工委与区教育局合署办公。

第二节　管理体制

宋代至清代，漳州府和龙溪县官学置教授、教谕、训导等学官，主管官学事务和训迪生员。民办或民办官助的书院、社学及私塾，在府、县统辖下，自主办学。

漳州府官学和龙溪县官学，通过考试定额录取廪生、增广生入学。宋朝起，历代延续这个管理体制。官倡民办的社学由社长，书院由山长，塾馆由塾师自主招生与管理。

清末民初，劝学所设总董和劝学员，辅助府县、县辖区官办学堂以及督促、协调地方私立学堂。

民国 36 年（1947），推行国民教育，国民学校划归保办，中学实行省、县双重管辖。翁建、上苑、湘桥等区境国民学校，由龙溪县教育科和所在镇管理。

中华人民共和国成立，区境各类学校实行分级管理。1950 年，各区小学由文教助理员管理，中学实行专署、县两级管理。1952 年，建立学区。1968 年，公办民办中小学下放公社、大队，实行“一元化”领导，公社设教育办公室，小学校长称革命领导小组组长。1973 年，小学革命领导小组组长由大队宣传委员兼任，学校的实际负责人称副组长。1979 年 1 月起，小学恢复校长称号并恢复学区建制。1980—1996 年，区境设步文、郭坑 2 个学区。中学、学区实行“教职工代表大会”制度。1986 年实行分级管理，县管完全中学和职业中学，乡镇管独立初级中学和小学。1991 年，全县设步文、郭坑等 16 个学区。

1997 年 10 月，增设西洋中心，但未行使中心小学职能（2003 年开始行使职能）。当年，龙文区设蓝田、步文、翁建、郭坑 4 个学区。辖中学有龙文中学、景山中学、龙文区职业中学、书厅中学。由中共龙文区委宣传部任命正股级干部，副股级及教师调动、管理由区教育局负责。

2001 年，创办新龙文武学校，九年一贯制学校。2002 年 9 月 3 日，龙文区取消学区，设立中心小学管理机制。

第三节 人事管理

私塾属民间办学，塾馆与人员由创办者自行管理。

民国初期，公立中小学校长由主管单位聘任并管理。民国 36 年（1947 年），民国政府教育部规定，中小学校长分别由省教育厅、县教育科提名，报请省、县政府批准。

中华人民共和国成立后，中小学校长和教师列入国家干部编制，实行统一管理。完全中学校长由省任命，校长和教员由地区专署管理。初级中学校长由专署任命，校长和教员由县级政府管理。完全小学（包括中心小学）校长由市政府任命，市教育局管理。初级小学校长由市教育局任命并管理。中小学和幼儿园教员的任用，按管理权限，分别由省、市、区教育行政机关统一调配，实行任用制。

1997—2005 年，龙文区中小学正股级学校领导，各中学、中心小学党支部副书记由区委宣传部考核任命。2006—2007 年，由区委教育工委考核任命；副股级学校领导、中层领导由区教育局考核任命；完全小学校长、教导由各中心小学考核任命。学校与教师签订聘用合同。

2007 年 5 月，教育局将各中学、中心小学校的中层领导考核任命权下放给各中学、中心小学。

第四节 教育督导

一、教育“两基”评估验收

1996 年年底，随龙海、芗城区一并通过省级评估验收；1997 年通过省级教育“两基”（基本实施九年义务教育和基本扫除青壮年文盲）第一次跟踪验收，1998 年底顺利通过省级教育“两基”第二次跟踪验收；1999 年巩固发展教育“两基”成果，准备迎接国家对福建省教育“两基”的核查。

2002 年 1 月至 2007 年 1 月，接受“双高普九”（高水平高质量普及九年义务教育）评估验收。分四个阶段：第一阶段：2002 年 1 月至 2002 年 9 月宣传发动；第二阶段：2002 年 10 月至 2002 年 12 月学习对照；第三阶段：2003 年 1 月至 2003 年 7 月调查摸底；第四阶段：2003 年 8 至 2004 年 12 月完善验收。

2004 年 12 月，接受省教育督导室专家组的验收指导；2005 年 12 月 19—23 日，初次通过省级“双高普九”评估验收；2006 年 10 月 23—26 日，顺利通过省级“双高普九”核查验收；2007 年 1 月 17 日，省政府公布确认为福建省“双高普九”区（市）。

二、素质教育督导评估

1998年，在步文学区石仓小学召开现场会，宣传发动，在石仓小学、郭坑中心小学、景山中学等三所学校进行“学校素质教育评估”试点。2003年11月，完成试点校的评估工作，至2004年6月完成全区第一轮实施素质教育督导评估。2005年2月，龙文中学、小港小学、石仓小学、蓝田中心小学被市教育局授予“漳州市实施素质教育工作先进学校”称号。

2006年3月，转发省、市实施素质教育督导评估方案、办法、细则等新文件，部署布置新一轮龙文区中小学校实施素质教育督导评估工作。

2007年5月15日—17日，龙文区人民政府教育督导室对漳州市第二实验小学、石仓小学、小港小学实施素质教育工作督导评估；6月6日，综合评定3所学校为“龙文区实施素质教育工作合格学校”。

三、对镇教育工作督导

2007年11月8日，区人民政府办公室下发《关于建立对镇人民政府教育工作进行开展督导评估制度的意见》，对4个镇建立教育督导评估制度。

第五节　考试与升学管理

一、中学招生

1993年前，小学升初中都要经历毕业考和升学考。1994年，贯彻九年义务教育方针，小学只有毕业考，取消升学考，小学毕业生全部就近升入初中。

1997年，全区仅龙文中学（原名步文中学）招收高中生。2000年，朝阳中学升格为完中校。龙文中学招收90名高中重点班学生，朝阳中学招收朝阳、郭坑两镇除重点班以外的学生。

2004年前，初中升高中要考语文、数学、英语、物理、化学、政治（生物、地理、要进行结业考，历史以10分计入，体育1998年前以30分计入，1998年后不计入总分）。2005年起，语文、数学、英语每科以150分计入总分，物理、化学、政治、历史每科100分，以考试成绩分A、B、C、D四个等级；地理、生物在初二年时举行结业考，分A、B、C、D四个等级。

至2007年，龙文区于1997年初级中学4所，初中招生2176人。完全中学1所，高中招生138人。在10年间，初中招生数有2个年份超3000人，有2003年招收3225人、2004年招收3269人。高中招生数也有2个年份超1000人，有2006年招收1335人、2007年招收1307人。

2007年龙文区普通中学招生统计表

表21-8-1

年份	学校数（所）			毕业生数（人）		招生数（人）	
	小计	初级中学	完全中学	初中	高中	初中	高中
1997	5	4	1	1729	45	2176	138
1998	5	4	1	1941	72	2356	185

续表 21-8-1

年　份	学校数（所）			毕业生数（人）		招生数（人）	
	小　计	初级中学	完全中学	初　中	高　中	初　中	高　中
1999	5	4	1	1940	42	2281	233
2000	5	3	2	2289	170	2218	457
2001	6	4	2	2159	165	2117	527
2002	6	4	2	2031	227	2367	561
2003	7	5	2	2012	447	3225	580
2004	7	5	2	1913	505	3269	869
2005	7	5	2	2176	542	2576	953
2006	7	4	3	2436	548	893	1335
2007	7	4	3	2220	740	1097	1307

二、高考招生

1977 年秋，恢复高等院校入学考试。区境学生参加高考人数较少，只有步文中学黄风骚考上厦门大学。1978 年，步文中学只有王绍宏考上漳州师院大专班（郭坑中学有 2 人考上）。1979 年，步文中学有 12 人考上清华大学、厦门大学、福州大学、福建医科大学、福建农林大学等高等院校（郭坑中学 14 人考上）。1980 年，步文中学有 7 人考上大学（郭坑中学有 2 人考上）。之后，考上大学人数逐年增加，步文中学 1984 年 19 人。1984 年后，步文中学考上大学人数逐年减少，1993 年 3 人、1994 年 1 人、1995 年保送 1 人。1996 年、1997 年考上大学人数为零，但寄读在外的龙文籍考生有 68 人考上大学。

2000 年高考，龙文区考上大学 106 人，人数首次超 100 人。2002 年 201 人考上大学。2003 年高考，有 429 人考上大学。2004 年高考，有 444 人考上大学。2005 年有 536 人考上大学，大学升学率 98.89%。2006 年考上大学 484 人，2007 年考上大学 553 人。

1997—2007 年龙文区普通高校招生录取人数表

表 21-8-2　单位：人

年份	合计	本科	专科	文　史		音　乐		理　工		美　术		体　育	
				本科	专科	本科	专科	本科	专科	本科	专科	本科	专科
1997	68	30	38	3	17	0	0	26	19	0	0	1	2
1998	65	22	43	4	20	0	0	18	22	0	0	0	1
1999	96	46	50	10	31	1	2	34	17	1	0	1	0
2000	106	37	69	11	33	0	1	24	34	1	1	1	0
2001	139	66	73	27	29	0	2	38	41	1	1	0	0
2002	201	67	134	24	70	0	1	42	62	0	1	1	0
2003	429	164	265	58	121	1	1	103	143	1	1	0	0
2004	444	139	305	45	127	4	3	85	172	5	2	0	0
2005	536	170	366	55	168	0	1	112	195	2	2	0	0

续表 21-8-2

年份	合计	本科	专科	文史		音乐		理工		美术		体育	
				本科	专科	本科	专科	本科	专科	本科	专科	本科	专科
2006	484	217	267	38	81	0		179	186	0	0	0	0
2007	553	171	382	29	103	1	1	142	279	5	3	1	1

三、高等职业院校招生

2000 年，高等职业院校单独招生 1 人。2001 年招收 5 人。2002 年，龙文职中开始招收参加高职单招学生，当年考上高职单招学生 12 人。2003 年考上 1 人。2004 年考上学生最多有 32 人。2005 年考上 29 人。2006 年考上 13 人。2007 年考上 8 人。

第六节 经费管理

一、经费来源

封建时代，区境教育经费来源主要是学租、学田、捐助等。清康熙五十六年（1717 年），龙溪县当年征银 106 两 8 钱 4 分解府报司，各校造报领取。区境廪生、按人均算，拨银到府。可在廿二都和廿六都、登科洲、南厢凤林等处廪生可领取。清康熙二十一年（1682 年），总督姚启圣捐银 100 两购置廿六都埔尾洋田，种 9 斗 9 升，至年终税赋除完官银外，余者给廪生读书之用。

解放初期，中学由专署、县、乡拨款兴建，小学由地县教育主管部门补助、村社筹款兴建。1960 年后，由大队负责小学建设，公社只有少量补助，教室大多由大队自建。1970 年，步文中学由学生制作土坯盖校舍、砌围墙、整理操场。1978 年，步文公社共投入 42.6 万元兴建教室、用室，其中地、县教育部门拨款 10.21 万元，由大队负担 32.29 万元。1994 年，步文镇投入 1500 万元，建设朝阳中学、石仓小学等 14 所中小学。

1997 年，全区学校占地面积 369298 平方米、建筑面积 103135 平方米、固定资产总值 4907 万元，其中全区仪器设备总值 199 万元。1999 年，教师工资由区财政直接拨款，拨款 1193.9 万元、社会捐资助学 14.6 万元、事业收入 400.6 万元、其他收入 27.4 万元。政府加大投资，重点建设龙文中学。全区固定资产 2001—2002 年度 4907 万元，2003—2004 年度增至 17491 万元，2005—2006 年度增至 22773 万元。

2007 年，全区财政拨款 3851.4 万元，财政拨款比增 3.23 倍。社会捐资助学 1 万元，事业收入 574.7 万元，其他收入 10.1 万元。

二、经费支出

1960 年后，生产大队负责小学建设，公社少量补助。1978 年，步文公社投入 42.6 万元兴建教室。1994 年，步文镇投入 1500 万元，建设 14 所中小学。

1979 年，龙文中学为应对高考的需要，在高二毕业班进行集中式的小组实验，这种方式延续多年。1989 年，龙文中学投资建设面积 1307 平方米的实验室。

1996 年，区境投资建设学校面积 103135 平方米。全区购置仪器设备 199 万元。

1997 年，教育经费支出 745 万元。1998 年，教育经费支出大幅增加至 1150.6 万元，比 1997 年增加 54.4%。2001 年，经费支出 1669.2 万元，比 2000 年 1367.5 万元增加 22.1%。同时，龙文区政府于 2001 年投资 300 万元在龙文中学新建一幢 3800 平方米新科学楼，拥有实验室 8 间（物理 3 间、化学 3 间、生物 2 间），使用面积 806 平方米；拥有仪器室 6 间（物理、化学、生物各 2 间），使用面积 300 平方米；拥有实验准备室 3 间（理、化、生各 1 间），使用面积各为 45 平方米。当年还投资 30 多万元用于添置实验室设备。2002 年，比 2001 年增加 12.8%，达 1882.9 万元。2003 年后，教育经费继续增加，至 2005 年支出 2371.3 万元，比 1997 年翻近 2 番。

2007 年，全区学校建筑面积 201282 平方米，仪器设备价值 2456 万元。固定资产总值比增 6.04 倍，其中全区仪器设备总值比增 12.34 倍。

第七节 校园治安综合管理

中华人民共和国成立初期，社会治安逐年好转，群众对政府举办的各类学校关心照顾，社会人员对学校骚扰或冲击极少。

“文化大革命”期间，红卫兵对学校领导、教师进行人格侮辱现象时有出现，对教学设施的破坏也经常发生，打乱教学秩序。1971 年，步文乡党委派贫宣队、工宣队进驻步文中学，学生对校园的破坏逐年减少。

“文化大革命”结束，特别是恢复高考后，学校秩序井然。1993 年，对步文镇、郭坑镇教育管理松懈，不良习气影响校园。

1996 年后，龙文中学寄宿生逐年增加，由 1200 多人增加到 1700 人。校园周边村民到学校大门周围兴建一些简易房屋，卖快餐、饮料、盗版教辅材料等。朝阳中学 2000 年开始招收高中生，寄宿生达 1000 人。学校靠近朝阳村，地处 319 郊柏线，社会治安复杂，交通安全隐患多。区教育局、蓝田朝阳两镇党委、龙文公安分局、龙文工商分局、区卫生局等职能部门联合，定期不定期对校园周边联合进行清理整顿。龙文交警大队一中队与景山中学共建、二中队与朝阳中学共建，每逢放学时间派干警到学校靠公路一侧疏导交通保学生安全。

1997 年 8 月 23 日，龙文区教育工作会宣布，各中学成立政治处，对校园治安的综合治理力度加强。教育局每年召开校园治安综合治理交流会，总结交流校园治安治理措施与思路。

2000 年后，各镇派出所经常派出干警到学校巡逻，每逢中考期间，加大警力保安全。各中学、实验小学、中心小学聘请所在镇派出所副所长为法制副校长，加强对学生进行法制教育、安全分析。龙文中学还组织文艺活动，由刑满释放人员或服刑人员现身说法，对学生进行教育。学校定期向家长发放《告家长书》、召开家长会、成立家长委员会，形成学校、家长、社会“三位一体”的教育网络。

区教育局联合工商、公安、综治部门清理校园 200 米范围内的网吧，由区关工委、区教育局关工委聘请退休、在职干部担任监督员，对网吧进行监督。

第二十二卷　科学技术

唐代至清代，随着北人南移，带进中原文化，推动农作、手工等技术发展。

民国时期，政府对科技发展未予重视，没有专业研究机构。

中华人民共和国成立后，重视科技事业，注重人才培养，普及科学技术。加大农业技术推广力度，培养农、渔、果等技术人员。通过工艺革新、技术引进或改造，提高工业、手工业生产效率。

1956年，“台糖134”良种大面积种植并获丰产，平均亩产8000公斤，创福建省甘蔗平均单产最高纪录，步文登科村获国务院“农业生产合作社甘蔗高产”奖。1965年，孚美、登科农业科学实验小组的实验成果得到应用和推广。

“文化大革命”期间，科技事业受影响。

1978年，贯彻全国第一次科学技术大会精神，形成全社会尊重知识、尊重人才、重视科技投入与开发的良好氛围。1986年，提出“科学技术必须面向经济建设，经济建设必须依靠科学技术”的基本方针。1990年，步文、郭坑配备科技副乡（镇）长，专职分管科学技术。步文、郭坑乡镇提出“科教兴镇”战略，健全科技网络，积极开发、引进、推广新技术、新产品、新工艺、新成果，推动乡镇企业发展，促进各行各业技术改造和工艺革新活动。1997年，龙文区把科技工作作为“一把手工程”摆到经济社会发展的重要位置。

2002年，中共龙文区委、区政府作出《关于加快实施科教兴区战略的决定》，制定《龙文区科技发展“九五”规划》，鼓励人才引进、加大科技投入、扶持科技项目开发的具体措施。2004年，成立龙文区人才工作领导小组和专家决策小组，加大实施“科教兴区”力度，首次通过科技部2003—2004年度全国科技进步考核。2006年，龙文区被科技部授予2005—2006年度科技进步考核先进区称号。1997—2007年，举办各类技术培训班22期，受训人员9640人，组织专家进行技术指导25次，举办大型科普展11次。科普经费投入55万元，从1997年人均0.16元增至2007年人均0.5元。

2007年，龙文区政府成立全民科学素质工作领导小组，作出《增强自主创新能力，建设创新型城区的决定》，加快发展高新技术企业，实施科技项目带动工程，构建科技服务平台，促进科技成果转化和科技事业的全面发展。全区拥有各类专业技术人员8200人，每万人口拥有专业技术人员676.26人。拥有省级高新技术企业25家。组织实施国家火炬计划项目2项、省级科技项目3项、市级科技项目41项、区级科技项目13项。

第一章 科技机构与队伍

第一节 科技机构

一、事业科技机构

（一）建区前机构

中华人民共和国成立至1996年，区境科技机构隶属于龙溪县、龙海县（市）。1963年6月，步文公社建立农业技术推广站。孚美、登科生产大队建立农业科学实验小组。1964年，步文公社朝阳、梧浦先后成立农业科学实验小组。1965年，步文公社孚美、登科农业科学实验小组被列为省重点实验小组。“文化大革命”初期，科技机构解散。1972年，公社、大队农科组织恢复。1981年，农村经济体制改革，实行联产承包责任制，农业科学实验小组逐渐被各种专业研究会取代。

（二）建区后机构

龙文区农技推广中心　1999年1月26日成立，为区财政全额拨款事业单位，负责农业技术推广与咨询工作。人员3人。

龙文区科技经济信息中心　1999年8月30日成立，为股级事业单位，

龙文区防震减灾办公室　1999年8月30日成立，为股级事业单位，

龙文区生产力促进中心　2003年4月28日成立，为股级事业单位，负责技术服务与培训工作。人员3人。

龙文区水产技术推广站　2004年3月15日成立，人员3人。

郭坑镇农村经济服务中心　2003年7月2日成立，人员8人。

步文镇农村经济服务中心　2003年7月24日成立，人员6人。

蓝田镇农村经济服务中心　2003年7月24日成立，人员6人。

朝阳镇农村经济服务中心　2003年7月24日成立，人员10人。

二、民营科技机构

2001年，龙文区首家民营科研机构漳州利普光电研究所成立。主要从事导航定位接收系统、液晶显示终端设备的研发与制造、计算机系统集成及软件开发、仪器仪表的研发与制造。

2001—2007年，龙文区有福建航天机电有限公司、漳州莱威尔陶瓷有限公司、漳州市荣昌企业发展有限公司、漳州市科龙伟特电子有限公司、漳州市港昌罐头食品有限公司、漳州万佳陶瓷工业有限公司、福建东方食品有限公司、福建双飞日化有限公司、漳州市恒丽电子有限公司、漳州市龙文德兴工贸有限公司、龙文翰苑化工有限公司、龙文洪流汽车板簧有限公司、金力建材有限公司、永祥工贸有限公司、三农工业有限公司、孚美实业有限公司、林奇钢管有限公司、红梅家具有限公司、裕兴果蔬食品开发有限公司、福昌工贸有限公司、福建众辰精密机芯有限公司、漳州市杰龙机电有限公司、漳州市锦星集装箱运输有限公司、漳州市美味食品有限公司共24家民营企业先后建立科研机构。2007年，主要民营科研机构有8家。

2007 年龙文区主要民营科研机构情况表

表 22-1-1　　单位：人

机构名称	成立时间	科研人员	本科及本科以上人数	主要服务内容
富顺电子信息技术创新中心	2003 年 8 月	25	20	电子产品及软件产品的研发、设计
漳州市东方数字与光电技术创新中心	2003 年 8 月	73	19	数字与光电技术研发
福建航天机电电动机技术创新中心	2004 年 12 月	7	5	电动机技术研发
福建双飞日化技术创新中心	2004 年 12 月	20	15	日化用品研发
科能电力技术创新中心	2004 年 12 月	23	20	智能仪表研发
福建华晟钟表研发设计有限公司	2005 年 4 月 22 日	26	26	钟表公共技术研发、设计
万佳卫生陶瓷技术创新中心	2005 年 9 月	12	5	陶瓷技术的研发
红梅钢管家具技术创新中心	2005 年 9 月	7	4	钢管家具开发、设计

第二节　科技队伍

1962 年下半年，步文公社成立农业科学技术领导小组，由一位党委副书记负责抓科学试验工作。1963 年，步文公社建立农业技术推广站，在孚美生产大队建立农业科学实验组。

1964 年，步文公社朝阳、梧浦生产大队建立农业科学实验小组。在公社农场划出 1.2 公顷土地建立公社中心试验基地，作为培育优良品种实验场。生产大队组织农科小组，由生产大队党支部副书记或团支部书记或副大队长兼任农科小组组长，吸收老农、青年、干部 7—15 人组成，农科小组成员也是生产队的农科研究员，并以生产队的试验田为阵地，开展实验。步文公社 32 个生产大队有 224 人参加农科组织，其中干部 96 人，老农 78 人，知识青年 50 人。步文公社党委会和生产大队党支部发挥农科队伍的作用，以此为骨干带动全社数千人大搞试验田、样板田、良种田，不少干部和青年成为科学试验的能手，有的被称作“科学迷”“品种迷”。

1965 年，孚美、登科农业实验小组被列为福建省重点实验小组。1966 年，龙海县设立农科站，步文、郭坑公社同时设立农科站，生产大队设农科队，生产小队设农科组，形成四级农科网。1978 年，有公社农科站 2 站、生产大队农科队 42 队、生产小队农科组 220 组。参加农科网的农业科技人员 386 人。

1981 年后，农村经济体制改革，实行联产承包责任制。农业科技活动逐渐被各种专业研究会取代。1992 年 4 月，步文镇机砖协会成立，为首家专业协会，团体会员 52 家。

1997 年，全区有各类专业技术人员 990 人，其中高级职称 10 人，中级职称 193 人，初级职称 787 人。组建专家咨询组，聘请化工、机械、电子、建筑、农业、医疗、教育等行业的 12 名专家、教授作为咨询组首批成员，发挥实施“科教兴区”战略中的智囊团和技术后盾作用。

2007 年，全区建立科技活动中心 4 处，4 个镇各设立农技站、农机站、畜牧兽医站、水产站、林业站。全区共有各类专业技术人员 3083 人。其中，工程技术职称高级 20 人、中级 81 人、初级 532 人；农业技术职称高级 5 人、中级 14 人、初级 127 人；卫生技术职称高级 9 人、中级 22 人、初级 506 人；经济技术职称中级 83 人、初级 305 人。拥有市、区两级拔尖专业人才和优秀青年科技人才 25 人。

第三节　科研机构选介

一、区属科研机构

（一）大闽食品（漳州）有限公司博士后科研工作站

大闽食品（漳州）有限公司博士后科研工作站

位于蓝田开发区。2006年5月，经人事部批准挂牌成立，是漳州首个非公企业博士后科研工作站，也是全国茶学的首个博士后科研工作站。工作站有博士5人（其中博士后4人）、硕士27人，海外留学归国人员5人，台湾专家9人。下设速溶茶研发部、植物提取物研发部、咖啡研发部、天然香精和咸味料研发部、浓缩液及产品应用研发部。通过ISO 9001、ISO 14001、ISO 22000、HACCP、BRC、KOSHER、HALAL、有机茶（欧盟、美国）等认证，是欧美多家世界领先的跨国食品饮料餐饮企业的全球供应商、日本东南亚众多食品饮料保健品制药企业的重要供应商、中国食品饮料餐饮业占主导地位的茶制品茶叶植物提取物供应商。

2007年，完成国家项目“台湾乌龙茶新品种、新技术与关键装备合作创新研究”（2007BAD07B02）子项目。

2003—2007年大闽食品（漳州）有限公司博士后科研工作站专利申请情况表

表22-1-2

序号	发明名称	发明人	专利号	专利申请时间
1	天然高香液体茶的加工方法	张正竹、宛晓春、夏涛	ZL 03 1 32239.5	2003-07-31
2	一种速溶茶粉的制备方法	汤兴俊	ZL 2006 1 0142602.6	2006-10-18
3	一种速溶茶粉的加工方法	孙翼平、孙岭华、赵榕钦	ZL 2006 1 0146983.5	2006-11-28
4	一种速食米饭的加工方法	吴锦清	ZL 2006 1 0137251.X	2006-10-18
5	一种无农药残留的速溶茶粉的加工方法	欧阳晓江、岳鹏翔、蒋艾青	ZL 2006 1 0146154.7	2006-11-11
6	栀子黄色素制备工艺	郑远斌	ZL 2006 1 0137265.1	2006-10-18

续表 22-1-2

序号	发明名称	发明人	专利号	专利申请时间
7	呋喃香豆素类化合物 4-hydroxy-9-（3，7-dimethylocta-1，6-dien-3-yl）-7H-furo[3，2-g]chromen-7-one 的制备方法及其应用	郁军、孙冀平、岳鹏翔	ZL 2007 1 0091254.9	2007-03-27
8	一种冷溶白茶粉的加工方法	蒋艾青、岳鹏翔、欧阳晓江	ZL 2007 1 0140565.X	2007-08-15

（二）漳州科能电器有限公司研发技术中心

位于蓝田开发区。1994 年成立。占地 2500 平方米，同时在厦门软件园二期设立研究机构。专业致力于智能电网终端产品研发、生产和销售，是福建省规模最大的智能电网管理系统和终端设备的研发生产基地，产品涵盖智能化电能表、用电管理监测终端、需求侧管理系统，并向能源计量系统、配电控制设备、配网自动化系列产品延伸。通过 ISO 9001:2008 质量管理体系认证、ISO 10012 测量管理体系认证、环境管理体系、职业健康安全管理体系认证。

科研项目被列入“国家火炬计划”，多种产品被列入国家经贸委农网、城网改造产品推荐目录，被评为全国电能表十佳品牌。

中心建立涉及电力行业内从终端设计到软硬件系统集成和核心技术研究等多个项目团队，承担中国电科院和国网电科院智能电网系统项目的研发和试点应用研究任务。是福建省第一批实施技术标准战略试点企业之一。

利用产学研平台，建立高校学生实践基地，开展能源计量技术、电力载波通信技术、无线自组网通信技术、公共无线网络应用技术、嵌入式开发平台设计技术、软件开发应用技术等方面的研究开发，并对其研究成果进行产品转化和市场化。

研发技术方向，技术中心建立经验丰富的嵌入式技术研发团队，自主研制 ARM9、ARM7、Cortex-M3 等 32 位嵌入式技术硬件核心平台，并成功移植应用 Linux、uCLinux、uC/OS-II、Andriod 等嵌入式实时操作系统。

智能计量技术研究和应用的开发团队，采用的单片机涵盖欧、美、日高可靠的单片机技术，有效地把研究的计量技术和单片机应用技术有机结合，开发高精度电能计量产品和适应电力管理

漳州科能电器有限公司研发技术中心

需求的灵活多样的功能性产品。

电力通信技术研究团队，主要负责低压电力线载波通信、自组网射频无线通信的核心技术研究，并实施集中抄表系统中相关设备的软硬件开发及产业化技术准备工作。

研发成果有国网集中器、国网采集器、电力线载波模块、专变采集终端、单相电子式多费率（键盘预付费）电能表、单相（本地）费控智能电能表、三相（费控）智能电能表能、智能检测管理系统、智能用电终端生产管理信息化系统、电力用电终端智能制造系统。

主要商标有佳航、科诺（福建省著名商标）。

二、驻区科研机构

（一）福建省农科院甘蔗研究所

位于朝阳镇浦口村。成立于1958年，前身为福建省甘蔗试验站，隶属省农业厅。1960年11月，改隶属省农科院，增加麻类科研任务，更名福建省蔗麻试验站。1963年，更名福建省工业原料作物研究所，为福建省农科院的一个专业研究所。1970年，下放龙溪地区，与地区农科所、地区鱼种场合并为龙溪地区农业技术推广站。1973年，又独设，名为龙溪地区工业原料作物研究所。1974年，改称龙溪地区甘蔗麻类研究所。1975年，改为省农科院甘蔗麻类研究所。1985年，改为省农科院甘蔗研究所，成为福建省甘蔗的专门科研机构。2001年，增挂“福建省农科院闽台园艺研究中心”牌子。2007年11月，福建省农科院依托甘蔗研究所成立福建省农科院闽南分院，有13.33公顷实验地、3000平方米大棚、一座诱导甘蔗开花的光周期室和相配套的杂交玻璃温室、一个年产500万株组培苗的植物组培室及600多份蔗麻种质资源。实验室装备NSAAB显微染色体图像分析系统、全自动旋光仪系统、多种型号生物显微镜等。研究任务和方向是，蔗麻新品种选育和配套栽培技术研究、植物生理生化和生物技术研究、亚热带园艺作物开发研究及产业化示范推广等。

1958年，科技干部6人。1962年，科技干部18人。1975年，科技干部减少至9人。1978年，人员58人，其中科技干部40人。

1959年，设育种、栽培、土肥、植保4个课题组。1978年，设育种、栽培、植保、麻类、甜菜、化验、情报资料和办公8个科室。

2007年，设行政办公室、科管室、保卫科、甘蔗研究室、麻类研究室、园林花卉研究室、果树研究室、蔬菜研究室和基础实验室9个科室。在职职工45人，退休职工52人。在职人员中科技人员31人，其中高级职称12人（正高3人，副高9人），中级职称8人，初级职称9人；博士2人，硕士5人。

（二）漳州市农业科学研究所

位于朝阳镇孚美村。民国26年（1937年）冬，由南安华侨洪应士等4人创办四维农场。初办于龙溪县第四区浦美村，以栽培柑橘为主，兼种植水稻，共有土地63.73公顷。

1952年1月，福建省农林厅在龙溪县步文乡浦口村与登科村毗连处建立“福建省龙溪果树园艺场”；5月，福建省农林厅投资2.3万元购买四维农场，作为福建省龙溪果树园艺场总场，浦口场作分场。

1954年10月，福建省农林厅把福建省龙溪果树园艺场改为福建省龙溪农业试验站，干部编制26—29人。设作物组、园艺组、土肥组、植保组和大田生产组，对果树、农作物生产和果树、粮油作物栽培、育种、病虫害防治及土壤肥料等进行试验研究。同时，深入农村总结群众的先进生产经验，为农民解决生产上难题，对农业生产起示范作用。

漳州市农业科学研究所

1958年8月，福建省龙溪农业试验站改为“福建省龙溪专区农业科学研究所”。1959年6月，龙溪农校与农科所合作，1960年6月，又分开。

1969年12月，将龙溪专区农业科学研究所、福建省工业原料作物研究所和龙溪专区鱼种场合并为“福建省龙溪专区农业技术推广站”。1972年1月，再恢复为“福建省龙溪地区农业科学研究所”。1973—1975年，“工科所”及“鱼种场”又相继分开。1985年7月至2007年12月，农科所改名漳州市农业科学研究所。

2007年，全所设水稻室、花菜室、植保室、果树室、水产畜牧室、办公室、行政科、科管科、生物中心、食用菌研发中心，农优科技开发公司。编辑刊物《闽南农业科技》。在职人员72人，其中高级职称7人、中级职称14人；硕士4人。

第二章　科技普及

第一节　科普宣传

一、全民科技意识宣传

中华人民共和国成立后，区境开展破除封建迷信和讲科学、用科学宣传活动。1956年，科普协会举办图片展览、科普讲座，运用幻灯、广播、刊物、墙报、宣传栏向群众传播科学知识。1960年，科技部门组织图片展览队在农村巡回展出，使农民接受科技教育。

1978年后，农村经济体制改革，各种专业户、联营体迫切需要学习科学知识。科技部门开办科技讲座、科技夜校、专题学术讲座、有线广播讲座，编印《科技简报》《科技普及》等科技宣传材料。1988年后，宣传党和政府发展科技工作的各项政策，宣传科学技术是第一生产力，普及科学知识，增强全民科技意识。

二、科技活动周宣传

2001年，开展以农村、学校为重点的科技活动周宣传活动。2006年，科技活动周以“携手建设新型国家”“预防疾病、科学生活”为主题，开展“构建社会主义和谐社会”“坚持科学发展观，建设海峡西岸经济区”“依靠科技进步解决三农问题”“青少年科普”等活动。联合有关部门到广场、社区、企业、学校、农村，采取科普图片展、科普灯谜、科技咨询、科普讲座、发放科普宣传资料、播放科普专题电视片、举办培训班等形式，开展寓教于乐的科普宣传活动，内容有全民科学素质行动计划纲要、法律法规、生产安全常识、地震常识、卫生保健知识、环保知识、妇女儿童保护法、青少年保护条例、预防禽流感等。同时，增加《福建科技报》《科学与文化》征订数量，赠送给机关干部和村民阅读，用以引导干部群众学科技、用科技。科技周期间共展出科普图片 8 套 120 多张，发放科技资料 2000 多份。

2005—2006 年，科技周期间以防治非典型肺炎高致病禽流感为重点，共展出科普图片 200 多套 640 张，发放防治“非典型肺炎”“高致病禽流感”传单 19.5 万份，宣传手册 2200 册。

2007 年 5 月，在以“提升科学素质，共建和谐海西”为主题的科技人才活动周中，中共龙文区委宣传部和区科技局、科协、卫生局、计生局、地震办等单位联合举办义诊、优生优育、防震减灾、公共安全应急处理等活动。展示防震减灾、节约能源、环境保护等科普图片，向公众分发科普资料 5000 份和《家庭卫生保健知识》《婚前保健》《防震减灾》等 1200 册、避孕药具 520 套，发放 120 册科普图书、1080 份科技资料。在配合教育部门开展的科普进校园活动中，举办科普讲座 8 场，听讲人数 1640 人。举办科普展览 5 次，参观人数 700 人。组织青少年科技创新大赛 2 次，参加人数 100 多人。开展科技竞赛 6 次，参加人数 740 人。9 月，开展以“节约能源资源、保护生态环境、保障安全健康”为主题活动，步文、蓝田、朝阳、郭坑 4 个镇科普活动站举办科学养猪讲座，进行鱼病、农作物病虫害防治指导。

三、专题科普宣传

2003—2004 年，龙文区开展专题科普宣传 14 次，组织科技下乡 52 次，发放图书 1.1 万册；印发科技宣传材料 10 万份，张贴科普挂图 3600 张，投入下乡科普资金 26 万元。

2005—2006 年，专题科普宣传 14 次，发放图书 8300 册；印发科技宣传材料 6.5 万份，张贴科普挂图 3100 多张，送科技录像 600 多盘，建成 10 平方米以上科普宣传橱窗 3 个，投入下乡科普资金近 20 万元。开展“2006 年青少年科普作品赛”“青少年计算机奥林匹克赛”等少年科技竞赛活动。2006 年，贯彻落实中国科协《关于进一步加强农村科普工作的意见》，实施“科普惠农计划”，推进“一站”（科技站）、“一栏”（科普宣传栏）、“一员”（科普宣传员）建设；以镇 “科普”为纽带，以农村专业协会为基础，以科技示范户为助推，以科普志愿者为补充的科普工作网络。全面实施国务院颁布的《全民科学素质行动计划纲要（2006—2010—2020）》，推动科教兴区战略和可持续发展战略的实施，建立 1 个科普示范镇、4 个科普示范村、1 个农村科普中心和 4 个区级规范的科普活动站，拥有 46 名科普宣传员，形成有科普宣传员、科普活动站、科普宣传栏、科普宣传车、有线电视科普节目的科普宣传体系。

2007 年，开展专题科普宣传 11 次，发放图书 1.26 万册，赠送科技录像带 1320 盘，印发科技宣传材料 6.54 万份，张贴图片 6700 张，新建 12 平方米宣传科普画廊 4 个。出动科技人员 500 人次，举办科普宣传 24 次、科普讲座 8 场、科普展览 1 次。

第二节　科技咨询服务

1956 年后，经常性地开展科技普及工作，提高群众的科技知识水平。

2003 年，区农业局开通“969155”农业服务热线，实行无偿服务。技术人员负责解答有关技术及农村政策方面的问题。科技周期间，出动工作人员和科技工作者 500 多人次，提供科技、卫生活动咨询 3000 多人次，在各村张贴防治非典型肺炎科普挂图 60 多套 200 多张，发放防治非典型肺炎传单 3 万份、宣传手册 1000 多册，组织科技、卫生小分队 100 多人次下乡服务。

2005—2006 年，组织科技下乡 45 次，出动科技人员 1015 人次，提供科技咨询 2400 人次。以防治“高致病禽流感”为重点，出动卫生人员和科技工作者 1100 人次，提供科技卫生咨询 1200 人次。

2007 年，全区科技下乡服务 28 次，提供科技咨询 2400 人次。

第三节　技术培训

1956—1979 年，举办以推广工农业新技术、卫生知识为内容科技培训、讲座。1981 年始，举办农业、工业、医学、电子等科学技术知识普及培训班，组织科技人员下乡、到工厂、街道实地讲授各类科技知识。

2000 年 10 月 18 日，举办省级科技计划项目培训，31 人参加。2001 年 3 月 26 日，举办全区知识产权培训，25 人参加。2002 年 8 月 7 日，举办市级科技计划项目培训，36 人参加。

2003 年 3 月 28 日，举办省级高新技术企业申报复审培训，25 人参加。2004 年 4 月 13 日，举办省级创新资金申报培训，36 人参加。2005 年 2 月 17 日，举办省级高新技术企业申报复审培训，30 人参加。

2006 年 10 月 5 日，举办市级科技计划项目培训，45 人参加。同年，以农函大、科技活动周、科普日、科技下乡为载体，对农民一业一训、一技一训。举办 5 期农技、种养殖、企业营销、木材加工技术、医疗保健等实用科技培训班，参训人数 2100 人，其中举办转岗培训 745 人，实现转移就业 450 人。

2007 年 4 月 19 日，举办市级创新资金申报培训，40 人参加。当年，举办科技培训班 4 期，培训 480 人次。

第三章　科技研究与交流

第一节　科技研究

一、农业科研

中华人民共和国成立后，步文、郭坑及所属行政村纳入农科网，加大农业技术推广力度。1953年，经县级培训的农技员回农村讲授深耕细作、选育良种、适当密植、合理灌溉、科学施肥和农机具操作、防治病虫害等技术知识。1956年，龙溪县农业科李维德与省蔗麻研究所协作，从广东引进“台糖134”，在步文登科农业生产试种，平均亩产8000公斤。1957年，科技推广种植台糖“134”（占种蔗面积90%），获大面积丰产，创全省甘蔗平均单产最高纪录。国务院授予登科农业生产合作社甘蔗高产奖状。

1958年，贯彻“农业八字宪法”，实施土、肥、水、种、密、保、管、工的科学种田法。1962年，突破水稻浸种育秧技术，提高水稻种子发芽率。蘑菇种植采用新技术获增产。当年，步文公社双季连作水稻亩产仅498公斤，1963年提高到626公斤，增产25.7%。甘蔗亩产2252.5公斤，1963年提高到3850公斤。有19个生产大队甘蔗亩产突破万斤关，高产的登科、浦口、翁建等生产大队平均亩产都超过0.75万公斤。1963年，推广水稻良种矮秆良种、烤田技术改良土壤、兴修水利造出旱涝保收田。

1964年，有干部、老农、青年、民兵、妇女等3400多人，进行水稻的品种、肥料、密植、植保、秧苗等试验对比田36.87公顷、水稻高产栽培试验田86.67公顷、水稻高产样板田513.33公顷、万斤蔗（亩产5000公斤）的大面积样板田666.67公顷。早季，步文大队林古树在搞塑料薄膜育秧试验时，摸索出薄膜育秧经验。孚美大队陈金钟选育“早矮糯”良种。步文公社朝阳、梧浦生产大队进行水稻矮秆品种栽培示范试验获得成功，长洲生产大队陈水侑创造“早稻浸种催芽技术”“蒸汽温室催芽法”，使种子发芽率从85%提高到95%。“蒸汽温室催芽法”在1964年全国农村科学实验交流会上作介绍。

1965年，孚美、登科农业科学实验小组的实验成果在农业生产中得到应用和推广。早稻单产比1964年增产16.41%。步文公社步文生产大队农科组首次试验早稻播种湿润秧田，用聚乙烯塑料薄膜覆盖取得成功，起到保温催芽防止烂秧作用，至1972年，大面积推广，取得良好效果。

1966年，社队农科所、实验室实行人员、土地、农机具三固定，从事水稻、小麦、甘蔗、草菇、木薯、花生、荔枝、养猪青贮饲料、治蔗螟、红蚂蚁防治等科技实验。

1970—1979年，引进“闽糖70-611”“闽选703”新品种，产量比“台糖134”增产1成至2成。1980年后，推广“闽糖77-20”“福引79-8”“桂糖11”“福农83-13”新品种，在登科试种平均亩产超10吨，最高亩产20吨。在种植上普遍推广蔗苗催芽、畦面三角斜插法，施足分蘖肥、生长肥，促稳产高产。1992年，引进试验水稻浸种、育秧技术和糖蔗、水产养殖新品种，推广食用菌发酵技术，使农业综合效益稳步提升。

1997年后，建设“漳滨百亩榕树”和东溪农场“名优水果种苗”等多个农业科技示范基地。

2003年，农业科技普及推广以提高农业科技含量，调整优化农业结构为重点，推进农业现代化。是年，调减水稻种植面积20公顷、甘蔗种植面积33.33公顷，稳定200公顷反季节茭白笋种植。发展无公害蔬菜栽培。步文，长福，下洲等村以适应市区菜篮子工程建设需要为目标，确保市区蔬菜需求。另外，发展畜牧业，建立猪人工授精服务点；推广水产养殖新品种、新技术，在东溪农场、汐浦村进行试验示范13.33公顷。

2007年，榕树栽培、蔬菜、食用菌等特色产业已初具规模。“漳滨榕树盆景”基地和东溪农场“名优水果种苗”基地，成为龙文区农业技术创新的载体。实施“闽南渔村应用多倍体生物技术培育金鱼新品系”“榕树盆景工艺开发、榕树盆景栽培技术开发”“茭白笋反季节有机高产栽培与加工技术研究”“名优水果种苗基地”“无公害淡水鱼养殖”等科技项目。

二、工业科研

民国时期，工业大多是小作坊手工制作。

中华人民共和国成立后，通过工艺革新，技术改造提高生产效率。1970年，采用先进的制酸工艺生产工业硫酸。设计安装沸腾炉生产液氨并成功生产碳氨。引进农药生产新工艺，满足农业生产的需要。1978年，随着国有工业企业的技术革新，在建筑材料、教育器械、医疗设备等科技项目的研究和应用技术水平得到提高。

1995年，实施“科教兴镇”战略，积极开发、引进、推广新技术、新产品、新工艺、新成果，推动乡镇企业发展。步文、郭坑在农用机械、食品罐头、机砖制造、家具制造、粮食加工等行业中进行技术改造和工艺革新。

1997年，加大“工业立区”力度，聘请化工、机械、电子、建筑等行业12名专家组建专家咨询组，增强木材加工、粮食加工、食品加工、金属制品、家具制造及电子、机械、化工、陶瓷等重点技术领域科技综合实力，依托双飞日化有限公司、航天机电公司、万佳陶瓷有限公司和恒丽电子有限公司的企业技术创新中心开展科研工作，并利用东方电子公司与西安交通大学实现 “金属探测器”项目合作对接。

2005—2006年，龙文区与西安交通大学、浙江大学、江南大学、福州大学、厦门大学、福州外语外贸职业技术学院、福建农林大学、漳州职业大学等高校建立全面、长期的区校合作关系，联合申报国家、省级科技攻关项目，共同开发国家级、省级科技项目100项。根据企业的技术需求，对接高校的项目成果，对接成果57项。大力扶持、培育科技品牌，培植高新技术企业，加速科技成果的转化和先进技术的推广应用，促使企业的高新技术产业化和传统产业高新技术化。开发“镀锡性焊铜丝”“航天电机”“高

漳州科能电器有限公司进行科研

浓度复合肥”“双飞日化”“万佳意大利航标”“科龙伟特的16包/分钟智能包装系统”“恒丽电子”“福世通电子”等科技名牌产品。

2007年，发展高新技术企业及产业，加强自主创新建设，培植生物制药、光机电一体化、新材料等一批具有较强创造力和竞争优势的高新技术企业群和“大闽”速溶茶粉、“富顺”电子屏、“恒丽”电波钟、“科能”电表等知名品牌。

三、医学理论研究

区境医务人员结合医疗实践，开展医学理论研究，1996—2007年，王乐、林春香、潘满芬等12人在《中外医用放射技术》《中国临床医药研究》《中华中西医结合杂志》《中华医学创新杂志》等医学刊物上发表论文26篇。

1996—2007年龙文区医学论文一览表

表22-3-1

姓名	论文题目	期刊	时间
王乐	3例新生儿肺出血X线与病理分析	《中外医用放射技术》第10期	1996年
王乐	心包脂肪与X线所见分析	《中外医用放射技术》第11期	1996年
林春香	药物诱发肺部病变临床与X线分析	《中国临床医药研究》第8期	1998年
林春香	美喘清致心律失常2例	《心血管康复杂志》第1期	1998年
林春香	山莨菪硷在小儿肠套叠空气灌肠中应用	《中外医用放射技术》增刊	1999年
林春香	小儿贲门失弛缓症5例分析	《中外医用放射技术》第11期	1999年
李玉生	腔静脉后输尿管的临床症状与X线诊断	《中外医用放射技术》	1999年5月
陈海西	乌贼散治疗水火烫伤的体会	《实用中医药杂志》	1999年9月
陈海西	归脾汤加味治疗放节育环后经期延长举隅	《实用中医药杂志》	2000年9月
李玉生	哌唑嗪治疗异变心绞痛－附18例分析	《中华中西医结合杂志》	2000年12月
王乐	肠易激综合征与肠电活动改变	《中华中西医结合杂志》第一卷第5期	2001年
郭友良	中药内外合治外伤性跟痛症48例	《实用中医药杂志》第9期	2001年
郭友良	中药内外兼治急性乳腺炎26例	《实用中医药杂志》第11期	2001年
连解清	颈椎病误诊I例分析	《福建中医药杂志》	2002年4月
王乐	心房颤动378例病因分析	《中华中西医结合杂志》第二卷第12期	2002年
李玉生	肺内炎性假瘤临床与X分析	《中华中西医结合杂志》	2003年1月
郭友良	从伏邪论治慢性乙肝的思路与方法	《光明中医》	2003年8月
陈海西	和胃清降汤治疗胆汁反流性胃炎	《实用中医药杂志》	2003年11月
连解清	颈椎病椎动脉型83例诊治体会	《中国医疗杂志》	2003年12月
黄建铭	沙丁胺醇雾化吸入治疗哮喘重度发作疗效观察	《临床肺科杂志》	2004年9月
李玉生	大量腹水误诊肝硬化临床分析	《医药学术论坛》	2005年8月
黄建铭	支气管哮喘治疗体会	《实用中医药杂志》第一期	2005年
李泽民	加减安神定志汤治疗心神经官能症62例体会	《中国医学园地》第四期（总第52期）	2007年4月
连解清	中西医结合治疗神经根型颈椎病152例疗效观察	《河北中医》	2007年6月

续表 22-3-1

姓名	论文题目	期刊	时间
李泽民	加减滋水清肝饮治疗更年期抑郁症 57 例疗效观察	《中国医学园地》第六期（总第 54 期）	2007 年 6 月
郭友良	加味柴胡疏肝散治疗乳腺增生 28 例	《光明中医》	2007 年 10 月

四、科技项目

1997 年，龙文区政府提出把科技工作摆在发展社会主义经济的重要位置的要求，做好引进科技项目工作。2002 年，中共龙文区委、区政府作出加快实施科技兴区战略的决定，制定《龙文区科技发展“九五”规划》。2003—2007 年，共有科技项目 47 项。

2003—2007 年龙文区科技项目表

表 22-3-2　　单位：万元

项目名称	项目承担单位	项目投资			起止时间
		总投资	自筹	下达经费	
消防车多功能技术改造	龙文消防大队	25	22	3	2003 年 4 月—2004 年 8 月
无公害淡水鱼养殖	龙文区水技站	20	16	4	2003 年 8 月—2004 年 8 月
名优水果种苗基地	郭坑镇东溪农场	18	15	3	2003 年 8 月—2004 年 10 月
人造板自动化控制技术	龙文人造板有限公司	15	13	2	2003 年 9 月—2004 年 12 月
龙文工业区生产力促进中心建设	龙文工业开发区	200	151.8	48.2	2003 年 10 月—2004 年 12 月
生产力促进中心	龙文区科技局	12	7	5	2003 年 12 月—2004 年 6 月
有线电视 HFC 网络建设	龙文区广播电视中心	180	142	38	2004 年 3 月—2005 年 8 月
消防数字化创新	龙文消防大队	120	100	20	2004 年 5 月—2005 年 3 月
科技信息化建设	龙文工业开发区	26	18	8	2004 年 10 月—2005 年 6 月
人事信息化建设	龙文区人事局	20	14	6	2004 年 10 月—2005 年 6 月
综合信息管理系统	漳州市公安局龙文分局	80	50	12	2004 年 12 月—2005 年 12 月
箱垫一体化复合包装箱	漳州市永祥工贸有限公司	98	96	2	2005 年 1 月—
AWPL 全自动包装系统	漳州科龙伟特电子有限公司	251	221	3	2005 年 1 月—2005 年 12 月
嵌入式多媒体教学设备 应用	漳州市第二实验小学	150	135	3	2005 年 1 月—2005 年 12 月
龙文科技网建设	龙文区生产力促进中心	4	0	4	2005 年 1 月—2005 年 12 月
粮食精选设备应用	漳州市龙文升源粮业有限公司	60	50	3	2005 年 3 月—2005 年 12 月
消防训练科技模拟	龙文消防大队	80	50	14	2005 年 3 月—2005 年 12 月
高度集成 OA 于 ERP 变革企业管理模式	漳州科能电器有限公司	150	125	25	2005 年 4 月—2008 年 12 月
低甲醛脲醛树脂的开发	漳州市龙文翰苑化工有限公司	60	20	15	2005 年 5 月—2005 年 12 月
儿童斜视、弱视诊疗及增视研究	漳州市龙文医院	90	60	30	2005 年 6 月—2006 年 2 月
酶技术在罐头骨汁提取技术中的应用	漳州市同发罐头食品有限公司	30	26	4	2006 年 1 月—2007 年 1 月
审讯监控系统开发	龙文区人民检察院	30	26	4	2006 年 4 月—2007 年 4 月

续表 22-3-2

项 目 名 称	项目承担单位	项目投资			起止时间
		总投资	自筹	下达经费	
塑料精密机芯研制	福建众辰精密机芯有限公司	500	470	30	2006 年 5 月—2006 年 12 月
包装材料循环、再生使用	龙文区祥达包装有限公司	30	28	2	2006 年 6 月—2006 年 12 月
火场视频跟踪系统	龙文区公安消防大队	130	100	30	2006 年 6 月—2007 年 4 月
氙气灯智能镇流器的研制	厦门市高联科技工贸有限公司漳州分公司	20	18	2	2006 年 6 月—2006 年 12 月
龙文区城市报警监控系统	漳州市公安局龙文分局	100	80	20	2006 年 6 月—2006 年 12 月
车辆行驶实时记录仪研制	漳州市锦星集装箱运输有限公司	18	16	2	2006 年 7 月—2006 年 12 月
NEW168 酵母发酵式、生态型、零排放养猪技术	龙文区畜牧兽医站	40	34	6	2006 年 7 月—2006 年 12
国防动员信息处理和视频网络信息系统	龙文区人民武装部	20	10	10	2006 年 7 月—2006 年 12 月
科技信息平台建设	龙文区科技信息中心	4	0	4	2006 年 8 月—2007 年 6 月
曲流布料水压式沼气池建设项目	龙文区朝阳镇后店村委会	40	37	3	2006 年 8 月—2007 年 8 月
龙文区政府综合信息管理平台系统开发	龙文区政务网络管理中心	30	15	15	2006 年 12 月—2007 年 10 月
应用生物酶催化技术制造玉米饮料健康饮品	漳州碧山食品有限公司	150	148	2	2007 年 1 月—
“猪—沼—果（蔬）鱼”生态农业模式应用	龙文区郭坑镇东溪农场	20	17	3	2007 年 1 月—2007 年 12 月
精密机芯自动化装配系统建设	漳州市恒丽电子有限公司	2500	2460	40	2007 年 1 月—2007 年 12 月
数字化非线编辑设备技术应用	龙文区广电中心	100	83	17	2007 年 1 月—2007 年 2 月
消防化学灾害处置技术 应用	龙文区公安消防大队	100	57	43	2007 年 1 月—2007 年 12 月
路灯节能改造	龙文开发区管委会	100	72	28	2007 年 2 月—2007 年 8 月
16 包 / 分钟自动制袋定量真空成型包装设备	漳州科龙伟特电子有限公司	400	397	3	2007 年 3 月—2007 年 12 月
卫生陶瓷节能降耗技术的开发	漳州万佳陶瓷工业有限公司	180	176	4	2007 年 4 月—2007 年 12 月
固体水晶香珠的研制	福建双飞日化有限公司	30	27	3	2007 年 6 月—2007 年 12 月
GSM/CSD/GPRS 公网支撑缴费通系统及终端	福建思特电子有限公司	200	197	3	2007 年 8 月—
特种蔬菜品种引种和无公害栽培技术研究	龙文区步文镇土白村委会	24	21	3	2007 年 9 月—
无尘环保喷漆回收技术的开发应用	漳州冠盛机械科技有限公司	60	58	2	2007 年 9 月—2008 年 11 月
“三网一员”建设	龙文区防震减灾办公室	2	0	2	2007 年 10 月—2008 年 9 月

第二节 科技合作与参展

一、科技合作

1998年始，龙文区科技部门组织企业参加各类海博会、恳谈会、投资洽谈会、“6•18”项目成果交易会，寻找合作伙伴，探求商机，形成对接，解决技术难题，嫁接项目成果。

2004年，依托福建航天机电有限公司、漳州科能电器有限公司、福建双飞日用化学品有限公司分别建立漳州市电动机技术创新中心、电力仪表技术创新中心、日用化工技术创新中心。完成生产总值23.8亿元，增长21%；财政总收入突破亿元大关，达到1.03亿元，可比增长26.3%。人均GDP达20394元。

2005年9月，企业与高等院校、科研机构联合创办大闽食品有限公司博士后工作站，开展“名优速溶茶生产工艺”“低咖啡因速溶茶加工技术”等研究。双飞日化有限公司、航天机电公司企业技术创新中心获市科技局认可。万佳陶瓷工业有限公司与省外语外贸技术学院、东方食品有限公司与江南大学食品学院实现对接，分别成为各自院校的科技合作基地。

2007年，龙文区科技局组织推广“NEW 168酵母发酵式、生态型、零排放”养猪模式，被34家养殖大户采用，新增“曲流布料水压式沼气池”100口。特艺玻璃、东方食品、福世通电子、双飞日化等13家企业分别与中国科学院、江南大学、南京信息技术学院、华东理工大学、陕西科技大学等14家高校和科研院所对接项目成果16项，分别签订成果转化、技术研究、项目合作、基地建设等协议。

二、科技成果参展

2004年，组织福建航天机电有限公司“高性能小型按摩电机”、德兴工贸有限公司“瓦楞纸板糊料专用粘合剂技术”及科龙伟特公司“智能计量成型装包系统”、万佳陶瓷有限公司“虹吸式节能坐便器”等科技项目参加福州高新技术成果交流会。

2006年，航天机电有限公司“静音电动推杆”、德兴工贸有限公司“瓦楞纸析糊料专用黏合剂”和科龙伟特公司“16包/分钟智能包装系统”、万佳陶瓷有限公司的“虹吸式节能坐便器”等科技项目参加在福州举办的高新技术成果交流会。

2007年6月18日，区科技局组织创新科技成果参加福建高新技术成果交易会。

第四章 科技成果与专利申报

第一节 科技成果

一、区属科技成果

1997年建区，龙文区实施科技兴区战略，抓成效，抓成果。

2003—2004年，龙文区重点扶持科技园区道路建设、开发区办公信息化建设、名优水果种苗基地、消防车多功能技术改造、人造板自动化控制技术、无公害淡水鱼养殖、人事信息化建设、有线电视HFC网络建设、消防数字化创新等，培植省级高新技术企业3家、市级重点民营企业4家、区级科普示范基地3个、民营科技企业10家，培育“镀锡性焊铜丝”“航天电机”“高浓度复合肥”“双飞日化”“龙文人造板”“万佳意大利航标”“莱威尔瓷砖”“科龙伟特的智能装包系统”“东方含羞草”“德兴工贸瓦楞纸黏合剂”等一批科技名牌产品。建立“扶摇现代农业”“漳滨百亩榕树”等农业科技示范区，实现年新增产值10亿元。

2005—2006年，重点扶持综合信息管理系统、低甲醛脲醛树脂开发、AWPL全自动包装系统、农产品农（兽）药残留检测检验、嵌入式多媒体教学设备应用、粮食精造设备应用、消防训练科技模拟、IVEW168酵母发酵式、生态型、零排放养猪技术、国防动员信息处理和视频网路信息系统等23项科技项目。“智能排队管理系统”等3项获省科技厅计划项目立项。

2007年，龙文区扶持科技企业和重点产业的技术改造、开发研究项目等，重点扶持低耗节能电子钟、精密机芯自动化装配系统、路灯节能改造、16包/分钟自动制袋定量真空成型包装设备、消防化学灾害处置技术应用、政府综合信息管理平台系统等32项科技项目的研究与开发。是年，组织实施国家火炬计划项目2项、省级科技项目3项、市级科技项目41项、区级科技项目13项。开发“国防动员信息处理和视频网络信息系统”“审讯监控系统”“火场视频跟踪系统”“城市报警监控系统”“刑侦信息采集系统研究”“消防化学灾害处置技术应用”等“平安龙文”建设的科技项目。

2001—2007年龙文区获漳州市科技进步奖项目表

表22-4-1

项目名称	主要完成单位	主要完成人	等　级	获奖年份
彩色液晶电视机、监视器	漳州利普电子有限公司	陈荣世、吴卫良、郭　群、张顺福	一等奖	2001
高浓度三元素复合肥	福建省农化工业有限公司	叶顺福、陈柏梧、曾岳军	三等奖	2001
MP3高保真播放机	漳州市东方电子有限公司	黄志刚、游振森、吴中桂、吴志武、倪华芳	三等奖	2001
远程集中抄表系统	漳州科能电器有限公司	陈永坤、吴毅禧、李兴山、陈淼全、许良刚	一等奖	2002
三相全电子式多功能电能表	漳州市科能电器有限公司	陈永坤、吴毅禧、李兴山、陈淼全、许良刚	二等奖	2004
全彩色LED点阵　显示屏	漳州市富顺电子有限公司	陈建顺、冯金仁	二等奖	2004
嵌入式网络化多功能系统设计平台及其在数字式船用导航雷达的应用	漳州利利普光电研究所有限公司	陈荣世、陈焕洵、曾炳山、张榕株、陈学理	三等奖	2005
基于GPRS无线数据通信的《多功能IP电话》	福建思特电子有限公司	曹渝常、卢俊锋、张章伟、王兴元、廖思聪	三等奖	2005
智能有线排队系统	漳州市富顺电子有限公司	杨伟艺、何仲全、黄长明、陈亚娜、王秀莲	三等奖	2005
16包/分钟自动制袋定量真空成型包装 设备	漳州科龙伟特电子有限 公司	叶聪敏、胡毓铭、高　铿、许龙文、史文卿	三等奖	2006

续表 22-4-1

项目名称	主要完成单位	主要完成人	等　级	获奖年份
多功能超声波测距仪	漳州市东方电子有限公司	王晋生、郭明峰、褚俊安、陈志宏、曾繁建	三等奖	2006
多功能金属探测门	漳州市东方智能仪表有限公司	王晋生、黄志刚、陈志宏、江良伟、洪东权	二等奖	2007
智能电子回单管理系统	福建富顺电子有限公司	陈建顺、冯金仁、曾晓峰、何仲全、杨伟艺	二等奖	2007
基于 GPRS 的无线传真接入端	福建思特电子有限公司	曹渝常、张章伟、王兴元、杨会生、符小军	二等奖	2007

二、驻区科技成果

1978—2007 年，漳州市农业科学研究所主持和参加完成科研项目，共获国家、省、市有关部门奖 62 项，其中独立完成“杂交水稻新组合特优 63”获国家科技进步三等奖。1978—2003 年，“育成杂交水稻新组合特优多系 1 号”通过国家品种审定。“育成小麦新品种龙溪 18 号、龙溪 6 号”在“八五”“九五”期间在内蒙古、黑龙江、陕西和华南麦区大面积推广利用，是华南麦区主要栽培品种。

1978—2007 年驻区科研机构获国家、省、市科技成果奖情况表

表 22-4-2

成　果　名　称	科研形式	颁奖机关	获奖等级	时间
育成水稻良种龙革 113	主持	中共福建省委、革委	奖　状	1978 年 9 月
杂交水稻 V41 不育系及闽优一、二、三号组合的选育	协作	中共福建省委、革委	奖　状	1978 年 9 月
育成小麦良种龙溪 99	主持	中共福建省委、革委	奖　状	1978 年 9 月
小麦秆锈病发生规律与防治研究	协作	中共福建省委、革委	奖　状	1978 年 9 月
柑橘缺硼不实的防治技术研究	主持	中共福建省委、革委	奖　状	1978 年 9 月
育成早熟高产小麦良种龙溪 35	主持	福建省政府	科技成果三等奖	1980 年 4 月
福建省褐稻虱发生规律与测报技术研究	协作	福建省政府	科技成果三等奖	1981 年 6 月
籼型杂交水稻	协作	国务院	特等发明奖	1981 年 6 月
我国褐稻虱迁飞规律的阐明及其在预测报的应用	协作	农业部	技术改进一等奖	1981 年 9 月
推广配合饲料养猪	主持	福建省农业厅	技术成果四等奖	1981 年 12 月
克服适龄荔枝开花不结果研究	主持	中共龙溪地委、公署	红　旗	1983 年 1 月
“威来姆斯”大豆高产栽培技术研究与推广	主持	中共龙溪地委、公署	红　旗	1983 年 1 月
柑橘矮化砧研究	主持	中共龙溪地委、公署	奖　状	1983 年 1 月
小麦良种“龙溪 35”大面积推广	主持	中共龙溪地委、公署	奖　状	1983 年 1 月
荔枝爻纹细蛾发生规律与防治研究	主持	龙溪地区行政公署	科技进步三等奖	1984 年 11 月
无籽西瓜组织培养	主持	龙溪地区行政公署	科技进步四等奖	1984 年 11 月

续表 22-4-2

成果名称	科研形式	颁奖机关	获奖等级	时间
荔枝龙眼病虫害种类调查	主持	龙溪地区行政公署	科技进步四等奖	1984 年 11 月
小麦良种龙溪 209 选育	主持	龙区地区行政公署	科技进步四等奖	1984 年 11 月
解决适龄荔枝不结果或少结果的研究	主持	福建省政府	科技进步三等奖	1985 年 7 月
我国褐稻虱迁飞规律的阐明及其在预测报的应用	协作	国家科委	科技进步一等奖	1986 年 3 月
柑橘果实熏蒸防腐、保鲜、常温贮藏 研究	主持	漳州市政府	科技进步二等奖	1986 年 12 月
瑞香试管苗快速繁殖	主持	漳州市政府	科技进步二等奖	1986 年 12 月
育成甘薯良咎——龙薯 805	主持	漳州市政府	科技进步三等奖	1986 年 12 月
稻瘟病生理小种鉴定在抗病育种应用	主持	漳州市政府	科技进步三等奖	1986 年 12 月
水仙花线虫发生规律及防治技术研究	主持	漳州市政府	科技进步三等奖	1989 年 1 月
"龙溪 18"小麦新品种选育	主持	漳州市政府	科技进步三等奖	1989 年 1 月
香蕉研究资料选编	主持	福建省科委	情报成果三等奖	1989 年
柑橘果实塑料薄膜单果包装贮藏保鲜技术的研究和应用	协作	农业部	科技进步三等奖	1989 年 8 月
"龙豆 23 号"大豆新品种选育与推广	主持	漳州市政府	科技进步三等奖	1990 年 11 月
组合式微型联合收割机	协作	机械电子工业部	科技进步一等奖	1990 年
推广水稻良种"钢白矮 4 号"	主持	福建省农业厅	农牧业技术推广二等奖	1990 年 12 月
绿芦笋高产栽培及贮运保鲜技术情报 调研	主持	福建省科委	情报成果二等奖	1992 年 3 月
小麦良种"龙溪 18"	主持	福建省政府	科技进步三等奖	1992 年 3 月
绿芦笋高产栽培及加工贮运技术研究	主持	福建省政府	科技进步三等奖	1992 年 3 月
漳州主要竹笋品种育苗栽培技术及产品加工开发利用调研	主持	漳州市政府	科技进步三等奖	1993 年 4 月
水仙花病虫综合防治研究	主持	漳州市政府	科技进步二等奖	1993 年 4 月
漳州市竹笋业发展的情报调研	主持	福建省科委	情报成果二等奖	1994 年 3 月
《闽南农业科技》四年服务效果	主持	福建省科委	情报成果三等奖	1994 年 3 月
龙眼苗嫁接技术研究及推广应用	主持	漳州市政府	科技进步三等奖	1994 年 12 月
早熟、高产、抗病小麦新品种"龙溪 6 号"选育与利用	主持	福建省政府	科技进步三等奖	1994 年 12 月
福建省香蕉丰产优质栽培及保鲜贮运技术研究	协作	福建省政府	科技进步三等奖	1994 年 12 月
杂交水稻新组合——特优 63	主持	福建省政府	科技进步二等奖	1995 年 12 月
农田害鼠种类调查和优势鼠种发生规律及防治	协作	福建省政府	科技进步三等奖	1995 年 12 月
龙柚 1 号	主持	全国柚类科研生产协作组	金杯奖	1996 年 11 月
龙柚 1 号	主持	全国柚类科研生产协作组	金杯奖	1997 年 1 月
杂交水稻新组合"特优 63"的选育与 推广	主持	漳州市政府	重点科技成果转化奖	1997 年 4 月
杂交水稻新组合——特优 63	主持	国家科委	科技进步三等奖	1997 年 12 月

续表 22-4-2

成果名称	科研形式	颁奖机关	获奖等级	时间
漳州花卉业发展的调研	主持	福建省科委	科技情报成果二等奖	1998 年 6 月
反季节蔬菜栽培技术调研	主持	福建省科委	科技情报成果三等奖	1998 年 6 月
漳州市蔬菜优良品种引进情报调研	主持	福建省科委	科技情报成果三等奖	1998 年 6 月
番木瓜穗中红的引进推广	主持	漳州市政府	科技进步二等奖	1998 年 9 月
龙柚 1 号	主持	全国柚类科研生产协作组	金杯奖	1998 年 11 月
龙柚 1 号	主持	全国柚类科研生产协作组	优质奖	1998 年 11 月
福建省技术市场	独立	福建省科委	金桥奖	1999 年 1 月
龙柚 1 号	主持	全国柚类科研生产协作组	金杯奖	1999 年 11 月
荔枝晚熟良种的引进及繁育推广	主持	漳州市政府	科技进步三等奖	2000 年 5 月
特优 77 选育与推广	主持	漳州市政府	科技进步三等奖	2001 年
龙眼丰产稳产调控新技术研究与推广	主持	漳州市政府	科技进步三等奖	2002 年
杂交水稻新组合——特优多系 1 号	主持	漳州市政府	科技进步二等奖	2002 年
漳龙 9104 的选育与推广	主持	漳州市政府	科技进步三等奖	2004 年
清香型优质乌龙茶初制新技术研究与示范推广	主持	漳州市政府	科技进步三等奖	2005 年
优质稻新品种漳佳占	主持	漳州市政府	科技进步二等奖	2007 年

第二节　专利申报

1994 年 8 月 31 日，区境林高峰获“易拉塑料饮料瓶”专利。

1997 年，龙文区实施品牌发展战略，对发明专利的关键共性技术，能带动龙文相关产业发展的新产品、新工艺、新材料项目，优先推荐申报科技项目。2003 年，专利申请 42 件，授权专利 28 件。2004 年，专利申请 22 件，其中发明专利 2 件；授权专利 15 件，其中发明专利 1 件。2005 年，专利申请 12 件；授权专利 7 件，其中实用新型 2 件，外观设计 5 件。2006 年，专利申请 59 件，授权专利 8 件（其中发明专利 2 件，实用新型 2 件，外观设计 4 件）。

2007 年，专利申请 66 件，其中发明专利 3 件，实用新型 10 件，外观设计 53 件；专利授权 48 件，其中实用新型 8 件，外观设计 40 件。

1973—2007 年龙文农作物良种获国家、省认定统计表

表 22-4-3

品种名称	级别	主要育种人员	亲　本	审（认）定单位	审（认）定年份
闽糖 65-16	省级	施纯伙、曾东火	C0419 × Cp49-50	福建省农业厅、轻工厅	1973 年
闽糖 66-60	省级	施纯伙	Cp49-50 × F134	福建省农业厅、轻工厅	1973 年
闽糖 61-20	省级	施纯伙、曾东火、林景琼、延丽珍	PT46-256 × F134	福建省农业厅、轻工厅	1974 年
闽选 703	省级、国家级	施纯伙、曾东火、延丽珍	C0603 × Co743	福建省农业厅、轻工厅 轻工部甘蔗审定委员会	1975 年 1989 年
闽糖 70-611	省级、国家级	施纯伙、曾东火、延丽珍	Cp49-50 × F134	福建省农业厅、轻工厅 轻工部甘蔗审定委员会	1978 年 1989 年
闽糖 77-208	省级	施纯伙、陈水玉、黄天瑞、周秀珍	Cp49-50 × F134	福建省农作物品种审定委员会	1988 年
闽红 82-34	省级	陈福寿、李美珍、吕良芽、林娜、王茂明	南选为母本，紫光为父本	福建省农作物品种审定委员会	1991 年
闽糖 76-2	省级	苏坎坛、谢木水、杨焜正、黄绍英、郑芥丹	C0419 × Cp49-50	福建省农作物品种审定委员会	1992 年
芙蓉红麻 369	省级	陈福寿、李美珍、肖瑞芝、林家禄、李爱青、吕良芽、郭安平、洪建基	红麻 722 为母本，金钱吊芙蓉为父本	福建省农作物品种审定委员会	1994 年
闽糖 86-330	省级	施纯伙、谢木水、林一心、苏坎坛、张辉荣、杨焜正、卢川北、黄天瑞、陈庭俊、郑加协	C01001（闽选 703）× PT43-52	福建省农作物品种审定委员会	1995 年
闽糖 86-05	省级	施纯伙、谢木水、张辉荣、林一心、苏坎坛、杨焜正、卢川北、黄天瑞、陈庭俊、郑加协	C01001（闽选 703）× 崖城 73-152	福建省农作物品种审定委员会	1995 年
闽糖 88-103	国家级	杨坤正、林一心、苏坎坛、谢木水、李瑞美	C01001（闽选 703）× 崖城 82-96	全国农作物品种审定委员会	1999 年
闽红 298	省级	洪建基、甘勇辉、林　娜、陈福寿、李美珍、吕良芽、黄瑞平	红麻 722 为母本，青皮三号为父本	福建省农作物品种审定委员会	1999 年
闽牧 42 饲用杂交甘蔗	国家级	卢川北、洪月云、刘建昌、郑介丹、曾日秋	C0419 × PT43-52	全国牧草品种审定委员会	2000 年
闽红 31	省级	甘勇辉、洪建基、林　娜、李美珍、陈福寿、黄瑞平、吕良芽	青皮三号为母本，红麻 722 为父本	福建省农作物品种审定委员会	2001 年
闽糖 86-2121	省级、国家级	潘世明、郭陈福、林一心、曾东火、王子琳、王水琦、李瑞美、李海明、戴艺民、杨焜正、林加耕、吴松海、吴水金、韩延南、林细兰	Q61 × Cp49-50	福建省非主要农作物品种认定委员会； 全国农业技术推广服务中心	2004 年 2005 年
闽糖 92-649	省级、国家级	杨焜正、林一心、李瑞美、潘世明、陈庭俊、戴艺民、李海明、施纯伙、谢木水、苏坎坛	新台糖 1 号 × C01001（闽选 703）	福建省非主要农作物品种认定委员会； 全国农业技术推广服务中心	2004 年 2005 年
闽糖 92-505	国家级	—	闽选 703（C01001）× Cp73-1547	全国农业技术推广服务中心	2007 年

1994—2007年龙文区获发明与实用新型专利统计表

表22-4-4

专利名称	发明人	申请号	公告时间
易拉塑料饮料瓶	林高峰	93247050.5	1994年8月31日
扫描电子闹钟机芯	林福盛	97218066.4	2000年2月2日
延长半波的石棉水泥中波板	黄美心、严明山	98215963.3	2000年3月8日
一种折伞伞骨	王胜和	99215712.9	2000年5月17日
保温瓶壳	林　群	03256686.7	2004年4月21日
防蚀耐磨螺旋道钉及其生产工艺	江　勇、黄新民、郑荣琰	03112263.9	2004年11月24日
一种可调轴承座	洪俊杰	200420003306.4	2004-12月29日
一种新型调链机构	洪俊杰	200420087351.2	2005年9月7日
一种新型防火卷帘速放装置	洪俊杰	200420091396.7	2005年9月21日
防火卷帘门机温控释放装置	洪俊杰	200420120943.X	2006年1月18日
防火双卷帘门机可调支架板	洪俊杰	200420120944.4	2006年1月18日
一种胶合板高效填充料	石武夷	200610054896.7	2006年8月23日
蘑菇的保鲜剂以及保鲜加工方法	黎翥、顾景林	200610040186.9	2006年10月11日
一种多向涡流搅拌强力洗涤罐	王元太、王振家	200520019177.2	2006年10月11日
一种双模小型交换机	曹瀹常、符小军	2006220132638	2007年
一种石英钟导电起闹簧	张振汉	200620135412	2007年
石英钟单叉起止闹板	张振汉	200620087135	2007年
闹钟起闹开关装置	张振汉	200620156544	2007年
无线电话充值终端系统	曹瀹常、廖思聪	200620149882	2007年
石英钟导电起闹簧	张振汉	200620085981	2007年
一种用于组装家具的塑料铆扣	张嘉俊	200720006146	2007年

第五章　科技管理

第一节　管理机构

龙文区科学技术局　址在步文镇莲池花园。1997年2月26日成立，为正科级行政单位。2002年12月，内设人秘股、计划综合股。行政事业编制3人，股级职员2人。2007年，在编人员4人，其中正科级2人，副科级1人。

第二节　科技进步目标责任制

2003—2006 年，中共龙文区委、区政府坚持年年与有关部门签订科技工作目标责任状，在原有的科技工作目标考核办法基础上根据科技部有关文件规定精神，从领导意识、经济发展、企业科技进步、科普宣传、科技计划与示范、科技投入、组织机构 7 个方面考核乡镇、部门科技进步情况，修订出台《龙文区科技工作目标考核责任书》《龙文区科技工作目标考核细则》。同时，建立“区五套班子领导挂钩乡镇部门责任制、区直部门挂钩单位责任制、乡镇部门党政一把手责任制”3 个科技进步考核工作责任制，做到年初签订目标责任状，年终要求各乡镇各单位结合 KPT 检查通过综合自评，提供系统的考核材料，对前三名和后三名给予奖惩。综合自评使目标考核更加完善、客观、公正。科技工作层层有机构、时时有人抓、事事有人管，实现“把科技工作从一般性工作转为推动经济社会发展的主导性工作来抓，从科技是社会事业转变为重要经济产业来抓，从单纯科技部门抓科技转变为全党全民全社会齐抓”的科技工作框架。

2007 年，龙文区把参加全国科技进步考核、争创科技进步示范工作作为增强区域科技创新能力和综合竞争力的有效载体，不断完善科技进步目标责任制，做到与经济发展工作一起布置、一起落实、一起督查、一起考核。严格落实区五套班子领导挂钩乡镇、区直部门挂钩单位等科技进步考核责任制，坚持与各乡镇（部门）“一把手”签订科技工作目标责任状，从科技创新、科普宣传、科技计划与示范、科技投入、组建机构等方面考核科技工作。区政府绩效评估把“高新技术产业增加值”“财政科技投入增长率”“专利授权量增长率”“节能技术研发与推广”等体现科技进步与经济发展指标纳入目标责任考核内容。当年，龙文区政府在漳州市政府绩效评估中获第一名。

第三节　科技服务体系

1997 年，以科技“110”“969155”农业服务热线为平台，组织专家和技术人员深入企业、农村现场解决技术难题，推动技术成果的转化。

2003 年，以信息资源开发利用为突破口，推动政府部门管理电子化和政务运作信息化，信息网络建设做到硬件设施到位。2004 年 5 月，在漳州市率先通过市级验收，龙文区直 32 个部门和单位全面纳入政务网。依托自主技术力量开办龙文政务信息网站，开设栏目 43 个，新建数据库模块 66 个，实现全新改版 3 次。龙文区重要政务活动、部门内刊、主要发展指标等政务信息在此平台实现即时更新和共享，网站总访问量全面增加。区级信息化管理中心 6 名工作技术人员全部具备含网络系统集成、Lotus Domino 数据库系统、SQL 数据库系统、ASP 技术、网页设计等技术在内的自主开发能力。整合龙文区技术及信息采编人员 50 多人，组成由各部门推荐管理的政务信息联络员队伍，专门负责政务网的信息更新、系统应用和维护工作。

建立健全龙文区科技经济信息中心、生产力促进中心，区农业技术推广站、区农业服务中心，形成以企业为主体，以市场为导向的技术开发体系、技术创新中介服务体系和技术创新支撑体系。

围绕科技创新体系建设，努力构筑三大平台：信息技术开发服务平台、技术创新中介服务平台、企业科技运用推广平台。发挥龙文区生产力促进中心的扶持和孵化功能，开展多渠道、多层次、多形式的对外交流与合作，组织参加各种成果交易会，向企业推介科技项目，为技术成果向市场转移提供有效渠道和必要的科技服务及支撑。通过技术服务，龙文区有 2 家列入国家火炬计划、22 家企业被省科技厅评为省级高新技术企业。

2005—2006 年，区政府完善区、镇、村科技网路，构筑信息技术开发服务、企业科技运用推广、技术创新中介服务平台。

2007 年，龙文区建立以企业为主体，以市场为导向、以科技中介为平台的科技创新服务体系。设立专项奖励基金，鼓励企业建立健全研发机构或技术创新中心。

第四节　科研经费管理

一、经费来源

（一）区级财政拨款

1997 年龙文建区后，年年拨发科技三项经费（新产品试制费、中间试验费、重要科学研究项目补助费）。1997 年 20 万元、1998 年 22 万元、1999 年 54 万元、2000 年 18 万元、2001 年 25 万元、2002 年 20 万元、2003 年 68.23 万元、2004 年 77.97 万元、2005—2007 年 475 万元。

（二）省市拨款

2005—2006 年，省科技厅、市科技局下拨科技计划项目立项经费 156 万元。2007 年，省、市拨款 196 万元。

（三）乡镇、企业投入

1997 年，蓝田镇“低产龙眼果园改造”项目，投入 41.5 万元；郭坑镇建立“名优花卉示范基地”项目，投入 7 万元；双昌畜牧业发展公司“瘦肉型猪种的开发”项目，投入 43.5 万元。

2005—2006 年，全区企业投入技术创新资金 2 亿元。

2007 年，全区企业投入建立工业技术发展基金和自主创新基金 2 亿元。

二、区级财政经费支出

2003—2007 年，龙文区科技三项费用支出 544.8 万元，科学事业费支出 19.63 万元，科普经费 12.4 万元。全区 5 年共支出科技经费 576.83 万元。

2003—2007 年龙文区财政科技经费支出统计表

表 22-5-1

项　目	2003 年	2004 年	2005 年	2006 年	2007 年	合　计
科技三项费用支出（万元）	68.2	78	88	120.6	190	544.8
科学事业费支出（万元）	2	2	2	2	11.63	19.63
科普经费（万元）	2	2	2	2	4.4	12.4
三项费用决算增长率（%）	331	14.37	12.82	37.05	50.05	445.29

第二十三卷 文化 体育

商周时期，樟山就有青铜器与陶器。五代时，就有许碏题刻于云洞岩摩崖。

宋陈淳著《北溪字义》和《北溪大全集》（50卷）被收入四库全书。宋代王遇、明代蔡烈、林釬、陈天定等留下众多著作，传诵至今。明末，著名布衣书法家李宓，书法“结体工妙，纤入无纶”，备受明大书法家董其昌所推崇。现代著名国画艺术家黄稷堂作品被中央美术馆收藏。

中华人民共和国成立后，民间文艺团体芗剧团、木偶剧团、鼓乐队、电影队，活跃于城乡。1997年建区后，依托人民广场优势，在重大节庆期间，开展广场文艺、体育活动。内容有歌舞、综艺、魔术、杂技、芗剧、木偶、鼓乐、电影、书画展，以及拔河、武术、象棋等，既有专业艺术组织的演出，又有干部职工登台亮相表演。广场文化活动是龙文区群众文化活动的一大特色。

区境武术、舞龙弄狮、赛龙舟等体育活动由来已久，深受群众喜爱。武术主要有漳州开元寺拳、五祖拳、太祖拳、宋江拳、白鹤拳、五兽拳等。2005年，步文镇、朝阳镇被授予全国“亿万农民健身活动”先进乡镇。2006年，区武术协会代表福建省参加在郑州举办的第二届世界传统武术节，获一等奖4项、二等奖7项、三等奖6项的好成绩。区文体局、总工会、妇联、教育局等单位经常在节日组织开展职工体育比赛活动，推动群众体育活动健康发展。

2007年，区境有全国重点文物保护单位江东桥，有省级文物保护单位云洞岩摩崖石刻、中正和平牌坊，有区级文物保护单位16处。还有收入漳州市第二批非物质文化遗产代表名录的檀林村威惠庙请祖祭祀仪式和第三批的檀林食福习俗；有省级历史文化名村湘桥。有基层文化站4个，76%行政村拥有文化场所，有线电视入村率100%。区、镇、村三级文化网络健全，郭坑镇成为福建省第三批文化信息网络基层工作站示范点。有各类文化产业经营单位85家，其中互联网上网服务营业场所（网吧）39家，娱乐场所4家，营业性演出团体10家，出版物经营单位10家，印刷业经营单位16家，音像制品零售单位10家。8个民间芗剧团、2个电影队，还有管弦乐队，鼓乐队，舞龙、舞狮队。

第一章 文 艺

第一节 机 构

一、区属机构

（一）行政机构

区文体局 址在区政府大楼。1999年7月，区文化体育局成立。正科级行政单位。内设人秘股、文化体育股，编制4人。2007年，编制4人。

（二）事业机构

区文化馆 位于莲池花园。1998年1月15日，设区文化馆。全额拨款股级事业单位。编制3人。2000年，增编1人。2007年，设音乐、舞蹈、美术3个股室。编制3人。

区广播电视局 2007年2月，区广播电视局成立。全额拨款事业单位。辖区广电中心和机关4个股室。

区广播电视中心 1997年1月，区广播电视站成立；3月，成立广播电视中心，编制6人。1998年，将步文镇、蓝田镇、朝阳镇、郭坑镇广播电视站资金和人员归区广电中心统一管理。2007年，编制33人。

二、镇属机构

（一）科教文卫服务中心

郭坑镇科教文卫服务中心 1966年，成立郭坑镇文化站，为正股级全额拨款事业单位，编制2人，在编2人。2002年，更名为郭坑镇科教文卫服务中心。2007年，编制2人，在编2人。

步文镇科教文卫服务中心 1966年，成立步文镇文化站，为正股级全额拨款事业单位，编制2人，在编2人。2004年7月，更名步文镇科教文卫服务中心，建筑面积130平方米，设置阅览室、展览室、活动室。室内有棋牌、乒乓球桌，室外配套健身路径1套。拥有各类图书1400多册。建立管理员岗位职责、管理制度、图书阅览制度、图书借阅制度。2007年，编制2人，在编2人。

朝阳镇科教文卫服务中心 1997年3月，成立朝阳镇文化站，为正股级全额拨款事业单位，编制2人，在编2人。2004年7月，更名朝阳镇科教文卫服务中心。2007年，编制2人，在编2人。

蓝田镇科教文卫服务中心 1997年5月，成立蓝田镇文化站，为正股级全额拨款事业单位，编制2人，在编2人。2004年7月，更名蓝田镇科教文卫服务中心，配备电脑、电视、书架、阅览桌及图书、舞台射灯、音响，以及培训桌椅100套、乒乓球桌一套、健身器材等设备。2007年，编制2人，在编1人。

（二）广播电视站

郭坑镇广播电视站 1997年3月成立，编制3人。1998年，人员划归区广电中心管理。2007年，在编3人。

朝阳镇广播电视站　1997年3月成立，编制4人。1998年，人员划归区广电中心管理。2007年，在编4人。

蓝田镇广播电视站　1997年3月成立，编制3人。1998年，人员划归区广电中心管理。2007年，在编3人。

步文镇广播电视站　1997年3月成立，编制3人。1998年，人员划归区广电中心管理。2007年，在编3人。

第二节　群众文化

一、文化活动场所

（一）区级文化活动场所

区文化馆　位于莲池花园。1998年1月成立，人员3人。

区全民健身活动中心　位于莲池花园。以区文化馆、区文化艺术中心为平台，为全区文化体育活动中心。

（二）镇村（社）文化场所

2000年，全区16个村建立文化室，占全区总村数39%。郭坑镇把郭坑村旧村部改造成宣传文化中心，小港村将庙宇改建为村文化活动室。田丰村、长福村设立图书室。2001年，全区20个村建文化活动场所，重点抓郭坑镇文化站和步文镇文化站建设。2002年，全区22个村建文化活动场所，占全区总村数50%。郭坑镇文化站（全省百强文化站）申报福建省第三批文化信息网络基层工作站示范点。2003年，全区4个镇文化站配备电脑设备，完善信息网络建设。

2004年，全区投入资金10万元，扩建文化活动场所11处，基层文化站（室）添置一批文化设施。2005年，投入资金30万元，扩建、改建文化活动场所7处。蓝田镇梧桥村、步文镇下洲村群众自筹资金，建设村文化活动中心。2006年，在步文镇田丰村、蓝田镇东屿村投建室外灯光篮球场。各镇新建、扩建、改建一批村文化活动室、村图书馆、村老年人活动中心等，投入资金30多万元。

2007年，全区基层文化站4个，31个村建文化场所，占全区总村数76%。

（三）其他文化活动场所

漳州人民广场　位于东环城路立交桥东侧和步港路与胜利东路交叉地带。面积15.2公顷。1997年4月开工，投资5000万元。1998年元旦，对游人开放。人民广场设有城市雕塑、集会广场、大型音乐喷泉、植物观赏区等。漳州人民广场成为龙文区的广场文化活动的重要依托和载体。

漳州市广播电视中心　位于人民广场西侧。2004年10月1日，漳州市广播电视中心大楼落成投入使用。高度102.3米，建筑面积2.3万平方米，总投资1.45亿元。

漳州青少年活动中心　位于龙江路以西、南昌路以南、新浦东路以北、漳州一中分校以东。2005年6月5日，共青团漳州市委会在龙文区漳州一中分校旁举行漳州青少年活动中心奠基典礼。占地面积3.33公顷，投资8000多万元。有青少年教育基地（文体综合楼）、幼儿园、闽台青少年交流中心。

漳州市博物馆　位于迎宾路南侧，龙文南路以西。1998年10月动工兴建。2001年4月8日竣工剪彩。为4层曲角连体式结构建筑，占地面积0.67公顷，建筑面积4600平方米。外观上采用现代几何立面与传统琉璃顶建法，内观上采用天井与回廊建法，将建筑的功能有机地联结为一体，设有展厅、报告厅、库房、设备与办公用房，动能较齐全。馆内布置5个基本陈列室。

芗剧艺术中心　位于迎宾路与东三号路交会处。1998年动工兴建。2001年4月8日，竣工剪彩。为4层曲角连体式结构建筑，占地面积1.33公顷，建筑面积10026平方米。

二、群众文艺活动

（一）主要文艺演出

1998年5月22日，举行首届龙文区成人器乐比赛；12月30日，在漳州人民广场举办“龙文建区一周年”文艺晚会。

1999年1月，举办龙文区电视歌手赛；9月30日晚，区政府在人民广场举行“漳州市庆祝建国50周年联欢暨焰火晚会”；12月，区举办迎澳门回归“吉马杯”情系漳州歌手赛。

2000年春节，举行电影公演、芗剧调演、木偶戏表演；5月，举办“激情飞越”综艺晚会，组织残疾人文艺会演、芗剧会演；6月，举行“六月风”大型文艺晚会；7月，组织少儿文艺荟萃演出和福建海峡魔术杂技团魔术和杂技表演；7月29日，举办庆祝“八一”军警民联欢文艺晚会；9月，举办“中秋之夜”广场文艺晚会；9月30日，举办少儿歌手赛、《文明之歌》文艺会演；10月，举办庆祝建国51周年广场文化艺术节活动。

2001年元宵，在人民广场举办民间艺术表演，展现建区5周年龙文区在政治、经济、文化各领域取得丰硕成果；5月29日至6月1日，举办庆“六一”儿童节文艺晚会；12月31日，举办庆祝建区5周年文艺晚会。

2002年5月，举办“五一”文艺演出；10月，在安全生产月举办“安全生产专题文艺晚会”，在土地宣传日举办“金土地之夜”文艺晚会。

2003年元旦、春节期间，组织舞蹈《如火的青春》和歌伴舞《万家灯火》2个文艺节目参加中共漳州市委、市政府春节团拜会文艺演出。元宵期间，中共龙文区委宣传部举办“庆元宵广场文艺晚会和焰火晚会”。举办大型的纪念“3·15”国际消费者权益日，举行“营造放心消费环境‘和未来有约’广场演唱会”，举行“依法诚信纳税，共建小康社会”税收宣传月文艺晚会；7月29日，举办庆祝“八一”建军76周年文艺晚会；8月15日，举办“闲情夏夜”广场文化活动“讲文明，树新风”文艺晚会；举办福建省首届社区文化艺术节漳州分会场“情系龙江”文艺晚会。中共龙文区委宣传部、区文体局承办“锦绣一方”信用漳州大型歌舞晚会。

2004年3月29日，举办“情系国税”文艺晚会；7月1日，举办庆祝建党83周年文艺会演、国庆中秋文艺晚会。

2005年1月1日，举办蓝田工业开发区元旦文艺晚会，以开发区发展为主线，以合唱、歌舞、朗诵、小品及地方文艺形式组成主题鲜明的文艺晚会；4月30日，举办“创业者之歌——龙文区首届企业文化艺术节文艺晚会”；5月，举办龙文区首届少儿才艺比赛。

2006年6月，举办“廉政之光”文艺晚会；8月10日，举办“奋进漳州，新兴龙文”专场文艺晚会。

2007年1月9日，举办庆祝龙文区“建区十年”大型文艺晚会；6月15日，举办“平安龙文”大型文艺晚会。

（二）文化下乡

2000年9月，举办“反封建·树新风”龙文区农村文艺晚会。2001年3月，郭坑镇在郭坑村举办文化下乡活动，全村近千名群众观看演出。区文化馆深入朝阳镇桥头村驻军演出，与100

多名官兵联欢，共度中秋佳节。

2002年，开展“百团千场，服务万民”文化下乡活动，以“金秋喜丰收”为主题，组织区文化馆和各镇文化站为工人、农民、官兵送戏送图书，推进群众性文化活动深入开展。区计生局、区科技局等单位为蓝田镇蔡坂村文化活动室、步文镇文化活动中心赠送图书500多册。文艺工作者深入蓝田镇蔡坂村、区工业品批发市场进行慰问演出。每逢节假日，举行芗剧、木偶、电影等公演公映活动。8月27日，区文体局被漳州市人事局、中共漳州市委宣传部授予“漳州市文化科技卫生‘三下乡’（文化、卫生、科技下乡）活动先进集体”称号。

2003年，区文体局、区卫生局、区科技局等部门到湘桥村、石井村、洛滨村开展“三下乡”活动，向群众赠送图书。夏季，连续一个月组织《休闲夏夜》群众性文体活动。

2004年4月，为丰富乡村群众业余文化生活，倡导群众开文明新风，开展龙文区“乡村文化”暨“走近乡村”文化下乡系列活动。举办“蓝田之夜”等文艺晚会。各镇、村在“五一”、国庆、端午节期间举办一系列小型文体活动。全年芗剧、木偶、电影下乡演出1000多场次，推进群众性文化深入开展。2005年6月，举办“清竹颂”廉政文化进农村文艺晚会。

2007年6月22日，开展“欢乐新农村文艺巡演”活动。

（三）培训艺术人才

1997—2007年，龙文区文化馆坚持开展群众艺术培训。每年开展一期（24节课）成人艺术培训，课程有交谊舞、健身操、形体舞、广场舞、腰鼓、秧歌等，共开展10多期群众艺术培训，受训群众近1000人次，丰富全区群众业余文化生活。开展20期少年儿童艺术培训，培训课程有舞蹈、声乐、器乐、美术、书法等。培训学员600人次，为区少年儿童文化艺术发展奠定基础。

第三节　文学艺术

一、文学

（一）诗文

宋代，蔡瑗著《古今名贤警句》《鹅城集》；蔡如松著《漳南十辨》《清漳南海集》；陈淳著《大学中庸论孟口义》《北溪语录》《北溪字义》及《北溪集》（五十卷）；颜颐仲著《训子篇》《谕族集》；王遇著《论孟讲义》《两汉博议》；苏竦著《诗传》《三礼折衷》。

元代，林广发著《三溪集》。

明代，林弼著《梅雪斋文集》《使安南集》《诗经讲义》《宋儒会解》及《登州集》二十三卷；蔡文著《一得语》《闻见录》《职方抄》；曾逸著《曾工部文集》；蔡烈著《孝经定本》《大学格物致知传》《道南录》《朱子晚年定论》《诸儒正论》《大儒粹言》《读书录》等；陈天定著《陈氏说书》《慧山诗文集》《太极说参论》《松石轩读史》；侯任著《论学大旨》《读左偶见》《霞山杂录》。

清代，侯棉著《竹窗小草》；侯世灌著《椒园集》。清至民国，王咸熙著《复一吟草》《复一文存》《中庸示掌》等。蔡潮初著《验方集》；林有壬著《南洋实地调查录》。

现代、当代，黄稷堂著《黄稷堂画集》。林俊龙著《福建木偶雕刻艺术》《林俊龙·李淑华人物画》。王作人著《括斋吟草》《括斋文稿》。

（二）民间文学

1992 年，民间文学作品入编《中国民间故事集成·龙海卷》。

二、艺术

（一）音乐

民国时期，区境流传民歌和器乐曲。

中华人民共和国成立后，革命歌曲在区境广泛传唱。合作化时期，组建歌咏队，歌曲创作盛行。1981 年，区境派人参加龙海县举办的歌曲创作、乐理、曲乐、声乐、手风琴、小提琴培训班。

1998 年 5 月 22 日，举行首届龙文区成人器乐比赛，郭坑镇、步文镇、蓝田镇 3 个代表队 8 名选手参加；6 月 2 日，举行首届龙文区少儿器乐比赛，全区中小学及相关单位 13 名小选手参加比赛；12 月 30 日，举办龙文建区一周年文艺晚会，区教育局大合唱《拥抱’97，拥抱香港》《四渡赤水出奇兵》获特等奖。

1999 年 1 月，举办龙文区电视歌手赛；12 月，龙文区举办迎澳门回归“吉马杯”情系漳州歌手赛，歌手赛分青年组和少年组，各有 10 名歌手参赛。

2001 年 12 月 20 日，龙文区音乐工作者协会成立；12 月 29 日，区音乐工作者协会举办庆祝建区五周年“万德福”杯龙文区少儿歌手赛。当年，石仓小学周欣悦在全国少儿歌手大奖赛中获得三等奖，并参加东南电视台“银河之星”擂台赛。

2003 年 1 月 1—5 日，举办广场青年歌手赛，比赛分通俗唱法比赛和民族唱法比赛。当年，龙文区 21 名少儿歌手参加“万博杯”漳州市区新年广场少儿歌手赛。

2004 年 11 月 9 日，举办龙文区“119 消防之夜”文艺晚会，以男声独唱、女声独唱、男女声演唱为主。

（二）舞蹈

民国时期，区境在民俗节日、迎神赛会中表演大鼓凉伞、跳车鼓、大七鼓、公背婆、伞舞、跳旗舞等民间舞蹈。

中华人民共和国成立后，秧歌舞、腰鼓、钱鼓舞传入区境。“文化大革命”时期，推行革命样板戏《红色娘子军》芭蕾舞，民间传统歌舞受排斥。

1997 年，举办舞蹈培训班，培养艺术人才。1998 年 12 月 30 日，举办龙文建区一周年文艺晚会，蓝田镇舞蹈《敬礼，1998》、建设局现代舞《信自己》获一等奖，郭坑镇印度舞《天竺少女》、教育局歌伴舞《采蘑菇的小姑娘》获二等奖；教育局舞蹈《绣金匾》获三等奖。

2000 年 5 月，举办“闪烁的星星”少儿歌舞会演、“五月的阳光”大型歌舞会；9 月 12 日，在人民广场举办以舞蹈为主的“中秋之月——广场文艺晚会”。2002 年 9 月 30 日，举办“龙文之夜——广场舞文艺晚会”。

（三）美术

1. 国画

宋代，陈淳绘画享誉闽南一带。

明末，蔡坂人蔡玉卿（黄道周之妻）尤精绘画，写生得五代人遗法。

民国 19 年（1930 年），黄稷堂的国画《红梅》入选上海三潭创办的《古今名画大观》。民国 22 年，其画作参加福建省劳展，被列为珍品之一选送南京参加全国展览。

中华人民共和国成立后，中国美术馆收藏黄稷堂的《梅》《竹》各 1 幅，其《枇杷》《梅》等作品被选送加拿大展出，还有作品远传英、美、法、日及东南亚各国。

龙文区建区十周年美术书法摄影作品展

2000年11月，中共龙文区委宣传部组织绘制反映龙文区两个文明建设的50米长绢书画，于2001年1月1日在漳州人民广场展出。

2005年10月1日，在云洞岩举办庆祝中华人民共和国成立56周年书画作品展。

2. 烙画

2001年，龙文区创立龙溪烙画工作室，后改龙文区烙画艺术创作中心。2007年，郑锦胜创作《鸵鸟蛋烙画》，在第八届中国工艺美术大师作品暨工艺美术精品博览会上获2007年“百花杯”中国工艺美术精品奖优秀奖。烙画艺术创作中心丰富群众文化生活，培养烙画艺术人才。区文联将创作中心作为龙文区特色文艺基地之一。

（四）书法

在云洞岩留有历代名人摹崖石刻203处，有“闽南碑林”称誉。五代，许碏刻“许碏寻偃月子至此”。宋代，漳州知州朱熹在云洞岩刻“溪山第一”等。著名学者陈淳工书善画，漳州至今尚有“陈北溪，好字画”的民谚。明弘治学士丰熙书《鹤峰云洞游记》，被清高宗选入《三希堂石渠宝笈法帖》。明末著名书法家李宓书写《黄庭内外经》之内景经，“结体工妙，纤入无伦”，清乾隆帝选入《三希堂法帖》，其作品今存《修建嘉济庙圣迹碑记》《三平大师碑铭》《陈祝皇先生御寇救荒功德碑》等。李宓善雕刻，雕刻《黄庭》《兰亭》被称为“书刻双绝，堪称一宝”。明末，蔡坂人蔡玉卿书法学黄道周，书《孝经》，今存台北故宫博物院。

2001年12月20日，区书法工作者协会成立。2002年，区书协联合区总工会在步文莲池花园为群众义务写春联。2004年1月，举办庆祝建区七周年暨区综合办公大楼落成书法展览。2005年9月1—4日，与平和、长泰、华安联合举办“纪念抗日战争胜利60周年”四县书画巡回展。同年10月1—7日，区书法工作者协会与中共龙文区委宣传部、区文体局、科普协会、云洞岩管理处在云洞岩景区举办书画展，展出作品80多件。2006年1月1—3日，中共龙文区委宣传部、区文联主办，区书法工作者协会承办林双全书法展在漳州市中山仰文楼展出，展出作品98幅；4月，郑长琰、黄昌赴龙岩联手举办书画展览，展出作品60余件。

2007年1月1—7日，举办庆祝龙文区建区10周年书画展，展出作品近百幅，其中书法协会会员59名（国家级会员1人、省级会员5人、市级会员15人）；11月，杨仁盛隶书作品参加省美术家协会主办的福建省第11回东海浪美术作品专题展获优秀奖。

（五）戏剧

1. 流传剧种

宋庆元三年（1197年），陈淳《上傅寺丞论淫戏》载：“豢优人作戏，或弄傀儡。”明清时代演戏活动普遍。民国时期盛行京剧，农村称之“北管”，俗称“唱曲”。各社年轻人自发组织，有的学弦管喇叭，有的学戏文唱曲。民国17年（1928年）3月，台湾三乐轩歌仔戏班到白礁慈济宫谒祖进香，演出歌仔戏，风行一时，传到区境。歌仔戏，又称芗剧。木偶戏遍及城乡。每值农闲，夜晚便聚集在祠堂、庵庙或大埕等地方，弹唱表演。不搭戏棚演唱，俗称“落地扫”。

中华人民共和国成立后，人民生活水平提高，群众对文化生活迫切需求，芗剧在区境得到发展。许多村社相继成立业余芗剧团，演现代剧，时称“时装戏”。1950年后，农村自发成立芗剧团，比较出名的有蓝田社业余芗剧团，主演《白毛女》，宣传土改政策，下店尾社业余芗剧团，主演《小二黑结婚》，宣传新婚姻法。

2. 戏剧团体

步文蔡坂歌仔戏戏班　民国23年（1934年）成立。演出剧目《剖腹验花》《五子哭墓》《吕蒙正》《锦裙记》。在角美、石美、石码、严溪头演出。

步文埔尾山歌仔戏戏班　民国23年成立。演出剧目《九更天》《担水记》《福州奇案》《药渣记》。演出两三年后解散。

步文圳头歌仔戏戏班　民国24年成立。演出剧目《玉环记》《刘全进瓜果》《火烧楼》《万花彩船》《杂货记》《孟姜女》。在九湖院后、庵兜、狗母窟、木棉、长泰演出。二年后解散。

步文浦口歌仔戏戏班　民国24年成立。演出剧目《剖腹验花》。只在社里演出一场即解散。

步文东屿歌仔戏戏班　民国24年成立。演出剧目《知县斩按司》《鸳鸯扇》。

郭坑口社歌仔戏戏班　民国26年前成立。

郭坑扶摇正秀春戏班　民国26年成立。演出歌仔戏，剧目《纸马记》《五子哭墓》《吕蒙正》。在长泰山亭、后碑、天宝大寨、月岭、华安丰山一带演出。

步文漳滨正艳芳戏班　民国29年成立。演出歌仔戏，剧目《三个王文英》《明末奇案》。在白水大埔、海澄车郊、漳州南门大路头、长泰马洋一带演出。

步文谢坑玉宝升戏班　民国30年成立。演出改良戏。

步文马崎歌仔戏戏班　民国32年成立。演出剧目《打九更》《双巡按》《火烧百花台》《双劫奇案》《福州奇案》。在漳州新亭一带演出。演出三、四年后解散。

蓝田社芗剧团　1952年成立，主演的第一个芗剧节目《白毛女》。1960年后，剧团从演“时装戏”转入演古装戏。演出传统剧目《帝王珠》《石平贵》《狄青取旗》《玉堂春》《三请樊梨花》，自编剧目《刘剑英救驾》《恶姻缘》。在九湖、东园、紫泥、东泗、海澄、白水等乡镇演出。

业余芗剧团　1955年后，陆续成立剧团：梧桥社业余芗剧团、下店尾社业余芗剧团、后房社业余芗剧团、朝阳社业余芗剧团、小郭坑社业余芗剧团、漳滨社业余芗剧团、马崎社业余芗剧团、坂上社业余芗剧团、张坑社业余芗剧团、树兜社业余芗剧团、檀林社业余芗剧团、梧店社业余芗剧团、黄坑社业余芗剧团等。演出剧目大都从县、市专业剧团或演戏师傅移植剧本，其中多是古装传统剧目，小部分是服务于各时期政治运动、中心工作的时装戏剧目。

3. 演出活动

1958年，省文化厅在漳平举行全省会演，蓝田社芗剧团参演剧目《黄启边偷抬铁轨》，获省演出二等奖。1960年，省文化厅在龙溪地区会演，参演剧目《严桂嫂学讲普通话》，获一等奖。

“文化大革命”后期，古装戏解禁，蓝田社芗剧团第一次演出《十五贯》，接着演《红裙记》《七尸八命》《斩子弑父》等剧目。

改革开放后，农村芗剧团变为个人组织的剧团。随着电视普及，芗剧团的演出只有在逢年过节、尪公生日、谢戏等情况下才“请戏”演出。全区只有蓝田镇梧桥社黄宗地创办的客联会“道清芗剧团”，在龙岩、漳州、厦门、南安、同安等地演出；陈三友创办“三友芗剧团”，后改名“龙文区芗剧团”，演出区域漳码厦一带；后坂社“新秀芗剧团”、蔡坂村英桥社翁永艺接办“龙文区蔡坂芗剧团”，在漳州、厦门同安、泉州安溪等地演出。

芗剧演出剧照

1980年后，黄宗地主持“蔡坂芗剧团”期间，参加省文化厅举办芗剧会演，参演剧目《梅雪恨》，获省三等奖；参演现代剧目《约会》，获省二等奖；参演剧目《台湾回乡探亲》，获省一等奖。

2007年，全区有8个芗剧团，演职员30人，全年演出200多场。

（六）曲艺

民国9年（1920年）后，步文、郭坑设堂演唱锦歌。

中华人民共和国成立后，区境广泛传唱锦歌、歌仔戏曲调。

1999年9月28日，龙文代表队快板《漳州赞》参加在芗城区会展中心举办的漳州市庆祝中华人 民共和国成立50周年《祖国颂》综艺晚会演出。2002年2月28日，选送相声《学唱歌》节目参加中共漳州市委宣传部在芗城会展中心举办的《家家乐》文艺晚会演出，获优秀奖。

2003年，创作相声《春夏秋冬》《学唱歌》《理解》，小品《我要读书》《早晨》，快板书《龙江两岸是我家》《工业立市创辉煌》等作品20多件，其中选送7件作品参加漳州市首届水仙花文艺创作评选。2004年5月18日，市文化与出版局举行“漳州市首届水仙花文艺创作奖”颁奖仪式，区文化馆创作的《春夏秋冬》剧本获铜奖。

2003年、2004年龙文区获奖文艺作品一览表

表23-1-1

姓　名	时　间	奖项及级别	主办单位
黄巧艺	2003年	福建省首届社区文化艺术节辅导奖	中共福建省委宣传部、福建省文化厅
林　婷	2004年	福建省“两赛”个人最佳组织奖，新人艺星伯乐奖	福建省文联
陈依婷	2004年	全国推新人大赛福建赛区儿童朗诵赛项新秀榜奖和两赛十优	福建省文联
郭怡娴	2004年	全国推新人大赛福建赛区获儿童器乐新秀榜奖和两赛十优、全国推新人大赛优秀奖	福建省文联
郭伊欣	2004年	全国推新人大赛福建赛区获儿童器乐赛百新排名荣誉奖	福建省文联
黄　洁	2004年	福建省中小学生歌唱比赛小学组二等奖	福建省教育厅

第二章　广播　电视

第一节　广　播

1951年，龙溪县始设收音站。1952年，区境设收音站。1955年，龙溪县架设广播专用线，直通郭坑，郭坑设广播站。1960—1968年，步文、郭坑设立人民公社广播站。1971—1973年，郭坑采用电讯、广播合一线路。

1975年，步文、郭坑恢复广播站。1991年，在步文、郭坑建立乡镇广播站，各村建立村广播室。至1993年11月，步文镇继续使用广播专用线，郭坑镇重新架设广播线路。

第二节　电　视

一、有线电视网络

1993年，区境村级始建有线电视网络。1994年11月8日，郭坑镇设立有线广播电视站。区境18个有线电视前端都由个体承包经营。

1997年3月，区广电中心成立，整合为“多台合一”。区政府拨出35万元专款筹建区广电中心，协调贷款375万元，维修网络，添置新闻采编设备，架设光缆22公里；9月，率先在全省实现全区有线电视联网，统一光缆传输，统一技术指标；10月，设有线电视前端1套，利用卫星及微波传输中央、省、市20套电视节目。1998年年初，区广电中心筹集资金20万元，对郭坑镇口社村和朝阳镇西洋村及新建的浦东副食品批发市场、浦口粮食加工区布线入网；2月25日，全区有线电视用户11166户。龙文区率先在全省实现有线电视信号覆盖率100%，有线电视入村率100%。

2000年1月1日，区有线电视网络正式与市有线电视台联网，区广电中心对全区有线电视网络进行升级改造，将光缆延伸至各村；5月，步文镇石仓村进行有线电视550兆赫兹的网络升级改造，随后进行有线电视光缆接收点的增加改造。该项目被中共龙文区委、区政府列为2001年为民办实事项目之一。2001年，布线45公里，立杆2公里，完成3000户有线电视用户的改造升级。

2007年，全区有线电视网络光缆接收点增至47个，有线电视光缆总长度110公里，有线电视用户1.2万户。

二、自办节目

（一）新闻播出

1998年1月1日，《龙文新闻》正式播出。节目时长5分钟，播出时间为每周二、五晚7：30

首播，当晚 10：00 及次日中午 12：00 重播。

1999 年 1 月 1 日，《龙文新闻》第一次改版。节目时长改为 8 分钟，播出时间改为每周二、四、六晚 7：30 首播，当晚 10：00 及次日中午 12：00 重播。

2000 年 1 月 1 日，《龙文新闻》再次改版，并根据漳州市广电局指示改在漳州有线电视台第二套节目播出。节目总长 30 分钟，其中《龙文新闻》时长 15 分钟，播出时间改为每周二、四、六晚 7：30 首播，当晚 10：00 重播。

2002 年，全省取消县级电视频道，只保留部分自办节目播出时间。市级进行网台分离，2003 年，《龙文新闻》在漳州电视台第三套节目播出。

至 2007 年，《龙文新闻》共制作播出新闻 836 期 3006 条，在中央电视台播出新闻 2 条，在省电视台播出新闻 87 条，在市电视台播出新闻 878 条。

（二）专题片制作

1998 年，为纪念改革开放 20 周年创作拍摄专题片《崛起》在市电视系列专题片《辉煌的里程》评奖中获优秀奖，并于 1999 年 7 月在美国西部史可拉电视台播出；专题片《如此亲情》获 2000 年度漳州广播电视奖电视社教类三等奖；专题片《“鹅司令”林小旗》获电视系列专题片《共产党人》评奖三等奖。中央电视台播出《龙文区整治“库中库”工作取得进展》《龙文警方解救一被挟持男孩》2 条新闻被评为“电业杯”宣传漳州百篇好新闻。《龙文：群众主动拆除庙宇》获 2000 年度漳州广播电视奖电视新闻类三等奖。播出自制专题片 231 片，在省电视台播出 2 片，在市电视台播出 20 片。

2006 年，采编制作专题片《拐杖》，被中央、省、市电视台采用，使边远渔村教师阮文发的事迹传遍全国。

三、电视接受户

1997 年 3 月，区广电中心成立后就组织 4 个镇、蓝田经济开发区群众收看电视。2003 年，电视接受户有 11185 户，2007 年有 14092 户。

2003—2007 年龙文区广播电视接收户数统计表

表 23-2-1　　单位：户

项　目	2003 年	2004 年	2005 年	2006 年	2007 年
合　计	11185	11270	11388	11875	14092
蓝田镇	3708	3828	3916	3916	4326
步文镇	3567	3501	3588	3738	4914
朝阳镇	2307	2313	2463	2557	2753
郭坑镇	1555	1577	1340	1160	1587
蓝田经济开发区	48	51	81	504	512

四、经营创收与资产

1997 年建区后，区政府拨经费建区广电中心。

区广电中心不断进行联网及新建网络建设，提高服务水平，提高有线电视入户率及收费率，网络收入由1998年58万元上升到2007年207万元；总资产由1998年253万元提高至2007年520万元。

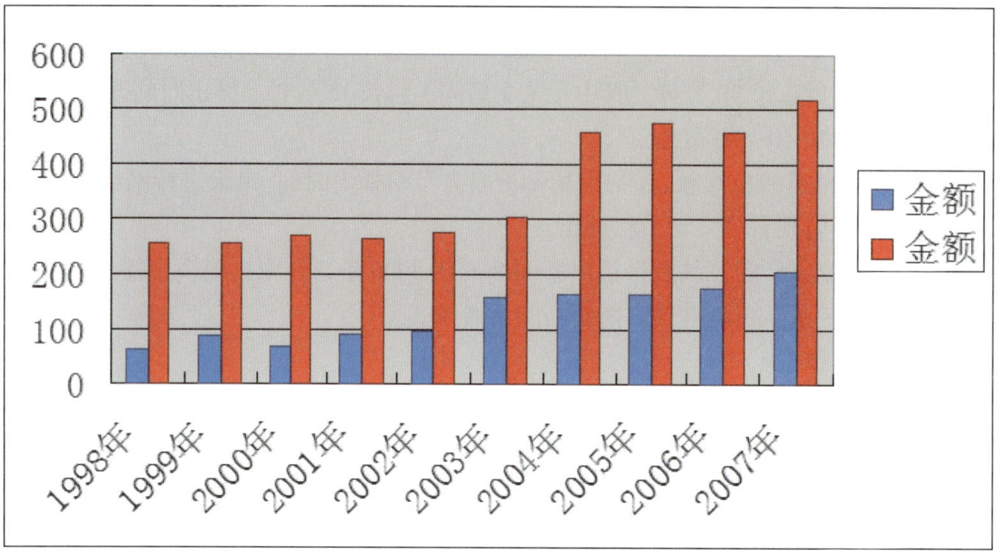

图 23-2-1　1998—2007 年网络收入及总资产示意图

注：蓝色为网络收入金额，红色为总资产金额

第三章　文　物

第一节　遗　址

一、樟山商周文化遗址

樟山商周文化考古挖掘现场

位于漳州至长泰公路南侧120米处。遗址为一座两端高中间低的马鞍形小山丘，东北—南走向，总称虎林山。分布面积0.6万平方米。距今3000—3200年。2001年8月8日，考古人员在朝阳镇樟山商周文化遗址（又称虎林山文化遗址）中发掘大量文物，出土文物有青铜器、玉器、石器和陶器四大类，该遗址为福建省十大考古重要发现的遗址。

二、洛滨山窑址

位于郭坑洛滨村山头社龙津江畔。1986 年，挖掘长 20 米、宽 5 米、厚 0.5—1 米的陶瓷片堆积层，窑壁裸露。采集到碗、支座、罐口沿残片及其他陶瓷残片共 26 件，釉色为青、黄、褐等。经鉴定为南宋时期窑址。

三、扶摇窑址

位于郭坑扶摇村瑶山东西向半山腰。经挖掘，13 座陶窑连成一片，陶片遍地。扶摇窑始建于明万历至天启年间，产品以日用陶器为主，其中尤以瓮闻名漳州。明崇祯年间制作的“鲤鱼吐珠”细陶茶罐，更是闻名全国。明清时期，漳州土特产“天宝菜脯”远销省外，装运盛具均选用瑶山陶瓮。扶摇窑于民国 19 年（1930 年）停产。

四、万松关

位于蓝田镇梧桥村后岐山与鹤鸣山之间的万松岭，乃古代漳郡东面通道上必经隘口，扼进出漳州之门户，古称“麟蹲凤翔，襟带川原”。明万历初，郡人陈克聪在此“植松夹道，连荫十里”，因以得名。崇祯二年（1629 年），漳州知府施邦曜创筑关城。关城以条石砌成，高 25 米、厚 7 米、长 100 米，“上有炮门三眼，其堞高可见海”。明大学士林釬书城门额匾“天保维垣”。郑成功、太平天国侍王李世贤都曾在此击败清军。今城堡顶虽已拆毁，但城墙、关门尚存。存林釬撰《施公新筑万松关碑记》。

第二节　摩崖石刻

一、云洞岩摩崖石刻

第二批省级文物保护单位。位于蓝田镇蔡坂村。云洞岩海拔 280 米。岩上留下历代名人摩崖题刻 203 处（五代 1 处，宋 7 处，元 1 处，明 25 处，清 69 处，朝代不明 100 处），被誉为“闽南第一碑林”。其中，有五代的“许碏寻偃月子至此”；南宋理学家朱熹的“溪山第一”“石室清隐”；明弘治学士丰熙的“仙梁”“得朋”及《鹤峰云洞游记》（称前记），全文 1160 字，镌刻在一块高 5 米、宽 4 米的磐石上；明代进士林达的《鹤峰云洞续记》（称后记）。还有清乾隆武状元马负书等人留下题刻。在顶峰“天柱”峭壁上有林祖澎镌刻“搔首”

朱熹在云洞岩题“溪山第一”

黄道周在邺山讲堂题蓬莱峡

二字，每字2平方米。朱熹、丰熙书法更为奇丽，墨迹被清高宗选入《三希堂石渠宝笈法帖》。

二、邺山讲堂摩崖石刻

位于蓝田镇长洲村，为黄道周讲学处。现讲堂已毁，仅存遗址。周围峭壁尚存黄道周手书摩崖石刻，有“蓬莱峡”“芙蓉峡”“鸟道不绝风云通”“墨池”“游磬”5处。此外，还有清乾隆四年（1739年）进士黄可润“得珠”“冠峰”“蕉叶”和乾隆十三年进士黄宽“黄岩洞”“静如太古”等题刻。

第三节　古建筑

一、寺庙宫观

瑞竹岩　位于蓝田梧浦村东的岐山西南麓，为五代僧人楚熙所辟。楚熙剖竹引泉而竹生笋，故名瑞竹岩。岩上原有寺庙四座，后大部坍塌，所存遗构中，有庙门石柱九皋居士（即林釬）题刻对联“夙根有慧皆森发；上善无声自广长”，石匾额题“瑞竹岩”。明天启五年（1625年），陈天定题刻对联“风静潮初满；山空月正中”。主庙址前有唐、宋时种的铁树两株。庙左有石室，悬岩刻“海日江春”。室内有石禅床，系楚熙入定处。明东阁大学士林釬、吏部郎中陈天定于此读书。林釬还建八角凉亭，题名“介石云巢”；陈天定凿山通道。抗日战争时期弘一法师（李叔同）居于此。岩上有绝尘禅师等舍利塔及摩崖石刻十余处。

石室岩　位于蓝田镇梧桥村三峰村。系于巨石之下，用石梁、石柱、石板构筑成室，故名石室岩。明万历初，开元寺苦行僧樵云到此结小庵诵经，适皇太后崩，樵云应召赴京为皇太后做法事，法事告满受赐紫衣，归依石室而居，地方官员为其营建梵宇。石室岩顶巨石刻“斗牛”，室门额镌“闲云石室”，室旁岩壁有沈克明题刻“一览”“大悲阁”。明右佥都御史颜继祖书“无树非台还是佛；枕流漱石即为禅”和林釬所书“云封片瓦乾坤古；月渡三峰世界清”。室前右侧置葫芦顶的石构舍利塔2座，各高5米、宽2米，其上浮雕装饰流畅、精细，还刻有佛名、佛咒及“祝圣延寿”“保国佑民”等。

扶瑶关帝庙　位于郭坑镇扶瑶村。明万历二十八年（1600年）始建。明天启年间，重塑关帝全身像。清顺治十五年（1658年）和光绪十年（1884年）两次重修。占地面积4200平方米，建筑面积452平方米。庙坐东北朝西南，前有条石砌高的大埕，埕后置十三级石阶上庙，庙建前后殿。前殿面阔三间、进深三间，殿后是天井。后殿面阔三间、进深三间，单檐歇山顶。清光绪年间，雕刻一对盘龙带八仙石柱。

湘桥华佗庙　位于蓝田镇湘桥村。又称“华元仙祖庙”“仙祖庙”。土木结构，坐东北朝西南，占地近一亩。庙二进一天井。面阔三间，进深三间，两进有廊连接。主殿供奉华佗仙祖。两边供奉水仙尊王、关帝。再左右两间供奉蔡妈、夫人妈。主殿左右墙分别书“忠孝”“廉节”，每字大2米。前殿左边供奉伽蓝爷，右边供奉土地神。主殿大匾书“声灵赫濯”，另“仙方妙著”匾为清朝台湾水师名将王得禄所赠。华佗庙侧建有潮音室，联曰：“日现不蔽前山色；夜来常闻流水声。”

二、教堂

后坂天主教堂　位于步文镇后坂村。明嘉靖二十八年（1549年），后坂举人严进同被派往广西浔州任职，结识外国传教士利玛度和罗如望，入教。明万历四十四年（1616年），罗如望避难后坂，严全家领洗入教。明崇祯三年（1630年），传教士孟达拉到后坂传教。清康熙九年（1670年），在后坂村择地建教区主教堂。清道光二十五年（1845年），重建教堂、神父楼、修女住房等，占地面积1053.9平方米，建筑面积1159.53平方米。清光绪三年（1877年），扩建钟楼及神父楼。

三、牌坊

中正和平坊　第五批省级文物保护单位。位于蓝田镇西坑村。明崇祯九年（1636年），为表彰东阁大学士林釬功绩而建。

中正和平坊为石坊木结构，三间五楼十二柱，高9.2米、宽9.5米、深2.2米，以青石和白石相间建造，石材颜色对比鲜明，整体和谐自然。各楼顶上皆置鱼形脊饰，翼檐角皆有潇洒自然的起翘。正匾以下均以梁枋隔层，坊上字刻深浅适宜刀法娴熟，匾额中嵌明崇祯皇帝御笔“澹泊宁静”“中正和平”及林釬生平事迹石匾。坊上雕刻装饰精细考究，在南方细腻品味中融进北方粗犷刚毅特质。1982年，被龙海县（今龙海市）人民政府公布为县级文物保护单位。2001年1月，被列入第五批省级文物保护单位。

四、石造像

永兴堂石造像　位于步文镇石仓村永兴堂内。明天启五年（1625年）雕造，用白花岗岩石雕琢而成。弥陀佛坐像1尊，高0.88米、宽0.8米；韦陀立像2尊，高1.48米、宽0.6米；三宝佛坐像3尊，通高2米、宽0.6—0.64米，共6尊。雕刻工艺精巧，造像完美壮观。

五、石楼

（一）霞贯石楼群

位于郭坑镇霞贯村。石楼群由曜星楼、阅汪楼、日新楼和承泽楼组成。曜星楼，清乾隆元年（1736年）建，由红砖埕地、院门、围墙、天院、曜星楼及左侧、后侧护厝组成；曜星楼为方形二层楼，石构门框，门楣嵌石匾一方，楷书阳刻“曜星楼”，落款“乾隆春仲阳宣”。阅汪楼，清康熙三十九年（1700）建，建筑面积225平方米，方形二层楼，一层前厅设木梯通往二层。石构门框，门楣嵌“阅汪楼”，落款“康熙庚辰年”。承泽楼，清乾隆八年（1743）建，主体建筑为两层楼，中为天井，四面厢房，计24间房。日升楼建于清乾隆十三年（1748年）。

（二）霞洲石楼群

位于郭坑镇霞洲村，石楼群由景良楼、仰凤楼、安泰楼、四楼、岸脚楼、二厝楼、后楼共七座石楼。按“北斗七星”布局，有“七星坠地”之称。景良楼为霞洲石楼群的主体建筑，落成于清乾隆二十四年（1759年）仲秋，坐南朝北，为硬山顶燕尾脊式建筑，面阔五间，前厅进深二间，主堂进深三间，天井两侧设廊房相连，总占地面积3650平方米，建筑面积2160平方米。仰凤楼，落成于清嘉庆十二年（1807年）仲秋。

（三）蓝田石楼

位于蓝田镇蓝田村。建于明代，系民间防寇石构大楼，平面呈“风吹辇”（漳州方言，指纸风车）形状，总面积2700平方米，楼长53.5米、宽48米。今存建筑墙残高5.7米、厚1.5米，门高2.5米、宽1.5米，所存两门之上，有明崇祯四年（1631年）吏部主事陈天定题刻石额匾，刻“溪山日丽”“井里春深”。

六、古桥

江东桥　国家级文物保护单位。位于龙文区与龙海市交界处。古称虎渡桥，又名通济桥，是一座多孔梁式石桥。宋绍熙元年（1190年），架浮桥，嘉定七年（1214年）郡侯宗正少卿庄夏始建石墩木桥。嘉熙元年（1237年），木桥毁于火，于是在漳州郡守李韶倡议下，建成梁式石桥。1969年，在古桥上加高架设钢筋混凝土公路桥。今在靠西岸公路桥下，尚存古桥的五座桥墩和两跨桥面，长100.35米。

步文镇崎下桥　位于步文镇坂上村。始建于元代，为清以前漳州古驿道必经之桥。桥下是九九湾河道，是龙文区排涝主干道。

响水桥　位于步文镇石仓村，原名东港桥。明洪武九年（1376年）建，清初重修，改名济津桥。康熙四十四年（1705年），姚启圣再修建石桥，改名响水桥。

第四节　古墓葬

一、宋代墓葬

陈淳墓　位于朝阳镇西洋村崎岭社。陈淳，字安卿，号北溪先生。著名理学家、书画家。朱熹的高徒。宋嘉定十六年（1223年）四月一日卒，享年65岁。原墓前有高1.5米、宽1.5米的扇形墓碑。宋嘉定间，陈宓题刻其阡曰“呜呼有宋北溪陈先生之墓”。石坊外刻“朱门高弟”，内镌“漳上真儒”，今已毁。

颜颐仲墓　位于步文镇西坑村田璞社。颜颐仲，字景正，宋吏部尚书颜师鲁之孙，初以祖泽补官，至宋宝祐元年（1253年）冬擢吏部尚书。告老后卒于乡，享年76岁。墓域龟形南向，墓埕台阶前有石翁仲、石狮、石虎、石羊各一对。

蔡杲墓碑

卢慈懿墓碑

二、明代墓葬

蔡杲墓　位于马岐路口。墓坐南向北，墓碑尚存，字迹清晰。蔡杲系蔡烈之父。墓碑上镌“赐进士翰林院庶吉士江西道监察御史随州知州蔡公墓道”。

曾逸墓　位于蓝田镇西坑村田璞社。墓坐西南向东北。镌“大明工部员外郎曾逸之墓”。

卢慈懿墓　位于朝阳科卿村。墓坐北朝南。墓碑完整尚存，上镌“待赠陈太孺人慈懿卢氏玄室”，立于明崇祯三年（1630年）九月。有子四：天寅、天定、天宗、天宁。卢慈懿为太仕卿陈天定的母亲。

林釬墓　位于蓝田镇蓝田村东口社。林釬，字实甫，号鹤胎，龙溪县人。明万历科探花。墓前原有望柱两支，1968年毁。墓南向，风字形，墓碑高0.68米、宽0.62米，花边饰龙，额顶篆书“慈孝承恩”。上镌“诰封太夫人孝懿陈氏暨男前赐进士及第光禄大夫东阁大学士赠礼部尚书谥文穆林先生配诰封夫人孝勤杨氏佳域”。

蔡烈墓　位于蓝田镇蔡坂村云洞岩南麓。墓坐西北向东南。墓前10米处有一鹤丘亭，亭中有林达撰文的鹤丘铭碑刻一方，上镌“鹤峰千仞，龙江数曲。中有一丘，其人如玉”。蔡烈，字文继，龙溪人，明理学家。明嘉靖年间，隐居云洞岩白云洞讲学，四方名士访道问业接踵而至。学者称之为“鹤峰先生”。

蔡烈墓

王升、王彝墓　位于蓝

田镇云洞岩西麓刺仔尾。墓碑系云捧月石雕，高 1.4 米、宽 1.84 米。王升为明永乐甲申科进士、翰林院庶吉士、大理寺左寺正、抚州知府。子王彝荐举怀才抱德，旌表孝子。原俱葬鹤鸣铺王坑山。1992 年 12 月 4 日，蓝田创办经济开发区时，以瓦棺移葬此地。

第四章 体 育

第一节 体育设施

2007 年，全区体育场地总面积 14.84 万平方米，人均 1.23 平方米。体育场地共有 164 处，其中 1000 平方米以上的体育场地 32 处，面积最大的是小港小学活动场，1.3 万平方米，漳州一中分校足球场加田径场次之，面积 9500 平方米。集体活动场所有人民广场健身路径 1500 平方米、人民广场老人活动场所 4000 平方米，学校、农村、城市和机关企事业单位都开辟活动场所。

一、学校体育设施

中学体育器材设施配备：接力棒、跳高架、垒球、体操棒、高低杠、跨栏架、体操垫、跳箱、篮球、排球、足球、铅球、乒乓球桌、铁饼、标枪、哑铃、羽毛球拍、杠铃等。2003 年 9 月，漳州第一中学分校铺成 400 米塑胶跑道。2005 年 9 月，漳州市第二实验小学铺成 250 米塑胶跑道。

至 2007 年，中小学有体育场地 71 个，共有 10.16 万平方米。

2007 年龙文区中学体育设施一览表

表 23-4-1 单位：平方米

名称	面积	名称	面积
景山中学篮球场	1200	景山中学排球场	800
龙文中学篮球场	1250	职业中学排球场	400
朝阳中学篮球场	1200	书厅中学运动场	2800
书厅中学篮球场	600	景山中学运动场	4500
书厅中学乒乓球场	140	职业中学室外乒乓球场	100
龙文中学健身路径	250	朝阳中学乒乓球室	300
职业中学运动场	3500	龙文中学活动场	2000
龙文中学运动场	7000	漳州一中分校体育馆	1000
朝阳中学运动场	5000	漳州一中分校足球场加田径场	9500
蓝田中心小学排球场	400	邮电学校篮球场	620
蓝田中心小学篮球场	600	坂上小学篮球场	600

2007年龙文区小学体育设施一览表

表24-4-2　　单位：平方米

名　称	面积	名　称	面积
郭坑中心小学运动场	5000	登科小学活动场	180
坂上小学运动场	8000	朝阳小学活动场	270
长福小学体操场	70	后店小学活动场	148
坂上小学体操场	70	六石小学活动场	155
碧湖小学乒乓球场	25	郭坑中心小学羽毛球活动场	300
蓝田中心小学室外乒乓球场	3000	梧桥小学篮球场	650
东屿小学室外乒乓球场	2700	第二实验小学篮球场	650
梧桥小学室外乒乓球场	1500	第二实验小学田径场	4000
檀林小学活动场	4500	坂上小学篮球场	600
西坑小学活动场	200	坂上小学排球场	400
圳头小学活动场	500	郭坑小学排球场	400
小港小学活动场	13000	登科小学排球场	360
英桥小学活动场	200	朝阳小学排球场	400
孚美小学活动场	50	石仓小学排球场	400
下洲小学乒乓球场	50	石仓小学篮球场	600
石仓小学乒乓球场	80	蔡坂小学排球场	400
石仓小学游泳池	1200	东屿小学排球场	400
实验小学乒乓球活动场	120	英桥小学排球场	400
实验幼儿园活动场	250	梧桥小学排球场	400
郭坑中心小学单双杠活动场	1000	西坑小学篮球场	600
实验小学体操场	190	湘桥小学排球场	400
科坑小学活动场	53.3	小港小学排球场	400
浦口小学活动场所	166	小港小学运动场	4000

二、农村体育设施

农村以步文、郭坑、蓝田、朝阳4个镇为中心，普遍添置篮球、羽毛球、网球、乒乓球、门球等现代体育器材。传统体育方面，自行添置体育器材，开展各式各样的健身活动，有龙舟竞赛、练习武术、舞龙弄狮、摆棋放鸽等。

2007年，农村有体育场地47处，共有2.14万平方米。

2007年龙文区农村体育设施一览表

表24-4-3　　单位：平方米

名　称	面　积	名　称	面　积
步文镇健身路径	870.1	石仓村乒乓球室	39.5
郭坑镇健身路径	145	石仓村健身房	39
朝阳镇健身路径	320	蔡坂村健身路径	60

续表 24-4-3

名　称	面　积	名　称	面　积
步文镇乒乓球室	90.4	蔡坂村棋牌室	65
朝阳镇乒乓球室	70	檀林武术馆	496
朝阳镇篮球场	600	育英武术馆	450
郭坑镇篮球场	600	霞店美武术馆	544
东屿村篮球场	1000	田丰武术馆	1706
孚美村健身路径	300	六石武术馆	1020
流岗村健身路径	150	恒坑武术馆	870
湘桥村健身路径	320	打山武术馆	846
田丰村健身路径	450	山头顶武术馆	846
东屿村健身路径	120	山头顶排球场	400
梧桥村健身路径	130	下洲村篮球场	620
郭坑村健身路径	125	下洲村排球场	620
石仓村健身路径	120	下洲村羽毛球场	450
坂上村健身路径	95	蓝田镇篮球场	600
院后村健身路径	90	西坑老人活动中心	200
下洲村乒乓球室	58.1	湘桥老人活动中心	200
六石村活动中心	200	六石村篮球场	600
下洲村健身房	22.3	孚美村篮球场	610
流岗村篮球场	600	湘桥村篮球场	620
郭坑村篮球场	600		

三、机关企事业单位体育设施

龙文区政府和区直机关、检察院，以及公司、工厂等单位建有活动场所，开展篮球、羽毛球、网球、乒乓球、门球等球类活动，最普遍的体育活动是篮球。

至 2007 年，机关企事业单位有体育场地 30 个，共有 1.5 万平方米。

2007 年龙文区机关企事业单位体育设施一览表

表 24-4-4　　单位：平方米

名　称	面　积	名　称	面　积
区政府篮球场	600	区检察院棋牌室	40
区政府健身房	225	奇美实业有限公司篮球场	600
区政府门球场	300	农业工业有限公司篮球场	600
区政府健身路径	300	磷肥厂篮球场	610
武装部篮球场	590	水泥厂篮球场	600
工商局篮球场	630	蓝田开发区网球场	500
消防大队篮球场	660	健力宝公司篮球场	600

续表 24-4-4

名　称	面　积	名　称	面　积
区财政局健身房	60	大闽公司篮球场	600
区财政局羽毛球场	200	区交警大队篮球场	650
区检察院健身房	250	市城乡规划局篮球场	1200
区公安局健身房	200	市交通局篮球场	1300
财政局乒乓球室	95	区公安局篮球场	1000
漳州水泥厂健身路径	152	郭坑派出所篮球场	600
奇美实业有限公司乒乓球室	48	三合厂篮球场	600
炜亮机械公司篮球场	400	三龙企业篮球场	850

四、社区体育设施

龙文区陆续开辟社区活动场所，有荣昌花园网球场 500 平方米、篮球场 600 平方米、活动中心 450 平方米、健身路径 400 平方米、桂溪花园活动场所 300 平方米、新街居委会健身房 30 平方米、天亭社区第六居民组老人活动中心 40.9 平方米、天亭社区园丁苑老人活动中心 45.7 平方米、铁路居委会篮球场 1200 平方米、门球场 380 平方米、掷球场 100 平方米、健身房 35 平方米、乒乓球室 40 平方米、健身路径 135 平方米。

2007 年，城市有体育场地 14 处，共有 4858.6 平方米。

第二节　群众体育

一、传统体育

（一）武术

1. 漳州开元寺拳

明永乐年间，漳州开元寺僧古岸觐见皇帝，奉御藏真经南旋。明万历年间，漳州开元寺第三十三世樵云祖师被神宗皇帝赐封“龙衣正觉国师”（俗称“龙裤祖师”），修行于蓝田石室岩。清代，开元寺毁于太平天国运动，寺中武僧四散到璞山岩寺等地传播武术。开元寺第四十五代武僧邱碧琅传下开元寺古拳谱，流传“开元拳”。

2. 五祖拳

五祖拳在龙文区有三个流派，漳州何阳堂、太和堂、泉州蔡玉明五祖拳。

何阳堂五祖拳，清代中期，河南籍拳师以“何阳堂”为招牌卖艺行医，人们称之为“何阳师”，田丰人苏大顺见其武艺高强，拜其为师。何阳师共收徒 13 人，为何阳师第一代传人。苏大顺在田丰开办武馆传授何阳堂五祖拳法。第三代传人苏天良（又名湖树），拜“北京同仁堂铁头为记”拳师为师，又拜赤岭缘觉寺春禅师、云洞岩春佃师、城内侯青山为师，丰富何阳堂五祖拳法。田丰武馆第四代传人郑金时、苏复通、郑福星、王水口、韩仲等，在朝阳六石村、步文坂上村山头顶等处设馆收徒。

太和堂五祖拳，1970 年，太和堂五祖拳由恒仓林氏拳师传入蓝田天宅村和步文石仓村埔下社等地。

蔡玉明五祖拳，蔡玉明（1853—1910），晋江人。在区境传习五祖拳，主要有尤俊岸系统、沈扬德系统二支。尤俊岸，晋江人，别号“拳头布袋”，学蔡玉明武艺最精。尤俊岸传谢天南，谢天南传洪剑影，其将蔡玉明五祖拳法传播蓝田梧桥村乌石社等地。沈扬德，南安官桥人，15 岁即为蔡玉明关门弟子，外号“玉面虎”。沈扬德系统主传郭坑新厝社等地。

3. 太祖拳

龙文太祖拳主要有习艺堂、登龙堂 2 个流派。

清末民初，康守斋经常到蓝田蔡坂村、圳头村山后社等地教拳。民国 3 年（1914 年），康守斋的高足康光辉在龙溪县浒茂洲安山村开设“习艺堂”武馆。后来，在蓝田圳头村开设武馆。民国 21 年后，康光辉应聘到漳州岱东国术馆和古塘国术馆教授习艺堂太祖拳。习艺堂太祖拳流传于步文霞店美、坂上、长福、蓝田圳头、蔡坂，郭坑，朝阳打山等地。

登龙堂太祖拳，清朝末年，永定人拳师游青龙传艺入漳州市尾，称“登龙堂”，也称“灯龙堂”。第三代传人游长春和古令师改良拳术风格和狮阵。主要流传于步文玄坛宫、莲池尾，朝阳恒坑、蓝田梧桥、东屿等地。

4. 宋江拳

耀德堂的拳法称“宋江拳”（相公拳），奉“相公爷”（九天风火院田都元帅）为中堂祖师。清末，安溪拳师传入沙坂，再于民国时期由沙坂拳师陈林鲜传入朝阳孚美、蓝田檀林、梧店、东墩、郭坑院后、汐浦等陈姓村庄。其阵法为“宋江九州八卦阵”。

5. 白鹤拳

清光绪年间，永春白鹤拳宗师张苍荣到漳州北门街郑瑞珠香烛店当制香师傅。张苍荣的白鹤拳流派以捷元堂为号，称“战派白鹤拳”，也称“独脚鹤”。张苍荣见张杨华聪颖好学，遂将白鹤拳授之。张杨华在北桥街开设捷元堂医武馆，将白鹤拳法在区境传播。张杨华在龙文的主要传人林水源（蓝田洞口社人）、春元（步文东洋社）。白鹤拳主要流传土白、黄坑、南坪、长福等地。

6. 五兽拳

清光绪年间，龙岩西郊人徐玉山，为龙岩著名武林人士，广学各派拳法，多年演练，颇具心得，遂从所学拳法中之龙、虎、鹤、蛇、猴动作分别衍化，编制套路，汇成一个拳种，谓之“五兽拳”。徐玉山、郭躬修创立武馆，以“龙武堂”为号。“龙武堂”五兽拳法传入步文碧湖村等社。

（二）赛龙舟

石仓赛龙船

赛龙舟，俗称“扒龙船”。区境龙舟赛主要在九龙江西、北二溪和九十九湾举行。每年农历四月二十开始训练。五月初一至十一日进行友谊赛。

1990 年后，在区境进行 3 次县、乡（镇）级龙舟赛。有上坂社、铺下社、丹店社、石仓、下桥、圳头村、六石村、山头顶、碧湖村、东坂村、湘桥社、浦口社、下铺社、蓬州村等村（社）参加龙舟赛。

2003 年 6 月，举行龙舟赛，有 13 村参加比赛。2005 年，举办大型龙舟赛活动，九十九湾畔的村庄都参加比赛。2006 年端午节期间，举行规模盛大的龙舟赛，九十九湾畔 13 村、数万名群众参加比赛活动。

2007 年，区农体协开展“龙舟运动与奥运同行”活动，举行全区龙舟竞渡活动，设步文镇坂上村山头顶社、朝阳镇六石村、蓝田镇湘桥村湘桥东社 3 个活动点。全区出动龙舟 44 艘、2640 名运动员参加竞渡角逐。

（三）棋牌

2006 年，举办“庆建区五周年”象棋比赛、“庆新春佳节”象棋比赛，协助朝阳镇举办首届“朝阳杯”象棋比赛，与团区委、区老体协联合举办“迎奥运 • 庆五四”象棋比赛，协会还举办“和成制罐杯”象棋残局破解活动等等。通过棋牌运动增进与兄弟县（市）、区棋牌爱好者的友好交流，参加由市象棋协会主办的“来瓶杯”甲乙级中国象棋比赛，1 名队员获甲级棋手称号、2 名队员获乙级棋手称号、参加由漳州市体委主办的“迎新春”中国象棋比赛，1 名队员获第二名。

（四）信鸽

2007 年 9 月，参加秋季放南线广东省广州市比赛，这是龙文首次参加竞赛并获得圆满成功，当天就归巢十多羽赛鸽。参加冬季放浙江省金华市比赛，因遇到恶劣天气，在有效比赛期限内龙文区碧湖村会员陈勇顺的信鸽独一归巢，获伯马奖冠军。

二、农民体育

1999 年 5 月，区农民体育协会成立，全区 4 个镇 42 个村都成立农民体育协会。

2001 年，各镇村企业举办龙舟赛、拔河赛、武术赛等。2002 年，在承办漳州市第二届广场文化艺术周活动中，区文体局组织体育游园活动，有 8 个村组队参加；与市冬泳协会组织漳州、厦门、泉州“庆元宵横渡九龙江冬泳活动”，有 400 多名游泳爱好者参加活动。

2003 年后，区农体协先后举办一、二、三套健身秧歌比赛。

2004 年，落实《全面健身计划纲要》，举办全区农民运动会。步文镇获第七批“全国农村体育先进乡镇”。继续深入开展“农村体育年”活动，2004 年 11 月，区农体协举办篮球、乒乓球、中国象棋、拔河、健身、秧歌特定项目比赛。

2005 年 12 月，龙文区举办第一届农民体育运动会，市农体协领导现场指导。12 月 16—18 日举行篮球、乒乓球、中国象棋、拔河、健身、秧歌比赛。全区 4 个镇和龙文开发区代表队 203 名运动员、教练员参加比赛。

2006 年，龙文区农体协举办农民健身秧歌比赛和农民象棋、篮球比赛等。

三、职工体育

1998 年 4 月，区直机关党委会、区总工会举办干部职工全民健身活动，开展健身操和羽毛球运动。1999 年 12 月 22—27 日，区文体局在市邮电培训中心举办“龙文区庆澳门回归暨迎建区 3 周年‘交通杯’篮球比赛”，参赛的有区交通局、教育局、卫生局、建设局、政法系统、蓝田镇、步文镇、朝阳镇、郭坑镇 9 支球队。12 月 23—24 日，在区文化馆 3 楼举办龙文区迎新千年“环保杯”乒乓球比赛，此次比赛设男、女单打两个组，全区 46 名男女运动员参加比赛。12 月 26 日，区文体局邀请福建省国家级中国象棋大师王晓华在漳州市人民广场举行一对二十中国象棋车轮战表演赛，有 20 名棋手参赛，有 500 多名中国象棋爱好者观看表演。12 月 30 日上午，漳州市在云洞岩举行迎新千年庆澳门回归千名机关干部登山活动，参加此次登山活动全市共800多人，龙文区选派20名运动员参加。

2000年5月1日，区总工会在人民广场举办全区干部职工农民拔河比赛和中国象棋比赛；9月，区法院、检察院、国税局、地税局、城监大队等部门组织运动员参加全市自行车环城赛跑活动；10月1日，结合纪念《中华人民共和国体育法》颁布5周年，组织500人参加太极拳表演和武术表演。

2001年，区妇联举办全区妇女运动会；区总工会举办全区职工健身跑、象棋赛；区教育局举办全区中、小学生运动会，进行排球、篮球联赛；区建设局、交通局、区政法委举办全区建设杯、交通杯、卫士杯篮球赛。

2002年，在建区5周年期间举办“保险杯”篮球赛、乒乓球赛，团区委、区妇联举办全区团员青年登山活动，区总工会举办全区职工中国象棋赛，区教育局举办教师排球、篮球联赛，区政法委举行“卫士杯”篮球赛；2月24日，区文体局与中共龙文区委宣传部、市游泳协会、江东河沙开采场共同举办“漳厦泉冬泳横渡九龙江活动”，来自漳州、厦门、泉州及龙海市的400多名冬泳爱好者参加横渡九龙江北溪游泳，参加此次冬泳活动年龄最大的84岁，最小的只有4岁；4月9日，区妇联被国家体育总局授予2001年全民健身周活动先进单位。

2003年，区文体局与市体彩中心联合举办龙文区“中国体彩杯”篮球赛，区直机关党工委举办全区干部职工登山活动，区总工会举办全区职工中国象棋赛，区教育局举办全区教师篮球联赛。

2004年，举办全区首届企业文化艺术节，进行篮球赛、拔河赛。2006年，区直机关党工委举办全区干部职工乒乓球比赛、篮球比赛、拔河比赛、登山比赛。区总工会、区妇联举办职工趣味运动会、妇女运动会，区教育局举办全区教师排球赛、篮球赛。

2007年，举办“全民健身与奥运同行”职工趣味运动会，组织全区规模企业运动员参加比赛。

第三节　学校体育

一、小学体育

清光绪三十一年（1905年），龙溪县小学堂开设体育课，但师资缺乏。民国4年（1915年），民国政府颁布体育教学大纲。民国8年，漳州举行闽南护法区体育运动会，龙溪县部分小学组队参加后，城镇完小普遍建立运动场，田径、球类等体育项目逐步开展。

1951年，在发展田径、球类运动的同时，推行广播体操。1956年，在部分完小、高小班试行“劳卫制”。1960年，增设眼保健操，并坚持每周二节体育课，二次课外活动，把早操、课间操、眼保健操列为学校体育重要内容。“文化大革命”期间，突出军事体育，开展野营拉练，其他项目相应减少或取消。1971年后，各种体育运动项目逐步恢复，各小学建造大量的水泥台乒乓球桌，开展体育活动。1984—1987年，步文学区、步文中心小学被福建省评为《国家体育锻炼标准》达标先进单位。2003年12月30日，龙文区开展小学生第二套广播体操评比活动。

二、中学体育

1979年10月5日，教育部、国家体委发布《中、小学体育工作暂行规定（试行草案）》。

1990年2月20日，经国务院批准，于3月12日由国家教委、国家体委发布《学校体育工作条例》。区境各校均遵照执行。

1997年后，龙文区中学体育课每周3节，每天有1小时课外活动时间。开设健康教育课，各校建立学生健康档案。

至2007年，按照《学校教育工作条例》进行体育教学，开展体育活动。

第四节 竞技体育

一、区级竞赛

1998年9月26—27日，龙文区举办首届中小学生田径运动会，以后每2年召开1次。

1999年9—11月，举办全区中学生篮球联赛。2003年12月13—15日，举行全区学生男子篮球赛。1999年4—6月，举行全区小学生排球联赛；5月23日，举办全区小学生乒乓球赛。2000年6月10—12日，郭坑中心小学代表龙文区参加漳州市基层小学生暨传统校排球赛。2001年5月18—20日，举办小学生排球赛；同年，区老体协举办全区老年人运动会。

2002年5月19日，举办区小学生乒乓球赛。同年，区老体协举办全区老年人门球赛。2003年，区老体协举办全区老年人运动会。

2005年年初，区举办老年人接力球比赛。同年11月，举办老年人门球赛。

2007年，举办迎奥运首届“养生堂杯”门球邀请赛。

二、市级竞赛

1997年10月，龙文区首次组团参加漳州市第八届运动会，获2项第二名、2项第三名、3项第六名。

1998年11月，龙文区代表队参加在市体育场举行的市中小学生运动会，获3项第二名，3项第四名。

1999年9月，龙文区组团参加漳州市第三届农民运动会，参赛运动员27人，参加田径、篮球、武术、象棋4项比赛，获田径女子跳远单项第三名、武术男子拳术单项第一名、女子枪术单项第三名、民兵军事三项射击单项第三名。

2000年4月30日至5月2日，龙文区组队参加漳州市中小学生田径分龄赛，参赛6名运动员（5男1女）获3项第一名、3项第二名、2项第三名；6月，在漳州市中小学生排球赛中，龙文区男队获第二名，女队获第三名。

2001年5月1—14日，龙文区组队参加漳州市第九届运动会，选派38名运动员参加田径、排球、拳击、跆拳道、散手、武术、举重7项比赛，获5枚金牌、8枚银牌、8枚铜牌，实现金牌零的突破。其中，郭坑中学男子撑竿跳选手郭春山以3.75米成绩打破男子乙组市运会纪录。

2002年2月12日，龙文区步文镇秧歌队参加漳州市农民秧歌舞比赛，获三等奖；11月10—13日，龙文区组队参加漳州市第四届农民运动会，选派31名运动员（其中女8人）参加田径（11人，其中女5人）、篮球（10人）、乒乓球（2人）、中国象棋（2人）、武术（6人，其中女3人）5项比赛，获4枚金牌、4枚银牌、6枚铜牌、第4名4人、第5名1人、第6名1人；

12 月，龙文区代表队参加漳州市中小学生运动会，获 1 项第一名、1 项第三名、1 项第四名。

2004 年 3 月，组织参加市老年人地掷球赛获第五名；9 月，参加市老体协“金日心源素杯”门球甲级联赛获第一名。

2005 年 5 月，参加漳州市狮王赛，获闽南狮“狮王奖”；9 月 28 日至 10 月 5 日，漳州市第十届运动会在女排腾飞馆举行，龙文区运动员在运动会上获金牌 4 枚（跆拳道 2 枚、拳击 1 枚、女子乙组铁饼 1 枚）、银牌 3 枚和铜牌 11 枚。

2006 年 3 月，参加漳州市老年人运动会门球赛获第三名；7 月，参加漳州市“光华杯”武术比赛，获 5 项第一名、4 项第二名；12 月，在漳州市中小学生运动会上，获小学组男子垒球第二名。同年，参加漳州市第五届农运会，获 6 金、5 银、6 铜的好成绩。

1997—2007 年龙文区运动员（队）参加市级比赛获奖统计表

表 23-4-5

姓　名	运动会名称	组别与项目	成　绩	名　次	时　间
张碧荣	市八届运动会	男子甲组标枪	46.52 米	第二名	1997 年 10 月
黄惠宽	市八届运动会	女子甲组三级跳远	11.17 米	第二名	1997 年 10 月
黄惠宽	市八届运动会	女子甲组跳远	5.32 米	第三名	1997 年 10 月
王贵珍	市八届运动会	女子甲组 800 米	2’40”45	第三名	1997 年 10 月
杨志淑	市八届运动会	女子甲组 200 米	29”04	第六名	1997 年 10 月
杨志淑	市八届运动会	女子甲组 4X100 米	54”65	第六名	1997 年 10 月
杨志淑	市八届运动会	女子甲组 4X400 米	4’41”03	第六名	1997 年 10 月
黄小红	市中小学生运动会	女子乙组跳远	4.68 米	第二名	1998 年 11 月
黄小红	市中小学生运动会	女子乙组三级跳远	9.97 米	第四名	1998 年 11 月
黄双贺	市中小学生运动会	男子乙组 110 米栏	16”71	第二名	1998 年 11 月
黄丽梅	市中小学生运动会	女子乙组 1500 米	5’29”67	第二名	1998 年 11 月
林丽玉	市中小学生运动会	女子乙组 80 米栏	14”18	第四名	1998 年 11 月
黄碧惠	市中小学生运动会	女子乙组铁饼	22.3 米	第四名	1998 年 11 月
排球队	市传统校排球赛	小学男子组		第二名	2000 年 6 月
排球队	市传统校排球赛	小学女子组		第三名	2000 年 6 月
张德勇	市中学生运动会	男子组标枪	43.1 米	第一名	2002 年 12 月
林炳南	市中学生运动会	男子组跳高	1.55 米	第四名	2002 年 12 月
陈宝卿	市中学生运动会	女子组铅球	8.04 米	第三名	2002 年 12 月
林清顺	市中小学生运动会	小学组男子垒球	62.28 米	第二名	2006 年 12 月
肖红梅	市第十届运动会	铁　饼		第一名	2005 年 10 月
郑荣生	市第十届运动会	跆拳道		第一名	2005 年 10 月
林秀梅	市第十届运动会	跆拳道		第一名	2005 年 10 月
张明毅	市第十届运动会	拳　击		第一名	2005 年 10 月
林源鹏	市第十届运动会	拳　击		第二名	2005 年 10 月
黄泉金	市第十届运动会	拳　击		第二名	2005 年 10 月
黄艺彬	市第十届运动会	跆拳道		第二名	2005 年 10 月

续表 23-4-5

姓　名	运动会名称	组别与项目	成　绩	名　次	时　间
林长生	市第十届运动会	摔　交		第三名	2005 年 10 月
黄燕青	市第十届运动会	散　打		第三名	2005 年 10 月
蔡军杰	市第十届运动会	散　打		第三名	2005 年 10 月
王敏杰	市第十届运动会	散　打		第三名	2005 年 10 月
林文庆	市第十届运动会	散　打		第三名	2005 年 10 月
王燕平	市第十届运动会	散　打		第三名	2005 年 10 月

三、省级以上竞赛

2004 年 12 月，参加泉州南少林国际武术大赛，获 2 项一等奖。2006 年，黄少茹在省第十二届运动会参加女子一组重剑比赛获冠军。

2006 年 10 月 14—19 日，在河南省郑州市举行第二届世界传统武术节，中国、俄罗斯、美国等 60 多个国家、地区，以及中国北京、广东、福建等 20 个省市、部分大学院校应邀参加。龙文区派出 10 名农村武术运动员参加 17 项比赛，夺得 17 枚奖牌，其中一等奖 4 枚、二等奖 7 枚、三等奖 6 枚。

第五章　管　理

第一节　建立省级历史文化名村

2007 年 8 月，龙文区建设局、区文体局申报湘桥村为省级历史文化名村。12 月 29 日，被福建省人民政府公布为第三批省级历史文化名村。

湘桥历史文化村位于蓝田桥头路。湘桥村总面积 98 公顷，人口 1800 人。历史上人才辈出，比较著名的有清康熙时奉政大夫黄金钟，官至杭州同知；清雍正时刑部主事黄天瑞；清乾隆时翰林院检讨黄兰枝；清康熙时广西州同知黄宏遇等。现代著名国画家和美术教育家黄稷堂出生于该村。

湘桥村依江而建，环境十分优美。现存明清古建筑 10 多座，历经数百年，至今保存较完好的有 6 座，皆坐东朝西，一字形排开，总长 200 多米，传统建筑面积 10640 平方米。代表性的建筑有“大夫第”“进士第”“贡元第”等。该村华佗庙始建于明朝中期，为全省唯一的华佗庙。湘桥古厝群为研究明清人文历史，了解闽南明清时期官宅民居建筑提供宝贵的实物依据。

第二节 文物保护

2000年6月1日，龙文区人民政府公布区级文物保护单位16处。南宋古墓1处，元代古建筑1处，明代石刻、古建筑、古名胜、古墓、石佛9处，清代古建筑5处。

至2007年，区境有国家级文物保护单位1处（江东桥）、省级文物保护单位3处（云洞岩摩崖石刻、中正和平坊、万松关遗址）、市级文物保护单位48处。

表23-5-1 2000年龙文区第一批区级文物保护单位一览表

文物保护单位名称	公布时间	级别	年代	类别	所在地	
					镇	村（场）
郱山讲堂摩崖石刻	2000.6.1	区	明	石刻	蓝田镇	科坑村
蓝田古石楼	2000.6.1	区	明	古建筑	蓝田镇	蓝田村
桥头古石楼	2000.6.1	区	明	古建筑	朝阳镇	桥头村
霞州古石楼群	2000.6.1	区	清	古建筑	郭坑镇	霞洲村
霞贯古石楼群	2000.6.1	区	清	古建筑	郭坑镇	口社村
东溪古石楼	2000.6.1	区	清	古建筑	郭坑镇	东溪农场
扶摇关帝庙	2000.6.1	区	明	古建筑	郭坑镇	扶摇村
赤岭关帝庙	2000.6.1	区	清	古建筑	步文镇	步文村
石室岩	2000.6.1	区	明	古名胜	蓝田镇	梧桥村
瑞竹岩	2000.6.1	区	明	古名胜	蓝田镇	西坑村
永兴堂石佛	2000.6.1	区	明	石佛	步文镇	石仓村
崎下桥	2000.6.1	区	元	古建筑	步文镇	坂上村
林釬墓	2000.6.1	区	明	古墓	蓝田镇	蓝田村
颜颐仲墓	2000.6.1	区	南宋	古墓	蓝田镇	西坑村
蔡烈墓	2000.6.1	区	明	古墓	蓝田镇	蔡坂村
后坂天主教堂	2000.6.1	区	清	古建筑	步文镇	后坂村

表23-5-2 1997—2007年龙文区境国家级、省级、市级文物保护单位一览表

名称	类别	年代	坐落地点	级别
江东桥	多孔梁式石桥	宋绍熙元年	蓝田镇梧埔村	国家级
云洞岩摩崖石刻	石刻	五代—清	蓝田镇蔡坂村	省级
中正和平坊	古建筑	明	蓝田镇西坑村	省级
万松关	古建筑	明	蓝田镇梧桥村	省级
肖氏宗祠			朝阳镇书都村	市级
聚奎岩		五代	朝阳镇漳滨村	市级
陈氏沧溪宗祠			蓝田镇	市级

续表 23-5-2

名 称	类 别	年 代	坐落地点	级 别
陈氏小郭坑宗祠			蓝田镇小郭坑村	市 级
陈氏孚美宗祠			步文镇孚美村	市 级
陈氏璞埔宗祠			步文镇璞埔村	市 级
陈氏檀林宗祠			蓝田镇檀林村	市 级
陈氏院后宗祠			郭坑镇院后村	市 级
陈氏汶浦宗祠			步文镇	市 级
陈氏训头宗祠			蓝田镇圳头村	市 级
陈氏霞桥宗祠			步文镇	市 级
陈氏竹林宗祠			蓝田镇	市 级
陈氏洛溪宗祠			郭坑镇洛滨村	市 级
滋水土楼			郭坑镇洛滨村	市 级
檀林村牌坊			蓝田镇檀林村	市 级
好山殿			蓝田镇梧店村	市 级
崇本堂			蓝田镇	市 级
龙文龙聚堂			步文镇孚美村	市 级
林氏大宗			步文镇土白村	市 级
厚泽碧里庵			步文镇土白村	市 级
贞节坊			步文镇土白村	市 级
林氏宗祠			步文镇土坪村	市 级
伽蓝庙			步文镇土坪村	市 级
上苑王氏祖庙			步文镇坂后村	市 级
建溪宫			朝阳镇建溪村	市 级
林氏宗祠			蓝田镇景山村	市 级
景山			蓝田镇景山村	市 级
田打社龙兴堂			蓝田镇田打社	市 级
田打社杨氏			蓝田镇田打社	市 级
威惠庙			蓝田镇檀林村	市 级
林和亭公墓			郭坑镇霞县村	市 级
塘边村世泽堂及凤鹤宫			蓝田镇塘边村	市 级
东坂村应兴宫			步文镇东坂村顶社	市 级
东坂村法慈宫石刻			蓝田镇东坂村下社	市 级
注生宫			蓝田镇小港村湖苑社	市 级
神仙宫			步文镇后坂田厝村	市 级
蔡氏宗祠鹅城堂			步文镇霞洲村溪头社	市 级
扶摇李氏祖墓			郭坑镇扶摇村	市 级
扶摇杨氏祖庙			郭坑镇扶摇村	市 级
石仓林氏大宗			步文镇石仓村	市 级
永兴宫			步文镇东屿村	市 级

续表 23-5-2

名称	类别	年代	坐落地点	级别
东屿林氏宗祠			步文镇东屿村	市级
华佗庙			蓝田镇湘桥村湘桥社	市级
黄氏宗祠			蓝田镇湘桥村湘桥社	市级
龙池宫			蓝田镇龙池村	市级
仙亭岩遗址			蓝田镇龙池村	市级
溪头蔡氏宗祠			步文镇下洲村	市级
龙池庵			蓝田镇	市级

第三节　依法经营

1997 年，龙文区文化市场有证经营单位 88 家，其中营业性演出单位 7 家、娱乐场所 1 家、互联网经营场所（网吧）37 家、出版物零售经营场所 24 家和各类复印打字、印刷店 19 家。

2002 年，举办经营者依法经营培训班，并印制分发网吧、音像制品店、娱乐场所、印刷企业、演出单位申办程序、文化市场办证须知等 200 多份，对经营者进行宣传教育，让经营者掌握有关文化市场的法律法规，以促进经营者自觉依法经营。清理整顿无证经营网吧 19 家、台球店 24 家、音像制品店 21 家，其他印刷企业 2 家、书刊经营店 4 家，整顿印刷企业 1 家，清理校园及周边文化娱乐场所 2 家。重新审核的音像制品店 16 家、网吧 2 家。

2007 年，龙文区有证文化市场经营单位 51 家，其中是营业性演出单位 3 家、娱乐场所 1 家、互联网经营场所（网吧）37 家、出版物零售经营场所 4 家和各类复印、打字、印刷店 6 家。

第四节　稽查整治

2000 年 4 月 1 日，区广电中心成立稽查小组，派出 8 人分 2 批参加省广电局及市政府举办的行政执法培训班。根据各镇广电站维修人员经常在一线的特点，进行日常管理，堵住阶段性漏洞。同年，对全区电子游戏机进行专项清理工作，按照全省压减 50% 以上的规定，取缔不符合条件的经营单位 15 家，重新登记 14 家。组织 3 次对印刷业及图书、音像经营业检查，出动检查人员 167 人次，集中行动 18 次，检查经营单位 420 家次，收缴非法出版书刊 191 册、盗版 VCD423 片，淫秽 VCD71 片、取缔无证经营单位 1 家。2001 年，出动检查人员 67 人次，统一行动 19 次，收缴非法出版书刊 105 册、录音带 105 盒、音像制品 VCD5300 片、淫秽 VCD370 片、电子出版物 55 片，收缴赌博游戏机 11 台，取缔无证经营，查处淫秽案件 16 起，治安拘留 17 人、接收教育 9 人、判处劳教 1 人、处罚 9 人。

2002 年，开展“扫黄打非”行动与开展“两反一扫”行动结合起来，坚持“积极引导，加强管理，努力搞活，既有发展又不失控”的原则，以人民广场为依托，定期开展整治活动。漳州市文化与出版局、区公安局、区工商分局、区消防大队联合行动，出动 9 次，没收盗版 VCD540 片、非法出版报刊 360 册。

2003 年，举办经营者依法经营培训班，组织经营者学习文化市场有关法律法规，规定网吧、音像制品店、娱乐场所、印刷企业、演出单位有证经营。对无证经营、违法违规、侵权盗版行为，坚决给予打击。组织检查人员 140 人次，出动 25 次，检查网吧、书刊、音像、地摊等经营点 210 家次，收缴非法音像制品 257 片、书刊 197 册，查处违法违规案件 27 起，其中整改 19 家次，处罚 8 家次，保护守法经营者的合法权益，维护文化市场的正常秩序。在防治非典型性肺炎期间，区文体局根据漳州市防治非典型性肺炎总指挥部、市文化与出版局要求，及时组织对全区网吧、文化娱乐场所进行大检查。同时，对网吧、娱乐场所等人群密集的文娱公众场所进行预防非典型性肺炎知识的宣传教育，对当场能纠正的立即纠正，对存在隐患的责令整改。

2004 年 2 月起，开展网吧专项整治，重点查处无证经营和违规接待未成年人的问题，通过设立举报电话、聘请监督员、现场查处等多种手段，强化对网吧的监督管理，取缔无证经营网吧 3 家，没收电脑 31 台，网吧接待未成年人的情况得到有效的制止。当年，全区出动检查 48 次，检查企业 670 家次，清理整顿无证经营网吧 15 家次、切断电信信号 15 次，查处音像制品店 29 家、其他印刷品、书刊经营店 19 家，责令限期整改网吧 4 家，清理校园及周边网吧等人员密集公共文化娱乐场所 2 家，没收盗版光盘 605 片、非法出版书报刊 250 册。2005 年，查获非法书刊及各类音像制品 3300 多本。2006 年，查获非法音像制品 3000 多片。

2007 年，成立安全领导小组，对网吧等人员密集公共娱乐场所进行不定期检查，并与经营者签订安全责任书。严格审批经营者办证、年检。同时，在重大节日、重要地段设立公开举报电话，聘请 5 名人大、政协、教育等部门老干部作为网吧监督员，不定期组织暗访督查，查获非法音像制品 2000 多片。全年，区广电部门组织检查 45 人次，集中行动 4 次，检查卫星接收设施、音像制品经营点，收缴非法音像制品 125 片。

第二十四卷　艺　文

龙文区历代人文荟萃。宋代进士蔡瑗著《鹅城集》《古今名贤警句》。陈淳为朱熹高足，著《北溪大全集》。元代林广发善古文、工诗，著《三溪集》，其子林弼，元至正进士，著《梅雪斋文集》《登州集》。明理学家蔡烈隐居云洞岩，研究易经并著《孝经定本》《诸儒正论》等。东阁大学士林釬擅碑记、诗。太仆卿陈天定有《慧山诗文集》《陈氏说书》《慧眼山房诗抄》《松石轩读史》和《古今小品》传世。其中，民国时期，中华书局还从《古今小品》中选印，名为《古今小品精华》。明代，书法家李宓被董其昌极力推荐。黄道周夫人女书法家、诗人蔡玉卿书《孝经》等。

清代，会元陈常夏著《江园集》14卷。近代，史学家连横著《台湾通史》《剑花室诗集》等10余部著作。理学家王咸熙著《复一吟草》《复一文存》《中庸示掌》等。有勤工俭学留学法国、与周恩来、邓小平同学的林有壬，著《南洋实地调查录》《福建财政概况》《福建田赋概况》《福建盐务概况》。

现代，黄稷堂著《黄稷堂画集》。林俊龙著《林俊龙、李淑华人物画》《福建木偶头雕刻艺术》。王作人著《括斋吟草》《括斋文稿》《漳海幽光集》《寄闲亭墨宝》《漳州杂诗》《述轩诗抄》《志古遗玉》《漳州艺文志》《云洞岩题刻录》等。

本书辑录历代书目85目；历代文选20篇；历代诗选113首；历代楹联选24联。

第一章　历代书目

第一节　古代书目

一、宋代书目

蔡瑗：《古今名贤警句》《鹅城集》

陈淳：《大学中庸论孟口义》《似道似学辨》《字义》《北溪集》《补遗》《北溪语录》

王遇：《论孟讲义》《两汉博仪》《东湖文集》

蔡如松：《漳南十辨》《清漳南海集》

颜颐仲：《训子篇》《谕族集》

苏竦：《诗传》《三礼折衷》

二、元代书目

林广发：《三溪集》

三、明代书目

林弼：《梅雪斋文集》《使安南集》《诗经解义》《宋儒会解》《登州集》

蔡文：《一得语》《闻见录》《职方抄》

曾逸：《曾工部文集》

蔡烈：《孝经定本》《大学格物致知传》《道南录》《朱子晚年定论》《诸儒正论》《大儒粹言》《读书录》

陈天定：《陈氏说书》《慧山诗文集》《太极说参论》《松石轩读史》《古今小品》

蔡玉卿：《蔡夫人未刻稿》

侯任：《论学大旨》《读左偶见》《霞山杂录》

四、清代书目

陈常夏：《江园文集》

侯世灌：《椒园集》

王咸熙：《复一吟草》《复一文存》《中庸示掌》

第二节　近代、现代、当代书目

一、近代书目

蔡潮初：《验方集》

林有壬：《南洋实地调查录》《福建财政概况》《福建田赋概况》《福建盐务概况》

连横：《台湾通史》《台湾语录》《台湾诗乘》《剑花室诗集》《剑花室文集》《台湾史迹志》《台南古迹记》《台湾赘谈》《台湾漫录》《诗荟余墨》《番俗摭闻》

二、现代、当代书目

黄稷堂：《黄稷堂画集》（福建美术出版社，1997 年 9 月）

林俊龙：《林俊龙、李淑华人物画》《福建木偶头雕刻艺术》

王作人：《漳海幽光集》《寄闲亭墨宝》《漳州杂诗》《述轩诗抄》《志古遗玉》《漳州艺文志》《云洞岩题刻录》《括斋吟草》《括斋文稿》《墓志铭拓存》

林颖：《漳州水仙花》（复旦大学出版社）、《仙人掌大观》（中国林业出版社）

林溪波：《闲客偶笔》（复旦大学出版社）

第二章 文献选录

第一节 历代文选

一、宋代文选

上赵寺丞改学移贡院书

陈 淳

尝谓负高明正大之才者，然后有以立高明正大之功，立高明正大之功者，必先有以定高明正大之见。恭唯判府寺丞以天潢源派之秀来典此邦，下车以来，摘奸发伏。有巨猾为民蠹频年不能去者，一旦剔清之。崇儒重道，有越绳检行讼庭累政无敢谁何者，一旦钤制之。可谓负高明正大之才矣。迩者，悼此邦士风之一厄，以为原于学校作成之地规模之不端，奋然更改，期以振作而迅刷之，是又能立高明正大之功矣。以高明正大之才，立高明正大之功，漳之士子幸也。然其所为规模大有可议。盖向者晦庵先生朱侯之在此邦，首务明教化崇学校，以侍郎李侯始创规模之已善，自大成殿及池与尊道堂为不可更移，而深病夫东西两庑斋舍之逼窄，不足以容人物清讲，磨思一开广而明爽之，欲移贡院于他所而尽贡院之址悉以为东斋；西欲移行衙于他所，而尽行衙之址悉以为西斋。其斋相枕，悉南面每斋中间为厅，厅之左右各为四大窗，而各装截为四阔间，一如大学之制。时绍熙辛亥春也，拟秋月兴工，不谓入夏忽以奉祠而竟不果。继以司谏邓侯承其有改学之名，不复考其为规模之实，遽毁东庑诸斋及填池之左悉以与贡院，又毁西庑诸斋及填池之右，别为学于西偏，以与先圣庙相并。然其所以为斋之间架，则反变大而就小，抑又狭于李侯之旧，邦人至以俚语目之曰“十八家”，以其局蹙不足副学校之名云耳。今吾君侯病邓侯规模之不善而欲复李侯规模之旧，诚善矣！然东迫于贡院之西廊，不敢以侵入。则在东诸斋必不能以宽广，西拘于邓侯之故迹，不欲以尽毁，则在西诸斋亦不能以从容。而池之塞者不复凿，则又不能以爽垲。虽视邓侯学为差胜，而终未免于五十步之视百步，较之李侯规模之旧未足以增光，则亦何以集吾高明正大之功哉！必欲得此邦方面之体制，则须一遵晦庵先生规模之盛，然后为可耳。若夫贡院奉天子明诏宾兴之地，在此邦关系为尤重，而视学校为尤急，尤不可不择形胜之最者处之。前年之厄，说者皆以为南桥之激，南桥之造特出于乡大夫林寺丞听一庸僧之臆见，不佥谋诸善阴阳者，漳水本安静，而聚石以激之，冲突怒号，一如建剑湍险之声，将何以自宁。南桥之造，盍造于水云馆，以漳水自此而下，为翻弓之势，不纯腰带之绕，正阴阳家所忌。桥造于此，则下流有钤束不足忌，而上流有关鏁风气，藏聚磅礴，自足以为雄胜，然此事已失重大难整，更不必深论，唯是贡院正居其冲，有前年之变，则恐难于不移，而其中逼窄，不足以容众，则又不容于不移。而此邦所谓形胜之聚者又有久虚，而未及举，则益不可以不亟移。何谓此邦形胜之最？盖此邦行龙，自天宝山发脉而来，至欲结聚为州，则涌起昂头而为登高山，然后左臂分枝而下，宽平广厚，而为郡治。实坐坎山，视登高在乾为贪狼魁。然其形雄伟秀杰，为诸山之冠，惜其下以浮屠镇之，所谓开元寺者，又非圣朝创建，特有唐之陋俗而五代之所沿袭，移之他所有何不可。若出一札之谕，许僧家自移。吾因度其故地广轮若干，创新贡院，以为吾君选取忠义孝友之士，使佐国家，理民物，诚大公至正之举，非燕私亭榭之比，亦岂法之所制。其中经画既定，其在两旁诸小院之不相碍者，为崇墉以障之。左视光孝、净众及郡治诸山为龙臂，右视湖内诸山为虎臂，天融地结，气象环合。前朝之水实在南桥之内，则南桥关锁尤为有力，乃复转凶而为吉，所谓地灵人杰，亦理势之不容已者。或者曰，改学校移贡院，大役也，宁无扰民费财之病乎！愚以为善于区处则不扰民，不费财而自集。大抵官司创造，始必发公帑以市屋材，而责胥吏以行文，引四散乡村与民户交易。于是乎，假托行奸而扰民者，百出焉！名曰依公估价而实横取，名曰见钱和买而实白夺。况又易坚以瑕，代美以恶，驳杂备数，不能精良。至于工匠所谓工师者，止用一人，而小小诸匠，亦各有定数，乃合境买弄无宁居，卒之趋供工而赴执役者特其羸钝无钱计嘱者耳！官或时支雇钱，复为监吏所得，不过索手而归，故草率应命而不能固致，是以朝植而暮欲倾，春落成而秋告圮，所谓区处之不得其策者也。善于区处者如之何？举漳州之产而七分之，民户其一，而僧户居其六。于一分民户之中，上等富户岁谷以千斛计者绝少，其次数百至百斛者亦不多见，类皆三五十斛。无儋石之家，终岁营营不能自给，则为漳之民户者甚贫，在官司绝不可更有丝毫之扰。以六分僧户言之，上寺岁入以数万斛，次数千斛，其下亦三五百斛。虽穷村至小之院亦登百斛，视民户极为富衍以灭伦败教，不耕不蚕，无故窃据而奄有之，不过恣为花酒不肖之资，是果何为也哉。故今公家凡有创造无求诸他，唯尽第僧门户业之高下，而尽吾屋宇界分之大小，均以付之。且量支吾公帑之财为之开端，而后取办责成焉。竹木砖瓦之类，任其以市价私自贸易而吾不之问焉，则其所聚皆精良。凡工匠人夫之辈，听其以乡例私自庸顾而吾不之绳焉，则其所就皆固致。假使有赔贴不资之费，实皆吾公家之财也。移吾公家之财，为吾公家之用，彼特为吾干之耳。往者，判院赵侯之架州治，亦大役也，唯责办诸僧而民绝无所扰，即今之厅事是也。司谏邓侯之架州学，亦大役也，每斋唯支百缗付之一僧，亦不扰而学成，即前所谓西偏是也！都运赵侯之造通济桥，亦大役也，每舟唯支二十缗付之一僧，亦不扰而桥成，即今柳营江之所跨是也。凡诸名公，盖有高识明见，烛破轻重弛张之所宜，而随宜区处，所以为至当不易之道如此，君侯以为何如？某非有所觊望，又不曾足蹑贵人之门，唯以乡邦此事久为阙典，自创州以来至于今五百余年，未遇一贤刺史觉其然而整顿之。今幸遇君侯，负高明正大之才，定高明正大之见，而又能立高明正大之功，此正千一之期。苟于此不为州闾出而一陈之，则进为有隐于邦君之贤而失事机之会，退为得罪于乡人子弟而抱无补之羞。是以冒昧而前，不胜皇汗之至。

作者：陈淳（1159—1223），字安卿，号北溪。龙溪县龙州里（今步文蓬洲社）。宋嘉定十年（1217年），特奏名进士。南宋理学家，朱熹高徒。

虎渡桥记

黄　朴

漳之北溪，源发临汀，循两山而东，众流赴之，汇于虎渡，南入于海。渡当溪海之交，飘风时至，篙师难之。旧有飞桥，联艘以济，摇荡掀簸，过者凛容。腐黑挠摧，疲于数易。嘉定甲戌，郡侯宗正少卿庄公夏更治之，垒石为址，舆梁其上而亭焉。后二十四年，嘉熙改元，桥圮于毁。今礼部侍郎侍讲李公韶，以集英修撰来守是邦，闻之蹙然曰："是南北往来一都会"，其议所以经理之。有建议者曰："梁用木而屋之，非计也。今易以石，毋屋焉，则善矣。"时郡无盖藏，议几寝。公乃辍私帑，又蠲南山招提非时科敛，俾出万缗，以相斯役，闻者胥劝。郡人陈君正义、佛者廷浚与其徒净音、德垕、师照、法耸奉命唯谨，南走交广，北适兴、泉。露宿风餐，求诸施者。会乡大夫颜公颐仲持节八桂，庄公嗣子梦说贰郡五羊，捐资佐之。更造如前。计其长三千尺，址高百尺，酾水一十五道。梁之跨于趾者五十有八，长八十尺，广博皆六尺有奇。东西结亭，以憩往来者。靡钱楮三十万缗。经始于戊戌二月，其告成则辛丑三月也。是岁，予被命守漳，获踵后尘。别公里第，公念桥事不置，俾余记之曰："余将诣南越，桥方庀工，轻舸绝江，进寸退尺，眩目怵心，大类扶胥黄木间。今兹入境，乐其有成，屏车从桥，凭高眺远，樵歌牧吹，相属于道。风景之夷旷，波涛之激壮，鸟兽之鸣号，鼋鱼之出没，献奇呈怪，如在几席之侧，诚一方伟观也。"嗟夫！临不测之渊，兴未必可成之役，工伙费广，财殚廪绝，世之能臣才吏，猝未易集，就使能之，其骇民听岂少哉。公恳恻至诚，未尝疾言遽色，一乡善士，咸乐奔走，竟成公志。予乃知自用之智浅，资人之功深也。方斯役未就，支海之桥，填渊跨壑，雄伟宏壮，孰若清源万安之石，昔梅溪王公赋万安也，尝有山川人物两奇之叹。以此较彼，殆似过之。予乃知立事唯人，今人未必不古若也。公自漳归，杜门扫轨，若将终身。诏强起公，方将当大任，决大仪。推是心以往，岂特一桥之利济哉。若夫护桥有田，主田有僧，勿为势攘，勿为计取，有庄公记文在。

作者：黄朴（1192—1245），宋淳祐元年（1241 年），以朝奉郎任漳州知府。

二、明代文选

修建嘉济庙圣迹碑记

林 釬

真君姓石讳敬纯，上党太原人。其父勤，后汉赵王勒之季弟也。以忠封武王。帅兵击慕容燕，不以尽敌为功，宰相牛昌隐谗焉，遂并其子遇害。真君年尚幼，偕母崔氏，谪徙海上雷州居焉。比长，询之母，识父前事，痛忿不已。年十八，兴兵讨昌隐，败窜之，斩于江南，兵退而昌隐为厉妖祲一方。乡有洪匡邺者，昼见千乘万骑，拥真君其上，呼曰："我九郎也，昔杀牛昌隐于此，归谢泰山，上功于帝，命为乾坤煞将，握风雷符。今昌隐为患，吾将居此镇之，汝宅当神仙址，能逊乎？"匡邺许诺避地。夜半闻车马鼓之声，诘朝云雾䗖蝀大雷雨以风，山鸣三日不止，民往拜之，则真君棲身其上矣，乃封以香泥祠焉，而昌隐之祟遂绝。嗣后水旱疾疫，祷之辄应。邻邦不逞之徒屡见神兵，不敢入其境。暨漕运转输亦赖以济。于是上自清河，下及武陵长沙西蜀宛陵，无不饫神功者，垒置庙祀，唯信州自鸣山则肉身在焉。唐宋迭兴，皆有灵威以赫奕于时，历侯而王，进封明仁广孝翊化真君，暨父母兄嫂子妇俱有爵谥。至元，遣使降香，敕额号嘉济，则庙貌益隆矣。大德庚子岁，有录事姜石瑛者，奉神香火莅任我漳。时方剿寇乱，忽见阴云窈纠神兵助捷，则真君也。乃辟府西万盈坊严祀之，漳有真君之庙自此始。逮元统癸酉厄于郁攸而像俨然，太守张伯颜异之，捐俸率属重新庙祀，镌碑以纪。沿及我明，漳民崇祀不替。逮世宗之承大统也，时未改元，郡有颜姓人失环，谬意其臧获也，鞭督之，窜于庙中，夜半辄闻神语声相谓曰，神号犯尊，当有回禄之灾，已而曰，何以有生口气乃颜之逃获也，环为白颈鹅吞之，获乃无辜诘明，遽以告主，果杀鹅得环，乡里增神之。至冬而庙毁矣，则前得环者狂奔尽气，翼神像以出，漳人无不骇其灵相慑也，共构外座祀焉。明年，天子建元嘉靖，神暂晦，丙戌改为阴阳学而像遂附于玄坛宫。隆庆元年，乡民黄黎、王子逑等共以神素有功德于漳，实牖其衷，募得金若干，购余氏之宅二间，拟立庙宇，而时以举诎，乃修一间为庙，而以一间权鬻为民居，藉其资以充费。而堂阶石砌，犹绵亘两间，神庙始焕然再新，而基尚有待也。其妥神在己巳春甲寅日，时南靖县儒学教谕张君栋为之记。逮今上历年，神益灵显，凡四方士庶乞灵祈祷于庙者肩摩毂击，辄有湫隘之嫌，而乡中生齿渐繁，衣冠渐炽，每岁时祈报，莫不病于擎拳曲跽之艰也。及丁巳漳中疫疠颇甚，继以支祈而乡独克全。于是阖乡士庶齐声唱言曰：吾侪非神祐不及此，乃神庙未扩，奈何不思崇报耶？因鸠议修建，相率请于本府主杨公，欣然俞允。不旬日而向义捐资者顿得金百两，乃以若干两向赎于旧鬻庙地者，增其原直，渠亦弗克辞，而以余若干两，为改建之费。尚有未敷，则又募之四方所素慕神之灵及祈祷有应者。斥辟两间，地广若干丈，深若干丈。后大座为棲神，前为庙门屋，屋旁截为店两间，各阔若干，权乡民黄胡二姓银。取其直以为工费，候有善男信女施之以充本庙香灯，则又有待也。盖尝观古今富贵崇高者不百年而湮灭，唯忠臣孝子，往往能以其精灵昭赫人世，唯神以藐孤复父仇，而又能于殁身之后护国庇民。夫非移孝于忠者欤？且其时显时晦，屡废屡兴。避帝号而甘沉埋，恤民荫而除妖寝，古人有云：能御大灾则祀之，能杆大患则祀之。唯神者灵光布满，即有土之内莫不尸而祝之。区区一里，数椽榱桷，何足报神庥之万一，夫亦一念戴履不容泯灭，且亦以明忠孝神明其万古常新也。如此毋亦大关风教，其兴世之淫祀佞神者，不大迳庭哉。事竣，敬为之赞。赞曰：

是唯真君，以孝报父，移忠建节，除其猰貐，去其翘孽，使睢盱戴发者不崩不啮。是唯真君，啖魑魅，咀生铁，如皎日之当天，如寒潭之布雪。亘江左，跨湖浙，廻鲸浪，振洞穴，涸者赖以濡，溢者赖以泄。兴言思之，我心如结。共抱真君，性咸以正无缺。丈夫子磊磊轰轰，誓赤心捧热血，做一场表洞里彻，肯丝毫受污蔑。唯神功之巍巍，临在上质在列，后之省者尚有味乎，斯碣。

时万历四十六年岁在戊午仲春谷旦

赐进士及第翰林院编修郡人林釬薰沐拜撰

同郡李宓　敬书

施公新筑万松关记

林　釬

漳麓环而左，麟蹲凤翔，襟带川原，则施使君城两镇，屯御要害处也。其从虹桥孔道而入，一径若谷，遥接扶桑，或造化留此，补助需人哉。曩乡人语余曰：若缮为关门，以资保障诚便，盍言之当道。时前守杜公为筑基，未就以去。施使君来守吾郡，拮据於寇警腾沸之日，内戢民心，外循捍卫。两镇城址既定，爰履斯关。谓可以固漳郡，奈何惜此心力。乘坚累峻，加以楼堞，俯临沧波，屹然天险矣。前此警闻频至，召乡民防守有难色。今在金汤以内，安堵其间。逢圣明在御，牧守贤良，桑麻乐业，人且登游其上，望云物而咏天和。然则施使君守郡功绩，其见一斑于此也，山高水深矣。余因笔为记，欲后来者修实政，无不可为之事，有可以不朽之功，一篑合尖，俱邀明德云尔。君讳邦曜，字尔韬，别号四明。登万历己未进士，浙江余姚人。

作者：林釬（1578—1636），字实甫，号鹤胎、九皋居士。龙溪二十七都洞口社（今龙文区蓝田镇蓝田村洞口社）。明万历四十四年（1616年），殿试第三名。官礼部侍郎兼侍读学士，东阁大学士。

云洞游记

黄道周

夫白衣苍狗不一之状，固时集于仙都；赤豹文狸无定之踪，岂必留于名胜？故论风麟之标致，亦十岛之支分；必鸡犬之群升，何八公之寥落也？然则鳌足移山，或捨撑持之镇；而蜃楼狎岸，实近蓬莱之洲。秦皇方外之游，高丘必驾；汉家望海之悬，楼阁居多。尔乃通浦之清漳，则海陬之经首，西从天宝以回翔，尽闼餐芝之谷，东映霞光而曳道，遂开挂席之江。是以有神女之坠花，化青莲而椎髻；爰作仙人之别洞，挥白白鹤以搴衣。遥临渺矣，临水之芙蓉；近蹑峨然，在山之虎豹。尔其侧径崟崎，阴檐倚仗，巧态相媚，怒势争搏。六虬出而砥石枯，五丁归而巨掌落。欲坠而悬者，上系一丝之鼎；穿崖而出者，下建百丈之旗。皆拂天根，尽离地足，使鬼为之则劳神矣！胡斧凿焉而无迹哉，或有紫髓之灵书，叔夜来而已合；青囊之金药，樵夫得而旋销。乃历幽廊以临绝道，如阙丰都之户，而登太乙之坛。伏流出于鼠山，初疑积石；瀑布飘于雁荡，但觉无声。已使六月负寒，复令五官欲换。至于断松翳石，如梏贰负之尸；窠臼鸣崖，似答公孙之响。解以不死之神，则元牝可觌，盖以通灵之草，则碧方欲泣。然其夜烛不衔，霄光可辨，见云车之争路，信月道之自中。或者水降波平，鲛客离家之馆；地通天绝，星辰怀舍之宫。犁薜之文，从惊龟背；凝风之乳，尚结琼枝。盖支离以莫通，亦窈窕而难说。既乃旁出放鹤之巅，上扪祈龙之穴，谢浮丘之乘轮，拍琴高而鼓瑟。坂当百折，羊肠之径未悬；台亦十休，螭尾之途始合。出小有而接大罗之天，自半空已俯高飞之翼。于是界汉之石落其支机，坐化之旃象于河鼓。累如九卵，上有棋子之枰；坐可十人，下见阿房之阙。从此无阶，但邻尺五；缘之却顾，遂毕大千。砂石俱作篆文，想梦心而如昨；大城都成碧玉，知法语之为真。携佳句则岂如练之江，驭冷风若笑留裙之曲。使六龙可顿，则景纯不托羡于青溪；二室可兼，则愚公岂独移其王屋哉？于焉循磴，历级东下。攀枝眩地，人如饮涧之猿；流云在天，家似望吴之马。叹羽翮之未成，及奋飞而未逮，然犹穷历岩隈，广摎杜若。不割者，山鬼之缘；难绝者，霓虹之志。徘徊图画之亭，傍讯荒薄之垒，皆足以发涤幽襟，揽结秀色，酬造物而坐啸，理山灵而画诺也。于时木奴初英，山樱将实，桃花水荡，雀翰之舟，柳叶风描。螺黛之岛亦有空濛之奇，可泻混虚之趣。辨江树于云中，最称会境；凌日足于海峤，益自壮心拓落。从空踌躇四望，伤阅世之屡更，惜怀人而不见。忽乎吾之将行，得轻云而出岫。邈哉，观之已极伤神，物之妒余也。时有同好，携而并观，评生问甫，历度之伦，大弟以陞惠连之仲，知余不妄，以信而征。

邺侯山记

黄道周

邺侯山，亦名焦桐山。诸子谓其骨似邺侯也，故复邺侯之，并以名园。

邺侯山者，即漳艮岳之阴。北溪迸流，将汇于江东，长桥束之。步皋蜿蜒，颔谺多奇，盖跂龙出没，风涛崩激，砂土已汰，石骨总出，若或为之，莫知其然。旧称蓬莱峡，里人名之曰“石仙”。石仙者，指其蜕峙林立，飘然若登者也。石仙十五六辈，褰裳欲渡，簇而告语，皆昂藏百余尺，时复独出，体态各别。其尊者可三十仞，植剑柱笏，不怒不棘，不作陆博。以队相命，署部而后行，凡里人所知尽此诸翁矣。

自石仙递西，其山皆垂幌卷幔，削青负赭，五色相倩。下列蹋凳，傍悬流苏，间如屏风，曲折掩映，罗遮堂户，凡不一处。纡徐二百余步，望之坦然，唯见两壁登陟无数，常若有所失。计诸丈未出山时，皆罨覆其下，不胜风雨。稍出户庭，高蹠一动，遂见破绽，令呼诸丈，稍纳足，复返故处。封以紫泥，削其峨眉，则犹然浑沌也。呜呼，信浑沌，吾安能从尔游乎？予足迹窄，不能及远。天台庐阜、黄海九华，皆邑大不可狎处。举其小小者，齐山白岳、玉甑浮邱，悬崖曲房，视此差胜而已。为神灵所踞，缁黄贵介，鼎割其下。独诸丈萧然遵养，固自处，鹧鹈觊予以逍遥。

向予癸酉岁将营兹山，既而不果。癸未抵里，诸友僦舟，復前盟，五月十日实始启疆。予乃扶筇上下，点定其事。时犹病也，目涉足瞬，曾不数步。霍然病已，爰述其途径窾卻前后位置，使诸友磅礴得命意匠焉。（中稍节）凡自丹砂嶂而南，皆以峰胜，峰虽不高，然皆有雁宕江即之意，取其精者，可使歌舞。自丹砂嶂以北，皆以台胜，台虽不多，然皆有幔亭、天游之意，取其精者，可十日坐卧。自有漳以来，千夫所指，以为是残缺弃置者，而予取之，以为是鳞羽所宗，真灵所都，诸君子亦怡然无间，吾言诸君子亦阿好若此也。

古之君子立身，患不高识，患不广学，患安于小成。以予所游，天下名山，东岳太行，徂徕峄阳，穹窿缥缈，庐阜九华，黄海乌龙，天目天台，括苍罗浮，皆极天下奇胜。然而游不能再涉，居不能再宿，意至而往，倦则舍之，及其老也，乃以是残邱剩壑为可以当齐山白岳、浮邱玉甑之盛，稍推广之，至于武夷雁宕未已，使其读书皆如此，则执须亢为回赐，跻邱陵于日月者不少矣。然而游可再涉，居可再宿，意之所许，神亦安焉。夫犹有怀土之心乎，不然何享帚之贵也。

三近堂记

黄道周

三近堂，当鄉山之中。其南为乐性堂，诸生之所群聚也。其北为与善堂，先圣贤之所栖也。酌其中为燕居，有轩有庭，庭有梧桂，庭前距江不四五步，临于钓台。台石钜细六七架，若离若合，与潮上下所谓“游磬”也。堂后窗四五尺，与石屏相直，石屏左腕屈为“墨池”，可二丈许，句曲廉窪，亦称研山．研山之前，为左翼室，曰檀院。启扉阚之，与“墨池”相直，其后隆崇駊騀，即所谓灵喜檀也，灵喜檀围可五六十步。北层出于神堂之背，右有石磴二十余级，出小层台，凭而俯之，与鸟争智矣。临渚之前，字曰“明澜”，旁曰“衡门栖迟。”河干涟漪，诸君所依韵为诗者也。其右翼室曰橘院，纡南结室，为迴廊，带以櫺槛。西望江源，诸峰蜿蜒，背负山阿、小隐，旁有乳泉，瞖于石址，掬而为井，燕居餴饎，濯罍之所取也。

或曰三近何居乎？以为好学、力行、知耻，而又曰近山、近水、近月，何也？曰：俯仰上下，皆经也，皆学也。人知夫人之学天，不知夫天之学人。动静仁智，消息盈虚，是人之学取于山水与月也。山以积小高大，以为好学；腾踔坚确，以为力行；导水而行，遇坎而止，不宕不淫，以为知耻；水以汇流慕海，以为好学；平科決险，以为力行；瀺涤洁清，以为知耻；月以资日争辉，以为好学；三旬考绩，以为力行：平满挹虚，以为知耻，此三者皆天之所以学人者也。天人相师，渐近渐亲。《记》曰“知远之近，近之则不厌”。《易》曰：“近而不相得，则凶或害之”，言夫近之贵悦者也，悦生于习，习近而亲。无是三者，则谿磐波涛、风露之患，皆足以侵之矣。然则取譬不远之近于月也，刚毅木讷之近于山也，信不谅、恭不足之近于水也。因性而起学，仁者以为仁，智者以为智，勇者以为勇。因性所近，与天相亲。假我以学曰："得无过焉耳，是吾党所共有事也。"

三近堂之兴于癸未五月十日，其开讲之日，亦适值张中丞奏凯、曹司李来于山中，诸友咸集，为甲申五月十日，圣人远神而近人，近人之极，或侔于天，天人相师，焉可诬也？

铭曰：

嗟古圣人，咸达天德，天授之智，锡以仁勇。纯粹体精，物感不侵，有如日月。初无所学，则学彼天。日行逮天，犹耻不及。君子乾乾，则学日月。以夜继晷，宵坐达旦。不学不行，譬之痿人，及駹犬马，路旁是委，虽行道者，皆以为耻。日月学行，不远于天。圣人学行，不远日月；君子学行，不远圣人。一息相远，日失月退，如駹犬马，望麟麒尾。是以古人，好学为贵。好斯乐之，乐斯行之，学皋得夷，学伊得虺，学傅得咸，学旦得散，犹曰百里，方行九十。维有颜回，为力不足，其余去圣，皆远万里。是以古人，维日孜孜，如千里马，棰在其背。孝悌而外，益以文章，文章之微，乃臻性命。衾影微惭，如蒙不洁，斯民饥溺，亦曰繇已。是以天人，常觉不远，帝德明命，日顾而諟，自非然者，则曰远人。物之去人，不可言说，何况去天？安知其量。知斯三者，乃知吾身，与天同德。有双耳目，以为自月；有跂有息，以为週度；有浃汗背，以为雷雨。人之去天，视此三者，以为近远。不知三者，不知其贯，以治天下，徒乱而已。

乐性堂记

黄道周

乐性堂者，吾党 所讲论之堂也。诸生至邺山者，讨德于与善，征功于三近，从容于乐性。聿稽其义，体之亲之，亦可以弗畔矣。堂在三近之南，面临旗山，背芙蓉峡 ，石林簇立，在于右肱，江水环之，则三堂一也。

古之君子，以至善为性，仁智为度，翱翔德林，容与于山水泉石之下，其道足以轻千驷、等浮云，其视禹稷与颜子无所轩轾。故世之学者，造就虽殊，要于知性之可乐而极矣。知性之可乐，又有以乐之，匡坐弦歌，虽中天下、定四海，不与易也。有宋诸儒每对来彦，必问孔颜何乐，以是为圣贤津关，惜未有举乐性以对者。乐性之论发于孟子，而其源本出于孔颜，孔颜以疏水曲肱、陋巷箪瓢，当天下之钟鼎、旂常、茅封、玉食，以是为学可以不厌，为诲可以不倦。当其未得之，有发愤忘食，终夜不寝之憂；当其得之，有钟鼓琴瑟，不知老至之乐。是参差荇菜所比况而作也。使其中无所乐，以涉于山水之间，岩幽瀑撕，鸟呼兽悲。极目断崖，室迩人遐，亦扪涕惘心而走耳，何乐之有乎？乐根于心而生于色，震雷疾霆不以为怒，严霜凄雪不以为哀，知性之所生，则知天之所乐。素位而帝王，穷冬而茂春，此两者不厌不倦，成已成物，所为终始也。

予老矣，不乐为分外之言，然自十五年以来，所见诸风雨晦冥，无以异于光天霁月，以是为人生第一乐事。堂成，上下二楹，足列五筵，庭廊之间，足敷十余几。视与善、三近二堂，其制颇广，外翼室左右各五间，以资鼓箧。

铭曰：

学贵知性，既知有性，乃见天爵，不见天爵，虽与之生，生亦不乐。

既知有性，如受天命，命公者公，命侯者侯，世莫之逾，吾又何求？

以为孝子，以为孝悌，以为仁人，以为义士，以抱忠信，以蹈水火。

既出水火，如与天帝，乘云上下，为者为此，诲者诲此，乐此不已，如以天爵，禅厥孙子。凡是天爵，神明所惊，天地鬼神，各保其生。
生道既足，远无死法，寿于天地，明于日月。根心生色，如种宝树，
復生枝叶，以观万物，仁智动静，各有恰协。静者为山，动者为水，
山者为仁，水者为智。不厌不倦，无一非是。根色不茂，其心必死，
死征在心，虽为公侯，不如路人。君子见性，以御其情，黜情竭才，
復归于性。情黜则诚，才竭则明，诚明相生，以根于心，风雨晦冥，
不移寸阴。譬之霜雪，以养勾芽。万物相呼，各生其家。以为人见，
则有霜雪。以为天见，则无霜雪。君子养性，何所不乐？蹈之舞之，
钟之鼓之，好乐在中，于已取之。天爵孔荣，千驷为轻，陋巷箪瓢，
疏水曲肱。

与善堂记

黄道周

与善堂，即邺山神堂也。以栖先圣贤，谓之神堂。神堂之前，北溪停环，合苏浦水以贡两峰，层巘叠出，左右三能，张拱交翼。是正申寅，次于坤艮，长夏日月之所交合也。每当长夏，日月出沐，晞于首山，阳光洒堂，作黄金色，烂若在熔。夕照之后，峰影入渚，东西抵岸，江心匹练，亘而断之，摇于明月，如碧落之界河汉。其峰倍起，淡若两江。回眺石屏，若黝若青，若兄开明，而姊长庚。其西为鹞集山，峙石如鹞，鸣跂宛然。其左臂有卓笔小峰，淬于两瀑。其下余盘，则所谓北钓台也。诸友于邺山，凡构三堂，而神堂先成。盖是流出于北溪，晦翁与安卿往还其间。而山下有田数亩，为黄龛社中所祀晦翁租田也。隆其直，为置黄龛近田易之。而于神堂前楹别祀晦翁，从以安卿、直卿、东湖、东溪、剩夫、翠渠、白石、鹤峰、仲先，为九先生。其内楹，置列圣见闻知之位，下列颜、曾、思、孟、濂溪、明道、横渠、尧夫。凡宾客至者，皆先诣神堂，谒先圣贤毕，乃诣三近、乐性二堂，礼也。

呜呼！古今为山水之乐者多矣，抗之至于巢由，坠之至于王谢。中间流连，尚可百辈，而高引泗滨，下称里闬，牵连至于关洛之外。夫以是尧言禹趋者之皆可与携童冠，濯足振衣，翱翔风月，无所滞碍也乎？堂中左右仅可二筵，中函仅丈，不讌不讲。外堂题曰“高景”，内堂题曰“与善”。与善，则讌讲亦可也。西翼室二，各有耳。东翼仅足栖庖，与三近堂通。癸未岁五月十日始构斯堂，至甲申岁五月五日落成。又四日，云间张中丞公祖以奏凯出江东，视予于邺山之下。于是，远近诸友咸集斯堂，始申讲约，是亦阅岁矣。日月俱合，集于五九，五者，序也；九者，材也。辨序而庀材，以材则健，以序则功。《易》象九五、三十有二，皆吉材也。自《贞》屯而外，《履》《夬》，称厉，而犹以当位中行见许于圣人。君子出有岩廊之憂，处有云泉之乐，居则观其序，动则占其才，令居皆当位，行不出中，虽有贞厉，吾亦为之矣。

自是而后，每岁讲会，以五月九日为始，不忘其初，且志燕喜也。呜呼！天步方艰，蓄变未始，吾为陈人，亦已老矣．诚得四海无事，鱼鸟不惊，俛仰今古，出入日月，偃息梧竹之阴，婆娑泉石之上，喜至谣吟，倦而抚枕，虽远谢车盖，绝音公侯，未为不乐也。堂成，未有祀田，曹司李远思为置田八九亩，在堂之西北，距北钓台若干步。张绍科三华、许登垣汝翼、魏公胤伉侯、魏呈习秉德，实董其事。张中丞，讳肯堂，南直华亭人。曹司李，讳广，浙江崇德人。为是燕及，无忘厥初，为之铭曰：

居业维勤，将德维敬。修之曰贤，永之则圣。譬此崇冈，进于荒昧。樵鮫所棲，焉知其贵。实始启疆，又黼黻之，乃立础柱，又藻棁之。见之者下，过之者趋，曰是岿然，圣贤之居。匪敬匪勤，腾华绝根。虽有层阿，等之断垠。君子敬修，慎乃永久。未之思也，何远之有？

又铭曰：

粤思古人，心源唯一。继之成之，其道鲜失。成继伊何，曰维一善。为天志事，与人同贯。辟如婴孩，语善则说。投以不善， 艴然气决。盗贼强横，亦乐善言，以不善投， 其怒乃迁。凡善与人，巽于风雨；不善与人，憯于刀俎。善言善色，变为巧佞。性为习迁，乃失其正。所贵善人，以善相成。本性而出，与心相生。继天之志，成天之事。育物为仁，正物为义。繇仁义行，与天相亲。淡情去疑，与道德邻。匪曰谀辞，佐以柔色。导便养阿，丑正恶直。所以舜渊，以善为度。择焉贵精，执焉贵固。耕稼陶渔，皆善与人。钓弋射御，亦与善均。禹拜善言，子和歌者。岂曰柔辔，不违其马。裁之奖之，激之劝之，非徒与之，又眷恋之。我友我师，我孩我昆。天下相成，其道乃醇。为天孝子，则继其志。为天忠臣，则成其事。成性存存，道义之门。非道义门，善何所存？便辟善柔，实为天莠。谀词令色，亦维鬼窦。去之去之，善则与之。涵濡陶镕，谓我取之。取之与之，人不得执，天不得距。《诗》亦有言，天之牖民，如取如携。亶其然乎？

作者：黄道周（1585—1646），字幼玄，又字螭若，号石斋，漳浦人。明天启二年（1622年），由进士第晋右中允、兵部尚书、吏部尚书兼武英殿大学士。

三、清代文选

重建邺山讲堂记

单德谟

从来事之兴废，迭为乘除者也，其兴也有自，其废也有因，其既兴而忽废，已废而复兴也，总有数以主之，而藉手于人以扶持补救于其间。

明石斋黄先生理学文章、经济气节，非特南闽冠冕，而天下后世群奉仪型也。昔尝讲学于漳郡东曰邺山。时当道缙绅、四方人士，环江拱听者，日以千艘。建与善、三近、乐性为堂者三，嵸嶐盘砥为台者五，为坛者一。广轮鳞栉，为书舍者百有奇，历历可考焉。日月几何，荒烟蔓草，断崖崩涧，故址已尽消磨矣。夫有废而莫之兴，守土者之责也，前贤之芳规遗迹，听其湮没而弗彰，亦都人士之羞也。

戊辰夏，余自钱塘移巡漳南，省方望古，求所谓邺山者，慨然为兴复之计。爰偕守令各捐廉俸以策鼛鼓，并告漳士大夫共襄厥举，遂诹日启基，鸠工庀材，仍其旧制。经始于季春，越孟冬落成。进子朱子暨先儒先生神位于堂，率僚属人士行释奠。礼成，念于众曰：“讲堂之废久矣，今兹之兴固有天幸，亦先生灵爽实式凭之，倘继起有人登先生之堂，深仰止之思，以理学文章相砥砺，以经济气节相期许，将私淑无殊亲炙，而在朝为汝翼汝为之硕辅，在野为有体有用之真儒，则谓先生至今存可也。余于漳人有厚望焉，如云修举废坠，润色山灵，只以娱骚游之目，增登览之胜。是亦羽客缁流之结缘、募施与祇园给孤等尔，又何关轻重之数哉！”

作者：单德谟，高密人。清雍正五年（1727年）进士。乾隆十三年（1748年），任汀漳龙兵备道。

邺山讲堂赋

以黄石斋先生讲学于此为韵

曾 省

登彼焦桐，使我傍徨。云山寂寞，江水苍茫。古往今来，访名贤之旧址；风微人往，怀前哲之遗芳。仰逃雨之岩头，寒泉泻白；经采芝之径畔，石藓班黄。空留耸峙兹山，足拟邺侯气骨，只令徘徊过客，犹思黄子讲堂也。

方其辟草莱，耽泉石，傍岩阿，开坛席，诚一代之儒修，实千秋之典籍。吟风弄月，同茂叔以舒怀；养晦韬光，傚瀡翁之匿迹。先觉之觉后觉，文既在兹；见知之知闻知，道堪集益。

箴铭敬恕久矣：鹿洞规模，学究天人；森然鹅湖品格时也，嘉宾戾止，名士孔偕，春风满座，桃李盈阶，门墙益增其峻，子弟亦见其佳。喜薪传之有在，欣乐育以为怀。著河洛而撰洞玑，功直探夫阃奥；从关闽而溯濂洛，学已土造乎心斋。

从容自得，俯仰超然，名高山岳，道绍圣贤。这里称为蓬岛，此间别有洞天。坐刘向于石渠，朝稽夕考；设马融之绛帐，春诵夏絃。三近堂高，既开来而继往；一窝事古，亦启后以承先。

若夫东临虎渡，西望柳营。驿楼隐约，栏榭斜横。谈经则老虎跪听，报客则灵鸟飞鸣。松篁芒掩映，栋宇睁蝶；江山如画，云水双清。可拟诸葛草庐，隐居求志；又如晦翁精舍，遁世逃名。虽汲谷棲山，身已离夫丹陛，而先憂后乐，念早系乎苍生。

所以地足胜游，人来听讲。诣臻纯粹，应如道子成丹；理证渊源，更切禅门喝棒。记得江干车马，但愿识荆，陡惊海内，文章尽教说项。望风来学，地不限于东溪西溪；闻教咸归，舟直环夫南港北港。

孰知事变无常，沧桑靡觉，陈师鞠旅，既任斯权。奉诏勤王，遂停讲学。忠君爱国比涑水以何惭，取义成仁，较文山而更卓。顾此日身骑箕尾，英灵已返于星辰。问当年志切，纲常浩气，长昭于河岳。

迄今追维往事，感慨欷歔！盟寒鸥鹭，迹混樵渔。爱诸翁之磊落，寻胜迹之荒墟。猿啼三峡滩前，思美人其邈矣；鹤唳万松关外，涕吾道而涟如。悲兰畹之就荒，夕阳半落；榕坛之尚在，魂魄相于斯。固清淑独钟，可联香洲之故里；而流风所被，更胜名第之旧庐者矣。

乃作歌曰：

大江浩浩东流水，我来凭吊寻遗址。
先生乃正气所钟，忠孝几人能若此。
邺山学业富文山，曹市从容等柴市。
轰轰大节垂丹青，百世之下闻风起。
风骚已缈付凫鸥，礼乐犹存问鹿家。
呜呼！
有明二百七十年，唯先生一人而已。

作者：曾省，字习轩，号醒翁。龙溪二十七都田璞村（今蓝田镇西坑村田璞社）人。清道光二十四年（1844 年）举人。

朱文公祠重兴碑记

黄　宽

云洞岩为漳东名胜之最，宋子朱子莅漳时尝游焉，书“溪山第一”四字于石。明蔡鹤峰先生隐居斯山，于敞处建仰止堂，崇祀朱子，讲学其中，名其地曰“霞陆云丘”，以见志。

海氛，祠宇遂废。康熙初，铁山陈先生议兴未果，黄君在谦成之，并舍梧桥河租；唐君茂毓，又舍丹洲渡税，以为春秋祭费，其功尚矣。历年既久，祠再倾圮，朱子祠位移祀于霞窝。因陋就简，数十年来，未有议复之者。乾隆壬午冬，黄君秉义、连君宗英，倡议修建，都人士欣然从之。计费白金四百又奇。越月竣工，于是堂宇焕然复新。夫钦大贤之芳踪，继昔人之盛举，知斯山之所取重者，不徒形胜之称最也。用纪其事，并勒乐义姓名，以劝来者。

作者：黄宽（1709—1773），字济夫，号巽亭。龙溪角美壶屿人。清乾隆十三年（1748 年）进士，授江西崇义县令。在邺山讲堂授课 20 余载。

道咸以来朝野杂记

崇　彝

岳小琴银台，同治乙丑进士。官工部郎，屡充要差。嗜好碑帖，其书斋名秋好轩。

余于庚子乱后，曾见其所藏兰亭卷，有小琴先生自跋。近年见其所藏小学兰亭，初以为廖莹中玉枕本，审视较玉枕本尤精小，不知出自何石。既阅黄小松《秋盦题跋》，称有明人李宓缩本，尤小，盖即此本也。题跋云：“李宓，字羲民，闽之龙溪人，家万松关下。明万历间以书名，梵宇琳宫，多其遗迹。董文敏慕其书，每具币求之，实具邑乘。”又曾见小楷《黄帝内经》，手刻于龙池片石者，极精妙。由是知不彰之迹，与书画家能事而未经称道者，为不可胜数也。

作者：崇彝，清顺治六年（1649 年）进士。康熙元年（1662 年），以参议任分守道。

漳州甲戌士变记

王履亨

同治十一年甲戌岁试，秋七月，督学冯公（名养骥，广人，官詹事府少詹事）按临漳郡。七邑文武生童齐集，时聚议以学老师勒卯无厌，不亟划守定章，王开泰惨毙，何堪再见。乃于郡东赤岭，伺督学到站，据情跪禀，不收。复于学辕外拦舆跪禀。督学阅禀掷舆外。不得已遵例呈递，终不准理。诸考童哗激曰：“已死了王开泰，复欲我辈为学老师鱼肉耶？秀才做不得。”旋见学辕照墙及就近之各衙署、僻巷、庙观，凡属试寓通行处，皆高贴罢考字样。向例，督学下车，翌晨下学讲书，并考生童古学。越三日，考入学生员，晚发取古学榜。四日覆考古学。五日考第一场文童。是日正考诏安、南澳合他县文童。前夜二鼓许，学辕升炮声，早有送考之人往来各学办事房，探查罢考消息；学辕升炮二声，学辕前直横各街，人众拥挤，非常喧闹，纷纷议论，谓今夜罢考，端由王开泰惨毙，学老师题卯太酷。未几，人众堆拥愈多，喧声益觉沸腾，竟将学辕及供给提调二馆围绕水泄不通。东西辕门外，均立有外县三五老秀才及武馆教师各十数人，其随从皆粗庸伙夫，侍立两行，专伺驱散应考者。是时，入学老师皆微服入供给馆后门。龙溪县远远唱避人众，扣开提调馆而入，捕衙老爷随后。正在拨开人众，不意砖角石块抛击蜂飞，早将捕老爷轿窗打得玻璃粉碎。老爷头额流血，从役急扶避他去（捕衙灯笼书龙溪县右堂，人众误龙溪学左堂），人众方哗笑间，忽见学辕灯笼有人摘下，纳入县所坐蓝呢轿内，登时火光烛天，人众呼喝之声，全城震骇。自学辕前至肃清宫，凡卖杂物灯火素皆彻夜万点辉煌，此时顿形黯淡，加以隐隐风声，过处如神号鬼哭，闻皆毛发森竖，人众重重，进如瀚涌，退走如万马奔腾，闹至五鼓，始见镇军匹马亲提三百多名精兵，刀叉森列阵行后，漳州府带丁役百余名，各执木棍铁链，沿途喝拏，人众急散开，远视学辕内，仪门至是大开，镇、府入，向督学安慰任咎（院后房办事人说，冯时闻变惶急，拟欲吞金）。天未大亮，府县侦骑四出访拏主动闹考之人，计南靖恩贡王化、廪生柯欣、王暹、张星海、吴济时。漳浦首廪宋则荣、廪生黄梦周、诏安首廪沈梦熊，余被波累，未能悉记。独指化等为敛财聚众（开泰未婚妻刘氏矢愿守节赡寡立后，二者当为筹备，众议考童印结时，每名捐助数十铜钱，当道不察，或于瞒耸）一面令不与闹考之他县廪保，佥恳督学示期考试，以重朝典。督学姑准先行考试，场事既竣，乃起马按临龙汀建郡回省。后闻梦周、梦熊先后到案，化先避泉惠邑，后自投案。汀漳龙道省列宪，察知闹考祸出有因，实非化等之罪，宽刑不忍笞责。奈督学以案情重大，必欲斩罪死化（故加谋杀大臣四字）。督抚多方力请宽典，始减等论罪，以化充黑龙外军，梦周拟流，梦熊拟图，后化、梦周皆不返，梦熊释回。其未到案者，均革去衣顶。凡此皆当日实在情形，其是非功罪，历历详之，以俟持衡论世之君子。

漳州师酷勒新进卯礼记

王履亨

广文先生冷宦也，官清贵而职微俸薄，度日殊苦支绌，夫非淡泊盟心，何以表率多士，在当年命官制禄，原亦意美法良。第自不肖师儒滥竽承乏，往往藉言穷苦，因是弊窦渐开，以故每逢岁科两试，于新生贽见而外，勒取多金，而以卯礼名之也。厥初祇谕量力捐助，后遂公然沿习，大肆诛求，而酷勒之弊，层见叠闻。间虽贫富略分，然下户勿论，姑就中户言之，如题卯礼八十两，连加三升头（每两加三钱，为学师赏仆人之费），合正左两斋及胥斗办公费，计须白金二百余两，则上户之多多益善，更不可胜数。学师携有官亲，如所称少爷、侄爷、舅爷、甥爷、姑爷、表爷。偶来寄食之某师爷，此辈最工助虐。又每遇题卯时，必延请本地一二劣绅，恃为耳目，以此辈于新生之家当见闻较悉。故凡题卯者，受此两种人包围，或惋劝，或恫吓，稍有不服气，即蒙许多嘲笑，甚加以叱辱。学师素串督学院里军牢，当题卯越至翌晨，即有二三戴官帽穿长袍，到学师公馆，装腔作势，高声对学师云："大人坐待恭默，到院迟则记过。"转身向题卯者喝曰："此任大人非常执法，汝等须赶紧誊册（例新生入学，贽见学师，并自誊年貌、履历，学师藉此以要题卯），迟则黜名他补。"复语学师："有刁难旧规之新生，即带院面禀大人"云云。题卯者至是，虽有万分苦痛，不能不俯首入其彀中矣。呜呼，吾漳壬申科试，甲戌岁试，酿成王开泰自刎，七邑士变，致贻祸斯文，职是故耳。

作者：王履亨（1856—1940），字咸熙，号复一。祖籍龙溪县上苑（今龙文区蓝田镇湘桥村上苑社）。清宣统二年（1910 年），征举孝廉方正。

四、民国文选

瑞竹岩记

李叔同

瑞竹岩名，非古也。昔唐楚熙禅师结庐万松山巅，曰德云庵。宋大觉琏禅师兴建梵宇，仍其旧称。逮及明季，皇子莅山，见枯竹箨萌，谓为瑞相，因题庵名曰瑞竹。而德云庵名，自是不显于世。其时宰官陈天定暨住持绝尘禅师发愿重建佛殿，视昔为胜矣。又复相传有林阁老者，未第时，读书山中，及跻贵显，乃建介石云窠于佛殿后，今唯存其残址，俗谓为八角楼也。清宣宗时，智宣禅师驻锡瑞竹。禅师为邑望族，梵行高洁，工诗善书，亦能诏隆光显前业，为世所称。厥后道风日微，浸已衰废。洎今岁首，檀越迎请智峰禅师入山，兴复旧迹。法师学行高迈，乘愿再来，夙夜精勤，誓隆先德。复礼大悲忏仪为日课。尝语余曰："为寺主者，应自行行。勤修三学，执范大众，岂唯躬佩劳务已耶。"余深服其所见高卓，可谓今之法门龙象矣。余于囊月，弘法漳惠，鹭屿变起，道路阂绝，因居瑞竹，获睹胜迹，夙缘有在，盖非偶然。

岁次戊寅五月，弘一

作者：李叔同（1880—1942），法名演音，号弘一。早年留学日本，归国后从事艺术教育。民国 7 年（1918 年），在杭州虎跑寺出家。中国近代著名艺术教育家，一代高僧。

五、中华人民共和国成立后文选

重修塔口庵碑记

王作人

塔口庵者，何以庵前有古经幢，而俗称幢为塔？又地当古净众寺出口处，故名也。庵建于元初而塔则绍圣四年所造。庵塔相映，老榕覆之，称漳州名胜。塔石为之，高六．二米，石雕浑古，原为市级保护文物，一九九一年三月晋为省级文物保护单位，尚矣！而庵旧有两进，民初辟路，前进被拆。后进年久失修，亦垂坍塌。一九九零年市人民政府拨款修葺。今春乡寓台诸先生女士返乡，又慨然捐资续修，朴者雕之，陋者扬之，轮焉奂焉，塔口庵之丰采涌现矣。呜呼！保护文物，国有明典，爱乡爱国，尤赖同心。诸先生女士修坠举废成功，乌可泯哉！谨将奉献着芳名勒石，以志不朽。

重建石狮岩碑记

王作人

石狮岩风景奇秀，宋郡守李筠溪为诗阐彰，厥后名贤踵至题咏如林。盖方驾虎硿而标雄七首为漳南名胜者垂千年矣。迩者沧桑迭更，岩久荒废，衍后村石狮岩管理处鉴于保存古迹发展旅游，国之重典，爰集群力葺旧而重新之。佛殿既崇，禅室并起，古树名木蔚然巨观，实旅游之奥区也。始工于九七年长夏，于是冬讫工。昔先徵君王复一公授徒岩上，倡明正学，题佛殿联云："此地有高山可仰，吾徒尊大道而来。”儒林旧迹，亦名山之珍贵史话也，附书以供游者研考。上苑王作人敬撰并书，魏宝贵篆额。夏历癸未年二月一日衍后石狮岩管理委员会立。

重兴东桥亭碑记

王作人

郡志云：“名第桥即东桥，旧名东清，有亭。唐元和间建，适周匡物登第，故名。”西桥旧名西清，其曰登仙，亦取义匡物登第。二桥经时千载，历劫不磨，漳之古迹，此为最早，可不宝欤？

今之东桥亭，庙宇三进，岑寂深幽，城市山林，最称胜境。亭中旧多文物，惜经乱散失，唯异人卓晚春题柱原句尚存。晚春名午，列号上洋，莆田人，明嘉靖间以文学书法著称。遗迹在漳者，有景清岩“小西天”三字，外此罕见。桥亭题柱可称双璧，奇迹仅存，亦云幸已。

亭庙迭有废兴，今常住比丘尼照中、界慧师徒，矢志拮据而重兴之，属余为记。余维佛空诸有，固不以兴废为怀。唯保有史迹，佛门之光，亦地方文献之盛事也，爰不辞而为书其事。照中笃老、修持界慧赓续而光大之，功亦伟矣。

是役始工于丁丑年四月，以是年十一月竣工。其规划施工多界慧侄刘君峰山劳，十方善信随愿醵金亦并垂不朽云。

作者：王作人（1921—2006），字迪坤，号括斋。祖籍龙溪上苑。漳州文史专家。

漳州觉皇院樵云上人碑铭

黄超云

昔释迦牟尼佛行将涅槃，垂示诸弟子：嗣后当以戒为师。良以三学戒定慧，戒居其先。

《大智度论》云：“戒为一切善法住处。若无戒，欲求好果，是不可得。”《四分律》列比丘戒二百五十条，比丘尼戒三百四十八条，所定戒律綦详矣。然佛门子弟戒行精严，卓尔人表者，古往今来未数数见也。

有明一行，自洪武元年（1368年）起，朝廷屡颁诏书，整饬僧风，是则律学之不振盖已久矣。幸有乡贤樵云上人，生于万历、天启之间，精研律藏，服膺勿失，又复灯传广远，成为一代宗师，遐迩钦崇，布在方策，沧桑数百年，高官显宦湮没无数，而樵云一介贫僧，乡人至今念之。

樵云上人，世传漳州东乡霞洲人，俗家姓郭，而据明陈希拯《支提山志》又云姓周，先世寒微，莫得而详焉。上人幼年出家，住山头社桥下庵，即今之觉皇院也。——觉皇、觉王均为佛之尊称。院以供奉世尊为主。上人年弱冠受具足戒，有感于皈依三宝，遵佛遗教，应严守戒律，不可任意取舍。因是过午不食，搬柴运水，不遑安息。世以苦行僧目之，实则志在大乘，诚律学之宗师也。万历二十七年（1599年）上宁德支提山访求善知识，结茅自处，历经十余年，勤修五明，晓畅经论。后回归漳州故土，以为学佛务须入世谐俗，利益众生，若离世而求菩提，直同寻觅龟毛兔角。遂移居石室岩，日则在万松关孔道施茶，沾润行人；夜则掩扉诵经，坐禅见性。如是三年，洞然有省。因应士绅善信之请，挂锡开元寺。禅风清峻，四方云衲来归，踵相接也。上人乃广开方便，为比丘、比丘尼、优婆塞、优婆夷等四众开堂授木叉大戒。广大僧徒亲受提斯，如迷途知返。得意门生，济济多士。如临济宗禅师净柱，字远门，龙溪人，著《五宗续略》二十二卷行世；憨山禅师字清德，著《楞伽笔记》，其《醒世歌》脍炙人口，为佛门名作；元贤字永觉，鼓山主持，有志振兴儒禅，著语录及其他诸书凡二十种八十余卷。明师高徒，交相启发，以是因缘，大弘律旨，成为佛家龙象。迨至民国，弘一大师传薪泉州，阐扬《四分律》，律学大兴，斯文不坠，其在兹乎？

黄石斋道周赠诗曰："贤徒多解石，不畏讲堂虚"，"信乎宗门之盛，漳虽佛国，亦前所罕比矣"。

万历末，神宗广征天下高僧，上人被召入觐，帝赐紫衣以荣之。紫衣者即紫色袈裟也。武则天以紫袈裟赐僧法郎，其例累代不变。世人或称樵云为"龙裤国师"，殆俚言也。上人晋京，曾随缘至南京天界寺讲律，为律学复兴转轮。上人自京回漳，乃于岐山下作石室读经而终焉。石斋诗所谓"逃空犹费凿，安藏未销书"可证也。

原夫圣人以神道设教，意在启人秉彝，日趋于善，其有补治道，显然可见。盖人世一本而万殊，导齐之方，亦不限于一途也。当今振兴中华，安定最为要着。樵云上人为一世律学宗师，言行足以范世，谨依表彰乡贤之例，立传刻石，以教出尘不丞民而垂久远，不亦宜哉。

铭曰：

吁嗟上人，矢志艰辛。恂恂佛子，卓立绝伦。
开堂讲律，冶炼万钧。师弟相续，如火传薪。
妄心平定，肫肫其仁。大慧照耀，苦海如津。
通达道谛，破除荆榛。乾坤朗朗，文质彬彬。
戒行圆满，随处阳春。爱乡爱国，德必有邻。

作者：黄超云（1917—2012年），字松轩，号华亭。民国时任明溪县、东山县县长。为省文史研究馆馆员、诗人。

第二节　历代诗选

一、唐代诗选

漳州新城秋宴

陈元光

地险行台壮，天清景幕新。
鸿飞青嶂杳，鹭点碧波真。
风肃天如水，霜高月散银。
婵娟争泼眼，廉洁正成邻。
东涌沧溟玉，西呈翠巘珍。
画船拖素练，朱榭映红云。
琥珀杯方酌，鲛绡席未尘。
秦箫吹引凤，邹律奏生春。

缥缈纤歌遏，婆娑妙舞神。
会知冥漠处，百怪恼精魂。

作者：陈元光（657—711），河南光州人，称开漳圣王。卒葬云霄大峙原。徙州治，迁葬浦南与龙文西洋交界处之石鼓山。

和陈元光平潮寇诗

许天正

抱磴从天上，驱车返岭东。
气昂歼众虏，策妙绌群雄。
飞絮随风散，馀氛向日镕。
长戈收百甲，聚骑破千重。
落剑唯戎首，游绳系胁从。
四野无坚壁，群生未化融。
龙湖膏泽下，早晚遍枯穷。

作者：许天正（649—718），字允心，号云峰。河南汝南人。泉潮团练副使、宣威将军。卒葬香洲。

冬日到泉郡次九龙江与诸公唱和十三韵

丁　儒

迢递千重险，崎岖一路通。
山深迷白日，林尽豁苍穹。
正值严冬际，浑如春画中。
泉醴开名郡，江清隐卧龙。
天涯寒不至，地角气偏融。
橘列丹青树，槿抽锦绣丛。
秋馀甘菊艳，岁迫丽春红。
麦陇披蓝远，榕庄拔翠雄。
减衣游别坞，赤脚走村童。
日出喧乌鹊，沙晴落雁鸿。
池澌含晚照，岭黛彻寒空。
风景无终始，乾坤有异同。
但思乡国迥，薄暮起心忡。

作者：丁儒（647—710），字学道，又字维贤。祖籍淄州济阳，迁居龙溪县。唐麟德元年（664年）守龙溪。总章二年（669年），擢为军咨祭酒。垂拱二年（686年）任承事郎后，任别驾。

漳　州

张　登

漳州悲远道，地里极东瓯。
境旷穷山外，城标涨海头。

作者：张登（？—801），南阳人。张登初应辟为卫府参谋，迁延平尉，拜监御史，后拜漳州刺史。张登著有文集六卷，《新唐书艺文志》权载之为之序，行于世。

二、宋代诗选

梁山瀑布

蔡　瑗

会稽之南罗浮北，中有大梁神仙宅。
瀑流今古掛长虹，泻下银河数千尺。

题雉山院

蔡　瑗

白雉闻经向此山，转身来伴老僧闲。
大都见善能开悟，天上人间任往还。

新建双门呈奉知府郎中

蔡　瑗

巍雉云丛十万家，台门新筑更豪华。
春笼碧瓦浮佳气，日上朱栏夺绛霞。
众水回环来卫府，千峰朝挹自徘徊。
吾州形胜今如此，文物彬彬正可嘉。

作者：蔡瑗，字希蘧，龙溪人。宋嘉祐六年（1061 年）进士。

蝗不入青丘

林 磐

赈济饥荒尚未苏，旱蝗何幸我疆无。
悲愁远宦天应悯，不复张村闹鼓桴。

作者：林磐，字定国，龙溪人。宋神宗元丰二年（1079 年）进士。

同太守游东湖

刘 棠

兀兀尘编日自迷，怪来春色转芳菲。
吹嘘气象湖山远，点缀工夫草木微。
挈榼不辞倾美酒，挥戈宁解住残晖。
身闲宫冷何欣幸，秉烛长随五马蹄。

作者：刘棠，字君美，号万章，龙岩人。宋哲宗元祐六年（1091 年）进士。

夜宿龙头

杨汝南

江流如箭路如梯，夜泊龙头烟霭迷。
两角孤云天一握，晓光不觉玉绳低。

作者：杨汝南，字彦侯，龙溪县（今华安县丰山镇）人。宋绍兴十五年（1145 年）进士。

九侯山神诗

蔡如松

谁言少康真禹子，子孙九人流到此。
谁言鬼侯遭纣虐，冤魂至今灵故垒。
诞哉二说太荒唐，未识根原有初始。
我曾南自五羊回，杖履空山问遗址。
数间古屋榜林峦，一簇偶人皆剑履。
断碑仆地苍藓没，满庭落叶秋风起。
岁时伏腊走村翁，醵钱买酒烹羊豕。
粤巫击鼓细吹角，整日歌呼乞新祉。
饥乌攫肉舞盘间，野蝶寻馨投盏里。

愚民惊怪相骇诞，巧峙笙簧萦俗耳。
那知三代去已远，鬼神岂肯歆非祀。
漳川遐僻在穷闽，北去中州几万里。
从来不及风马牛，庙食胡为而至是。
滥觞曲士妄穿凿，湍激妖狐固倚恃。
嘘烟吹雾作精变，历古冥冥无辨理。
何当济会狄梁公，为我乘时皆斥毁。

作者：蔡如松，字劲节，龙溪人。宋乾道五年（1169 年）进士。

丁未十月见梅一点

陈　淳

清清一点玉，枯枝绝鲜鲜。
历历霜林奇，未省有此妍。
雅如哲君子，觉在群蒙先。
揭之几案上，使我心洒然。

挽萧知县二首

陈　淳

资禀于人异，天锺自粹夷。
怀才无表襮，制行绝瑕疵。
孝比王祥笃，知机下惠遗。
乡闾称厚德，已矣但长噫。

早擢儒科秀，旋驱仕路荣。
平反东广幕，抚字桂阳城。
选调方优脱，朝阶自坦行。
如何中道处，遽尔辍千旌。

和梅韵一首

陈　淳

不妨雪压与霜糊，友结松筠鄙橘奴；
特放孤标先暖觉，肯随众卉望寒逋；
疑将冰月为精爽，端借琼瑶琢体肤；
闯出一无生物意，从兹引领万容姝。

作者：陈淳（1159—1223年），字安卿，号北溪。龙溪龙州里人。宋嘉定十年（1217年）特奏名进士。

宽民堂

颜耆仲

圣训昭垂本至仁，此堂取义立名新。
通商有道能徕远，计利无心盖为民。
宽赐一分皆德意，奉行两字属微臣。
年年宝货千般集，好是熙台到处春。

喜雨轩

颜耆仲

六月炎炎苦旱灾，斯民何罪守非材。
炉烟未断浓云合，神物潜驱好雨来。
苗槁复苏青易见，鬓愁虽喜白难回。
也知慰我三农望，膏泽应须遍九垓。

作者：颜耆仲，字景英。籍贯龙溪。颜师鲁之孙。宋宝庆二年（1226年）进士。官至中奉大夫，赐爵龙溪县开国男。

和碧玉千峰诗（次方来韵）

颜颐仲

其一

道在穹壤间，如日照万国。
淳乾再中天，斯文荷申锡。
唯时朱夫子，一柱擎天力。
勉斋妙心传，月印寒潭碧。

其二

东野正始音，绝唱未易续。
昕庭万言对，珠玑灿盈掬。
一麾压南州，寒谷回春燠。
煌煌漳水珠，照耀昆山玉。

其　三

美哉巽斋守，杰构捐金钱。
横经踞皋比，冠剑来三千。
贤侯揭新扁，伟观还当年。
孰能踵公武，名盖东南天。

其　四

经畲望有秋，譬彼田舍翁。
学道犹学医，百脉期疏通。
立身尚名节，峻峙千仞峰。
勉哉蹈前修，毋与流俗同。

作者：颜颐仲（1188—1262），字景正，自号员峤。籍贯龙溪。吏部尚书。卒葬西坑田璞。

漳南十咏之十

东　郊

蔡　襄

苒惹晴云酿雨时，东城无处不芳菲。
斜坡草短孤麛卧，平垅麦深双雉飞。

照坞乱花惊客眼，罥空轻絮点郎衣。
年来意气多羁束，无复长揪带酒归。

作者：蔡襄（1012—1067），字君漠，兴化仙游人。宋天圣八年（1030年）进士，知开封、福州、泉州、杭州。书法家。

闻陈伯育承事结彩舟作乐游

戏寄三首

郭祥正

湖波渺渺浸残春，东郭开筵迥不群。
闻结彩舟撑碧落，更携萧鼓度青云。
自怜玉海终无敌，却忆琼浆意未分。
珠履难陪空怅望，且凭诗句张吾军。
东陈风义旧传闻，雕鹗鸾凤果逸群。
青竹题诗才倚马，画船挝鼓气凌云。

赏心自向明时得，乐事应容下客分。
敌饮会须翻玉海，背河决胜看齐军。
临漳多士冠南闽，况复高才更出群。
笔下文章翻锦绣，坐中谈笑领风云。
美名合预青钱选，邪党今从白眼分。
闻欲高亭张雅宴，寂寥应悯旧将军。

东 湖

郭祥正

东湖北溆水相通，十里荷花半白红。
冷艳已能消酷暑，暗香时复散清风。
欲眠别浦无鱼艇，且倚疏栏学钓翁。
云起仙庭飞晚雨，洒然身世出樊笼。

作者：郭祥正（1035—1113），字功父（甫），自号醉吟居士、漳南浪士。皇佑五年（1053 年）进士。

东湖八首

林 迪

万顷闲田占得多，平堤滉漾接东坡。
流波散施连阡陌，馀事犹堪长芰荷。
门巷深深过客稀，杖藜闲坐钓鱼矶。
醉来一枕华胥梦，肯校人间是与非。
崎岖世路苦风波，物外逍遥得趣多。
门掩夕阳新睡觉，数声时度采菱歌。
林梢乍过黄梅雨，湖面闲来白昼风。
六月游人不知暑，恍惊身在水晶宫。
一曲清歌酒一觞，幅巾林下兴何长？
沙鸥似觉忘机久，时引新雏过短墙。
高下人家绕郡城，隔湖遥认笑谈声。
黄庭阅罢无馀事，却倚朱栏看月生。
采莲游女惬轻衣，争弄兰舟一叶飞。
过尽绿荷人不见，夜深时带月明归。
诗坛棋战两无双，分得壶中日月长。
只恐明时搜隐逸，不容高蹈老沧浪。

作者：林迪，字吉夫，兴化人。宋绍圣元年（1094 年）进士。政和二年（1112 年）知龙溪县。

得仙亭

李弥逊

隔水楼台耸拂宫，缘云扪石得�筇。
布金地主空遗像，折桂仙翁失旧踪。
人去远山留夕照，僧归晚经常残钟。
眼中有句无人道，欲寄丹青恐未工。

作者：李弥逊（1089—1153），字似之，号筠溪居士，又号普现居士。苏州吴县人。

赋归云洞

朱 熹

人生信多患，吾道初不穷。
云何感慨士，伏死巉岩中。
宜阳古道周，窍石何嵌空。
穷幽历肺腑，履坦开房栊。
颇疑有畸人，往昔寄此宫。
岁月讵云几，井灶无遗踪。
我来记清秋，归途渺穷冬。
兴怀重幽讨，永啸回长风。
风回云气归，洞口春濛濛。
信美非人境，出门吾欲东。

赋水仙

朱 熹

隆冬凋百卉，江梅厉孤芳。
如何蓬艾底，亦有春风香。
纷敷翠羽帔，温艳白玉相。
黄冠表独立，淡然水仙装。
弱植愧兰荪，高操摧冰霜。
湘君谢遗楪，汉水羞捐珰。
嗟彼世俗人，欲火焚衷肠。
徒知慕佳冶，讵识怀贞刚。
凄凉柏舟誓，恻怆终风章。
卓哉有遗烈，千载不可忘。

鹤鸣峰

朱　熹

不见山头应鹤鸣，空遗山下瀑泉声。
野人惆怅空无寐，一曲瑶琴分外清。

题云洞岩

朱　熹

君家一编书，不自圯上得。
石室倚云端，时来玩幽赜。

作者：朱熹（1130—1200），字元晦，一字仲晦，号晦庵、晦翁、考亭先生、云谷老人、沧洲病叟、遯翁。祖籍徽州婺源，生于南剑州尤溪。宋绍兴十八年（1148年）进士，授泉州同安主簿。绍熙元年（1190年）知漳州。

交翠亭

方　来

濂溪窗外草茸茸，生意春融我意同。
为甚此园多翠草，也因曾识紫阳翁。

碧玉千峰（四首）

方　来

堂堂紫阳翁，棠阴遍南国。
斯文天未丧，眉寿乃公锡。
四书回狂澜，剩得居闲力。
定作主林神，香骨化为碧。
东溪有人豪，调古谁能续。
我来荐芳馨，黄花清可掬。
想公怜世人，翻覆变凉燠。
至今嫉邪书，字字凛寒玉。
结庐得佳景，向无买山钱。
床头数卷书，浩博弥大千。
丈夫有远志，至学无穷年。

骐骥待北风，鹰隼翔秋天。
武夷溯伊洛，源自无极翁。
譬彼漳江流，洋洋沧海通。
东莱得家传，南轩从五峰。
勿疑辙迹殊，三贤归趣同。

作者：方来，字齐英，永嘉人。从叶适学。宋开禧元年（1205 年）进士。宋淳祐间知漳州。

三、元代诗选

西浦夕阳

林广发

片帆西浦渡，归鸟夕阳斜。
流水欲趋海，行人未到家。
平原生野烧，断屿带晴霞。
渔唱听来近，湾湾芦荻花。

丹霞山

林广发

翘首城南上，悠然见此山。
竹藏秋雨暗，松度晚风寒。
佳色催黄菊，晴光上翠峦。
倦飞何处鸟，日暮尽迟还。

作者：林广发，字明卿，号三溪。籍贯龙溪文山。林弼之父。官安溪县主簿，后调任汀漳屯田万户府经历。

四、明代诗选

康仙祠二首

林　弼

仙宫曾记梦朱衣，十二员山紫翠迷。
一片湿云初过雨，半篙新涨已平溪。
笙歌彩凤空中下，剑化群龙匣里嘶。
何日神丹成九转，从公来听枕中鸡。

春山散策觅仙翁，花信于今第几风。
千树碧桃流水外，一声白鹤乱云中。
风帆无路寻蓬岛，霞珮何年谒蕊宫。
富贵都来卢枕梦，且须沈醉学山公。

林弼诗七首

福山歌

群峰天宝西飞来，茂林幽壑相萦回。
福山中峙太古色，绀楼碧殿凌云开。
云间一珠光万丈，圆外莹中明月相。
森森寒彩凛夔魈，炯炯神毫肃龙象。
始知此宝梵宫珍，山辉川媚草木春。
琼花一朵开昙钵，紫芝三秀生法轮。
福山高与蓬山列，苍松不凋桧不拔。
山中酒熟桂花开，年年来醉中秋月。

齐云亭奇石歌

何年星芒化山骨，古色苍颜势嵣崒。
就中别有混沌天，万象森罗了毫发。
府公初置齐云亭，一府来看零阳屏。
蓬莱清浅隔弱水，君山晻霭浮洞庭。
我疑太阴照天地，山河倒影摇丹桂。
又疑明河泻九天，斗牛腾光通剑气。
公馀对此独踌躇，咫尺万里论江湖。
幽篁古木在眼底，何用人间属画图。

过盘陀岭

盘陀岭上几盘陀，茅竹潇潇雨乍过。
水暖游鱼出阴涧，草香驯鹿食阳坡。
怪山当面疑迷路，啼鸟迎人却和歌。
纵谓世途当险恶，太行蜀道复如何？

重过白鹤岭

栖碧亭空锁翠微，诗成人世已俱非。
墨池水暖鹅谁换，华表云闲鹤自归。
楼倚仲宣休作赋，碑思叔子故霑衣。
古来陈迹知多少，立马西风又落晖。

秦皇庙

蚕食雄风逐逝波，荒祠寂寂寄岩阿。
三神山下仙舟远，万里城边战骨多。
东鲁尚存周礼乐，西秦空壮汉山河。
早知二世无多祚，岩石书功不用磨。

西村隐居

西村竹树静朝晖，万事闲来总息机。
一夜小溪春雨过，半篙新水白鸥飞。
草堂筑就赀谁寄？彭泽归来愿未违。
最忆衡门凝望处，平畴十里豆花肥。

临　江

柳外楼台入翠微，水边箫鼓荡晴晖。
樟江雨涨鱼新上，皂阁云生鹤共飞。
请老尚留诗卷在，此生未逐钓船归。
篷窗吟罢还成醉，蜜酒初香玉笋肥。

作者：林弼，又名唐臣，字元凯。龙溪县文山人。元至正八年（1348年）进士。元任漳州路知事。明任饶州通判，升任登州知府。

仙亭岩

林　雍

杖履追随入洞天，清泉怪石自依然。
当时龙虎烧金鼎，此日楼台起紫烟。
云外旧巢归老鹤，霜中古木咽寒蝉。
人生百岁须归尽，何用凭虚学引年。

作者：林雍，字万容，龙溪人。明景泰五年（1454年）进士。

雨后登仙亭晚眺

姜　谅

宿雨喜初晴，薰风拂面生。
登临最高处，一望海山平。

作者：姜谅，字用贞，浙江嘉兴人。明天顺八年（1464年）进士。成化十五年（1479年）知漳州。

云洞寒泉

周 瑛

珠藏泽自媚，玉蕴山含辉。
凭君细调护，至宝天下稀。

作者：周瑛（1430—1518），字梁石，号翠渠。镇海卫人，祖籍莆田。明成化五年（1469年）进士。官至四川参政，右布政使。

玄 岩

丰 熙

玄岩映寒泉，碧桃倚修竹。
隔洞古调闻，拂弦人似玉。

千人洞

丰 熙

片石千人屋，天工太泄机。
海风吹不破，应待野云归。

作者：丰熙（1468—1538），字原学，号白斋。鄞县人。明弘治十二年（1499年）进士第二名，翰林学士。

虎渡春潮

陈克聪

江阔虎曾渡，江空潮自来。
水生洲渚没，流漫海门开。
逐日移消长，依期自往回。
鱼龙多变化，半夜起风雷。

作者：陈克聪，明龙溪人。与丰熙同时。

初入鹤鸣山作

蔡　烈

性癖林泉入鹤山，入山得趣出山难。
云收古洞千峰寂，泉绕玄岩万玉寒。
半榻草庐幽处结，一编周易静中看。
庙廊济济诸贤聚，也要矶头有钓竿。

作者：蔡烈（1479—1558），字文继。龙溪蔡坂人。理学家，隐居于云洞岩。

冬日游云洞

张　燮

古洞曾栖野鹤群，每于险绝带清芬。
几回穿径疑无路，直到登峰只是云。
天畔泉源来处合，林边鸟道望中分。
高低屐齿频频换，窈窕声微隔树闻。

作者：张燮（1574—1640），字绍和，自号海滨逸史。龙溪人。明万历十二年（1594 年）举人。著《东西详考》。与黄道周最善。

宿青云岩

林　釬

憩步峰前日午馀，强扶藜杖入云墟。
石间有寺藏何处？天上无阶近不如。
荒径忽开松桂坞，明霞偏映草莱裾。
山僧迎客闲更好，可摘青蔬似故庐。

灵通岩

林　釬

溪光涨碧波，石壁郁嵯峨。
上下烟云合，去来风雨多。
磴空迷叶落，树响失猿过。
竹杖正堪稳，前头扪薜萝。

蓬莱峡端阳水嬉赋得山光摇芙蓉溪鳞盘鱼龙并用为韵（选一首）

黄道周

信有断鳌足，逐来无定山。
蛟何为水滞，犬欲吠云间。
海客负图出，珠入人市还。
群峰应抚掌，为我故孱湲。

石斋上长安诗以勗之

蔡玉卿

送别饯河梁，君上长安道。
去去复去去，长途漫浩浩。
朔方风雪多，音微日夜杳。
幸期匡颓俗，所冀伸怀抱。
以此慰闺人，寸心良为好。
况乃百年中，齿发倏已皓。
捍国有几时，忠直永为宝。
桃李森成行，園林删漫草。
他日詠归来，共订言事稿。

作者：蔡玉卿（1612—1694），字润石，籍贯龙溪蔡坂村。黄道周继室。女书画家。

诸翁石（在邺山下）

洪　思

邺山荒绝罕能游，潜赴黄柑白果秋。
石壁可招初出月，芦花专访不群鸥。
必无市上知梅福，岂有乡人识马周。
帆小使风常近岸，数峰迎我钓船头。

邺　山

洪　思

讲堂孤冷似渔家，月满茅门闭水崖。
礼乐既衰人不见，一声清罄在芦花。

作者：洪思（？—1704），字阿土，龙溪人。从学黄道周。

瑞竹岩

陈天定

坐对澄江一片明，晓烟谁卷暮谁迎。
石栏不约春光住，竹杖能挑海气生。
山犬吠时知客到，水鸥飞处见舟横。
风高树响清宵梦，还忆尘中礼罄声。

壬辰围城

陈天定

举国吹沙眼尽迷，凭谁细语与悲啼。
画兰底事无些土，归燕同心有独栖。
秋后蝶飞花已老，宵中乌唤月全低。
凄凉未敢哦天阙，一卷骚文乏酒携。

日望长驱眼欲枯，夜间不寐听啼乌。
始知人命关呼吸，谁把流民入画图。
喫饭着衣空有术，毛风血雨更无肤。
繁华卷地弥天恨，多少姬姜泣路隅。

扶杖邅廻步不前，满城人鬼共号天。
迟来旬日看沟壑，缓死须臾羡壤泉。
果有肉縻供鹄面，绝无火色称鸢肩。
哀今郊草青垂尽，空忆农皇着赭鞭。

作者：陈天定，字祝皇，又字慧生，号欢喜道人，世称慧山先生。梧桥梧店人，明天启五年（1625 年）进士。太常寺少卿、太仆卿。

忆下岩

蔡　文

巉岩犹忆旧跻攀，小径溪前入万山。
古寺钟鸣深树里，晴空泉响乱云间。
仙禽有约亲人啸，野草无心满目斑。
丹灶烹茶无俗物，几时复伴老僧闲。

作者：蔡文，梧桥村御路社人，明嘉靖二十六年（1547 年）进士，贵州右副都御史。

五、清代诗选

宿瑞竹岩

康孟侯

枯竹垂生岂偶然，楚熙昔日此安禅。
千盘古道疑天近，百折松门望海偏。
古洞春深泉作雨，长林夜半鸟啼咽。
棱头卧听钟残后，又有渔歌到枕边。

作者：康孟侯（1622—1684），字晋公，龙溪人。清顺治十八年（1661年）进士，官罗平州牧。

题邺山图寄寿高密单渔庄夫子

蔡　新

珠江之水绕江东，源流浩浩通溟蒙，
下有巨石亘长虹，蜿蜿青龙落水中。
其石崛嵂盘奇峰，虎豹当关森万松，
拥护灵区峭芙蓉，削成嵯峨符神工。
上有石人颀且丰，朝餐沆瀣沐曈胧。
坐镇江皋揖朝宗，赤城霞绮紫云烘。
是山是水秀所钟，北溪陈后石斋翁。
自比邺侯道力充，来设皋比绛帐崇。
江干车马纷春枞，载酒问字逾况雄，
讲明大义孝与忠。如攻坚木如撞钟，
大昕鼓徵鼍逢逢，百余年来草郁蓊，
蓬莱峡上苔藓封，擘巢剥蚀枯化虫。
虚谷不闻足音跫，大道南来唯我公。
泱泱表海歌大风，扬历中外湛庞鸿。
帝命观察汀漳龙，墨吏屏迹讼庭空。
与尔多士扶青筇，陟巘临流缅前踪，
如何此地翳荒丛，鸠工庀材披蒙茸。
坩以花竹缭垣墉，芝山丹霞鼎足□。
诸生习礼何雍容，我公戾止荡云胸，
月霁风光化雨浓。即令踵事结构重，
山房精舍还巃嵸，曲阑台榭嵌玲珑，
书声朗朗彻晴窗，释奠先师礼则恭，
肃将亦复忆公功。奉以厘祝共閟宫。
乐性与善三近同。秋深露菊杂霜枫，

江浒衣冠苹藻供。祝公眉寿齐岳崧，
群酌大斗酡溶溶。潦倒扶携仗村农，
缅公遵渚心有忡。绘图作歌邮远筒，
公应大笑拍案从。恨不奋飞摇江艭，
共浮大白拔玉缸，小子不材等菲葑，
亦荷采撷登药笼，愧无昌黎健笔杠。
罗池柳庙歌荔红，随多士后抒情悰。
愿公百岁颜如童，常披此图乐此邦。

冬日同诸执游郳山八首

蔡　新

先正留遗迹，名山旧讲坛。
携樽同揽胜，买棹共追欢。
珠水源流远，丹霞岛屿宽。
轻风摇细浪，倏忽到江干。

近岸双苔石，维舟一钓矶。
松风舍冷韵，竹影乱清晖。
缓步凌垠堮，行歌出翠微。
未须穷远眺，先问读书帏。

胜地犹如昨，南来道未孤。
江山长作主，童冠总吾徒。
活水源应□，分阴月易徂。
瓣香尊讲席，可有继薪无。

久没樵苏径，重看面目开。
层轩依涧泚，绝峡见蓬莱。
杂植罗佳卉，轻阴护翠苔。
尚怜无觅处，逃雨旧荒台。

主客原无择，开樽绿荫中。
细鳞深渡口，美酒大江东。
醉甚情偏洽，谈深兴未穷。
双峰亭畔坐，面面竹林风。

步屧随山径，微凉酒自醒。
萝因霜后紫，竹为雨来青。

石磴连高阁，霞䠀俯绝陉。
如何振衣处，独少望江亭。

江头还夕照，倚槛且夷犹。
金粟千花落，云帆一叶留。
歌春怜暮杵，吹箓认归舟。
向晚紫门外，丛篁处处幽。

暝色催归棹，晴岚霭暮山。
钟清孤岭寺，云暗万松关。
月下回潮送，风前旧雨扳。
何当留信宿，共狎野鸥闲。

重过邺山喜晤黄巽亭山长二首

蔡　新

云帆迅驶指江东，恰藉归潮趁晓风。
危磴重维前渡楫，残英犹缀旧花丛。
未将峭壁体新咏，待索枯肠寄远筒。
可是先生能款我，年年并坐竹林中？

连朝两度赤霞津，流览溪云问宿因。
东道有缘长作主，北山未檄再来人。
蓬莱峡静惊波息，乳窦泉倾陨箨频。
惜别匆匆仍解缆，桃花重订武陵春。

作者：蔡新（1707—1799），号次明，字绢斋，又字葛山。籍贯漳浦。清乾隆元年（1736 年）进士。官至工部尚书、礼部尚书。文华殿大学士。

蓬莱峡

黄可润

仙山缥渺路难通，一峡传来渤海中。
直是五丁开讲席，天然叠出锦屏风。

芙蓉峡

黄可润

山云遥接海云齐，片片帆樯绕槛低。
谁种芙蓉满江口，暮霞红映数峰西。

作者：黄可润（1708—1764年），字泽夫，号壶溪。龙溪壶屿人。清乾隆四年（1739年）成进士。授无极，调大城、宣化，前后在畿辅20载。乾隆二十八年，迁知湖北黄州府，改知河间府。

丁亥冬官石谿先生相访邺山，归同林冠石、郭茗垞、弟正夫买舟送至大濑，临别拈杜工部远送“从此别”分韵，余得“从”字

黄　宽

违颜春十五，携手喜千重。
邺山清波迴，松关紫气浓。
群公共仰止，共我惜追从。
惆怅维舟夜，寒江月浸峰。

蔡少司寇重游邺山别后以诗见寄依韵奉酬二首

黄　宽

偷闲几载柳营东，石榻松扉任雨风。
忽报高贤临渡口，欣呼弟子拜篱丛。
山花若解迎芳屐，野籁还将倒碧筒。
别后诗篇劳远寄，清辉如在月明中。

仙都是处说元津，性地光明得净因。
鹅鹿云泉原在世，蓬壶宫阙见谁人？
休愁哲绪风流渺，愿借儒宗杖履频。
何日斜帆重挂岩，桥东南董正多春。

岁壬午丽文李世先生同居邺侯山以诗见赠次韵奉酬二首

黄　宽

散材饶得老云山，又喜良朋比屋间。
世有鸿编堪击节，偶无樽酒亦开颜。
石琴楼上身高置，梅榭窗前梦几还。
胜地从兹添雅韵，应传邺下近松关。

斯山石骨削而苍，貌号名贤辟讲堂。
我愧清徽应避席，君真华裔合登床。
谈深乐性春风迴，坐引芙蓉夏日长。
峡静江清时读罢，振衣亭上话轩黄。

壬午晚秋官枝亭太史枉过邺下经旬以诗见赠依韵奉酬二首

黄　宽

叶落秋深石径平，忽闻群鹊躁前甍。
霞津果枉天人驾，草屋何伸地主情。
素识谪仙 杰句，迟来有道话残更。
还招舍弟随潮至，把袂扶筇访赤城。

连朝览胜绕漳东，曲磴斜行绝处通。
阁上挥毫翻石峡，灯前洗爵醉花丛。
更寻绿字观前迹，剩却青云帐未穹。
短棹相将潭上去，唯余瑟瑟满江风。

伯兄在易署夜谈邺山之胜有诗见寄依韵以酬

黄　宽

人生到处即为庐，官阁山房总自如。
但令一方歌乐土，休夸千载重遗书。
征尘漫赋虺隤马，断简终嗤朽蠹鱼。
白石清泉真趣永，风光未老邺侯阁。

丁亥晚秋官枝亭太史再过郱山遂同郭茗坨先生、弟正夫游青云洞

黄　宽

诸胜同游六载前，青云咫尺独遗焉。
携筇复值清秋日，觅径追寻古洞天。
水逗玄关寒石骨，雾蒸宝鼎动炉烟。
幽奇共惜迟来赏，索字山僧亦可怜。

作者：黄宽（1709—1773 年），字济夫，号巽序。龙溪壶屿人。清乾隆十三年（1748 年）进士，授江西崇义县令。在郱山讲堂授得 20 余载。

吊石斋黄子

曾　省

一叶扁舟再溯洄，飘飘掉入古蓬莱。石翁江上遥相望，应认曾郎今又来。
半壁青山自草新，荒凉讲席大江滨。是鸥鹿□时来往，剩有诸翁作主人。
黄公去后此山留，猿鸟悲号木叶愁。夜半峰头泉哭月，几回呜咽付江流。
寂寞榕坛伤客心，美人西去杳无音。秋深月照芙蓉峡，唯听清猿夜夜吟。
峭壁崚嶒似削成，石苔蚀字尚分明。水滨游磐依然在，潮去潮来□□鸣。
溪北溪南夕照迟，纷纷钓艇往来时。凭谁为染丹青笔，写出焦桐山水奇。
石翁数辈立亭亭，历尽风霜苔藓青。寄语土人休凿取，无庸剷峭坏山灵。

作者：曾省，字习轩，号醒翁。龙溪西坑田璞人。清道光二十四年（1844 年）举人。

诸同志入蓬莱峡载水而归

陈常夏

蓬莱便在此溪湾，猿鹤相嬉耐昼间。
三尺芋苗分夜雨，几家樵採共秋山。
声声屐齿狂相似，得得诗词冗未删。
饱啖流泉寒一顿，推舟人享挐舾还。

作者：陈常夏，字长宾，龙溪人。清顺治八年（1651 年）中举人，顺治十八年（1661 年）登进士。

邺山怀古

戴 盼

草向空坡处处生，蓬莱峡坼断人行。
风烟不霁先朝泪，薇蕨空垂死后名。
有道信能追管葛，无时难自比良平。
沙虫化后江枫冷，叶战高秋夜有声。

作者，戴盼，字子质，南靖县人。清康熙三十三年（1694年）进士。綦江知县，有《涵亭诗集》。

邺山歌

黄日纪

柳营江造虎渡桥，桥西邺山高嶕峣。
吾家石斋读书堂，百余年来空萧条。
观察单公实鲁儒，巡方偶到发长吁。
仰睹前徽犹未沫，忍听坠绪委樵苏。
立命衙官召梓人，自取俸钱付供需。
剪除荆榛才几日，荧煌丹艧善塈涂。
都人感谢争奋起，刜剔遗基搜旧址。
学舍连延千百楹，鼓箧诵声闻数里。
驄马清暇来翱翔，张设绛纱开三堂。
罗列诸生亲指授，辩论六艺说虞唐。
辩说归迟日影逼，诸生相送情无极。
江风冷冷树萧萧，望断松关苍茫色。
使君为政本清洁，至今人犹慕高节。
遗荣归隐几经秋，四山弦歌长不绝。

作者：黄日纪（1713—？），字叶三，号荔崖。生于清康熙五十二年（1713年）。龙溪人。举人。清乾隆二十二年（1757年），任兵部武选司主事、内阁中书。著有《全闽诗镌》《榕林偶吹》《榕林唱和集》《挫鲛精时艺》《嘉禾名胜记》《荔崖诗集》等。

邺侯山梅树

吕锡晋

半亩藤萝屋，高居傍翠岑。
我来碧草外，坐久白云深。
况夏梅千树，开时雪满林。
扶□应再至，问尔岁寒心。

作者：吕锡晋，字耀西。龙溪人。清乾隆三十三年（1768年），中举人。

六、近现代诗选

江东桥

许南英

排空雄石势峣峣，百丈横江走老蛟。
汀水入溪归一束，漳江出海第三条。
名儒学舍今零落，野老乡村更寂寞。
远望万松关下路，战云愁惨未全消。

作者：许南英（1855—1917），字子蕴，号蕴白。清光绪十六年（1890 年）登进士。民国元年（1912 年），任龙溪县知事。

溪东春游

谢锡铭

九十九湾水路长，沿堤茅屋傍垂柳。
贪看野趣忘摇桨，一叶随流过别庄。

作者：谢锡铭（1865—1928），字又新，号西斋。诏安人。民国 8 年（1919 年）回故乡，两度出掌县政。

归家示少云

连　横

三载浪游何所得？百篇诗卷压归舟。
昂头太华山低笑，濯足溟沧水倒流。
天以奇才锡忧思，我闻绮语散离愁。
今宵酒绿灯红畔，共倚阑干看斗牛。

三月节

连　横

衣香扇影林投路，细雨轻风楝宇天。
最是城南三月节，踏青齐到斗山前。

作者：连横（1878—1936），字武公，号雅堂，又号剑花。籍贯龙溪马崎。史学家、诗人。著有《台湾通史》《台湾语典》《台湾诗采》《大陆诗草》《剑花室诗集》等。

狮子岩秋夜题感

王履亨

涕泗交零不自知，残灯犹诵蓼莪诗。
无端檐外乌啼过，又是空山落月时。

丞相垄（二首录一）

王履亨

涕泣勤王事已更，文山遗迹此屯兵。
几人孔孟完心事，半壁河山壮节旌。
巍宇宏开今俎豆，野花齐放旧行营。
夜深老柏风奔急，犹误当年鼓角鸣！

作者：王履亨（1856—1940），字咸熙，号复一。籍贯龙溪上苑。理学家。

江东摄影题句

邱菽园

龙溪湾头好岩壑，虎渡长桥接东郭。
桥下江声逐逝波，直送海门看日落。
我昔乘潮夜溯回，掠我舟析有玄鹤。
入梦何须赤壁同，临流自喻濠梁乐。
卅年乡讯足惊魂，无复田园容耽著。
君从何处得此图？缩将尺幅如短约。
望中烽火已成墟，画里烟鬟尚如昨。
吟魂无翼越关山，对此卧游良不恶。

舟泊江东桥下登眺有作

邱菽园

久诧长桥石，闲推野渡篷。
振衣双峡上，倚槛大江东。

砥柱涵清影，垂虹卧碧空。
溪山无尽意，置我画图中。

作者：邱菽园（1874—1941），又名德馨、炜萱，字湲娱。籍贯海澄县。20岁中举。诗人。

迁新加坡，为著名诗人与爱国志士。

将游瑞竹岩舟次有作

黄仲琴

醉后扁舟夜，江深夏亦寒。
迷蒙云际寺，荡漾水中仙。
皓月无古今，闲鸥自往还。
明朝方外客，相见一开颜。

蓬莱峡吊黄忠端公次百轩韵

黄仲琴

南渡偏安局未成，腥膻期扫旧神京。
满庭危幕争斗李，一卷名山蕴甲兵。
海峤空扶高帝裔，仙霞何处亚夫营?
只今一片蓬莱水，淘尽风流感死生。

作者：黄仲琴（1884—1942），名嵩年，字仲琴，号嵩园。籍贯广州海阳县（今潮安县）。岭南大学、中山大学教授。

游瑞竹岩

杨黄绶

瑞竹悬崖几百层，当年卓锡有高僧。
红堆石径霜风落，白映山门夕浪增。
铁树无花春不老，山泉泻玉冷如冰。
孤臣寄隐曾来此，亮节何殊最上乘。

作者：杨黄绶（1879—1956），字絅斋，号丰山野人。籍贯龙溪丰山。名医。师事复一征君。

江东桥

张友仁

气势何雄伟，千年屹石桥。
江山仍战垒，风雨送前朝。
起陆龙蛇幻，当关虎豹骄。
鲈鱼较乡味，驻马候秋潮。

作者：张友仁（1877—1974），清代贡生。民国8年（1919年）任龙溪县知事。中华人民共和国成立后，任广东省文史馆副馆长。

游云洞岩

吴秋山

传闻云洞景逾常，未及遨游梦寐长。
承贶华篇堪讽诵，难凭幻境作平章。
料知翠竹无凡韵，亦觉红梅有暗香。
遥想鹤峰真化鹤，海天空阔任翱翔。

作者：吴秋山（1907—1984），名晋润。籍贯诏安。毕业于复旦大学并留校任教。后任福建第二师院中文系教授。

登万松关望白云岩怀古

沈郁文

层峰分岭对嵯峨，古垒残关白骨多。
几代沧桑惊铁马，满山风雨泣铜驼。
九龙东下空消息，独鹊南飞可奈何！
对岸白云曾过处，别来无恙旧山河。

作者：沈郁文（1912—1994），漳州人。

过百花村买素心兰

王作人

每来此地黯消魂，荔圃花丛辨泪痕。
纵使内阳先迹近，已无故老乱余存。
满山活色天机在，数朵幽香众卉尊。
老学种花非所习，承先还与长儿孙。

两山望邺山

王作人

一江烟雨一江风，滚滚舟车客路通。
剩水残山谁复识，河汾礼乐重江东。

作者：王作人（1921—2006），字迪坤，号括斋。祖籍龙溪上苑。漳州文史专家。

第三节　历代楹联选

一、古代楹联选

云洞岩联

仙人迹

仙人曾到有遗迹；天地从来无此山。（佚名）

月　峡

石壁有缘成佛土；洞口无锁倩云封。（佚名）

寒　泉

石怪能无偶；泉飞欲引谁。（佚名）

石室岩联

云封片瓦乾坤古；月度三峯世界清。（林釬）
无树非台还是佛；枕流漱石即为禅。（颜继祖）
禅心定水云；法座连星斗。（佚名）

瑞竹岩联

夙根有慧皆森发；上善无声自广长。（林釬）
风静潮初满；山空月正中。（陈天定）
翠竹无心穿石壁；海潮有意泛慈航。（张雄）
坦地无多，还是石头让出；幽崖绝险，疑从云动分来。（郑开禧）
临三江跨万松结庐即成名刹；掖百法超十地刳竹蚤喻禅机。（陈文芳）

聚奎岩联

曼幻山中赦将毫彩明应翠；心容足俊锁却禅关任白云。（张川直）

照莲岩联

三峰夹影屏千尺；二水交光玉一围。（佚名）

湘桥华佗庙联

翼汉开唐，百代声灵光绣壤；修真护法，千秋享祀苾湘江。（佚名）
日现不蔽前山色；夜来常闻潮水声。（佚名）

东屿辅顺将军庙联

鹅军百骑惊曹垒；鸦阵千秋送客程。（曾省）
辅国竭忠南州绩懋；顺天行化东屿恩覃。（林广迈）

二、近代楹联选

瑞竹岩联

竹林丈室

瑞霭黄花皆佛性，竹林皓月尽禅心；珠琳云树千山合，宝刹楼台八面通。（李叔同）

转道和尚七秩寿联

芒圃秋菱，犹有黄花标晚节；澄潭影现，仰观皓月镇中天。（李叔同）
此地有高山可仰；吾徒尊大道而来。（王履亨）

云洞岩联

来往千载；吞吐大方。（虞愚）
云动幽奇堪胜赏；林亭雅秀足观瞻。（王作人）
流水高山争仰止；中正和平允调元。（王作人）

第二十五卷　医疗　卫生

唐高宗总章二年（669 年），陈元光医官李茹刚从中原把中医传入区境。宋代，吴夲擅医学，也从角美传至区境。清光绪十五年（1889 年），英国人巴阿美在龙溪创办福音医院，区境西医渐兴。嗣后，发展为中西医结合治病。

民国时期，缺医少药的现象严重，乡民除依靠附近医生诊治外，主要仍以青草药诊治，辅以西药治疗。

中华人民共和国成立后，医疗事业不断发展。1954 年，步文乡组建市尾、长明、桥头、小港、黄坑、步文 6 个联合诊所。1955 年，成立东屿区卫生所，设于步文玄坛宫。1958 年 9 月，组建人民公社保健院；10 月，卫生所与联合诊所合并，成立步文保健院及郭坑分院。“文化大革命”期间，区境每个村（社）成立“村站医疗室”。从业的医生一边从事农业生产，一边进行医疗诊治，称为“赤脚医生”。1972 年，人民公社卫生站改为人民公社卫生院。1979 年，区境生产大队医疗站有 8 个，“赤脚”医生 19 人；郭坑卫生院有医务人员 25 人。

1997 年，龙海市移交龙文区村卫生所（室）126 家、乡村医生 118 人、卫生医疗人员 87 人。

2000 年 3 月，龙文区有村卫生所（室）124 家，其中卫生室 83 家；乡村医生 118 人，卫生员 70 人；行政村覆盖率 100%。2002 年，龙文区妇幼工作被评为漳州市“巾帼示范岗”。2005 年，全区有龙文区医院、区妇幼所、区疾病预防控制中心、区卫生局卫生监督所、区郭坑镇中心卫生院。有 138 家卫生所（室）、12 家个体诊所。2006 年，全区设置 41 个医疗点，村设置 132 个医疗点，乡村医生 216 人。

2007 年，全区公立医疗卫生单位有红十字会、爱卫办、郭坑中心卫生院、妇幼所、疾控中心、监督所及新型农村合作医疗管理中心；合资医院 1 家；民营医院 4 家；乡村卫生所（室）149 家。全区有卫生技术人员 426 人。综合医院诊疗人数 5.61 万人次，住院人数 0.14 万人，治愈率 74%。卫生院诊疗人数 3.68 万人次，住院人数 0.02 万人，治愈率 75%。妇幼保健院诊疗人数 0.13 万人次。

第一章 医 疗

第一节 机构与队伍

一、区镇医疗机构

（一）龙文区医院

位于步文镇。前身为龙海市步文中心卫生院。1995年，建5层门诊大楼，面积3000平方米。医务人员30人，简易病床10张，以诊疗内科疾病为主。1997年龙文建区，更名龙文区医院，为区级综合性医院。

龙文区医院

医院通过等级医院评审、爱婴医院评审；被定为福建省“120”交通事故定点医疗单位、漳州市医疗保险首批定点医疗单位及龙文区征兵体检、高考、中考招生体检单位。是龙文区重点优抚对象和革命“五老”人员医疗定点医院。医院被中共漳州市委、市政府评为文明单位、漳州市平安医院。

2007年，占地面积7.2公顷。设办公室、财务科、医务科、护理部、总务科、图书病案室；急诊室、内科、外科、儿科、妇产科、中医科、五官科、眼科、口腔科、中医骨伤科、皮肤科；放射科、检验科、药剂科、心电图室、脑电图室、胃镜室、针灸理疗室、超声科、消毒供应室等。有1名副主任医师获市“拔尖人才”称号，1名主治医师获市“优秀青年”称号。

（二）郭坑中心卫生院

位于郭坑镇。前身为1954年成立的联合诊所。1997年，更名龙文区郭坑卫生院。建筑面积2450平方米，其中业务用房1750平方米，设有门诊部和住院部。1999年，经福建省卫生厅批准晋升为郭坑中心卫生院。2000年，晋升为爱婴医院，属一级甲等医院，是漳州市医疗保险定点医院、龙文区新型农村合作医疗定点医疗机构。

2007年，设住院病房、中西医内科、儿科、外科、妇产科；放射科、心电图、B超室、检验科。配备有200mAX光机、彩超、半自动生化检测仪、尿分析仪、血细胞分析仪、PA-500型呼吸机，BC-1800全自动血液细胞分析仪等设备。有卫生技术专业人员22人，其中副主任医师1人、主治医师2人、医师4人、主管护师2人、护师4人，检验师1人，放射诊断师1人，B超影像诊断师 1 人。

二、农村医疗机构

（一）农村卫生所（室）

1997 年，龙文区村卫生所（室）126 家，乡村医生 118 人，卫生员 70 人。

2000 年 3 月，全区有村卫生所 41 家、卫生室 83 家。乡村医生 118 人，卫生员 70 人。

2005 年，全区有龙文医院、区妇幼所、区疾病预防控制中心、区卫生局卫生监督所、郭坑镇中心卫生院。有 138 家卫生所（室）。其中，蓝田镇 40 家，步文镇 37 家、4 家个体诊所，朝阳镇 46 家，郭坑镇 15 家。

2006 年，设置 41 个医疗点，村设置 132 个医疗点，乡村医生 216 人。

2007 年，步文、蓝田、朝阳、郭坑 4 个镇分片管理，各行政村设有卫生所、卫生室。步文镇有 4 片 40 所（室），蓝田镇 4 片 44 所（室），朝阳镇 2 片 47 所（室），郭坑镇 1 片 18 所（室）。全区有 149 所（室），从业人员 222 人。

（二）个体诊所

2001—2002 年，成立门诊部 2 家。2007 年，全区有个体门诊部 14 家，其中蓝田镇 5 家、步文镇 3 家、朝阳镇 3 家、郭坑镇 3 家。

三、民营医疗机构

（一）东方医院

位于蓝田经济开发区。2006 年 4 月开办，为综合性医院。投资 600 万元。占地面积 9000 多平方米，床位 30 张。设急诊科、住院部、内科、外科、妇科、儿科、肿瘤科、中医科、五官科、预防保健科、B 超及心电图室、检验科。医疗设备有引进美国产彩超、西门子螺旋 CT 和 500mAX 光机，全自动生化仪、乳腺诊疗仪、HX 肿瘤检测仪、糖尿病诊疗仪和微循环检测仪等。核定为营利性医疗机构。卫生技术人员 40 人，其中高级职称 4 人、中级职称 4 人。

东方医院

（二）仁和医院

位于蓝田经济开发区。2006 年 4 月开办，为综合性医院。投资 100 万元。占地面积 1000 多平方米，建筑面积 5000 多平方米，其中业务用房 4000 多平方米。核定床位 20 张。设内科、外科、妇科、儿科、皮肤科、急诊科；化验室、B 超室、心电图室、放射科。医疗设备有多参数监护仪、麻醉机、高频电刀、紫外线空气消毒机、X 光机、B 超机、体外冲击波碎石机、医学检验自动分析仪、心电图机、电子显微镜、阴道镜、盆腔治疗仪、离心机、压力蒸汽灭菌器等。核定为营利性医疗机构。卫生技术人员 32 人，其中高级职称 1 人、中级职称 2 人。

2007年，卫生技术人员36人，其中高级职称1人、中级职称3人。

（三）耀南医院

位于朝阳镇朝阳村。2006年7月开办，为基层小型综合医院。投资50万元。建筑面积600平方米。设急诊科、内科、外科、妇科、儿科、预防保健科、B超室、检验科。医疗设备有全自动血液分析仪、尿液分析仪、B超、心电图机。核定为非营利性医疗机构。卫生技术人员18人，其中中级职称4人。

2007年，医院基础设施、医疗环境得到较大的改善，配备X线摄像机、心电监护仪、高频电灼治疗仪、超声雾化器、TDB治疗仪等。有员工37人，其中有高、中级医技人员12人。

（四）同泰医院

位于蓝田经济开发区。2006年11月开办。首期投资300万元，核定床位20张，担负蓝田镇、蓝田经济开发区群众常见病、多发病的医疗和儿童的计划免疫工作任务。核定为非营利性综合性医院。是一所医保、新型农村合作医疗、工伤保险的定点医疗机构。

2007年，设办公室、医务科、公共卫生科、护理部、财务科、总务科、信息科；急诊科、内科、外科、妇科、计划生育专业、儿科、口腔科、皮肤科、中医科、预防保健科；放射科、B超室、检验科、药剂科、消毒供应室。医疗设备有全自动生化分析仪、全自动血液细胞分析仪、X光机、日本产B超、全自动心电图机、

仁和医院

耀南医院

同泰医院

动态心电监护仪等。有员工62人，其中卫生技术人员50人（正、副主任医师6人，中级职称3人）。

四、防疫保健机构

（一）龙文区疾病预防控制中心

位于龙江路龙江小区1号。1997年4月，区卫生防疫站成立。工作用房面积800平方米、中心实验室及业务大厅面积553平方米。2003年，设宣教科、财务科、传染病防治科。技术人员6人。

2006年1月，区疾病预防控制中心成立，设结核病防治股。配备专业医生2人、护士1人。

2007年，设传染病防治股、结核病防治股、检验股、健康教育股、办公室。人员10人，其中专业技术职称8人（中级4人、初级4人），其他2人。

（二）龙文区妇幼保健所

位于迎宾大道5号龙文区医院3楼。1998年7月成立。办公面积206平方米。设儿童保健科、妇女保健科、检验科、男婚检室、女婚检室、B超室、胎监室、妇科室、优生优育咨询室、高危门诊室。配备血尿分析仪、显微镜、B超机、多普勒脑心仪、胎心监护仪、电动流产吸引器、多功能微波手术治疗仪。2000年，聘用2名医师。2001年，聘用1名护士。

2007年，编制5人。

五、其他医疗机构

（一）工厂医疗室

2001年，区合成氨厂医疗室成立。配备体温计、听诊器、血压计、注射器等设备。执业人员1人。

（二）铁路卫生所

郭坑铁路卫生所于2004年解体，2005年，改为个体诊所。由郭坑铁路卫生所下岗的卫生技术人员承担郭坑铁路退休职工、家属的医疗保健任务。配备体温计、听诊器、血压计等设备。

2007年，执业医师4人，执业助理医师1人。

（三）学校医疗室

1980年，龙海县卫生防疫站设学校卫生组，指导步文、郭坑学校卫生保健工作。郭坑中学建立卫生室，配校医。

1997—2007年，全区尚未建立正规的学校医疗室，各校只配置一些外用药品，处理意外擦伤。

1997—2007年龙文区卫生机构统计表

表25-1-1

年份	机构（个）	实有床位（张）	其中		床位使用率（%）	其中	
			龙文医院	郭坑中心卫生院		龙文医院	郭坑中心卫生院
1997	5	75	50	25	75	40	35
1998	7	75	50	25	77	42	35
1999	7	75	50	25	80	45	35
2000	31	75	50	25	75	45	30
2001	140	75	50	25	85	50	35
2002	141	75	50	25	92	57	35

续表 25-1-1

年份	机构（个）	实有床位（张）	其中		床位使用率（%）	其中	
			龙文医院	郭坑中心卫生院		龙文医院	郭坑中心卫生院
2003	145	75	50	25	95	60	35
2004	153	75	50	25	84	54	30
2005	161	75	50	25	90	60	30
2006	170	65	50	15	90	60	30
2007	176	65	50	15	95	65	30

六、医疗队伍

1997 年时，全区卫生医疗人员 87 人，其中卫生技术人员 53 人，其他技术人员、管理、工勤人员 34 人。

2007 年，全区有医疗人员 426 人，其中卫生技术人员 390 人，其他技术人员、管理、工勤人员 36 人。

1997—2007 年龙文区卫生医疗人员统计表

表 25-1-2　　单位：人

类别 年份	合计	卫生技术人员							其他技术人员	管理人员	工勤人员
		小计	执业医师	执业助理医师	注册护士	药剂人员	检验人员	其他			
1997	87	53	26	7	13	1	1	5	15	1	18
1998	91	55	26	6	13	2	2	6	16	2	18
1999	90	54	27	5	13	2	2	5	13	5	18
2000	90	56	26	8	13	2	2	5	12	5	17
2001	303	270	35	24	13	2	2	194	11	5	17
2002	297	263	26	26	13	2	2	194	11	6	17
2003	321	286	33	43	14	2	2	192	11	8	16
2004	368	336	37	60	43	2	2	192	10	8	14
2005	379	348	39	97	20	2	2	188	10	8	13
2006	274	240	56	41	51	28	10	54	12	9	13
2007	426	390	92	54	90	39	21	94	13	9	14

第二节 中医

唐总章二年（669 年），陈元光医官李茹刚传中医入区境。宋，角美白礁吴夲，擅针灸、草药治病。区境中草药丰富，村民利用生长于三峰山、青云岩、瑞竹岩的凤尾草、大小飞扬、叶下红、珠仔草、七层塔、一枝黄花、狗咬癀、山芥菜、天青菜、笔仔草、黄花草、白花蛇舌草、白花益母草、蒲公英、三桠苦、穿山龙、紫珠草、排钱草等中草药治病。明嘉靖年间，璞山岩寺生产“八宝丹”，用麝香、牛黄、熊胆、三七等名贵中药精制而成。对治疗刀、枪、烧、烫伤、骨折等多种创伤，以及急性、慢性肝炎、脓肿、无名肿毒等，有显著疗效。明清时期，用白云岩秋石丹、通元庙风伤膏、青山岩百草饼等中成药疗伤治病。

民国时期，村民主要以青草药治疗疾病。

1954 年，区境外科中医师严春玉擅长外科中医，为患者治疗。

1997 年，龙文区医院成立，有中医生 5 人，其中副主任医师 1 人、主治医师 2 人、医师 1 人，从事中医内科及骨伤科治疗为主。

2007 年，龙文区医院有中医生 4 人，其中副主任医师 3 人、主治医师 1 人。从事中医内科病、儿科病及骨伤治疗。骨伤科进行颈椎病、椎间盘突出症、骨质增生症、肩周炎、坐骨神经痛、扭伤痛、关节脱位康复治疗和四肢骨折复位、外固定治疗。

第三节 西 医

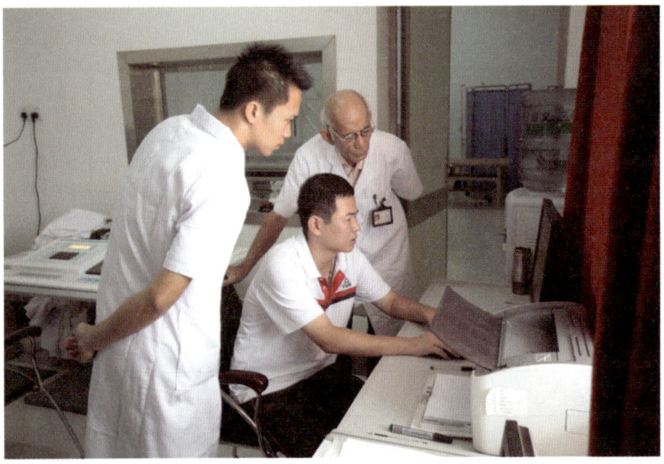

龙文区医院医生进行磁共振诊断

清光绪十五年（1889 年），英籍西医巴阿美在漳州元魁庙行医，西医治病在区境逐渐增多。

1949 年后，医生多以西医医疗技术治疗病人。

1997 年，龙文区医院有西医 3 人，其中医师 1 人、助理医师 2 人。主要以内科及产科为主，外科施行脓肿切排、外伤缝合等小手术。

1998 年，有西医 14 人，其中副主任医师 2 人、主治医师 3 人、医师 9 人。设急诊室、内科、外科、骨科，骨伤科，儿科、妇产科、五官科。外科成功开展胃大部分切除、甲状腺肿瘤切除、阑尾炎、斜疝、双下肢静脉曲张、痔疮、包皮过长环切术等手术治疗。妇产科成功开展宫外孕手术、卵巢肿瘤切除、子宫肌瘤摘除、剖腹产等大、中型手术。后期，加强医院管理，大中型医疗器械用于临床，医技水平发生质的变化。眼科开展白内障手术、人工晶体植入术、青光眼手术、胬肉手术、睑内外翻手术、鼻息肉手术、声带息肉手术等。骨科开展颈椎病、椎间盘突出症、骨质增生症、肩周炎、坐骨神经痛、扭伤痛、四肢骨折、关节脱位诊治，还成功实施全髋关节置换术。

2001 年，龙文区医院参与抢救 10 月 3 日集体食物中毒者的治疗，110 名中毒患者均被抢救成功，无一例死亡、无一例转院。2001 年 6 月 29 日，龙文区合成氨厂氨气大量泄露，有 100 名氨气中毒患者被抢救成功，无一例死亡、无一例转院。

2003 年 4 月 21 日，龙文区召开非典型性肺炎防治工作会议，传达贯彻全国、省、市“非典”防治工作会议精神。成立领导小组，配备应急抢救小组人员 10 人。龙文区虽无出现“非典病人”，但医院投入大量人力、物力严防“非典”。30 多人次专家参加省、市培训，医务人员内部培训 6 次。“非典”防控、物资准备、药物及抢救药品、消毒药品、医疗器械等投入60万元。设两间专用病房，作为留观室，24小时值班，接送、留观“非典”疑似病例3例。

2007年，同泰医院外科开展难度较大的手足显微外科、骨伤外科和腹部手术；仁和医院投资200万元，运用体外振波碎石治疗泌尿系结石。

第四节　中西医结合

民国时期，中医、西医兼用治疗。

1952年8月，区境中医师到石码参加中医进修班，学习现代医学知识。中医利用中西医结合治疗细菌性中毒性痢疾、百日咳、妇科疾病等有显著疗效。中西医结合临床治疗小儿腹泻，用中草药消炎止泻合剂配加黄连素注射，中、重型病加输液。

1997年，龙文区医院派4名中医到综合性医院进修西医，回医院后开展中西医结合治疗疾病。

2007年，4名中西医结合专业大专生到龙文区医院工作，以内科病、产科病及骨伤治疗为主，把中西医治疗融会贯通，提高治疗效果。

第二章　疾病预防控制

第一节　健康教育

一、健康教育网络

1999年，建立市、区、村、社区、厂矿、医院、学校健康教育网络。

2003年，龙文区成立健康教育领导小组。加强三级健康教育网络业务培训，加强各镇、开发区、教育系统宣传阵地建设，建立专职、兼职健康教育人员档案资料库，加强进村入户发放宣传材料力度，完善健康教育档案的规范化。

2007年，各镇、开发区、教育部门实施网络建设，定期组织健康教育员培训，健康教育网络覆盖率96.3%。

二、控烟机制

2003年，建立公共场所控烟长效机制，利用禁烟日，在龙文中学、龙文区医院开展拒吸第一支烟活动，有1013名中学生和47名医务人员参加签名。全区达到无烟草广告城市要求，24个单位被评为禁烟先进单位。各镇、开发区、村、社区、机关、企事业单位、医院等130多个单位设置健康教育宣传栏，出刊24期宣传资料。利用“五一”节、国庆节和宣传周、宣传日活动开展健康教育宣传，发放宣传材料3万多份，群众的健康知识知晓率82%，健康行为行成率80%。

2005—2007年，每年5月开展控烟宣传活动。

三、健康教育宣传

2003年，编印健康教育宣传册2万本，印刷、发放宣传材料5.6万份，出版健康教育墙报14期，上墙书写健康教育标语40条，发放健康知识宣传卡8200张。组织学生健康知识竞赛4000多人次。

2005—2007年，建设健康教育阵地，办好宣传窗、黑板报，确定专业人员负责，定期更换、刊出，每年不少于6期，疾控中心健康教育宣传栏达到7.2平方米，各镇（村）、开发区的宣传栏都不少于3平方米。发动各单位、社区征订健康书刊，利用各种形式，传播健康信息。编辑《创卫简报》178期，电视播放创卫新闻80多篇。开展健康教育专题活动，针对健康人群、亚健康人群、高危人群、重点保健人群，以讲座培训、义诊咨询、入户宣传为主要形式，辅以电话教育、展板、知识竞赛等，邀请医院的医师定期下乡开展讲座。每年举办健康教育活动不少于12次，其中重点是“3·24”防治结核病宣传、“12·1”防治艾滋病宣传，并专门组织有关老人、妇女、儿童健康教育的宣传活动。发放各种宣传品5万多份，接受现场咨询人数超过6000人次。组织学习《健康知识读本》，举办健康知识板报巡回展，在中小学开设健康教育课程，举办近万名人员参加的健康教育知识竞赛活动，举行隆重仪式对100名优胜者进行表彰。2007年，各村、各重点单位都建立一个以上健康教育专栏。各镇（开发区）、村共完成4期健康教育墙报。卫生局利用结核病防治日、艾滋病防治日、碘缺乏病防治宣传周及元旦、春节、五一和科技文化卫生“三下乡”活动，接受群众咨询6000多人，下发健康教育材料入户4次2000多份，利用广播电视进行健康教育宣传10次。

第二节　爱国卫生运动

1997年，成立区病媒生物防制工作领导小组，各镇、开发区相应成立领导小组。1998年，开展春夏秋季卫生运动，整理街道，改水改厕，疏通沟渠，清除垃圾污物，加强对饮食摊点和集市管理，开展以防病灭病为主的“五洁”（室内、院内、厕所、厨房、街道）、消灭“四害”（蚊子、苍蝇、老鼠、蟑螂）为重点的爱国卫生运动。

2004年，通过省爱卫会“省级卫生城市”的复核验收，获灭鼠、灭蟑、灭蝇、灭蚊的“先进城区”称号，获得创建国家卫生城市的入场券。

2005年，区财政投入除“四害”经费128万元，各镇、开发区、村投入除“四害”经费76万元。使用溴敌隆鼠药50吨、高效灭虫灵粉44吨、家用高效灭虫灵粉48万盒、华康灭蟑毒饵1.4万支、灭蚊气雾剂1.26万瓶、粘蝇纸60多万张、氯氢菊酯液2400瓶、消毒剂385箱、加强蝇必净5800包、安备4300包。区防疫部门每月进行“四害”密度监测，“四害”密度有效控制在国家爱卫会规定标准之内，通过省级卫生城市验收。全年购置55辆密闭式玻璃钢保洁车、3辆密闭式玻璃钢机动保洁车用于路段保洁，4辆垃圾收集车全部加盖，避免运输途中的扬、撒、遗漏造成二次污染。抓好道路两侧闲置区域、卫生死角、残墙断壁等专项整治活动，共清理垃圾2万多吨。在水仙大街、迎宾大道两侧种植行道树，绿化面积1.45万平方米。成立环境卫生突发事件处理小组，实行全天候24小时待命，负责区境范围内的油污泄漏、渣土洒漏、乱倒垃圾等突发事件的应急处理。道路清扫面积148万平方米，年无害化处理垃圾2.15万吨，居民生活质量和生态环境明显改善。

通过国家卫生城市的省级鉴定。

2006 年，全区 4 个镇和开发区成立公共场所病媒生物消杀受理站，配备专业人员 52 人。区爱卫办在每次组织大面积除“四害”活动前都制定病媒生物防制活动方案，坚持以环境治理与化学防治并重的综合防治措施。各镇、开发区、村自行组织每月至少一次灭蚊、蝇、蟑活动，每季度至少一次灭鼠活动。区五套班子领导分别到各镇进行示范投药。举办 4 期病媒生物防制技术培训，全区 200 多人次参加培训。“四害”密度均达标。以创建国家卫生城市为新起点，在城区组织开展以治理“乱贴乱画、乱搭车篷、乱摆摊设点、乱倒垃圾”为重点的市容市貌综合整治活动，实行“门前三包”。成立城市综合执法局，城市绿化成绩突出。在农村，开展创建卫生乡镇、卫生村和卫生户活动，以消灭“三大堆”（农村的乱土堆、草堆、粪堆）为重点的环境卫生整洁活动。城中村卫生重点抓自来水建设、道路硬化、池塘改造、水沟加盖、卫生清扫保洁、“五小”（小餐饮店、小浴室、小网吧、小歌舞厅、小旅馆）整治工作。龙文区有 45 个单位被市爱卫会评为卫生先进单位，区级卫生达标单位 102 家，16 个村被省评为“家园清洁行动”先进村。全区建立村级卫生清扫保洁队伍 30 支，清扫保洁人员 258 人。将云洞岩路、龙文南路、水仙大街、龙江路、新浦东路等城乡接合部主要交通要道的清扫保洁和全区的垃圾运输实行对外招投标发包，加强环卫清扫保洁管理。

至 2007 年，完成 200 多家猪场的废水治理，建设沼气池 1370 口 2000 多立方米。九十九湾河道清淤整治工程投资 1667.33 万元，清淤整治河道（岸线）21.74 公里，开挖 14.43 万立方米，拆除违章搭盖 149 处，清除垃圾渣土 36 处 400 多立方米。投入资金 42 万元，实施浦头港内河港道清淤工程，清理淤泥、渣土 2.1 万立方米。2007 年，拆除旱厕 32 座、废弃禽畜屋棚 118 座，新建市政标准公厕 7 座，改造公厕 62 座，卫生厕所普及率 91.1%。建立垃圾中转站 5 座、小型垃圾转运点 18 处、垃圾收集点 32 处。添置密闭式垃圾箱 206 个。配备果皮箱 480 个，改造垃圾箱（台）20 处。

第三节　计划免疫

1950 年后，区境接种牛痘苗、白喉类毒素、百日咳菌苗、乙脑疫苗、卡介苗、破伤风类毒素等疫苗。

1979 年，全国实行计划免疫，区境将卡介苗、脊髓灰质炎疫苗、白百破三联菌苗、麻疹疫苗 4 种疫苗和结核病、脊髓灰质炎、百日咳、白喉、破伤风、麻疹 6 种病纳入计划免疫管理。

1987 年，区境推广新生儿乙肝疫苗接种。

1997 年，设龙文区医院、郭坑中心卫生院两个计划免疫门诊接种点。

2001 年抽样调查，12 月龄儿童四苗接种率分别为麻疹 77.77%，小儿麻痹糖丸 82.16%，白喉、百日咳、破伤风三苗联合疫苗 74.64%，卡介苗 97.56%，其中卡痕 91.49%。12 月龄接种率 64.23%。

2002 年抽样调查，12 月龄儿童四苗接种率分别为麻疹 97.7%，小儿麻痹糖丸 97.1%，白喉、百日咳、破伤风三苗联合疫苗 96.6%，卡介苗 97.9%，其中卡痕 97%。12 月龄接种率 96.3%。

2003 年抽样调查，12 月龄儿童四苗接种率分别为麻疹 97.6%，小儿麻痹糖丸 98%，白喉、百日咳、破伤风三苗联合疫苗 97.9%，卡介苗 97.5%，其中卡痕 97.1%。12 月龄接种率 98.2%。

2004年抽样调查，12月龄儿童四苗接种率分别为麻疹99.3%，小儿麻痹糖丸99.4%，白喉、百日咳、破伤风三苗联合疫苗99.4%，卡介苗99.3%，其中卡痕99%。12月龄接种率99.4%。

2005年抽样调查，12月龄儿童四苗接种率分别为麻疹99.8%，小儿麻痹糖丸99.7%，白喉、百日咳、破伤风三苗联合疫苗99.7%，卡介苗99.8%，其中卡痕99.1%。12月龄接种率97%。

2006年抽样调查，12月龄儿童四苗接种率分别为麻疹99.9%，小儿麻痹糖丸99.9%，白喉、百日咳、破伤风三苗联合疫苗99.8%，卡介苗99.8%，其中卡痕99.2%。12月龄接种率99.4%。

2007年，增设龙文同泰医院，朝阳耀南医院两个计划免疫门诊接种点。当年抽样调查，12月龄儿童四苗接种率分别为麻疹100%，小儿麻痹糖丸99.9%，白喉、百日咳、破伤风三苗联合疫苗99.7%，卡介苗99.7%，其中卡痕99.4%。12月龄接种率99.5%。

第四节　重大疾病防治

一、急性传染病防治

（一）鼠疫

清末，鼠疫流行，东屿流行2次，染病2人，死亡1人。

民国期间，东屿等地流行鼠疫20次，染病1024人，死亡847人，病死率82.7%。至民国36年（1947年），再无发现鼠疫疫情。

1951年，第一次开展全民性鼠疫菌苗预防接种。1956年，对东屿重点人群进行一次巩固性注射。至1958年，共开展4次全民性鼠疫菌苗预防接种。

（二）霍乱

1997年，未发现霍乱病例。

1998年，发生4例霍乱病例，在龙文区医院隔离治疗，均治愈出院。防疫措施有力，疫情得到有效控制。1999—2004年，未发现病例。

2005—2007年，每年霍乱流行季节时，在龙文区医院、郭坑中心卫生院设立肠道门诊处，由专职或兼职医师负责，各医院肠道门诊采取“有疑必检”原则，一旦发现可疑病人立即采检并及时向区疾控中心报告（肠道门诊三年来共采检318份）。每年5—10月，组织人员对设立肠道门诊的肠道传染病防治工作进行监督检查，各医疗单位按要求设置肠道门诊、设置的肠道门诊有专（兼）职医生，健全设置门诊日记、传染病登记本、传染病报告卡，以及粪便采验用品、消毒用品、隔离衣、传染病消毒（隔离）处理等制度；设置肠道隔离病房，病房必须具备纱窗、纱门等防蝇设施。对农贸市场的水海产品进行采样监测223份，均未检出霍乱弧菌。

二、慢性传染病防治

（一）结核病

2001年4月，龙文区开始实施结核病防治归口管理，病人统一到市结防所规范就诊。2003年起，根据市疾控中心统筹部署，全面落实结核病防治工作。2003年、2004年、2005年，接诊疑似肺结核初诊病人分别134人、120人及216人，就诊率分别为1.2‰、1.02‰、1.83‰；登记治疗活动性肺结核病病人分别为83人、60人和85人。其中，新涂阳病病人分别为39人、46人和47人，分别完成上级下达任务 86.7%，102%、104.76%。涂阳病病人 2 个月末痰阴转率 80% 以上，治愈率 85% 以上。痰检查痰片分别为 478 张、588 张及 976 张，检出阳性片分别为 66 张、131 张和 143 张，各项质控指标达优。

2006 年，登记 92 例涂阳病病人，按每例病人 3 个密切接触者计算共 276 人。指标达标，满 2 个月涂阳病病人痰转阴率 85.6%，治愈率 89.9%，达到 85% 治愈率目标。举办 6 期培训班，共 225 人次参加，提高三级防痨人员的业务水平。

2007 年，结核病门诊就诊人数 293 人，就诊率 2.49‰（初治涂阳病 42 人，复治涂阳病 3 人）。就诊方式分别：就诊 107 人，占 36.5%；转诊 106 人，占 36.2%；日常推荐 80 人，占 27.3%。对涂阳病人密切接触者的流调筛查：全区登记 45 例涂阳病人，按每例病人 3 个密切接触者计算共 135 人，对其中 117 人进行流调筛查，筛查率 86.67%。对其 PPD 试验结果大于 15 毫米的进行 X 线胸片检查，未发现活动性病人。

（二）性病

1997 年，龙文区卫生防疫站开展非淋球菌性尿道炎、梅毒等性病防治工作，接报病例 40 例。各医疗机构均使用纸质报告卡，及时将性病防治情况报告给区卫生防疫站，区卫生防疫站定期以报表形式上报给上级单位。

1998 年，发病 3 例，为生殖器疱疹、淋菌性尿道炎、尖锐湿疣的性病。

2000 年，疫情报告淋病 31 例、梅毒 61 例、尖锐湿疣 44 例、生殖器疱疹 4 例、淋菌性尿道炎 119 例。

2004 年，报告淋病 37 例、梅毒 29 例、尖锐湿疣 46 例、生殖器疱疹 16 例、淋菌性尿道炎 276 例。2005 年，报告淋病 50 例、梅毒 29 例、尖锐湿疣 12 例、生殖器疱疹 6 例、淋菌性尿道炎 7 例；2006 年，报告淋病 28 例、梅毒 44 例、尖锐湿疣 31 例、生殖器疱疹 11 例、淋菌性尿道炎 128 例。

2007 年，报告淋病 31 例、梅毒 56 例、尖锐湿疣 38 例、生殖器疱疹 4 例、淋菌性尿道炎 119 例。一经发现性病患者则及时进行诊治。

（三）地方性甲状腺肿

1998 年，抽查 12 所中、小学 14 岁以下学生 487 人，其中甲状腺肿大 13 人，肿大率 2.67%。2003 年，抽查 30 所中、小学 8—10 岁学生 1267 人，查出患有甲状腺肿 58 人，肿大率 4.9%，食盐加碘合格率 98%。

第五节　初级卫生保健

1997 年，区卫生局实施《我国农村实现“2000 年人人享有卫生保健”的规划目标》《福建省农村人人享有卫生保健规划》，宣传计生、卫生防病知识，促使农民养成良好卫生习惯和健康的生活方式。

1998 年，区财政投入初级卫生保健经费 21.6 万元。1999 年，财政投入 24 万元。2000 年 12 月 7 日，经省初保审评领导小组审评，龙文区农村初级卫生保健工作各项指标均达标。

2005 年，区财政投入 33.25 万元；2006 年，财政投入 57.98 万元。2007 年，财政投入 139.23 万元。扶持乡镇卫生院、夯实基础设施、加强农村卫生人员培训、进行初级卫生网络建设等措施，提高乡村医生职业道德和业务素质，加强乡村医生从业管理，保护乡村医生合法权益，保障村民获得初级卫生保健服务。大力开展爱国卫生运动，增强农民健康意识，建立健全卫生信息管理系统，及时做好信息收集、整理、传递、评估、储存、反馈等工作。切实做好妇幼保健工作，及早发现孕妇、动员孕妇或追踪高危孕妇到乡（镇）以上医疗保健机构做产前检查，并动员检查与住院分娩，及时做好产后访视和母乳喂养随访，指导产褥期保健、新生儿保健。

坚持传染病报告和防控制度，参与公共卫生突发事件处置。开展食品卫生、公共场所卫生、饮用水卫生、劳动卫生和学校卫生的检查与防控等工作。

第六节　合作医疗

2007年1月1日，实施龙文区新型农村合作医疗制度。成立区新型农村合作医疗管理委员会、区新型农村合作医疗监督委员会。同时，成立区新型农村合作医疗管理委员会办公室和龙文区新型农村合作医疗管理中心，区新型农村合作医疗管理中心作为经办机构，编制6人。各镇、开发区分别相应成立机构。当年底，全区参合人数10.41万人，参合率93.43%。全年共有2957人次参合农民住院治疗，住院费用1376万元，发放合作医疗基金补助金430万元，人均补助1454.18万元。

第三章　妇幼保健

第一节　妇女保健

1990年后，区境实施《中华人民共和国母婴保健法》《中国妇女发展纲要》。

1998年，区严格控制孕产妇死亡，全年死亡2人。2001年，提倡住院分娩，杜绝家庭接生，妇幼所开展“两管”（孕产妇系统管理和儿童系统管理）工作，做好ABCDE卡的运作，特别针对孕期及产后42天的孕产妇，对0—42天新生儿开展产后访视，入户宣传教育，宣传母乳喂养，教会婴儿常见病的防治。与计生部门配合，开展“三下乡”活动，做好围产保健宣传教育工作。采用播放录像、发放宣传材料、心理咨询、广场宣传活动等形式，开展孕产期保健知识的宣传教育工作，提高孕产妇自我保健意识和新生儿护理知识，播放宣教录像456场，发放宣传材料485份，参加广场宣传教育活动2场，有效构筑预防新生儿缺陷第二道防线。全年孕产妇系统保健覆盖率96.52%，新生儿破伤风死亡为零。全区孕产妇系统管理率88.97%，住院分娩率100%，高危住院分娩率100%，产后访视率85%以上，4个月内母乳喂养率93.78%以上。2004年孕产妇死亡1人，2006年死亡1人。

2007年8—12月，在区民政、卫生、计生、妇联等部门配合下，在步文、蓝田、朝阳、郭坑4镇开展婚前保健工作，婚检率98%。对婚检中疾病检出者给予卫生健康指导。

第二节　儿童保健

1974—1976 年，龙海县在区境对儿童死亡情况进行调查。1976 年，区境新生儿（0—28 天），死亡率 19.76‰；婴儿（28 天—1 岁），死亡率 32.95‰；儿童（1—15 岁），死亡率 3.66‰。1984 年 6 月，区境保育员参加龙海县举办的保育员学习班。1991 年，龙海县在区境建立儿童保护试点单位。

2000 年，龙文区医院、郭坑中心医院被定为爱婴医院。

2001 年，在全区 4 镇 41 村 85 家所托幼机构开展 0—3 岁儿童系统保健，平均检出疾病率 5.6%，对缺点儿童矫正率 35%，体弱儿专项管理率 100%，加强对儿童营养不良、听力视力减弱、智力低下、牙齿脱落的保健。儿童保健覆盖率 83.39%，儿童系统管理率 83.39%，托幼机构卫生保健管理率 98.59%。新生儿死亡率 5.36‰，婴儿死亡率 8.02‰，5 岁以下儿童死亡率 10.03‰。

1998—2007 年，全区对新生儿死亡人数、5 岁以下儿童死亡人数调查情况：1998 年新生儿死亡 19 人、5 岁以下儿童死亡 56 人；1999 年为 2 人、9 人；2000 年为 15 人、21 人；2001 年为 14 人、15 人；2002 年为 8 人、17 人；2003 年为 5 人、9 人；2004 年为 4 人、5 人；2005 年为 9 人、14 人；2006 年为 8 人、15 人；2007 年为 6 人、15 人。

第四章　机构与管理

第一节　管理机构

一、龙文区计划生育局

1997 年 9 月，区计划生育局成立。行政编制 8 人，事业编制 7 人。

二、龙文区卫生局

设在龙文区医院 4 楼。2002 年 10 月成立，正科级单位。设疾控股、医政股、人秘股。行政编制 6 人，工勤 1 人。

2005 年 5 月，更名区人口和计划生育局，全额拨款事业单位，下设卫生监督所。编制 3 人。

2007 年，下设区流动人口计划生育管理站、区计划生育服务站。编制 13 人。

三、龙文区爱国卫生运动委员会

1997 年成立。主任、副主任分别由中共龙文区委常委、宣传部长和分管副区长兼任。下设办公室，编制 1 人。

2005 年，区爱卫办编制 3 人。各镇、开发区配备一名专职工作人员，各村、机关及企事业单位配备兼职工作人员。2006年，为股级事业单位，编制3人。配办公室主任1人，副主任1人，工作人员1人。

2007年，区爱委会，由8个成员单位调整到27个成员单位。由中共龙文区委书记任组长，区五套班子有关领导任副组长，成员单位领导任成员。4个镇分别成立爱卫会和创卫领导小组。

第二节　医政管理

一、医疗机构管理

（一）村卫生所（室）管理

1980年后，区境合作医疗制度发生变化，“赤脚医生”改为乡村医生，合作医疗站改为村卫生所。实行一村一所管理，资金、药品、设备大都由乡村医生负责。1994年后，乡村医生分期分批进行正规培训，经考试考核合格者，发给中专水平证书、培训合格证书。

1997年龙文区成立，全区共有村卫生所（室）124家，由龙海市划归龙文区管理。

2000年，有41家村卫生所（室）通过甲级达标卫生所验收。2001年，村卫生所（室）通过甲级达标卫生所验收58家，通过乙级达标卫生所验收43家。2002年，为乡医举办5期业务培训班。

2003年，实施国务院《乡村医生从业管理条例》，对乡村医生进行资格认定，经资格认定符合要求的核发《福建省乡村医生资格证书》，认定第一批乡村医生118人。不具备条件的70人经《福建省乡村医生培训中心》进行培训考试合格的为第二批乡村医生。全区认定乡村医生188人。区卫生局、卫生协会管理村卫生所（室），不定期进行抽检、每年校验1次，发现问题及时整改。

2007年，全区管理村卫生所（室）149家。

（二）个体诊所管理

2001年，发展个体诊所。贯彻《中华人民共和国执业医师法》和《医疗机构管理条例》，符合条件的予以登记发证。至2007年，全区有个体门诊部、个体诊所14家，分布在4个镇：蓝田镇5家，步文镇3家，朝阳镇3家，郭坑镇3家。采取定期或不定期对个体门诊部、个体诊所经营情况进行检查，打击非法经营、出售假冒伪劣药品等行为。

（三）民营医院管理

2006年，龙文区成立东方、仁和、耀和、同泰4家民营医院，为群众提供医疗、预防保健服务。区卫生局、卫生协会负责管理，每年校验1次。不定期检查民营医院的经营情况，打击非法行医、非法经营、出售假冒伪劣药品等行为，发现问题及时整改。

二、执业医师管理

1998年6月26日《中华人民共和国执业医师法》和1999年7月16日卫生部《医师执业注册暂行办法》先后颁布实施，医师执业管理走上法制化轨道。医师执业活动实行准入制度，龙文区2001年有执业医师35人、执业助理医师24人；2003年有执业医师33人、执业助理医师43人；2004年有执业医师37人、执业助理医师60人；2005年有执业医师39人、执业助理医师97人；2006年有执业医师56人、执业助理医师41人。

2007年，有执业医师92人、执业助理医师54人。有主任医师1人、副主任医师9人、主治医师27人、医师56人、医士87人。评定职称180人。

三、查处非法行医

1997—2000年，对医疗机构进行检查、清理整顿。不定期打击与整改非法行医行为，组织医政人员、卫协监督员开展卫生机构考核检查和执法检查146次，出动执法人员336人次，出动车辆136台次，在清理整顿中要求整改的45家，取缔非法经营、无证行医15家。

2001—2003年，贯彻《中华人民共和国执业医师法》《医疗机构管理条例》，符合条件者予以登记发证。组织力量对所有医疗机构进行全面整顿，利用一年一度校验工作为契机进行规范及业务指导。

至2004年，共监督医疗机构117家。2005年7月10日至8月10日，开展医疗市场整治活动，严厉打击非法行医，出动监督人员36人次，发出整改通知21份，取缔非法行医12家、超范围执业医疗机构2家、使用非卫生技术人员医疗机构1家，取得较好的整治效果。

2007年8月6—30日，区卫生局对全区医疗机构设置审批和打击非法行医工作进行大检查，共检查医疗机构129家，查处违法违规医疗机构3家。全年查处非法行医16家，取缔无证诊所13家。开展医政监督检查170户次，打击非法行医16次，处理投诉举报案件12起。对卫生院、村卫生室的医务人员进行培训，严格管理。对传染病防治人员进行培训，共培训160人次。全年行政处罚12户，罚款到账33050元。没收药品器械140件，价值5000多元。

第三节　卫生许可受理

一、食品卫生许可

2005年，办理食品卫生许可证525家，办理从业人员健康体合格证2035人，查出“五病”（肺炎、肺结核、痢疾、传染病、皮肤病）人员141人，全部调离岗位。2006年，办理卫生许可证1082家，办理从业人员健康体合格证3810人，查出“五病”人员181人，全部调离岗位。

2007年，办理卫生许可证1035家，办理从业人员健康体合格证4235人，查出“五病”人员501人，全部调离岗位。召开食品安全动员大会12次，向食品经营户发放各种宣传材料2.5万份，举办培训班20次。采取检查后发出卫生监督意见书、整改通知书和行政处罚、强制取缔等措施，发出《卫生监督意见书》950份，及时整改220家。按规定办理食品卫生安全许可证，办证的有餐饮业者437家、副食品业者1327家，办证率90%。区卫生监督所统一印制《卫生管理制度》牌，对已办证的餐饮业、副食业经营者，一律挂牌经营。区卫生监督所定期对食品经营单位进行监督检查，对已发证的、但不落实卫生设施、屡次不改的，收回卫生许可证；对无证经营、但经整改后能达到卫生要求的，予以办证；不整改或整改后仍不能达标的，下发卫生监督意见书、整改通知书，依法吊销卫生许可证。全年出动1800多人次，检查6000多家次，发出《卫生监督意见书》2500份，督促办证250家，限期整改270家，取缔无证经营单位121家，吊销卫生许可证21家。销毁过期、变质或“三无”食品3000公斤，罚款2.5万元。

二、公共卫生许可

1997—2004年，全区办理“公共卫生许可证”90家，落实体检人员100多人。

2005年，全年办理公共卫生许可证55家，办理从业人员健康体合格证81人，查出“五病”人员2人，全部调离岗位。2006年，办理公共卫生许可证80家，办理从业人员健康体合格证96人，查出“五病”人员5人，全部调离岗位。

2007年，采用卫生部编印的卫生培训教材，对全区公共场所从业人员进行卫生法规和卫生常识培训，参加培训人员900多人次。办理公共卫生许可证83家，办理从业人员健康体合格证105人，查出“五病”人员9人，全部调离岗位。

第四节　卫生监督

一、食品卫生监督

1997—2004年，全年检查食品经营单位800家，发出监督意见书200多份；健康体检人员100多人。

2005年后，每年11月第一周开展《中华人民共和国食品卫生法》宣传活动，组织专家现场为群众解答问题。按照《福建省食品卫生专项整治方案》，区卫生监督所制定方案，落实卫生制度与卫生规范。食物中毒发生率呈下降趋势，痢疾，伤寒等食源性传染病发病率一直保持较低水平。建设“食品放心工程”，开展“餐桌污染”专项整治活动，制定《食品专项整治具体实施方案》，实行责任追究制，严厉查处食品生产经营的违法行为，清理不符合卫生条件的饮食店和食品加工作坊，取缔无卫生许可证加工经营食品单位。2006年，作出行政处罚案8起，罚没金额6500元，发出《卫生监督意见书》200份，销毁非法生产食品1500公斤。

2006年，出动人员2000多人次，检查餐饮经营单位8784户次，发出《卫生监督意见书》912份，罚没金额4万元，销毁非法生产食品5000公斤，取缔无卫生许可证的小饮食店157户。区卫生局成立食品卫生安全突发事件应急专业队伍，提高食品卫生安全预警和控制能力。制定《节日期间食品卫生安全保障工作方案》，开展重大节日食品卫生专项整治，预防群体性食物中毒事件和其他食源性疾病发生。有4家从事果蔬速冻食品加工生产企业、3家从事冷饮食品生产经营企业，均持有效卫生许可证，从业人员健康证持有率98%。

2007年，全区所辖4个农贸市场和1个蔬菜批发市场，均设立速测点，对进入市场的农产品进行质量安全检测。建立蔬菜日检制度，每天抽检样品12种以上，全年共检测蔬菜样品5436种，合格率99.6%。加强对畜禽养殖环节检查，杜绝违法使用禁用药品现象。同时，推进动物疫病标识追溯体系和畜产品质量可追溯体系建设，对集中屠宰的猪肉没有检疫证明的，严禁进入市场，确保消费者吃上放心肉。开展饲料专项检查、兽药专项检查、禁用农药销售情况检查、农业投入品标签抽查。当年，出动执法人员108人次，检查生猪养殖场56家、饲料添加剂生产企业1家、饲料经营企业37家、饲料生产企业4家，未检查出可疑的饲料、饲料添加剂。全区食品生产经营单位1035家，卫生许可证办证率90%，餐饮经营单位食品卫生监督量化分级管理制度实施率100%；从业人员健康证持有率95%。受理行政处罚案9起，罚没金额9050元，发出《卫生监督意见书》345 份，没收、销毁非法生产食品 2500 公斤。

二、公共场所卫生监督

1987 年，区境实施国务院《公共场所卫生管理条例》、福建省卫生厅和福建省工商行政管理局《关于对公共场所发放卫生许可证的通知》。

2004 年，区创建国家卫生城市领导小组成立，下设区城市环境卫生评比监督领导小组，每半个月对全区重点区域进行 1 次检查评比，排列名次，并通过有线电视、政务网、文件给予通报。区创卫办经常组织专业人员、电视台记者、区人大代表和政协委员，对各单位和居民区创卫工作进行督查，对薄弱环节给予通报、曝光，限期整改。

2005 年，按照《公共场所卫生管理条例》及其实施细则做好公共场所监管工作，通过省级卫生城市复核。实施《国家卫生城城市标准》，投入 7600 多万元创建国家卫生城市。同年 5 月，根据省卫生监督所制订的公共场所“卫生许可审查量化评分表”和“经常性卫生监督量化评分表”，检查宾馆饭店、大型商场、超市等集中空调通风系统情况和旅店、美发美容店、洗浴场所公用物品卫生状况，以及游泳池水质卫生状况。

2006 年，继续检查游泳池水质卫生状况和卫生管理情况、宾馆饭店卫生管理情况和集中空调通风系统卫生状况。同时，实施《公共场所集中空调通风系统卫生管理办法》，出动监督人员 6 人，检查带集中空调通风系统的单位 2 家，空调送风口新风量、微生物指标合格率 100%。娱乐厅 KTV 办理卫生许可证 1 家、理发美容店办理 75 家，办证率 90%；办理从业人员健康体合格证 81 人，从业人员健康证持有率 95%。

2007 年，出动人员 1200 多人次，检查公共场所单位 986 户次，发出《卫生监督意见书》205 份，罚没金额 1000 元，取缔无卫生许可证经营店 19 户。成立专业环卫队伍，对村社内卫生进行全面清理整治，全区共清运垃圾 83175 吨，以往一二十年积压的垃圾得到彻底处理。对集贸市场、水沟水渠、村主干道沿线的乱堆乱放、乱涂乱画等现象进行彻底整治，疏通淤塞水沟 36 公里，完成明沟改暗沟 99.14 公里，清理乱堆放 41400 多处。全区原有 59 口池塘，被填平 27 口；现存 32 口池塘中，被评为优秀的池塘 9 口，占总数 28.12 %；合格和基本合格的池塘 22 口，占总数 68.75 %；不合格的池塘 1 口，占总数 3.13%。全区列为胶合板厂环境卫生重点整治的 7 个村，共设置围墙（栏）长度 10256 米，整治后优秀的 2 村，占总数 28.57%；合格和基本合格的 5 村，占总数 71.43%。

三、饮用水卫生监督

2005 年后，每半年开展一次城市饮用水二次供水监测工作，监测结果及时上报市卫生监督所。建立健全饮用水卫生监督监测体系，持续开展饮用水卫生监测、监督抽检及饮用水污染事件的调查处理工作。经常性派监督员到福州参加饮用水卫生管理、卫生监督和水质监测培训班学习，提高监督员的业务水平和执法水平。完善内部制度，加强内部档案管理，做到一户一档，建立档案 279 户。

2007 年，全区二次供水设施 12 处，对二次供水水质指标按规范开展经常性监督监测，并以创建省级、国家级卫生城市为契机，要求二次供水设施单位及时整改，提高二次供水卫生管理水平。

四、学校卫生监督

1990 年，实施国家教委、卫生部《学校卫生工作条例》。

2005 年，省卫生厅对全省 9 个设区市卫生监督机构开展学校卫生监督工作情况摸底调查，区监督机构对所在地4所中学生活环境、学习环境和医疗保健机构、传染病防治工作进行调查。

2007年，根据省卫生厅和省教育厅联合发文要求，对41所各类学校食品卫生、饮用水卫生及传染病防治情况进行全面检查，完善学校卫生管理制度。

五、职业卫生监督

2006年3月，龙文区落实全省卫生工作会议精神，将职业卫生监督工作纳入监管范围，下半年起开始履行监管职责。

2007年4月，实施省卫生厅等六部门《关于开展〈职业病防治法〉实施五周年宣传活动的通知》；“五一”前夕，区卫生局、卫生监督所、疾病预防控制中心联合上街开展《中华人民共和国职业病防治法》实施五周年宣传活动，出动人员10人，车2辆，对外来工人进行咨询解答，分发宣传单1000份；8月，根据省卫生厅《关于开展以小砖窑、小煤窑、小矿山、小作坊等为重点作业场所劳动者职业健康监护专项整治的通知》和市政府办公室《关于转发市劳动保障局等部门开展整治非法用工打击违法犯罪专项行动方案的通知》，对农民工职业病防治调查摸底。检查小砖窑13家、小矿山4家和其他私营企业10家；检查劳动者235人，其中涉及职业病危害劳动者51人（女工28人）。全年，实施省卫生厅《关于下达2007年各设区市安全生产工业卫生控制指标的通知》，无发生重大职业中毒死亡事故。全区对职业危害企业情况摸底汇总和检查情况：应监测企业10家，实测企业8家，工业卫生监测覆盖率80%。职业健康体检应体检76人，实检38人，职业健康体检率50%。

第五节　药政管理

一、麻醉药品和精神药品管理

1997—2001年，区卫生局执行国务院《麻醉药品和精神药品管理条例》，加强对区内麻醉药品和精神药品的使用与储存的监督管理。区属医疗机构经市卫生局批准，方可领取麻醉药品、第一类精神药品购用印鉴卡，然后凭印鉴卡购买、使用麻醉药品和第一类精神药品。执业医师开具麻醉药品和第一类精神药品的处方资格，实行医疗机构培训、卫生局考核登记备案管理。执业医师使用专用处方开具麻醉药品和精神药品，实行专人管理、双人核对、专册登记、按期保存管理。对麻醉药品和精神药品储存实行专库、专柜、双人双锁、专用账册管理。对使用过的装置麻醉药品和精神药品的容器实行回收制度。

2002—2006年，龙文区医院、东方医院、仁和医院、同泰医院、郭坑中心卫生院要使用麻醉品和第一类精神药品，凭购用印鉴卡向定点批发企业购买，实行网上采购，银行转账方式付款。严格执行麻醉品和第一类精神药品“货到即验，双人开箱验收，清点验收到最小包装，验收记录双人签字”等签收规定，执行“专人负责、专柜加锁，双人双锁”管理规定，确保管理到位。根据《麻醉药品和精神药品管理条例》和《处方管理办法》规定，严格做好麻醉药品和精神药品的临床使用与管理。落实过期、损坏的麻醉药品、精神药品封存工作，由药剂科按照规定程序向卫生行政部门提出申请，由卫生行政部门负责监督销毁。

2007年，规定只有注册执业医师方可开具处方，按规定严格管理和使用麻醉药品和精神药品。

二、药品生产、销售管理

聚善堂

改革开放以来，龙文区药业经济快速发展。特别自2001年始，药品生产经营企业规模从小到大，药品生产经营品种从少到多。2005年，药品生产企业有漳州市生物化学制药厂、漳州市无极膏制药厂、聚善堂中药饮片厂3家，年产值3亿元。药品批发企业4家，有全市最大的医药物流——聚善堂医药物流有限公司，有投资1亿元上市药品批发企业——福建三精医药有限公司漳州分公司，有全省唯一专营中药材销售企业——远洋中药材销售贸易有限公司等，零售药店51家。龙文区药业经济形成自己的地方特色和优势，特别是水仙牌品种、品牌及聚善堂现代医药物流等在行业中占有优势。

对企业申请一类医疗器械产品注册提前介入，帮助企业完善产品标准，提高产品质量审查效率。同时，建立“绿色通道”，简化办事手续。在提高行政审批效能的同时，针对促进药业发展问题深入开展调研。至2007年，全区审批新办药品生产企业2家、中药饮片加工厂1家、大型现代医药物流公司1家、药品批发（连锁）企业4家，引导药品生产企业开发新药品种38种。开展中药材种植调研，主动协调地方政府及相关部门，引导企业探索建立“公司＋基地”模式发展中药材生产，推动中药材规范种植。

三、假劣药品查处

1997年，全区聘请17名药品监督协管员和信息员，建立“行政引导、法律规范，市场运作、多方参与，两网互动、共同发展”的工作机制。2005年，区药品监督网络覆盖镇村率100%；药品配送到乡镇100%，配送到村98.7%，达到农村用药量和用药品种85%。

建立药品批发企业首营业者发现问题药品及时在第一时间主动召回制度，防止不合格药品流入市场。建立定期抽检与批批检验制度。定期对制药企业、医院制剂室的原料、辅料及成品进行抽验，发挥技术监督作用，保障企业生产的药品及医院制剂的质量。

建立健全药品稽查“上下联动，信息共享”机制，一旦发现假劣药品线索，便在全区范围内统一组织查处，彻底打掉制售假劣药的“窝点”及其网络，及时消除安全隐患。提升稽查效能的机制和手段，给制售假劣药品行为予严厉打击。全区发展20名药品稽查“线人”，发挥“线人”的特殊作用，及时查处30多起案件。建立假冒药品信息数据库，通过“网络稽查”，利用假冒药品信息开展外观鉴别、核查，及时发现并查处售假案件。建立异地交叉执法检查机制，组织参与漳州市各县（市）药品监管执法人员开展交叉执法检查，提高药品整治的成效。

2007年5月，区建立药品批发企业实时监控系统，运用CTBS远程接入技术实现对全区26家药品批发企业进行实时动态监控，其中将龙文区4家药品批发企业纳入监控系统进行监管。同年，“奶粉事件”发生后，强化对生产的药品实行“批批检验”，不合格者不得出厂，从源头杜绝本地产品药害发生，维护本地企业的品牌与信誉。

第二十六卷 民 政

中华人民共和国成立至1996年，区境乡镇（公社）成立民政机构，办理民政事务，开展拥军支前、优抚安置、赈灾救济等工作。1994年，郭坑镇被民政部授予“全国民政工作全优乡镇”称号。

1997年1月，龙文区成立民政局。1997—2007年，全区救济受灾人口97885人次，发放救灾款316万元、受灾房屋补助款45万元；纳入城市低保2644人次，发放低保金159万元；纳入农村低保5478人次，发放低保金231万元，发放五保户供养金102万元。

区人民政府成立支前、双拥工作领导小组及办公室，开展创建“双拥模范城”活动，提高优抚对象的优待金、抚恤金标准，逢年过节开展慰问部队、烈军属等活动；采取救助、供养、社会帮助等保障措施，为重点优抚对象和革命“五老”人员解决生活、住房、医疗“三难”问题。1999年12月，龙文区被全国双拥工作领导小组、民政部授予全国“爱心献功臣行动先进区”称号。至2007年，全区为1382户义务兵家属发放优待金478.3万元，拨付重点优抚对象抚恤补助金409万元，安置复退军人；向部队送慰问金、慰问品和捐赠物资折价共160多万元。

1985年，陆续开展基层自治组织建设。1999年、2003年，完成区界、镇界勘定和建区后首批12条街道、7条市区主干道命名。至2007年，全区设置新路牌26块、村牌43块；对婚姻登记、收养登记、社团登记等实行规范化管理；殡葬改革成效显著，尸体火化率和骨灰寄存率年年保持100%。

第一章 拥军 优抚 安置

第一节 拥 军

一、慰问

1950年起，每年元旦、春节、“八一”建军节等节日，区境各级政府召开烈军属、伤残军人、复员退伍军人座谈会，赠送慰问信、礼物、光荣匾、春联等。1960年后，除召开座谈会外，人民公社组织慰问队，登门慰问烈军属、复员退伍军人和残废军人，送慰问金和慰问物资，开展拥军优属活动。1979年春节，郭坑公社组织9支慰问队，慰问烈军属、复员退伍军人和残废军人108户，赠送肉类、水产品、粮食复制品、水果等物资250公斤和慰问金1966元。

1998年春节、"八一"建军节，由中共龙文区委书记、区长主持全区军民共建军政座谈会（此后，每年均由区委、区政府举办1—2次）。2000年春节，区委、区政府组织慰问团到部队、长泰坦克旅、漳州武警支队、漳州消防支队、一七五医院、区人武部、区消防大队慰问，送慰问金2.1万元。2003年元旦、春节，区委、区政府组织"双拥"慰问团，慰问区境和周边共建部队，送慰问金5万元、书籍2100册等慰问品，还举行军地联欢晚会2次、体育比赛2次。2005年元旦、春节和"八一"建军节，区民政局组织慰问区境残疾军人、烈军属、老复员军人和1955年入伍的贫困老兵等优抚对象35人，送慰问金7000元。2007年"八一"建军节，区、镇组织慰问参加对越自卫还击战老兵，送慰问金1.2万元，各镇还给每人赠送价值不少于200元的慰问品。元旦、春节，民政局组织慰问优抚对象127人，送慰问金4.1万元。2000—2007年，区委、区政府共组织慰问部队16次，送慰问金（含慰问品折价）30万元；民政局组织慰问立功受奖军人家庭253人次，送慰问金3.6万元。

二、支前

1997年，中共龙文区委、区政府出台《关于拥军优属若干规定（试行）》，提出"部队练打仗，地方练支前"口号，发动社会各界支持部队战备训练、演习及各方面建设。1997—2007年，投入资金3.65万元，支援部队演练1次、演习（海训）2次，慰问抢险救灾部队2次；地方财政拨款3.29万元，支持部队改善文化娱乐条件、扶持部队"菜篮子"工程建设和军供补贴、修建道路等；投入科技拥军专项经费4万元，为部队培训军地两用人才288人和赠送科技书籍2400册。区国税局拨出10多万元，支持区人民武装部完成民兵组织正规化建设。区境民营企业为共建部队捐赠物资折款110万元。

2007年2月，成立支前物资供应站，制定主副食品和日用工业品保障预案，并建立支前物资供应能力信息管理系统。

第二节 优 抚

一、群众优待

1950年起，农村以代耕方式对烈军属实行群众优待。年龄18—55岁农村人口均负担义务工代耕（妇女按当地情况少负担或不负担）。优待对象每人享受代耕1—1.5亩。烈军属负责种子和肥料，代耕者负责耕牛、农具、劳力等。

1958年人民公社化后，对烈军属实行优待劳动工分制，每户每年付给优抚对象家庭200—500个优待劳动工日，达到参加集体分红收入不低于一般群众收入。1970年，步文公社优抚对象351户，优待工分33456分。1977—1979年，郭坑公社烈军属享受优待劳动日19147日，折款14689元。

1982年，农村实行家庭承包责任制，对烈军属优待由劳动工分改为发放现金。1985年，步文乡为义务兵家庭发放优待金62660元，郭坑镇为义务兵家庭发放优待金11760元。1989年起，以村优待改为乡镇统一优待，实行统一标准、统一筹集、统一兑现的"三统一"，各村将优待金上缴乡镇财政，由乡镇财政统筹拨给各村发放。1991 年，郭坑镇统筹优待金 28850 元，发给义务兵家庭每户 750 元、2 户烈属每户 550 元。1995 年 12 月，镇党委、政府研究决定，提高优待金标准，属农户每户每年 1500 元，居民每户每年 600 元。

龙文区成立后，优待金由各镇统筹发放。由于地区差异，各地标准不一，最高 4000 元，最低 2000 元。2003 年农村实行税费改革后，优待金改由区统筹并统一标准，由区财政拨付。优待金标准随着全区人民群众生活水平的不断提高而提高。2003 年农村户均标准为 3028 元，城镇户均标准为 500 元，2007 年分别提高至 4000 元和 2500 元（均达到省政府提出的比例标准）。1997—2007 年，全区共为义务兵家属发放优待金 478.3 万元。

1997—2007 年龙文区义务兵家属优待金发放统计表

表 26-1-1　　单位：元

年　份	优待金户均标准		发放总金额
	农　村	城　镇	
1997	3666.6	500	222000
1998	5866	500	655200
1999	3862	500	544388
2000	3856	500	560052
2001	3780	500	421740
2002	3562.5	500	404938
2003	3028	500	351192
2004	3028	1500	364720
2005	3568	1500	414252
2006	3568	1500	392844
2007	4000	2500	452000

二、国家抚恤

1950—1996 年，区境烈属、因公牺牲的军人家属、病故军人家属，以及残废军人等，先后由龙溪、龙海县（市）民政局逐年发给抚恤金。

龙文建区后，由区民政局逐年发给抚恤金。2000 年，全区享受抚恤补助待遇的革命烈士家属 6 人、病故军人家属 5 人、革命伤残军人 21 人、在乡老复员军人 192 人、带病回乡退伍军人 5 人、革命“五老”人员（老地下党员、老游击队员、老接头户、老交通员、老苏区干部）5 人。当年全区发放抚恤补助金 24.16 万元。

2002 年，区民政局与区财政局下达《关于切实加强“五老”保障工作的通知》，提高“五老”人员生活定补标准，规定随着社会经济增长，“五老”定补标准在现行基础上逐年递增 10%。对参加东山战斗、剿匪、抗美援朝的在乡老复员军人进行重新澄清核对，并按解放战争的定补标准给予定补。对享受定补的“三属”（烈属、因公牺牲军人家属、病故军人家属）、“两红”（在乡退伍红军老战士、红军失散人员）优抚对象，按政策规定全部给予提高定补标准。是年，全区发放抚恤补助金 33.56 万元。

2003 年，提高革命“五老”人员生活定补标准和伤残军人、“三属”“两红”等优抚对象抚恤补助标准，均达到市级标准。当年，给 1 户伤残老复员军人危房改建发放补助款 1 万元，报批 5 名下岗伤残军人由领在职保健金改领在乡抚恤金，调查核实批准 2 名老复员军人享受定期补助。全区优抚人员 230 人，年发放抚恤补助金 46.83 万元。2004 年，根据抚恤补助标准自然增长机制，全区再次提高革命“五老”人员生活定补标准和重点优抚对象抚恤补助标准，当年全区发放抚恤补助金 54.69 万元。

2005 年，区民政局向上级争取优抚配套资金，扩大优抚保障面，并采取抚恤优待与救助、供养、社会帮助相结合的多重保障措施，解决部分优抚对象生活难、住房难、医疗难的“三难”问题。为 77 户重点优抚对象发放“解三难”补助金 23800 元。2006 年 5 月 25 日，区政府批转《龙文区重点优抚对象和革命“五老”人员医疗补助暂行办法》，在 8 月底前把 180 元个人门诊补助款发到每个对象手中。当年，核发 7 人次住院一次性医疗补助金 13426 元。根据《军人抚恤优待条例》，做好龙文区 4 名精神病复退军人评残工作，再次提高重点优抚对象抚恤补助标准。1997—2007 年，全区共拨付优抚对象抚恤补助金 409.84 万元。

2007 年下半年，完成参战退役人员审核认定和优抚对象复核登记工作，并做好对越自卫还击战等参战老兵的照顾工作，全区此类参战老兵 43 名中，困难对象有 22 名，给予优先纳入农村低保和减免参加“新农合”个人缴费部分。10 月复核登记时，全区健在烈士遗属 4 人，病故军人遗属 1 人，残疾军人（含伤残民兵民工）23 人，在乡老复员军人 146 人，带病回乡退伍军人 8 人，革命“五老”人员 2 人。至年底，给 14 人核发住院一次性医疗补助金 23583.17 元，解决重点优抚对象和革命“五老”人员的“医疗难”问题。对精神病残疾军人的抚恤金全部发放到位，并都与其法定监护人签订监护协议书，保障他们的合法权益。

三、烈士褒扬

（一）追认革命烈士

1937 年，境籍 1 位红军游击队员，在抗日战争中牺牲。1950 年，境籍 2 位农会主席被土匪杀害。1953 年，境籍 12 位公安部队的战士在东山战斗中牺牲。1953—1967 年，境籍 3 位解放军战士在抗美援朝等战斗中牺牲。1979 年，境籍 1 位警备区战士在江西南昌因公牺牲。以上 19 人，均被人民政府追认为革命烈士。

（二）建立纪念碑

1957 年 2 月 19 日，中共龙溪县委员会、龙溪县人民委员会在郭坑乡猪头林兴建“铁道兵烈士纪念碑”，纪念为建设鹰厦铁路在龙溪县路段施工中牺牲的 10 位铁道兵烈士。碑园占地面积 200 平方米，碑高 3.5 米。纪念碑下并列着 10 个烈士墓。每年清明节，区境党政领导、机关团体干部和各界人士、学校师生前往碑园祭扫，举行缅怀先烈悼念活动。

2001—2007 年龙文区国家抚恤对象生活补助金标准表

表 26-1-2 单位：元 / 人 · 月

对象名称		2001 年	2002 年	2003 年	2004 年	2005 年	2006 年	2007 年
“五老”	无依无靠者	134	165	185	205	235	265	—
	有依无靠者	80	100	115	130	150	170	—
	有依有靠者	50	60	70	75	95	115	—

续表 26-1-2

对象名称		2001 年	2002 年	2003 年	2004 年	2005 年	2006 年	2007 年
烈属	城市	260	300	375	435	—	—	—
	城镇	250	290	362	422	536	601	686
	农村	225	250	315	345	379	419	459
因公牺牲军人遗属	城市	260	300	375	435	—	—	—
	城镇	250	290	362	422	516	576	641
	农村	225	250	315	345	374	409	449
病故军人遗属	城市	255	295	367	427	—	—	—
	城镇	245	285	355	415	490	545	615
	农村	220	245	305	335	354	389	434
在乡退伍红军老战士		1100	1160	1543	1673	—	—	—
红军失散人员	城镇	290	300	388	408	508	548	608
	农村	260	270	346	366	465	505	565

第三节 复退军人安置

1950—1957 年，第六区（东屿区）安置复员军人。

1958 年，开始安置义务兵役制退伍军人。至 1981 年，步文公社、郭坑公社安置复员军人。

1982—1991 年，步文公社（乡）、郭坑公社（镇）安置复员退伍军人。1987 年，步文乡、郭坑镇先后成立复退军人服务站，推荐、安置军队复员的“两用人才”。至 1991 年，郭坑镇推荐复退军人到工厂、铁路、镇直单位、村干部就业。

1992—1996 年，步文镇、郭坑镇安置复员退伍军人。

1997 年，龙文区成立复员退伍军人安置工作领导小组，下设办公室，具体负责安置工作。2000 年，区政府出台《龙文区城镇退役士兵安置暂行规定（修订）》，对安置对象范围、安置办法、安置程序、自谋职业一次性补助金标准、自谋职业优惠政策等作出具体规定。1997—2002 年，复员退伍军人采取城镇安排、自谋职业、农村回乡安置。2002 年，采用资金补偿鼓励自谋职业办法，解决 18 名历年遗留的城镇退役士兵应安置而未安置的问题。

2003 年，推荐优秀退伍军人到市国税局、漳州华港物业管理有限公司等单位当保安人员。2006 年，推荐优秀退伍军人到有关物业公司当保安人员。2003—2007 年，全区安置复员退伍军人有：城镇安排、自谋职业、农村回乡安置三种情况。发放一次性自谋职业安置补偿金 50 多万元。

第二章　救　济

第一节　灾害救济

1959 年 6 月 11 日，九龙江上游猛降大雨，步文科坑、郭坑等大队遭受严重水灾，龙海县政府发放救济款 4.5 万元；8 月 23 日，步文公社遭受特大台风暴雨袭击，农作物、堤岸被冲毁，房屋倒塌，损失严重。县发放救灾款 15.22 万元，水利工程修复补助款 92874 元。

1979 年 4 月 1 日，步文公社遭受雹灾，房屋受损，小麦、秧苗、果树损失严重。中央、地区和县民政部门下拨救灾款，救济灾民；9 月 10 日，步文西坑、梧桥大队遭受龙卷风袭击，集体和社员财产受损，县拨救灾款 0.2 万元。

1983 年 4 月、12 月，郭坑公社受"6•19"洪涝和 4 号强台风袭击，县民政部门发放救灾款 0.2 万元和 0.5 万元，对重灾区扶摇大队补助粮食 3.5 万公斤、款 0.23 万元，洛滨大队补助粮食 4 万公斤、款 0.3 万元。1986 年，遭受 7 号台风影响，民政部门向步文乡发放救灾款 2.25 万元，向郭坑镇发放 1.36 万元。1988 年，17 号台风，造成"9•22"洪水灾害，民政部门向步文、郭坑发放救灾款 0.68 万元和 0.44 万元。

1992 年，郭坑镇遭受 12 号、16 号台风袭击，民政部门发放救灾款 0.5 万元。

1997—1999 年，龙文区发放救灾款 77.61 万元，救济灾民 23283 人次。2000 年，省、市、区拨付救灾款 61.79 万元，救济灾民 18537 人次。2001 年，各级政府发放救灾款共 36.6 万元，救灾粮 4 万公斤，救济灾民 11500 人次。

2002 年，区民政局与区财政局制订民政救灾专项资金使用管理暂行规定，设立共管专户；建立区、镇、村（居）救灾预案机制和干部分配包干挂钩制度，提高对自然灾害快速反应能力。在步文镇政府（翌年又在石仓社区居委会）建立经常性救灾捐赠款物接收管理中心，增强救灾物资快速调运和充足供应的能力。当年，5 月旱灾和 8 月台风灾害，各级政府共发放救济款 27.36 万元，救济粮 2.25 万公斤，救济灾民 1 万多人次。

2003 年 7 月旱灾，各级政府发放救灾款 23.98 万元，救济灾民 7200 人次。2004 年，18 号台风灾害，各级政府发放救灾款 9.6 万元，救济灾民 2880 人次。

2005 年，13 号台风和 19 号台风灾害，各级政府共发放救灾款 38.95 万元，倒房补助款 8.5 万元，救济灾民 11685 人次。

2006 年，1 号台风、4 号台风、5 号台风及洪涝灾害，各级政府发放救灾款 34.42 万元，救济灾民 1.1 万人次。区政府组织联合核查小组实地核查，落实倒房重建对象，出台《龙文区灾后民房恢复重建工作实施方案》，规定房屋全倒户每户补助 5000 元，半倒户每户补助 2000 元，危房维修户每户补助 1000 元。其中，属低保户、五保户、优抚对象、二女计生困难户等特殊困难群体的倒房重建，每户增加补助 500 元。当年，发放倒房重建补助款 30.98 万元，89 户恢复重建房屋 180 间；区民政局协调区财产保险公司，实施《龙文区农村住房统保协议》，解决受灾农户理赔问题。

2007 年，修订完善《龙文区自然灾害救助应急预案》，与龙文区信义超市签订救灾物资供应协议，以信义超市为救灾物资定点供应单位，提高救灾应急能力；经区长办公会议决定，每年安排200万元作为救灾预备金，确保灾情发生第一时间解决受灾群众的基本生活困难。当年，发生6月洪涝和8月超强台风“圣帕”灾害，区政府发放救灾款6万元，救济受灾人口1800人次，发放6.2万元帮助12户倒房户重建住房16间。

第二节 困难救济

一、冬令、春荒救济

1961年冬，县政府向步文公社贫困户发放棉被73件、被单18件、卫生衣55件、成衣660件、棉衣660件、布1089米、棉花264公斤。1970年，县政府向步文公社发放冬令救济款50.37万元，救济513户2595人；发放棉被36件、卫生衣45件、棉衣90件，救济166户。1978年，县政府向步文公社发放冬令救济棉被32件、被单32件、棉衣17件、单衣服12件、厚绒卫生衣192件；向郭坑公社发放冬令救济棉被、衣服等106件。

1979年，政府向步文公社发放冬令救济棉被32件、被单32件、棉衣28件、卫生衣192件、汉装18件；向郭坑公社发放冬令救济棉被8件、被单8件、棉衣8件、卫生衣50件、汉装20件。1983年，政府向郭坑公社发放冬令救济棉被、卫生衣等57件。1986年，政府向步文乡和郭坑镇发放春荒救济粮分别为0.5万公斤和0.4万公斤。1990年，政府向郭坑镇发放冬令救济款0.8万元，救济粮0.25万公斤，救济棉被7件、被套7件、棉衣10件。

2002年，全区发放冬令救济棉被120件和其他衣物，下拨春荒救济款17.9万元，夏荒救济粮2.25万公斤。2003年，下拨春、夏荒救济款12万元。2004年，从粮食购销公司购买2.22万公斤大米，为866户贫困户提供春荒粮食救济。2006年，发放春荒救济款10.1万元。2007年，发放春荒救济款6万元；发放冬令救济款24.06万元、棉被300件、大米2.58万公斤。

二、临时救济

中华人民共和国成立后，政府每年都安排一定救济款，对城乡临时生活困难户和贫困户进行救济。1977—1980年，郭坑公社发放贫困户救济款1.37万元。1982年，郭坑公社向306户发放临时救济款0.47万元，向10户困难烈军属、复退军人发放临时补助款1038元，2户遗属补助411元。1985年，步文公社发放2400元，救济8户困难户。1990年，郭坑镇向贫困户发放临时救济款8000元、救济粮2500公斤。

龙文建区后，每年元旦、春节期间，区政府组织“送温暖、解忧难、办实事”慰问团，深入各镇、村，走访慰问五保户、特困户、重灾户、残疾户、优抚对象，送去慰问金。2002年，慰问困难户1550户，送慰问金3.1万元。2003年，慰问462户，慰问金7.64万元。2004年，慰问245户，慰问金6.70万元。2005年，慰问2957户，慰问金19.83万元。2006年，慰问965户，慰问金4.2万元。又通过来信来访和下乡调查，为临时困难户150户发放救济款3万元。

2007年，走访慰问704户，发放慰问金24.06万元。区政府出台《龙文区农村困难家庭医疗救助实施办法》，救助农村低保户、五保户、重点优抚对象和革命“五老”人员17人16780.54元，解决“看病难”问题，并代缴“新农合”个人缴费3.63万元。

第三节　赈灾捐赠

1998 年，干部职工捐款 1 万元，支援宁夏灾区。1999 年，向长江灾区捐赠 9 万元。2002 年，干部职工捐献 2 万元，支援宁夏、重庆万州灾区；捐献 5.8 万元，支援龙文区内灾民。2005 年，社会各界向海啸灾区捐赠 4.64 万元，向福建闽北灾区捐赠 3 万元。2006 年，向龙文区内灾民捐赠 24.6 万元。

2005 年 11 月 28 日，龙文区慈善总会成立，设在区民政局；12 月 23 日，举行“一日捐”活动，区五套领导班子成员、区直机关企事业单位和个人共捐集资金 48442 元 。之后，企业界纷纷奉献爱心，自愿捐赠，回报社会。至 2007 年 12 月，区慈善总会共募集 247 万元，累计发放奖学金、助学金、救灾救济款、扶老款 170 万元。

2007 年 9 月 28 日，成立区慈善(爱心)超市。超市发放爱心救助卡，救助粮、油等日常生活物品，成立当日，为全区城乡低保户、五保户和部分因灾因病致贫的困难户共救助 800 户，每户 100 元。

2005—2007 年龙文区慈善总会募集善款统计表

表 26-2-1　　单位：万元

时　间	捐赠单位与个人	捐赠金额
2005 年 11 月 28 日	区民政局	3
2005 年 12 月 23 日	“一日捐”活动单位和个人	4.84
2006 年 1 月 18 日	和成工贸有限公司	3.2
2006 年 9 月 11 日	尧富家具有限公司	8.83
2007 年 1 月 5 日	尧富家具有限公司	
2007 年 1 月 8 日	明发集团有限公司	100
2007 年 1 月 9 日	南京红太阳房地产有限公司	100
2007 年 8 月 31 日	漳州市毅达房地产有限公司	12
2007 年 10 月 9 日	合成制罐有限公司	0.3
2007 年 11 月 8 日	尧富家具有限公司	10
2007 年 11 月 26 日	上海合家欢宾馆有限公司	5

第三章　社会福利

第一节　福利企业　福利设施

一、福利企业

1989 年 1 月，步文乡创办民政工厂 2 家，安置残疾人 17 人。

1991 年 3 月，郭坑镇投资 48.2 万元创办民政塑料包装厂，安置残疾人 10 人（占工人总数 17 人的 58.82%）生产纸箱和泡沫包装制品，当年创产值 82 万元，创利 8 万元。同年，步文乡后坂村创办民政制罐厂 1 家。

1992 年，郭坑镇黄坑村创办民政水泥空心砖福利工厂，安置残疾人 6 人（占工人总数 11 人的 54.55%）创产值 20 万元，创利 1.5 万元。同年，创办步文梧浦轮胎翻修福利厂，7 月投产，至 12 月创产值 50 多万元，创利税 5 万元。

1995 年 6 月，步文镇创办后坂民政制罐厂，1996 年产值 8151 万元，上缴税收 200 万元。1997 年 5 月改称后坂和成制罐厂，2006 年 9 月改称福建和成制罐厂。2007 年，产值 9218 万元，上缴税收 278 万元。安置残疾人 5 名。

2002 年起，龙文区所属的社会福利企业划归漳州市福利企业管理站管辖。至 2007 年，区境有福建和成制罐厂、漳州市闽达印铁有限公司、漳州市福森皮革工贸有限公司、漳州市嘉隆制罐有限公司、福建富顺电子有限公司、漳州市华西彩印厂、漳州市民政成龙纸厂、漳州市星河塑料厂、漳州恒瑞包装材料有限公司、漳州市东泰彩印有限公司、漳州鑫和塑料制品有限公司、漳州市美味食品有限公司、漳州市永祥工贸有限公司、漳州市嘉顺制罐公司、漳州市杰龙机电有限公司等 15 家福利企业，工人 1094 名，其中安置残疾人 452 人。

二、福利设施

1985 年 10 月，郭坑镇建敬老院，1986 年 11 月竣工，占地面积 732 平方米，建筑面积 312 平方米，为一座别墅式的两层楼房，内设娱乐室、膳厅和 3 间小客厅、16 间单人房，一座凉亭。娱乐室配有电视机、电唱机、电风扇、电子钟及报刊杂志等。小客厅配有藤沙发椅。房间配有床、桌、椅、床头柜、脸盆、卫生间等。入院老人的衣、食、医疗等费用，由镇村分担。配备工作人员 3 人。敬老院辟有小蕉园、小杂果园、小橘园、小菜园、小畜牧园。初入住“五保”老人 11 人。2002 年，入住老人先后逝世，敬老院空置。

第二节　社会保障

一、五保户供养

1956 年，对生活无来源的老、弱、孤、残的社员列为五保户，实行五保（保吃、保穿、保住、保医、保葬）。1958 年人民公社化后，五保户生活供给由公社、生产大队公益金或副业利润支出，一般不低于所在地社员实际生活水平。对不能自理五保户，由生产大队安排人员照料。

1982 年，贯彻中共福建省委《关于切实做好农村五保户供给工作的意见》，公社、大队对五保户重新调查评定、发证，供给五保户每人每年粮食 203 公斤、零用钱 70.50 元。1983 年，重新核实五保户，供给标准每人每年稻谷 250 公斤、零用钱 71 元，医药费由生产大队负担。1985 年 10 月，郭坑镇创办敬老院，11 位五保户老人入住集中供养，每人每月菜金 20 元由镇统筹支付，每年口粮 270 公斤稻谷由村支付，医药费由镇、村各负担一半，冬夏衣服各一套由村支付，日常生活用品由镇支付。

龙文区建立后，五保户小部分入住敬老院集中供养，大部分居家养老，政府发给供养金。

1997—2001 年，集中供养 4 人，居家供养 58 人，每人每月由政府发给供养金 120 元。2003 年起，五保对象 63 人全部居家养老。2004 年，换发五保供养证，新增农村五保对象 13 人。1997—2007 年，全区发放五保供养金 102.33 万元。

2007 年，全区五保供养 88 人，每人每月供养金 150 元。

二、农村养老保险

1990 年始，实行“义务兵养老保险”“二女结扎养老保险”“一男户独生养老保险”。1992 年，郭坑镇推行农村社会养老保险，投保面占 20—60 周岁农民的 91%，缴纳保费 10.19 万元，人均月投保 4.52 元，成为漳州市农村养老保险 “第一镇”。当年 11 月 24 日，龙海县农村社会养老保险工作现场会在郭坑镇举行。

1996 年起，农村义务兵养老保险纳入民政部门承办的农村保险范畴，确保新入伍义务兵百分之百参加农村社会养老保险。保险费从义务兵优待金中列支，缴交乡镇民政办公室统一投保，并一次性办好投保。

1997 年 10 月，成立龙文区农村社会养老保险公司。1997 年，龙海市和芗城区划归龙文区的参保人员 8621 人、参保金 149.2 万元移交龙文区续保。1997—2000 年，龙文区新增参保 5064 人，收取保费 146.32 万元。

2003 年 11 月，农村社会养老保险公司更名龙文区社会保险管理中心。2003—2005 年，新增参保 289 人，收取保费 85.9 万元。

2006 年 8 月，龙文区社会保险管理中心撤销，成立区农村社会养老保险中心。2006—2007 年，新增参保 119 人，收取保费 78.26 万元。

1997—2007 年龙文区农村社会养老保险统计表

表 26-3-1

年　份	参保人数（人）	参保金额（万元）	上缴省农保公司金额（万元）	发放人数（人）	发放金额（万元）	退保人数（人）	退保金额（万元）
属龙海时	6277	136.77	136.77	—	—	—	—
属芗城时	2344	12.43	12.43	—	—	—	—
1997	1967	41.18	41.18	—	—	—	—
1998	1372	47.85	47.85	19	0.35	8	1.17
1999	1188	34.39	34.39	19	0.74	4	0.13
2000	537	22.9	22.9	24	1.14	4	0.62
2001	20	5.82	5.82	25	1.2	8	0.42
2002	52	5.58	5.58	26	1.14	10	1.42
2003	98	28.59	28.59	22	0.94	12	1.97
2004	104	22.18	22.18	28	1.5	7	0.98
2005	87	35.14	35.14	30	1.62	7	1.05
2006	99	66.06	66.06	42	2.05	1	0.03
2007	20	12.2	12.2	44	2.39	3	0.22
合计	22786	471.09	471.09	279	13.07	64	8.01

三、城乡居民最低生活保障

2000年，实行城市居民最低生活保障（简称城市低保）和农村居民最低生活保障（简称农村低保）制度，全区城市低保4户4人，发放低保金1200元；农村低保61户167人，发放低保金92074元。

2002年，执行国务院办公厅《关于进一步加强城市居民最低生活保障工作的通知》，扩大低保面，并调整各级财政低保金负担比例，农村由区、镇、村2∶3∶5调整为3∶3∶4，城镇由区、镇7∶3调整为9∶1。城镇低保金标准由每人每月156元提高为170元，全区城镇居民低保由129人增至282人。2003年，区民政局与财政局每半年下乡入户检查一次低保工作，落实金融机构代发制度，保证农村低保金按季、城镇低保金按月足额发放。城镇低保250户374人，占全区非农业人口4.25%，增幅1.11%；农村低保扩大至107户292人。并由区民政局协同区残联，把无依无靠的残疾困难户69户77人纳入低保对象。全区全年发放城乡低保金32万多元，比上年增加18万多元。

2004年，对城乡低保户进行核查。调整脱困低保产名额用在新增贫困户，做到有进有出，应保尽保。全区城镇低保增为276户429人，农村低保增为334户841人，共发放城乡低保金61万多元。2005年，新增城镇低保65户168人，达到保障标准退出低保145户209人；新增农村低保7户17人，达到保障标准退出低保8户19人。全区有城镇低保185户386人，农村低保353户842人，共发放低保金57万多元。

2006年，执行省民政厅《关于对城市居民最低生活保障对象中的特殊困难人员实施分类施保的通知》，对城镇低保对象重新核查，从7月1日起，保障标准从每人每月170元提高为220元，人均补差提高为每人每月70元，其中实施分类施保180人，月增加分类施保金7570元。农村保障标准为每人每月83元，人均补差为每人每月45元。全年全区城镇低保217户518人，农村低保352户843人，共发放低保金75万多元。

2007年，农村低保保障标准由家庭年人均收入1000元提高为1200元，保障对象由352户843人增至839户1987人。城镇低保继续实行分类实保，按标施保，保障对象223户522人。下半年，随着副食品价格波动，对城镇低保户实行物价补贴，标准为每人每月15元，8月起至12月，共发放补贴金3.9万元。对城镇低保户实行廉租住房保障，于11月22日将符合标准的20户名单在《闽南日报》上公布，使城镇低保户住房困难户得到妥善解决。

2000—2007年龙文区城乡低保金发放统计表

表26-3-2

年份	城市最低生活保障			农村最低生活保障		
	户数（户）	人数（人）	发放金额（万元）	户数（户）	人数（人）	发放金额（万元）
2000	4	4	0.12	61	167	9.2
2001	59	129	3.68	86	257	14.51
2002	145	282	4.77	90	249	9.22
2003	250	374	19.7	107	292	12.35
2004	276	429	26.1	334	841	35.72
2005	185	386	21.76	353	842	36.05
2006	217	518	39.35	352	843	36.19
2007	223	522	43.91	839	1987	78.42

第三节　社会救助

一、助养特困老人

2003年，区政府颁发《助养特困老人暂行规定》，由区财政拨5万元建立特困老人助养基金。民政局建立特困老人档案，并配合区文明委开展“春风”活动，发动区直各单位挂钩助养特困老人。助养特困老人24人，年发放助养金14400元。2005年，全区人均年收入低于1000元的200多名特困老人列入“低保”范围。

二、助养孤儿

1953年8月，龙溪专署民政科接管步文后坂天主教仁慈堂，改为龙溪地区儿童教养院，原有孤儿5人，又从诏安和龙溪救济院转来孤儿12人，从厦门转来孤儿30人。教养院供给孤儿吃穿，并配备识字教师。1958年10月，教养院下放漳州市民政部门管理，改称漳州市儿童福利院。

2003年起，开展“助孤工程”活动，每人每年由政府发给助养金500元。2003年，并由区民政局向上级争取孤儿上学扶助资金3000元，支持3名孤儿上学。2004年，民政部门配合省慈善总会“助孤工程”，为全区9名孤儿发放助孤金4500元。2003—2007年，全区助养孤儿39人次，发放助养金19500元。

三、救助流浪人员

流浪人员救助工作由漳州市救助站负责，区民政部门视情况进行必要救助。1997-2007年，救助患肺结核的流浪中年女病人1人、钱包被盗没有路费回家的外地人2人、麻风病患者2人、离家迷途的80岁老太太1人、安徽籍外来工生活无着落7人，分别给予生活费、返乡路费等近200人。

第四章　基层自治组织建设

第一节　村民委员会建设

1985年上半年，步文乡、郭坑镇开展村委会组建选举工作。农村生产大队管委会改为村民委员会（简称村委会），生产小队改为村民小组。由村民小组召开村民大会推选村民代表，通过村民代表大会民主选举产生村委会主任、副主任和委员5—9人。村委会每届任期3年。1990年，开展“村民自治达标村”活动，步文乡梧桥村、浦口村，郭坑镇院后村、郭坑村，被龙海县政府授予“村民自治达标村”称号。1992年8月23日，全省村级组织配套现场会代表到郭坑镇参观郭坑村、汐浦村自治达标建设。至1996年，步文镇建立33个村委会、425个村民小组；郭坑镇建立 7 个村委会、73 个村民小组。

1997 年 4—9 月，各村召开村民代表大会，通过民主选举产生村委会主任、副主任、委员 5—9 人。村委会下设人民调解、治安保卫、公共卫生等工作委员会。此次换届选举，全区 4 个镇共建立 41 个村委会、472 个村民小组；9 月，区民政局配合中共龙文区委组织部，进行村委会领导成员培训，推行村务公开制度。1998 年，增加成立新石洲村委会。

2000 年、2003 年和 2006 年，根据《中华人民共和国村民委员会组织法》《福建省村委会选举办法》，全区对村委会进行 3 次换届选举。每次换届先试点然后全面铺开，选举前做好宣传发动、骨干培训、机构设置调研及村主干任期考核和财务审计工作。2000 年和 2003 年换届均一次性选举成功。2006 年换届选举，全区共 42 个村委会，有 21 个村委会一次选举成功，有 21 个村委会经二次选举成功。每次换届结束后，均对新当选村委会主干进行集中培训。

2004 年，区民政局配合区司法局开展“民主法治示范村”创建活动，推进基层民主法制建设。2005 年，以村务公开、民主管理为核心，村村建立村务公开栏，推行村务公开“听证会”和干部值班坐班制度。10 月下旬，由中共龙文区委组织部牵头，联合区民政局、纪委、农行等部门，对村务公开和民主管理进行督察指导。年底，由民政局、司法局联合给小港村等 17 个村（居）授予“龙文区民主法治示范村（居）”称号，步文镇石仓村被漳州市推荐申报“全国民主法治示范村”。

2007 年下半年，中共龙文区委组织部和区民政局、农业局、监察局组成联合督察组，开展村（居）务公开与民主管理督察活动。全区共有村民委员会 42 个、村民小组 473 个。其中，蓝田镇有蔡坂、西坑、小港、蓝田、东屿、圳头、湘桥、梧桥 8 个村民委员会，下辖 111 个村民小组；步文镇有石仓、后坂、碧湖、步文、坂上、田丰、土白、下洲、长福 9 个村民委员会，下辖 99 个村民小组；朝阳镇有六石、孚美、后店、翁建、浦口、登科、科坑、漳滨、石洲、打山、恒坑、桥头、西洋、流岗、新石洲、书厅、石井 17 个村民委员会，下辖 190 个村民小组；郭坑镇有院后、郭坑、汐浦、口社、洛滨、篁卿、扶摇 7 个村民委员会，下辖 67 个村民小组；漳州蓝田经济开发区有朝阳村民委员会，下辖 6 个村民小组。

第二节　居民委员会建设

1995—1996 年，郭坑镇根据全国人大常委会《城市居民委员会组织条例》，设立新街、铁路、水上 3 个居民委员会，下设 28 个居民小组。经居民小组民主选举，选出居委会委员 5—9 人，由委员会选举主任 1 人、副主任 1 人。居委会每届任期 3 年。

龙文区成立后，对 3 个居委会进行换届选举，新建立天亭、鹤鸣、浦东、朝兴、石仓 5 个居委会。

2000 年 9—12 月，根据《中华人民共和国居民委员会组织法》《福建省居委会选举工作程序的规定》，对居委会进行换届选举；12 月，对新当选居委会领导成员进行集中培训。各居委会建立政务、财务公开制度。

2002 年，贯彻《福建省城市社区建设纲要》，区民政局配合区人大办、区政协办组成调研组，对朝阳工业区、天亭居委会和浦东副食品批发市场进行社区建设规划调研，并完成调研材料呈报中共龙文区委、区政府，为加快“村改居”“镇改街”的社区建设，提供决策依据。2003 年 8 月，新街和水上居委会整合为新街社区居委会，石仓改为居委会。当年，全区各居委会进行换届选举，新当选居委会领导成员进行集中培训。

2004年，加快社区建设步伐。先后建立郭坑镇新街社区居委会、铁路社区居委会；朝阳镇朝兴社区居委会；步文镇天亭社区居委会、石仓社区居委会、浦东社区居委会；蓝田镇鹤鸣社区居委会、景山社区居委会。区民政局与中共龙文区委组织部、区财政局共同制定《龙文区社区居委会成员补贴管理暂行规定》，改善社区居委会成员待遇。2006年4—9月，全区7个居委会进行换届选举，均一次性选举成功。2007年，开展争创"管理有效、服务完善、文明祥和"新型社区活动。

第五章　其他民政事务

第一节　婚姻登记

1950年始，贯彻《中华人民共和国婚姻法》，提倡男女平等，废除包办买卖婚姻，实行婚姻自由、一夫一妻制。在区公所设置婚姻登记机构。

1958年后，步文、郭坑公社（乡镇）各设婚姻登记处，负责当地婚姻登记工作。

1980年，贯彻全国人民代表大会公布修改的《中华人民共和国婚姻法》，规定结婚年龄为男满22周岁、女满20周岁，禁止近亲结婚。

1987年，乡镇建立婚姻登记档案。1992年，郭坑镇民政部门举办4期培训班，组织未婚青年学习《中华人民共和国婚姻法》《婚姻登记办法》等，全镇结婚191对都进行登记。

1997年后，在4个镇分别设立婚姻登记处，登记员均经过系统培训，持证上岗。1998—2007年，全区办理结婚登记9023对，离婚登记134对。

1998—2007年龙文区婚姻登记统计表

表26-5-1　　单位：对

年份	结婚登记	离婚登记	年份	结婚登记	离婚登记
1998	303	0	2003	979	0
1999	758	0	2004	1007	17
2000	826	0	2005	1056	31
2001	780	1	2006	1167	34
2002	852	0	2007	1295	51

第二节 地名管理

1979年10月，步文、郭坑公社根据县地名普查领导小组的部署开展地名普查，11月普查完成。步文公社普查地名198条，其中行政区划名称34条，自然村名称101条，人工建筑物名称11条，企事业单位名称47条，自然实体名称5条。郭坑公社共普查地名77条，其中行政区划名称9条，自然村名称16条，人工建筑物名称9条，企事业单位名称13条，自然实体名称30条。

1990年1月，龙海县地名委员会组织工作组进驻郭坑镇，对全镇各类地名进行清理、解剖，制作21条样式印发各乡镇。1991年8月，步文乡和郭坑镇完成调查、审核、补更工作。

1997年后，开展新社区命名、街道命名及其标志设置工作。2001年7月，完成迎宾大道、水仙大街、九龙大道、龙江路、北环城路5条区主干道命名。2003年，进行镇界勘定工作。2004年8月，完成龙文区首批12条街道命名：郭坑镇工农路、大众东路、大众西路、人民路、人民南路、人民北路；步文镇石仓街、莲池街；蓝田镇东屿街、湘桥街、小港街、云洞岩路。12月，完成龙文南路、龙文北路、新浦东路、南昌东路、建元东路、漳华东路、江滨路7条市区主干道命名及路牌设置。至2007年，城区共设置路牌26块、村牌43块。

2007年，根据福建省区划地名网站、八闽城乡地名全录信息编录要求，完成龙文区情、镇情、村情采编工作。

表26-5-2 2007年龙文区街、路命名情况表

标准名称	拼　音	起止地点	曾用名或别称
迎宾大道	Yingbin dadao	东起梧浦村，西至人民广场立交桥	迎宾路
水仙大街	Shuixian dajie	东起迎宾路，西至新华南路	马灶路
九龙大道	Jiulong dadao	北起郭坑大桥，南至九湖衔护	东环城路
龙江路	Longjiang lu	北起北环城路，南至江滨大道	东二号路
北环城路	Bei huancheng lu	东起云洞岩，西至上坂	
工农路	Gongnong lu	北起郭坑立交桥，南至郭坑大桥	
大众东路	Dazhong dong lu	东起九龙江北溪堤岸，西至郭坑立交桥	大众路
大众西路	Dazhong xi lu	东起郭坑立交桥，西至院后村	大众路
人民路	Renmin lu	东起工农路，西至龙文职业中学	
人民南路	Renmin nan lu	北起郭坑地税分局，南至水上老人活动中心	人民路
人民北路	Renmin bei lu	北起大众西路，南至郭坑供销社大楼	人民路
云洞岩路	Yundongyan lu	北起云洞岩南石山脚下，南至迎宾大道路口	—
石仓街	Shicang jie	北起石仓九龙门，南至水仙大道路口	—
莲池街	Lianchi jie	北起合成氨厂，南至迎宾大道路口	—
东屿街	Dongyu jie	北起东屿变电所，南至迎宾大道路口	—
湘桥街	Xiangqiao jie	北起水仙大街，南至九龙江堤岸	崎　港
小港街	Xiaogang jie	北起小港家具城路口，南至西溪九龙江堤岸	—

续表 26-5-2

标准名称	拼　音	起 止 地 点	曾用名或别称
龙文南路	Longwen nan lu	北起迎宾大道，南至江滨路	东三号路
龙文北路	Longwen bei lu	南起迎宾大道，北至北环城路	东三号路
新浦东路	Xinpu dong lu	西起九龙大道，东至规划中的东四号路	新浦路
南昌东路	Nanchang dong lu	西起九龙大道，东至龙江路	南昌路
建元东路	Jianyuan dong lu	西起九龙大道，东至规划中的东环城路	建元路
漳华东路	Zhanghua dong lu	西起九龙大道，东至规划中的东环城路	漳华路
江滨路	Jiangbin lu	东起规划中的东环城路，西至九龙大道	江滨大道

第三节　勘　界

一、区界勘定

（一）龙文区与龙海市边界勘定

1999 年 6 月，龙文区与龙海市制定联合勘界实施方案，进行实地核定法定线，并对法定线两侧插花地进行实地标定；8 月 19 日召开联席会议，签订《联合勘定龙文—龙海行政区域界线实施方案》，行政界线一次性全线贯通。全线涉及龙文区步文、蓝田、朝阳、郭坑 4 个镇和龙海市颜厝、榜山、角美 3 个镇。1999 年 8 月底，龙文区政府和龙海市政府签订联合勘定行政区域界线协议书。1999 年 12 月 23 日，实地埋设双面界桩 1 个。2000 年 6 月，双方委托福建省第一测绘院完成测绘工作，界线实测总长度为 22.87 公里。

（二）龙文区与芗城区边界勘定

1999 年 8 月，龙文区与芗城区召开联席会议，签订联合勘定行政区域界线走向协议书，进行埋设界桩和测绘工作。2000 年 5 月，由省勘界办和漳州市勘界办检查验收。2001 年 10 月，签订《芗城—龙文行政区域界线勘定协议书》，界线北起芗城、龙文、长泰 3 个县（区）边界线交汇点 020325 号界桩，南至芗城、龙文、龙海 3 区（市）边界交汇点 0203811 号界桩，全长 32 公里。

（三）龙文区与长泰县边界勘定

1999 年 6 月，龙文区与长泰县制定联合勘界实施方案，进行实地核定法定线；8 月 19 日召开联合勘界联席会议，签订《联合勘定龙文——长泰行政区域界线实施方案》，行政区域界线一次性全线贯通。全线涉及龙文区郭坑镇和长泰县武安镇。1999 年 12 月中旬，龙文区政府和长泰县政府签订联合勘定行政区域界线协议书。1999 年 12 月 23 日，实地埋设龙文、芗城、长泰单面三立界桩 3 个。2000 年 3 月 6 日，实地埋设龙文、长泰、龙海三面单立界桩 1 个。2000 年 6 月，双方委托福建省第一测绘院完成测绘工作，界线实测总长度为 16.94 公里。

二、镇界勘定

2003 年 6 月，区政府召开镇级勘界工作协调会，聘请省、市勘界专家、技术人员作指导；7 月，完成镇界勘定。

朝阳镇与步文镇行政区域界线，经双方联合勘定总长度为 3.14 公里，边界线走向标绘在福建省测绘局1979年版1∶1万地形图上，共2幅[图幅号：漳州市G–50–128（27），步文G–50–128（28）]。

步文镇与蓝田镇行政区域界线，经双方联合勘定总长度为8.24公里，边界线走向标绘在福建省测绘局1979年版1∶1万地形图上，共2幅［图幅号：步文G–50–128（28），长边G–50–128（36）］。

蓝田镇与朝阳镇行政区域界线，经双方联合勘定总长度为12.59公里，边界线走向标绘在福建省测绘局1979年版1∶1万地形图上，共2幅［图幅号：步文G–50–128（28），美山G–50–128（29）］。

郭坑镇与朝阳镇行政区域界线，经双方联合勘定总长度为11.73公里，边界线走向标绘在福建省测绘局1979年版1∶1地形图上，共3幅[图幅号：郭坑G–50–128（20），汐浦G–50–128（21），美山G–50–128（29）］。

第四节　民间组织管理

一、社团登记

1950—1996年，区境社团由龙溪县、龙海县（市）民政部门登记和管理。

1997年3月，成立龙文区民间组织管理工作领导小组，下设办公室，挂靠在区民政局。当年，核准登记社团3家。1998年，核准登记3家，办理年检3家。1999年，核准登记1家，办理年检6家。2001年，核准登记1家，办理年检7家。2003年，核准登记2家，办理年检8家；2004年，核准登记7家，办理年检10家。2005年，核准登记3家，办理年检17家。2006年，核准登记3家，办理年检20家。2007年，核准登记社团2家，办理年检23家。1997—2007年，共核准登记注册社会团体25家，其中行业团体9家、体育卫生团体4家、学术团体3家、联谊团体2家、文化艺术团体3家、宗教团体2家、社会福利团体2家。

二、民办非企业单位登记

2002年，开始对民办非企业单位进行登记注册。至2007年，全区办理登记注册的有漳州立人小哈佛（龙文）幼儿园、龙文区新龙学校、龙文区新天地幼儿培训中心、龙文区小港幼儿园、龙文区欢心幼儿园、龙文区双菱幼儿园、龙文区土白幼儿园、龙文区同泰医院共8家。

1997—2007年龙文区社会团体登记情况表

表26–5–3

团体类别	团体名称	成立时间
学术团体	龙文区秘书协会	1997–05–15
	龙文区质量技术监督协会	2003–12–24
	龙文区人大代表监法研究会	2007–03–26
行业团体	龙文区个体劳动者协会	1997–08–22
	龙文区私营企业协会	1997–08–22

续表 26-5-3

团体类别	团体名称	成立时间
行业团体	龙文区建设行业协会	1998-04-01
	龙文区外商投资企业协会	1998-05-12
	龙文区消费者委员会	1998-08-22
	龙文区粮食协会	2001-03-15
	龙文区道路交通安全协会	2004-03-09
	龙文区果苗绿化苗协会	2004-06-09
	龙文区朝阳镇流岗蔬菜协会	2004-11-03
体育卫生团体	龙文区卫生工作者协会	1999-11-01
	龙文区武术协会	2004-08-26
	龙文区棋牌协会	2006-04-29
	龙文区信鸽协会	2006-12-12
文化艺术团体	龙文区榕树盆景协会	2004-02-13
	龙文区文化娱乐协会	2004-09-27
	龙文区花卉盆景艺术协会	2005-05-26
联谊团体	龙文区劳动模范协会	2003-09-30
	龙文区离退休工作者协会	2004-10-20
宗教团体	龙文区佛教协会	2006-12-12
	龙文区天主教爱国会	2007-08-16
社会福利团体	龙文区殡葬管理与殡仪服务协会	2005-01-28
	龙文区慈善总会	2005-10-26

第五节　殡葬管理

一、殡葬改革

历史上民间殡葬均为土葬，并有停棺待葬陋习。

中华人民共和国成立后，人民政府宣传取缔封建迷信活动，提倡节约办丧事。

1985年8月，贯彻龙海县人民政府《关于殡葬管理暂行规定的通知》，提倡火葬，并禁止在耕地、林果地、风景胜地、水库堤坝及交通道路两侧埋葬。

1998年7月，区人民政府发布《关于加强殡葬管理通告》，全面推行遗体火化。禁止送葬队伍上国道、省道及城市主次干道，禁止机关企事业单位车辆送葬。1998—2007年，全区共火化遗体6338具，火化率100%。龙文区未建殡仪馆，分别由漳州市殡仪馆火化5969具，由龙海市殡仪馆火化369具。骨灰寄存率100%。

2005年1月，成立龙文区殡葬管理与殡仪服务协会，举办殡葬知识培训，协助殡葬管理部门开展殡葬用具、用品、骨灰存放设施管理等服务。

二、福寿宫建设

2001年3月，香港公民黄美霖投资于郭坑村建漳州市福寿宫，占地面积15.27万平方米，并注册成立漳州市福寿宫发展有限公司。归龙文区民政局管理。2002年3月，建成骨灰楼主楼—金山楼，建筑面积3200平方米；8月投入使用，为民众提供骨灰寄存管理服务，实行文明祭拜。至2007年，福寿宫共接收骨灰存放2229例。

第六章　管理机构

第一节　行政机构

一、龙文区民政局

1997年1月，龙文区民政局成立，正科级行政单位，负责全区优抚、救济、社会福利、婚姻登记、民间组织登记、地名、殡葬等管理工作。内设办公室、救灾救济股、综合股。配正副局长各1人，工作人员2人。至2007年不变。

二、龙文区支前“双拥”工作领导小组办公室

1997年，成立龙文区“双拥”工作领导小组，下设办公室，挂靠区民政局。办公室主任由民政局长兼任。2002年7月，区“双拥”工作领导小组由中共龙文区委书记陈庆元任组长，区委副书记、中共龙文区纪委书记柯志明任常务副组长，办公室增设副主任1人。2007年5月，成立龙文区支前“双拥”工作领导小组，由中共龙文区委书记蒋一婷任组长，区长张琳光任第一副组长。领导小组下设办公室，挂靠民政局，由局长兼任办公室主任。

三、龙文区民间组织管理工作领导小组办公室

1997年3月，成立龙文区民间组织管理工作领导小组，下设办公室，挂靠区民政局，负责办理社会团体和民办非企业单位的登记、年检工作。至2007年不变。

第二节　事业机构

龙文区殡葬管理所

1998年7月设立，为区民政局下属自收自支股级事业单位。配备所长1人、副所长1人、工作人员3人。配置专用灵车2辆，为火化提供服务。至2007年不变。

第二十七卷　劳动　人事　编制

民国及其以前，政府没有就业管理机构，区境农工商业用工由业主自行雇用，民众务工均为自由择业。地方乡镇长和其他公务人员由知县（县长）选聘。

中华人民共和国成立后，人民政府设置劳动人事管理机构，做好劳动就业、安置和干部职工队伍建设。1950—1996 年，区境行政机关、社会团体和企事业单位的干部职工，先后由龙溪县、龙海县（市）组织、人事、编制、劳动等部门根据各个历史时期的需要进行调配安排。其间，从 1980 年起，逐步推行考试招工制度，民营企业招收工人则由企业自主确定，报劳动部门审批备案。

1997 年，龙文区按照中共漳州市委、市政府提出的“小政府，大社会，高效率”要求，进行行政管理体制和人事管理制度改革。区级党政群机构实行精简、归并，推行公开考试录用公务员制度、事业单位新增人员“凡进必考”和“竞聘上岗”制度，并率先在全市全面推行事业单位全员聘用制度。2007 年底，全区财政供养干部 1770 人，占全区人口总数 1.46%，低于全市 2.5%、全国 3% 平均水平。企业招收员工，打破计划经济下的用工制度，全面推行劳动合同制；区建立社会劳务市场和劳务派遣机构，打破地域限制和破解“就业难”问题。1997—2007 年，累计为区境企业下岗人员和城镇待业人员 12300 人安置就业，为农村富余劳动力 10697 人转移就业。同时，吸引省内外劳动力 20 余万人次在龙文各类企业就业。在改革劳动人事管理制度的同时，做好工资福利、劳动监察、调解劳动争议、技术职务评聘、离退休人员安置、失业保险、养老保险等工作。对干部职工队伍通过在岗培训、就业培训、脱产培训、函授教育和实行岗位目标考核，以及奖惩制度，不断提高干部职工的政治思想水平和文化技术业务水平。

第一章　劳动管理

第一节　管理机构

一、行政机构

（一）龙文区劳动和社会保障局

1997 年 7 月，成立区劳动局，与区民政局合署。2002 年 7 月，区劳动局更名区劳动和社会保障局，为正科级单位，设人秘股、劳动争议仲裁股，2007 年在编人员 16 人。下属有劳动保障监察大队、劳动就业管理中心、农村社会养老保险中心、机关事业单位社会保险中心4个事业单位和劳务派遣有限公司1个企业单位。

（二）龙文区劳动争议仲裁委员会

1997年12月，成立区劳动争议仲裁委员会，由区劳动局、经贸委、总工会3个成员单位领导组成，劳动局局长兼任委员会主任，下设办公室、仲裁股。在全区企业中建立劳动争议调解委员会11个。至2007年不变。

二、事业机构

（一）龙文区劳动就业管理中心

1997年4月，成立区劳动服务公司，隶属于劳动局的自收自支股级事业单位。2004年4月更名区劳动就业管理中心，隶属于区劳动和社会保障局的全额拨款股级事业单位，定编3人，其中主任1人、工作人员2人。至2007年不变。

（二）龙文区社会保险管理中心

1997年10月，成立区农村社会养老保险公司，隶属于民政局的自收自支股级事业单位。2003年11月，更名区社会保险管理中心，隶属于区劳动和社会保障局的自收自支股级事业单位，编制4人，其中主任1人、工作人员3人。2006年8月，撤销。

（三）龙文区机关事业单位社会保险中心

2005年3月，在区社会保险管理中心加挂龙文区机关事业单位养老保险中心。2006年8月，撤销区社会保险管理中心，成立区机关事业单位社会保险中心，为副科级自收自支事业单位，定编3人，其中主任1人、工作人员2人。至2007年不变。

（四）龙文区农村社会养老保险中心

2006年8月，撤销区社会保险管理中心，成立区农村社会养老保险中心，为区劳动和社会保障局管理的自收自支股级事业单位，定编3人，其中主任1人、工作人员2人。至2007年不变。

（五）龙文区劳动保障监察大队

1999年3月，成立区劳动保障监察中队，为全额拨款的事业单位，隶属区劳动局，定编3人。2007年3月更名区劳动保障监察大队，为全额拨款的股级事业单位，隶属区劳动和社会保障局，定编5人，其中正副大队长各1人，工作人员3人。至2007年不变。

三、企业机构

2004年12月，成立龙文区劳务派遣有限公司，隶属于区劳动和社会保障局。公司集“派遣就业、技能培训、社会保障、依法维权”等多项就业服务为一体，至2007年不变。

第二节　工人队伍

一、国有企业工人

1951年，区境创办国营（国有）企业，招收全民所有制工人。1956年，完成私营工商业社会主义改造，私营工商业职工成为国家职工。1965年，区境国有企业工人412人。1979年，国有企业职工 1708 人，其中固定工 1089 人，临时工 90 人，计划外用工 529 人。1989 年，国有企业职工 1871 人，其中女职工 591 人，固定工 895 人，合同制工人 218 人，计划外用工 756 人，临时工 2 人。1996 年，国有企业职工 1784 人，其中女职工 574 人，固定工 916 人，合同制工人 218 人，临时工 2 人，计划外用工 648 人。此后，随着国有企业的改制、破产、停产，职工或解除劳动关系或分流，或自谋职业，职工队伍逐步缩小。1998 年，全区国有企业从业人员 1228 人，其中女职工 282 人，在岗职工 1204 人（属固定工 1077 人，临时工 127 人）。2000 年，全区国有企业从业人员 641 人，其中女职工 236 人，在岗职工 423 人（属固定工 418 人，临时工 5 人）。2005 年，全区国有企业从业人员 550 人，其中女职工 185 人，在岗职工 470 人（属固定工 469 人，临时工 1 人）。2007 年，全区国有企业从业人员 276 人。

二、集体企业工人

1958 年“公社化”后，区境普遍兴办集体所有制的社队企业。1978 年后，又大力扶持发展社队（乡镇）企业，由企业自行招收临时工或亦工亦农的季节工，集体企业员工大量增加。1979 年，步文、郭坑公社有社队集体企业员工 8700 人，县属集体企业员工 489 人。1989 年，步文、郭坑有乡镇集体企业职工 17920 人，县属集体企业职工 440 人。1990 年后，随着集体企业改制，职工或解除劳动关系，或分流，或自谋职业，职工队伍逐步减少。1997 年，有集体企业职工 444 人。2007 年，集体企业职工为 303 人。

三、外资、港澳台资企业工人

1980 年，开始引进大陆和香港、澳门、台湾地区的企业家到区境创办合资、独资、合作企业，至 1992 年，步文、郭坑共有 7 家港澳台资企业，员工 755 人。龙文建区后，随着外资企业迅速发展，大量招聘合同制农民工，职工队伍不断扩大。1997 年，全区有外资港澳台资企业职工 1828 人，2005 年增至 5631 人。2006 年，蓝田经济开发区归入龙文区，外资港澳台资企业工人增至 11796 人。2007 年为 13570 人。

四、个体私营企业工人

1997 年后，涌现各类个体私营企业，自主招工，自订劳动合同，形成一支新型的招聘制劳工队伍。1997 年，全区城乡个体私营企业工人 5387 人，2000 年增至 8315 人，2005 年增至 9003 人。2007 年为 11435 人。

五、其他内资企业工人

1997 年，龙文区有的国有企业和集体企业改制为联营股份合作企业、有限责任公司、股份有限公司等内资企业。1997 年，有股份有限公司 1 家，从业人员 8 人。2000 年，有股份合作企业、股份有限公司、有限责任公司 6 家，从业人员 641 人。2007 年，有股份合作企业、股份有限公司、有限责任公司 22 家，从业人员 2557 人。

1997—2007年龙文区企业工人统计表

表27-1-1　　单位：人

年　份	国有企业	集体企业	外资、港澳台资企业	个体私营企业	其他内资企业
1997	1302	444	1828	5387	8
1998	1228	93	2068	6720	203
1999	1154	180	2059	7918	643
2000	641	158	2278	8315	641
2001	512	75	2561	8704	422
2002	507	78	3690	8843	28
2003	540	86	4114	8911	460
2004	601	68	5350	8976	1390
2005	550	43	5631	9003	1523
2006	527	381	11796	9785	2124
2007	276	303	13570	11435	2557

注：“其他内资企业职工”包括股份合作、有限责任公司、股份有限公司等企业

第三节　劳动就业

一、城镇待业人员就业

中华人民共和国成立后，区境城镇待业人员就业先后由龙溪县、龙海县（市）政府劳动部门管理安置。

1997年，区劳动局根据国有企业改制、停产、破产，企业人员分流或下岗，面临再就业及大中专毕业生待就业等新情况，采用公开招聘、职业介绍、劳务派遣等方式，为城镇待业人员提供就业机会。1997—2000年，全区安置城镇待业人员就业2433人。2001年，区劳动局制定国有企业下岗职工再就业援助实施方案，为下岗职工提供就业岗位171个，向上级争取再就业基金60万元，为下岗职工自谋职业提供资助；为求职人员，年审就业证416本，办理就业证562本、就业卡53张、失业证53本，全区安置城镇待业人员就业884人。2002年，全区安置城镇待业人员就业914人，办理求职证3500本、就业卡28张，为1000余人提供就业指导。2003年，中共龙文区委、区政府把城镇待业人员就业目标和农村富余劳动力就业目标，分解下达4个镇和龙文开发区，全区共安置城镇待业人员就业1021人，私营企业吸纳下岗失业人员43人就业，区劳动、工商、税务等部门为350名待业人员自谋职业提供各种优惠服务。2004年，安置城镇待业人员就业1187人，区劳动和社会保障局配合国有企业改制，为下岗失业人员办理再就业优惠证37本、失业证154本，为22名下岗失业人员免费提供档案寄存服务。

2005年，以解决大龄下岗人员就业为重点，开展送政策、送岗位、送技能、送服务、送温暖的“送春风行动”，安置城镇待业人员1508人，其中大龄再就业51人。下岗失业再就业62人，为下岗失业人员办理再就业优惠证13本、失业证291本，为下岗失业人员10人免费提供档案寄存服

务。2006年，继续开展“送春风行动”，安置城镇待业人员就业1937人。为下岗失业人员办理再就业优惠证207本、失业证179本，帮助下岗失业再就业160人，其中大龄人员再就业66人。

2007年，开展“送春风行动”，安置城镇待业人员就业2416人；鼓励私营企业吸纳下岗失业再就业439人，其中大龄人员145人；为下岗失业人员办理再就业优惠证197本、失业证232本，为384名下岗失业人员免费提供档案寄存服务，为137名大龄人员自谋职业办理申请社保补贴。

二、农民工就业

1958年，大办工业，步文、郭坑农村劳动力开始转移应聘到国营和集体工厂企业就业。1980年起，随着改革开放，农民工就业门路日益拓宽。1989年，步文乡、郭坑镇在工业、建筑业、交通运输业等就业的农村劳动力分别为11089人和580人；外出当合同工、临时工的农村劳动力分别为1100人和67人。1992年，步文乡和郭坑镇在工业、建筑业、交通运输业、商业等就业的农村劳动力分别为12537人和801人；外出当合同工、临时工的农村劳动力分别为4450人和237人。

1997年后，由于新区城市建设用地和工业开发建设用地剧增，大批农民失去土地成为富余劳动力，区劳动部门通过提供职业咨询、就业指导、岗前培训等服务，帮助农村富余劳力转移就业。1997—2001年，全区农村富余劳力转移就业7257人。2002年6月，蓝田开发区一家新办企业尚缺200个用工岗位，区劳动局组织人员奔走于各镇村，发动符合条件的农村富余劳力参与报名，7天内，200名农民工到该企业就业。2003年，蓝田、郭坑、步文、朝阳4个镇设劳动保障事务所，天亭、新街2个社区设劳动保障工作站，形成区、镇、社区三级劳务输出工作网络，帮助农村富余劳动力500人转移到第二、第三产业就业。2004年，为农村富余劳力1624人解决就地转移就业，为前往外地就业的农民工258人办理就业卡。

2005年，龙文区劳务派遣有限公司建立用人单位与员工管理相对分离的新型用人机制，加快农村劳力转移就业。当年，公司同6家用人单位建立劳务派遣关系，共派遣劳务人员802人。2006年，与8家用人单位建立劳务派遣关系，派遣劳务人员1020人。2007年，与13家用人单位建立劳务派遣关系，派遣劳务人员2456人，跨地区就业人员4370人。所有派遣劳务人员都和用工单位签订一年以上劳动合同，并100%参加基本养老、失业、生育、工伤保险，初步实现农民工培训、就业、保障、维权“四位一体”的派遣转移就业格局。

三、外来劳动力就业

龙文建区后，“三资”企业和私营企业迅速发展，企业在龙文区出现“招工难”问题。为了缓解企业用工紧缺状况，区劳动局到安徽省临泉县和阜南县、山东省曹县和菏泽市、湖南省衡阳市、江西省丰城市、四川省遂宁市船山区，建立7个劳务引进基地，签订劳务合作协议。1997—2007年，从7个基地共引进劳动力就业13万多人次；从其他省份引进外来劳动力就业70863人次。

1997—2007年龙文区外来就业劳动力统计表

表27-1-2 单位：人次

年 份	安徽省	山东省	湖南省	江西省	四川省	其他省份
1997	1569	1891	1315	1728	1621	3892
1998	1495	1993	1436	1797	1638	4279

续表 27-1-2

年 份	安徽省	山东省	湖南省	江西省	四川省	其他省份
1999	1597	1872	1516	2164	1741	4959
2000	1635	1719	1467	2695	1792	5129
2001	2284	1779	1435	2941	2468	5895
2002	2792	1713	1506	3030	2569	6054
2003	2913	1684	1594	3152	2809	6906
2004	3538	2079	1659	3241	3096	7320
2005	3692	2480	1873	3397	3415	8156
2006	3883	2938	1753	3549	3561	8759
2007	4111	3102	1891	3767	3654	9514
合 计	29509	23250	17445	31461	28364	70863

四、招聘服务

1997 年，龙文区职业介绍服务中心受理求职登记 53892 人次，企业用工登记 68467 人次，推荐介绍就业岗位 45808 个，成功率 85%。

2002 年 3 月，区劳动局与区人事局在蓝田开发区建设 1 处面积 130 平方米的劳动力人才市场，并举办首次劳动力交流洽谈会，35 家用人单位社会上提供用工岗位 380 个，有 252 名求职人员与用人单位达成招聘意向。区劳动局组织 4 家单位参加漳州市下岗失业人员再就业交流洽谈会，会上提供岗位 55 个，有 70 多名下岗失业人员应聘报名求职。2003 年，区劳动和社会保障局开辟劳动力市场，每月定期举办劳动力招聘会，并根据用工单位的需求，临时应急举办洽谈会。当年提供就业岗位 3269 个，职位工种 471 种，使农村富余劳力 500 多人、下岗失业人员 40 人、大中专毕业生 150 多人应聘就业。2005 年 2 月，区劳动和社会保障局与区人事局在漳州火车站举办龙文区春季企业用工招聘会，2346 名省内外农村劳动力和大中专毕业生前来应聘。会上提供就业岗位 1827 个，有 1149 名求职者与 33 家用工企业现场达成招聘协议。2007 年，区劳动和社会保障局在蓝田经济开发区、漳州中山公园、雷霆劳动力市场举行 11 场招聘会，共有 200 多家企业参加招聘活动，提供就业岗位 9767 个，达成就业意向人员 5994 人。

1997—2007 年，区职业介绍服务中心和 4 个镇就业服务机构受理企业委托发布招工信息 16859 条，用工需求登记 68467 人次，介绍城镇待业人员就业 39765 人次，进城务工农村劳动力 6043 人次。

第四节 职业培训

一、就业培训

区劳动管理部门依照“先培训，后就业”原则，为企业新招员工进行就业培训。1997 年，在奇美实业有限公司举办农民工就业培训3期，参加212人。1998年，在福建双飞日化有限公司举办农民工就业培训2期，参加196人。1999年，在永益针织有限公司举办农民工就业培训3期，参加275人。2000年，在漳州市恒丽电子有限公司举办农民工就业培训4期，参加329人。2001年，在和光洋伞有限公司举办农民工就业培训3期，参加214人。2002年，在漳州柏桦木业有限公司举办农民工就业培训4期，参加291人。2003年，在大闽食品（漳州）有限公司举办农民工就业培训3期，参加219人。2004年，在漳州强兴工艺制品有限公司举办农民工就业培训4期，参加347人。2005年，在漳州裕兴果蔬有限公司举办农民工就业培训4期，参加301人。2006年，在富华（漳州）光学工业有限公司举办农民工就业培训3期，参加237人。

2007年，在福建永嘉家具有限公司举办农民工就业培训3期，参加241人。

二、在岗培训

区劳动管理部门配合企业开展在岗培训，提高下岗失业人员转业转岗生产技能。1999年，在奇美实业有限公司举办平车工岗前培训2期，受训231人。2002年，在港昌食品有限公司举办食品检验工岗前培训1期，受训47人；对132名司炉人员进行特种作业培训和职业资格培训。2003年，在富华（漳州）光学工业有限公司举办眼镜装配工岗前技能培训4期，受训487人。2004年，在富顺电子有限公司举办电子仪器仪表装配工岗前培训5期，受训404人。2005年，在桂溪物业管理公司举办物业管理人员岗前培训1期，受训69人。2006年，在永益针织有限公司举办平车工岗位培训4期，受训385人。

2007年，在永嘉家具有限公司举办电焊工岗位培训1期，受训83人；在佳永洋伞有限公司举办缝纫工岗前培训3期，受训220人。

三、职业技能培训与鉴定

2001年，劳动管理部门首次组织全区摩托车维修人员，进行职业资格培训和职业技能鉴定。2003年起，协助企业组织计算机系统操作、热力司炉、摩托车维修、商品营业4个工种从业人员，委托漳州技能鉴定中心进行技能培训与鉴定。

至2007年，全区参加技能培训职工724人，其中技师13人，中级工81人，初级工630人，均考核合格获得职业技能鉴定资格证书。

第五节　劳动工资与劳动保障

一、劳动工资

民国时期，区境私营厂（店）工人、职员及学徒工资由资方确定。学徒工在学徒年限内，一般无工资，由雇主负担其伙食和简便衣着。民国35年（1946年）后，法币大幅度贬值，工资改发大米。

中华人民共和国成立至“对私改造”前，私营工商业雇用工人、店员工资，实行年薪、月薪或计件工资等形式，由雇主以粮食或现金支付；国营企业工人、职员工资，执行国家规定的工资分制度。1956年7月，贯彻国务院关于工资改革的决定，对职工工资制度进行全面改革，实行八级工资制。此后，随着国民经济的发展和物价的状况，国家多次对工人、职员工资进行改革和调整。1979 年，为全民所有制单位和集体所有制单位的工人、职员增加工资，升级面 40%。1985 年，贯彻国务院《关于国营企业工资改革问题的通知》，各企业以工资总额同经济效益按比例挂钩和利用企业自有资金（即奖励基金）进行工资改革。翌年，执行新的八级工资制，实行技术等级与工资等级挂钩。此间，区境出现“三资”企业和个体私营企业，其从业人员工资，由企业自行确定。1988 年起，国营企业分别实行“工效挂钩”或工资总额包干。1991 年 11 月，根据劳动部《关于调整企业职工工资标准的通知》，企业单位职工各等级标准工资均月增资 6 元。1994 年后，尊重企业内部分配自主权，劳动部门不再对企业下达固定工资升级指标。企业职工工资定级、套改等，由企业参照国家有关规定执行。

1997 年，区劳动局落实省政府规定的最低工资标准、加班工资的政策规定，不干预用人单位工资自主制定权。1997 年 7 月 1 日至 1999 年 6 月 30 日，省政府规定龙文区最低月工资标准为 240 元。而全区企业职工实际月平均工资为 630 元；工资福利，国有企业每月 100 元，“三资”企业每月 240 元，民营企业每月 100 元。1999 年 7 月 1 日至 2000 年 6 月 30 日，省政府规定龙文区最低月工资标准为 270 元，而全区企业职工实际月平均工资为 650 元；工资福利，国有企业每月 100 元，“三资”企业每月 240 元，民营企业每月 100 元。2000 年 7 月 1 日至 2001 年 9 月 30 日，省政府规定龙文区最低月工资标准为 300 元，而全区企业职工实际月平均工资为 680 元；工资福利，国有企业每月 100 元，“三资”企业每月 260 元，民营企业每月 100 元。2001 年 10 月 1 日至 2003 年 10 月 31 日，省政府规定龙文区最低工资标准为 325 元，而全区职工实际月平均工资为 700 元；工资福利，国有企业每月 100 元，“三资”企业每月 260 元，民营企业每月 100 元。

2003 年 11 月 1 日至 2005 年 6 月 30 日，省政府规定龙文区最低工资标准为 350 元，而全区职工实际月平均工资为 700 元；工资福利，国有企业每月 120 元，“三资”企业每月 280 元，民营企业每月 120 元。2005 年 7 月 1 日至 2006 年 6 月 30 日，省政府规定龙文区最低工资标准为 470 元，而全区职工实际月平均工资为 750 元；工资福利，国有企业每月 130 元，“三资”企业每月 300 元，民营企业每月 130 元。2006 年 7 月 1 日，省政府规定龙文区最低工资标准为 550 元，而全区职工实际月平均工资为 850 元；工资福利，国有企业每月 160 元，“三资”企业每月 300 元，民营企业每月 160 元。

2007 年 8 月 1 日，省政府规定的最低工资标准调整为 650 元，而全区职工实际月平均工资为 1200 元；工资福利，国有企业每月 200 元，“三资”企业每月 350 元，民营企业每月 200 元。

二、劳动保障

（一）福利待遇

1956 年起，区境国营企业单位工人、职员，按规定享受公费医疗、病假、节日假、探亲假等待遇。企业提取一定的福利费，用于职工特殊困难补助、慰问伤病员和死亡丧葬等费用。1960 年后，企业建立劳动保护制度，根据劳动工种需要，给职工发工作服、工作鞋、毛巾、肥皂等劳动保护用品。对高温作业和有毒有害工种，实行一定的生活补贴。不定期组织职工进行体格检查，发现疾病随时进行治疗。职工死亡，按国家规定对其遗属发放抚恤金。

1978 年，企业根据国务院《关于工人退休退职的暂行办法》，办理职工退休，退休后按月发给退休费。对 1978 年以前参加工作的自愿要求退职，则给予办理退职，按本人工龄长短一次性发给退职补助金。对 1978 年后的退职人员，则按本人工资额的一定比例，逐月发给退职补助金。1979 年起，随着计划经济向市场经济转变，企业按政府规定，给职工发放物价补贴金，并发放防暑降温费补贴。

（二）劳动保险

失业保险　1987年，区境全民企事业单位，建立职工待业保险制度。归龙海县（市）劳动局统一办理实施。1997年，实施国有企业工人、职员失业保险制度。保险对象为破产企业职工、濒临破产企业被精简职工、终止或解除劳动合同的合同工、企业辞退工（不包括自动离职、停薪留职、被开除、劳动教养或判刑的职工），保险金按职工单位月标准工资1%缴纳。1998年，参保对象扩大至被企业辞退、除名和开除的职工。1998年7月起，调高失业保险金征收比例，单位和个人分别按月工资总额2%和1%征收。当年，参加失业保险1163人，收缴失业保险金1.8万元。2002年，区劳动局分发《失业保险宣传提纲》2000份，通过摸清私营企业状况确定纳入保险的企业，并建立与地税、参保单位和个人沟通机制，新增参保单位50家，参保人数2358人，收缴失业保险费79万元，有8人领取失业保险金2700元。2006年9月，贯彻《福建省失业保险条例》，全区失业参保单位增为603家，参保职工5056人，收缴失业保险金141万元。2007年，参保职工5095人，收缴失业保险金173.8万元，为383名失业职工发放失业保险金46万多元。

养老保险　1986年，区境全民企事业单位建立职工退休养老保险制度，归龙海县（市）劳动局统一办理实施。龙文区建立后，企业的养老保险工作归漳州市劳动和社会保障局统一办理。

2005年，根据省、市《关于事业单位实行养老保险问题》文件精神，对全区差额拨款和自收自支事业单位实行养老保险制度，全区有差额拨款和自收自支事业单位16家、278人，其中已退休43人；养老保险费按在职职工工资总额34%征缴（由个人负担6%，单位负担28%），并分3年补缴完成1997年1月至2004年12月养老保险费；当年，全区征收养老保险基金185.35万元，支付离退休人员养老金36.09万元。2006年，全区征收养老保险基金301.04万元，支付离退休人员养老金99.4万元。2007年7月，国家机关、事业单位进行工资制度改革，国家较大幅度为离退休人员提高养老金标准。养老保险费按在职职工工资总额36%征缴（个人负担8%，单位负担28%），当年，全区参保单位21家，干部职工参保318人；企业执行养老保险制度的编外单位3家，工作人员28人，共征收保险基金240.53万元，支付离退休人员养老金97.4万多元。

2005—2007年，全区养老保险基金滚存494.03万元。

1997—2007年龙文区失业保险收支统计表

表27-1-3

年　份	参加失业保险人数（人）	失业保险收入金额（万元）	失业保险支出金额（万元）
1997	0	0	0
1998	1163	1.8	1.04
1999	1137	3.27	—
2000	1353	5.6	—
2001	1851	54	—
2002	2358	79	0.27
2003	2515	96	0.35
2004	3620	101	10.78
2005	4980	137	14
2006	5056	141	6.44
2007	5095	173.8	46.02

第六节 劳动监察与仲裁

一、劳动监察

中华人民共和国成立后，区境国营企业制定和执行劳动保护的规章制度，开展安全教育和安全检查工作。1956年，国务院发布《工厂安全卫生规程》《建筑安装工程安全技术规程》和《工厂职工伤亡事故报告规程》后，工厂企业建立安全生产小组，加强内部安全生产检查工作，县劳动部门和工会定期对企业进行安全生产的检查监督。“文化大革命”期间，劳动保护措施得不到落实。1976年后，工厂企业设立劳动保护工作委员会，建立健全防护用品和保健食品的发放制度。1980年起，工厂企业每年5月开展“安全月”活动；每逢春节、国庆节期间，开展安全大检查，确保生产安全。磷肥厂、农药厂等单位，对职工进行职业病普查和治疗，对女工进行妇女病体检和治疗。

1997年，区劳动局组建劳动监察中队，设“110”联动窗口，开展劳动监察执法工作。通过专项检查、举报专查、日常巡查、用工年检等形式，排查调处劳资纠纷案件，查处劳动违法行为。2001年，区劳动局接受用人单位和劳动者法律咨询120人次，发放宣传资料1000份；出警64次，监察用人单位90户，向13家用人单位提出合理化建议75条，责令补签劳动合同1000件；接待投诉72起，涉案139人，投诉内容涉及工资、辞职、就业、工作条件等，结案率100%，责令补发工资23万元，退还押金4万元。2002—2003年，接受用人单位和劳动者法律咨询330人次，发放宣传资料2800余份；出警128次，监察用人单位270户，向53家用人单位提出合理化建议230条，责令补签劳动合同3200件，补办求职证4515本；接待投诉164起，涉及294人，投诉内容涉及工资、辞职、就业、工作条件、使用童工等，结案率100%，责令补发工资91万元，退还押金21.8万元，清退童工19人，处罚用人单位2家。

2004年，区劳动和社会保障局接受用人单位和劳动者法律咨询200人次，发放宣传资料1900份；出警76次，监察用人单位180户，向28个用人单位提出合理化建议145条，责令补签劳动合同4000件；接待投诉200起，涉及1200人，投诉内容涉及工资、辞职、就业、工作条件、使用童工等，结案率100%，责令补发工资100万元，退还押金2万元，清退童工12名，处罚用人单位2家。2005年，接受用人单位和劳动者法律咨询200人次，发放宣传资料1900份；出警101人次，监察用人单位200户，向33家用人单位提出合理化建议130条，责令补签劳动合同5800件；接待投诉200起，涉及697人，投诉内容涉及工资、辞职、就业、工作条件、使用童工等，结案率100%，责令补发工资130万元，退还押金8万元，清退童工8名，处罚用人单位4家。2006年，接受用人单位和劳动者法律咨询200人次，发放宣传资料2300份；出警50次，监察用人单位200户，向40家用人单位提出合理化建议150条，责令补签劳动合同4000件；接待投诉98起，涉及1272人，内容涉及工资、辞职、就业、工作条件等，结案率100%，责令补发工资及退还押金122.9万多元。对20家用人单位执行《招用技术工种从业人员规定》的情况进行检查，对其中10家单位56名从事电焊工作没有职业资格证书的从业人员进行培训，使其取得资格证书。

2007年，区劳动和社会保障局接受用人单位和劳动者法律咨询200人次，发放宣传资料2000份；出警70次，监察用人单位200户，向13家用人单位提供合理化建议103条，责令补签劳动合同 5600 件；登记处理 160 起劳资纠纷案件，涉及 630 人，解决被拖欠工资及押金 110 万元，结案率 100%；对 8 家用人单位进行劳动监察情况记录，发出劳动监察整改指令书 78 份。

二、劳动争议仲裁

1997 年 12 月，区劳动争议仲裁委员会建立劳动争议仲裁庭，根据《中华人民共和国企业劳动争议处理条例》《中华人民共和国劳动法》《劳动争议仲裁委员会办案规则》等法律法规，受理各类劳动争议案件。1999 年，受理争议案件 36 起，其中仲裁调解 34 起、案件调解 2 起；仲裁办理签证合同 5736 份，纠正不规范合同 3100 份。2003 年，受理争议案件 72 起，仲裁调解 72 起；庭外调解 11 起，鉴证劳动合同 314 份。2006 年，受理劳动争议案件 130 起，其中裁决 3 起，调解 127 起；签证劳动合同 19265 份；查处投诉举报劳动纠纷案件 91 起，涉案职工 400 多人次，帮助职工、民工追回被拖欠工资 81.7 万元。1998—2007 年，受理劳动争议案件 738 起，其中立案调解 725 起、立案裁决 13 起；裁定被诉方支付工伤赔偿和工资、福利补偿计 421.94 万元，有效维护职工、民工合法权益。

1998—2007 年龙文区劳动争议案件处理统计表

表 27-1-4

年　份	受理案件数（起）	调解案件数（起）	裁决案件数（起）	赔偿金额（万元）
1998	48	48	—	13.2
1999	36	36	—	8.3
2000	18	18	—	6.53
2001	28	28	—	7.94
2002	36	36	—	9.14
2003	72	72	—	17.08
2004	96	93	3	79.85
2005	133	132	1	94.6
2006	130	127	3	81.7
2007	141	135	6	103.6
合计	738	725	13	421.94

第二章　人事管理

第一节　管理机构

一、区人事局

1997 年 1 月，成立龙文区人事局，为正科级单位，内设办公室、专业技术人员管理股、公务员管理与考核奖惩培训股、综合与调配股、工资福利与退管股、人事争议仲裁股。2007 年 12 月，工资福利与退管股改为工资福利股，其他股室不变。全局在编人员 8 人。

二、区人才交流服务中心

1997 年 1 月，成立龙文区人才交流服务中心，隶属区人事局的股级事业单位，在编人员 2 人。至 2007 年不变。

三、区退休干部管理办公室

2007 年 12 月，成立龙文区退休干部管理办公室，为区人事局管辖的股级行政单位，在编人员 2 人。至 2007 年不变。

第二节　干部队伍

中华人民共和国成立至 1951 年，区境干部主要来源为随军南下干部、南下服务团干部、闽南公学和经短期训练的社会知识青年以及旧政府的用人员。1951 年土地改革结束后，选拔一批农民积极分子充实区公所和供销合作社干部队伍。1968—1980 年，选调一批工人、农民先“以工代干”，后经文化考试转为正式干部。1985 年后，通过公开文化考试择优录用方法，先后从城镇、农村知识青年和全民职工中吸收录用一批干部。同时，由国家统配大中专毕业生到机关事业单位和集体所有制单位。

1997 年成立龙文区，将原步文镇 98 名党政群机关工作人员调配至新组建的步文镇、蓝田镇和朝阳镇，郭坑镇 58 名党政群机关工作人员不变。当年，市委组织部和市人事局从市直单位和龙海市等地抽调 59 人充实龙文区干部队伍，全区实有干部 945 人，其中区级 775 人，乡镇级 170 人。干部中，党政群机关 167 人，事业单位（含学校）778 人；大专及以上学历占 55.03%，女干部占 56.83%。1998—2000 年，从区外调入和接收大中专毕业生到事业单位工作，全区干部共 1128 人。其中，党政群机关干部增加 37 人，事业单位干部增加 146 人。干部中，大专及以上学历占 61.58%，女干部占 54.65%。

2001 年起，每年通过公开招考，录用大中专毕业生进入干部队伍。至 2007 年，全区干部（不含国有企业和集体所有制单位干部）共 1411 人。其中，党政群机关 313 人，事业单位 1098 人，干部中大专及以上学历的占 65.71%，女干部占 49.04%，招考录取大中专毕业生 176 人。

1997—2007 年龙文区机关事业单位干部统计表

表 27-2-1　　单位：人

年份	干部数		文化程度			政治面貌		年龄结构				单位性质		
	总计	其中女干部	大专及以上	中专	高中及以下	中共党员	民主党派	30 岁及以下	31—40 岁	41—50 岁	51—60 岁	党政群机关	事业单位	
													总计	其中学校
1997	945	537	520	294	131	346	7	362	278	188	117	167	778	684
1998	1024	574	600	296	128	357	9	332	361	204	127	172	852	736

续表 27-2-1

年份	干部数		文化程度			政治面貌		年龄结构				单位性质		
	总计	其中女干部	大专及以上	中专	高中及以下	中共党员	民主党派	30岁及以下	31—40岁	41—50岁	51—60岁	党政群机关	事业单位	
													总计	其中学校
1999	1098	608	667	307	124	368	15	274	480	211	133	196	902	774
2000	1128	617	684	324	121	376	22	251	523	218	137	204	924	796
2001	1156	629	726	318	112	398	24	225	562	224	145	207	949	815
2002	1211	618	758	345	108	409	29	211	606	237	157	219	992	847
2003	1263	623	784	374	105	418	30	185	661	249	168	228	1035	857
2004	1315	654	827	385	103	426	35	152	731	256	176	238	1077	886
2005	1347	671	844	411	92	438	42	155	749	264	179	251	1096	891
2006	1372	683	923	396	83	446	46	165	755	267	185	259	1113	901
2007	1411	692	927	409	75	452	50	156	776	282	197	313	1098	880

第三节 人事制度改革

一、行政机关人事制度改革

1997 年，根据国务院《国家公务员制度暂行条例》，对全区行政机关工作人员实行公务员制度管理。1999 年，建立提拔任用科级领导干部任前公示和任职试用制度，拟提拔任用的科级干部必须进行为期 10 天的公示，试用期为 1 年，期满进行考核；4 月，龙文区面向全市公开招考 2 个副镇长职位；11 月，公开招考 7 名城市监察员；12 月，区公安局推行“竞聘上岗，双向选择”用人机制，有 11 名中青年干警通过竞聘走上分局科室领导岗位，4 名干警因“双向选择”落选，被试岗使用。2001 年，确定区检察院为区直机关推行中层领导干部竞争上岗试点单位，产生 5 名中层领导干部。2002 年，区委组织部制定下发《关于规范和改进股级干部管理工作的意见》，明确股级干部任免权限，规范选拔任用程序，实行任前备案制度，全区调整配备股级干部 44 名。2003 年，实行公开招考，录用公务员 4 人。

2006 年，在全区落实《中华人民共和国公务员法》实施方案，依法依规进行公务员登记，完成公务员登记 186 人，暂缓登记 4 人。2007 年，完成公务员登记 324 人，暂缓登记 12 人。

二、事业单位人事制度改革

2003 年，对事业单位补充工作人员实行公开招考、择优录用，聘用 5 名村主干为镇企管站合同制工人和 3 名卫生系统事业单位工作人员。2004 年，龙文区在漳州市率先对 4 个镇事业单位试行“按事设岗、按岗聘用、以岗定薪、岗位管理”的竞聘机制，48 人走上镇事业单位中层领导岗位，17 名自收自支编制的干部职工转为全额拨款编制，9 名全额拨款编制的干部职工转为自收自支编制。2005 年，对镇事业单位推行全员聘用制改革，187 人参加竞聘（占应参加竞聘人数 100%），175 人竞聘上岗，12 人落聘转岗安置，并全部按规定签订聘用合同，实行“实名制、聘用制”管理。通过改革，解决混岗现象，打破身份界限，构建人事编制管理的激励机制。在区直机关工勤岗位和事业单位中继续推行聘用制改革，对23名新上岗人员签订聘用合同书。区公共卫生监督所、政务网络中心、行政管理中心、龙文区医院、房改办、乡镇科技文化中心、漳州市第二实验小学共7个事业单位，面向社会公开招考，择优聘用11名工作人员。朝阳镇及龙文城建监管大队实行股级干部竞争上岗，通过笔试、面试、测评、票决，共有10人通过竞争走上股级领导岗位。

2006年，龙文区在漳州市率先全面推行事业单位全员聘用制，至11月中旬，全区1352名受聘人员与用人单位签订《福建省事业单位聘用合同书》，实现由身份管理向岗位管理转变。以教育系统为试点，在全区各事业单位中实行专业技术职务评聘分开制度，教育系统共竞聘362个岗位，落聘44人。区财政管理中心、收费中心、贸易管理中心、政府网络中心、农业机械管理中心，以及教育系列等12个事业单位，向社会公开招聘人员，择优录用19名工作人员并签订聘用合同。

2007年，规范事业单位工作人员考录工作，区安监局安全生产执法大队、区疾病预防控制中心、郭坑中心卫生院、区执法大队、区新农村合作医疗管理中心、区委报道组等事业单位，向社会公开招聘工作人员，1200多名应届、往届大专以上学历的毕业生报名应考，择优录用18人，并向社会公布录用结果。

第四节　任免　调配　交流

一、任免

1997年起，龙文区各级各类干部按各自的管理权限和审批程序进行任免。区委领导成员、镇党委领导成员均由各届同级党代会选举产生，分别报漳州市委、漳州市委组织部批准任免。区各届人大常委会正、副主任，区人民政府正、副区长，区人民法院正、副院长，区人民检察院正、副检察长，镇人民政府正、副镇长，均由同级人民代表大会选举产生。区政府委、办、局正职领导干部由区人大常委会任免，副职及其相当职务干部由区人民政府直接任免。正股级干部由所在单位任命并报区组织部门备案，副股级干部由所在单位报区人事主管部门备案。对新录用的国家公务员，在试用期满后，通过对其在试用期间德、能、勤、绩方面的评定提出拟任职、定职意见，由人事部门审核后任命。其中，高中和中专学历任命为办事员，定为15级；大专学历，任命为科员，定为14级；大学本科学历，任命为科员，定为13级；获硕士学位者任命为副主任科员，定为12级；获博士学位者，任命为主任科员，定为11级。至2007年，由区政府任命副科级干部115人，区组织人事部门任命股级干部62人。

二、调配

1997—2007年，龙文区根据保证重点、充实基层、专业对口、加强科技力量原则，调配各类干部，全区共调入264人，调出51人，区内调整123人。

三、人才交流

1997年，建立龙文区人事人才网站，在网上人才市场设置人才招聘专区，发布人才信息，开展人才交流工作。2006 年，区人才交流服务中心建立人事代理机制，代理人员人事档案关系的办理和其他有关代理事宜。至 2007 年，全区从省内外引进各种紧缺、优秀人才共 127 人，接受办理机关事业单位代理人员 178 人，企业人事代理人员 121 人，代管全区大中专毕业档案 1156 份。

第五节 培训教育

一、培训学习

1997 年，区人事局组织 32 名干部参加公务员岗位培训和过渡培训，183 名干部参加英语考试。1998 年，举办青年干部培训班 2 期，130 多名区管后备干部、青年干部参加培训。选派 4 名选调生和 24 名新录用的党委机关工作人员和国家公务员，参加初任培训。全区组织 987 名专业技术人员参加继续教育培训。步文中学、郭坑中学被指定为全区青年干部计算机培训点，配备 60 台计算机，定期组织青年干部进行计算机培训。

1999 年，区委选派 5 名处级干部、13 名科级干部参加省、市举办的培训班。选派 1 名选调生、2 名军转干部和 3 名招考进入党委机关人员，参加初任培训。2000 年，全区有 140 名科级干部参加学习“三个代表”重要思想培训班；全区选派 15 批 44 名干部，参加省、市委党校和干校的脱产培训。翌年，选派 33 名干部参加市委党校举办的脱产培训班学习。2002 年，全区 248 名干部参加两期“WTO（世界贸易组织）知识”培训班学习；选送 160 名公务员参加市级以上初任培训和更新知识教育；选送 71 人次干部参加省、市委党校举办的脱产培训班学习。区人事局、区财政局、审计局组织全区分管财政领导干部和财会人员业务培训；龙文区在漳州市消防培训中心开办首期青年干部理论自学辅导班，区直单位和各乡镇选送 83 名干部参加为期 15 天的全封闭学习培训。同时，组织 720 名专业技术人员和教师参加继续教育培训。2003 年，全区有 600 多名干部参加“三个代表”重要思想培训班学习，有 445 名干部参加中共十六大精神讲座和新党章培训班学习。全区输送 152 名干部到市行政干校参加公务员更新知识培训班、依法行政培训班学习，305 名公务员参加全省依法行政培训考试，及格率 99.04%，有 1050 人次参加专业技术计算机应用能力培训。

2004 年，创新干部培训机制，率先在省内实行干部培训“学时学分累计制”管理，全区 192 名干部参加首期干部理论培训自学辅导班培训。组织 440 名干部参加行政许可证培训、300 多名企事业干部参加会计证培训、15 名企业管理人员参加市英才协会举办的人力资源研究培训。2005 年，办好第二期干部理论培训自学辅导班，全区有 795 名干部参加培训。组织 439 名干部参加《中华人民共和国公务员法》培训、146 名公务员参加公务员电子政务培训。区人事部门举办卫生、财会等系列专业技术人员继续教育培训班，有 950 人参加培训。2006 年，全区举办 6 期《中华人民共和国公务员法》和电子政务培训班，参训干部 1405 人次。举办 2 期机关事业单位工勤人员岗位继续教育培训班，有 300 多人参训。2006 年，全区事业单位专业技术人员 991 人参加全国计算机运用能力模块考试。

2007 年，区人事部门根据中共中央《干部教育培训工作条例（试行）》，抓紧干部学习培训工作，全区举办各类培训班 11 次，参训人数 1915 人次。组织 500 多名专业技术人员和技术工人参加 2 期“创新能力与职业道德公共课”继续教育培训班学习，考试及格率 98%。

二、学历教育

1997—1998 年，全区 101 名干部分别参加硕士研究生班、大学本科班、大专班、函授班学习和成人自学考试。

1999 年，全区 116 名青年干部参加中共中央党校、中共福建省委党校及其他大专院校函授学习，25 名参加成人自学考试。

2003 年，全区 580 名干部和中、小学教师，参加大专以上的第二学历教育，其中 3 名参加硕士研究生学历教育。

2007 年，全区 13 名工人、57 名干部参加大专及以上的第二学历教育。

第六节　考核 奖惩

一、考核

1997 年起，对全区机关事业单位干部职工实行 1 年 1 次考核。其中，机关工作人员结合公务员过度工作，做到民主评议领导干部与岗位责任制考核相结合。专业技术人员参照前者考核标准同步进行（学校教师仍以学年度为单位每年度考核 1 次）。考核分优秀、称职（合格）、基本称职（基本合格）、不称职（不合格）4 个等次。2007 年，全区机关事业单位工作人员参加年度考核共 903 人，其中优秀 107 人、称职 766 人、基本称职 1 人、不称职 0 人、不定等次 29 人。

二、奖惩

1997 年后，在区党政机关事业单位干部中开展经常性的评模、评先活动，并向上级党政部门及有关单位推荐先进模范人物人选。同时，按照干部分级管理权限，对各类违法违纪失职干部进行惩处。1998—2007 年，全区机关事业单位干部受到各级奖励 325 人，其中受省部级表彰 37 人；受行政处分 14 人，其中警告 4 人，记过 1 人，记大过 2 人，降级 1 人，撤职 5 人，开除 1 人。

第七节　职称评聘

一、职称评定

1980 年起，区境开展专业技术职称评定工作，由龙海县（市）有关部门组织实施。

1997 年，区成立职称改革领导小组，下设办公室；按专业技术职称评审需要成立工程、农业、中学、小学、乡企、卫生、政工 7 个系列职改领导小组及其办公室，并相应组建初级职务评审委员会。高级职称报省审定，中级职称报市审定，初级职称由区审定。评审通过后报同级职改领导小组审议确定。

2005 年 4 月，龙文区在企事业单位推行专业技术职务评聘分开、竞争上岗工作。所有符合晋升条件专业技术人员不再受职数限制，可以自由申报相应专业技术职务任职资格。至 2007 年，全区各级各类专业技术人员 1045 人，其中高级 102 人，中级 591 人，初级 352 人。

二、职务聘任

1997 年至 2005 年 3 月，延续实行专业技术职务评聘结合的聘任制，专业人员评上资格后即被聘为相应职务。2005 年 4 月，实行专业技术职务评聘分开、竞争上岗聘任制改革。至 2007 年，全区参加评聘竞争上岗专业技术人员 1045 人，有 787 人被聘任相应的专业技术职务，其中高级 63 人，中级 372 人，初级 352 人，聘期为 3 年。根据各单位实有取得专技职务数下达聘任职数，有 19 名中、高级专业技术人员由于条件相对较差、竞争力相对较弱而低聘或落聘。

第八节　工资　福利

一、工资改革

中华人民共和国成立初，区境实行供给制和薪金制并存的工资制度，对留用旧政府人员和教职员工照支薪金，其余干部实行供给制。1955 年 7 月，国家机关工作人员实行新定的 30 个等级货币工资制。1956 年 7 月，贯彻国务院《关于工资改革的决定》，机关、事业单位进行第一次工资改革，执行七类区货币工资标准。1985 年下半年，机关、事业单位进行第二次工资改革，实行以职务工资为主要内容的结构工资制，基本工资包括基础工资、职务工资、工龄津贴、奖励工资 4 个部分。1994 年，进行第三次工资改革。从 1993 年 10 月 1 日起，国家机关和事业单位实行两种不同工资制度。国家机关工作人员实行职级工资制，其工资按不同职能，分为职务工资、级别工资、基础工资和工龄工资 4 个部分；事业单位工作人员实行津贴、奖励工资制度。工资分为固定和活动两个部分（即职务工资和津贴）。同时，根据经费来源不同，对全额拨款、差额拨款、自收自支 3 种不同类型事业单位实行不同管理办法，其中全额拨款单位工作人员工资固定部分为 70%，浮动部分为 30%；差额拨款单位固定部分为 60%，浮动部分为 40%；自收自支及企业化管理单位浮动部分最高为 45%。

1997 年 1 月 1 日，根据《福建省人事厅、财政厅关于我省机关事业单位工作人员适当增加补贴的通知》规定，适当增加机关事业单位工作人员补贴，人均月增资 53.50 元；7 月，根据人事部、财政部《关于 1997 年调整机关事业单位工作人员工资标准等问题的通知》规定，国家机关工作人员将基础工资由 90 元调为 110 元，事业单位工作人员将职务工资标准提高 14 元，津贴标准提高 6 元。1999 年 7 月 1 日，根据《福建省人民政府贯彻国务院办公厅关于调整机关事业单位工作人员工资标准和增加离退休人员离退休费三个实施方案的通知》规定，机关工作人员基础工资由 110 元提高到 180 元。同时，提高级别工资标准、事业单位工作人员职务工资及津贴标准。全区有 1892 人参加调整，人均月增资 118 元。

2006 年，根据国务院规定，进行第四次工资改革。公务员基本工资调整为职务工资和级别工资两项，取消基础工资和工龄工资；事业单位实行岗位绩效工资制度，岗位绩效工资由岗位工资、薪级工资、绩效工资和津贴补贴 4 部分组成，其中岗位工资和薪级工资为基本工资。龙文区列入工资制度改革范围的机关事业单位 186 个、1965 人，人均月增资 250 元。此次工资制度改革建立相应的增资制度：2006年7月1日起，公务员年度考核累计5年称职及以上，从次年1月1日起在所任职务对应级别内晋升1个级别，累计两年考核称职及以上，从次年1月1日起在所任级别对应工资内晋升1个工资档次；事业单位工作人员年度考核结果为合格及以上等次的，每年增加1级薪级工资，并从第二年的1月起执行。

根据《福建省机关事业单位离退休人员计发离退休费等问题的实施意见》通知，对2006年6月30日前已办理退休手续人员，从2006年7月1日起按一定标准增加离退休费。全区256人调整离退休费，人均月增资150元。

1997—2007年龙文区同全国、全省、全市城镇单位职工平均工资及指数比较表

表28-2-2

年份	龙文区		全国		福建省		漳州市	
	职工平均工资（元）		职工平均工资（元）		职工平均工资（元）		职工平均工资（元）	
	绝对数	指数（%）	绝对数	指数（%）	绝对数	指数（%）	绝对数	指数（%）
1997	6371	—	6470	104.2	7559	113.1	5968	110.7
1998	7262	114.0	7479	115.6	8531	112.9	6717	112.6
1999	7843	108.0	8346	111.6	9490	111.2	7508	111.8
2000	8369	106.7	9271	111.1	10584	111.5	8235	109.7
2001	9767	116.7	10870	117.2	12013	113.5	9555	116.0
2002	10749	110.1	12422	114.3	13306	110.8	10283	107.6
2003	11458	106.6	14040	113.0	14310	107.5	11077	107.7
2004	13122	114.5	16024	114.1	15603	109.0	11964	108.0
2005	13804	105.2	18364	114.6	17146	109.9	13339	111.5
2006	15095	109.4	21001	114.4	19318	112.7	14969	112.2
2007	17991	119.2	24932	118.7	22283	115.3	18024	120.4

注：1998年起“职工平均工资”统计口径为“在岗职工平均工资”。指数以上年为100

二、福利待遇

中华人民共和国成立后，区境国家机关工作人员按规定享受探亲假、婚丧假、病假和法定节日假，女性工作人员享受产假。在规定的假期内，标准工资照发。工作人员生活发生困难，可申请困难补助费。工作人员因病享受公费医疗，死亡发给一次性丧葬费和抚恤金，其遗属没有职业者享受定期定额生活补助费。

1979年起，工作人员享受物价补贴、防暑降温补贴等。1995年起，工作人员工休日由原有的星期日加上星期六，称“双休日”。2000年起，进行公费医疗制度改革，建立医疗保险制度，干部医疗药费由原来的实报实销，改为门诊费定额包干和住院费按比例报销。

第九节 离退休人员管理

一、生活待遇

中华人民共和国成立后，干部享受离休、退休待遇。龙文建区前，区境干部由龙溪、龙海县（市）组织人事部门办理离、退休手续。

1997年，根据《国务院关于安置老弱病残干部的暂行办法》，全区办理干部退休13人。2001年，办理干部退休19人，办理职工退休3人。2004年，办理干部退休19人，职工退休2人。至2007年，全区离退休人员319人，其中离休4人，退休315人。

区人事局按照1990年中央组织部《关于办理干部退（离）休等手续时认定出生日期问题的通知》，对退休干部，每人发房屋修缮费500元，安家费300元。按政策落实70周岁以上每人每月发50元补贴，退休归侨每人每月发60元补贴。2003年，根据省委《关于企业部分原行政19级以下离休干部离休费问题的通知》，做好3位符合条件的老干部的离休费增补问题。2005年，帮助1位“5•12”老干部解决因所在企业误算补贴标准每月少发12元的问题。2007年，妥善处理磷肥厂改制破产后2名离休干部和1名“5•12”干部的“两费”保障问题。2000年、2003年、2005年和2007年组织离退休干部进行健康体检。在老年节和春节期间，派人看望慰问离退休干部，并送慰问品（金）等。

二、政治待遇

1997年，区委把离退休老干部工作列入各级领导的目标管理责任制，建立老干部会议通报、书信通报、走访通报、电话通报四项制度，定期向老干部传达各时期党和国家的方针政策和全区工作开展情况，听取老干部的建言献策和反应问题。

1998—2007年，聘请26名老干部参加各级关工委和老龄委工作；18名老干部分别担任爱国主义教育报告员、中小学校外辅导员、家长学校教员、科技辅导员和法制帮教员；87名老干部分别担任纠风监督员、网吧监督员和创卫督导员。区组织人事部门每年订报纸分赠老干部。

第三章 编制管理

第一节 管理机构

一、区机构编制委员会办公室

1997年1月，成立龙文区机构编制委员会办公室（简称区编办），为正科级行政单位，与区人事局合署。2002年机构改革，成立中共龙文区委机构编制委员会办公室，加挂龙文区政府机构编制委员会办公室，列入区委机构序列，在编工作人员2人。至2007年不变。

二、区事业单位登记管理局

1997 年 6 月，成立龙文区事业单位登记管理中心，为区编办管辖的副科级事业单位。2005 年 8 月，更名区事业单位登记管理局。至 2007 年不变。

第二节 人员编制管理

一、行政编制

1997 年，省、市下达龙文区级机关行政编制 220 人（不含政法系统），实有 186 人；4 个镇行政编制 100 人，实有 78 人。区级行政编制中，党委系统编制 43 人，实有 29 人；政府系统编制 152 人，实有 81 人；人大编制 9 人，实有 9 人；政协编制 6 人，实有 6 人；群众团体编制 10 人，实有 6 人。

2003 年，省、市下达龙文区级机关行政编制 225 人（不含政法系统及专项编制），实有 188 人； 4 个镇行政编制 100 人，实有 73 人。区级行政编制中，党委系统编制 65 人，实有 46 人；政府系统编制 157 人，实有 99 人；人大编制 15 人，实有 14 人；政协编制 8 人，实有 6 人；群众团体编制 20 人，实有 11 人。

2007 年，省、市下达龙文区增加行政编制 116 人，全区行政编制 341 人（不含政法系统及专项编制），实有 344 人；4 个镇行政编制 100 人，实有 79 人。区级行政编制中，党委系统编制 73 人，实有 61 人；政府系统编制 189 人，实有 138 人；人大编制 15 人，实有 22 人；政协编制 8 人，实有 11 人；群众团体编制 21 人，实有 18 人。4 个镇的行政编制各为 25 人。

二、事业编制

1997 年，省、市下达龙文区区级事业编制 1546 人，实有 1050 人；4 个镇的事业编制 150 人。区级事业编制中，机关事业编制 356 人，实有 260 人；教师编制 1190 人，实有 790 人。

2003 年，省、市下达区级事业编制 1450 人，实有 1344 人；4 个镇的事业编制 161 人，实有 170 人。区级事业编制中，机关事业编制 506 人，实有 426 人；教师编制 944 人，实有 918 人。

2007 年，区级事业编制调整为 1430 人，实有 1357 人。其中，机关事业编制 610 人，实有 471 人；教师核编 820 人，实有 886 人。4 个镇的事业编制调整为 156 人，实有 156 人，其中步文镇 38 人，蓝田镇 38 人，朝阳镇 41 人，郭坑镇 39 人。

第三节 机构改革

一、区级机构

（一）区级党政机构

1997 年，根据省、市的要求，按照政企职责分开和精简、统一、效能的原则，以及必要时实行“一个机构，两块牌子”，一套人员执行两种职能，不增加机构层次的要求。

中共龙文区委工作机构设置办公室（台湾工作办公室与其合署，并增挂政府台湾事务办公室牌子）、组织部、宣传部、统一战线工作部（增挂宗教事务局牌子）、政法委员会（社会治安综合治理委员会办公室与其合署，为副科级）。设部门管理机构：老干部局（正科级，归组织部管理）、精神文明建设办公室（正科级，归宣传部管理）、区委信访局（副科级，与政府信访局合署）。

政府工作机构设置办公室、计划局（经济局与其合署）、农业局、林业局、教育局、民政局、财政局、人事局（机构编制委员会办公室与其合署）、卫生局、计划生育局、审计局、统计局、地方税务局、科学技术局、文化局（增挂体育运动局牌子）、交通局、水利水电局、乡镇企业局、粮食局、建设局、土地管理局、城市管理局、环境保护局、司法局、贸易局、对外经济贸易局、监察局（与纪律检查委员会合署）；设部门管理机构：物价局（归计划局管理）、技术监督局（归区政府办公室管理）、区委区政府信访局（归政府办公室管理）。

2002 年，机构改革，经中共漳州市委编制委员会核定，区党委系统设纪律检查委员会机关（区监察局与其合署）、办公室、组织部、宣传部、统一战线工作部、政法委员会（综治办与其合署）、直属机关党委会老干部局、精神文明建设办公室、信访局、农村工作领导小组办公室（议事协调机构）。政府系统设政府办公室、发展计划局、农林局、教育局、民政局、财政局、人事局、劳动和社会保障局、卫生局、计划生育局、审计局、统计局、科学技术局、文化体育局、交通局、水利局、建设局、环境保护局、司法局、经济贸易局、对外贸易经济合作局、外事侨务办公室、城市管理执法局、安全生产监督局和人民防空办公室、项目开发领导小组办公室 2 个议事协调机构。

2005 年 4 月，发展计划局改组为发展和改革局，计划生育局更名人口和计划生育局，增设粮食局、民族与宗教事务局。

2007 年，中共龙文区委系统设 10 个工作部门：区委办公室、组织部、宣传部、纪律检查委员会机关（监察局与其合署）、统一战线工作部、区直机关工作委员会、政法委员会、机构编制委员会办公室、社会治安综合治理委员会办公室、教育工作委员会；7 个部门管理机构：老干部局、精神文明建设办公室、机要局、台湾工作办公室、党校、党史研究办公室、信访局；1 个议事协调机构：农村工作领导小组办公室。政府系统设 21 个工作部门：政府办公室、发展和改革局、农林局、教育局、民政局、财政局、人事局、劳动和社会保障局、卫生局、人口与计划生育局、审计局、统计局、科学技术局、文化体育局、交通局、水利局、建设局、环境保护局、司法局、经济贸易局、对外贸易经济合作局；5 个部门管理机构：外事侨务办公室、城市管理执法局、安全生产监督局、粮食局、民族与宗教事务局；2 个议事协调机构：人民防空办公室、项目开发领导小组办公室。

（二）区级事业单位机构

1997 年，区直事业单位有区事业单位登记管理中心、区城市建设开发中心、区建设工程管理站、区政府文印中心等 42 个，有郭坑中学、书厅中学、景山中学、朝阳中学、步文中学 5 所中学和郭坑中心小学、翁建中心小学、西洋中心小学、蓝田中心小学、步文中心小学等 43 所小学。

2004 年 7 月，区委机构编制委员会制定《关于推进事业单位机构改革的意见》，确定区政府办、区建设局等 9 个部门的 13 个事业单位，作为首批区直事业单位机构改革单位。其中，由地方财政全额拨款改为差额拨款事业单位 1 个，由自收自支转为企业 1 个。

2006 年，成立区畜牧兽医局，撤销畜牧兽医站和动物防疫监督所，分别组建区动物卫生监督所和区动物疫病预防控制中心。同时，从镇农村经济服务中心分离，设立镇畜牧兽医站，作为区畜牧兽医局派出机构。

2007年，区级事业单位163个，其中全额拨款单位141个，差额拨款单位5个，自收自支单位17个。

二、镇级机构

（一）镇级党政机构

1997年后，把步文镇拆分为步文镇、蓝田镇、朝阳镇，连同郭坑镇重新进行机构改革。各镇机关由镇党委、政府、人大主席团、纪律检查委员会（监察室与其合署）、人民武装部和党政、农业、经济贸易（财政所与其合署）、社会事务、村镇建设、计划生育6个综合办公室，以及工会、团委会、妇联会3个群团部门组成。2002年，按照“小政府、大社会”运作格局，本着“精简、统一、效能”原则，对步文镇、蓝田镇、朝阳镇和郭坑镇的机关职能、内设机构进行重新配置。各镇机关设镇党委、人大主席团、政府、纪律检查委员会（监察局与其合署）、人民武装部及工会、团委会、妇联会。镇党委、政府下设：党政办公室、社会事务办公室、村镇建设办公室、农业办公室、经济发展办公室、计划生育办公室。2007年，机构设置未变。

（二）镇级事业单位机构

1997—2002年，各镇设12个副股级事业单位：农业技术推广站、农业机械管理站、水产技术推广站、经营管理站、畜牧兽医站、计划生育服务所、流动人口管理站、计划生育协会、环卫管理站、文化站、建设站、乡镇企业管理站。其中文化站、建设站、乡镇企业管理站为自收自支事业单位，其他为全额拨款事业单位。2003年7月，进行镇事业机构改革，撤销农技站、农机站、畜牧站、水技站、经管站，成立农业服务中心；撤销计生服务所、流动人口管理站、计生协会，成立计生服务中心；文化站更名科技文化服务中心；撤销建设站、环卫管理站，成立村镇建设规划站；成立乡镇企业管理站；将财税、综治、法律服务、法律咨询合并成立行政执法与法律服务中心。2007年，机构设置未变。

第四节　事业单位登记管理

1997年，全区共登记事业单位90个（除学校外）。每年由区事业单位登记管理局进行年检，年检率100%。结合年检，对全区事业单位核实登记事项，规范业务行为。至2007年，全区登记（含学校）事业单位163个。

第二十八卷　外事·侨务·与台湾地区往来

唐代，区境有居民到澎湖、台湾从事渔猎和贸易活动。唐乾符五年（878年）始，区境相继有居民到国外谋生，以侨居印度尼西亚为多。北宋，区境苏姓族人移居台湾。明天启元年(1621年)，海澄县人颜思齐大规模招募大陆居民拓垦台湾，区境不少居民随之到台湾。此后至民国38年(1949年9月30日止)8月，区境居民或经商贸易，流寓海外；或生活贫困，出国谋生；或战乱频仍，避居异邦；或社交来往，侨居海外。侨居在异邦的华侨历尽艰辛，开拓创业，同当地居民一道，发展经济，促进社会进步。区境居民迁往台湾也从未停止过。他们在台湾为发展生产，繁荣经济，继承和弘扬中华民族文化等做出贡献。移居台湾的居民与祖籍地居民骨肉相亲、习俗相近、语言相通、信仰相同。从第一代开基祖以至后裔子孙，世世代代不忘祖宗。他们联宗结袂，回到祖籍地，或祭祖扫墓，或寻根谒祖，或探亲访友，不忘木本水源。

中华人民共和国成立后，海峡两岸彼此隔绝往来。区境仅有少量居民因婚姻、遗产继承和求职等原因侨居海外。

1978年后，区境做好宣传、交流、联谊、接待等工作，移居台湾的居民纷纷踏入祖居故土，两岸经济往来频繁。实行改革开放后，加大对外宣传力度，落实侨务政策，维护侨益，开展联谊活动，热情接待回乡寻根、祭祖、探亲、访友、观光的华侨、华人和外国客人。随着对外交往频繁，出国留学、技术移民、亲属定居、劳务输出等日益增多。海外华侨在开发、建设侨居国的同时，不忘祖国、不忘桑梓，热心在祖国和家乡兴办工商企业和举办各项公益慈善事业。1984年，通过漳浦、东山等对台贸易点，区境开始经营对台小额贸易。1990年3月，首家台商独资企业——投资50万美元的漳州美加美人造花有限公司在区境落户。1990—2007年，龙文区先后引进台资企业46家，总投资13629万美元、110万港元和17800万元，合同外资8092.5万美元和80万港元，实际到资5878万美元。

2001年，中共龙文区委台湾工作办公室成立，为台胞服务和受理涉台投诉工作，维护台胞合法权益。2005年，祖籍龙文的华侨、华人1138人。2007年，龙文区有归侨、侨眷1668人。在台湾龙文籍乡亲1万多人，在龙文区台籍同胞40户88人。在区境投资的台资企业46家。

1997—2007年，龙文区接待回乡的海外华侨、华人500多人次。

2002—2007年，祖籍龙文的海外侨胞、侨商为家乡捐款875.9万元。

第一章　外　事

第一节　工作机构

1997 年，龙文区政府办公室设立龙文区外事办公室。2002 年 10 月，设立龙文区人民政府外事侨务办公室，划归区政府办公室管理。2007 年，龙文区外事侨务办公室行政编制 1 人，实有 1 人。

第二节　对外宣传

1997 年，龙文区举行“9•8”记者招待会，宣传龙文良好投资环境和优惠投资政策，让外界了解龙文新区。1998 年，编制 2000 本《龙文区投资指南》、万份《云洞岩游图》和 1000 本《云洞岩民间故事集》宣传资料，在“9•8”投洽会上分发。结合庆祝建区一周年活动，中共龙文区委、区政府邀请一批海外侨胞参加“龙文在外乡亲座谈会”。此后，每年通过参加“4•9”漳台经贸恳谈会、“6•18”项目成果交易会、“9•8”投洽会和“11•18”花博会等经贸活动，开展宣传，扩大龙文在国外的知名度，开展招商引资工作。1999 年，印发 2000 本《龙文工业开发区投资指南》、1000 本《石仓新村》和 1000 本《云洞岩风景区》宣传资料。通过东南电视台和美国史可拉洲电视中文节目，播出龙文区经济建设成就的专题片《崛起》。2002 年，印发龙文建区五周年辉煌成果的《龙文画册》2000 册，在美国《国际日报》刊登反映龙文建区五周年辉煌成果专版。2004 年，以区行政大楼乔迁、郭坑大桥通车等重大工程项目竣工典礼为契机，邀请中央、省、市新闻记者到龙文区采风，提高龙文在世界的知名度。

2007 年，龙文区举办“庆祝建区十周年”活动和“8•28”厦门（龙文）投资说明会，印发十年成就宣传手册 1000 册和宣传画册 3000 册、招商手册 3000 册、十年成就的 DVD 宣传片 1000 套和明信片 1200 套。在厦门（龙文）投资说明会上播放项目说明片《筑美巢引鸾凤，展双臂引宾朋》和专题片《魅力龙文》，展示龙文区发展优势和发展前景。

2006—2007 年，区侨联编印《龙文区侨情介绍》，向海外寄出 300 多份，利用侨务对外渠道，寄出 300 多份龙文景观彩色画册，寄出介绍龙文投资项目、招商引资政策和云洞岩、关帝庙、湘桥古村等观光景点资料 200 多份，传递家乡改革开放和三个文明建设成就，激发海外侨胞参与家乡经济建设热情。

第三节　外事往来

一、接待

1999 年，龙文区分别接待旅游观光、寻根的新加坡漳州同乡会乡亲和美籍华人傅寿玉。2000 年，分别接待参观石仓新村的美国、法国、德国、意大利、加拿大、澳大利亚、韩国、荷兰等 22 个国家驻华使馆 33 名官员和来自阿尔及利亚、安哥拉、贝宁、喀麦隆、佛得角、中非、刚果（布）、刚果（金）、科特迪瓦、吉布提、加蓬、几内亚、几内亚比绍、马达加斯加、马里、摩洛哥、毛里塔尼亚、莫桑比克、尼日尔、卢旺达、多哥、突尼斯等非洲国家和组织驻华使馆官员。2001 年 4 月 7 日，龙文区接待返乡祭祖探亲的美籍华人林大湑及其家人一行。2002 年 12 月 22 日，接待到龙文区商务考察的吉尔吉斯斯坦共和国客人。2003 年，接待组团到龙文区交流学术作品的新加坡中国国际书画家协会主席卢业东、著名书画家邱少华、加拿大世界书画家协会副主席何业波一行。

二、出访

2000 年，龙文区办理因公出国（境）1 件 2 人次。2004 年，办理因公出国（境）7 件次 12 人次。2007 年，办理因公出国（境）5 件次 13 人次。

2001—2007 年，区外侨办共办理因公出国（境）50 件次 75 人次。其中，区内民营企业员工因公渠道出国参展、考察洽谈等 21 件次 36 人次；研修培训 12 件次 12 人次。

2000—2007 年龙文区因公出国（境）人口统计表

表 29-1-1　　单位：人

年份	件次	人次	年份	件次	人次	年份	件次	人次	年份	件次	人次
2000	1	2	2002	6	7	2004	7	12	2006	8	10
2001	5	5	2003	6	9	2005	12	17	2007	5	13

第二章　侨　务

第一节　华　侨

一、分布

唐乾符五年（878 年），黄巢农民起义军攻入福州途经泉州，到区境后岐山至鹤鸣山之间（今梧浦村万松关）与唐兵交战，并在附近招纳人员扩充队伍。起义军失败后撤往广东，有一部分士兵漂洋过海出国谋生，区境有人随往南洋各国。此后至民国38年（1949年9月30日止）8月，区境居民或经商贸易，流寓海外；或生活贫困，出国谋生；或战乱频仍，避居异邦；或社交来往，侨居海外。区境居民漂洋过海到国外谋生，主要侨居在东南亚各国，其中以侨居印度尼西亚为多。

中华人民共和国成立后，经济发展，社会安定，以及东南亚国家限制移民入境，区境仅有少数居民因婚姻、遗产继承和求职等原因侨居海外。

中共十一届三中全会后，随着对外交往频繁，区境出国留学、技术移民、亲属定居、劳务输出增多。

1987年，祖籍步文的华侨、华人200户1088人。其中，分布于印尼507人，新加坡208人，菲律宾187人，马来西亚112人，荷兰28人。祖籍郭坑的华侨、华人178户1183人。其中，分布于印尼730人，菲律宾178人，马来西亚119人，美国42人。

2005年，祖籍龙文的华侨、华人1138人。其中，分布于印尼588人，占51.7%；新加坡156人，占13.7%；菲律宾155人，占13.6%；马来西亚137人，占12.0%；分布于缅甸、美国、加拿大、澳大利亚和日本5个国家102人，占9.0%。

2007年，龙文区华侨主要侨居在印度尼西亚、马来西亚、菲律宾、新加坡等国家。

二、联谊

1978年9月，区境接待参观登科丰产甘蔗的13名菲律宾华侨观光团。2001年4月7日，中共龙文区委书记陈庆元、区长蔡梁国、区政协主席蔡玉斌会见返乡祭祖探亲的美籍华人林大湑及其家人一行。2002年，区侨联组织访友联友联络组前往新加坡访问，与当地乡亲进行广泛联络，走访30多名企业界、外交界知名人士，推介龙文投资环境和优惠政策，发放各种宣传资料300多份。

2004—2007年，区侨联组织归侨、侨眷向海外亲人写信300多封，介绍家乡建设成就，动员亲人回乡投资兴业，为新区建设添砖加瓦。

三、造福乡梓

祖籍龙文的华侨事业有成，造福桑梓，或捐资办学，或赈灾济困，或铺路造桥，或投资兴业。截至2006年，龙文区侨资企业有30多家，主要为家具、食品、化工、金属制件、矿业、服装出口、建材，以及二、三产的地产开发和旅游服务行业，投资额4亿多美元，纳税2000多万元，占全区外资企业纳税总额1/4，同时创造1万多个就业岗位。

2002—2007年，全区海外侨胞、侨商捐款875.9万元。

第二节　归侨与侨眷

一、居住地

1979年，郭坑公社有归侨、侨眷34户222人。其中，归侨12户81人，侨眷22户141人。1987年，步文乡有归侨、侨眷277户1126人，郭坑镇有归侨、侨眷176户784人。1996年，区境有归侨、侨眷1601人。其中，归侨18人、侨眷1583人。

1997年，龙文区归侨、侨属分布在蓝田、步文、朝阳、郭坑4个镇。

2007 年，全区有归侨、侨眷 1668 人。其中，归侨 22 人（郭坑镇 10 人，步文镇 7 人，蓝田镇 3 人，朝阳镇 2 人）、侨眷 1646 人。

二、投资建设事业

1993 年，区境侨眷严春琪投资 50 多万元创办金安机电有限公司。1997 年起，龙文区归侨、侨眷积极参与家乡建设，兴办企业、投资基础设施建设，为繁荣家乡经济作贡献。2003 年，区侨联名誉主席吴开聪投资 1000 万元创办泰利针织品有限公司；2004 年，吴开聪又签约投资 500 万美元创建针织工业园，在周围 5 个村用工 100 多人。2006 年，侨眷严春琪再次投入 1000 万元，建设 6500 多平方米的先进厂房，年产值 1500 万元，提供 300 余个就业岗位。

2007 年，侨眷林天海与新城集团联合投资 1 亿元，筹建金泰市政建设有限公司，为新区建设、旧村改造作贡献。

是年，龙文区有侨资企业 48 家，投资总额 10625 万美元，解决就业人员 5570 人。

第三节　维护合法侨益

一、落实侨务政策

1996 年 7 月，区境侨务部门做好归侨退休职工生活补贴审核工作，及时上报市外侨办审批，为林海瑞、郭亚宝、陈慧珠等 13 名归侨退休教师、退休职工、下岗职工办理每人每月增发 60 元生活补贴手续。1997 年起，龙文区侨联、人大常委会侨台民宗委、政协侨台委和区外侨办召开座谈会，贯彻《中华人民共和国归侨侨眷权益保护法》《福建省实施〈中华人民共和国归侨侨眷权益保护法〉办法》和《福建省华侨捐赠兴办公益事业管理条例》，依法维护归侨侨眷合法权益。侨务部门协同区司法局利用有线电视、宣传标语，分发侨法宣传册等形式，营造维侨护侨社会氛围。在归侨侨眷权益保护法颁布实施 5 周年之际，区侨务部门会同司法部门开展“一法一例”检查活动，并将每年 10 月定为侨法宣传月。

2000 年 5 月起，区侨务部门按《漳州市房屋拆迁安置补偿标准》规定，实施华侨房屋拆迁补偿优惠政策，凡征用归侨、侨眷产权范围内的空闲地和天井，均按照安置房砖混结构的建筑安装造价 30% 付给补偿费。是年，根据省、市重点侨情调查工作会议精神，开展重点侨情普查。为归侨办理归侨身份认证，并做好“三侨子女”中考与高考招生辅助工作。

2007 年，贯彻《归侨侨眷权益保护法实施办法》，为郭坑粮站菲律宾归侨陈正优补发 11 年退休生活补助金 7920 元。

二、排忧解难

1998 年 5 月，印尼发生骚乱，印尼华人受损严重。区侨务部门经常召开会议及时向归侨侨眷通报印尼局势，使归侨侨眷安心。2000 年 5 月，区侨务部门配合司法单位先后 200 多次到侨房拆迁现场、房地产公司和相关建设单位，召开座谈会、勘察现场、登记数据，妥善解决侨房拆迁和赔偿安置工作。2005 年春节前夕，龙文区开展慰问困难华侨、侨眷及部分侨资企业活动，为 8 户归侨困难户和 3 家侨资企业发放慰问金 2 万多元。

2006年1月起，区侨办、侨联每年元宵节邀请12家侨资企业代表和相关部门分管领导举办茶话会，对侨资企业反映的生产经营、企业扩建用地、报关报税等问题进行现场协调，督请有关职能部门给予解决，为侨资企业发展创造宽松的投资环境。4月，土白村征地拆迁涉及侨眷林先生的2幢别墅、1000多平方米店面和厂房，因安置、赔偿问题，多次协商无结果。区侨务部门根据"一视同仁，适当照顾"精神，实地调查了解，约请当事人双方学侨法，经过2个多月细致工作，使这宗影响大、赔偿面积较多的"老大难"问题得到妥善解决，既有效维护侨益，又确保工程建设进展。6月，调查散居农村贫困归侨侨眷分布情况，建立贫困归侨档案。对郭永能、游宏辉2名符合条件困难归侨纳入农村社保范围，解决基本生活问题。

1998—2007年，区侨务部门接待来访280多人次，办理来自欧、美、东南亚等15个国家华侨社团来信来函50多件。为35名归侨出具归侨身份证明，为32名"三侨子女"出具高考证明。区侨务部门解决侨房纠纷41宗、侨房拆迁安置65宗，争取安置及赔偿拆迁面积1万平方米，落实空地及天井赔偿面积4000多平方米，赔偿资金4000余万元。

1999—2007年，上级下拨归侨社会补助款共1.6万元，全部用于春节期间慰问困难归侨、侨眷。区侨联积极向上级争取资金2.68万元，在每年中秋、春节等传统节日慰问74户困难归侨侨眷；还多方筹集资金13.2万元，扶助13名侨属贫困学生上学，帮助解决31位贫困归侨侨眷就业。

2007年，区外侨办与区民政局协调，将郭坑镇郭元通、郭永能2名困难归侨纳入农村低保对象。区外侨办牵头，协调区人大侨台民宗委、区侨联等涉侨部门，联合进行年终走访慰问归侨贫困户。争取市外侨办下拨归侨社会补助款3000元，及时把补助资金用于救济12户贫困归侨。区侨务部门受理涉侨信访件11件，其中来信3件、来访5件、上级转办件2件、区领导批示件1件，办结率98%。协调解决蓝田镇梧桥村侨房拆迁安置信访件1件。郭坑镇郭元通、麻纺织厂陈松万德侨房补偿问题，得到部分解决。

第三章　与台湾地区往来

第一节　工作机构

1997年，中共龙文区委办公室设立区台湾事务办公室。2001年3月，区委台湾工作办公室成立，挂靠于区委办公室。2004年5月28日，区委台湾工作办公室公章启用。7月1日，根据区委办公室《关于印发〈中共龙文区委台湾工作办公室职能配置、内设机构和人员编制规定〉的通知》，区委台湾工作办公室为正科级机构，由区委办公室指定一名干部负责日常工作。

2007年，龙文区委台湾工作办公室行政编制1人。

第二节　两地移居与移民情况

一、迁居台湾

唐代，区境有居民到台湾捕鱼、狩猎或贸易。北宋，区境苏姓族人移居台湾。

明天启元年（1621年），海澄县人颜思齐与郑芝龙、陈衷纪等人由日本渡海至中国台湾，颜思齐多次派遣杨天生、陈衷纪到漳泉沿海招募居民到台定居；天启五年，颜思齐病逝台湾，郑芝龙继任盟主，又多次到区境招募移民到台湾垦荒。区境居民“渡大海，入荒陬”，沥血流汗，克服困难，与台湾居民一道开发台湾。明崇祯三年（1630年），福建大旱，郑芝龙在福建巡抚熊文灿支持下招募大批福建人到台湾开荒种地，区境到台湾拓垦者增多。郑成功收复台湾后，祖籍龙文的将士在当地屯垦、开基建业，发展农业生产。清廷统一台湾后，区境居民纷纷前往台湾垦殖，把台北、台南、宜兰等地平原垦成富饶的农业区，把万顷荒地开成良田。在开发农业生产中，区境居民把稻米等粮食作物和甘蔗等经济作物栽培技术带到台湾，使台湾米和台湾蔗成为驰名世界的农产品。明亡后，祖籍步文马崎村连横的七世祖迁居台湾宁南坊马兵营。

清顺治三年（1646年），荷兰人派船赴大陆招运移民到台垦殖，区境不少人因饥荒所迫移居台湾。清顺治十八年至康熙十七年（1678年），清廷3次实行海禁和迁界政策，强令沿海居民迁离故土，区境不少人无家可归，流离失所，不顾危险渡海到台投靠郑成功，遂在台湾开基建业。清康熙二十三年，清廷颁布《六部处分则例》，限制大陆人民渡台。康熙五十五年，区境有人随张国入垦台中市南屯区。乾隆二十五年（1760年），清廷准大陆迁台居民携家眷，区境移居台湾人口有所增加。乾隆五十二年，区境不少人被漳浦县人吴沙招募到台湾东北部蛤仔滩垦荒种植。乾隆年间（1739—1795年），打山村张坑社及霞溪社均有人移居台湾。清雍正四年（1726年），朝阳村杨发移居台南。清道光年间（1821—1850年），坂上村有黄姓乡亲移居台湾。清同治十三年（1874年），福建船政大臣沈葆祯被清廷封为钦差大臣到台湾办理海防事务，向大陆招募移民，取消渡台禁令，区境不少居民迁居台湾。清光绪十一年（1885年），台湾建省后，第一任台湾巡抚刘铭传广招福建、广东沿海民众移居台湾，区境居民移居台湾。

民国1年（1912年）至38年8月，蓝田村黄庆庸，霞洲村黄澄渊，下洲上吴社吴臭席，扶摇村杨耳、杨再根、杨勇，洛滨社郑龙（又名瑞龙），登科村顶社林有壬，龙头社林枢，下店尾社黄汉清（乳名憨仔）和东屿村林者仁等人移居台湾。

1949年9月后，海峡两岸隔绝往来，去台人员遂定居台湾，区境向台湾移民几乎停止。1990年8月，台属张永隆申请回台湾定居获批准。

2007年，在台龙文籍乡亲（含眷属）1万多人。台南县有一个朝阳村，人口2000余人皆为朝阳镇朝阳村杨氏后裔。

二、迁居龙文

明洪武二十年（1387年），朝廷裁撤澎湖巡检司，将澎湖民众迁至漳、泉两地。其时有澎湖人移居区境；在台湾垦殖的区境移民，或返台祖居地成家立业，或携家眷返归故里定居。

清光绪二十一年（1895年），日军侵占台湾后，陆续有台胞移居大陆，定居区境。祖籍龙溪步文马崎村爱国诗人、历史学家连横5次从台湾返回大陆，在故乡居住一段时间后返回台湾。民国29年（1940年），台北金鸡寨徐太老与儿子徐茂盛等人移居后港村。民国38年9月，国民党军队溃退时个别人弃军逃匿区境定居。

1991年，步文乡有台胞8户38人，郭坑镇有6户31人。2007年，全区有台胞40户88人，主要分布在郭坑、蓝田两镇，从事职业有医护人员、企业职工（以步文合成氨厂职工为多）等。

三、移民情况

明天启年间，区境居民“渡大海，入荒陬”，沥血流汗，克服困难，与台湾居民一道开发台湾。郑成功收复台湾时期，祖籍龙文的将士在当地屯垦、开基建业，发展农业生产。清政府统一台湾后，区境居民纷纷前往台湾垦殖，把台北、台南、宜兰等地平原垦成富饶的农业区，把万顷荒地开成良田。在开发农业生产中，区境居民把稻米等粮食作物和甘蔗等经济作物栽培技术带到台湾，使台湾米和台湾蔗成为驰名世界的农产品。清光绪二十一年，日军侵占台湾后，移居区境台胞有的投身革命，有的兴办工厂或农垦企业，有的行医，有的教书等。民国29年（1940年），台北金鸡寨徐太老与儿子徐茂盛等人在后港村，垦地办农场，开垦水田2公顷多、农田近2公顷。

1991—1995年，移居台湾的林枢先后捐资350万元，兴建“漳州市林枢图书馆”。

2007年，台胞在龙文区先后兴办的台资企业共有46家，总投资13629万美元、110万港元和17800万元。

第三节　经贸往来与投资兴业

一、经贸往来

区境南北分别有九龙江西溪、北溪，水上航运便利。明代，对台贸易往来的主要出海口是漳州城东浦头港。区境船只从浦头港经石码、月港、厦门港至台湾，郭坑居民则从石码、石美、紫泥等处乘船经月港、厦门港至台湾开展贸易，均须在浦头港把平底木船转换为驳船。从台湾销往九龙江流域商品，也运至厦门、石码、浦头，再转至各站点。浦头港有4个码头，航运发达，商贾云集，先后形成米市、盐市、粉市、鱼市、果市等市街。浦头市产自孚美村很有名气的线面大量销往厦门、台湾、香港各埠。清康熙二十三年（1684年）台湾设府，隶属福建省，区境与台湾贸易关系进一步密切，台湾生产的粮食大量运往区境。

清代，区境输往台湾的主要货物有盐、烟、铁器、丝线、土纸、砖瓦、陶瓷、布匹、工艺品等；从台湾输入的物产有蔗糖、油类、粮食、茶叶、花生、皮革、毛羽、樟脑、牛黄、冰片、藤及水果类。清末到民国38年（1949年9月30日止）8月，两地均有贸易往来。

中华人民共和国成立至1978年，大陆与台湾贸易中断。1978年后，两岸经济往来日益频繁。1984年，区境开始经营对台小额贸易，通过漳浦、东山对台贸易点，与台商洽谈生意，实行间接双向贸易。从台湾输入商品有尼龙布、涤纶丝、彩电、电子计算器；从区境输往台湾主要商品有土特产品、名烟、名酒。1988年11月，台湾公布《大陆产品间接输入处理原则》，准许间接输入大陆50项产品。此后，两地贸易关系日趋明朗化。1990年起，两地经济合作由贸易往来发展为台胞到区境投资兴业。

二、投资兴业

1990年3月，首家台商独资企业投资50万美元的漳州美加美人造花有限公司落户区境。此后，台资企业逐渐增多，台商投资款额不断增加。1992年，分别有投资1.16亿元、2000万美元、1000万美元、85万美元的漳州蓝田开发有限公司、漳州奇美实业有限公司、漳州日盛建筑陶瓷有限公司、漳州台盛服装实业有限公司在区境落户。1994年3月和9月16日，《中华人民共和国台湾同胞投资保护法》和《福建省实施〈中华人民共和国台湾同胞投资保护法〉办法》相继颁布，台商在区境投资信心和决心不断增强。1994—1996年，落户区境台资企业有华新包装、震东机械、旭铎机械、炜亮机械、德记食品、格迪思文具6家，投资1320万美元。

1997年，引进投资100万美元的福建欧尔康保健品有限公司。1999年，引进投资125万美元、1500万元、1500万美元的可加仪器（漳州）有限公司、漳州市金鑫辉包装有限公司、富华（漳州）光学工业有限公司等5家企业。2000年，引进投资150万美元、70万美元、110万港元的漳州汉协压力容器有限公司、漳州致邦机械有限公司、漳州市恒生制衣有限公司。2001年，引进投资200万美元、420万美元的漳州国峰精机有限公司、漳州蓝田坤旺房地产有限公司等3家企业。特别是2001年4月由台商江国精、吴忠义、陈志远等人投资的尧富家具（漳州）有限公司，不断增资扩产，发展到2004年成立的尧富家具（福建）有限公司，总投资3000万美元。2003—2004年，先后引进漳州坤成物业管理有限公司、波力马高分子科技（福建）有限公司固德艾尔机械（漳州）有限公司等6家企业。2005年，引进漳州伟翔精密机械有限公司、金三鼎（漳州）光学工业等3家企业。2006年，引进投资2000万元的漳州华德皮革制品有限公司。

2007年，引进投资600万美元、420万美元、140万美元、1700万元、1000万元的漳州富明光学工业有限公司、漳州福森精密模具有限公司、漳州市晶盈挤压工业有限公司、漳州富亿纸品有限公司、祺益工艺品有限公司等11家企业。组织台商参加建区10周年活动和“8•28”厦门项目投资说明会、“9•8”投洽会、漳台经贸恳谈会及海峡两岸花博会，共签约台资项目12个，总投资3.2亿元。

第四节 文学艺术交流与宗教文化交流

一、文学艺术与民族文化交流

清光绪二十一年（1895年）日本占领台湾后，实行殖民政策，但台胞热爱祖国，维护祖国文化传统。以区境马崎人连横（号雅堂）为代表的爱国人士积极为弘扬祖国文化和两地文化交流而努力。民国4年（1915年），连雅堂将游览见闻加以整理，发表《大陆游记》，又将旅途中所作的126首诗编成《大陆诗草》（民国10年6月付梓）。民国7年秋，连雅堂完成《台湾通史》。

1978年后，台湾有关历史、文学艺术、新闻等研究单位和个人，利用到大陆探亲、旅游机会与区境有关单位就两地有关课题进行交流和探讨。1986年6月26日，龙海县人民政府在连战祖居地步文马崎村举办“纪念连横逝世50周年纪念会”。

1999年1月19日，金门县美术学会和台湾玉尊宫管理委员会到云洞岩参观交流，揣摩云洞岩碑刻文化。2006年10月16日，漳州市首届美术书法大赛暨海峡两岸书画精品展在龙文区隆重开幕，精品展分为漳州市首届美术书法大赛作品展、台湾书画精品展、漳州市书画精品展、漳州老艺协美术书画作品展、漳州市青少年美术书画展和名人书画精品欣赏6个部分共展出1663幅作品。台湾中国艺术协会理事长尚洁梅、台湾中国当代艺术家协会常务理事李沃源一行10人，金门美术学会唐敏达一行4人出席开幕式。在开幕仪式上，来自海峡两岸的9名书画家挥毫题写“海峡两岸书画精品展”，表达海峡两岸同根同源，对祖国文化认同的意愿。

2007年6月，《金门日报》主编林怡种到龙文区考证林釬生平，挖掘金门与龙文两地的历史渊源，同行的还有林怡种堂亲—著名闽南语歌曲《车站》词曲作者林垂立。林怡种主编到蓝田洞口村，实地察看林氏祠堂、林釬及其父坟墓，以及位于西坑村的澹泊宁静牌坊，拍摄大量影像资料，同时向村民了解有关林釬祖籍的情况；10月26日、11月18日，先后在位于龙文区的漳州市博物馆举办“海峡两岸纪念沈耀初100周年诞辰暨中国书画名家馆作品联展”和首届“闽台一脉、两岸同根—漳台族谱对接成果展”。在“首届闽台一脉、两岸同根—漳台族谱对接成果展”中，展出包括近百册台湾族谱在内的104个漳州迁台姓氏族谱近700册，其中有大陆旧谱原本50册、大陆旧谱影印本600余册、台湾民间手写墨书旧谱影印本46册，以及两岸祖像牌匾、漳人迁台移民路线及分布图、宗祠堂匾、公婆龛、写有郡望的灯笼等一批珍贵的文物和资料。是年，龙文区武术协会会长陈金水组团赴台进行为期6天的太祖拳武术交流活动。

二、宗教文化交流

宋代，龙文籍移民渡台后，从祖家带去祖宗香火牌位及祖家神明，在台湾新居地供奉。

1979年，海峡两岸民间往来开放，宗教文化交流日益频繁，不断增进两岸同胞情谊，增强两岸同胞“同宗同源”认同感。

2001年8月7日，台北市板桥市浮洲里庭天宫进香团首次组团到赤岭关帝庙朝圣。2004年7月31日，浮洲里省亲团一行80人回霞店美村谒祖，朝拜赤岭关帝庙。2005年1月3日，台湾开漳圣王联谊会会长林茂荣、漳州市台商协会副会长谢铭洋带领台湾12间庙宇负责人15人及新加坡保赤宫吴如兴、中国陈氏宗亲会淮阳总会副会长陈治钦等一行，到龙文区开展宗教文化交流活动；5月7日，由颍川堂金门陈氏宗亲会理事长陈水在率领的台湾陈氏谒祖团一行250人，在漳州市金联会会长李振石陪同下到檀林村威惠庙祭拜开漳圣王陈元光；12月15日，台湾开漳圣王联谊会一行47人和新加坡保赤宫5人到檀林村威惠庙祭拜开漳圣王。2006年12月10日，浮洲里庭天宫进香团30多人再次到赤岭关帝庙进香朝拜。

2006年3月17日至5月12日，应高雄市净明道教协会邀请，檀林威惠庙开漳圣王陈元光神像前往台湾高雄巡安，在近2个月时间内走访台湾80多座圣王庙宇，受到当地信众的隆重接待和热烈膜拜。

2007年5月22日，台南县忠顺宫进香团一行31人在忠顺宫管委会主任委员郭大川率领下，到梧桥村檀林威惠庙谒祖进香；10月8日上午，台湾开漳圣王中区联谊会一行264名信众在总团长陈振盛带领下，到檀林威惠庙祭拜。

第五节　民俗交融

一、生活习俗

区境移民到台湾，聚族而居，反映社会生活内容的语言不但与祖籍地语言均相同，而且保持祖籍地方言。所用语音及称男子为“查埔”，称女子为“查媒”；称“几只”桶为“几喀”桶；还有“天公惜憨子”和“青瞑猫碰着死老鼠”等许多俗语、俚语，都是区境移民把乡土话语带到台湾而代代沿用下来的。

区境居民移居台湾后，祖籍地的建筑艺术随之传到台湾，在新居地的住宅、祠庙大都按照祖家建筑样式，甚至连堂号、庙号等样式也和祖家相同。《台湾通史》载：“台湾宫室，多从漳泉城市之中，悉建瓦屋，以砖垒墙，比邻而居，层楼较少。富厚之家，各建巨厦，环以墙，入门为庭，升阶为室。大约一厅四房，房为两厢。乡村之屋，架竹编茅，亦有瓦屋，土筑为墙，久而愈固，棘篱环之，以畜鸡豚，所谓五亩之宅也。”因住宅是“阳宅”，住宅的房间都为奇数。房屋有“落”（进），后一落房屋必须高于前一落，寓意后代比前代发达。区境移民对居处模式选择完全承袭祖家“三间起”和“五间起”建筑式样。台湾虽产木材，而架屋木材多取福建之上乘杉。瓦亦自漳、泉而来。在台湾城乡，随处可见“竹篙厝”等闽南式居民宅院，以及宫庙宗祠和亭坊，祖籍地民间审美意趣和家乡人的气质凝集其中。

区境居民移居台湾后，居住习俗与祖籍地一脉相承。两地居民认同，新房建成后，人就要搬进去住，有如俗谚所言“有人住有人家，没人住鬼作祟”。乔迁新居注重选择吉日，家宅房间格局的配置及家庭成员依照长幼尊卑各居其屋。两地居民均有祈福禳邪、求吉避凶居住习俗，视农家门户习见和居家厅堂、门窗常见的门神画和神年画，房屋顶上的武神坐像，以及里巷和房宅路口的“石敢当”石碑等均有驱邪镇宅之功。在室内布置、住宅环境营造和村落的绿化美化等，以及床铺安放位置的选择，乡村多栽种榕树，门前忌讳种竹等，均浸染浓郁的两地民间信仰色彩。两地居民注重邻里关系，均有择邻习俗。诚如俗谚“千金买厝，万金买好厝边”所言，邻里居民互助互爱、和睦相处，均成为“好厝边”。

区境居民移居台湾后，由于地理气候条件和物产与原家乡大多相同，加上血缘聚落，在家常主食、风味小吃、养生进补、酒宴茶俗、饮食禁忌等方面，都有鲜明的地域色彩。同乡聚居的形成，饮食方面的很多习俗和家乡一样。两地居民均以大米为主食，风味小吃则有麻糍等，“吃补”有“四神汤”，还有泡“工夫茶”等习惯。饮食禁忌两地居民也大多相似。

区境居民移居台湾后，其服装、鞋帽、发饰、首饰、头巾、斗笠、围巾、扇子、雨伞等，及其颜色、材料、款式、穿戴和禁忌等习俗均一如家乡。古老的服饰经过历史传承和不同时代的变革和创新，有的已经销声匿迹，难得一见。但是老一辈人对古老的服饰还是喜爱有加，有的依然流行不衰。

二、人生习俗相似

移居台湾的居民与祖籍地居民一样，视生子育女是家庭一大喜事。两地居民在庆贺婴儿诞生的传承习俗都有出生3天“庆三朝”、出生1月“做满月”、出生4月“做四个月”、出生周岁“做度醮”等活动。传承的传统婚俗，基本沿袭“四礼”，大致有问名、送定、完聘、迎娶4个程序。传承的庆寿寿俗，均以10年一次的“做大寿”最为隆重。两地居民“做大寿”，并非真正在逢十这年的诞辰日举行，而是提前一年做，或推迟一年做，于是同有五十一、六十一、七十一、八十一、九十一、一百零一岁“做大寿”之举。

移居台湾居民与祖籍地居民丧葬习俗相似，死者亲属好友必对其进行隆重哀悼，举行“搬铺”“报丧”“保铺”“请水”“放手尾钱”“做对年”和“做三年”等祭奠仪式，以期死者的亡灵得到安息和超度，同时庇佑子孙万代。

三、岁时习俗

移居台湾居民与祖籍地居民一样，一年之中要过很多“节”，岁时习俗世代相沿。春节是中华民族一年中最盛大、最隆重的节日。移居台湾居民与祖籍地居民均称春节为“新正”。正月初一三更时分就开门祭神，燃烛放炮，在阵阵爆竹声中迎接新“年”到来，谓之“开正”，又称“开春”。移居台湾居民仍传颂着祖籍地“新正歌谣”：“初一早，初二早，初三睡到饱。初四豆干炒，初五隔光，初六拍团子屁股。初七风，初八风，初九敬天公，初十抬尫公。十一人吃福，十二人打磕。十三人点灯，十四人没闲。十五元宵夜，十六倒灯棚。”闹元宵是“新正”喜庆高潮，移居台湾居民与祖籍地居民从正月十三就闹开了，直到十五“上元暝”，连闹3夜。

清明节扫墓祭祖，移居台湾居民与祖籍地居民多在三月初三举行。是日，两地居家均做薄饼敬祀祖宗。端午节是仅次于春节的民间盛大传统节日。移居台湾的境内居民与祖籍地居民家家户户都包粽子、做卤面，备菜肴敬祀祖先、拜神明，饮雄黄酒，在门楣上插艾叶、菖蒲、榕枝，借以祛秽驱邪。端午节，移居台湾居民与祖籍地居民均有主要娱乐活动—扒龙船，又称“打船鼓”。

七夕节是区境少女向织女乞求赐予智慧的节日，又称“七巧节”“乞巧节”和“少女节”。“乞巧节”由移居台湾居民传至到台湾，又推陈出新，加以发展，有人称之“情人节”，而且建有情人庙，供奉牛郎织女。中元节俗称鬼节。从七月初一（称“开巷口”）一直到七月三十（称“关巷口”），整整一个月大做“普度”。“普度”之俗由移居台湾居民传到台湾，在台湾也过“中元节”。

中秋节既是团圆之节，也是人们庆贺丰收，酬谢土地公的传统节日。移居台湾居民与祖籍地居民均家家户户用三牲、芋果、麦面、柚子、香蕉、米糕、月饼、麻糍等供品祭拜土地公和祖先。

九月初九重阳节，移居台湾居民与祖籍地居民均有出游登高望远、放风筝之俗。常有贵客来访，好友相聚，吃蜜柚，品香茗，叙友情。台湾流行的九月十三日酬神之俗，即是步文镇马崎村连氏宗亲建虎醮答神庥的风俗，由区境连姓移民传入台湾。冬至日即为冬节，是移居台湾居民与祖籍地居民颇为看重的节日。民间认为过冬至又添一岁，故有“冬至大如年”之说。凡外出者这天必尽量赶回家与亲人团聚，合家搓“汤圆”，品尝“冬节圆”，谓之“添岁”。十二月二十四日，移居台湾居民与祖籍地居民同为“祭疟”日，又称“送尫”。过年又称“除夕”，民间叫“廿九暝”或“三十暝”。当天下午先有祭祀祖先、祭祀神祇仪礼。而后在爆竹声中，辞去旧岁，吃“年夜饭”，即“围炉”开始。除夕之夜，移居台湾居民与祖籍地居民家家户户欢声笑语，灯烛长明。

第六节　接待与互访

一、接待

区境移居台湾的第一代开基祖及其后裔子孙，世世代代不忘祖宗，他们联宗结袂，回到祖籍地，或祭祖籍扫墓，或寻根谒祖，或探亲访友，受到乡亲热情接待。1974年始，有少数台胞回步文、郭坑探亲。1979年起，区境接待台胞时做到热情招待，并为台胞排忧解难。对初次返乡、对大陆政策了解少、思想顾虑多的台胞，在热情接待的同时，进行面对面宣传，耐心解释，排除疑虑，使其心情愉快而归。1987年11月，台湾当局允许台胞到大陆探亲，两岸民间交流往来日益频繁。

1999年3月25日，区长蔡良国会见台北县农会考察团；4月1日，接待到龙文区参观考察的台湾宝岛眼镜集团海外事业部执行董事王智民、台湾国巨机场设备有限公司董事长江明远等人士；12月10日，龙文区政协主席蔡玉斌接待到龙文区旅游观光的台湾国旅集团总裁翁万宝及台湾板桥市、土城市、永和市4名退休县辖市市长。同年，先后接待到龙文朝圣观光的台湾宗教界同胞100多人和到龙文考察的两位台商。

2001年8月7日，接待到龙文赤岭关帝庙谒祖进香的台北县板桥市浮洲里庭天宫进香团。2002年3月28日，接待首次组团到步文镇板上村寻根谒祖，由会长、台湾大益电子集团董事长王金荣带队的桃园县王姓宗亲会一行23人。

2004年7月31日，接待回步文镇霞店美村谒祖的台北县板桥市浮洲里省亲团一行80人、回龙文谒祖联谊会一行96人。2005年，接待台湾的陈氏宗亲会谒祖团一行200多人，到朝阳村朝拜三宝佛、大德禅师、关帝庙、杨氏祠堂的台胞杨金水带领台南县善化镇六德里六分寮德禅寺进香团一行24人、进香团一行24人、开漳圣王庙团联谊会一行47人。

2006年4月19日，中国国民党荣誉主席连战在中共中央台湾工作办公室主任陈云林、副主任郑立中及福建省副省长王美香的陪同下，偕同夫人及3个子女回祖籍地步文镇马崎村祭祖，受

2006年8月10日，中国国民党嘉义县党部参访团参观考察龙文区

到乡亲热情接待。连战在连家祖先原居住在马崎村，明亡后迁移台湾，到连战时已蕃衍至第九代。这次是连战一家首次返回祖籍地祭祖。连战在连家宗祠举行祭祖仪式，到连氏开基始祖连佛保祖墓拜祭，与乡亲座谈，与乡亲相互赠礼；8月10日，接待到龙文区云洞岩参观考察的中国国民党嘉义县党部参访团。当年，接待台湾同胞谒祖进香团一行30人。1997—2007年，龙文区对台部门接待探亲、旅游、寻祖、贸易的台胞1000多人。

2007年10月9日，接待到檀林威惠庙祭拜开漳圣王、由台湾中区开漳圣王联谊会10个宫庙共200多名嘉宾组成的进香团。当年，接待台湾同胞谒祖进香团3批共300多人。

二、互访

1990年后，桃园县王氏宗亲会与步文乡坂上村、蓝田镇上苑村恢复联系。

2000年2月，郭坑镇洛滨村村民郑育林前往台湾为其叔父郑龙奔丧。2003年3月，朝阳镇孚美村村民庄来有赴台探亲。2006年3月，应台湾高雄市净明道教会邀请，梧桥檀林威惠庙陈元光神像和庙管委会9名成员赴台进行12天巡游活动。

2007年11月18日，在漳州博物馆举办首届“闽台一脉、两岸同根——漳台族谱对接成果展”，全国政协副主席张克辉、省政协主席梁绮萍、国台办常务副主任郑立中、省政协副主席金能筹、国民党副主席林丰正，以及省市区有关领导和两岸谱牒专家学者、台商代表、宗亲代表200余人出席族谱展开幕式。

第七节　维护台胞合法权益

1993年6月10日，台商谢传国与龙海市步文镇石仓村委会合作投建“大台北新城”房地产项目。1995年，建成一幢7层、建筑面积5366平方米商品房。1998年5月，成立“漳州市国声房地产开发有限公司”，使所建商品房上市交易。

2006年，台资企业尧富家具（福建）有限公司产品出口急剧下降，企业经营面临较大困难。中共龙文区委书记蒋一婷带领开发区、外经、工商、税务等部门有关人员到企业现场办公，帮助企业办理商标注册、出口转内销等相关手续，使该企业尽快走出困境。

2007年春节前夕，中共龙文区委常委何金才带领区委统战部、台办、兴业银行龙文支行有关人员，走访慰问困难台胞吴鸿池、何云卿，并送慰问金、慰问品。石油供应紧张，台资企业国峰精机有限公司被中止桶装油供应，造成企业无法正常开工。区台办得知此事后，协调石油公司为企业解决燃眉之急，使企业正常生产。是年，深入台资企业开展用工情况调查摸底工作，帮助台资企业解决招工难问题。维护台商合法权益，为奇美伞业解决工伤纠纷，减少企业经济损失1万元。

第二十九卷 宗教 民俗

区境古为闽越族聚居地，西晋永嘉之乱，中原士庶南迁，带来华夏文明和风俗，道教和佛教也相继传入区境。

唐垂拱二年（686年），陈元光奏置漳州，促进中原文化与闽越文化的交融。唐中叶佛教禅宗传入。五代，高僧楚熙卓锡瑞竹岩，又辟聚奎岩。南宋，朱熹知漳州，黄榦、陈淳随之，以理学开启民风。宋末元初，尚书颜颐仲告老回乡建仙亭岩寺。明朝，苦行僧樵云在觉皇寺出家，后结庵石室岩，人称“龙裤祖师”。湘桥华佗庙也建成，誉满闽台。

宋、元、明、清时期，士者崇尚文学和气节，民风日盛。“朱子孔家”普遍推行，与佛、道、儒教互相渗透，互相影响，相互融合。区境庙、观、佛、道、儒不分，既供奉佛祖又祭祀神仙和孔圣。

清末至民国时期，西方列强入侵中国，天主教和基督教也大量传入中国。清道光年间，在后坂建教堂。民国时期，男子剪辫，女子放足，民俗民风有所进步，但仍重男轻女，并存有不少封建社会的陋习流弊。

1949年9月，天主教、基督教有教堂、讲道所、圣母厅51所。外籍传教士自明清以来陆续有60多人，进入区境传教（其中基督教9人）。天主教和基督教徒共有4515人。

中华人民共和国成立后，政府宣传移风易俗，崇尚科学，以法治国，重视精神文明建设，社会主义新风尚得到发扬。天主教和基督教分别成立“三自”（自传、自治、自养）爱国委员会，摆脱外国宗教势力的控制。宗教组织在中国共产党的宗教政策指引下，开展正常的宗教活动，参加各种政治运动。

中共十一届三中全会后，通过拨乱反正，宗教政策进一步得到贯彻。全区清退被占用的教堂2处，面积6688平方米。宗教人士得到妥善安置，宗教活动得到保障。2004年12月，成立区民族与宗教事务局。2006年12月，成立区佛教协会，2007年9月，成立区天主教爱国会。

至2007年年底，全区佛教活动场所6处，比丘11人，比丘尼4人，斋姑1人，居士1500人；道教活动场所6处，道士2人；天主教活动场所2处，教徒1700人，神甫1人；基督教活动场所2处，教徒1300人，传教士2人。民间信仰活动场所20个。

第一章 宗 教

第一节 佛 教

一、宗教场所

（一）瑞竹岩寺

位于蓝田镇东面岐山上，为五代高僧楚熙所辟。因楚熙刳竹引泉，竹竟萌芽，故名“瑞竹岩”。初建“德云庵”。宋大觉琏禅师扩建庙宇，有大雄宝殿、僧舍等。明崇祯大学士，林釬建“介石云窠”六角亭，并题“瑞竹岩”石匾和“夙根有慧皆森发，上善无声自广长”石柱联。明吏部郎中、太仆寺卿陈天定凿山建道，在岩石上题刻“海日江春”，在大雄宝殿题“风静潮初满，山空月正中”石柱联。明末，住持僧绝尘祖师重建佛殿。清末民国初名僧转道和尚住持瑞竹岩，后驻锡新加坡传道，其徒孙广洽、广净法师于1988年后，三次募资重建大雄宝殿、卧佛殿、斋堂、僧舍、客堂等。后信众募资又建天王殿、圆通宝殿、华严殿、竹林丈室、广洽阁、禅堂、斋堂、素食馆、功德堂、钟鼓楼、圆凉亭等，总建筑面积1万多平方米，成为闽南大佛教丛林。1998年1月，登记为宗教活动场所。

（二）石室岩寺

位于蓝田镇梧桥村的三峰山。明万历年间，僧人樵云国师（俗称龙裤国师）以岩穴建寺庙，坐北朝南，冬暖夏凉，由石梁、石柱、石板构筑而成。室内成方形，巨石为壁，地面平展，面积20余平方米。寺内供奉三宝佛、观音、地藏王、伽蓝等菩萨，也是国师传经讲律的法坛。

石室岩大门额镌刻“闲云石室”4个大字，石室前柱有九皋居士（明大学士林釬）题刻“云封片瓦乾坤古，月度三峰世界清”。还有绳其居士（明万历四十七年进士颜继祖）题刻“无树非台还是佛，枕石漱流即为禅”。寺庙门顶梁上刻“法座连星斗，禅心定水云”，在寺庙前檐顶石上镌着近尺大的“斗牛”两字。此外，寺庙周边裸露的巨石上也留下了不少题刻。

1980年后，寺主持对“法界藏身”殿堂翻新，又募化新建一幢二层楼殿堂；上层为“天王殿”，供奉四大天王、弥勒、韦驮等；下层为“国师殿”，供奉龙裤国师、罗奉先状元（法名念庵）等。还新建“日清塔”。至2007年，石室岩寺占地4000平方米，殿堂并寺舍7座，建筑面积2000平方米。

近在石室岩寺庙的右前下方，复建一座完好的“飞来塔”（舍利塔）。据说飞来塔是明代万历年间从“御花园”搬移来的，是神宗皇帝为褒扬樵云国师而赐给的。1999年批准为宗教活动场所。

（三）佛光寺

位于步文镇土白村土坪内。原名香光念佛堂，2001年9月26日由妙智法师更名“佛光寺”。1999年，登记为宗教活动场所。因旧城改造拆除。2006年在原址重建，2007年10月完工。占地面积1000多平方米，建筑面积近4000平方米，为现代风格的6层建筑。寺院第二层为大雄宝殿，正中空间向上延伸，第三层东侧为仰恩堂。享年115岁的妙智“肉身和尚”在此供奉。

（四）聚奎岩寺

位于朝阳镇漳滨村三峰山麓。据漳州府志记载，唐代高僧楚熙初至漳州，先在瑞竹岩结庐隐居静修，后越岐山，辟建聚奎岩寺为十方丛林，广传佛法，弘化一方。因岩后有石如龟，称瑞龟，取龟与“奎”谐音，雅称聚奎岩寺。

寺边原有龙会洞，可容百人，宋末忠臣名仕陈格曾于此研读诗书。明代高僧怀海禅师亦在此延续法脉。历代高僧大德辈出，名人雅士常于此留有胜迹。八角莲花壶刻“颧首僧”三大字，为辛未年弟子王宫与妻蔡十娘同谢。清初漳州府赵元帅出兵，旗开得胜归来，曾于此许愿，重修佛寺，世代被传为佳话。至今寺内大雄宝殿尚存护法席位，殿内尚存早年镐山弟子连友登题：“野寺钟鸣虎拜猿参瞻色相；山岩日照花香鸟语灿奎云”“原出三峰，瑞气溢绕云石；法罗万象，慧光焕聚星辰”两对联。清乾隆十九年（1754年）孟秋，大学士张川直题“曼幻山中，赦将毫彩明应翠；心容足俊，锁却禅关任白云”对联。

21世纪初，善男信女捐资重修大雄宝殿、祖师殿及4座僧房、1座斋堂。2003年，登记为宗教活动场所，经漳州市文物管理委员会办公室批准为漳州市文物点。

（五）觉皇寺

位于步文镇坂上村山头顶社，原名“崎下庵”，因崎下桥而得名。庵始建于明万历年间。占地2亩。“龙裤祖师”樵云和尚在此出家。庙前一对与庙同龄的参天古榕枝繁叶茂，树荫蔽空。寺为三进殿堂，主殿供奉“佛祖”。殿内雕梁画栋，壮观别致，古色古香，终日香烟袅袅。九十九湾内河北溪水从寺前流过，旁有古代崎下桥等人文景观。庵里有产业，专供住庵和尚、尼姑长年耕作维持生活。

1990年，进行修建为现貌。2002年，批准为宗教活动场所。

（六）崇真堂

位于蓝田镇蓝田村。明朝中叶始建，占地一亩五分。庙坐北朝南，二进殿，东西有厢房，庙前有大埕和一口大池塘。

前殿中间供奉主神玄天上帝；右边供奉开漳圣王陈元光的父母——王公和夫人妈；左边供奉蓝田与洞口2个自然村共同信仰的保护神——伽蓝大王，座像身高2米多，身着相袍，头戴相帽，为闽南地区唯一奇特的伽蓝大王座像。据传，相袍相帽是明朝东阁大学士林釬回乡省亲入庙叩拜时所赠。后殿供奉“三宝佛”神像。2001年，批准为宗教活动场所。

二、宗教组织与活动

佛教传入区境距今已有1000多年。唐会昌五年（845年）武宗李炎好道禁佛，寺院多被拆毁。唐大中三年（849年）宣宗李忱重新扶助佛教，龙文寺院又得到恢复、发展。后周世宗显德二年（955年），废天下寺院30300余间，道教渐盛，佛教为求生存，大多融洽道教进行传经讲道。

宋代，僧侣势力在漳州日盛，大肆兼并土地，重新修建寺院。宋绍熙三年（1192年）朱熹守漳时，大力提倡儒学，限制寺院的势力，劝导女道还俗，禁止青少年出家为僧尼，佛教受到遏制。

元代，佛教衰落，各寺院多数并入五福寺。

明初，朱元璋下令府州县保留一个大寺院，把所有僧众并到一处，申请度牒必须经过考试，而且规定40岁以下妇女不许当尼姑。明洪武十四年（1381年），朝廷又下令：“天下僧道有创立庵堂寺观非旧额者悉毁之。”

清代，佛教有所恢复和发展。康熙二十二年（1683年），清军攻下台湾。越年（1684年）朝廷谕令开放海禁。海外华侨素仰祖国佛院规模，为祈求菩萨保佑，遂陆续捐资在家乡修建寺院，并安设祖宗长生禄位。

清同治三年（1864年），太平天国侍王李世贤部入漳与清军激战，区境佛教寺院多数毁坏，僧众逃散。

民国初，瑞竹岩转道和尚远涉重洋到新加坡等东南亚各国传播佛教。

中华人民共和国成立后，人民政府重视宗教信仰自由，保护佛教建筑及名胜古迹。“文化大革命”期间，在红卫兵破“四旧”运动中，佛教建筑物多受到破坏，信徒停止活动。1979 年后，佛教人员陆续得到安置，群众自发组织修建寺院，并成立管理机构。

2007 年，有佛教活动场所 6 处；教徒有比丘 11 人，比丘尼 4 人，斋姑 1 人，居士 1500 人。

第二节　道　教

一、宗教场所

（一）赤岭关帝庙

位于步文镇步文村霞店美社，庙三进，歇山顶，坐东北朝西南，宋仁宗年间始建，初建为数椽小屋，祀关圣帝君。

清顺治十四年（1657 年），发生耿精忠之变，精忠杀陈启春一家，投郑经，合兵攻漳州城，清将杨捷抵御得胜，漳州城转危为安。后来，杨将军到庙答谢，扩建赤岭关帝庙，建三进三开间的殿堂并新建观音殿。

清康熙四十四年（1705 年），正白旗人、监生、郡守刘芳重修。康熙五十三年，漳州知府魏荔彤重修。

清乾隆三年（1738 年），住锡和尚惠明往外募化重修，后殿原六根木柱改换石柱，有太学生蔡朝钎、陈克猷、乡钦宾游嵩、贡生蔡士达，候选分州吴龙章、吴龙升为题柱联。

清嘉庆二十年（1817 年），总督许松年（浙江瑞安人）捐资重修。清咸丰三年（1853 年）秋和清同治三年（1864 年），两遭剧盗焚毁，两次重修。清光绪十八年（1892 年），漳州人施调赓（光绪进士、四川慈安知县）重修，龙溪人书画家黄云官书丹。

1999 年，批准为宗教活动场所。台胞每年来庙进香朝拜。2000 年，乡人捐资重修，占地面积 5230 平方米，建筑面积 3000 平方米。同年 6 月，区政府批准为区级文物保护单位。

（二）扶摇关帝庙

位于郭坑镇扶摇村。始建于明代，庙坐东北朝西南，有前后两殿。前殿面阔三间，进深三间，中为天井，后殿面阔三间，进深三间，单檐歇山顶。庙内存有明天启年间士人杨文望《重塑关帝金身像》及清顺治十五年（1658 年）重修的碑记，也有清光绪年间（1875—1908 年）从台湾运来蟠龙石柱立于庙前的记载。

1999 年，批准为宗教活动场所，并进行较全面的修葺，今庙宇占地面积 6000 平方米，建筑面积 3000 平方米。古树蔽荫，面临北溪，舟楫往来，交通便利，已辟为区旅游胜地。

（三）水尾庵

位于郭坑镇郭坑村新厝社。供奉古代金像“玄天上帝”，始建于明天启三年（1623 年），每年农历三月初三举行隆重祭典。

庵单进，面阔三间，进深三间，悬山顶，前有拜亭、广场。1987 年后，增建天赐庵、戏台、池塘、石龟、石碑、龟池。并建武术馆及老人活动中心、巡逻人员宿舍和食堂等，共占地 1500 平方米，建筑面积1300平方米。周围及广场都有绿化，种植榕树、柳树、杧果树及其他树木花草。2001年，批准为宗教活动场所。

（四）和善宫

位于步文镇土白村店上社西南侧溪土墘。始建于明崇祯年间（1628—1644年），是古代南乡（十二三都）古庙宇之一。和善宫俗称“火烧庵”，根据宫庙碑记载，原址在今称“园仔”的所在地，因旧庵失火，才迁移到“溪土墘”。宫中昔日有“乩童”“三坛鼓”（哪吒鼓）、“作醮”和“踏火”等神道活动。

和善宫占地面积2101.2平方米，历代均有修葺，1993年再次重修。宫庙坐西北向东南，单进，面阔三间，进深三间，悬山顶，前有卷棚式拜亭和庙埕戏台，右侧有老人活动室，榕树遮阴，环境清幽。

宫庙主供玄天上帝，附供观音佛祖、清水祖师、辅顺将军马仁、平安君赵云、中云之帅哪吒和伽蓝爷等诸多神明。2003年，批准为宗教活动场所。

（五）华佗庙

位于蓝田镇湘桥村湘桥东社。明末始建。为硬山三川顶，二进式建筑，二进之间有天井，旁有护廊相通。占地600平方米。主殿祀神医华佗，侧殿祀蔡妈、夫人妈，前殿祀福德正神和伽蓝爷。前殿“仙方妙菩”匾，为清台湾水师提督王得禄赠；主殿“活世神仙”匾，为清光绪进士漳人施调赓赠。

侧为“潮音室”，有一副对联：“日现不蔽前山色，夜来常闻潮水声。”可见，当时庙前潮水滚滚有声。其水来自北溪，经九十九湾流至湘桥注入西溪。

庙内墙上，左书“忠孝”，右书“廉节”，字大各2米，是仿朱熹字迹。

一株300多年古榕树，傍庙前绿水，树下一天然石龟伴河中数只木舟，别有一番情趣。

2007年12月，湘桥村被省人民政府批准为省级历史文化名村。

二、宗教组织与活动

区境道教属正一道。

唐会昌五年（845年），武宗李炎酷尊道禁佛。至北宋，区境民间多有男女出家学道，云游各地。到宋徽宗废佛改道，佛教寺院也多改为宫观。大多信奉三清道祖（元始天尊、灵宝道君、太上老君）、玄天上帝、保生大帝、天妃等。

清乾隆以后，道教日渐衰落，辛亥革命时期，取消道教真人封号。道士多不出家，实行家传制，他们职业是为人进行祈祷、念咒、画符、迎神、驱鬼等活动。或举行斋醮，借以祈福消灾、超度亡灵。道士俗称“师公”（分红头师公和乌头师公）。

中华人民共和国成立后，师公活动停止。1978年后，天妃宫、玄天上帝等道教神庙恢复祭祀活动。

2007年，全区有道教活动场所6处，道士2人。

第三节 基督教

一、宗教场所

郭坑基督教堂 位于郭坑村田岸头角。清光绪十四年（1888 年）始建。有传道楼 1 座、宿舍 3 间、小学教室 3 间及其他配套设施，建筑面积 400 多平方米。在翁建村分设讲道所一处。1952 年，教堂停止聚会，礼拜堂由当地乡政府接管使用。1959 年，教堂被洪水冲倒，至今教堂未修复。1998 年，批准为宗教活动场所。

二、宗教组织与活动

清咸丰三年（1853 年），厦门英国伦敦公会英籍教士实为霖率信徒到海澄县白水营圩传教。翌年，接受施洗入教 14 人。清同治三年（1864 年），厦门伦敦公会派传教士钟廷芳到漳州传教。同治十年，建漳东堂会；清光绪十二年（1886 年），漳东堂会在郭坑建立支会。光绪二十九年，美国归正教会、英国伦敦公会在中国联合成立中华基督教会。

1950 年，全国基督教会华籍牧师吴耀东等基督教爱国领袖针对帝国主义侵略中国的历史背景，联合发表《中国基督教在新中国建设中努力的途径》宣言，主张由中国人自己管理教会。1954 年 7 月，中国基督教“三自”爱国运动委员会成立，彻底摆脱外国传教士的控制。

“文化大革命”期间，基督教停止活动，1980 年后，陆续恢复宗教活动。

2007 年，全区有基督教徒 1300 人，传教士 2 人。

第四节 天主教

一、宗教场所

后坂天主教堂 位于步文镇后坂村，地处九龙江与马灶路之间，是漳州地区天主教的发祥地。区政府把这一座原建于清道光二十五年（1845 年）的天主教堂列为文物保护单位。

明万历二十九年（1601 年），后坂村举人严世同在南京接受西班牙教士罗儒望施洗入教，回乡后，全家信教。万历四十四年，朝廷禁传外教，罗儒望曾逃匿到严世同家。明崇祯三年（1630 年），马尼拉多明我会教士到后坂村传教。清康熙九年（1670 年）于溪边路上建一座教堂，作为传教的落脚点。康熙三十七年，西班牙教士马秦长驻于此，并兼管附近教堂。清乾隆年间教堂被毁。清道光二十五年（1845 年），马尼拉多明我会派教士到后坂教堂任神甫，并修建教堂，堂内供奉玫瑰圣母，作为这座教堂的主保。教堂建筑面积 1000 多平方米，双层楼中楼结构，教堂大厅占地 600 平方米，采用欧式建筑风格，钟楼塔尖高 33 米，成为后坂村最高建筑物和天主教标志。教堂以南是“神父楼”，建筑面积 900 平方米，三层结构。2000 年，在教堂以南建一座 600 平方米的三层楼房，作为教会向当地提供的社会福利场所，供老人在此进行娱乐。此外，周围配套

2000 平方米宽阔场地。

1981 年 10 月，批准为宗教活动场所。列为漳州市文物保护单位。

二、宗教组织与活动

明万历五年（1577 年），天主教教士奥斯定乘中国商船在月港登陆，进入漳州传教，不久，因朝廷不许外国人久留回国。万历二十九年（1601 年）天主教教士利玛窦得到神宗皇帝允许，在北京建教堂，并在全国各地传教。龙溪翰苑社（今步文镇后坂村）举人严世同在南京与霍太素、徐光启等人接受施洗入教。回乡后全家信奉天主教，后传播到后坂的李厝、吴厝、岭东等地。万历四十四年，耶稣会士罗儒望避难到后坂并在此传教，建立若干传教点，成为闽南天主教发展的基础。

明崇祯三年（1630 年），天主教耶稣会教士孟达拉到龙溪翰苑社寻找旧教徒，并在当地居住，传播天主教。

清康熙九年（1670 年），西班牙天主教摩尔多明我会教士到后坂建立教堂，作为菲律宾天主教士驻漳落脚点和中转站。后来后坂人又将天主教传到古县、港尾、岭东、长泰等地。清雍正、乾隆年间朝廷禁止传播外教，后坂天主教徒转为秘密传教。清乾隆十三年（1748 年）后，后坂人严明我、严伯多禄、严玫瑰、严西满等传教士到福建各地传教。清道光二十五年（1845 年）重建后坂教堂，又创办育婴堂，收养弃婴。民国 9 年（1920 年），后坂堂会创办翰苑小学。

1953 年，因发生外籍天主教士利用传教进行反对新中国的活动，厦门教区主教茅中砥被驱逐出境；同年 12 月，后坂教堂驱逐西班牙天主教修女卢立德和玛丽白返国，后宗教活动由中国籍神甫主持。

1956 年 7 月，天主教爱国会成立，教徒仍聚会礼拜。“文化大革命”期间停止活动。1981 年，后坂天主教堂恢复宗教活动。2007 年 9 月，区天主教爱国会成立，贯彻执行“独立自主，自办教会”的方针。

2007 年，全区有天主教徒 1700 多人，神甫 1 人。

第五节　宗教事务管理机构

一、管理机构

明清时期，漳州府在开元寺设僧纲司，有都纲、副都纲各 1 人；设在玄妙观道纲司，有都纪、副都纪各 1 人。僧纲司和道纲司分别负责佛、道两教的度牒批准及任命寺院宫观住持。清康熙年间，废僧纲司。民国时期，宗教事务管理由龙溪县警察局兼管。

中华人民共和国成立后，由党委统战部兼管宗教工作。“文化大革命”中停止。1977 年 12 月，宗教工作由中共龙海县委统战部负责。1997 年，由中共龙文区委统战部管理。

2004 年 9 月 22 日，成立龙文区民族与宗教事务局，行政编制 2 名。下设 2 个职能部门办公室和管理所。

二、宗教事务

民国 32 年（1943 年）9 月，龙溪县警察局对外国办教会进行调查，汇总上报省政府。民国

34年4月，在南山寺成立中国佛教会龙溪县分会。

中华人民共和国成立后，贯彻党的宗教信仰自由政策。各教会实行独立自主、自办教会和民主管理。宗教工作在贯彻宗教信仰自由政策的同时，重点抓对神职人员的爱国主义教育，注意防止外来敌对势力渗透。

“文化大革命”中，宗教事务停止，其间于1972年对“文化大革命”前的宗教信徒和寺庙教堂进行登记。

中共十一届三中全会后，贯彻落实党的宗教信仰自由政策。1979年，恢复宗教活动场所。2006年12月16日，龙文区佛教协会成立。2007年9月1日，龙文区天主教爱国会成立。

2007年，对教职人员进行任职备案登记，每年对教职人员集中进行一次宗教政策法规的培训教育。宗教教职人员中有区人大代表1人；区政协委员3人。全区正式批准登记的宗教活动场所16处。其中，佛教有石室岩寺、佛光寺、聚奎岩寺、觉皇寺、崇真堂、凤凰宫6处；道教有赤岭关帝庙、扶摇关帝庙、水尾庵、和善宫、朝阳关帝庙、玄坛宫6处；基督教有郭坑基督教堂、蓝田活动点2处；天主教有后坂天主教堂、莲池尾活动点2处。

第二章　民　俗

第一节　生活习俗

一、饮食

（一）主食

区境主产水稻，居民日常三餐以大米饭为主食。一般二干一稀，或一干两稀，以早晚稀饭，中午干饭居多。

米的煮法，含水量多的为“粥”，干的称“饭”。民间煮饭有捞、蒸、焖。捞饭用竹做的“饭篱”，捞干水分成干饭，午餐、晚餐食用。剩下的饭汤和米粒可作为隔夜早餐的粥。饭汤也可用来“浆衣服”，使衣服鲜挺。蒸饭是将米浸泡后放入蒸笼蒸煮。焖饭与煮粥类似，但水放少，煮熟后则成干饭。

民国时期，区境缺粮，常须进口外地粮食，有泰国米、台湾蓬莱米等，常用番薯充饥。大麦多用于酿酒。民国时期，遇上灾荒和四、五月间青黄不接之际，大麦也作口粮食用。所以有“吃大麦不知米价”的话。

中华人民共和国成立后，稻谷丰收，面粉供应充足，面食也成为城乡居民主食之一。1980年后，主粮不缺，副食品丰富，番薯多作为家畜饲料，鲜作口粮。

（二）节令饮食

民间在农历年节都有佐餐小吃。春节吃年糕，有甜粿、发粿、豆包仔粿等。二月初二日吃菜粿，三月初三日吃润饼（春卷）。五月初五吃粽子或卤面，六月十五日吃汤圆，七月初七日吃糯米油饭，八月十五日吃月饼及甜粿、麻糍，九月初九吃芋头、番薯或柚、甘蔗，冬至吃冬节圆，十二月十六日吃尾牙，老板办宴席请员工。立夏、立冬日，用参茸类药物炖肉滋补身体。

（三）风味小吃

五香面份　把熟面条圈成中秋饼大小称“面份”，食时面份包裹五香或炸豆干蘸酱料食用。

卤面　以卤汤淋面而成。卤汤选用香菇、黄花菜、鳊鱼干、虾米、猪肉、鱿鱼干等拌入调味品，煮沸，再加入番薯粉浆。随后并加鸭蛋，并以烫过的韭菜、豆芽为配料。把面条、韭菜、豆芽盛入碗内，淋上卤汤即可食用。

肉粽　以竹叶包裹糯米煮成，内加精肉、咸鸭蛋黄、虾米、香菇、栗子等物煮成。

米筛目　将米浆去水，做成丸，在打满孔的竹筛上挤压，挤出的圆米条放入锅里煮熟，捞出冲凉水，干后放入糖水食用。

云洞岩盐焗鸡　将斤许重的活鸡剥毛剖腹，内脏扒出，清洗后复填入腹内，然后整只鸡用白纱巾包裹埋入盛满盐巴的铁锅里，加盖，文火热焖40分钟即可取食。

江东鲈鱼　江东鲈鱼色白，身长鳞细，有小黑点。肉嫩洁白，味美不腥，为他处鲈鱼所不及。有清蒸、煎炸、红烧等30多种煮法，为上品佳肴。

锅边糊　将米浆撒在滚沸着汤汁的锅边上，成不规则薄片，加汤和调味品，撒上葱叶、炸蒜丁配以油条即可。

（四）小菜肴

家常小菜　民间三餐下饭的家常小菜有豆豉、豆腐乳、咸菜、咸瓜、腌萬苣之类。独具风味小菜有酸牛乳。酸牛乳制法以牛奶倒入烧温酸醋中凝结成块，而后放在盐水中吸取咸味，即可食用。

（五）饮料

茶叶为民间传统饮料。是民众解渴和招待客人的常用饮料。有的人对茶叶、茶具、炉具、燃料、水质，以及泡沏方法都很讲究，称“工夫茶”。

暑天解渴的传统饮料有石花冻、田草冻，前者采自礁石，后者采自田边，熬液，冷却结冻，切成小块和以糖、蜜、冰水食用。近现代也流行冰棒、冰淇淋、汽水、啤酒、可口可乐、矿泉水等饮料。

（六）宴席

宴席家肴不贵鸡鸭牛羊，而珍视水产鱼虾、蟹之类。烹饪方法有煮、炖、煎、炒、炸、卤等种，讲究味、香、色、造型。宴席有婚宴、寿宴、满月宴、乔迁宴、开业宴等。宴席上菜喜用双数，忌用单数，完席时出甜汤。

二、服饰

（一）衣服

明代，男人穿袍、衫，其制大襟、右衽、广袖，袖长过膝；女人穿广袖衫，长裙，外著比甲。

清代，官吏有品位者穿有前、后补的官服、马蹄袖，戴花翎帽；贫民穿右衽大襟衫，长、短汉装裤，或长衫、马褂，戴瓜皮小帽。女人穿旗袍，外著琵琶襟马甲，或穿大襟衣、袄，下着长裙。足穿弓鞋。

民国时期，男性服装以中山装、汉服、土布衫为主，也穿长衫马褂、西装。足穿皮鞋、布鞋、胶底鞋。

中华人民共和国成立初，青年男女喜穿列宁装。平民多穿中山装、学生装、青年装、汉装。“文化大革命”期间时兴军装、军便服。中共十一届三中全会后，风气趋新，讲究时髦美观，男人喜穿西装、夹克衣；女人则喜穿连衣裙、蝙蝠毛线衫、连裤袜、短衫、短裙。有的男人喜穿花衬衫。街面上时装款式，丰富多彩。20世纪80年代，一度盛行喇叭裤，裤脚下半宽广像喇叭，不久消失。

此后，流行美国西部影片明星所穿的牛仔衣、牛仔裤。1990年后，服装款式多趋向香港、欧美，大胆、新潮、艳丽，注重质地与名牌。夏、秋女人多着裙子。中、小学生着校服。进入21世纪，服装更是缤纷多彩、五颜六色。

（二）鞋

中华人民共和国成立前，民间多穿木屐、草鞋、麻鞋；中华人民共和国成立后，代之以各种质地、各色各样的拖鞋、凉鞋、高档球鞋、皮鞋。

（三）帽子

明代，男子戴皂帽。明万历年间，戴官吏礼帽。清代戴瓜皮帽。民国期间，戴呢帽或毡帽（俗称“招瓢”）。中华人民共和国成立后，戴呢帽或布帽。“文化大革命”期间，男女青年时兴解放帽。20世纪90年代起，年轻人因人所好，老人爱戴鸭舌帽。

（四）笠

夏天、晴天民众普遍戴轻便的竹壳编的“甲”笠。1980年后，城里时兴草笠和布笠。

三、民居

省级历史文化名村湘桥，明清时期的古民居较有特色，保存至今的有10座。古民居有二进式、三进式、五进式和七进式。普通百姓的民居只有一进或二进。当官的住宅第有三进、五进或七进。官越大，进数越多，取单数。其建筑式样以“围龙”形式为主，比北方的四合院更气派，更严密。每一进中间为厅，两边是房，有一厅两房和一厅四房两种建筑式样。进与进过廊相接，中间是天井，利于采光。厅房两旁建有护厝，从左、右、后三面护住厅房。护厝和厅房之间有长方形天井，也是采光的作用。厅房和护厝的门一关，外人不能进入。

民国时期，区境的民居大多属砖瓦土木结构，盖一厅二房或一厅四房，称“三间起”或“五间起”。有正厅延伸建造的房屋叫“护龙”，两旁再各筑一间，故称“五间起”。建屋要请择日师选定黄道吉日，还要讲究风水，一般请地理师用罗经摆方位。一般人多喜坐北向南，冬暖夏凉。房屋大门忌直冲巷道，认为易犯煞气。如因地势无法避过，要在面对巷道的墙上嵌一块石匾，上刻“石敢当”三个字。有的在街巷口或对街门口，竖立“石敢当”或“泰山石敢当”等石碑。有的人家，在自家大门门楣上，安置一个木制的八卦太极图，或“姜太公在此百无禁忌”图，或镜子、龟壳当作避邪物挂在门楣上。有的大门上还贴有门神。

中华人民共和国成立后，区境民居样式还是“三间起”和“五间起”为多。1978年后，出现盖二层以上楼房，居民住套房，一层是会客厅、厨房和餐厅，二楼是卧室和厅，三楼或四楼是书房、健身房和客房。

四、出行

古时，出远门要择日而行。又如出国，要拜别祖宗，拜别父母，出门要三出三回后，方能出行，寓尚有回家探亲之意。回家要向长辈请安。行路规矩，狭路相逢要礼让老人、妇幼、挑重者先过。远出谋生的亲人回家要为其“接风洗尘”。

民国时期，区境人出行，陆路多为步行，少数有钱人骑马或坐轿。水路则乘带帆的双桨小木篷船。

中华人民共和国成立后，出行的交通工具增加汽车、火车、汽船、飞机。1970年后，私人有自行车；1980年后，有摩托车；1990年后，有私人小汽车。

第二节　岁时节日习俗

一、除夕

即大年夜，俗称“廿九暝”，外出的人都赶回家团聚吃围炉饭。晚上，点大红烛，祭祖先，祀神祇，叫作“辞岁”。桌上摆大红柑橘，“橘”与“吉”谐音，祈求新年大吉。祭祀后，备办美酒佳肴、鲤鱼表示年年有余，长年菜、韭菜表示长久，蚶有蚶壳，贝壳古为钱，希望来年发财。案下置炉火，全家团聚，称为“围炉”。炉火撒盐以示兴旺。一家人围炉时遇有亲人在外未能归者，要在桌上摆设碗、筷、酒杯，以示存在。饭后，尊长给未成年子孙“压岁钱”，称为“红包”。多数人家到午夜后方就寝，谓之“守岁”。午夜十二点钟大放鞭炮，名为“迎春”。

二、春节

春节俗称“新正”。正月初一，黎明即起，穿新衣裳，祭祀天地、神明和祖先，开门放鞭炮，叫作“开正”（2007年，城镇禁止放鞭炮，但有的乡村依旧）。主妇煮甜线面汤，敬礼神祇后，每人必食，祈求全家幸福长寿。再以3碗饭，插上红纸花，俗称“饭时春”祭祀先人，祝祷家庭粮食充足有剩余。随后拜年，到尊长、亲友、邻居家道“恭喜”，主人家则以佳肴美酒招待，叫作“新春酒”。客人告辞，双方都以“红包”（压岁钱）和红柑（双数）赠予小孩，以示吉祥。

初一这天有很多禁忌，三餐不吃粥，避免出门遇雨；不扫地，不倒垃圾于户外，意为财不外泄；不打骂孩子；不讲不吉利话；忌打破碗碟用具，如不慎打破碗碟，要立刻唱曰“瓷落土，出公侯”，并捡起放在石臼里。不能到井边挑水；不动针、不缝衣、不动刀等。中华人民共和国成立后，很多青年已不忌讳，但仍有一部分人遵守不违。

正月初二，“请女婿”。夫妻携带儿女，带着礼物谒娘家，向岳父、岳母拜年。娘家备筵席请女婿，礼节十分隆重，民谚“灶脚吃，门后喘”，女婿也要给女家幼龄的弟妹及小舅子的女儿送红包。至2007年民间仍多循此俗。

初四“神落地”，各家厅堂供拜牲礼、果品，迎神保佑平安，名为接神。初五，商店恢复营业，小商贩走街串巷吆喝喊卖，家居开始打扫卫生，转入日常生活。

初九子时，用“三牲”、发粿、龟粿、水果、茶酒等敬拜天公。

十一晚上，吃豆腐、韭菜、瘦肉，称为“吃福”。改为吃蚵仔面线。

中华人民共和国成立后，春节期间，当地政府除组织一些娱乐活动外，还组织拥军优属、拥政爱民、慰问教师、举办团拜、新春茶话会等活动。

三、元宵节

农历正月十五日为元宵节。元宵节除“闹花灯”外，还有“送灯”等旧俗。“送灯”指已婚嫁的女方娘家为男方送花灯，闽南方言“莲”与“连”“灯”与“丁”（男孩）谐音，作为祈祝“连生贵子”或“早日出丁”。蓝田社有看“四面光”风俗，指在祠堂张灯结彩让人观赏。此俗源于宋代先祖黄秋涧与颜师鲁的故事，为宋孝宗所赐。自十三日夜起，街头巷尾、宗祠宫庙就开始张灯结彩。游人涌上街头，赏花灯、猜灯谜。元宵节除吃“上元圆”外，家家户户必吃“蚝仔兜”（即海蚝拌番粉煮面线）。俗谚道：“蚝仔面线兜，好人来相交”。其间，巧手主妇要烹饪出最拿手的菜肴，到宗祠奉祀祖宗，谓之“摆菜碗”。

中华人民共和国成立后，元宵节仍沿袭下来，并由政府部门牵头，各企事业单位为主，在人民广场举办元宵花灯展览、猜灯谜。花灯除原有的宫灯、走马灯、莲花灯、绣球灯、鲤鱼灯等样式以外，还设计配以声乐、布景等新型花灯。民间组织弄龙、舞狮等踩街游行。

四、清明节

清明节扫墓以祀祖先。习俗扫墓有二种形式：一种叫“巡风水”或“扫墓”，只用糕饼致祭，为墓冢除草添土、焚楮锭，以纸钱置墓头。另一种叫“培墓”，先拜后土，再拜正墓。以酒食为祭品，其中必有甜糯米糕，俗信为了祈求祖先庇佑子孙日子过得甜美。然后“压纸”，即用石头压住纸钱。若是新坟的第一次清明，新坟要连续3年培墓，以后每有娶新娘或添丁后的清明也要培墓。平时对坟墓不可随便动土。而今妇女也可参加扫墓。

丧家扫墓第一年必须在节前扫墓，第二年为当日，第三年在节后。其余清明节前后10天，扫墓、修墓、拾骸移葬的，皆择日进行。中华人民共和国成立后，每逢清明，人们纷纷到烈士陵园扫墓，追念先烈以寄托哀思。

五、端午节

农历五月初五为端午节，俗称“五月节”。端午这一日，家家户户在门楣上挂艾、菖蒲、松、柳枝、稻穗，叫“五端”；饮雄黄酒或以之在小孩脸上抹雄黄；端午晒书籍和衣服，家家吃粽子。五月初一至初九，举行龙舟赛，纪念爱国诗人屈原。龙舟下水要举行祭拜仪式，结束要在龙舟头摇“蜈蚣旗”招魂。

六、普度

农历七月举行普度“兰盆胜会”，祭拜“好兄弟”“大众爷”的孤魂野鬼。晚上在门口挂“路灯”，灯书“七月流火”给“好兄弟”照路用，至月底才收起。

七、七夕

农历七月初七晚上称为“七夕”。旧俗，女子于是夜穿针线、陈瓜果于庭院，祀织女，号为“乞巧”。民间多煮油饭改善伙食，也有持炒豆相赠，谓之“结缘”。

八、中秋节

农历八月十五日，俗称“八月半”。大部分地方，如当年生男孩，其家要向亲友赠送月饼和米糍，生女孩则只送月饼。旧时有若干地方，未婚少女要故意偷他人菜园中的菜，说是“偷着葱，嫁好翁（丈夫）；偷着菜，嫁好婿”。中秋夜，有拜月娘吃月饼之俗。妇女常夜里外出“听香”，她们在家中佛前祷告后，手持点燃的香外出窃听人语，以占吉凶。过去盛行赌月饼，叫赌“状元饼”，寓意升官，近多见。

中秋夜游艺节目繁多：弄狮舞龙、踩高跷、抬花阁、演竹马戏、放映电影、演木偶戏、唱芗剧、猜灯谜、迎廱等，中秋节是最活跃的传统佳节，俗称“小年暝”。

九、重阳节

农历九月初九日，称“重阳节”“九月节”。民间有以麻糍祭祖，以芋头、番薯、甘蔗、红柿饼、花生、柚子等果品祀神。有在重阳日进补的习俗，认为在这一天吃什么东西都有补身体的作用。重阳节又有登高、放风筝、吃重阳糕等俗。1988 年，国家定此日为“敬老节”，机关、团体、企事业单位开展敬老活动。

十、冬至

在农历十一月间。凡外出者，尽量回家和家人团聚，合家品尝“冬节圆”，谓之“添岁”。各家族聚集宗祠祭拜祖先，必有“冬至圆”为祭品，称作“秋祭”，由社里德高望重的老人谒祖，嫡系长房裔孙主祭，祭完排宴、分胙肉。也有在冬至扫墓的习俗。在冬至也流行炖“补冬”，以加强身体的御寒能力。

十一、尾牙

农历十二月十六日为尾牙，又名牙祭，家家户户“做尾牙”，敬地基主。企业老板请员工吃饭。是日，老板不但要办丰盛的酒肴祀地基主，还要遍请伙计表示犒劳，做“尾牙”的酒宴，以送红包为准决定明年伙计的去留。中华人民共和国成立后，此风渐废，改革开放以后，此风在部分私营企业中流行。

第三节　礼仪习俗

一、人际称呼

（一）亲人亲属

子女称父亲为阿爸、阿爹，称母亲为阿妈阿姆、姨阿。旧俗迷信算命，谓子女克父母，要偏叫其父为阿叔、阿伯，其母为阿婶、姨阿。少数家庭有子女直呼父母名字的习惯。与父母同辈的称阿伯、阿叔、阿婶、阿姨。妇女称公婆和丈夫一样称爸、妈、阿爹，按自己低于丈夫一个辈分称丈夫的姐妹为阿姑，称丈夫的姐夫为姑丈。中华人民共和国成立后，此俗渐有改变，妻子对丈夫亲属的称呼多与丈夫相同。

（二）社会人际

一般按与自己相比较的年龄、社会地位，用亲属的称谓称呼对方。如男性对老于自己的同姓称阿伯、阿叔，对老于自己的异性称为阿姆、阿姨。中华人民共和国成立后，对陌生人通常称同志，男女通用。对熟人，按年龄大小，如称“老郑”“小郑”等，也有依官职称呼的，如某主席、某部长、某院长、某书记等。对较有名望的老人则称某老。

宗族成员间则论辈不论年龄。

对各行匠师，时称“师傅”“老师傅”。

二、接待客人

区境居民热情好客，待人以礼，凡有来访的客人都笑脸相迎，沏茶款待。路上遇见熟人，点头问好。狭路让老、妇、幼、挑重担者先过。一般迎送客人，清代行拱手礼，民国时期行鞠躬礼，中华人民共和国成立后行握手礼，对妇女仍多以招手、点头示意，唯妇女先伸手才行握手礼。客人入门后须脱去外套和帽子。走路、上下梯须让客人先行，主人随后。送客多送至门外，惯道“顺顺走”“再来坐”。

三、送礼

送礼之物，喜事须双数，丧事须单数，忌送扇、手巾、剪刀、伞之类，俗谓“送扇无相见”“送手巾拭眼泪”“送刀，一刀两断”“送伞，会绝交”，闽南语“伞”和“散”同音，有拆散之意，应该避讳。

四、诞生

小孩出生三天要庆“三朝”，在床上供韭菜肉或肉酒“敬姐”，烧寿金三张。男孩家还要将“碰饼”送娘家和亲朋。出生一月做“满月”，亲友送鸡、猪腰、猪肚、鱼、酒等食物，娘家送小孩衣服，送红圆、红龟粿、红桃等物。“四周月”给小孩送衣、帽、手镯、脚镯。周岁时赠亲朋红龟粿，娘家仍要送贺礼。要“试儿”，以算盘、秤、书、笔、尺、钱币、葱菜等12种物品置于竹筛上，让小孩坐中央，任他抓取，以占卜孩子长大后是做工或读书或是做生意。亲友共贺，主人宴请宾客。为祈求小孩平安长大，好养，有的给菩萨做“契子”（干儿子），有的给小孩多的妇女当“契儿”。

五、婚嫁

明清至民国时期，男女婚嫁基本上沿袭封建礼教的“六礼”。所谓“六礼”，一是媒人说和之际，持男“生辰八字”到女家，持女“生辰八字”到男家，如果八字相合，男家则以红绢裹银币馈赠女家，女家报以瓜果之类，谓之奠雁；二是男家再择日送糖果、饼、猪脚腿肉并银物到女家，女家回报以金银饰物，谓之纳彩；三是男家再择吉日送豚肩、蔗糖、槟榔于女家，女家报以石榴花、柑橘，谓之订盟。四是再择吉日送娶期于女家，谓之择期；五是送冕梳，谓之催妆；六是迎娶。

民国20年（1931年）后，手续简化为问名、送定、完聘、迎娶四个程序，谓之“四礼”。

（一）问名

通过媒婆了解双方家庭情况，男方提亲，问女方生辰八字。若女方同意，即将生辰八字（出生年、月、日、时）写于红纸上（称“字仔”），送给男方，男方把红纸供于神明祖先案上，三日内家庭没有不吉利的事发生，始将男方“字仔”送女方，女方也依此法卜问婚事。有的是男女双方互递“字仔”，各寻算命先生演算“八字”，检验男女双方“八字”和生肖是否相符，俗称“合婚”。然后是相亲，由媒婆陪男方到女方家，让男女见面，相看对方的容貌仪表，若相中则开始送定。

（二）送定

又称订婚，小定。择定吉日，由媒人及男家父母、亲朋凑成双数，挑聘礼送往女家。聘礼以6项或12项为宜，有戒指、耳环、猪腿、礼饼、礼糖、布料等。女方收受部分，回赠6件或12件礼品。

（三）完聘

亦称大定。在迎娶前 12 日或某吉日，男家正式将聘金、聘礼、礼单送往女家。礼品种类繁多，有金玉首饰、女子服装、鞋，还有礼饼、礼糖、全猪、鸡鸭、水果、蜜饯、面、红烛、礼炮、礼香等等。所有聘礼都取双数，并贴上小红纸。用“盒子”装好，多者达几十“盒子”。鼓乐队送至女家，女家则放鞭炮迎接。焚香祭祖，后将回礼及礼单交与来人送回男家。

旧时婚前数日，男女两家择定同一吉日，用白布裁一套“上头衫裤”，女家并制“肚裙”，待生头胎时做婴儿服。男方于婚前一日或另择吉日，作“安床”礼，安床后有些人家禁止闲杂人进入新房。送嫁妆通常于婚前一天或早几天进行，有的则在迎娶当天随迎亲队伍送去。

（四）迎娶

新娘出嫁当天，早早起床梳妆打扮，请福命妇人，俗称“送嫁姆”为其“挽面”，标志新娘从此告别闺女生活。

迎娶的方式有单顶轿娶和双顶轿娶两种，单顶娶，即新郎在家，不亲迎；而由媒人引新娘轿单顶至女家迎娶。双顶娶，即男家备“子婿”轿、新娘轿双顶，新郎至女家亲迎，伴亲迎娶的称为“炮架”。

娶亲婚轿

娶亲的花轿行列颇有讲究，首先是一支连枝带叶的“透竹青”，表示新娘操守有“节”，竹子头挂一片猪肉，祀白虎神，以防其抢亲。紧接着是一对大红字“字姓灯”，上书男家的姓氏和郡望堂号。其后是媒人轿、傧相轿、舅爷轿、叔爷轿等。舅爷轿挂着“舅仔灯”，乃是一对红色宫灯，到男家后挂在洞房之内，叔爷是陪舅爷的。嫁妆在迎亲之日送，就紧随在叔爷轿之后。接着才是新郎轿、新娘轿。新娘轿后挂一个米筛，以避邪。最后是一个人挑着“子孙桶”，俗称“脚桶”（一种朱漆的木桶，是旧时妇女分娩时使用）。在子孙桶之后，才是鼓乐队。

一般在天亮之前，迎娶的花轿到达女家。媒人叩门，通常要叩 2 次，意为可留住财气。若是新郎亲迎的话，要入门拜见岳父母，奉上猪脚、面线，以酬谢他们替他养老婆之恩，俗称“尿屎盘”。小姨子端来鸡蛋汤、桂圆汤、四果汤、腰子汤之类甜汤，请姐夫“吃甜”。姐夫要回红包给小姨子。这时新娘戴上花头帕，夫妻双双拜过祖宗，叩别长辈，新郎退出门外，花轿进入堂中。若不是亲迎，那就只有媒人带花轿，直入堂中。女家奉茶炮架，饮罢则将茶盅藏篮中，归与新郎，为生子之兆。

新娘临上轿，要放声大哭，谓之“哭好命”。花轿出门，女家要放鞭炮，并随即把门关紧，或以米筛置于门口，意为财气不被女儿带到婆家。在轿起行不远，新娘从轿中掷出一把扇子，表示父母不必为她操心，称“放心扇”。

花轿行列忌讳路遇另一迎亲队伍，谓之“喜冲喜”。万一遇上，必须互换新娘头上簪花，俗称“换花”，以此破解。

花轿抵男家，新郎脚踢轿门三下，俗说以此压服将来的雌威。轿门开，小姑捧柑橘让新娘触摸，意吉祥如意。新郎牵新娘出轿，新娘起身复坐，如此反复三次，俗说此乃是显示新娘的尊贵。新娘下轿，送嫁姆拿出挂在新婚轿后的米筛（上画八卦）遮其头上（也有用伞遮），谓之“上不着天，下不着地”。俗信结婚这天新娘妈最大，为避免触犯天上之神，故以米筛遮日。也有迎娶在下半夜天亮之前，新郎牵着新娘跨过门槛时，新娘要跨过稻草火入大门进洞房，新郎由前到后替新娘揭头巾，同吃“合婚圆”。

中午是吃“舅仔桌”。桌上摆12道菜，每动一道菜，都有吉语相伴。12碗中，6荤6素，所有鸡、鱼、猪肉、蔬菜、瓜果均无禁忌。新婚之夜宴请至亲好友邻里，母舅和舅祖坐主桌首席，新郎、新娘要逐席敬酒。第一次鞭炮响，表示开宴，第二次鞭炮响，表示宴毕。散席后即转入“闹洞房”，以层出不穷的花样将新郎、新娘闹得十分尴尬，闹客以此为快。叫一父母双全的健壮男孩在新床上翻身打滚，意为早生贵子。

翌晨，新娘“出厅”给公婆敬甜茶，公婆以红包还礼。礼毕，则到厨房拜灶君。这天，娘家的兄弟要来探望，叫“探房”，男家设宴款待。

第四日，新娘偕新郎“归宁”娘家，俗称“做客”，父母设宴请新女婿。“做客”一定于黄昏前回婆家，带回各种礼品，其中必有象征“好头好尾”的用红丝线捆绑的两根带尾甘蔗，置于门后。有些地方新娘必须随带一只公鸡和一只母鸡（用红丝线绑脚），俗称带路鸡，寓意夫妇和睦相处，白头偕老。

民国20年后，知识界及开明人士倡导移风易俗，提倡文明结婚，以“集体婚礼”为时尚。

中华人民共和国成立后，提倡婚姻自主。1950年，颁布《中华人民共和国婚姻法》，改革封建婚姻陋习，实行婚姻自由，一夫一妻制。除保留招嫁（合伙婚）、二婚亲（男续弦、女再嫁）等俗外，诸如指腹为婚、童养媳、纳婢、寄房婚（新娘与雄鸡举行婚礼，雄鸡代表离家在外的新郎）、冲喜婚（新娘与重病者成婚）、人鬼婚（新郎与亡故的小姐成婚，以木牌代表小姐亡魂行婚礼）等封建包办买卖婚姻之劣俗已废除。社会上婚事新办十分盛行，多流行自由恋爱或旁人介绍，同意后即订婚戴戒指，分喜糖。聘礼改包礼金，由女方代办。结婚当天，用鲜花或塑料花点缀轿车为“新娘花车”。一般不办酒席，不坐轿，举行集体婚礼、开茶会等形式，并出现旅行结婚。1980年后，嫁妆包括彩电、音响、影碟、摩托车等名目繁多的家用电器，新房装饰日趋高档。

六、寿庆

寿庆，俗称“做生日”，人逢周岁、16岁（弱冠）、20岁、寿诞（50岁以上）均要庆祝。平常生日，做寿庆的人吃染红的鸡蛋或用鸡蛋煮面线，全家吃“生日面”。

印“红龟”

旧俗认为年满50称“寿”，因而50岁开始做“大生日”，又称“做大寿”，设宴酬神请客。以后每逢十年一次的“大寿”最为隆重。但“做大寿”并非真正在逢十这年的诞辰日举行，而是提前一年做，或推迟一年做。庆贺日期则依出生月、日而定，一般取农历。民国时，在寿日之前由子孙发请柬，亲朋好友备猪前脚、酒、面线、米桃、高烛等物品，以双为限，先送往寿家，寿家接后回报银币和清点贺品。寿日前往拜寿，满堂忌不吉利语。先进寿面，然后排筵。请戏班或布袋戏班来家助兴，视寿家财力而定。有的亲朋请戏班庆寿，主人须另请彩戏来演，以答谢亲朋美意。有名望或书香门第的长者做寿，讲究庆寿仪式。厅堂中置香案，案头寿烛高燃，堂中悬挂寿星图，两边贴春联。如“福如东海长流水，寿比南山不老松”，横批则写上“延年益寿”“寿星高照”等。做寿诞的长者上坐堂中（老夫妻白首齐眉者同坐），接受儿孙辈跪拜祝寿，平辈、好友行揖手礼。祝寿者有的还会咏颂祝寿诗句，俗称“做四句”。普通人家不设寿堂，但必贴寿联，挂寿星图，增添喜气、瑞气。

中华人民共和国成立后，寿俗有变化。庆寿之日早晨，全家老少吃寿面，象征寿男、寿女健康长寿，吃寿面忌讳把面线、面条夹断。是日儿孙辈都应聚集祝寿。女儿、女婿、孙女、孙婿、外甥等都要携带祝寿礼品前来祝寿。较有名望的长者寿诞，族内晚辈和亲友、近邻也带着礼品前来祝寿。祝寿所带礼品有寿面、寿桃、寿龟、鸡蛋、鸡、鸭、鱼、猪肉、酒、糕饼等，礼品俱要双数，意为“好事成双”，并要染成红色或贴上红纸，表示“见红大吉”。祝寿的礼品，只能收其部分，余者奉其带回，意为彼此福寿，忌送钟，以避“送终”之嫌。出嫁的女儿和夫君回家拜寿，寿礼是从头到脚的穿戴，以及老人喜爱的用品食物。

1980年后，随着物质生活水平的提高，不论老人、年轻人、儿童都时兴过生日。吃生日蛋糕、唱生日歌、开生日舞会，有的在电视、广播上为亲朋好友点歌祝贺生日。殷富之家人过生日，到高级宾馆酒楼、餐厅宴请宾客，高朋满座，隆重豪华。

七、丧葬

（一）葬式

唐代为土坑墓葬。五代、宋、元，民间多信佛教，或实行火葬；或听风水先生之言寄棺寺院，长期不埋，屡禁不止。明永乐三年（1405年）二月，明成祖令福建民间有丧以礼安葬，禁暴尸及焚烧。清、民国时期，区境长期沿用土葬、厝尸旧俗。中华人民共和国成立初期，仍以土葬为俗。1966年后，实行火葬。

（二）葬礼

守灵　旧时凡男女成年、中年以上有配偶和子嗣，逝世谓之“寿终”。依古礼，寿终前，要移至正厅，卧于由三块木板、两条板凳搭成的“水床”，男左女右，谓之“搬铺”。因为厅是家宅最神圣的地方，视这里咽气为“寿终正寝”。“搬铺”时，厅内的神龛、神位、餐桌、香烛均应移走或遮盖。既逝，用白布把死者从头到脚盖上，称“盖水被”。死者脚尾供起筷子一双及鸡蛋一个的“脚尾饭”（脚尾饭不能食用，仪式完需连碗丢掉）。脚尾不停地烧冥纸，曰“脚尾钱”，并点油灯，称“长眠灯”，以照冥路。拆去红纸门联，用白纸贴上×（如父母尚有一方健在只贴一撇）称之“挂寿”。丧家要日夜守铺，以防猫跳过尸体。

报丧　清晨，丧家用状向亲戚僚友发讣告。今俗派人分头向亲友报丧，发电报、打电话通知千里之外的游子速返。已嫁之女闻丧即返，快到娘家时破声大哭，称“哭路头”。若死者为已婚妇女，定请其娘家人来，叫“接祖”。娘家人可在丧事中发号施令，称“头祖”，如娘家没人来，要以一条地瓜藤或甘蔗头代替娘家人，叫“接番薯祖”“蔗头祖”。孝男孝女等跪于灵前答谢。子女即延请僧道，在死者铺前念“往生咒”，称念“铺前经”，并做起一“幡仔”3尺许长布条（今用纸条），写上死者姓名，生死年月日，扎在带叶的竹枝上，成了飘忽的魂幡，称“开魂路”。如果死者是野死于途（即因溺水、车祸或其他种种原因死于外者），则由孝男操幡到死处招魂回去。死尸不能进屋，在村外空地停尸祭拜。

入殓　全家人着孝服。孝男当先捧盛水器皿到附近溪流或井边，投入12枚铜钱（今用硬币）汲水回家，俗称“请水”。先沐发（今已废），然后用白布蘸水象征性为死者洗脸、擦身、洗脚。接着去掉死者旧衣换上新衣。衣服多少依贫富而定，一件算一层，少者5层，多者13层。男穿长裙，女内穿结婚时缝制的白衫，忌穿皮衣，男女皆穿布鞋。由孝男站在竹凳上，头戴竹笠套殓衣，而后才给死者穿上。接着用米数粒、珠银屑含于死者口中。再“小殓”或“大殓”。小殓的殓衣多寡随家庭情况，不拘新旧，最多不超过19层。殓衣颠倒铺，一半铺尸上，一半铺尸下。大殓，殓衣多少随贫富而定，最多不过30层，其殓取方正亦同小殓，其绞横布5幅，直布3幅。

入棺　棺材俗称“寿板”，又叫“大厝”。入大厝的仪式也甚为隆重，首先备12碗菜肴祭死者，由道士主持，说些吉语为死者送行，谓之“辞生”。孝眷们跪接棺材，曰“接板”。接着是“放手尾线”，将死者身上余钱，取出分给亲属，算是死者给子孙的钱财。最后是“入殓”，打开棺材，铺上地被，遗体入棺，覆上天被，放一些死者生前用品，供其以后使用。盖上棺盖，备礼祭奠，曰“祭棺”。倘若妻卒夫拟再娶者，入殓完毕有“跳棺”仪式。夫手持雨伞，身背包袱，口念“我去出洋”，边念边跨棺而过，就算与亡妻断绝关系。旧俗入殓后复行柩于堂隔宿，由孝眷陪守，谓之“伴棺”。或有择穴未备停数日数月者。在治办丧礼中，通常要请道士或和尚来操持。家境宽裕人家，出殡前或出殡后请道士或和尚超度，俗称“做功德”，设坛做法，焚化纸扎的“灵厝”。

出殡　出殡俗称“出山”。明时，当日出殡。清以来，日期预先择定，一般在死后3日，亲朋挚友如期前来送葬。出葬时先行祭礼，由礼生主持、代读祭文。丧家对司祭者须致回礼。孝眷们围棺大哭，俗称“哭棺材头”。礼毕即行安钉封棺，前4颗钉钉四角，钉实；后一颗钉钉后边，钉得松点，由孝男或孝孙用嘴咬着拔起，吐到一个装着米谷、铜钱等物的大斗中，寓意“出丁”。封棺毕，亲属绕棺3周。棺夫用大绳将棺材绑在“独龙杠”之上，罩上棺罩，谓之“俊龙”。抬棺出门时，如果死者父母健在，父母有持竹枝鞭棺之俗，表示父母对其未能尽养老送终孝道的谴责。随后，孝男扶灵柩两侧，孝妇跪地哭送，送殡队伍开始出发。出殡行列以一“开路神”先导，“草龙”（今用香炉点香代替）相随，外甥挑灯，女婿撒纸钱，意为向路鬼买路，后是铭旌、挽联、挽轴、魂桥、纸轿，送葬的亲友，诵经的和尚或道士、鼓乐，接下来是灵柩，孝男、孝孙手持丧仪扶棺恸哭。灵柩抬夫由8人至32人不等。其中丧家延请乡音（俗称“八音”）民乐队吹奏穿行于行列间。队伍走一段，孝男跪在路边，叩请送葬亲友留步，孝男要跪辞三次，俗谓“辞客”。

灵柩抵达墓地，先将棺木置墓穴前。亲属哀哭，僧道诵经，在棺木穿气孔，送棺入穴，由丧主动土埋葬。埋毕祀后土（祀墓前土地公）随即行“点主”（用毛笔在遗像上点红，表示把死者之灵定在遗像中）。返回后将遗像供奉于厅堂祭之。下葬7日后，由孝男合家大小披麻戴孝，手持小红灯，至墓前祭奠，称“收灰”。初落清净，戴孝人等按亲疏戴上手线（蓝、白等色）表示戴孝。

丧宴　丧家出殡当日盛宴朋客其俗已久，南宋时“丧葬之家，必广为斋，设以待客，继用荤酒而散彩帛，倘不如此，由指以为不孝。富者以豪侈相高，贫者耻其不逮，往往贸然举贷以办。若力有不及，宁姑置而不为，亲丧有终制而不得葬埋者，皆是。”今俗中午吃卤面，晚上为酒筵。

祭祀　葬礼告毕，在家要每七日一祭，做到七七四十九日为止，曰“做旬”。中等以上人家，三旬及七旬均延僧道诵经“做功德”。祭完七旬（“七七”），祭百日，俗称“做百日”（也有“做百日”和“做对年”一起做的），备供祭奠，然后焚烧钱帛、纸厝等，即为除灵，又称“插花”“转红”（除孝）。居丧期间禁忌理发、化妆、娱乐，到“做百日”后就可解禁。又丧家自收殓起，至除灵日止，每日晨昏两次，于灵前供茶供饭，妇女于灵前哭泣，呼唤，称“叫起叫睡”。除灵这日不能哭，死者遗像转挂墙上或祖宗龛里，每逢初一、十五，儿孙仍素服、哭祭表示余哀未忘，直到“做三年”丧期满，整个丧期方告结束。此后，于忌辰、生日、元旦、清明、端午、中元、冬至、除夕等日均有家祭。

中华人民共和国成立后，以上葬俗在乡间仍延续，但有改革。1966年实行火葬后，此俗多已简化。

第四节　行业习俗

一、农俗

封建时代，农村的男子多从事耕作，妇女料理家务。

民国时期，农村风俗变化不大，仍然男主外、女主内。中华人民共和国成立后，男女平等，有的妇女主家政，农村妇女下田干活，还照旧操持家务，劳动更加繁重。

早稻浸种多在灶房，取一盒稻种置于灶头，一敬灶神，二察看出芽率。禁止醉汉温种，怕亵渎灶神，影响发芽率。秧田平整后“关田”，要插上树青，并预防肥水外流，以防牲畜或外人上秧田践踏。稻谷将熟，要在田间插草人，头上挂一串寿金（迷信纸），以吓鸟驱鼠。稻谷登场后，还要用新米蒸饭敬“新米”，祈求年年丰产丰收。晚稻播种或插秧完工后，农村要用竹枝缚两个寿金持在田埂上，并备牲礼，敬奉土地神。每逢农历八月十五，家家户户仿古报秋，都得拜土地神。

春天牛群上山，看牛人要用牲礼敬土地，祈求牛群平安，不逢猛兽，不要跌伤。在屠宰场，宰牛人要宣告病耕牛种种罪状，如践踏田园、角斗等，并说明自己奉天命杀牛，不要结怨。养猪户要在农历正月十四和十月十四祭“三拜公”，以求猪快长大。

采摘龙眼要在树根部放“寿金”，祈求土地神保佑采摘平安。

无论园花或家花，多忌在晚间采摘，俗语说是“早晨采花花欢喜，午间采花花‘惨死’，晚间采花跟花去（死亡）”。

旱灾时，有官民祈雨习俗，要披麻戴孝，哭拜上天，以求祈雨。中华人民共和国成立后，此俗已废。

二、渔俗

凡造新船，船头要安上两只眼睛，并钉上红布条。船头画鱼头，船尾画鱼尾，新船下水要择日，船头放置利斧，象征乘风破浪，要放鞭炮，敬“好兄弟”，祈求平安吉利，服丧的人及产妇、孕妇都不许参加下水仪式。

渔船出海捕捞，要备足“寿金”“银纸”，遇上大风浪，要把金银纸投放海上，祈求“好兄弟”保佑。

渔民煎鱼时只能煎一面，不能把鱼翻过身煎。同样，吃鱼时也不许把鱼翻转身，以忌翻船。

三、匠俗

手工业者，旧称为“匠”。旧时代，学徒拜师学艺一般须3年4个月才能出师。在此期间，学徒要为师父无偿干活，也要帮师父料理家务。对师父、师母要毕恭毕敬，小心翼翼，否则工艺长久学不到手。民国时期，出师后，3 年内要年年送谢师礼。

技艺传媳不传女。女儿要嫁人，恐工艺绝密外流。师父授徒也往往保留绝好的一手。所谓“拳头藏在袖子里”。师父都留一手，有些绝艺、绝技就此失传。

各行业崇拜自己的祖师爷，如医生拜孙思邈、演员拜唐明皇、泥沙匠和木匠崇拜鲁班，酒匠崇拜杜康、茶匠崇拜陆羽，理发匠拜吕洞宾等等。

各行业手工业者都有自己的看家工具（木匠的墨斗、曲尺，泥沙匠的瓦刀），并对其十分珍视，不允许别人亵渎，俗信这些工具不仅有施工做活的功能，还可以治鬼制煞，保佑自己平安。忌讳在做活中受伤流血沾到器物，如不小心沾到，要赶快擦净以消灾。

手工特点各异，习俗也各有特色。补锅匠游走街巷乡里，碰击铜片串，发出“咧、咧、咧”之声，并伴以“补鼎补锅补面桶”的吆喝声；修小五金的敲打铁片；剃头匠习惯在肩头上搭一块毛巾，旧时他们挑着剃头担到乡下为农家理发，向人家讨要热水时脸盆里也必放毛巾，俗谓非如此，像没穿衣，没有礼貌；陶瓷匠烧窑时必敬窑神和土地神，禁忌讲话，尤其忌讳讲污言秽语，否则窑中烧的陶瓷会开裂或嘴歪肚瘪；在禁止窑前放鞭炮，农历初二、十六日做牙祭，也同样只点香烛，烧纸钱。油漆匠油漆的门窗、家具干了，忌说“油漆干了”，而说“离手了”，认为“干了”等于没活干，不吉利。

中华人民共和国成立后，一些有迷信色彩的习俗已逐渐消失。

四、商俗

（一）坐商

商俗认为“店多生意好做”谓“多人做戏多人看”，故同类商品往往汇集到同一街市开店设摊，历久便形成特色商业街。坐商以招牌和商号吸引顾客，扩大商店影响。招牌的形式多样，有以实物、模型、包装品、额匾、旗子为招牌，多悬挂于店铺门前显眼处，以引人注意。商号多雕刻于木板，也有书写于铜、铁、亚铝铸成的板上。所起的名字象征吉祥、兴旺、发达等好名。中华人民共和国成立后，招牌、商号多以广告霓虹灯、铝合金、磨砂玻璃等材料装饰。

商人除了在商品的适销对路、物美价廉等方面下功夫外，尤注重店风，如对顾客笑脸相迎、热情招呼，不能有厌烦、抱怨之举；经商守信，不能掺杂作假；成交最忌短斤少两等。商人讲究开门大吉，对开店门来的第一位顾客，即使不赚钱也要力促其成，以求吉利，俗称“开市”。

商人为祈求生意兴隆、财源茂盛，都在店铺中供奉财神爷或土地公。每月十六日或初二日祭祀土地公、财神爷，祈求生意旺盛。祭后以其酒宴请伙计，名叫“做牙”。解放前的每年农历十二月十六日，店主都要请店员一桌酒席，名日“做尾牙”，决定店员去留，店员面前的箸头朝里放则不再雇用，朝外放则留用。有的以鸡头所向为准，若店员全留用，则鸡头对店主自己。店员在店铺的举止也有诸多禁忌，禁忌踩踏或坐在门槛上；禁忌坐卧在柜台和客人的条椅上；禁忌玩弄算盘和将算盘倒放；禁忌在店门口伸懒腰打哈欠或面朝店门小便；禁忌面朝内、背朝店门而坐，等等。俗信犯了禁忌会得罪财神爷，财神爷便不进店门。

（二）行商

俗谓“走贩”，商俗中最具特色的便是贩仔的特殊用具和叫卖声。卖日用品的货郎担摇小手鼓，俗称“摇鼓担”；卖“咸酸甜”（蜜饯）的吹唢呐；卖馄饨、豆腐花等小吃的敲碗匙；卖麦芽糖的敲小锣；卖猪肉的吹海螺或竹管；卖冰棒、冷饮的摇小铃。而与敲击节奏相映成趣的叫卖声，往往是卖什么喊什么，拖腔拉调，似喊似唱，“人未到声先到家”，以广而告之。卖油条的喊：“卖油炸粿哎！烧和脆，油炸粿，来买油炸粿啊！”卖酱瓜的喊：“卖咸酱瓜哎，酱瓜咸啊，酱瓜甜啊，酱瓜五味香啊，好做早点啊！好货甲省钱，赶紧来买！”货郎们小本买卖，老少无欺。有的一生一世以此为生，老来才搁担停业。1980 年以后发展商品经济，为招揽顾客，方便顾客，沿街叫卖者还不乏其人。

第五节　民间信仰

一、泛神崇拜

民间凡事求神拜佛，崇拜的灵魂神、自然神、庶物神等神明多达 200 多种。从天庭阳界到阴曹地府的各路神明，组成一个与民间日常生活息息相关的信仰体系。居家要奉门神（如钟馗、尉迟恭等）观音佛祖、土地公、灶君公；生病就拜医神（保生大帝、广济大师）；经商必敬财神（赵光明、关公）；赴考先祭文神（孔子、魁星爷）；练武崇祀武神（关帝、城隍爷）等等。从衣食住行，到生老病死；从博取功名，到消灾解厄，都蒙上一层浓厚的神明保护色。为了祈求保佑平安福寿，不论城镇乡村，宫庙寺观随处可见，大都佛、道合流，同一庙宇有佛有道还有众多俗神，是典型的多神崇拜。

步文镇田中央村做王醮

二、祇奉习俗

（一）酬天敬地

每逢农历正月初九凌晨子时，家家户户都要高摆香桌，备设五牲大礼，敬奉“天公”，俗称做“天公生”。每逢农历八月十五日都要备酒肉、月饼敬祀“土地公”，以酬谢风调雨顺，五谷丰登。每月逢农历初一、十五要敬神；生意人初二、十六“做牙”敬“土地公”。此外，凡遇婚庆喜事，建筑房屋动工、完工，主人也有举办“酬谢天地”之俗，唯丧事只祀土地。

（二）祭祀祖先

民间的祭祖活动，有庙祭、墓祭、岁祭、生辰忌日祭。岁祭中有清明祭、端午祭、中元祭、冬至祭、除夕祭。每逢亡故亲属的生卒日要“祭祀”，俗称“做祭”。此外，凡遇族中人升学、当官、生儿婚合，也要到祖祠向祖宗行告祖礼。凡重大祭祀，举族同聚，摆宴欢饮，民间称之为“吃祖”或曰“吃公”。

（三）烧香点烛

虎将公

民间一般在农历初一、十五，有在居家住宅的神龛佛前，或到乡里宫观庙殿烧香点烛。

神诞日民间要杀鸡蒸粿，焚香上供、演戏敬神，大宴宾客。俗称“闹热”。用仪仗、鼓乐、艺阵等迎神出庙、周游街巷村井。此外，还举行“卦香”仪式，组织善男信女，列队到该佛分身的祖寺取回不灭香火。“卦香”队伍中，五色旌旗，鼓乐吹打，神轿佛辇，化妆的高跷、凉伞以及舞狮阵、宋江阵，招摇过市，现今还出现以汽车、摩托车代步引香。

区境“卦香”的神主要有上帝公、三宝佛、观世音菩萨、土地公、关帝君、祖师公、陈圣王（陈元光）、华元仙祖（华佗）、大道公（吴夲）、妈祖、辅顺将军、三界公等。

中华人民共和国成立后，在破除迷信中，做神诞、“卦香”等活动一度基本销迹。由于传统习俗的影响，这些活动长期以来时隐时现。1980年后，又兴起。

第六节　良风美德

一、敬老

区境素有尊老怜老之风，家庭中小辈办事都要先征求长辈意见；小辈有事外出，先告知长辈，回家后主动面见长辈；长辈有疾苦病痛，小辈则送药端汤、精心护理，使老人“生有所养，老有所终”。

中华人民共和国成立后，人民政府尤其关心孤寡老人。1956年农业合作化后，对鳏寡孤残者实行“五保”（保吃、保住、保穿、保医、保葬）政策。各乡镇街道对其辖区内的孤寡老人包干到户，带领、发动群众互助互济、街邻相帮。1963年，开展“学雷锋、树新风”活动，群众中照顾孤寡老人的好人好事层出不穷。

1978年后，政府更加重视敬老活动。如：70岁以上老人乘坐公共汽车免费，60—69岁老人优待半票。其他收费游乐场所也是照此办理。对于百岁老人，逢年过节，各级党政领导人更是亲自登门送礼慰问。

二、尊师

南宋，朱熹知漳州，推行儒学，提倡尊师重道，史称“朱子过化”。后来书院附设朱子祠成为一俗。元明清朝代，乡里设有社学。每逢岁前，将学童姓名列出，敬请塾师过目，经许可，则在岁后择日，备礼于学，学生迎谒再拜，先生才授课。

“读书力田”成为风尚。在这种努力向学的风气中，传授学识的先生和传授技艺的师傅，均受学生、学徒及其家长的尊敬。“一日为师，终身为父”，妇孺皆知。弟子考中功名作官，但对师长则一如往者，尊崇有加。徒弟学艺出师，即使技艺高超，仍执以师礼。

中华人民共和国成立后，文化教育日益普及。特别在20世纪80年代，教育受到社会普遍重视，尊师重教蔚然成风。自1985年开始，每年9月10日定为教师节。每逢这一天，不少学生前往老师家中拜访。重大节日及教师节为教育办实事、慰问教师活动逐步成为社会新风尚。

三、敦亲睦邻

龙文自古宗亲邻里、亲朋好友注重礼尚往来。民风淳朴、热情好客，逢亲遇友习惯点头招呼。宗族成员中“论辈不论岁”，都要以辈分高低称谓。在社会上一般按年龄以伯、叔、婶、姨、兄、弟等称谓呼对方。

历史上，民间十分重视血缘、亲缘的联系与交往，素有敦亲睦邻的优良传统。亲戚、宗亲之间，衣食住行婚丧喜庆，习惯互相支持，素有喜庆不失礼，治丧皆出力的族居旧俗。邻里之间，和睦相处，互相帮助，一家有事，邻里各家都热心相助。“远亲不如近邻”“千金买厝，万金买厝边”被视为邻里交际的信条。

社会交际中，诚信重义，封建社会知交挚友，时兴结拜兄弟，同甘共苦。

中华人民共和国成立后，特别是改革开放以来，海外华侨及香港、台湾、澳门地区的龙文人组织跨地跨国的“商会”“联谊会”“同乡会”等一系列社团，在联络乡情、增进友谊、共帮互济、共建桑梓文明之中，发挥重大作用。

四、济困扶贫

区境民性慷慨豪爽，素有济困扶贫的美德。古往今来，宗亲观念浓厚，不论是工农商学，“亲引亲”“邻帮邻”的传统习俗经久不衰。社会生活中，衣食住行、婚丧喜庆，一家有困难，四邻共扶助。

农村中宗族父兄，有婚丧之事，全乡老少，必来相助。婚姻名曰“凑喜”，丧葬名曰“吊奠”。男停耕，女停织，齐集当事之家，克尽所能，共襄事务。即使邻乡远族，亦须派代表参加。中华人民共和国成立后，人民政府发展社会福利事业，孤儿寡母生活无依的现象骤然减少，特别是自然灾害，一方有难，八方支援。1980年后，人们物质生活普遍提高，政府和社会重视贫困地区的扶贫工作。

五、崇尚善举

龙文民风淳朴，崇尚善举长久不衰。封建社会中，举凡铺路造桥，建寺修祠，无不慷慨解囊集资兴办。

凡属宗姓之亲，遇有急难之事，则所亲者必先援助，由亲及疏，由近及远，或出力，或出财，绝无吝惜。即使外县、外省人流落乡间，一叙同姓之亲，亦致敬有加，不敢怠慢。

1963年，广泛开展“学雷锋，树新风”活动；1980年后，开展“五讲、四美、三热爱”活动；1990年后，开展精神文明建设活动；2000年后，提倡共建“和谐社会”，社会主义精神文明建设日益深入人心。社会上不断涌现舍己为人、拾金不昧、义务服务等新人新事。

第三十卷 方 言

龙文话是闽南方言的次方言漳州话的一种，与旧漳州城区的芗城方言极为接近，仅有非常个别的说法有所差别。龙文与芗城两区的群众之间用各自的土话交谈时完全可以彼此听懂。

龙文话内部语音、词汇的差别甚微，一些小差异仅在于说话人的习惯表达方式，并不具有排他性，根据这些差异，可大致判断出地域的口音。

步文镇、蓝田镇、朝阳镇旧称东乡，口音与市区几乎相同，但受外来影响较少，保留一些较早的闽南话词汇，语音上有更丰富的轻声变调和语气词。此外，步文的部分阴去调字变调时会出现二次变调，在表示近指和远指的指示代词 tsiaʔ^{7}、hiaʔ^{7}之前有的人会分别再附加前缀 tsin$^{1-6}$、hin$^{1-6}$。

郭坑镇与步文镇没有明显区别，中古止摄字也有读 iu 的例子，有少数中古宕摄字保留闽南话早期的白读ɔ̃。洛滨村、院后村将步文镇的/iɔ̃/读为/io/，“爸”读为符合中古声韵的 pa^{6}。

朝阳镇与芗城区石亭镇交界的村落处于语音过渡区域，受石亭口音影响，部分人阳平、上声、阴入的调值与步文镇有着明显的不同。

为保存历史，本卷只记载二十世纪五六十年代以前的传统资料。

第一章 语 音

本卷标音采用国际音标(宽式)。

声调调值分析采用五度制，声调类别以数字代替，用阿拉伯数字的上标标注：1 阴平 2 阳平 3 上声 5 阴去 6 阳去 7 阴入 8 阳入 0 轻声。连读变调时，前一个数字表示原调，短折线之后的数字表示变调后的实际声调。如“龙文”liɔŋ$^{2-6}$bun^{2}。

第一节 音系分析

一、声母

龙文区方言共有 18 个声母：

龙文区方言声母表

表 30-1-1

发音部位＼发音方法	塞音			塞擦音			鼻音	边音	擦音	
	清音		浊音	清音		浊音	浊音	浊音		
	不送气	送气		不送气	送气					
双唇音	p 边	pʻ颇	b 门				m 妈			
舌尖前音				ts 曾	tsʻ出	dz 入			s 时	
舌尖中音	t 地	tʻ他					n 拿	l 柳		
舌根音	k 求	kʻ气	g语				ŋ雅		h 喜	
零声母										ø英

二、韵母

龙文区方言韵母表

表 30-1-2

	开口呼		齐齿呼		合口呼	
	舒	促	舒	促	舒	促
元音尾韵及相应入声韵	a 阿	aʔ鸭	i 医	iʔ滴	u 龟	uʔ托
	ɔ乌	ɔʔ呕①	ia 车	iaʔ页	ua 瓜	uaʔ辣
	o 刀	oʔ学		iɔʔ诺⑥	ue 锅	ueʔ郭
	e 鞋	eʔ八	io 腰	ioʔ药	ui 威	
	ɛ家	ɛʔ伯	iu 优	iuʔ朔⑦	uai 歪	
	ai 哀		iau 妖	iauʔ寂⑧		
	au 欧	auʔ落②				
鼻音尾韵及相应入声韵	(m)姆	mʔ默③	im 音	ip 入	un 温	ut 骨
	am 庵	ap 压	iam 掩	iap 叶	uan 弯	uat 决
	ɔm 森	ɔp 啑④	in 因	it 乙		
	an 安	at 达	ian 烟	iat 灭		
	(ŋ)秧	ŋʔ呛	iŋ英	ik 刻		
	aŋ江	ak 北	iaŋ央	iak 约		
	ɔŋ风	ɔk 国	iɔŋ凶	iɔk 筑		
鼻化韵及相应入声韵	ã衫	ãʔ喝	ĩ边	ĩʔ物	uã搬	
	ɔ̃毛	ɔ̃ʔ膜	iã厅	iãʔ吓⑨	uĩ酸	
	ɛ̃婴	ɛʔ脉	iɔ̃张		uãi 槺⑪	uãiʔ跩⑫
	ãi 妹		iũ妞			
	ãu 矛	ãuʔ泶⑤	iãu 猫	iãuʔ蛲⑩		

附注：

①呕ɔʔ^{7}：呕吐声　②落 lauʔ^{8}：交～(掉落)　③默 hmʔ^{8}：～～(不吱声)

④啑 tsɔp^{8}：咀物声　⑤泶 hãuʔ^{8}：芋仔～～(不松软)　⑥诺 hiɔʔ^{8}：应答词“是”

⑦㴘 tsiuʔ[7]：密～～(很密)　⑧寂 tsiauʔ[7]：静～～　⑨吓 hiãʔ[7]：搭～(发怵)

⑩蛲giãuʔ[8]：虫蠕动状　⑪槺 suãi[6]：～仔(杧果)　⑫跩 uãiʔ[7]：走路不稳状

龙文区方言共有85个韵母。其中，单元音韵母7个、复元音韵母10个、鼻韵母16个、鼻化元音韵母13个、塞音尾韵母39个。所有韵母由元音[a]、[ɔ]、[o]、[e]、[ɛ]、[i]、[u]与辅音[m]、[n]、[ŋ]、[p]、[t]、[k]、[ʔ]单用或组合而成。

三、声调

龙文区方言声调表

表30-1-3

声调代码	调类	调型	调值	例字
1	阴平	高平	44	冬枝军
2	阳平	低升	13	同迟轮
3	上声	高降	53	党起稳
5	阴去	低降	21	冻去困
6	阳去	低平	22	洞治闰
7	阴入	中降促音	32	啄吉骨
8	阳入	低升降促音	121	毒值掘

附注：表中声调调值，采用传统数值，以便与其他闽南方言分支作比较。

龙文区居民的实际发音调值分述如下：

1.阴平大多数人发音有中升趋势，按惯例转换为五度标记法时仍按44处理，但已可从听觉上明显感觉“不平”。

2.阴入与阳入因受入声音节塞尾影响，显得短促，可在调值下加单横线表示，也可不加。阳入快读时为12或2。

第二节　音　变

一、变调

（一）双音节连读变调规律

龙文区方言有7个单字调，除单独出现及处于词末位置不变外，当几个字组成词连读时，原来的单字调会产生调值变化。后字读轻声时，前字不变调。最常见而且有规律可清的是双音节连读变调，其规律是：前一个变调值，后一个不变；并且不论后一个字是哪一个调类，前字都只有一种变化。

龙文区方言变调规律表

表 30-1-4

前字本调		前字变调		例词
调类	调值	调类	调值	
1 阴平	44	6 阳去	22	清新 tsʻiŋ^{1}sin^{1}→tsʻiŋ^{6}sin^{1}
2 阳平	13	6 阳去	22	时钟 si^{2}tsiŋ^{1}→si^{6}tsiŋ^{1}
3 上声	53	1 阴平	55	酒精 tsiu^{3}tsiŋ^{1}→tsiu^{1}tsiŋ^{1}
5 阴去	21	3 上声	53	货车 hue^{5}tsʻia^{1}→hue^{3}tsʻia^{1}
6 阳去	22	4 阴去	21	寿金 siu^{6}kim^{1}→siu^{5}kim^{1}
7 阴入(-ʔ)	32	3 上声(丢失-ʔ)	53	壁灯 piaʔ^{7}tiŋ^{1}→pia^{3}tiŋ^{1}
7 阴入(-p、t、k)	32	1 高短	5	七斤 tsʻit^{7}kin^{1}→tsʻit^{1}kin^{1}
8 阳入(-ʔ)	121	4 阴去(丢失-ʔ)	21	白鸡 pɛʔ^{8}ke^{1}→pɛ^{5}ke^{1}
8 阳入(-p、t、k)	121	4 阴去	21	白丁 pik^{8}tiŋ^{1}→pik^{5}tiŋ^{1}

附注：阴入带 p、t、k 塞音尾的音节变调后，其调值为调型高短 • ┃。为书写音节方便，将它记为阴平类。

由“仔”尾构成的双音节名词，当“仔”读上声，前字本调为阴去及阴入(ʔ)时，不按上表变为上声，而是变为阴平；前字本调为阳去时，不按上表变为阴去，而是保持不变调；前字本调为阳入时，不按上表变为阴去，而是变成阳去。前字本调为阴去的如：刺仔 tsʻi^{1}a^{3}、裤仔 kʻɔ^{1}a^{3}；前字为阴入(ʔ)的如：铁仔 tʻi^{1}a^{3}、桌仔 to^{1}a^{3}；前字本调为阳去的如：市仔 tsʻi^{6}a^{3}、帽仔 bo^{6}a^{3}；前字本调为阳入的如：蝶仔 ia^{6}a^{3}、石仔 tsio^{6}a^{3}。

（二）多字组连读变调

3 个或 3 个以上音节相连，可按双音节规律类推。但单音节形容词三叠的变调有些特殊。如：

新新新 sin^{1}sin^{6}sin^{1}
柴柴柴 tsʻa^{1}tsʻa^{6}tsʻa^{2}
倒倒倒 to^{1}to^{1}to^{3}
潡潡潡(含水分多)ka^{1}ka^{3}ka^{5}
烂烂烂 nua^{1}nua^{5}nua^{6}
贴贴贴 ta^{1}ta^{3}taʔ^{7}
白白白 pɛ^{1}pɛ^{5}pɛʔ^{8}
足足足 tsiɔk^{1}tsiɔk^{5}tsiɔk^{7}
密密密 bat^{1}bat^{5}bat^{8}

二、其他的音变

龙文区方言连读时因声韵母的相互影响，可发生语流音变。

（一）同化

两个音节相连时，本来不相同或不相近的音素互相影响，变为相同或相近的音素：

猪仔 ti^{1}a^{3}→ti^{6}ia^{3}
鸡仔 ke^{1}a^{3}→ke^{6}ia^{3}
叉仔 tsʻɛ^{1}a^{3}→tsʻɛ^{6}ia^{3}
槌仔 tʻui^{2}a^{3}→tʻui^{6}ia^{3}
粿仔 kue^{3}a^{3}→kue^{1}ia^{3}
铁仔 tʻiʔ^{7}a^{3}→tʻi^{1}ia^{3}
龟仔 ku^{1}a^{3}→ku^{6}ua^{3}
芋仔ɔ^{6}a^{3}→ɔ^{6}ua^{3}
糕仔 ko^{1}a^{3}→ko^{6}ua^{3}
稻仔 tiu^{6}a^{3}→tiu^{6}ua^{3}
票仔 pʻio^{5}a^{3}→pʻio^{3}ua^{3}
拓仔 tʻuʔ^{7}a^{3}→tʻu^{1}ua^{3}
柑仔 kam^{1}a^{3}→kam^{6}bã^{3}
瓶仔 pan^{2}a^{3}→pan^{6}lã^{3}
瓮仔 aŋ^{5}a^{3}→aŋ^{1}gã^{3}
鸽仔 kap^{7}a^{3}→kap^{1}ba^{3}
塞仔 tʻat^{7}a^{3}→tʻat^{1}la^{3}
壳仔 kʻak^{7}a^{3}→kʻak^{1}ga^{3}
衫仔 sã^{1}a^{3}→sã^{6}ã^{3}
圆仔 ĩ^{2}a^{3}→ĩ^{6}iã^{3}
羊仔 iɔ̃^{2}a^{3}→iɔ̃^{6}uã^{3}
哪仔 lã^{3}a^{3}→lã^{1}ã^{3}
零物仔 lan^{2}bĩʔ^{8}a^{3}→lan^{6}bĩ^{6}iã^{3}
乜耄仔 bĩʔ^{7}bãuʔ^{7}a^{3}→bĩ^{3}bãu^{1}uã^{3}
新妇 sin^{1}pu^{6}→sim^{6}pu^{6}
身边 sin^{1}pĩ^{1}→sim^{6}pĩ^{1}
般配 pan^{1}pʻue^{5}→pam^{6}pʻue^{5}

文武 bun^{2}bu^{3}→bum^{6}bu^{3}　　大家 tai^{6}kɛ^{1}→tak^{5}kɛ^{6}　　争差 tsiŋ^{1} tsʻa^{1}→tʻsiŋ^{1} tsʻa^{1}

是谁仔 si^{6}sui^{2}a^{3}→si^{5}tsui^{6}a^{3}→tsi^{5}tsui^{6}a^{3}→tsi^{5}tsua^{2}

（二）异化

两个相同或相近的音素连在一起，读音时其中一个音素变成不相同或不相近的音素：

褪赤骹 tʻuĩ^{5}tsʻiaʔ^{7}kʻa^{1}→tʻui^{3}tsia^{3}kʻa^{1}　　豆包仔粿 tau^{6}pau^{1}a^{3}kue^{3}→tau^{5}po^{6}a^{1}kue^{3}

（三）合音

身躯 si^{1}kʻu^{1}→su^{1}　　陈先生 tan^{2}sin^{0}sɛ̃^{0}→tan^{2}sɛ̃^{0}

互人 hɔ^{6}laŋ^{2}→hɔŋ^{6}(被人)　　徛起来 kʻia^{6}kʻi^{0}lai^{0}→kʻia^{6}kʻɛ^{0}

查某仔 tsa^{1}bɔ^{3}a^{3}→tsau^{1}a^{3}(女儿)　　走出去 tsau^{3}tsʻut^{0}kʻi^{0}→tsau^{3}tsʻui^{0}

落花生 loʔ^{8}hua^{1}siŋ^{1}→lua^{5}siŋ^{1}　　来一下 lai^{2}tsit^{0}ɛ^{0}→lai^{2}tsɛ^{0}

第三节　文白异读

一、文白异读现象

字音有文、白异读是闽南方言的共同特点，龙文话也存在着复杂的文、白异读系统。在 3000 多常用字中约有三分之一存在文、白两种读音。

文、白异读，指一个字音来源相同、词义相关，在书面语和口语两个不同的环境里，出现一种有规律、成系统的语音差别。文读音也称读书音，旧称“孔子白”；白读音又称说话音。例如，“担任”一词中的“担”读[tam^{1}]，在“担水”中读[tã^{1}]，这两个读音都来自《广韵》的咸摄开口一等平声谈韵端母，意义相关；只是“担任”为书面语词，“担水”为口语词。同为咸摄开口一等的其他韵字，如“胆”、“三”、“敢”也同样有异读情况。“胆”：[tam^{3}]～寒，[tã^{3}]好～；“三”：[sam^{1}]～思，[sã^{1}]第～；“敢”：[kam^{3}]勇～，[kã^{3}]～死。这就形成文读 am、白读 ã的对应系统。

二、文白异读类型

按音节结构分析，文、白语音异读有 7 种类型。

		文	白		文	白
1. 声母不同	支：	tsi^{1}	ki^{1}	妇：	hu^{6}	pu^{6}
2. 韵母不同	美：	bi^{3}	bue^{3}	九：	kiu^{3}	kau^{3}
3. 声调不同	腐：	hu^{3}	hu^{6}	卤：	lɔ^{3}	lɔ^{6}
4. 声母、韵母不同	飞：	hui^{1}	pue^{1}	实：	sit^{8}	tsat^{8}
5. 声母、声调不同	耳：	dzi^{3}	hi^{6}	一：	it^{7}	tsit^{8}
6. 韵母、声调不同	有：	iu^{3}	u^{6}	想：	siaŋ^{3}	siɔ^{6}
7. 声母、韵母、声调都不同	远：	uan^{3}	hui^{6}	雨：	i^{3}	hɔ^{6}

这 7 种类型，以韵母不同的为最多，声母不同的次之，而单纯声调不同及声母、声调不同的只有个别字音。

第四节 同音字表

说明

一、本表主要收录口语常用字音，也兼收最常见的书面语字音。

二、小号字为注释或词例。一字有多种读音时，若不同读音有不同意义或组词，则在字目后用注释或词例表示。

三、文白异读者，文读音在字下划双横线，白读音在字下划单横线；注释中“俗读”包括“训读”，“俗写”表示方言字；能确定音，但未找到相应的字形的字用方框“□”表示。

五、本表按韵母分部，同一韵母下按声母顺序组成音节，音节后按声调顺序排列字目。

韵母顺序：1.i 2.u 3.a 4.ia 5.ua 6.ɔ 7.o 8.io 9.e 10.ue 11.ɛ 12.iu 13.ui 14.ai 15.uai 16.au 17.iau 18.m 19.im 20.am 21.iam 22.ɔm 23.in 24.un 25.an 26.ian 27.uan 28.ŋ 29.iŋ 30.aŋ 31.iaŋ 32.ɔŋ 33.iɔŋ 34.ĩ 35.ã 36.iã 37.uã 38.ɔ̃ 39.iɔ̃ 40.ɛ̃ 41.iu 42.uĩ 43.ãI 44.uãI 45.ãu 46.iãu 47.iʔ 48.uʔ 49.aʔ 50.iaʔ 51.uaʔ 52.ɔʔ 53.iɔʔ 54.oʔ 55.ioʔ 56.ɛʔ 57.iuʔ 58.eʔ 59.ueʔ 60.auʔ 61.iauʔ 62.mʔ 63.ŋʔ 64.ĩʔ 65.ãʔ 66.iãʔ 67.ɔ̃ʔ 68.ɛ̃ʔ 69.ãuʔ 70.iãuʔ 71.uãiʔ 72.ip 73.ap 74.iap 75.ɔp 76.it 77.ut 78.at 79.iat 80.uat 81.ik 82.ak 83.iak 84.ɔk 85.iɔk

1 i

pi①卑碑悲②脾啤琵③比彼匕⑤闭泌秘费(姓)⑥币备被毙婢

p'i①披丕胚②脾~气皮疲③否痞鄙⑤譬屁

bi①眯②眉微弥縻③米美尾⑥未味

ti①知猪诛②池驰迟除持提~防③底抵邸⑤致知~识智戴⑥治弟痔箸在(俗读)

t'i①黐粘~~②啼苔雉~鸡锄~草③企耻储⑤剃嚏

li②厘驴帘璃琉~闾③李里理女汝旅屡⑤攦(撕开)⑥利俐离吏虑吕例厉

tsi①之芝支枝脂②糍薯③旨指止只籽姊紫煮主⑤帜质人~志言志至⑥舐聚

ts'i①蛆腮刍趋凄②持徐③鼠取齿处~理⑤处办事~刺试翅⑥市饲

si①司书尸西~瓜施丝思相~需须输舒②时辞③死始暑署矢⑤四世势庶⑥是寺示视序绪叙树侍署~名曙

dzi②儿而如愉儒茹③耳子棋~乳豆~⑥二字腻喻饵

ki①枝机饥讥基居车②其棋旗期奇渠祈歧③几~桌幾己纪举⑤记据锯计伙~既痣⑥忌巨妓具惧俱拒

k'i①区驱欺攲(倾斜)拘②骑蜞(水蛭)③齿岂起⑤气汽去器⑥柿忌

gi①唭笑~~②愚仪宜谊疑娱鱼③语拟蚁⑥义议遇寓御

hi①希稀牺圩虚熙嘻②鱼渔③喜许⑤戏肺⑥耳

i①衣依伊医淤②余于移夷姨怡予颐③椅已以与羽宇雨⑤意矣噎瘀⑥曳预异易肆誉

2 u

pu②烰(烤)匏⑤富⑥孵

p'u②浮芙蓉~③斧⑥浡(沸腾溢出)

bu②无芜毋③母老~武侮舞抚⑥务雾巫

tu①推堆蛛②厨躇③拄~着抵~数⑤注—~钱⑥拄门~

lu①推堆肿—~③女愈⑤鑪~锅仔⑥跙~倒

tsu①朱珠诸咨姿兹滋资孜②慈磁瓷③主子梓⑤注柱驻蛀铸⑥自住对不～

tsʻu①趋(倾斜)②玼疵③此⑤次厝趣～味⑥跙

su①司私师思输②词辞殊祠饲③史使驶⑤四肆赐思意～⑥士仕事似祀屿

dzu③乳⑥字裕

ku①龟②球土～起来③久韭⑤句灸⑥旧舅

kʻu①丘邱坵躯身～②跔(蹲)⑥臼

gu②牛⑥吽婴～

hu①夫伕敷孚灰火～②俘扶浮③府俯腐甫斧⑤付咐赴富副赋⑥父妇腐豆～附辅负

u①污迂③呜呼～仔⑤坞⑥有

3 a

pa①巴笆疤爸②琶③饱把靶⑤坝霸豹吧⑥罢

pʻa①葩⑤帕⑥泡

ba①疤(皮扶上的小肿块)②媌麻⑥密

ta①凋(干燥)礁③哪～一箇⑤罩

tʻa⑤棹～开

la①喇②碌～礴蟟沙～⑥□(搅动)

tsa①查～某③早

tsʻa①差岔②柴③吵炒⑤诧咤⑥嘈～～滚

sa①抄(抓取)栅篱～些

ka①胶交～定轱～辘袈③绞搅～闹⑤教校～准窖地～⑥咬共我～伊讲

kʻa①骹(脚)胛～脊茭～白笋尻～穿③卡巧⑤撽(叩、敲)

ga②牙败～

ha①哈③哈(吆喝牛马声)⑤孝挂～

a①阿亚～洲鸦丫③仔(词尾或词嵌)哑⑤亚～军⑥也～好

4 ia

tia①爹

tsia①遮嗟③姐者⑤蔗炙借～口⑥谢

tsʻia①车奢②斜勺～仔

sia①赊②佘斜邪畲麝～狗蛇③写捨～施⑤舍泻赦卸⑥谢射社

dzia①遮～风③惹

kia②崎高～⑤寄⑥徛(陡峭)

kʻia①奇～数迦②骑⑥徛(站)伽～蓝

gia②蜈～蚣

hia①靴稀瓠～⑥蚁瓦厝～

ia①埃轰～②爷耶椰③野冶⑤瘟(累；厌烦)⑥也之乎者～夜

5 ua

pua⑤簸

pʻua①抛～锭⑤破

bua②磨

tua②汰～内⑤带⑥大舵

tʻua①拖⑤泰长～⑥汏(清洗)豸虫～

lua②箩⑥赖偌～大

tsua①抓拙老～②蛇谁③纸笊⑥誓咒～缀线～

tsʻua⑤蔡⑥焘～路潒～头

sua①沙鲨痧③徙刷耍潄⑤续接～

kua①瓜歌柯③寡有一～⑤挂卦盖芥褂过罪～怪见～

kʻua①夸跨垮③可小～⑤跒(搁)跨徛～

gua③我⑤哦⑥外

hua①花哗华②铧桦⑤华化文～⑥哗～～叫

ua①蛙洼娃娲桠树～③倚～年瓦⑤化～田⑥画话

6 ɔ

pɔ①晡下～埠～头埔(成片平地)②酺豆～捕苞莲～③补脯菜～⑤布怖傅播⑥步部哺

pʻɔ①铺麸麦～②扶菩③普谱⑤舖(十华里)⑥簿廍(制糖作坊)

bɔ②模漠沙～摹谋③某牡亩⑥幕慕暮茂贸

tɔ①都②徒图途厨～子③肚堵赌斗抖⑤斗战～妒⑥度渡杜肚窦

tʻɔ①偷②头涂(泥土)③土～地吐(伸出)⑤吐～血兔透⑥渡～汤

lɔ①烙(微焦)②卢颅庐炉娄③鲁橹虏卤⑥路赂露裸陋卤盐～

tsɔ①租邹雏③祖阻组诅⑤奏皱⑥助骤步～祚

tsʻɔ①粗初③楚础⑤醋措凑

sɔ①苏酥疏搜甦③所叟溯漱⑤素诉嗽疏奏～

kɔ①姑菇枯孤辜②糊米～③古估枸购鼓⑤故固雇顾构

kʻɔ①箍呼～鸡枯茶～②糊③苦许口可宁～⑤库裤寇叩

gɔ②吴吾梧⑥五误悟晤

hɔ①乎呼②胡葫弧狐侯③虎唬否缶⑤戽⑥户护互雨后厚候祜

ɔ①乌呜讴②胡壶盂③呕妪⑤恶可～⑥芋

7　o

po①玻婆阿～褒②婆③保堡宝⑤报簸⑥暴

p‘o①波坡皤②葡③颇叵跛⑤破剖解～⑥抱部一～册

bo②无③母姆拇⑥帽磨石～

to①多哆刀②驼舵陶逃涛③岛捣倒颠～祷⑤倒～水到⑥导道盗悼惰

t‘o①拖韬②桃③讨妥⑤套唾椭

lo①啰伽里～②罗锣逻牢劳痨③老脑瑙⑤艕(个子高)⑥烙烧～醪(不清)

tso①嘈(胃不适)②曹遭槽③左枣藻早⑤做佐⑥坐座造

ts‘o①蹉操～行③草⑤错糙挫噪造～诣；～次

so①梭骚娑②趖(虫爬行)③嫂锁琐⑤燥躁⑥唆使～

ko①哥高膏羔糕戈②擖茄～～个③果稿裹⑤告过个～体⑥号年～

k‘o①科蝌苛～刻窠③考拷烤可⑤靠课诰

go②鹅蛾遨熬讹⑥傲卧饿

ho①号怒～呵(微热)②禾和河荷何豪毫③好⑥号贺浩鹤祸

o①阿倭苛～政疴锅涡②蠔③袄婀媪⑤澳奥懊

8　io

pio①标镖膘③表錶⑥鳔

p‘io②薸(浮萍)⑤票漂

bio②描瞄③渺⑥庙

tio②潮跳⑤钓⑥赵

t‘io①挑～刺⑤粜

lio②撩～肉油蟟～仔

tsio①招椒蕉③少⑤照醮⑥嚼反～

ts‘io①猜⑤笑唱誚坦～

sio①烧相～骂③小

dzio⑥尿

kio②桥荞茄⑤叫⑥轿蕌露～

k‘io⑤窍做～

gio②蛲白～偶～的③睨(做媚眼)

hio①挑～末③哮(驱赶声)

io①腰幺邀～团②摇窑③殴(以杖击)

9　e

pe①胏(竹片)③靶⑤蔽

p‘e①批③䫌喙～⑤柿碗～纰⑥稗

be②迷谜醚③买⑥卖𠲎(不会)袂

te①低②题蹄③短底贮(装、盛)⑤戴帝蒂缔⑥地代袋弟悌递第埭(土坝)

t‘e①胎推～辞钗梯②提堤啼③体⑤替退剃涕

le①禰哭娘～②丽高～参璃犁螺③礼禰娘～詈⑤捩～破皮⑥丽美～厉励戾隶

tse①灾着～剂②齐脐③姐～仔婆济～南⑤际祭济经～挤⑥坐座罪～过多(俗写)

ts‘e①初妻栖③扯⑤切一～脆⑥坐～钱

se①西梳疏③洗黍～仔所⑤细

ke①鸡街稽②膎虾～③改解⑤计疥解～送继

k‘e①溪②□(涎着脸)③启⑤契

ge②倪霓③诣造～倪端～⑤块扫～⑥艺毅

he①睽(眯眼看)②奚蹊挨～过去携③嘿⑥系蟹毛～

e①挨～粿②鞋的(助词)③矮欸(呼人词)⑤欸⑥会

10　ue

pue①杯飞②培陪赔③拏～开⑤贝辈背褙⑥倍焙狈佩悖背

p‘ue①坯②皮⑤配柿厝瓦～⑥被

bue②梅煤媒玫莓糜③每尾⑥未(尚未)

tue②兑颓⑤缀～人去

t‘ue⑤退蜕褪⑥儽(笨拙)

lue②羸③馁⑥内

tsue⑤最赘⑥罪睡交～

ts‘ue①吹炊②箠③髓⑥找(俗写)

sue①衰②垂⑤税帅岁⑥涶(液体顺容器边流下来)

dzue②挼(揉搓)蕤摧～残⑥芮睿

kue③果粿裹～粽⑤过会～计侩刽⑥擀～手

k‘ue①盔诙恢魁②瘸葵～扇⑤课功～

gue⑥外

hue①灰②回和～尚茴③火伙夥⑤货岁贿悔晦⑥会绘荟溃

ue①锅剐唯(应答词)③挖⑤秽⑥卫

11 ɛ

pɛ①扒～饭②爬琶扒筢③把～门靶⑥爸耙

p‘ɛ⑤帕⑥□～～走

bɛ③马码玛

tɛ②茶

t‘ɛ③□拉～食⑥蛇

lɛ①呶～訍⑥□(口涩感)

tsɛ①查渣楂⑤炸诈债榨⑥寨

ts‘ɛ①叉杈差岔②查⑤厕⑥唶漏～～

sɛ①纱沙砂裟③□～好⑤洒～水⑥石～榴癀人～

kɛ①家加傢茄嘉佳②枷③假瘕贾⑤架驾稼嫁价假放～⑥下(低)

k‘ɛ②搭③起(“起来”合音)

gɛ①□(好)②牙芽蚜衙⑥艺无～(害羞)迓

hɛ①瘕声～～②虾霞遐暇⑥下夏厦

ɛ③呃(吐)⑥厦～门下(量词)

12 iu

piu①彪

p‘iu①□(快跑)

biu②缪绸～⑥谬缪(姓)

tiu①丢紧～～②绸稠惆筹踌③肘凋～⑤昼⑥稻纣宙胄

t‘iu①抽②头～哥

liu①溜②留榴瘤③柳纽～仔绺(量词)⑤溜～痞绺～猪仔⑥鳍馏(再蒸一次)

tsiu①州洲周舟③酒守帚⑤蛀咒⑥就鹫蹴

ts‘iu①秋鬚②愁仇(姓)③手帚⑤啾拍加～⑥树

siu①收修羞②囚泅仇酬③守首手⑤秀绣锈兽袖宿⑥受授绶寿

dziu②柔揉③蹂～躏

kiu①趜(缩入)②求球虬③九玖久纠赳⑤救究灸⑥厩疚柩舅

k‘iu①丘蚯鸠②虬～毛③搝(拉)⑥臬(软而韧)

giu③搝

hiu①休②裘棉～③朽⑤臭嗅溴～水⑥复

iu①优忧悠幽②尤犹由油邮游③友诱有牖⑤幼⑥釉又右佑有宥侑

13 ui

pui②肥⑤痱⑥吠蜚屎～

p‘ui③呸⑤屁沸

bui①微～～仔笑

tui①追堆②捶搥⑤对碓⑥队坠堕

t‘ui①推梯②锤槌③腿⑤颓～废⑥缒～重

lui①镭铜～②雷镭(元素)擂③累积～磊蕊垒⑥累拖～泪类

tsui①锥椎榛交～②摧(用刀横截)③水嘴～脸⑤醉⑥萃瘁粹

ts‘ui①崔催炊摧吹③璀惴髓⑤碎淬脆喙(口)

sui①荽芫～蓑棕～虽绥②随垂谁③水风～⑤碎⑥睡穗遂瑞祟

kui①归规机布～闺奎②葵揆逵③鬼几诡宄奸～⑤贵季桂瑰玫～癸⑥跪柜馈匮

k‘ui①开亏③轨傀诡⑤气愧喟

gui②危桅巍⑥魏伪

hui①飞非霏啡蜚妃挥辉徽②肥磁～窑(地名)③匪菲～薄诽翡毁⑤费废讳卉喙⑥惠慧彗吠

ui①威崴衣(胎盘)②唯维围违为行～遗③伟纬韦委萎⑤喂⑥胃谓猬为因～位遗(赠与)

14 ai

pai②排徘俳牌③跛摆⑤拜⑥败稗惫

p‘ai⑤派沛湃

bai①毪(女阴)②眉楣埋霾③歹⑥　～脉

tai①呆②台苔③滓结～歹⑤戴爱～带蒂芥～代交～⑥代大贷袋舵殆怠

t‘ai①胎飑风～筛②刣(杀)③呔番～癞～哥⑤太态泰汰⑥待招～

lai②来莱梨③□乌～血⑥内利

tsai①灾栽斋知～影②才财材脐裁③宰指崽⑤再载哉⑥在儎一船～

ts‘ai①猜②豺才柴裁③采採彩睬⑤菜蔡⑥在～～坐

sai①师西狮犀②使会～驶屎⑤使大～赛塞要～晒婿⑥侍服～

kai①该阶皆偕③改解⑤界介芥届盖丐戒概斗～

k‘ai①开揩③楷凯暨～南大学⑤概溉慨暨(及、和)

gai①呆～板崖涯⑥碍

hai①奓(很大)咍(呵斥)②械谐孩③海骇⑤嗐(叹词)⑥害亥懈邂

ai①哀埃唉欸③蔼霭矮⑤爱暧隘

15　uai

kuai①乖～巧蛙蛤～鲑～仔鱼③枴拐⑤怪狯

k'uai⑤快筷块

huai②淮槐怀徊⑥坏

uai①歪③崴

16　au

pau①包胞咆②苞鲍匏庖③饱～和⑤豹⑥皻(揍脑袋)

p'au①抛刨③跑⑤泡袍炮⑥雹抱

bau③卯铆⑥泖(将汤汁浇在熟面条上)

tau①兜②投骰③斗米～捣倒～车⑤斗(安装)昼日～⑥豆痘读句～

t'au①偷②头③敨(解)～开⑤透⑥毒～虫

lau①唠～话②刘(姓)流留楼③老佬～仔⑤落⑥老漏瘘缭秤～

tsau①糟槽～心②巢缫剿③走蚤⑤灶奏⑥找占～棹

ts'au①抄操钞③草吵⑤臭凑⑥嘈～～念

sau①捎诮～皮⑤扫嗽咳～哨梢

kau①高～兴交郊蛟钩勾沟②侯(姓)猴③狗九玖搞狡⑤够校～对教较到窖⑥厚咭～～念

k'au①剾敲阄抽～薅～草尻③口巧⑤哭扣叩～首铐

gau②骜(能干)

hau①哕面～～嚣～搁②候(等)③吼(哭)⑤孝哮⑥校效候后～生鲎

au①欧鸥凹沤～雨②喉③拗(折)呕殴⑤懊～悔沤～味⑥后～面

17　iau

piau①膘③表裱婊

p'iau①标飘漂飙②剽瓢嫖⑤票漂骠剽⑥鳔殍莩

biau②苗描瞄猫③秒渺淼杳藐邈⑥妙庙缪(姓)

tiau①雕碉凋刁放～貂朝～～②条朝～廷潮调迢髫牢牛～⑤吊钓寫～远⑥调召号～兆肇掉

t'iau①超挑佻刁～工②髫小～调～皮③窕⑤跳眺粜⑥柱

liau①瘳散手～～②辽疗燎寮嘹僚聊③了瞭～望⑥料廖

tsiau①焦蕉礁暗～浇椒昭钊②憔瞧③鸟沼⑤照诏醮

ts'iau①抄锹②撨(移动位置)瞧③悄愀⑤俏峭笑

siau①萧箫宵消霄逍销烧嚣②韶屦(精液)③少多～小筱⑤少～年肖数算～笑见～啸⑥邵绍韶

dziau②饶～裕娆③扰爪绕⑤挠约～纱⑥尿

kiau①娇骄姣②侨荞乔桥翘连～③搅饺缴九跋～皎狡矫裱～褙⑥挢(撬)轿

k'iau①跷～脚橇雪～②乔～吊③巧⑤窍翘跷～～板

giau②尧蛲侥～疑

hiau①枭枵嚣骁邀②娆(女性轻佻风骚)③晓⑤挠(表皮剥落)

iau①妖夭要～挟邀枵(饿)②谣摇徭遥鹞窑姚饶上～③夭～寿犹～未窈舀⑤要重～⑥耀曜

18　m

hm②茅～仔根(菅根)

m①饮～茶(儿语)②莓花～梅粗～③姆⑤伓(不)(俗写)

19　im

tim①□(聪明)②沉⑤煩～头靛～色揕(掷)鈂～重⑥(炖)朕

t'im①琛⑤煩(点)～头

lim①啉(喝)②林淋琳霖临③凛(接近)廪懔⑤椫(小睡)

tsim①斟针②蟳覃③枕婶⑤浸

ts'im①侵深参～差③寝⑤沁

sim①心芯深②寻忱葚椹③婶审沈⑤渗勸(上下晃悠)⑥甚慎～～

dzim②揕(掏)壬③忍纫韧荏⑥任赁妊刃

kim①金今③锦⑤禁噤⑥妗

k'im①钦衾襟衿②琴芩禽擒

gim②吟③锦(比赛的局)⑥拎(取)

him①欣昕鑫②熊

im①音喑阴淹②淫③饮～食⑤荫窨～豆豉

20　am

tam①担耽②谈谭③胆萏菡～⑤煩(垂下)⑥淡氮

t'am①贪坍②痰潭谭昙檀③毯⑤探⑥窞～肚

lam①襤(披上)②南楠男蓝淋～雨婪③览揽缆漤⑤蹦(用脚猛踢)⑥舰滥(掺杂)侣伴～

tsam①沾簪③斩崭⑤蘸湛~江⑥站錾堑
ts'am①参掺搀②惭馋谗③惨⑤忏~悔谶~语衬~色
sam①三衫杉③糁~糖⑤鬖(毛发等散乱)⑥儳(暗中骗)
kam①甘柑疳监学~橄②衔含③感敢⑤监~督鉴尴
k'am①勘堪龛戡③砍坎⑤勘(盖上)绀嵌⑥勘虚掩
gam①龄~~②岩癌⑥戆(呆)
ham①蚶邯酣②函涵含衔③撼喊~班⑤泛~~讻(浮夸)⑥陷憾
am①庵谙②涵沟~③菡⑤暗黯⑥颔

21 iam

tiam①砧鞋玷沾②沉甜③点⑤店惦⑥垫
t'iam①忝添②舔③拯谄⑥垫~本钱
liam①拈②粘廉镰帘檐③敛睑⑤捻⑥念殓廿
tsiam①尖针占~找沾~染箴詹瞻②潜蟾~酥⑤佔⑥暂渐
ts'iam①佥签纤歼②橙钎③锓(刺)⑤谮僭
siam①纤②寻(长度单位)蟾③闪陕⑤渗⑥赡~养暹~罗
dziam③冉(姓)苒髯染传~
kiam①兼②鹹③减检捡碱⑤剑
k'iam①谦②拑钳③歉慊⑤欠芡⑥俭
giam②严岩阎③俨⑥验
hiam①莶(味道浓烈)②嫌③险⑤趋~鸡仔
iam①奄阉腌淹阴半~阳②盐檐~板③掩魇⑤厌厣餍⑥炎艳焰

22 ɔm

tɔm①丼(东西掉入水中之声)
t'ɔm①丼(又)⑥窞(舀)~酒□~肥仔(因肥胖而笨重)
lɔm⑤沓~膝□(踢)
sɔm①参人~森~林②凇(土里土气)⑥偿篦~搡(慢行)
ɔm①□(严密掩盖)⑥□(虎叫声)

23 in

pin①宾缤滨彬斌②贫频屏凭③禀箅(竹编)⑤鬓篦梳~殡⑥膑牝
p'in①乒②栟~抛缤(头晕)③品
bin②民眠泯闽③敏闵悯皿泯⑥面
tin①珍徵症~结②尘滕藤③振~动⑤镇⑥阵
t'in②滕~茶⑤趁~便⑥趋~重
lin②怜邻辚麟③恁(你们)您⑤辗一~转⑥蔺躏吝
tsin①真津臻蒸升②秦榛绳③振震诊疹赈⑤进晋症~状证⑥尽烬儘(很)
ts'in①亲⑤秤~杆称~重榇清(冷)
sin①新薪辛申绅身胜~任先~生娠②神臣丞承~水蝇胡~晨⑤信讯迅汛囟⑥肾慎剩蜃
dzin②人仁⑥认
kin①巾斤根筋均跟今②瑾(从混水倒出清水)③紧仅谨⑤艮绢亘⑥近觐馑
k'in①轻②勤芹③汰(浅)⑤□~彩
gin②银垠龈凝⑥猌(厌恶)
hin①兴~起②眩③很⑤兴高~衅⑥很狠
in①因姻恩殷②寅匀云芸耘③引隐尹允殒⑤印应(应答)⑥孕胤

24 un

pun①分~开②嗌(吹)③本苯扁~担⑤畚粪~扫⑥笨囤粟~
p'un①潘~水奔②盆③□~一空⑤喷
bun②文纹门扪们媒~人闻③蚊吻刎⑥闷焖问紊
tun①吨钝敦蹲②唇豚臀③盾转~去⑤顿吨⑥钝(不聪明)炖囤遁
t'un①吞②豚猪~仔尘笼~臀③□(脚踢又揉)⑤□缁~⑥垫(填)
lun①□(蜷缩)②仑伦轮沦③忍吞~碾石~懔(胆怯)⑥闰润论韧
tsun①尊遵谆②船前~年存③准撙~节⑤俊峻浚竣圳⑥阵拨（拧）
ts'un①鹑鹌~春伸②傅(谦让)③蠢忖⑤寸⑥拨（又）剩(俗读)
sun①孙狲②旬询醇巡纯循③笋隼榫损⑤舜瞬逊⑥顺
dzun⑥闰润韧嫩
kun①军君②群裙拳③滚衮⑤棍⑥郡窘群~众
k'un①昆坤髡②蜷(盘绕)③菌捆垦恳⑤困睏
gun③伝(我们)
hun①分芬纷吩昏婚熏勋②雲魂痕浑坟焚③粉恽(姓)愤~怒忿⑤训驯奋⑥混分水~份

un①温瘟②匀雲～霄③允～准隐稳殒陨⑤愠蕴⑥运韵晕

25 an

pan①班斑般颁扳②瓶盘～陀岭③反倒～板版⑥扮～演办瓣范比～

p'an①番～禺潘攀藩②盘磐蟠⑤判盼泮⑥畔

ban②闽蛮瞒③挽(拔)⑥万曼漫慢幔馒

tan①丹单郸殚②陈弹亭前～③等⑤旦蛋诞⑥但冇(硬)惮

t'an①瘫蛏坍②弹坛檀③毯坦疸袒⑤叹炭碳趁～样

lan①□(趼子)兰荷～②兰拦栏澜鳞难困～零～星③懒赧⑥难患～烂

tsan①曾罾②层前残～废③盏攒⑤赞栈站～岗⑥赠帮～

ts'an①餐呻哭～②蚕塍(田)③阐单～于⑤灿粲

san①删珊姗星零～山先③产铲散药～⑤散～步霰馓伞汕讪

kan①干奸艰间肩③简柬拣茧赶⑤干～部间～谍谏

k'an①牵刊③肯侃⑤看

gan②颜言③眼研～末⑤仫～水⑥彦谚雁唁岸

han①顸鼾②还韩寒③罕喊悍捍⑤汉⑥汗翰旱焊限

an①安氨桉②闲～话恒(绷紧)⑤案按晏⑥限

26 ian

pian①边鞭②骈胼③扁匾贬⑤变遍⑥便辨辩弁

p'ian①偏篇编⑤骗片

bian②棉绵眠联③免勉冕⑥面

tian①颠巅癫②田阗缠③展辗典碘⑥电甸佃殿垫

t'ian①天颠～柁②填阗滇③展殄

lian①蔫②连莲联怜③碾脸辇⑤辗(滚落)⑥练炼链楝

tsian①煎笺毡②前钱③剪践饯⑤战荐箭⑥贱溅

ts'ian①千迁阡②延③浅阐⑤倩纤～夫

sian①先鲜籼氙②蝉婵禅涎③鲜跣燹⑤扇煽线⑥善膳擅嬗

dzian②然燃

kian①坚悭肩③謇蹇⑤建键腱见⑥健键腱

k'ian①牵门～铿悭愆②乾虔③遣谴犬⑤ㄴ～芳

gian②妍③研妍⑤憖(瘾)齴(齿露出)⑥齴笑～～

hian①掀轩②玄弦舷贤悬③显炫⑤献宪显⑥现苋县岘

ian①烟胭咽渊焉②沿铅延筵缘芫③演偃兖⑤宴堰燕⑥衍院掾

27 uan

puan①般②胖盘蟠⑤半绊⑥拌叛畔

p'uan①潘藩②蟠⑤判泮⑥伴

buan②瞒③满螨挽晚

tuan①端②抟团蒲～③短⑤锻煅断决～⑥传段(姓)缎断篆

t'uan①湍②团传③踹⑤篆彖煅

luan②恋峦孪娈③卵软⑥乱

tsuan①专砖荃②全痊泉船③转赚⑤钻⑥撰馔

ts'uan①川氚穿村痊②船③舛(穿戴华丽)喘⑤串窜钏篡闯

suan①宣喧讪闩拴②旋漩镟③选⑤蒜算涮⑥羡

dzuan③软暖

kuan①关观官棺冠捐鳏②权悬高③管馆⑤贯惯观罐灌冠眷券盥⑥县倦

k'uan①宽②圈环圜拳③绻款⑤劝

guan②原源元③伝(我们)⑥愿

huan①欢番翻幡②还环桓矾烦繁樊③反返⑤幻贩唤痪泛⑥患犯范宦梵凡

uan①弯湾冤鸳②员圆完猿园丸③远阮玩皖顽碗宛婉苑腕⑤怨⑥援缓爰

28 ŋ

pŋ②帮～较阔③榜⑥傍～福气嗙(象声词)

p'ŋ⑥嗙

tŋ①当担～②堂唐长肠塘③涨水～⑤当(典当)⑥丈荡(洗涤)洗～

t'ŋ①汤②糖③□甲伊～一下⑤烫⑥搪杖桐～

lŋ②郎榔瓤二～莨薯～

tsŋ①庄赃妆装⑥状告～脏小～

ts'ŋ①仓沧海～舱疮②床⑥呛～出来

sŋ①霜丧桑②床笼～③损拍～爽谴～⑥□～～

kŋ①缸扛冈黄～⑤钢槓⑥□(象声词)

k'ŋ①糠康⑤囥(藏)
hŋ①方药~荒饥~③哼(不悦声)⑤哼(应答声)⑥哼(疑问声)
ŋ①央秧③影日~⑤向~南

29 iŋ

piŋ①兵冰崩②平朋绷③秉丙炳屏~除饼⑤并进~发摒~弃柄权~⑥并比~病
p'iŋ①乒拼烹砰②评平苹萍抨膨鹏屏⑤聘骋姘⑥併~胸
biŋ②明萌盟名冥鸣酩③猛蜢⑥孟命
tiŋ①丁灯叮徵特~登②亭澄海~橙廷庭惩重双~③等鼎顶⑤钉订装~叮凳中~意⑥邓定订签~磴户~
t'iŋ①厅听撑瞠②程呈腾誊停霆③挺艇逞⑤听趁~便
liŋ①奶②零玲铃聆龄囹伶宁柠灵菱凌陵能龙③冷领岭伶~俐泞⑥令另冗(不紧)泞宁~可
tsiŋ①争征钟憎增僧精赠晶蒸盅酒~贞牲~生②前情晴③肿种~子井整⑤正证政种~树⑥静靖净赠
ts'iŋ①青清千称~呼②榕松~柏蚕沙~③请筅鸡毛~⑤称对~铳冲~上天衬⑥穿撞~着
siŋ①生笙牲甥升星先代~②乘成诚丞盛(装)③醒省⑤性姓胜圣⑥盛兴~恿乘~机
kiŋ①经茎京羹庚兢间~隔耕弓~鞋②穷③景竟境警哽耿⑤敬劲强~径痉颈更茎镜更⑥梗竞
k'iŋ①框筐氢卿②琼穹穷(清理)③倾顷肯⑤庆罄⑥虹
giŋ②迎凝⑥硬迎亲~
hiŋ①兴胸亨兄馨②形刑型邢行~动衡恒横还⑤兴悻⑥杏幸行品~
iŋ①英鹰婴樱莺应~该②荣营萤莹盈赢困蝇③永泳影往~年涌海~⑤应答~壅⑥泳咏

30 aŋ

paŋ①邦帮崩②房冯缝③绑膀梆榜⑤放⑥蚌棒
p'aŋ①芳(香)蜂②篷捧帆③纺⑤胖⑥缝
baŋ①卐(不可)②芒忙茫③蠓蟒~袍罔~上⑥网梦望向~
taŋ①东冬当②同铜筒桐童~乱③党~参董~事挡⑤冻⑥动洞重
t'aŋ①窗②虫桐③桶统长~袜躺倘⑤通(穿透)痛~疼⑥筩(海中浮桶)
laŋ①笼火~②人(俗写)脓聋笼~床③笼拢(向上提)~裤⑤窜(使间隔)~一空⑥弄~狮笼箸~
tsaŋ①棕鬃②从(棵、株)③总~头⑤粽壮四~
ts'aŋ①葱苍聪③偬茹~~⑤笲~毛管
saŋ①鬆放~③搡⑤送
kaŋ①工江功缸公(雄性)蚣冈岗刚纲肛③讲港⑤降绛⑥共~号
k'aŋ①空腔鼻~③伉倥~行⑤空~地控(用指甲抠)⑥倥~伉行
gaŋ②昂⑥□（发呆）~~
haŋ①烘虹夯②行银~杭航降投~⑤胮(发炎)⑥项巷
aŋ①翁(丈夫)尪(神像)骯②洪红③惝~偿⑤瓮

31 iaŋ

piaŋ①□磅~槌仔⑤迸硬~~⑥迸~落去
p'iaŋ⑥□(象声词)
tiaŋ①张紧~②长特~③长~辈⑤帐胀涨⑥丈仗杖
t'iaŋ⑤畅~销怅
liaŋ①哴(铃声)②凉良粮粱梁量测~③两俩辆⑥量数~谅晾亮
tsiaŋ①章漳樟将浆③奖桨蒋掌长进~⑤将大~障瘴酱⑥痒痛~
ts'iaŋ①昌猖娼枪伥②肠场偿墙戕③厂敞惝⑤唱倡⑥象像相（象棋子名）匠
siaŋ①商双伤殇相湘厢襄②详祥常嫦裳尝③想赏⑤相⑥上尚
dziaŋ③嚷壤瓤⑥让
kiaŋ①姜疆僵②强~大镪③强勉~襁⑥犟
k'iaŋ①羌腔⑤勥(能干)
giaŋ①哴~仔③仰⑤齴~牙
hiaŋ①香乡芗③响享⑤向饷晌
iaŋ①央秧泱殃②羊佯阳杨疡③养痒氧⑤映怏盎⑥恙样漾

32 ɔŋ

pɔŋ②旁傍膀~胱房③榜~山膀臂~⑤谤⑥磅傍泵
p'ɔŋ①乓②蓬篷③捧⑤胖~大海碰⑥哞~~轰

bɔŋ①摸②亡芒盲忘茫蒙③罔(姑且)莽蟒⑤甭("勿用"合音词)⑥妄望梦墓甭

tɔŋ①东冬当咚②同筒唐堂螳棠童③党董懂⑤栋冻当档幢一~厝荡⑥动恸洞恫荡撞

t'ɔŋ①通汤②糖③统桶捅~头⑤痛烫⑥幢一~册

lɔŋ①□~入去②农浓郎廊狼珑胧聋囊③笼垄珑朗⑤挵(捅)⑥浪弄

tsɔŋ①宗综踪庄桩装妆②崇丛藏③总⑤葬壮粽⑥状奘藏西~撞莽~

ts'ɔŋ①聪窗匆葱仓创~伤苍②床⑤创~造

sɔŋ①丧鬆霜桑③爽怂弄~嗓⑤宋送丧⑥□（慢行）罔~

kɔŋ①公工攻肛扛光胱膀~冈刚②狂③广讲⑤贡熕赣杠~杆逛⑥诓~头

k'ɔŋ①康空糠匡框③孔慷⑤亢抗空一百~三控矿旷⑥诓做~

gɔŋ②笻昂~首③狺(狗吠声)⑥戆(痴、傻)

hɔŋ①风疯丰峰锋烽封方芳慌轰②皇煌防妨弘鸿宏癀发~③访肪坊晃恍讽况⑤放⑥奉俸凤

ɔŋ①翁嗡汪②王③往枉汪(姓)⑤瓮⑥旺

33　iɔŋ

tiɔŋ①中忠②重(重复)⑤中~奖⑥重~要仲

t'iɔŋ①衷~心②虫③宠冢⑤畅

liɔŋ②龙隆狼~狈③陇⑤蹦~一步⑥冗~颂

tsiɔŋ①终舂盅锺②从③肿⑤众种耕~⑥状~元从~兄

ts'iɔŋ①充冲忡②从~容⑤纵怂铳

siɔŋ①嵩~重②松淞③耸⑥颂诵讼

dziɔŋ②绒戎茸③冗~员

kiɔŋ①恭宫弓躬供②穷琼秦~③拱龚⑥共

k'iɔŋ①穹芎③巩恐

giɔŋ②顒

hiɔŋ①凶匈胸汹②雄熊

iɔŋ①雍臃②容溶榕庸佣③勇恿⑤拥⑥用

34　ĩ

pĩ①边鞭③扁⑤变⑥编

p'ĩ①篇⑤片⑥鼻砒

bĩ①咪猫~眯②棉绵弥⑤乜(姓)⑥麵媚

tĩ①甜②缠⑥滇水~

t'ĩ①天添⑥紩~衫

lĩ①拈②年尼泥连川~③染~布尔汝你乳豆~⑥泥~古莅

tsĩ①晶毡②钱檐帘~③芷~姜⑤箭⑥净尖~

ts'ĩ①鲜(新鲜)③浅~色⑥□墨~仔（墨斗之笔）

sĩ②盐橄榄~③扇⑥盐(腌)豉豆~

dzĩ③尔耳汝愈乳

kĩ①栀碱②墘溪~⑤见

k'ĩ②钳

hĩ①哼(象声词)②弦壳仔~⑤献(抛物)⑥砚

ĩ①□(睡觉)②橼香~圆丸③芛(芽)⑤燕⑥院易誉异豫预

ã

p'ã⑤冇(质地松)怕

bã①妈哖戆~~②麻嘛③妈(祖母)马玛⑥嘛(语气词)骂

tã①担当到~②谭重~挡~开③胆疸打⑤担(名词)谭无讲无~帐蚊~⑥挡~影□咸~

t'ã①他它③坦平~挺(扶、抬)⑥娗妆~

lã②林蓝(姓)篮拦~截③娜哪挪那拿⑥若~是

tsã③斩(砍)崭齐~⑤蘸~猪肝⑥錾(舀取)~米

ts'ã⑥锵(锣声)

sã①三叁衫③甚~事

kã①监②含(带)③敢⑤酵⑥□(象声词)

k'ã①坩(陶钵)

hã①□(应诺词)③譀~人⑥□烧~~

ã②涵(袒护)③□~归爿⑤□(弯下)⑥馅

36　iã

piã①抨(摔)③丙饼⑤拚

p'iã①髆胛脊~②坪平③饼(量词)

biã②名明柴~⑥命

tiã①颠朾水茭~②呈埕庭③鼎(铁锅)⑤碇抛~⑥定锭

t'iã①听厅②程⑤痛⑥定~胆(壮胆)订~货

liã②尔安乃~③岭领⑥尔若~楞(突起的条状物)

tsiã①正~月精②成情亲~诚~实③饗咸~蕾额~⑤正~品⑥净大~

ts'iã①簽(小刺)②成~尾③请且⑤倩~工

siã①声②成城饧(诱惑)⑤圣(灵验)⑥墭粟~　礼~

（装礼品的木盒）

kiã①京惊②行(走)③囝~孙⑤镜⑥件健勇~

k'iã⑤庆~贺

giã②迎~尪⑤讶(看见了，儿语)

hiã①兄莶(气味浓烈)②惶惊~燃~火③显~目⑤惶搭~向~倒⑥艾

iã①缨帽~②营赢③影⑥焰~一下

37 uã

puã①般搬②盘磐③坂(常作地名)苑上~⑤半绊⑥拌(撣)

p'uã①潘(姓)藩⑤判贩(批发)⑥伴

buã①幔雨~②麻瞞鳗③满⑥漫水~过

tuã①单端卵~②弹坛檀⑤旦⑥段惰弹倒~

t'uã①摊滩③剷~草⑤炭碳

luã②拦③摊~面粉⑤懒(瘫倒地上)⑥烂澜(唾液)懒~性滥~贱

tsuã①煎~药②泉③盏怎安~⑤煎~肉油⑥溅(喷射)

ts'uã①篯起~刺⑤闩门~闯~路灿(显赫)

suã①山③散(零星)⑤散~开汕伞线

kuã①乾豆~杆旗~竿官肝关棺②寒③赶秆寡⑤官(长辈对男性下辈之尊称：名后加"官")⑥汗

k'uã①宽无~无紧⑤看快~活宽~气

huã①欢②横鼾③晃~乌⑥岸焊

uã①安鞍峖(山坳)③碗腕⑤晏早~案~桌⑥换旱

38 ɔ̃

bɔ̃①摸魔起~②毛摩髦磨魔⑥冒帽耄老老~

lɔ̃②奴弩挪③努脔⑥怒二懦

gɔ̃③我五伍午偶⑥午~睡忤仵

hɔ̃③火伙好⑤好爱~耗货⑥乎(语气词)

ɔ̃⑤謣(争议)唔(象声词)⑥唔

39 iɔ̃

tiɔ̃①张②场③长⑤胀帐涨⑥丈

liɔ̃②娘粮梁凉~伞量(动词)③两斤~⑥让量(量具)

tsiɔ̃①章樟漳~浦浆②蟾~蜍③掌桨蒋⑤酱⑥痒上~去

ts'iɔ̃①鲳枪②墙扬~粟③厂抢⑤唱⑥象像匠上~水耀(照)

siɔ̃①相~思厢箱伤~咸②疡(粘湿之物)③赏⑤相~准⑥想尚和~

kiɔ̃①腔上~薑獐山~荆蒲~

k'iɔ̃①腔~口⑥強~食

hiɔ̃①香~火乡~社⑥稆麦~

iɔ̃①鸯②羊洋杨阳溶熔③舀养⑥样

40 ɛ̃

pɛ̃①扳(攀、扳)绷(紧绷)②棚平坪上~⑤柄⑥病

p'ɛ̃①平分~②平~本钱彭澎

bɛ̃①搣(抓)咩②盲青~暝(夜晚)明~年③猛紧~敏~捷⑥骂

tɛ̃①瞪后~②捏桶~③□变猴~⑤罄~笑⑥郑

t'ɛ̃①撑②程(姓)瞠~光⑤撑

lɛ̃①奶乃安~蛉田~②晾拎蛇~头③嬭(母亲)⑤躡(踮)

tsɛ̃①争②晴雨~③井阱⑤诤(争辩)⑥静(停止哭叫)

ts'ɛ̃①生~食青星亲~姆③醒⑥铮(锣鼓声)

sɛ̃①生牲头~③省⑤姓

kɛ̃①更三~庚经~网惊~蛰③哽(卡住)⑤径~口

k'ɛ̃①坑

gɛ̃③雅⑥硬

hɛ̃⑥哼(象声词)~~喘

ɛ̃①婴②楹③哑~口⑤嗯(发语词)

41 iũ

bĩu⑥谬

tiũ③尛(极少)

t'iũ③丑

lĩu①妞囡仔~③钮(姓)扭纽

giũ②生

42 uĩ

puĩ①方枫⑥饭

p'uĩ①鐇(制棺材的小斧)③□~落去

buĩ①溦雨~仔②门③晚⑥问

tuĩ②剸(段)③转(转动)⑤顿⑥断

t'uĩ②团结~传~种⑤蜕~壳褪(脱)⑥□(回锅)

luĩ①抡(伸入)②柚③软⑤□(钻入)⑥卵

tsuĩ①砖②全齐~③□软~⑤钻⑥旋(髮旋)吮(舔)

ts'uĩ①穿③飫(用嘴把可吃部分剔下)

suĩ①酸孙(姓)栓拴③损水~牛⑤算

kuĩ①光③广管捲⑤卷(名词)券贯钱~桊

k'ũĩ⑤劝旷阔～

hũĩ①昏暝～荒②园⑥远

ũĩ①揾(捂盖)②黄磺③阮(姓)⑤慰畏尉

43　ãi

p'ãi③歹(歹恶)⑥背(背负)

bãi①妹阿～②糜(稀饭)③买⑤丬("勿爱"合音)⑥妹迈昧卖

tãi①铛(敲小锣声)③尒(极小)

t'ãi①铛

lãi①奶～～(官太太)③乃奶少～⑥耐奈赖癞

tsãi①知③怎～样

kãi①□(狗叫声)②□咬～③畩酢～

k'ãi①□倥～③□～破

gãi③龇(咬)

hãi①哼～～呻③揩(重击)⑥哼

ãi⑥背(背负)

44　uãi

suãi⑥檨～仔(芒果)

kuãi⑥□(拗)～来～去

k'uãi⑥□(打大锣声)

uãi①冃户～弯～郁③崴（扭伤）

45　ãu

bãu①描(打)②矛茅锚毛⑥貌

lãu②挠铙③脑恼瑙⑥闹

gãu②爻阳～肴熬③咬(狗等咬)⑥藕

hãu②コ(小煮一下)

46　iãu

liãu①猫③鸟袅⑤酢～畩、～鼻

giãu①挠～知③挠(抠挖)

iãu①喵(猫叫声)⑥喵

47　iʔ

piʔ⑦鳖⑧熚～爆

p'iʔ⑦襞(肏)⑧熚

biʔ⑦覕(躲藏)⑧篾～席

tiʔ⑦滴

t'iʔ⑦铁⑧眣(拖延)

liʔ⑦捩⑧裂

tsiʔ⑦摺接疖软～⑧舌折(断)

ts'iʔ⑦頣(垂下)⑧蠘(梭子蟹)

siʔ⑦蟋瑟～～颤薛⑧蚀消～

dziʔ⑧　(按压)

k'iʔ⑦缺～角

hiʔ⑦□～的(那个，指代不能说或不便说之事物)

iʔ⑧蚀～落去

48　uʔ

puʔ⑦窋～粒仔

p'uʔ⑦噗(吹药末入患处)⑧噗～～飞

tuʔ⑦尗～一点⑧揬(用尖端刺)

t'uʔ⑦拓～鸡屎托起～⑧□(傻)～～

luʔ⑦踛(跛行)

tsuʔ⑦泏(挤出)～膏

ts'uʔ⑦焠(烧灸)用香～一空

kuʔ⑧欱(喝水声)

49　aʔ

p'aʔ⑦拍(打)

baʔ⑦肉(俗写)

taʔ⑦答～应贴搭⑧踏

t'aʔ⑦塔⑧沓(量词)

laʔ⑦落～胸～胛⑧蜡猎腊

tsaʔ⑦扎～裤；～气札⑧闸截(拦截)铡

ts'aʔ⑦插

saʔ⑧煠～肉

kaʔ⑦甲钾胛夹(搭配)合～意

k'aʔ⑦较～好⑧□(两物靠住或粘住)

haʔ⑦□～尾⑧綍～皮带

aʔ⑦鸭押⑧合～身盒匣

50　iaʔ

piaʔ⑦壁

p'iaʔ⑦僻癖避⑧癖出～

tiaʔ⑦摘⑧籴辄即～仔

t'iaʔ⑦拆

liaʔ⑦沕～开⑧掠～人

tsiaʔ⑦隻(量词)脊迹⑧食(吃)

ts'iaʔ⑦赤⑧勺饭～

siaʔ⑦削锡⑧石～石

dziaʔ⑦迹一～

kiaʔ⑧屐

kʻiaʔ⑦隙孔～

giaʔ⑦揭～蚵仔⑧额(数额)

hiaʔ⑦赫～多吓(是吗?)⑧额(前额)

iaʔ⑦挖⑧页役差～疫瘟～驿～站易～经

51　uaʔ

puaʔ⑦拨钵⑧跋(跌)

pʻuaʔ⑦泼⑧佩(披挂)拔一～水

buaʔ⑦抹⑧末沫

tuaʔ⑧夺气～～

tʻuaʔ⑦屉獭

luaʔ⑦濑⑧辣

tsuaʔ⑦泄(摇溢出)⑧𨁈走～

tsʻuaʔ⑦泄～屎礤～番薯签⑧𨁈～尾罗仔

suaʔ⑦煞戏～撒杀七～

dzuaʔ⑧热

kuaʔ⑦割葛刮

kʻuaʔ⑦阔渴

huaʔ⑦喝⑧伐(跨步)

uaʔ⑧活划

52　ɔʔ

ɔʔ⑦呕(呕吐声)垩

53　iɔʔ

hiɔʔ⑧诺(表肯定的应词)

54　oʔ

poʔ⑦博～定⑧薄箔泊

pʻoʔ⑦粕朴～实

boʔ⑧莫

toʔ⑦卓桌⑧着～火择～菜

tʻoʔ⑧柁(迟钝)

loʔ⑦落～后日⑧落～雨络～索

tsoʔ⑦作种～⑧昨～日

tsʻoʔ⑦𬤊(粗话骂人)

soʔ⑦索(绳子)嗍(吮吸)⑧镯

koʔ⑦胳～空下阁内～廓各～样

hoʔ⑧鹤丹顶～

oʔ⑦偓(难)～做⑧学

55　ioʔ

tioʔ⑦擢(拉)钓⑧着(对)

lioʔ⑧略～～仔

tsioʔ⑦借斫～树⑧石～头

tsʻioʔ⑦尺鳌⑧席草～

sioʔ⑦惜⑧液手～俗老无～

dzioʔ⑧偌(皱而软)褥～疮

kioʔ⑦脚好～数

kʻioʔ⑦拾

gioʔ⑧虐碍～

hioʔ⑦歇（休息）⑧箬(叶子)

ioʔ⑦约(猜)⑧药

56　ɛʔ

pɛʔ⑦百伯柏⑧白帛脚～

bɛʔ⑧麦密～～

tɛʔ⑦压⑧舴篮～仔

tʻɛʔ⑦澈白～⑧宅

lɛʔ⑦咧～斗⑧裂

tsɛʔ⑦仄鹧睫目～毛

tsʻɛʔ⑦册⑧啨破～声

sɛʔ⑦屑拾稻～

kɛʔ⑦格隔⑧搭(卡住)喀～～死

kʻɛʔ⑦客

hɛʔ⑦吓～着

ɛʔ⑦厄～运轭

57　iuʔ

tiuʔ⑦搐～～弹

tsiuʔ⑦朋密～～⑧朋(小鸡、鸟叫声)

kiuʔ⑦匊缩⑧㇏(象声词)

kʻiuʔ⑧臭韧～～

giuʔ⑦□酸～～

58　eʔ

peʔ⑦八捌⑧拔

beʔ⑦要天～光

teʔ⑦啄

tʻeʔ⑧㨻(拿)

leʔ⑧笠

tseʔ⑦节⑧绝～后代

tsʻeʔ⑦切～心啜～气

seʔ⑦雪⑧踅(转圈)

keʔ⑦锲～仔荚(量词)

kʻeʔ⑦挤(俗读)跲放～箧～仔

eʔ⑦欸(喂)⑧狭呃喝～

59 ueʔ

pʻueʔ⑧垡土～

bueʔ⑦要⑧袜

tʻueʔ⑧瘀血～仔

tsʻueʔ⑦啜～汤

sueʔ⑦说解～

kueʔ⑦郭廓撅(刮)蕨～仔⑧撅(蹭)□一～

kʻueʔ⑦缺欠～

gueʔ⑧月

hueʔ⑦血

ueʔ⑦撅～糊⑧割～开

60 auʔ

pauʔ⑦暴～牙⑧曝(吃半熟谷类的感觉)

pʻauʔ⑧雹

bauʔ⑧贸(全买)

tauʔ⑦督蒂～⑧瞉(象声词)

lauʔ⑧落(掉下)交～

tsauʔ⑦□软～～⑧)嘈(唠叨)

kauʔ⑦饸～薄饼□油～(量油器)⑧瞉～～碾

kʻauʔ⑧瞉～～掉

hauʔ⑧滈(在开水中略煮)

61 iauʔ

tsiauʔ⑦□静～～嗷吱吱～～⑧嗷

kiauʔ⑧嗷叽叽～～

kʻiauʔ⑧碻硬～～

62 mʔ

hmʔ⑦□(打)⑧默～～

63 ŋʔ

pʻŋʔ⑦嗙～～叫

tsŋʔ⑧□(纠缠)

tsʻŋʔ⑦呛(把异物从鼻子里吹出)窜～过去⑧呛嗤嗤～～

sŋʔ⑧呛～～叫

kŋʔ⑧□～～叫

64 ĩʔ

bĩʔ⑦乜某～人⑧物～件

tĩʔ⑧挃伓～

lĩʔ⑦䁾～目

sĩʔ⑦闪～爁

ĩʔ⑦□～匸(发语不清)⑧□(用劲时之声)

65 ãʔ

lãʔ⑦凸清～爁金～～哪讲～

sãʔ⑦趿(扑)渫(涮)啥讲～

hãʔ⑦喝～火啥我来去～?

66 iãʔ

hiãʔ⑦吓搭～抔～衫

giãʔ⑧愕昂～

67 ɔ̃ʔ

bɔ̃ʔ⑦瘼(干瘪)膜～在壁顶⑧膜薄～

kɔ̃ʔ⑧齁～～叫

hɔ̃ʔ⑦否安乃～?

68 ɛ̃ʔ

bɛ̃ʔ⑦蜢草～⑧脉

lɛ̃ʔ⑦躡～骹尾⑧□要～?

tsɛʔ⑦雀～盲

kʻɛʔ⑦喀～～嗽⑧喀

gɛʔ⑦夹～仔⑧夹～在胳空下

hɛʔ⑦歇嚇安乃～?

ɛʔ⑦□～，你犹未去!

69 ãuʔ

bãuʔ⑦耄乜～

lãuʔ⑦呶(大略提起)⑧呶(唠叨)

sãuʔ⑦槊(食物脆且多汁)

kʻãuʔ⑧□(吃硬物声)

gãuʔ⑦□(狗吠声)

hãuʔ⑦□稀稀～～⑧□(猪狗吃食声)泶芋仔～～

ãuʔ⑦匸呷～

70 iãuʔ

giãuʔ⑦岋～啊～挠～庀(吝啬)⑧蠓(虫蠕动)

71 uãiʔ

suãiʔ⑧亣～～叫

huãiʔ⑧□肥～～

uãiʔ⑦崴～啊～

72 ip

tip⑧蛰

lip⑧立笠粒

tsip⑦执⑧集

ts'ip⑦辑楫缉膝

sip⑦湿⑧十拾什习

dzip⑧入

kip⑦急级给⑧及芨

k'ip⑦吸汲笈⑧扱(用五指抓)

gip⑧圾

hip⑦歙翕

ip⑦揖邑挹

73 ap

tap⑦答褡搭⑧沓踏

t'ap⑦榻遢拓～印塌

lap⑦垃□(陷下)⑧纳拉～杂腊蜡猎

tsap⑦扎札匝砸⑧杂十拾什

ts'ap⑦插～手歃～血

sap⑦霎雨～仔虱卅

kap⑦鸽夹～册合～药蛤⑧洽(稠糊)

k'ap⑦盖碗～下恰磕～头⑧磕

hap⑦夹(夹或压)⑧合阖

ap⑦压魇⑧盒压乌～～盍(何不)

74 iap

tiap⑦辄⑧谍牒蝶碟叠

t'iap⑦贴帖⑧叠迭

liap⑦聂摄慑蹑捏⑧粒拉立～捷

tsiap⑦接汁睫⑧捷～～来

ts'iap⑦妾窃

siap⑦涩虱⑧摄(鬼怪迷人)屑拾粒～

dziap⑧廿颞

kiap⑦夹峡荚劫

k'iap⑦痃(坏、差)怯

giap⑧业

hiap⑦吸～铁⑧协胁侠狭叶～韵洽接～

iap⑦挹(掩藏)⑧叶(姓)页

75 ɔp

tɔp⑦嗒私～

lɔp⑦橐(套)⑧抐(揍)

tsɔp⑧唓(咀嚼声)

ts'ɔp⑧濯(在水里荡使净)

sɔp⑧欶(大口快吃)

kɔp⑧呷(吞咽声)

k'ɔp⑦盖(反扣上)

hɔp⑦揿(用网捕捉)⑧嗒(以口呼吸)

76 it

pit⑦笔必毕毖(器物裂痕)⑧弼鼻～祖辟

p'it⑦匹

bit⑧密蜜

tit⑦得～着⑧侄直值蛰惊～

t'it⑦它他饬

lit⑦窒～息

tsit⑦织职质鲫即立～脊瘠室⑧疾嫉

ts'it⑦七柒拭

sit⑦息熄媳式室失悉识⑧实食蚀翼袭植殖

dzit⑧日

kit⑦吉桔⑧汔(浓稠)

k'it⑦乞⑧扢～米糊橛(木钉)

git⑦迄讫

hit⑦迄(彼、那)～阵⑧搣(悬荡)

it⑦一乙噎弋⑧逸轶溢聿

77 ut

put⑦不拂(猛力击倒)⑧孛勃渤

p'ut⑦刜(刀砍)怫～～跳⑧怫

but⑦粅～～仔⑧物勿没殁

tut⑦咄～～逼人⑧突咄～～叫术白～凸

t'ut⑦黜～毛怵踈(用足蹂)⑧秃脱(滑落)

lut⑦黜(脱落)⑧率律

tsut⑦卒猝⑧秫(糯米)

ts'ut⑦出齣

sut⑦屑锯～灰摔率恤蟀戌～边戌戌～⑧术述

kut⑦骨⑧滑猾掘

k'ut⑦屈窟⑧淈孤～

gut⑧兀杌

hut⑦忽惚弗狒拂⑧佛核

ut⑦郁熨尉～迟(姓)⑧圭～两字仔

78 at

pat⑦八捌⑧别
bat⑦识(俗读)⑧密
tat⑧达靼值笛笪谷～
t'at⑦踢窒躢⑧澾～水
lat⑦漯～河(地名)⑧力栗疠瘰～辣剌
tsat⑦节扎札轧～钢⑧实贼墨～
ts'at⑦漆察擦刹古～⑧贼
sat⑦煞刹～车萨杀虱木～塞～鼻栉～篦撒弥～
kat⑦葛结墼(未烧的土坯)
k'at⑦渴克～苦
hat⑦曷喝褐辖⑧核牵～乏
at⑦遏(拗折)轧倾～

79 iat

piat⑦别分～憋鳖⑧别个～
p'iat⑦撇⑧撆(掮)碟～仔
biat⑧灭蔑篾
tiat⑦哲⑧秩跌迭耋
t'iat⑦彻撤澈铁
liat⑧列烈冽裂
tsiat⑦折拍～节浙疖⑧截捷～报睫
ts'iat⑦切沏砌⑧截(象声词)
siat⑦设泄屑薛燮⑧舌
dziat⑦齧(咬断)⑧热
kiat⑦结洁桔⑧杰桀剧揭竭
k'iat⑦揭～发孑契拮⑧硈干～
giat⑦啮⑧孽谑
hiat⑦血歇～后语蝎全～⑧穴曳(飘扬)
iat⑦咽鸣～噎谒⑧曳～风

80 uat

puat⑦跋(跛行)拨⑧拔跋钹魃
p'uat⑦泼
buat⑦秣抹⑧末沫茉袜
tuat⑦辍缀⑧夺
t'uat⑦脱
luat⑦劣⑧捋
tsuat⑦拙茁⑧绝
ts'uat⑦啜茁撮
suat⑦说雪⑧□诀～
kuat⑦决诀抉括刮～灰谲～仙
k'uat⑦缺炔括厥蕨獗阔
guat⑧月
huat⑦发髪法⑧乏活阀罚伐筏猾滑
uat⑦斡挖⑧悦阅越粤曰斡～头

81 ik

pik⑦百柏伯迫逼壁愎⑧白帛舶
p'ik⑦辟璧劈癖僻匹霹碧魄
bik⑧墨默觅麦脉陌
tik⑦竹德得的滴摘嫡谪⑧泽择笛迪特敌涤狄获籴
t'ik⑦斥拆惕剔踢陟忒叱⑧宅
lik⑦栗傈勒～索⑧力历肋匿勒肥～佛雳陆双～(赌具)溺绿碌
tsik⑦责绩脊瘠则积烛叔迹即仄窄⑧寂贼籍藉
ts'ik⑦测侧厕策戚粟册赤促尺⑧趯(上下振动)
dzik⑦迮(追)
sik⑦色适释析瑟饰宿(成熟)锡索淅虱昔惜啬塞闭～⑧熟硕石席夕汐
kik⑦革击激戟格隔骼亟⑧极屐
k'ik⑦刻克客曲隙吃
gik⑧逆额
hik⑦黑赫吓⑧获或域惑核劾檄
ik⑦亿忆益溢抑扼厄臆⑧役疫浴亦翼译驿液腋奕弈易翌弋划计～

82 ak

pak⑦北剥幅腹驳⑧缚
p'ak⑦覆⑧曝
bak⑦䍩(沾)～手⑧木墨目
tak⑦剢～算盘妲⑧逐～人独孤～浊(发物)碡碌～
t'ak⑦斥体～⑧读
lak⑦落～价漉～水辘～钻橐～袋仔⑧六陆搦(捏)
tsak⑦齪龌～⑧擉(刺)～落去
ts'ak⑧凿戳
sak⑦搡
kak⑦角谷觉珏⑧捔(扔、掷)
k'ak⑦壳确曲榷⑧咯～痰

gak⑧岳狱乐音～
hak⑦蓄～家私⑧学瘧(厕所)斛
ak⑦沃～水握龌～龊幄⑧篗纱～仔

83 iak

piak⑦煏～开⑧揊(断裂声)
p'iak⑧揊(布类飘动声)
tiak⑦琢～珠仔
liak⑦爚白～皙⑧略掠
tsiak⑦酌芍勺灼爵⑧着沉～
ts'iak⑦雀鹊绰⑧感(惊愕声)
siak⑦皙摔烁铄
dziak⑧弱若箬
kiak⑦噱(声尖)⑧矍攫剧
k'iak⑦怯却
giak⑧虐疟
iak⑦约⑧药芍～跃钥吁呼～龠

84 ɔk

pɔk⑦卜驳北剥⑧暴爆薄泊箔匐仆缚粕舶
p'ɔk⑦博搏膊扑朴仆⑧瀑曝噗鱼～
bɔk⑧目木沐莫寞漠牧穆
tɔk⑦卓桌掉督啄琢笃⑧独浊毒牍渎纛铎蠹
t'ɔk⑦托拓柝箨⑧读牍
lɔk⑦漉橐纸～仔⑧乐碌禄鹿麓络洛落诺骆
tsɔk⑦作⑧族浊昨濯擢
ts'ɔk⑦簇龊撮错⑧凿戳
sɔk⑦速束漱朔塑槊缩
kɔk⑦谷各阁搁国郭廓⑧咯(母鸡叫声)汩～落去
k'ɔk⑦扩酷喾哭⑧搉(柝)焅～肉骨
gɔk⑧愕腭鄂鳄谔噩
hɔk⑦福辐复覆腹幅馥霍⑧伏茯袱复服鹤涸
ɔk⑦恶沃屋龌幄握垩

85 iɔk

tiɔk⑦筑竹竺⑧轴妯迪逐
liɔk⑧六陆录绿碌戮
tsiɔk⑦足祝嘱瞩烛粥
ts'iɔk⑦促龊捉尺触矗
siɔk⑦叔淑宿缩肃倏夙菽粟谡⑧俗孰熟塾续赎属蜀
dziɔk⑧辱褥搦(用力揉搓掌中物)弱肉
kiɔk⑦菊掬鞠⑧局
k'iɔk⑦曲蛐
giɔk⑧玉狱
hiɔk⑦畜蓄旭郁
iɔk⑧育浴欲峪毓昱鬻

第二章 词 汇

第一节 词汇特点

龙文方言词汇丰富，在龙文区的范围内方言词汇完全相同，但和普通话词汇之间的差异很大。

一、词源

龙文方言词汇主要来自古代汉语，也吸收了别的方言词与外来词。

（一）来自古汉语词汇

龙文话中保留很多古汉语的基本词汇，其在现代汉语里只作古词语留存或只作词素，但在龙文话中仍是活生生的口语词。

1.单音词

底[ti^6]——何；什么	伤[siɔ̃^{1}]——过分	行——走	走——跑
斗——凑；安装	过——次数；传染	箸——筷子	糜——粥
尔[liã^6]——而已	鼎——圆底锅	潘——泔水	躼——个子高
洘——含水少	潡——含水多	拄——碰到	枵——饿
瞌——眨眼	暝——夜晚	喙——嘴	食——吃
疕——痂	翼——翅膀	园——藏	骹——足

2.多音词

亲情——亲事；亲戚	大家[tua^{6}kɛ^1]——婆婆	趁食——谋生	争差——差别
向时——以前；昔日	瘰疬[li^{3}lat^8]——淋巴结核	别日——改天	向望——盼望
致意——专心致志	元旧——原先；仍然	设使——如果	撙节——节制

（二）吸收其他方言的词汇

龙文方言所吸收的吴语及楚语等方言词汇如：

挹[iap^7]——掩藏	膎[ke^2]——腌制的水产	搭[taʔ^7]——舀	蜞——水蛭
濑[luaʔ^7]——湍滩	喝呃[huaʔ^{7}eʔ^8]——打嗝	箬[hioʔ^8]——叶子	䘼——袖
嬭[lɛ̃^{3}]——称呼母亲	揔[hut^7]——击打	鸡僆[luã^6]——未生过蛋的小母鸡	

（三）吸收外来词

龙文方言所吸收的外来词汇大多由印尼、马来亚、菲律宾等亚洲各地传进来，十八世纪以后一些欧洲语言的词汇也传入东南沿海，但最终未进入民族共同语——普通话，这些就成为龙文方言中特有的外来词。

1.亚洲语言的音译词

镭[lui^1]——钱	仙[sian^3]——辅币；钱	哥丕——咖啡	涩文——肥皂
洞角——手杖	囊邦——寄居别人家中	阿铅——洋铁皮	朱律——雪茄
老果——香烟；雪茄	芝龟力——巧克力	招票——有沿泥帽	巴刹——市场
马达仔——门卫；警察	咖喱——一种食用香料	马简——吃；侵吞	马滴——死

2.欧洲语言的音译词

篡——用主牌压副牌	锦——比赛的一局	水套——卫生衣	裾——大衣
垃破——加倍计分	唯琐——裁判员	拾扳仔——扳手	沤驶——出界

二、词义

从词义上看，龙文方言的词汇和普通话词汇差异有下列几种：

（一）词形同而词义异(包括变读别义)

水[sui^3]——漂亮	铁笔——自来水笔	豆油——酱油	苦毒——虐待
白直——浅显；干脆	火头——炊事人员	二兄——姘夫	大家——婆婆
服药——赔偿医药费	放步——师傅传授诀窍	反天——变天	早起——早上
金斗——装骨骸的坛子	火鸟——碎嘴子	新妇——儿媳	麦穗——玉米

（二）词义范围比普通话小

高[ko^1]　只用于书面语中，在口语中多用“悬[kuan^2]”字代替。

小[sio^3]　只用于书面语，在口语中多用“细”字代替。

香[hiɔ̃^{1}]　指“炷香”、“蚊香”，不指气味。

下[ɛ^{6}]　只用于表示方位，在普通话中作为动词的“下”龙文话用“落”字代替。

打[tã^{3}]　只用于书面语中，在口语中多用“拍”字代替。

屋[ɔk^{7}]　只用于书面语中，在口语中多用“厝[ts‘u^{5}]”字代替。

（三）词义范围比普通话大

勇　还有“牢固”、“健康”义，如“石厝儘勇”(石屋很坚固)、“勇健”(健康)。

拚　还有“打扫”义，如“拚内面”(大扫除)。

赤　还有“泼辣”义，如“赤查某”(泼妇)。

暗　还有“掩盖”义，如“暗降”(私吞)。

翁　还有“丈夫”义，如“⺬翁”(她的丈夫)。

厚　还有“多”义，如“厚话”(多嘴)。

病　还有“差劲”、“无能”义，如“病风”(无能)、“伊尽病，连手机也𫌒晓(不会)拍”。

电　还可作动词，如“电头鬃”(烫发)、“电死”(触电而死)。

鼻　还可作动词，如“鼻无”(闻不到)、“鼻一下”(嗅一嗅)。

加工　还有“多事”、“麻烦”义，如“免加工”(别费事)、“互汝加工”(劳驾)。

爱笑　还有“可笑”、“耻笑”义，如“愈想愈爱笑(好笑)”、“互人爱笑”(让人笑话)。

讨债　还有“挥霍”义，如“伤[siɔ̃^{1}]讨债”(太浪费)。

第二节　常用词举例

说明

本节所收的为龙文区的部分方言词汇，粗略地按词义分为八类。每个词条中先列方言词目，后用国际音标标音，标音后注释。词目顶格书写，同(近)义词在次行第二格起书写，不再注释。

一、自然环境

長尾星　tŋ^{2}bue^{3}ts‘ɛ̃^{1} 彗星

　泄屎星　ts‘uaʔ^{7}sai^{3}ts‘ɛ̃^{1}

飞星　pue^{1}ts‘ɛ̃^{1} 流星现象

日须仔　dzit^{8}ts‘iu^{1}a^{3} 透过树间、云隙或薄云的日光

　日花仔　dzit^{8}hua^{1}a^{3}

日影　dzit^{8}ŋ^{3} 透过树荫的微光；阴影

日骹　dzit^{8}k‘a^{1} 夕阳下的光照

天时　t‘ĩ^{1}si^{2} 天气

流水　lau^{2}tsui^{3} 潮汐

洘流　k‘o^{3} lau^{2} 退潮

虹尿　k‘iŋ^{6}dzio^{6} 成虹时下的雨

淤渍　i^{5} tsi^{5}　肮脏

□□　tun^{1} lun^{1}　不卫生

上殕　ts‘iɔ̃^{6}p‘u^{3} 发霉

　臭殕　ts‘au^{5}p‘u^{3}

臭鐸　ts‘au^{5}sioʔ^{8} 食物变味

黄酸仔雨　uĩ^{2}suĩ^{1}a^{3}hɔ^{6} 连续下小雨

雨骹　hɔ^{6}k‘a^{1} 不大的雨，将停的雨

云雨　hun^{2}hɔ^{6} 阵雨

起报头　k‘i^{3}po^{5}t‘au^{2} 骤来大风；台风初起

凋竭　ta^{1} k‘iat^{8}　干燥

平垟　pɛ̃^{2}iɔ̃^{2} 大片的平地

山坑仔　suã^{1}k‘ɛ̃^{1}a^{3} 山坳；山涧

坑泷(仔)　k‘ɛ̃^{1}laŋ^{2}(a^{3})山泉

濑仔　luaʔ^{7}a^{3} 水流湍急的河床陡斜处

醪洽洽　lo^{2}kap^{8}kap^{8} 很浊；很稠

二、时间空间

时阵　si^{2} tsun^{6} 时候
底时　ti^{6}si^{2} 什么时候
自本　tsu^{2}pun^{3} 原先，原来
　在本　tsai^{6}pun^{3}
　本底　pun^{3} te^{3}
后日　au^{6}dzit^{0} 后天
后日　au^{6}dzit^{8} 改天，以后
迄过(仔)　hit^{7} kue^{5} (a^{3})那时候
　迄站(仔)　hit^{7} tsam^{6} (a^{3})
则久(仔)　tsiaʔ^{7}ku^{3}(a^{3})这时
較等　k'aʔ^{7}tan^{3} 再过一会儿
　較停仔　k'aʔ^{7}tiŋ^{2} a^{3}
　較久仔　k'aʔ^{7}ku^{3}a^{3}
一目瞝仔　tsit^{8} bak^{8} l̃i^{3} a^{3} 一会儿
骹踏骹　ka^{1} taʔ^{8}ka^{1} 相差一会儿
完尾　uan^{2} bue^{3} 后面；后来
口尾　ts'ik^{8}bue^{3} 最后
早起　tsa^{3}k'i^{3} 上午；早上
下晡　ɛ^{6}pɔ^{1} 下午
暝间　bẽ^{2}kan^{0} 晚上
拍殕光(仔)　p'aʔ^{7} p'u^{3}kuĩ^{1} (ã^{3}) 天蒙蒙亮
　拆合　t'iaʔ$^{7-3}$haʔ^{8}
暗头仔　am^{5}t'au^{2}a^{3} 黄昏
　罕乌　huã^{3}ɔ^{1}
　倚暗　ua^{3}am^{5}
五月节　gɔ^{6}e^{0}tseʔ^{7} 端午节
是夏　si$^{6-5}$hɛ^{6} 立夏节气
到当　kau^{5}tã^{1} 至今
半上二歇　puã^{5} tsiɔ̃^{6} lɔ̃^{6} hɛ̃ʔ^{7} 事情只进行到一半
落街　loʔ^{8} ke^{1} 旧称漳州城区
四箍螺仔　si^{5} k'ɔ^{1} le^{2}a^{3} 周围
　四箍兜　si^{5} k'ɔ^{1} tau^{1}
角势　kak^{7}si^{5} 边
迄爿　hit^{7} piŋ^{2} 那边
迄角仔　hit^{7} kak^{7}a^{3} 那里
横拒挌　huã^{2} kiʔ^{8} kɛʔ^{8} 横七竖八
跷辚窿　k'iau^{1} lin^{1} lɔŋ^{1} 很弯、很不直
䏲牒　siap^{7}tiap^{8} 东西收拾叠放好，充分利用空间
侹攲　t'an^{3} k'i^{1} 斜向一边
　重攲頓　taŋ^{6} k'i^{1} p'e^{3}
侹徛　t'an^{3} k'ia^{6} 直立的姿态
侹覆　t'an^{3} p'ak^{7} 开口向下

三、农村农事

房头　paŋ^{2}t'au^{2} 家族的分支
长房　tiɔ̃^{3} paŋ^{2} 家族中长子的一支
长房长　tiɔ̃^{3} paŋ^{2}tiɔ̃^{3} 家族中长房中的长子的一支
拚房　piã^{5}paŋ^{2} 因祖坟的风水不正，导致某一支的子孙不利
社坯仔　sia^{6} p'ue^{2}a^{3} 村里的好小伙子
二斗种　lŋ̃^{6} tau^{3} tsiŋ 需要两斗稻谷来播种的田地面积
做塍　tsoʔ^{7}ts'an^{2} 耕种
　做四界　tsoʔ^{7}i^{5}ke^{5}
塍垟　ts'an^{2}iɔ̃^{2} 平地上的水田
瘖涂　san^{3}t'ɔ^{2} 贫脊土
播苴仔　pɔ^{5}ts'i^{6}a^{3} 水稻
驶塍　sai^{3}ts'an^{2} 犁田
叠水　tiap^{8} tsui^{3} 用水车将水从较低的一坵水田提上较高的一坵水田
拍枝　p'aʔ^{7}ki^{1} 剪枝
沃清　akʔ^{7}ts'iŋ^{1} 浇尿水
沃粗　akʔ^{7}ts'ɔ^{1} 浇大粪
碱灰　kĩ^{1}hu^{1} 草木灰
粪坻　pun^{5} te^{1} 积肥用的垃圾堆
拼塍　piã^{5}ts'an^{2} 收成之后整理田地，准备播种新的作物
健种　kian^{6} tsiŋ^{5} 不翻耕土地直接在上面播种
倒踏春　to^{5} taʔ^{8}ts'un^{1} 早季的稻种用在晚季种植
做麻骨　tso^{5}bɔ̃^{2} kut^{7} 收获黄麻
拾楞　k'ioʔ^{7}liŋ^{2} 将土堆成条状
盘栽　puã^{2}tsai^{1} 移植

挂膭　kua^{5}kui^{6} 水稻孕穗；牲畜孕崽

地蝗　tɔ^{6}kin^{3} 蚯蚓

蝇棋蝉　iam^{1} kɔŋ^{3} tsun^{2}　知了

草尪　ts'au^{3}aŋ^{1} 稻草人

埔兰仔　pɔ^{1}lan^{2} a^{3} 旱稻

八月白仔　peʔ^{7}e^{0}pɛʔ^{8} a^{3} 白皮的大豆

马豆仔　bɛ^{3}tau^{6} a^{3} 黄豆

树葛　ts'iu^{6}kuaʔ^{7} 木薯

芦柑　lɔ^{2} kam^{1} 本地的柑橘品种

笓拏　pe^{2} dzi^{2} 竹制的聚拢柴草的农具

礤坩　ts'uaʔ^{7} k'ã^{1} 内表面有粗凹凸纹的陶盆，用来擦洗植物块茎内的淀粉

篭仔　k'aʔ^{7}a^{3} 装鱼鸟等的竹编器具

鸡襤　ke^{1}lam^{1} 限制鸡鸭活动的竹编罩子

伏卵　pu^{6}luĩ^{6} 抱窝

反潭　huan^{3} t'am^{2} 水质恶化，池鱼死亡

四、工商什业

牵师仔　k'an^{1}sai^{1} a^{3} 带学徒

拍石仔　p'aʔ^{7} tsioʔ^{8} a^{3} 石匠

水客　tsui^{3}k'ɛʔ^{7} 来往于南洋，替人送信款、贩卖货物的人

掠漏　liaʔ^{8}lau^{6} 修补屋顶使其不漏

(蔗)廍　(tsia^{5})p'ɔ^{6} 榨蔗制糖作坊

挤廍　k'eʔ^{7} p'ɔ^{6} 榨糖

廍车　p'ɔ^{6} ts'ia^{1} 榨甘蔗的一对石碾子

车厅　ts'ia^{1} t'iã^{1}　制糖作坊中榨甘蔗的大棚

摮　ko^{2} 榨甘蔗时用来推石碾子转动的粗木梁

钱柜仔店　tsĩ^{2} kui^{6}a^{3}tiam^{5} 钱庄

南北郊　lam^{2} pak^{7} kau^{1} 买卖南北货的商行

卖杂细仔　be^{6} tsap^{8} se^{5} a^{3} 货郎

开店窗　k'ui^{1}tiam^{5}t'aŋ^{1} 开门营业

上店窗　ts'iɔ̃^{6}tiam^{5}t'aŋ^{1} 打烊

转途　tsuan^{3}tɔ^{2} 改行

标头　p'iau^{1} t'au^{2} 商标

收单　siu^{1} tuã^{1} 收条

食看头　tsiaʔ^{8} k'uã^{5} t'au^{2} 凭权势分红利

暗股　am^{5} kɔ^{3} 为了照顾或贿赂而暗中配给的股份

倒踏钱　to^{5} taʔ^{8} tsĩ^{2} 回扣

合仔趁　hap^{8}a^{3}t'an^{5} 翻倍地赚钱

干趁　kan^{1} t'an^{5} 白赚

光盘　kuĩ^{1}puã^{2} 明盘，买卖中公开议定的价格

贩仔白　huan^{5} a^{3} pɛʔ^{8} 商贩为保守行业秘密而使用的行话

拚生理　piã^{5} siŋ^{1} li^{3} 商业竞争

银角仔　gin^{2} kak^{7} a^{3} 硬币

港纸　kaŋ^{3} tsua^{3} 港币

欠缺　k'iam^{5} k'ueʔ^{7} 多的是

唬称头　hɔ^{3}ts'in^{5}t'au^{2} 称重量时做手脚

□仔　t'ɔm^{6} a^{3} 打油、酒的量器

五、用品器具

东溪船仔　taŋ^{1} k'e^{1} tsun^{2}a^{3}　一种载货的小木船

溪鰮船仔　k'e^{1} un^{1} tsun^{2}a^{3} 专用来捉香鱼的小木船

风柜斗铳　hɔŋ^{1} kui^{6} tau^{3} ts'iŋ^{5} 机关枪

咬唇红　ka^{6} tun^{2} hɔŋ^{2} 涂口红

臭涩文　ts'au^{5}siap^{7}bun^{2} 药皂

轿梳　kio^{6}se^{1} 竹扫把

箅针　pin^{3} tsiam^{1} 别针

树奶箍仔　ts'iu^{6} liŋ^{1} k'ɔ^{1} a^{3} 橡皮圈

茶**鼓**　tɛ^{2}kɔ^{3} 烧开水用的茶壶

歙盅　hip^{7}tsiŋ^{1} 沏茶用的带盖瓷碗

荐盒　tsian^{5} ap^{8} 祭祀用的盛三色糖料的漆器

灯猴　tiŋ^{1} kau^{2} 搁老式油灯的竹架子

几桌　ki^{3} toʔ^{7} 香案

册橱　ts'ɛʔ^{7} tu^{2} 书橱

册包　ts'ɛʔ^{7} pau^{1} 书包

捘匙　tsun^{6} si^{2} 钥匙

大裗衫　tua^{6} to^{2} sã^{3} 高领右衽大襟衫

衫仔襤　sã^{1}a^{3} lam^{1}　罩衫

围躯裙　ui^{2}su^{1} kun^{2} 妇女下厨时围在胸前的罩布

臭丸　ts'au^{5}uan^{2}　萘丸

树奶鞋　ts'iu^{6} liŋ^{1} e^{2} 胶鞋

骹帛　k'a^{1}pɛʔ^{8} 裹脚布

遮风　dzia^{1} hɔŋ^{1}　屏风

出枋　tsʻut^{7} puĩ^{1} 房屋的屋顶伸出侧墙之外

塍螺弯　tsʻan^{2} le^{2} uan^{1}　大门口刻有螺纹的圆盘状门斗榫卯的门鼓石

直街　tit^{8} ke^{1}　某些庙宇中在正殿前的天井正中央所铺设的石板通道

护厝陲　hɔ^{6} tsʻu^{5} sui^{2}　厢房

(矜)坎仔　(gim^{2}) kʻam^{5} bã^{3}　台阶

屏堵　pin^{2}tɔ^{3} 固定的木屏风

门牵　buĩ^{2}kʻian^{1} 门环

鼓吹　kɔ$^{3-1}$tshue^{1} 喇叭

番仔饼　huan^{1} a^{3} piã^{3}　饼干

饭岫　puĩ^{6}siu^{6} 稻草、麦秆等编成的套子，用来将饭锅放进里面保暖

料草　liau^{6} tsʻau^{3} 原料；菜肴

瓷仔　hui^{2}a^{3} 瓷器

菜脯　tsʻai^{5}pɔ^{3} 腌制萝卜

竹青　tik^{7} tsʻɛ̃^{1}　末梢的叶子保留住的新鲜竹子，民间认为有镇邪的作用

六、人体医疗

幼枝骨　iu^{5}ki^{1} kut^{7} 体重相对较小

鬓边　pin^{5} pĩ^{1} 太阳穴

喙须　tsʻui^{5}tsʻiu^{1} 胡须

喙䩄　tsʻui^{5}pʻe^{3} 脸颊

面模　bin^{6}bɔ^{2} 脸形

斑面　pan^{1}bin^{6} 麻脸

反白目　pan^{3}pɛʔ^{8}bak^{8} 翻白眼

　反白仁　pan^{3}pɛʔ^{8}dzin^{2}

目箍　bak^{8}kʻɔ^{1} 眼眶

重巡　tiŋ^{2}sun^{2} 双眼皮

实鼻　tsat^{8} pʻĩ^{6} 鼻塞

喙齿　tsʻui^{5} kʻi^{3} 牙齿

大层　tua^{6}tsan^{1} 臼齿

　后层　au^{6}tsan^{1}

齿岸　kʻi^{3}hua^{6} 牙龈

喙齿屎　tsʻui^{5}kʻi^{3}sai^{3} 牙垢

暴齿　pauʔ^{7}kʻi^{3} 前牙突出

臭喙边　tsʻau^{5}tsʻui^{5}pĩ^{1} 口角炎

耳磡仔　hi^{6}tun^{3}a^{3} 耳垂

　耳珠　hi^{6}tsu^{1}

喉核仔　au^{2}hut^{8}a^{3} 喉结

啜　tsʻue^{5}　小口吸食流质食物

巴脊　pa^{1}tsiaʔ^{7} 背部

胳下空　ko^{5}ɛ^{6}kʻaŋ^{1} 腋下

倒手拐仔　to^{5}tsʻiu^{3} kuai^{3}a^{3} 左撇子

手盘　tsʻiu^{3}puã^{2} 手背

拃角　tsiŋ^{3}kak^{7} 指甲

尾拃指　bue^{3}tsiŋ^{3}tsai^{3} 小指

擗腹　pɛʔ^{7}pak^{7} 焦虑不安

　擗肠擗肚　peʔ^{7} tŋ^{2} peʔ^{7} tɔ^{6}

鸡胸　ke^{1} hiŋ^{1} 胸骨凸出

奶　liŋ^{1} 乳房；乳汁

放奶　paŋ^{5}liŋ^{1} 分泌乳汁

肚尾　tɔ^{6}bue^{3} 下腹部

解边　kai^{3}pĩ^{1} 腹股沟

䏠　liap^{7} 括约肌收缩；能耐

跋蹄　puat^{7}te^{2}　平蹠足

伐　huaʔ^{8} 跨过去；步伐

肉箭　baʔ^{7}tsĩ^{5} 肉芽，皮肤表面的伤口长出的新肉

有身　u^{6} sin^{1} 怀孕

侹横生　tʻan^{3} huã^{2} sɛ̃^{1}　难产

倒踏莲花　to^{5} taʔ^{8} lian^{2} hua^{1} 难产的一种，胎儿的双脚先娩出

交落身　ka^{1}laoʔ^{8}sin^{1} 流产

怀爱　m^{6} ai^{5}　不喜欢；生病的委婉语

怀乖　m^{6} kuai^{1} 小儿生病的委婉说法

推㙂　tu^{1} pʻueʔ^{8}　迷信认为被人施行蛊蠹而患急病或身体逐渐消瘦

瘖㥏　ia^{5} sian^{6}　疲乏；没兴趣

寒热　kuã^{2} dziat^{8} 疟疾

交阴　ka^{1} iam^{1} 脊背感到寒冷

大颔胿　tua^{6} am^{6}kui^{1} 甲状腺肿大

瘔仔　tʻueʔ^{8}a^{3} 皮肤下的硬块

跷痀　kʻiau^{1} ku^{1} 驼背

魔相仔 bɔ̃^{1}siɔ̃^{1} a^{3} 精神病

挽风 ban^{3}hɔŋ^{1} 因发热而抽搐

爬酒毛 pɛ^{2} tsiu^{3} bɔ̃^{2} 出酒疹

着风旋 tioʔ^{8} hɔŋ^{1} suã^{3} 面摊

清汗 ts'in^{5}kuã^{6} 冷汗

半团 puã^{5} kiã^{3} 只剩半条命

姐母做记号 tsia^{3}bo^{3}tso^{5}ki^{3}ho^{6} 胎痣

转大 tũi^{3} tua^{6} 青春期发育

七、社会生活

团孙 kiã^{3}sun^{1} 子孙

做节 tso^{5} tseʔ^{7} 传统节日里祭祀先人

查甫人 tsa^{1}pɔ^{1}laŋ^{2} 男人，丈夫

厝内(人) ts'u^{5} lai^{6} (laŋ^{2})妻子

　家后 kɛ^{1} au^{6}

有碗圆 u^{6} uã^{3}ĩ^{2} 定亲时没有不好的预兆

爸仔团 pɛ^{6} a^{3} kiã^{3} 父子

母仔团 bo^{3} a^{3}kiã^{3} 母子，母女

爸母 pɛ^{6} bo^{3} 父母

隔腹兄弟 kɛʔ^{7} pak^{7} hiã^{1}ti^{6} 堂兄弟

同门 taŋ^{2} buĩ^{2} 连襟

同姒 taŋ^{2} sai^{6} 妯娌

撞卦 tŋ^{6} kua^{5} 盲人弹月琴为人卜卦

菜姑 ts'ai^{5} kɔ^{1} 在家修行的妇女

亻乂钱 gan^{5}tsĩ^{2} 祭祖时在焚烧纸钱之后以酒酹地

挂颔 kua^{5} am^{6} 幼童拜神明为父母后，庙祝将神明的香火袋挂到其颈上

开猴锁 k'ui^{1} kau^{2} so^{3} 儿童体弱消瘦，爱哭闹时家长请人举行的一种巫术

衤厭气 iam^{5}k'i^{5} 为祈求儿童平安而在其脖颈上挂铜钱、银元或天官锁等

普 p'ɔ^{3} “普度”的简略说法；像饿鬼一般地吃

圣人人 siŋ^{5} dzin^{2}laŋ^{2} 老实忠厚的人

生份 sẽ^{1} hun^{6} 陌生

厝主 ts'ũ^{5} tsu^{3} 房东

偶的 gio^{2} e^{0} 称呼与自己同名的人

下南人 ɛ^{6} lam^{2} laŋ^{2} 南方人

(阿)□仔 (a^{1}) san^{3} a^{3} 穷光蛋

契爸 k'e^{5}pɛ^{6} 义父

契团 k'e^{5}kiã^{3} 义子

番客 huan^{1} k'ɛʔ^{7} 东南亚华侨

漉□ lɔk^{7} ts'ɛʔ^{8} 衰败；穷

骑驴仔 k'ia^{2} li^{2} a^{3}(女性)泼辣

　骑驴刺帕 k'ia^{2}li^{2}ts'i^{5}p'ɛ^{5}

　驴拍马仔 li^{2} p'aʔ^{7} bɛ^{3} a^{3}

揞花篮仔 kuã^{6} hua^{1} lã^{2} a^{3} 詈辞，女子未结婚就死去

死了未埋 si^{3} liao^{3}bue^{6} tai^{2} 没用的人；无可救药的，冥顽不化的人

落□ lau^{5} ts'ɛʔ^{8} 邋遢；不利索；丢三落四

做窍疗 tso^{5}k'iau^{5}liau^{2} 行巫术祛邪

烧使 sio^{1}sai^{3} 将祭品献给邪神恶煞，求其离开

半头生 puã^{5}t'au^{2}ts'ɛ̃^{1} 喜怒无常

撨趨 ts'iau^{1}tsik^{8} 得意而嚣张

冤家量债 uan^{1} kɛ^{1} liɔ̃^{2} tsɛ^{5} 争吵不休

吵家挠界 ts'a^{3} kɛ^{1} la^{6} ke^{5} 吵得家中不得安宁

无相仔 bu^{2} siɔ̃^{1} a^{3} 未成年而夭殇的女孩而变成的鬼蜮

　牛犁相仔 gu^{2} le^{2} siɔ̃^{1} a^{3}

骑白马仔 k'ia^{2} pɛʔ^{8} bɛ^{3} a^{3} 未婚就死去的男人

覅甲伯蹛 bue^{3} kaʔ^{7}lan^{3}tua^{5} 婉指自己的孩子夭折

　覅互伯邀 bue^{3} hɔ$^{6-5}$lan^{3} io^{1}

　伓甲伯蹛 m$^{6-5}$ kaʔ^{7} lan^{3} tua^{5}

　伓互伯邀 m$^{6-5}$ hɔ$^{6-5}$lan^{3} io^{1}

食下丁 tsiaʔ^{8} ɛ^{6} tiŋ^{1} 让下一代赡养，喻指活到老年

奸(撬) kan^{5} (kiau^{6})骂粗话

八、其他词类

迄 hit^{7} 那

迄个 hit^{7} e^{2} 或 hit^{7} le^{2} 那个

赫 hiaʔ^{7} 那；那些

赫个 hiaʔ^{7}e^{2} 那些

赫尼 hiaʔ^{7}lĩ^{5} 那么
按乃 an^{1} lẽ^{1} 这样
价啊 kɛ^{5} a^{0} 副词，全部；全都
　价价 kɛ^{5}kɛ^{5}
干尔 kan^{1}lã^{6} 只；只有
见摆 kian^{5}pai^{3} 每次
同齐 taŋ^{2} tse^{2} 一起
欠采 kʻiam^{5} tsʻai^{3} 或 tʻiam^{3} tsʻai^{3} 也许
出在 tsʻut^{7}tsai^{6} 任凭、随其
　据在 ki^{5}tsai^{6}
原哉 guan^{2} tsai^{5} 反正
　还再 huan^{2} tsai^{5}
有也无 u^{6} aʔ^{8} bo^{2} 有没有
敢要 kã^{3} bueʔ^{7} 要……吗
敢是 kã^{3} si^{6} 是不是
嘛着 bã^{6}tioʔ^{8} 也应……
嘛通 bã^{6} tʻaŋ^{1} 也可以
共 kaŋ^{6} 把人家；对人家
合 ham^{6} 连……
吠讨 tʻai^{3} tʻo^{3} 哪能；哪来的
抑是 aʔ^{8} si^{6} ……或者
伓干若 m^{6}kan^{1} lã^{6} 不但……
伓过 m^{6}ko^{5} 但是；不过
犹佫 iau^{3}koʔ^{7} 还
啰好 loʔ^{8} ho^{3} 就好
过 kua^{0} 已经(汝无～，了～)

第三章 语 法

本章中的标音都标变调后的实际读音。

第一节 构词法

一、附加式构词法

龙文话中有不少词是由词根和附加的字组成的，附加成分中最多的是前缀，还有一些中缀和少数的前缀。

（一）加后缀构词

龙文话有些特殊的词尾(后缀)，词根加这类词尾构成双音词或三音词。除了“仔”字外，加上后缀后，其前字一般会发生连读变调。

1.仔

“仔”字作为后缀有四种声调，受前一个字的音素影响，会发生相应的音变，后缀前的音节的变调情况比较复杂。

(1)标为阴平调[a^{1}]，而其实际声调比正常的阴平调更高，其前字的声调也须比阴平调再提高：①加在某些末字是阴平声的称谓和人名之后，表示亲切，如：公仔、姑仔、婴仔、哥仔、木根仔、金生仔。②加在某些阴平声的单字重迭而成的形容词之后，强调某种程度，如：温温仔、松松仔、轻轻仔。

(2)读上声[a^3]，其前字按一般规律发生连读变调：①加在名词之后，表示小或亲昵，有时也表示轻视，如：雨仔、船仔、厝仔房子、刀仔、三叔仔、兵仔、咾贼仔。②加在某些亲属称呼之后，表示降一辈，如：舅仔、姨仔、妗仔。③加在名词之后，但没有附加任何意思，如：鸡仔、椅仔、金仔。④加在表示时间或空间的名词或数量词之后，表示不甚确定或界限模糊或大约数量，如：顶日仔前几天、这二年仔这几年、迄位仔那附近、这角头仔这一带、三四日仔三四天、成百斤仔一百斤左右。⑤加在动词、形容词和数量词之后，表示动作小，程度轻，数量少，或强调某种程度，如：看仔、歇困仔、宽[k'uã^1]宽仔慢慢地、居[tiam^6]居仔静静地、淡薄仔一点点、三四斤仔、十外个仔。⑥加在动词和形容词之后，使其成为名词，如：拓仔铲子、刨仔刮削东西的器具、做工仔、剃头仔、跷痀仔驼子、躼骹仔高个子的人。

(3)读下去声[a^6]，其前字不变调；若“仔”字之后还有句子的成分，则“仔”字必须改为上声，整个词按正常规律变调：①加在某些末字是阳平、阳去、阳入声调的称谓和人名之后，表示亲切，如：姨仔、舅仔、荷莲仔、罔饲仔、水木仔。②加在某些阳平、阳去、阳入声调的单字重叠而成的形容之后，强调某种程度，其前字不变调，如：凉凉仔不着急、皮皮仔很肤浅、俭俭仔、下[kɛ^6]下仔很低、糜是洽洽仔粥很稠、人尽矮，面是白白仔。

(4)读轻声[a^0]，其前字不变调：①加在某些称谓和人名之后，表示亲昵或轻视，如：姆仔、公仔、姨仔、母仔、舅仔、叔仔、月季仔、丽玉仔。②加在句末表示数量词的之后，起加强语气的作用，读时前面的词也要读轻声，如：蹛二日仔住一段时间、互伊淡薄仔给他一点、今年了寡仔今年亏空一些、伊有趁一寡仔他挣了一些钱、排年拢串二镭仔每年都剩一些钱。③加在某些双叠式的形容词或副词之后，可舒缓语气或强调性质状态，如：匀匀仔、短短仔、少少仔、居[diam^6]居仔、殕[pu^3]殕仔、普普仔略微、一般、紧紧仔容易；时间短。

2.头[t'au^2]

(1)加在某些形容词、动词之后，表示状态等，如：硬头艰巨;繁重、空头名堂、灿[ts'uã^5]头英俊、当[tɔŋ^5]头耐力、諿[hã^3]头声势。

(2)加在某些名词之后，仅作名词标志，没有附加意义，如：店头商店、岁头年岁、角头角落、日头太阳、家俬头家具、工具、尻穿头髋部。

(3)加在某些名词之后，改变了原来的词义，如：碗头一碗的分量、称头秤物的实际分量、地头势力范围、厝头屋角、椅头仔矮凳、目头眉头、柴头大块木头、贼头匪首、脓头疮内的脓块、师父头包工头。

3.气[k'ui^5]、神[sin^2]、斗[tau^3]

加在某些动词、形容词之后，表示某种情况或状态等，如：起气社会地位上升、落[loʔ^8]气倒霉、落魄、落[lau^5]气出丑、够气足够、满足、歁气神经质、差气差劲、紧气快速、水[sui^3]气漂亮、好气走运、硬气艰巨、软气轻松、重气沉重；魔神精神失常、皇神好出风头、戆[t'oʔ^8]神痴呆；猪哥神好色、大面神厚脸皮；硬斗，灿[ts'uã^5]斗，猾[ts'io^1]斗。

4.人[laŋ^2]、路[lɔ^6]、草[ts'au^3]、水[tsui^3]

加在某些名词、形容词之后，表示门类、属性、状态等，如：先生人教师、头家人老板或当官的、查某人女人家、妇人人[hu^{5}dzin^{6}laŋ^2]妇女或妻子、兄弟人哥们、做工仔人劳动人民、圣人人[siŋ^{3}dzin^{6}laŋ^2]忠厚长者；喙路味道、头路职业、手路手艺；幼路精致、粉路嫩、巧路小巧玲珑、下[kɛ^6]路卑下；市草市场的状况，力草力气的状况，料草储存、内容、本事等情况；色水色泽、面水面貌、奶水哺乳的质量、钢水钢铁的质量；硬水艰巨、软水活轻利多、好水走运。

5.声[siã^{1}]

加在某些名词或形容词之后，表示数量、程度等，如；岁声岁数、钱声钱数、点声钟点、级声级别、(漏、听)水声秘密消息、气声运气、范[pan^{6}]声程度、地步；重声重量。

（二）加中缀构词

嵌入中缀后构成多音词，其前面的音节都按一般规律发生连读变调。

1.仔

“仔”字作为中缀有可省略和不可省略两种情况：

(1)“仔”字按上声[a^{3}]变调，且不可省略：①省略内嵌会使词义不清，如：麦仔膏麦芽糖、签仔骨肋骨、片仔癀、尪仔册连环画、粒仔松干饭。②嵌在人的姓名之间，表示亲昵、戏谑或憎恶，有时也加在自己的姓名之间用以自称：李仔有才、林仔凤、吴仔三桂、汝甲看我张仔泗煌赫尔无你这么瞧不起我张泗煌、伊敢伓知我王仔标最爱食酒？

(2)“仔”字按上声[a^{3}]变调，可以省略，仅起舒缓语气的作用，如：窗仔门、蚝仔煎、鱼仔栽鱼苗、翁仔某夫妇、爸仔囝父子、埁仔墘田埂边、细仔只个体小、拄仔则刚才。

(3)“仔”字按下去声[a^{6}]变调，嵌在双叠式的动词中，表示动作连续或反复：行仔行、走仔走、想仔想、看仔看。

2.其他的中缀字

其他的中缀字嵌入后词义不变，可以省略，如：厝尾顶屋顶、惽[aŋ^{3}]死儱[laŋ^{3}]不明事理，纠缠不休、褒罗嗦[po^{1}lo^{1}so^{1}]说好话、淤□[ta^{1}]渍肮脏、敧□[ta^{1}]颠疯疯癫癫、当其时、明其知[tsai^{1}]、突其然、时不时、局不局必定。

（三）加前缀构词

龙文话中有少数异于普通话词汇的词头(前缀)，词头本身要按正常规律连读变调。

1.阿[a^{1}]

(1)加在亲属称谓前面，可作为面称也可作背称，如：阿爸[pa^{1}]、阿母[bu^{3}]、阿伯、阿兄、阿妗、阿姆[m^{3}]、阿弟、阿妹[bãi^{1}]。

(2)加在人名的末字(个别为前字)之前表示亲昵，如阿水、阿国、阿木、阿珍、阿英、阿玉、阿珠。

2.映[ŋ^{3}]

(1)加在下列亲属称谓前，可作为面称和背称：映公、映妈[bã^{3}]、映祖。

(2)加在下列亲属称谓前，一般只用于背称：映伯、映叔、映舅、映姑、映妗、映兄。

二、语音因素构词法

龙文话中可用各种语音因素构成多种形式的双音词，本小节中音调不标本调，而标变调后的实际读音。

（一）双声叠韵式

双声词和叠韵词的词中各词素均不能单独表义，只能从词的整体理解其意义。

1.双声式

双声词可以是形容词或名词、代词、动词、副词，如：点尘[tiam^{1}tin^{2}]细心、飘撇[p‘iau^{6}p‘iat^{7}]潇洒、拈乃[ĩi^{6}lɛ̃^{1}]好多管闲事、跋悖[puaʔ^{8}put^{8}]命运坎坷、颠穌[t‘ian^{6}t‘oʔ^{8}]傻、譀采[ts‘in^{3}ts‘ai^{3}]马虎、不讲究、滥累[lam^{6}lui^{6}]生活负担重、蝭蜍[tsiɔ̃^{6}tsi^{2}]蛤蟆、土猪[tɔ^{5}ti^{1}]蜥蜴、麻微[ba^{6}bui^{1}]无患子、栟抛[p‘in^{6}p‘au^{1}]薜荔、

过沟[kue^{3}kau^{1}]双颊、是谁[tsi^{5}tsua^{2}]谁、重□[tiŋ^{6}tɛ̃^{2}]遇到障碍、打叠[tã^{1}tiap^{8}]修理、牵拾[k‘an^{6}k‘ioʔ^{7}]提携、呔讨[t‘ai^{1}t‘o^{3}]怎能、定着[tiã^{5}tioʔ^{8}]肯定。

2.叠韵式

叠韵词可以是名词或动词、形容词、副词，如：芒冬[baŋ^{6}taŋ^{1}]一种茅类植物、样相[iɔ̃^{5}siɔ̃^{5}]样子、气祟[k‘ui^{3}sui^{6}]勾当、坎站[k‘am^{1}tsam^{6}]程度、地步、褒嗦[po^{6}so^{1}]、张昌[tiɔ̃^{6}ts‘iɔ̃^{1}]装腔作势、解洗[ke^{1}se^{3}]作法术消灾、弄怂[lɔŋ^{5}sɔŋ^{3}]怂恿、圆檝[ĩ^{6}tsĩ^{1}]不开朗、惀儱[aŋ^{1}laŋ^{3}]、黄酸[uĩ^{6}suĩ^{1}]、滥糁[lam^{5}sam^{3}]胡乱、郁卒[ut^{1}tsut^{7}]闷热、憋闷、龌龊[ak^{1}tsak^{7}]郁闷、颤闷[tsun^{3}bun^{6}]达到某种程度、该哉[kai^{6}tsai^{5}]幸亏、秫神[gin^{5}sin^{2}]发脾气、索性。

3.附加双声叠韵式

单音词之后附加双声词或叠韵词，构成三音词，前者表义，后者只表音不表义。

(1)单音形容词或动词附加双声词有：瘖比巴[san^{1}pi^{6}pa^{1}]很瘦、歪舌灿[uai^{6}tsi^{5}tsuaʔ^{8}]歪歪斜斜、横□搭[huã^{6}ki^{5}kɛʔ^{8}]横竖不齐、密□朋[bat^{5}tsi^{3}tsiuʔ^{7}]密密麻麻、饕□□[tsiã^{1}p‘i^{5}p‘uʔ^{8}]味道很淡、饮滕井[am^{1}t‘in^{6}t‘ɔm^{1}]很稀、惨叮当[ts‘am^{1}tiŋ^{6}taŋ^{1}]很惨、漏□啃[lau^{5}ts‘i^{5}ts‘ɛ^{6}]漏得厉害、嚷竞讵[dziaŋ^{1}kiŋ^{5}kɔŋ^{6}]大声斥骂、踅辚窿[se^{5}lin^{6}lɔŋ^{1}]绕圈子等。

(2)单音形容词或动词附加叠韵词有：滑律术[kut^{5}lut^{5}sut^{8}]滑溜溜、长弄宋[tŋ^{6}lɔŋ^{3}sɔŋ^{5}]过长、金爁□[kim^{6}lã^{3}sãʔ^{7}]金灿灿、白□晰[pe^{5}liat^{1}siat^{7}]很白、薄厘丝[po^{5}li^{6}si^{1}]很薄、三□□[sã^{6}bã^{6}hã]什么都不懂、食利是[tsia^{5}li^{6}si^{1}]嘴馋到处吃、扶粒□[k‘io^{1}liap^{5}siap^{8}]节约、精打细算等。

（二）多音异读式

1.文白读重叠构成新词

文读在前，白读在后，如：盐盐[iam^{6}si^{2}]汗碱、胆胆[tam^{1}tã^{3}]胆小、担担[tam^{6}tã^{1}]担当、延延[iam^{6}ts‘ian^{2}]拖延、变变[pian^{3}pĩ^{5}]变更、冗冗[liɔŋ^{5}liŋ^{6}]充裕、半老老[lo^{1}lau^{6}]年纪不小、敢敢[kam^{1}kã^{3}]岂敢。

白读在前，文读在后，如：实实[tsat^{5}sit^{8}]密实、食食[tsia^{5}sit^{8}]进餐的情况、老老[lau^{5}lo^{1}]耄老糊涂、缺缺[k‘i^{3}k‘uat^{7}]短缺、使使[sai^{1}su^{3}]唆使、使唤、接接[tsi^{3}tsiap^{7}]应接、接接接接[tsi^{3}tsi^{3}tsiap^{1}tsiap^{7}]拉拉扯扯、拈拈拈[lĩ^{6}liam^{6}liam^{1}]小偷小摸、跳跳跳跳[tio^{6}tio^{6}t‘iau^{3}t‘iau^{5}]蹦蹦跳跳。

前后用不同的白读音，如：石石[sia^{5}tsioʔ^{8}]大理石板、落落[lak^{5}loʔ^{8}]掉落、丢失、尔尔[lã^{5}liã^{6}]而已。

2.同形异音异义的词

整个词分别读文读音和白读音，便有不同的词义，如：雨水[i^{1}sui^{3}]二十四节气之一、[hɔ^{5}tsui^{3}]下雨的水；同门[tɔŋ^{6}bun^{2}]受业于同一个老师、[taŋ^{6}buĩ^{2}]连襟；行动[hiŋ^{6}tɔŋ^{6}]行为动作、[kiã^{6}taŋ^{6}]走动；改变[kai^{1}pian^{5}]变化、[ke^{1}pĩ^{5}]改正。

词中某字发不同的音而有不同的词义，如：排场[pai^{6}ts‘iaŋ^{2}]铺张、[pai^{6}tiɔ̃^{2}]每一场；破格[p‘o^{3}kik^{7}]打破常规、[p‘ua^{3}keʔ^{7}]不得体；放刁[hɔŋ^{3}tiau^{1}]耍无赖、[paŋ^{3}tiau^{1}]威胁；烧热[sio^{6}dziat^{8}]发烧、发脾气、[sio^{6}dzuaʔ^{8}]天气暖和；水气[tsui^{1}k‘i^{5}]湿气、蒸汽、[sui^{1}k‘ui^{5}]成功、走运；大家[tai^{5}kɛ^{1}]方家，专家，[tua^{5}kɛ^{1}]婆婆、[tak^{5}kɛ^{6}]众人。

（三）拟声式

象声词的词义由所模拟事物的声音来确定，有时还能转化为其他词类，如：

丼——物体掉入水中的声音；丼仔——量酒、油等的带柄量杯。

磅——爆炸声；磅米芳——炸爆米花。

噗——爆裂的声音；拍噗仔——鼓掌，噗噗车——摩托车。

嘀［tiʔ^{7}］——有节奏的声音；嘀丟——逗弄，作弄。

門——开门关门的声音；門仔直——民间棋类“行直”的一种下法，又比喻无原则性、投机取巧。

□□[k‘ɔŋ^{5}k‘ãi^{1}]——打破陶瓷的声音；转指老人死亡。

三、重叠式构词法

（一）单音词重叠

某些单音词重叠而构成新词，有的词性、词义会发生变化。

1.名词

一些方位词二叠后表示程度的加强，三叠后表示程度的进一步加强，具有形容词的性质，如：头头很前面的地方、尾尾很靠后的地方、角角很边角处、中中正中间；尾尾尾非常靠后、边边边非常靠边、外外外超过非常多。

一些本来不兼有形容词性质的名词，重叠后就变为形容词，如：毛[bõ^{2}]—毛毛毛茸茸、沙[sua^{1}]—沙沙—沙沙沙像有沙的感觉、鼻[pĩ^{6}]鼻涕—鼻鼻鼻涕状—鼻鼻鼻很黏糊、仁[dzin^{2}]—仁仁—仁仁仁极饱满，极纯净，极精粹。

2.动词

单音动词二叠表示周遍性或短暂而随意性的行为，作谓语时一般要有后附成分。如：食食去、行行兮、讲讲无算数、拼拼互伊清气。

有些单音动词重叠后具有形容词的性质，如：犁犁低着头直直地前进、缚缚不宽松、放[hɔŋ^{5}]放不在意、眠[bin^{2}]眠似醒似睡的样子、泛[ham^{5}]泛马虎、随便、现[hian^{6}]现很明显、献[hian^{5}]献敞开的样子；开[k‘ui^{1}]开开着的样子—开开开开得很大、死[si^{3}]死不灵活—死死死没有一点生气。这类重叠式动词多用来作谓语，也可用在动词之后作补语，如：死翘翘、活跳跳、擘开开张得很开、压甲倒倒压得很死、推甲离离推得干干净净；还可用在名词之前作定语，如：赢赢九赌博跛甲输了了。

有些双音动词的后字可以重叠，如“限定”变成“限定定”，“排场”变成“排场场”。

3.形容词

单音形容词二叠后多表示性质状态比较轻微，三叠后则表示性质状态达到极端的程度，如：深深还算深、深深深非常深；青青有点青、青青青非常青；厚厚有些厚、厚厚厚极厚；脆脆还算脆、脆脆脆极脆。

单音形容词除了附加双声或叠韵部分外，也有附带一个叠音部分构成意思和原词相近但更生动的新词，如：圆车车很圆、乌臭臭黑不溜秋、芳贡贡很香、烧滚滚很热、白晰晰很白、清溜溜很稀、密舺舺密密麻麻、咸死死很咸、水当当很漂亮、破漉漉破烂不堪、空弄弄空旷、闲仙仙很空闲。

4.副词

单音副词重叠后不改变词性和词义，只起强调或加强语气的作用，有时仅有增加音节的效果。如；全—全全、拄—拄拄刚刚、定[tiã^{6}]—定定常常、老是、孤—孤孤仅仅、单单、捷[tsiap^{8}]—捷捷经常。

（二）双音词重叠

某些双音动词、形容词可重叠使用，词义变化不大，只是加强或舒缓语气，有时是强调某个方面。

1.动词

(1)AB—AABB—ABB 式：上落—上上落落—上落落上下、指戳[ki^{1}ts‘ak^{8}]—指指戳戳—指戳戳指责、頣啐[ts‘i^{3}ts‘uʔ^{7}]—頣頣啐啐—頣啐啐嘀咕、羁搭[ki^{6}kɛʔ^{8}]—羁羁搭搭—羁搭搭彼此抵触、嘀突[ti^{6}tut^{8}]

—嘀嘀突突—嘀突突支吾、揾挹[uĩ⁶iap⁷]—揾揾挹挹—揾挹挹捂捂盖盖。

(2)AB—ABAB—ABB式：阿咾—阿咾阿咾—阿咾咾称赞一下、拼搏[piã⁵poʔ⁷]—拼搏拼搏—拼搏搏冒险、打叠—打叠打叠—打叠叠修理一下、设仙骗人—设仙设仙骗一下—设仙仙骗人成性、諢膽—諢膽諢膽吓唬一下—諢膽膽不断威胁。

(3)AB—ABB式　一些双音动词只能部分重叠，如：胖风—胖风风吹牛、宝贝—宝贝贝珍爱、哀怨—哀怨怨怨天尤人、假死—假死死装模作样、张昌[tsʻiõ¹]—张昌昌装腔作势、吼痛—吼痛痛叫苦不迭。

2.形容词

(1)AB—AABB—ABB式：忧愁—忧忧愁愁—忧愁愁、圆缠—圆圆缠缠—圆缠缠纠缠不清、倥顛[kɔŋ⁶tian¹]—倥倥顛顛—倥顛颠疯疯颠颠、謶采—謶謶采采—謶采采不挑剔、谦细—谦谦细细—谦细细谦逊。

(2)AB—ABAB—ABB式：阴森—阴森阴森—阴森森阴凉、凋松—凋松凋松—凋松松干爽、乌阴—乌阴乌阴—乌阴阴阴沉沉、圆卵—圆卵圆卵—圆卵卵呈球状、红碑—红碑红碑—红碑碑脸色红润。

(3)AB—ABB式　一些双音形容词只能部分重叠，如：巧路—巧路路漂亮、见笑—见笑笑惭愧、淤渍—淤渍渍、细腻[dzi²]—细腻腻小心、客气、翘头—翘头头骄傲、勇健—勇健健、土工—土工工粗鲁、皇神—皇神神神气十足。

四、修辞式构词法

（一）比喻式

利用比喻造的新词：

病本——喻指抵御疾病的本钱。

咬[ka⁶]鸡——斗鸡，也指好打架的人。

爬痒——比喻动作太轻或微不足道的攻击。

韉冇[tẽ³tan⁶]屎——屙硬屎很吃力；比喻做事慢吞吞，老办不成。

孝男——孝子在办丧事时一切听人指挥，比喻没主意任人摆布；引申为傻或笨。

牛贯[kuĩ⁵]鼻——牛鼻子被贯穿后就受穿鼻绳的约束；比喻年轻人有了家室后生活受约束，不再贪玩或大手大脚。

（二）借代式

一些词是借用某事物的部分特征来代替该事物而构造成的，如：

张虎弓——比喻设置陷阱。

吊鼎——把锅挂起来，比喻断炊。

戴小鬼面——戴着假面具，比喻做了不可告人的事，没脸见人。

压孤字——将所有的钱都压在所赌的某个字上，比喻冒大风险。

斗一担——凑成一个担子的两头，比喻两个人是一路货色，一丘之貉。

五、谚语、俗语简缩式构词法

有些谚语、俗语的简缩式也转变为新词，如：

傍官屁——趋炎附势。原话是“骹踏马屎傍[pŋ⁶]官屁。”

背金斗——自己的事办不好，还要指导别人。原话是“背金斗自己父母的骸骨装在瓦瓮里未葬哩共人看风水。”

四两篼仔——自己的短处。原话是“家己四两篼仔和秤钩连在一起的浅竹筐，用它装东西秤时必须扣除它的重量怀除要除人半斤。”

第二节　词　类

一、名词

与普通话相比，龙文话的名词在语法上有如下特点：

（一）一些名词的后加成分要读轻声

1.人名+的

某人的姓氏后加读轻声的“的[e^0]”字构成，相当于普通话“老+姓氏”结构。如“林的”相当于“老林”。姓氏也可用名字中的一个字来代替，用于对熟人的当面称呼。如：“福来”称“福的”；“阿弟”称“弟的”。

若轻声的“的”后再加原调“的”[e^2]，就构成“的”字结构。如：林的的[e^{0}e^2]老林的、福的的你福来的。

2.姓+氏

其中的“氏”字要读轻声，一般用于背称。如“张氏”、“李氏”。

3.人名+先生

某人的姓氏后加读轻声的“先生[sin^{0}sɛ̃^{0}]”两字，用于尊称有身份的人。其中姓氏不变调，而且“先生”两字可合音为“生[sɛ̃^{0}]”，如王生[ɔŋ^{2}sɛ̃^{0}]、张生[tiɔ̃^{1}sɛ̃^{0}]。

此格式中的姓氏也可以用某人的号或字代替，如石斋先生[sik^{5}tsai^{1}sin^{0}sɛ̃^{0}]、咸熙先生[ham^{6}hi^{1}sin^{0}sɛ̃^{0}]。今人也用名来替姓氏，如道周先生[to^{5}tsiu^{1}sin^{0}sɛ̃^{0}]、作人生[tsɔk^{1}dzin^{2}sɛ̃^{0}]。

4.地名中的某些字

地名中某些末字习惯上读轻声，常见的有“厝”和“头”两字。

以族姓作为地名的，常在姓后加“厝”字，表示此地为该姓族人的聚居地。这个“厝”字就要读轻声，如张厝[tiɔ̃^{1}ts‘u^0]、颜厝[gan^{2}ts‘u^0]。

双音地名的末字如果是“头”字，该字也可能读轻声，此时“头”字已失去其原义，如峰头、江头、林头。但在桥头、浦头、南门头这样的地名中“头”字仍保持原义，不能读轻声。

5.时间名词中的某些字

时间名词中处于末尾的“年”“月”“日”“时”“间”在表示某一特定时间段时要读轻声。如：

年[ĩi^2]→[ĩi^0]	前年、后年
月[gueʔ^7]→[gue^0]或[e^0]	正月、五月、十月
日[dzit^8]→[dzit^0]	昨日、后日
时[si^2]→[si^0]	日时、暝时夜里
间[kan^1]→[kan^0]	日间、暝间

6.名词+的

名词之后加读轻声的“的[e^0]”字，这种结构相当于表示某一类事物的名词，如公的、纸的纸质的、水的稀的、铁的铁造的、北方的、内山的山区的、学堂的。

（二）名词与指示词的搭配

龙文话只有少数名词之前可直接加上指示代词，如“即年(这一年)”、“迄所在(那地方)”；在多数情况下指示代词与名词之间必须嵌入量词，如：普通话的“这山”“这锄头”“那女人”“这医院”，在龙文话中必须说成“即支山”“即支锄头”“迄箇查某人”“即间医馆”。

（三）某些名词兼有形容词特点

举例如下：

名词	形容词	可二叠或三叠
柴[ts‘a^{2}]	尽柴很呆板	柴柴、柴柴柴
糜[bue^{2}]	尽糜很烂	糜糜、糜糜糜
油[iu^{2}]	尽油很油腻	油油、油油油
病[pɛ̃^{6}]	尽病很差劲	病病、病病病
粉[hun^{3}]	尽粉细如粉末，很嫩	粉粉、粉粉粉

二、数量词

（一）数词的文、白读法

1.基数

从“一”到“十”的数字，除“七”外，每个数都有文、白两种读音：

	一	二	三	四	五	六	八	九	十
文读	[it^{7}]	[dzi^{6}]	[sam^{1}]	[su^{5}]	[gɔ̃^{3}]	[liɔk^{8}]	[pat^{7}]	[kiu^{3}]	[sip^{8}]
白读	[tsit^{8}]	[lɔ̃^{6}]	[sã^{1}]	[si^{5}]	[gɔ^{6}]	[lak^{8}]	[peʔ^{7}]	[kau^{3}]	[tsap^{8}]

这9个字在数数时一般要读白读音，只有“一”和“二”的读音较特殊，在数个位数时可以用白读音，也可以用文读音。“一”和“二”处在两位或两位以上数字的个位或十位上时必须读文读音，处在百、千以上位置上则必须读白读音，如：21读作［dzi^{5}tsap^{5}it^{7}］、42读作［si^{3}tsap^{5}dzi^{6}］、210读作［lɔ̃^{5}pɛ^{3}it^{7}］、1020读作［tsit^{5}ts‘iŋ^{6}k‘ɔŋ^{3}dzi^{5}tsap^{8}］。“二”在“百”“千”“万”之前且后面除紧接的一位数之外全是零，也可读文读音，如：210也可读作［dzi^{5}pɛ^{3}it^{7}］，2200也可读作［dzi^{5}ts‘iŋ^{6}dzi^{6}］，25000也可读作［dzi^{5}ban^{5}gɔ^{6}］。

2.序数

作为序数，“一”和“二”读文读音，其余的数读白读音。如：第二读作［te^{5}dzi^{6}］；“第五”读作［te^{5}gɔ^{6}］。读序数的连续数时所有的数码都读文读音，如“303工地”读作［sam^{6}liŋ^{6}sam^{1}kaŋ^{6}te^{6}］；“1999年”读作［it^{1}kiu^{1}kiu^{1}kiu^{3}nĩ^{2}］。

（二）数、量词的结合运用

如果等级高的量词前的数词是“一”，则“一”可省略，如：一尺八寸可以说“尺八”，一石二升可以说“石二”，一斤三两可以说“斤三”，一角八分可以说“角八”。

1.“成”与数、量词连用

“成”+数词+量词+名词(形容词)的形式表示概数，其中数词只能用一、十、百、千、万、十万等等，而且“一”必须省略。如：成十斤米十来斤米、成十万人十万来人、成尺深尺把深、成人悬大约一人高。

2.“仔”与数、量词连用

数词+量词+“仔”(+名词)的形式表示少或不多的意思。如：一袋仔一小袋、一丝仔汤一点点汤、成万箍仔镭万来元钱。

3.“外”与数、量词连用

“外”与数、量词连用时相当于普通话的“多”字，表示比所说的还多一些，如：二尺外、三斗外、五角外、半碗外、二粒外、一尾外、三畚箕外；二百外箍、二万外人、十二万外斤、三十外万只。

4.“半”与数、量词连用

“一半”+量词(+名词)的形式表示很少的意思，“一半”相当于普通话的“一两”，如：一半只鸡、一半本册一两本书、一半箍银一两元钱、一半百箍；一半斤仔一两斤、一半人仔、一半日仔一两天、一半镭仔一点点钱。

“无半”+量词(+名词)的形式表示完全没有的意思，如：无半间厝完全没有房子、无半箇人一个人也没有、无半撇没有一点本事。

三、动词

（一）行为动作的完成

1.动词+“着”

“着”字作补语，表示行为动作完成，如：看着看到、惊着受惊、掠着抓到、撞着伊碰见他、摸着底摸到底、讲着是兄弟说起来还是兄弟、动着上百箍动辄上百元、讲着咯变面一提到就翻脸、吹着风会痛被风吹到时会疼。

2.句末+“啊[a^0]”

“啊”字相当于普通话的“了”，表示行为动作完成，如：雨停啊雨停了、讲了啊说完了、学生去学堂啊。

3.动词+趋向动词

这种形式与普通话相同，如：食去吃了、拍无去丢失、跳落去跳下、入来去进去、跳落去找、走来去买。

4. 动词+普通单音动词补语

这种形式也与普通话相同，如：拆破、拍死打死、创倒搞垮、苦毒死虐待得要命。重叠单音动词带普通单音动词补语时，表示行为动作反复进行达到一定程度或结果，补语要读轻声，如：推推开、拗拗断、拍拍死互相打得厉害。

5.“识[bat^7]”+动词

“识”字相当于普通话的“曾经”，如：识用用过、识去去过、识食吃过、识冤家吵过架、识做伙曾在一起过。

（二）行为动作的进行

1.“哩[li^1]”+动词

这种形式表示行为动作正在进行，有时在“哩”前加“拄[tu^3]”“当[$tɔŋ^1$]”或“拄好[tu^1ho^3]”“当时[$tɔŋ^6si^6$]”，强调行为动作正在进行,如：我哩食饭我在吃饭、拄(当)哩思量正在商量、拄好(当时)哩叫无人正愁找不到人。

2.动词+“牢”

“牢”字相当于普通话的“住”“着[zhe]”，表示保持着某种动作状态，如：倒牢躺着、揣牢拿住、推牢顶住、收下牢藏着、门开牢门开着、犹欠牢还欠着账；徛牢骹站稳脚跟、掠有牢总[tsaŋ³]抓住关键、食膾牢腹吃下去马上呕出来。

3.动词+“下[hɛ⁶]”

这种形式表示保持着某种动作状态，如：囥下收藏着、坐下看坐着看、㨂下食拿着吃、关下内面关在里面、覕下遐哭躲在那里哭。

（三）其他状态

1.动词+“其”+补语

这种形式表示动作要达到某种程度或结果，“其”无实义，如：拾其好势收拾好、看其真张看仔细、洗洗其清气反复洗，洗得干净。

2.“有”+动词

这种形式表示行为动作的完成，也可以表示保持着某种动作状态，如：有食已经吃了或吃过了、有去厦门去过厦门、伊敢有在他在吗、汝煞[saʔ⁷]有讲你哪曾说过、工厂有欠人工厂还需要人。

3.单音动词+重叠式补语

这种形式强调行为动作达到的程度，补语可以是形容词，也可以是动词，如：开献献敞开着、约出出早就料到、看暖暖望眼欲穿、看现现看得很清楚、徛死死呆呆地站着、搦牢牢紧抓住不放、倒直直直挺挺地躺着。

4.重叠式状语+单音动词

这种形式强调行为动作的方式，状语可以是形容词，也可以是动词或象声词，如：哀哀呻[tsʻan¹]强取、哄哄热热烘烘、密密是到处都是、金金看睁大眼睛注视、白白扒不吃菜光吃饭、否[pʻãi³]否叫恶声恶气、扬[iã⁶]扬飞飞扬、膏膏缠纠缠不休、搦[lak⁸]搦掣手脚无措、沐[bɔk⁸]沐泅困窘、在[tsʻai⁶]在坐坐着不动。

5.动词+“仔”

这种形式表示动作行为较轻微或短暂，如：看仔看一下、㪐滚仔开玩笑、放目仔睁一眼闭一眼。也可作为状语修饰另一个动词，如：凉凉仔讲不着急地说、佚佗仔读半玩耍半认真地学习、做工艺仔像玩耍一样地上班。

四、形容词

（一）形容词转化为其他词类

形容词+“仔”相当于一个名词，表示具有某种特点的人，如：矮仔矮子、鬼仔滑头的人、大目仔大眼睛的人、软母仔女性化的男人。

形容词+“去”相当于一个动词，表示状态的变化，如：硬去变硬、凋去干掉、软软去变软、痗势去变丑、乌青去皮肤发紫。

（二）相当于形容词的词组

1.“有(无)”+名词后相当于一个形容词，表示某种状况，如：有影真实的、无影假的；有肉丰满、无肉瘦；有艺[gɛ⁶]撒娇态、无艺害羞；有路受欢迎、无路不受欢迎；有量气量大、无量小气；无喙沉默寡言；无侣[lam⁶]寂寞；有字眼不知趣、无字眼不像话。

2.“厚”+名词后相当于一个形容词，表示某种事物多或复杂，如：厚话多嘴、厚思想思虑太多、厚所费费用高、厚火气脾气大、厚代志事情多、事情复杂。

3.形容词+量词后相当于一个形容词，表示物体的大小长短，如：大箇个头大、短步间隔小、长条[liau¹]长条状、细尾鱼小鱼、庀庀个仔很小、幼粒子仔身材小巧玲珑、红包尽细包。

4.“孧”+谓语词(或词组)相当于一个形容词，表示善于做某事或爱干某事。如：孧俭节约、孧走善跑、孧惜关心爱护、孧读册很会读书、孧开镭爱花钱、孧哭呻[tsʻan¹]爱叫苦、孧损浪费。

五、虚词

(一)一字多用

龙文话虚字的用法比普通话更广，一些字可以有多种词性。

“无”字可以作副词，如：无远不远、买无买不到、无看见没看到。也可以作连词，如：伓食糜，无食面不吃粥，那就吃面条；伓爱红的，无买乌的不然买黑的。“无”字读轻声又可以作助词，相当于普通话的“吗”，如：听着无听到吗、有水无漂亮吗。“无”字还可以作形容词，表示不同意的意思，如：看尽无很瞧不起、听尽无听得很反感、想设呔无大不以为然。

“啊[a⁰]”字可以作助词，如：人来啊人来了、车开啊车开走了、二点外啊两点多了；也可以作感叹词，如：盖多啊太多了、大家来看啊。

(二)一词多义

龙文话一些虚词的意义比普通话相应的虚词多。

介词“共[ka⁶]”有普通话“替”的意义，如：共伊洗衫替他洗衣服、门共我关牢替我把门关好；也有普通话“把”的意义，如：共伊拍打他、共伊关起来将他关起来；又有普通话“对”、“向”的意义，如：共伊讲对他说、共伊哭冤枉向他喊冤。

介词“对”有普通话“对”的意义，如：对汝好、对伊来讲他说；又有普通话“从”的意义，如：对城里来从城里来、对细汉起从小时候起；还有普通话“向”的意义，如：对哪去往哪里去、对学堂去往学校去。

介词“互”有普通话“给”的意义，如：互伊镭给他钱、衫要互我穿；又有普通话“被”的意义，如：互伊骗被他骗、互人招被招赘；还有普通话“让”的意义，如：互我为难让我为难、互汝添福寿。

第三节 句 法

一、词序

龙文话中有些句子成分的排列顺序与普通话不尽相同：

有的补语置于形容词谓语之前，如：死人直呆板得像死人、入骨歹[bai³]坏透了。

有的补语置于宾语之后，如：我教伊无法我没法教他、我还看汝会着我能看得到你遭报应。

否定意义的副词“无”“獪[be⁶]”“未[bue⁶]”可以置于动词之前，也可以置于动词之后，如：找无伊、找伊无没找到他；未讲了、讲未了没讲完；獪得着、得獪着得不到。

二、被动句与处置句

(一)被动句

被动句的格式为“受事者+互+施事者+动词”，如：我互伊骂我被他骂、饭互伊食去饭被他吃掉。

（二）处置句

1.“施事者+共[ka⁶]+受事者+动词”，如：我共伊拍一下我把他打了一下、伊共人赶走他把人家赶走。

2.“受事者+共人(共[kaŋ⁶]，共伊)+动词”，如：电共人开起来把开关打开、镭共开去把钱花掉、批共伊退转去把信退回。

3.“受事者+施事者+共人(共[kaŋ⁶]，共伊)+动词”，如：碗汝共人拍破你把碗打破、厝伊共卖去他把房子卖掉、重担我共伊担起来我把重担挑起来。

（三）被动句与处置句的套合

此格式为“受事者+互+施事者+共人(共[kaŋ⁶]，共伊)+动词”，碗互汝共人拍破、厝互伊共卖去、重担互我共伊担起来。

三、比较句

（一）等比句

1.“名(代)词+‘甲’+名(代)词(+‘无’)+‘平(平平)’+形容词”，如：伊甲我平多岁他和我同样年纪、汝合伊平平好康你和他一样富、爸甲团无平大汉父子俩个子不一样高。

2.“数词+量词(+名词)(+‘无’)+‘平(平平)’+形容词”，如：二箇平悬两人一样高、四尾鱼平平大四条鱼同样大、二间厝无平贵两间的房价不一样。

3.“名(代)词(+‘有’或‘无’)+‘像’+名(代)词+‘则[tsiaʔ⁷](赫[hiaʔ⁷])’(+‘尔[nĩ⁶]’)+形容词”，如：猪像牛则大猪长得像牛这么大、伊像𪜶老爸赫𫘤他像父亲那样能干、我无像汝赫好胆我不像你那么大胆、镭无汝则尔多钱没你这么多、后生有伊赫尔大汉儿子有他那么大。

（二）差比句

差比句有三种格式：

1.“名(代)词(+‘无’)+‘较’+形容词+名(代)词(+补语)”，如：伊较大我他比我年长、汝无较熟伊你没比他熟、伊较加我二分他比我多两分。

2.“名(代)词(+‘有’或‘无’)+形容词+名(代)词+补语”，如：鸭细鹅尽多鸭比鹅小得多、汝𫠛我尽多你比我高得多、伊大我无多他岁数大我不多、汝有大我一岁你比我大一岁。

四、“有（无）”句与“来去”句

（一）“有(无)”句

1.“有(无)”在动词之前作状语，说明事物的性状，如：即号米有煮这种米出饭多、卡叽布较有穿卡叽布比较耐穿、迄款茶尽无泡那种茶很不禁泡。

2.“有(无)”在动词之后作补语，表示行为动作的结果，如：看有看到了、听无听不清、食有饱吃得饱、趁有镭挣到钱、穿无烧穿不暖、讲无话谈不来。

（二）“来去”句

句中“来去”是偏义词，只有“去”的意思，表示将去做某事，如：来去困去睡觉、来去买菜去买菜、伯来去学堂咱们去学校吧。

“来去”若强调“去”或“离开”的意思，则音变[laiʔ⁷ki⁰]，还可以简缩为“来[laiʔ⁷]”，但意思仍然是“去”，汝：伝要来去啊我们走啦、较紧来去快走吧、伯拢来[laiʔ⁷]我们都去、伝要来食饭我们要去吃饭了、来，来看戏走，看戏去。

“来去”句有的不是将来时，多用在对举的情况，如：烧烧被伓盖，甘愿来去蚝壳顶车畚斗暖被窝里不呆，要去牡蛎壳上打滚、有公家头路伓食，爱来做生理。

五、疑问句

（一）是非问句

1.陈述句中插入疑问词“敢”，则变成疑问句，如：伊敢有在他在吗、伊敢有镭他有钱吗、汝敢听有你听到吗、伊食敢有饱他吃饱了吗、兲兜敢会好康他家富吗。

2.“有”与“无”连用，相当于普通话“……吗?”句式，如：有食无吃了吗、有来无来过没有、目睭有看无眼睛在看吗、拄伊有着无碰到他了吗。

3.肯定句加上读轻声的否定副词(无、未、伓、獪)后就变成是非疑问句，如：有去无去了吗、伊有证无他有证吗、伊来未他来了吗、恁要早起来伓你们要早起来吗、衫曝会凋獪衣服能晒干吗。

（二）反问句

肯定句中插入反问词“佫[koʔ7]”就变成反问句，如：汝佫无讲你真没说(意为肯定说过)、昨昏伊佫有来昨晚他真来过(意为肯定没来)。

反问与是非问的句式有时是一样的，只能根据语言环境和说话人的话气来区别，如：“汝看无是啊？”(反问：“难道你没看到？”是非问：“你没看到，是吗？”)“厝内无人吓[hiaʔ7]？”(反问：“难道屋里没人？”是非问：“屋里没有人，是不是？”)

六、否定句和肯定句

龙文话在否定一个行为动作时，否定词可加在作为该动词补语的趋向动词之前，如：死无去没死掉、镭趁无去钱没挣到手、行獪去走不了、睏獪去睡不着、互恁骗獪去不会上你的当。

将以上的否定词换成肯定词，句子就变成肯定句，强调行为动作的完成或可能完成，如：走有去跑掉了，行会去走得了；睏有去睡着了，睏会去能睡着；趁有去赚走了，趁会去能赚到手；骗有去骗走了，骗会去骗得了。但受所表达的意思的限制，有的不能变成肯定式，如：“死无去”就不能变成“死有去”或“死会去”。

第四章　语言材料

第一节　熟　语

一、成语

1. bo² bin⁶ bo² pʻue²
   无　面　无　皮(厚脸皮；不知羞耻)

2 .bo² bɔ³ bo² kau²
   无　某　无　猴(没有妻小；光棍)

3. bo² an⁵ bo² suĩ⁵
   无　按　无　算(没长远打算)

4. be⁶ bɔŋ¹ be⁶ tʻeʔ⁸
   摸　　　撂(难对付；很棘手；碰不得)

5. be⁶ tsʻeʔ⁷ be⁶ pĩ⁵
   切　　　变(不能痛下决心纠正)

6. tsiaʔ⁸ pa³ siɔ̃¹ iŋ²
   食　饱　伤　闲(做无谓之事)

7. be^{6} tsiaʔ^{8} be^{6} k‘un^{5}
食 睏(形容极度不安)

8. iu^{1} t‘au^{2} k‘ɔ^{3} bin^{6}
忧 头 苦 面(满面忧愁)

9. put^{7} tap^{7} put^{7} ts‘it^{7}
不 搭 不 七(不合格，不清不楚)

10. put^{7} sam^{1} su^{6} liaŋ^{3}
不 三 似 两(不三不四)

11. ban^{6} ĩi^{2} kiu^{3} uan^{3}
万 年 久 远(长期的而非临时性的)

12. ki^{3} t‘ĩ^{1} ki^{3} te^{6}
指 天指 地(赌咒发誓)

13. ts‘ue^{6} k‘aŋ^{1} ts‘ue^{6} p‘aŋ^{6}
找 空 找 缝(想方设法，挖空心思)

14. tua^{6} tsu^{3} tua^{6} i^{5}
大 主 大 意(擅自作主)

15. k‘ɔŋ^{1} tsu^{3} ia^{2} sia^{5}
公 子 爷 舍(纨绔子弟)

16. kuã^{6} lau^{2} sam^{3} tiʔ^{7}
汗 流 糁 滴(大汗淋漓)

17. kui^{1} ĩi^{2} t‘aŋ^{5} t‘ĩ^{1}
规 年 通 天(常年累月)

18. huaʔ^{7} tua^{6} bɛ̃^{6} se^{5}
喝 大 骂 小(骂人不已)

19. beʔ^{7} si^{3} beʔ^{7} uaʔ^{8}
要 死 要 活(寻死觅活，非常不满)

20. hɔŋ^{6} kau^{3} sio^{1} ka^{6}
哄 狗 相 咬(挑拨离间)

二、谚语

1. aʔ^{7} ke^{1} m^{6} tsiã^{2} pu^{6}
抑 鸡 不 成 伏(不能强迫母鸡抱窝)

2. si^{3} aʔ^{7} a^{3} gɛ̃^{6} ts‘ui^{5} pe^{1}
死 鸭仔 硬 喙 胚(自己理屈仍然强辩)

3. aʔ^{7} luĩ^{6} k‘aʔ^{7} bat^{8} bã^{6} u^{6} p‘aŋ^{6}
鸭 卵 较 密 嘛 有 缝(真相捂得再紧也会泄露)

4. ts‘ŋ^{2} t‘au^{2} uan^{1} ts‘ŋ^{2} bue^{3} ho^{2}
床 头 冤 床 尾 和(夫妻间吵架不会持久)

5. bai^{3} ts‘an^{2} baŋ^{6} au^{6} taŋ^{1}，bai^{3} bɔ^{3} kui^{1} si^{5} laŋ^{2}
歹 田 望 后 冬， 歹 某 规 世 人(找不好的老婆一辈子受罪)

6. ai^{5} sui^{3} m^{6} kiã^{1} lau^{2} p‘ĩ^{6} tsui^{3}
爱 水 伓 惊 流 鼻 水(为了漂亮少穿衣服而受凉)

7. kaŋ^{1} hi^{2} a^{3} kau^{6} t‘au^{2}
江 鱼仔 厚 头(人浮于事，头头多，真正做事情的人少)

8. ts‘au^{5} t‘o^{2} luã^{6} li^{3}，ho^{3} tsiaʔ^{8} bo^{2} pi^{3}
臭 桃 烂 李，好 食 无 比(过熟的桃李最好吃)

9. bo^{2} kim^{5} bo^{2} ki^{6} tsiaʔ^{8} pɛʔ^{7} dzi^{6}
无 禁 无 忌 食 百 二(不信邪就无灾祸)

10. puĩ^{6} t‘aŋ^{3} k‘aŋ^{1}，k‘aʔ^{7} ho^{3} hɛ^{6} aŋ^{1}
饭 桶 空， 较 好 下 尪(吃得下饭强似求神拜佛)

11. laŋ^{2} bue^{6} pu^{5}，m^{6} haŋ^{1} k‘i^{3} tua^{6} ts‘u^{5}
人 未 富，伓 通 起 大 厝(劝人不要过于张扬)

12. kiã^{2} tsun^{2} tsau^{3} bɛ^{3} sã^{1} hun^{1} biã^{6}

行 船 走 马 三 分 命(性命没保障)

13. sue^{5} tsʻu^{5} bo^{2} kʻia^{6}，tiaʔ^{8} bi^{3} bo^{2} tsiaʔ^{8}

税 厝 无 徛， 籴 米 无 食(别人家的房子住不安稳，别人种的大米吃起来不自在)

14. tsʻun^{1} tʻĩ^{1} au^{6} bo^{3} bin^{6}

春 天 后 母 面(春季天气变化无常)

15. bã^{3} tsɔ^{3} po^{2}，m^{6} tsiaʔ^{8} o^{2}

妈 祖 婆， 伓 食 蚝(妈祖生日过后牡蛎就不再肥嫩)

16. lak^{8} gueh^{0} bo^{2} sian^{6} pak^{7}，tua^{6} tsui^{3} im^{1} tʻau^{2} kʻak^{7}

六 月 无 善 北， 大 水 淹 头 壳(六月刮北风是坏兆头，洪水会淹到头顶上)

17. lak^{8} gueʔ^{8} tsap^{8} dzi^{6}，pʻɛ̃^{2} tsɔ^{3} tso^{5} ki^{6}，bo^{2} hɔŋ^{1} a^{6} kuai^{5} i^{6}

六 月 十 二， 彭 祖 做 忌， 无 风 也 怪 异(彭祖的忌日六月十二多会刮风)

18. tsʻun^{1} bɔŋ^{2} pʻak^{8} si^{3} kui^{3}，hɛ^{6} bɔŋ^{2} tso^{5} tua^{2} tsui^{3}，tsʻiu^{1} bɔŋ^{2} hɔŋ^{1}，tɔŋ^{1} bɔŋ^{2} sɔŋ^{1}

春 蒙 曝 死 鬼， 夏 蒙 做 大 水， 秋 蒙 风， 冬 蒙 霜(春天起雾出太阳，夏天起雾有洪水，秋天起雾会刮风，冬天起雾会下霜)

19. kau^{3} gueʔ^{0} kau^{3} naʔ^{7} dzit^{8}，tsap^{8} gueʔ^{0} dzit^{8} sɛ̃^{1} sit^{8}，ham^{1} ban^{6} tsa^{1} bɔ^{3} sã^{1} tuĩ^{5} liã^{3} be^{6} tit^{8}

九 月 九 爁 日， 十 月 日 生 翼， 憨 慢 查 某 三 顿 领 膾 直(从九月起白天越来越短)

20. taŋ^{1} tseʔ^{7} aŋ^{2}，nĩ^{2} bɛ̃^{2} tam^{2}；taŋ^{1} tseʔ^{7} ɔ^{1}，nĩ^{2} bɛ̃^{2} sɔ^{1}

冬 节 红，年暝 澹； 冬 节 乌， 年 暝 飕(冬至日晴除夕会下雨；冬至日下雨除夕会晴)

三、歇后语

1. pʻɔ^{3} kʻau^{3} laŋ^{2}——tsin^{1} tiɔ̃^{1}

浦 口 人 —— 真 张(浦口村民全部姓张，“真张”意为“认真”)

2. tsiaʔ^{8} lik^{8} tau^{6} a^{3}——pʻɔŋ^{5} hɔŋ^{1}

食 绿 豆 仔—— 胖 风(胀气，比喻吹牛)

3. kim^{1} hɔ^{2} sin^{2}——tsʻau^{5} pak^{7} lai^{6}

金 胡 蝇——臭 腹 内(金玉其外，败絮其中)

4. tsʻai^{5} kua^{1} kɔŋ^{5} kau^{3}——siaŋ^{1} tʻau^{2} liau^{3}

菜 瓜 損 狗—— 双 头 了(肉包子打狗——一场空)

5. bɔŋ^{6} a^{3} bɔ^{1} paŋ^{5} pʻau^{5}——tsʻa^{3} si^{3} laŋ^{2}

墓 仔 埔 放 炮 —— 吵 死 人

6. iam^{1} ke^{1} tʻua^{1} bak^{8} kiaʔ^{8}——bɔŋ^{3} tʻua^{1} bɔŋ^{3} tsiaʔ^{8}

阉 鸡 拖 木 屐—— 罔 拖 罔 食(比喻日子过得不轻松)

7. sin^{1} sɛ̃^{1} liɔ̃^{2} sia^{3} e^{0}——se^{5} dzi^{6}

先 生 娘 写 的——细 字(“细字”谐音“细腻”，意为“客气”)

8. kau^{2} tsiɔ̃^{6} tik^{7} ko^{1} bue^{3}——bo^{2} pɔ^{6}

猴 上 竹 篙 尾 ——无 步(没出路)

9. un^{3} ku^{1} pʻaʔ^{7} kun^{2} tʻau^{2}——tsʻut^{3} lat^{5} koʔ^{7} bai^{3} kuã^{5}
痀 拍 拳 头 —— 出 力 佫 歹 看(比喻吃力不讨好)

第二节 歌 谣

一、儿歌

（一）月亮歌

月公公，	gueʔ^{8} kɔŋ^{1} kɔŋ^{1},
月利利。	gueʔ^{8} lai^{6} lai^{6}.
汝刀钝，	li^{3} to^{1} tun^{1},
我刀利，	gua^{3} to^{1} lai^{6}.
保庇伝婴仔无底代(平安无事)。	po^{3} pi^{5} gun^{3} ɛ̃^{1} ã^{1} bo^{2} ti^{6} tai^{6}.

（二）外妈兜

厝头雀仔吼纷纷，	tsʻu^{5} tʻau^{2} tsɛ̃ʔ^{7} a^{3} hau^{3} hun^{1} hun^{1},
外妈惜外孙。	gua^{6} bã^{3} sioʔ^{7} gua^{6} sun^{1}.
呋舅仔落圩去买菜，	ŋ^{3} ku^{6} a^{6} loʔ^{8} hi^{1} kʻi^{5} be^{3} tsʻai^{5},
呋妗仔嫌伝捷捷来。	ŋ^{3} kim^{6} a^{6} hiam^{2} gun^{3} tsiap^{8} tsiap^{8} lai^{2}.
伝是为着公妈代，	gun^{3} si^{6} ui^{6} tioʔ^{8} kɔŋ^{1} bã^{3} tai^{6},
无(否则)伝三年四隔月也勢来。	bo^{2} gun^{3} sã^{1} nĩ^{2} si^{5} kɛʔ^{7} gueʔ^{8} a^{6} bue^{3} lai^{2}.

二、谜语歌

1. 覫骹仔秀才，	lo^{5} kʻa^{1} a^{3} siu^{5} tsai^{2},
日时去，	dzit^{8} si^{0} kʻi^{5},
暝时来。(蚊子)	bɛ̃^{2} si^{0} lai^{2}.
2. 四骹徛窿窿，	si^{5} kʻã^{1} kʻia^{6} lɔŋ^{6} lɔŋ^{6},
会叫“呋妈”，	e^{6} kio^{5} “m^{3} bã^{3}”,
叫“呋公”。(牛)	be^{6} kio^{5} “ŋ^{3} kɔŋ^{1}”.
3. 看会熏，	kuã^{5} e^{6} hun^{1},
食会濆。(冰棍)	tsiaʔ^{8} e^{6} tsun^{1}.
4. 红蠓帐，	aŋ^{2} baŋ^{3} tã^{5},
白遮风，	pɛʔ^{8} dzia^{1} hɔŋ^{1},
内面一身土地公。(荔枝)	lai^{6} bin^{6} tsit^{8} sin^{1} to^{3} lik^{8} kɔŋ^{1}.
5. 一个潭仔深溜溜，	tsit^{8} e^{2} tʻam^{2} a^{3} tsʻim^{1} liu^{1} liu^{1},
二尾白鳗红目睭。(油灯)	lɔ̃^{6} bue^{3} pɛʔ^{8} buã^{2} aŋ^{2} bak^{8} tsiu^{1}.

三、民谣

（一）桂香姐

桂香姊，	kui^{5} hiaŋ^{1} tsi^{3},
做人新妇识道理。	tso^{5} laŋ^{2} sin^{1} pu^{6} bat^{7} to^{6} li^{3}.
晏晏困，早早起，	uã^{5} uã^{5} kʻun^{5}, tsa^{3} tsa^{3} kʻi^{3},
起来梳头抹粉点胭脂。	kʻit^{7} lai^{2} se^{1} tʻau^{2} buaʔ^{7} hun^{3} tiam^{3} ian^{1} tsi^{1}.
入大厅，拭桌椅。	tsip^{8} tua^{6} tʻiã^{1}, tsʻit^{7} toʔ^{7} i^{3}.
入灶骹，洗碗箸。	tsip^{8} tsau^{5} kʻa^{1}, se^{3} uã^{3} ti^{6}.
入绣房，攑针黹。	tsip^{8} siu^{5} paŋ^{2}, giaʔ^{8} tsiam^{1} tsi^{3}.
阿咾兄，阿咾弟，	o^{1} lo^{3} hiã^{1}, o^{1} lo^{3} ti^{6},
阿咾亲家亲姆势教示，	o^{1} lo^{3} tsʻin^{1} kɛ^{1} tsʻɛ̃^{1} m^{3} gau^{6} ka^{5} si^{6},
阿咾大家大倌好家势。	o^{1} lo^{3} tua^{6} kɛ^{1} tua^{6} kuã^{1} ho^{3} kɛ^{1} si^{5}

（二）宰鸡歌

做鸡做鸟无了时，	tso^{5} ke^{1} tso^{5} tsiau^{3} bo^{2} liau^{3} si^{2}
食主人饭食主人米，	tsiaʔ^{8} tsu^{3} laŋ^{2} puĩ^{6} tsiaʔ^{8} tsu^{3} laŋ^{2} bi^{3}
由在主人排比，	iu^{2} tsai^{6} tsu^{3} laŋ^{2} pai^{2} pi^{3}
紧行紧去，	kin^{3} kiã^{2} kin^{3} kʻi^{5}
出世好人家囝儿。	tsʻut^{7} si^{5} ho^{3} laŋ^{2} kɛ^{1} kiã^{3} dzi^{2}

说明：旧时宰杀鸡鸭时所念的歌谣，俗信能减少杀生的罪孽。

（三）红目鮘

红目鮘，煮咸菜，	aŋ^{2} bak^{8} tai^{1}, tsi^{3} kiam^{2} tsʻai^{5},
烧的一碗来，	sio^{1} e^{1} tsit^{8} uã^{3} lai^{2},
冷的我伓爱。	liŋ^{3} e^{0} gua^{3} m^{6} ai^{5}.

说明：红目鮘，学名赤眼鳟，十分鲜美，但要趁热才好吃。

（四）新人歌

今仔日七，	kin^{1} a^{3} dzit^{8} tsʻit^{7},
明仔日八，	bin^{2} a^{3} dzit^{8} peʔ^{7},
后日即时节。	au^{6} dzit^{0} tsit^{7} si^{2} tseʔ^{7}.
囝婿官，暝日想，	kiã^{3} sai^{5} kuã^{1}, bɛ̃^{2} dzit^{8} siɔ̃^{6},
想伝乜倌按怎样：	siɔ̃^{6} gun^{3} bĩʔ^{7} kuã^{1} an^{5} tsuã^{3} iɔ̃^{6}:
头是胖头梳，	tʻau^{2} si^{6} pʻɔŋ^{5} tʻau^{2} se^{1},
骹是龙眼鸡，	kʻa^{1} si^{6} liŋ^{2} kan^{3} ke^{1},
面是莲子面。	bin^{6} si^{6} lian^{2} tsi^{3} bin^{6},
入门伐户磴，	dzip^{8} buĩ^{2} huaʔ^{8} hɔ^{6} tiŋ^{6},
后日做皇神。	au^{6} dzit^{8} tso^{5} hɔŋ^{2} sin^{2}.

说明：囝婿(新郎)，暝日(日夜)，乜倌(对新娘的尊称)，胖头梳(梳高髻)，骹是龙眼鸡(绣花鞋像龙眼鸡)，做皇神(引以为傲)。

第三十一卷　人　物

区境地灵人杰，历代英才辈出。宋朝有朱熹高徒陈淳、王遇。明代有林弼、黄道周夫人蔡玉卿、理学家蔡烈、探花林釬、太仆卿陈天定、知府王昇、书法家李宓。清代有奉政大夫黄金钟、刑部主事黄天瑞父子，户部郎中林域。近现代有名医蔡朝初、龙溪专署副专员蔡竹禅、福建省文化局副局长、省政协常委蔡大燮三父子，有福建省著名画家黄稷堂、林俊龙。

本卷收录人物传 28 篇，其中古代人物传 13 篇、近现代人物传 15 篇。人物录录入 30 人。附老红军战士林理简介一篇。人物表录入龙文区境宋元明清进士 45 人。区籍在外地副处级以上 48 人，龙文区籍在外地副高职称以上 30 人，龙文区中小学副高职称以上 99 人，医院副高职称 6 人。革命烈士 28 人。

1997 年 1 月至 2007 年 12 月，录入龙文区历任中共区委书记、副书记 12 人，常委 19 人；区人大常委会主任、副主任 10 人；区人民政府区长、副区长 16 人；区政协主席、副主席 12 人；中共区纪委书记 3 人；区人民检察院检察长 3 人；区人民法院院长 2 人；蓝田工业开发区书记、主任、副主任 3 人；蓝田经济开发区书记兼主任、副主任 2 人；龙文区人武部部长、政委 11 人。

1997—2007 年，龙文区获地厅级以上表彰先进集体共有 204 家（次），先进个人有 610 人（次）。

第一章　人物传

第一节　古代人物

王　遇

王遇（1141—1211）　字子合，又字子正。上祖居龙溪县永宁乡唐化里峙东保上苑村（今蓝田镇湘桥村上苑），后迁诗浦。学者称东湖先生。

少年机敏，聪明好学。12 岁为太学生，升监生并任学职。宋乾道八年（1172 年），成进士。授江西临江府教授，又改调处州。因居父、母丧，未赴任，服满，改调蕲州。历任怀安县丞、长乐县知县、赣州通判、太学博士、诸王宫教授、毗陵知府、提举浙东常平、太宗正丞、右曹郎中等职。嘉定四年（1211 年），在校策殿庐任上病逝。

从中进士至教授蕲州期间，不远千里请教东莱吕祖谦、衡阳张轼、新安朱熹之门，考究道德，精研学业。

在任蕲州教授期间，严立课程，每日与诸生讲《论语》《孟子》《经》《史》，经常至深夜未寝。宰相想提拔王遇，吩咐王遇去拜候他，王遇说："朝廷用人，使之知，又使之候，是自辱也。"

在任长乐县令时，兴修大塘水利，溉田千余亩。毗陵遇旱灾，竭仓储粮，赈灾救济百姓。凡公家馈送、公橱犒赏的开支一切停止。将集资款用于籴米赈饥之用。带头捐献俸金赈灾。劝民广开商路，劝当政人员出门不用车马与跟随。亲自检查周边地区，做到无一户一民不受其惠。太湖港被权势侵占，严令开浚，恢复耕作。他提调浙东常平，仍留心赈灾救济。朝中议论推行以灶买盐办法，王遇以加重刑责、不顾百姓、不惜民力斥之，朝廷议论终止。

秉承先祖仁慈厚道教导，对宗族朋友款待甚厚；对贫困家庭，给予救济帮助；不能婚嫁及殡葬者，倾力资助。孝道为先，其父羽仪逝世在外，按习俗，不许归殡于家。但他从建州扶柩而归，直入家门，柩置于厅。

王遇所学独见施用，朱晦庵称他"纯笃"，吕东莱称他"笃实"。黄幹为他撰行状，说他"学识之精，义利之明，超然于流俗之中，不以一毫私意累其心。"百姓为其树碑立祠，以纪其功德。

著作《论孟讲义》《两汉博议》《东湖文集》，今已失传。其墓在今龙海市九湖镇石狮岩山南麓，为县级文物保护单位。

陈　淳

陈淳（1159—1223）字安卿，号北溪。龙溪县游仙乡龙州里（今朝阳镇石井村蓬洲社）人。世居九龙江北溪之滨，学者称"北溪先生"。陈淳继承朱熹理学，在学术上有一定的地位和影响，《宋史·道学》有传，《中国人名大辞典》有载。

陈淳年少潜心读书，准备参加科举考试。主簿林宗臣对他立志走科举之路很不满意，说："这不是圣贤所应该从事的事业"，并送他一部朱熹、吕祖谦合撰《近思录》。林宗臣的意见给陈淳以深刻的影响。从此，陈淳尽弃科举之念，专攻朱熹理学。

宋绍熙元年（1190 年），朱熹任漳州知府。陈淳带《自警诗》，怀着"十年愿见而不可得"的虔诚，拜谒大师。两人交谈甚欢，朱熹晓之以对德义透彻了解并身体力行的"上达"之理，说："凡学习义理，一定要深究其根源，比如，做父母的为什么一定要仁慈，当儿子的为什么要尽孝。两人促膝谈心，成为莫逆之交。朱熹守漳期间，陈淳从游郡斋，朱熹赞其无书不读，无物不格。陈淳每到漳州，都要与朱熹论理终日，有时竟至深夜。朱熹对陈淳善于提问、善于钻研的精神大加推崇，尝语人曰："南来无道，得一陈淳。"陈淳受师教良多，获益匪浅，对朱熹非常尊崇。朱熹离漳后，到建阳考亭等地讲学。庆元五年（1199 年）冬，陈淳往建阳再次拜谒朱熹于考亭沧洲精舍。朱熹卧病榻对他说："你所学的已见本原，所差的是下学工夫而已。"陈淳住 3 个月，后回家乡。陈淳深受"下学"师训，痛下决心，克服偏差，认真推究各种事物原理，终于达到义理贯通的境界。

陈淳遵从师教，身体力行，关心社会，敢于为民请命。在《上傅寺丞论民俗书》中，呼吁禁绝淫戏，因其费财废业，玩物丧志，有助于淫奔、抢夺、斗殴、狱讼，甚至仇杀等事件发生。这些言论，都针对时弊，引起地方政府的关注。

朱熹去世，陈淳力卫师门，他结合讲学着力疏释，宣扬程朱学说。对朱熹的学问、道德、政绩，陈淳心悦诚服，所以能终身捍卫师门，坚斥异说，成为南宋程朱理学的一个刚强卫士。世人将他与朱熹的另一高徒黄榦并称。

宋嘉定十年（1217年），陈淳赴杭州考试，归途中遇严陵郡守郑之悌。郑率僚属请他到郡庠讲学，听讲者数百人。第二年，陈淳以特奏恩科授迪功郎，任泉州安溪主簿，但未到任。嘉定十五年，循例升授修职郎。

陈淳晚年居家讲学，莆田、泉州所属各县从学者很多。嘉定十六年四月一日，陈淳逝世，享年65岁。寿终时，学生哀悼，有的奔丧，有的在家设神位哭拜。宋淳祐六年（1246年），于龙江书院之东建道原堂，祀朱熹，以陈淳配祀。陈淳葬于瑞泉里石鼓之原（今朝阳镇西洋村崎岭社）。陈宓在墓道上书："呜呼！有宋北溪先生之墓"，且写墓志铭。明嘉靖三十五年（1556年），龙溪知县蔡亨嘉在其墓前立坊，外刻"朱门高弟"，内刻"漳上真儒"。

陈淳著述《北溪字义》《北溪大全集》（50卷），收入《四库全书》。他收集朱熹语录的，有《郡斋语录》《竹林精舍语录》。记自己语录的有《筠谷、漱口、金山所闻》《北溪语录》。授课著述《读春秋篇》《论孟学庸义》《字义详讲》《礼诗女学》《启蒙初诵》《训童雅言》等。陈淳又是书画家，漳州有"陈北溪好字画"之说。

颜颐仲

颜颐仲（1187—1262），字景正，号员峤。龙溪人。颜彻之子，颜师鲁之孙。以祖荫补宁化县尉，后任西安丞，除西安县令，皆有善政，民受其德。

丁内艰服阙，调衡山，未上任，委转运司干办公事，迁临安府通判。宋理宗端平元年（1234年）除将作监主簿，出知严州，次年入朝为司农卿兼金部郎官，除直秘阁两浙转运判官、户部侍郎知临安府、浙西安抚使，进将作监，仍兼知府。宋端平二年（1236年）进太府少卿。宋嘉熙元年（1237年）以直秘阁奉祀武夷祠，除广西转运判官。到任后，首次上奏即要求废除海南琼、崖、儋、万四州盐赋并免除本钱。宋淳祐二年（1242年）知泉州，淳祐四年知温州。以秘阁修撰兼福建提刑。任内减商税，除盗贼，养孤老，掩骸骼，百姓感其德。官至吏部尚书，以宝章阁学士提举玉隆万寿宫。享年76岁。

他在端平年间，与兄长颜耆仲于福州建造九仙观，摹写道经564函庋藏。乡人立二公祠于道藏之右。归老时，又于鹤鸣山建造天开图画亭、仙亭岩。

林　弼

林弼，原名唐臣，字元凯，步文镇莲池尾林氏祖。从小聪慧过人，六岁能诗。博览群书，过目不忘。善书画，工诗文。

元至正八年（1348年）登进士第，始为郡幕僚，继任漳州路知事。明初，受太祖征召与宋濂、王炜等同修《元史》，任吏部考功司主事。奉命出使安南，安南王赠他千金，坚辞不受。回国后任丰城令，被诬告受贿。朝廷知林弼坚辞安南王赠金，廉洁勤政，不予问罪追究，改任饶州通判。后受命平定安南之乱，升登州（今山东烟台牟平）知府，至正二十年（1360年），卒于任内。漳州通判王炜对林弼评价："文物如邹鲁，斯言信不虚。科名唐进士，道学宋先儒。祠宇依山曲，遗书布海隅。风流今孰继，林子亦其徒"。林弼著《使安南集》《诗经解义》《宋儒会解》和《梅雪斋文集》，已佚。《林登州集》，是元代邑人唯一遗留至今的文集。今北京故宫博物院存其字画。

王 昇

王昇（1378—1448），字日初，号鲁庵。龙溪上苑（今蓝田镇上苑）人。明永乐二年（1404年）进士，入选为翰林院庶吉士，奉命到江西搜求遗书。复命后，初授江西安福县知县，后调湖广罗田县，接着升任陕西平凉府推官，又内调为大理寺左评事，不久再升任大理寺左寺正，继而出任江西抚州府知府。各地任官，政绩突出，是明代一位尽职执法著称的杰出人物。《明史·循吏》有传。

他历任安福知县、罗田知县、平凉府推官，都能带领官吏，为政清廉，爱护百姓。在任大理寺评事左寺正时，复审刑部、都察院、五军断事官所移狱讼案件，了解囚犯情况，不少冤案得到平反。张千户在押入狱，案定该处死，王昇查明其含有冤屈，特给予平反。事后，王昇一次过渡建溪，不幸触礁船翻，事急危险，突然有船来救，一见来者正是这位平反的张千户。

明宣德五年（1430年），宣宗经挑选廷臣25人，充任要职。王昇受宰相杨士奇推荐入选，出任江西抚州知府。王昇上任后，一心为民办事，重视教育，兴办学校。每逢灾荒年景，就捐款赈灾抚恤，救活很多百姓。王昇任官9年期满，州内民众相率到京城，叩请朝廷留任。王昇留任2年后，因病退休，朝廷赐给驿马回乡。

王昇一生孝顺父母，友爱兄弟，敬重老师，友好同学。他为秀才时，府学教授陈思贤，因平息变乱哭悼旧君，被捕解京，临行前私自把百两白银寄给王昇。此事没有他人知道，思贤死后，王昇不负所托，派人将白银百两归还其家。对王昇为人处世，刑部左侍郎吉水廖庄题赠祠联云："官不负抚州府，荐不辱杨文贞，今则少此天下士；存不冤张千户，殁不欺陈广文，古之所谓乡先生。"

明正统十三年（1448年）王昇逝世，葬鹤鸣铺恒坑山。郡人公议，王昇入祀府学乡贤祠。

杨 表

杨表（1478—1541），字介章，更字汝中，号见湖。杨琏之长子。自幼敏而好学，智慧超群。所作之文多出意外，盖其胸次之高，学力之致到，殆非偶然。年十八游于泮。明弘治十五年（1502年）为廪生，知府陈洪谟聘为其子老师。明正德五年（1510年）中第五十二名举人。明正德九年殿试二甲第五名进士，官户部主事，督湖广赋。历官知长沙府、雷州府，升两浙盐院都运使，转升广西参政。其政教之善，兴学校、表节义，修水利，播于群黎。闻父艰归。足不履城，读礼尔日。有言及营利者，辄斥之，以廉介终其身。民感其泽，有塑像而岁时庙祀者。知府顾六泉敬而仰之，召诸缙绅先生详文察院，请入乡贤祠从祀。明嘉靖君赞曰：会计有方，事不劳而必集。操持罔玷，历千古而弗渝。

蔡 烈

蔡烈（1479—1558），字文继。龙溪蔡坂（今蓝田镇蔡坂护吉社）人。少时为庠生、廪生，师从晋江蔡清，又受学于莆田陈茂烈。明嘉靖年隐居鹤鸣山白云洞讲学，四方名士访道问业接踵而至，学者称他为"鹤峰先生"。

学士丰熙戍镇海卫，见烈，叹曰："先生不言躬行，某心醉矣。"

蔡烈逝世后，葬在今龙文区蓝田镇蔡坂村云洞岩南麓，墓坐西北向东南，墓前十余米处有一鹤丘亭。亭中有林达撰文的鹤丘铭碑一方，上镌："鹤峰千仞，龙江数曲。中有一丘，其人如玉。"

蔡烈墓于 1982 年 7 月被批准为县级文物保护单位。今族人出资，按原貌修建一新。

著有《孝经定本》《大学格物致知传》《道南录》《朱子晚年定论》《诸儒正论》《大儒粹言》《读书录》等。

释樵云

樵云，俗家姓周，海沧新安人，生于明万历初。幼年出家，住龙溪县山头顶社（今步文镇山头顶社）崎下庵，即今觉皇院。樵云 20 岁受戒，皈依佛。

明万历二十七年（1599 年），樵云到宁德支提山，自架茅屋居住。他十年努力，学习古印度五种基本学术科目：声明、工巧明、医方明、因明、内明。他移居石室岩（今蓝田镇梧桥村），建庵居住。白天在路边亭里施茶，晚上在庵里诵经读书，修身养性。樵云接受地方绅士和善男信女邀请，到开元寺驻锡传经讲律。一时禅风端正、清净，严肃庄重，四方和尚、信徒常来常往。樵云于是大开方便之门，给和尚、尼姑和众善男信女开堂讲经，宣扬戒律，僧徒亲受教育启发。他成为著名宗师，黄道周赠诗赞："贤徒多解石，不畏讲堂虚。"

明万历末，神宗母皇太后驾崩，神宗欲聘天下苦修得法的有德高僧为其母超度，地方官推荐樵云应征进京。樵云被召入觐，及至法事完毕，皇帝赐紫衣给他，并赐为"国师"。樵云上京期间，到南京天界寺讲律。樵云自京回岐山后，继续依石结室而居。后，皇帝敕知府为其营建梵宇，赐匾"闲云石室"。樵云一直在此读经讲律，直至圆寂。

林　釬

林釬（1578—1636），字实甫，号鹤胎，龙溪洞口人（今蓝田镇蓝田村洞口社人）。林釬早年家境贫寒，父早丧，与母亲相依为命。少时，在林氏宗祠读完私塾，后考入漳州府学，与陈天定常到慧山书院钻研经史诗文。林釬年长，天定"尝师事之"。

明万历四十四年（1616 年），林釬进京殿试中探花，授翰林院编修。熹宗即位，林釬任国子监国子司业，后升国子祭酒。国子监有铜鼎铜缸，用以贮水备火。宦官魏忠贤无视朝廷法规，欲用铜鼎、铜缸私铸钱币，中饱私囊，被林釬严词拒绝。

国子监监生陆万龄是魏忠贤阉党，要在太学旁建魏忠贤祠"以忠贤配孔子，以忠贤父配启圣公。"林釬反对道："他日皇上入学释奠，君拜于下，臣偃于上，能安乎？"当陆万龄一伙将凑集建祠资金簿册启事送到林釬面前，强迫他倡导捐献时，林釬当面援笔涂抹。陆万龄从林釬手中夺过簿册及启事，向魏忠贤禀报，翌日，魏党矫旨，申斥林釬不称职。

林釬触惹魏忠贤奸党，自知难以在京城存身。当晚，他挂冠棂星门，毅然辞官离京归里。他行至湖北黄州地界时适逢宵禁，被州将扣留盘问，林釬急中生智，咏诗答道："舟到齐安日已西，故人邀我醉琼卮。贪看赤壁两篇赋，不觉黄州半夜时。塞北将军原有禁，江南士子本无知。贤侯若问真消息，姓字于今达凤池。"州将以其诗文所叙情节，笑而释之。

林釬辞官后，又被魏忠贤矫旨削职。为避奸党迫害，隐居于龙溪县、南靖县山村，过着淡泊宁静的生活。

明天启年间，海盗勾结倭寇入侵海澄、龙溪、漳州以东一带。地方人士对林釬说，若在歧山与鹤鸣山之间的万松岭上筑一关城，漳城及东郊即可不受侵扰。林釬将民意转达漳州杜知府，杜遂兴修万松关。万松关建成之日，林釬为之撰写《施公新筑万松关碑记》，碑石今尚存。

明崇祯元年（1628 年），思宗起用林釬，初复原职，继升礼部侍郎兼侍读学士。崇祯九年，朝廷采用占卜法选官，召林釬对策，林釬陈述“用人，理财，清寇，宁边”四策，深得崇祯皇帝器重，拜为东阁大学士。

林釬复官，适逢郑芝龙与朝廷谈招抚事，他从中给予帮助。是年，林釬五十岁寿诞，郑芝龙派人奉上千金寿礼，林釬婉转推辞，复信说：“成人之美，君子也；因之以为利，非君子也。”

明崇祯九年（1636 年），林釬遂以劳得疾而终，卒谥文穆，赐建“淡泊宁静，中正和平”石牌坊以表彰。

陈天定

陈天定，字祝皇，又字慧生，号欢喜道人，世称慧山先生。出生在慧山南坡前乌门社（今梧店社）文武世家望族的陈氏家族。他童年时认真习武，深领武略，慷慨有大志。林釬与他既是中表兄弟关系，又是师生的情谊关系，两人经常到慧山殿内读书。天定的学业成就，为人处世，诸多方面深受林釬的影响，连忠实耿直、疾恶如仇的个性也和林釬很相似。

明天启五年（1625 年）陈天定登进士，适值宦官魏忠贤和熹宗乳母客氏擅权之际，号称“五虎”“五彪”之一兵部尚书崔呈秀、锦衣卫都督田尔耕结成阉党，排斥异己，罗织罪名，迫害东林党人。陈天定不愿同流合污，毅然弃官回乡隐居。

陈天定于好景慧山（今塔山）次峰（慧山殿左边）建筑慧眼山房，并建祠堂在好景慧山南坡下。从此，天定隐居在慧眼山房著书立说，撰写时议，编印文选。海内莘莘学子竞相购阅，《陈氏说书》遂大行于世。

明天启七年五月，海寇刘三老等二十四将横行，窥伺漳州郡城，郡守施邦曜知陈天定有将略，便邀参议防御设施及御悍敌之策。天定训练乡勇，守卫城东阵地，筑土堡于镇门两岸。海寇二十四将趁潮水上涨之际，轻舟潜入漳城浦头港，天定趁月黑之夜，率乡勇截断海寇后路，然后四面堵截，二十四将摸黑而逃，险些被一网打尽，从此不敢再犯郡城。为加强郡城和城东的防务设施，陈天定协助郡守施邦曜于崇祯二年续建万松关及镇门两炮台（今镇头宫和洋西）。海澄、龙溪、漳浦、南靖、长泰遭大饥荒，饿殍遍地，天定挺身而出，到处请求捐资救济，自己也竭尽资财以拯救饥民。他这一举措，救活饥民无数。后来，民间为他立生祠，勒碑记其功德。

明崇祯元年（1628 年），魏阉党遭到清算。崇祯四年，陈天定复出为官，被授行人，后迁吏部主事再迁吏部郎中。天定见崇祯刚愎自用，猜忌多疑，屡兴大狱，叹道：“奈何复以党论贾祸于人呢？”崇祯十一年，陈天定被株连下狱。崇祯十五年八月，陈天定获释出狱，铨叙复职，并加迁太常寺少卿，太仆卿。崇祯十六年，陈天定见朝廷政治日益混乱，遂再度辞官南归。

陈天定回乡后，再度隐居慧眼山房。时值家乡城东正为加强防御体系，以固郡城安宁，民众在蓝田社东侧建筑蓝田石楼，清顺治二年（1645 年）题匾额“溪山日丽”“井里春深”。

清兵破南京，明室覆灭。陈天定痛心疾首，遂于顺治三年弃家出走，循迹于花山授徒讲学，后在朝天岩（高登岩）出家，往来花山、良村之间。

陈天定卒葬鹤鸣铺（今蓝田社的覆鼎金）。墓碑镌刻“慧山先生之墓”。旁立李宓书写《陈祝皇先生御寇救荒功德碑》。

明天启五年至崇祯四年（1631 年），著有《慧山诗文全集》《陈氏说书》《太极图说参政》《松古轩读史》和《慧眼山房诗抄》等 17 种，还有评选《古今小品》4 册。

蔡玉卿

蔡玉卿（1612—1694），字润石。明末龙溪县蔡坂（今蓝田镇蔡坂后吉社）人，是著名爱国学者黄道周的继室，为明末清初一位铁骨铮铮的“女丈夫”和女书法家。

蔡玉卿出生于世代书香之家，爱读书而不苟言笑，10岁能文。明天启六年（1626年）春，蔡玉卿与黄道周结婚。

黄道周因厌恶宦官魏忠贤结党营私，把持朝政，陷害贤良。明崇祯三年（1630年），他上疏请求赦免钱龙锡而受到株连被连降3级。崇祯四年又得罪阁臣周延儒、温体仁因而被罢斥为民，回乡设立榕坛讲学，受业学生很多。蔡玉卿为让道周专心讲学，不但承担家务，而且主办学生膳食，遇到经费有所缺欠还筹款补贴，不愿烦扰黄道周。

明崇祯九年（1636年），魏忠贤已被惩处，道周奉召上京任职。崇祯十一年，黄道周告病辞官回家。道周回家才3年，接到逮捕他入狱的诏命，就匆匆地赶到江西投案。这时，道周门生及漳属众父老考虑逮捕“犯人”的官役及狱中吏卒会向道周横索银钱，便欲凑集银钱送与道周。蔡玉卿得知此事，使人向他们致谢说：“送钱无所用，这只会增加众人的负累而已。”道周到江西投案不久即被逮入刑部监狱，讯问时更遭严刑毒打。他把遭受廷杖后带血的衣裳寄回家中。玉卿接到血衣，得知他在监狱中受苦的境况，流下眼泪。

明崇祯十七年（1644年）夏天，蔡玉卿闻知明朝覆亡和崇祯皇帝自缢消息，在家中痛哭3天。此时黄道周已辞官到邺山讲堂（今龙海江东）讲学。九月，他奉南京福王征召，回家告别玉卿，玉卿很理解丈夫舍身效忠于明室的思想，鼓励道周为国尽力。不久，黄道周在江西婺源与清军作战，寡不敌众，兵败被俘。蔡玉卿得悉消息，即令家人化装行卒带信给黄道周。她在信中说：“自古忠贞，岂烦内顾？身后之事，玉卿图之。”道周被俘后，清廷派人对他百般诱降，他以绝食表示宁死不屈的心志。这时，玉卿又写信给道周，说：“到了这种地步，只有致命遂志一着，再无转变念头的余地！”

清顺治三年（1646年）三月五日，黄道周与内弟蔡春溶和其他3位门生殉难于南京。临刑时，道周撕裂衣服，啮破指头，用鲜血书写“纲常万古，节义千秋，天地知我，家人无忧”遗书，交与老仆带回家中。蔡玉卿接到噩耗和遗书，心里虽然万分悲痛，但是为抚养孤儿，却坚强地生活下去。黄道周殉节后不久，她交代长子子中和道周门生到南京寻找道周遗骸及殉难的赖继谨、蔡春溶、赵士超、毛玉洁头骨，分别葬于漳浦城郊北山祖坟附近。

黄道周牺牲时，长子才十五岁，幼子尚在怀抱中。由于黄道周“纲常万古，节义千秋”的凛然之举，感动了满清皇帝和文武大臣，清王朝赠黄道周为文明伯，赐蔡玉卿为一品夫人。面对国事已去，家境萧条，玉卿决心在深山里度过一生。她携带幼子和长孙，幽居于华葑高安深山，于康熙三十三年（1694年）二月逝世，享年83岁。

蔡玉卿在艰难的逆境中磨炼一副铮铮铁骨，后世人称之为“闺阁中的铁汉”。著有《蔡夫人未刊稿》一卷。

李 宓

李宓，字羲民，龙溪西坑村李厝社（今蓝田镇西坑村）人。绩学能诗，是一位潜心艺术，不慕名利，自甘澹泊的布衣。明代后期漳州著名的书法家，各体书法都好，当时琳宫梵宇中，碑文或碑额，多数是他写的。有位漳州人请名闻海内的大书法家董其昌写字，董说：“何不求汝乡李宓乎？”李宓书法早为董其昌所赏识，董自叹不如，并写信寄笔润，请李宓写字。就这样，李宓声望益高。

他晚年续写的《黄庭内景经》3000字，补王羲之《黄庭外景经》之缺，论者谓其“结体工妙，纤入无伦”“如天女散花，繁采丽密，自然缥缈”。他的缩本小字《兰亭》，较之廖莹中玉枕本尤小，尤精绝，先后为王弱林、岳小琴、黄小松、崇彝等鉴赏家所推崇。李宓书嘉济碑，银钩铁画，雅俗同称。明万历三十五年（1607年），王志道重修《三平寺广济大师行录碑》，为李宓所书，堪称墨林珍宝，石碑尚存。明天启元年（1621年）写的《心经》小石屏、明崇祯间写的《陈祝皇先生御寇救荒功德碑》，神完气足，墨韵充沛。漳州南山寺《放生池碑记》，亦为李宓所书。不同时期，有不同的表现手法，其“纯亦不已”的功力，骎骎乎接武古代名家。

李宓不但书法好，还善于雕刻，有《黄庭》《兰亭》等。

林 域

林域，字肇方。生于清初。今朝阳镇登科内林街人。兄弟排行第四，乡里人称他林四。

明末清初，内林街已发展为漳州闻名的繁华闹市。林域上祖在此办厂坊，设店铺，开糖行。林域掌门时，拥有百万家财，成为内林街（又称翰林市）大富翁。

林域独资建桥铺路，从内林街的黄山头开始，用石板铺设石路，直至漳州古塘村口，途经流岗等七八个村，全长十余里。他捐资兴建南门新桥、文昌塔。清雍正四年（1726年），漳州闹饥荒，他开仓救济平民百姓，并建义冢2处使乡人得到恩惠。

有一年除夕，林域请秀才把自家大门对联“出门东科洲，入门内林社”，改为“出门见登科，入门翰林宝”，其用意是出门能登科及第，入门见诗书满室。不料有密探上书朝廷，告林域私设翰林院，图谋造反。其实“东科洲又名登科洲，内林社也称翰林市”，林域并无别的图谋，经百姓作证，朝廷释疑。这一来，林域不仅免于受审，反而一时名扬朝廷，不久，便得到朝廷赏擢。

《漳州府志》载：“有林域，终迁户部郎中监宝泉局，告归卒。”

黄金钟

黄金钟（1662—1727），字湘玉，号省庵，湘桥村人。清雍正初，任杭州同知，敕封奉政大夫。父黄光星清顺治间贡生，赠奉政大夫。金钟有子9人，长子黄宏达，清乾隆七年（1742年）岁贡，官建阳训导；次子黄尚锦，贡生，官同安教谕；四子黄宏遇，广西州同知；五子黄天瑞，清雍正十一年进士，官刑部主事；其他尚有5子，皆中秀才。金钟孙黄兰枝是乾隆六十年（1795年）钦赐翰林，孙黄绅是清乾隆举人，曾孙黄玑是清嘉庆举人，重孙黄昭穆是登仕郎。

金钟命长子宏达在下埔建私塾，延师课子。清乾隆进士文华殿大学士蔡新在《湘江黄氏试草序》中赞曰：“自省庵公以来……延师课子，萃四方之秀，相与讲贯服习，孙曹继之蒸蒸向学，皆通经术，能文章……鹤山（黄天瑞）兄弟 9 人皆有文名，今未 40 年，合其祖孙三世文显者又二十余人，光远而益耀。”

黄金钟任杭州同知，分掌督粮、缉捕、防务、水利，均能秉公办事，诚心为民，政绩卓著。他废止陈规陋习，禁止私自索利，便利船舶交通。金钟刚上任时，有个别狡诈之徒以金钱请纳，企图逃赋税，金钟严厉拒绝，此后再也无人敢逃赋税。有好生是非、斗殴闹事者，金钟以理以情教育之，引导其改邪归正。上司委派他督造大船，至事成功，均无扰民。任满回归故里，赐建“大夫第”。

王履亨

王履亨（1856—1940），字咸熙，号复一。上苑村人。其讲堂名“宗敬”，漳人多称之“宗敬先生”。咸熙的父亲王家璋，赠承德郎，曾为清朝龙溪县学学胥。咸熙早年家贫，常忍饥挨饿在缘觉寺苦读，23 岁中秀才，清光绪十七年（1891 年）和二十六年两上狮子岩办学。清宣统二年（1910 年），赴京应孝廉方正试，以岁贡授铨吏部，得县丞之职而不就。南归后，复办学于家乡。宣统三年（1911 年）前，掌教郡南义学，官府慕其才学声望，请他主持询事会。辛亥后，仍主持上苑街两所私塾教学，而后在名第山、内阳岗等地设帐授徒。

王咸熙一生中绝大部分时间从事以传播程朱理学为内容的教育活动，其教学对象是那些天性本善良待于雕琢的少年，对于初入学的儿童，他选编一些简短诗歌和养正格言，让学生朝夕吟咏。而且自编教材《提呼用耻歌》教导学生知廉耻，守礼义，遵循孝、悌、忠、信的儒家思想。他参考元朝教育家许鲁斋的教学法，设日到功过表，兼习三献诸仪，要求学生将学到的道理见于行动，养成良好的道德品性。继之授之以《朱子小学》《五子近思录》等理学著作。平常他自撰许多意味深长的精警联句以引导学生奋发上进。师从王咸熙门徒甚众，仅上苑街两私塾每届就有四百多人。王咸熙学生有粤籍中山大学教授、著名金石考古学家黄仲琴，辛亥革命后任龙溪县县长林者仁。

王咸熙虽是科举出身，却不溺于科举之浮名，遗作《漳州甲戌士变记》就披露当时科举制度的弊端。台湾举人王选闲高度评价王咸熙对漳州知识阶层的影响：“清季士夫，争名夺利，相飞成风，恬不为耻；公倡导正学，力矫其弊，漳州士习，为之一变。”

王咸熙以儒学教化人们为己任，要求家人治丧不延僧拜忏，出殡不吹打鼓乐，自己的生日不许儿辈称觞祝寿。王咸熙侍父母至孝，著名清末皇族画家溥雪斋绘制《蛇仑展墓图》，描绘王咸熙祭扫父母坟墓情景。王咸熙对师友感情纯笃，他的启蒙老师曾小轩去世后，儿子年幼失怙，他将其接到府上培养成人。他的好友郑静山，死于瘟疫，家人骇怕至极，不敢接触，而他感念郑往日情谊，抚尸痛哭且办理其后事。

王咸熙的人生哲学是主敬存诚，他认为“一官一邑铎亲民，犹可藉手以敬事、敬学，见诸施行”。“持敬”则是他的理学思想精华。王咸熙遍访城中贫困寡妇百余名，报请知县曹本章给予津贴而解决生活困难。为此，另有些孤寡人家也常求助于他，而他总是想办法或自己出资赡养，或发动大家接济。清光绪三十四年（1908 年），漳州发生水灾，他奉派到南乡查勘沙田，身着布衣，脚穿草鞋，遍访民情，并据实禀请地方官蠲免交荒粮，群众深为感激。

王咸熙年老而“持敬”思想依然不变。民国 29 年（1940 年）去世。著有《复一吟草》《复一文存》《中庸示掌》，其诗采入《灵光集》（现存于台湾），其文《王少枚先生殉国纪略》收入1991年团结出版社出版的《辛亥人物碑传集》。

第二节 近现代人物

蔡潮初

蔡潮初（1877—1937），字襟三，别号略庵。蔡坂村人。少年聪颖好学，20岁补博士弟子员。清宣统元年（1909年），考中拔元。京考授江西县丞，他不赴。自当塾师，创办漳州岱东小学（今岳口小学），并任校长。潮初还任过龙溪县商会会长，后来改行从医。

潮初家居精研医学，凡《内》《难》《伤寒》《金匮》诸书及历代名家著作，无不悉读，尤精《金匮》及东垣、丹溪、景岳诸家学说研究，颇有建树。他善于运用《金匮》经方，以中医药治疗内科奇难杂症，亲友患病，请他诊治，重病无不好转。

蔡潮初治病，博采众长，精细诊治，从不苟且，审症求因，对症下药，对验方也重视审核，临症用药多匠心独运，故疗效显著；遇有难治之症，必细心研究，勤求古训，或与同道共商治疗良方，取得较满意的疗效。

蔡潮初每天就诊病人众多，他不计较报酬，遇有患者家贫，均赠医送药。有时他看到病家手拿开好的药方，无钱买药而愁眉苦脸时，不是解囊掏钱给患者买药，就是介绍病家到人瑞堂先抓药，说记他的账，再由他付款。对里中孤寡无依者，他也都一一恤之。他的济贫义诊，付资赠药，令时人传颂。

他始终以解除患者病痛为天职，方便应诊，不论达官贵人，还是平民百姓，一视同仁。

蔡潮初精心钻研医学，从实践中总结经验，成为当时漳州名医之一。他学人之长，求索验方，存有《验方集》一册。

连 横

连横（1878—1936），字雅堂，号剑花。祖籍龙溪县万松关马崎社，生于台湾台南宁南坊马兵营（今台南市）。连横的父亲连永昌经商致富，一向扶危济困，乐善好施并涉读史籍，对儿子学业督导甚严。连横少小聪颖好学，过目成诵。连永昌买余文仪续修的《台湾府志》给他，并告诫："汝是台湾人，不可不知台湾历史。"连横读完这部府志，觉得其中内容粗疏，便立志编修台湾史志。

清光绪二十八年（1902年），25岁的连横到福州参加乡试。因其在试卷中表露反对日本侵略者对台湾的殖民统治和不满清政府的腐朽无能，以及主张维新变法的观点，被主考官在他的试卷上批下"荒唐"两字而落榜。

连横落第到厦门，恰逢《鹭江报》招聘主笔，即前往应试，即被录用。从清光绪二十八年七月至三十年四月间，连横在《鹭江报》任主笔，撰写策论，提倡"男女平等"和"人权新说"等新思想。

清光绪三十一年，他携眷来厦门，与黄乃裳、蔡佩香等合办《福建日日新闻》，出任主笔，在此期间加入孙中山创办的同盟会。连横被推选为厦门“拒美约会”副主理，在《福建日日新闻》上刊登禁用美货、抵制禁约等报道，揭露帝国主义控制中国海关等罪状，遭到美国领事的仇视。新加坡同盟会即派福建籍的同盟会会员林竹痴前往厦门，和连横商谈将《福建日日新闻》改组为同盟会机关报事宜。清政府惧怕连横言论，光绪三十二年《福建日日新闻》被勒令停刊。连横两次险遭暗杀，因而离厦返台。

光绪三十四年，连横移家台中，任《台湾新闻》汉文部主编，并与林痴仙、赖悔之、林幼春等创立栎社，吟诗唱和，寄托“亡国”遗民的悲愤。这一年，他着手编纂《台湾通史》，对家人说：“《通史》未就，吾其何以对我台湾。”为撰著《通史》做准备，民国元年（1912 年），连横游遍大江南北，到奉天在故宫逗留 6 天，阅览文渊阁所藏《四库全书》，以及《平定台湾纪略》史料，充实《台湾通史》。

民国 3 年，连横抵南京。清史馆馆长赵尔巽于当年夏聘他为清史馆名义协修。在馆期间，他留心阅览辑录有关台湾史料，并向民国政府提出恢复中国籍申请。在领到中国籍凭证的第二天，再次呈文内务部，申请将连雅堂之名更改为连横。

至民国 7 年 8 月，连横编纂的《台湾通史》完成，共用 10 年时间。全书有纪 4 篇、志 24 篇、传 66 篇，共 94 篇，近 60 万字。民国 9 年 11 月 5 日，《台湾通史》上册出版；12 月 27 日，中册出版；民国 10 年 4 月 28 日，下册出版。至此，全书刊印完毕。《台湾通史》的出版，既纠正“旧志谬误”，又补充旧志“仅隶有清一朝”之不足，并肯定郑成功的功绩。连横通过著史的工作，昭示“台湾原本是中国的一部分，台湾人永远是堂堂的中国人”。国学大师章炳麟誉之为“民族精神之所附，是必传之作”。

民国 10 年，连横出版《台湾诗乘》6 卷，内收诗作近千首，是有关台湾山川、历史的诗篇。民国 13 年，连横创办《台湾诗荟》月刊，以登汉文诗词、汉文笔记、历史掌故为主。在日据年代，树立一面提倡国学的旗帜，唤起台湾人民的爱国心。民国 19 年 9 月，他与台南诸文人合办《三六九小报》，共办 5 年。

民国 22 年，写成《台湾语典》，共 4 卷，收录 1176 条词目。他在自序中写道：“台湾之语传自漳泉，而漳泉之语传自中国。”同年，连横告诫从日本东京学成返台已两年的独子连震东：“欲求台湾之解放，须先建设祖国。余为保存台湾文献，故不得不忍居此地。汝今已毕业，且谙国文，应回祖国效命，余与汝母将继汝而往。”连震东听从父亲的话回国服务。这一年，连横定居上海，以遂其终老祖国之志。他对其子说：“余自台湾沦陷，吾家被毁，三十余年靡有定处，而对于汝姊弟之教育，尤煞费苦心。今余著作已次第告成，而汝辈亦皆有所造就，且一家均居国内，余心稍慰矣。余虽年享渐高，而精神尚健，此后当继续著作，以贡献于国家也。”

民国 25 年 6 月 28 日，连横因肝病逝世。临终前对连震东说：“今寇焰迫人，中日终必一战，光复台湾即其时也，汝其勉之！”交代连震东，若生男，即名“战”。足显其克敌制胜、复兴故国的民族大义。

民国 34 年，连震东赴台参加台湾光复接收工作，并安葬连横的骨灰于台南老家。

杨逢年

杨逢年（1887–1951年），字澄宇，龙溪县二十七都碧湖社（今龙文镇碧湖社人）。幼年父母双亡，自小忠厚善良，勤奋好学。在养父杨知母（字再田）的抚养下，入私塾，读小学，后考入保定军官（预备）学堂。清宣统三年（1911年），孙中山领导辛亥革命推翻清王朝，杨逢年与4名进步同学返回漳州策动武装起义，漳州克复后回校继续学习，入保定军官学堂步兵二科。毕业后，南下投军，在孙中山元帅府担任侍卫。民国15年（1926年）初，杨逢年任国民革命军虎门独立第一团副团长，驻东莞。后任北伐军第一军独立第4师2团团长，率部攻占漳州，克复福州，入赣、浙、沪、宁，担任国民政府南京城卫戍任务。民国17年底，随国民革命军陆军第49师回防漳州，兼防龙岩，任145旅少将旅长兼闽西前线总指挥。民国27年5月，日寇占领厦门，漳州告急。杨逢年任闽南游击第一支队司令，组织国民兵团开往厦门抗日前线作战。利用自身的社会影响力带动民众捐款捐物捐药品，通过沿海大通道，运送到抗日前线，支援抗日将士。民国32年6月，任福建省参议会议长。民国35年，当选“制宪国民大会”代表。民国37年，当选第一届“国民大会”代表。杨逢年卒于1951年，享年65岁。

黄延侯

黄延侯（1891—1940年），俗名黄拢狮。龙溪县渡头篁卿（今郭坑镇黄坑渡头）人。是片仔癀秘方和制作技术的传人之一。

明嘉靖后期，宫廷一御医，因不满严嵩父子残害忠良，逃离京都，辗转到漳州东郊璞山岩寺，削发为僧。这位隐姓埋名御医据宫廷秘方制成八宝丹（后延续改称为“片仔癀”），为习武寺僧疗伤，疗效显著。附近农民遇有刀伤棍损，寺僧也广为施治，无不药到伤除。片仔癀在群众中享有很高声誉，成为璞山岩寺传家宝。清末，片仔癀秘方传到寺僧修文手中，时寺庙香火式微。修文为生计所迫，便将片仔癀制成成品，寄托东门馨苑茶庄出售。修文死后，片仔癀秘方和制作技术由其弟子延侯继承。后来，延侯还俗，娶馨苑茶庄李珠为妻。从此，便以茶庄为据点，生产“僧帽牌”片仔癀。

延侯还俗后，广交文人名士，经常品茗清谈，介绍片仔癀药效。片仔癀专治刀伤、骨折，消肿消炎，可治枪伤、大面积烧、烫伤，蛇咬伤、肝肾炎、无名肿毒等症，具有清凉解毒、退热、杀菌等功能。开刀手术服用，使患者伤口不感染、不发高烧、愈合快。华侨回国回乡探亲，多购此药，作为赠送亲友礼品，于是，片仔癀遂在海外行销，在东南亚各地享有盛名。

民国中期，馨苑茶庄，以制药为主，专制“片仔癀”“秋习丹”“七厘散”销售。抗战前，黄延侯为了争取外销，到厦门开元路开设馨苑茶庄分店，销售药品。民国27年（1938年），厦门岛沦陷。黄延侯不愿做“顺民”，愤然关闭分店，回到漳州。这时，他已患有严重疾病，自知不久于人世，一心想把片仔癀秘方传于后人。按照璞山岩寺规，片仔癀处方和制作技术只能“传内不传外，传男不传女”，但他考虑到儿子幼小，无力继承，乃决定打破寺规，将处方和制作技术传给妻子李珠，才使得这一宝贵医药秘方传下来。民国29年，黄延侯病逝，其妻李珠继续生产经营片仔癀。

林者仁

林者仁（1881—1950），字袖湖。今步文镇东屿村人。早年进塾馆，肄业于漳州中西学堂。留学日本，入明治政法大学。

年轻时，林者仁加入孙中山领导的同盟会。清宣统元年（1909年），中国同盟会漳州分会成立，林者仁是漳州分会骨干。宣统三年11月11日，漳州响应武昌起义，宣告光复。林者仁和陈兆龙等人在汀漳龙道衙门口卸下龙旗、升起革命军旗，并当众宣布："现在时危势迫，各省警报纷纷，我漳伯叔兄弟，各有身家性命，必须力求自保，才免祸至灾临，现在绅商学界，大家求保平安，为此宣告独立。"军民合力一心，商界照常贸易，居民从此安宁。就这样，漳州资产阶级民主革命的序幕揭开了。

漳州光复后，林者仁继续参加民主革命活动，为领导者之一。中华民国成立后，他任护法国会议员，内政部参事。

民国16年（1927年），国民革命军北阀时期，在东路军攻克福建以后，他任战地政务委员会司法委员，随军北上。其后，他任福建省高等法院院长。民国18年，返漳担任龙溪县县长，创建龙溪师范学校及家乡东屿小学。林者仁交代教育局局长曾郭棠说："王咸熙先生的私塾学校是一所模范学校，不能取缔。"在民国20年，林者仁任福州市政筹备处处长，抗战胜利后回乡。1949年9月，漳州解放前夕，林者仁携子女迁于台湾。1950年，林者仁病故于台湾。

严春玉

严春玉（1887—1977），今朝阳镇璞山村人。父严田，农民。清朝末期，璞山寺的香火逐渐冷清，庙里和尚生活难以为继，纷纷还俗。方丈如添师亦还俗娶妻，璞山寺没人主持，当局命该村地保追捕。如添师避居璞山村严田家，侍教会势力据理保护方免于事。后正式寄居严田家。如添师制造璞山寺妙药出售，并传授外伤科医术给严春玉，秘方有"消癀药膏"和"八宝丹退癀片"（璞山寺片仔癀）及"追疯吊膏""刀枪散""七厘散""麻痛散"等多种外伤科药。严春玉天资聪慧，学有渊源，很快掌握医术药理。及长，独立医治外伤科，效果显著。初起痈疽疔疖，内服外敷，迅速消肿；深部脓肿，使用柳叶尖刀，去腐排脓，外敷内服妙药，不日痊愈。严春玉的医术高超，声名远播，成为民国时期漳州一位著名外科中医。

1954年，私人诊所合并，春玉加入第三联合诊所（后为巷口卫生院）。他成为该院外科中医师，患者慕名求医，诊务繁忙。他钻研医术，善待患者，医德高尚，倍受群众赞扬。严春玉从医60年，1977年病逝。

妙智和尚

妙智和尚（1888—2003），俗姓蔡，名松苍。祖籍福州。清光绪十四年（1888年）十二月二十八日生。自幼随父学医，刻苦钻研，医术精湛。一生悬壶济世，直至圆寂前四天还在行医。松苍于民国26年（1937年）出家，在海澄县浮宫颧石岩寺，礼传清和尚为剃度师，后在福州鼓山涌泉寺，受具足戒于虚云老和尚座下。1996年，漳浦县佛协礼请妙智和尚住持于乌石岩紫薇寺、兴教寺。1999年，释法光叩请恩师常住龙文区香光念佛堂。这位跨越三个世纪的老寿星，于2000年被评为“全国第五届世纪健康老人”，名列榜首。

妙智和尚一生慈悲济世，以身师表，所有积蓄，用于济困，助学、赈灾、助残、收养弃婴、放养野生动物、植树造林等社会公益事业，以及建寺、印经、雕塑佛像等佛教弘法利生事业。

1999年，年届百岁的台湾孔孟学会会长陈立夫，为妙老题赠“超世人豪”。妙老也欣然写下“松鹤延年”以回赠陈立夫，祝贺他百岁华诞。妙智一生以修持“药师法门”为主。他所提倡的佛教养生之道：脑勤、手勤、脚勤“三勤”；静心、静气、静行“三静”；看淡权力、看淡金钱、淡忘年龄“三淡”；助人为乐、知足常乐、自得其乐“三乐”，其中不仅内涵养生精华，更富有佛教慈悲济世真理。

妙老圆寂于2003年1月28日6时25分，世寿116岁，并于2006年1月28日成就肉身舍利。

林有壬

林有壬（1890—1976），原名坤仔，塾师为他改今名，号原真。自少聪颖，勤奋好学，生活俭朴。12岁时与其父林德飞同时参加秀才考试，发榜后，林有壬列第九名，林德飞列十六名，父子同榜传为美谈。考入汀漳龙师范学堂，毕业后，担任小学教师。不久，他应马来亚侨胞之聘，创办华侨学校。

民国4年（1915年），林有壬回国后编《南洋实地调查录》，主编《龙溪教育月刊》，代表龙溪教育会考察全国教育，拟具《兴革意见书》供全县采择，后派任龙溪县立第一女子小学校长，并向侨胞捐募基金筹办女子中学。

民国8年秋，闽南护法区当局响应赴法勤工俭学运动号召，林有壬为选派之列。法文学校毕业后，进入法国国立普鲁士大学法学院，获经济学硕士学位。林有壬在法国巴黎勤工俭学期间，与周恩来、邓小平及青年党主席鲁琦常相聚。

林有壬回国不久，被派任福建省立第八中学（今漳州一中前身）校长。民国15年，改名为福建省立第八初级中学校，实行校务委员制，林有壬被委任为校务执行委员会委员。继而，林有壬被派任福建省财政厅秘书，主持财政计划并兼《福建财政月刊》总编辑，撰著《福建财政概况》《福建田赋概况》《福建盐务概况》，后任教于上海文化学院、暨南大学。

民国20年，林有壬任职福建侨务委员会，直至日寇迫近南京，转往香港，任教于华侨大学并主编《侨声报》。香港沦陷前，他离港返闽。

民国30年，林有壬派任福建省政府委员兼福建省侨务促进委员会主任委员。民国32年任福州市政筹备处处长。

民国34年，抗日战争胜利，林有壬奉命为哈尔滨市政府接收委员，任市民政局局长。民国36年台湾因“二·二八”事变政府改组，被委派接掌台湾民政厅，后回闽参选“国民大会代表”，选举结果以第二高票落选。当年，林有壬再度赴台，因要召开国民代表大会，当时国民政府决定，凡未能来台的国大代表，均由次高票添补，林有壬乃得名正言顺地出席每年一度的国民代表大会。

1966年，任龙溪县同乡会会长。1968年，著《海滨邹鲁漳州府》《鉴往知来录》。

林思温

林思温（1892—1943），祖籍龙溪县天宅社（今蓝田镇西坑村天宅社），出生印尼爪哇。清光绪三十三年（1907年），就读暨南学堂，后入保定军校学习。民国16年（1927年），任暨南大学南洋文化教育事业部委员。

民国16年，汉口攻城战一役，刚从保定军校毕业的林思温身先士卒，率先爬上攻城云梯，然云梯不够城墙高，他叫士兵解下系在身上的腰带，系上铁砣，用力抛上城墙顶，后抓住腰带，顺势爬上城墙，与北洋军阀士兵展开殊死搏斗，最终攻占汉口城，取得胜利。1930年，任福建省剿匪上校军事参议。

民国27年5月，厦门岛被日寇侵占，抗日活动转入地下，林思温主动请缨，参加国民党军统潜伏在厦门的抗日组织“兆和组”。兆和组织是以厦门兆和酱油厂为据点从事抗日活动的秘密组织。兆和组的组长是兆和酱油厂经理陈清保。兆和组有机关和外勤两个小组。机关组有组长陈清保、编审陈重宗、电台台长陈斯刚、收发与交通员石宝太。外勤组有情报组林思温、王昌、陈水源、吕玉麟等和行动组陈锡昌、林添丁、林光明、陈宏谋等。

民国29年，兆和组发生内讧，林光明叛变，将组织、爆破日本领事馆的情报向日本驻厦门领事馆警察署告密。6月17日，日警察署人员抓走林思温、陈清保等20多位志士。民国30年2月，陈清保、林清川、陈锡昌等9人英勇就义。民国32年1月13日，发生震惊国人的“兆和惨案”，林思温、林添丁等4人宁死不屈，被处以惨无人道的腰斩极刑，为抗日救国，英勇献身。

蔡竹禅

蔡竹禅（1898—1966），又名蔡大勋。龙溪县蔡坂（今蓝田镇蔡坂村）人。父蔡襟三是清末拔贡，热心教育，创办岱东学堂（岳口小学前身）。蔡竹禅自幼随父读书。民国5年（1916年），进笃诚赐记参行当学徒。民国8年，蔡竹禅随福建省财政厅长陈智君到福州任税务征收员。

民国10年，在漳州与归侨人士集资创办华侨钱庄，后因政府设立银行，取缔私营钱庄，华侨钱庄收盘停业。

民国15年，蔡竹禅任漳州商会会长。适值北伐军入闽驱逐张毅，在北伐军影响下，漳州各界掀起反帝反封建浪潮，他组织商人参加，并在工商界中筹饷支持军需。

民国18年，张贞开办龙诏汽车公司，蔡竹禅入股任经理。由于大股东张贞任用私亲，其女婿又从中作梗掣肘，经营不善，蔡竹禅愤而辞职。民国21年9月，蔡竹禅代理龙溪县县长，处理善后事宜。国民党政府实行白色恐怖，蔡竹禅主张“冤宜解不宜结”，凡有店铺承保的一律释放，一些中共党员因此得到保释。

民国26年4月，蔡竹禅联合全市17家汽车公司，在厦门成立全省汽车同业公会联合会。该会突破美孚、亚细亚、德士古3家公司汽油供应商的垄断，又抵制福建省主席陈仪加征“汽车税”的决定，保障全省汽车运输经营者的利益。

民国26年7月，抗日战争爆发，沿海公路和桥梁自毁，公路交通线缩短，许多股东退股。蔡竹禅冒险收购王燕衔、孙绍武等人的股票，成为漳龙汽车公司董事长。

民国28年，福建省举办“工商品展览会”，蔡竹禅撰写《龙溪特产的兴衰》一文，阐述漳州土特产及发展方向。

民国33年，蔡竹禅在华安汰口创办竹溪职业中学，开设桥梁建筑、汽车驾驶与维修、化工等专业班，培养一批专业技术人才。

蔡竹禅之弟蔡大燮是中共党员，他接受弟弟的劝告，掩护几个被国民党军警追捕的中共党员脱险，还派车密送6位中共地下党员进入江西苏区。抗战胜利后，蔡大燮回龙岩与他相会，被龙岩保安团捕获，他奔走于福州向省主席刘建绪疏通，才使弟弟幸免于难。

民国36年，蔡竹禅把向农民买来的农田、房屋归还原主。临解放时，前往香港，后由其弟蔡大燮劝回漳州，照常处理漳龙公司事务。

1951年，他向政府提出申请将漳龙公司交给国家经营。抗美援朝时，他奉命参加全国赴朝慰问团到朝鲜慰问志愿军。漳州市工商界捐款购买飞机大炮，他认购近一半。

1953年2月，漳州市工商业联合会成立，蔡竹禅任第一届执行委员会主委。他举办学习班，为私营工商业者接受社会主义改造打下基础。

1955—1966年，蔡竹禅任漳州市工商联第二、三、四、五届主委期间，带领各行业向中共龙溪地委、专员公署提出申请全行业公私合营，抽调大批脱产干部参加对私改造工作。蔡竹禅先后任龙溪专署副专员、漳州市副市长、漳州市政协副主席等职。

1966年3月，蔡竹禅逝世。

黄澄渊

黄澄渊（1899—1967），又名海清。郭坑镇郭坑村霞洲自然村人。受过高等教育，留学菲律宾，能用英语会话。民国时期，任海澄县县长、古田县县长、仙游县县长和福州市政筹备处处长等职。抗日战争胜利后，在华安县创办华安石墨矿实业公司，产品畅销广州等沿海一带。

黄澄渊结交有利于社会大众的名流或有志的青年。他自置房屋于漳州芗城河下街十一号，积极活动，大力联络壮志相投爱国名流，广为频繁接触厦门叶圣涛等人，在漳州结交蔡竹禅、陈文藩等，并培养社会青年陈达元、郑起良、林慎真等，而后筹办“训政人员养成所”，于漳州西桥，培养抗日政治人才，由陈祖廉负责向江浙聘请名流讲课。黄澄渊负责安排当地人士，学生结业后，多数安排在行政单位服务。与当时有影响力的张贞相处尤为密切（张贞，诏安四都人，国民革命军陆军上将，陆军第四十九师师长），他虽未在张贞部下服职，但他秉公办事的执政作风，深受张贞赞赏。张贞经常采纳其有益社会的事的出谋献策。

民国20年（1931年），日军在东北发动“九一八”事变，全国各地酝酿抗击日寇侵略，漳州属前线，有志男儿热血沸腾。他所结交的社会有识之士，有蔡竹禅，陈文藩。蔡竹禅也是漳州人，他不仅是实业家，还是一位关心民族大义、为民谋福利的爱国人士。陈文藩是郭坑镇口社村人，是一位征战四方的抗日英雄。黄澄渊联络壮志相投人士和爱国志士一起培养抗日政治人才。黄澄渊勤政清廉，当政府急欲建设“龙诏干路” 国道，委派他为改路工程处处长，他下设3个派出所督办其事，在其监督下公路顺利通车。

民国26年6月，黄澄渊担任古田县长。担任古田县长期间，抗日战争全面爆发，国民政府通令全国进入战争状态，他陪同白崇禧将军到中学作演讲。他组织600多名中学生听取演讲。白崇禧，桂系军阀首领之一。国民党军陆军一级上将。抗日战争中，白崇禧任军事委员会副参谋长兼军训部部长。民国27年，白崇禧与李宗仁指挥台儿庄会战，取得国民党军抗战中的首次重大胜利。当时白崇禧是到福建抗日前线视察，他从台儿庄战役和战斗中中国士兵为保家卫国，舍生忘死，浴血奋战的英雄事迹说起，动员青年学生为抗日尽自己的一份力量，并说到黄埔军校要扩大招生规模，号召同学们去报考，去报效国家。翌年，黄澄渊动员古田县中学生报考黄埔军校，40多位学生被录取。

黄澄渊担任县长，严禁烟赌。抽大烟，赌博，是当时社会的一大祸害，造成盗窃蜂起，人心惶惶。针对这一社会弊病，一方面出布告严禁烟赌，将布告张贴城乡，进行广泛宣传。同时，鼓励群众进行检举揭发。另一方面微服察访，亲身率警擒获。黄澄渊获悉张春光（团长职务）在县城祚云家聚众赌博，马上率领保安队前往擒获。玉屏镇首任镇长余祖钧抽大烟成瘾，又有贪污行为，黄澄渊立即予以撤职查办。通过广泛宣传和严肃惩治，当时烟赌的颓风陋习日趋平息，社会上逐步呈现安宁气象。拯救学生。有一次旧城四保门渡船满载史荦伯学生，船至中流，因河流湍急，以致翻船，学生不幸落水。黄澄渊县长闻讯后，马上赶到现场指挥抢险，并亲自下水拯救学生多人。当时，土匪猖獗，打家劫舍，社会不安宁，为稳定社会秩序，组织“清匪委员会”，黄澄渊为主任，调查户口，编门牌等。

黄澄渊县长在任期间，能与文职官员同甘共苦，同桌共餐，不搞特殊，也从不参加任何宴会。按惯例，县长下乡是要坐轿，可黄澄渊县长下乡则脚穿草鞋步行往返。全县有 18 个乡镇，时有民事纠纷，殴打伤害事件发生，偏僻村落还有土匪出没，抢劫伤害民众。黄澄渊经常徒步深入乡村了解民情，必要时还电话通知保安队或警察局派员协助处理为非作歹的始作俑者，受到群众的赞誉。特别是黄澄渊县长卸任归途，草履步行，并为古田县撰写《古田县志》。

后来又奉派到福州市政任筹备处处长。时逢抗日战争时，他积极培养一批在抗日战争时随之致用的人才，安排到县、区、乡镇、社团、处所等岗位，办理抗日后援急务。

抗日战争胜利，日寇投降，黄澄渊由于政绩显著，被奉派与中美联络站美军代表共同接受厦门和台湾的日军受降，任务完成后回闽述职，上级拟定给他晋升。此时，他目睹一些执政者腐败现象，不愿与其同流合污，便提出弃政还乡的意愿。引退后，不住闹市，而是选择华安县高安与磜头交界处创办华安石墨矿实业公司，自任董事长。后转香港开办印刷厂。

黄稷堂

黄稷堂（1903—1985 年），又名金水、则唐、阿民，自号湘江老人。今蓝田镇湘桥村人。

民国 13 年（1924 年），考取上海美专。在上海美专，黄稷堂就读于高师系，受业于刘海粟、潘天寿、诸闻韵等名师，技艺大增。诸闻韵在黄稷堂所作小品集扉页题词“天机活泼”，潘天寿亦在跋中对黄稷堂作品加以赞赏。

上海美专毕业后，黄稷堂回到漳州，受聘于省立龙溪中学、省立龙溪师范、省立龙溪职中、私立寻源中学、进德女中等校。

民国 19 年，国画《梅》入选上海三谭创办的《古今名画大观》；民国 22 年，作品参加全省劳展获第一名，被列为珍品选送南京参加全国展览。民国 36 年，《中国美术年鉴》刊载其业绩。

1938 年夏，弘一法师隐居漳州祈保亭时，共磋书画及佛学，过从甚密。弘一法师托黄稷堂治印题词曰：“仁者篆刻甚精。” 法师为其题写斋名并跋语云：“稷堂居士娴工艺术，所制慧庐印泥莹润精妙，冠绝侪偶”。

1981 年 5 月，国务院副总理谷牧邀请黄稷堂到文化部中国画研究院交流书画创作，他把《梅》《竹》作品赠给中国美术馆收藏；8 月，黄稷堂的《枇杷》《梅》等作品被选送到加拿大展出；12 月，泉州华侨大学聘请黄稷堂为校艺术顾问。1983 年，长城出版社出版的《福建书画家》及《福建画报》刊载其艺术业绩。1984 年，福建电视台播放《黄稷堂书画》专题片。此外，美国《世界日报》和香港《中国现代艺术家像传》《文汇报》，先后介绍黄稷堂的艺术成就。

1983 年底，漳州市画院成立，黄稷堂任院长。

黄稷堂于 1985 年 7 月病逝。临终之际，他还心系祖国统一大业，并为“统一祖国书法篆刻展览”

留下绝笔——“胸怀祖国，愿台湾同胞早日投入祖国怀抱”。

1990 年，事迹入选《中国当代国画家辞典》。1997 年，福建美术出版社出版《黄稷堂画集》。2003 年，福州、漳州两地分别举办“黄稷堂百年诞辰遗作展”，书法石刻被《福建历代摩崖石刻大全》收录。2004 年，全国著名雕塑家、厦门大学教授李维祀为黄稷堂雕塑铜像。

陈鸿文

陈鸿文（1908—1980 年），又名陈文璠，陈文藩，陈炳其。今郭坑镇夕浦人。祖辈农家三兄弟自河南固始逃荒落户至汐浦。少年时，秉承祖训“读书救国”勤奋治学。中学就读漳州，后考进上海法政大学。民国 15 年（1926 年），法政大学毕业，陈鸿文留学日本明治大学，攻读法律。

民国 20 年，陈鸿文毕业回国，先在厦门中华中学任教，蒙蔡廷锴恭请出山，开始戎马生涯。他先后任厦门警察局局长、南靖县县长。

十九路军兵变失败后，陈鸿文随蔡廷锴出走广东，后至广西，颇受桂系李宗仁、白崇禧赏识、推崇，被保送至日本仕官学校（第 21 期）学习。民国 25 年，陈鸿文毕业回广西，任第五路军少校参谋，不久，调任重庆中央军令部第二厅供职。这时，日军已进犯潮汕，经蔡廷锴请调，陈鸿文再回广东，接下“死守揭阳”命令，与敌浴血奋战，击落日机，受到嘉奖。

民国 31 年，陈鸿文调至江西，任顾祝同部第三战区高级参谋。民国 33 年，调至福建守沿海，任少将参谋长。

民国 34 年抗日战争胜利，陈鸿文毅然赴南京向国民政府辞官退职，解甲返漳。

民国 37 年年底，陈鸿文离漳赴香港谋生。1956 年年底，他离港去马来西亚沙捞越，任美里中学教师，直至 1969 年退休。

1979 年 9 月 14 日，陈鸿文孑然一身，返乡探亲，团聚骨肉，适逢祖国三十周年大庆，受漳州市人民政府之邀参加国庆座谈会。他致函古晋中华总商会黄文彬，决定定居祖国，安度晚年。

陈鸿文于 1980 年病逝。

蔡大燮

蔡大燮（1912—2000），今蓝田镇蔡坂村人。他 14 岁到菲律宾半工半读，19 岁回漳州，20 岁往上海求学，值“九・一八”事件发生，受进步思想影响，和同学一起罢课，三次到南京参加示威游行，反对国民党不抵抗主义，参加捣毁国民党中央党部和中央日报社的斗争。民国 20 年（1931 年），蔡大燮加入中国共产党。民国 22 年，在漳州与杨殿钟、胡大机建党小组，发展党员，不久担任党支部书记。民国 23 年春，他同彭冲、胡大机筹建立并领导抗日革命团体“芗潮剧社”。“七・七”事变后，他同柯联魁一起带领全体社员参加抗敌后援会，团结社会各界爱国人士开展抗日救亡运动，并组织以彭冲为队长的、40 多位党团员及学生北上参加新四军。他自己留在漳州开展抗日救亡运动，致力营救被捕同志。民国 30 年皖南事变，国民党大肆逮捕共产党人，他转移至香港、菲律宾继续从事抗日活动，开展抗日宣传。抗战胜利后，他回家乡，被国民党逮捕入狱。获释后，再赴中国香港和菲律宾，在中共南方局的领导下，向海外华侨揭露国民党罪行。1949 年 9 月，漳州解放，他由港回漳，资助“芗潮剧社”开展活动，参与筹建漳州市工商联组织，发动工商界人士踊跃认购公债。以后，他被任命为福建省文联副主席、省文化局副局长。1953—1985 年，担任省政协常委。

王作人

王作人（1921—2006），号括斋。祖籍湘桥村上苑社。父王咸熙，名履亨。

王作人幼承家学，随其父辗转于龙溪东尾、双第、北溪银塘、九湖石狮岩等地从教。王作人在龙溪进德女中、龙海角美碧湖小学和市教育学院等校任教。从教 40 余年，身教重于言教，热爱学生，循循善诱，深得学生敬重。1986 年起受聘于漳州市地方志编委会，参与编纂《漳州市志》。1992 年，福建省人民政府授予“优秀教育世家称号”。王作人于理学、诗文、书法得庭训家传，于易学、文史尤精于研究。1994 年 5 月，王作人在厦门大学教授黄典诚推荐下，参与《汉语大词典》编写工作。在“乾”字条目注解中，王作人以其渊博的家学功底及精湛的古文造诣，引用明代乡贤何楷在《古周易订诂》一书中的释义，受到专家组的好评。

编撰及参与编纂地方资料：《漳海幽光集》《寄闲亭墨宝》《漳州杂诗》《述轩诗抄》《志古遗玉》《漳州艺文志》《云洞岩题刻录》《括斋吟草》《括斋文稿》《墓志铭拓存》。

2006 年，病逝于漳州芗城区。

林　枢

林 枢（1922—1992），原名林国栋，又名林中天、林杰。今朝阳镇科坑村人。他为人诚实，有志气。民国 26 年（1937 年）秋，抗日战争爆发，他在龙溪中学（校址迁永福）读书，有一次，教师教学有错误，学生提出意见，学校处理失当，勒令全班停课反省，以林枢为主的 7 名学生加以抵制，学校勾结地方政府镇压学生，酿成学潮，继而，学校又以学生被共产党利用为借口，要求政府逮捕以林枢为主的 7 名学生。林枢等闻讯连夜逃走，转学到因抗日战争而迁往南靖山城的厦门大同中学。

民国 29 年春天，林枢考进中央陆军军官学校。民国 32 年春，他在江西瑞金第三分校第十七期工兵科毕业，参加抗日战争，历任排、连、营长等职。抗日战争胜利后退役。

1951 年，在台湾帮助朋友高玉树（无党派人士）竞选市长，被国民党开除党籍，遂弃政从商。初入商场，他一无资金二无经验，与人合伙租用船只搞运输。后来，转入独自经营，逐步发展，经 30 余年积蓄，资产足供晚年享用。但他身在台湾，心向大陆，不顾行动不便，于 1983 年冒险潜回漳州家乡探亲。此后，他年年回大陆探亲、投资，到厦门创办龙溪建业有限公司，又与厦门市房地产公司合作兴建思明苑高级商品房；在漳州也创办龙溪建业有限公司和步文果蔬食品有限公司。回大陆辛勤经营七八年，他年已古稀，在美国的大儿子劝他赴美国颐养天年，他没有接受，说：“我不能忘记祖国家乡的恩泽。”遂于 1991 年年底，先后捐资 380 万元兴建图书馆， 1995 年 12 月建成 漳州市林枢图书馆，全国人大常委会原副委员长彭冲为大楼题字 “林枢楼”。

林俊龙

林俊龙（1939—1990），步文镇石仓村人。舅舅康开基是寺庙建筑的漆画、壁画高手，受民间美术熏陶，林俊龙从小喜爱绘画。在漳州市第六小学就读时， 获漳州市小学生美术比赛第一名。1954 年，林俊龙就读于漳州一中时，在课余跟随黄士杰、汪海青习画。1955 年，林俊龙水墨画《劝导》被全国保卫儿童委员会评为一等奖，并送莫斯科参加中苏少年儿童画展。

1957 年，林俊龙初中毕业，到漳州工艺美术厂当学徒，跟随民间艺人徐年松学艺，当年他的国画作品参加福建省美术作品展览。1958 年，林俊龙参加福建省第一期工艺美术进修班学习绘画与雕塑。1959 年 8 月，林俊龙被派赴北京参与筹备福建省工艺美术展览会工作，其间撰写《福建木偶头雕刻艺术》等文章发表于《装饰》《大公报》。1962 年 4 月，林俊龙调入漳州市文化馆从事群众美术工作及美协工作。

1963 年，林俊龙的中国画《好师徒》入选省美展并获福建省群众文艺创作优秀作品奖。与李淑华合作的《青春图》获福建省业余美术创作奖，并由福建人民出版社出版。1964 年，与李淑华合作的《龙江颂》入选第四届全国美展，并编入上海人民美术出版社出版的《全国美展华东地区作品选集》，并被中国美术馆收藏。1965 年，与李淑华合作的《山村巡医》《体检图》均获南方 5 省市卫生美展一等奖。

1973 年，代表作《巡医又过大娘家》，入选全国中国画展后，又被选送赴日本等国展出，原作由中国美术馆收藏。林俊龙与王振裕合作连环画《山村女教师》，参加全国连环画展并由人民美术出版社、福建人民出版社出版。

1978—1984 年，林俊龙连续当选为福建省第五、六届人大代表和漳州市第六、七、八届人大代表，获得晋升工资的奖励。同时，当选为美协福建分会常务理事。1981 年，林俊龙、李淑华夫妇加入中国美术家协会。

1983 年 12 月，林俊龙和李淑华调入刚组建的福建省画院任专业画家。1984 年，他们合作的《元宵圆》《水仙花的故事》《周总理与邓大姐》3 件作品入选第六届全国美展。其中，《水仙花的故事》入选“六届全国美展优秀作品展”，获全国第三届（1955—1984 年）年画展评铜牌奖，原作由中国美术馆收藏，人民美术出版社出版，并发表于《连环画报》。《周总理与邓大姐》也由福建人民出版社出版。

1985 年，林俊龙出席第四次全国美术协会代表大会，同年 7 月他再次当选为美协福建分会常务理事，同年 12 月，他出席漳州市第一次文代会、美代会，当选为漳州市文联委员、漳州市美协主席。这一时期，林俊龙创作《李逵探母》《岁月》《探索者》《敦煌梦》《梦思》等一批中国画新作。1986 年，林俊龙出席全国美术工作会议。1987 年，林俊龙 5 件作品入选中国东部名家册页扇面展览，赴南京、香港、新加坡三地展出。

1988 年，与李淑华合作的《济民犹遗——地震篇》获全国地震美展铜牌奖。1989 年，创作的《世界很大又很小》入选第七届全国美展。1988 年，林俊龙成为福建画院首批拥有高级职称的画家。

1990 年 12 月 1 日，林俊龙病逝于漳州。

第二章 人物录

陈元善 字长卿。宋进士陈淼之孙。自北溪蓬州迁马岐白石，能以诗书济其世，礼训肃其家，诚信孚其乡。元至正二十七年（1367 年），逃兵作乱，叛贼薛均祥执元善并其妻孥，欲降之以为民望，元善不从，骂曰："吾所畏在天，不畏者死，汝贼能久生耶？"贼怒杀之，妻郭氏和 2 个儿子，皆不屈死。明嘉靖五年（1526 年），知县黎良祠之。

林广发 字明卿，号三溪。其子林弼。善古文，工诗。郡学聘为诸生师，以部使者荐授安溪学职，改县主簿。每俘至，委讯，辄曰："此平民也"。府帅问："何以辨？"曰："获于巢穴者为贼，捕于井里者为民，此俘皆自井里得之，何谓贼？"自是俘至多免死，迁汀漳屯田万户府经历。著有《三溪集》传于世。

王 彝 龙溪县上苑人。元天顺元年（1328 年），以怀才抱德荐，至京不仕。事父至孝。墓在云洞岩麓之西。

曾端卿 龙溪田璞人。明洪武元年（1368 年），千户侯，官两广镇镇守使。

陈孟贞 明洪武二十二年（1389 年），以荐授浙江金华知府。弟宗道以孝廉荐。

蔡 广 （1368—1435），字文渊，号洞斋。明洪武二十三年（1390 年），举人。历瑞金县教谕，官至户部主事。

侯 由 龙溪后坑人。明正统九年（1434 年）甲子科举人，官河南道监察御史转浙江佥事。

曾 逸 今蓝田镇西坑村田璞自然村人。明成化二十三年（1487 年）进士，工部员外郎。

曾 沂 曾逸子，明正德十一年（1516 年），举人，英山知县。因父进士御赐建"科第传芳"牌坊。

严世同 （1520—1610），龙溪县后坂（今龙文区步文镇后坂村）举人，明嘉靖二十年（1541 年），晋京会试，因落第在京谋职，被派往广西任浔州官职。他在任职期间，结识外国传教士利玛窦和罗如望，请求罗如望教士为其付洗入教。后坂村严世同举人是最早信奉天主教的人。

蔡乾鎏 （1568—1635），字且珍，号友石。龙溪蔡坂人。蔡玉卿之父，初为太学生，后补王府教授。

黄养吾 龙溪后店人。明万历间（1573—1620 年），户部、兵部尚书。

林茗香 （1600—1640），龙文区西坑村天宅社人。明崇祯四年（1631 年），辛未科进士。明崇祯十二年（1639 年），出使琉球为正使。

林尧斌 明万历四十三年（1615 年）举人，官象山知县。

蔡 澄 字宗渊，号素轩。龙溪古塘人。明天启五年（1625 年）进士，任广东左参政。

侯 滥 世濯之父。梧桥村后坑人。明漳州卫同知。

侯世濯 梧桥村后坑人。明崇祯十五年（1642 年），举人。清顺治间，任泾县知县。

侯 任 梧桥村后坑人。明学者，著有《论学大肯》《读左偶见》《霞山杂录》。

曾祈赐 （1592—1673），田璞社人。少年丧父，与母相依为命，母重病多年，群医束手无策，祈赐十分忧虑。一天，有老翁自云洞岩而来对他说："你对母亲很孝顺，我特地来医治你母亲的病。"老翁拿出草药说："将这药和肉煎煮可治愈你母亲的病。"祈赐家贫，无钱买肉，所以割下自己的股肉和药。母亲喝药后果然病愈，村里人都称赞他是孝子。里人吏部侍郎陈天定赠匾书“奇孝惊天”。县令徐国章赠匾曰“至孝天成”，于清咸丰七年（1857 年）题奏准予旌表。

曾逊菴　西坑村田璞人。清康熙间（1662—1722 年）骁骑将军。

王　材　祖籍上苑社。清雍正五年（1727 年）进士，官工部主事。

黄宏遇　湘桥黄金钟第四子。清乾隆间，广西州同知。

黄兰枝　湘桥黄金钟孙。清乾隆六十年（1795 年），钦赐翰林院检讨。

林　编　字受一，号石麓。清代，朝阳镇登科内林人。清乾隆年间，奉直大夫。善书。

连周耀　好坑社人。清乾隆年间，任广西宣化府巡审掌珠池府守。

陈慰章　民国 32 年（1943 年），陆军中将。

吴臭席　上洲上吴社十六世祖。民国时期，迁台湾任高雄市检察院检察长。

黄　升　（1883—1941），今朝阳镇桥头村楼向社人。原名黄志骞。清光绪三十三年（1907 年）参加孙中山组织的同盟会被孙中山任命为宿务参议员。黄升多次捐巨资支持孙中山革命事业，多次受孙中山嘉奖。后投身革命，任国民革命军第三军参谋长。

王渭北　翁建人。毕业于北京大学。任国民党中央政府农商部主事。

黄光義　（1901—1951），字毅侬，别名铸锡，小名五色。龙文区朝阳镇书厅村人。民国 18 年（1929 年）5 月，任福建省保安司令部上校副旅长。民国 38 年 6 月，任华安县县长。

附：老红军战士林理简介

林　理　男，民国 5 年（1916 年）11 月生，平和县人。民国 23 年 6 月入伍，民国 26 年 7 月入党。1949 年在山东省战斗中荣立三等功。1949 年任连指导员。1950 年参加土地改革。1963 年任龙海县林业局副局长。1970 年后任龙海县郭坑公社党委委员，1984 年 9 月 18 日离休。

第三章　人物表

第一节　进士名表

宋嘉祐六年（1061 年），区境蔡瑗第一个中进士，全区共有进士 45 人，宋朝 19 人、元朝 1 人、明朝 21 人、清朝 4 人。其中，有父子进士陈沆、陈淼，有武进士陈后贤，还有明朝末著名的东阁大学士林釬、太仆寺少卿陈天定等。

宋元明清龙文区境进士名表

表 31-3-1

姓　名	祖籍地	朝代及年号	公元纪年
蔡　瑗	蓝田镇霞洲村	宋嘉祐六年	1061
王梁材	蓝田镇上苑村	宋元丰八年	1085
蔡　晟	蓝田镇霞洲村	宋绍兴十二年	1142
王羽仪	蓝田镇上苑社	宋绍兴十二年	1142

续表 31-3-1

姓　名	祖籍地	朝代及年号	公元纪年
蔡如松	蓝田镇后吉社	宋乾道五年	1169
陈元实	郭坑镇洛滨社	宋乾道五年	1169
王　遇	蓝田镇上苑社	南宋乾道八年	1172
蔡尽忠	蓝田镇霞洲村	宋淳熙二年	1175
蔡奋忠	蓝田镇霞洲村	宋绍熙四年	1193
苏　竦	步文镇田中央	宋庆元五年	1199
陈祕才	郭坑镇洛滨社	宋嘉泰二年	1202
陈万言	朝阳镇香洲社	宋嘉泰二年	1202
陈　淳	朝阳镇石井香洲社	宋嘉定十年	1217
蔡履忠	蓝田镇霞洲村	宋嘉定十三年	1220
苏　溥	蓝田镇田中央	宋嘉定十三年	1220
陈　渥	朝阳镇香洲社	宋嘉定十六年	1223
陈　沆	蓝田镇檀林社	宋端平二年	1235
陈秉衡	朝阳镇香洲社	宋理宗期间	1225—1264
陈　淼	蓝田镇檀林社	宋咸淳七年	1271
林　弼	步文镇莲池尾	元至正七年	1347
陈宗礼	步文镇	明洪武七年	1374
王　昇	蓝田镇上苑社	明永乐二年	1404
陈坤奇	郭坑镇洛滨社	明永乐十三年	1415
郑　和	郭坑镇洛滨社	明正统十三年	1448
林　表	步文镇	明成化五年	1469
蔡　杲	蓝田镇后吉社	明成化二十三年	1487
曾　逸	蓝田镇田璞社	明成化二十三年	1487
杨　表	步文镇碧湖社	明正德九年	1514
蔡　文	蓝田镇梧桥村塘边社	明嘉靖二十六年	1547
林　敬	步文镇土坪社	明嘉靖三十二年	1553
郑时章	步文镇后巷社	明隆庆五年	1571
侯　熊	蓝田镇后坑社	明隆庆五年	1571
林　绍	步文镇土坪社	明嘉靖四十四年	1565
蔡乾釜	蓝田镇后吉社	明万历二年	1574
侯君宁	蓝田镇后坑社	明万历十四年	1586
陈后贤	蓝田镇梧店社	明万历二十年	1592
蔡国桢	蓝田镇霞洲村	明万历四十一年	1613
林　釪	蓝田镇洞口社	明万历四十四年	1616
陈天定	蓝田镇梧店学顶社	明天启五年	1625
林名香	蓝田镇天宅社	明崇祯四年	1631
林梦官	蓝田镇景山社	明崇祯四年	1634

续表 31-3-1

姓　名	祖籍地	朝代及年号	公元纪年
黄天瑞	蓝田镇湘桥村	清雍正十一年	1733
王天柱	朝阳镇翁建村	清乾隆十六年	1751
庄　元	蓝田镇梧店科卿社	清乾隆十九年	1754
林时行	步文镇莲池尾社	清嘉庆二十二年	1817

第二节　革命烈士名表

龙文区籍革命烈士表

表 31-3-2

姓　名	出生年	出生地	入伍时间	单位职务	牺牲时间	牺牲原因
张太高	1913	六石村	1933 年	乌山游击队队员	1937 年 12 月	被敌杀害于云霄县梅林村
黄铁炉	1909	蓝田村	1949 年	蓝田乡乡长、农会主席	1950 年 3 月	在步文村公路边被土匪杀害
严土根	1914	碧湖村	1949 年	龙溪县步文乡碧湖村农会主席	1950 年	到东坂顶开会，在回家路上被土匪杀害于响水桥
陈旺水	1931	梧桥村	1951 年 3 月	东山公安一营二连文书	1953 年 7 月	东山战斗中牺牲
严兆祥	1931	后坂村	1951 年 3 月	东山公安一营二连战士	1953 年 7 月	东山战斗中牺牲
林茂秋	1929	步文村	1951 年 3 月	东山公安一营二连战士	1953 年 7 月	东山战斗中牺牲
林清炎	1927	步文村	1951 年 3 月	东山公安一营一连战士	1953 年 7 月	东山战斗中牺牲
黄亚九	1931	长福村	1951 年 3 月	东山公安一营一连副班长	1953 年 7 月	东山战斗中牺牲
黄得利	1922	后店村	1951 年 3 月	东山公安一营三连战士	1953 年 7 月	东山战斗中牺牲
林黄越	1928	东屿村	1951 年 3 月	东山公安一营三连班长	1953 年 7 月	东山战斗中牺牲
林瑞和	1928	科坑村	1951 年 3 月	东山公安一营三连战士	1953 年 7 月	东山战斗中牺牲
郑连根	1931	科坑村	1951 年 3 月	东山公安战士	1953 年 7 月	东山战斗中牺牲
黄绍庆	1931	郭坑村	1950 年	东山公安一营二连战士	1953 年 7 月	东山战斗中牺牲
林伯能	1931	蓝田村	1951 年 3 月	东山公安战士	1953 年 7 月	东山战斗中失踪
黄天厚	1931	蓝田村	1951 年 3 月	东山公安战士	1953 年 7 月	东山战斗中失踪
蔡阿毛	1917	下洲村	1948 年	解放军一营一连一排	1953 年	抗美援朝战斗中牺牲
杨生忌	1931	漳滨村	1953 年	解放军三营七连战士	1956 年 7 月	炮击金门战斗中牺牲
王进来	1943	六石村	1965 年	江西清江部队战士	1967 年 9 月 5 日	抗美援越斗争中牺牲
郭金木	1958	郭坑村	1978 年 2 月	南昌警备区警通排战士	1979 年 4 月 30 日	因公在南昌牺牲

外籍牺牲在龙文区境革命烈士名表

表 31-3-3

姓　名	出生地	单位职务	牺牲时间	牺牲原因
李绍华	贵州	铁道兵独立2分队六连战士	1956年	在鹰厦铁路龙溪县所属地段　施工中牺牲
程从元	安徽	铁道兵独立2分队六连战士	1956年	在鹰厦铁路龙溪县所属地段　施工中牺牲
吴殿发	辽宁	铁道兵独立汽车连司机	1956年	在鹰厦铁路龙溪县所属地段　施工中牺牲
王均泽	山东	铁道兵独立汽车连保管员	1956年	在鹰厦铁路龙溪县所属地段　施工中牺牲
潘贤海	贵州	铁道兵独立1分队战士	1956年	在鹰厦铁路龙溪县所属地段　施工中牺牲
金汉发	湖北	铁道兵独立2分队六连战士	1956年	在鹰厦铁路龙溪县所属地段　施工中牺牲
简克伦	贵州	铁道兵独立2分队六连战士	1956年	在鹰厦铁路龙溪县所属地段　施工中牺牲
汤自忠	湖北	铁道兵独立战士	1956年	在鹰厦铁路龙溪县所属地段　施工中牺牲
方保忠	辽宁	铁道兵独立后方勤务连战士	1956年	在鹰厦铁路龙溪县所属地段　施工中牺牲

第三节　副处级以上领导名表

龙文区籍在外副处级以上领导名表

表 31-3-4

姓　名	工作单位及职务	任职时间	籍　地
陈　悦	厦门大学人事处处长	1987年4月至1993年3月	步文镇步文村
黄海下	漳州市中级人民法院执行庭庭长	1987年至2007年12月	郭坑镇篁卿村
林井水	厦门住宅集团特区工程建设公司党委副书记、纪委书记	1992年12月至	蓝田镇景山村
黄风骚	南昌市政府办公厅主任、参事室副主任	1993年至2007年12月	蓝田镇蓝田村
陈木水	漳州市纪委副书记	1994年4月至2006年10月	蓝田镇蔡坂村
黄茂根	厦门市中级法院政治部主任	1996至2002年	朝阳镇书厅村
陈赐霖	漳州市粮食局局长、党组书记	1996年4月至2001年9月	朝阳镇埔美村
黄寿渊	漳州市人防办副主任	1999年12月至2007年12月	蓝田镇蓝田村
林学文	漳州市政府二办副主任	2000年1月至2007年12月	朝阳镇科坑村
林志坚	漳州市司法局副局长	2000年5月至2007年12月	步文镇东屿村
林建章	漳州市饮食服务公司经理	2000年6月至2007年12月	蓝田镇西坑村
陈清西	福建省农林大学园艺系主任	2000年9月至2007年12月	步文镇碧湖村
苏惠民	南京森林公安高等专科学校校长	2000年10月至2007年12月	步文镇田中央
陈玻璃	漳州市人口计生委副调研员	2001至2005年	朝阳镇孚美村
陈惠卿	漳州师院统战部副部长	2001年1月至2007年12月	步文镇圳头村
黄和东	漳州市副市长、漳州市人大常委会副主任	2001年5月至2007年3月	朝阳镇书厅村
黄源泉	漳州市口岸海防办公室主任	2001年9月至2007年5月	蓝田镇蓝田村
黄森茂	南京军区某部上校军医	2002年3月至2004年12月	步文镇长福村

续表 31-3-4

姓　名	工作单位及职务	任职时间	籍　地
黄宏源	福建省农业厅畜牧局副局长	2002 年 5 月至 2007 年 12 月	蓝田镇蓝田村
黄井南	漳州市长泰县副县长	2003 年 11 月至 2007 年 12 月	蓝田镇湘桥村
林文井	西藏自治区人民检察院灵芝地区分院副检察长	2004 年 7 月至 2007 年 7 月	蓝田镇西坑村
林福财	漳州市政府驻榕办事处副主任	2004 年 12 月至 2007 年 12 月	步文镇步文村
林　倩	福建省农科院纪检书记	2005 年 5 月至 2007 年 12 月	朝阳镇科坑村
林信明	厦门交通银行江头支行行长	2005 年 9 月至 2007 年 12 月	蓝田镇西坑村
黄清松	漳州市口岸海防办公室副主任	2005 年 9 月至 2007 年 12 月	蓝田镇蓝田村
林为亮	厦门机场出入境检验检疫局副局长	2005 年 12 月至 2007 年 12 月	步文镇步文村
林俊山	漳州市政协副主席、民革漳州市委主委	2006 年 2 月至 2007 年 12 月	步文镇莲池尾
林跃军	福建省财政厅国库处副处长	2006 年 3 月至 2007 年	蓝田镇西坑村
林明发	漳州市公安消防支队芗城大队长	2006 年 4 月至 2007 年 12 月	朝阳镇科坑村
王聚仁	福建省民族与宗教事务厅厅长、党组书记	2006 年 8 月至 2007 年 12 月	朝阳镇翁建村
王少华	民革漳州市副主委	2006 年 10 月至 2007 年 12 月	蓝田镇湘桥村
许财发	漳州市九三学社副主委、市政协常委	2006 年 10 月至 2007 年 12 月	朝阳镇石井村
黄溪连	中华人民共和国驻文莱大使馆政务参赞、副馆长	2007 年至	蓝田镇蓝田村
肖招鸿	漳州市人民政府副秘书长	2007 年 1 月至 2007 年 12 月	朝阳镇书都村
林良海	芗城区人民政府副区长	2007 年 1 月至 2007 年 12 月	步文镇后坂村
黄跃欣	漳州市公安局副局长	2007 年 2 月至 2007 年 12 月	步文镇长福村
郑文元	国务院办公厅秘书二局副局长	2007 年 4 月至 2007 年 6 月	朝阳镇科坑村
黄清波	福建省委农办机关党委副书记、纪委书记	2007 年 4 月至 2007 年 12 月	朝阳镇打山村
王建忠	福建中医学院党委办公室主任、校长办公室主任		朝阳镇恒坑村
王跃字	福建省档案馆保存室副主任		朝阳镇翁建村
李惠芬	福建省杂志社编辑副主任		蓝田镇西坑村
李石顺	福建省物价局审价委员会专职委员		蓝田镇西坑村
陈文献	北京沙河机场某部副团长		朝阳镇圳头村
杨坤海	福建省石化设计院副院长		朝阳镇朝阳村
侯维宗	中共福建省委统战部副部长		蓝田镇梧桥村
侯　健	广东省侨联主席		蓝田镇梧桥村
黄漳南	广东省武警总队副总队长		蓝田镇蓝田村
黄仲渊	漳州市人民政府副市长		
黄宏源	福建省农业厅畜牧兽医局副局长		
林亚佑	二十八军八十三师二四九团副政委		
郑文元	国务院秘书局四处处长		

龙文区处级领导名表

表 31-3-5

机 构	职 务	姓 名	性别	籍 贯	任 职 时 间
中国共产党龙文区委员会	书 记	陈庆元	男	芗 城	1996 年 11 月至 2006 年 5 月
	书 记	蒋一婷	女	华 安	2006 年 5 月至 2007 年 12 月
	副书记	蔡良国	男	芗 城	1996 年 11 月至 2007 年 2 月
	副书记	林亚才	男	龙 海	1996 年 11 月至 1999 年 5 月
	副书记	戴坤江	男	长 泰	1996 年 11 月至 1999 年 5 月
	副书记	柯志明	男	漳 浦	1998 年 11 月至 2006 年 7 月
	副书记	黄宝山	男	龙 海	1999 年 5 月至 2002 年 2 月
	副书记	林雪来	女	大 田	2001 年 8 月至 2006 年 4 月
	副书记	陈志忠	男	永 春	2002 年 10 月至 2004 年 10 月（挂职）
	副书记	许建丹	女	江苏丹徒	2004 年 12 月至 2006 年 7 月（挂职）
	副书记	张琳光	男	东 山	2006 年 7 月至 2007 年 12 月
	副书记	黄建平	男	漳 浦	2006 年 8 月至 2007 年 12 月
	常 委	苏龙辉	男	龙 海	1996 年 11 月至 2002 年 2 月
	常 委	黄建平	男	漳 浦	1997 年 7 月至 2006 年 8 月
	常 委	宋宇飞	男	芗 城	1998 年 5 月至 2002 年 6 月
	常 委	邱亚明	男	龙 海	1999 年 5 月至 2002 年 2 月
	常 委	魏跃平	男	漳 浦	2002 年 2 月至 2006 年 2 月
	常 委	吴 勤	男	晋 江	2002 年 2 月至 2007 年 12 月
	常 委	何金才	男	东 山	2002 年 2 月至 2007 年 12 月
	常 委	林木光	男	福 安	2002 年 6 月至 2003 年 3 月
	常 委	毕研伟	男	山东淄博	2003 年 3 月至 2004 年 5 月
	常 委	陈维福	男	宁 化	2004 年 5 月至 2005 年 7 月
	常 委	倪政鸿	男	福 清	2005 年 7 月至 2007 年 5 月
	常 委	林东风	男	漳 浦	2006 年 7 月至 2007 年 12 月
	常 委	陈龙山	男	龙 海	2006 年 7 月至 2007 年 12 月
	常 委	蔡乙鹉	男	漳 浦	2006 年 7 月至 2007 年 12 月
	常 委	林沛能	男	龙 海	2006 年 7 月至 2007 年 12 月
	常 委	江志强	男	龙 海	2006 年 12 月至 2007 年 12 月
	常 委	王丽艳	女	甘肃嘉峪关	2007 年 3 月至 2007 年 12 月（挂职）
	常 委	林 云	男	山东文登	2007 年 3 月至 2007 年 5 月
	常 委	沈钦坤	男	诏 安	2007 年 12 月起任
龙文区人大常委会	主 任	林亚才	男	龙 海	1997 年 1 月至 2000 年 1 月
	主 任	陈庆元	男	华 安	2000 年 1 月至 2006 年 4 月
	主 任	邹三分	男	华 安	2006 年 4 月至 2007 年 12 月
	副主任	周 弋	女	平 和	1996 年 12 月至 2007 年 1 月
	副主任	翁赐文	男	莆 田	1997 年 1 月至 2007 年 1 月

续表 31-3-5

机　构	职　务	姓　名	性别	籍　贯	任　职　时　间
龙文区人大常委会	副主任	谢荣川	男	安　溪	2002 年 3 月至 2005 年 6 月
	副主任	周进春	男	云　霄	2007 年 1 月至 2007 年 12 月
	副主任	周黎鸣	男	江苏南通	2007 年 1 月至 2007 年 12 月
	副主任	李绍山	男	山西芮城	2007 年 1 月至 2007 年 12 月
	副主任	曾朝良	男	龙　海	2007 年 1 月至 2007 年 12 月
龙文区人民政府	区　长	蔡良国	男	芗　城	1997 年 1 月至 2007 年 1 月
	区　长	张琳光	男	东　山	2007 年 1 月至 2007 年 12 月
	副区长	谢荣川	男	安　溪	1997 年 1 月至 2002 年 2 月
	副区长	齐荣芗	女	河　北	1996 年 12 月至 2002 年 2 月
	副区长	阮亚宏	男	龙　海	1999 年 5 月至 2002 年 2 月
	副区长	魏跃平	男	漳　浦	2002 年 3 月至 2006 年 2 月
	副区长	周进春	男	云　霄	1999 年 5 月至 2007 年 1 月
	副区长	陈龙山	男	龙　海	2002 年 3 月至 2007 年 12 月
	副区长	许向东	男	漳　浦	2002 年 3 月至 2007 年 12 月
	副区长	王雅秋	女	芗　城	2002 年 3 月至 2007 年 12 月
	副区长	黄常青	男	南　安	2002 年 5 月至 2007 年 12 月
	副区长	钱莹（挂职）	女	广西桂林	2004 年 5 月至 2004 年 9 月
	副区长	周俊雄	男	诏　安	2007 年 1 月至 2007 年 12 月
	副区长	刘亚东	男	龙　海	2007 年 1 月至 2007 年 12 月
	副区长	陈勇谋	男	芗　城	2007 年 1 月至 2007 年 12 月
	副区长	陈艳（挂职）	女	福　州	2007 年 11 月至 2007 年 12 月
政协龙文区委员会	主　席	陈庆元	男	芗　城	1997 年 5 月至 1999 年 1 月
	主　席	蔡玉斌	男	惠　安	1999 年 1 月至 2002 年 2 月
	主　席	邹三分	男	华　安	2002 年 3 月至 2006 年 4 月
	主　席	林雪来	女	大　田	2007 年 1 月至 2007 年 12 月
	副主席	蔡玉斌	男	惠　安	1997 年 5 月至 1999 年 1 月
	副主席	谢良川	男	南　安	1997 年 5 月至 2002 年 2 月
	副主席	林沛能	男	龙　海	1999 年 5 月至 2007 年 1 月
	副主席	黄天生	男	龙　文	2002 年 3 月至 2011 年 12 月
	副主席	陈顺贵	男	东　山	2002 年 3 月至 2007 年 1 月
	副主席	黄井南	男	龙　文	2002 年 3 月至 2003 年 11 月
	副主席	黄志文	男	平　和	2004 年 3 月至 2011 年 12 月
	副主席	吴兆元	男	芗　城	2007 年 1 月至 2011 年 12 月
龙文区纪律检查委员会	书　记	苏龙辉	男	龙　海	1996 年 11 月至 2002 年 2 月
	书　记	柯志明	男	漳　浦	2002 年 2 月至 2006 年 7 月
	书　记	林东风	男	漳　浦	2006 年 7 月至 2007 年 12 月

续表 31-3-5

机 构	职 务	姓 名	性别	籍 贯	任 职 时 间
区人民检察院	代检察长	林丽玲	女	芗 城	1997 年 5 月至 1998 年 3 月
	检察长	林丽玲	女	芗 城	1998 年 3 月至 2000 年 6 月
	代检察长	李绍山	男	山西芮城	2000 年 6 月至 2001 年 4 月
	检察长	李绍山	男	山西芮城	2001 年 4 月至 2007 年 1 月
	代检察长	吴文松	男	平 和	2007 年 1 月至 2007 年 2 月
	检察长	吴文松	男	平 和	2007 年 2 月至 2007 年 12 月
区人民法院	院 长	卓永川	男	龙 海	1996 年 12 月至 2007 年 1 月
	院 长	蔡松俊	男	晋 江	2007 年 1 月至 2007 年 12 月
蓝田工业开发区	书 记	马建华	男	山东安丘	1999 年 5 月至 2004 年 1 月
	主 任	秦秋水	男	河北涉县	1999 年 5 月至 2006 年 4 月
	副主任	李亚树	男	东 山	2001 年 8 月至 2007 年 9 月
蓝田经济开发区	书记、主任	江志强	男	龙 海	2007 年 9 月至 2007 年 12 月
	副主任	李亚树	男	东 山	2007 年 9 月至 2007 年 12 月
龙文区人民武装部	部 长	许银钦	男	惠 安	1998 年 1 月至 1998 年 3 月
	政 委	卢维祥	男	大 田	1998 年 1 月至 2000 年 3 月
	部 长	宋宇飞	男	芗 城	1998 年 2 月至 2002 年 3 月
	政 委	林木光	男	福 安	2000 年 3 月至 2003 年 3 月
	部 长	乔敏荣	男	北 京	2002 年 3 月至 2003 年 3 月
	部 长	毕研伟	男	山东淄博	2003 年 3 月至 2004 年 3 月
	政 委	陈维福	男	宁 化	2003 年 3 月至 2005 年 3 月
	部 长	倪政鸿	男	福 清	2004 年 3 月至 2007 年 3 月
	政 委	刘 昀	男	湖南长沙	2005 年 3 月至 2007 年 3 月
	部 长	林 云	男	山东文登	2007 年 3 月至 2007 年 12 月
	政 委	张从云	男	江西乐平	2007 年 3 月至 2007 年 12 月

第四节 高级技术职称名表

龙文区籍副高级以上职称名表

表 31-3-6

姓 名	工作单位	职 称	任职时间	籍 地
王聚贤	福建省立医院	主任医师	2000 年 12 月至 2007 年 12 月	朝阳镇翁建村
王建忠	福建省中医学院	副研究员		恒坑村
冯建成	漳州市农科所	研究员		西村洋
孙立南	漳州市农科所	副研究员		马崎村
吴曼瑛	泉州市华侨大学	高级实验师		郭坑村

续表 31-3-6

姓 名	工作单位	职 称	任职时间	籍 地
陈志强	福州市规划设计研究院	高级工程师		汐浦村
陈亚炉	漳州市种子公司	高级农艺师	1992 至 1997 年	圳头村
连龙标	集美财经高等专科学校	副教授		马崎村
陈少永	北京工业大学建筑设计院	高级建筑师		梧浦村
陈 悦	厦门大学	副教授	1983 年至 1994 年 1 月	石仓村
陈海龙	美国休斯网络系统 公司	高级首席工程师		漳滨村
陈清西	福建农林大学	教授		碧湖村
陈跃鸿	漳州市医院	主任医师		
林伯强	厦门大学中国能源经济研究所	教授		东屿村
林树西	厦门大学	副教授		步文村
林素卿	中国人民大学附中	高级教师		
林子民	北京通县农机研究所	高级工程师		登科村
林溪波	复旦大学出版社	副编审	1965 年 8 月	西坑村
郑连远	美国南佛罗里达大学	高级研究员		
杨志贤	集美大学文学院	副教授		
杨世义	宜昌地质矿产研究所	副研究员	1964 年 9 月至 1997 年 7 月	扶摇村
唐秋根	漳州职业技术学院	副教授		小港村
黄行全	湖南气象台	高级工程师		湘桥村
黄金城	成都无线电一厂	高级工程师		蓝田村
黄绍温	龙海市华侨医院	主任医师		蓝田村
黄水山	龙海榜山中学	高级教师	1992 年	坂上村
黄亚贞	三峡水电站	工程师		坂上村
黄长征	广东五邑大学管理学院	教授		
黄健华	集美大学	教授		蓝田村
黄有博	云南沾益化肥厂	高级工程师		篁卿村
郑秀琴	漳州市芗剧团	国家一级演员	1995 年 11 月	梧桥村
黄瑞金	龙海一中	中学高级教师	1988 年 8 月	郭坑村
王木树	航天部导弹总装厂	高级会计师	1990 年 8 月	翁建村
黄渊河	厦门大学	副教授	1997 年 11 月	篁卿村
杨旺根	厦门第十一中学	中学高级教师	2001 年 6 月	扶摇村
林俊山	漳州市中医院	主任医师	2003 年 7 月	步文村
林金狮	山东省地震局	高级工程师	1999 年 12 月	东屿村
黄金海	龙海市中医院	副主任医师	2000 年 5 月	口社村
陈明轩	龙海市角美社区卫生服务中心			汐浦村
林金标	厦门华夏国际电力发展有限公司	高级工程师	2003 年 12 月	科坑村
王琦琳	漳州市第八中学	中学高级教师	2004 年 2 月	后店村
陈海龙	美国休斯网络系统公司	高级工程师		漳滨村

续表 31-3-6

姓　名	工作单位	职　称	任职时间	籍　地
陈清西	福建农林大学园艺学院	教授	2005 年 6 月	后坂村
郑文元	大唐电力公司	高级工程师		科坑村
冯建设	龙海市农业局	高级农艺师	2007 年 5 月	西洋村
林为民	龙海市农业局	高级农艺师	2007 年 5 月	步文村
黄开明	福建第七建筑公司三分公司	高级工程师	2007 年 12 月	长福村
黄芙蓉	漳州市林业局	高级工程师	2001 年 8 月	坂上村
陈伟敏	厦门雅美工艺品有限公司	高级工程师	1999 年 11 月	梧桥村
张建成	漳州市第一职业中专学校	高级讲师	2001 年 1 月	浦口村
林和德	漳州职业技术学院	副教授	2007 年 8 月	登科村
林和强	中国建设银行漳州分行	高级工程师	1996 年 12 月	登科村
张建南	福建永安市第十二中学	中学高级教师	2006 年 6 月	浦口村
张来顺	漳州市中医院	副主任医师	2003 年 4 月	浦口村
张碧辉	龙海市教育局	中学高级教师	2003 年 3 月	漳滨村
冯建成	漳州市农科所	副研究员	2003 年 5 月	西洋村
陈建顺	龙海市龙江中学	中学高级教师	2007 年 4 月	梧桥村
陈惠卿	漳州师范学院	副研究员	2003 年 7 月	圳头村
林　斌	陆军第 175 医院骨科医院	主任医师	2006 年 12 月	翁建村
黄丹蓉	龙海市角美中学	中学高级教师	2007 年 4 月	篁卿村
唐秋根	漳州职业技术学院	副教授	2007 年 8 月	小港村
黄亚伟	龙海市程溪中学	中学高级教师	2005 年 2 月	西坑村
王美莲	龙海市第一中学	中学高级教师	2006 年 5 月	恒坑村
林素卿	中国人民大学附中	中学高级教师	2002 年 7 月	科坑村
王惠琴	龙海市第五中学	中学高级教师	2007 年 3 月	湘桥村
唐树花	海军通信应用研究所	高级工程师		
郭锦江	郭坑中学	中学高级教师	1997 年 12 月 1 日	
王绍宏	龙文中学	中学高级教师	1998 年 12 月 1 日	
谢亚先	郭坑中学	中学高级教师	1998 年 12 月 1 日	
蔡陈欣	郭坑中学	中学高级教师	1998 年 12 月 1 日	
王江元	龙文中学	中学高级教师	2000 年 1 月 19 日	
吴信纯	朝阳中学	中学高级教师	2000 年 1 月 19 日	
曾繁璇	龙文中学	中学高级教师	2001 年 1 月 19 日	
陈国能	郭坑中学	中学高级教师	2001 年 1 月 19 日	
林跃明	龙文中学	中学高级教师	2001 年 1 月 19	
林丰恩	龙文中学	中学高级教师	2001 年 1 月 19 日	
康丽华	书亭中学	中学高级教师	2001 年 1 月 19 日	
李金炉	龙文中学	中学高级教师	2001 年 1 月	
陈维家	景山中学	中学高级教师	2002 年 2 月 1 日	

续表 31-3-6

姓 名	工作单位	职 称	任职时间	籍 地
王敏俐	景山中学	中学高级教师	2002 年 2 月 1 日	
王义勇	书厅中学	中学高级教师	2003 年 3 月 3 日	
王秀玲	朝阳中学	中学高级教师	2003 年 3 月 3 日	
黄冬生	朝阳中学	中学高级教师	2003 年 3 月 3 日	
陈瑞芬	景山中学	中学高级教师	2003 年 3 月 3 日	
吴矮添	龙文中学	中学高级教师	2003 年 3 月 3 日	
张俊青	龙文中学	中学高级教师	2003 年 3 月 3 日	
陈建友	龙文中学	中学高级教师	2004 年 1 月	
王德仁	龙文中学	中学高级教师	2004 年 2 月 12 日	
林加河	龙文中学	中学高级教师	2004 年 2 月 12 日	
康永远	龙文中学	中学高级教师	2004 年 2 月 12 日	
蔡梅英	龙文中学	中学高级教师	2004 年 2 月 12 日	
张碧荣	龙文中学	中学高级教师	2004 年 2 月 12 日	
王朱明	龙文中学	中学高级教师	2004 年 2 月 12 日	
林文钟	龙文中学	中学高级教师	2004 年 2 月 12 日	
张思明	郭坑中学	中学高级教师	2004 年 2 月 12 日	
郑顺明	景山中学	中学高级教师	2004 年 2 月 12 日	
欧阳育龄	景山中学	中学高级教师	2004 年 2 月 12 日	
林振建	景山中学	中学高级教师	2004 年 2 月 12 日	
陈建友	书厅中学	中学高级教师	2004 年 2 月 12 日	
陈开发	龙文中学	中学高级教师	2005 年 2 月	
林锦山	龙文中学	中学高级教师	2005 年 2 月 17 日	
陈嵩辉	龙文中学	中学高级教师	2005 年 2 月 17 日	
林拥根	龙文中学	中学高级教师	2005 年 2 月 17 日	
周丽红	龙文中学	中学高级教师	2005 年 2 月 17 日	
严团结	朝阳中学	中学高级教师	2005 年 2 月 17 日	
冯美秀	朝阳中学	中学高级教师	2005 年 2 月 17 日	
王碧英	朝阳中学	中学高级教师	2005 年 2 月 17 日	
陆志英	景山中学	中学高级教师	2005 年 2 月 17 日	
蔡瑞山	郭坑中学	中学高级教师	2005 年 2 月 17 日	
林亚玲	郭坑中学	中学高级教师	2005 年 2 月 17 日	
吴少坚	龙文中学	中学高级教师	2006 年 3 月 29 日	
李赛萍	龙文中学	中学高级教师	2006 年 3 月 29 日	
朱仕铭	龙文中学	中学高级教师	2006 年 3 月 29 日	
林明辉	龙文中学	中学高级教师	2006 年 3 月 29 日	
许韶辉	龙文中学	中学高级教师	2006 年 3 月 29 日	
郭建和	龙文中学	中学高级教师	2006 年 3 月 29 日	

续表 31-3-6

姓　名	工作单位	职　称	任职时间	籍　地
林清海	龙文中学	中学高级教师	2006 年 3 月 29 日	
李华	龙文中学	中学高级教师	2006 年 3 月 29 日	
陈俊华	朝阳中学	中学高级教师	2006 年 3 月 29 日	
郑文忠	郭坑中学	中学高级教师	2006 年 3 月 29 日	
吴珍珠	郭坑中学	中学高级教师	2006 年 3 月 29 日	
陈天胜	郭坑中学	中学高级教师	2006 年 3 月 29 日	
曾勇辉	朝阳中学	中学高级教师	2006 年 3 月 29 日	
林瑞华	朝阳中学	中学高级教师	2006 年 3 月 29 日	
洪珍娜	朝阳中学	中学高级教师	2006 年 3 月 29 日	
冯杉联	景山中学	中学高级教师	2006 年 3 月 29 日	
郑亚婷	景山中学	中学高级教师	2006 年 3 月 29 日	
王丽珠	景山中学	中学高级教师	2006 年 3 月 29 日	
林亦佳	景山中学	中学高级教师	2006 年 3 月 29 日	
陈志祥	景山中学	中学高级教师	2006 年 3 月 29 日	
林亚美	景山中学	中学高级教师	2006 年 3 月 29 日	
李明利	书厅中学	中学高级教师	2006 年 3 月 29 日	
宋秀卿	龙文中学	中学高级教师	2007 年 3 月 29 日	
陈志发	龙文中学	中学高级教师	2007 年 3 月 29 日	
林秀发	龙文中学	中学高级教师	2007 年 3 月 29 日	
何旭敏	龙文中学	中学高级教师	2007 年 3 月 29 日	
余秀筋	龙文中学	中学高级教师	2007 年 3 月 29 日	
蔡秀兰	龙文中学	中学高级教师	2007 年 3 月 29 日	
黄志刚	龙文中学	中学高级教师	2007 年 3 月 29 日	
方水羡	龙文中学	中学高级教师	2007 年 3 月 29 日	
连瑞勇	龙文中学	中学高级教师	2007 年 3 月 29 日	
黄建生	郭坑中学	中学高级教师	2007 年 3 月 29 日	
高秉文	郭坑中学	中学高级教师	2007 年 3 月 29 日	
林来能	郭坑中学	中学高级教师	2007 年 3 月 29 日	
庄和贵	郭坑中学	中学高级教师	2007 年 3 月 29 日	
郭芳芬	朝阳中学	中学高级教师	2007 年 3 月 29 日	
翁亚宽	朝阳中学	中学高级教师	2007 年 3 月 29 日	
蔡乐阳	朝阳中学	中学高级教师	2007 年 3 月 29 日	
林贺群	朝阳中学	中学高级教师	2007 年 3 月 29 日	
肖志胜	朝阳中学	中学高级教师	2007 年 3 月 29 日	
张冬梅	朝阳中学	中学高级教师	2007 年 3 月 29 日	
张瑞珍	龙文中学	中学高级教师	2007 年 3 月 29 日	
林文全	郭坑中学	中学高级教师	2007 年 3 月 29 日	

续表 31-3-6

姓　名	工作单位	职　称	任职时间	籍　地
黄亚坤	景山中学	中学高级教师	2007 年 3 月 29 日	
林秀梅	景山中学	中学高级教师	2007 年 3 月 29 日	
张凤英	景山中学	中学高级教师	2007 年 3 月 29 日	
周国伟	景山中学	中学高级教师	2007 年 3 月 29 日	
徐亚亮	景山中学	中学高级教师	2007 年 3 月 29 日	
冯明山	朝阳中学	中学高级教师	2007 年 3 月 29 日	
阮阿丽	朝阳中学	中学高级教师	2007 年 3 月 29 日	
郭瑞华	郭坑中心小学	小学中学高级教师	2001 年 7 月	
严亚棋	坂上中心小学	小学中学高级教师	2003 年 6 月	
王莲桂	龙文实小	小学中学高级教师	2003 年 6 月	
李少红	郭坑中心小学	小学中学高级教师	2004 年 9 月	
张育鹏	龙文实小	小学中学高级教师	2008 年 1 月	
唐水羡	漳州第二实小	小学中学高级教师	2008 年 1 月	
郭友良	郭坑卫生院	副主任医师	2003 年 4 月 7 日	
李玉生	第三医院	副主任医师	2000 年 3 月 21 日	
王乐	第三医院	副主任医师	2004 年 11 月 15 日	
胡志明	第三医院	副主任医师	2002 年 3 月 21 日	
陈海西	第三医院	副主任医师	2002 年 3 月 21 日	
黄建铭	第三医院	副主任医师	2006 年 12 月 19 日	

第五节　先进单位　先进个人

表 31-3-7　1999—2007 年龙文区获省部级以上表彰的先进单位名表

单　位	称　号	表彰机关	表彰时间
龙文区人民政府	全国爱心献功臣行动先进区	全国双拥工作领导小组、民政部	1999 年 12 月
龙文区人民法院党支部	先进基层党组织	中共福建省委	2001 年 7 月
龙文区妇女联合会	妇女群众性体育活动先进单位	国家体育总局	2002 年 3 月
龙文区文体局	2002 年全民健身周优秀组织奖	国家体育总局	2002 年 12 月
龙文区国家税务局	军民共建社会主义精神文明先进单位	全国双拥工作领导小组、中央文明办、民政部、总政治局	2005 年 7 月
步文镇后坂村计生协会	全国计生协会工作先进单位	中国计划生育协会	2005 年 8 月
郭坑镇院后村计生协会	全国计生协会工作先进单位	中国计划生育协会	2007 年 12 月
龙文区人口计生局	全国农村部分计划生育家庭奖励扶助制度和少生快富工程试点工作先进单位	国家人口计生委、财政部	2006 年
龙文区残疾人联合会	2007 年度“两刊”宣传工作先进单位	中国残疾人联合会	2007 年 11 月

续表 31-3-7

单　　位	称　　号	表彰机关	表彰时间
龙文区劳动就业管理中心	福建省就业再就业工作先进单位	福建省人民政府	2004 年 11 月
龙文区人武部	2004 年度按纲施训先进单位	福建省军区	2005 年 1 月
中共龙文区建设系统总支	福建省先进基层党组织	中共福建省委	2006 年 6 月
龙文区安全生产监督管理局	全省安全生产监管监察系统先进单位	福建省人民政府	2007 年 2 月

表 31-3-8　**1997—2007 年获国家部委表彰的先进个人名表**

姓　名	性别	单　　位	称　　号	表彰机关	表彰时间
王雅秋	女	龙文区人民政府	2005-2006 全国县（市）科技工作先进个人称号	科学技术部	2007 年 1 月
卢文周	男	朝阳镇	全国森林公安系统优秀人民警察	国家林业局森林公安局	2001 年 3 月
陈石生	男	龙文区文明办	全国精神文明建设先进工作者	中共中央文明委、人事部	2005 年 10 月
陈亚强	男	龙文区统计局	全国统计系统先进个人	国家统计局	2004 年 10 月
陈丽凤	女	龙文区科技局	2005-2006 全国县（市）科技工作先进个人称号	科学技术部	2008 年 1 月
严和成	男	步文镇后坂村	第一届全国“孝亲敬老之星”	全国老龄委办公室、民政部、教育部、广电总局、团中央、全国妇联	2004 年
唐亚桃	女	步文镇	全国村（居）委会优秀计划生育工作者荣誉称号	国家计划生育委员会	2000 年 9 月
黄全春	男	步文镇	2001-2005 年全国婚育新风进万家活动先进个人	国家计划生育委员会	2005 年 11 月
黄建加	男	龙文区计划生育服务站	全国婚育新风进万家活动先进个人	国家计划生育委员会	2001 年 10 月
康清辉	男	区总工会	全国女职工之友	中华全国总工会	2006 年 10 月
蔡水松	男	龙文区民政局	从事人口和计划生育工作满十五年，为促进我国人口和经济、社会协调发展作出了贡献	国家人口和计划生育委员会	2006 年 8 月
杨荣福	男	龙文区计生协会	计生协会先进工作者	中国计划生育协会	2003 年 12 月
蔡玉斌	男	龙文区计生协会	计生协会先进志愿者	中国计划生育协会	2005 年 8 月
蔡梅英	女	龙文区教育局	全国模范教师	人事部、教育部	2004 年 9 月
潘浠卿	女	龙文区教育局	全国模范教师	人事部、教育部	1998 年 9 月

表 31-3-9　**1997—2007 年龙文区获省级表彰先进个人名表**

姓　名	性别	单　　位	称　　号	表彰机关	时　间
王加才	男	中共龙文区纪委	全省治理公路“三乱”先进个人	福建省人民政府	2005 年 6 月
阮文发	男	龙文区教育局	福建省先进工作者	福建省人民政府	2000 年 9 月
陈石生	男	中共龙文区委宣传部	福建省第八届（2000—2002 年度）精神文明建设先进工作者	中共福建省委、省人民政府	2003 年 5 月

续表 31-3-9

姓名	性别	单位	称号	表彰机关	时间
许全喜	男	区建设局村镇规划办	福建省第九届（2003-2005 年度）精神文明建设先进工作者	中共福建省委、省人民政府	2006 年 7 月
阮丽璇	女	龙文区计划生育服务站	计生先进工作者	福建省人民政府	1998 年 9 月
苏水溪	男	龙文区农业局	千公里江堤建设先进工作者	福建省人民政府	2002 年 12 月
苏水溪	男	龙文区水利局	千公里江堤建设先进个人	福建省人民政府	2002 年 12 月
何华忠	男	龙文区朝阳镇	征兵先进个人	福建省人民政府	2007 年 7 月
陈秀桃	女	龙文区朝阳镇	福建省人口和计划生育先进工作者	福建省人民政府	2005 年 12 月
陈沿海	女	龙文区蓝田镇	福建省优秀共产党员	中共福建省委	2006 年 6 月
陈跃珠	女	郭坑镇汐浦村计生协会	百佳先进女组长	中共福建省委、省人民政府	1999 年 5 月
林文炳	男	蓝田镇人民政府	福建省创安全生产合格乡镇(街道)先进工作者	福建省人民政府	2006 年 3 月
林文敏	男	蓝田镇	福建省计划生育工作者	福建省人民政府	1999 年 5 月
林东风	男	中共龙文区纪委	全省治理公路“三乱”先进个人	福建省人民政府	2005 年 6 月
林全发	男	步文镇人民 政府	农村基层组织建设先进工作者	中共福建省委	1998 年
欧阳劲松	男	龙文区政法委	1997—2000 年度福建省社会治安综合治理先进个人	中共福建省委、省人民政府	2001 年 4 月
林沛能	男	龙文区蓝田镇党委	福建省第六届精神文明建设先进工作者	中共福建省委、省人民政府	1998 年
林雪华	女	龙文区农业局	2001—2002 年度福建省计划生育工作先进工作者	福建省人民政府	2003 年 3 月
林鸿强	男	龙文区国家税务局	福建省“军民共建精神文明”	中共福建省委、省人民政府、省军区	2006 年 11 月
柯志明	男	龙文区朝阳镇	福建省人口和计划生育先进工作者	福建省人民政府	2005 年 12 月
徐巧稚	女	龙文区步文镇	省侨情普查先进工作者	政协福建省委员会	2007 年
唐亚根	男	蓝田镇	福建省优秀共产党员	中共福建省委	1999 年 7 月
黄聪山	男	龙文区信访局	1998—2002 年度全省信访工作先进工作者	中共福建省委、省人民政府	2003 年 3 月
康聪荣	男	龙文区林业局	集体林权制度改革工作先进个人	中共福建省委、省人民政府	2006 年 12 月

附　录

一、国务院文件

国务院关于同意福建省设立漳州市龙文区的批复

福建省人民政府：

你省《关于增设漳州市龙文区的请示》（闽政〔1996〕文39号）以及有关补充报告收悉。现批复如下：

一、同意设立漳州市龙文区（县级）。

二、将漳州市芗城区芝山镇的古塘、群勇、市尾、塔后、土白、下洲6个村委会，南坑街道办事处的东岳、岳北、漳糖、东关、南坑、洋筠6个居委会和洋筠村委会，巷口街道办事处的岳口、胜利东、东园、新民、巷口、新港、霞浦、霞东8个居委会和元光路以东属新华东居委会的部分，龙海市的郭坑镇，龙海市步文镇的蔡榜、西坑、小港、兰田、梧桥、湘桥、打山、恒坑、桥仔头、西洋、书厅、石井、圳头、东屿、步文、后坂、田丰、塘北、石仓、碧湖、坂上、孚美、后店、流岗、翁建、登科、科坑、漳滨、石州、浦口、朝阳31个村委会和梧浦村委会在国道324线的西北部分划归龙文区管辖。龙文区人民政府驻步文镇。

三、设立漳州市龙文区所需经费和编制由你省自行调剂解决。

中华人民共和国国务院

一九九六年五月三十一日

二、福建省人民政府文件

福建省人民政府关于增设漳州市龙文区的请示

国务院：

为了加快闽东南开放开发步伐，把漳州市建设成为经济繁荣、科技发达、人民富裕的现代化港口城市，根据我省城市化进程和漳州市经济、社会快速发展的需要，我省拟增设漳州市龙文区。为了做好区划调整工作，我们经过深入调查，反复论证，对调整后的漳州市城市发展规划进行了认真研究，现将有关情况呈报如下：

一、漳州市及市辖区的基本情况

漳州市地处福建东南沿海，东连厦门，南接汕头、西靠龙岩，北傍泉州，是闽东南中心城市之一，公元686年（唐垂拱二年）建州，迄今已1300多年，是国务院批准的国家历史文化名城，1987年经国务院批准为沿海经济开放区。目前，漳州市已形成沿海开放区、国家级外向型农业示范区、东山经济技术开发区、招商局中银漳州经济开发区等多层次、全方位的对外开放格局。现辖一区一市八县，市人民政府驻地芗城区。全市总面积12607.6平方公里，人口434.5万，1995年国内生产总值162.05亿元（1990年不变价，下同），工农业总产值353.69亿元，财政收入15.41亿元，城镇居民人均生活费收入4208元，农民人均纯收入2164元。市辖芗城区总面积265平方公里，建成区16.7平方公里，市区建筑总面积262万平方米，人口36.21万，国内生产总值26.99亿元，工农业总产值60.97亿元，财政收入5.93亿元。

二、增设新区是加快漳州市经济建设和社会发展的客观要求，是实现漳州市战略目标的迫切需要

（一）增设新区是实施漳州市经济发展战略，加快经济和社会发展的迫切需要。

1992年，漳州市为了实现省委、省政府关于“加快闽东南开放开发步伐，建设海峡西岸繁荣经济带”的战略构想，提出了“对接特区、以港兴市、突出三点、开发一线、建设五区”的经济发展总体思路。增设新区是实现漳州经济发展战略、推动市区战略东移的重要步骤。新区位于国道324线和319线的交汇点，是漳州市区北接鹰厦铁路，东连漳州港口和厦门特区的必经之道，交通便捷，区位优越。现区域内工业化、城市化程度较高，蓝田工业开发区和港桥食品加工区已初具规模，并逐步形成高科技、深加工开发区；对接厦门特区的九龙江工业走廊已逐步形成，拟划入新区的龙海市步文镇、郭坑镇的城市建设已与市区联成一体。但这片新发展的区域，隶属两个县级行政区管辖，既影响和制约了城市规划和建设，也影响制约了经济建设。增设新区可以理顺管理体制，有利于漳州市实行统一的建设和管理，有利于加快实施漳州经济发展总体思路，有利于发挥区位优势，形成新的经济生长点，进一步推动全市经济和社会发展。

（二）增设新区是加快漳州城市建设，强化城市管理的迫切需要。

由于历史的原因，漳州老城区的建筑过于拥挤，许多工业、企业与居民区混杂在一起，改造难度较大。经省政府批准的城市总体规划确定市区要向东扩展。近年来，市区规模随着经济的快速发展而成倍地扩大，已远远超过芗城区辖区范围。市区新建的街道和生活小区、蓝田工业区和许多重大建设项目已向步文镇纵深发展，并已形成新市区的规模。增设新区后，芗城区可以集中力量建设市区西部，新区可以集中精力按照漳州市城市总体规划要求建设新型的市区，强化城市管理。

（三）增设新区是增强漳州市中心城市的辐射和带动功能，适应市领导县体制的客观要求。

漳州市作为闽东南的中心城市，紧邻厦门、汕头两个特区，一个市辖区肩负着带一市八个县的重任。由于市区太小，人口密集，发展空间受到限制，辐射力和带动力也受到制约，正如“小马拉大车”，未能真正发挥市领导县体制的作用。增设新区可使新老城区按不同功能分工进行建设，使中心城市迅速发展壮大，形成以漳州市区为依托的各类型的经济区，使行政区与经济区基本相适应，利于合理配置城乡生产力要素，统一组织生产和流通，完善市带县体制。

三、增设新区已具备基本条件并得到社会各界的赞成和专家的肯定

我省对增设龙文区十分慎重，认真组织当地有关部门和专家进行反复论证，得到社会各界的赞成和专家的肯定。一致认为，漳州市适当扩大市区范围，向东扩展，以适应经济建设和社会事业的高速发展，设立新区是合理的，并且已具备了设区的基本条件。

拟建的新区常住人口达21.45万人，其中具有非农业户口的从事非农产业的人口10.21万，从事非农产业人口16.13万，此外流动人口常保持在2.67万。工农业总产值29.51亿元，其中工业产值27.52亿元，占93.26%，第三产业增加值4.24亿元，国内生产总值14.29亿元，本级年度财政总收入1.03亿元，人均486元。

新区内基础设施较为配套。国道324线和鹰厦铁路穿境而过，厦漳高速公路开口将设在步文镇境内，拟建设的漳潮汕铁路漳州站紧挨新区，已建成的漳州港3.5万吨级多用途码头距新区28公里，厦门国际机场距新区43公里。程控电话容量已达2万门，可与186个国家和地区直拨通讯。水资源丰富，福建省第二大河流九龙江的西溪和北溪在境内交汇，并拥有110万立方米的水库一座。供电充足，区内有3座11万伏变电站，已与国家大电网联网。被列入省“九五”计划的后石火电厂（总容量300万千瓦）位于新区东侧25公里处。日供水15万吨的漳州第二自来水厂一期工程（日供水7.5万吨）去年6月投入使用，已完成新区排水系统的设计，部分区域排水与污水实现分流。区中现有4条总长41公里水泥路面的主干道。新区的东南医院有床位500张；漳州八中、漳州职业学校、名流小学等一批中小学位于新区内；外商独资创办的大型娱乐场“悦胜民族文化村”已完成征地1200亩；市政建设初具规模。

四、设立新区的原则

（一）要符合漳州市经济发展总体思路和漳州市城市总体规划要求。

（二）力求照顾各方利益。在顾全大局的前提下，充分考虑各方权益，尤其充分照顾到农民的实际利益，维护社会稳定。

（三）力求做到区域界线清晰、确定，各区行政区域连片成块，区际界线除维持原有界线关系外，新调整的区域以河流、街道、公路等比较稳定、明显的地形地物为界。

五、设立新区的方案和发展设想

（一）新区的命名经有关部门和专家反复认真研究，并广泛征求各方意见，拟命名“龙文区”。其含义：一是漳州市区原属龙溪县；二是地处九龙江畔；三是作为历史文化名城的漳州市，有闻名海内外的“龙文塔”。综合人文、地理、历史诸因素，取名为“龙文区”。同时，还寓意龙的传人，弘扬龙的文化，具有积极进取的时代精神。

（二）新区行政区域调整方案。从龙海市划入郭坑镇、步文镇的国道324线江东新桥至西溪桥闸路段西北部分（长洲村委会和梧浦村委会的大部分仍归龙海市管辖）归龙文区管辖。从芗城区划入芝山镇的古塘、群勇、市尾、塔后、土白、下洲6个村委会；南坑街道办事处的东岳、岳北、漳糖、东关、南坑、洋筠6个居委会和洋筠村委会；巷口街道办事处的岳口、胜利东、东园、新民、巷口、新港、霞浦、霞东8个居委会和元光路以东属新华东居委会的部分归龙文区管辖。龙文区面积134.7平方公里，市区现有建成区7.18平方公里。

（三）新区管辖和政府驻地。新区行政区域调整后，组建东岳街道办事处（辖东岳、岳北、漳糖、东关、南坑、洋筠6个居委会，古塘、群勇、市尾、洋筠4个村委会）和浦口街道办事处（辖岳口、胜利东、东园、新民、巷口、新港、霞浦、浦东8个居委会、塔后、土白、下洲3个村委会）。龙文区辖东岳、浦口2个街道办事处和步文、郭坑2个镇。区政府驻步文镇。

（四）新老城区的功能分工和发展设想。芗城区的主要功能是：体现历史文化名城；成为商住重点区，文化、教育、卫生中心，地方产品集散地，中、低档为主的商贸中心；产品以机械、纺织、食品为主；承担铁路及公路对外交通的功能。龙文区的主要功能是：成为全市政治中心和对接特区、连接港口的经贸发展区。市领导机关驻地拟迁到龙文区；龙文区将充分发挥区位优势，大力开发技术含量高，附加值高的新兴产业，发展信息、金融、保险、商贸、邮电、文化为主的较高档次的第三产业，形成新的经济繁荣区。至本世纪末，城市的基础设施将适应新区经济发展的需要；至2005年城市化的水平将达到较高层次，新区的建成区面积将达到12.8平方公里，城市人口发展至40万人，工农业总产值达到100亿元。届时，漳州市将成为闽东南新兴的现代化港口城市。

综上所述，漳州市增设龙文区已具备条件。增设龙文区是漳州市扩大开放，加快经济建设和社会发展的迫切要求。为此，请求批准增设漳州市龙文区。增设新区组织机构将本着“小机构大服务”精简、统一、高效的原则设置，所需编制和经费由漳州市调剂解决。

以上请示当否，请示复。

附件1：漳州市人民政府关于增设市辖龙文区（县级）的请示（见本《附录》四，漳州市人民政府文件《漳州市人民政府关于增设市辖龙文区（县级）的请示》）；

附件2：漳州市人大常委会关于同意增设市辖龙文区的决议（见本《附录》三，漳州市人大常委会文件《漳州市人大常委会关于同意增设市辖龙文区的决议》）；

附件3：漳州市政协关于漳州市新建市辖区协商座谈会的会议纪要（见本《附录》五，政协漳州市委员会文件《关于漳州市新建市辖区（东城区、暂定）协商座谈会的会议纪要》）；

附件4：漳州市龙文区行政区域界线图（略）；

附件5：漳州市市区图；

附件6：龙文区编制建设规划纲要（略）；

附件7：漳州市城市总体规划（1995—2020）（略）；

附件8：龙海市、芗城区行政区划变更主要情况对比表（略）；

附件9：漳州市芗城区人民政府关于同意将我区部分范围划入龙文区的报告（见本《附录》六，龙海市、芗城区人民政府文件《漳州市芗城区人民政府关于同意将我区部分范围划入龙文区的报告》）；

附件10：漳州市芗城区巷口街道办事处关于落实市委增设一个市辖区决定的报告（略）；

附件11：漳州市芗城区南坑街道办事处关于落实市委增设一个市辖区决定的报告（略）；

附件12：漳州市芗城区芝山镇政府关于落实市委增设一个市辖区决定的报告（略）；

附件13：龙海市政府关于落实漳州市委设立龙文区决定的报告（见本《附录》六，龙海市、芗城区人民政府文件《龙海市人民政府关于落实漳州市委设立龙文区决定的报告》）；

附件14：龙海市郭坑镇政府关于落实漳州市委新设龙文区决定的报告（略）；

附件15：龙海市步文镇政府关于将步文镇划入龙文区的报告（略）；

附件16：中国科学院、国家计委地理研究所、福建师大地理研究所四位专家学者《关于漳州适当扩大市辖区范围和增设新区的建议》（见本《附录》七，中国科学院等专家意见《关于漳州适当扩大市辖区范围和增设新区的建议》）。

福建省人民政府

一九九六年一月二十五日

附件5：漳州市市区图

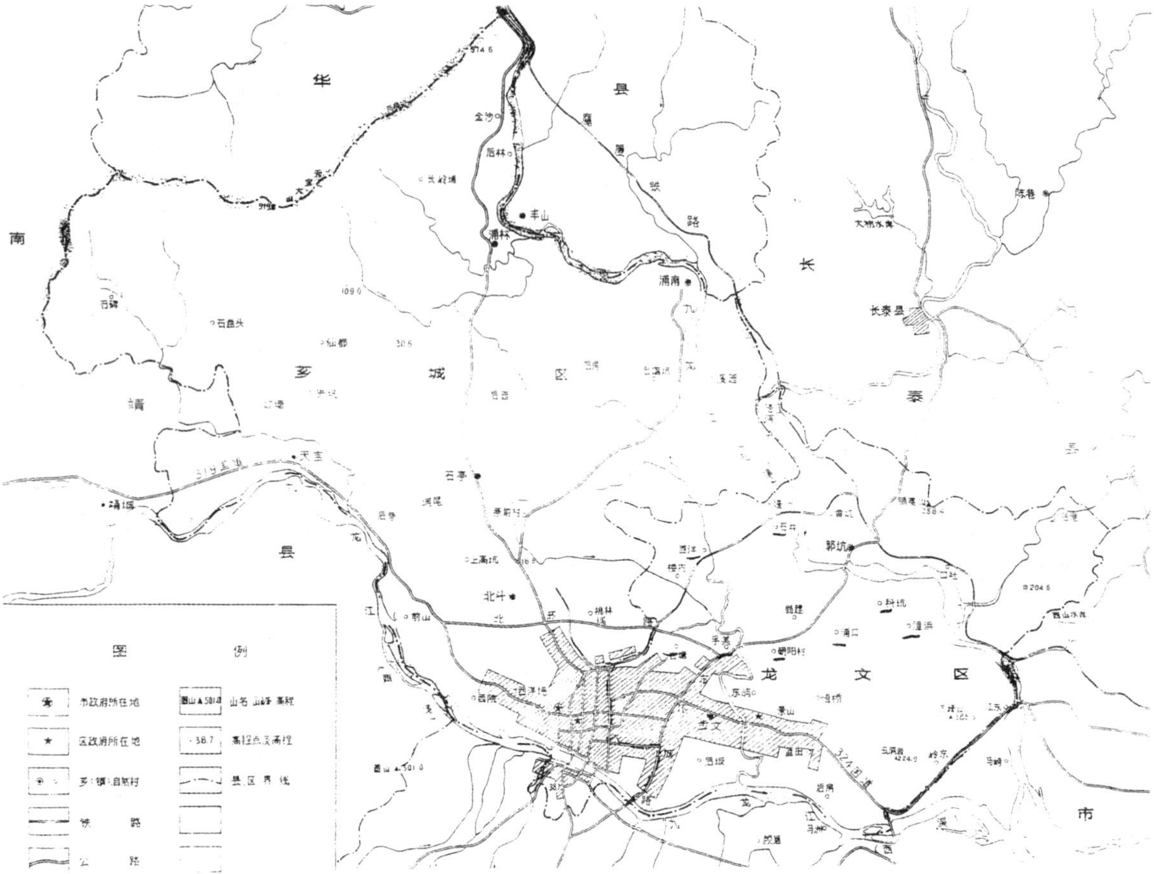

南
华
县
长
泰
县
芗
城
区
龙
文
区
市
丰山
浦南
长泰县
陈巷
石亭
北斗
郭坑
天宝
靖城
图 例
市政府所在地
区政府所在地
铁 路
公 路
高程点及高程
县区界线

附件8：龙海市、芗城区行政区划变更主要情况对比表

芗城区、龙海市行政区划变更主要情况对比表（1995年）

单位		人口（万人）				面积	经济状况（均按1990年不变价格）						
		总人口	从事非农产业人口				国内生产总值（万元）	工农业总产值（万元）	工业总产值（万元）	农业总产值（万元）	第三产业增加值（万元）	本级预算内财政收入（万元）	财政人均收入（元）
				居民	二、三产业人口	（km²）							
龙海市	原有的	86.12	24.03	10.58	13.45	1238	319000	748600	604000	144600	86000	20628	240
龙海市	调整后	72.13	15.31	7.49	7.32	1115	232334	592000	460021	131979	69263	17263	239
芗城区	原有的	36.21	27.38	20.55	6.83	265	263399	369454	338000	31454	97042	14300	395
芗城区	调整后	28.75	19.97	13.43	6.54	253.3	213363	280255	256090	24166	71364	10571	368
龙文区		21.45	16.13	10.21	5.92	134.7	142902	295098（含市属蓝田工业区49300万元）	275189（含市属蓝田工业区49300万元）	19909	42415	10288（含有拟下放给新区的市直企业税收3194万元）	480

福建省人民政府关于设立漳州市龙文区的批复

漳州市人民政府：

你市《关于增设市辖龙文区的请示》悉。经报国务院批准，同意设立龙文区。现根据国务院（国函〔1996〕38号）文，批复如下：

一、同意设立漳州市龙文区（县级）。

二、将漳州市芗城区芝山镇的古塘、群勇、市尾、塔后、土白、下洲6个村委会，南坑街道办事处的东岳、岳北、漳糖、东关、南坑、洋筠6个居委会和洋筠村委会，巷口街道办事处的岳口、胜利东、东园、新民、巷口、新港、霞浦、霞东8个居委会和元光路以东属新华东居委会的部分，龙海市的郭坑镇，龙海市步文镇的蔡榜、西坑、小港、兰田、梧桥、湘桥、打山、恒坑、桥仔头、西洋、书厅、石井、圳头、东屿、步文、后坂、田丰、塘北、石仓、碧湖、坂上、孚美、后店、流岗、翁建、登科、科坑、漳滨、石州、浦口、朝阳31个村委会和梧浦村委会在国道324线的西北部分划归龙文区管辖。龙文区人民政府驻步文镇。

三、请本着精简高效的原则，抓紧做好龙文区的筹建工作。设立龙文区所需经费和编制商请省直有关部门支持解决。

福建省人民政府

一九九六年七月二日

三、漳州市人大常委会文件

漳州市人大常委会关于同意增设市辖龙文区的决议

（1995年9月13日漳州市十一届人大常委会第三十二次会议通过）

漳州市十一届人大常委会第三十二次会议审议了《漳州市人民政府关于提请审议增设市辖龙文区的议案》。会议认为，根据我市经济与社会发展的需要和省人民政府批准的《漳州市城市总体规划（调整）》关于城市向东滚动发展的原则，现在城东增设一个市辖区是必要的，也是可行的。常委会同意增设市辖龙文区，由市人民政府上报省人民政府批准。

漳州市人大常委会

一九九五年九月十三日

四、漳州市人民政府文件

漳州市人民政府关于增设市辖龙文区（县级）的请示

福建省人民政府：

漳州市地处福建东南沿海，东连厦门，南接汕头，西靠龙岩，北傍泉州，是闽东南中心城市之一。漳州于公元686年（唐垂拱二年）建州，迄今有1300多年的历史，是国务院第二批公布的国家历史文化名城。1987年漳州与厦门、泉州一道经国务院批准为沿海经济开放区。1994年，省政府在关于漳州城市总体规划的批复中明确指出：漳州是闽东南经济中心之一，国家历史文化名城，花果之乡，工贸港口城市。目前，漳州已形成沿海经济开放区、国家级外向型农业示范区、东山经济技术开发区、招商局中银漳州经济开发区等多层次、全方位的对外开放格局。

漳州于1985年行政体制改革时，撤销龙溪地区设立漳州市，实行市带县体制。现籍一区一市八县，总面积12607.6平方公里，人口430万。1994年全市国内生产总值（1990年不变价，下同）达127.11亿元，工农业总产值262.59亿元，财政收入12.25亿元，城镇居民人均生活费收入2925元，农民人均纯收入1672元。市辖芗城区总面积265平方公里，城市建成区16.7平方公里，市区城市建筑总面积262万平方米，人口35.82万，国内生产总值23.05亿元，工农业总产值51.86亿元，财政收入4.835亿元。其中，芗城区工农业产值26.08亿元，财政收入1.0567亿元。

近年来，市区规模随着经济的快速发展而成倍扩大，按照省政府批准的城市总体规划向东延伸，且已远远超过芗城区辖区范围。现有城区只设一个市辖区的格局已满足不了城市进一步发展的需要，迫切需要增设新区。为此，市委、市政府就增设新区问题反复研究，征求各方意见，请专家论证，并经市人大常委会审议通过。现就增设市辖龙文区问题报告如下：

一、增设新区是加快经济建设和社会发展的客观要求，增设龙文区是加快发展漳州经济的需要

1992年，省委、省政府提出“加快闽东南开放开发步伐，建设海峡西岸繁荣经济带”的战略构想。对应这个战略，漳州市委、市政府从实际出发，组织实施“对接特区，以港兴市，突出三点，开发一线，建设五区”的经济发展总体思路。目前，一个以市区为中心，以国道324线为主轴，突出三个发展重点，开发五个经济区的发展新格局已初步形成。设立龙文区，是实现市区战略东移的重要步骤，对加快实施漳州经济发展总体思路具有强大的推动力，对发挥区位优势，形成新的经济生长点，增加经济总量，扩大城市规模具有重要意义。新区是国道324线和319线的交汇点，是漳州市区北接鹰厦铁路、东连漳州港口和厦门特区的必经之道，交通便捷，区位优越。现区域建设经有一定的发展基础、蓝田工业开发区和港桥食品加工区初具规模，并逐步形成高科技、深加工开发区；对接厦门特区的九龙江工业走廊逐步形成；拟纳入新区的步文镇、郭坑镇的经济建设已与市区联成一体。加快这一区域的开发，必将形成新的经济生长点，进而带动全市经济的发展。

增设新区是实施漳州市城市总体规划的需要。

漳州市区是一个拥有35.8万人口的中等城市，比1985年地改市时人口增加11.59万人，工农业总产值增长4.45倍。但由于历史原因，老城区的建筑物过于拥挤，许多工业企业夹杂在居民区中间，改造难度极大。在省政府批准的城市总体规划中，市区向东扩展，这一带地域广阔，地势平坦，有充足的发展空间。增设新区后，芗城区可以集中力量建设市区西部，老城区内的工业也可以有计划地西迁。紧邻市区的龙海市步文镇可以按照漳州城市总体规划要求进行建设，避免盲目开发造成不必要的浪费。这样，整个城市就能依照总体规划的格局和新、老城区功能的分工，取得合理的较快的发展。

增设新区是强化城市管理的需要。

近年来，漳州市区的中心呈向东发展的态势。市区新建的街道和生活小区、工业区等形成相当规模，并已同龙海市的步文镇相连接，蓝田工业区和许多建设项目已摆在该镇纵深地域。许多建筑物已相互融为一体，但由于步文镇隶属龙海市，又是乡镇基层政权，由于行政体制不同，城市管理和投资体制等诸多问题难以理顺，许多市里引进的合作项目因之搁浅。为此，设立龙文区，加强对这一区域的管理已势在必行。

增设新区是进一步实行市带县体制的需要。

漳州市作为闽东南的中心城市，紧邻厦门、汕头两个特区，肩负着带动一区一市八县的重任，但由于市区太小，人口密集，发展空间受到限制，辐射能力弱，设立龙文区，有利于扩大城市规模，更有力地带动所属区域的经济发展。

二、增设新区的条件日渐成熟

1. 基础设施建设有一定基础

拟设立的新区基础设施较为配套。国道324线和鹰厦铁路穿境而过，动工兴建的厦漳高速公路开口设在步文镇境内，拟建设的漳潮汕铁路漳州站紧挨新区，已建成的漳州港3.5万吨级多用途码头距新区仅28公里，厦门国际机场距新区43公里。程控电话容量已达2万门，可与186个国家和地区直拨通讯。水资源丰富，福建省第二大河流九龙江的西溪和北溪在境内交汇，拥有110万立方米的水库一座。供电充足，区内有3座11万伏变电站，已与国家大电网联网。被列入省“九五”计划的后石火电厂（总容量300万千瓦）就在新区东侧25公里处。

2. 设立新区的指标基本符合要求

人口：常住人口达21.18万人（步文镇9.81万人，郭坑镇3.98万人，芝山镇6个村委会1.51万人，巷口8个居委会3.53万人，南坑6个居委会和1个村委会2.35万人），其中居民户约10.18万人，从事二、三产业的农村和外来人口4.95万人，合计非农产业人口达15.13万人，此外还有流动人口2.13万人次。

经济状况：新建区范围内的经济指标为：工农业总产值19.06亿元（其中步文镇9.55亿元，郭坑镇1.90亿元，芝山镇6个村1.3亿元，巷口8个居委会3.22亿元，南坑6个居委会和1个村委会3.09亿元），其中工业产值17.36亿元，占91%，第三产业增加值3.47亿元，国内生产总值10.46亿元。本级年度财政总收入为7480万元，人均353元。

市政设施：生产能力为日供水15万吨的漳州第二水厂一期工程（日供水7.5万吨）今年6月投入使用，供水管道已铺设至新区。已完成新区排水系统的设计，部分区域排水与污水实现分流。区内现有4条41公里主干道路面全部水泥化，业已布局两个垃圾转运站和6个水冲式厕所。新区内的东南医院有床位500张，漳州八中、漳州职业学校、名流小学等一批中小学位于新区内。外商独资创办的大型娱乐场“悦胜民族文化村”已完成征地1200亩。市政建设初具规模。

3. 增设新区顺应干部群众意愿

新区行政区划方案得到龙海市、芗城区的支持，得到被划入新区的镇（街道办事处）干部群众的拥护，一致认为设立新区对加快当地改革开放和经济建设十分有利，是一件利国利民的好事。

三、设立新区的设想

（一）原则

1. 新区的经济指标、市政设施、人口要符合国家有关规定的标准。

2. 要统筹考虑新区、龙海市、芗城区三方面利益。

3. 新区边界确定应有利于行政管理和社会稳定。

4. 要顺应广大群众的意愿。

（二）方案

新区名称：龙文区。新区取名从三个方面考虑：一是漳州市区原属龙溪县（1951 年成立漳州市）；二是地处九龙江畔；三是市区有龙文塔。综合以上人文、地理、历史等因素，取新区名为“龙文”，寓意龙的传人，弘扬龙的文化。

行政区划：根据国务院和省政府关于行政区划管理的文件规定，结合漳州市的实际情况，拟将现属龙海市的郭坑镇全部和步文镇大部（国道 324 线江东至西溪桥闸路段东南部分，即长洲、马崎、邓林桥、浦南洋等自然村仍然归龙海市管辖），划归龙文区管辖；将芗城区芝山镇的古塘、群勇、市尾、塔后、土白和下洲 6 个村委会，南坑街道办事处的东岳、岳北、漳糖、东关、南坑、洋� 6 个居委会和洋筜村委会，巷口街道办事处的岳口、胜利东、东园、新民、巷口、新港、霞浦、霞东 8 个居委会和元光路以东属新华东居委会的小部分划归龙文区管辖。划入龙文区的芗城区部分北以铁路为界，西从元光路至新浦路交叉路口，南从新浦路至国道 324 线交叉路口，东到步文镇辖区。区域界限市区以路为界，其他以河流和村界为界（详见龙文区行政区域界线图）。新区的面积 134.7 平方公里，市区现有建成区 7.18 平方公里。

基层政权设置：龙文区的行政区域划分，根据地理位置和特点，辖原龙海市的步文和郭坑 2 个镇，组建 2 个街道办事处，以原芗城区的东岳、岳北、漳糖、东关、南坑、洋筜6 个居委会和古塘、群勇、市尾、洋筜 4 个村委会为一个街道办，名称为东岳街道办事处；岳口、胜利东、东园、新民、巷口、新港、霞浦、霞东 8 个居委会和塔后、土白、下洲 3 个村委会为一个街道办，名称为浦口街道办事处。

区政府驻地：步文镇。

编制、经费：新区的政府及其办事机构将本着“小政府大社会”的原则，精兵简政，其工作人员从本市总编制内调剂解决。建区的有关经费由市政府统筹安排。

新老城区功能：新区成立后，由于城市分工的需要，新老城区的功能相应调整，芗城区的主要功能是：体现历史文化名城；成为商住重点区，文化教育卫生中心，地方产品集散地，中、低挡为主的商贸中心；产业以机械、纺织、食品为主；承担铁路及公路对外交通的功能。龙文区的主要功能是：成为全市的政治中心和对接特区、连接港口的经贸发展区。市领导机关驻地迁至新区已列入市委、市政府议事日程，将来新区将发展成为全市的政治中心；龙文区作为漳州市区向东滚动发展的新区，要充分发挥直接对接特区、联接漳州港口的区位优势，大力开发技术含量高、附加值高的新兴产业，发展信息、金融、保险、商贸、邮电、文化为主的较高档次第三产业，形成新的经济繁荣区。至本世纪末，城市的基础设施将适应新区经济发展的需要，至 2005 年，城市化的水平将达到较高层次，新区新的建成区面积将达到 12.8 平方公里，城市人口发展至 40 万人，工农业总产值达到 100 亿元。届时，漳州市将成为闽东南的新兴城市。

以上报告如无不妥，请转报国务院审批。

附件：

1. 市人大常委会关于同意增设市辖龙文区的决议（略）；

2. 市政协关于新建市辖区协商座谈会的会议纪要（略）；
3. 龙文区行政区域界线图（略）；
4. 漳州市市区图（略）；
5. 龙文区编制建设规划纲要（略）；
6. 龙文区规划图（略）；
7. 龙海市、芗城区行政区域变更主要情况对比表（略）；
8. 芗城区政府《关于同意将部分范围划入龙文区的报告》（略）；
9. 芗城区巷口街道办事处《关于落实市委增设一个市辖区决定的报告》（略）；
10. 芗城区南坑街道办事处《关于落实市委增设一个市辖区决定的报告》（略）；
11. 芗城区芝山镇政府《关于落实市委增设一个市辖区的报告》（略）；
12. 龙海市政府《关于落实漳州市委设立龙文区决定的报告》（略）；
13. 龙海市郭坑镇政府《关于落实漳州市委新设龙文区决定的报告》（略）；
14. 龙海市步文镇政府《关于把步文镇纳入龙文区的报告》（略）；
15. 中国科学院、国家计委地理研究所、福建师大地理研究所四位专家学者《关于漳州市适当扩大市辖区范围和增设新区的建议》（略）。

漳州市人民政府
一九九五年九月十六日

漳州市人民政府关于增设市辖龙文区的补充报告

福建省人民政府：

我市拟增设市辖龙文区的请示已于 1995 年 9 月 16 日上报省政府待批。鉴于呈报以来，漳州市及拟设新区的经济、社会发展情况又有新的变化，现特作补充报告如下：

1995 年，漳州市经济、社会继续保持快速发展的势头。全市国内生产总值（1990 年不变价，下同）达 162.05 亿元，比上年增长 27.6%；工农业总产值 353.6 亿元；财政收入 15.4 亿元；城镇居民人均生活费收入 4208 元，农民人均纯收入 2164 元；全市人口 434.5 万人。市区建成区面积 17.9 平方公里，城市建筑面积 287 万平方米，人口 36.21 万人；国内生产总值 26.99 亿元，工农业总产值 60.99 亿元，财政收入 5.93 亿元。其中，市辖芗城区工农业总产值 36.95 亿元，区本级财政收入 1.43 亿元。

拟建的新区呈现出加快发展的态势。新区常住人口 21.45 万人，其中居民人口 10.21 万人，从事二、三产业的农村人口 5.92 万人，合计从事非农产业人口达 16.13 万人，此外还有流动人口 2.67 万人。新区国内生产总值 14.29 亿元，比上年增长 46.2%；工农业总产值 29.51 亿元，其中工业产值 27.52 亿元，占 93.26%；第三产业增加值 4.24 亿元；本级年度财政总收入 1.03 亿元，人均 486 元；新建市区加大基础设施建设的力度，现建成区面积已达 7.72 平方公里。

为实施漳州市城市东移的发展战略，我市已于 1992 年 6 月在紧邻市区东侧的步文镇设置了蓝田工业开发区。目前，开发区首期开发的 1000 亩地已排满项目，60 家外资企业和两家国有企业动工兴建，其中已有 31 家企业投产，1995 年创产值 4.93 亿元。第二期工程 2000 亩地也于

1995 年 6 月动工开发，该工业区已成为漳州工业的新增长点。

特作以上补充报告，盼钧府予以审批。

漳州市人民政府
一九九六年元月十九日

漳州市人民政府关于增设市辖龙文区行政区域的补充报告

省民政厅：

我市以（漳政〔1995〕89 号文）向省政府请示增设市辖龙文区事宜，为了进一步明确龙文区的区域，现补充报告如下：

从龙海市划入郭坑镇、步文镇的蔡榜、西坑、小港、兰田、梧桥、湘桥、打山、恒坑、桥仔头、西洋、书厅、石井、圳头、东屿、步文、后坂、田丰、塘北、石仓、碧湖、坂上、孚美、后店、流岗、翁建、登科、科坑、漳滨、石州、浦口、朝阳等村委会和梧浦村委会在国道 324 线西北的部分，归龙文区管辖；从芗城区划入芝山镇的古塘、群勇、市尾、塔后、土白、下洲 6 个村委会，南坑街道办事处的东岳、岳北、漳糖、东关、南坑、洋笃 6 个居委会和洋笃村委会，巷口街道办事处的岳口、胜利东、东园、新民、巷口、新港、霞浦、霞东 8 个居委会和元光路以东属新华东居委会的部分归龙文区管辖。

专此报告，

附件：

1. 芗城区人民政府关于同意将我区部分范围划入龙文区的报告

2. 龙海市人民政府关于落实漳州市委设立龙文区决定的报告

漳州市人民政府
一九九六年三月十四日

漳州市人民政府关于设立漳州市龙文区的通知

各县（市、区）人民政府，市直各委、办、局：

经国务院批准、省人民政府同意，我市确定增设市辖龙文区。根据《福建省人民政府关于设立漳州市龙文区的批复》（闽政〔1996〕文 157 号）精神，现将有关事项通知如下：

一、决定设立漳州市龙文区（县级）。

二、将芗城区芝山镇的古塘、群勇、市尾、塔后、土白、下洲 6 个村委会，南坑街道办事处的东岳、岳北、漳糖、东关、南坑、洋笃等 6 个居委会和洋笃村委会，巷口街道办事处的岳口、胜利东、东园、新民、巷口、新港、霞浦、霞东 8 个居委会和元光路以东属新华东居委会的部分，龙海市的郭坑镇，龙海市步文镇的蔡榜、西坑、小港、兰田、梧桥、湘桥、打山、恒坑、桥仔头、西洋、书厅、石井、圳头、东屿、步文、后坂、田丰、塘北、石仓、碧湖、坂上、孚美、后店、流岗、翁建、登科、科坑、漳滨、石州、浦口、朝阳31个村委会和梧浦村委会在国道324线的西北部分划归龙文区管辖。龙文区人民政府驻步文镇。

三、望龙海市、芗城区及市直有关部门密切配合、大力支持龙文区的筹建工作。

特此通知。

漳州市人民政府

一九九六年八月十六日

五、政协漳州市委员会文件

关于漳州市新建市辖区（东城区，暂定）协商座谈会的会议纪要

市政府：

八月十四日下午，市政协举行漳州市新建市辖区（东城区、暂定）协商座谈会。市政协主席林碧华、副主席张国举、承光大、张仪卿、伍向梅及有关方面的市政协委员共20多人参加会议。

会议听取并讨论市建委关于《漳州市东区编制建设规划纲要的报告》和漳州市东城区（暂定）筹备工作领导小组关于新区筹建工作的报告；审阅并讨论市民政局关于《漳州市新建市辖区的行政区划方案》。委员们就我市新建市辖区问题展开热烈讨论，并达成共识，现纪要如下：

一、委员们认为漳州市新建市辖区是漳州市经济建设和社会发展的客观要求和必然结果。漳州地改市十年来，市区发生了很大变化：1、经济高速发展。据初步统计，1994年市区工农业总产值达51.86亿元，其中工业产值达到48.98亿元，占94.45%（均按1990年不变价），比1985年增长4.45倍。尤其是1992年邓小平同志视察南方发表重要谈话以后，漳州发展势头很好，二、三产业迅猛发展，促进城乡经济的沟通和共同繁荣。紧邻市区的龙海市步文、九湖、颜厝等镇经济实力日益强增，城镇面貌日新月异。如地处市区东郊的步文镇，1994年全镇工农业总产值达11.38亿元，其中工业产值9.36亿元，占82.2%，已接近城市标准。2、市区人口快速增长。据1994年统计，市区人口达35.82万人，其中居民户口19.41万人，从事二、三产业的农村人口和外来人口达6.79万人，比1985年增11.59万人。人口快速增长使市政公用设施和公用服务设施“超负荷”运行，出现交通拥挤，城市卫生条件较差等现象。许多设施扩之又扩，改之又改，建不敷用，群众意见很大。3、随着城市建设的发展，城区东移趋势明显。根据经济发展布局和地理位置特征，市区近年来的建设已逐步东移。步文镇的许多建设已同市区融为一体，纳入东区范围。加上国道324线东环路、国道319线北环路的建成，又自然形成市区新的地域，使得东区建设已具一定规模。综上所述，委员们认为，为适应改革开放和经济发展的需要，切实加强城市管理，必须增设一个市辖县级区。

二、提出的闽东南经济发展战略，建设海峡两岸经济繁荣带和市委、市政府确定的九龙江三角洲经济发展战略的需要，符合省政府闽政〔1994〕综261号文批准的漳州市城市总体规划。漳州市九龙江三角洲经济发展战略布局是：以漳州市区九龙江三角洲为依托，以九龙江南北两侧的角美、港尾为犄角，以324国道（芗城至角美段）为主轴，构成点、轴、面相互结合，多层次相互协调

的经济布局网络。根据这一战略布局，经过几年的建设，从市区沿着国道324线至龙海角美路段，蓝田工业区、角美开发区已初具规模；从龙海石码镇至港尾路段，石码、海澄新兴工业城已形成，位于港尾的招商局中银漳州经济开发区的漳州港3.5万吨级码头正在建设之中。这样，以市区为中心，以九龙江为轴线，以东西交通干线为动脉，向东延伸，对接厦门特区，打通出海口的九龙江工业走廊已成雏形。漳州市区不仅是本市的政治、经济、交通和文化中心，而且是西连闽西老区、南接汕头特区、东邻厦门特区的闽南重镇和交通枢纽。漳州市区经济的进一步发展，迫使市区城市建设迈出新的步伐，筹建新区迫在眉睫，新市区的建成将进一步增强市区在整个经济发展战略中的中心地位，使漳州面临一个新的发展机遇。

三、委员们还就新区的报批方案，区划范围，新区名称，政府选址等问题发表许多意见。委员们赞成以东城区筹备各工作领导小组选送的第三个方案作为新区行政区划方案，即以郭坑、步文两个建制镇和芗城区的一部分（北以铁路为界，西以元光路至新浦路交叉路口，南从新浦路到324线交叉路口，东以324线为界）作为新区区划范围。对新区的建设，委员们赞同市委书记曹德淦提出的要“大道路、大绿化、大环境，富有时代气息，亚热带特色”的要求，要坚持高起点、高水平、高标准的原则，搞好城市规划，采取路、水、电、气等基础设施先行，学校、医院、市场等公用设施优先定点、合理布局、配套建设的做法来搞好新区建设。委员们建议政府选址以悦胜民俗文化村为宜，推选“龙文区”作为新区区名。

最后委员们呼吁，漳州市新建市辖区，是民心所向，民意所在。敬请市委、市政府及有关方面加紧工作，定案报批。希望省政府和国务院，大力支持，尽快批准。

政协漳州市委员会

一九九五年八月十六日

六、龙海市、芗城区人民政府文件

龙海市人民政府关于落实漳州市委设立龙文区决定的报告

漳州市人民政府：

为落实漳州市委关于设立龙文区的决定，经龙海市五套班子研究，同意上报把龙诲市的郭坑镇、步文镇（西溪桥以东的梧浦、长洲2个行政村除外）划入龙文区。

特此报告。

龙海市人民政府

一九九五年九月十五日

漳州市芗城区人民政府
关于同意将我区部分范围划入龙文区的报告

漳州市人民政府：

为贯彻市委、市政府关于城市东移的发展战略，经研究，同意将我区的部分区域（北以铁路为界，西以元光路至新浦路口为界，南以新浦路至324线交叉路口为界的土白等6个村、东岳等14个街道居委会）划入新区行政区域范围。

特此报告。

漳州市芗城区人民政府

一九九五年九月十四日

七、中国科学院等专家意见

关于漳州适当扩大市辖区范围和增设新区的建议

我们“闽东南城市发展战略研究”课题组在闽东南地区进行调查研究过程中，认为漳州市的市区行政区划已不能适应社会经济和城市发展的需要，应尽快调整行政区划，适当扩大市辖区范围并增设一个新区，将现属龙海市的郭坑镇和步文镇大部分划入市辖区，并与现芗城区的部分地区合组为一个新区。这一调整是必要的、合理的，也是可行的。

一、必要性

1. 闽东南经济发展的战略需要。随着闽东南经济的迅速发展，厦—漳都市区已在形成之中，作为厦—漳城市群重要组成部分的漳州，在闽东南城镇体系建设中具有重要地位。同时，漳州市农业发达，水资源条件、土地条件良好，东邻厦门、南接汕头两个特区，区位条件优越，基础设施建设已初具规模，制约其发展的港口条件，随着港尾深水码头的建成，也得到改善，经济发展正在驰上快车道。漳州有必要也有条件发展成为一个大城市，扩大其市区规模，加速漳州市的发展，有重要战略意义。

2. 实行市带县体制的需要。漳州市作为福建南部的一个中心城市，肩负着带动周围一市八县经济发展的重任。目前市区规模太小，限制其潜力发挥，难以带动区域经济的发展，“小马拉大车”的局面必须及早改变。

3. 漳州城市建设的现实需要。目前漳州已是一个中等规模的城市，但仅有芗城区一个市辖区，面积偏小，近年来市区经济迅速发展，人口大量增加，城市人口过密，且旧城区改造难度很大，客观要求漳州市及早扩大市区范围以适应城市规模的扩大。

二、合理性

1. 市区东扩，增设新区符合厦—漳城市群发展的战略布局。厦—漳轴线现在是、将来也是闽南经济发展最快的地区，市区往东沿国道 324 线发展符合东接厦门的空间发展格局。同时，漳州市的出海港口（漳州港）也分布在东部。市区往东拓展有利于就近与港口接轨。可见，市区往东拓展是合理的。

2. 市区东扩，增设新区与漳州市经济发展需要相适应。步文镇、郭坑镇是国道 324 线、鹰厦铁路、未来的高速公路及沿海铁路的交汇点，也是漳州市区北接鹰厦铁路，南接汕头特区，东接厦门特区和出海港口的必经之道，区位条件优越，且已有一定的发展基础，将是漳州市新的经济生长点。同时，步文镇、郭坑镇与市区的经济联系历来比与龙海市中心的联系更为密切。市区东扩、增设新区将会促进这一生长点经济的更快发展，可见这是与经济发展要求相适应的。

3. 市区东扩，增设新区有利于芗城区西部地区的发展和老城区的改造。芗城区西部已有一些工业基础，但布局较零乱，未能形成企业与设施配套的工业区。市区东扩，设立新区后，芗城老区可集中力量开发建设西部，将老城区的部分工业西迁，有利于老城区的改造。

三、可行性

1. 关于市区东扩，增设新区，漳州市政府和有关部门已做了大量细致、深入的工作，照顾到了各方利益。协调了各方的关系，可以为有关各方所接受。既有利于城市建设，经济发展；也有利于安定团结。

2. 拟增设的新市区区内经济、人口和城市设施等各项指标，均达到了国家撤县设市的标准，当前已具备设立新区的成熟条件。

四、紧迫性

目前步文镇的建成区已与市区建成连成一片，如果不及早设立新区，步文一带基础设施将难以配套建设，而且难以有效地制定城市规划来规范引导该地区的建设，势必影响该地区经济发展和城市建设的有序进行，造成不必要的损失，因此必须尽快实施市区东扩，增设新区。

基于上述考虑，我们建议有关部门尽快做出决策，以促进闽东南社会经济的发展。

中国科学院 国家计委 地理研究所　胡序威　研究员
　　　　　　　　　　　　　　　马清裕　研究员
福建师范大学地理研究所　陈佳源　教　授
　　　　　　　　　　　　林　忠　副研究员

一九九五年九月十八日

八、漳州市龙文区人大常委会文件

漳州市龙文区国民经济与社会发展“九五”计划和2010年远景目标纲要

（1997年1月1日漳州市龙文区第一届人民代表大会第一次会议通过）

一、基本现状

龙文区（暂指步文、郭坑两镇）位于东经117° 07’，北纬24° 07’，地处漳州平原中部，本区三面临江，地形以平原为主，少数丘陵坐落其间，水网稠密，属亚热带海洋性季风气候，平均气温21.4℃，无霜期334天，年平均降雨量1450毫米。全区土地面积123.9平方公里，1995年底总人口114392人，现有40个村民委员会，493个村民小组，总户数25883户，年末耕地面积47847亩，辖区内公路里程146公里，供电网，通讯网，公路网已覆盖区内各村。目前，区内有中学5所、小学42所，在校中小学生16890人，其中在校中学生3591人，小学生13299人，区内现有卫生机构7个，卫生技术人员61人。

按可比价格计算，1995年全区完成国内生产总值4.21亿元，其中第一产业增加值0.62亿元，第二产业增加值2.70亿元，第三产业增加值0.89亿元，三次产业结构（现价）比例为17.2∶59.3∶23.5；全区工农业总产值11.13亿元，其中工业总产值10.00亿元，农业总产值1.13亿元；全社会固定资产投资1.09亿元，财政收入2198万元，全社会出口总值2874万美元，实际利用外资375万美元，社会消费品零售总额1.31亿元，农民人均纯收入2863元，人口自然增长率7.04‰，1995年末乡镇居民存款余额7297万元，乡镇各项贷款余额5477万元。

农村经济。已形成西坑、蔡坂、梧浦、步文、后坂等15个村的万亩粮食生产高产区；西洋、桥头、打山、石井的5000亩甘蔗区；蓝田为中心的2000亩反季节蔬菜种植区；东屿、西坑、梧桥、后店的食用菌培养区；朝阳、翁建的千亩芦柑区；书厅、孚美、打山、桥头的立体农业区；口社、汐浦、院后、黄坑等集家禽、家畜和淡水养殖为一体的家庭农场；大坑、东边洋年养猪上千头的百亩山地养猪场。1995年全区粮食总产量13068吨，油料总产量657吨，糖料总产量38018吨，水果总产量7286吨，水产品总产量3650吨，肉类总产量3853吨（其中猪肉产量2878吨，禽肉产量967吨）。

工业经济。基本形成后坂、小港、石仓、黄坑等8个较有规模的工业小区；食品罐头、竹木制品、粮食加工、建筑建材、金属制品、商业运输等6个骨干行业；后坂、蓝田、小港、石仓、浦口、郭坑等6个亿元村；裕光果蔬、港昌食品、嘉顺制罐、盛隆石英表、宏泰中纤板、东亚冷冻、荣昌钢材、金田水泥、奇美伞业、龙江饲料、康龙化工、旺昌家具等26个产值上千万元的骨干企业。

基础设施。新区内路网以国道324、319和省道郊柏线为主北通鹰厦铁路、南承漳州港疏港公路、东接高速公路，四通八达；程控电话容量已达2万门，可与186个国家和地区直拨通讯，快速便捷；有3座11万伏变电站与电网联网，供电充足；设计能力为日供水15万吨的漳州市第二自来水厂（一期日供水7.5万吨）供水管道已铺设至东环城路。此外，市区东立交桥、胜利路、新浦路、马灶路等城市主干道将迅速向新区延伸，的士、巴士等多层次公交网络已经将芗城区与龙文区紧紧地结合起来。

对外开放。区内现已形成市、镇、村等多层次的土地成片开发区、高科技园区和工业小区，外商投资与内联并举，合作项目涉及农业、工业和第三产业，并从一般的加工业向高科技、市场需求量大、精加工附加值高的方向发展。区内现有“三资”企业28家，总投资约4亿元，年产值近2亿元，其中市直蓝田工业开发区，已成为外引内联最具吸引力、最活跃、最集中的区域，对推动龙文区建设将起到积极的作用。

二、制约因素与主要优势

（一）制约因素

1.经济基础较弱。1995年全区国内生产总值4.21亿元，占全市国内生产总值比重2.8%，其中第一产业增加值和第三产业增加值为全市最小，第二产业增加值仅高于华安。人均国内生产总值5426元（现价）约为芗城区的1／2，在全市各县（市、区）居第5位。其中，第一产业人均增加值934元，第二产业人均增加值3220元，第三产业人均增加值1272元，分别位居第10、2、6位；预算内人均财政收入193元，位居第9位。

2.农村意识较浓。龙文区的干部群众从习惯于农村工作的环境中突然转向搞城市建设，将遇到从观念、思维方式到工作方法的一系列转变，这就需要一段时间的适应过程。特别是长期以来务农，导致农民“小富则安”的旧观念比较浓厚，创业拼搏的精神尚未完全树立，手中有点资金首先想到的不是投入扩大再生产，而是用于盖房等改善生活条件的消费，这种观念在很大程度上将制约经济的发展。因此要积极引导群众转变观念，适应城市建设的运作方式，增强创业意识和拼搏精神。

3.建设资金短缺。新区经济总量不大，人口不多，财力十分有限，加上原有基础设施离城市化要求距离较大，启动时期的主要任务是拉开城市道路网架，并搞好水、电、通讯等配套建设，这就需要投入大量的资金，而事实上新区的建设又不可能太多地依靠上级的支持，因此只能通过管好土地一级市场和吸收民间资金的方式筹集建设资金，客观上增加了新区建设的难度，势必会影响到新区功能的发挥乃至生产性项目的开发和发展，后劲问题较为突出。

这些困难，我们只有通过改革的方法加以解决。

（二）主要优势

1.区位优势。龙文区位于九龙江西、北两溪汇合处，西部毗邻芗城区，东部与角美接壤，郊柏线和324、319国道以及鹰厦电气化铁路穿境而过，离厦门国际机场仅43公里，离漳州港28公里，水陆交通已形成网络，启动时期可以依托老市区的延伸和扩展发展经济，今后随着厦漳诏高速公路、漳潮汕铁路和漳州火车东站的建成，本区将成为闽西南乃至闽粤赣水陆枢纽和商贸集散中心。

2.资源优势。龙文区的生态环境十分适宜经济作物生产，发展高优农业与生态农业的潜力很大，区内的云洞岩、万松关、瑞竹岩、江东河、沙洲、关帝庙、七星塔、小姐楼等风景名胜与食文化紧密相连，将成为市区最具特色的休闲旅游带。本区还拥有丰富而优质的非金融矿产资源，已探明的河沙储量5000万立方米，花岗石1000万立方米，高岭土500万吨，建筑用土1000万立方米，具有良好的开发价值。

3.体制优势。龙文区的成立，正处在我国从传统的计划经济体制向社会主义市场经济体制转变的关键时期，政府的职能将转变到制定和执行加快地方经济发展的政策、搞好基础设施建设和创造良好的经济发展环境上来。特别是龙文人开放意识、商品意识、竞争意识、风险意识较强、政府机构又将按精简、统一、效能的原则设立，包袱较轻，可以轻装上阵，这是完成各项事业最强有力的保证。

三、历史赋予龙文区的任务

“八五”以来，漳州市区的中心呈向东发展趋势，市区新建的街道、生活小区、工业区和许多建设项目已延伸到步文镇。但是，由于行政体制不同，步文一带的基础设施却难以配套建设，严重影响了城市建设的有序进行。市区规模太小、辐射力不足、功能不完善、带动作用难以发挥已成为制约我市经济发展的主要原因。因此，龙文区肩负着十分重要的历史使命。

1. 实施市委经济发展战略。龙文区的成立，对推动和实施市委提出“对接特区、以港兴市、突出三点、开发一线、建设五区”的经济发展战略，具有十分重要的意义。市区东移①有效地缩短了漳州与厦门的时空距离，意味着我市“对接特区”迈出了实质性的步伐；②九龙江口、市区（芗城、龙文）、东山湾三点随市区功能的强化和经济、政治、文化中心地位的提高，将赋予“突出三点”更深的内涵；③国道324线从市区穿过，使沿海线繁荣带聚集效应更加巩固，将九龙江口、市区、东山湾有机地串接起来，真正体现了“开发一线”的作用。事实上，龙文区的建立不仅是市委战略的推动，而且从长远来说还是角美建市、中银开发区繁荣乃至漳南市成为现实必不可少的战略步骤，所以说这是一片充满生机和希望的热土。

2. 增强中心城市辐射带动作用。长期以来漳州由于市区太小、人口密集、发展空间受到限制，中心城市的功能难以形成，造成了“小马拉大车”的被动局面。漳州市“九五”计划和2010年远景目标纲要提出“漳州市区要以构造大城区框架为目标，尽快向东、向南拓展，强化中心城市功能和辐射作用，建成具有南亚热带区域特色，高科技、外向型、商贸发达、联结港口的现代化城市。”龙文区的成立将有效地发挥铁路、机场、港口、高速公路的优势，扩大城市规模，增加城市人口，加快城市建设，带动区域经济发展，从而有效地增强中心城市的辐射和带动功能，对我市三大功能的实现将起到积极的作用。

3. 推动闽东南开放开发。党的十四届五中全会提出建设“以珠江三角洲和闽东南地区为主的东南沿海经济区”，省第六次党代会以确立的“以厦门经济特区为龙头，加快闽东南开放开发，内地山区迅速崛起，山海协作联动发展，建成海峡西岸繁荣地带，积极参与全国分工，加速与国际经济接轨”的区域发展战略，龙文区的建立为厦门经济特区的产业转移以及项目、企业、资金、人才在闽东南经济区内寻找合作提供了广阔的腹地，使我市更有条件为闽东南经济发展作出应有的贡献，促进厦漳都市区尽快形成。

4. 加速工业化和城市化进程。随着经济的快速发展，龙文区内以蓝田工业区为代表的工业小区和生活小区已初具规模，新区成立后，通过发展高科技、附加值高的产业，发展信息、金融、保险、商贸、文化等第三产业，可以迅速提高城市化水平，有利于按照省政府批准的城市总体规划强化城市管理，加速全市工业化和城市化目标的实现。

四、主要奋斗目标

1. 指导思想：坚持邓小平同志建设有中国特色的社会主义理论，认真贯彻党的十四届四中、五中、六中全会精神，以经济建设为中心，坚持两手抓，团结和带领全区人民．面向新世纪，把握新机遇，争创新优势，夯实大基础，实现大跨越。两年打基础，三年迈大步，五年成规模，把我区建设成为繁荣、文明、发达的现代化强区。

2. 基本方针

——实施适度超前发展战略。新区建设必须十分注重在提高经济效益和质量的前提下，能快则快，实行适度超前的发展战略，力争在全市各县（市、区）中以最快的速度超前发展。

——实施改革先行战略，建立社会主义市场经济体制。新区建设必须充分发挥体制包袱轻、市场化程度和民营经济成分比重较高的优势，按发展社会主义市场经济的要求，深化国有企业和农村改革，搞好金融、投资、流通、社会保障等领域的配套改革，加快政府职能转变，更加重视发挥综合经济部门的协调作用，构造有利于推动新区建设加快发展的体制优势。

——优化产业结构，率先推进产业结构高度化。大力拓展第三产业，调整壮大第二产业，优化提高第一产业，逐步建立起高效、合理的产业体系。“九五”期间，我区必须突出发展第三产业，通过第三产业的迅速发展，带动整个经济增长和产业结构的优化升级。

——实行科教兴区战略，促进科教与经济的紧密结合。把经济建设和社会发展切实转移到依靠科技进步的轨道上来，不断提高科技进步因素对经济、社会发展的贡献率。要坚持教育为本，把教育放在优先发展的战略地位，提高全区人民的科学文化素质，为实施龙文的社会经济发展战略提供强有力的人才保证。

——实施外向带动战略，大力发展开放型经济。建立和发展全方位的对外开放格局，充分利用国内外两种资源、两个市场、两方人才，积极拓展对外对内经贸合作与技术交流，更好地与国际国内经济互接互补，全面提高开放层次和水平。

——坚持高起点、高标准、高效能原则，加快城区建设。着眼下世纪，统筹规划、突出重点，集中力量建设一批城市基础设施骨干工程，构建具有南亚热带风光特色的现代化城市。

——坚持两个文明共同进步，社会和经济协调发展。要以党的十四届六中全会为指导，始终不渝地坚持两手抓、两手都要硬。把精神文明建设放在更加突出的地位，围绕和服务于实现新区的“两大转变”，切实加强精神文明建设，实现经济与社会相互协调和可持续发展。

3. 奋斗目标

经济发展速度保持全市较高水平。至2000年，国内生产总值达到16亿以上，人均国内生产总值跃居全市前列，城乡人民生活基本实现宽裕型小康目标；初步确立社会主义市场经济体系和运行机制的基本框架；初步形成以第三产业为主导的六大支柱产业，促进我区产业结构的调整和优化；加快城市基础设施建设，不断完善城区综合服务功能，初步形成具有南亚热带风光特色的现代化城市雏形。在此基础上，再经过五年的努力，使全区经济增加量跻身全市中等水平。新区优势得以发挥，第三产业繁荣发展，产业结构进一步优化，高新技术行业和高层次服务业比重明显提高，初步形成集约型生产方式；基础设施建设日臻完善，路网配套、交通发达、商贸繁荣、环境优美的政治文化中心基本形成。到2010年经济总量达到全市中上水平。市场体系和市场经济新体制全面形成并基本完善，新区优势得以充分发挥，经济总量飞跃发展，经济素质全面提高，产业结构基本实现高度化，基础设施达到省内外较高水平，人民生活水平和质量达到中等富裕标准，基本建成繁荣、文明、发达的现代化强区。

具体指标是：

——总量目标。国内生产总值“九五”平均增长30.6%，到2000年达16亿元，2001—2010年平均增长19%，到2010年达90亿元。

——结构目标。三次产业结构2000年现价比例为8∶38∶54。

——财政目标。财政收入保持与国内生产总值同步增长，2000年达6900万元。

——外向目标。实际利用外资2000年达1600万美元，五年平均递增34%，“九五”累计利用外资5000万美元。

——投资目标。全社会固定资产投资2000年达6亿元，五年平均递增40%，“九五”累计投资18亿元。

——科教目标。到2000年科技进步对经济增长的贡献率为50%，科技成果推广应用率达60%，1998年基本普及九年制义务教育；2010年科技进步对经济贡献率达60%左右，城乡劳动者受教育年限达11—12年。

——生活目标。1997年居民生活水平基本达到国家规定的小康标准，2000年全面实现小康。2000年城镇居民人均生活费收入与全市同步达7600元。农民人均纯收入达5200元，平均年增长13%。

——人口控制目标。"九五"期间人口自然增长率控制在10‰以下。

——环境目标。2000年城区大气环境质量保持在国家二级标准以内；饮用水源水质达到国家地面水Ⅱ级标准，工业废水处理率达80%；工业废气处理率达90%。城市绿化覆盖率达40%以上。

五、区域布局与发展重点

围绕构筑大市区目标，为体现中心城市的功能，突出龙文区在全市乃至闽东南经济发展中的地位和作用，我区在经济建设布局上要力求形成大通道、大流通、大市场、高科技、外向型这五大特色，开拓农村、国际市场和住宅市场，加速培植新的经济增长点。

1.商贸区。东西走向以迎宾路、新浦东路、马灶东路，南北走向以东环城路、东二号路、东三号路三纵三横开发为重点，依托老市区延伸带动，建设大型商厦和专业批发市场，大力发展金融、房地产、信息咨询、交通运输、文化娱乐等第三产业。

2.旅游度假区。沿云洞岩至黄坑沙洲形成市民休闲旅游线，与芗城区的南山寺、中山公园、芝山公园和南部的荔枝海、百花村及圆山相呼应，形成城市的景观特色，重点是要挖掘民间资料，并使之与食文化结合起来。加大宣传力度，改善交通条件，提高配套设施的档次。

3.工业区。沿郊柏线串接龙文工业区与郭坑工业群落建成工业走廊。通过规划和基础设施建设，吸引市区北部的市直生产企业外迁入区，并着手发展区直工业，利用郭坑火车站的优势发展运输业。

4.政治文化区。以市委市政府办公楼新址东移为契机，四面扩展，建设高科技园区和政治中心，抓紧市青少年活动中心投建、沿漳州广场布点建设市歌仔戏艺术中心、市群众艺术馆、市体育中心和市博物馆等一批文化设施，建成我市文化中心，使之与政治中心相呼应。

5.立体观光农业区。环九龙江北溪创建水果、水产、畜牧立体种养区，辅之山水风光成为有特色的观光农业带，积极发展以农产品为原料的精细加工业。

发展方向上要坚持块状开发，建成若干个有特色的商业小区、住宅小区、文化小区和教育小区，以这些小区烘托政治文化中心，通过现代交通将各小区串接起来，吸引有志之士到龙文投资兴业。

六、经济建设的主要任务

世纪之交的15年，是国际区域经济再度分化，重新组合的关键时期。闽东南经济繁荣带也将迅速崛起，我们要瞄准国内外市场，更新观念，转换思维，实现乡村经济向现代城市经济的历史性跨越。未来新区建设要本着经济建设与城市建设并重，深化改革与对外开放并重，物质文明与精神文明并重的原则，着眼于培植农业、工业、旅游业、商品流通业、交通运输业、房地产建筑业等新经济增长点，突出水、电、路、通讯等基础设施建设，重点开发商贸区、工业区和旅游区，努力发展高档次的第三产业，高附加值的加工业，高科技的现代化农业，充分发挥市场在资源配置中的基础性作用，率先引导产业结构合理化。

（一）城市建设：要按照"高起点规划，高标准建设，高效能管理"的原则，抓紧城市道路系统，供排水、通讯、电力系统以及污水和垃圾处理、园林绿化等城市公用设施建设。形成布局合理、功能明确、独具特色，环境优美、开放文明的花园式新城区。

重点抓好郊柏线、东三号路、五号路、六号路、东二号路、新浦东路、马灶东路的建设，配套建设学校、医院、商厦、宾馆、公园等设施。根据城市建设需要，“九五”我区要新建蓝田、朝阳、龙文南三座110KV变电站，城市供水近期可依托糖厂水厂和第二水厂，远期再建第三水厂。

到2000年，以东立交桥和漳州广场为中心，迎宾路、新浦东路将龙文区与芗城区串接起来，成为城市主干道，沿拓宽后的郊柏线辐射至郭坑火车站，漳州广场周围将形成现代风格城市建筑群，新区建成面积达5平方公里，到2010年，新区建成面积达15平方公里。漳州市区将成为高速公路、电气化铁路、国际机场、大型港口配套，高科技、外向型、金融、信息、保险、娱乐等城市功能完善，有较美的城市标志、有较大的城市规模，有较高的环境质量的现代化城市。

（二）农业。要围绕建设高优精致农业，做到“三个统一”，实现“三个服务”、达到“三化”。即发展农业，要考虑经济效益、社会效益、生态效益三个统一；要为工业生产提供服务、为城市人民生活提供服务、为出口创汇提供服务；最终达到品种高优化、种养立体化、经营集约化。为此，要结合区情，科学规划，合理布局，通过二次开发，培植出果、菜、牧、菌等以市场为导向、科技含量高、产供销一条龙的特色产业，使其成为农村经济新的增长点，建成以龙头企业为主、财力、物力、智力集中的农业产业化体系。

在稳粮增收的前提下，重点抓好种子专业化和农村社会化服务体系建设。水果、蔬菜、食用菌、立体种养等现有基础较好，已有一定规模并符合城市生活需求的特色农业要结合市区东移，农副产品基地转移现实情况，一是抓好丘陵山地二次开发，建立龙眼、荔枝带，重点发展水果的深度加工，提高产品的附加值；二是抓好蓝田后坂为中心的万亩反季节蔬菜带，重点建设旱涝保收基地，加大名特优鲜嫩品种比重，进行无公害工厂化无土栽培试点，发展蔬菜净菜上市加工厂，提高城市市场占有率；三是在现有“二菇一耳”的基础上，积极引进较有国际市场竞争力的高产优质新品种，重点推行公司加农户栽培模式，形成“生产—加工—销售”一条龙的食用菌发展体系，增强出口创汇能力；是大力发展优质家禽、禽蛋产品和牛、羊、兔等节粮型草食性动物，积极发展珍贵的毛皮动物、药用动物和特种动物。重点扶持发展一批具有一定生产规模的专业化畜禽生产基地，带动翁建、朝阳的百万头畜禽养殖带的形成；同时，抓好秸秆氨化养牛、草食性动物高产模式、果草牧立体种养示范，狠抓畜产品的系列加工，提高畜产品后续效益。五是积极发展淡水虾、淡水鳗、甲鱼、牛蛙、靳蛇等特种养殖，发展九龙江网箱养殖，加快现有养殖水面的改造，做到精养高产、发挥一水多用、实行立体种养综合经营，配套发展探索水产品加工业，全面提高淡水渔业效益。

乡镇企业要走集约化发展的路子，努力提高乡镇企业的素质和水平，改变城乡二元化的经济结构，尽快完成乡村经济向城市经济的转换过渡。发展乡镇企业要坚持发展与提高，速度与效益，内联与外引并举，打破社区局限，抓紧行业公会与股份制集团企业组建，促进从粗放型向集约型转变。

（三）工业。要以扩大总量，提高整体素质为目标，以市场为导向、科技为先导，工业区为依托，围绕“民、多、优、重”，着力抓好外引内联，发展股份合作制，加快支柱产业的确立和发展。“民”即投资主体依靠民间，经营渠道依靠民间；“多”即产业与产品多元化，市场多向化；“优”即产业结构与装备水平要优，科技与管理水平要优；“重”即突出重点行业，重点产品，重点企业，重点区域。

“九五”要抓好重点起步项目，通过优化组合形成若干支柱产业和重点行业实体，发挥规模效益带动新产业群的迅速崛起。集中力量抓好龙文等工业区建设，力争建成几个关联度大带动性强的骨干工业项目。强化自主技术开发能力，带动关联企业发展和区域经济的全面振兴。要从我区的实际出发，把民营经济作为经济的主要增长点加以培育，迅速扩大民间资本的原始积累，提高民间资本的聚集程度，实现民营经济的大发展。

食品罐头、竹木制品、粮食加工、建筑建材、金属制品、商业运输等现有初具规模的行业要走集约化经营的道路，用股份制的形式形成从原料、加工到制成品销售各具特色的专业分工体系，成立统一的专业市场，通过“强强联合”“贸工农联合”、组建集团或行业总会等符合市场经济规律的组织，提高市场拓展能力和市场占有率，培植名牌产品，重点企业和支柱产业。现有农药、磷肥、合成氨等支农化工企业要加大改革力度，探讨产权改造办法，使现有资产存量的效益得到应有发掘，使产品从单一的支农体系向系列开发和技术进步型的方向发展，促进产品升级换代步伐，逐步转变为以精细化工为主直接为生产生活服务的现代企业。

今后第二产业要立足大产业、面向大市场，走高科技、外向型发展之路，建筑业要利用住宅商品化和新区大规模开发的有利时机，加大技术和智力投入，推广先进适用技术和施工方法，推行全面质量管理和其他现代管理方法，培育较强承包能力的建筑企业集团；以农产品为原料的加工业要应用现代生物技术，开发资源领域，发展速冻、脱水、保鲜食品以及营养保健、果蔬系列饮品；利用本地资源的建材业应大力开发保温、隔音、阻燃、轻质高强等装饰新型材料，抓好机砖、水泥、花岗岩、高岭土、矿泉水、建筑用沙的深度开发和市场开发；要主动参与闽东南支柱产业——石化工业的分工，发挥化工技术人才优势，积极承接石化中下游产品，争取省市石化后续加工项目在我区布点。

（四）第三产业。根据新区第三产业发展设施滞后，自身发育严重不足的现实，“九五”时期，要积极采取规划引导和政策倾斜，在投资、信贷、工商行政管理等方面加以扶持，广泛动员社会力量，多方筹集资金加快第三产业发展，重点抓好流通基础设施建设和商贸、金融、房地产、运输仓储以及各种中介服务等。

商品流通业：要依托和发挥大通道优势，努力构建区域性商品流通中心，按照“市内建设施、市外辟市场”发展大商贸的构想，着重抓好商品流通基础设施建设，增强区域吞吐商品，集散物资的能力，选择新区中心地带规划建设大型综合商场，配套建设沿街各种商业网点，尽快形成市区新的中心商务区和商业购物网络，同时依托交通干线，规划建设若干相对集中的大型专业批发市场，形成具有较强辐射力的市场区。适时建设集全市、闽东南乃至全省的名特优产品为一体的展览中心，多年开一次展销会，要制定优惠政策，吸引内外资加盟新区参与商业设施建设，建立民间投资激励机制，按照“谁建市场谁受益”的原则，实行管办分离，引导社会资金投向市场建设，促进商贸区的顺利起步，缩短培育期尽快转入发展期。力求在较短时间内形成大、中、小结合，批发市场与零售市场衔接，综合市场与专业市场配套的布局合理、货畅其流的区域性大市场。

金融保险业：新区的大规模开发建设，为金融业的大发展提供了客观条件，要按照建立社会主义市场经济体制的要求，构建完善健全的金融服务体系，实现微观金融运作的市场化。大力引进各类金融组织，加强金融服务网点机构建设，加快金融市场发育。一要为各类商业银行在我区的延伸设置创造必要条件，积极发展各种类型的集体金融组织，开办设立地方股份合作银行、争取设立各种发展基金、投资、财务公司，争取外资银行在我区设立分支机构，二要拓宽融资渠道、扩大直接融资范围，通过债券、股票、外汇等多钟融资手段，有效吸纳、引导社会资金服务新区开发建设。保险业要努力拓宽服务领域，扩大保险覆盖面、发挥保障社会、服务经济建设的积极作用。

旅游业：要以山、水、休闲为特色，发挥南亚热带风光优势，瞄准厦门、泉州及港澳台游客，开展赏花、赏月、品果、游江等形式的旅游活动，提高民间饮食文化的知名度，形成集美食休闲度假为一体的特色旅游。重点是抓紧江东河边、万松关、云洞岩沿线的道路建设，完善停车场、酒楼、商店、公交等配套设施，由管委会统一管理、尽快改变店家分据、村民自管的散乱模式，开通一日游或旅行团组游热线，将旅游业扶持成龙文区主导产业。

房地产业：要作为新区的先导性产业和重要增长点加以培育。围绕创造良好的投资环境和改善居住条件目标，通过多种筹资、融资手段，加快房地产业发展，使之成为新区国民经济的重要来源。“九五”要进一步推行房地产综合开发，实施安居工程和住宅示范小区工程建设，组织好交通干道沿线的物业开发；深化住房制度改革，推进住宅商品化，建立房地产金融市场，发展房地产中介组织，形成配套完善的产业化、社会化房地产发展体系。以小区模式发展生态住宅群落，辅之规范的城市化管理手段。

交通运输：发挥紧邻铁路、公路、机场、港口优势，以高等级公路和铁路为依托，以市区为中心，加快集疏运网络建设，积极发展货物中转、仓储运输、城市公交及出租车等多形式的交通运输业，视角瞄向芗城区，利用大通道发展大流通，带动大市场建设。

（五）对外开放：重点是扩大开放程度和提高开放水平，促进对外开放向高质量、宽领域和纵深化方向发展。全方位多领域开展外引内联，充分利用国内外两种资源，两个市场，两类资金、两方人才，更好地以国际国内经济互补，全面提高内外开放层次和水平。

利用外资要着力引进一批起点高、规模大、效益好的骨干项目，实现层次上转变。要进一步加大产业政策的导向作用，积极鼓励和引导外资投向基础工业、支柱产业、高新技术产业、高优创汇农业，老企业改造和基础设施建设，促进产业结构的整体升级。重视发展与外商投资相配套的工业项目。并在继续扩大直接利用外资的同时，加大间接利用外资的力度，积极利用外国政府、国际金融组织的优惠贷款和出口信贷，拓展项目融资、证券融资、基金融资、租赁融资、BOT 等多种融资方式。同时，要按照国际通行规则，改善投资环境，完善服务体系，放宽投资领域，并率先对外资企业实行国民待遇，以增强招商引资的吸引力。

外经工作要进一步开拓经营范围，从工程承包、劳务输出向教育、医疗、体育、文化等更高层次的服务领域合作发展。

内联工作要在拓展区域协作、强化功能开发上下功夫，努力提高合作层次。进一步密切闽东南、闽西南经济区的合作，积极争取省市支柱产业和重点产业在我区延伸配置，鼓励有实力的企业参与新区开发建设，设置窗口，并加强与全国各地大专院校和科研机构的联系与合作，着力引进一批技术含量高的内联工业项目，优化内联企业的投资结构；鼓励和引导有实力的企业和个人到新区投资，帮助和带动新区经济共同发展。

七、社会事业与精神文明

社会事业围绕提高国民素质，提高生活质量这一目标，力争用三至五年的时间根本改变我区社会发展滞后状况，至本世纪末，社会发展的经济基础、收入分配、教育科技、劳动就业、文化体育、社会治安、人口、环境、卫生保健、社会保障等十大领域的发展指数进入省市先进行列。

积极推进科技体制改革，大力发展民营科技事业，建立多层次、多渠道、多形式的科技投入体系，大幅度增加科技投入；加强应用技术的研究、开发、引进、推广和创新，密切科技与经济的结合重点围绕发展高优农业、培育高新技术产业和传统产业改造，抓好科技成果的转化，加速科技商品化、产业化进程。着重抓好农产品优良品种引进，提纯复壮和品种的更新换代以及农业高产栽培技术的推广应用，果、菜、菌的储运、保鲜、加工、包装及综合利用技术。要确立企业的科技投入主体、科技开发主体和技术市场主体地位，鼓励企业与大专院校科研单位开展多形式的合作，借助外部智力引进科技人才，促进科技经济一体化进程。注重运用现代管理技术，特别是电子信息技术实施产业改造，努力提高企业技术创新能力，争取创建一批科技示范企业。

把教育放在优先发展的战略地位，抓好全面规划，加大教育投入，建设教育强区，要适应新区建制的发展形势，着力完善教育体系，突出“两基”重点，改善办学条件，提高教育质量、注重办学效益，探索与社会主义市场经济相适应，与新区特点相吻合的办学机制和办学模式、注重职业技术教育、调动社会各个层面办学兴学的积极性，支持民众办教育、鼓励侨、港、台捐资办教育，与大专院校联合办教育，闯出一条以政府为主，社会各界广泛参与的多种形式办学路子，争办全市一流的学校，努力建成若干有特色的示范学校，到2000年重点建设1—2所具有示范性的小学和若干中心小学，2—5所标准化幼儿园，2—3所重点中学。在高标准实施九年义务教育的基础上，积极发展高中阶段教育，争取2000年基本普及高中段教育，城区三岁以上幼儿接受学前教育，农村普及一年以上学前教育，大力发展职业技术教育和成人教育。

积极发展卫生体育事业，提高人民健康水平，“九五”要建立起布局合理，能满足多层次需求的与新区经济发展和人民生活相适应的医疗卫生、预防保健和卫生监督执法的卫生服务体系，提高防病治病能力，降低疾病发病率，加强传染病和地方病的监控，提高整体防治水平，实现人人享有卫生保健目标。筹措资金建设约200张病床的市级医院和区级卫生设施。贯彻实施《体育法》积极推进全民健身活动，促进群众性体育的广泛开展，要重视体育场、馆设施和体育场地的规划建设。控制人口增长，注重提高人口素质，把计划生育与发展经济和建设精神文明幸福家庭结合起来，“九五”人口自然增长率控制在10‰以内。逐步建立社会保险、社会福利、优抚安置和社会互助、个人储蓄积累保障相结合的多层次社会保障制度。

突出新区的市文化体育中心功能、搞好文化体育工程规划和实施，加强文化设施建设，逐步建立起布局合理、门类齐全、面向大众的文化服务体系，要大力弘扬民族文化，发展侨乡特色文化、拓展对台文化交流；普及科学文化知识，破除迷信，移风易俗，加强文化队伍建设，抓好文化市场的培育和管理，积极扶持高雅文化和公益性文化事业，鼓励社会各界参与文化产业，适当利用外资充实发展文化产业，形成健康向上、寓教于乐、丰富多彩的文化氛围。着手规划区级文化馆、图书馆、影剧院等文化设施。

坚持两手抓，两手都要硬，大力推进社会主义精神文明建设。今后十五年，社会主义精神文明建设的奋斗目标是：牢固树立建设有中国特色的社会主义的共同理想，牢固树立坚持党的基本路线不动摇的坚定信念；实现以思想道德修养、科学教育水平、民主法制观念为主要内容的公民素质的显著提高，实现以积极健康、丰富多彩服务人民为主要要求的文化生活质量的显著提高，实现以社会风气、公共秩序、生活环境为主要标志的城乡文明程度的显著提高；在全区范围内形成物质文明建设和精神文明建设协调发展的良好局面。围绕蓝图构想，要以实施思想建设工作、道德建设工程、“科教兴区”工程、社会文化建设工程、民主法制建设工程、文明基础建设工程、城乡环境建设工程、对外对台交流与发展等八大工程为重点，推动精神文明建设的全面发展，为经济建设和改革开放提供强大的动力，思想保证和智力支持。着力塑造“艰苦创业、勤俭建区、科学文明、开明守信、敢拼敢闯、争创一流”的龙文精神，努力形成有利于改革开放，有利于经济发展和有利于政治稳定的文化氛围，为龙文区开发建设创造积极向上的精神环境，团结和谐的工作环境，友好合作的投资环境，整洁优美的生活环境，达到内增凝聚力、外增吸引力，提高向心力、发展生产力。加强社会主义民主法制建设、深入开展“三五”普法活动，增强全体公民法律意识。

八、以改革精神统揽全局

实现龙文区国民经济与社会发展“九五”计划和2010年远景目标，关键在党，关键在人。我们要充分估计到新区建设面临资金匮乏、人才紧、基础薄弱等困难，着力营造一个能吸引人才、资金、技术、项目的宽松环境，通过改革推进各项事业的发展。

（一）大力推进改革

改革是建设新区的强大动力，是振兴经济的根本出路。区内的国有企业要把制度创新、技术创新和管理创新结合起来，把转机建制与扭亏增盈结合起来，不断增强企业活力；要通过深化农村改革，把剩余劳力引向非农业产业，引导农民进入二、三产业，大力发展以股份合作制为主要形式的农业生产、流通和服务组织；要制定和完善市场规则，规范金融、土地、技术、劳务、人才和信息等要素市场，建立统一开放、竞争有序的市场体系。

（二）加强宏观调控

按照“小政府、大服务”和轻型、高效的原则，加强综合部门和执法监督部门，建立计划、金融、财政等部门相互配合的经济调节机制，以利集中财力、合理投向，确保重点建设的落实，“九五”时期，我区的全社会固定资产投资累计需达18亿元，主要是政府用于搞城市建设等基础设施投资。因此必须建立政府投资主体，筹措建设项目资本金，才能争取项目的开工、争取上级投资或向社会融资。同时，建立政策性融资体系，政府每年划出一块预算内基建资金用于作为重点建设项目的资本金，有了资本金，金融部门的资金也敢于配套，乐于配套，建设资金才有保障。要储备一批对新区的经济增长点起作用的项目，使前期工作达到一定的深度，一有机会就可以推出来，项目的前期工作要落实到人，给资金、给任务。

（三）造就高素质的干部队伍

要坚持高起点、高标准培养选拔领导干部，形成“能者上、平者让、庸者下、劣者汰”的用人机制，建设思想好、懂技术、会管理的党务政务和企业家队伍。

漳州市龙文区国民经济和社会发展第十个五年计划纲要

（2001年4月20日漳州市龙文区第一届人民代表大会第五次会议第三次全体大会通过）

设立龙文区是漳州市实施“对接特区、以港兴市、突出三点、开发一线、建设五区”经济发展战略的重大举措。自1997年成立的四年来，新区围绕“市区东移”这一目标，以制定和实施《龙文区国民经济和社会发展第九个五年计划和2010年远景目标纲要》为契机，着力于拉开城市框架，发展城市经济，塑造城市文明，在“农村变城市、农民变市民”的两个转变进程中迈出可喜的一步，这是全区人民高举邓小平理论伟大旗帜，认真贯彻党的十五大精神，在党中央、国务院和省、市正确领导下抢抓机遇，负重拼搏的成果。

新世纪初的五到十年，是我区全面实施宽裕型小康建设、加快推进城市化、率先实现工业化和现代化的重要时期，我们要继续坚持用发展的办法解决前进中的问题，坚持改革开放和加快经济结构调整，坚持“两个文明建设”一起抓，坚持建区以来边摸索边建设并经实践证明是正确的具有龙文特色的发展思路和发展办法，加快新区经济结构战略性调整、全面提高经济综合素质、完善社会主义市场经济体制，扩大对外开放和体制创新、科技创新力度，努力提高人民群众物质文化生活水平，大力促进国民经济和社会发展实现新的跨越，力争在新世纪赢得发展主动权。

国民经济和社会发展“十五”计划，是我国开始实施现代化建设第三步战略部署的第一个五年计划，是社会主义市场经济体制初步建立后的第一个五年计划，也是我区完成初级城市化、率先实现工业化发展目标的一个关键的五年计划。全区“十五”计划是由本纲要和重点专项规划和行业规划等组成的体系。本纲要根据《中共龙文区委关于制定国民经济和社会发展第十个五年计划的建议》编制，是“十五”期间（2001—2005年）我区经济社会发展的宏伟蓝图和行动纲领，主要阐述政府战略意图，明确政府工作重点，引导市场主体行为方向，是战略性、宏观性、政策性的规划。

一、发展基础和背景

（一）“九五”以来的发展基础

“九五”的四年（1997–2000年）是新区艰苦创业、摸索发展的起步时期，全区人民在内外环境相对困难的条件下，认真贯彻党的十五大精神，抓住机遇，负重拼搏，较好地克服了土地冻结、银根紧缩、国企改革、金融改革、机构改革等各项改革所带来的重重困难，经济建设、城市建设和精神文明建设均取得了显著成绩，开创了新区良好的发展建设局面。“九五”计划各项主要指标均可以完成或超额完成。

经济保持快速增长。通过积极调整经济结构，我区经济总量逐年扩大，效益明显提高，后劲日益增强。至2000年底，全区实现GDP16.09亿元，是1995年的2.8倍，较建区时翻一番，总量位次上升至全市各县（市、区）第十位，年均增长22.5%，人均GDP达13834.8元，较1995年增长了1.5倍，进入全省中等水平。产业结构进一步优化，三次产业增加值比例由1995年的17.2 : 59.3 : 23.5调整为2000年的11.4 : 56.0 : 32.6，五年中第一产业比重下降5.8个百分点，第三产业比重上升了9.1个百分点，第二产业比重在基本稳定的基础上正逐年回落，展示了从农村经济向城市经济转变的发展轨迹，三次产业增加值年平均递增分别为12.2%、21.1%和31.4%，农业基础地位更加巩固，工业特别是民营工业的贡献值继续扩大，第三产业发展步伐加快，经济增长方式正逐步朝着外延拉动和内涵调整双向并举的方向转变。财政实力有所增强，2000年全区财政收入5518万元，年均增长19.3%，是1995年的2.5倍。

城市框架迅速拉开。通过认真实施城市规划，坚持“政府主导、市场运作”的原则，动员多方积极性和主动性，不断提高城市建设水平和规模。“九五”累计完成固定资产投资15.18亿元，其中城建基础设施投入约占80%以上。初步完成了迎宾路、新浦东路、马灶东路、东环城路、东二号路、郊柏线龙文段改造等城市路网工程；东立交桥、人民广场、浦东副食品批发市场一期、浦口粮食交易市场一期、龙文塔植物园、歌仔戏艺术中心博物馆等项目已竣工或投入使用；启动了区级行政中心、云洞岩风景区综合开发、工业品批发市场、汽车总站、水果批发市场、浦头港排涝工程、九龙江防洪堤加固工程、体育中心、华侨中学、区实验小学等一批对新区发展有较大影响的项目的建设和前期工作，配合省道郊柏线、龙文经济区、郭坑卫星城镇的建设，使新区城市发展轮廓逐步清晰，城市雏形开始形成，新区在全市的区位和交通优势更加突出，有力地推进了“市区东移”。

特色产业活力增强。城郊型高优精致农业稳步推进，东溪高优农业示范区和水果、蔬菜、畜禽、食用菌、花卉、麻竹等六大农产品基地初具规模，主要农产品产量稳定增长，产业化步伐加快，有力地保证了农业增效农民增收，至2000年底，农业总产值年均增长11.8%，乡镇企业总产值年均增长21.6%，农民人均纯收入达3747元。全区工业进一步发展，省级龙文经济开发区和四个民营经济区的建设促进了群集规模经济的形成，拓宽了经济发展空间，食品罐头、金属制品、粮食加工、竹木加工、建筑建材等五大行业健康成长，“九五”工业总产值年均增长224%，工业对GDP的贡献率达60%左右，其中“九五”末期规模工业产值约占全部工业总产值的17%，民营工业占全部工业产值的85%。第三产业新经济增长点初露端倪，市场体系初步形成，旅游设施得到较大改善，房地产开发方兴未艾，“九五”第三产业增加值年均增长31.4%，分别高出国内生产总值和第二产业增加值约8.9个百分点和10.3个百分点，社会消费零售总额年均增长14.6%。

利用外资步伐加快。积极优化投资软硬环境，树好对外开放新形象，不断扩大招商引资规模，“九五”期间，累计实际利用外资3227万美元，年均增长21.7%。加大引资力度，成功引进了如龙之山、澳斯迪克、万博房地产、佳宝混凝土等较大型投资项目；拓宽外商投资领域，累计引进三资企业及项目约四十多个，行业涉及房地产开发、观光旅游、机电产品制造、医疗卫生、纺织业、基础设施建设等；积极扩大出口，培育了奇美、达隆、港昌、明昌、东日、饶富、东亚、澳斯迪克等一批出口型龙头企业，提高了经济市场化和国际化程度。

加快塑造城市文明。坚持“两手抓，两手都要硬”的方针，思想政治教育、民主法制建设、新村建设、小康村建设、社会治安综合治理、文明创建和各项社会事业发展迈出坚实步伐。狠抓全区思想教育工作，“三讲”教育活动、“组织部长夜谈联动”“干部素质建设年”等活动密切了党群、政群关系，树立了良好的政府形象。深入贯彻“科教兴区”战略，科技兴农、兴企步伐加快；素质教育稳步推进，教育质量、办学条件和师资水平稳步提高，高考省专上线率等主要指标屡创历史新纪录。坚持可持续发展战略，计划生育常抓不懈，“九五”期末全区人口11.63万人，自然增长率5.5‰，计划生育率达到97%；环保“一控双达标”工作顺利完成，其中省级重点治理达标率100%，城乡环境逐步绿化美化，区容区貌发生较大改观，顺利通过市“文明市区”的总评考核。人民广场、区文化中心等文化设施及其活动丰富了人民群众的业余文化和体育生活，市区广场文化、农村文化、社区文化和全民健身活动逐步升温。“123健康工程”、卫生机构标准化、卫生三级服务网和城乡预防保健全面推进，龙文医院通过一级甲等医院评审验收，区卫生防疫站、妇幼保健站及郭坑中心卫生院相继竣工，较大改善了新区医疗卫生面貌，顺利通过省“农村初保”审评复核；有线电视信号覆盖率和入村率实现两个百分百，入户率40%，社会文明和群众素质有了较大提高。下岗职工基本得到妥善安置，社会保障体系建设不断推进。所有这些都为我区加快发展提供了良好的人文环境，提升了城市文明形象。

经过“九五”时期的探索和努力，我们为新区未来的发展奠定了良好的社会和经济基础，积累了丰富的建设经验，统一了思想认识和思路步骤。但我们也要清醒看到，新区在城市化建设道路上刚刚起步，仍然面临着许多制约经济和社会发展的不利因素，主要是：经济基础较为薄弱，经济结构不尽合理，区域经济竞争力和体制创新、科技创新能力不足，城市化水平低，投资环境未臻完善，融资渠道偏窄，人才短缺，开放型经济面临新形势挑战，社会事业与城市化要求差距甚大，所有这些都需要坚持用改革和发展的办法加以解决。

（二）“十五”期间的发展背景

本世纪初是经济全球化加速推进、高科技和新经济迅猛发展、世界经济结构大调整的时期，国际“三个不确定因素”值得我们高度关注。一是美国经济增长趋缓，二是国际石油价格波动，三是国际金融潜在风险，这将对全球经济发展趋势和地区利益分配格局产生重大影响。

当前我国经济正处于体制转型期和结构调整期，改革开放进入整体推进、综合配套阶段，国内商品市场供求关系、经济发展的体制环境和对外经济关系已发生了重大变化。我国当前正努力实施的加入世界贸易组织、西部大开发、“走出去”战略等各项主要发展举措，将对全国尤其是对东部沿海地区带来新的发展机遇和严峻挑战。

在此过程中，我省提出了加快建设海峡西岸繁荣带，全面实施富民强省战略，我市正努力实施九龙江三角洲发展战略和“工业兴市”战略，周边地区都着力增强发展后劲，提升自身区域经济竞争力，抢占新世纪发展领先地位。所有这些背景均表明：新区的发展已到了“时不我待”的关键时刻。

龙文区作为东南沿海新兴的城市雏形地区，在经济和社会发展方面具有自身独特的三大发展优势，具体为：

一是区位交通优势。我区特定的沟通山海的地理位置与目前跨区而过的迎宾路、省道郊柏线、马灶东路、东环城路、新浦东路等城市主干路网，加之漳龙、漳诏高速公路、漳州火车东站、漳州汽车总站等一批现代交通设施的交汇及投建将进一步确立我区作为市区乃至全省交通枢纽的区位优势。

二是政策导向优势。城市化是当前经济潮流，新区建设的方向是“城市东扩、人口东移”，我区的城市化发展思路和措施经过实践锤炼也正逐步趋向成熟。“十五”期间随着“市区东移”战略的进一步实施，市级行政中心的转移入迁及区级行政中心的确立将有效激活区内市政设施、文化设施、商业设施和各项社会事业项目的投资及其配套发展，新区在漳州市推进城市化进程中的先导作用和增强市区区域中心地位的主体作用将进一步增强，将凸显在全市区域总体布局中的优势地位。

三是市场设施优势。经过四年的建设和发展，我区在产业基础设施方面愈发显示出大通道、大流通、大市场、外向型的特色，形成了立交桥东南侧的批发型市场群、漳龙高速公路朝阳互通立交出口处的加工型市场群、云洞岩道路两侧的旅游型市场群，初步形成一体化、互补型的综合发展优势，逐步对我区现有产业结构及商业、人口流通产生积极影响，为新区发展城市经济奠定了向更高起点冲刺和转换的条件。

二、发展战略和目标

（一）指导思想

“十五”期间，全区人民要在市委、市政府和区委的正确领导下，以邓小平理论和党的十五大、十五届三中、四中、五中全会精神为指导，以全面落实“三个代表”重要思想为出发点和落脚点，以推进新区城市化、工业化和城乡一体化进程为目标，构筑城市框架、发展城市经济、塑造城市文明，加快建设有较佳城市产业结构、较强区域竞争能力、较合理城市人口规模和较良好城市生活质量的新兴市域中心。“十五”期间要突出贯彻以下指导思想：

——把加快发展作为主题。从我区经济总量仍较低的现实出发，在兼顾发展需要和可能的前提下，努力以高于全市平均水平的速度加快发展；在保持较快发展的同时，坚持速度和效益、数量和质量、规模和结构的统一，不断提高经济增长的质量和效益；必须树立科学的发展观，注重提高综合竞争力，发展经济的同时，还要注重生态建设和环境保护，注重人的全面发展，提高人民整体素质。

——把结构调整作为主线。以经济效益为中心，对城乡结构、产业结构、所有制结构、生产力布局、对外经济结构等各个方面进行战略性调整，在调整中加快发展；必须突出存量调整，注重技术创新，遵循市场规律；要充分发挥比较优势，兼顾充分就业，考虑最终需求，坚持可持续发展战略，促进区域经济协调发展。

——把体制创新和科技进步作为动力。通过深化改革，进一步完善我区社会主义市场经济体制，充分发挥市场机制作用，增强环境吸引力，扩大对外开放步伐，全方位推进我区经济体制和经济增长方式的根本性转变；以实施科教兴区战略促进科技创新，以信息化带动工业化，以工业化促进城市化，全面提升区域综合竞争力，抢占新世纪的发展制高点。

——把提高人民群众生活水平作为根本出发点。要进一步强化“以人为本”的发展观，要按照全面建设小康社会并加快实现现代化的要求，千方百计拓宽就业渠道，努力解决农民增收问题；搞好社区建设，改善人居环境；繁荣社会事业，丰富人民生活；全面推进素质教育，大力开发人才资源；加强精神文明建设，营造积极健康奋发向上的人文环境。

（二）发展目标

“十五”时期我区国民经济和社会发展的主要目标是：国民经济保持较快发展速度，力争至2005年GDP较2000年翻一番，人均GDP进入全市前列，经济结构战略性调整取得明显成效，经济增长的质量和效益显著提高；国有企业逐步退出竞争性行业领域，社会保障制度比较健全，社会主义市场经济体制初步完善；加快适应国际经济通行规则，开放型经济迈上新台阶；不断提高城乡居民收入水平，小康生活更加富裕；科技教育加快发展，社区环境更加优美，精神文明和民主法制建设取得明显进展；城市基础设施更趋完善，基本达到作为全市新的行政、文化中心区所要求的城市规模和总量。

具体目标如下：

——总量目标。GDP23.0亿元，年递增14.7%，人均GDP进入全市前列。

——结构目标。国民经济三次产业结构为6:62:32。

——财政目标。财政收入基本保持与GDP同步增长，至2005年实现1.1亿元，区本级收入达7400万元。

——投资目标。全社会固定资产投资率保持在30%左右，五年累计完成固定资产投资25亿元。

——外向目标。实际利用外资年均1000万美元。

——科教目标。至2005年科技进步对经济增长的贡献率达60%；到2005年，基本普及九年义务教育，全区青壮年非文盲率达95%以上，复盲率控制在5%以下，高中段职业教育与普高在校生比例为6:4。

——生活目标。农民人均纯收入和城镇居民人均可支配收入年递增3.5%；市区内人均居住面积达20平方米；城镇居民登记失业率维持在全市平均水平以下；居民消费价格指数控制在市区平均水平以内。

——环境目标。主要污染物排放总量控制在全省规定的指标范围内；城市建成区绿化率达35%。

——人口控制目标。人口自然增长率控制在7‰左右，人口年均机械增长0.5万人，至2005年全区年末常住人口净增3万人；人口城市化率达30%。

经过未来5-10年的发展，我区要初步实现四大功能定位目标，即：构筑全市新的政治、文化中心；率先实现工业化的先进城区；具有规模优势的商贸服务中心；全市城市型休闲旅游基地。为此，“十五”期间要坚持“规划区内以加快城市建设步伐来拉动第三产业发展；规划区外以加快工业发展来带动城乡一体化和农业现代化”的发展战略，将“跳跃式”发展的龙文带入新世纪。

（三）重点建设

项目是规划实施的重要载体，投资是拉动内需的主要环节。为实现我区“十五”经济和社会发展的主要目标，政府将围绕改善投资结构，讲求投资效益，优化资金投向，扩大招商引资这四大要求，集中力量，组织推动或直接投资建设一批事关发展全局、影响深远的重大项目，夯实我区经济发展的基础和后劲。全区在“十五”期间将筛选和汇集100个建设项目形成区级项目储备库，力争完成30个重点形象建设项目，为确保“十五”计划的完成奠定坚实基础。

一是促进工业化的投资项目。主要是考虑产业布局在龙文经济开发区和圳头、洋底、下洲、浦口等四大镇级工业园区内的生产性投资项目、工业技改更新和行业改造的生产性项目以及基础设施建设项目。新兴产业项目、支柱产业项目和高科技项目将优先安排。计划投资 8 亿元。

二是城市建设和市政投资项目。主要是改善和提高未来 10 平方公里建成区内的城市道路交通网络、环保绿地和公园、经济适用房、市政设施、供水、供电、通讯、排水排污及污水处理和生活垃圾清运处理等公共建筑投资和市政投资项目。计划投资 10 亿元。

三是培育第三产业新经济增长点的项目。主要是市场建设项目、商业设施建设项目、旅游建设项目、房地产项目和信息化项目及其配套设施建设项目，对引进人流、物流和资金流有重大关联的建设项目优先扶持。计划投资 4 亿元。

四是农林水和农村基础设施建设。主要是防洪排涝、生态保护、蓄水节水等工程建设和农业结构性调整项目，以及促进农业科技进步和改善农村生产和生活环境的有关项目。计划投资 2 亿元。

五是促进社会进步和可持续发展的建设项目。重点围绕市区两级行政中心建设，对科技、教育、卫生、环保、文化、体育、社区和休闲等社会事业有明显带动作用且前期工作较为成熟的投资项目可优先安排。计划投资 6 亿元。

六是其他项目，如交通战备、后勤保障等国防动员基础设施建设、城市防空警报及防空指挥通讯系统建设、地方武装部建设等。

三、发展任务和主要措施

（一）扩大总量，推进产业结构优化升级

“十五”期间我区结构调整的主要任务是按照“第二产业调大调精，第三产业调宽调活，第一产业调高调优”的目标要求，以非公有制经济为突破口，以我区现有的工业区、大型批发市场群和农业示范基地为载体，着重增强我区产业的市场开拓能力和区域竞争力，使供给结构更好地适应国内外结构转换要求，为我区产业开拓新的发展空间。

1. 强化工业主导地位，大力推进工业化进程

我区工业发展要以市场为导向、民营企业为主体、技术进步为支撑，综合运用经济、法律和必要的行政手段. 积极压缩落后行业和部分过剩生产力，通过主动退出和积极调整，提高资源配置效益，围绕“一个载体、两个重点、三个目标”，加快传统产业的技术改造，加快工业布局的集聚调整，加快优势行业向规模化、集约化发展，促进工业结构优化升级，增强工业整体素质和竞争力。

狠抓“一个载体”。以龙文经济开发区为主，四个镇级工业园区为辅形成众星拱月的工业化进程载体。要按照分工，针对各自发展目标，逐步规划好未来城市工业发展的区域布局和产业设置，大力改善龙文经济开发区和四个镇级工业园区投资软硬环境，通过政府推动，倾斜扶持，积极探索产业经营新模式，鼓励社会资本和境外资本参与开发区基础设施及各项配套设施建设，龙文经济开发区要着眼于与国际市场接轨，突出市场取向，坚持高起点规划、高标准建设，提高开发水平，区内工业项目的安排要以轻污染、高附加值和高市场占有率、外向型企业为主，积极搞好通用厂房建设，进一步完善水、电、路等基础设施，筑巢引凤和引凤筑巢并举，增强对区外资金和技术的吸纳能力，至 2005 年，力争完成首期 1.8 平方公里的开发任务，大力引进一批带动性强的工业生产项目，形成具有省级同类开发区产值和利税水平的工业规模，成为全区工业生产力集聚的重心区域。浦口、洋底、圳头和小港等四个镇级工业园区要不断优化扩大，引导分布零散的乡镇企业就近、低成本、快速化地进行专业化入迁，通过横向联合逐步实现中小企业升级和淘汰，通过纵向联系实现市场的专业分工与协作，使“小、弱、散、低”的工业发展格局逐步向“精、专、优、特”转变，进一步增强我区的工业群集规模，有效承接龙文经济开发区的主体辐

射，至2005年争取形成四个比较成熟的专业化工业生产后援基地。

突出“两个重点”。即民营经济和规模工业。要立足我区工业构成中民营经济成分比例高的现实条件，打破所有制和部门界限，大力培育民营工业增长点。坚持“放宽投资主体、放宽投资领域”的原则，激活民间资本，加大外引内联力度，盘活存量带动增量，进一步发挥民营经济机制的优势，放手放活发展民营经济，充分发挥民营经济发展潜力，发掘民营工业亮点，加快民营工业发展。“十五”民营工业要着力突破企业规模小、布局分散、产品档次低的经营格局，走出社区家庭，向工业基地集结，扩大企业规模，向规模经济转变，民营经济贡献率达到95%以上；围绕龙头产品着力培育扶持一批具有市场竞争力的“小巨人”企业和企业集团，形成若干在规模技术、市场位居全市前列能带动行业向较高层次发展的核心企业。“十五”期间，要按照新办一批，培育一批，引进一批，加快工业规模发展，力争到2005年规模工业企业超100家，规模工业占全区工业比重提高到40%。

实现“三个目标”。即有地域特色和优势的产业群体、有明显带动作用的龙头企业和较高素质的企业家队伍，进一步提升我区工业经济竞争力。着力改造和提高传统优势产业，粮食加工、食品加工、金属制品、竹木制品和建筑建材等五大行业按照专业化分工协作和规模经济原则，加快企业组织结构调整，加强企业技术创新和内部经营管理体制创新，提高产业化和组织化程度，形成一批以产品为纽带，以行政为维系力量的规模较大、水平较高、竞争力较强的成长型、特色型企业联盟群体，在根本上实现传统行业的升级改造。加快发展壮大龙头企业，按照“突出重点、有进有退”的原则，扶龙头、抓规模、带群体、立支柱’选择一批有市场发展潜力、技术创新能力、资金融通能力、资金营运技巧的企业，加大扶持力度，积极引导企业实现自我积累、自我发展和自我创新，不断提高企业设备现代化水平和工艺技术水平，加快产品升级换代，增强产品技术含量，加快实施名牌战略，提高产品市场占有率和企业知名度，积极为具有一定条件的规模企业集团资本市场融资，有潜力的高新技术型企业进入二板市场开创风险投资事业创造良好环境，支持龙头企业以兼并、联合、重组等形式，壮大企业实力，提高产业集中度和产品开发实力。构筑以龙头企业为主导、大中小企业协调发展的工业发展格局，切实加强企业家队伍建设，针对我区中小企业中普遍存在的小业主思潮和观念，正视现代企业“以人为本”的发展趋势和要求，加强企业经营和管理者队伍的培育和引导，一方面要加强企业人才引进实现管理层次的提高，另一方面要加强培训和引导以提高企业决策者的市场观察和应变能力，组建一批“能干、会算、有眼光、有魄力、善管理、懂经营”的企业家队伍。

切实改善工业发展环境。各级各部门要在区委统一领导下，在区工业发展领导小组的指导协调下，树立“大工业”观念，转变职能，加强服务，大力改革和简化审批手续；抓紧制订扶持和服务工业化发展的优惠政策和措施，为企业提供良好的政策服务，信息服务和金融服务，组建集商务、电子、外贸、外语人才为一体的企业投资服务中心，支持企业外向扩张实现升级；抓好洋底“无费区”试点，为企业营造良好发展环境；要着手研究建立中小企业贷款风险担保基金，拓宽民营企业投融资渠道；尽快发挥行业中介组织作用，为中小企业适应市场经济运作方式提供良好的市场中介环境；要加强企业安全生产、环保治理、人才引进等工作，增强企业的持续发展能力，以信息化带动工业化，实现生产力跨越式发展。

继续深化工业企业改革。探索建立并完善以“产权清晰，权责分明，政企分开、管理科学”为基本特征的现代企业制度，健全企业法人治理结构，推进管理制度创新，全面加强和改善企业管理，进一步放开搞活国有企业，深入探索合资、参股等多种形式，确保国有资产在保值增值的基础上逐步实现国有企业退出一般性竞争领域。

2. 千方百计吸引人流，搞活流通发展第三产业

第三产业是城市发展的“集核产业”，是吸纳就业人口，加快城市人口聚集的主要领域，是推动新区经济增长的重要力量。要着眼于构建区域性中心城市的流通服务功能，按照繁荣大通道、建设大商贸、开发大市场，着力构建以现代服务业为纽带的区域性第三产业流通体系，不断提高我区服务业增加值和从业人员占全社会从业人员的比重。至“十五”末期要努力形成城乡商贸繁荣、流通渠道畅通、消费需求旺盛的新局面。发展方向和重点是：

商贸服务业：着重培育完善专业市场群体与城市商业网点相配套的物流服务体系。（1）继续抓好立交桥东南侧的批发型市场群、漳龙高速公路朝阳互通立交出口处的加工型市场群、云洞岩道路两侧的旅游型市场群建设和管理。重点抓好浦东副食品批发市场二期、漳州工业品批发市场二期、水果批发市场、龙门蔬菜批发市场、浦口粮食交易市场二期、浦口饲料批发市场等专业市场的完善配套，闽南家具城、云洞岩旅游品批发市场、龙文塔花卉盆景批发市场等项目建设，悉心培育扶持已建成的市场，创造良好经营环境，力争用三至五年时间促其形成若干在省内外具有较强区域影响力的专业市场。（2）配合市区东向推进，加快商业街建设，吸收有实力商家及外资参与大型商业设施建设和商业连锁店建设，积极引进现代化物流和配送中心，推行仓储超市、物流配送、网上销售等新的商业组织和服务方式，形成与城市发展相适应的点线面结合、配套完善的商业网络，提高现代化服务质量和经营效益。“十五”期间，要发展建成新浦东路和马灶东路二条商贸走廊，以及沿市、区两行政中心布点的商业步行街，组建商业行业协会和市场管委会规范商业和市场行为。

房地产业：充分利用市区东移战略的实施，积极配合公共建筑投资和市政工程投资，进一步加大城市住宅开发建设力度，本着改善人居环境、吸引人流入迁、提高城市形象的宗旨，注重现代建筑理念，建立完善、满足多层次需求的住房供应体系。提高设计水平，优化住宅功能，切实提高住房的工程质量、环境质量和服务质量，建设若干以宽带网络、物业管理、安全防范为主要体系的智能化示范小区，灵活运用预售楼盘、住房信贷按揭等多种促销手段，扩大新区住房消费。积极引进外来资金加快发展新区路网范围内的商用写字楼或公寓大厦建设，按“高、新、特、绿、宽”的要求建造一批吸引商家和人流的标志性建筑，加快城市形象的形成。

城市交通和仓储运输业：发挥铁路、高速公路及国道、省道交汇综合优势，有效利用郭坑火车站改扩建、汽车总站投建机遇，结合城市规划中的区域布局和产业发展需求，统一规划，协调运作，加快发展西部商贸市场区、北部工业加工区的客运和仓储货运行业，开通行政中心区和旅游区及未来若干住宅区内的公交服务线路，科学安排城市交通路线，加强城市交通管制，构建有龙文特色并能有效促进人流、物流、资金流加速流通的城市交通营运体系。加大镇村道路建设力度，积极打通镇村“断头路”，提高镇村道路技术等级，完善路网结构，实现区内路网联环。

休闲旅游业：要根据依托省级风景区云洞岩的“天然盆景园区”的特色，重点抓好云洞岩、龙文塔植物园、龙之山农业休闲旅游，加快瑞竹岩、石厝岩、江东桥及沿江黄坑沙洲、瑶山风景区等景点开发，构筑一道沿城市边缘点缀的“天然盆景园区”。充分利用花博会、假日旅游等推介形式，加强旅游宣传力度，提高景区知名度，增设旅游项目，丰富旅游内容，加快景区配套建设，延长游客滞留时间，构建兼具自然景观、人文景观、饮食文化、活动创意、宣传推介为一体的良好旅游环境。

信息化是我们实现产业优化升级和工业化、现代化的关键环节。“十五”要把国民经济和社会信息化摆上新区发展的重要位置，在全社会广泛推广、普及和应用信息技术，普及计算机和网络的基础知识，加快政府上网、企业上网、家庭上网工程，积极发展信息服务业特别是网络服务

业，培育信息市场，及时为社会提供多方位的信息产品和网络服务，加快产业信息化，力争在金融、财税、贸易等重点领域取得突破，促进电子商务发展。“十五”期间，要在资金投入上采取必要的倾斜，支持高速宽带多媒体传输网建设，建成以政府行政管理、社会公共服务、企业生产经营三位一体，涵盖生产、流通、投资和服务等各个领域的信息发布网络体系，与漳州市信息资源库和综合信息应用平台实现对接。新建的城市区域内要尽可能配套数字化和网络化设施，对新建的住宅小区、现有的市场区和工业区要留足光纤用户接入网和宽带高速接入网，配合“数字漳州”建设，积极推动区内电信、电视、计算机三网融合，探讨建设“龙文信息港”项目，努力实现我区在信息化发展方面的基础性突破。

延伸第三产业的涵盖面，积极拓展新区城市经济的多样化和吸纳力，加大金融、保险、社区服务、法律服务、广告信息、电子商务服务等具有时代特征的行业和企业引进和培植力度，放宽市场准入限制，制订相应的优惠政策措施支持其发展。推动中介机构与行政部门脱钩和改制，规范中介机构管理，加快企事业单位、机关单位服务社会化。积极推进流通体制改革，增强流通企业活力。

3. 建设城郊型高优农业，提高农业综合效益

作为基础产业，新区农业一方面要依靠工业化和城市化进程的推进不断提高市场化程度，扩大市场需求，另一方面要依靠科技进步，发挥比较优势，加大农村经济结构调整力度。“十五”期间农业结构调整要根据郊区农业特点，着眼于提高农业防灾减灾能力，提高农业综合效益，增加农民收入；着力于改造传统农业的经营方式，推进农业产业化经营，拉长农产品产业链，提高农产品商品化程度；着重于特色基地建设、龙头企业的培育和推广先进适用农业技术及建立完善农业生产服务体系，提高农产品附加值。力争到 2010 年基本实现农业现代化。具体为：

突出城郊特色，调整作物布局，优化种养结构。以城东现代化农业示范区实施为契机，促进果、菜、禽、竹、花、菌等基地建设上规模上水平，积极发挥比较优势，加快形成一村一品、各具特色的主导产品，全面提升农产品质量，促进大宗农产品的专业化、基地化、规模化，重点抓好十村万亩蔬菜基地、漳滨榕树基地、朝阳镇名优水果基地等项目。

大力推进农业产业化经营，狠抓农产品加工增值。延伸产业链，推进农产品深加工基地建设，积极扶持东方食品有限公司、孚美冷冻食品有限公司等龙头企业，实现加工、包装、销售、经营一条龙，打响区内农产品特色品牌，争取“十五”期间在国家、省、市注册农字号商标十个，深化农产品流通体制市场取向的改革，鼓励工商企业和加工销售企业合理介入农产品生产、加工和流通环节，有效化解农产品市场风险。促进农产品流通，实现市场增值，增加农民收入。

健全农村社会化服务体系，促进非农产业发展。要积极拓宽农业富余劳动力转移渠道，鼓励向非农产业和小城镇转移；加快和完善农村市场体系建设，壮大流通队伍，建立市场营销网络和信息化服务网络，为实现农产品生产、加工、储运、销售提供信息保障；实施以种苗工程为核心的农业科技工程，加强农业技术研究和推广应用，加快农业机械的应用和改良。

扩大对台农业合作，提高资金、品种、技术引进的消化吸收能力，积极研究特色农业在加入世界贸易组织后参与国内外市场竞争所需要素及条件，加快建立农产品市场信息、食品安全和质量标准体系，推进特色农业参与入世后的国内外市场的竞争，扩大农产品出口创汇和国内市场占有份额。

加大农业投入，完善农业基础设施。要把青山绿水作为农业的重要目标，“十五”期间，要继续抓好农田水利基本设施建设，抓好郭坑城防堤改造和朝阳镇九十九湾清淤，维护好浦头港排涝工程和九龙江防洪堤龙文段，使全区防涝抗洪能力普遍达到五至十年一遇。

稳定党在农村的基本政策，深化农村改革。加快农村土地法制化建设，探索建立有效的农村土地流转机制。加大对农业的支持和保护力度，切实减轻农民负担。改革农村金融体制，充分发挥农村信用社信贷支农作用。加快农村电网、道路、供水、通信等基础设施建设，改善农村生产、生活和市场条件。全面推进小康建设，继续做好扶贫工作。

（二）加快城市化进程，促进城乡一体化

推进城市化进程，是21世纪初期经济和社会发展的内在需要，是工业化发展的必然趋势，是解决当前短缺经济、实现现代化的载体，新区的活力和发展取决于我们在城市化进程的快慢。“十五”期间要着重解决新区体量小、农村人口比重大、消费实现水平低等制约新区发展的障碍因素，要从城市中心的确立、城市产业的兴起、城市人口的扩容、城市流通的活跃、城市观念的加强和城市文明的塑造等多方面进一步构筑城市经济和社会发展的框架。

一是要努力建立和完善一套适合区情的城市制度体系。要紧密结合国家进行一系列体制改革的有利时机，加快改革户籍制度，打破城乡分割局面，鼓励智力移民和投资移民，对进城从事非农产业的农民和具有合法身份的流动人员只要已取得城市固定住所，或有稳定收入来源，或居住满一年，或具有相当职称和大专以上学历的就业人口均可优先办理户口入迁；其次是深化土地使用制度改革，加快建立城镇土地市场化配置机制和农村土地使用权流转机制，鼓励支持租赁、参股等多种形式有偿转让土地经营权，创造“引得进、留得住”人流的生活环境，增强我区“以人为本”的城市吸引力。

二是认真实施漳州市城市总体规划，高起点、高标准展开新区市政综合项目建设。依据规划要求，按照政府引导、市场运作、块状开发的原则，加大城市建设力度，加快人民广场以南、马灶路以北之间市一级行政、文化、体育和商贸中心和区级行政中心建设，以迎宾路作为城市主通道，抓好城市快速环路建设，完善邮电通讯、文化娱乐、公共休闲等市政设施配套，迅速确立新区的城市主体区位；从未来新区的功能定位出发，加快道路交通、建筑、燃气工程、给排水工程等基础设施建设，在建设中尽量遵循不求大、但求佳的原则，突出新鲜特色，提高绿化品位，做到从道路、绿地到单体建筑都力求高水平，不做简单重复建设；要把城市视觉形象建设作为突出重点抓紧抓好，努力提升城市品位，创造具有地方文化底蕴和现代风格的新建筑及其群落，城市各主要出入口及各重要节点，利用地形地貌，创作若干个具有标志性的风貌建筑。

三是要在城市规模上力求突破。力争用五年的时间完成北起北一号路，南至马灶路，西起东环城路，东至东三号路的“日”字形城市区域，使城市建成区面积达10平方公里，城市人口8万人，要把此区域内的城市住宅投资、公共建筑项目和产业经济项目作为主要载体，构造一个功能完善、设施配套、居住优美、生活舒适、就业方便的良好社区环境，促进旧城区人口向新区扩散转移，吸引邻近农村人口向新区聚集，提高城市建成区内的人口居住密度。

四是做好经营城市文章。坚持政府主导、市场运作的原则，用改革的办法和市场的手段来解决城市建设资金短缺的问题，充分发挥财政资金的导向作用，走城市经营的道路，按“谁投资、谁经营、谁建设、谁受益”的原则，多方位多渠道吸引外资和民间资金投入并参与城市建设，逐步建立投资、经营、回收的良性循环机制，形成城市建设投资主体多元化格局。

五是提高城市管理水平。按照高效能管理要求，在合理节省城市管理成本，保证城市管理资金高效有序使用的前提下，高效使用并科学维护城市基础设施，加强对社会治安、城市交通、市容市貌、流动人口等方面的管理，逐步建立起适合现代化城市发展需要、体制健全合理、信息迅速准确、手段先进科学的城市管理体系。

六是加快城镇化建设。围绕农村城市化、城乡一体化目标，按照高起点规划、分阶段实施、改旧中建新、全方位整治的原则，通过政策引导，优先发展“中心镇”和“中心村”。把新村建设与城镇化有机地结合起来，推动农村人口向中心村和小城镇集中。要加快郭坑重点卫星城镇的建设，狠抓镇区环境治理，树起漳州北大门形象；抓紧朝阳镇区规划修编，加快镇区启动项目建设，积极推动以朝阳镇区为中心的城市过渡地带建设，积极引导农村剩余劳动力有计划有步骤地向两镇转移。结合新村建设、乡镇企业集聚梳理等工作有步骤有重点地引导一批有条件的中心村进行城镇化改造。

（三）实施科教兴区战略，促进人才资源开发

加快经济和社会发展，科技是根本，人才是关键，教育是基础。要深化科技体制改革和教育体制改革，促进科技创新，始终把教育摆在优先发展的战略位置，大力开发人才资源，强化人才队伍建设，推动生产力实现跨越式发展。

“十五”期间，新区科技发展的重点是：加强科技创新，尤其是技术创新，进一步推动科技与经济的紧密结合，力求在现代农业选种育苗、资源高效利用、集约化种养技术、产品储运加工、工业装备技术改造等局部可跨越领域实现有限突破。深化科技体制改革，加快建立适应市场经济要求和科技自身发展规律的新型科技体制和运行机制，发展民营科技事业，确立企业技术创新的主体地位，推动农科教、产学研的联合，促进科技资源的优化组合和合理配置。扩大对外科技合作与交流，加快高新技术引进和吸收，探索与高校、科研院所联合的科技发展道路。“十五”期间要新建龙文科技馆，着手进行龙文科技经济信息中心的前期探讨和建设工作。

加快教育改革与发展，建立适应新区跨世纪发展的现代教育体系。要坚持教育规律与产业发展规律相结合，坚持政府主导与社会参与相结合，积极探索多种办学形式，拓宽办学渠道，增加教育投入，改善办学条件，巩固两基成果。以培养学生创新精神和实践能力为重点，全面推进素质教育；积极调整教育结构布局，优化教育资源配置，扩大高中办学规模，调整小学布局，加快中心小学建设，抓好小学并校，“十五”期间重点抓好区实验小学续建、各中心小学新建扩建和各中学扩建以及区实验幼儿园、各镇中心幼儿园建设；积极发展远程教育网络、幼儿教育、职业和成人教育，鼓励和支持社会青年和在职人员参加高等教育或自学教育，加强在职培训和继续教育，建立终身教育体系；鼓励社会力量办学，形成以政府办学为主体、社会各界共同参与，公办学校与民办学校共同发展的办学新格局。

加强人才队伍建设。人才是我区各项建设事业的重要保障，我们一方面要紧紧依托教育振兴不断培养人才，另一方面还要善于创造环境来吸引一批经济发展急需的综合性、专业性较强的中高级人才，努力营造尊重知识、尊重人才、鼓励创业的良好社会氛围和人才使用机制，努力做到“用环境吸引人、用政策激励人，用事业留住人”。同时，要抓紧建立人才信息储备库和人才交流市场，鼓励科技人员以各种方式进入经济建设的前沿阵地，促进人才合理流动，充分实现人尽其才。要深化干部人事制度改革，为年轻优秀的干部的成长、选拔和任用创造条件。

（四）加快体制创新步伐，营造良好发展环境

经济发展和结构调整归根到底要靠进一步深化改革。要大胆探索，勇于创新，突破影响生产力发展的体制性障碍，逐步完善社会主义市场经济体制，营造更加有利于我区加快发展的良好境。环境关系发展，体现竞争力。我们要努力实现使政府职责更多地转向积极营造有利于经济和社会发展的市场环境、政策环境和法制环境。

立足所有制结构调整，营造各类所有制平等竞争、共同发展的市场环境。在积极推进经济体制改革尤其是国有企业改革的同时，要努力营造有利于非公有制企业发展的宽松环境，加快建立扶持中小企业发展的信用担保体系和社会化服务体系，改善中小企业的创业和生存环境，支持和

引导非公有制企业进行改革创新、结构调整和产业升级。同时，要加快培育和完善包括商品市场、资本市场和劳动力、房地产、信息、技术等市场在内的市场体系，促进生产要素合理流动，进一步规范市场行为，打破行业壁垒和垄断，为企业发展营造统一、公平、竞争、有序的市场环境。

以深化行政管理体制改革为契机，营造开明、灵活、协调的政策环境。政府管理经济和社会的职能要进一步转向制定和执行加快地方经济和社会发展的规划和政策上来，更好地应用计划、财政、金融、价格、法律等手段调节地方经济活动；要深化财税体制改革，建立财政收入增长机制，实施国库集中收付制度和政府采购制度，严格财政监督管理，逐步提高财政收入占GDP的比重，增强财政保障能力，建立适应社会主义市场经济要求的公共财政框架；要加快投融资体制改革，减少行政性审批，健全项目法人责任制、工程招投标制度和工程监理制度，积极充实重点项目储备库，建立重点项目决策和论证制度，积极探索运用财政贴息、注入资本金等多种形式，引导社会资金投向基础设施、支柱重点产业、高新技术产业和社会事业等重点项目；加强公务员队伍建设，建立廉洁高效、勤政为民、运转协调、行为规范的行政管理体制。

通过社会主义民主法制建设和依法行政创造良好的民主法制环境。市场经济是一种法制经济，健全和完善法制，充分发挥法制的保障作用，维护稳定的社会秩序和经济秩序，为新区改革开放和现代化建设创造良好的民主法制环境，是政府在“十五”的一项重要任务。一方面要切实加强社会主义民主，不断完善民主决策和民主监督机制，扩大基层民主。另一方面，要进一步加快依法治区步伐，通过依法行政逐步实现从严治政，逐步实现机关运作的法制化，依托法律手段严厉打击破坏正常经济秩序和各种经济犯罪行为，加大社会治安综合治理力度，落实稳定责任制，严厉打击各种刑事犯罪活动，依靠法制渠道，规范市场秩序的建设，特别是加强市场价格形成机制、市场准入、市场运作及交易等方面的法律法规的执法力度，维持合理、有效的市场竞争秩序，保证市场机制作用的正常发挥；通过司法改革强化司法监督，公正司法，严厉打击各种刑事犯罪活动，坚决取缔和查禁邪教以及用宗教进行的违法乱纪活动，确保社会安定稳定。

（五）以加入WTO为契机，提高对外开放水平

要加快适应我国即将加入WTO的新形势和国家实施西部大开发的战略要求，加快适应国际经济通行规则，积极实施“走出去”战略，加强与内地山区的山海协作，努力实现多维开放、全方位开放和高质高效开放的新格局。“十五”期间我区对外开放的总体目标是：“一个提高”（即：对外开放水平要有大提高）、“两个同步”（即：外引和内联要同步，利用境外资金和区外资金要同步）、“三个优化”（即：优化投资软硬环境，投资结构，产品出口结构）、“四个突破”（即：投资主体、投资领域、投资规模、投资实效等四方面要有新突破）。具体要求是：强化开放意识，形成外向开拓的整体合力；强化环境建设，增强招商引资的吸引力；强化服务意识，提高外引内联的工作实效；强化竞争意识，扩大产品出口的规模层次。

进一步优化软硬投资环境，拓宽利用外资领域，提高利用外资的质量和水平。积极参与中国(厦门)投资贸易洽谈会、海峡两岸（漳州）花卉博览会和“4•9”漳台经贸恳谈会，灵活运用委托招商、网上招商、电子商务等多种招商方式，加强招商引资工作，扩大利用外资领域和引进外资的地域，促进从引资向引技术、引智力的延伸；加强“后招商”工作，切实加强重点三资企业和重点客户的跟踪服务工作，鼓励现有外商投资企业增资扩产，提高科技水平和生产规模，增强产业链的聚集效应，加强对引进技术的消化吸收，促其产业结构的调整优化，推进金融保险、通讯电信服务等方面对外合作。力争在“十五”期间引进2—3个能带动经济发展的大项目。

调整优化出口产品结构和市场结构，扩大深加工、高附加值的产品出口，大力培植名优出口产品，增强出口竞争力。扩大民营企业自营出口权，组建出口商会等行业组织，加强出口协调，

扩大出口贸易。认真做好出口型企业的服务和管理工作，帮助企业解决资金短缺和出口退税等问题，支持和帮助企业搞好生产，鼓励企业用足用好国家出台的各种优惠政策，调动企业出口积极性，努力扩大出口和优化出口产品结构，要把我区特色农产品和特色工业产品作为扩大出口的产品主方向，指导企业进行国际化标准加工、包装和检验，进一步开拓国际市场。

（六）不断提高人民群众的物质文化生活水平

不断提高城乡居民的物质文化生活水平，是发展经济的出发点和归宿。到2005年全区基本实现城乡居民享有较充分的就业机会，较宽裕的家庭收入，较宽敞的居住条件，较便捷的交通，较丰富的文化生活，较良好的卫生保健，较健全的社会保障，较整洁安定的社区环境，较良好的社会秩序，人民安居乐业。

拓宽就业渠道，增加就业机会。制定和落实优惠政策，进一步发展具有市场前景的劳动密集型产业，大力发展就业容量大的服务企业、中小企业和个私企业；培育劳动力市场，规范劳务中介组织与劳动力市场，建立规范化的劳动力市场，促进劳动力合理有序流动，建设龙文区再就业服务中心和龙文区劳动力中心市场等就业服务设施；全面推行劳动预备制度，严格执行离退休制度，建立阶段性就业制度，引导职工转变就业观念，加强职业技能培训，实施再就业工程，缓解就业压力；有效引导农村剩余劳动力向非农产业特别是第三产业转移，扩大城乡劳动力就业规模和比例。

建立健全社会保障体系。要加强和完善城乡居民生活最低保障制度，依法扩大社会保障覆盖面，推进和完善养老保险、医疗保险和失业保险制度，加快形成独立于企业、事业单位之外、资金来源多元化、保障水平规范化、管理服务社会化的社会保障体系。建立可靠、稳定的社会保障基金的筹措机制和有效营运、严格管理的机制。继续实行社会统筹和个人账户相结合的养老医疗保险制度，完善失业保险和社会救济制度。建立起比较可靠稳固的基金来源机制，确保养老金和个人增资部分按时足额发放。努力拓展社会保障覆盖面，把保险保障扩展延伸到农村，逐步提高保障基金征缴率。积极发展社会福利、社会救济、优抚安置和社会互助等社会保障事业。

营造良好的社区环境。以社区为核心，全面提高社会公共服务水平和覆盖面，促进各项社会事业发展。改革医疗卫生体制，建立和完善社会医疗保险，全面推行农村合作医疗制度，保证全社会的基本医疗服务，落实区域卫生规划，抓好专科医院的前期准备工作，建设漳州市口腔医院和漳州市第二医院，推进新区医疗设施完善，提高人民健康水平。大力发展文化产业，加强科技馆，文化馆、博物馆、图书馆和青少年活动场所等文化设施的建设，发展广播电视、音像制品和具有地方特色的广场文化，社区文化，扩大文娱体育的产业化规模，举办各种群众性文化艺术活动，把发展体育和推动群众性体育健身活动相结合，培育健身休闲市场，发展体育消费和休闲产业。大力改善居住、交通、供水、供电和通信等基本的生活设施，配套完善的娱乐场所、健身中心、老人活动中心、养老院等各类场所，扩大服务性消费，改善居民消费环境。“十五”期间，要建设服务于龙文大众的影剧院、公园，展览馆、体训基地等社会公益项目，确保广播电视和通信设施入户率至2005年达100%。

（七）坚持实施可持续发展战略

可持续发展战略是促进人口、资源、环境与经济协调发展的长远大计。新区各项建设都必须同人口增长、资源利用、环境保护紧密结合，统筹规划，综合协调，切实提高经济社会可持续发展能力。“十五”期间，我们要努力在提高人口素质，高效利用资源，优化城乡环境方面取得更大突破，为我区经济和社会发展奠定坚实基础。

坚持计划生育基本国策，控制人口增长，提高人口素质。继续坚持“三为主”方针，推广

“三结合”经验，稳定低出生率水平；重视抓好流动人口计划生育工作，至2005年计划生育率达98%以上。切实保障妇女、未成年人、老年人、残疾人的合法权益。重视对弱势群体的保护，解决特困群众的生产和生活方面的困难和问题。

合理开发利用和保护自然资源，珍惜和切实保护耕地严格执行土地、水、森林、矿产等资源管理和保护的法律法规，加强国土资源的开发和整治，厉行节约用水，推进国土资源的综合利用。

加强造林绿化和山林保护，强化水土保持，巩固和扩大“一控双达标”成果，加大城乡水污染、大气污染、固体废弃物污染和噪声污染的综合治理，推进城市公共绿地建设，提高新区绿地覆盖率和绿化水平，永现青山绿水，蓝天白云。

（八）加强精神文明建设，大力塑造城市文明

始终坚持“两手抓、两手都要硬”的方针，把塑造新区城市文明的各项工作融入日常的精神文明建设的各个环节中去，全面提高新区群众素质，转变保守陈旧观念，树立建设新区只争朝夕、团结奋斗、敢于胜利的精神风貌。“十五”期间，我区精神文明建设的奋斗目标是社会发展的主要领域（经济基础、收入分配、教育科技、劳动就业、文化体育、社会治安、人口环境、卫生保障、社会保障）发展指数进入全市先进行列，争创省级卫生城区。着力做好以下四方面工作即：提高两个素质（全区人民的思想道德素质和科学文化素质）、创造三个环境（安定团结的社会环境、和谐向上的工作环境和整洁优美的生活环境）、四个体系（领导体系、制度体系、文化建设体系和创建体系）及五个建设（思想道德建设、科教文卫建设、民主法制建设、环境设施建设和文明基础建设）等项内容，实现“农村变城市、农民变市民”的两个转变。

切实加强思想政治工作。时刻坚持党的领导，按照“三个代表”的指导思想，坚持不懈地进行党的基本理论、基本路线、基本纲领的教育，弘扬爱国主义、集体主义和社会主义精神，努力在全社会形成共同理想和精神支柱。加强思想教育基地建设，大力弘扬漳州“五种精神”。加强社会公德、家庭美德和职业道德教育，特别是青少年思想政治和道德品质教育，营造良好的社会道德风尚。不断创新和改进思想政治工作，加强针对性、实效性和主动性，逐步建立统一领导、党政共同负责、党政群团齐抓共管的思想政治工作领导体制和工作机制。深入开展反腐败斗争，积极探索社会主义市场经济条件下反腐败的特点和规律，建立健全监督、管理和防范制度，从思想上、制度上、机制上增强反腐能力。要加强机关效能建设，树立求真务实、真抓实干的工作作风。

深化群众性精神文明创建活动。要着眼于改革、发展和稳定的大局，加强干部队伍和各级领导班子建设，重视党的基层组织建设。要坚持群众路线，拓宽党在各个领域联系群众的渠道，善于从群众的实践中寻找解决问题的办法，坚持以“讲文明、树新风”为主要内容，深化文明城市、文明社区、文明村镇、文明行业、文明单位的创建活动，突出抓好文明安全小区和文明新村的建设，深入开展军民双拥活动，重视民兵预备役建设和基层武装部建设，加强国防教育，增强国防意识。

四、规划实施

本纲要是经区人民代表大会审议通过的具有法律效力的经济社会发展的纲领性规划，是制定其他各类规划、年度计划，以及区级财政金融政策、专项产业政策等经济政策的重要依据，是全区经济社会工作的行动准则。

政府有关部门要面向社会、面向群众，利用各种媒体，采取多种形式，广泛宣传“十五”计划，利用多种形式引导企业参与规划实施，在全社会形成关心规划，自觉参与规划实施的氛围。

充分发挥企业的主体作用。各类企业要充分理解和把握政府战略意图，把规划目标与企业行为结合起来，把追求企业经济效益与社会效益结合起来，积极主动地参与规划实施。

区政府在制定和实施年度计划时，提出分年度落实本纲要的目标和任务。有关部门要根据本

纲要，针对所负责领域的任务，制定具体措施。各镇在经济工作中，要从实际出发，贯彻好本纲要的精神。有关部门要加强对规划实施情况的跟踪分析，特别是对经济增长、就业、价格等宏观调控目标的监测预警，自觉接受人民代表大会及其常务委员会对规划实施情况的监督检查。

集中力量办大事。区政府要组织或协调实施若干个重点专项规划，并在关系经济社会发展全局的关键领域和薄弱环节，组织推动或直接投资建设一批重大工程。确需政府投资的项目，建设资金纳入财政预算。

本纲要提出的产业发展方向和重点，是对市场主体的指导性意见，政府将运用经济政策加以引导。本纲要在社会保障、公共服务、科技教育、资源环境及部分基础设施等领域提出的任务，是政府向人民作出的承诺，政府将切实履行职责，努力完成。规划实施期间，当遇至国内外环境发生重大变化，或由于其他不可预见因素，使实际经济运行严重偏离规划目标时，区政府要及时提出调整方案的议案，报请区人大常委会审议批准实施。

编纂始末

龙文区是1996年5月经国务院批准设立的县级区，历时尚短，但境地有着丰富的历史底蕴，尤其是建区后发生巨大变化，留下许多富有特色的珍贵史料。2007年9月，中共龙文区委、龙文区人民政府重视地方志编修工作，根据中共福建省委办公厅、福建省人民政府办公厅关于开展第二轮修志的工作部署和省、市方志委的具体要求，成立龙文区地方志编纂委员会，由区委书记蒋一婷担任名誉主任委员，区长张琳光任主任委员，区委常委、区委办公室主任何金才任常务副主任委员，副区长陈勇谋任副主任委员，成员由区各承编单位组成，下设地方志编纂办公室挂靠在区委党史研究室。区地方志编纂委员会在省、市地方志编纂委员会的指导下，于9月14日，召开全区各部门、各镇和开发区分管领导参加的修志动员大会，并由区委办、区政府办联合下发《龙文区志篇目大纲及任务分解方案》的通知。结合区实际情况，确立“追溯历史，广征资料，略古详今，突出特色，重点记述建区后成果”的编纂方针，开始组织《龙文区志》的编纂工作，区直各部门、各镇和开发区相应设立编写小组，组织专兼职人员收集资料、撰写各自志稿。

2008年，鉴于新建的区未曾修志，编修单位人员少，历史资料紧缺，更缺修志经验和人才，为确保修志任务顺利完成，区地方志编纂委员会采取四条措施：一是成立编辑室。在市方志委推荐下，聘请兄弟地区退休的有修志经验的编审黄剑岚、当地退休中学高级教师黄昌，以及副编审吴肇庆、张日庆和编辑周三民作为区志的编纂人员；聘请市方志委退休干部、方言专家陈荣翰，专职承担区志《方言》卷编写；聘请市高级专业摄影师谢伟中，专职负责区志所需图照的摄制；以及党史研究室3名干部组成编辑室。既承担区志的编纂，又负责对各部门编写人员的辅导。二是注重资料收集整理。因新建区，档案馆尚未成立，缺乏历史资料的保存，区志编辑室全体人员集中8天，到龙海市方志办和档案馆，查找原龙海步文、郭坑镇的有关史料。并多次到漳州市图书馆、漳州市方志委资料室，以及深入步文镇和郭坑镇，查阅档案、古籍、族谱等，走访知情者，不断地充实区志记述的内容。三是加强学习、提升业务水平。先后举办2期承编单位修志人员培训班，邀请漳州市方志委主任王丽芳、办公室主任侯淑慈、副编审郑美华和李云章，以及区志编辑室专家，讲授地方志体例规范、编写方法及《龙文区志》编纂工作等；组织区志编辑室全体人员先后到龙岩市新罗区方志办、安溪县方志办学习取经，还邀请泉州市丰泽区、洛江区、鲤城区、泉港区的区志办人员到龙文进行业务指导交流，传经送宝。四是解难题、提实效。针对人员少、修志任务重的区经贸局、文体局、计生局、交通局、建设局、侨联、郭坑镇等部门，区方志办帮助协调外聘有修志经验的专家进行一对一的指导和编纂志稿，如：聘请市方志委副编审郑美华编写“文化卷”、退休副编审黄启注编写“工业卷”、退休作家张永忠编写“国内贸易卷”和“郭坑镇志稿”、副编审林幼云编写“环境保护卷”、副编审陈乔森编写“人口卷”等，有效提升志稿质量。2009年11月，在各部门分志基本脱稿的基础上，进入区志总纂阶段。编辑室首先对原有的篇目结构重新调整，由36卷调整为33卷，编纂人员分工对分志初稿进行改编。于2011年

6月完成编纂初稿，并移交区方志办（成立）。

2011年11月，区方志办组织编纂人员集中对志稿逐卷进行讨论，集思广益，而后各自再次修改。经过一番的补缺补漏，加工提炼，完成总纂第二稿。2012年5月23日至25日，召开《龙文区志》评稿会议，邀请省方志委副主任方清，省方志委市县志辅导处处长林浩，副处长欧长生，博士胡志明，主任科员李连秀；漳州市方志委主任王丽芳，副主任蔡春枝，副处级调研员侯淑慈和多位专家；厦门市方志办主任葛向勇，副主任韩真，特约编审翁忠言；厦门大学教授周长楫，以及福州市台江区、莆田市秀屿区、泉州市鲤城区、龙岩市上杭县和三明市梅列区、厦门市集美区、漳州市各县（市、区）等修志同仁参加。区方志办和编辑室根据评稿会和各位领导、专家、行家提出的宝贵意见进行认真研究梳理，拟订修改方案。2012年10月12日，由常务副区长江志强主持召开各部门领导参加的修志工作推进会，贯彻区志评稿会精神，部署各部门需要补充的资料和完成任务的时间。会后，区志编辑室配合各部门加紧收集资料，补充志稿内容，于2014年12月完成《龙文区志》总纂第三稿。2015年，区志编辑室全体人员再次进行商议，本着“精心细磨，质量第一，力争出精品”的理念，篇目由33卷调整为31卷，由黄剑岚总纂“一支笔”进行8个月的统稿审改，处理好各卷之间的交叉、重复、矛盾等问题，以及必要的补缺补漏，确保志书达到准确性、完整性、规范性。于2015年12月完成《龙文区志》总纂第四稿，提交区地方志编纂委员会和各部门领导及区保密局审核后，呈报漳州市方志办初审验收。2019年，区委党史和地方志研究室（机构改革，原区地方志编纂办公室与区委党史研究室整合，设置区委党史和地方志研究室）根据市方志办初审提出的意见和要求，对《龙文区志》进行修改和完善，于9月呈报漳州市委党史和地方志研究室终审验收。2020年区委党史和地方志研究室根据市委党史和地方志研究室终审意见和要求和方志出版三审三校提出的意见和要求，再次进行修改和审核把关，并经区委、区政府批准出版。

中共龙文区委、区政府始终将编纂《龙文区志》列为一项重要的文化建设工程纳入议事日程，从人力、物力、财力给予大力支持，特别是历任分管领导都非常重视修志工作、关心修志人员，帮助协调解决修志过程中许多关键性问题。区直各部门、各镇和开发区的领导和编纂人员通力合作、不厌其烦地收集资料，编写部门志稿，为区志总纂打下坚实基础。区委党史和地方志研究室和编辑室全体人员孜孜不倦，不遗余力地为修好区志作出可贵的贡献。在编纂过程中，始终得到省、市地方志编纂委员会领导和专家的精心指导，得到龙海市方志委和龙海市档案馆等方志界同仁的热心帮助，得到厦门大学教授周长楫的热心指导，以及卷首照片由谢伟中、汤绍锋、许财生、黄如川、蔡文原、蔡鹏程、游练、韩克非等提供。在此，谨向所有关心、帮助编修区志的单位和个人，向所有为区志付出心血、作出贡献的各方人士致以诚挚的谢忱！

编纂《龙文区志》时空跨度大，涉及面广，虽经全体修志人员尽心尽力，但囿于水平有限，加之某些史料缺乏，志书中疏漏与差错在所难免，敬祈读者不吝赐教。

中共漳州市龙文区委党史和地方志研究室

2020年11月

索 引

本索引采用音序排序法，在同一音序中若首字相同则以第二个字排序，以此类推。卷名用深红色黑体字标示，标题后的数字为页码。概述、大事记、附录、编纂始末不做索引。

0–9

A

B

C

D

E

F

G

H

J

K

L

M

N

P

Q

R

S

T

W

X

Y

Z